Gottfried von Purucker

Grundlagen der Esoterischen Philosophie

Gottfried von Purucker
Grundlagen der Esoterischen Philosophie
Originalausgabe

Titel der englischen Originalausgabe:
Fundamentals of the Esoteric Philosophy
by G. de Purucker, Edited by A. Trevor Barker,
Rider & Co., London, 1932

Aus dem Englischen der 4. Auflage übersetzt von A. K. und K. W.
Überarbeitete Ausgabe von Hermann Knoblauch und Bärbel Ackermann

4. Auflage 2003
ISBN 3-924849-53-6

Design: Matthias Winter
Herstellung: Books on Demand GmbH
Printed in Germany

Verlag Esoterische Philosophie GmbH, Hannover

www.Esoterische-Philosophie.de
www.Purucker.de

Verlag
Esoterische Philosophie
Hannover

Gottfried von Purucker

GRUNDLAGEN DER ESOTERISCHEN PHILOSOPHIE

Mensch, Natur und Kosmos

Originalausgabe

Inhalt

Schnellübersicht

Inhalt

Abbildungen

Tabellen

Prof. Dr. Gottfried von Purucker
1874 – 1942

Vorwort des Herausgebers der deutschen Ausgabe

Seit jeher hat das philosophische Denken einen entscheidenden Einfluss auf nahezu alle Kulturen und Nationen ausgeübt. Es beinhaltet die Suche nach den essentiellen Wurzeln unseres Daseins und zugleich auch die Suche nach den inneren Zusammenhängen unseres Lebens. Entscheidende Impulse hierzu gibt der Verfasser des vorliegenden Werkes *Grundlagen der Esoterischen Philosophie.* Er entwirft das Panorama einer von Leben, Bewusstsein und Intelligenz geleiteten Evolution. Seine Aussagen gründen sich auf nachvollziehbare Naturgesetze, die unantastbar die Zeitalter hindurch existieren und auch in naher und ferner Zukunft nicht durch menschliches Zutun veränderbar sind.

„Esoterische Philosophie" ist die Weisheit der Zeitalter. Sie ist ein Quell der Inspiration für jeden Menschen, der nach Wahrheit und spiritueller Erkenntnis sucht. Sie umfasst das Studium der bedeutendsten Philosophien und Weltreligionen sowie das der Naturwissenschaften. Auf allen diesen Gebieten setzen die *Grundlagen der Esoterischen Philosophie* Akzente, die weit in die Zukunft weisen. Sie bilden zugleich einen unverzichtbaren Kommentar zu Helena Petrowna Blavatskys berühmtem Werk *Die Geheimlehre*[1], dessen Aussagen ohne entsprechende Anleitung vielfach schwer in ihrer vollen Bedeutung zu erschließen sind. Die *Grundlagen* können daher zu Recht als das moderne Standardwerk der Esoterischen Philosophie angesehen werden.

Gottfried von Purucker erkannte schon früh die Notwendigkeit interdisziplinären Denkens. Als bedeutender Sprachwissenschaftler von internationalem Ruf verbindet er seine fundierten Kenntnisse mit naturwissenschaftlichen und philosophischen Studien zu einer umfassenden Synthese. Insbesondere als Experte für alte Sprachen einschließlich Sanskrit hatte er direkten Zugang zu den archaischen Literaturen in ihren Originalsprachen. Die darin mehr oder weniger geheim gehaltenen Lehren, die „Weisheit der Zeitalter", sind im Kern der großen Philosophien und Religionen enthalten. Insbesondere verband er östliche Weisheit mit westlicher Wissenschaft. So gelang es ihm, das Beziehungsgeflecht von Geist und Natur in wissenschaftliches Denken einzubeziehen. Nicht zuletzt deshalb gelten seine

[1] Die Quellenangaben im vorliegenden Werk beziehen sich auf die Jubiläumsausgabe von Helena Petrowna Blavatskys *Die Geheimlehre.* Verlag Esoterische Philosophie, Hannover, 1999.

umfangreichen Werke als Pionierleistung besonderer Art. Vom Aufbau des inneren Menschen über die Entfaltungsmöglichkeiten seines Bewusstseins bis hin zu kosmischen Zusammenhängen lässt von Purucker kein grundlegendes Thema aus. In einer bisher wohl kaum bekannten Klarheit offenbart er die sichtbaren wie unsichtbaren Bereiche sowohl unseres derzeitigen Lebens als auch unserer äonenlangen Evolution, indem er die ursächlichen Hintergründe und den Ursprung unseres Lebens darlegt. Auf diese Weise wird ersichtlich, dass die in heutiger Zeit meist auf Axiomen beruhenden wissenschaftlichen Lehren wie zum Beispiel die des Darwinismus und die der Urknalltheorie grundlegender Korrekturen bedürfen. So ist gemäß von Purucker die darwinistische Evolutionstheorie genau genommen lediglich eine Lehre, die sich auf die Transformation der Formen bezieht und die mit einer von Intelligenz und Geist geleiteten „Evolution" nur wenig gemeinsam hat. Auch auf den Gebieten der Medizin und der Psychologie deckt er konsequent die Zusammenhänge der unser Leben bestimmenden Gesetzmäßigkeiten auf. Er erklärt die wechselseitigen Beziehungen zwischen Körper, Seele und Geist in ihrer ganzen Fülle. Beeindruckend legt von Purucker dar, wie alles Leben von Bewusstsein durchdrungen ist und dass es die inneren, ursächlichen Kräfte sind, die unsere Welt der Erscheinungen erst ermöglichen.

Die immer aktuellen zentralen Fragen über Leben und Tod, Geburt und Wiedergeburt – und damit Reinkarnation und Karma – behandelt von Purucker, indem er ihre Ursachen beleuchtet. Diese tiefgreifenden Lehren von Mystifizierung und Oberflächlichkeit befreit zu haben ist ein besonderes Verdienst von Puruckers. Authentisch beschreibt er jahrtausendealtes Wissen und legt dar, dass nahezu alle Völker der Erde um die inneren Lebenszusammenhänge wussten. Damit setzt er zugleich neue Akzente für wissenschaftliche Studien, die ohne Einbeziehung dieser grundlegenden Naturtatsachen unbefriedigend bleiben müssen. Dem Leser erwächst hieraus nicht nur ein neues Naturverständnis, er sieht sich eingebettet in das ewige Stirb und Werde und lernt den tieferen Sinn seines Lebens erkennen, der dem Tod den Schrecken nimmt. Darüber hinaus gibt von Purucker ein lebendiges Bild von der Vernetztheit allen Seins, woraus er eine universal anwendbare Ethik ableitet. Sie ist nicht mit den heute geläufigen Teilethiken oder mit Moral zu verwechseln, sie ist Ethik *an sich,* universal in dem Sinne, wie es nur *eine* Natur und nicht mehrere gibt. Dabei greift er weder auf Spekulationen zurück, noch verlangt er dem Leser blinden Glauben ab. Er legt, wie für alle in den *Grundlagen* gemachten Aussagen, stets nachvollziehbare Beweise vor. Beweis definiert von Purucker als „das Übergewicht der augenscheinlichen Gewissheit, die dem Gemüt die Überzeugung bringt".

In der Erstausgabe der *Fundamentals of the Esoteric Philosophy* beginnt Gottfried von Purucker mit folgenden Worten: „In unseren beiden letzten Versammlungen studierten wir die drei Grundforderungen oder die grundlegenden Lehrsätze in H. P. Blavatskys wundervollem Werk *Die Geheimlehre*.“ Die Niederschriften dieser beiden Versammlungen sind in der Originalausgabe von 1932 nicht enthalten, sie beginnt vielmehr mit der eigentlich dritten Lektion. Ein Auszug aus den beiden vorhergehenden Lektionen vom 4. und 11. Januar 1924 wurde im August 1947 in *The Theosophical Forum* veröffentlicht. Der Leser wird es begrüßen, dass die beiden einleitenden wichtigen Niederschriften der Vollständigkeit halber dieser Ausgabe als Kapitel 0 hinzugefügt wurden.

In seinem Vorwort zu den *Fundamentals of the Esoteric Philosophy* schreibt der Herausgeber, Trevor Barker, am 28.12.1931: „Prof. Dr. Gottfried von Purucker ... hielt die in diesem Band enthaltenen Vorträge während der Jahre 1924–27 vor Mitgliedern der Esoterischen Schule ... in Erfüllung eines lang gehegten Planes, der Welt ein Werk zu geben, das nicht nur als ein Kommentar zu der *Geheimlehre* von Helena Petrowna Blavatsky, sondern gleichzeitig als Mittel dienen würde, gewisse esoterische Schlüssel hinauszugeben, die die Schüler befähigen würden, sich selbst die darin enthaltenen Schätze zu erschließen. ...

Jenen gegenüber, die nach Wahrheit und spiritueller Erkenntnis hungern und ein offenes Gemüt für das Studium dieses Buches mitbringen, ist es nicht zu viel gesagt, dass sie durch ihr Fragen empfangen und durch ihr Suchen finden werden.

Die ursprünglichen Stenogramme dieser Vorträge wurden vom Autor durchgesehen, aber er hatte nicht die Zeit, die Korrekturen zu lesen, wofür er die Verantwortung dem Herausgeber überließ. Das Buch hat auch viel der Mitarbeit von Dr. J. H. Fussell zu verdanken, der nicht nur einen Teil des Manuskriptes vorbereitete und die für die Veröffentlichung notwendige Vorarbeit leistete, sondern auch die am Anfang jedes Kapitels erscheinenden Zitate auswählte.“

Der Herausgeber des vorliegenden Werkes war bemüht, die Übersetzung aus dem Englischen ins Deutsche wörtlich, sinngemäß und ungekürzt zu erhalten. Auf die unveränderte Wiedergabe wurde besonderer Wert gelegt, um die meisterhafte Unterweisung Gottfried von Puruckers lebendig zu erhalten. Die tiefgehenden und grundlegenden Lehren erläutert er von verschiedenen Seiten aus, und mit jeder *scheinbaren* Wiederholung beleuchtet er eine andere Facette. Mit dieser Methode, die auch dem Lehrsystem der alten Mysterienschulen entspricht, gibt von Purucker dem aufmerksamen Leser Schlüssel zu den verborgenen Tiefen des Seins, die mit Hilfe der Analogie vielfältig anwandt werden können. Um Verfälschungen vorzubeugen, sagt von Purucker in den *Grundlagen* dem Sinn nach: „Unwahrheiten sind weniger gefährlich als Halbwahrheiten, denn sie verlieren sich im Sande, während Halbwahrheiten, die aufgrund ihrer Subtilität nicht als solche erkannt werden, den Nährboden für Ideenverwirrung bereiten.“

So entstand ein Werk von einzigartiger Tiefe. Es birgt die Kraft in sich, das Denken der Menschheit auf eine neue, den Gesetzen der Natur entsprechende Basis zu stellen. Ja mehr noch, der Leser erhält durch das Studium der *Grundlagen* eine Lebenssicht, mit der ihm Vertrauen in die eigene äonenlange Entwicklung erwächst.

Gottfried von Purucker hinterließ seiner Nachwelt ein unschätzbares Erbe. Zweifellos gehören seine umfassenden und fundierten Werke zu den wertvollsten Hinterlassenschaften, die im zwanzigsten Jahrhundert hervorgebracht wurden. Sie sind die Grundlage für wissenschaftliches Denken der Zukunft.

Möge dieses Werk auch im deutschen Sprachbereich die Beachtung erhalten, die ihm gebührt, und den Segen spenden, der in ihm enthalten ist.

Hermann Knoblauch

Leiter der Theosophischen Gesellschaft Point Loma – Covina
„Esoterische Philosophie" e. V.
Deutsche Hauptstelle
Direkte Nachfolge der amerikanischen Gründungsgesellschaft von 1875,
New York, USA

Hannover, 2000

Gottfried von Purucker – Lebensskizze

Die Theosophische Gesellschaft wurde im Jahre 1875 von Helena Petrowna Blavatsky und anderen gegründet. Ihr Nachfolger wurde 1891 der Mitbegründer William Quan Judge, der im Jahre 1896 Katherine Tingley zu seinem Nachfolger ernannte.

Hobart Lorentz Gottfried von Purucker (15.01.1874 – 27.09.1942) übernahm am 11. Juli 1929 als Präsident der Theosophischen Gesellschaft, Hauptstelle Point Loma (später Covina), Kalifornien, die Nachfolge von Katherine Tingley. Seine Wiege stand in Suffern, Rockland County, N. Y. Er war eines von sieben Kindern. Väterlicherseits entstammte er einer alten süddeutschen Adelsfamilie, während der Stammbaum der Mutter auf William Brewster, einen der „Pilgerväter", die 1620 auf der berühmten „Mayflower" nach Amerika gekommen waren, zurückführt.

Die ersten Grundlagen seiner Bildung erhielt Gottfried von Purucker in Genf, wo sein Vater mehrere Jahre Geistlicher der amerikanischen und der anglikanischen Gemeinde war. Auch er war für den geistlichen Stand bestimmt; bereits als Knabe zeigte er eine große Vorliebe und Begabung für die Originalsprachen der *Bibel*. Als Vierzehnjähriger brachte er seinem Vater eine Übersetzung des gesamten Neuen Testaments aus dem Griechischen ins Englische als Weihnachtsgabe, und als er siebzehn Jahre alt war, legte er ihm eine Übersetzung der *Genesis* aus dem Althebräischen auf den Geburtstagstisch.

Eine Übersetzung aus den *Upanishaden* erweckte in dem jungen Mann das Verlangen, die indische Philosophie in ihrer Ursprache kennenzulernen. So widmete er sich unter verschiedenen Lehrern dem Studium des Sanskṛit und zählte bald zu den besten Kennern dieser Sprache. 1919 wurde ihm der Lehrstuhl für Sanskṛit an der von Katherine Tingley gegründeten Universität in Point Loma angeboten. Neben Griechisch, Hebräisch und Sanskṛit beherrschte er außerdem Lateinisch, Neuhebräisch, Italienisch, Spanisch, Portugiesisch und aufgrund seiner Abstammung und seiner in Genf verbrachten Kindheit auch die Sprachen Französisch, Englisch und Deutsch.

Diese außergewöhnlichen Sprachkenntnisse ermöglichten ihm ein umfassendes Studium der alten Philosophien und Religionen in ihren Originalsprachen. Sie versetzten ihn in die Lage, Übersetzungsfehler sowie falsche Interpretationen mit Hilfe der Urtexte richtigzustellen. Viele zu reinen Dogmen erstarrte Glaubenssätze befreite er von degenerativer Ummantelung, wodurch sie ihre ursprüngliche Aussagekraft zurückerhielten.

Entscheidend für den weiteren Weg seines Lebens war ein kleines Büchlein über Theosophie. Er fand bei dessen Lektüre, dass darin Töne angeschlagen wurden, die schon längst in seinem Innern klangen. So wandte er sich von der Theologie zur Theosophie. Hierüber sagte er: „Ich erkannte hohes Denken. Ich fühlte, dass in diesem Buche mehr war als nur die Erkenntnis eines Agnostikers. Meine langjährigen Studien und meine Lektüre der Weltliteratur – besonders der Literatur des Altertums – hatten mich gelehrt, die Wahrheit der Alten wiederzuerkennen, wo immer ich sie sah. Ich wurde gefesselt von etwas, das ich in meinem Herzen immer gewusst hatte, das immer in mir gelebt hatte und mir sagte, dass eine Vereinigung, Gefährtenschaft, Gesellschaft, Verbindung von edlen Weisen und großen Sehern oder von ‚Weisen Männern des Ostens', wie sie in diesem Buch genannt wurden, von jeher bestanden hat und noch besteht."

In die Theosophische Gesellschaft trat Gottfried von Purucker 1893 unter Katherine Tingleys Vorgänger William Quan Judge ein.

Gottfried von Purucker ist nicht nur den Theosophen in aller Welt bekannt. 1897/98 machte er ausgedehnte Reisen in Südamerika. In den Jahren 1903/04 begleitete er Katherine Tingley auf einer Vortragsreise um die Welt. Die Reiseroute schloss Ägypten ein und berührte auch viele andere orientalische Länder. Weitere Stationen waren Singapur, Hongkong, Kobe, Yokohama, Tokio, Honolulu, San Francisco. Außerdem begleitete er Katherine Tingley in den Jahren 1908, 1912 und 1926 auf ihren Europa-Reisen. 1931 und 1937 führten ihn seine Vortragsreisen durch die USA, England, Wales, Holland, Deutschland, Schweden, Finnland, die Schweiz und Kanada. 1936 unternahm er wieder eine Europa-Reise. Er gewann das vollständige Vertrauen und die begeisterte Unterstützung der Mitglieder in der ganzen Welt. Seine Gelehrtheit verschaffte ihm Hochachtung, und sein tiefes Verstehen der universalen Zusammenhänge sowie sein hoher moralischer Charakter zogen ihm die Zuneigung aller zu, die ihn kannten, sowie derer, die durch das Studium seiner Schriften in innerer Verbindung zu ihm stehen.

Im Jahre 1942 verlegte Gottfried von Purucker das Hauptquartier der Theosophischen Gesellschaft von Point Loma nach Covina, Kalifornien, wo am 12. Juli die erste öffentliche Versammlung stattfand.

Sieben Tage vor seinem Heimgang sagte Gottfried von Purucker bei einer öffentlichen Versammlung am 20. September 1942:

„Aham Asmi Parabrahman“ – „Consummatum est“

ES IST VOLLBRACHT

Die Theosophische Gesellschaft
Point Loma – Covina
„Esoterische Philosophie“ e. V.

Kapitel 0

Erläuterung der drei fundamentalen Lehrsätze der Geheimlehre.

Wir alle sollten uns tief und dankbar der Gelegenheit, die hier gegeben wird, bewusst sein, damit wir uns den Wegen der Gedanken entlang den Lehren nähern können, die seit undenklichen Zeiten den Verstand unserer Mitschüler erleuchtet haben. Sie gaben starken Herzen unter Verfolgung Mut und richteten die Kräfte der Welt nach den Richtlinien aus, die den Menschen am teuersten sind – den Richtlinien der Religion und der ethischen Prinzipien, die das Verhalten der Menschen bestimmen.

Ich persönlich bin mir im Innersten der Verantwortung bewusst, die mir vorangegangene Bemerkungen des Lehrers auferlegt haben: Worte zu sagen, die einfach, konzentriert, klar und hilfreich sind. Der Auftrag lautet, das literarische Meisterwerk von Helena Petrowna Blavatsky, *Die Geheimlehre,* vom Anfang bis zum Ende, wenn möglich jede Hauptlehre, die darin enthalten ist, zu berühren und eine Erklärung und Auslegung zu geben, die jedes Gemüt verstehen kann und die für alle Mitglieder unserer Schule sowohl hier als auch überall in der Welt hilfreich sind.

Das Vorhaben ist sehr umfassend: groß in der Reichweite und groß in den Möglichkeiten. Ich nähere mich der mir übertragenen Aufgabe mit wahrer Ehrfurcht. Mein Herz ist mit Verehrung erfüllt für diese erhabenen Lehren, die seit undenklichen Zeiten die Welt mit Religionen, Wissenschaften und Künsten, Ethik und deshalb Führung versehen haben und deren Ende der „Verstand der Menschen nicht erreicht".

Helena Petrowna Blavatsky eröffnet *Die Geheimlehre* mit der Darlegung von drei fundamentalen Lehrsätzen. Der erste ist der „Grundsatz eines unerforschlichen Prinzips". Der zweite fundamentale Lehrsatz ist die Erklärung, dass das Universum der Spielplatz, das Feld, die Arena und der Schauplatz unaufhörlicher, ewiger, niemals endender Periodizität ist, das heißt zyklischer Bewegung, der Manifestation des ewigen Lebens in zyklischem Erscheinen und Verschwinden von Welten, Sternen, Planeten und anderen Himmelskörpern in der kosmischen Unendlichkeit, die so unbestimmt und ungenau einfach „Raum" genannt wird. H. P. Blavatsky sagt uns, indem sie die Lehre der alten Weisheit ausdrückt, dass diese Welten kommen und gehen wie Funken, mystisch die „Funken der Ewigkeit" genannt. Der Lebenszyklus jedes der größeren Körper nimmt eine ungeheure Zeit ein.

Der dritte Grundsatz – keineswegs der geringste an Wichtigkeit – ist vielleicht am leichtesten zu verstehen, aber er enthält die bedeutungsvolle Wahrheit, dass das Universum und alles in ihm ein ungeheurer, ewiger Organismus ist. Dieser dritte fundamentale Lehrsatz erklärt nicht nur, dass das Universum mit allem, was es enthält, eins ist, sondern im Besonderen, dass das Wesen des Menschen, sein Körper, seine Körper, seine Seele, seine Seelen und sein Geist Abkömmlinge, Ergebnisse oder die Summe von Kräften sind. – Hier kommen wir zu einer der für uns sehr notwendigen Lehren, die zum Verstehen der großartigen Reichweite der Esoterischen Philosophie beiträgt: der Lehre, die H. P. B. die „Lehre über die Hierarchien" genannt hat. Sie besagt, dass der Kosmos, das Universum, obwohl ein Organismus, nichtsdestoweniger aus Stufen oder Abstufungen von Wesen, Bewusstseinseinheiten oder Intellekten aller verschiedenen Arten geformt ist, in denen sich das universale Leben manifestiert. Sie stehen untereinander in Wechselbeziehung, sind miteinander in Übereinstimmung und Einklang und arbeiten in Einheitlichkeit zusammen zu einem gemeinsamen Zweck und Ziel.

Wie wir sehen, sind wir also nicht nur die sterblichen Kinder der Erde, Wesen wie Schmetterlinge, für einen Tag geboren, sondern Funken von dem Herzen des Seins, dem zentralen Feuer des universalen Lebens. Wenn wir diese wundervolle Wahrheit in unseren Herzen fühlen könnten, wenn wir dieses Gefühl in unser tägliches Leben hineinnehmen könnten, wäre keine Kraft größer, um unser Verhalten zu beherrschen. Nichts würde unser Geschick besser formen oder uns auf einen edleren Pfad des Mitleids und des Dienstes stellen.

Wir wollen unser Gespräch wieder aufnehmen und einen Abschnitt aus H. P. Blavatskys *Die Geheimlehre,* Band I, Seite 42 zitieren, der der Behandlung dieser fundamentalen Lehrsätze vorausgeht:

> Bevor der Leser zur Betrachtung der Strophen aus dem *Buch des Dzyan* übergeht, die die Grundlage des vorliegenden Werkes bilden, ist es absolut notwendig, dass er mit den wenigen fundamentalen Begriffen, die dem ganzen Gedankensystem, zu dessen Beachtung er eingeladen ist, zugrunde liegen und dasselbe durchdringen, bekannt gemacht wird. Diese Grundideen sind nur wenige an Zahl, aber von ihrem klaren Erfassen hängt das Verständnis von allem folgenden ab; es ist daher keine Entschuldigung nötig, wenn wir den Leser bitten, sich vorerst mit ihnen vertraut zu machen, bevor er an die Durcharbeitung des Werkes selbst geht.

Die drei Lehrsätze können eine Zusammenfassung des gesamten Systems der Esoterischen Philosophie genannt werden. Sie sind ein Abriss des religiösen und philosophischen Folgerns der menschlichen Seele aus Zeiten unbekannten Alters. Notwendigerweise sind sie daher sehr schwer zu verstehen, und in ihrer vollen Reichweite kann sie der menschliche Verstand nicht begreifen. Während wir zum Beispiel im Hinblick auf den ersten Lehrsatz nicht sagen können, was dieses Prinzip *ist,* so können wir dennoch darüber sprechen, es umkreisen und sagen, was es nicht ist, wie H. P. Blavatsky es selbst macht. Nachdem sie gesagt hat, es sei nach den Worten der *Upanishaden* „undenkbar und unaussprechlich", fährt sie fort, darüber zu sprechen, und gibt die Lehre so, wie sie von den größten Gemütern der Zeitalter verstanden wurde.

Dieses Prinzip, das über die Reichweite menschlichen Denkens hinausgeht, muss alles beinhalten, was das menschliche Gemüt erfassen kann. Aus diesem Grunde können wir es nur das All nennen – ein Wort, das unsere Unwissenheit ausdrückt, das ist wahr, doch es drückt die Tatsache aus, dass dieses unaussprechliche Prinzip das All *ist.* Von ihm entsprangen wir letzten Endes, und wir reisen durch die Äonen der unbegrenzten Zeiten zu ihm zurück. Alle Gedanken kamen letztendlich von ihm, jedoch nicht durch einen Machtspruch eines denkenden, wenn auch großen Geistes. Die Philosophie der Zeitalter sagt uns, dass die ersten Regungen des Seins in diesem All mit dem Lebenskeim in einem Ei verglichen werden können. Wie wunderbar ist es, dass ein Ding, das nur wenige Elemente der Materie enthält – wie eine chemische Analyse bestätigen würde –, unter den richtigen Bedingungen ein lebendes Wesen hervorbringt, sofern es nicht gestört oder zerstört wird.

Viele Religionen haben dieses Prinzip auf verschiedene Weise betrachtet. Die hebräische *Bibel* eröffnet ihre Kosmogonie mit den Worten: „Im Anfang", das heißt „Im Prinzip" (und so ist es in der griechischen Septuaginta übersetzt), „machte Gott die Welt, und die Welt war ohne Form und leer, und der Geist Gottes schwebte über den Wassern." Nun liegt hier eine wundervolle Sache vor. Der Gedanke in diesen Zeilen ist nicht gerade gut ausgedrückt, doch er enthält die esoterische Lehre, wie sie auch in der *Geheimlehre* wiedergegeben ist: „im Anfang" – „im Prinzip" – „im All". Die nächste Aussage ist, dass „Gott" (das originalhebräische Wort ist das Plural-Hauptwort „Elohim", eine merkwürdige Zusammensetzung eines weiblichen Hauptwortes mit einer männlichen Pluralendung) bzw. die „Elohim" die Erde machten, und die Erde war formlos und „leer". Was ist hier mit „leer" gemeint? Es bedeutet Leerheit, Hohlheit.

Die folgende Aussage lautet: „Und der Geist der Elohim bewegte sich über den Wassern."[1] Was für Wasser? Es wurde gesagt, die Erde war formlos und ohne Inhalt, sie war leer – ich erinnere daran, dass das Wort „leer" hier mehr als „ohne Inhalt" bedeutet. In dieser Anwendung bedeutet es richtig „unkörperlich", „immateriell", wir würden sagen: eine astrale Welt, sogar eine spirituelle Welt. Wo auf der

[1] 1. Mose 1, 1–2 (d. Ü.).

Erde waren die Wasser, über denen sich die „Elohim“ oder die „Götter“ bewegten? Warum sollten sie sich über den Wassern bewegen? Sind sich die Schüler der Religion und der Philosophie bewusst, dass „Wasser“ ein Ausdruck ist, der in den alten Religionen benutzt wurde, um „Raum“ zu bezeichnen, die Wasser des Raumes? Es handelt sich hier also um eine immaterielle Welt, die aus dem All hervorgebracht wird von Mächten, von Göttern, und der Geist oder die Kraft dieser Wesen bewegte sich über oder in diesem unkörperlichen und immateriellen Globus oder dieser Welt ...

Wenn wir uns dem ferneren Orient zuwenden und die Sanskṛitlehren so aufnehmen, wie sie in den *Veden* ausgedrückt sind – den ältesten und hochverehrten religiösen und philosophischen Werken Hindustans –, finden wir in der Übersetzung von Colebrooke das Folgende:

> Weder Irgendetwas noch Nichts existierte ...

Über diesen Gedanken sollte nachgedacht werden. Weder ein Ding noch kein Ding existierte.

> ... jener strahlende Himmel war nicht,
> noch war des Himmels breites Dach oben ausgestreckt.
> Was bedeckte alles? Was beschützte? Was verbarg?
> War es des Wassers unergründlicher Abgrund?

Hierin ist wieder der Hinweis auf die Wasser des Raumes enthalten.

> Da war kein Tod – noch war da etwas Unsterbliches,
> da war keine Grenze zwischen Tag und Nacht.
> Das einzige Eine
> atmete atemlos durch sich selbst,
> anderes als ES war niemals gewesen.
> Finsternis war da,
> und alles war zuerst in tiefe Dunkelheit gehüllt –
> ein Ozean ohne Licht.
> Der Keim, der noch verborgen in der Hülse lag,
> brach heraus,
> eine Natur aus leidenschaftlichem Feuer.

Wir sehen den wundervollen Versuch, Gedanken in die einfache menschliche Sprache zu übertragen, in alltägliche, wenn auch schöne Redewendungen, Gedanken, deren Feinheit und Tiefsinnigkeit das menschliche Gemüt zu erreichen, zu erfassen bemüht sein kann und doch weitgehend verfehlt. Nichtsdestoweniger empfinden wir, fühlen wir durch ein inneres Bewusstsein die Existenz, die Realität, die Wirklichkeit dessen, wovon wir wissen, dass es existiert, und das wir nicht wiedergeben können.

Hierin liegt die Feststellung, dass „kein Ding“ da war und „nicht kein Ding“ da war. Diesem können wir keinen menschlichen Namen geben. Doch da das Gemüt in Analogie arbeitet, sagen uns die *Veden,* dass der Lebenskeim sich in ES erhob, da ES war. So ist ES nun immer das Gleiche, soweit wir sehen können – nichts weniger, nichts hinweggenommen, nichts hinzugefügt und doch sich immer verändernd. Äußerste Unbeweglichkeit ist Tod. In ES existiert der Tod nicht. Bewegung, wie wir sie verstehen, ist Leben, und doch existiert in ES derartiges Leben in Wirklichkeit nicht. ES ist in Wirklichkeit weder in Bewegung noch bewegungslos. Alles, womit wir ES vergleichen können, ist „äußerster Raum“, der die nie endende Bewegung, wie wir sie verstehen, in Unendlichkeit, in Ewigkeit enthält – aber dies sind nur Worte, ein offenes Bekenntnis der Unfähigkeit des menschlichen Verstandes, es auszudrücken. Doch welch edle und stolze Bemühung der mächtigen Kräfte des menschlichen Geistes ist es, danach zu greifen, um zumindest eine Andeutung des Unaussprechlichen zu erlangen. Hier haben wir eine Grundlage für eine Religion der Wahrheit. Was für ein mächtiges Instrument ist das Gemüt des Menschen!

Auf Seite 32 des ersten Bandes der *Geheimlehre* sagt H. P. Blavatsky:

> Das ist das EINE LEBEN, ewig, unsichtbar, doch allgegenwärtig, ohne Anfang oder Ende, doch periodisch in seinen regelmäßigen Manifestationen …

Ist es möglich, die Unermesslichkeit dieses räumlichen Alls und unseres Kosmos, unseres Universums, das von ES durch einen Strahl des Geistes herabhängt, im Innern zu begreifen? – Ist es möglich, unser Universum zu erfassen, nicht nur unser staubiges Stückchen Erde, sondern das Universum, das in der umgebenden Zone der Milchstraße enthalten ist, wie auch die zahllosen anderen Universen von ES herabhängen?

Das All manifestiert sich niemals, es ist das Unmanifestierte. Dennoch gehen von ihm die Manifestationen aus. Womit können wir es dann vergleichen? Was waren die Sprachbilder, die die Alten benutzten, die Bilder, die Metaphern, durch die sie das Verfahren der Manifestation aus dem Unmanifestierten ausdrückten – des Materiellen aus dem Immateriellen, des Lebens aus dem Nicht-Leben, des Persönlichen aus dem Unpersönlichen, des Wesens, der Wesenheit aus dem Nicht-Wesen, der Nicht-Wesenheit? Hier ist eines dieser Bilder: Das Weltprinzip ist die Sonne. Sie sendet ewig unzählbare Lichtstrahlen in alle Richtungen aus, die Teile dessen sind, wovon sie ausgesandt werden. Die Sonne selbst war bei den Alten nur die materielle

Manifestation auf diesem Plan von einer hierarchischen Kette, die ihre Wurzeln in etwas noch Höherem als sie selbst verankert hat und so fort. Wie beschrieben die Alten das Prinzip, dieses Unaussprechliche, in den *Veden?* Schweigen und Dunkelheit umgaben den Gedanken, und sie nannten es TAT – JENES; nicht etwa „Gott", nicht etwa „das strahlende Eine". Es wurde durch kein Adjektiv begrenzt, sondern einfach mit JENES bezeichnet.

Der Weltenbaum ist ein anderes Bild, das sogar noch universaler ist als das der Sonne. Es ist in den Hindu-Schriften zu finden, in den alten amerikanischen Symbolen der Maya, Inkas und Tolteken, ebenso auch im alten Europa, und bis auf den heutigen Tag wird es in den skandinavischen *Eddas* bewahrt. Wie hat man sich den Weltenbaum vorgestellt? Er wurde als von oben nach unten wachsend dargestellt, seine Wurzeln wurzelten in JENES, und sein Stamm, seine mannigfaltigen Äste, seine Zweige, Blätter und Blüten streckten sich nach unten in alle Richtungen und stellten das sich manifestierende und manifestierte Leben dar, die unberechenbaren Dinge, in die dieser kosmische Strom, diese spirituelle Flut des Seins fließt.

Betrachten wir eine Spitze am Ende des niedrigsten, äußersten Zweiges, die Spitze eines Blattes: Sie bezieht ihr Leben aus dem Blatt, das Blatt zieht es aus dem Zweiglein, das Zweiglein aus dem Zweig, der Zweig aus dem größeren Zweig, der größere aus einem noch größeren, dieser aus dem Stamm, der Stamm aus den Wurzeln, die Wurzeln – aber warum noch weiter gehen? Wir können unbegrenzt fortfahren. Die Alten sagten in ihrem tief religiösen Glauben einfach JENES, wenn sie sich auf das bezogen, was das menschliche Begriffsvermögen übersteigt. Wenn H. P. Blavatsky hier also sagt: „doch periodisch in seinen regelmäßigen Manifestationen", so müssen wir das verstehen. Es ist die Lehre, dass ES sich niemals manifestiert, aber von ES alles Leben entspringt. „… zwischen welchen Perioden das dunkle Geheimnis des Nichtseins herrscht." Zwischen den Perioden der Manifestation, Manvantaras genannt, befinden sich die sogenannten kosmischen oder universalen Pralayas. … Daher, mit den Worten von H. P. B.:

> … zwischen welchen Perioden das dunkle Geheimnis des Nichtseins herrscht; unbewusst, doch absolutes Bewusstsein; unrealisierbar, doch die eine selbstexistierende Realität; fürwahr „ein Chaos für den Sinn, ein Kosmos für die Vernunft". Sein einziges absolutes Attribut, welches ES SELBST ist, ewige, unaufhörliche Bewegung, wird in esoterischer Sprache der große Atem genannt, das ist die beständige Bewegung des Weltalls, im Sinne von unbegrenztem, allgegenwärtigem Raum.
>
> Die Geheimlehre, Bd. I, S. 32

Kapitel 1

Das SELBST: des Menschen innerstes Bindeglied mit dem Unaussprechlichen. Die Esoterische Philosophie: in allen alten Religionen gelehrt.

... so sind weder die gesamte Schar (der Demiurg) noch irgendeine von den wirksamen Kräften individuell geeignete Gegenstände für göttliche Ehren oder Anbetung. Alle jedoch verdienen die dankbare Verehrung der Menschheit, und der Mensch sollte immer danach streben, der göttlichen Evolution der *Ideen* behilflich zu sein, indem er nach seinen besten Fähigkeiten ein *Mitarbeiter der Natur* bei ihrer zyklischen Aufgabe wird. Das ewig unerkennbare und unerfassbare Kârana allein, die unverursachte Ursache aller Ursachen, sollte seinen Schrein und Altar auf dem heiligen und immer unbetretenen Boden unseres Herzens haben – unsichtbar, unberührbar, unausgesprochen, ausgenommen von der „noch schwachen Stimme" unseres geistigen Bewusstseins. Jene, die dem Kârana ihre Verehrung darbringen, sollten es tun in der Stille und in der geheiligten Einsamkeit ihrer Seelen; indem sie ihren Geist zum einzigen Mittler zwischen sich und dem Universalgeiste machen, ihre guten Handlungen zu den alleinigen Priestern und ihre sündigen Neigungen zu den einzigen sichtbaren und gegenständlichen Opferdarbringungen vor der GEGENWART.

Die Geheimlehre, Bd. I, S. 300–301

Mitschüler der alten Weisheit!

Wir stehen auf heiligem Boden. Des Führers Ruf ertönt wie die Posaunenstimme des Gesetzes der alten Weisheit, die im Echo der Zeitalter in einem Augenblick wie diesem in unseren Herzen widerhallt und uns in einer Sprache, die wir, wenn wir das Herz und die Seele dazu haben, deuten können, zuzurufen scheint:

„Fideles, sursum corda: Die Herzen empor, ihr Getreuen!" Und können wir nicht in dem gleichen Geiste antworten, den der Führer uns heute Abend gezeigt und offenbart hat: „Ja, wahrlich, im Namen der Wahrheit, wir erheben unsere Herzen zu dem leuchtenden Gott in jedem von uns!"

Wir sind heute Abend hier in der Gegenwart des Gesandten und Vertreters jener erhabenen Menschen, die die Wächterschar der Esoterischen Philosophie bilden. Wir müssen fühlen, dass ein Ruf an uns ergeht. Die Stunde ist eine feierliche. Es ist Zeit, uns über die Persönlichkeit zu erheben, kühn unser Herz zu durchforschen und danach zu streben, die Botschaften, die wir gelernt haben, so zu verkünden, dass andere, die, wie der Lehrer uns sagte, weniger Gelegenheit hatten als wir, ihrerseits diese Wahrheiten über das innere Leben weitergeben können.

In unseren beiden letzten Versammlungen studierten wir die drei Grundforderungen oder fundamentalen Lehrsätze in H. P. Blavatskys wundervollem Werk *Die Geheimlehre.* Ich erinnere mich insbesondere an des Lehrers ergänzende Worte nach dem Schluss der Versammlung, die ich als sehr schön und äußerst inhaltsreich empfand. Sie sagte:

„Sich in Gedanken dem Undenkbaren zu nähern ist eine wunderbare, vergeistigende Kraft. Man kann nicht daran denken, ohne in sich die Neigung zu verspüren, entweder mehr zu empfinden oder mehr darüber nachzudenken, ohne das innere Bewusstsein des Menschen zu erschließen. Und wenn dieses innere Bewusstsein erwacht ist, dann findet sich die Seele in größerer Nähe der unendlichen Gesetze, in größerer Nähe von ES oder jenem großen Zentrum, das sich durch Worte nicht ausdrücken lässt."

Wir haben versucht, zwei Ebenen, die wir miteinander zu vergleichen haben, zu erreichen, indem wir uns an unser Innerstes wandten. Es wird uns gelehrt, dass es im Menschen ein Bindeglied mit dem Unaussprechlichen gibt, ein Band, eine Verbindung, die sich von dem ES aus zum inneren Bewusstsein erstreckt. Und dieses Bindeglied – so lautet die uns überlieferte Lehre – bildet das wahre Herz des Seins. Es entspricht jenem übersinnlichen Prinzip, jenem unaussprechlichen Geheimnis, das H. P. Blavatsky in dem ersten Band der *Geheimlehre* im ersten der drei fundamentalen Lehrsätze als über dem menschlichen Gemüt stehend bezeichnet. Indem wir mit diesem Bindeglied eins werden, können wir den Bereich des gewöhnlichen menschlichen Intellekts überschreiten und (sei es durch unser Hinaus-, Aufwärts- oder Hinstreben) zu jenem Unaussprechlichen gelangen, das, – obwohl es in Worte zu fassen oder es mit menschlichem Denken zu erreichen menschliche Macht übersteigt – wie wir wissen, das Verborgene alles Verborgenen, das Leben des Lebens, die Wahrheit der Wahrheit, das All ist.

Dies ist, wie mir scheint, der Gedanke, der des Lehrers Worte so gut erläutert. Indem wir nach diesem Innern, nach dem Innersten streben, können wir zu einer Vorstellung gelangen, wenn nicht zu einem Verstehen des unendlichen Prinzips von allem, was ist. Von ES treten – so lautet die Lehre – im Verlauf endloser Dauer am Ende des großen, universalen oder kosmischen Pralaya die Anfänge aller Dinge in Manifestation. Diese Anfänge enden in jenen Formen des Lebens und des Seins, die H. P. Blavatsky in dem zweiten und dritten fundamentalen Lehrsatz beschreibt.

Dieses innerste Bindeglied mit dem Unaussprechlichen wurde im alten Indien mit dem Ausdruck SELBST bezeichnet, was oft fälschlich mit „Seele" übersetzt worden ist. Das Sanskritwort dafür ist „Âtman“, es bezieht sich im psychologischen Sinn auf die menschliche Wesenheit. Sozusagen das obere Ende dieses Bindegliedes – um in menschlichen Ausdrücken zu sprechen – heißt „Paramâtman“ oder das „Selbst Jenseits“, das immerwährende SELBST – Worte, die denen, die diese wunderbare Philosophie studiert haben, klar und deutlich etwas über die Natur und das Wesen dessen, was der Mensch ist, sagen sowie über die Quelle, der er in jener anfang- und endlosen Dauer entsprang. Als ein Kind der Erde und des Himmels enthält er beide in sich.

Wir gehen nun von der Betrachtung des ersten Lehrsatzes zum zweiten und dritten über. Und damit wir verstehen, was wir bei der Verwendung gewisser Worte meinen, wird es nützlich sein, den Gebrauch zu erläutern, den wir von diesen Worten machen. Nehmen wir das so interessante und außerordentlich gut übersetzte Buch von Sir Edwin Arnold her, betitelt „Das himmlische Gedicht“. Es ist eine Übersetzung der *Bhagavad-Gîtâ* in englische Verse. Dieses Werk bildet eine Episode oder ein Zwischenspiel im *Mahâbhârata,* dem größeren der beiden großen Hindu-Epen. Es findet sich im sechsten Buch des *Mahâbhârata,* d. h. des „Großen Bhârata“, und enthält im Stil der Hinduschriften eine Abhandlung über religiöse, philosophische und mystische Themen. Es wurde verschiedene Male mehr oder minder gut übersetzt. Vielleicht ist die beste Übersetzung die unseres zweiten Lehrers William Q. Judge. Sein Werk ist eigentlich eine revidierte Ausgabe der Übersetzung von Wilkins, die zunächst von Cockburn geändert und dann wiederum von Judge im Sinne der Esoterischen Philosophie verbessert wurde. Sir Edwins „Das himmlische Gedicht“ enthält im zweiten Buch folgende Stelle:

> … die Seele, die unbewegt,
> die Seele, die in tiefer, ständiger Ruhe
> gleichmütig Sorg’ und Freude auf sich nimmt,
> sie hat das ew’ge Leben.
> Das, was ist, kann nie zu sein aufhören;
> was nicht besteht, wird auch nicht sein.
> Also zweifache Wahrheit.
> Erkennt, was Wirklichkeit von Zufalls Schein,
> Substanz von Schatten trennt.
> Denn unzerstörbar, vernimm, ist das Leben,
> Leben allverbreitend:
> Es kann nicht irgendwo, durch irgendetwas,
> irgendwie gehemmt, vermindert,
> noch verändert werden.
> Doch flücht’ge Formen, die es erfüllt

mit Geist, unsterblich, endlos, unbegrenzt,
sie schwinden. ...
Nie ward Geist geboren,
Geist wird nie aufhören zu sein;
zu keiner Zeit war er nicht;
Ende und Anfang sind Träume!
Sonder Geburt, Tod und Wechsel
verbleibt für immer der Geist –
nimmer berührt ihn der Tod,
scheint auch Tod uns sein Haus!

Nun sind diese Worte außerordentlich schön. Trotzdem aber enthalten sie eine falsche Übersetzung, eine falsche Wiedergabe des Textes dieses wunderschönen kleinen Werkes. Zunächst übersetzt Sir Edwin das Sanskṛitwort TAT, das wir bei unserem letzten Studium erklärten, zuerst mit dem Wort Seele und dann mit dem Wort Geist. Natürlich bezieht er sich vom Standpunkt der Analogie aus auf die Seele und den Geist des Menschen. Ich möchte eine Prosaübersetzung der gleichen Verse vorlesen, die, ohne Anspruch auf dichterische Wiedergabe in schöner Sprache, nur einfach den Gedanken ausdrücken will:

Der Mensch, den diese nicht irreführen,
o Stier unter den Menschen,
der derselbe ist in Schmerz und Vergnügen
und von unerschütterlicher Seele,
er hat Teil an der Unsterblichkeit.
Es gibt kein Bestehen für das Unwirkliche;
es gibt kein Nichtbestehen für das Wirkliche.
Das höchste Unterscheidungsmerkmal
für diese beiden wird von jenen wahrgenommen,
die die wahren Grundeigenschaften erkennen.
Wisse, dass JENES, von dem dieses
ganze Universum gewoben wurde,
unzerstörbar ist.

Das Sanskṛitwort für JENES ist TAT, und mit diesem Wort beschrieben die vedischen Weisen jenes unaussprechliche Prinzip, von dem alles seinen Ursprung nahm, was durch das Weben eines Gewebes bildlich dargestellt wird.

Niemand kann die Zerstörung dieses
Unvergänglichen bewerkstelligen.
Von diesen sterblichen Körpern wird gesagt,

dass sie dem verkörperten, ewigen, unzerstörbaren,
unergründlichen „Einen“ angehören ...
Der Mensch, der glaubt, dass ES tötet, und der,
der meint, dass ES getötet werden kann,
sie beide verstehen ES nicht.
ES tötet weder, noch wird ES getötet.
ES wird nicht geboren, noch stirbt ES jemals;
ES wurde nicht erzeugt,
noch wird ES je erzeugt werden.
ES ist ungeboren, beständig, immerwährend,
von allem Anfang an.
ES wird nicht verletzt,
wenn auch der Körper getötet wird.

Worauf sich der Schreiber der *Bhagavad-Gîtâ* bezieht, ist das Bindeglied, von dem wir gesprochen haben, das unvergängliche, unsterbliche Prinzip in uns. Er beschreibt es mit dem Wort JENES und stellt es in Gegensatz zu dem geoffenbarten Universum, das in den alten Lehren Indiens unabänderlich mit DIES bezeichnet wird. Das Sanskṛitwort dafür ist IDAM.

Die Weisen der alten Zeit hinterließen Aufzeichnungen der inneren Lehre der Religionen jener Völker, unter denen sie lebten. Diese innere Lehre war die Esoterische Philosophie, die Theosophie jener Zeit. In Hindustan findet sich diese Theosophie in den *Upanishaden,* einem Teil der vedischen Literaturzyklen. Das Wort besagt „Geheimlehre“ oder „geheime Lehren“. Aufgrund der *Upanishaden* und anderer Teile der wunderbaren vedischen Literatur schrieben die alten Weisen Indiens den heute so genannten *Vedânta* – ein zusammengesetztes Sanskṛitwort, das „das Ende (oder die Vollendung) des Veda“ bedeutet, d. h. Belehrung in der endgültigen und vollkommensten Erklärung der Bedeutung der vedischen Lehrsätze.

Im alten Griechenland gab es verschiedene Schulen und verschiedene Mysterien, und die Theosophie des alten Griechenland wurde sehr geheim gehalten. Sie wurde in den Mysterien und von verschiedenen Lehrern auserwählter Kreise ihren Schülern gelehrt. Einer dieser großen Lehrer war Pythagoras, ein anderer Platon. Diese Theosophie wurde nach dem Verfall der sogenannten heidnischen Religionen in dem, was heute die „neuplatonische Philosophie“ genannt wird, mehr oder weniger klar umrissen und verkörpert. Sie enthält in Wirklichkeit die inneren Lehren von Pythagoras und Platon sowie den inneren Sinn jener mystischen Lehren, die in Griechenland unter dem Namen „Orphische Dichtungen“ bekannt waren.

Von der Theosophie Ägyptens gibt es nur spärliche Überreste, wie z. B. in den sogenannten *Totenbüchern.* Von der Theosophie des alten Amerika, von den Reichen der Inkas oder der Mayas haben wir so gut wie nichts. Die Theosophie des alten Europa ist verschwunden. Alles, was uns davon geblieben ist, ist eine gewisse Anzahl mystischer Schriften wie die skandinavischen *Eddas* und die germanischen Bücher, wie sie z. B. in den althochdeutschen und angelsächsischen Sagen vertreten sind.

Ein für jedermann mögliches Studium der Lehren, wie sie in den *Upanishaden,* in den *Totenbüchern,* in der neuplatonischen Philosophie, in den skandinavischen *Eddas* und in anderen Schriften enthalten sind, zeigt, dass sie eine gemeinsame Grundlage und Wahrheit enthalten. Verschiedene Menschen in verschiedenen Zeitaltern lehrten zu verschiedenen Zeiten die gleiche Wahrheit. Wohl gebrauchten sie verschiedene Worte und Ausdrücke, wohl sprachen sie in verschiedenartigen Wendungen und Gleichnissen, aber dahinter verborgen war stets die alte Lehre, die „geheime Weisheit".

Die Theosophie der Juden war in dem verkörpert, was später die *Kabbala* genannt wurde – ein hebräisches Wort, das „empfangen" bedeutet, d. h., sie war die überkommene Lehre, überliefert oder empfangen (nach den eigenen Aussagen der *Kabbala*) durch die Propheten und Weisen des Judentums. Es hieß von ihr, dass sie zuerst von „Gott, dem Allmächtigen, einer auserwählten Schar von Engeln im Himmel" gelehrt worden ist.

Wenn wir an die Lehren der alten Weisheit herantreten, dürfen wir nicht vergessen, dass die alten Lehrer anthropozentrisch sprachen, dachten und lehrten; d. h., sie alle legten Wert darauf, den psychologischen Gesetzen des menschlichen Gemütes zu folgen, weshalb sie in menschlichen Sprachbildern lehrten und oft seltsame, sehr seltsame Gleichnisse gebrauchten, die aber als Sprachbilder doch außerordentlich lehrreich waren. Wie weise! Denn so konnten sie die alten Lehren weitergeben, und sie taten dies auf solche Weise, dass gerade dieses anthropozentrische System am allerwenigsten die dogmatischen Bestimmungen begünstigte, die in aller Wahrheit das Beste in den Lehren der christlichen Kirche vernichtet haben. Diese bildlichen Ausdrücke, diese Sprachbilder, waren so seltsam, dass das Gemüt fast augenblicklich erkannte, dass sie nur die äußeren Hüllen waren, die die Wahrheit in sich bargen.

Wir wollen nun die *Kabbala* als ein Beispiel für die Art anführen, in der eine Theosophie – die jüdische – an das Geheimnis herantritt, wie das Unmanifestierte das Manifestierte hervorbringt; wie von dem, was end- und anfanglose Dauer ist, Stoff, Raum im Sinne stofflicher Ausdehnung, sowie Zeit hervorging. Aber zunächst möchte ich aus einem anderen Sanskritwerk zitieren, aus einer der *Upanishaden,* der *Kena-Upanishad.* Darin heißt es über dieses unaussprechliche Geheimnis:

> Weder des Auges Blick noch die Sprache,
> noch das Denken kann es erreichen;

wahrlich, wir wissen nicht, noch können wir sagen,
wie man es lehren sollte.
Es ist verschieden von dem Bekannten,
es ist jenseits des Unbekannten.
So haben wir gehört von den Menschen alter Zeiten,
denn sie lehrten uns so.

Der große Śankarâchârya, vielleicht der berühmteste aller indischen Erklärer der *Upanishaden* und des wunderbar schönen, von ihnen abgeleiteten philosophischen Systems, genannt der *Vedânta,* sagt in einer Erklärung über die *Aitareya-Upanishad:*

> Das Eine *ist,* einzig, fern aller Dualität; in ihm sind nicht die vielfachen illusorischen Erscheinungen unwirklicher Körper und Zustände dieses Universums von nur scheinbarer Wirklichkeit. Leidenschaftslos, unbewegt, rein, in vollkommenem Frieden, erkennbar nur an dem Mangel an jeglicher Eigenschaftsbezeichnung; unerreichbar durch Wort und Gedanke.

Die *Kabbala* ist die überlieferte Lehre der Weisen unter den Juden. Sie ist eine wundervolle Lehre. Im Umriss oder im Auszug enthält sie jeden fundamentalen Lehrsatz, jede fundamentale Lehre, die auch unsere geheime Lehre enthält. Die Lehren der *Kabbala* sind oft in eine recht sonderbare und manchmal ergötzliche Sprache gekleidet; manchmal erhebt sich die Sprache zu wahrer Erhabenheit. Was hat der *Sohar,* das zweite der großen Bücher, die von der jüdischen *Kabbala* (das Wort Sohar bedeutet „Glanz") übrig geblieben sind, über die Art zu sagen, in der die jüdischen Bücher studiert werden sollten? Er sagt Folgendes (III, 152 a):

> Wehe dem Menschensohn, der sagt, dass die *Tora* [die hebräische *Bibel,* besonders der *Pentateuch* oder besser die ersten vier Bücher der *Bibel,* ohne *Deuteronomium*, das fünfte] alltägliche Sprüche und gewöhnliche Erzählungen enthält. Wäre dies der Fall, so könnten wir heutzutage eine Sammlung von Lehren aus profanen Schriften zusammenstellen, die größere Achtung erwecken würden. Wenn das Gesetz gewöhnliche Dinge enthält, dann finden sich in profanen Büchern edlere Gedanken. Lasst uns hingehen und von ihnen eine Auswahl zusammenstellen, und wir werden ein weit besseres Gesetzbuch schreiben. Nein! Jedes Wort des Gesetzes enthält einen erhabenen Sinn und ein himmlisches Geheimnis …
>
> So wie die spirituellen Engel irdische Gewänder anlegen mussten, als sie auf diese Erde hinabstiegen, und auf ihr weder hätten bleiben können noch verstanden worden wären, wenn sie nicht solch ein Gewand angelegt hätten, so ist es auch mit dem Gesetz. Als das Gesetz zur Erde hinabstieg, musste es ein irdisches Gewand anlegen, um von uns verstanden zu werden – die Erzählungen sind sein Gewand …

> Die Verständigen sehen nicht auf das Gewand, sondern auf den darunter befindlichen Körper [die esoterische Bedeutung], wohingegen die Weisesten, die Diener des himmlischen Königs, die, so auf dem Berge Sinai wohnen, auf nichts als auf die Seele sehen ...,

d. h. auf die tiefste geheime Lehre oder heilige Weisheit, die unter dem „Körper", unter den exoterischen Erzählungen oder Geschichten der *Bibel* verborgen ist.

In unseren Tagen, da Modernisten und Fundamentalisten miteinander streiten – und zwar unnötigerweise über exoterische Nebensächlichkeiten, über Dinge, die der Ausfluss menschlicher Selbstsucht sind, über die dogmatischen Lehren der christlichen Kirche, von denen jede wahrscheinlich mehr auf die alte, heidnische, esoterische Philosophie zurückgeht –, ist es unendlich schade, dass sie nicht wissen und begreifen, dass diese Lehre der *Kabbala,* wie sie im *Sohar* steht, wahr ist. Es ist die Lehre unserer Führer und Lehrer; denn unter jedem Gewand ist das Leben verborgen. So, wie Jesus in Gleichnissen lehrte, so wurde auch die *Bibel* in bildlichen Ausdrücken und Sprachbildern geschrieben.

Kapitel 2

Wo ist Wirklichkeit? Wahrheit kann erkannt werden. Des Menschen zusammengesetzte Natur, entsprechend den verschiedenen Systemen: dreifach, vierfach, fünffach oder siebenfach.

Das Grundgesetz dieses Systems, der Mittelpunkt, aus dem alles emportaucht und um und gegen den alles gravitiert und von dem alle ihre Philosophie abhängt, ist das Eine gleichartige göttliche SUBSTANZ-PRINZIP, die Eine wurzelhafte Ursache.

> Nur Wen'ge, deren Lampe heller schien,
> Die führt von Grund zu Grund ein sichrer Schluss
> Zu der Natur geheimem Haupte hin –
> Sie fanden, dass ein Urprinzip sein muss.

Es wird „Substanz-Prinzip" genannt, weil es auf dem Plan des geoffenbarten Weltalls zur „Substanz" wird, zu einer Illusion, während es ein „Prinzip" bleibt in dem anfanglosen und endlosen abstrakten, sichtbaren und unsichtbaren RAUM. Es ist die allgegenwärtige Wirklichkeit; unpersönlich, weil es alles und jedes Ding enthält. Seine *Unpersönlichkeit* ist die *Grundidee* des Systems. Es ruht in jedem Atom des Weltalls und ist das Weltall selbst.

Die Geheimlehre, Bd. I, S. 294

ES ist das Wahre, ES ist das Selbst, und du bist ES.

Chhândogya-Upanishad

Das Tao, das in Worten ausgedrückt werden kann, ist nicht das ewige Tao. Der Name, der ausgesprochen werden kann, ist nicht sein ewiger Name. Namenlos ist es der Anfang des Himmels und der Erde. Mit Namen ist es die Mutter aller Dinge. Nur jemand, der beständig frei von irdischen Leidenschaften ist, kann seine spirituelle Essenz begreifen. Wer fortwährend durch Leidenschaften gehemmt ist, kann nicht mehr als die äußere Form sehen. Diese zwei Dinge, das Spirituelle und das Materielle, sind in ihrem Ursprung ein und dasselbe, obgleich wir ihnen verschiedene Namen geben. Diese Einheit ist ein Mysterium – das Mysterium der Mysterien. Sie ist die Pforte aller Spiritualität.

Die Sprüche von Lao-tse

Wir schlagen heute Abend Band I von H. P. Blavatskys *Geheimlehre* auf und lesen auf Seite 41 den vierten Absatz, der folgendermaßen lautet:

> Der Leser hat sich vor Augen zu halten, dass die gegebenen Strophen bloß die Kosmogonie unseres eigenen Planetensystems und dessen, was rund um dasselbe sichtbar ist, nach einem solaren Pralaya, behandeln. Die geheimen Lehren in Bezug auf die Evolution des gesamten Kosmos können nicht gegeben werden, da sie selbst von den höchsten Geistern dieses Zeitalters nicht verstanden werden könnten, und es scheinen nur sehr wenige Initiierte, selbst unter den größten, zu sein, denen es erlaubt ist, über diesen Gegenstand zu spekulieren. Vielmehr sagen die Lehrer offen, dass nicht einmal die höchsten Dhyân-Chohans jemals die Geheimnisse jenseits jener Grenzen, die die Milliarden von Sonnensysteme von der „Zentralsonne“, wie sie genannt wird, trennen, durchdrungen haben. Daher bezieht sich das Veröffentlichte nur auf unseren sichtbaren Kosmos, nach einer Nacht des Brahmâ.

Wir wählen diese Stelle heute Abend als allgemeinen Text für unser Studium. Indem wir des Lehrers Unterweisung folgen, so wie wir sie verstehen, erscheint es nicht nur angemessen, sondern sogar notwendig, unser Studium über die in der *Geheimlehre* behandelten geheimen Gegenstände mit der Frage zu eröffnen, in welcher Weise oder durch welche Methode wir zu einem Verstehen dieser Lehren gelangen oder sie begreifen können. Kommen sie zu uns als dogmatische Lehren, oder haben sie entsprechend der Definition, die Webster in seinem Wörterbuch über Theosophie gibt, ihre Quelle in einer spirituellen Vereinigung mit „Gott“? Es ist etwas Wahres an Websters Definition. Der Theosoph glaubt, dass er in sich die Fähigkeit besitzt, sich zu erheben, dass er dadurch eine genauere mentale Vorstellung von den Dingen, wie sie sind, oder der Wirklichkeit erlangen kann.

Aber andererseits, wenn das jedermann ohne taugliche und fähige Führung, Leitung und Belehrung täte, würden größte Eitelkeit und menschliche Einbildung und viele andere Kräfte im menschlichen Aufbau unvermeidlich zu einer ungeheuren Verschiedenheit der Meinungen, Lehren und Doktrinen führen, indem jeder glauben würde, dass er und nur er allein die Wahrheit besäße, und deshalb jene, die ihm folgen und seine Ansichten predigen, zusammen mit ihm eine besondere „Kirche“ oder „Sekte“ bilden würden. Die Worte selbst fänden wahrscheinlich keine Anwendung, aber es liefe auf dasselbe hinaus.

Deshalb haben wir hier den Nutzen, den Segen, die Angemessenheit der theosophischen Lehren, die uns unsere Lehrer gegeben haben. Diese Lehren sind – von einem Lehrer dem anderen übermittelt – aus dem grauen Altertum zu uns gekommen.

Sie wurden ursprünglich der werdenden menschlichen Rasse, als sie einst Selbstbewusstsein erlangte, durch Wesen aus einer höheren Sphäre mitgeteilt, durch Wesen, die selbst göttlichen Ursprungs waren. Ferner erhielten wir von diesen Wesen unsere höheren Prinzipien, indem sie uns ihre spirituellen und höheren intellektuellen Selbste mitteilten oder sie in uns emanierten. Denn die Lehrer haben uns gesagt, dass diese Lehren, um H. P. Blavatskys eigene Worte zu gebrauchen, Zeitalter um Zeitalter, Generationen um Generationen durch unzählige spirituelle Seher geprüft und erprobt wurden: geprüft in jeder Hinsicht, geprüft auf ihre Wahrheit, geprüft auf ihren Ursprung, geprüft in Bezug auf ihre Wirkung auf das menschliche Gemüt.

Wie die älteren Schüler dieser Schule, von denen viele hier sind, wohl wissen, können die Fähigkeiten, durch die der Mensch Erkenntnis der Wahrheit, Erkenntnis des Wirklichen erlangen kann, jederzeit und überall angeregt und erweckt werden, vorausgesetzt, dass die rechten Bedingungen gegeben sind, so dass die strebende Seele auf diese Weise erfolgreich aufwärts oder nach innen gelangen und erkennen kann.

Manchmal werden in den einfachsten Lehren die göttlichsten Wahrheiten gefunden. Und warum? Weil die einfachen Lehren die grundlegenden sind.

Lasst uns deshalb für einen Augenblick die sieben Prinzipien des Menschen in ihrer Verbindung mit den sieben Prinzipien des Universums betrachten. Die sieben Prinzipien des Menschen sind ein Abbild, eine Kopie der sieben kosmischen Prinzipien. Tatsächlich sind sie der Spross der sieben kosmischen Prinzipien in ihrer Tätigkeit in uns, durch das Wirken des Karman-Gesetzes beschränkt, aber in ihrem Ursprung in JENES, das jenseits ist, zurückgehend: in JENES, das die Essenz des Universums oder des Universalen ist; in JENES, ins Innere, zum Ungeoffenbarten, zum Unmanifestierbaren, zu jenem ersten Prinzip, das H. P. Blavatsky als den führenden Gedanken der Weisheits-Philosophie der *Geheimlehre* erklärt.

Diese Prinzipien des Menschen werden in der Philosophie als sieben aufgezählt, mit deren Hilfe uns der menschliche, spirituelle und psychische Aufbau im gegenwärtigen Zeitalter erklärt worden ist. Zu anderen Zeiten wurden diese Prinzipien oder Teile des Menschen unterschiedlich aufgezählt. Der Christ bezeichnet sie als Körper, Seele und Geist und kennt den Unterschied zwischen Seele und Geist nicht. Er denkt, es müsste ein Unterschied bestehen, aber er weiß nicht, welcher Art er ist, und viele sagen, Seele und Geist sei dasselbe.

Einige der indischen Denker teilten den Menschen in eine aus vier, andere in eine aus fünf Hauptbestandteilen bestehende Wesenheit ein. Die jüdische Philosophie, die in der *Kabbala* zu finden ist und die die esoterische Tradition der Juden ist, lehrt, dass der Mensch in vier Teile geteilt ist:

1. Den höchsten und spirituellsten von allen, jenes Prinzip oder jenen Teil, der für uns nur ein Hauch des Seins ist, nannten sie „Neschama".
2. Das zweite Prinzip wurde „Ruach" oder „spirituelle Seele" genannt, manchmal in Übereinstimmung mit einer anderen Methode der Wiedergabe „Ruahh".
3. Die Astralseele (oder vitale Seele) wurde „Nefesch" genannt. Sie ist das dritte Prinzip, abwärts gezählt, das der Mensch mit den Tieren gemeinsam hat.
4. Dann kommt „Guf" oder das physische Vehikel, das Haus, in dem alle diese anderen wohnen.

Über allem und höher als alle, höher als Neschama – das keine Emanation, keine Schöpfung, keine Evolution dieses Höchsten ist, sondern von dem es im gewissen Sinne, den wir später zu erklären haben werden, das Erzeugnis ist – steht das Unaussprechliche, das Grenzenlose, „Ain Sof" genannt.

Die Sanskṛitausdrücke, die unsere Lehrer den sieben Prinzipien des Menschen in unserer eigenen theosophischen Philosophie gegeben haben, sind die nachstehend aufgeführten. Wir können durch die Erklärung der ursprünglichen Sanskṛitbedeutung und durch die Erläuterung des Sinnes, in dem diese Worte gebraucht wurden und warum sie gewählt wurden, viel Hilfe bekommen.

1. „Sthûla" bedeutet grob, plump, nicht fein, dick, massig im Sinne von Umfang. „Śarîra" kommt von einer Wurzel, die am besten übersetzt wird, indem man sagt, dass es das ist, was leicht aufzulösen, leicht abzunutzen ist; die Vorstellung ist sozusagen die von etwas Vergänglichem, Schaumgleichem, von etwas, das voller Löcher ist. Beachten wir die Bedeutung, die darin verborgen liegt, sie ist sehr wichtig.
2. Das zweite Prinzip nennen wir „Liṅga-śarîra". „Liṅga" ist ein Sanskṛitwort mit der Bedeutung: charakteristisches Merkmal, daher Modell, Muster. Er stellt das Modell oder Muster dar, nach dem der physische Körper gebaut ist – dieser physische Körper, der im Wesentlichen meistens aus Porosität zusammengesetzt ist. Er ist das unwirklichste Ding, das wir kennen, voll von Hohlräumen, sozusagen schaumig. Wir wollen auf diesen Gedanken später zurückkommen.
3. Das dritte Prinzip, gewöhnlich Lebensprinzip genannt, ist „Prâṇa". Nun, dieses Wort wird hier in der Theosophie in einem allgemeinen Sinne gebraucht. Tatsächlich gibt es eine ganze Anzahl von Lebensströmen, von Lebensfluida, die verschiedene Namen haben. Ein System gibt ihre Zahl mit drei an, ein

anderes mit fünf – die Zahl, die gewöhnlich angenommen wird –, wieder ein anderes mit sieben und ein weiteres mit zwölf, wie in einigen *Upanishaden* zu finden ist. Ein alter Schriftsteller zählt sogar dreizehn.

4. Dann kommt das „Kâma-Prinzip". Das Wort Kâma bedeutet Wunsch. Es ist die treibende oder vorwärtsdrängende Kraft im menschlichen System. Sie ist farblos, weder gut noch schlecht, außer in dem Maße, wie Gemüt und Seele es für ihren Gebrauch in die eine oder andere Richtung lenken.

5. Das fünfte Prinzip ist „Manas". Die Sanskṛitwurzel dieses Wortes bedeutet „denken", „nachsinnen", „nachdenken" – kurz, mentale Tätigkeit.

6. Als nächstes folgt „Buddhi" oder die „spirituelle Seele", das Vehikel oder der Träger des höchsten Prinzips von allen – „Âtman". „Buddhi" kommt von der Sanskṛitwurzel *budh*. Diese Wurzel wird gewöhnlich mit „erleuchten" übersetzt, aber eine bessere Übersetzung ist „erwecken" und daher „verstehen". „Buddha", das Partizip der Vergangenheit dieser Wurzel, wird für einen, der spirituell erwacht ist, der nicht mehr länger einen lebenden Tod lebt, sondern für den spirituellen Einfluss aus dem Innern oder von „oben" erwacht ist, angewandt. Buddhi ist das Prinzip in uns, das uns spirituelles Bewusstsein gibt, und es ist das Vehikel des höchsten Teiles des Menschen. Dieser höchste Teil ist Âtman.

7. Das Prinzip (Âtman) ist ein universales Prinzip. Aber während der Inkarnationen nehmen seine niedrigsten Teile, wenn man so sagen darf, Attribute an, weil es mit Buddhi verbunden ist, wie Buddhi mit Manas und Manas mit Kâma usw., die ganze Stufenleiter hinab. Âtman wird manchmal auch im Sinne des universalen SELBSTES oder Geistes gebraucht, der in den Sanskṛitschriften „Brahman" (Neutrum) heißt, und Brahman oder universaler Geist wird auch „Paramâtman" genannt. Die Wurzel dieses Wortes ist kaum bekannt; sein Ursprung ist ungewiss, aber seine allgemeine Bedeutung ist SELBST.

Jenseits von Brahman ist „Para-Brahman". *Para* ist ein Sanskṛitwort und bedeutet „jenseits". Beachten wir die tiefe philosophische Bedeutung hiervon. Es wird hier kein Versuch gemacht, das Grenzenlose zu begrenzen, das Unaussprechliche mit Eigenschaften zu versehen. Es bedeutet einfach „jenseits von Brahman". In den in Sanskṛit geschriebenen *Veden* und in den Werken, die sich davon ableiten und zum vedischen Literaturzyklus gehören, wird dieses Jenseits JENES genannt, wie diese Welten der Manifestation mit DIES bezeichnet werden. Andere sehr ausdrucksvolle

Bezeichnungen sind SAT, das Wirkliche, und ASAT, das Unwirkliche oder das unmanifestierte Universum. In einem anderen Sinne bedeutet Asat „nicht Sat", d. h. sogar „jenseits von (höher als) Sat".

Nun, dieses Parabrahman ist innig verbunden mit „Mûlaprakṛiti". Die Wechselwirkung und Vermischung dieser beiden verursachen das erste schwache Erbeben, wenn man diese Worte gebrauchen kann, des universalen Lebens, wenn sich am Anfang in allen Dingen zuerst der spirituelle Wunsch regt. Das ist die alte Lehre, die notwendigerweise die alten anthropozentrischen Wortbilder anwendet, wobei man sich im Klaren sein muss, dass sie nur menschliche Sprachbilder, menschliche Gleichnisse sind; denn die Begriffe der Seher aller Zeiten, ihre Lehren, ihre Doktrinen, mussten dem menschlichen Gemüt in menschlicher Sprache mitgeteilt werden.

Ein Mensch kann nach innen gelangen, indem er Schritt für Schritt „aufwärts" geht und dabei, während seine spirituellen Fähigkeiten und Kräfte immer stärker und feiner werden, höher klimmt, bis er über seine normalen Fähigkeiten hinauswächst und den „Ring überschreite mich nicht", wie es H. P. Blavatsky in ihrer *Geheimlehre* ausdrückt, überschreitet. Wo und was ist dieser „Ring überschreite mich nicht"? Er ist an jedem Punkt des menschlichen Bewusstseins das äußerste Fassungsvermögen, das der menschliche Geist gewinnen kann. Hier hält er inne und blickt ins Jenseits – ins Unmanifestierte, aus dem wir kamen. Das Unmanifestierte ist in uns; es ist das Innerste des Innersten in unserer Seele, in unserem Geist, in unserem essenziellen Wesen. Wir können uns ihm immer mehr nähern, aber wir können es nie tatsächlich erreichen.

Wo ist nun Wirklichkeit? Ist das Wirkliche, das Wahre, in den niederen Gewändern der Materialität zu finden, oder ist es in dem Zustand des Seins zu finden, aus dem alles kam?

Die alten Stoiker lehrten in ihrer wirklich wunderbaren Philosophie – dieselbe Lehre brachte, wie später in den neuplatonischen Lehren zu finden, die esoterische Philosophie Hellas' oder Griechenlands hervor –, dass Wahrheit erkannt werden kann. Sie lehrten, dass das Wirklichste, das Größte in dem Maße, wie der Geist des Menschen nach innen und jenseits strebt, in ständig sich weitenden Ausblicken zu finden ist, wobei je nachdem, wie der weise Mensch in der Evolution seiner Seele fortschreitet, Schleier um Schleier hinwegfällt. Sie lehrten, genau wie es unsere Lehrer von Mâyâ sagen, dass das materielle Universum illusorisch sei, und die Stoiker wussten wohl (und dieses ist auch unsere Lehre), dass das scheinbar dichte, grobe, schwere materielle Universum eine unwirkliche Erscheinung ist, die sozusagen zum größten Teil aus Hohlräumen aufgebaut ist. Diese Lehre beginnt heute selbst in den Gedanken und Schriften der sehr intuitiven Wissenschaftler widerzuhallen.

Die Stoiker lehrten, dass der Äther dichter sei als die dichteste Materie, lückenloser als die lückenloseste Materie – wobei sie natürlich menschliche Worte gebrauchten. Unseren menschlichen Augen, die nur die Gegenstände der Illusion zu sehen geschult sind, erscheint er als das Durchscheinendste, das Dünnste, das Ätherischste. Was war für die Stoiker die Wirklichkeit, das Wirkliche hinter diesem All? Was war das Wahre? Sie sagten, es sei Gott, das Leben des Lebens, die Wahrheit der Wahrheit, die Wurzel der Seele, die Wurzel des Geistes. Wenn der Stoiker gefragt wurde: „Was ist Gott?", dann antwortete er in vornehmer Weise: „Was ist Gott nicht?"

Wenn wir uns der alten Weisheit Hindustans, den *Upanishaden* zuwenden, so wollen wir aus der *Chhândogya-Upanishad,* hauptsächlich aus der sechsten Vorlesung, eine Unterhaltung zwischen Vater und Sohn zitieren. Hört die alte Weisheit, die weit über die Zeit hinaus zurückgeht, in der die alten brâhmaṇischen Lehren und die Brâhmaṇen das waren, was sie heute sind, bis zu der Zeit, als wirkliche Menschen wirkliche Weisheit lehrten. Der Sohn fragt:

> „Wenn sich ein Mensch, der in seinem eigenen Hause geschlafen hat, erhebt und in ein anderes Dorf geht, so weiß er, dass er aus seinem eigenen Hause gekommen ist. Warum wissen denn die Leute nicht, dass sie von SAT gekommen sind?" (SAT ist ein Sanskṛitwort, das das Wirkliche, Unaussprechliche bedeutet, von dem wir gesprochen haben.)

Und der Vater lehrt seinen Sohn folgendermaßen:

> „Mein Sohn, diese Flüsse fließen, die östlich gerichteten nach dem Osten, die westlich gerichteten nach dem Westen. Sie gehen von Meer zu Meer. Sie werden tatsächlich das Meer. Und wie diese Flüsse, wenn sie im Meer sind, nicht wissen, ob sie dieser oder jener Fluss sind, in gleicher Weise, mein Sohn, wissen alle diese Geschöpfe, wenn sie vom Wahren [d. h. vom Wirklichen] gekommen sind, [aufgrund von Mâyâ] nicht, dass sie aus dem Wahren kamen. Was auch immer diese Geschöpfe hier sein mögen, ob ein Löwe, ein Wolf, ein Bär, ein Wurm, eine Mücke oder ein Moskito, das werden sie wieder und wieder.
>
> Höre nun: In jener feinen Essenz hat alles, was existiert, sein Selbst. Es ist das Wahre, es ist das SELBST, und du, o Śvetaketu, bist es."
>
> „Bitte Herr, belehrt mich noch weiter", sagte der Sohn. „Es sei denn, mein Kind", erwiderte der Vater.
>
> Nun wird angenommen, dass der Sohn fragte: „Wie kommt es, dass lebende Wesen nicht vernichtet werden, wenn sie im Schlaf oder Tod wieder mit dem SAT [d. h. dem Wirklichen] verschmolzen sind? Wogen, Schaum

und Blasen steigen vom Wasser auf, und wenn sie wieder ins Wasser zurücksinken, sind sie dahin."

„Wenn jemand die Wurzel dieses großen Baumes hier beschädigen würde", sagte der Vater, „würde er bluten, aber er würde leben. Wenn er den Stamm beschädigen würde, würde er bluten, aber er würde leben. Wenn er die Krone beschädigen würde, würde er bluten, aber er würde leben. Durchdrungen vom lebendigen Selbst, steht der Baum fest, seine Nahrung einsaugend und sich erfreuend. Aber wenn das Leben [das lebendige Selbst] einen seiner Zweige verlässt, verdorrt dieser Zweig. Wenn es einen zweiten verlässt, verdorrt dieser zweite, wenn es einen dritten verlässt, verdorrt auch dieser, und wenn es den ganzen Baum verlässt, verdorrt der ganze Baum. In der gleichen Weise verstehe dies, mein Sohn."

Er fuhr in folgender Weise fort: „Dieser [Körper] verdorrt tatsächlich und stirbt, wenn ihn das lebendige SELBST verlassen hat. Das lebendige SELBST stirbt nicht. In jener feinen Essenz hat alles, was existiert, sein Selbst. Es ist das Wahre, es ist das SELBST, und du, o Śvetaketu, bist es."

„Bitte Herr, belehrt mich noch weiter", sagte der Sohn. „Es sei denn, mein Kind", erwiderte der Vater.

„Hole mir von dort eine Frucht des Nyagrodha-Baumes." „Hier ist eine, mein Herr." „Brich sie auf." „Sie ist aufgebrochen, Herr." „Was siehst du in ihr?" „Beinahe unzählige Samen." „Zerteile einen davon." „Er ist zerteilt, Herr." „Was siehst du darin?" „Nicht das Geringste, Herr." Der Vater sagte: „Mein Sohn, durch jene feine Essenz, die du hier nicht wahrnimmst, gerade durch jene Essenz besteht dieser große Nyagrodha-Baum. Glaube es, mein Sohn. In jener feinen Essenz hat alles, was existiert, sein Selbst. Es ist das Wahre, es ist das SELBST, und du, o Śvetaketu, bist es." „Bitte Herr, belehrt mich noch weiter", sagte der Sohn. „Es sei denn, mein Kind", erwiderte der Vater.

„Gib dieses Salz ins Wasser, und komme morgen in der Frühe zu mir." Der Sohn tat, wie ihn geheißen wurde. Der Vater sagte zu ihm: „Bringe mir das Salz, das du gestern Abend ins Wasser geworfen hast." Der Sohn, der danach sah, fand es nicht, denn es war natürlich aufgelöst. Der Vater sprach: „Koste von der Oberfläche des Wassers, wie schmeckt es?" Der Sohn erwiderte: „Es ist salzig." „Koste vom Grund, wie schmeckt es?" Der Sohn erwiderte: „Es ist salzig." Der Vater sprach: „Gieße es aus und dann komme wieder zu mir." Der Sohn tat es, aber das Salz existierte weiter. Da sagte der Vater: „Wahrlich, auch hier in diesem Körper nimmst du das Wahre [SAT] nicht wahr, mein Sohn, aber es ist tatsächlich da.

> In dieser feinen Essenz [das ist das Salzige des Salzes] hat alles, was existiert, sein Selbst. Es ist das Wahre, es ist das SELBST, und du, o Śvetaketu, bist es.“ „Bitte Herr, belehrt mich noch weiter“, sagte der Sohn. „Es sei denn, mein Kind“, erwiderte der Vater (Übersetzung von Max Müller).

Wir wollen uns einer anderen Stelle dieser *Upanishad* zuwenden, der achten Vorlesung. Dort lesen wir das Folgende: „Hari, Om.“ „Hari“ ist der Name verschiedener Gottheiten – von Śiva und Vishṇu –, aber hier wird er offenbar für Śiva gebraucht, der, wie unser erster Lehrer uns lehrte, besonders der göttliche Schirmherr des mystischen Okkultisten ist. „Om“ ist ein Wort, das in der brâhmaṇischen Literatur als sehr heilig betrachtet wird. Es ist eine Silbe der Anrufung, die beinahe Göttlichkeit erlangte, und sie sollte, wie in der sehr umfangreichen Literatur erklärt wird, nicht laut oder in Gegenwart eines Außenstehenden, eines Fremden oder von jemandem, der nicht initiiert ist, ausgesprochen werden, sondern nur in der Stille des Herzens und in der Vertraulichkeit des inneren Kämmerleins Anwendung finden. Wir haben aber auch Grund zu glauben, dass es von den Schülern in Gegenwart ihres Lehrers ausgesprochen wurde, und zwar laut ausgesprochen in monotoner Weise. Das Wort „Om“ wird stets an den Anfang jeder Schrift gesetzt, die als von außergewöhnlicher Heiligkeit betrachtet wird.

Die Lehre besagt, dass OM, wenn es mit geschlossenem Munde gedehnt gesprochen wird, wobei beide, das O und das M, gedehnt werden, im Schädel widerhallt und Schwingungen erzeugt und, wenn die Aspirationen rein sind, die verschiedenen Nervenzentren des Körpers sehr zum Guten beeinflusst.

Die Brâhmaṇen sagen, dass es etwas Unheiliges ist, dieses Wort an irgendeinem nicht geheiligten Ort auszusprechen. Ich lese nun:

> Es gibt diese Stadt Brahmans [d. h. das Herz und den Körper] und in ihr den Palast, den kleinen Lotos [des Herzens], und in ihm jenen feinen Äther.

Das Sanskṛitwort für „feiner Äther“, das M. Müller, der Übersetzer, zweifellos hier nicht gegeben hat, weil er nicht wusste, wie es zu übersetzen ist, heißt „Antarâkâśa“, ein zusammengesetztes Sanskṛitwort, das „im Innern von Âkâśa“ bedeutet. Er nannte es „feiner Äther“, weil er es nicht übersetzen konnte, es war zu schwierig. Ich lese nun weiter:

> Was nun innerhalb dieses feinen Äthers existiert, danach muss gesucht, das muss verstanden werden. Und wenn sie zu ihm sagen würden: „Nun, im Hinblick auf diese Stadt Brahmans und den Palast in ihr, d. h. den kleinen Lotos des Herzens und den feinen Äther im Innern des Herzens,

was gibt es im Innern davon, das verdient, gesucht und verstanden zu werden?“

Dann würde er sagen: „So groß wie dieser Äther [der ganze Raum] ist, so groß ist jener Äther im Innern des Herzens. Er fasst beide, Himmel und Erde, in sich. Feuer und Luft, Sonne und Mond, den Blitz und die Sterne und was immer es von ihm [dem SELBST] in dieser Welt gibt und was immer es nicht gibt [d. h., was immer gewesen ist und noch sein wird, sagt M. Müller], alles das fasst er in sich.“

Und wenn sie zu ihm sagen würden: „Wenn diese Stadt Brahmans alles enthält, was existiert, alle Wesen und alle Wünsche [was immer man sich vorstellen oder wünschen kann], was bleibt dann von ihr übrig, wenn sie sehr alt wird und das Alter ihre Zerstreuung bewirkt oder wenn sie sich auflöst?“

Dann würde er sagen: „JENES [der Äther oder Brahman in ihm] altert nicht infolge des hohen Alters des Körpers; JENES [der Äther oder Brahman in ihm] wird durch den Tod des Körpers nicht getötet. JENES [das Brahman] ist die wahre Brahmâ-Stadt [nicht der Körper]. In ihm sind alle [wahren] Sehnsüchte enthalten. Es ist das SELBST, frei von Sünde, frei von Alter, frei von Tod und Kummer, von Hunger und Durst, das nichts wünscht, was es nicht wünschen sollte, und nichts imaginiert, was es nicht imaginieren sollte; gleich wie die Menschen hier auf Erden einer Führung folgen und von etwas, an das sie gefesselt sind, abhängig sind, sei das ein Land oder ein Grundstück.

Und wie hier auf Erden alles vergeht, was immer durch Anstrengung erworben wurde, so vergeht alles, was immer durch Opfer und andere hier auf Erden ausgeführte gute Handlungen für die nächste Welt erworben wurde. Jene, die von hinnen scheiden, ohne das SELBST und jene wahren Wünsche entdeckt zu haben, für sie gibt es in allen Welten keine Freiheit. Aber jene, die von hinnen gehen, nachdem sie das SELBST und jene wahren Wünsche entdeckt haben, für sie ist Freiheit in allen Welten.“

Kapitel 3

Die Lehre über Mâyâ: Sachlicher Idealismus, die Grundlage der Ethik. Festgewurzelt in der spirituellen Einheit – der Göttlichkeit – des Alls. Das SELBST und die „Selbste".

Mâyâ oder Illusion ist ein Element, das in alle endlichen Dinge eintritt, denn alles, was existiert, hat nur eine relative, keine absolute Realität, da die Erscheinung, die das verborgene Ding an sich für irgendeinen Beobachter annimmt, von dessen Erkenntniskraft abhängt. Für das ungeübte Auge eines Wilden ist ein Gemälde vorerst ein sinnloser Wirrwarr von Farbenstrichen und Klecksen, während das gebildete Auge sofort ein Gesicht oder eine Landschaft sieht. Nichts ist dauernd, außer der einen verborgenen absoluten Existenz, die in sich die Dinge an sich von allen Realitäten enthält. Die Existenzen eines jeden Daseinsplanes, bis hinauf zu den höchsten Dhyân-Chohans, sind gewissermaßen Schatten, wie sie eine magische Laterne auf einen farblosen Schirm wirft; nichtsdestoweniger sind alle Dinge relativ real, denn der Erkennende ist selbst eine Reflexion, und die erkannten Dinge sind daher für ihn ebenso wirklich wie er selbst. Was immer für eine Wirklichkeit die Dinge besitzen, muss an ihnen untersucht werden, bevor oder nachdem sie blitzartig durch die materielle Welt gegangen sind. Eine solche Existenz können wir aber nicht direkt erkennen, solange wir nur Sinnesinstrumente haben, welche bloß materielle Existenz in das Gesichtsfeld unseres Bewusstseins bringen. Auf welchem Plane auch unser Bewusstsein tätig sein möge, so sind wir und die Dinge, die diesem Plan angehören, für die betreffende Zeit unsere einzigen Wirklichkeiten. In gleichem Maße, wie wir die Stufenleiter der Entwicklung emporsteigen, erfahren wir aber, dass wir während der Zustände, durch die wir hindurchgegangen sind, Schatten fälschlich für Wirklichkeiten gehalten haben und dass der aufwärts gerichtete Fortschritt des Egos eine Reihe fortschreitender Erwachungen ist, wobei jeder Fortschritt die Idee mit sich bringt, dass wir nunmehr endlich „Wirklichkeit" erreicht haben; aber erst, wenn wir das absolute Bewusstsein erreicht und mit unserem eigenen verschmolzen haben, werden wir frei sein von den Täuschungen der Mâyâ.

Die Geheimlehre, Bd. I, S. 71–72

Das Weltall mit allem, was darin ist, wird Mâyâ genannt, weil alles darinnen vergänglich ist vom kurzdauernden Leben eines Leuchtkäfers bis zu dem der Sonne. Verglichen mit der ewigen Unveränderlichkeit des EINEN und der Wandellosigkeit dieses Prinzips

> muss das Weltall mit seinen vergänglichen, ewig wechselnden Formen im Gedanken eines Philosophen notwendigerweise nichts Besseres sein als ein Irrlicht. Doch ist das Weltall wirklich genug für die bewussten Wesen darin, die ebenso unwirklich sind, wie das erstere selbst.
>
> *Die Geheimlehre, Bd. I, S. 294–295*

Indem wir heute Abend unsere Studien der *Geheimlehre* an dem Punkt, den wir vor vierzehn Tagen erreichten, wieder aufnehmen, öffne ich den ersten Band von H. P. Blavatskys *Geheimlehre* und lese auf Seite 45 den dritten fundamentalen Lehrsatz – oder wenigstens einen Teil davon:

> Die fundamentale Identität aller Seelen mit der universellen Oberseele, welch letztere selbst ein Aspekt der unbekannten Wurzel ist; und die Verpflichtung für jede Seele – ein Funke der vorgenannten –, den Zyklus von Inkarnation, oder „Notwendigkeit", in Übereinstimmung mit zyklischem und karmischem Gesetz während seiner ganzen Dauer zu durchwandern. Mit anderen Worten, keine rein geistige Buddhi (göttliche Seele) kann eine unabhängige, bewusste Existenz haben, ehe der Funke, der aus der reinen Essenz des universellen sechsten Prinzips – oder der OBERSEELE – entsprang, a) jede elementare Form der phänomenalen Welt dieses Manvantaras durchlaufen hat und b) Individualität erlangt hat, anfangs durch natürlichen Trieb, später durch selbstherbeigeführte und selbsterdachte Anstrengungen, dabei von seinem Karma zurückgehalten, und so durch alle Grade der Intelligenz, vom niedersten bis zum höchsten Manas, von Mineral und Pflanze bis hinauf zum heiligsten Erzengel (Dhyâni-Buddha) emporgestiegen ist.

Paulus, der christliche „Judenapostel", wie sie ihn nennen, sprach auf dem Marshügel, der gewöhnlich der Areopagus genannt wird, zu einer Versammlung der Athener, und wie die Apostelgeschichte, Kapitel XVII, Verse 23 und 28, im Neuen Testament berichtet, sagte er Folgendes (die Übersetzung stammt von uns):

> Denn während ich vorüberging und sah eure Gottesdienste, fand ich einen Altar mit der Aufschrift: „Dem unerkennbaren Gott". Denn in ihm leben wir, bewegen wir uns und haben wir unser Dasein, und wie auch gewisse eurer eigenen Dichter gesagt haben, „wir sind auch seines Geschlechtes".

Die Dichter, von denen Paulus spricht, waren wahrscheinlich Kleanthes, der Stoiker, und Aratos. Es ist vielleicht gut, zu erwähnen, dass die Bedeutung „unerkennbar", die hier in Verbindung mit dem Wort *agnostos* verwendet wird, die diesem

Wort von Homer, Platon und Aristoteles zugemessene Bedeutung ist. Das griechische Wort *agnostos* gestattet auch die Übersetzung „unbekannt", aber nur weil das Unbekannte in diesem Zusammenhang das „Unerkennbare" ist.

Die Athener hatten dem Unaussprechlichen einen Altar errichtet, und im wahren Geiste religiöser Ergebenheit legten sie ihm keine weitere Bezeichnung bei. Paulus, der vorüberging und das sah, dachte, das sei eine ausgezeichnete Gelegenheit, „Heu zu machen, solange die Sonne scheint", wie man so sagt, und behauptete, das Unerkennbare, dem dieser Altar errichtet worden war, sei der jüdische Gott Jehova.

Des Lehrers Unterweisung folgend, legten wir vor vierzehn Tagen dar, dass sich der Mensch von jenem unaussprechlichen Prinzip, von dem H. P. Blavatsky in ihrer *Geheimlehre* als von dem ersten der drei fundamentalen Lehrsätze spricht, einen Begriff bilden muss, der notwendig ist, um die wahren Lehren der esoterischen Weisheit zu verstehen. Wir sahen, dass der Mensch in sich eine Fähigkeit hat, die gewöhnliche menschliche intellektuelle Macht zu übersteigen – etwas, wodurch er sich selbst erheben kann, oder vielleicht besser gesagt, nach innen zu dem innersten Zentrum seines eigenen Wesens gelangen kann, das in aller Wahrheit jenes Unaussprechliche ist. Von dem Unaussprechlichen kamen wir durch die Äonen der Zeit, zu ihm reisen wir wieder zurück.

Alle alten Philosophien lehrten die Wahrheit in Bezug auf dieses grundlegende Prinzip, jede in ihrer eigenen Weise, jede mit ihren besonderen Ausdrücken, jede in der Sprache des Landes, in der sie verkündet wurde, aber immer wurde die den Mittelpunkt bildende Wahrheit gelehrt: dass im innersten Wesen des Menschen eine Göttlichkeit lebt und diese Göttlichkeit der Spross des Höchsten ist; dass der Mensch ein Gott im Fleische werden oder – wie uns des Lehrers Worte heute Abend erzählten – selbst tiefer als der gewöhnliche Durchschnitt der Menschheit sinken kann, so dass er zuerst von den Dämonen seiner eigenen niederen Natur und jenen der niederen Sphäre heimgesucht, bedrängt und schließlich besessen wird. Mit diesen besonderen Dämonen meinen wir die Elementarkräfte des Lebens, des chaotischen Lebens oder der materiellen Sphäre des Seins.

Wie kommt es aber, dass der Mensch diese Wahrheiten innerlich nicht sofort erkennt? Wir wissen alle, dass die Antwort lautet: aufgrund der Täuschung, unter der sein Gemüt arbeitet, der Täuschung, die von ihm selbst ein Teil ist und nicht von außen über ihn geworfen wurde. Er sieht zum Beispiel, und sein Gemüt reagiert auf die Wahrnehmung, und die Reaktion wird die Linien der Täuschung entlang geleitet, die unser erster Lehrer unter Zuhilfenahme des alten Sanskṛitwortes Mâyâ genannt hat. Das ist ein technischer Ausdruck der alten brâhmaṇischen Philosophie. Wir wollen seine Wurzel prüfen. Woher kommt das Wort Mâyâ? Es kommt von der Sanskṛitwurzel *mâ*. Die Bedeutung von *mâ* ist „messen", und durch einen bildlichen Ausdruck, d. h. durch eine Redewendung, bekommt es die Bedeutung „bewirken" oder „formen" und daher „begrenzen". Im Englischen gibt es ein „mete", das „abmessen" bedeutet und von derselben indo-europäischen Wurzel stammt. Es ist im Angelsächsischen als die Wurzel „met" zu finden, im Griechischen als „med" und im Lateinischen in derselben Form.

Mâyâ bedeutet, jetzt als technischer Ausdruck – vor Zeitaltern verstand man in der wunderbaren brâhmaṇischen Philosophie darunter etwas ganz anderes –, die Gestaltung der von inneren und äußeren Eindrücken abgeleiteten Ideen durch das menschliche Gemüt und deshalb den trügerischen Aspekt der Gedanken des Menschen, während er das Leben und seine Umgebung betrachtet, auszulegen und zu verstehen sucht. Davon wurde die Bedeutung abgeleitet, die es technisch hat: Täuschung. Es bedeutet nicht, dass die äußere Welt nicht existiert. Wenn das der Fall wäre, dann könnte sie augenscheinlich nicht illusorisch sein: Sie existiert, aber sie „ist" nicht. Sie ist „abgemessen" oder steht wie ein Bild vor dem menschlichen Geist. Mit anderen Worten, wir sehen die Vision oder die Visionen, die unser Gemüt und unsere Sinne dem inneren Auge darbieten, nicht klar und einfach und nicht so, wie sie wirklich sind.

Die vertrauten Erläuterungen über Mâyâ im *Vedânta,* der die höchste Form darstellt, die die brâhmaṇischen Lehren angenommen haben, und der unseren eigenen Lehren in vieler Hinsicht so nahe kommt, sind folgende: Ein Mann sieht in der Dämmerung ein zusammengerolltes Seil auf dem Boden liegen und springt zur Seite. Er denkt, es sei eine Schlange. Das Seil ist da, aber keine Schlange.

Eine weitere Illustration ist, was man die „Hasenhörner" nennt. Nun hat ein Hase wohl keine Hörner, aber wenn man ihn während der Dämmerung sieht, stehen seine langen Ohren in einer Weise vom Kopfe ab, dass er für das sehende Auge wie ein Geschöpf mit Hörnern aussieht. Der Hase hat keine Hörner, aber im Gemüt besteht dann der trügerische Glaube, dass sich dort ein Tier mit Hörnern befindet.

Das ist es, was Mâyâ bedeutet: nicht, dass etwas, das man sieht, nicht existiert, sondern dass wir geblendet sind und unser Gemüt durch unsere eigenen Gedanken und unsere Unvollkommenheit verdreht ist. Wir können bis jetzt noch nicht die richtige Erklärung und Bedeutung der Welt sowie des uns umgebenden Universums finden. Aber wir können durch ein Aufsteigen nach innen, durch ein Sich-Erheben, durch inneres höheres Sehnen, durch ein Erheben der Seele aufwärts oder nach innen zu jener Ebene gelangen, in der die Wahrheit in Fülle wohnt.

Bernhard von Clairvaux, der französische Mystiker des Mittelalters, sagte, dass ein Weg dazu das Entleeren des Gemütes sei, indem man alles Wertlose, die trügerischen Meinungen, den Argwohn, die Unachtsamkeit usw. daraus entfernt. Durch das Entleeren all dieses Unrates wird der innere Tempel gereinigt, und das Licht strömt von dem inneren Gott hervor in die Seele – ein wunderbares und wahres Gedankenbild für einen christlichen Mystiker.

Es kann gefragt werden: Welche Beziehung hat unsere wunderbare Philosophie zu den vielen sogenannten idealistischen Systemen Europas, besonders in Deutschland? Die Antwort ist, dass natürlich Berührungspunkte bestehen, weil die Menschen, die diese philosophischen Systeme entwickelten, ernste Menschen waren. Kein Mensch kann ernsthaft nachdenken und aufwärts streben, ohne irgendeine Vision der Wahrheit, irgendeinen schwachen Begriff vom inneren Leben zu erlangen – aber keines der Systeme des Idealismus, die sie lehrten, ist richtiger Idealismus. Theosophie ist richtiger Idealismus. Theosophie ist kein absoluter Idealismus. Sie lehrt nicht, dass das äußere Universum absolut nicht existiert und dass jede äußere Erscheinung nur im Gemüt existiert.

Theosophie ist weder genau der Idealismus Kants noch der wunderbare pessimistische Idealismus Schopenhauers – so wunderbar dieser große Denker war, und gerade deshalb wunderbar, weil er sein Wissen (wie er selbst offen erklärte) vom Orient herleitete. Der Idealismus der Theosophie kommt der Philosophie des deutschen Philosophen Schelling am nächsten, der (in der Hauptsache) lehrte, dass die Wahrheit durch ein Zurückweichen nach innen empfangen werden kann, indem man sie vom Geiste empfängt; dass die äußere Welt „totes Gemüt" oder vielleicht besser „träges" Gemüt ist, somit augenscheinlich nicht das Gemüt des Denkers, sondern der Gottheit. Das wird „objektiver Idealismus" genannt, weil er das äußere Objekt als existierend anerkennt. Er behauptet nicht, dass es keine Existenz hat, wie der absolute Idealismus. Schellings Ideen kommen der großartigen Lehre am nächsten, von der uns unsere großen Lehrer sagten, dass sie die Wahrheit sei, aber sie kommen ihr noch keineswegs gleich.

H. P. Blavatsky sagt auf Seite 692 des ersten Bandes der *Geheimlehre:*

> Die Esoterische Philosophie, die einen *objektiven* Idealismus lehrt – obwohl sie das gegenständliche Weltall und alles in demselben als Mâyâ, zeitliche Täuschung, betrachtet –, macht einen praktischen Unterschied zwischen kollektiver Illusion, Mahâmâyâ, vom rein metaphysischen Standpunkt, und den objektiven Beziehungen in derselben zwischen verschiedenen bewussten Egos, so lange, als diese Täuschung andauert.

Wie die älteren Schüler der esoterischen Schule wissen – und ich glaube, dass viele von ihnen heute Abend hier anwesend sind –, besagt die Lehre, dass Mâyâ so genannt wird aufgrund des Wirkens von Mûlaprakṛiti oder der Wurzelnatur, des nebengeordneten Prinzips jener anderen Richtung des zusammenwirkenden Bewusstseins, das wir „Parabrahman" nennen. In einer unserer früheren Versammlungen sprachen wir über diese Fragen und sagten, dass die Manifestation von dem Augenblick ihres Beginns an dualistisch wirkt; d. h., dass alles in der Natur von diesem Punkt an durch die Paare der Gegensätze wie lang und kurz, hoch und niedrig, Tag und Nacht, gut und böse, Bewusstsein und Bewusstlosigkeit usw. gekennzeichnet ist. Alle diese Dinge sind ihrem Wesen nach mâyâvisch oder illusorisch. Sie sind wirklich, solange sie dauern, aber ihre Dauer ist nicht ewig. Durch und mittels dieser Paare der Gegensätze lernt die selbstbewusste Seele die Wahrheit erkennen.

Was ist die Grundlage der Ethik? Das ist die wichtigste Frage, die einem Gedankensystem gestellt werden kann. Wird die Moral vom Menschen diktiert? Ist Moral auf die im Herzen der meisten Menschen vorherrschende Überzeugung begründet, dass es für die Wohlfahrt der Menschheit notwendig ist, gewisse abstrakte Regeln zu haben, die nur der Zweckdienlichkeit halber befolgt werden? Sind wir bloße Opportunisten, oder sind Moral und Ethik auf Wahrheit begründet, und ist ihnen zu folgen für den Menschen nicht nur schicklich, sondern notwendig, ja unumgänglich? Sicherlich ist das Letztere der Fall!

In dem dritten fundamentalen Lehrsatz, den wir zu Beginn unseres Studiums diesen Abend gelesen haben, finden wir die Anfangsgründe, die Grundlagen eines ethischen Systems, wie es größer, tiefer und überzeugender nicht vorstellbar ist.

Worauf ist die Moral begründet? Und mit Moral meine ich nicht nur die Meinung einiger Pseudo-Philosophen, dass Moral mehr oder weniger das ist, was „gut für die Allgemeinheit“ ist, basierend auf der Bedeutung des lateinischen Wortes *mores,* „gute Gewohnheiten“ im Gegensatz zu schlechten. Nein, Moral ist jener instinktive Hunger des menschlichen Herzens, Gerechtigkeit zu üben und jedem Menschen Gutes zu tun, weil es gut ist, Befriedigung gewährt und veredelt, so zu handeln.

Wenn der Mensch begreift, dass er eins ist mit allem, was ist, ob innen oder außen, hoch oder niedrig, dass er nicht nur eins damit ist, wie die Mitglieder einer Gemeinschaft oder die Einzelwesen einer Armee eins sind, sondern wie die Moleküle unseres eigenen Fleisches, wie die Atome der Moleküle, wie die Elektronen des Atoms, eine Wesenheit bildend – keine bloße Vereinigung, sondern eine spirituelle Einheit –, dann sieht er Wahrheit.

Jeder von uns gehört zu jenem erhabenen und unaussprechlichen Mysterium und bildet einen untrennbaren Teil davon: dem All –, das individuelle und spirituelle Einheit in sich fasst und ist.

Wir haben alle unser inneres universales SELBST, und jeder Einzelne hat auch sein individuelles Ego. Das Ego entspringt dem Selbst, und das SELBST ist das Unaussprechliche, das Innerste des Innersten, und ist Eins in uns allen. Es gibt jedem Einzelnen von uns jenes Bewusstsein der Selbstheit; obgleich wir, indem wir die

Bedeutung erweitern, auch richtig von dem „niederen Selbst" sprechen, weil dieses ein winziger Strahl des Höchsten ist. Selbst der böse Mensch hat, wie uns unser gegenwärtiger großer Lehrer lehrte, in sich nicht nur den Funken des Göttlichen, sondern den Strahl der Gottheit selbst. Er ist beides: das selbstsüchtige Ego und das universale SELBST.

Warum wird uns dann gelehrt, dass wir das Göttliche erreichen, wenn wir Selbstlosigkeit erlangen? Weil eben Selbstlosigkeit die Eigenschaft des Paramâtman, des universalen SELBSTES, ist, in dem alles Persönliche verschwindet. Paramâtman ist ein zusammengesetztes Sanskṛitwort und bedeutet das höchste oder das erhabene SELBST.

Wenn wir unseren eigenen Geist prüfen, wenn wir nach innen streben, wenn wir uns sozusagen nach innen, dem Innersten zu weiten, kann jeder von uns erkennen, dass in dem Maße, wie er weiter und weiter und immer weiter nach innen geht, das Selbst selbstloser, das Licht reiner Glanz wird.

Welch ein Gedanke, dass im Herzen von jedem von uns das sich immer Entfaltende, das Beständige, das Ewige, das Wechsellose, das keinen Tod und Kummer kennt, die Göttlichkeit des Alls selbst wohnt. Wie verherrlicht es das menschliche Leben, welch eine Zuversicht gibt uns dieses! Wie das mit all dem alten schimmeligen Aberglauben aufräumt! Welch unaussprechliche Visionen der Wirklichkeit, der Wahrheit erlangen wir, wenn wir nach innen gehen, nachdem wir das Gemüt von all dem mentalen Abfall, der es behindert, entleert haben, wie Bernhard sagt!

Das sind die Lehren unserer Lehrer. Unser gegenwärtiges äußeres Haupt sagt uns das täglich. Sie deutet es in dieser und jener Weise an, benutzt dabei diese und jene Worte und nimmt jede Gelegenheit wahr, die sich bietet, um uns zu erwecken und uns diese ewigen Wahrheiten einzuprägen.

Wenn ein Mensch den Zustand, in dem er dieses erfasst, erreicht und „sein Gemüt entleert" hat, so dass es nur noch von dem SELBST erfüllt ist, von der selbstlosen Selbstheit des Ewigen – wie nannten die Alten diesen Zustand? Wie nannten sie einen solchen Menschen? Sie nannten diesen Zustand „Bodhi" und den Menschen „Buddha". Das Organ, in dem und durch das er geoffenbart wurde, nannten sie „Buddhi". Diese Worte kommen von einer Sanskṛitwurzel, die „erwecken" bedeutet. Wenn der Mensch von dem lebenden Tod, in dem wir leben, erwacht ist, wenn er die Mühen des Gemütes und des Fleisches abgeworfen und, um den alten christlichen Ausdruck zu gebrauchen, die „Gewänder der Ewigkeit" angelegt hat, dann ist er „erwacht", dann ist er ein „Buddha". Und die alten brâhmaṇischen Lehren, die heute selbst im *Vedânta* zu finden sind, legen dar, dass er eins geworden ist mit – nicht in ihm „aufgegangen", wie ständig übersetzt wird –, dass er eins „geworden" ist mit dem SELBST der Selbste, mit Paramâtman, dem erhabenen SELBST.

Hört einen Augenblick auf die Weisheit des alten Orients, nicht auf die Stimme des modernen Brâhmaṇismus (ausgenommen den *Vedânta*), sondern auf ein Buch, das schon alt war, bevor unsere Vorfahren etwas Höheres als die quasi-barbarischen Ideen kannten, die Europa vor zweitausend Jahren hatte.

Wir lesen aus der *Chhândogya-Upanishad,* einer der wichtigsten der 108 oder mehr Upanishaden. Das Wort „Upanishad" selbst bedeutet „Esoterische Abhandlung". Wir lesen aus der achten Vorlesung die Abschnitte sieben, acht und neun. Diese enthalten so viel Wahrheit, dass uns der Lehrer erlaubt hat, unsere Zeit darauf zu verwenden, sie vorzulesen.

„Prajâpati sagte" – wir unterbrechen, um zu sagen, dass Prajâpati ein Sanskṛitwort ist, das „Führer", „Gebieter" oder „Herr der Nachkommenschaft" bedeutet. Das Wort wird auf viele der vedischen Götter angewandt, insbesondere aber auf Brahmâ, d. h. auf die dritte Stufe von Parabrahman abwärts, den Schöpfer durch Evolution, die erste und geheimnisvollste Gestalt der aus Brahmâ, Vishṇu und Śiva bestehenden Dreiheit. Brahmâ ist der Emanator oder Entwickler, Vishṇu der Erhalter oder Bewahrer, und Śiva, der euphemistisch vielleicht mit „wohltätig" übersetzt werden kann, ist der Erneuerer. Der Name hat eine sehr tiefe Bedeutung. Indessen:

> Prajâpati sagte: „Das SELBST, das von Sünde, Alter und Tod, Kummer, Hunger und Durst frei ist, das nichts wünscht, das es nicht wünschen sollte, und nichts imaginiert, das es nicht imaginieren sollte, ist es, was wir ergründen sollen, was wir zu verstehen versuchen müssen. Derjenige, der jenes SELBST ergründet hat und es versteht, erlangt alle Welten und alle Wünsche."

Wir unterbrechen, um zu fragen, warum? Weil dieses SELBST der Selbste, dieses Innerste, alle Welten ist: Es ist das All, es ist jedes Ding. Wir fahren nun weiter fort:

> Die Devas [Götter] und die Asuras [Dämonen] hörten beide diese Worte und sagten: „Nun, wir wollen nach jenem SELBST suchen, durch das man, wenn man es erforscht hat, alle Welten und alle Wünsche erlangt."
>
> So sprechend, machten sich Indra von den Devas und Virochana von den Asuras auf, ohne dass sie vorher miteinander darüber gesprochen hatten, und wie es für die Schüler, wenn sie zu ihrem Meister gehen, Brauch ist, näherten sie sich Prajâpati mit Brennmaterial in den Händen.
>
> Sie verweilten zweiunddreißig Jahre als Schüler bei ihm. Nach dem Verlauf dieser Zeit fragte sie Prajâpati: „Zu welchem Zweck habt ihr hier verweilt?"

Sie antworteten: „Es ist ein Ausspruch von dir verbreitet: ‚Das SELBST, das von Sünde, Alter und Tod, Kummer, Hunger und Durst frei ist, das nichts wünscht, das es nicht wünschen sollte, und nichts imaginiert, das es nicht imaginieren sollte, ist es, was wir ergründen sollen, was wir zu verstehen versuchen müssen. Derjenige, der jenes SELBST ergründet hat und es versteht, erlangt alle Welten und alle Wünsche.' Wir haben beide hier verweilt, weil wir nach jenem SELBST verlangen."

Prajâpati sagte zu ihnen: „Die Person, die im Auge zu sehen ist, ist das SELBST. Das ist es, was ich gesagt habe. Das ist das Unsterbliche, das Furchtlose, das ist Brahman."

Unterbrechung: „Das SELBST, das im Auge zu sehen ist" ist eine Redewendung, die in den alten Sanskṛitschriften häufig zu finden ist. Sie bedeutet jenes Bewusstsein von einer innewohnenden Gegenwart, die man wahrnimmt, wenn man einem anderen in die Augen blickt.

Sie fragten: „Herr, wer ist es, den man im Wasser und den man in einem Spiegel wahrnimmt?"

Er erwiderte: „Fürwahr, er selbst ist in diesem allen zu sehen."

[Achter Abschnitt] „Betrachtet euer Selbst in einem Wassertümpel, und was immer ihr von eurem Selbst nicht versteht, kommt und sagt es mir."

Sie blickten in den Wassertümpel. Dann sagte Prajâpati zu ihnen: „Was seht ihr?"

Sie sagten: „Wir sehen beide ein vollständiges Bild des Selbstes, sogar bis auf die Haare und Nägel."

Prajâpati sprach zu ihnen: „Blickt, nachdem ihr euch geschmückt habt, wieder in einen Wassertümpel."

Nachdem sie sich geschmückt, ihre besten Kleider angezogen und sich gewaschen hatten, blickten sie wieder in den Wassertümpel.

Prajâpati sagte: „Was seht ihr?" Sie sagten: „Genau wie wir sind, schön geschmückt, mit unseren besten Kleidern und gewaschen, sind wir beide zu sehen, Herr, schön geschmückt, mit unseren besten Kleidern und gewaschen."

Prajâpati sprach: „Das ist das SELBST, das ist das Unsterbliche, das Furchtlose, das ist Brahman."

Daraufhin gingen beide, in ihrem Herzen befriedigt, von dannen. Und Prajâpati sagte [ihnen nachblickend]: „Sie gehen beide von dannen, ohne das SELBST wahrgenommen und erkannt zu haben, und wer immer von den zweien, ob Deva oder Asura, dieser Lehre folgen wird, wird untergehen."

Unterbrechung: Sie sahen Mâyâ und nicht das SELBST.

Virochana ging, befriedigt in seinem Herzen, zu den Asuras und predigte ihnen jene Lehre, dass nur das Selbst [der Körper] angebetet, dass nur dem Selbst [dem Körper] gedient werden soll und dass derjenige, der das Selbst anbetet und ihm dient, beide, diese und die nächste Welt, gewinnt.

Deshalb nennt man selbst heute noch einen Menschen, der keine Almosen gibt, der nichts glaubt und keine Opfer darbringt, einen Asura, denn das ist die Lehre der Asuras. Sie schmücken die Körper der Toten mit Wohlgerüchen, Blumen und feinen, verzierten Kleidern und glauben, sie werden auf diese Weise jene Welt erobern.

[Neunter Abschnitt] Aber Indra sah, bevor er zu den Devas zurückgekehrt war, diese Schwierigkeit.

Unterbrechung: Die Schwierigkeit, die Indra sah, folgt nun.

„Da das Selbst [der Schatten im Wasser] schön geschmückt ist, wenn der Körper schön geschmückt ist, gut gekleidet, wenn der Körper gut gekleidet ist, schön gewaschen, wenn der Körper schön gewaschen ist, wird jenes Selbst auch blind sein, wenn der Körper blind, lahm, wenn der Körper lahm ist, verkrüppelt, wenn der Körper verkrüppelt ist, und wird in der Tat umkommen, sobald der Körper umkommt. Deshalb finde ich nichts Gutes darin [in dieser Lehre]."

Er nahm Brennmaterial zur Hand und kam wieder als Schüler zu Prajâpati. Prajâpati sprach zu ihm: „Maghavat [Indra], da du befriedigt in deinem Herzen mit Virochana hinweggingst, zu welchem Zweck bist du zurückgekommen?"

Er sagte: „Herr, da dieses Selbst [der Schatten] schön geschmückt ist, wenn der Körper schön geschmückt ist, gut gekleidet, wenn der Körper gut gekleidet ist, schön gewaschen, wenn der Körper schön gewaschen ist, wird jenes Selbst auch blind sein, wenn der Körper blind ist, lahm, wenn der Körper lahm ist, verkrüppelt, wenn der Körper verkrüppelt ist, und wird in der Tat umkommen, sobald der Körper umkommt. Deshalb finde ich nichts Gutes darin [in dieser Lehre]."

„Fürwahr, so ist es, Maghavat", erwiderte Prajâpati; „aber ich werde es dir [das wahre SELBST] weiter erklären. Bleibe noch weitere zweiunddreißig Jahre bei mir."

Indra war fähig, hinter die Mâyâ des persönlichen Selbstes zu sehen, und suchte deshalb nach dem Wirklichen, dem Wahren, dem SELBST.

Die Übersetzung stammt von Max Müller. Es wird gut sein, hier noch zu erwähnen, dass alle Übersetzungen aus irgendeiner alten Sprache, die hier benutzt wurden oder benutzt werden, von uns selbst stammen. Wenn irgendein Zitat von einem anderen Übersetzer übernommen wird, wird sein Name angegeben.

Kapitel 4

Vom uranfänglichen Punkt zum Universum und zum Menschen. Wie tritt die Manifestation in Erscheinung? Manvantara und Pralaya.

Die Funken sind die „Seelen", und diese Seelen erscheinen in der dreifältigen Form von Monaden (Einheiten), Atomen und Göttern – gemäß unserer Lehre.

Der *esoterische Katechismus* sagt: *Jedes Atom wird zu einer sichtbaren zusammengesetzten Einheit* (einem Molekül), *und einmal in die Sphäre der irdischen Tätigkeit gezogen, wird die monadische Wesenheit, durch das Mineral-, Pflanzen- und Tierreich hindurchgehend, zum Menschen.*

Wiederum: *Gott, Monade und Atom sind die Entsprechungen von Geist, Gemüt und Körper* (Âtman, Manas und Sthûla-śarîra) *im Menschen.*

In ihrer siebenfachen Vereinigung sind sie der „himmlische Mensch" im kabbalistischen Sinn; dergestalt ist der irdische Mensch die vorläufige Widerspiegelung des Himmlischen. Nochmals:

Die Monaden (Jîvas) *sind die Seelen der Atome; beide sind das Gewebe, in welches die Chohans* (Dhyânis, Götter) *sich kleiden, wenn eine Form benötigt wird.*

Die Geheimlehre, Bd. I, S. 679

Parabrahman, die eine Realität, das Absolute, ist das Feld des absoluten Bewusstseins, d. i. die Wesenheit, die außer aller Beziehung zu bedingtem Dasein steht und von der bewusste Existenz ein bedingtes Symbol ist. Sobald wir aber in Gedanken von dieser (für uns) absoluten Negation fortschreiten, taucht Dualität auf in dem Gegensatz von Geist (oder Bewusstsein) und Materie, von Subjekt und Objekt.

Geist (oder Bewusstsein) und Materie dürfen jedoch nicht als unabhängige Wirklichkeiten betrachtet werden, sondern als die zwei Symbole oder Aspekte des Absoluten, Parabrahman, die die Grundlage des bedingten Seins, sei es subjektiv, sei es objektiv, abgeben.

Die Geheimlehre, Bd. I, S. 43

Es wird somit klar, dass der Gegensatz dieser beiden Anschauungsweisen des Unbedingten wesentlich für das Dasein des geoffenbarten Weltalls ist. Getrennt von kosmischer Substanz könnte sich kosmische Ideenbildung nicht als individuelles Bewusstsein offenbaren, da dieses Bewusstsein nur mit Hilfe eines materiellen Vehikels *(upâdhi)* als „Ich bin Ich" hervorquillt, indem eine physische Basis notwendig ist, um einen Strahl des Universalgemütes bei einer gewissen Stufe von Zusammengesetztheit zu fokussieren. Hinwiederum würde kosmische Substanz, getrennt von kosmischer Ideation, eine leere Abstraktion bleiben, und kein Auftauchen von Bewusstsein könnte sich ergeben.

Das geoffenbarte Weltall ist daher von Dualität durchdrungen, die gewissermaßen das wahre Wesen seiner EX-istenz als „Offenbarung" ist. Aber gerade so, wie die einander entgegengesetzten Pole Subjekt und Objekt, Geist und Materie, nur Aspekte der Einen Einheit sind, in der sie ihre Synthese finden, so ist es im geoffenbarten Universum TAT, das Geist mit Stoff, Subjekt mit Objekt verknüpft.

Dieses Etwas, das gegenwärtig der westlichen Spekulation unbekannt ist, nennen die Okkultisten Fohat. Es ist die „Brücke", mittels derer die im göttlichen Gedanken existierenden Ideen der kosmischen Substanz als die Naturgesetze eingeprägt werden.

Die Geheimlehre, Bd. I, S. 43–44

Bevor wir diesen Abend mit dem Studium der *Geheimlehre* beginnen, sollte gesagt werden, dass mich der Lehrer ersuchte, das, was in Bezug auf die Natur dieser Studien gesagt wurde, zu wiederholen. Sie sind eine Vereinfachung im Sinne einer Erklärung und Enthüllung der Bedeutung der in diesem Buch enthaltenen Lehren. Um dieses Ziel zu erreichen und die Übereinstimmung oder Identität zu zeigen, wird es notwendig sein, zum Vergleich Gedanken aus den großen Weltreligionen und von großen Gemütern aller Zeiten heranzuziehen, weil diese in ihrer Essenz der zentralen Quelle des Denkens und der Religion der Menschen entsprungen sind, die wir heute Theosophie nennen.

Doch bevor wir das Studium der *Geheimlehre* in Angriff nehmen können, wird es im Verlauf unserer Studien notwendig sein, gewisse Hindernisse auszuräumen, die jedem von uns im Wege liegen: gewisse Ideen und sogenannte Prinzipien des Denkens, die unseren Gemütern von Kindheit an eingeprägt wurden und die uns aufgrund der psychologischen Wirkung, die sie auf unser Gemüt hatten, tatsächlich hindern, die Wahrheiten des Seins zu erfassen, die uns Helena Petrowna Blavatsky in ihrem Werk *Die Geheimlehre* so meisterhaft vermittelt hat.

Außerdem wird es sich als notwendig erweisen, gewisse sehr alte Prinzipien des Denkens zu untersuchen und tiefer in die wirkliche Bedeutung der alten Religionen und Philosophien einzudringen, als es je in irgendwelchen neueren Büchern geschehen ist, weil diese Bücher von Menschen geschrieben wurden, die nichts von der Esoterischen Philosophie wussten, von Menschen, die sich in den meisten Fällen gegen den unfruchtbaren Ekklesiastizismus der christlichen Kirche auflehnten. Um sich von jenen Ketten des Ekklesiastizismus zu befreien, gingen sie tatsächlich nach der anderen Richtung zu weit und sahen in diesen alten Religionen und in den Handlungen und Lehren der Menschen, die sie lehrten, der Priester, Philosophen oder Gelehrten, nichts als Pfaffentrug und Übeltun.

Wir können auch die *Geheimlehre* nicht richtig verstehen, wenn wir nicht diese einführenden Studien hinter uns haben. Wir können sie als ein Buch lesen, wie wir ein Buch von dem Regal der öffentlichen Bibliothek nehmen und es lesen. Aber wenn wir das tun, erfassen wir das Innerste, das Herz, den Kern des von H. P. Blavatsky in diesem Werk niedergelegten Wissens nicht.

Ein weiterer Punkt, den wir immer im Gedächtnis behalten müssen, ist, dass wir, wie uns der Lehrer in diesen Versammlungen mehr als einmal gesagt hat, tatsächlich als Mitschüler und Mitglieder der „inneren Schule" versammelt sind – wir studieren eben die Lehren, die das Wesentlichste der inneren Lehren der Mysterien des Altertums bildeten. Diese Mysterien waren in zwei allgemeine Abteilungen geteilt, in die kleineren und die größeren Mysterien.

Die kleineren Mysterien bestanden zum sehr großen Teil aus dramatischem Ritus mit einigen Lehren. Die größeren Mysterien dienten fast gänzlich dem Studium, wobei das Gelernte später durch persönliche Erfahrung in der Initiation bewiesen wurde. In den Letzteren wurde unter anderem die geheime Bedeutung der Mythologien der alten Religionen, wie zum Beispiel der griechischen, erklärt.

Das lebhafte und schnell auffassende Gemüt der Griechen schuf eine Mythologie, die aufgrund ihrer Anmut und Schönheit vielleicht einzigartig ist, aber sie ist trotzdem sehr schwer zu erklären. Die Mysterien von Samothrake und von Eleusis, die die größeren waren, erklärten unter anderem die Bedeutung dieser Mythen. Diese Mythen bilden die Grundlage der „exoterischen" Religionen. Aber beachtet wohl, das bedeutet nicht, dass das, was exoterisch gelehrt wird, an sich falsch ist, sondern nur, dass es eine Lehre ist, die ohne den dazugehörigen Schlüssel gegeben wird. Eine solche Lehre ist symbolisch, illusorisch, die Wahrheit andeutend; die Wahrheit ist vorhanden, aber es fehlt der Schlüssel dazu. Dieser Schlüssel ist die esoterische Bedeutung, und ohne ihn ergibt sich kein richtiger Sinn.

Wir beginnen unsere Studien der *Geheimlehre* diesen Abend, indem wir aus Band I, Seite 74, lesen:

> Die *Geheimlehre* lehrt die fortschreitende Entwicklung von allem, sowohl von Welten als auch von Atomen; und es lässt sich weder ein Beginn noch ein Ende dieser erstaunlichen Entwicklung vorstellen.

> Unser Universum ist nur eines aus einer unendlichen Zahl von Universen, alle diese sind „Söhne der Notwendigkeit“ als Glieder in der großen kosmischen Kette von Universen, indem jedes von ihnen zu seinem Vorgänger in der Beziehung eines Bewirkten und zu seinem Nachfolger in der eines Verursachenden steht.
>
> Das Erscheinen und Verschwinden des Weltalls wird geschildert als ein Aus- und Einatmen des „großen Atems“, der ewig und – als Bewegung – einer von den drei Aspekten des Absoluten ist; die beiden anderen sind abstrakter Raum und Dauer.
>
> Wenn der große Atem ausgestoßen wird, heißt er der göttliche Atem und wird als das Atmen der unerkennbaren Gottheit – der Einen Existenz – betrachtet, die gewissermaßen einen Gedanken ausatmet, der zum Kosmos wird. Desgleichen verschwindet, wenn der göttliche Atem eingezogen wird, das Weltall wieder in den Schoß der „großen Mutter“, die dann schläft, „gehüllt in ihre immer unsichtbaren Gewande“.

Vor vierzehn Tagen studierten wir die Lehre von „Mâyâ“ und die Verwandtschaft des inneren Wesens des Menschen mit der unaussprechlichen Wesenheit, und es verbleibt uns noch kurz zu studieren, wie der Mensch, der ein persönliches Element in sich hat, dem Allerinnersten der Unpersönlichkeit, wenn man es so nennen mag, entsprang. Wir können sagen, dass das Unendliche und Unpersönliche niemals endlich und persönlich wird. Wie tritt dann der Geist des Menschen (sozusagen der erste Niederschlag über dem Antlitz des Absoluten) ins Dasein? Wir wollen nicht vergessen, dass die Manifestation der Welten und folglich auch der Wesen, die diese Welten bewohnen, in der Ausdehnung der Materie, gemeinfasslich „Raum“ genannt, stattfand. Zuerst wird ein Zentrum örtlich begrenzt – eine armselige Ausdrucksweise für unseren Gebrauch –, das de facto nicht unendlich, nicht ewig ist. Wenn es das wäre, könnte es sich weder manifestieren noch in äußere Erscheinung treten, denn das ist die Begrenzung. Das Ewige, das Unaussprechliche, das Unendliche manifestiert sich überhaupt nicht, weder teilweise noch in toto. Worte sind bei der Behandlung dieser Gegenstände irreführend, aber was können wir tun? Wir müssen menschliche Ausdrücke anwenden, um uns mitteilen zu können.

Wie erfolgte dann die Manifestation? Die alte Weisheit sagt uns das Folgende: In einem Planeten, der sein Manvantara schon früher durchlaufen hatte und der in Latentheit oder Prâkṛitika-Pralaya eingetreten war, erwachten die im Raum verbliebenen Samen des Lebens (nachdem die Stunde für den Wiederbeginn der Manifestation geschlagen hatte, die im Sanskrit Tṛishṇâ = Durst, Wunsch nach Manifestation genannte Aktivität), und sie bildeten auf diese Weise das Zentrum für ein neues Universum. Infolge karmischer Notwendigkeit hatte es seinen besonderen

Platz im Raum und brachte seine besondere Art von Nachkommenschaft hervor: Götter, Monaden und die drei elementaren – oder elementalen – Reiche der Welt, wie wir sie um uns herum wahrnehmen; alle aus den karmischen Samen, die aus dem früheren Manvantara herübergebracht wurden und latent waren.

Das Universum verkörpert sich wieder (es „reinkarniert" nicht, denn das bedeutet „in Fleisch eintreten"), indem es mutatis mutandis genau den analogen Richtlinien folgt, denen auch die Seele des Menschen bei der Reinkarnation unterworfen ist, wobei eben die verschiedenartigen Bedingungen zu berücksichtigen sind. Wie der Mensch das Erzeugnis seines früheren Lebens oder vielmehr seiner früheren Leben ist, so ist auch das Universum, ein Sonnensystem, ein Planet, ein Tier, ein Atom – sowohl das ganz Große als auch das sogenannte unendlich Kleine – die Frucht, die Blüte von dem, was vorherging. Jedes von diesen trägt seine karmische Last, genau wie die Seele des Menschen auch.

Die Lehren, die sich auf die Entwicklung der inneren Ebenen des Seins beziehen, die den äußeren Ebenen vorausgehen und diese hervorbringen, sind, wie unsere Lehrer sagten, sehr esoterisch. Sie gehören einem höheren Studium an als dem, dem wir uns gegenwärtig zu nähern wagen. Wir können uns aber mit Hilfe von Analogie und Vergleich eine allgemeine Idee bilden, wie diese Entwicklung vor sich geht.

Wenn die Manifestation ihren Anfang nimmt, tritt „Dualität" in Erscheinung. Diesen Vorgang wollen wir sinnbildlich in einem Diagramm darzustellen versuchen.

Die oberste gerade Linie wollen wir als eine hypothetische Ebene betrachten. Sie kann, menschlich gesprochen, unermessliche Meilen in der Tiefe oder Ausdehnung haben, aber bloße Ausdehnung hat mit dem allgemeinen Begriff nichts zu tun. Über dieser Linie erstreckt sich die Unendlichkeit des Grenzenlosen. Das Grenzenlose ist auch unterhalb des Diagramms, auch nach innen durchdringt es dasselbe, es durchdringt alles. Aber zu dem Zweck unserer gegenwärtigen Erläuterungen wollen wir sagen, dass es „oben" ist.

Nun wollen wir an irgendeiner Stelle einen Punkt A, einen weiteren Punkt A′ hier und einen dritten Punkt A″ dort festlegen. Wir haben nun, nachdem ein langer Zeitabschnitt der Latentheit oder des Pralayas vergangen ist, einen Zeitabschnitt der Manifestation oder des Manvantaras erreicht. Einen solchen Punkt wie A oder A′ oder A″ wollen wir den uranfänglichen nennen, das erste Hindurchbrechen in die untere kosmische Ebene. Die Geisteskraft über der Linie erwacht in dem Samen des Daseins zur Tätigkeit und erzwingt sich ihren Weg hinab in das niedere Leben der Manifestation – nicht durch irgendetwas außerhalb ihrer selbst getrieben oder bewegt. Sie wird durch das karmische Leben ihres eigenen essenziellen Wesens,

DAS GRENZENLOSE

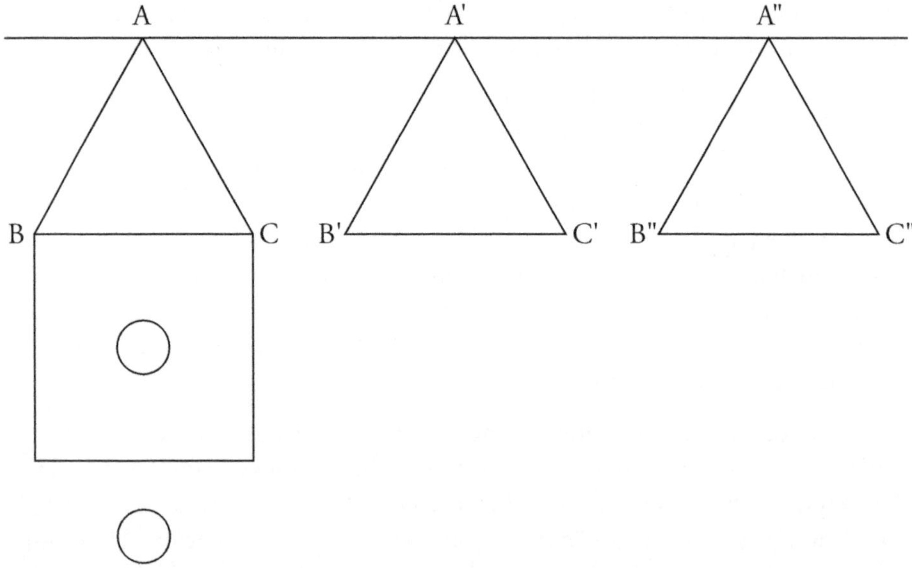

durch den Durst, den Wunsch oder durch das Aufblühen wie ein frisches Aufspringen einer Blume im Frühling, in der die Neigung zur Manifestation nach außen tritt, zur Manifestation getrieben. Dieses erste Inerscheinungtreten stellt man sich in der Philosophie als den ersten oder uranfänglichen Punkt vor. Dies ist der Name, der ihm in der jüdischen Theosophie, der *Kabbala,* gegeben wird.

Von dem Augenblick an, wenn der Punkt, sozusagen der Same des Lebens, der Keim des Seins – alles das sind nur unterschiedliche Bezeichnungen –, das spirituelle Atom, die spirituelle Monade – von dem Augenblick an, wenn er sozusagen in das niedere Leben durchbricht, beginnt Differenzierung oder Dualität, die von da an bis zum Ende des großen Zyklus fortdauert und die zwei Seitenlinien des Dreiecks in dem Diagramm darstellt. Wir können die eine Linie A–B Brahmâ (männlich) und die andere A–C Prakṛiti oder Natur (weiblich) nennen. Brahmâ wird häufig auch Purusha genannt, ein Sanskṛitwort, das Mensch, der ideale Mensch, gleich dem kabbalistischen Adam Kadmon, die uranfängliche Wesenheit des Raumes bedeutet, die in Prakṛiti oder Natur alle die siebenfachen Stufenleitern des geoffenbarten Daseins enthält.

Von dem allerersten Augenblick an, in dem die Dualität in Erscheinung tritt, findet eine unaufhörliche Anziehung zwischen den beiden Linien oder Polen statt, und sie vereinigen sich. Vergesst nicht, dass dieses nur ein Sinnbild, ein Muster ist, dass es nur ein paradigmatischer Abriss, eine sinnbildliche Darstellung ist. An und für sich würde es ganz verkehrt sein zu sagen, dass das Leben und die Wesenheiten nur als geometrische Dreiecke in die Manifestation eintreten, aber wir können es für unser Gemüt in dieser Form symbolisch darstellen. Wenn sich diese zwei, Vater und Mutter, Geist (oder Realität) und Illusion (oder Mâyâ), Brahmâ (oder Purusha) und Prakṛiti (oder Natur), vereinen, entsteht daraus der Sohn. Im christlichen System geben sie dem spirituellen oder uranfänglichen Sohn den Namen Christus. Im ägyptischen System erzeugen Osiris und Isis (oder ihre Zwillingsschwester Nephthys, die mehr die geheimnisvolle Seite der Isis darstellt) ihren Sohn Horus, den spirituellen Sohn, physisch die Sonne oder der Lichtbringer. Und so ähnlich wird es in verschiedenen Systemen dargestellt, die uns die alte Welt überliefert hat.

Infolge der Wechselwirkung dieser drei, durch zwischenpolares Wirken, durch die hin und her wirkenden spirituellen Kräfte fallen – gemäß der mystischen Art, in der dieses Schema der Emanation gelehrt wird – zwei andere Linien abwärts. Diese vereinigen sich und bilden das Quadrat oder den manifestierten Kosmos.

Von dem Zentralpunkt oder uranfänglichen Punkt wird die Sonne des Lebens geboren oder geht daraus hervor. Durch SIE und mit Hilfe von IHR sind wir mit dem Unaussprechlichen verbunden. Der Mensch mag hier unten auf Erden ein physisches Wesen sein oder sonst irgendwo eine leuchtende, ätherische Wesenheit, es zählt nicht, wo er sich befindet und welcher Art sein Körper ist, denn wenn die sieben Prinzipien seines Wesens einmal in Tätigkeit sind, ist der Mensch, die denkende Wesenheit, geschaffen und durch sein siebentes und sein sechstes Prinzip mit jener Sonne des Lebens verbunden.

Jeder „Mensch" unter den unnennbaren Mengen selbstbewusster Wesen, die zu diesem Kosmos oder Universum gehören, hat zwei Naturen, von denen sich die eine nach oben, die andere nach unten erstreckt und von denen die eine ein Strahl des Geistes ist, der ihn mit dem Göttlichen des Göttlichsten verbindet. Von dort erstreckt er sich aufwärts in alle Richtungen und verbindet uns in jedem Sinne des Wortes mit dem Unaussprechlichen, dem Grenzenlosen, das deshalb der Kern unseres Wesens, der Mittelpunkt unseres innersten Wesens ist. Das Erscheinen und die Evolution des Menschen als ein menschliches Wesen auf diesem Planeten Terra erfolgt nach denselben Richtlinien des wundervollen analogen Wirkens der Natur, denen ein Planet im Raume folgt oder eine Sonne mit ihren Brüdern eines Sonnensystems, den Planeten. Der Mensch, der so in aller Wahrheit ein Kind der Unendlichkeit, der Abkömmling des Unaussprechlichen ist, hat latent alle Eigenschaften und Fähigkeiten des Universums in sich.

Von dieser Tatsache hängt es ab, was uns schon so oft von dem Erlangen von „Kräften" gesagt wurde. Die sichere Methode, durch die wir derselben nicht teilhaftig werden, eben der Weg, auf dem sie uns entschlüpfen und wir ihrer verlustig gehen, ist, ihnen nachzulaufen, so seltsam es klingen mag, weil dies dem Impuls der Eitelkeit und Selbstsucht entspringt. Wenn wir diese Kräfte auf selbstsüchtige Weise suchen, was erreichen wir dann? Wir erreichen das Wirken der niederen Kräfte auf uns. Was wir bekommen, ist ein wachsender Durst nach sinnlicher Empfindung, und dieser führt uns zu und in den tiefen Abgrund der Materie, den entgegengesetzten Pol des Grenzenlosen, wenn wir ihm folgen.

Aber die große Seele, die diesen Durst nach persönlicher Aneignung überwunden und abgelegt hat, der Mensch, in dem das habgierige, nur auf sich selbst gerichtete Gemüt nicht mehr vorherrscht, der seine Einheit mit allem, was ist, fühlt, der fühlt, dass jedes menschliche Wesen, ja selbst die Ameise, die mühselig einen Sandhügel hinaufklettert, um wieder herabzurollen, er selbst ist – nicht als Sprachbild, sondern in Wirklichkeit ein anderer Körper, aber dasselbe Leben, dieselbe Essenz, mit denselben Dingen latent in sich wie in ihm –: er hat tatsächlich die Macht in sich, die Leiter des Seins emporzusteigen, emporgezogen durch das in seiner inneren Natur vorhandene Band, das ihn mit dem Höchsten verbindet. Er ist erfüllt von schlummernden Fähigkeiten und Kräften, und er kann mit der Zeit wirklich wie die Götter werden, sozusagen mit Macht leuchtend wie die Sonne. Der einzige Weg dazu ist äußerste Selbstlosigkeit, weil Selbstlosigkeit, so paradox es klingen mag, der einzige Weg zum Selbst, zum universalen SELBST ist. Das persönliche Selbst schließt das Tor vor uns.

Natürlich können wir den Sinn der Selbstheit in unserem Wesen nicht vernichten. Das ist auch gar nicht wünschenswert. Aber in seinem niedrigsten Aspekt nimmt er alle Formen jeder Art Selbstsucht an, bis das Wesen des Menschen, der dem „Pfad linker Hand" oder dem abwärts führenden Pfad folgt, in dem endet, was die ersten Christen Tartarus, den Ort der Auflösung, nannten, indem sie den griechischen Ausdruck annahmen.

Wenn sich der Mensch über den Bereich der Materie erhebt, hat er die Knechtschaft von Mâyâ oder Täuschung abgeworfen. Lasst uns nicht vergessen, dass Prakṛiti Mâyâ wird oder vielmehr ist, wenn die Manifestation beginnt. Brahmâ, der Vater, ist der Geist des Bewusstseins oder die Individualität. Diese zwei sind in Wirklichkeit eins, aber sie sind auch die zwei Aspekte des einen Lebensstrahls, der auf sich selbst wirkt und zurückwirkt, etwa wie ein Mensch sagen kann: „Ich bin ich." Der Mensch hat die Fähigkeit der Selbstanalyse oder des Selbstbewusstseins. Wir alle wissen das, denn wir können es in uns selbst fühlen. Eine Seite von uns, in unseren Gedanken, kann Prakṛiti oder das materielle Element, das mâyâvische Element oder das Element der Illusion genannt werden; und die andere Geist, die Individualität, der Gott im Innern.

Aber wie der Mensch das Leben sieht, wie er sein Auge die Stufenleiter der Wesen hinabgleiten lässt, sieht er es durch Mâyâ. In der Tat ist er einerseits das Kind von Mâyâ, wie er auf der anderen Seite das Kind des Geistes ist. Er hat beides in sich. Seine Aufgabe ist es, zu lernen, dass die beiden eins und nicht voneinander getrennt sind. Dann wird er nicht mehr länger getäuscht. Seine Aufgabe ist es, zu verstehen, dass Mâyâ der große Betrüger, die berühmte Natter oder Schlange des Altertums ist, die uns aus dem „Garten Eden“ entführt (um die biblische Ausdrucksweise zu gebrauchen), damit wir durch Erfahrung und Leiden lernen, was Illusion ist – und nicht ist.

Ferner ist die Materie (und ich meine hier die physische Materie), die auf dieser Ebene die mâyâvische Manifestation von Prakṛiti ist, an sich nicht dicht. Die dichtesten und starrsten Dinge, die wir uns vorstellen können, sind vielleicht die Metalle. Doch in Wirklichkeit sind sie die durchlässigsten, schaumähnlichsten, unbeständigsten, wenn von der anderen oder höheren Seite des Seins, von der anderen Seite der Ebene aus gesehen. Das beginnt jetzt so gut verstanden zu werden, dass uns selbst unsere intuitiver veranlagten Wissenschaftler sagen, der „Raum“, der uns so dünn und fein erscheint, sei in Wirklichkeit starrer als der härteste Stahl. Wie kommt es, dass die Elektrizität Metalle gewöhnlichem Holz, Baumwolle oder anderem dieser Art als Weg vorzieht?

Bevor wir weitergehen, möchte es notwendig erscheinen, ein wenig darüber nachzudenken, was mit den Worten Manvantara und Pralaya gemeint ist. Wir wollen zuerst das Wort Manvantara betrachten. Es ist ein zusammengesetztes Sanskṛitwort und bedeutet als solches „zwischen zwei Manus“; wörtlicher „Manu dazwischen“. „Manu“ oder Dhyân-Chohan im esoterischen Sinn bedeutet die Gesamtheit der Wesenheiten, die zu Beginn der Manifestation erscheinen und von denen wie von einem kosmischen Baum alles abstammt oder geboren wird. Manu ist tatsächlich der (spirituelle) Baum des Lebens jener Planetenkette des manifestierten Seins. Manu ist so (in einem Sinne) der dritte Logos; ebenso wie der zweite Vater-Mutter, Brahmâ und Prakṛiti ist. Der erste ist, was wir den unmanifestierten Logos oder Brahman (sächlich) nennen und seinen kosmischen Schleier, Pradhâna.

Pradhâna ist auch ein zusammengesetztes Sanskṛitwort und bedeutet das, was „vorangeeilt“ ist. In der Philosophie ist es zu einem technischen Ausdruck geworden und bezeichnet die erste nebelhafte Erscheinung der Wurzelmaterie, die wie ein Schleier vor oder vielmehr um Brahman gelegt ist. Die Wurzelmaterie ist Mûla-Prakṛiti, die Wurzelnatur, und der andere mit ihr korrespondierende aktive Pol ist Brahman (sächlich). Das, woraus der erste oder unmanifestierte Logos hervorgeht, wird Parabrahman genannt, und Mûlaprakṛiti ist sein kosmischer Schleier. Parabrahman ist wiederum ein zusammengesetztes Sanskṛitwort und bedeutet „jenseits von Brahman". Mûlaprakṛiti ist, wie schon gesagt, ein zusammengesetztes Sanskṛitwort und bedeutet *mûla* oder „Wurzel" und *prakṛiti* oder „Natur".

Symbolisch haben wir als erstes das Grenzenlose, auch dargestellt durch einen Kreis oder durch ein Ei. Es folgen Parabrahman und sein anderer Pol Mûlaprakṛiti; weiter abwärts Brahman und sein Schleier Pradhâna; dann Brahmâ-Prakṛiti oder Purusha-Prakṛiti (Prakṛiti ist auch Mâyâ). Das manifestierte Universum erscheint durch und mittels Brahmâ-Prakṛiti, Vater-Mutter. Mit anderen Worten, der zweite Logos oder Vater-Mutter ist die bewirkende Ursache der Manifestation durch deren Sohn, der in einer Planetenkette Manu ist. Ein Manvantara ist deshalb die Periode der Tätigkeit zwischen irgendwelchen zwei Manus auf irgendeiner Ebene, denn in jeder solchen Periode gibt es einen Wurzel-Manu am Anfang der Evolution und einen Samen-Manu an ihrem einem Pralaya vorhergehenden Ende.

Pralaya ist ebenfalls ein zusammengesetztes Sanskṛitwort, gebildet aus *laya,* das von der Sanskṛitwurzel *lî* stammt, und der Vorsilbe *pra.* Was bedeutet *lî?* Es bedeutet „auflösen", „hinwegschmelzen", „verflüssigen", wie wenn man Wasser über einen Würfel Salz oder Zucker gießt. Der Würfel Salz oder Zucker verschwindet in dem Wasser: Er löst sich auf, verändert seine Form, und das kann als ein Sprachbild, als ein Symbol dafür betrachtet werden, was Pralaya ist: ein Zerbröckeln, das Vergehen der Materie zu etwas anderem, das bereits in ihr ist, sie umgibt und durchdringt. Das ist Pralaya. Gewöhnlich wird es übersetzt als der Zustand der Verborgenheit, der Zustand des Friedens, der Zustand der Ruhe zwischen zwei Manvantaras oder Lebenszyklen. Wenn wir die Bedeutung dieses Sanskṛitwortes klar im Gedächtnis behalten, neigt unser Gemüt nach einer neuen Richtung. Es folgt einem neuen Gedanken. Wir bekommen neue Ideen. Wir dringen ein in das Geheimnis dessen, was vor sich geht.

Nun gibt es viele Arten von Manvantaras und auch viele Arten von Pralayas. Es gibt zum Beispiel das universale Manvantara und das universale Pralaya, das Prâkṛitika-Pralaya genannt wird, weil es das Pralaya, das Dahinschwinden oder Dahinschmelzen von Prakṛiti oder Natur ist. Dann gibt es das Sonnenpralaya. Die Sonne heißt im Sanskṛit Sûrya, und das Eigenschaftswort davon ist *saurya,* daher das Saurya-Pralaya oder das Pralaya des Sonnensystems. Drittens gibt es das irdische oder planetarische Pralaya. Das Sanskṛitwort für die Erde ist Bhûmi, und das entsprechende Eigenschaftswort ist *bhaumika,* daher das Bhaumika-Pralaya. Dann können wir von dem Pralaya oder dem Tod des einzelnen Menschen sprechen. Der Mensch heißt Purusha; das entsprechende Adjektiv ist *paurusha;* daher das Paurusha-Pralaya oder der Tod des Menschen. Dies sind Beispiele von verschiedenen Pralayas: zuerst das

Prâkṛitika oder die Auflösung der Natur; als nächstes das Sonnen- oder Saurya-Pralaya; dann das Bhaumika oder das Dahinschwinden der Erde; und schließlich das Paurusha oder der Tod des Menschen. Diese Adjektive gelten gleicherweise für die verschiedenen Arten von Manvantaras oder Lebenszyklen.

Es gibt noch eine andere Art von Pralaya, die Nitya genannt wird. Im allgemeinen Sinne bedeutet das „beständig" oder „ununterbrochen" und kann erklärt werden durch den fortwährenden oder ununterbrochenen Wechsel der Zellen unseres Körpers, hervorgerufen durch Leben und Tod dieser Zellen. Dies ist ein Zustand, in dem die Wesenheit, die innewohnende und beherrschende Wesenheit, verbleibt, während die verschiedenen Prinzipien und Rûpas eine beständige Änderung erfahren. Deshalb wird es Nitya genannt. Das gilt für den menschlichen Körper, die äußere Sphäre der Erde, die Erde selbst, das Sonnensystem und die ganze Natur.

Der Wechsel wird sichtbar repräsentiert durch ein Symbol, das uns unser erster großer Lehrer, H. P. Blavatsky, aus der orientalischen Weisheit als das Ausatmen und Einatmen von Brahman gegeben hat. Dieses Symbol ist nicht einzig und allein in Indien zu finden, sondern auch in den alten ägyptischen Texten, in denen der eine oder andere der Götter, Chnum zum Beispiel, aus seinem Mund das kosmische Ei ausatmet. Auch in den orphischen Hymnen ist es zu finden, wo die kosmische Schlange die zukünftigen Dinge oder das zukünftige Universum in Form eines Eies ausatmet. Überall, besonders aber, wo sich alte Religionen und Philosophien am längsten erhalten haben, finden wir das Symbol des kosmischen Eies. Die Religionen der neueren Zeit und von geringerem Einfluss gebrauchen es nicht so häufig. Das kosmische Ei wurde als Symbol in Ägypten und Hindustan gefunden. Ebenso in Peru, wo der „mächtige Mensch", im Sanskṛit Purusha, der ideale Mensch, der paradigmatische Mensch, Manco Capac genannt wurde; sein Weib und seine Schwester wurden Mama Oello genannt, was „Mutter-Ei" bedeutet. Diese brachten das Universum zum Dasein und wurden später die Sonne bzw. der Mond.

Warum stellten die Alten den Anfang der Evolution symbolisch durch die Form eines Eies dar? Wir wollen fragen: Ist es nicht ein vortreffliches Symbol? Wie das Ei, das das junge Hühnchen hervorbringt, den Keim des Lebens enthält (gelegt von seiner Mutter, der Henne, und befruchtet durch den anderen Pol des Seins), so enthält auch das kosmische Ei, das der uranfängliche Punkt ist, von dem wir diesen Abend zu Beginn unseres Studiums sprachen, den Keim des Lebens in sich. Das Ei selbst kann ebenfalls der Keim des Lebens genannt werden. Der Keim des Lebens in dem Ei kann der innere Keim genannt werden – jener feinere Punkt, der die Impulse empfängt, die aus dem höchsten Zentrum der Verbindung zwischen der äußeren und der inneren Welt herabkommen, die Linien innerer magnetischer Aktion und Reaktion. Wenn das Küken im Ei gebildet ist, zerbricht es die Schale und kommt heraus an das Tageslicht, ebenso wie es bei dem uranfänglichen Punkt der Fall war. Als die kosmische Stunde geschlagen hatte, brach er sozusagen durch in andere Sphären der Manifestation und Aktivität. Die Alten, die diese Darstellung noch weiter ausführten, sprachen selbst vom Himmel als domähnlich, als von dem oberen Teil einer Eischale.

Lasst uns tiefer über diese alten Symbole nachdenken. Die Alten waren keine Narren. Es liegt eine tiefe Bedeutung in diesen alten Sprachbildern. Warum sprach Homer von seinem Olymp, dem Wohnsitz des Zeus und der Götter, als aus Bronze ähnlichem Erz bestehend, einem der härtesten und am schwersten zu bearbeitenden Materialien, die die Griechen kannten? Warum sprach Hesiod von demselben als von Eisen gemacht? Weil sie begriffen, dass das Leben hier in der Materie und von der Materie auf einer schnell dahinschwindenden Substanz gegründet ist und dass die niedere, materielle Welt schnell vergänglich, schaumähnlich, sozusagen voller Löcher und unrealistisch ist.

Kapitel 5

Die esoterischen Lehren und die Nebulartheorie. Götter hinter dem Kosmos: Warum die Natur unvollkommen ist.

Um aus der Wissenschaft ein einheitliches *Ganzes* zu machen, ist in der Tat das Studium sowohl der geistigen und seelischen als auch der körperlichen Natur notwendig. Im anderen Fall wird sie immer wie die Anatomie des Menschen sein, die in alter Zeit von den Profanen nur vom Gesichtspunkt der Hüllenseite desselben und in Unkenntnis des inneren Werkes erörtert wurde. [...]

Das Arbeitsfeld der Okkultisten liegt in der *Seele* und im *Geiste* des Weltraums, nicht nur in seiner trügerischen Erscheinung und Verhalten. Das der offiziellen Wissenschaft ist die Analyse und das Studium seiner *Schale* – der Ultima Thule des Weltalls und des Menschen nach der Meinung des Materialismus.

Mit dem letzteren hat der Okkultismus nichts zu tun. Nur mit den Theorien solch gelehrter Männer wie Kepler, Kant, Oersted und Sir William Herschel, die an eine geistige Welt glaubten, kann die okkulte Kosmogonie verhandeln und ein befriedigendes Übereinkommen versuchen. Aber die Anschauungen jener Physiker sind von den neuesten modernen Spekulationen sehr weit verschieden. Kant und Herschel hatten vor ihrem geistigen Auge Betrachtungen über den Ursprung und das schließliche Schicksal sowie über den gegenwärtigen Anblick des Weltalls von einem viel philosophischeren und psychischeren Standpunkt aus; während die moderne Kosmologie und Astronomie jetzt alles, was einem Forschen nach den Geheimnissen des Seins ähnlich sieht, verwerfen. Der Erfolg ist der zu erwartende: gänzlicher Misserfolg und unentwirrbare Widersprüche in den tausendundein Spielarten der sogenannten wissenschaftlichen Theorien, und in dieser Theorie ebenso wie in allen anderen.

Die Nebelhypothese, die die Theorie von der Existenz einer in einem nebelartigen Zustande verteilten ursprünglichen Materie in sich schließt, ist in der Astronomie nicht modernen Datums, wie jedermann weiß. Anaximenes von der ionischen Schule hatte bereits gelehrt, dass die Himmelskörper durch die fortschreitende Verdichtung einer ursprünglichen *prägenetischen* Materie, die ein nahezu negatives Gewicht hatte und durch den Raum in einem äußerst verfeinerten Zustande ausgebreitet war, gebildet wurden.

Die Geheimlehre, Bd. I, S. 643 u. 645

Drei Punkte sind es, die mit des Lehrers Erlaubnis kurz zu streifen notwendig erscheint, bevor wir diesen Abend mit unserem Studium beginnen.

Der erste betrifft die Frage der Moral, d. h. der rechten Lebensführung, die auf rechten Anschauungen und rechtem Denken begründet ist. Wir haben diese Sache in fast jeder Versammlung dieser Loge berührt, weil die Richtung, der Pfad der Pflicht – der rechten Lebensführung, die auf rechten Anschauungen begründet ist – der Pfad all derer ist, die vorwärts schreiten möchten zur alten Weisheit oder zu den alten Mysterien. Unsere Lehrer haben uns das immer und immer wieder gesagt, und die großen Denker, Philosophen und religiös veranlagten Menschen aller Zeiten sagten dasselbe.

Diese Versammlungen dienen, wie unser gegenwärtiger Lehrer so oft gesagt hat, nicht dem Zweck rein intellektuellen Studiums noch dem, uns über dunkle und mystische Erkenntnisse zu unterhalten, sondern hauptsächlich, vor allem anderen und in erster Linie dem Zweck, eine richtige Grundlage für rechte Anschauungen zu gewinnen, die die menschliche Lebensführung beherrschen. Wenn wir diese Grundlagen haben, haben wir die Anfangsgründe aller Gesetze. Wir können dann die Welt nicht nur durch unsere eigenen Anschauungen und Handlungen beeinflussen, sondern auch durch die anderer Mitglieder, die noch in unsere Reihen eintreten und sie verstärken werden. Und ferner werden wir mit der Zeit fähig werden, selbst die Regierungen der Welt zum Guten zu beeinflussen – vielleicht nicht direkt und unmittelbar, aber zumindest indirekt und im Verlaufe der Zeit. Alle die schrecklichen Dinge, die die Menschen heute verwirren, aus der Fassung bringen und quälen, entstehen fast gänzlich aus dem Mangel an rechten Anschauungen und daher aus dem Mangel an rechter Lebensführung. Wir haben daher das Zeugnis der griechischen und römischen Initiierten und Denker, dass die alten Mysterien Griechenlands die Menschen vor allen anderen Dingen lehrten, richtig zu leben und eine edle Zuversicht in Bezug auf das Leben nach dem Tode zu haben.

Als nächstes den zweiten Punkt: In unserer letzten Versammlung berührten wir die alten Mysterien in den alten Mysterienschulen und nahmen als Beispiel jene von Griechenland, von denen die Römer ihre Mysterien herleiteten. Aber wir berührten nur eine Seite, den mythologischen Aspekt. Und dieser mythologische Aspekt umfasst nur einen Teil, einen verhältnismäßig kleinen Teil von dem, was in den Mysterienschulen, hauptsächlich in Samothrake und Eleusis, gelehrt wurde. In Samothrake wurde dieselbe Mysterienlehre gelehrt wie überall sonst in Griechenland, nur wurde sie hier eingehender dargestellt und war tiefgehender; die Grundlage dieser Mysterienlehre war die Ethik. Die edelsten und größten Männer alter Zeiten in Griechenland waren in die Mysterien dieser zwei Sitze esoterischen Wissens eingeweiht.

In anderen, östlicher gelegenen Ländern bestanden andere Mysterienschulen oder „Kollegien". Das Wort „Kollegium" bedeutet keineswegs notwendigerweise einen bloßen Tempel oder ein Gebäude. Es bedeutet „Vereinigung", wie unser modernes Wort „Kollege" Gefährte bedeutet. Die teutonischen Stämme des nördlichen Europa, die germanischen Stämme – Skandinavien mit eingeschlossen – hatten auch ihre Mysterienkollegien; und Lehrer und Neophyten standen auf dem Boden der Mutter Erde, unter dem Vater Äther, dem grenzenlosen Himmel, oder in unterirdischen Räumen, wo sie lehrten und lernten. Wir stellen hier zugleich fest, dass der Kern, das Herz, der Mittelpunkt der alten Mysterien die verborgenen Probleme waren, die über den Tod handeln. Diese Lehren sind auch jetzt in unserem Besitz, und wenn der Lehrer sagt, dass die Zeit gekommen ist, sie hinauszugeben, werden sie erscheinen. Sie entscheidet darüber, wann das geschehen soll.

Der dritte Punkt betrifft die Paradigmen oder Diagramme, die zu gebrauchen wir von Zeit zu Zeit für notwendig erachten, um gewisse Lehren zu erläutern. Vergessen wir nicht, dass diese Diagramme relativ und veränderlich sind. Sie sind keine starren und festen oder absoluten Dinge. Diese Tatsache muss immer klar im Gedächtnis behalten werden, und wir sollten unserem Gemüt niemals erlauben, sich um diese Diagramme oder Paradigmen zu kristallisieren. Und warum? Weil jedes Paradigma, jede besondere Verbindung geometrischer Linien verschiedene Gedanken oder Facetten erläutern kann. So kann zum Beispiel das Paradigma des Dreiecks, von dem das Quadrat herabhängt (wie es in unserer letzten Versammlung benutzt wurde), gleicherweise für die höchsten miteinander verbundenen Prinzipien im Menschen, die spirituell-mentale Monade, wie für die niederen Prinzipien gelten, in die die Monade bei Beginn der Inkarnation oder Manifestation fällt und aus denen sie auferstehen wird, wenn die ersten Töne der pralayischen Glocken in den âkâśischen Räumen gehört werden.

Wir wollen unser Studium beginnen und nehmen als allgemeines Thema dieselben Abschnitte von Seite 74 des ersten Bandes der *Geheimlehre,* die wir in unserer letzten Versammlung gelesen haben, Absatz drei bis sechs:

> Die Geheimlehre lehrt die fortschreitende Entwicklung von allem, sowohl von Welten als auch von Atomen; und es lässt sich weder ein Beginn noch ein Ende dieser erstaunlichen Entwicklung vorstellen.
>
> Unser Universum ist nur eines aus einer unendlichen Zahl von Universen, alle diese sind „Söhne der Notwendigkeit" als Glieder in der großen kosmischen Kette von Universen, indem jedes von ihnen zu seinem Vorgänger in der Beziehung eines Bewirkten und zu seinem Nachfolger in der eines Verursachenden steht.
>
> Das Erscheinen und Verschwinden des Weltalls wird geschildert als ein Aus- und Einatmen des „großen Atems", der ewig und – als Bewegung –

> einer von den drei Aspekten des Absoluten ist; die beiden anderen sind abstrakter Raum und Dauer.
>
> Wenn der große Atem ausgestoßen wird, heißt er der göttliche Atem und wird als das Atmen der unerkennbaren Gottheit – der Einen Existenz – betrachtet, die gewissermaßen einen Gedanken ausatmet, der zum Kosmos wird. Desgleichen verschwindet, wenn der göttliche Atem eingezogen wird, das Weltall wieder in den Schoß der „großen Mutter", die dann schläft, „gehüllt in ihre immer unsichtbaren Gewande".

Es bestand die Absicht, diesen Abend das Studium der Dämmerung der Manifestation, wie sie im „Hebräischen Buch des Anfangs", die *Genesis* genannt, beschrieben ist, aufzunehmen, sie zu studieren und ihre Ähnlichkeit und Gleichheit und die grundlegende Identität der Wahrheit, auf die sie begründet ist, im Vergleich mit den anderen Religionen der Welt zu zeigen. Aber im Hinblick auf die Tatsache, dass wir bei unserem letzten Studium genötigt waren, das erste Inerscheinungtreten des über das Antlitz des Unaussprechlichen geworfenen Schleiers zu streifen, würde es für diesen Abend als das Beste erscheinen, einen kurzen Umriss dessen zu geben, was in der Wissenschaft die Nebulartheorie genannt wird, wie weit die esoterische Lehre mit ihr übereinstimmt und, wenn wir die Zeit dazu haben, wo und wann sie sich von ihr trennt.

Die Nebulartheorie, wie sie in der Wissenschaft ursprünglich von dem Franzosen Laplace gelehrt wurde, der sie von dem großen deutschen Denker und Philosophen Immanuel Kant herleitete, legt dar, dass der Raum, der jetzt von den Planeten des Sonnensystems eingenommen wird, ursprünglich von einer sehr feinen Art sehr stark glühender (oder brennender) Materie erfüllt war. Wir wollen gleich hier sagen, dass diese besondere Theorie von Laplace bezüglich des Glühens nie bewiesen wurde, dass sie nicht in jeder Hinsicht Gegenstand mathematischer Beweisführung ist und sein kann und dass sie, wenn als Ganzes genommen, einen der stärksten Beweise gegen die Wahrheit der Nebulartheorie, wie sie damals dargelegt und seitdem von modernen Denkern in gewissem Grade geändert wurde, bildet.

Laplace legte ferner dar, dass sich dieser Nebel in einem Zustand langsamer Umdrehung oder kreisender Bewegung in derselben Richtung befand, wie sich die Planeten und die Sonne um ihre Achsen bewegen. Mit anderen Worten, die gegenwärtigen Kreisläufe und Umdrehungen der Planeten entstanden aus dieser mechanischen, ursprünglich kreisenden Bewegung des uranfänglichen Nebels. Ferner behauptete Laplace, dass sich dieses heiße, unermessliche Objekt abkühlte, und indem es abkühlte, einem gewissen Wärmegesetz entsprechend zusammenschrumpfte. Dieses Zusammenschrumpfen bewirkte einem dynamischen Gesetz zufolge eine Zunahme der Geschwindigkeit der Umdrehung und der Triebkraft an jedem Punkt seiner Oberfläche. Wie nun jeder weiß, bewegen sich die Teile eines Rades, die der Peripherie, dem Umkreis eines Rades am nächsten sind, mit der größten Triebkraft und der größten Schnelligkeit, obgleich in einem anderen Sinne nicht schneller als die Teilchen an der Nabe. Diese Zunahme der Geschwindigkeit in der Umdrehung wurde so groß, dass eine Zeit kam, in der die Zentrifugalkraft die Zentripetal- oder Kohäsivkraft überwog, und dann warf dieser kreisende Nebel einen Ring ab. Dieser Ring fuhr ebenfalls fort sich zu drehen und zu verdichten und gestaltete sich schließlich zu einer Sphäre oder einer Kugel, die der äußerste Planet Neptun wurde. Und so traten nach und nach die anderen Planeten ins Dasein. Der Kern des Nebels blieb als unsere Sonne übrig. Kurz, während sich der Nebelkörper zusammenzog und seine Materie verdichtete, wiederholte sich dieselbe Naturerscheinung in der gleichen Weise, und es wurde so der zweitäußerste Planet Uranus abgestoßen – und so fort, bis alle Planeten als Sphären ins Dasein getreten waren. Einige von diesen feinen, immer noch nebelförmigen Planeten entwickelten nun durch Zusammenziehung und dadurch verursachte Beschleunigung ihrer Umdrehungsgeschwindigkeit selbst Ringe um sich, die ihrerseits von ihren Elternplaneten abgestoßen und demselben Lauf wie ihre Elternplaneten folgend zu Sphären wurden, die so die Satelliten, die Monde der entsprechenden Planeten wurden, während sich der Kern des uranfänglichen Nebels zu der (mutmaßlich) weißglühenden oder feurigen Kugel verdichtete, die unsere Sonne ist.

In der Anfangszeit, als H. P. Blavatsky der westlichen Welt die Lehren der Theosophie brachte, wurden hauptsächlich Fragen über Kosmogonie oder den Anfang und die uranfängliche Entwicklung des Universums gestellt. Sie wurde gefragt, und auch ihre Lehrer wurden durch ihre Vermittlung gefragt, in welcher Hinsicht die Nebulartheorie mit der Darlegung der okkulten Überlieferung, der esoterischen Lehre, einig gehe und diese „bestätige". Die damals gegebene Antwort wurde „eine ausweichende Antwort" genannt. Sie erweckte Kritik und eine etwas ungehaltene Erwiderung. Es wurde gefragt: Wenn die großen Weisen alle diese wunderbaren Wahrheiten kannten, warum erleuchteten sie dann nicht die Welt mit dem Glanz ihrer Lehren? Warum haben sie diese Lehren und andere Mysterien verborgen gehalten? Keine Lehre könne für den Menschen schädlich sein, wenn sie wahr ist, wurde argumentiert. Das war bis zu einem gewissen Grade tatsächlich ein törichtes Argument, weil viele Lehren tiefe Wahrheiten enthalten und doch als Besitz für den Durchschnittsmenschen äußerst ungeeignet sind. Indes, wir werden diese Frage heute Abend untersuchen.

Die Lehrer sagten, die Nebulartheorie deckt sich nur in ihren Hauptgrundzügen und in mancher Hinsicht teilweise mit der esoterischen Lehre, jedoch weist sie wesentliche Fehler auf. Diese Fehler haben sie nicht alle einzeln angegeben und nicht klar umrissen. Aber sie gaben deutliche Winke, wo die Fehler liegen und welcher Art sie sind. Sie gaben auch einen klaren, logischen und bestimmten Grund für ihre Zurückhaltung an, der bindend und nicht zu umgehen war.

Der Hauptfehler der Laplace'schen Theorie besteht nun darin, dass sie eine rein mechanische, rein materielle Hypothese ist, die in mancher Hinsicht selbst von der Mathematik nicht bestätigt werden konnte und auf nichts als der Tatsache gründet, dass die Astronomen beim Erforschen der gewaltigen Gebiete des Sternenlichtes in den Tiefen des Raumes Nebel und Nebelflecke entdeckten und, Kants Idee annehmend, dogmatisch darüber argumentierten. Aber dessen ungeachtet war in der Nebulartheorie Wahrheit enthalten – sie enthielt etwas Wahrheit. Was ist nun diese Wahrheit, und was ist ihr wesentlicher Fehler? Der wesentliche Fehler ist vor allem die Tatsache, dass diese Theorie jedes Wirken spiritueller Wesenheiten im Universum als Triebkräfte, als wirkende Agenten, als Mechaniker (oder Techniker) hinter dem Mechanismus, der ohne Zweifel vorhanden ist, gänzlich übersieht. Es wird gelehrt, dass die Esoterische Philosophie mechanisches Wirken im Universum nicht ableugnet. Aber sie erklärt: Wo mechanisches Wirken stattfindet, ist auch eine Leitung vorhanden, oder bestimmter ausgedrückt, es sind Mechaniker an der Arbeit, die die Bewegungen des Mechanismus in Übereinstimmung mit Karman verursachen. Es muss „Gesetz"-Geber oder „Gesetz"-Entwerfer oder Veranlasser von „Gesetzen" geben, wenn der Ausdruck gebraucht werden kann, und hinter diesen muss das universale Leben stehen. Mit anderen Worten, der grundlegende Fehler ist, dass die Nebulartheorie die oberste Wahrheit allen Seins außer Acht lässt – dass Götter, hohe Wesen, spirituelle Wesenheiten, der Name tut nichts zur Sache, hinter dem Kosmos stehen. Nicht Gott, sondern Götter. Die „Natur" ist unvollkommen, deshalb macht sie „Fehler", denn ihr Wirken entstammt der Tätigkeit von Heeren von Wesenheiten. Was wir die ganze Zeit um uns wahrnehmen, ist ein Beweis dafür. Die „Natur" ist nicht vollkommen. Wäre sie den „Händen der unveränderlichen Gottheit" entsprungen und daher wie ihr Schöpfer unveränderlich und würde sie keinen Wechsel kennen, so wäre sie eine vollkommene Welt. Doch wie wir wissen, ist das Gegenteil der Fall. Die Unvollkommenheiten der Natur oder ihre „Fehler" entspringen der Tatsache, dass die Wesenheiten, die in der Natur existieren, in ihr wirken, sie beherrschen und gestalten, sich in endlosen Hierarchien vom Innersten des Innersten, vom Höchsten des Höchsten endlos abwärts und endlos aufwärts erstrecken, in allen Graden der Unvollkommenheit und der Vollkommenheit. Das ist genau das, was wir in den Abläufen der Manifestation sehen. Unsere Intuition sagt uns die Wahrheit hierüber, und wir sollten ihr vertrauen.

Dies war den Alten wohlbekannt. Die Stoiker brachten es in ihrer herrlichen Philosophie zum Ausdruck und lehrten es. Die Stoiker Roms und Griechenlands drückten es ursprünglich durch das aus, was sie Theokrasie nannten. Theokrasie ist ein zusammengesetztes Wort und bedeutet *theos,* „Gott“, „göttliches Wesen“, und *krasis,* „Sichvermischen“ – ein Sichvermischen von allem mit allem anderen im Universum, wobei nichts möglicherweise von dem Übrigen, vom Ganzen getrennt werden kann. Es ist heute die Hauptketzerei für die orientalischen Religionen, besonders für den Buddhismus, wenn ein Mensch denkt, er sei vom Universum getrennt oder trennbar. Das ist für sie die größte Ketzerei, der grundlegendste Irrtum, den ein Mensch begehen kann. Die ersten Christen nannten das die „Sünde wider den Heiligen Geist“. Wenn wir uns umsehen, wenn wir nach innen schauen, begreifen wir, dass wir sozusagen eine Wesenheit bilden, ein großes menschliches Heer, einen lebenden Baum menschlichen Lebens, der – von der Natur oder dem All untrennbar – mit der Natur oder dem All verwoben ist.

Der nächste Fehler der Nebulartheorie besteht darin, dass der Nebel als in seinen frühesten Stufen glühend, als brennend erklärt wurde. Die esoterische Lehre sagt, dass er tatsächlich glüht, aber mit kaltem Licht glüht, ähnlich dem Licht des Leuchtkäfers. In einem Nebel ist nicht mehr Hitze als in dem Licht des Leuchtkäfers. Dieses Licht in dem Nebel, dieses Leuchten kommt nicht von einer Verbrennung irgendwelcher Art. Aber woher kommt es dann? Es kommt von der innewohnenden Daivî-prakṛiti, der „göttlichen Natur“ oder dem „göttlichen Licht“ in ihrer Manifestation auf jener Ebene. Es ist dasselbe Licht, das sich in empfindenden Wesen in einer höheren Form als Bewusstsein in allen seinen Graden offenbart, vom dumpfen physischen Bewusstsein hinauf durch die Seele und das Ego, durch das Selbst hinauf in das selbstlose SELBST des Paramâtman oder das „oberste Selbst“ – ein bloßer Verlegenheitsausdruck, der den Gipfel oder die Krone einer Hierarchie bedeutet, denn in Wirklichkeit gibt es kein „oberstes Selbst“, was eine Grenze und deshalb Begrenztheit bedeuten würde. Wenn es ein solches gäbe, gäbe es auch ein „niederstes Selbst“. Das SELBST ist grenzenlos, endlos, das wahre Herz des Seins, die Grundlage oder der dimensionslose Kern von allem, was ist.

Der nächste, der dritte grundlegende Fehler: Die Planeten und die Sonne wurden nicht in der durch die Nebulartheorie dargelegten Weise entwickelt oder geboren. Wie aber wurden sie dann geboren? (Ich möchte nebenbei einschalten, dass dieser Gegenstand viel später studiert werden sollte, aber es besteht Grund, ihn jetzt zu behandeln.) Jeder Sonnen- oder Planetenkörper, die Sonne und die Planeten in unserem Sonnensystem und aufgrund der Analogie überall sonst, ist das Kind oder vielmehr das Resultat oder die Wiederverkörperung einer früheren kosmischen Wesenheit. Nachdem sie am Ende ihres langen Lebenszyklus in ihr Pralaya, ihr Prâkṛitika-Pralaya, die Auflösung ihrer niederen Prinzipien, eingetreten ist und in ihren spirituellen Prinzipien in höherer Aktivität existiert, zerstreuen sich ihre niedersten Prinzipien, die als Skandhas latent im Raum existieren. Im Sanskṛit wird es ein Layazustand genannt. *Laya* kommt von der Wurzel *lî,* über die wir in unserer letzten Versammlung gesprochen haben und die „auflösen" oder „hinwegschwinden" bedeutet. Deshalb ist ein Layazentrum ein „Punkt des Verschwindens". Das ist seine Bedeutung im Sanskṛit und selbst im Wörterbuch. Ein Layazentrum ist der mystische Punkt, an dem etwas von einer Ebene verschwindet und fortschreitet, um auf einer anderen Ebene wieder zu erscheinen.

Die Illustration, die wir in unserer letzten Versammlung benutzten, möchte ich wiederholen: Gießen wir Wasser auf einen Würfel Zucker oder Salz, und beobachten wir ihn, wie er sich auflöst – wie er als Würfel oder als getrennte Wesenheit vergeht. Er ist als ein Zucker- oder Salzwürfel oder als eine solche Wesenheit in den Layazustand eingetreten. Die Form ist dahin, und der Zucker oder das Salz ist in etwas anderes eingetreten. Wenn die höheren Prinzipien eines kosmischen Körpers in etwas anderes eintreten, stellt sich die Frage: Was ist dieses Etwas, in das sie eintreten? Sie treten zuerst in den kosmischen Äther ein, und nach entsprechender Zeit gehen sie noch höher und treten ein in die intensive Tätigkeit der spirituellen Ebenen. Dort werden Äonen in für uns nahezu unvorstellbaren Zuständen und Bedingungen verbracht. Im entsprechenden Verlauf der Zeit beginnt dann für diese höheren Prinzipien deren abwärts in die Materie gerichteter Lauf oder ihre Wiederverkörperung. Schließlich sammeln sie durch Anziehung ihre alten, bisher latent liegenden Skandhas wieder um sich und bilden so einen neuen Körper für sich, indem sie durch und mittels des Layazentrums in die Manifestation gelangen, wo jene Skandhas warteten.

Die niederen Prinzipien waren inzwischen in Nirvâṇa, was wir nach dem Tode des Menschen Devachan nennen würden, denn Devachan bezieht sich als ein Zustand nicht auf die höchste oder himmlische oder göttliche Monade, sondern nur auf die mittleren Prinzipien des Menschen, auf das persönliche Ego oder die persönliche Seele im Menschen. Auf uns angewandt, ist dieser Zustand Devachan – das „Land der Götter". Aber auf einen kosmischen Körper angewandt, ist es der Zustand von Nirvâṇa. Nirvâṇa ist ein zusammengesetztes Sanskṛitwort; zusammengesetzt aus *nir* mit der Bedeutung „aus" und aus *vâna,* dem passiven Mittelwort der Vergangenheit der Wurzel *va,* „blasen". Wörtlich bedeutet Nirvâṇa also „ausgeblasen".

Die Bedeutung des alten indischen Denkens (und selbst der Sprache des Sanskṛit) ist derart falsch verstanden worden, dass selbst gründlich belesene europäische Gelehrte lange Jahre darüber disputierten, ob „ausgeblasen" tatsächlich Vernichtung des Wesens bedeute oder nicht. Ich erinnere mich eines Gespräches, das ich einst mit einem chinesischen Gelehrten hatte – er war ein chinesischer Buddhist. Er sagte mir, dass der Zustand eines Menschen nach dem Tod „so" sei – dabei nahm er eine brennende Kerze vom Tisch, blies sie an, und das Licht ging aus. Er sagte: „So ist es", und er hatte Recht, denn er bezog sich auf die niederen Prinzipien im

Menschen. Diese (nicht wir, unsere monadische oder wesentliche Essenz) sind nur das Vehikel, in dem wir leben; und wenn wir sterben, wird unser physischer Körper „ausgeblasen“. Er zerfällt und tritt in sein Pralaya oder seine Auflösung ein. Seine Moleküle, seine Partikel gehen in den Layazustand ein und verbringen darin eine gewisse Zeit, bis die Natur sie wieder aufruft – oder um es auf andere Weise genauer zu sagen, bis der innewohnende Impuls jedes physischen Partikels der Monade durch den Durst nach aktivem Dasein wieder lebendig wird und sie erneut in einen Körper entsprechender Art und ähnlichen Entwicklungsgrades eintritt.

Das ist eine – und nur eine – Facette des Geheimnisses bezüglich der sehr missverstandenen Lehre über die Transmigration in Tiere. Die niederen Elemente, der Astralkörper und die astralen Schlacken des tierischen oder physischen Menschen werden die Prinzipien, nicht die latenten höheren, sondern die mittleren Prinzipien, der Tierwelt. Diese sind von den Menschen abgestoßene menschliche Schlacken.

Der aus der Auflösung einer früheren Welt resultierende kosmische Staub ruht in einem Layazentrum, während die höchsten Prinzipien jener Welt oder Planetenkette in ihrem Paranirvâṇa sind und dort bleiben, bis der göttliche Durst nach aktivem Leben, der sich auf der höchsten Ebene beim Abstieg in der kosmischen Monade eines Planeten oder einer Sonne wieder regt, jene Monade an die spirituellen Grenzen der Manifestation zieht, stößt, treibt oder drängt. Und wenn sie an jene Grenzen gelangt, schießt sie sozusagen hindurch, bricht durch, geht hindurch oder kreist abwärts in die darunter befindliche niedrigere Ebene. Und das wiederholt sich durch viele Ebenen immer und immer wieder, bis die kreisende Monade schließlich alle jene niedrigeren Elemente, die in den Layazentren verbleiben, erreicht, sie berührt oder erleuchtet, sie erweckt, wiedererweckt, wiederbelebt, sie ins Dasein zurückruft, sie von innen her wieder erleuchtet. Dies erzeugt das Leuchten oder das Neblige, das an einigen Stellen des interstellaren Raumes zu sehen ist. Deshalb ist es tatsächlich Daivî-prakṛiti, „göttliche Natur“, „göttliches Licht“, in einer seiner niedersten Formen, der siebenten, abwärts gezählt. Dieses Licht oder diese Kraft ist auf dieser unserer Ebene in einer seiner niedersten Formen Elektrizität und Magnetismus. Unsere Lehrer haben uns auch gesagt, dass das physische Universum, in dem wir hier leben – die Steine, Metalle, Bäume usw. –, verkörpertes Licht ist. Sie alle sind aus Atomen gebildet, und diese Atome sind sozusagen die mystischen Atome dieses Lichtes, denn das Licht ist körperlich: Es ist keine bloße „Form von Bewegung“ oder eine Welle oder sonst etwas. Das Licht (unser Licht) ist korpuskular, ebenso wie Elektrizität – eine seiner Formen – korpuskular ist, das heißt, es ist materiell oder feine Materie.

Wenn nun dieser „Nebel“ den Punkt der Entwicklung oder Evolution abwärts in die Manifestation erreicht hat, wo die sich wiederverkörpernden Prinzipien der früheren Welt, des Kosmos, der Sonne oder des Planeten hinlänglich in den Nebel eingetreten sind –, beginnt sich dieser durch eine ihm innewohnende, dem Elektromagnetismus ähnliche Kraft im Kreise zu drehen. Platon sagt, dass jene kreisende Bewegung eines der ersten Zeichen wesenhafter, freier Existenz ist – ein Ausspruch, der von jungen Wissenschaftlern und bekannten Persönlichkeiten einer vorübergehenden Ära dogmatischen Denkens oft verlacht wurde. Platon definiert das Dasein als einen „Körper, der zu handeln fähig ist und durch Handlungen beeinflusst werden kann". Das ist eine gute Definition, die wert ist, im Gedächtnis behalten zu werden, denn sie enthält passive und aktive Existenz oder Manifestation in sich. Bezüglich der höchsten Essenz des Kosmos, des ursprünglichen Prinzips, von dem H. P. Blavatsky als von dem Unaussprechlichen oder JENES spricht, wie Kenner des Sanskṛit es nennen, sagt Platon, dass es nicht *ein* Wesen ist, das begrenzt ist oder Grenzen hat, da es weder handelt noch durch Handlungen beeinflusst wird. Es ist das All, ewig und unaufhörlich das ALL.

Dieser kosmische Nebel treibt von dem Ort, an dem er zuerst entwickelt wurde, hinweg, und der leitende Impuls von Karman lenkt diesen sich im Kreise drehenden und sich zusammenziehenden, leuchtenden Nebelfleck hierhin und dorthin, wobei er durch andere Stadien nebularer Entwicklung wie das der Spiralstufe und das der Ringstufe hindurchgeht, bis er zu einer Kugel oder vielmehr zu einer nebelhaften Reihe konzentrischer Sphären wird. Der Nebel nimmt im Raum oft die Form einer Spirale an, und von deren Kern, deren Zentrum, strömen Zweige aus, spiralförmige Zweige, was wie wirbelnde Räder innerhalb von Rädern aussieht. Und diese wirbeln viele Zeitalter lang. Wenn die Zeit gekommen ist, wenn sich das Wirbeln in gleichem Schritt mit den dem Nebel innewohnenden Leben und Intelligenzen entwickelt hat, erscheint die Ringform, eine Form wie ein Ring oder konzentrische Ringe mit einem Kern im Zentrum. Nach langen Zeiträumen wird der zentrale Kern die Sonne oder der Zentralkörper des neuen Sonnensystems, und die Ringe werden die Planeten. Diese Ringe verdichten sich zu anderen Körpern, und diese anderen Körper sind die Planeten, die um ihren älteren Bruder, die Sonne, kreisen – älter, weil sie die erste war, die sich zu einer Kugel verdichtete.

Die Idee moderner Wissenschaftler, dass die Nebularsonne die Planeten abgestoßen hat, die Erde nach ihrer teilweisen Verdichtung den Mond abstieß und die anderen Planeten, die Monde haben, das Gleiche taten, ist nicht die Lehre der Esoterischen Philosophie. Diese Hypothese ist nie bewiesen worden und wird täglich von ebenso hervorragenden Menschen kritisiert wie vertreten. Die Wissenschaft hat die Nebulartheorie, die von Zeit zu Zeit geändert wird, nie bewiesen. Die Gelehrten waren niemals fähig zu beweisen, warum in einem so feinen, durchscheinenden Objekt so viel Hitze entwickelt werden kann. Warum brennt der Nebel nicht aus, wenn das Leuchten durch das Verbrennen von gasförmiger Materie entsteht? Milliarden von Jahren, unzählige Zeitalter standen dafür zur Verfügung, und der Himmel ist übersät mit Nebeln, die noch nicht ausgebrannt sind. Ähnlich verhält es sich mit der Sonne. Die Sonne ist aus der gleichen Materie gebildet wie die Nebel, die später Kometenmaterie werden. Die Sonne brennt nicht. Sie hat nicht mehr Hitze in sich als eine Glasscheibe, die den Sonnenstrahl hindurchlässt.

Die Sonne ist nicht in der Verbrennung begriffen: Sie ist der Erzeuger und das Vorratshaus des mächtigen Ozeans von Kraft und Kräften, die unser Sonnensystem nähren. Die Materie ist verkörperte oder kristallisierte Kraft. Umgekehrt kann Kraft feine Materie genannt werden oder Materie in ihrem vierten, fünften, sechsten und siebenten Zustand, denn Kraft und Materie sind „eins". Die Sonne ist ein Vorratshaus und ein Erzeuger von Kräften und ist selbst Kraft in ihrem ersten und zweiten Zustand: das heißt Materie in ihrem sechsten und siebenten Zustand, wenn aufwärts gezählt. Wir werden diesen Gegenstand in einer späteren Versammlung eingehender behandeln.

Das ist ein Umriss der Lehren, die wir über den behandelten Gegenstand erhalten haben. Der Mond bildet einen anderen Gegenstand, der zu seiner Zeit ein ganz besonderes Studium erfordert.

Zuerst ein Nebel, dann ein Komet, dann ein Planet. Aber die obige Skizze umreißt den Zustand eines Sonnensystems im ersten Anfang des Sonnenmanvantaras. Wir wollen nun irgendeinen Planeten betrachten und kurz die Natur eines planetarischen Manvantaras behandeln. Die Sonne existiert natürlich das ganze Sonnenmanvantara hindurch. Sie entstand mit ihm, und wenn das Ende des Sonnensystems kommt, kommt auch ihr (der Sonne) Pralaya. Bei den Planeten ist das in gewisser Hinsicht anders. Sie haben auch ihr Manvantara, jeder einzelne von ihnen, das gewöhnlich Milliarden Jahre dauert, und wenn die Zeit einer Planetenkette oder eines Planetenkörpers vorüber ist, wenn seine Stunde schlägt, um in die Ruhe oder in Pralaya oder Auflösung einzutreten, endet das Manvantara und das Pralaya beginnt. Aber in diesem Fall ist es dann kein Prâkritika-Pralaya, auf das in unserer letzten Versammlung hingewiesen wurde, das die Auflösung der Natur bezeichnet oder bedeutet. Der Planetenkörper bleibt als toter Körper zurück, wie das jetzt beim Mond der Fall ist, aber er sendet seine Prinzipien (genau wie es das frühere Sonnensystem tat, das wir studierten) in ein Layazentrum im Raum, und dort verbleiben sie „unzählige Zeitalter" lang. Mittlerweile durchlaufen die anderen Planeten jenes Sonnensystems ihre Zyklen. Der Planet aber, den wir zur Erläuterung betrachteten, folgt, wenn seine Zeit kommt, um wieder in das Manvantara hinabzusteigen, seiner Entwicklungsrichtung genau in der vorher allgemein dargelegten Weise. Er steigt, durch den inneren göttlichen planetarischen Durst nach aktivem Leben veranlasst, hinab in die Manifestation und wird zu demselben Sonnensystem hingeführt, relativ gesprochen zu derselben Stelle, die sein Vorgänger (sein früheres Selbst) eingenommen hatte, von magnetischen und anderen Kräften auf den niederen Ebenen dorthin gezogen. Er bildet zu Beginn seines Laufes, seiner Reise abwärts, einen planetarischen Nebel. Nach vielen Zeitaltern wird er ein Komet, der zuletzt einem elliptischen Kreislauf um die Sonne unseres Sonnensystems folgt und so von der Sonne „eingefangen" wird, wie die Wissenschaftler fälschlich sagen. Schließlich verdichtet er sich zu einem Planeten in seinem frühesten physischen Zustand. Die Kometen, die in kurzer Zeit wiederkehren, sind auf dem Wege, wieder Planeten unseres Sonnensystems zu werden, vorausgesetzt, dass sie die vielen Gefahren erfolgreich überstehen, die solche ätherischen Körper bedrohen, bevor die Verdichtung und Verhärtung ihrer Materie sie vor Zerstörung schützen.

Kapitel 6

Die Dämmerung der Manifestation: Layazentren. Ein bewusstes Universum – mit einem spirituellen Zweck. Die stoische Lehre über das Vermischtsein aller Wesen: „Naturgesetze". Philosophischer Polytheismus und die Lehre über die Hierarchien.

a) Die Hierarchie der schöpferischen Kräfte wird esoterisch in sieben (vier und drei) geteilt, innerhalb der zwölf großen Ordnungen, die in den zwölf Zeichen des Tierkreises aufgezeichnet sind; die Sieben der sich offenbarenden Stufenleiter stehen ferner mit den sieben Planeten im Zusammenhang. Alle diese erfahren eine Unterteilung in zahllose Gruppen göttlich-geistiger, halbgeistiger und ätherischer Wesen.

Die Haupthierarchien unter diesen sind angedeutet in der großen Vierheit oder den „vier Körpern und den drei Fähigkeiten", exoterisch, des Brahmâ, und der Pañchâsya, der fünf Brahmâ, oder der fünf Dhyâni-Buddhas im buddhistischen System.

Die Geheimlehre, Bd. I, S. 233–234

Die Weigerung, im ganzen Sonnensystem irgendwelche anderen vernünftigen und intelligenten Wesen außer uns selbst auf dem menschlichen Plane gelten zu lassen, ist die größte Selbstüberhebung unserer Zeit. Das einzige, was die Wissenschaft zu behaupten das Recht hat, ist, dass es keine unsichtbaren Intelligenzen gibt, die unter denselben Umständen leben wie wir. Sie kann nicht kurzweg die Möglichkeit ableugnen, dass es Welten innerhalb von Welten gebe, unter Bedingungen, die gänzlich verschieden sind von jenen, die die Natur unserer Welt ausmachen; noch kann sie leugnen, dass es eine gewisse beschränkte Kommunikation zwischen einigen dieser Welten und unserer eigenen geben möge. ...

Der höchsten dieser Welten, so wird uns gelehrt, gehören die sieben Klassen der rein göttlichen Geister an; den sechs niedrigeren gehören Hierarchien an, die gelegentlich vom Menschen gesehen und gehört werden können und die mit ihrer irdischen Nachkommenschaft in Verkehr stehen; mit einer Nachkommenschaft, die unauflöslich mit ihnen verbunden ist, indem jedes Prinzip im Menschen seine direkte Quelle in der Natur dieser großen Wesen hat, die uns einzeln mit den entsprechenden unsichtbaren Elementen in uns versehen.

Die Geheimlehre, Bd. I, S. 157–158

Wir beginnen unser Studium diesen Abend mit dem Vorlesen des dritten Absatzes aus H. P. Blavatskys *Geheimlehre,* Band I, Seite 278:

> Was immer den Layazustand verlässt, wird tätiges Leben, es wird in den Wirbel der BEWEGUNG (das alchimistische Lösungsmittel des Lebens) hineingezogen; Geist und Stoff sind die zwei Zustände des EINEN, das weder Geist noch Stoff ist, sondern das unbedingte Leben im Verborgenen ... Der Geist ist die erste Differenziation vom (und im) RAUME; und Stoff ist die erste Differenziation des Geistes. Das, was weder Geist noch Stoff ist, das ist ES – die unverursachte URSACHE von Geist und Stoff, welche die Ursache des Kosmos sind. Und DAS nennen wir das EINE LEBEN oder den intrakosmischen Atem.

Bei unserem Studium in der vergangenen Woche erörterten wir oder hatten wir vielmehr eine kurze Abschweifung in Bezug auf gewisse astronomische Faktoren, die sehr weitgehend in die okkulte oder esoterische Lehre hineinreichen, die zu einem richtigen Verstehen der Kosmogonie oder Welterbauung und auch der Theogonie oder der Erschaffung der Götter oder göttlichen Intelligenzen führt, die die Kosmogonie einleiten und lenken, wie diese in der *Geheimlehre* dargelegt ist. Wir überblickten innerhalb der uns zur Verfügung stehenden Zeit die esoterischen Lehren, in denen die alte Weisheit verkörpert ist, und die wirksamen Kräfte, die bei der Dämmerung der Manifestation tätig sind. Heute Abend werden wir es unternehmen, kurz die ursächlichen Kräfte oder Aspekte desselben Gegenstandes zu untersuchen.

Die Dämmerung der Manifestation beginnt, wie in der *Geheimlehre* darlegt, in und mit dem Erwachen eines Layazentrums. Das Sanskṛitwort *laya* bezeichnet, wie schon gesagt wurde, einen Punkt – irgendeine Stelle oder irgendein Zentrum – im Raum, der aufgrund des karmischen Gesetzes das Zentrum aktiven Lebens wird, das zuerst auf einer höheren Ebene und später durch die und mittels der niederen Ebenen in die Manifestation hinabsteigt. Man kann sich solch ein Layazentrum in einem Sinne als einen Durchgang, einen Kanal vorstellen, durch den die Vitalität der oberen Sphären in die niedrigeren Ebenen oder Zustände der Materie oder vielmehr der Substanz einströmt, sich ergießt, eingetaucht wird. Aber hinter dieser ganzen Vitalität steht eine treibende Kraft. Es gibt im Universum Mechaniker vieler Grade des Bewusstseins und der Macht. Aber hinter dem bloßen Mechaniker steht der spirituelle Ingenieur.

Es möchte als absolut notwendig erscheinen, vor allem unser Gemüt vollständig mit dem Gedanken zu durchtränken, dass alles in unserem kosmischen Universum,

d. h. im Sternenuniversum, lebendig ist, von Willen geleitet und von Intelligenz beherrscht wird. Hinter jedem kosmischen Körper, den wir sehen, steht eine leitende Intelligenz und ein führender Wille.

Wenn Theosophie einen natürlichen Feind hat, gegen den sie gekämpft hat und immer kämpfen wird, so ist es die materialistische Anschauung vom Leben, die Anschauung, dass nichts existiert außer toter, unbewusster Materie und dass dieser die Erscheinungen des Lebens, des Denkens und des Bewusstseins entspringen. Das ist nicht nur unnatürlich und deshalb unmöglich, es steht selbst als eine Hypothese dem gesunden Menschenverstand entgegen.

Im Gegenteil ist, wie wir in der *Geheimlehre* lesen können, die erste grundlegende und fundamentale Forderung des Seins, dass das Universum von Willen und Bewusstsein getrieben, von Willen und Bewusstsein gelenkt wird und einen spirituellen Zweck hat. Wenn ein Layazentrum durch die Einwirkung dieser beiden auf ihrem Weg abwärts zur Tätigkeit getrieben wird und dadurch zu dem sich verkörpernden Leben eines Sonnensystems oder eines Planeten eines Sonnensystems wird, manifestiert sich das Zentrum zuerst auf seiner höchsten Ebene. Die Skandhas werden einer nach dem anderen zum Leben erweckt: zuerst die höchsten, dann die mittleren und zuletzt die niedrigeren, kosmisch und qualitativ gesprochen.

In solchen Layazentren zeigt sich das sich verkörpernde Leben unseren physischen menschlichen Augen zuerst als leuchtende Materie eines Nebelflecks, die wir natürlich als auf der vierten Ebene der Natur oder Prakṛiti, aber trotzdem, abwärts gezählt, in dem zweiten Prinzip der sieben Prinzipien oder Zustände des materiellen Universums befindlich beschreiben können. Sie ist in jenem Universum eine Manifestation von Daivî-prakṛiti, d. h. von „leuchtender" Prakṛiti oder „göttlicher" Prakṛiti. Dieses sich nun als ein Nebel manifestierende Layazentrum entwickelt und verdichtet sich im Verlaufe der Zeitalter beständig im Raum (den Impulsen der Kräfte zufolge, die es auf dieser Ebene zur Tätigkeit erweckt haben). Im Verlaufe der Zeitalter wird es zu jenem Teil des Raumes oder zu jener Örtlichkeit im Raum hingezogen – falls wir von einem Sonnensystem sprechen – oder zu jener Sonne, wenn wir das Ins-Dasein-Treten eines Planeten beschreiben, mit der eine karmisch-skandhische Verwandtschaft oder magnetische Anziehung besteht, und tritt in letzterem Fall schließlich als ein Komet in Erscheinung. Die Materie des Letzteren unterscheidet sich gänzlich von der uns auf Erden irgendwie bekannten Materie, und es ist unmöglich, sie unter irgendwelchen Bedingungen in unseren Laboratorien zu reproduzieren. Denn wenn diese Materie auch Materie auf der vierten Ebene der Manifestation ist (sonst könnten wir sie mit unseren der vierten Ebene angepassten Augen nicht wahrnehmen), so ist sie doch Materie in einem anderen als irgendeinem der uns bekannten Zustände, wahrscheinlich im sechsten Zustand, von unten gezählt, oder im zweiten Zustand, von oben gezählt.

Die Sonne oder vielmehr der Körper der Sonne ist in seiner äußeren Gestalt aus solcher Materie zusammengesetzt. Es ist physische Materie im sechsten Zustand, aufwärts gezählt, oder im zweiten Zustand, abwärts oder auswärts gezählt. Ihr Kern ist, wie uns H. P. Blavatsky in ihrer *Geheimlehre* sagt, ein Teilchen oder ein Sonnenatom von uranfänglichem Materie-Stoff, er ist Materie im siebenten Zustand, aufwärts gezählt, oder im ersten oder höchsten, abwärts gezählt.

Dieser Komet wird, wenn er erfolgreich den Weg zu seiner Bestimmung durchläuft, schließlich das, was er zu werden bestimmt ist: ein Planet. Er wird ein solcher, wenn ihm nicht irgendein Unglück zustößt, zum Beispiel, dass er von der einen oder anderen Sonne, an der er auf seiner weit ausladenden Bahn vorüberkommt, verschlungen wird. Manche Kometen in unserem Sonnensystem haben auf dem Wege, ein ausgewachsener Planet des Sonnensystems zu werden, bereits so nahe den planetarischen Zustand in seinen ersten Stufen erreicht, dass ihre Kreisläufe innerhalb der Grenzen oder Schranken dieses Systems liegen. Ein solcher ist zum Beispiel der von Encke entdeckte Komet, der eine elliptische Bahn im Verlauf von zweieinhalb oder drei Jahren im Raume um die Sonne beschreibt. Ein anderer ist der von Biela entdeckte, der, nachdem er in den fünfziger Jahren des vorigen Jahrhunderts, wie es schien, entzweigebrochen ist, nicht mehr gesehen wurde. Noch ein anderer ist der von Faye entdeckte, der von allen dreien den größten Kreislauf hat. Zwei weitere sind die von Vico und Brorsen entdeckten.

Es scheint, dass alle jene Kometen, die in elliptischen Bahnen um unsere Sonne kreisen, so angezogen werden, weil es ihre karmische Bestimmung ist, schließlich Planeten unseres Systems zu werden. Andere jedoch erleiden wieder ein anderes Schicksal. Sie gehen zugrunde, werden durch die unaussprechlich wirksamen Einflüsse, die nicht nur unsere eigene, sondern alle Sonnen umgeben, aufgesogen oder in Stücke zerrissen; denn jede Sonne ist, während sie das Zentrum ihres eigenen Planetensystems und dessen Lebensspender ist, von einem anderen Gesichtspunkt aus betrachtet ein kosmischer Vampir.

Über diesen Gegenstand müsste noch viel mehr gesagt werden, aber es ist zweifelhaft, ob es auf der gegenwärtigen Stufe unseres Studiums weise wäre, sich jetzt auf eine ausgedehntere Darlegung einzulassen. Wir wissen auch nicht, ob es der Lehrer gutheißen würde, wenn wir gegenwärtig vollständiger auf die Sache eingingen.

Wenn möglich, wollen wir heute Abend zu dem Punkt zurückkehren, an dem wir waren, bevor wir diese Abschweifung unternahmen, und die damals abgerissenen Gedankenfäden wieder aufnehmen, indem wir das Studium des Anfangs der Dinge fortsetzen, wie es in dem jüdischen Buch der *Genesis* oder des „Anfangs" dargelegt und im Besonderen in der jüdischen Theosophie, *Kabbala* genannt, erläutert wird. Wenn die uns zur Verfügung stehende Zeit nicht ausreicht, hoffen wir, jenes Studium in unserer nächsten Versammlung zu beginnen.

Nichts im Universum ist getrennt von irgendeiner anderen Wesenheit. Sie alle hängen nicht nur durch Wechselwirkung und magnetisch zusammen, sondern auch, weil sie ihrem Wesen nach *eins* sind. Wir haben ein SELBST, ein Selbst der Selbste, das im Innersten des Innersten aller Wesen manifestiert ist. Aber wir haben viele Egos, und das Studium der Egos in jenem Zweig unseres Denkens, der unter dem Titel „Psychismus" zusammengefasst ist, ist eines der allernotwendigsten und eines der interessantesten und wichtigsten, die unternommen werden können.

Um das Ego konzentrieren sich einige der wichtigsten Lehren der esoterischen Weisheit. Ohne dasselbe länger zu studieren, ist es uns nicht möglich, gewisse Lehren in der *Geheimlehre* zu verstehen. Die alten Stoiker (deren sehr wunderbare Philosophie von einigen der griechischen Philosophen stammte und verdientermaßen unter den tieferen Denkern Roms beliebt wurde) lehrten, dass alles im Universum vermischt oder ineinander verwoben ist, nicht durch grundlegend verschiedene Essenzen oder Wesenheiten, die einander durchdringen, und auch nicht in dem, was wir heute bloße „Ebenen des Seins" nennen, sondern durch verschiedenartige Aspekte oder Unterscheidungen einer allgemeinen Substanz, der Wurzel von allem. Sie drückten den Grundgedanken mit den drei griechischen Worten *Krasis di' holou* aus, ein Durcheinandermischen von allem, ein Ineinandermischen all der Essenzen im Kosmos, die aus der allen gemeinsamen Wurzelsubstanz hervorgehen und sich von ihr differenzieren. Das ist auch die Lehre unserer eigenen Esoterischen Philosophie. Mit anderen Worten, es ist die Manifestation aller Wesen, aller denkenden, nichtdenkenden und unvernünftigen Wesen und all der Götter, die dem zusammengesetzten Universum, das wir heute um uns sehen, Richtung und Zweck geben. In dieses mannigfaltige Leben wurde die uranfängliche Ursache für all die Schönheit und die Harmonie wie auch für den Kampf und die Disharmonie gelegt, die in der Natur existieren, und sie bildet auch die Ursache für sogenannte Fehler, die die Natur macht. Mit anderen Worten, sie ist die Quelle von dem, was viele Leute und manche Christen die „unlösbaren Rätsel" des „Ursprungs des Bösen" nennen. Was ist der „Ursprung des Bösen"? Die alte Weisheit sagt, dass es lediglich der Widerstreit von Willen sich entwickelnder Wesen ist – ein unvermeidliches und notwendiges Stadium der Entwicklung.

Dieses Ineinandervermischen richtig zu verstehen erfordert das Studium eines anderen wichtigen Gegenstandes, den wir zu einem späteren Zeitpunkt aufnehmen. Das ist die Lehre über die Hierarchien. Hierarchie bedeutet eigentlich nur, dass in einem in sich abgeschlossenen Körper ein Schema oder System oder Zustand übertragener, leitender Macht besteht, die von etwas geleitet, gelenkt und unterwiesen wird, das die oberste Autorität hat und der Hierarch genannt wird. Wir erweitern die Bedeutung und benutzen diesen Namen zur Bezeichnung der unzähligen Stufen und Abteilungen und Grade der sich entwickelnden Wesenheiten im Kosmos und als für alle Teile des Kosmos anwendbar. Und das mit Recht, weil jeder einzelne Teil des Universums – und deren Zahl ist einfach unendlich – unter der wesentlichen Leitung eines göttlichen Wesens, eines Gottes, einer spirituellen Essenz steht und alle materiellen Manifestationen die äußeren Erscheinungen der Tätigkeiten und Handlungen dieser spirituellen Wesen hinter denselben auf unserer Ebene sind.

Die Reihen der Hierarchien erstrecken sich nach beiden Richtungen ins Unendliche. Der Mensch kann sich, wenn er will, für Zwecke des Denkens als Mittelpunkt betrachten, von dem aus sich über ihm eine unendliche Reihe von Stufen auf Stufen höherer Wesen aller Grade einem unaussprechlichen Punkt zu erstreckt, an dem unsere Imagination Halt macht, aber nicht, weil die Reise aufhört, die immer weniger materiell und immer spiritueller und in jeder Hinsicht größer wird, sondern weil unser Denken nicht mehr weiter nach außen oder nach innen dringen kann. Ähnlich dieser Reihe senkt sich eine unendlich lange Reihe von Wesen und den Zuständen von Wesen abwärts (um menschliche Ausdrücke zu gebrauchen), abwärts und immer weiter abwärts, bis die Imagination wieder aufhört, aber nur, weil unser Denken nicht weiter gehen kann.

Das ewige Wirken und Ineinanderwirken dieser Wesen, das die Stoiker auch das „Ineinandervermischtsein" nannten, bringt ewig die verschiedenartigen sogenannten „Ebenen des Seins" hervor. Das Wirken der Willen dieser Wesen auf die Materie oder auf die Substanzen ist die Manifestation dessen, was wir „Naturgesetze" nennen. Dies ist ein sehr ungenauer und irreführender Ausdruck, aber er erscheint in einem figürlichen Sinne gerechtfertigt, denn wie ein menschlicher Gesetzgeber oder Gesetzentwerfer gewisse Lebensregeln, gewisse Vorschriften des Handelns aufstellt oder niederlegt, die befolgt werden müssen, so arbeiten die hinter dem Wirken der Natur stehenden Intelligenzen nicht durch gesetzgebende Gewalt, sondern durch das Wirken ihres eigenen spirituellen Systems. So legt auch der Mensch in ähnlicher Weise Gesetze nieder für die geringeren Leben, die seine Essenzen zusammensetzen – die unter dem von ihm beherrschten Zentrum zusammengefassten Prinzipien –, die selbst den physischen Körper und die ihn aufbauenden Leben umfassen. Jedes einzelne dieser Leben ist, wie schon gesagt wurde, ein mikrokosmisches Universum oder ein Kosmos, d. h. eine in sich geordnete Wesenheit, eine von unvermeidbarer und unwiderstehlicher Gewohnheit beherrschte Wesenheit, was heutige Gelehrte als „Naturgesetze" bezeichnen, indem sie die Regel auf das universale, kosmische Wirken anwenden. Diese geringeren Leben haben ihrerseits ähnliche Universen unter sich. Es ist undenkbar, dass diese Reihe aufhören oder ein Ende haben kann. Wäre dies der Fall, hätten wir eine Unendlichkeit mit einem Ende, was eine undenkbare Behauptung darstellt. Es sind nur die geringe Anzahl unserer Ideen und die Schwäche unserer Imagination, die uns annehmen lassen, dass es an gewissen Punkten nicht mehr weiter geht; und diese Schwäche des Denkens ist es, die das Entstehen der verschiedenen Religionssysteme verursachte und förderte – so zum Beispiel den Monotheismus der christlichen Kirche, den Monotheismus der mohammedanischen Völker sowie den Monotheismus des jüdischen Volkes. Von diesen dreien hatten die Juden die längste und weiseste Geschichte, denn sie waren ursprünglich nie ein monotheistisches Volk. Sie waren zu Beginn ihrer Geschichte überzeugte Polytheisten. Der Ausdruck ist im philosophischen Sinn gebraucht. Es ist klar, dass unsere moderne Auffassung vom Polytheismus nicht dem entspricht, was die gebildeten Römer und Griechen über ihre Götter und Göttinnen lehrten oder geglaubt haben; sie ist aufgelegter Unsinn.

Die volkstümliche Mythologie der Griechen und Römer – wie auch jene der Ägypter oder Babylonier und die der germanischen und keltischen Stämme in Europa – wurde anders verstanden als der grobe falsche Begriff, den wir davon haben. Sie wurde von den weisen Männern, die die gebräuchlichen Symbole und Allegorien benutzten, mittels deren die esoterischen Lehren in den allgemein verständlichen Mythologien dargelegt und gelehrt wurden, vollkommen anders verstanden und begriffen. Wir dürfen nicht vergessen, dass „exoterisch" nicht notwendigerweise falsch bedeutet, es bedeutet nur, dass in exoterischen Lehren die Schlüssel zu den esoterischen Lehren nicht mit ausgegeben wurden.

Anhänger des Monotheismus sprechen oft die Behauptung aus, dass die großen „Propheten" Israels, die sogenannten weisen Männer des Volkes, besser wussten als ihre Vorgänger, was ihr Volk wissen und glauben sollte. Diese Propheten lehrten Monotheismus, wie versichert wird, und sie lenkten die Gedanken des Volkes von den alten Glaubensbekenntnissen – der tatsächlichen Vielheit von Glaubensbekenntnissen – hinweg auf einen Stammesgott hin, den sie „Jehova" nannten. Jehova ist ein Wort, das die späteren orthodoxen jüdischen Frömmler so heilig hielten und noch halten, dass sie es nicht einmal laut aussprechen, sondern beim lauten Lesen ein anderes Wort an seine Stelle setzen, wenn das Wort „Jehova" in einem Satz in der jüdischen *Bibel* vorkommt. Das stellvertretende Wort nun ist „Adonai", es bedeutet „meine Herren" – an sich selbst ein wahres Bekenntnis zu polytheistischem Denken. Der Judaismus ist zumindest in seinem Gesetz oder seiner *Bibel* voll von Polytheismus, und das menschliche Herz ist so geneigt, den Instinkten seines Geistes zu folgen, dass, als die christliche Kirche in ihrer Blindheit den philosophischen Polytheismus als einen Irrtum in der Religion vernichtete, die in vollem Maße als Folge erwartete Reaktion schließlich und in der Tat sehr bald einsetzte. Jene Kirche beantwortete den Schrei des menschlichen Herzens, indem sie „Heilige“ an die Stelle der beleidigten und verbannten Götter und Göttinnen setzte und auf diese Weise die kultmäßige Anbetung von toten Männern und Frauen anstelle von Kräften und Intelligenzen in der Natur ins Leben rief! Die Kirche musste ihren Gläubigen Heilige geben, um die vergessenen Götter zu ersetzen. Sie verlieh diesen Heiligen mehr oder weniger die gleichen Kräfte, die die alten Götter und Göttinnen nach allgemeiner Annahme besaßen und ausübten. Sie hatten einen Heiligen als Patron oder Schutzherrn der Stadt, des Staates oder des Landes – St. George für England, St. Jakob für Spanien, St. Denis für Frankreich usw. Der gleiche Gedanke, die gleiche Funktion, der gleiche Wunsch befriedigt. Die Instinkte des Herzens können nicht ungestraft außer Acht gelassen oder vergewaltigt werden. Aber wie sehr davon verschieden war die durch Einweihung erlangte Einsicht der weisen Männer „heidnischer“ Zeiten!

Wenn die Alten von der Vielfältigkeit der Götter sprachen, taten sie es mit Weisheit, Verständnis und Verehrung. Ist es vorstellbar, dass die großen Menschen alter Tage, die damals die von uns selbst in jeder Richtung des Denkens befolgten Glaubensregeln entdeckten und aufstellten – wobei wir uns gewöhnlich unserer großen Schuld ihnen gegenüber nicht bewusst sind – und die wir wie kleine, einfältige Kinder hinstellen und seit der Renaissance der Literatur in unserer westlichen Welt hingestellt haben: Ist es vorstellbar, dass sie keinen Begriff von kosmischer oder göttlicher Einheit hatten, etwas, worauf heute selbst der intelligente Durchschnittsmensch kommt? Wie das der Vernunft widerspricht! Nein! Sie konnten denken und wussten es so gut wie wir, aber sie wussten auch, ja selbst die entarteten Denker in den ersten Zeiten der christlichen Ära wussten es, dass, wenn „Gott“, der ein vollkommenes und unendliches Wesen ist, die Welt gemacht hat, sein Werk (oder seine Werke) nur ein vollkommenes und unendliches, eines vollkommenen und unendlichen Schöpfers würdiges Werk sein konnte, frei von Täuschung, frei von Begrenzung, frei von Sünde, frei von Altersschwäche und unaufhörlichem, nagendem Wechsel. Doch wie wir die Dinge um uns herum sehen, wie wir unsere „Welt“ als ein Muster der Veränderung und daher der Begrenzung und des Verfalls kennen, kann sie nicht unendlich sein und ist es nicht. Wir wissen – die Instinkte unseres Herzens sagen es uns –, dass sie das Werk geringerer Wesen, untergeordneter und begrenzter Mächte ist, wie erhaben spirituell diese auch sein mögen. Wenn wir in unsere eigenen Gedanken eindringen und das Leben der Wesen und der Natur um uns studieren, sehen wir auch, dass es Leben innerhalb von Leben, Räder innerhalb von Rädern, Zweck innerhalb von Zweck gibt und dass hinter den äußeren Manifestationen oder dem äußeren Wirken (den „Naturgesetzen“) der sogenannten Götter noch feinere Mächte, noch erhabenere Intelligenzen am Werke sind – wahrhaftig, Räder innerhalb von Rädern, Lebewesen innerhalb von Lebewesen und so fort ohne

Ende. Wir sehen eine nicht endende und grenzenlose Einheit in der Vielfältigkeit und unbegrenzte und grenzenlose Vielfältigkeit in der Einheit. Wenn wir so von der Einheit des Lebens oder von der „göttlichen Einheit" sprechen, so meinen wir damit nur, dass unser durchdringender Geist hier die Grenze seiner gegenwärtigen Kräfte erreicht hat, einen Punkt, an dem das menschliche Denken nicht mehr weiter kann. Es hat seine äußersten Grenzen erreicht, und wir sind durch seine Schwäche genötigt, in Wahrheit zu sagen: Hier hat unser Denken Grenzen erreicht. Es ist unser gegenwärtiger „Ring überschreite mich nicht". Aber dieses ehrliche Geständnis menschlicher Begrenzung bedeutet nicht, dass es darüber hinaus „nichts" gibt. Im Gegenteil, es ist ein Beweis dafür, dass das Leben und der Raum ohne Ende sind.

Die Neuplatoniker, die in den ersten Jahrhunderten der christlichen Zeitrechnung bekannt wurden, versahen zusammen mit den Stoikern das Christentum mit dem, was philosophisch und spirituell gut und wahr war. Sie lehrten, dass der Gipfel, die Krone, die Blüte, der höchste Punkt (sie nannten ihn die Hyparxis) irgendeiner Reihe beseelter und „unbeseelter" Wesen für jene Reihe oder Hierarchie die „göttliche Einheit" war. Je nachdem, welches System wir betrachten, zählten sie die Stufen oder Grade der Reihe als sieben, zehn oder zwölf. Diese Hyparxis oder Blüte, dieser Gipfel oder Anfang oder dieses höchste Wesen war seinerseits wiederum das niederste Wesen der Hierarchie über ihm, und so erstreckte es sich endlos weiter.

Wechsel innerhalb von Wechsel, Räder innerhalb von Rädern; jede Hierarchie offenbart sozusagen eine Facette des göttlichen, kosmischen Lebens. Jede Hierarchie verkündet sozusagen einen Gedanken des göttlichen Denkers; Gut und Böse sind relativ. Sie schließen sich gegenseitig streng aus und halten sich das Gleichgewicht. Es gibt kein „absolut" Gutes, und es gibt kein „absolut" Böses. Das sind nur menschliche Ausdrücke. „Böses" in irgendeinem Bereich des Lebens ist Unvollkommenheit für diesen Bereich. „Gut" in irgendeinem Bereich des Lebens ist Vollkommenheit für diesen Bereich. Aber das Gute des einen ist das Böse des anderen, weil das Letztere der Schatten von etwas Höherem über ihm ist, ebenso wie „Licht" und „Dunkelheit" keine absoluten, sondern relative Dinge sind.

Was ist „Dunkelheit"? Dunkelheit ist Abwesenheit von Licht. Das Licht, das wir sehen, ist selbst die Manifestation des Lebens in der Materie, daher eine materielle Erscheinung. Jedes Licht ist (physikalisch) eine Form der Schwingung und daher eine Form des Lebens.

Den Hierarchien wurden als Reihen von Wesen verschiedene Namen gegeben. Wir wollen als Beispiel die allgemein angenommene und verallgemeinerte griechische Hierarchie betrachten, wie sie von Schriftstellern in den dem Aufstieg des Christentums vorhergehenden Zeitabschnitten erklärt wurde, wenn auch die Neuplatoniker ihre eigenen Hierarchien hatten und den Stufen und Graden derselben besondere

Namen gaben. Von jenen, die alles wissen – ich meine die „Großen" von heute, die meinen, sie wissen besser, was die Alten geglaubt haben, als diese selbst –, wird oft behauptet, dass der Neuplatonismus nur entwickelt wurde, um den wunderbaren, seelenerlösenden, spirituellen Lehren des Christentums entgegenzuwirken, sie zu vernichten und ihren Platz einzunehmen. Sie vergessen dabei, dass das frühzeitige Christentum fast alles religiös und philosophisch Gute, das es in sich hat, dem Neuplatonismus und Neupythagoreismus und den Stoikern entnahm. Aber als nüchterne Tatsache war die neuplatonische Lehre tatsächlich nur bis zu einem gewissen Grade das Herausgeben der esoterischen Lehre der Schule Platons. Sie war in ihrer esoterischen Reichweite die Lehre, die Platon und die ersten Pythagoreer ihre Jünger im Geheimen lehrten.

Wir kommen jetzt zu unserem Thema. Wie wir zeigten, bedeutet die Hyparxis den Gipfel oder den Anfang einer Hierarchie. Das System begann mit dem Göttlichen, dem höchsten Punkt der Reihe oder ihrer Gottheit:

1. Das Göttliche.
2. Die Götter oder das Spirituelle.
3. Die Halbgötter, manchmal göttliche Helden genannt; damit ist eine sehr mystische Lehre verbunden.
4. Die richtigen Helden.
5. Die Menschen.
6. Die Tiere oder beseelten Wesen.
7. Die Pflanzenwelt.
8. Die Mineralwelt.
9. Die Elementalwelt oder was das Reich des Hades genannt wurde.

Das Göttliche (oder die gesamten göttlichen Wesen) war die Hyparxis dieser Reihe von Hierarchien, denn jede dieser neun Stufen war selbst eine untergeordnete Hierarchie. Der Name hat wenig zu sagen. Wir können ihnen andere Namen geben. Der Name selbst zählt nicht viel. Wichtig ist es, den Gedanken zu erfassen. Wie nun schon gesagt, vergessen wir bitte nicht, dass die esoterische Weisheit lehrte, dass diese (oder irgendeine) neun Stufen umfassende Hierarchie wie ein Pendant an einem Geschmeide von der niedersten Stufe der über ihr befindlichen Hierarchie herabhängt, die, aufwärts gezählt, die zehnte bildet. Diese können wir das Übergöttliche, das Überhimmlische nennen. Die zehnte bildet die niederste Stufe (oder die neunte, abwärts gezählt) von einer anderen, sich aufwärts erstreckenden Hierarchie – usw. ins Unendliche.

Als die Christen schließlich die alte Religion überwältigten, als der karmisch bedingte Zyklus eine Ära dessen heraufbrachte, was Platon spirituelle Unfruchtbarkeit nannte – und wir wollen nicht vergessen, das Wirken der Evolution in zwei Teile zu teilen, in Epochen der Unfruchtbarkeit und in solche der Fruchtbarkeit –, als die christliche Religion als Bestandteil einer Epoche der Unfruchtbarkeit aufkam, übernahmen die Christen, wie nur zu erwarten war, sehr viel von diesem alten Denken, die Geschichte wiederholt sich eben nur. Sie leiteten es in der Hauptsache von den Stoikern, den Neupythagoreern und den Neuplatonikern ab, am meisten aber von den Neuplatonikern. Das geschah zum sehr großen Teil zu Alexandria, dem großen Zentrum griechischer oder hellenischer Kultur zu jener Zeit. Die vorzüglichen Denker der Neuplatoniker lebten auch in Alexandria. Der neuplatonische Strom schönen Denkens in der christlichen Religion trat um das fünfte Jahrhundert durch die Schriften eines Mannes mit besonderer Kraft in diese ein, der nach dem „Hügel des Ares" oder Mars in Athen Dionysios der Areopagite genannt wurde. Die christliche Legende erzählt, dass, als Paulus in Athen auf dem Marshügel oder Areopag predigte, ein Grieche mit Namen Dionysios einer seiner ersten Bekehrten war. Die christliche Tradition fährt fort und sagt, dass dieser später der erste christliche Bischof von Athen war. Dies mag nun eine Erdichtung sein, die Christen behaupten jedoch, es sei eine Tatsache.

Im fünften oder sechsten Jahrhundert, etwa fünfhundert Jahre nach dem Zeitpunkt, von dem man annimmt, dass Paulus in Athen gepredigt hat, erschien in der griechischen Welt ein Werk, das sich die Schriften von „Dionysios dem Areopagiten" nannte, und diesen erklärte man als ihren Urheber. Es ist augenscheinlich das Werk eines neuplatonischen Christen, d. h. eines Christen, der aus persönlichen Gründen, vielleicht aus (sozial- oder finanz-)politischen Gründen, in der christlichen Kirche blieb, im Herzen aber mehr oder weniger ein griechischer Heide, ein Neuplatoniker war. Das unter dem Namen des (angenommenen) ersten Bischofs von Athen erschienene Werk begann in der christlichen Kirche beinahe sofort gewaltiges Ansehen zu genießen. Bis auf den heutigen Tag ist es tatsächlich keines der kanonischen Werke, aber eines der Werke, die die Christen zu den größten zählen, die sie in mystischer Richtung haben, und vielleicht ist es ihr spirituellstes Werk. Es beeinflusste das christliche theologische Denken von der Zeit seines Erscheinens an sehr tief.

Eine der Schriften, die in diesem von den Christen dem Dionysios, dem Bekehrten des Paulus in Athen, zugeschriebenen Buch enthalten ist, ist eine Abhandlung über die göttlichen Hierarchien, in der gelehrt wird, dass Gott unendlich ist und deshalb das Werk der Schöpfung durch weniger abstrakte und spirituelle Wesen vollbrachte. Es wird darin ein hierarchisches System dargelegt, in dem immer die eine Hierarchie niedriger ist als die andere, von der sie abgeleitet wurde. Das ist genau die Lehre der *Kabbala* oder der Theosophie der Juden. Sie ist auch genau die Lehre der Neuplatoniker und im Grunde die der Stoiker sowie der alten griechischen Mythologie. Sie ist eine durch und durch „heidnische" Lehre und wurde nur christlich, weil sie der neuen Religion angepasst wurde und christliche Namen Verwendung fanden. Anstatt zu sagen: das Göttliche, Götter oder das Spirituelle, Halbgötter, Helden, Menschen, Tiere usw. und sie so aufzuzählen, wurden die Namen Gott, Erzengel, Throne, Mächte usw. gebraucht. Aber der das Schema betreffende oder wesentliche Gedanke ist derselbe. Ferner sind in den Werken des Dionysios tatsächlich Stellen, die Wort für Wort – unverändert – den Schriften des Neuplatonikers Plotin entnommen sind, der im dritten Jahrhundert lebte, der damals viel gelesen wurde und der viel über neuplatonische Gegenstände geschrieben hat.

Dieses Werk bildete besonders auf dem Feld dogmatischen, kirchlichen Denkens die Grundlage für vieles in der Theologie der griechischen und der römischen Kirche. Wir können sogar sagen, dass ihre mittelalterliche Theologie tatsächlich darauf begründet war. Es bildete die Hauptquelle für die Studien und die Schriften des Italieners Thomas von Aquin (im 13. Jahrhundert), eines der größten mittelalterlichen Doktoren der christlichen Religion. Auch Johannes Scotus, genannt Erigena, ein Irländer (im 9. Jahrhundert), nahm es als Quelle und wahrscheinlich auch Duns Scotus (im 13. Jahrhundert), ein bemerkenswerter Schotte, sowie viele andere. Spenser, Shakespeare und Milton, um nur von der englischen Literatur zu sprechen, sind voll von dem Geiste dieser Schriften. Sie lieferten viel von dem mystischen Denken des dunklen Zeitalters und halfen letzten Endes in einer entarteten Form mit bei der Entstehung der Haarspaltereien, Sophisterei und Streitigkeiten der als die Scholastiker bekannten quasi-religiösen Schriftsteller. Aber diese Männer hatten durch das Wachstum des christlichen Gepränges und der politischen Macht der christlichen Kirche den inneren Sinn oder das Herz der Sache verloren, und sie begannen, über Dinge zu diskutieren, die überhaupt keine spirituelle Bedeutung hatten. Sie stellten zum Beispiel die Fragen: Wer kam zuerst, die Henne oder das Ei? Oder: Wie viele Engel können auf der Spitze einer Nadel tanzen? Oder: Wenn eine unwiderstehliche Kraft auf ein unbewegliches Hindernis stößt, was ereignet sich dann? Diese höchst nüchternen und unnützen Zerstreuungen und intellektuellen Grillen dauerten eine gewisse Zeit, und dann begann mit der Renaissance des Denkens in Europa, zum großen Teil eingeleitet durch die Arbeiten der Anhänger der Wissenschaft und der Naturwissenschaft, die europäische Welt sich nach und nach aus diesem mentalen Sumpf zu ziehen. Sie leitete eine Ära ein, die jetzt voll und stark dahinfließt, die die Ströme des menschlichen Denkens, wie wir es heute sehen, zum Guten oder Bösen (vielleicht für beides) ins Leben rief und weiterführte. Sind wir als Theosophen unvernünftig, wenn wir darauf hinweisen, dass wir die Lektionen der universalen Geschichte auslegen, wenn wir sagen, dass wir die Vorläufer und Gestalter eines neuen Zeitalters – eines viel edleren und spirituelleren Zyklus – sind, das kommen wird und sogar schon jetzt heraufdämmert, wenn auch unter nicht wenig Kummer und Drangsal der Seele und des Intellektes?

Zum Schluss dürfen wir die Aufmerksamkeit auf die Tatsache lenken, dass gerade zu der Zeit, in der die ersten 5 000 Jahre des Kali-Yuga genannten Zyklus der Hindus (der 432 000 Jahre dauert) endeten, auch ein gewisser „messianischer" Zyklus von 2 100 Jahren (genaugenommen in Wirklichkeit 2 160 Jahren) zu Ende ging, was wohlgemerkt genau die Hälfte des hindu-babylonischen Wurzelzyklus von 4 320 Jahren ist.

Bei unserem nächsten Studium hoffen wir mit des Lehrers Erlaubnis mit der Darlegung der Kosmogonie und der Theogonie vom polytheistischen Standpunkt aus zu beginnen, wie sie im Buch *Genesis,* dem ersten der jüdischen *Bibel,* zu finden ist.

Kapitel 7

Hierarchien: einer der verlorenen Schlüssel der Esoterischen Philosophie. Die pythagoreische heilige Tetraktys. Die Leiter des Lebens: Die Legende von Padmapâṇi.

Theo-Philosophie schreitet auf umfassenderen Pfaden vorwärts. Vom ersten Beginn der Äonen an – in Zeit und Raum in unserer Runde und auf unserer Kugel – wurden die Geheimnisse der Natur (zum mindesten jene, die zu kennen für unsere Rassen gesetzmäßig ist) von den Schülern eben jener jetzt unsichtbaren „himmlischen Menschen" in geometrischen Figuren und Symbolen aufgezeichnet. Die Schlüssel hierzu gingen von einer Generation „weiser Männer" auf die andere über. Einige der Symbole gelangten so vom Osten zum Westen, aus dem Orient gebracht von Pythagoras, der nicht der Erfinder seines berühmten „Dreiecks" war. Letztere Figur samt Quadrat und Kreis waren beredtere und wissenschaftlichere Beschreibungen der Ordnung der Entwicklung des Weltalls, psychisch und geistig sowie physisch, als Bände von beschreibenden Kosmogonien und geoffenbarten „Schöpfungen". Die dem „pythagoreischen Dreieck" eingeschriebenen zehn Punkte wiegen alle Theogonien und Angelologien, die je dem theologischen Gehirn entsprungen sind, auf. Denn jener, der diese siebzehn Punkte (die sieben mathematischen Punkte sind verborgen) – eben auf ihrer Fläche und in der gegebenen Reihenfolge – erklärt, wird in ihnen die ununterbrochene Reihe der Genealogien vom ersten himmlischen bis zum irdischen Menschen finden. Und ebenso, wie sie die Ordnung der Wesen geben, so offenbaren sie die Ordnung, in der der Kosmos, unsere Erde und die ursprünglichen Elemente, durch die die letztere erzeugt wurde, entwickelt wurden. Gezeugt in den unsichtbaren „Tiefen" und in dem Schoß derselben „Mutter" wie ihre Mitkugeln ist unsere eigene Erde – und wer ihre Geheimnisse bemeistert, wird jene aller anderen bemeistert haben.

Die Geheimlehre, Bd. I, S. 671–672

Dieses LICHT ist es, das sich zu den Formen der „Herren des Seins" verdichtet – von denen die ersten und höchsten kollektiv Jivâtmâ sind oder Pratyagâtmâ (von dem es figürlich heißt, dass er aus Paramâtmâ hervorgeht; er ist der Logos der griechischen Philosophen – da er am Beginn eines jeden neuen Manvantara erscheint). Von diesen abwärts – gebildet aus den sich beständig verdichtenden Wellen dieses Lichtes, das auf dem objektiven Plan zum groben Stoff wird – gehen die zahlreichen Hierarchien der schöpferischen Kräfte hervor; einige formlos, andere ihre eigene unterscheidende Form besitzend; andere wieder, die niedrigsten (Elementale) ohne den Besitz einer eigenen Form, sondern jede Form annehmend, entsprechend den sie umgebenden Bedingungen.

Die Geheimlehre, Bd. II, S. 37

Wir beginnen unser Studium diesen Abend, indem wir aus der *Geheimlehre,* Band I, Seite 295, vorlesen:

> Der ganze Kosmos wird von einer nahezu endlosen Reihe von Hierarchien fühlender Wesen geleitet, gelenkt und belebt, von denen jedes eine Sendung zu erfüllen hat und die – einerlei, ob wir ihnen den einen oder den anderen Namen geben, ob wir sie Dhyân-Chohans oder Engel nennen – nur in dem Sinne „Sendboten" sind, dass sie die Ausführer der karmischen und kosmischen Gesetze sind. Sie sind in ihren einzelnen Abstufungen von Bewusstsein und Intelligenz unendlich verschieden; und sie alle reine Geister zu nennen, ohne irgendwelche irdische Beimischung, „woran die Zeit zu nagen pflegt", heißt nur einer poetischen Phantasie huldigen. Denn jedes von diesen Wesen *war* entweder ein Mensch oder bereitet sich vor, einer zu werden, wenn nicht in dem gegenwärtigen, so in einem vergangenen oder zukünftigen Manvantara.

Als wir in der vergangenen Woche unser Studium aufgrund der Kürze der uns vom Lehrer zum Sprechen zugemessenen Zeit beendeten, ließen wir eine Anzahl sehr wichtiger Themen unerwähnt, die wir an diesem Abend aufnehmen müssen, bevor wir zu dem besonderen Studium fortschreiten können, das im richtigen Verlauf auf die vor drei Wochen begonnene Abschweifung folgen muss.

Zuerst noch einige Worte in Bezug auf die Nebulartheorie oder -hypothese und die davon abgeleitete Theorie bezüglich der Planeten, vom theosophischen Standpunkt aus betrachtet, und als Folge davon eine weitere Erklärung oder vielmehr Entwicklung der Lehre über die Hierarchien, die uns zu dem angestrebten Studium hinführt: der Betrachtung der Kosmogonie oder des Anfangs der Welten, wie in dem jüdischen Buch *Genesis* oder „Anfang" dargelegt.

Vor etwa einhundert Jahren, es sind im einzelnen Fall einige Jahre mehr oder weniger, starben drei bemerkenswerte Männer: Kant, vielleicht der größte Philosoph, den Europa hervorgebracht hat, Sir William Herschel, der Astronom, und der Marquis de Laplace. Der erste war ein Deutscher, der zweite ein Deutsch-Engländer oder Englisch-Deutscher und der dritte ein Franzose. Diese drei waren bis zu einem gewissen Grade für die Verkündung und Entwicklung der Theorie über den Anfang der Welt verantwortlich, die sich schließlich zur Nebularhypothese von Laplace verdichtete. Es ist auch interessant zu bemerken, dass diese drei Männer von bescheidener Herkunft waren und zugleich aufgrund der Kraft ihrer eigenen Intelligenz und ihres Charakters bemerkenswerte Männer wurden. Kant war der Sohn eines Sattlers, Sir William Herschel war ebenfalls niederer Herkunft, und er war in seiner Jugend Obrist in der Hannoverschen Garde. Pierre Simon Laplace war der Sohn eines Bauern. Laplace wurde geadelt, es wurde ihm der Adelstitel eines Marquis verliehen.

Die Nebulartheorie hatte ihren Ursprung bei Kant. Er war es, der die Grundlinien, sozusagen das grundlegende Fundament niederlegte, auf dem später von Laplace die Nebulartheorie mathematisch entwickelt wurde. Gleichzeitig stimmte die astronomische Arbeit Herschels in England mit Kants Arbeit und Schriften überein, und jene zwei Männer waren für die Grundlagen der Nebulartheorie verantwortlich. Nachdem sie deren Grundlinien mehr oder weniger festgelegt hatten, nahm sie Laplace auf und entwickelte sie zu dem, was die Laplace'sche „Nebularhypothese" oder -theorie genannt wurde. Weil sie den Mechanismus des Universums, d. h. des Sonnensystems und der Planeten und ihrer Satelliten, in mathematischer Form erklärte, wird sie eine „überaus kühne" Hypothese genannt. Laplace führte die Theorie, wie sie durch die Arbeit von Kant und Herschel entwickelt wurde, ein gutes Stück weiter von dem Punkt an, an dem sie bei Kant und Herschel endete – und in einem Sinne hat Laplace sie materialisiert. Wäre die Nebulartheorie so geblieben, wie sie von Kant und Herschel entwickelt wurde, sagt H. P. Blavatsky, dann hätten theosophische Schriftsteller und Denker wenig mehr zu tun, als sie in Übereinstimmung mit der Esoterischen Philosophie zu bringen und zu erklären.

Es ist interessant zu bemerken, dass ein anderer bedeutender Mann, Swedenborg in Schweden, ebenfalls an derselben Theorie arbeitete und anscheinend in Bezug auf den nebularen Ursprung kosmischer Systeme fast die gleichen Ideen hatte wie Kant und Herschel. Bei diesen beiden letztgenannten Männern hatte die von ihnen verkündete Theorie einen spirituellen Hintergrund, und es war das Aufgeben jener spirituellen Idee durch Laplace und die Anwendung einer mechanisch-mathematischen Theorie an ihrer Stelle durch ihn, was jene Einflüsse erzeugte, die die Nebularhypothese von jener Richtung des Denkens und der Lehren hinweglenkte, wie sie in der Esoterischen Philosophie niedergelegt sind und von den alten Lehrern gelehrt wurden.

Die Nebularhypothese ist seit der Zeit von Laplace in mancher Hinsicht geändert worden. Die Gelehrten der Wissenschaft haben weiter darüber nachgedacht – eine Tatsache, die schon 1887 oder 1888 galt, als H. P. Blavatsky die *Geheimlehre* schrieb. Spätere Astronomen unserer Zeit, wie Sir Norman Lockyer und der amerikanische Astronom und Mathematiker See, machten einen Versuch, den nebularen Ursprung kosmischer Körper wenigstens zum Teil durch das zu ersetzen, was eine Planetenhypothese oder ein Planetenursprung genannt worden ist, das heißt, dass die Körper des Sonnensystems von und mit kosmischem Staub und sehr kleinen Planeten aufgebaut sind, die durch die Kraft der Gravitation zusammengezogen wurden. Diese Theorie ist, philosophisch gesprochen, gewaltig von den Lehren der

Esoterischen Philosophie entfernt, obgleich diese zugibt und lehrt, dass auf einer gewissen späteren Stufe der Entwicklung kosmischer Körper die Ansammlung und die Verhärtung von Sternenstaub eines der Stadien im Wachstum von Welten bildet.

Die Theosophie gibt zu, dass ein Planet oder ein Sonnensystem im Verlauf seiner Bildung „Sternenstaub" und im Raum verstreute und dort umhertreibende Körper an sich zieht, aber dieser Faktor des Wachstums bildet nicht seinen Ursprung. Der *Ursprung* einer Sonne, eines Sonnensystems und der Planeten in ihm und folglich des ganzen Universums innerhalb des es umschließenden Gürtels der Milchstraße hat einen spirituellen Hintergrund. Es stehen spirituelle Wesenheiten oder Götter dahinter, die ein solches System bilden, es lenken und die Mechaniker in und von ihm sind. Ihr Werk wird (mehr oder weniger) nach den Richtlinien der Nebulartheorie durchgeführt, wie sie von Kant und Herschel verkündet wurde: Das heißt, der Raum ist ewig mit Materie in einem gewissen Zustand oder einer gewissen Beschaffenheit des Seins erfüllt, und wenn diese Materie, wie Kant und Herschel gesagt hätten, den göttlichen Impuls empfängt, verdichtet sie sich und wird leuchtend. Diese Verdichtung wird ferner (und später) dadurch verstärkt, dass sie aus der gewaltigen räumlichen Ausdehnung, in der sie sich befindet, materiellen „Sternenstaub" und größere Körper in sich hineinzieht.

Wenn wir zum Himmel emporschauen, sehen wir materielle Körper mit unseren für die vierte Ebene eingerichteten Augen, Körper der vierten Ebene. Aber hinter diesen Körpern der vierten Ebene stehen spirituelle Wesenheiten, die in der Esoterischen Philosophie Dhyân-Chohans oder „Herren der Meditation" genannt werden. Wie die Alten sagten, ist jeder Himmelskörper ein „animal". Das Wort „animal" kommt aus dem Lateinischen und bedeutet ein „lebendes Wesen". Wir benutzen den Ausdruck „animal" gewöhnlich, wenn wir von Tieren sprechen, obwohl wir eigentlich das Wort „beast" oder „brute" gebrauchen sollten. Das heißt, eine „Bestie" oder ein Tier ist ein Wesen, das noch nicht auf die Stufe einer „selbstbewussten" Wesenheit erhoben wurde. Es ist in dem ursprünglichen lateinischen Sinn tierisch, das heißt „schwerfällig", „plump", daher unvernünftig und unvollkommen, es ist noch nicht fertig. Aber der Ausdruck „animal" bedeutet in Wirklichkeit ein „lebendes Wesen", und in diesem Sinne gilt er auch für den Menschen. Nach der Ansicht der Alten gilt er auch für die Sternen-, Sonnen- und Planetenkörper. Sie sind „animalisch" im Sinne von lebenden Dingen mit einem physischen Korpus oder Körper, die nichtsdestoweniger beseelt oder mit einer Seele begabt sind. In den mystischen Lehren der Esoterischen Philosophie sind sie mit einer Seele ausgestattete Dinge, wie es tatsächlich jedes Atom, jedes winzige Universum, jeder winzige Kosmos ist.

Dieses Beseelen geschieht nun durch das (oder ist die Tätigkeit dessen), was gewöhnlich Hierarchien genannt wird. Es gibt nicht für jede einzelne Wesenheit im Kosmos, sei es ein Atom, ein Tier, ein Mensch, ein Gott, ein Planet oder eine Sonne, sozusagen eine besondere, von der Universalseele abgeleitete Seele ohne verbindende Glieder unter ihr. Ganz und gar nicht. In der Natur gibt es keine leeren Zwischenräume, weder in der physischen noch in der astralen, noch in der spirituellen Natur. Es gibt keine leeren Räume. Alles ist mit allem anderen durch buchstäblich zahllose Bande der Einheit verbunden. Das ist ein weiterer Hauptschlüssel der Lehren der Esoterischen Philosophie. Wie im Menschen offenbart sich das universale Leben in jeder anderen Einheit des Seins, in jeder anderen Wesenheit durch eine Hierarchie. Die vielfältigen und verschiedenartigen Eigenschaften der Wesen sind nur die Lebensstrahlen einer Hierarchie. Das heißt, sie sind von unten aufsteigende oder, wenn wir wollen, von oben nach unten führende Grade oder Stufen des Bewusstseins und der Materie, durch die das Bewusstseinszentrum – es kann für den Augenblick Seele oder Ego genannt werden – in seiner Entwicklung zur Göttlichkeit hindurchgehen muss.

Diese Lehre über die Hierarchien ist grundlegend. Sie bildet einen der heute „verlorenen Schlüssel". Ohne ein klares Begreifen derselben kann nichts vollständig verstanden werden. Wie ein Mensch in unserer gewöhnlichen Psychologie als eine Triade, eine aus Körper, Seele und Geist bestehende dreifache Wesenheit betrachtet wird, so kann er von einem anderen Gesichtspunkt aus als eine vierfache, fünffache, sechsfache oder siebenfache oder (die esoterischste von allen) als eine zehnfache Wesenheit betrachtet werden. Warum zehn? Weil zehn die Schlüsselzahl ist, die die zusammengesetzte Struktur des Universums erklärt. Das Universum ist auf einer zehnfachen Stufenleiter aufgebaut, das heißt auf einer Stufenleiter mit zehn Stufen. Wir werden sogleich im Umriss die Wichtigkeit der Zahlen Sieben und Zehn entwickeln. Wir können sagen, dass der Mensch bei unserer Betrachtung nur siebenfach ist, weil wir zwei der Elemente seines Wesens, die streng genommen keine menschlichen Prinzipien sind, als Prinzipien zählen. Davon ist eines der physische Körper, der tatsächlich überhaupt kein „Prinzip" ist. Er ist nur ein Haus, in einem anderen Sinne sein „Träger", und dieser physische Körper gehört so wenig zum Menschen, außer dass er ihn abgesondert, aus sich ausgeschieden hat, und er ist so wenig er selbst wie das Haus, in dem sein Körper lebt. Er ist ohne ihn eine vollkommene menschliche Wesenheit.

Das zweite streng genommen nicht-menschliche Prinzip ist das höchste von allen sieben, das Höhere SELBST, Âtman, das siebente – nicht menschlich, weil es universal ist. Das SELBST gehört mir so wenig an wie irgendjemand anderem. Die Selbstheit ist in allen Wesen dieselbe. Aber jenseits von Âtman ist Paramâtman, den wir bereits als das Überselbst studiert haben. Âtman ist sozusagen der Stern unserer eigenen Ausstrahlung, die Wurzel unserer Selbstheit, der Punkt, an dem wir, wie man sagen könnte, am „Höchsten" hängen. Wenn wir uns ein Meer überspirituellen Äthers vorstellen können und in jenem Meer – wir können es Bewusstsein nennen – einen Wirbel, ein Layazentrum, einen Punkt, einen uranfänglichen Punkt, von dem die sechs unter ihm befindlichen Prinzipien durch ihre Vehikel – die Seelen oder Egos – in die konkrete Manifestation hervorgehen, erlangen wir einen sehr groben Begriff von der Wurzel unseres Wesens. Es ist Âtman, der Kanal oder spirituelle Punkt, an dem das Überspirituelle, wie man sagen könnte, von einer Schranke abwärts in das individualisierte Leben hindurchbricht. Diesen Vorgang werden wir später ausführlicher erklären und mit Hilfe eines Diagramms erläutern.

Der Gegenstand der Hierarchien wird in den verschiedenen Weltreligionen im Prinzip in der gleichen Weise behandelt, aber unter verschiedenen Namen und in verschiedenen paradigmatischen Darstellungen. Wir können uns zum Beispiel die zehn Teile, Grade oder Stufen einer Hierarchie als eine unter der anderen denken, wie die Stockwerke eines Hauses – ein sehr grobes Beispiel, das ist wahr, aber es hat den Vorteil, dass es Stufen oder Ebenen und hoch und niedrig andeutet. Wir können uns eine Hierarchie auf eine andere, feinere Art als aus Triaden von Sphären oder lebenden Zentren bestehend vorstellen, wobei drei Triaden von dem zehnten oder höchsten Punkt herabhängen. Das höchste Zentrum ist der Punkt, über den hinaus sich unser Denken und unsere Vorstellungskraft nicht emporschwingen können, und wir sagen nur, dass dieses Zentrum das höchste ist, das der menschliche Verstand erreichen kann. Aber wir wissen, dass sich jenseits desselben, dieses zehnten, das unser höchstes ist, das niederste Zentrum oder die niederste Ebene einer anderen, noch höheren Hierarchie befindet, von der unsere Hierarchie wie ein Pendant herabhängt. So geht es endlos weiter. Wir können von der Unendlichkeit nicht sagen, dass sie hier beginnt und dort endet. Wenn das so wäre, würde sie nicht unendlich, würde sie nicht grenzenlos sein. Unsere Lehre über das universale Leben, das universale Bewusstsein, das eine universale „Gesetz", das überall wirkt, besagt, dass sich jenes „Gesetz" in jedem Atom und in jedem Teil des universalen Seins nach jeder Richtung und während der gesamten Dauer und überall in derselben Weise offenbart, denn es kann sich nicht in von Grund auf verschiedener Weise offenbaren. Wenn es so wäre, würde es viele grundlegende „Gesetze" und nicht ein „Gesetz" geben.

Bei unserem letzten Studium der Hierarchien haben wir zum Beispiel die Hierarchie der neuplatonischen Philosophie betrachtet, die in Wirklichkeit die esoterische Lehre des alten Griechenlands in der Form ist, die ihr Platon gab. In ihr gab es neun Stufen, neun Grade, die sozusagen von der obersten, der spirituellen Sonne oder der Zentralsonne, herabhingen. Wir können uns diese Hierarchien als sieben um einen zentralen Punkt liegende und von diesem abgeleitete Kreise vorstellen.

Dieser zentrale Punkt bildet die höchste Triade, die wir das Unendliche oder den uranfänglichen Punkt nennen. Wir können diesen uranfänglichen Punkt auch Âtman oder das Selbst der denkenden Wesenheit, des Menschen, nennen, und die anderen Sphären oder Kreise des Seins um ihn stehen dann etwa in folgender Form für die sechs anderen Prinzipien:

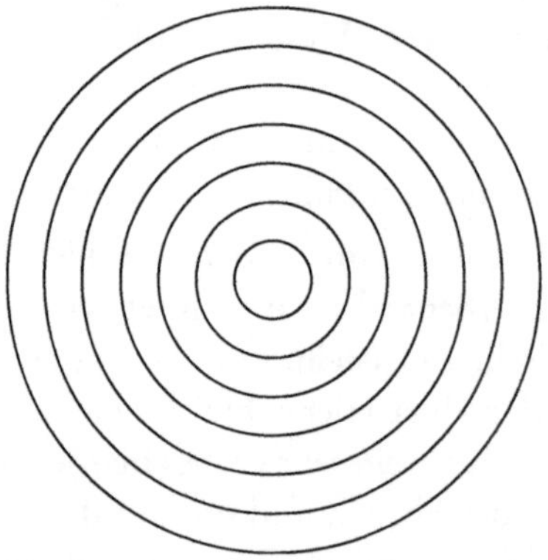

Dies ist eine Art, eine einzelne menschliche Hierarchie darzustellen. Die sechs verschiedenen Sphären oder konzentrischen Kreise gehen aus dem Zentrum oder dem siebenten Element, dem SELBST, hervor. Alle Hierarchien sind in sieben, neun oder zehn geteilt. Den Grund hierfür bildet ein Gegenstand, mit dem wir uns nach und nach eingehender befassen müssen. Es besteht keine Notwendigkeit, alle diese Methoden oder paradigmatischen Darstellungen zu beschreiben. Die Idee ist in allen dieselbe. Eine andere Art und Weise, eine Hierarchie durch ein Paradigma darzustellen, zeigt das folgende Diagramm mit zehn gleichen Linien:

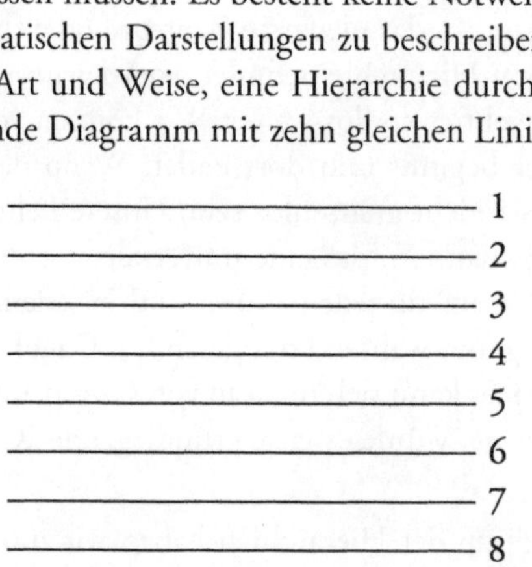

Die neun Stufen oder Grade lassen sich auch als drei Triaden auf drei Ebenen und die zehnte auf ihrer eigenen vierten Ebene darstellen:

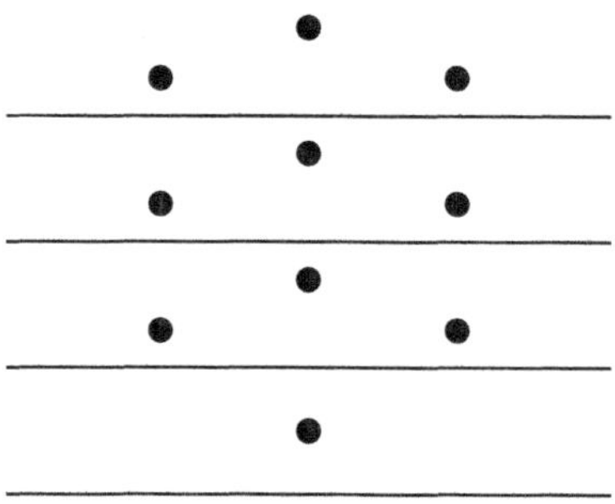

Wir haben das System der neuplatonischen Hierarchien im kurzen Umriss studiert, und wenn wir die Zeit dazu haben, werden wir uns diesen Abend mit zwei weiteren paradigmatischen Methoden befassen, mit deren Hilfe Hierarchien verschiedenartig dargestellt werden. Bevor wir weitergehen, wollen wir hier die ernste Aufmerksamkeit auf die wichtige Tatsache lenken, dass diese Methoden, diese paradigmatischen Darstellungen auf einer flachen Oberfläche, nicht bedeuten, dass die Grade, Stufen oder Ebenen des Seins „flache Ebenen" oder wie „Sätze von Schachteln" sind. Sie zeigen nur durch Analogie, durch Hinweise, die Beziehungen und Funktionen der Grade untereinander.

So sollte ersichtlich sein, dass sich die Hierarchien des Seins nicht wie die Stockwerke eines Hauses eine über die andere erheben. Es ist vielleicht wahr, dass sie weltweit durch verschiedene Systeme so dargestellt werden. Aber das geschieht nur, um zu zeigen, dass es ein Hoch und Niedrig, eine Reihe von Bedingungen oder Zuständen des Geistes und der Materie gibt. Genauso, wie wir Kinder lehren würden, haben uns die Alten auf einfache Weise gelehrt. Wir stellen uns auch nicht vor, dass die Hierarchien tatsächlich irgendwo im Raum in der Form von Dreiecken oder Kreisen existieren. Wir stellen sie auf diese Weise dar, um ihre sich vermischenden Beziehungen und sich wechselseitig durchdringenden Tätigkeiten darzustellen. Warum teilen wir aber die Grade in Triaden? Weil gewisse von diesen Graden oder Ebenen näher miteinander verwandt sind, sich leichter untereinander vermischen, leichter zusammenwirken, weil ihre Verhältnisse oder Zustände enger verwandt sind:

1. die erste oder höchste Triade,
2. die mittlere Triade,
3. die niederste Triade.

Alle überschreiten den Korpus, den physischen Körper. Oder wir können ein anderes System zu Hilfe nehmen, nach dem die drei niederen Zentren die unterste

Triade bilden. Dann kommen die drei mittleren Zentren als nächste Triade, dann die drei höchsten. Alle drei Triaden hängen an einem Punkt, dem uranfänglichen Punkt, an „Gott“, wie gesagt werden könnte.

Nun wollen wir die Frage betrachten: Haben die Christen eine Hierarchie in ihrer Theologie? Sie haben eine. Damit meine ich, dass die Christen offenbar von Anfang an eine solche hatten, bis sich der Widerstreit des menschlichen Gemüts in der Auflehnung gegen Dogmatismus und Materialisierung der christlichen Lehre kundtat, was in dem der Renaissance des Denkens vorhergehenden Zeitabschnitt seinen Höhepunkt erreichte, als die Entdeckungen der Wissenschaft das menschliche Gemüt von seinen dogmatischen Fesseln befreiten. Jedenfalls blühte diese Lehre über die lebende Wesen beherrschenden Hierarchien bis zu jener Zeit in der christlichen Kirche, und sie hatte in ihrer damaligen Form ihren Ursprung in den Schriften des Dionysius, des *Areopagiten.* Eines seiner Werke hieß „Über die himmlische Hierarchie“, und es zeigte, wie alles spirituelle Dasein in eine Hierarchie von zehn Graden oder Stufen geteilt ist. Die zehnte oder höchste davon ist Gott. Dieser mystische Schriftsteller ließ diesem Werk ein anderes nachfolgen mit dem Titel „Über die geistliche Hierarchie“. Als guter Christ oder um seinen guten christlichen Freunden zu gefallen, behauptete er – es besteht aller Grund zu glauben, dass er das hierarchische System der neuplatonischen Philosophie nachahmte, die natürlich rein heidnisch war –, dass die himmlische Hierarchie auf Erden in einer geistlichen Hierarchie wiedererrichtet, widergespiegelt oder wiederholt werde, die die christliche Kirche sei, an deren Spitze Jesus als höchster Vertreter derselben und als der „Logos Gottes“ stehe.

Wie lauteten nun die Namen, die Dionysios den Graden oder Stufen seiner Hierarchie gab? Zuerst kam Gott, der göttliche Geist als der Gipfelpunkt. Dann kamen die Seraphim, es folgten die Cherubim und die Throne, die zusammen die erste Triade bilden. Anschließend kamen die Herrschaften, Tugenden und Mächte. Diese bilden die zweite Triade. Als nächstes die Fürstentümer, die Erzengel und die Engel, die dritte Triade, abwärts gezählt.

Es ist interessant zu beobachten, dass diese Hierarchie synkretistisch, das heißt zusammengesetzt, verschiedenen Quellen entnommen und zu einer Einheit zusammengefügt worden ist. Seraphim und Cherubim stammen aus dem Hebräischen. Das Pluralwort „Seraphim“ kommt von einer hebräischen Wurzel, die „mit Feuer brennen“ und daher „in Liebe entflammt“ bedeutet. „Cherubim“ ist ein merkwürdiges Wort, aber die Gelehrten nehmen gewöhnlich an, dass es „Formen“ bedeutet. In mystischer Hinsicht wird geglaubt, dass die Seraphim von roter und die Cherubim von dunkelblauer Farbe sind. Die Throne, Herrschaften, Tugenden, Mächte, Fürstentümer sind den christlichen Lehren des Paulus in den Briefen *Epheser 1, 21* und *Kolosser 1, 16* entnommen und entschieden mystisch. Die beiden letzten, die Erzengel und Engel, sind ihrem Ursprung nach ganz und gar nicht christlich, sondern in indirekter und gewundener Abstammung dem alten griechischen und asiatischen, besonders dem altpersischen Gedankensystem entnommen, das die Existenz von Boten, Gesandten und Übermittlern zwischen dem Menschen und der spirituellen Welt anerkannte. Das griechische Wort „Engel" bedeutete ursprünglich „Bote", und ihr höchster Typus wurde „Erzengel" oder Engel des höchsten Grades genannt.

Der Fehler oder vielmehr die Unzulänglichkeit dieses christlichen Systems besteht darin, dass sein höchster Punkt nicht höher reichte als bis zu diesem Gott, der eine Modifikation des jüdischen Jehova nach griechischem Muster ist. Dieses System ging in seiner Reichweite oder Ausdehnung nach unten nicht weiter als bis zum Menschen. Das Unaussprechliche, Undenkbare auf der einen Seite und die unermesslichen Bereiche des Daseins unterhalb des Menschen auf der anderen Seite sind unbeachtet gelassen. Es war nur ein aus der alten Weisheit herausgerissenes und in das Christentum übernommenes Kapitel. Aber so klein und unvollkommen dieses Kapitel auch war, es versah das Christentum mit all dem Mystizismus und dem vergeistigten Denken, die es während des Mittelalters vor dem äußersten Materialismus in der Religion bewahrten.

Wir wollen nun eine andere Hierarchie betrachten, das jüdische System der *Kabbala.* Es gibt hier neun Grade – neun Grade, die von dem obersten SELBST oder Gott herabhängen. Die jüdisch-kabbalistische Hierarchie oder die Hierarchien – oder das System der Hierarchien – sind ein Auswuchs der Lehren und Gedanken der jüdischen Doktoren oder Rabbis aus sehr weit zurückliegenden Zeiten. Sie sind tatsächlich eine Reflexion esoterischer babylonischer Lehren.

Wie das Buch *Genesis* (zumindest die ersten Kapitel) zum sehr großen Teil dem Babylonischen entnommen ist, so leiteten die Juden ihre „Angelologie" oder ihr System von Engeln oder Engelhierarchien von derselben Quelle ab. Diese Lehre fand ihren besten Ausdruck in der jüdischen Theosophie, die *Kabbala* genannt (dieses Wort bedeutet „empfangen" – durch Überlieferung fortgepflanztes Wissen, das von Lehrer zu Lehrer weitergegeben wurde). Die Lehre über die Hierarchien in der *Kabbala* ist grundlegend, das gesamte System ist darauf begründet. Sie schließt das Ineinandervermischtsein und den gegenseitigen Austausch allen Lebens und aller Wesen zwischen Hoch und Niedrig in sich, genau wie es unsere eigene Lehre ausführt. Deshalb ist die *Kabbala* bis zu einem gewissen Grade eine Reflexion der Esoterischen Philosophie. Die *Kabbala,* wie sie in dem Buch *Sohar* im Umriss gegeben wurde – Sohar bedeutet „Glanz", und dieses Buch wird oft die „Bibel der

Kabbalisten" genannt –, ist zum großen Teil exoterisch. Nicht alle Erklärungen dazu sind gegeben, und diese Tatsache macht das Buch, soweit die Schlüssel fehlen, exoterisch.

Die Lehre in der *Kabbala* bezüglich der Hierarchien und der Leiter des Lebens ist die, dass von dem Grenzenlosen oder Ain Sof die Leiter des Lebens in die Unermesslichkeit nach unten aus Stufen oder Graden oder Abstufungen des Bewusstseins und von Bewusstseinseinheiten sowie des Seins und der Wesen besteht und dass ein ständiger Austausch, ein Ineinanderfließen der Verbindungen zwischen diesen unzähligen Graden der verschiedenen Hierarchien oder Welten stattfindet. Genau unsere Lehren – natürlich! Die kabbalistische Hierarchie besteht aus, oder genauer gesagt, ist bildlich dargestellt durch neun Grade oder Ebenen oder Sphären, die von einer zehnten (oder ersten) herabhängen, zusammen also zehn. Diese tragen die folgenden Namen: Die erste wird die Krone, der uranfängliche Punkt, die erste und höchste der Sefirot (manchmal Sephiroth geschrieben) oder Grade, Stufen, Ebenen oder Sphären genannt, von denen eben gesprochen wurde. Die nächste Sefira wird Weisheit genannt. (Wir haben jetzt nicht die Zeit, die hebräischen Worte anzuführen. Diese sind in jedem Buch über die *Kabbala* zu finden – siehe *Isis Entschleiert,* Band II, Seite 212 ff. und *Lexikon der Geheimlehren.*) Die nächste, die dritte, wird Verstehen oder vielleicht besser „Erkenntnis" genannt. Diese bilden das Haupt und die Schultern des Adam Kadmon oder des urbildlichen oder idealen Menschen. Da diese Hierarchien dem Denken der Kabbalisten gemäß zu entsprechenden Teilen des menschlichen Körpers in besonderer sympathischer Beziehung stehen, so hat auch jede dieser drei ihre entsprechende Beziehung. Die erste Sefira gehört zu gewissen Teilen zum Scheitel des Kopfes, zum Kopf, im oder am Kopf, die rechte Schulter zur Weisheit und die linke zur Erkenntnis. Der rechte Arm wird Größe oder manchmal Liebe genannt. Der linke Arm wird Macht oder auch Gerechtigkeit genannt und als eine weibliche Qualität betrachtet. Die Brust oder der Bereich des Brustkastens oder das Herz wird Schönheit genannt. Das rechte Bein (wir dürfen nicht vergessen, dass ich allgemein von dem urbildlichen Menschen spreche) wird Feinheit genannt. Das linke Bein heißt Erhabenheit und wird als eine weibliche Qualität betrachtet. Die Zeugungsorgane werden Grundlage genannt.

Das sind nun zusammen neun. Von jedem dieser Grade wird angenommen, dass er aus dem über ihm befindlichen hervorgeht: als erster die Krone, aus der Krone die Weisheit, aus der Krone und der Weisheit die Erkenntnis. Aus diesen dreien – der Krone, der Weisheit und der Erkenntnis – kommt der vierte, aus den vieren zusammen der fünfte. Aus allen fünfen zusammen kommt der sechste und so weiter, bis hinab zum neunten. Der neunte erzeugt mit all den Kräften und Eigenschaften der anderen hinter sich dieses runde Wesen, einen eiförmigen Behälter oder „Träger" oder ein Vehikel, ein aurisches Ei. Das aurische Ei als zehnter wird „Königreich" oder manchmal „Wohnsitz“ genannt, weil es die Frucht, das Resultat, die Emanation oder das Feld der Tätigkeit all der anderen ist, die sich durch diese verschiedenen Ebenen des Seins offenbaren.

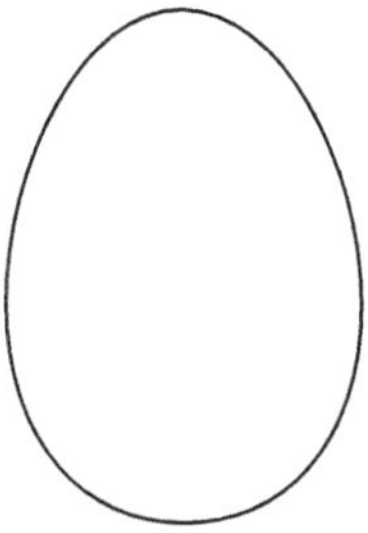

Warum sollten diese Hierarchien einmal als sieben und manchmal als zehn gezählt werden? Weil die Zahl „Zehn“ die heiligste Grundzahl im Okkultismus ist. Sie ist die Zahl, auf der das Universum aufgebaut ist. Die Struktur des Seins ist nach dem Muster der Dekade oder der Zehn aufgebaut. Die Pythagoreer, Mitglieder einer der mystischsten der alten griechischen Schulen des Denkens, hatten das, was sie die heilige Tetraktys nannten, ein Wort, das sich auf die Zahl Vier bezog. Wie stellten sie diese Tetraktys dar? Folgendermaßen:

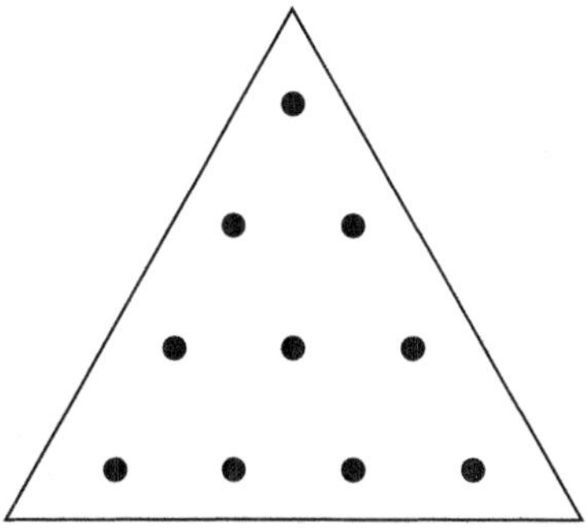

Zuerst oben allein einen Punkt, die Monade, unter diesem zwei Punkte, die Duade, darunter drei Punkte, die Triade, und unter diesen dann vier Punkte, die Tetrade – zusammen also zehn Punkte. Die Pythagoreer hatten einen Eid, den sie als die heiligste Eidesformel der pythagoreischen Schule betrachteten, die sie aussprachen, wenn sie bei der „heiligen Tetraktys“ schworen. Wie lautete dieser Eid? Er ist wert, im Gedächtnis bewahrt zu werden: „Wahrlich, bei der Tetraktys, die unsere Seele mit der Quelle bekannt gemacht hat, die die Wurzel der überfließenden Natur enthält.“ Das ist wirklich des tiefen Denkens wert. Schließlich stellte die Tetraktys (unter anderem) sinnbildlich das Hervorgehen einer Wesenheit in die Offenbarung dar. Zuerst der uranfängliche Punkt, dann die Linie, hernach die Fläche und schließlich der Würfel: 1 + 2 + 3 + 4 = 10.

Was ist der Unterschied zwischen dem auf der Zahl Sieben und dem auf der Zahl Zehn aufgebauten System? Die Zahl Sieben ist die Grundzahl des manifestierten Universums. Aber über der Sieben schwebt ewig die unendliche und unsterbliche Triade, das Ungeoffenbarte. Das ist der Schlüssel. Einige Religionen lehren die siebenfache Einteilung, aber alle Religionen haben auch die Zahl Zehn in ihren verschiedenen Zahlensystemen.

Wir haben heute Abend keine Zeit, H. P. Blavatsky wörtlich zu zitieren, obgleich ich die Absicht hatte, am Schluss ihre eigenen Worte über eben diesen Gegenstand aus ihren esoterischen Unterweisungen Nr. I (wir dürfen nicht vergessen, dass dies eine esoterische Versammlung ist) und auch aus der *Geheimlehre* vorzulesen. Wie sie sagt, ist die Zahl Zehn das geheime oder sefirische Prinzip des Universums, weil sich das Universum durch und auf das Dezimalsystem gründet. Der Mensch ist als ein Ganzes zehnfach, das Universum ist (als ein Ganzes) zehnfach, aber beide sind in der *Manifestation* siebenfach. Jedes Atom, jede lebende Wesenheit und jedes Universum ist eine vollkommene Hierarchie von zehn Graden: drei höchste, die als die Wurzel betrachtet werden, und sieben niedrigere in der aktiven Manifestation. Die Wurzel oder höchste Triade stellt eine Mysterienlehre dar, über die auch in den alten Literaturen sehr wenig offene Erklärung zu finden ist.

In der *Geheimlehre,* Band I, Seite 125, zählt H. P. Blavatsky zuerst gewisse Dinge auf, die wir in der dort abgedruckten Stanze nachlesen können: „II. Die Stimme des Wortes, Swabhavat, die Zahlen, denn er ist Eins und Neun." Dann fügt sie das Folgende als Fußnote an:

> Was Zehn macht, oder die vollkommene Zahl, angewendet auf den „Schöpfer", den Namen, der der Gesamtheit der Schöpfer gegeben wurde, die von den Monotheisten in Einen verschmolzen wurden, wie die „Elohim", Adam Kadmon oder Sephira, die Krone – die androgyne Synthese der zehn Sephiroth sind, die in der popularisierten *Kabbala* das Symbol des geoffenbarten Weltalls bilden. Die esoterischen Kabbalisten folgen jedoch den östlichen Okkultisten, trennen das obere Sephirothische Dreieck (oder Sephira, Chokmah und Binah) von den übrigen, so dass sieben Sephiroth übrig bleiben. ...

Dann, auf Seite 386 (unglücklicherweise hatten wir in unserer letzten Versammlung nicht die Zeit, darauf hinzuweisen), sagt sie in Bezug auf andere Gegenstände: „Die 10, als die heilige Zahl des Weltalls, war geheim und esoterisch ...", und auf Seite 387: „... der ganze astronomische und geometrische Teil der geheimen Priestersprache auf der Zahl 10 aufgebaut war ..."

Es mag von Interesse sein und sich wohl lohnen, hier darauf hinzuweisen, dass diese Zitate den Grund zeigen, warum die Zahlenberechnungen der Esoterischen Philosophie von Schülern mit einem Hang zur Mathematik noch nicht befriedigend gelöst worden sind. Diese beharren trotz des offenen, dem widerstreitenden Winkes von H. P. Blavatsky darauf, nur mit der Zahl Sieben zu arbeiten, denn sie sagt offen, dass die Zahl Sieben bei Berechnungen in einer der westlichen Mathematik bisher unbekannten Weise benutzt werden muss. Der Wink sollte genügen, weil die „Sieben", als Grundlage für die Berechnung betrachtet, eine sehr schwerfällige und ungeeignete Zahl ist, um damit Berechnungen anzustellen. Der Gegenstand wird in den Unterweisungen Nr. 1, Seite 9 in verschleierter Form angedeutet, wo von Padmapâṇi oder dem „Lotoshändigen" – dies ist einer der Namen des Bodhisattva Avalokiteśvara im tibetanischen Mystizismus – die Rede ist. Nachdem sie eine Legende über diese Persönlichkeit erzählt hat, sagt H. P. Blavatsky:

> Er legte ein Gelübde ab, die Tat vor dem Ende des Kalpa zu vollbringen, und fügte hinzu, dass, falls ihm das nicht gelänge, sein Kopf in zahllose Stücke zerspringen sollte. Das Kalpa endete, aber die Menschheit fühlte es nicht in ihrem kalten, bösen Herzen. Darauf zersprang Padmapâṇis Kopf und wurde in tausend Bruchstücke zersplittert. Von Mitleid erfüllt, fügte die Gottheit die Bruchstücke zu zehn Köpfen zusammen, drei davon waren weiß und sieben von verschiedenen Farben. Von diesem Tage an ist der Mensch eine vollkommene Zahl oder eine „Zehn" geworden.

Um die wirkliche esoterische Bedeutung zu verschleiern, ist die Macht des TONES, der FARBE und der ZAHL geschickt in diese Allegorie eingeführt worden. Für den Uneingeweihten liest sie sich wie eines der vielen Märchen über die Schöpfung, aber sie ist voll spiritueller und göttlicher, physischer und magischer Bedeutung. Die sieben sich unterscheidenden Farben des Prismas werden aus Amitâbha – farblos oder weißer Glanz – geboren. Von diesen sendet jede einen entsprechenden Ton aus, und diese Töne sind die sieben der musikalischen Stufenleiter. Da unter den mathematischen Wissenszweigen die Geometrie besonders mit der Architektur und – zum Universalen fortschreitend – mit der Kosmogonie verwandt ist, mussten die zehn Zentren der pythagoreischen Tetraktys, als den Makrokosmos und den Mikrokosmos oder den Menschen, sein Abbild, sinnbildlich darstellend, ebenfalls in zehn Punkte geteilt werden. Denn das ist, wie wir sehen, in der Natur so vorgesehen.

Ein weiteres Zitat soll den Gegenstand abschließen. Auf Seite 15 schreibt H. P. Blavatsky kurz Folgendes:

Da das Universum, der Makrokosmos und der Mikrokosmos, zehn ist, warum sollten wir den Menschen in sieben Prinzipien teilen? Das ist der Grund, warum die vollkommene Zahl Zehn in zwei Zahlen geteilt wird, ein Grund, der nicht öffentlich bekanntgegeben werden kann: In ihrer Vollständigkeit, das heißt überspirituell und physisch, sind die Kräfte ZEHN, nämlich drei auf der subjektiven und nicht wahrnehmbaren und sieben auf der objektiven Ebene. Seien wir eingedenk, dass ich jetzt die Darstellung der beiden entgegengesetzten Pole gebe:

a) das ursprüngliche Dreieck, das, sobald es sich in dem „himmlischen Menschen", dem höchsten der niederen Sieben, widerspiegelt, verschwindet und in die „Stille der Dunkelheit" zurückkehrt, und

b) der astrale, als Muster dienende Mensch, dessen Monade (Âtman) auch durch ein Dreieck dargestellt wird, da sie in bewussten devachanischen Unterbrechungen „Drei" werden muss.

Kapitel 8

Spuren der Esoterischen Philosophie in der Genesis.

Die ältesten Religionen der Erde – exoterisch, denn die esoterische Wurzel oder Grundlage ist eine einzige – sind die indische, die altpersische und die ägyptische.

Dann kommt die chaldäische, eine Sprosse von diesen, jetzt der Welt gänzlich verlorengegangenen bis auf ihren entstellten Sabäanismus, wie derselbe jetzt von den Archäologen beschrieben wird; dann kommt, wenn wir eine Anzahl von Religionen, die später erwähnt werden sollen, übergehen, die jüdische, die esoterisch, wie in der *Kabbala,* der Spur des babylonischen Magismus folgt: exoterisch, wie in der *Genesis* und dem *Pentateuch* eine Sammlung allegorischer Legenden ist.

Im Lichte des *Sohar* gelesen, sind die vier ersten Kapitel der *Genesis* das Fragment eines hochphilosophischen Blattes der Weltkosmogonie.

Die Geheimlehre, Bd. I, S. 39

Die erste in der Esoterischen Philosophie gelehrte Lehre ist die, dass die Unerkennbare Ursache nicht die Entwicklung hervortreibt, weder bewusst noch unbewusst, sondern nur periodisch *verschiedene Aspekte ihrer* Selbst der Wahrnehmung *endlicher* Gemüter darbietet. Nun ist das Kollektive Gemüt – das Universale –, das zusammengesetzt ist aus verschiedenen und zahllosen Scharen schöpferischer Kräfte, zwar unendlich in der geoffenbarten Zeit, aber immer noch endlich im Gegensatz zu dem Ungeborenen, Unvergänglichen Raum in seinem höchsten wesentlichen Aspekt. Das, was endlich ist, kann nicht vollkommen sein. ...

Die hebräischen Elohim, die in den Übersetzungen „Gott" genannt werden, die das „Licht" erschaffen, sind wesensgleich mit den arischen Asuras. Sie werden auch bezeichnet als die „Söhne der Finsternis", im philosophischen und logischen Gegensatz zum Unveränderlichen und Ewigen Licht. ...

Die zoroastrischen Amshaspends [Amesha Spentas, d. Ü.] schaffen die Welt auch in sechs Tagen oder Perioden und ruhen am siebenten; aber in der Esoterischen Philosophie ist jene *siebente* die *erste* Periode oder „Tag", die sogenannte *Erste Schöpfung* in der arischen Kosmogonie. Es ist der vermittelnde Äon, der der *Prolog* der Schöpfung ist und der in dem Grenzland zwischen der Ungeschaffenen Ewigen Ursächlichkeit und den hervorgebrachten endlichen Wirkungen steht; ein Zustand *entstehender* Tätigkeit und Kraft als der erste Aspekt der Ewigen Unveränderlichen Ruhe. In der *Genesis,* auf die keine metaphysische Kraft verwendet worden ist, sondern nur eine außerordentliche Schlauheit und Findigkeit, die esoterische Wahrheit zu verschleiern, beginnt die Schöpfung beim dritten Stadium der Offenbarung. „Gott" oder die Elohim sind die „Sieben Herrscher" des *Pymander.* Sie sind wesensgleich mit allen anderen Schöpfern.

Die Geheimlehre, Bd. II, S. 511–512

Wir beginnen unser Studium diesen Abend mit dem folgenden Zitat aus dem ersten Band der *Geheimlehre,* Seite 245:

> Die Menschheit in ihrer ersten urbildlichen, schattenhaften Form ist die Nachkommenschaft der Elohim des Lebens oder der Pitṛis; in ihrem qualitativen und physischen Aspekt ist sie der unmittelbare Nachwuchs der „Vorfahren", der niedersten Dhyânis oder Geister der Erde; ihre moralische, psychische und geistige Natur verdankt sie einer Gruppe von göttlichen Wesen, deren Name und Eigenschaften im zweiten Band werden gegeben werden. In ihrer Zusammenfassung sind die Menschen das Kunstwerk von Scharen verschiedener Geister; im Einzelnen die Tabernakel dieser Scharen und gelegentlich und individuell die Vehikel von einigen unter ihnen.

Und auf Seite 246, zweiter Absatz:

> Der Mensch ist weder das vollkommene Produkt „Gottes, des Herrn", noch könnte er es jemals sein; sondern er *ist* das Kind der Elohim, die so willkürlich zur Einzahl und zum männlichen Geschlecht umgewandelt worden sind. Die ersten Dhyânis, denen aufgetragen war, den Menschen nach ihrem Ebenbilde zu „schaffen", konnten nur ihre Schatten werfen, als ein zartes Modell, das die Naturgeister des Stoffes ausarbeiten mussten. Der Mensch ist ohne allen Zweifel körperlich aus dem Staube der Erde geformt, aber seiner Schöpfer und Zurichter waren viele.

Bei der Eröffnung unseres Studiums diesen Abend erscheint es ratsam, zuerst über zwei Dinge zu sprechen. Das eine davon ist von geringerer, das andere von größerer Bedeutung. Wir nehmen das weniger Bedeutende zuerst. Als unsere Studien durch den Lehrer entworfen wurden, zeigte sich von Anbeginn, dass wir bei jeder unserer Versammlungen in den großen Weltreligionen, besonders in jenen der Vergangenheit, Lehren zur Betrachtung herausstellten, die unseren eigenen Lehren ähnlich oder mit ihnen identisch sind. Dies geschah, um diese Lehren, wie sie in den alten Religionen gefunden wurden, mit den von H. P. Blavatsky in der gegenwärtigen Zeit gegebenen Lehren, das heißt mit Theosophie, zu verbinden.

Dabei zeigt sich die Universalität des Denkens in den Religionen und es wird ein Geist des Wohlwollens und der Bruderschaft erweckt. Es führt zu der Betonung des Sittlichkeitsgefühls, das in dem vergleichenden Religionsstudium der Lehren der vorherrschenden alten Religionen bei der Mehrzahl der westlichen Gelehrten heute so sehr fehlt. Es räumt sogleich mit der egoistischen Meinung auf, dass „wir vollkommener und moralisch besser sind als sie", mit der Idee, dass wir Westlichen ein höherstehendes Volk sind und dass eine gewisse Rasse und eine gewisse Religion auf Befehl der Gottheit die auserwählten Gefäße oder Vehikel für die einzige Wahrheit seien, alle anderen Religionen falsch seien und jene, die sich in alten Zeiten zu ihnen bekannten, nur für die Hölle bestimmte Schandflecke gewesen seien!

Das zweite und bedeutendere ist folgendes: Wir haben beständig religiöse oder philosophische Übereinstimmungen und gewisse Gesichtspunkte hierüber vorgebracht, die echte Prüfsteine in Bezug auf die Lehren sind. Unser Ziel ist es, dass jene, die diese Studien, wie sie durch unsere Lehrer entworfen wurden, lesen mögen, in den Stand gesetzt werden, *Schlüssel* zur Hand zu haben und – durch die hierin zum Ausdruck gebrachten Gedanken – in ihrem Gemüt jene Schlüssel klar zu erfassen, mit deren Hilfe sie die Wahrheit und Echtheit der wesentlichen oder grundlegenden Lehren dieser alten Religionen nachprüfen können, denn diese Lehren in jenen alten Religionen sind in ihrer Essenz und in ihrer inneren Bedeutung wahr. In diesem Sinne ist der Brâhmaṇismus wahr, in diesem Sinne ist der Buddhismus wahr und gleicherweise auch der Konfuzianismus und die Taoismus genannten Lehren des Lao-tse. Sie sind alle in diesem Sinne wahr.

Sie waren aber auch in größerem oder geringerem Grade den Einflüssen gewisser Schöpfungen der menschlichen Phantasie unterworfen, und es ist für jene, die nicht in diesen Studien geschult wurden, oft schwer, die nur menschlichen Vorstellungen von den wahren, in der Natur begründeten Lehren der alten Weisheitsreligion zu trennen. Alle alten Religionen entsprangen jener selben Quelle – Theosophie, wie sie heute genannt wird. Aber es ist, wie schon gesagt, manchmal schwer zu erkennen, was die ursprüngliche Lehre und was die bloß menschliche Beimischung oder Schöpfung ist. Diese Schöpfungen menschlicher Phantasie und irreligiöser Furcht sind in den beiden modernen monotheistischen, dem Judaismus entsprungenen Religionen, nämlich dem Christentum und dem Islam, sehr augenscheinlich. In diesen beiden sind die menschlichen Beimischungen der Phantasie sehr deutlich, aber in beiden besteht ein festes Fundament mystischen Denkens, das auf die alten Lehren der Weisheitsreligion gegründet ist.

Im Christentum ist dies besonders in den neupythagoreischen und neuplatonischen Formen der Fall – wie diese in den Lehren Dionysios', genannt der „Areopagite", etwas dem Christentum angepasst und dargelegt sind. In der späteren mohammedanischen Religion ist dies etwas undeutlicher in dem geoffenbart, was hauptsächlich vom griechischen Denken, aber auch aus anderen Quellen übernommen wurde, wie wir sie bei mohammedanischen Doktoren und Denkern aufgezeigt finden. Solche Männer waren Ibn Sina, in Europa gewöhnlich Avicenna genannt, ein Perser, der Ende des zehnten Jahrhunderts lebte und schrieb, Averroes in Cordoba in Spanien, eigentlich Ibn Ruschd genannt, der im zwölften Jahrhundert bekannt war, und ein weiterer bedeutender mohammedanischer Gelehrter, Al-Farabi, im zehnten Jahrhundert, um nur diese drei von vielen zu nennen. Der Letztere war türkischer Abstammung. Die alte Weisheit hat die Lehren des Mohammed ebenfalls, wenn auch sehr verändert, in einer sehr mystischen Gestalt beeinflusst. Dies wird in den Sufi-Lehren gezeigt, die besonders und hauptsächlich persischen Ursprungs sind. Ihr Entstehen ist jenem scharfsinnigen Volk mit spirituellem Gemüt, den Persern, zu verdanken. Diese Lehren sind ein sehr willkommener Gegensatz zu den harten und eher mechanisch anwendbaren religiösen Glaubensbekenntnissen, die aus dem Egoismus der rohen arabischen Stämme jener Zeit entstanden.

Das Hauptthema unseres Studiums ist die Betrachtung der ersten Verse in dem die *Genesis* genannten „Buch des Anfangs" – dem ersten Buch in dem Gesetz der Juden. Wir lesen zuerst die deutsche Übersetzung dieser Verse, wie sie in der sogenannten autorisierten Übersetzung zu finden sind, und machen uns dann eine eigene Übersetzung derselben Kapitel, in der wir den Unterschied zwischen dieser und der ersteren sehen können. Wir werden den Unterschied erklären und zeigen, wie er zustande kam. Zu diesem Zweck müssen wir gewisse Eigenheiten der alten hebräischen Sprache kurz erläutern.

In der „autorisierten Übersetzung" der deutschen *Bibel,* der Übersetzung nach Dr. Martin Luther, beginnt das Buch *Genesis,* Kapitel 1, wie folgt:

1. Am Anfang schuf Gott Himmel und Erde.
2. Und die Erde war wüst und leer, und es war finster auf der Tiefe;
   und der Geist Gottes schwebte auf dem Wasser.
3. Und Gott sprach: Es werde Licht! Und es ward Licht.
4. Und Gott sah, dass das Licht gut war.
   Da schied Gott das Licht von der Finsternis
5. und nannte das Licht Tag und die Finsternis Nacht.
   Da ward aus Abend und Morgen der erste Tag.
6. Und Gott sprach: Es werde eine Feste zwischen den Wassern,
   und die da scheide zwischen den Wassern.
7. Da machte Gott die Feste und schied das Wasser unter der Feste
   von dem Wasser über der Feste. Und es geschah also.

8. Und Gott nannte die Feste Himmel.
Da ward aus Abend und Morgen der zweite Tag.
9. Und Gott sprach: Es sammle sich das Wasser unter dem Himmel an besonderen Orten, dass man das Trockene sehe. Und es geschah also.
10. Und Gott nannte das Trockene Erde, und die Sammlung der Wasser nannte er Meer. Und Gott sah, dass es gut war.
26. Und Gott sprach: Lasset uns Menschen machen, ein Bild, das uns gleich sei, die da herrschen über die Fische im Meer und über die Vögel unter dem Himmel und über das Vieh und über alle Tiere des Feldes und über alles Gewürm, das auf Erden kriecht.
27. Und Gott schuf den Menschen ihm zum Bilde, zum Bilde Gottes schuf er ihn; und schuf sie als Mann und Weib.

In erster Linie ist das Hebräische eine semitische Sprache, eine aus dem Sprachenkomplex, zu dem auch Arabisch, Äthiopisch, Aramäisch, Phönizisch und Assyrisch gehören. Das Hebräisch, in dem die *Bibel* geschrieben ist, wird das biblische Hebräisch genannt. Es ist ein altes Hebräisch. Die Sprache, die zu der Zeit gesprochen wurde, in der, wie man annimmt, Jesus auf Erden in Jerusalem und in dem Bezirk um Jerusalem gelebt hat, war Aramäisch und nicht Hebräisch, das damals als gesprochene Sprache erloschen war, und wenn Jesus zu seinen Jüngern sprach, sprach er natürlich Aramäisch.

Die hebräische Sprache, wie sie in den alten Manuskripten der *Bibel* zu finden ist – wahrscheinlich nicht früher als im neunten Jahrhundert der christlichen Zeitrechnung –, ist mit „Punkten" geschrieben, die die Stelle der Vokale einnehmen, weil das Hebräische ein Konsonantensystem darstellt – sein Alphabet besteht ausschließlich aus Konsonanten. Es enthält das *Alef* oder „a", das aber als Konsonant gezählt wird, und das *Waw* oder „u", das ebenfalls als Konsonant gezählt wird, auch das *Jod* oder „i" als Konsonant, aber es enthält keine richtigen Vokalzeichen.

Die Sprache wird deshalb ohne richtige Vokale geschrieben. Ferner sind die Buchstaben in den ältesten Manuskripten – und sicherlich war das in ursprünglichen oder vorchristlichen Texten der Fall – alle „zusammengeschmolzen", das heißt, es folgt einer dem anderen ohne Trennung in Wörter. Gewisse Dinge im Text konnten als von besonderer Wichtigkeit durch irgendwelche Zeichen gekennzeichnet werden, aber die Buchstaben folgten einer dem anderen in endloser Reihenfolge, ohne Trennung in Wörter und ohne Vokale. Wir sehen also, dass es hier selbst für sehr fähige Gelehrte des Hebräischen ein offenes Feld für viele Arten von Spekulationen in Bezug darauf gibt, was irgendeine bestimmte Verbindung von Buchstaben, die in diesem endlosen Strom gefunden wird, ursprünglich bedeutet haben mag. Diese Art des Schreibens war in alten Zeiten praktisch universal. Die frühesten griechischen und lateinischen Manuskripte des Neuen Testaments sind auch in dieser Weise geschrieben. Das bedeutete nur die Befolgung einer alten Regel, wie sie noch an den Ruinen öffentlicher Gebäude in Griechenland und Rom zu erkennen ist. Es ist klar, dass bezüglich der Auslegung und des richtigen Lesens oft Zweifel bestanden. Der Leser konnte über den ursprünglichen Sinn einer Stelle in einem in dieser Weise geschriebenen Manuskript sehr im Zweifel sein.

Das war so sehr der Fall, dass in Palästina zu einem unbestimmten Zeitpunkt eine Schule von Auslegern entstand, die nach dem auslegten, was sie „Überlieferung", Massora, zu nennen für gut befanden. Wir wissen, dass diese etwa bis in die Zeit des Falles von Jerusalem vor Titus zurückgehen mag, oder sagen wir, bis etwa zum Beginn der christlichen Zeitrechnung. Sie verfuhr nach „überliefertem" Wissen darüber, wie die hebräische *Bibel* gelesen werden sollte, wie diese fortlaufenden Ströme von Konsonanten beim Lesen in Wörter aufgeteilt werden und welche Vokale eingefügt werden sollten, um die Aussprache in Übereinstimmung damit festzulegen. Die Verwendung von „Punkten" in dem Text wurde wahrscheinlich nicht vor dem siebenten Jahrhundert eingeführt. Die Schule wurde die Schule der Massora genannt, und ihre Ausleger und Anhänger nannte man Massoreten.

Die Schule der Massora erreichte ihre vollste Entwicklung und Vollendung wahrscheinlich im neunten Jahrhundert der christlichen Zeitrechnung. Aber auch wenn sich diese Schule auf das stützte, was sie „Überlieferung" nannte, ist kein sicherer Beweis vorhanden, dass ihre Auslegungen der von ihr zu Wörtern zusammengefassten Buchstaben immer richtig waren. Sie scheint jedoch einiges Wissen über den allgemeinen ursprünglichen Sinn erfasst und der Nachwelt überliefert zu haben.

Um die Sache zu erläutern, wollen wir die ersten vier Wörter der Übersetzung der *Genesis* betrachten: „Am Anfang schuf Gott ..." Wir lassen alle Vokale weg, so dass nur die Konsonanten übrig bleiben, und es ergibt sich folgendes Bild: Mnfngschfgtt. Wir können hier beinahe nach Belieben Vokale einfügen, um die Bedeutung zu suchen, und nun stellen wir uns endlose Reihen solcher Konsonanten vor. Dazu kommt noch die Tatsache, dass die hebräische Schrift von rechts nach links geschrieben wird. Ferner beginnt sie dort, wo für uns der Schluss des Buches ist, und läuft rückwärts, wie das auch in anderen semitischen Sprachen der Fall ist. Diese Art des Schreibens war in alten Zeiten auch für andere Völker nichts Ungewohntes. Die griechische und die lateinische Schrift folgten in alten Zeiten manchmal diesem System, aber später begannen sie gewöhnlich links und verliefen nach rechts, ohne eine Abteilung in Wörter, wie wir heute an den Inschriften an Tempeln und anderwärts sehen können. In sehr alten griechischen Schriften (auch in anderen) wurde auch eine Methode angewandt, die man „Boustrophedon" nannte. Dieser

Ausdruck kommt von zwei griechischen Worten, die das „Wenden des Ochsen“ auf seinem Wege beim Pflügen bedeuten, wenn er, lasst uns sagen, an einem Ende des Feldes beginnt und über das Feld bis zum anderen Ende seine Furche zieht, dann pflügend neben der ersten Furche, parallel zu ihr, in der entgegengesetzten Richtung wieder über das Feld zurückgeht. Diese Methode wird in den hebräischen Manuskripten der *Bibel,* die wir besitzen, nicht befolgt.

Zu Beginn unserer Übersetzung des ersten Verses der *Genesis* stoßen wir bei zwei Wörtern gleich auf eine Schwierigkeit. Diese Wörter können auf zwei oder drei verschiedene Arten übersetzt werden. Die Übersetzung, wie sie in den europäischen *Bibeln* gegeben und in der autorisierten englischen [bzw. deutschen, d. Ü.] Ausgabe zu finden ist, ist eine ziemlich richtige Wiedergabe, soweit bloße Wörter in Betracht kommen. Aber jeder, der aus einer fremden und besonders aus einer toten Sprache übersetzt hat, und wiederum ganz besonders aus einer Sprache, die eine religiöse Sprache ist und wahrscheinlich mehr oder weniger in Geheimschrift geschrieben wurde, kann die Schwierigkeiten ermessen, die darin liegen, die verschiedenen Bedeutungen herauszufinden, die ein Wort haben kann, und das für die Übersetzung am besten geeignete Wort zu wählen, dessen Sinn der Absicht des Schreibers am nächsten kommt. Die ersten beiden Wörter sind, wie sie gewöhnlich gelesen werden, „be“ und „reschit“. So geteilt, haben sie folgende Bedeutung: „Be“ bedeutet „in“, und „reschit“ bedeutet „Anfang“. Dieses zweite Wort ist eine weibliche Form und kommt ursprünglich von dem Wort männlichen Geschlechts „resch“ oder „rosch“, das (neben verschiedenen anderen Dingen) „Haupt“, „Hauptteil“, „erster Teil“ bedeutet. Deshalb können wir „be reschit“ mit „im ersten Teil“ oder „im höchsten Teil“ usw. übersetzen.

Aber diese Kombination von Buchstaben – Braschit – könnte (indem man sie anders teilt) auch übersetzt werden mit „bore“, ein Wort, ein Verb, und „schit“, ein anderes Wort, ein Hauptwort. Das bedeutet dann „bore“ oder „formen“ und „schit“, eine „Institution“, „Einrichtung“, „Anordnung“. „Formen die Einrichtung“ (oder Anordnung) – wovon? Der Text fährt fort und sagt, was angeordnet oder eingerichtet wird. Durch Anordnung „formten die Elohim Himmel und Erde“.

Das oben gewählte Wort „resch“ oder „rosch“ kann, wie schon gesagt, auch „Haupt“ bedeuten und steht damit für „Weisheit“ oder „Erkenntnis“. Deshalb: „In Weisheit formten die Elohim die Himmel und die Erde.“ Vergessen wir nicht, dass es erlaubt ist, Vokale fast nach Belieben einzufügen, denn im Originaltext des Buches, der *Bibel* selbst, gibt es keine Vokale, deshalb die Möglichkeit für mehr als nur eine Auslegung.

„Resch“ oder „rosch“ bedeutet also „Haupt“. Es bedeutet auch „Weisheit“ und ebenso „Heer“ oder „Menge“. Auf diese Weise können wir eine weitere, eine vierte

Übersetzung wählen: „beresch“, „in der Menge“ oder „durch die Menge“. „Jitbare“ würde dann das nächste Wort sein und bedeutet: „formten“ die Elohim. Hier zeigt sich eine weitere bemerkenswerte Änderung in der Bedeutung, und ich gebe diese Hinweise, um darzulegen, wie der hebräische Text der *Bibel* viele Übersetzungen erfahren kann. Nehmen wir an, wir teilten die ersten vierzehn hebräischen Buchstaben des Textes in die folgenden Wortzusammensetzungen: *be resch jitbare Elohim,* dann bekommen wir (durch Benutzung von „jitbare“, das eine der Formen, genannt die reflexive Form, des hebräischen Verbs ist und „Wirken auf sich selbst“ bedeutet) die folgende Übersetzung: „Mittels der Menge, durch die Menge formten sich die Götter selbst.“ Was folgt im Text? „... zu den Himmeln und der Erde.“ Das heißt: „Als ein Heer (oder eine Menge) formten (machten) sich die Götter selbst zu den Himmeln und der Erde.“ Sehen wir den gewaltigen Unterschied der Bedeutung gegenüber der in der „autorisierten“ Übersetzung. Wir glauben, dass diese letzte Übersetzung die beste ist. Sie zeigt sogleich die Identität des Denkens mit allen anderen alten kosmogonischen Systemen.

„Mittels“ oder „durch die Menge formten“ oder „entwickelten„ (bzw. „evolvierten“) „sich die Elohim selbst zu den Himmeln und der Erde“ (das Wort „bara“ bedeutet „fett werden“, „schaffen“, „schwer oder grob werden“, „zuhauen“, „gestalten“, „geboren werden“, „entwickeln“).

Das vierte Wort, Elohim, ist ein sehr eigenartiges Wort. Der erste Teil davon ist für sich allein „el“ und bedeutet „Gott“, „Gottheit“. Davon abgeleitet ist die zweite, eine weibliche Form: „eloh“, „Göttin“. „Im“ ist nur der männliche Plural. Wenn wir also jeden Teil in diesem einzelnen Wort übersetzen, würde es heißen: „Gott, Göttin (Plural)“. Das zeigt sozusagen die androgyne Essenz der Gottheiten, die polaren Gegensätze der Hierarchien, die essenzielle Dualität des Lebens.

Vers 2: „Und die Erde wurde ätherisch.“ Das zweite Wort im zweiten Vers des hebräischen Textes, ein Verb, entspricht den zwei lateinischen Worten „esse“, „sein“, und „fieri“, „werden“. Aber sein ureigener Sinn ist fast immer „fieri“, „werden“, gleich dem griechischen „gignomai“, das „werden“, „hineinwachsen in den neuen Zustand von irgendetwas“ bedeutet. „Und die Erde wurde“ oder „wuchs hinein in den ätherischen Zustand“. Die nächsten zwei Wörter des Textes („tohu“ und „bohu“), die wir hier mit „ätherischer Beschaffenheit“ übersetzen, sind Wörter, die sehr schwer richtig auszulegen sind. Sie beide bedeuten „Leere“, „Wüste“, „Unmaterialität“ und deshalb „Auflösung“. Die den beiden Wörtern zugrunde liegende Idee ist etwas „Unsubstanzielles“, „nicht materiell Grobes“. Wir setzen unsere Übersetzung fort: „Und Dunkelheit auf dem Antlitz der Äther. Und die Ruach (die Geistseele) der Götter (der Elohim) (bewegte sich, schwebte) brütete.“ Das von uns mit „brütete“ übersetzte Wort ist von der Bedeutung der Tätigkeit einer Henne abgeleitet, die ihre Flügel über die Eier in ihrem Nest legt, sie bedeckt und brütet. Wie anschaulich, wie deutlich diese Sprachfigur ist!

Wir sehen hier denselben Gedanken, den wir praktisch in allen alten Lehren finden: das Bild oder das Symbol der kosmischen Seele, die über den Wassern des Raumes brütet und das Weltenei vorbereitet; das Symbol des kosmischen Eies und des göttlichen Vogels, der das kosmische Ei legt. „Und die Geist-Seele der Elohim auf dem Antlitz der Wasser brütend", sagt der hebräische Text. „Wasser" war, wie wir schon gezeigt haben, ein allgemeiner Ausdruck oder ein allgemeines Symbol für Raum, sozusagen die ätherische Ausdehnung. Wir fahren mit unserer Übersetzung fort: „Und (die) Elohim (die Götter) sagten: Licht trete ins Dasein – und Licht trat ins Dasein. Und (die) Götter sahen das Licht, dass (es) gut (war). Und die Elohim trennten das Licht von der Dunkelheit. Und die Elohim nannten das Licht Tag, und die Dunkelheit nannten sie Nacht. Und (es) trat der Abend ins Dasein, und (es) trat der Morgen ins Dasein. Erster Tag. Und die Elohim sagten: Es sei eine Ausdehnung in der Mitte der Wasser, und lasst es ein abgesonderter Teil zwischen Wassern und Wassern sein. Und (die) Elohim (oder Götter) machten die Ausdehnung und den abgesonderten Teil zwischen den Wassern, die unterhalb der Ausdehnung waren, und den Wassern, die oberhalb der Ausdehnung waren, und es geschah so. Und die Elohim (die Götter) nannten die Ausdehnung Himmel, und es trat der Abend ins Dasein, und es trat der Morgen ins Dasein. Zweiter Tag. Und die Elohim (die Götter) sprachen: (Lasst) gesammelt sein (d. h. festgeworden, verdichtet) die Wasser über den Himmeln an einem Ort, und (es werde) der trockene Teil (der verdichtete oder manifestierte Teil) sichtbar, und es geschah so." (Das Wort „trocken" steht im Gegensatz zu „Nässe". Nässe bedeutet Wasser und steht für Raum. Es bedeutet deshalb die angesammelte Materie eines zukünftigen Planeten, eines zukünftigen Sonnensystems oder eines zukünftigen Universums.) „Und die Götter nannten den trockenen Teil Erde, und die Verdichtung (Ansammlung) der Wasser nannten sie Meer. Und die Elohim (die Götter) sahen, dass (es) gut (war)."

Wir wenden uns nun den Versen 26, 27 und 28 des ersten Kapitels zu: „Und die Elohim (die Götter) sprachen: Lasst uns Menschen machen (das Wort hierfür ist Adam) nach unserem eigenen Schattenbild (nach unserem Vorbild, als unsere eigenen Schatten – das Wort hierfür ist ‚zelem'), unserem Vorbild (oder Modell) entsprechend. Und sie sollen in die Fische des Meeres, in die fliegenden Geschöpfe der Himmel, in die Tiere und in die ganze Erde und alle sich auf der Erde bewegenden Geschöpfe eingehen. Und die Elohim (die Götter) formten (oder gestalteten oder entwickelten – es ist dasselbe Verb wie oben, ‚bara') die Menschheit nach ihrem Bilde, als das Schattenbild der Elohim formten (oder entwickelten) sie diese."

Jetzt kommen zwei sehr interessante Wörter, die gewöhnlich mit „männlich oder weiblich“ übersetzt werden. Das sind zwei der entsprechenden Bedeutungen, wie sie in den Wörterbüchern zu finden sind. Aber die Wurzelbedeutungen dieser Wörter sind die folgenden: „Denker und Empfänger“ (oder Behälter). Als „Denker und Behälter entwickelten sie dieselben und segneten die Elohim sie“, das heißt, die Elohim segneten sie. „Und die Elohim sprachen zu ihnen: Seid fruchtbar und vermehret euch und füllet die Erde“ usw.

Wir erkennen, dass wir andere als die gewöhnlich von den christlichen oder späteren jüdischen Übersetzern gewählten und in den Wörterbüchern zu findenden Worte gebrauchen und, ohne eine Bedeutung zu erzwingen, dieselben Bedeutungen herausgefunden haben, wie sie in den esoterischen Lehren und in der *Geheimlehre* dargelegt sind. Zuerst erkannten wir die Hierarchie und ihre geoffenbarten Gottheiten, die das Universum oder den Kosmos aus sich selbst heraus entwickeln, indem wir, wie oben gezeigt, die reflexive Form des hebräischen Verbs „bara“ benutzten. Ferner wird uns ein Studium des ersten Verses der *Genesis* zeigen, dass sich die in ihm behandelte Evolution nicht einzig und besonders auf die Schöpfung dieser Erde oder irgendeiner anderen besonderen Erde bezieht, sondern eine allgemeine Lehre darstellt, die sich vielmehr auf die erste Manifestation des materiellen Seins im ätherischen Raum bezieht. Mit den Vögeln in der Luft und den Fischen im Meer und den Tieren, von denen gesprochen wird, sind nicht notwendigerweise die besonderen Tiere gemeint, die wir unter diesen Namen kennen (obgleich auch sie gemeint sein können), sondern es sind auch (in Übereinstimmung mit wohlbekannten Tatsachen der alten Mythologie) die „beseelten Wesen (animales) der Himmel“ gemeint, von denen wir bei unserem letzten Studium gesprochen haben. Jeder Globus der Sternenreiche, jeder Nebel und jeder Komet werden in den alten Lehren als lebende Wesen, als „animales“ betrachtet, die einen physischen Corpus oder Körper haben und dahinter einen Leiter oder Regenten, eine göttliche Essenz oder Geist.

Weiterhin sehen wir, dass die Elohim den Menschen oder die Menschheit aus sich selbst heraus evolvierten und ihnen sagten, dass sie diese anderen Geschöpfe werden, dann in sie eintreten und sie beleben sollen. Tatsächlich, diese Söhne der Elohim sind nach unseren Lehren die Kinder des Lichtes, die Söhne des Lichtes, die wir selbst sind, und doch unterscheiden sie sich von uns, weil sie höher stehen als wir. Aber innerlich sind sie unsere wirklichen Selbste; denn sie wurden wirklich, evolvierten sich zu ihrer eigenen Nachkommenschaft, in einem Sinne immer das inspirierende Licht im Innern bleibend oder eher (nach der berechtigten Auslegung der aus dem Wörterbuch gewählten Wörter, die keine Regel der hebräischen Grammatik verletzt) das inspirierende Licht „über“ uns. Denn den alten Lehren der

Esoterischen Philosophie folgend, sehen wir uns durch genau den gleichen Gedanken in den babylonischen religiösen Lehren bestärkt, von denen diese hebräischen Lehren ursprünglich kamen, dass die Elohim sich selbst in die entstehenden Formen der damaligen „Menschheit" projizierten, die von da an „Menschen" waren, wie unvollkommen auch ihre Entwicklung noch war.

Was waren diese Elohim, diese Gottheiten, diese Götter? In dem hierarchischen System der *Kabbala* stehen sie in der Ableitung von oben, von dem ersten oder der Krone, an sechster Stelle, und sie sind deshalb keineswegs die höchsten. Sie waren kosmogonisch die manifestierten Gestalter oder Weber des Gewebes des Universums. „Jehova", von dem im zweiten Kapitel der *Genesis* gesprochen wird, ist die dritte „Engelmacht", von der Krone, dem Gipfel der Hierarchie in der *Kabbala,* abwärts gezählt.

Im fünften Kapitel der *Genesis* enthalten die Verse 1 und 2 eine interessante Auslegung. Wir übersetzen: „Dieses (das) Buch über die Hervorbringung der Menschheit (Adam). An dem Tag, als die Elohim (die Götter) die Menschheit evolvierten, machten sie diese nach dem Muster (oder Modell) der Elohim. Sie machten sie zu Denkern – und – Behältern, segneten sie und gaben ihnen an diesem Tag den Namen Menschheit." Hier ist offensichtlich nicht von einem einzelnen menschlichen Paar, von einem Mann und einer Frau in unserem Sinne die Rede, sondern von der werdenden androgynen Menschheit, und sie hatten einen Namen: Adam. Ihre Attribute waren Denker und Kästchen (oder Behälter): ätherische Wesen – Kinder der Elohim –, die selbst denken, empfangen, verstehen und sich entwickeln konnten aufgrund der Lektionen, die aus ihren Inkarnationen in den niedrigeren fleischlichen Wesen folgen sollten, die sie selbst evolvierten und die sie mit den hier gebrauchten Ausdrücken als die „Vögel" in der „Luft" und die „Fische" im „Meer" bezeichneten, und jedem lebenden Wesen, das sich auf dem Antlitz der Erde bewegt, gaben sie einen Namen.

Diese alten Schriften haben mehr als eine mystische oder esoterische Bedeutung, oder wie H. P. Blavatsky sagt, sie haben mehr als einen Schlüssel. Doch noch einmal: Was oder wer waren diese Elohim? Sie waren unsere Monaden im theosophischen Sinn. Es ist merkwürdig, dass Leibniz, der große deutsche Philosoph, eine Theorie über monadische Evolution entwickelte, die in mancher Hinsicht unserer eigenen ungemein ähnlich ist. Für ihn war das Universum von fortschreitenden Wesenheiten erfüllt, die er „Monaden" nannte, spirituelle Wesenheiten, die sich durch die ihnen innewohnenden Kräfte selbst entwickelten, dabei aber gegenseitig aufeinander wirkten – bis zu einem gewissen Grad ein getreues Echo der alten Weisheitsreligion.

Ferner, was meinen wir, wenn wir von „Emanation", „Evolution" und „Schöpfung" sprechen? Emanation und Evolution sind einander in der Bedeutung sehr ähnlich. „Emanation" kommt von einem lateinischen Wort, das „ausgießen" bedeutet. In allen wichtigen alten Lehren finden wir die Idee, dass die Götter ihre Nachkommenschaft, ihre Kinder, aktiv, transitiv aus sich selbst „ausgossen". „Evolution" ist ebenfalls ein lateinisches Wort und bedeutet „auswickeln", etwas, das eingehüllt ist, „entfalten"; und augenscheinlich wird etwas, das ausgegossen wird, wenn man das Wort „ausgießen" transitiv benutzt, auch ausgewickelt, herausentfaltet.

„Schöpfung" bedeutet in seinem ursprünglichen lateinischen Sinne praktisch das Gleiche wie das hebräische Wort „bara". Es bedeutet „machen", „gestalten", „schnitzen", „schneiden" – natürlich aus vorher existierendem Material oder vorher existierender Materie. Die christliche Theorie (die mehr oder weniger die der Juden der späteren Zeit war), dass Gott die Welt „aus Nichts" geschaffen habe, ist geschichtlich und sprachwissenschaftlich widersinnig, sie widerspricht der Vernunft. Sie ist auf keine alte Lehre begründet und entstand in einer Hinsicht natürlich aus der monotheistischen Sucht, Gott zu einem außerkosmischen, vom Universum getrennten und über ihm befindlichen reinen Geist zu machen, der in keiner Weise untrennbar mit seinen Geschöpfen verbunden ist. Sie machten ihn zu einem Gott, dem „Vater und Schöpfer" derselben, und doch zu einer unabhängigen persönlichen Nicht-Wesenheit, die „keinen Körper, keine Teile oder Leidenschaften" hat und dennoch eine *Person* ist! Die beiden Begriffe widersprechen einander natürlich und heben sich gegenseitig auf. Wenn wir die Zeit dazu hätten, würde es leicht sein, sich weiter über die widersinnige Ungereimtheit auszulassen, von der wir sprechen.

Wir können daher am Schluss unseres Studiums an diesem Abend sehen, dass es sehr schwierig ist zu sagen, was von diesen dreien – „Emanation", „Evolution" und „Schöpfung" – das erste in der Reihenfolge ist. War es Emanation, gefolgt von Evolution und anschließend Schöpfung? Oder war es Evolution, auf die Emanation folgte, worauf die Schöpfung stattfand? Ohne Zweifel kommt die Schöpfung – in ihrem ursprünglichen Sinn von „gestalten", „formen" –, wie zu ersehen ist, als letzte von den dreien. Die Schwierigkeit liegt in der Tatsache, dass wir in jedem kosmischen Akt der Emanation unmittelbar einen Akt der Evolution oder der Entfaltung wahrnehmen; und in jedem Akt der Evolution nehmen wir unmittelbar einen Akt der Emanation wahr. Jede Monade geht pari passu von dem einen in das andere, genauso wie sich die gesamte Menschheit pari passu von einem in das andere entwickelt. Zusammenfassend wäre es richtig zu sagen, dass Emanation, Evolution und Schöpfung während der Manifestation gleichzeitig wirken und zusammenwirken.

Wenn wir die Frage vom rein philosophischen Standpunkt aus betrachten, ist es jedoch wahrscheinlich richtig und am besten zu sagen, dass der erste Schritt von dem

Ungeoffenbarten in das Geoffenbarte „Emanation“ ist. Es ist das Herausfließen einer Monade aus ihrer Quelle, oder vielmehr eines Heeres von Monaden. Diese folgen der Reihe nach dem Plan, der von ihrer Quelle und von ihrem Karman aus der Vergangenheit für sie festgesetzt ist, und in dem Verhältnis, wie sie sich von ihrer zentralen Quelle des Lebens entfernen, werden sie dunkler und materieller. Außerdem entwickeln sie sich auch, während sie emanieren, sie bringen das aus sich heraus, was sie im Innern sind und haben. Sie tun dies in Übereinstimmung mit den karmischen Richtlinien oder Plänen, die wir in früheren Studien oberflächlich berührten, als wir von Skandhas sprachen, weil jeder Akt der Emanation und der Evolution einen neuen Lebenszyklus einleitet, der auf das Pralaya oder die Ruheperiode einer früheren Lebensperiode oder eines Manvantara folgt. Wenn dann in dem zyklischen Verlauf der Evolution der Zeitpunkt des Selbstbewusstseins erreicht ist, kommt die Periode des Willens, der bewussten Wahl, in der der Mensch zu „schaffen“ oder selbsttätig zu gestalten beginnt. Das heißt, er gestaltet sich durch die Anwendung seines Willens, seiner Intuition und seines Intellektes seine eigene Bestimmung und wirkt gleicherweise „schöpferisch“ auf die ihn umgebende Welt ein.

Kapitel 9

Umriss der esoterischen Kosmogonie. Globen, Runden und Rassen: kosmische Zeitperioden.

Kann man anders, als in Creuzer große Kräfte der Intuition anerkennen, wenn wir ihn, obwohl er nahezu unbekannt mit den arischen Hinduphilosophien war, die zu seiner Zeit nur wenig bekannt waren, schreiben finden:

„Wir moderne Europäer fühlen uns befremdet, wenn wir von den Geistern der Sonne, des Mondes usw. sprechen hören. Aber wir wiederholen aufs Neue, *der natürliche gerade Sinn und das richtige Urteil* der alten Völker, der unseren *gänzlich materiellen* Ideen von Mechanik und Naturwissenschaften ganz fern steht ..., konnte in den Sternen und Planeten nicht nur einfache Lichtmassen oder dunkle Körper sehen, die sich in Kreisbahnen im Sternenraum bewegen, einfach nach den Gesetzen der Anziehung oder Abstoßung; sie sahen in ihnen *lebendige* Körper, *beseelt* von Geistern, wie sie dasselbe in jedem Naturreich sahen. ... *Diese Geisterlehre, so übereinstimmend und angemessen der Natur,* von der sie hergeleitet war, bildete eine großartige und einzige Auffassung, in die der physische, der moralische und der politische Aspekt alle ineinander verschmolzen waren."

Nur eine solche Auffassung kann den Menschen zur Bildung einer richtigen Schlußfolgerung über seinen Ursprung und die Entstehung von jedem Ding im Weltall führen – von Himmel und Erde, zwischen denen er ein lebendiges Bindeglied ist. Ohne ein solches psychologisches Bindeglied und die Empfindung seiner Gegenwart kann keine Wissenschaft jemals fortschreiten, und der Bereich der Erkenntnis muss auf die Analyse der physikalischen Materie allein beschränkt bleiben.

Die Geheimlehre, Bd. II, S. 386

Wir beginnen unser Studium, indem wir nochmals auf Seite 245 in Band I der *Geheimlehre* Folgendes lesen:

> Die Menschheit in ihrer ersten urbildlichen, schattenhaften Form ist die Nachkommenschaft der Elohim des Lebens, oder der Pitṛis; in ihrem qualitativen und physischen Aspekt ist sie der unmittelbare Nachwuchs der „Vorfahren", der niedersten Dhyânis oder Geister der Erde; ihre moralische, psychische und geistige Natur verdankt sie einer Gruppe von göttlichen Wesen, deren Name und Eigenschaften im zweiten Band werden gegeben werden. In ihrer Zusammenfassung sind die Menschen das Kunstwerk von Scharen verschiedener Geister; im Einzelnen die Tabernakel dieser Scharen und gelegentlich und individuell die Vehikel von einigen unter ihnen.

Und der zweite Absatz auf Seite 246:

> Der Mensch ist weder das vollkommene Produkt „Gottes, des Herrn“, noch könnte er es jemals sein; sondern er *ist* das Kind der Elohim, die so willkürlich zur Einzahl und zum männlichen Geschlecht umgewandelt worden sind. Die ersten Dhyânis, denen aufgetragen war, den Menschen nach ihrem Ebenbilde zu „schaffen“, konnten nur ihre Schatten werfen, als ein zartes Modell, das die Naturgeister des Stoffes ausarbeiten mussten. Der Mensch ist ohne allen Zweifel körperlich aus dem Staub der Erde geformt, aber seiner Schöpfer und Zurichter waren viele.

Während unseres letzten Studiums lenkten wir die Aufmerksamkeit auf das erste Kapitel des hebräischen Buches *Genesis* und übersetzten die Verse 1–10 und die Verse 25, 26 und 27 daraus. Die Absicht war es, zu zeigen, dass die alte Weisheit selbst in dem jüdischen „Buch des Anfangs“ im Umriss enthalten ist, wie sie auch in den Schriften der anderen großen Weltreligionen zu finden ist. Natürlich ist in allen Versammlungen die zur Verfügung stehende Zeit begrenzt, und daher ist es unmöglich, jeden interessanten Punkt hinreichend zu behandeln. Aus diesem Grunde hat mich der Lehrer angewiesen, von einem behandelten Gegenstand zuerst einen Umriss zu geben und in späteren Studien auf die Einzelheiten zurückzukommen.

In Fortsetzung des Studiums des dem ersten Kapitel der *Genesis* zugrunde liegenden esoterischen Sinnes müssen wir darlegen, dass dieses Kapitel nicht über den Menschen handelt, wie wir ihn jetzt kennen. „Der Mensch“, von dem in diesem ersten Kapitel gesprochen wird, ist das spirituelle Wesen, das in der ersten Runde dieses Manvantaras als ein spirituelles oder vielmehr ätherisches Wesen in die Materie hinabstieg. Wenn wir deshalb den besonderen Abschnitt in Vers 27 mit „als Denker und Empfänger formten (oder entwickelten) sie ihn“ übersetzten, so müssen wir verstehen, dass sich diese Anspielung nicht auf den geschlechtlichen Mann und auf die geschlechtliche Frau der Gegenwart bezieht. Die Worte „Denker und Empfänger“ beziehen sich auf die spirituelle Natur der damaligen ätherischen Vehikel der Menschheit, nicht auf unseren heutigen Mann oder unsere heutige Frau. Das Wort „Empfänger“ kann auch mit „Behälter“ übersetzt werden, das Vehikel oder Haus der höheren Natur. Ferner war zu der Zeit, von der dieser Vers 27 im ersten Kapitel der *Genesis* handelt, der Mensch – die Menschheit – im allgemeinen Sinne doppelgeschlechtlich oder androgyn; deshalb gab es damals augenscheinlich keine „Frau“. Das erste Kapitel ignoriert tatsächlich den ersten rein geschlechtslosen Zustand des ätherischen Adam und beginnt seine Beschreibung des „Menschen“, als er bereits als ein halb selbstbewusster ätherischer Androgyne in die materielle Existenz hinabsank. Mit anderen Worten, das erste Kapitel gibt keine ausführliche Beschreibung der Trennung der Geschlechter, die viel später stattfand. Dieser allgemeine Tatbestand wird selbst durch die exoterische Wiedergabe der Lehre klar gezeigt – aber wir wollen aus einem anderen Kapitel der *Genesis,* aus Vers 5 des zweiten Kapitels, lesen:

> Und allerlei Bäume auf dem Felde waren noch nicht auf Erden, und allerlei Kraut auf dem Felde war noch nicht gewachsen; denn Gott der Herr hatte noch nicht regnen lassen auf Erden, und es war kein Mensch, der das Land bauete.

Der „Mensch" war noch nicht gekommen. Einleitend sei gesagt, dass das zweite Kapitel der *Genesis* über die dritte und die vierte Runde dieses Manvantaras handelt. Die letztere oder vierte Runde ist unsere gegenwärtige Runde.

Das zweite Kapitel handelt im Besonderen über die dritte Wurzelrasse unserer vierten Runde, während das erste Kapitel eine sehr verallgemeinerte und gedrängte jüdische Darstellung der frühen Kosmogonie ist und mit einem kurzen Hinweis auf die erste und die zweite Runde endet.

In den Versen 19 bis 22 finden wir das Folgende:

> 19. Denn als Gott der Herr gemacht hatte von der Erde allerlei Tiere auf dem Felde und allerlei Vögel unter dem Himmel, brachte er sie zu dem Menschen, dass er sähe, wie er sie nennte; denn wie der Mensch allerlei lebendige Tiere nennen würde, so sollten sie heißen.
> 20. Und der Mensch gab einem jeglichen Vieh und Vogel unter dem Himmel und Tier auf dem Felde seinen Namen; aber für den Menschen ward keine Gehilfin gefunden, die um ihn wäre.
> 21. Da ließ Gott der Herr einen tiefen Schlaf fallen auf den Menschen, und er entschlief. Und nahm seiner Rippen eine und schloss die Stätte zu mit Fleisch.
> 22. Und Gott der Herr baute ein Weib aus der Rippe, die er von dem Menschen nahm, und brachte sie zu ihm.

Wie in Vers 5 benutze ich hier die gewöhnliche englische Übersetzung der sogenannten „autorisierten Übersetzung" [hier die deutsche Übersetzung nach Dr. Martin Luther, d. Ü.], obgleich tatsächlich eine weit glänzendere andere Übersetzung von diesen Versen gemacht werden könnte, doch würde uns das jetzt zu weit von unserem Hauptpunkt ablenken.

Das zweite Kapitel berichtet besonders über einen anderen Prozess als den im ersten Kapitel behandelten und über einen Wechsel in Bezug auf die Entwicklung des ätherischen Wesens aus den Elohim. Es bezieht sich auf die Gestaltung der physischen Menschheit oder des „Menschen“ aus dem „Staub der Erde“ (Vers 7). Ferner sollte das Wort Rippe in den Versen 21 und 22 mit „Seite“ übersetzt werden. Es wird hier auf die Trennung der androgynen oder doppelgeschlechtlichen Menschheit, wie sie jetzt existiert, angespielt.

Platon deutet in seinem „Gastmahl“ (189–190) auf diese historische physiologische Tatsache der Vorgeschichte hin und sagt unter anderem, dass eine der ersten Rassen der Menschheit zweigeschlechtlich gestaltet war, dass sie große und schreckliche Kräfte hatte und ihre Schlechtigkeit und ihr Ehrgeiz so groß wurden, dass Zeus über ihre Schlechtigkeit ergrimmte und sich entschloss, sie entzweizuschneiden, wie man ein Ei mit einem Haar entzweischneidet. Zeus tat dies und gebot Apollon, die zwei Hälften etwas wohlgestalteter zu machen usw. Das tat Apollon, indem er das Fleisch der beiden Hälften schloss. Eine typisch Platonische Erzählung, die wirkliche Tatsachen vergessener Geschichte in sich schließt.

Das von Platon Geschilderte handelt über den frühesten Teil der vierten Wurzelrasse und im Besonderen über die mittlere Periode der dritten Wurzelrasse unserer gegenwärtigen vierten Runde auf diesem Planeten. Bis jetzt bestand nicht die Notwendigkeit, die Lehre über die Runden und Rassen darzulegen, aber wir nähern uns schnell dem Punkt, an dem wir diesen Gegenstand entwickeln müssen.

Wir werden die Darlegung über Emanation und Evolution, wie sie in der jüdischen *Bibel* zu finden ist und von uns bisher umrissen wurde, mit einigen erklärenden Worten verlassen. Es wird deshalb gut sein, bevor wir diesen Gegenstand fallen lassen, einige Worte zur Frage bezüglich der Elohim zu sagen – ein Gegenstand, den wir vergangene Woche berührten.

„Elohim“ ist ein Wort, das in der jüdischen *Bibel* häufig zu finden ist, und es ist an sich ein Beweis für die polytheistische Einstellung, die polytheistischen Lehren und den polytheistischen Glauben des jüdischen Volkes, wie in unserem vorigen Vortrag dargelegt wurde. Die *Bibel* selbst zeigt es. Gewöhnlich wird dieses Wort – ein gewöhnliches Hauptwort im Plural – mit „Götter“ übersetzt. [Aber in der deutschen Übersetzung nach Dr. Martin Luther ist es an den meisten Stellen, wo es im hebräischen Text vorkommt, mit „Gott“ übersetzt. Es besteht kein triftiger Grund für eine solche Übersetzung, d. Ü.] Die richtige Wiedergabe ist „Götter“. Aber die monotheistischen und christlichen Neigungen der Übersetzer veranlassten diese, die Übersetzung so zu gestalten, wie sie es für die Interessen der christlichen Kirche und ihres allmächtigen Gottes für am besten hielten. So übersetzten sie es an verschiedenen Stellen mit verschiedenen Namen, wie zum Beispiel im Buch Moses 21, 6 und 22, 8 und an vielen anderen Stellen mit „Richter“. Aber die wesentliche, wahre Bedeutung ist immer „Götter“ oder „Wesen, die göttlichen Rang einnehmen“.

Wir kommen nun in unseren Studien zu sehr schwierigen und tatsächlich in hohem Grade esoterischen Dingen. Vor allem wollen wir nie vergessen, dass die Elohim, die Götter, von denen in den verschiedenen Religionen der alten Welt unter verschiedenen Namen als von den „Schöpfern" oder vielmehr „Entwicklern" oder „Urhebern" des Menschengeschlechts gesprochen wird, spirituelle Wesen sind – die „wir selbst" sind. Der Schlüssel zu diesem scheinbaren Rätsel ist in der Lehre über die Hierarchien individualisierten Lebens zu finden, die in einem früheren Studium dargelegt wurde.

Eine Hierarchie kann als eine zu einer Masse vereinigte Einheit betrachtet werden, als kollektive Wesenheit in dem Sinne, wie es eine Armee ist. Eine Armee ist aus Einheiten zusammengesetzt. Und doch ist diese Armee von Wesen in irgendeiner Hierarchie, von einer anderen Seite aus betrachtet, mehr als eine bloße kollektive Wesenheit, weil sie in ihrem höchsten Punkt, in dem, was tatsächlich der Ursprung jener Hierarchie ist, vereint ist. Dieser Ursprung ist die „Hyparxis" oder die spirituelle Sonne, aus der die anderen neun Ebenen oder Klassen der Hierarchie emanieren und sich bis hinab zur niedersten entwickeln. Dort beginnt eine neue Hierarchie, da die Hyparxis irgendeiner Hierarchie die niederste Klasse oder Ebene einer über ihr befindlichen Hierarchie ist, und so geht es weiter ad infinitum.

Der Mensch ist in allen seinen Teilen gänzlich und durch und durch ein spirituelles Wesen. Die Materie selbst ist nur eine Manifestation des Geistes. Wir leben in einem Universum des Geistes. Auch wenn die Materie existent ist, existiert sie doch nur als Mâyâ, als Illusion, nicht als ein bloßes illusorisches Etwas, sondern sozusagen als eine Modalität des geistigen Seins. Aber in dem Grade, in dem wir in die oberen Ebenen der hierarchischen Stufenleiter wachsen, schwindet Mâyâ für die von jener Hierarchie umfasste Sphäre des Lebens vor unseren Augen dahin, und wir sehen die Wahrheit in einem größeren Grade und fortschreitend umfassender, je höher wir gehen.

In Bezug auf den Abstieg oder das Fallen der Menschheit in die Materie in das manifestierte Sein, das heißt den Abstieg der spirituellen Wesen, der spirituellen Hierarchie, die der Mensch tatsächlich und wirklich ist, müssen wir uns daran erinnern, dass wir diesen tiefsinnigen Gegenstand ohne einen mehr oder weniger vollständigen vorherigen Umriss oder eine Skizze dessen, was die Rassen und die Runden sind, nicht recht verstehen können. Doch bevor wir dies tun, müssen wir gewisse wissenschaftliche Begriffe oder vielmehr falsche Begriffe, die uns durch intensives Lehren von Kindheit an eingepflanzt wurden und die deshalb ein Teil unseres intellektuellen Lebens geworden sind, aus unserem Gemüt entfernen.

Zwei der Hauptpfeiler der modernen Wissenschaft sind die folgenden: erstens die Lehre von der Erhaltung der Energie, das heißt, dass der Betrag an Kraft oder Energie im Universum unveränderlich ist und demselben weder etwas hinzugefügt noch etwas hinweggenommen werden kann; der zweite große Pfeiler ist die Lehre von der Korrelation oder Umwandelbarkeit der Kräfte, das heißt, dass irgendeine Kraft, wenigstens theoretisch, in eine andere Kraft *umgewandelt* werden kann, wie mechanische Bewegung in elektrische und elektrische in mechanische und so fort, was ebenfalls für die anderen in der Materie wirkenden Kräfte gilt.

Diese beiden wissenschaftlichen Theorien oder Lehren nähern sich in gewisser Hinsicht der esoterischen Auffassung, dem wunderbaren Element, das hinter all den Veränderungen in der Natur liegt und die Ursache davon ist. Aber dennoch kann die Esoterische Philosophie, wie sie uns unsere Lehrer gezeigt haben, keinen von diesen beiden Lehrpfeilern der Wissenschaft so annehmen, wie sie von dieser dargestellt werden. Betrachten wir zuerst die Lehre von der Erhaltung der Energie. Es ist vollkommen wahr, dass keine „neue" Kraft „geschaffen" werden kann. Es ist gleicherweise vollkommen wahr, dass keine Energie oder Kraft je gänzlich verloren geht. *Kräfte werden nicht umgewandelt oder transformiert,* wie es die wissenschaftliche Zwillingslehre ausdrückt. Es ist jedoch für eine Kraft möglich, von einer Ebene des Seins auf eine andere Ebene überzugehen – von einer höheren auf eine niedere oder auch von einer niedrigeren auf eine höhere. Mit anderen Worten, es ist für ein außerhalb irgendeiner Ebene befindliches Energieelement möglich, auf einer anderen Ebene ins Dasein oder in die Manifestation zu treten. Deshalb kann die materialistische Lehre von einem Universum aus toter, lebloser, unbelebter Materie – mit nichts über, jenseits, unter ihr oder sie durchdringend – von Schülern der Esoterischen Philosophie nicht angenommen werden.

Was die Korrelation oder Umwandelbarkeit der Energie betrifft, so ist es in einem Sinne wahr, dass alle Kräfte im Universum wechselseitig bedingt sind. Ein fundamentaler Grundsatz der Theosophie ist, dass das Universum, unser Universum, jedes Universum, ein *lebender* Organismus ist und dass daher seine Energien oder Kräfte wechselseitig bedingt sind. Dies bedeutet jedoch nicht, dass eine Kraft eine andere Kraft werden kann. Dieser Gedanke widerspricht der Essenz selbst, der wahren Grundlage der esoterischen Lehre in Bezug auf die Manifestation, ihre Hierarchien und auf individuelles Leben – sämtlich Abkömmlinge des Einen Lebens. Was sich ereignet, ist vielmehr Folgendes: Eine Kraft wird nicht in eine andere verwandelt oder umgewandelt, sondern sie ruft eine „Kraft" zu aktivem Leben hervor, setzt sie in Bewegung oder erweckt sie, nicht eine Kraft, die „latent" war – ein seltsamer Widerspruch in der Bedeutung –, sondern eine, die sich im Gleichgewicht befand. Wenn der moderne Gelehrte von latenter oder potenzieller Energie spricht, dann ist das eine vollkommene logische Sinnwidrigkeit. Die Ausdrücke Energie oder Kraft an sich bedeuten „Tätigkeit", und von einer „latenten Kraft" zu sprechen ist, als spräche man von „latenter Tätigkeit", „totem Leben", einem „viereckigen Dreieck" oder einer „flachen Kugel". Solange wir unsere Vorstellung auf die wissenschaftlichen Postulate gründen, ist dies unmöglich. Aber – und dies ist bitte wohl zu beachten: Ein Theosoph, ein Schüler der Esoterischen Philosophie, könnte diesen Ausdruck „latente Kraft" gebrauchen, weil er in seinem Mund eine Bedeutung und einen Sinn hat.

Eine spirituelle – und daher latente oder nicht-materielle – Kraft wird zum Beispiel nicht in Materie „umgewandelt", eine materielle Kraft wird nicht in Geist „umgewandelt". Warum? Weil Geist und Materie oder Kraft und Materie nicht zwei, sondern im Grunde und in der Essenz EINS sind. Während der langen Periode manvantarischer Zeit findet eine gradweise Entwicklung einer Wesenheit in eine andere statt, aber dieser Lebensvorgang wickelt sich nicht nach den Richtlinien oder Methoden wissenschaftlicher Theorien ab, wie sie in der Lehre von der Umwandelbarkeit materieller Energie enthalten sind. Die letztere ist für uns ein Traum, sie existiert nicht.

Das ist in der Tat ein Gegenstand, den wir später in unserem Studium ausführlicher entwickeln müssen. Aber jetzt kommen wir zu der Frage des Abstiegs des spirituellen und dann ätherischen Menschen in die Materie die zehn Stufen der hierarchischen Stufenleiter hinab. Bei einem früheren Studium sahen wir, dass dieser Abstieg mit dem Eintritt der nach Manifestation auf niedrigeren Ebenen strebenden spirituellen Wesenheiten durch ein Layazentrum begonnen wurde, nachdem für sie die Zeit geschlagen hatte, ihr großes Mahâ-Manvantara oder die folgende Weltperiode zu eröffnen. Sobald die spirituellen Wesenheiten den höchsten Grad der niedrigeren Ebene, unserer Ebene der Materie der vierten Stufe, berührten, wurde das besondere Layazentrum, zu dem sie durch karmische Energie hingelenkt wurden, zu entsprechender Tätigkeit oder zu sympathisierendem Leben aktiviert. Die erste Manifestation hiervon, die von derselben Ebene aus zu sehen ist, war der Nebel, ein wolkiger Nebelfleck, die zweite Stufe, Zeitalter später, war ein Spiralnebel, die dritte, noch viele Zeitalter später, war ein ringförmiger Nebel mit einem Kern, gleich einem Ring mit einem Globus im Mittelpunkt. Auf der spätesten Stufe, bevor der sich entwickelnde Körper ein regelmäßiges Leben als Planet begann, war er ein Komet, der zu jenem besonderen Sonnensystem oder zu jener Sonne geleitet oder hingezogen wurde, mit der er in dem früheren planetarischen Manvantara karmisch verbunden war.

Der Lebenszyklus oder das Manvantara eines Planeten besteht objektiv aus sieben Runden oder kleineren Manvantaras in sieben Globen. Aber dem gehen drei Elementarzyklen voraus – es sind also im ganzen zehn. Die ersten drei Stufen oder

Zyklen, wir wollen sie als die drei Elementarrunden bezeichnen, befinden sich auf den drei archetypischen Ebenen über den sieben. Diese Periode ist noch keine wirklich ätherische Manifestation; sie stellt den ersten Abstieg der Arûpa- (oder körperlosen) Wesen von spiritueller Natur in die unter-spirituelle Manifestation dar. Wenn die dritte oder niederste der drei archetypischen Ebenen durchschritten ist, hat sich während dieser Zeit die Lebenswoge oder Lebensessenz in der ätherischen Materie genügend verdichtet, um eine luftige Form oder einen ätherischen Globus zu bilden. Dieser Globus beginnt von da an den manvantarischen Zyklus hinab in die Materie; einen Zyklus, der auf verschiedenen Stufen, in Wirklichkeit auf sieben Stufen auf und in sieben Globen stattfindet.

Die Lebenswoge durchläuft während der ersten Runde auf dem ersten Globus einen vollständigen Ring, der aus sieben Wurzelrassen auf diesem Globus besteht. Nach oder vielmehr am Ende der Entwicklung jeder besonderen Wurzelrasse wird ihre (der Wurzelrasse) überschüssige Energie in die Sphäre hinausgeschleudert oder vorwärts gestoßen und bildet dort das erste, zweite, dritte sowie die folgenden Elemente des zweiten Globus der ersten Runde. Die Lebensenergie oder Lebenswoge hat in und auf jenem zweiten Globus einen Ring von sieben Wurzelrassen zu durchlaufen, und wenn jede Wurzelrasse dort ihr Ende erreicht hat, wird ihre überschüssige Energie anschließend wie zuvor in ein unter ihr befindliches magnetisches Zentrum hinausgeschleudert oder vorwärts getrieben, und die sieben bilden dann dort, nachdem sie alle dort angekommen sind, den dritten Globus. So geht das fort, bis alle sieben Globen gebildet sind. Das ist die erste Runde. Mit der zweiten Runde auf den sieben Globen beginnend, ändert sich der Vorgang in wichtigen Einzelheiten, weil alle sieben Globen bereits als solche bestehen.

Am Ende der ersten Runde erfolgt eine planetarische Verdunkelung oder eine Ruheperiode, nachdem die Wesenheiten den letzten, den siebenten Globus verlassen haben und in eine (niedrigere) nirvâṇische Periode manvantarischer Ruhe eingetreten sind, die den devachanischen Zuständen oder den Zuständen der menschlichen Wesenheit zwischen ihren einzelnen Leben entspricht. Ebenso ist es nach dem Ende der zweiten und der dritten Runde, nach der wir zur vierten Runde, unserer gegenwärtigen Runde, kommen.

Bei ihrem Hinabkreisen in die Materie wird die Lebenswoge bis zur Mitte der vierten (unserer) Runde, in der sie wieder aufzusteigen beginnt, mit jedem Yuga (oder Zeitalter) gröber als in der vorhergehenden, bis die gegenwärtige, unsere vierte Runde, erreicht ist. Dieser Abstieg wird der „Schattenhafte Bogen" oder der „Zyklus der Dunkelheit" genannt. Wir haben die niederste oder mittlere Periode der vierten Runde bereits durchschritten, folglich befinden wir uns jetzt auf dem aufsteigenden oder „Leuchtenden Bogen". Wir müssen noch drei und eine halbe Runde

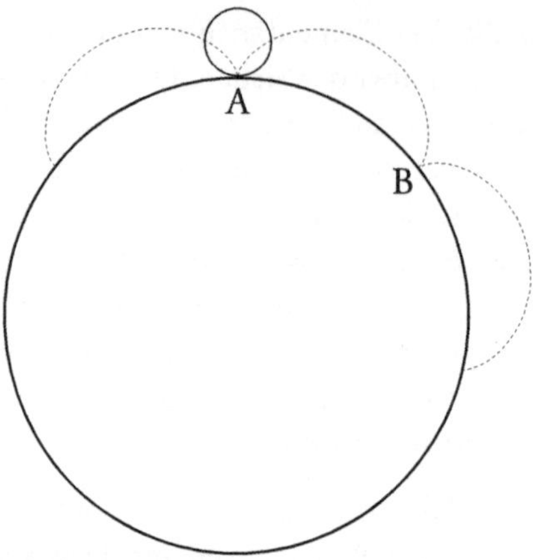

durchlaufen, bevor wir das Ende des Kalpas oder planetarischen Manvantaras erreichen, auf das das große Nirvâṇa oder Paranirvâṇa der sieben Globen der gesamten siebenfachen Planetenkette folgt.

Was nun die geometrische Seite des Laufes betrifft, dem dieser Abstieg in die Materie folgt, so können wir ihn in Form einer Epizykloide betrachten. Ich will versuchen, anhand eines Diagramms zu erklären, was hier mit einer Epizykloide gemeint ist. Eine Epizykloide wird gebildet, wenn ein Punkt an einem kleinen Kreis, der an der Außenseite des Umfangs eines größeren Kreises um diesen kreist, eine Kurve bildet, die den Umfang des größeren Kreises am Anfang und am Ende jeder Umdrehung des kleineren Kreises auf dem größeren berührt, wie das bei A und B der Zeichnung der Fall ist. Die Kurve A–B ist die Epizykloide. Diese Zeichnung zeigt z. B. die zwei Kreise: Was wir sagen wollen, ist, dass der Punkt an dem kleineren Kreis seine Kurve bei A beginnt und nach B rollt. Bei B hat der Punkt an dem kleineren Kreis eine volle Umdrehung vollendet. Die Kurve A–B ist die Epizykloide.

Jeder Punkt an diesem kleineren Kreis wird, während er an der Außenseite des größeren Kreises entlangrollt, eine Kurve beschreiben oder erzeugen, die eine Epizykloide ist. Da ein geometrisches Verhältnis zwischen den zu vergleichenden Radien zweier Kreise besteht, wenn zum Beispiel der Radius dieses kleineren Kreises *eins* ist und der Radius des größeren Kreises *sieben,* das Verhältnis also 1:7 ist, wird der rollende Punkt rund um die Außenseite des größeren Kreises sieben Kreisbogen oder Kehrpunkte beschreiben oder erzeugen.

Jeder dieser sieben Kreisbogen stellt hier geometrisch einen Globus in einer Runde dar, ebenso stellt er auch geometrisch während irgendeiner Runde auf jedem Globus eine der sieben Wurzelrassen dar. In der ersten Runde beginnt die von der siebenten oder höchsten Ebene ausgehende Lebenswoge nach ihrem dritten vollständigen Elementarzyklus von und in der Arûpa-Welt die Rûpa- oder Formwelt zu bilden; und während der kleinere Kreis sozusagen an der Außenseite des größeren Kreises entlangrollt, wird die Lebenswoge (oder der Globus) fortschreitend materieller. Jeder einzelne dieser Kreisbogen, die der kreisende kleinere Kreis an der Außenseite des größeren Kreises bildet, stellt eine Sphäre des Seins dar. *Geometrisch* stellt er auch die Lebenswoge des Planeten dar, die die Evolution des materiellen Daseins beginnt und „aufsteigt" (oder an materieller Dichte zunimmt), bis sie den Höhepunkt an Materialität besitzt, und dann „absteigt" oder an Materialität abnimmt, bis sie die Ausgangsebene, die Außenseite des größeren Kreises (oder Zyklus), wieder erreicht.

Der Vorgang, durch den der Geist in die Materie hinabsteigt, wird im Sanskṛit „Pravṛitti" genannt, was im Deutschen mit „Erdengeburt" oder „Erdentag" wiedergegeben werden kann. Praktisch ist es das gleiche Wort wie Evolution oder Emanation in unseren modernen Sprachen. Der Vorgang des Betretens des Aufstiegs auf dem „Leuchtenden Bogen", um schließlich wieder in die spirituelle Welt heimzufinden, wird „Nivṛitti" genannt. Beide Worte stammen von der Sanskṛitwurzel „vṛit", die „sich drehen" oder „rollen" bedeutet. Die Vorsilbe „pra" entspricht der Präposition „vor" oder „vorwärts" und die Vorsilbe „nir" den präpositionalen Ausdrücken „aus", „weg", daher „rückwärts" oder „rückwärtige Bewegung". „Pravṛitti" wird daher benutzt, um die Evolution oder Emanation der *Materie* zu bezeichnen, was gleichbedeutend ist mit der Involution des Geistes. „Nivṛitti" ist die Evolution des Geistes – der umgekehrte Prozess.

Wie lange dauern nun die Zeitperioden, in deren Verlauf sich die Lebenswoge in dem Manvantara der sieben Runden und in den sieben entsprechenden Globen jeder Runde manifestiert? Wie unser erster großer Lehrer H. P. Blavatsky sagte, sind die Lehren bezüglich der Zeitperioden seit undenklichen Zeiten als zu esoterisch betrachtet worden, um sie der Außenwelt auch nur einigermaßen vollständig oder in bestimmten Einzelheiten geben zu können. Aber in den Lehren, die öffentlich bekanntgegeben wurden, sind viele Winke von unermesslichem Wert verstreut enthalten. Zum Beispiel wird die Zeit für eine Runde – das bedeutet den Zyklus von Globus A bis zu dem letzten der sieben, Globus G, beginnend mit dem Wurzel-Manu oder der kollektiven „Menschheit" auf Globus A und endend mit dem Samen-Manu oder der kollektiven „Menschheit" auf Globus G – ein Runden-Manvantara genannt, und seine Dauer beträgt 306 720 000 Jahre. Diese Dauer wird ein „Manvantara" genannt, weil sie die „Regierungszeit eines Manu", einer gewissen „Art" der Menschheit, darstellt. Das Wort „Manvantara" entstammt dem Sanskṛit und bedeutet „zwischen Manus"; das heißt zwischen einem Wurzel-Manu auf Globus A und dem Samen-Manu auf Globus G während eines Runden-Manvantara.

Dieser Periode von 306 720 000 Jahren muss nach einer gewissen Methode der Berechnung, um die Evolution des Planeten während der Runde zu vervollständigen, die Länge des „Saṃdhyâ“ hinzugefügt werden. „Saṃdhyâ“ bedeutet „Verbindung“, „Vereinigung“ oder „Zwischenraum“. Dieses Saṃdhyâ hat die Länge eines „Kṛita-Yuga“ oder 1 728 000 Jahre. Dadurch erhöht sich die vollständige Periode oder die Dauer eines Runden-Manvantaras auf 308 448 000 Jahre der Sterblichen.

Nach dem Ende jeder Runde findet eine Verdunkelung statt, die auch eine gewisse Zeit dauert, die wir hier nicht besonders bezeichnen. Aber sie kann von jedem Leser dieser Vorträge gefunden werden, der genügend über den Gegenstand nachdenkt und durch die bereits gegebenen Lehren geführt wird.

Wieviel Zeit benötigen die sieben Runden für ihren Ablauf? Wie groß ist die Periode eines Mahâ-Manvantara oder großen Manvantara, das manchmal ein „Kalpa“ genannt wird, nach dem die Globen nicht mehr in eine bloße Verdunkelung oder Ruhepause eintreten, sondern gänzlich sterben? Diese Periode des Mahâ-Manvantara oder des Kalpa wird auch ein „Tag von Brahmâ“ genannt, und ihre Länge ist 4 320 000 000 Jahre, und die „Nacht von Brahmâ“, die planetarische Ruheperiode, die auch die „para-nirvâṇische Periode“ genannt wird, ist von gleicher Länge. Sieben Runden bilden einen Tag von Brahmâ.

Diese Zahlen sind die im Brâhmaṇismus und auch im Esoterischen Buddhismus (denn wir bestehen darauf, dass der Buddhismus eine esoterische Lehre hat) gegebenen Zahlen. Die Wurzelzahl 432 wird auch in den chronologischen Lehren des alten Babylon gefunden. Ebenso stellt sie die wirkliche Bedeutung in der chronologischen Reihenfolge der pythagoreischen Tetraktys dar, 1-2-3-4. Die 432, die aus der Einheit oder Monade entspringt, ist ein Gegenstand, über den wir während unseres letzten Studiums sprachen.

Es wird auch gesagt, dass das Leben eines Planeten, das heißt einer Planetenkette von sieben Globen, 360 göttliche Tage währt (ein göttliches Jahr) und das Leben Brahmâs (oder das Leben des universalen Systems) einhundert jener göttlichen Jahre umfasst – eine Zahl von Jahren der Sterblichen, zu deren Niederschrift 15 Ziffern erforderlich sind. Ein planetarisches Manvantara steht auch in Beziehung zur Dauer des Lebens eines Sonnensystems. Ein planetarisches Manvantara (oder sieben Runden) bildet einen „Tag“ von Brahmâ. Jeder dieser Tage dauert 4 320 000 000 Jahre der Sterblichen, was in der Tat die Lebenszeit eines Planeten während seiner sieben Runden bedeutet und mit einer Inkarnation eines menschlichen Lebens auf Erden vergleichbar ist.

Wie lange lebt dann Brahmâ in einem seiner manifestierten Universen, die die „Ausatmungen des Selbst-Existierenden" genannt werden? Wir können das ausrechnen – 4 320 000 000 mal 100 mal 360, oder mit anderen Worten, jeder Planet hat 36 000 Leben zu leben, bevor das Prâkṛitika-Pralaya (oder das Elementar-Pralaya) beginnt, das Ende (oder Pravṛitti) jenes Lebens des universalen Systems.

Was ereignet sich, wenn das Ende eines Sonnensystems kommt? In einer früheren Versammlung sprachen wir von den „Glocken des Pralaya". Wir benutzten diesen Ausdruck nicht aus rhetorischen Gründen oder der schönen Rede wegen. Die Lehren besagen vielmehr, dass, wenn das große (oder Mahâ-)Pralaya der Planeten und ihrer Sonne eintritt, seltsame Geräusche verschiedener Art in der Luft der Planeten und des Sonnensystems vernommen werden. Diese Geräusche wiederholen sich sozusagen im Kleinen nicht nur am Ende des planetarischen Manvantaras (oder der Lebenszeit eines Planeten), sondern auch in einem noch kleineren Maßstab am Ende jeder Runde. Auf diese Erscheinungen wird nicht nur in den indischen, sondern auch in anderen Religionen hingewiesen, zum Beispiel in der christlichen und in der jüdischen (Offenbarung 6,14, Jesaja 34, 4). Die christlichen Schriftsteller schreiben im zweiten Brief des Petrus, Kapitel 3, Vers 10 und 12–13, von der Zeit, in der „die Elemente vor Hitze zerschmelzen werden" und „die Himmel zergehen werden mit großem Krachen", aber sie „warten eines neuen Himmels und einer neuen Erde" – oder eines neuen planetarischen Manvantaras. Damit deuten sie auf die Pralayas als auf die Zeit hin, in der „der Himmel wegging wie eine Rolle, wenn sie zusammengerollt wird" usw. Die Hinweise auf die pralayische Auflösung sind bis zu einem gewissen Umfang bildliche Darstellungen, dennoch bewegen sie sich genügend in der Richtung des alten östlichen Denkens, um zu zeigen, woher sie kamen: von der archaischen Weisheitsreligion (Theosophie) des Ostens. Wie gesagt wird, sind einige dieser Geräusche – die sich gegen das Ende des Prâkṛitika-Manvantara ereignen, bevor das kosmische oder Prâkṛitika-Pralaya einsetzt – wie eigenartiges, hohles Dröhnen, seltsames Knattern, wie Gewehrfeuer und seltsames glockenähnliches Klingen, als würden gewaltige metallene Bänder zerspringen.

Nun ist die Sonne beides: das Herz und das Gehirn unseres Sonnensystems. Sie sendet siebenfältiges Leben in jedes Atom ihres Universums, des Sonnensystems, von dem wir und unser Planet Terra ein Teil sind. Die Sonne selbst ist in mancher Hinsicht ein Vampir, aber sie ist in erster Linie und im Wesentlichen ein Lebensspender. Kosmogonisch ist sie unser älterer Bruder, aber ganz und gar nicht unser physischer Vater, wie es moderne „Gelehrte" haben möchten. In einem vitalen Sinn ist die Sonne auch unser Vater-Mutter, weil durch sie die Lebensströme aus erhabeneren Ebenen fließen, aus Welten, die sich über unseren Ebenen befinden. Aber unser Planet – wie alle anderen Planeten – empfängt diese Lebensströme nur in einem bedingten Ausmaß, wie auch jedes einzelne Atom und jedes menschliche Wesen sie im allerkleinsten Ausmaß individuell aus dem Innersten seiner selbst empfängt. Es ist, wie in früheren Studien dargelegt, dasselbe spirituelle Leben. Aber kosmisch, das heißt in Bezug auf das Universum, ist die Sonne das Gehirn und das Herz unseres Systems, als das sie die endlosen Heere von Wesen belebt und beseelt, die unter der Herrschaft ihres Systems stehen.

Wir sehen die (wahre) Sonne nicht. Die Sonne brennt nicht und ist nicht glühend. Rund um die Sonne ist zwar Hitze vorhanden, doch diese stammt nicht von brennenden Gasen oder dem Glühen der Sonne. Wir sehen lediglich die Gewänder oder die Reflexion der Sonne, aber nicht die Sonne selbst. Die Sonne ist in aller Wahrheit ein spirituelles Wesen. Wir glauben, wir empfangen unsere Wärme und unser Licht von der Sonne, weil die von ihr ausgehenden Kräfte in Verbindung und rückwirkend mit den Kräften auf unserer Erde wirken, Kräften, die in der universalen Natur um uns wirken. Wenn wir auch den größten Teil unseres Lichtes von der Sonne erhalten, so ist das bei 75 % der Wärme *nicht* der Fall. Der größte Teil der Wärme kommt von unserem eigenen Globus und seinen Kräften. Insbesondere kommt er von den unermesslichen dicken Wolken kosmischen „Staubes“, die den gesamten Raum erfüllen. Die elektromagnetischen Kräfte, die zwischen dem kosmischen Staub und unserer Erde am Werk sind, liefern den größten Teil der irdischen Wärme.

Bevor wir diesen Abend schließen, möchte ich die Aufmerksamkeit auf die Tatsache lenken, dass die alten Astronomen unter den Eingeweihten, wenn sie von den sieben heiligen Sphären unseres Universums sprachen, den sieben oder neun, in denen die Körper des Sonnensystems und die Sterne ihren Sitz haben – jenseits deren sich der höchste Himmel oder die feurige Sphäre befand –, eine Bedeutung zu vermitteln wünschten, die für die Massen verloren ging. Auch in ihren geozentrischen Lehren lag eine tiefe und ausgedehnte Bedeutung. Sie wussten so gut wie wir (und wir haben Beweise dafür), dass die Erde und die anderen Planeten in elliptischen Bahnen um die Sonne kreisen, aber sie hatten einen Grund, öffentlich die geozentrischen Lehren zu lehren. Eines Tages wird es für uns notwendig sein, diese Bedeutung zu zergliedern und zu beweisen.

Zum Schluss möchte ich darauf hinweisen, dass Theosophie eine Lehre der Hoffnung ist. Sie ist eine spirituelle Lehre. Sie ist eine Lehre, die den Menschen läutert und erhebt. Sie ist eine Lehre, von der der Bescheidenste etwas verstehen kann, und die Geistreichsten, Vorzüglichsten und Spirituellsten unter uns können ihre Füße auf die niedersten Sprossen jener spirituellen Leiter stellen, entlang der sie, hierarchisch aufsteigend, nicht nur innerhalb unseres eigenen Planeten Hand in Hand mit den größten Buddhas früherer Zeiten emporklimmen, sondern über unseren

Planeten und unser eigenes Sonnensystem hinaus in jene grenzenlosen spirituellen Sphären gelangen können, in denen das Sonnensystem jetzt existiert und von dem wir unser spirituelles, mentales, psychisches, prâṇisches und physisches Leben herleiten.

Kapitel 10

Die Lehre von Swabhâva – Selbstwerden: charakteristische Individualität. Der Mensch, selbstentwickelt, sein eigener Schöpfer. Die „Monadologie“ von Leibniz den Lehren der Esoterischen Philosophie gegenübergestellt.

Die Monade taucht aus ihrem Zustand geistiger und intellektueller Unbewusstheit empor; und die beiden ersten Pläne – die zu nahe dem Absoluten sind, als dass sie irgendwelche Wechselbeziehung mit etwas auf einem niedrigeren Plan zuließen – überspringend, begibt sie sich direkt auf den Plan der Gedankentätigkeit. Aber es gibt keinen Plan im ganzen Universum mit einem breiteren Rand- und weiteren Tätigkeitsgebiet, mit solchen fast endlosen Abstufungen der perzeptiven und apperzeptiven Eigenschaften als diesen Plan, der seinerseits wieder einen angemessenen kleineren Plan für jede „Form“ hat, von der mineralischen Monade aufwärts bis zu der Zeit, wenn diese Monade durch Entwicklung zur göttlichen Monade erblüht. Aber alle diese Zeit hindurch ist sie doch eine und dieselbe Monade, deren Unterschiede nur in ihren Inkarnationen liegen, während ihrer beständig aufeinander folgenden Zyklen von teilweiser oder gänzlicher Verdunkelung des Geistes oder teilweiser oder gänzlicher Verdunkelung des Stoffes – zwei polaren Gegensätzen –, je nachdem, ob sie emporsteigt in die Gebiete innerlicher Spiritualität oder hinabsteigt in die Tiefen der Materialität.

Die Geheimlehre, Bd. I, S. 198

Mit anderen Worten, keine rein geistige Buddhi (göttliche Seele) kann eine unabhängige, bewusste Existenz haben, ehe der Funke, der aus der reinen Essenz des universalen sechsten Prinzips – oder der OBERSEELE – entsprang, a) jede elementare Form der phänomenalen Welt dieses Manvantaras durchlaufen hat und b) Individualität erlangt hat, anfangs durch natürlichen Trieb, später durch selbst herbeigeführte und selbst erdachte Anstrengungen, dabei von seinem Karma zurückgehalten, und so durch alle Grade der Intelligenz, vom niedersten bis zum höchsten Manas, von Mineral und Pflanze bis hinauf zum heiligsten Erzengel (Dhyâni-Buddha) emporgestiegen ist. Die Grundlehre der esoterischen Philosophie gibt keine Privilegien und besonderen Gaben im Menschen zu, außer jenen, die sein eigenes Ego durch persönliche Anstrengung und Verdienst während einer langen Reihe von Metempsychosen und Reinkarnationen gewonnen hat.

Die Geheimlehre, Bd. I, S. 45

Der allgemeine Text für unser heutiges Studium ist in der *Geheimlehre,* Band I, Seite 59, Stanze 3, Vers 10 zu finden:

> 10. Vater-Mutter spinnen ein Gewebe, dessen oberes Ende am Geist – dem Licht der Einen Finsternis – und dessen unteres am schattenhaften Ende der Materie befestigt ist. Und dieses Gewebe ist das Universum, gesponnen aus den zwei Substanzen, in einer verbunden, die Swabhavat ist.

Hierzu folgt als Kommentar (Seite 111):

> In der Mâṇḍûkya-Upanishad heißt es: „Wie eine Spinne ihr Gewebe auswirft und wieder einzieht, wie Kräuter aus dem Boden hervorsprießen ... so stammt das Weltall aus dem Unvergänglichen", Brahmâ, denn der „Keim des unbekannten Dunkels" ist das Material, aus dem alles evolviert wird und sich entwickelt, „wie das Gewebe aus der Spinne, wie der Schaum aus dem Wasser" usw. Das ist nur anschaulich und wahr, wenn das Wort „Brahmâ", der „Schöpfer", abgeleitet wird von der Wurzel *bṛih,* „zunehmen" oder „sich ausbreiten". Brahmâ „breitet sich aus" und wird zum Weltall, das aus seiner eigenen Substanz gewoben ist.
>
> Dieselbe Idee wurde von Goethe schön in den Worten ausgesprochen:
>
> „So schaff ich am sausenden Webstuhl der Zeit,
> Und wirke der Gottheit lebendiges Kleid."

Wir sind im Verlauf unserer Studien von allgemeinen Prinzipien aus Stufe um Stufe, Schritt um Schritt, fortgeschritten, und unser Weg führte immer in Richtung auf den Punkt der Emanation und Evolution hin, der sich am Anfang der Offenbarung oder dem Beginn des Manvantara befindet. Wir haben viele Gegenstände nur nebenbei berührt, weil uns die Schwierigkeit des Themas augenscheinlich nicht erlaubt, in Nebenwege des Denkens abzuirren und ihnen zu folgen, wie anziehend und interessant sie auch sein könnten. Aber wir werden diese Wege erforschen müssen, wenn die Zeit und die Gelegenheit uns im Verlauf unseres Studiums wieder vor die Tore bringen, an denen wir vorbeigegangen sind und in die wir vielleicht nur einen Blick geworfen haben.

Der Anordnung des Lehrers folgend, haben wir der Aufmerksamkeit jener, die diese Vorträge lesen werden, gewisse fundamentale natürliche Grundgedanken als ebenso grundlegend und wichtig in ihren jeweiligen Beziehungen wie die zwei Grundsteine der Theosophie, Reinkarnation und Karma, nahegebracht. Einer dieser Grundgedanken ist die Lehre über die Hierarchien, über die viel mehr gesagt werden könnte und sollte, als dies bisher der Fall war. Zur entsprechenden Zeit wird mehr darüber gesagt werden können.

Ein anderer Grundgedanke ist die Lehre von „Swabhâva". Diesem Wort liegen philosophische Begriffe zugrunde, die allgemein den essenziellen Charakter von irgendetwas bedeuten. Das ist ein wahrer Schlüssel, der sogar das Herz des Seins öffnet. Er führt unter anderem in die Wurzelbedeutung des sogenannten „Ursprungs des Bösen" und des inneren Dranges nach Recht und Gerechtigkeit ein, den der Mensch sein ethisches Empfinden nennt. Die mittelalterlichen Scholastiker sprachen von der Charakteristik der Dinge als von deren Quidditas oder Quiddity – „das Ding an sich"; das, was sein Herz, seine essenzielle Natur, seine charakteristische Essenzialität ist. Das Wort Swabhâva (ein Hauptwort) selbst ist von der Sanskṛitwurzel *bhû* abgeleitet mit der Bedeutung „werden" oder „sein", und die Vorsilbe des Wortes, *swa,* kommt natürlich auch aus dem Sanskṛit und bedeutet „selbst". Das Wort bedeutet, auf diese Weise übersetzt, „Selbstwerdung", ein technischer Ausdruck, ein Schlüsselwort, das philosophische Begriffe von unermesslicher und weitreichender Wichtigkeit enthält. Wir werden einige Begriffe im Verlauf unserer Studien ausführlicher entwickeln.

In dem Zitat aus den Stanzen haben wir das Wort Swabhavat bemerkt. Es entstammt denselben Grundlagen und derselben Sanskṛitwurzel wie Swabhâva. Swabhavat enthält das Partizip der Gegenwart des Verbs *bhû* und bedeutet „das, was es selbst wird" oder „sein wesentliches Selbst", durch Emanation, durch Evolution von innen nach außen entwickelt – mit anderen Worten, das, was durch eigenen Drang die latenten Möglichkeiten in seiner Natur, in seinem Selbst, in seinem Wesen des Wesens entwickelt: das Ding *in* sich. Wir haben oft von dem „Innersten des Innersten" als jenes innerste Bindeglied oder jene Wurzel in sich schließend gesprochen, durch das oder durch die wir (und alle anderen Dinge) aus der wirklichen Essenz des Herz des Seinsens der Dinge hervorgehen, die unser HÖCHSTES SELBST ist. Aber wir müssen außerordentlich vorsichtig sein, damit wir uns dieses Innerste des Innersten nicht im physischen Körper befindlich denken. Ich will erklären, was ich meine. Die Kabbalisten teilten die Ebenen der Natur, zu denen die zehn Sefirot während der Manifestation wurden, in vier ein. Diese wurden die vier Olamim genannt, ein Wort, das ursprünglich die Bedeutung von „verhüllt", „verborgen" oder „geheim" hatte. Es wurde aber auch für „Zeit" benutzt und gleichzeitig, fast genau in dem Sinne der gnostischen Lehre über die „Aionen" (Äonen), für Sphären oder für Lokas im Sanskṛit. Der höchste der kabbalistischen Olamim oder die höchste der kabbalistischen Sphären war Olam Azilut. Das bedeutet: „der Äon" oder „das Zeitalter" oder auch „der Loka der Verdichtung". Der zweite wurde Olam ha-Berija genannt, das bedeutet: „der Äon" oder „das Zeitalter" oder „der Loka der Erschaffung". Der dritte abwärts und an Materialität zunehmend wurde Olam ha-Jezira genannt oder „der Loka der Form". Der vierte und letzte, der materiellste und gröbste wurde Olam ha-Assija genannt. Das bedeutet: „der Äon" oder „die Welt des Handelns" oder „der Ursachen". Diese letzte Ebene, Sphäre oder Welt ist die niederste der vier und wird manchmal die materielle Welt oder auch die Welt der „Schalen" genannt. Der Mensch (und andere physische Wesen) wird zuweilen als Schale im Sinne des Gewandes, des Vehikels oder Körpers für den innewohnenden Geist betrachtet.

Psychologisch gesehen wurden diese vier Sphären als im menschlichen Körper nachgebildet oder reflektiert, als dort einen Lokus (einen Platz) habend betrachtet. Um sie mit den vier grundlegenden Prinzipien in Übereinstimmung zu bringen, in die die jüdischen kabbalistischen Philosophen den Menschen teilten, wurde angenommen, dass Neschama (oder der Geist) ihren Sitz im Kopf habe oder vielmehr über dem Kopf schwebe. Vom zweiten Prinzip, Ruach (oder Seele), wurde angenommen, dass es seinen Sitz oder sein Zentrum in der Brust, im Brustkasten habe. Der Sitz des dritten, des niedersten der aktiven Prinzipien, Nefesch (oder die tierisch-astrale Seele) genannt, wurde im Unterleib vermutet. Das vierte Vehikel war Guf oder die alle einschließende Schale des physischen Körpers. Neschama, das höchste von allen, aus dem die anderen Stufe um Stufe emanieren – Ruach von Neschama, Nefesch von Ruach und Guf von Nefesch (Guf ist im esoterischen Sinne in Wirklichkeit das Liṅga-śarîra und sondert den menschlichen physischen Körper ab) –, sollte nicht so sehr als im Kopf befindlich, sondern sozusagen als Kopf und Körper überschattend betrachtet werden. Es kann mit einem Sonnenstrahl, mit einem elektrischen Strahl oder auch mit der sogenannten „goldenen Kette" des großen griechischen Dichters Homer und der viel späteren neuplatonischen Philosophen verglichen werden, die Zeus und alle niedrigeren Wesen miteinander verband, oder mit der Kette von Wesen in einer Hierarchie, die durch ihre Hyparxis mit der niedersten Ebene der nächsthöheren Hierarchie verbunden sind.

Dieses „Innerste des Innersten" ist in jenem Teil von uns, der uns überschattet. Er befindet sich physisch eher über als in uns, und tatsächlich ist er unsere spirituelle Monade. Bevor wir daher verstehen können, was mit Swabhâva gemeint ist, und begreifen, welch wunderbare Lehre Swabhâva beinhaltet, müssen wir verstehen, was mit „Monade" gemeint ist. Wir müssen den Sinn erfassen, in dem das Wort „Monade" benutzt wird. Jene, die Schüler von H. P. Blavatsky waren, solange sie unter uns lebte, und jene, die unter unseren anderen Lehrern, W. Q. Judge und dem gegenwärtigen, Katherine Tingley, studiert haben, werden die Notwendigkeit erkennen, den Sinn deutlich zum Ausdruck zu bringen und dazu Worte zu wählen, die klar und verständlich sind und es unmöglich machen, die Gedanken hinter den Worten falsch zu verstehen.

In der europäischen Philosophie scheint das Wort Monade als philosophischer Begriff zuerst von dem großen italienischen Philosophen, dem berühmten Giordano Bruno angewandt worden zu sein. Bruno war in seinem Denken ein Neuplatoniker, und seine Inspiration leitete er von der jetzt Neuplatonismus genannten Philosophie Griechenlands ab. Der moderne Gebrauch des Wortes „Monade" im spirituell-philosophischen Sinn erfolgte durch den deutschen Philosophen Leibniz. Die Lehre über die Monaden bildete den Kern seiner Lehren. Er sagte, das Universum sei aus Monaden zusammengesetzt, von Monaden aufgebaut. Das heißt, er stellte sich die Monaden als spirituelle Zentren vor, die keine Ausdehnung, aber eine innere und ihnen innewohnende Entwicklungsenergie besitzen. Die besonderen Heere von Monaden stehen auf verschiedenen Stufen, und jedes dieser Heere erreicht seine Entwicklung durch seine eigene charakteristische Natur (oder Swabhâva). Wie sofort ersichtlich wird, ist die wesentliche Bedeutung charakteristische Individualität, die das Selbst ist, das durch Selbstentfaltung oder Selbstwerden (oder Swabhâva) seine eigene Entfaltung und sein stufenweises Wachstum zu immer größeren Höhen verfolgt. Leibniz lehrte, dass diese Monaden spirituell, psychisch und physisch durch ein „Gesetz der Harmonie" verbunden seien, analog zu Swabhavat – das Selbstexistierende, das sich während der Offenbarung zu den Heeren von Monaden oder monadischen Zentren entwickelt.

Leibniz scheint nun den philosophischen Hauptbegriff in Bezug auf seine Monaden, wie er ihn in seiner Philosophie – in seiner Monadologie – entwickelt hat (wenigstens zum Teil), von dem flämisch-niederländischen Mystiker van Helmont übernommen zu haben. Dieser Mann, van Helmont, übernahm ihn von Bruno oder vielleicht wie dieser direkt von den neuplatonischen Philosophen. Was die Grundideen von Bruno, van Helmont und Leibniz betrifft, so sind sie einander sehr ähnlich. Sie sind auch der Lehre der esoterischen Weisheit, der Esoterischen Philosophie über diesen Gegenstand ähnlich, aber nur, wenn wir die Offenbarung betrachten, weil die Monaden selbst, wenn das große Mahâ-Pralaya oder die kosmische Auflösung beginnt, schließlich in die „Stille der Dunkelheit" eingehen, wie es Pythagoras ausgedrückt hätte. Eine Monade bedeutet in den alten, jetzt Theosophie genannten Lehren ein spirituelles Atom, wobei wir nicht vergessen sollten, dass „Theosophie" in Wirklichkeit die Weisheit bedeutet, die die Götter oder göttlichen Wesen studieren, etwas wahrhaft Göttliches. Wir sind hier gezwungen, eine gemeinverständliche Sprache zu gebrauchen. Ein spirituelles Atom aber ist hier gleichbedeutend mit reiner Individualität, der „Selbstheit des Selbstes", der wesentlichen Natur oder Charakteristik oder dem swabhâvischen Kern eines jeden spirituellen Wesens, dem „Selbst von ihm selbst". Die esoterische Weisheit leitet das „Selbst" – nicht das Ego, das etwas ganz anderes, Niedrigeres und Untergeordneteres ist –, diese göttliche Monade, dieses göttliche Substanz-Bewusstsein von Paramâtman, dem sogenannten „obersten SELBST" ab. Nicht, dass dieses oberste SELBST „Gott" in dem seltsam widerspruchsvollen christlichen Sinn ist, nicht das Oberste in jenem Sinn, sondern das Oberste als absolute, unbedingte und alles durchdringende Universalität für eine und in einer einzelnen kosmischen Ansammlung von Hierarchien, denn es ist die Spitze, der Gipfel, die Zinne und die Quelle davon.

In einer unserer früheren Versammlungen stellten wir in diesem Zusammenhang mit Hilfe paradigmatischer Zeichnungen oder Diagramme das Höchste, das wir uns intellektuell vorstellen konnten, als ein Dreieck dar. Nicht, dass dieses Höchste ein Dreieck ist, der Gedanke wäre lächerlich. Aber wir stellten es für uns diagrammatisch in dieser Form dar. Die höchste Sphäre – die im mathematischen Sinn ohne physische Ausdehnung ist, wie wir sie uns vorstellen –, von der die nachfolgenden zehn Stufen, Ebenen oder Grade irgendeiner Hierarchie ausstrahlen, nannten wir das „Grenzenlose", das „Unbegrenzte" – das Ain Sof, wie es die Kabbalisten bezeichnen. Die zwei Aspekte des Grenzenlosen bilden sozusagen die zwei Seiten dieses göttlichen Dreiecks. Einer dieser zwei Aspekte ist Para-Brahman („jenseits Brahman"), und der andere ist Mûla-Prakṛiti (oder „Wurzelnatur"). Im Zusammenhang damit ist zu beachten, dass jede diagrammatische Darstellung verschiedene Begriffe figürlich darstellen kann und auch oft darstellt, wenn die Voraussetzungen verschieden sind. Als nächstes darf nicht vergessen werden, dass von diesem göttlichen Dreieck eine Reflexion, eine Emanation in den niedrigeren Schatten, in die unter ihm befindliche Substanz oder Materie stattfand. Die Strahlen der oberen Sonne scheinen in die niedrigere Atmosphäre und erleuchten sie. Diese niedriger erleuchtete Atmosphäre oder Substanz wurde die „niedere Monade" und die obere die „höhere Monade" genannt. Indem die Energie oder die Lebenswogen durch die zweite oder die niedere Monade abwärts geschleudert wurde, trat das Quadrat oder die manifestierte Natur als die dritte Stufe der Evolution in Erscheinung. Unter den schon dargelegten Voraussetzungen ist daher das obere Dreieck – das als eine Einheit oder eine Einheit bildende Dreiheit betrachtet werden kann – die obere Monade oder das „Innerste des Innersten", das „Selbst des Selbstes". Das niedere Dreieck ist eine Emanation. Seine drei Linien stellen Vater, Mutter und Sohn dar. Der Vater wiederum kann als der uranfängliche Punkt des zweiten oder niederen Dreiecks betrachtet werden; das heißt, der Punkt bildet die Spitze des Dreiecks, die ein Layazentrum ist, durch das die sich offenbarenden Kräfte, die zu dem Universum werden, in unsere Sphäre hinabströmen (siehe die nachfolgende Zeichnung).

Hierin können wir ein Beispiel für den philosophischen Wert des hierarchischen Systems, als eine Darstellung der geometrischen Architektur betrachtet, sehen, weil jede Stufe des abwärts führenden Fortschreitens, jeder Schritt oder jede Ebene abwärts durch die oberen Teile, die oben bleiben, belebt, beseelt wird, während die niederen Ebenen oder Teile spirituell, ätherisch und physisch Stufe um Stufe, Ebene

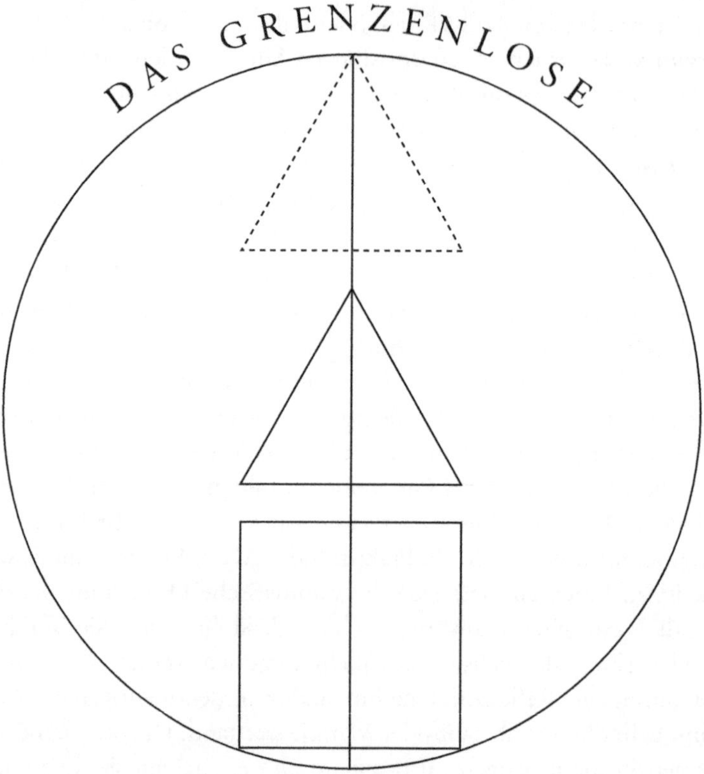

um Ebene ausgeschieden und abgesondert und wie Schaum auf die darunterliegenden Wogen des Lebens hinausgeschleudert werden. Die physische Natur ist, wie wir sie auf dieser unserer eigenen Ebene sehen, sozusagen konkretisierte Göttlichkeit. Sie ist tatsächlich konkretisiertes oder kristallisiertes Licht, weil Licht ätherische Materie oder Substanz ist.

Eines Tages müssen wir die Frage hinsichtlich des Geistes und der Substanz, der Kraft und der Materie sowie deren Beziehungen und Wechselwirkungen eingehender studieren, als wir es bis jetzt in unseren Versammlungen zu tun vermochten.

Von dem Höchsten des Höchsten, von dem, was für uns das Unbekannte des Unbekannten, das Innerste des Innersten ist, strömt, wie man sagen kann, der göttliche Strahl hinab. Er geht von einer Hierarchie zu einer anderen Hierarchie unter ihr und dann zu einer weiteren, noch niedrigeren und weiter zu einer dritten, noch materielleren und so weiter, bis die Grenze des kosmischen Aggregates erreicht ist. Dann beginnt er den wunderbaren Kreislauf emporzusteigen und kehrt zu seiner ursprünglichen Quelle zurück. Dabei ist sorgfältig zu beachten, dass er, während er hinabsteigt, die verschiedenen Hierarchien aus sich selbst entwickelt und sie auf seiner aufsteigenden Runde wieder in sich zurückzieht. Wir werden gelehrt, uns dieses unermessliche spirituelle Aggregat als von einer Aura umgeben vorzustellen, die die Form eines Eies annimmt und die wir, dem Beispiel der Kabbalisten folgend, Schechina nennen können, ein hebräisches Wort, das Wohnung oder Vehikel bedeutet, und die die Esoterische Philosophie im Falle des Menschen das Aurische Ei nennt. In dieser paradigmatischen Darstellung stellt es das Universum dar, das wir in seinen niederen Aspekten um uns sehen. Die Aura ist tatsächlich aus Mûlaprakṛiti herausgewachsen, während die mystische Linie, die wir in der Darstellung durch die verschiedenen Grade der Hierarchie hinablaufend einzeichnen, den Strahl des SELBSTES darstellt, das „unbedingte Bewusstsein", das im Innersten von allem aufquillt.

Wir kommen nun auf das Wort „Swabhavat", das „SELBST-Werdende", das „SELBST-Existierende", zurück. Es ist der obigen paradigmatischen Darstellung zufolge die zweite göttliche Monade im Überspirituellen oder der zweite göttliche Logos. Wenn es von einem anderen, niedrigeren Gesichtspunkt aus betrachtet wird, ist es die erste kosmische Monade, die Reflexion der uranfänglichen oder ursprünglichen göttlichen Monade über ihr, und die erste Manifestation oder das erste Flackern kosmischen Lebens, wenn das Ende des universalen Pralaya gekommen ist, wenn von dem Wachturm der Ewigkeit der Ruf hinausgeht: „Es werde Manifestation und Licht!"

Die Elohim waren auf einer früheren Stufe Monaden. Wir übersetzten die Verse 25, 26 und 27 des ersten Kapitels der *Genesis,* eine Übersetzung, die sich von einer europäischen Übersetzung wesentlich unterschied. Die Elohim sagten: „Lasst uns Menschen nach unserem eigenen Bild (nach unserem Schattenbild, das heißt zu unseren eigenen Schattenselbsten oder materiellen Selbsten) und nach unserem eigenen Vorbild gestalten." Mit anderen Worten, sie schufen den Menschen, indem sie derselbe wurden, oder anders ausgedrückt, die Menschheit *ist* die niederen Prinzipien der Elohim als Monaden.

So ist die Monade das Innerste von uns, nicht als eine Seele, als eine „Gabe Gottes", sondern als der höchste Teil von uns. Unser Körper ist konkretisierter Geist, der auf dieser Ebene das niederste Ende, das schattenhafte Ende, das materielle Ende der Hierarchie des Selbstes darstellt, die jeder Einzelne von uns ist.

Wir wollen wiederum nicht vergessen, dass jede Hierarchie ihr Swabhâva oder charakteristisches Merkmal besitzt. Um es mit Hilfe von Farben zu erläutern: Eine Hierarchie ist vorherrschend blau, eine andere ist vorherrschend rot, eine andere grün, eine andere gelb oder golden und so weiter. Aber jede hat ihre *eigenen* neunundvierzig Wurzeln oder Abteilungen, neunundvierzig Aspekte der einen zugrunde liegenden, allen gemeinsamen Wurzel-Substanz, so dass notwendigerweise jede einzelne dieser neunundvierzig Wurzeln ihrerseits eine der anderen Farben entwickelt. Wenn wir dies spirituell wahrnehmen könnten, würden wir die ganze uns umgebende Natur in einem höchst wunderbaren Ineinanderspiel von Farben funkeln und blitzen sehen – ein wunderbares Bild! Das ist kein Sprachbild, sondern reine Tatsache. Ferner gibt es für jeden Kosmos eine kosmische Hierarchie, die die kleineren Hierarchien in sich schließt, und jede Hierarchie, ob groß oder klein, ist oben und unten, nach außen und nach innen, mit anderen, höheren und niedrigeren Hierarchien verbunden. Jede einzelne, individuelle Hierarchie besteht aus neun (oder zehn) Ebenen oder Graden. Davon befinden sich in jeder Hierarchie sieben auf den sich manifestierenden Ebenen. Deshalb besteht eine Hierarchie, genau gesprochen, aus zehn Ebenen, zehn Zuständen der Materie und zehn Kräften; aber nur sieben davon sind manifestierte Kräfte. Die sieben in Manifestation befindlichen gehen von den Arûpa- oder formlosen zu den Rûpa- oder Formwelten über. Sie sind in einer das gegenwärtige menschliche Begreifen und Verstehen übersteigenden Weise miteinander verkettet, einander beigeordnet, miteinander verbunden.

Es sind diese Richtungen spirituellen Denkens der Esoterischen Philosophie, mit denen das dogmatisch-religiöse oder wissenschaftliche System im Widerstreit liegt, weil dieses System – zumindest was die wissenschaftliche Anschauung betrifft – auf rein mechanische oder materialistische Hypothesen begründet ist. Sie wurden von Gelehrten des 19. Jahrhunderts erfunden, als könnten die Natur und die Tätigkeit von „Materie“ und „Kraft“ auf der Grundlage von zufälligem, aus gänzlich lebloser „Materie“ entstehendem mechanischem Wirken erläutert werden.

Obgleich es ein wenig von unserem Hauptthema abweicht, wollen wir hier sagen, dass Kraft einfach Materie auf einer höheren Ebene ist – ätherische Materie. Ätherische Materie ist auf unserer Ebene einfach Kraft: Materie ist tatsächlich nichts anderes als konkretisierte Kraft. Oder, um den Gedanken umzukehren, Kraft ist nichts anderes als veredelte oder ätherisierte Materie, weil diese beiden, Materie und Kraft, eins sind. Am besten und wahrsten ist es zu sagen, dass Materie konkretisierte oder zusammengedrängte Kraft ist, genau wie die Natur (die Materie, wie wir sie kennen) im Gleichgewicht befindlicher Geist ist.

Nachdem wir diese ziemlich lange, aber notwendige Erklärung oder Einleitung gegeben haben, wollen wir noch einmal zu der wunderbaren Lehre von Swabhâva zurückkehren. Die Monade ist unser innerstes Selbst. Jeder Mensch hat seine eigene oder vielmehr *ist* seine eigene Monade. Jedes Wesen, ganz gleich welchen Grades oder welcher Art, hat seine besondere charakteristische Natur. Nicht nur die äußeren oder das Vehikel betreffenden Merkmale, die von Wiedergeburt zu Wiedergeburt und von Manvantara zu Manvantara wechseln, sondern jede Wesenheit, ob hoch oder niedrig stehend, hat sozusagen einen Grundton ihres Wesens, und das ist ihr Swabhâva: die Selbstheit des Selbstes, das wesentliche charakteristische Merkmal des Selbstes, durch dessen Drängen nach Manifestation das SELBST zu den vielen Selbsten wird. Das SELBST erzeugt so die Heere mit verschiedenartigen Eigenschaften, von verschiedenen Typen und Graden und lässt sie in Erscheinung treten. Hier ist sorgfältig zu beachten: Der Drang hinter der Evolution oder Entwicklung ist für die sich entwickelnde Wesenheit kein äußerlicher, vielmehr liegt er *in ihr;* und die während der Entwicklung in der Zukunft erzielten Resultate – das, was die sich entwickelnde Wesenheit wird – liegen ebenfalls im Keim oder als Same in ihr. Beide, der Drang hinter der Evolution und der Keim oder der Same, entspringen ihrem „Swabhâva".

Vergessen wir nicht, was wir während unseres früheren Studiums über die Natur und die Entwicklung des Universums sagten. Was ist ein – irgendein – Universum? Es ist eine in sich abgeschlossene, sich selbst erhaltende und sich selbst genügende Wesenheit in der Manifestation. Aber es ist nur eines unter zahllosen Heeren von Universen, die alle Kinder des Grenzenlosen sind. So gibt es zum Beispiel ein atomistisches Universum, ein irdisches oder planetarisches Universum, einen Menschen oder ein menschliches Universum, ein Sonnenuniversum und so weiter ins Unendliche. Aber alle hängen zusammen, durchdringen einander und bilden ein kosmisches Aggregat. Wie geschieht dies und warum? Weil jedes Universum, ob groß oder klein, eine Hierarchie ist, und jede Hierarchie stellt einen Teil dar, ist die Entwicklung eines Teiles des spirituellen Dranges und des sich entwickelnden Keimes, der aus dem Selbst dieser Teile hervorgeht, aus dem Selbst jeder Hierarchie, von denen jede ihr besonderes, wesentliches, charakteristisches Merkmal entwickelt. Diese Kräfte bilden zusammengenommen das Swabhâva einer Wesenheit. Swabhâva kann kurz die essenzielle Individualität einer Monade genannt werden, die ihre eigenen Merkmale, Eigenschaften und ihre Art durch selbst vorwärts getriebene Entwicklung zum Ausdruck bringt. Wir sollten nebenbei beachten, dass vielleicht die mystischste Schule des Buddhismus, die, wie H. P. Blavatsky sagte, eine der esoterischen Lehren des Gautama Buddha am getreuesten bewahrt hat, eine noch in Nepal verbreitete Schule ist, die die Swâbhâvika-Schule genannt wird (ein Adjektiv des Sanskṛit, das von dem Hauptwort Swabhâva abgeleitet ist). Zu dieser Schule gehören jene, die der Lehre von Swabhâva folgen, der Lehre, die das Werden oder die Entfaltung des Selbstes durch inneren Antrieb – das Selbstwerden – lehrt. Entsprechend dieser Schule *werden* wir nicht „durch die Gnade eines Gottes", sondern was immer wir sind oder sein werden, werden wir durch unser eigenes Selbst. Wir machen uns selbst, leiten uns von uns selbst ab, werden unsere eigenen Kinder. Das haben wir immer getan und werden es immer tun; dies gilt nicht nur für den Menschen, sondern für alle Wesen überall. Hierin sehen wir die Wurzel, die Kraft und die Bedeutung der Ethik. Wir sind für jede unserer Handlungen, die wir ausführen, für jeden Gedanken, den wir denken, bis zum letzten Heller selbst verantwortlich. Es wird uns nie etwas „vergeben", nie wird etwas „ausgelöscht", es sei denn, wir selbst wandeln das Böse, das wir getan haben, in Gutes um. Wir werden über die Frage nach dem „Ursprung des Bösen", die hierin eingeschlossen ist, einmal eingehender sprechen müssen. Nebenbei können wir bemerken, dass diese Schule „atheistisch" und „materialistisch" genannt wird, weil der tiefe Gedanke dieser Lehre von westlichen Gelehrten nicht verstanden und daher falsch ausgelegt wird.

Wir erkennen augenblicklich die ethische Kraft der Lehre von Swabhâva, wenn sie richtig verstanden wird. Wir „werden", was wir in unserem innersten Wesen im Keim sind. Wir folgen auch und bilden gleichzeitig einen Teil des Verlaufes der Evolution der besonderen Planetenkette, zu der wir durch Verwandtschaft gehören. Wir folgen zuerst dem schattenhaften Bogen in die Materie hinab, und wenn wir den niedersten Punkt jenes Bogens erreicht haben, werden wir durch die inneren Impulse unserer Natur (vorausgesetzt, dass wir den Gefahrenpunkt überschritten haben und nicht in die niedrigere Sphäre der Materie angezogen werden) den Leuchtenden Bogen emporsteigen. Wir steigen ihn empor und folgen ihm zurück in die höheren und spirituelleren Bereiche, aber über den Punkt hinaus, von dem wir ausgingen, als wir zu Anfang auf unserer zyklischen Reise in die materielle Erfahrung jenes Manvantara hinabzusteigen begannen. Unser gegenwärtiger Lehrer Katherine Tingley spricht von „selbstgeleiteter Entwicklung", die der eigentliche Kern von Swabhâva ist – eine der grundlegenden Lehren in der Esoterischen Philosophie.

Wir gestalten unseren Körper, unser Leben, unser Schicksal selbst, und wir sind spirituell, moralisch, intellektuell, psychisch und selbst physisch für alles verantwortlich. Dies ist eine mannhafte Lehre. In ihr ist kein Platz für moralische Feigheit. In ihr gibt es keine Möglichkeit, unsere Verantwortung auf die Schultern eines anderen, sei es ein Gott, Engel, Mensch oder Dämon, zu legen. Wir können Götter werden, weil wir schon jetzt im Innern und im Keim Götter sind. Wir beginnen unsere Entwicklungsreise als ein unselbstbewusster Gottesfunke und kehren, dem großen Zyklus des Mahâ-Manvantara folgend, als ein selbstbewusster Gott zu unserer ursprünglichen Quelle des Seins zurück.

Mit diesen Darlegungen sind wir an einem Punkt angelangt, der für die meisten westlichen Orientalisten eine große Schwierigkeit darstellt. Sie können die Unterschiede nicht verstehen, die die wunderbaren alten Philosophen des Orients in Bezug auf die verschiedenen Klassen der Devas machen. Sie sagen im Wesentlichen: „Welche eigenartigen Widersprüche diese Lehren enthalten, die in vieler Hinsicht sehr tief sind und wunderbar erscheinen. So wird von einigen der Devas (oder göttlichen Wesen) gesagt, sie ständen niedriger als der Mensch. Einige dieser Schriften sagen sogar, ein guter Mensch sei edler als irgendein Gott. Und doch erklären andere Teile dieser Lehre, dass es Götter gibt, die selbst höher stehen als Devas, aber dennoch auch Devas genannt werden. Wie ist das zu verstehen?"

Eine Klasse der Devas oder göttlichen Wesen sind die unselbstbewussten Funken des Göttlichen. Sie kreisen in die Materie hinab, um Selbst-Bewusstsein, das Swabhâva oder das Göttliche aus ihrem Innern hervorzubringen, zu entfalten oder zu entwickeln. Haben sie Selbst-Bewusstsein erlangt, beginnen sie ihren Wiederaufstieg immer auf dem Leuchtenden Bogen, der in einem Sinne nie endet. Sie sind dann selbstbewusste Götter, die hinfort als Bauleute, Entwickler und Führer von Hierarchien an dem „großen Werk" einen bestimmten und göttlichen Anteil nehmen. Mit anderen Worten, sie sind Monaden, die ihr eigenes innerstes Selbst geworden sind, die den „Ring überschreite mich nicht", der das Spirituelle vom Göttlichen trennt, überschritten haben. Vergessen wir diese alten Aussprüche in unseren Büchern nicht, und denken wir über sie nach; jeder ist sinnreich und voll tiefer Gedanken.

Die Lehre von Swabhâva ist also die Lehre von der inneren Entwicklung, vom Hervorbringen jener besonderen essenziellen Charakteristik oder der Individualität, die im Innern ist, die Lehre von der selbstgeleiteten Entwicklung. Wir müssen notgedrungen die unermessliche Tragweite erkennen, die die Lehre in Bezug auf das moralische, theologische, philosophische und selbst das wissenschaftliche Weltbild hat. Die ganze Tragweite richtet sich vor allem auch auf die verworrenen Theorien hinsichtlich der Evolution, wie zum Beispiel die „Entwicklung der Arten", Vererbung, Entwicklung von Wurzeltypen und vieles mehr. Eines Tages müssen wir diese göttlichen, sehr göttlichen Lehren sorgfältiger studieren als in dem bloßen Umriss, den wir hier gegeben haben, besonders deren Tragweite für die menschliche Psychologie. Von diesen Lehren hängt das weitere (und ein besseres) Verstehen gerade der Grundlehren ab, die wir diesen Abend und in früheren Versammlungen dargelegt haben. Wir können weder das Universum verstehen noch das Wirken und Ineinanderspiel der Kräfte in ihm, solange wir das Gebot des delphischen Orakels – „Mensch, erkenne dich selbst!" – nicht wenigstens bis zu einem gewissen Grad bemeistert und befolgt haben. Ein Mensch, der sich selbst wirklich erkennt, weiß alles, denn er ist im Grunde ALLES. Er ist jede Hierarchie, er ist die Götter und Dämonen, die Welten, Sphären und Kräfte, die Materie, das Bewusstsein und der Geist – alles ist in ihm. Er ist in einem Sinn aus den Wurzeln von allem aufgebaut, und er ist die Frucht von allem. Er hat die unendliche Zeit hinter sich und die unendliche Zeit vor sich. Welch ein Evangelium der Hoffnung, welch wunderbares Evangelium ist das! Wie es die menschliche Seele erhebt; wie der innerste Teil von uns emporsteigt, wenn wir über diese Lehre nachdenken! Kein Wunder, dass sie die Lehre (oder Weisheit) der Götter, THEOSOPHIA, genannt wird – das heißt die Lehre, die die Götter selbst studieren. Wie wird der Mensch ein „Mahâtman“ oder ein „Großes Selbst“? Durch selbstgeleitete Entwicklung, durch das WERDEN dessen, was er in sich selbst ist, was er in seinem Innersten ist. Das ist die Lehre von Swabhâva.

Hier sollten wir auf das Mysterium der Individualität zumindest hinweisen. Wir sollten uns daran erinnern, dass die Persönlichkeit die Maske (*persona,* wie die Lateiner sagen) oder die Reflexion der Individualität in der Materie ist. Da sie ein materielles Ding ist, kann sie uns abwärts führen, obgleich sie in der Essenz eine Reflexion des Höchsten ist. Ein alter Spruch besagt, dass die Dinge am gefährlichsten sind, die *etwas* von der Wirklichkeit oder von der Wahrheit in sich haben. Nicht jene Dinge, die vollkommen unwirklich oder falsch sind, sind die gefährlichsten, denn sie zerfallen von selbst und verschwinden mit der Zeit.

Wir haben die vier Monaden: die göttliche, die verstandesmäßige, die psychische und die astrale. Sie korrespondieren mit den vier Grundplänen der Materie, aber alle vier Monaden stammen von der höchsten. Psychologisch gesehen sind die Monaden vom Standpunkt der Verallgemeinerung aus spirituelle Atome, buddhische Atome, und sie sind, soweit die unteren Ebenen in Betracht kommen, universale Prinzipien. Buddhi ist vielleicht das geheimnisvollste der sieben Prinzipien des Menschen und von unserem gegenwärtigen Gesichtspunkt aus gesehen das wichtigste. Aber die menschliche Monade (im Vergleich zur göttlichen Monade über ihr), der potenziell, unsterbliche Mensch, umfasst die drei Prinzipien Âtman, Buddhi und das höhere Manas. Diese drei Prinzipien sind notwendig, um einen selbstbewussten Gott zu bilden. Âtman und Buddhi allein können keinen „selbst“-bewussten Gott bilden; sie sind ein Gottesfunke, unentwickelte oder unentfaltete Gottesfunken. Wir müssen in diesem Zusammenhang menschliche Ausdrücke anwenden. Weder im Englischen noch in irgendeiner anderen der europäischen Sprachen haben wir Worte, um diese subtilen Gedanken richtig zum Ausdruck zu bringen.

Zum Schluss wollen wir nicht vergessen, dass der Mensch den „Christus“ in sich hat. Er kann nur durch diesen „Christus“ „erlöst“ werden, aber er kann durch diesen inneren „Christus“ nur dann erlöst werden, wenn er sich entschließt, sich *selbst zu erlösen.* Die Initiative muss von unten, von ihm selbst kommen. Während manche Leute – aufgrund falschen Verstehens dieser wunderbaren Lehre von Swabhâva – von „Fatalismus“ sprechen mögen, können wir heute Abend nicht mehr tun, als ausdrücklich zu betonen, dass diese Lehre nicht Fatalismus ist. Sie ist vollkommen das Gegenteil der fatalistischen Hypothese, die behauptet, es gäbe eine blinde, unbekannte, bewusste oder unbewusste Kraft außerhalb des Menschen, die ihn in seiner Wahl, seinen Handlungen und seiner Entwicklung zum Himmel oder zur Vernichtung in die Hölle führt und treibt. Das ist *nicht* die Lehre von Swabhâva, und es wird von der Esoterischen Philosophie nicht gelehrt.

Kapitel 11

Die kosmische Pilgerschaft. Vom un-selbstbewussten Gottesfunken zum vollkommen selbstbewussten Gott.

O du, der du das Universum nährst, von dem alles kommt und zu dem alles zurückkehren muss, enthülle uns das Angesicht der wahren Sonne, das nun verborgen ist durch die strahlende Scheibe goldenen Lichtes, damit wir die Wahrheit erschauen und unsere volle Pflicht tun mögen auf unserem Pilgerpfad zu deinem heiligen Sitz.

Umschreibung der Gâyatrî,
eines der heiligsten Verse der Hinduschriften

Auf Seite 662 des ersten Bandes der *Geheimlehre* finden wir das Folgende:

> Aber man muss die Ausdrucksweise des Okkultismus verstehen, bevor man seine Behauptungen kritisiert. Zum Beispiel weigert sich die Lehre – wie es auch in einem Sinne die Wissenschaft tut –, die Worte „oben" und „unten", „höher" und „niedriger", in Bezug auf *unsichtbare* Sphären zu gebrauchen, da sie hier ohne Bedeutung sind. Selbst die Ausdrücke „Ost" und „West" sind nur konventionell und nur als Unterstützung unserer menschlichen Wahrnehmungen notwendig. Denn obwohl die Erde ihre zwei festbestimmten Punkte in den Polen Nord und Süd hat, so sind doch Ost und West veränderlich je nach unserer eigenen Stellung auf der Erdoberfläche und infolge der Erddrehung von West nach Ost. Wenn daher „andere Welten" erwähnt werden – einerlei ob besser oder schlechter, geistiger oder noch materieller, obwohl in beiden Fällen unsichtbar –, so versetzt der Okkultist diese Sphären weder außerhalb noch innerhalb der Erde, wie es die Theologen und die Dichter tun; denn ihre Lage ist nirgends in dem den Profanen bekannten und von ihnen verstandenen Raum. Sie sind gewissermaßen mit unserer Welt vermischt – sie durchdringen sie und sind von ihr durchdrungen. Es gibt Millionen und Millionen von uns sichtbaren Welten; es gibt eine noch größere Anzahl außer den für das Fernrohr sichtbaren, und viele von der letzteren Art gehören nicht unserer *objektiven* Daseinssphäre an. Obwohl so unsichtbar, als ob sie Millionen von Meilen jenseits unseres Sonnensystems wären,

> sind sie doch bei uns, uns nahe, *innerhalb* unserer Welt, ebenso objektiv und materiell für ihre betreffenden Bewohner wie die unsrige für uns. Aber weiter, das Verhältnis dieser Welten zu der unseren ist nicht das eines Satzes eiförmiger Schachteln, die eine in die andere eingeschlossen sind, wie die Spielzeuge, die man chinesische Nester nennt; eine jede untersteht gänzlich ihren eigenen Gesetzen und Bedingungen und hat keine unmittelbare Beziehung zu unserer Sphäre. Die Bewohner dieser Welten können, wie bereits gesagt, soviel wir wissen und fühlen, *durch* uns und *rund um* uns vorbeiziehen, wie durch den leeren Raum; sogar ihre Wohnungen und Länder sind mit den unseren vermengt, aber stören nicht unseren Gesichtskreis, weil wir bis jetzt noch nicht die Fähigkeiten haben, die zu ihrer Unterscheidung notwendig sind.

Dies scheint ein sehr geeigneter allgemeiner Text zu sein, um ihn als Abschluss unseres Umrisses über die Hierarchien zu wählen. Mehr noch, er ist für die Entwicklung der Lehre von Swabhâva geeignet, die wir in unserer letzten Versammlung streiften. Die Lehre betrifft die charakteristische Natur, die Individualität oder das Essenzielle des Typus jeder einzelnen Monade, zu dem sie wachsend und sich offenbarend in der manifestierten Welt wird, indem sie selbst der Same ihrer eigenen Individualität ist. Der Einfluss dieses Begriffes aus der Lehre von der Evolution – „das Ausrollen oder Entfalten dessen, was innen ist" –, besonders auf das umstrittene und schwierige Problem bezüglich des sogenannten „Ursprungs der Arten", ist einfach unermesslich, denn er ist der Schlüssel dafür.

Wir können das Wort Individualität in der Bedeutung von Swabhâva gebrauchen, vorausgesetzt, dass wir es nicht als Gegensatz zu Persönlichkeit anwenden. Es ist die Individualität in dem Sinne, wie sie das Wesen und die Entfaltung jener besonderen Eigenschaft oder jenes essenziellen charakteristischen Merkmals bezeichnet, das eine Monade, eine menschliche Wesenheit, einen Kosmos, ein Atom von einem anderen derselben Art unterscheidet. So grundlegend die Lehre über die Hierarchien auch ist und so klärend das Licht, das sie auf andere Probleme wirft, sie kann ohne die ergänzende Lehre von Swabhâva nicht richtig verstanden werden. Und umgekehrt können wir die Lehre von Swabhâva ohne die Lehre über die Hierarchien nicht richtig verstehen.

Wir hoffen, heute Abend die wahre Bedeutung von Swabhâva zu entwickeln und diesen Teil unseres Studiums abzuschließen, nachdem wir sozusagen an den Grenzen der kosmischen Manifestation angelangt sind. Zu Beginn des Studiums derselben in ihren Einzelheiten sind wir genötigt, einen sehr wesentlichen Aspekt der Lehre zu streifen, eine andere Seite, die für das richtige Verstehen dieses Teiles der

Lehre der alten Weisheit grundlegend ist. Es ist ein Teil, der der Psychologie angehört. Die Lehre über die Hierarchien und die sie ergänzende Lehre von Swabhâva sind in der Tat in sehr hohem Grade hauptsächlich psychologisch.

Swabhâva ist ein Sanskṛitwort, ein Hauptwort, das von der Wurzel *bhû* abgeleitet ist mit der Bedeutung „werden" und daher „sein" – eine psychologische Übereinstimmung, die auch in verschiedenen anderen Sprachen wie zum Beispiel der griechischen, englischen und deutschen zu finden ist. Im Griechischen lautet das Wort *gignomai;* im Englischen ist es *to be* und im Deutschen *sein.* Im alten Angelsächsischen ist dieses Wort mit der im Wesentlichen auf die Zukunft hinweisenden Bedeutung vollkommen erhalten, und in ihm ist diese Bedeutung deutlich fühlbar; nämlich *ic beo, thu bist* oder *byst, he bith* oder *biath* usw. Das bedeutet: „ich, du, er werden sein", in dem zukünftigen Sinne von „werden". Es ist klar, dass die psychologische Bedeutung davon besagt, dass „Sein" im Wesentlichen ein „Werden" ist, ein Wachstum, eine Entwicklung oder ein Entfalten der inneren Fähigkeit.

Die englische Sprache hatte ursprünglich und auch heute noch tatsächlich nur zwei natürliche grammatische Zeitformen, das Imperfekt oder die Zeitformen der unvollkommenen oder unvollendeten Handlung, gewöhnlich „Gegenwart" genannt, und das Perfekt oder die vollständig ausgeführte oder vollendete Handlung oder die Vergangenheit.

Was unterscheidet eine Hierarchie in der Essenz – oder im Swabhâva – von einer anderen Hierarchie? Es ist ihr Swabhâva oder der Same der Individualität, der sie ist und der in ihr ist. Es ist dieser Same, der, indem er sich entwickelt, eine Hierarchie schafft. Dieser Same folgt, indem er sich entwickelt, den Gesetzen (oder der Natur) seines eigenen essenziellen Seins; das ist sein Swabhâva. H. P. Blavatsky spricht in der *Geheimlehre* oft von einer besonderen Eigenschaft oder Ebene des universalen Seins, die sie Swabhavat nennt, das sächliche Partizipium der Gegenwart derselben Wurzel *bhû,* als Hauptwort gebraucht. Wie Swabhâva ist es mit derselben Vorsilbe von derselben Wurzel abgeleitet und bedeutet jenes besondere Etwas, das von und in seiner eigenen wesentlichen Essenz existiert und wird. Es kann das „Selbstexistierende" genannt werden. Obgleich ein Sanskṛitwort, ist es ein buddhistischer Ausdruck, und das brâhmaṇische Äquivalent im *Vedânta* würde wahrscheinlich die kosmische Seite von Paramâtman – dem „obersten SELBST" – sein, der individualisierte Aspekt von Parabrahman-Mûlaprakṛiti, Übergeist-Wurzelmaterie.

Swabhavat ist die spirituelle Essenz, die als Grundlage dienende Wurzel oder Geist-Substanz, Vater-Mutter der beginnenden Manifestation, aus ihm wachsen oder werden alle Dinge. Wir können uns Swabhavat, wie Spinoza, der niederländisch-jüdische Philosoph, der absolute Idealist, als Gott vorstellen, als das eine zugrundeliegende Sein oder die eine zugrundeliegende Substanz, obgleich wir es aus einem hier noch darzulegenden Grund bewusst vermieden haben, das Wort „Gott" zu gebrauchen. Oder wir können es uns, wie Leibniz, als eine kollektive Einheit einer Unendlichkeit emanierter Monaden oder „Entelechien" vorstellen, um den von Aristoteles benutzten Ausdruck zu gebrauchen. Spinoza war ein absoluter Idealist, während Leibniz ein „objektiver Idealist" war, was wir, nebenbei gesagt, auch sind. Swabhâva ist die charakteristische Natur, die Typenessenz, die Individualität von Swabhavat – von irgendeinem Swabhavat. Jedes Swabhavat hat sein eigenes Swabhâva.

Die Haupt- und essenzielle Bedeutung der Lehre von Swabhâva ist so grundlegend, so wichtig, um das Nachfolgende richtig zu verstehen, dass wir den Leser nachdrücklich darauf aufmerksam machen. Wenn kosmische Manifestation beginnt oder ihren Anfang nimmt, so geschieht dies nicht in einem wirren Durcheinander, in ungeordneter Konfusion oder durch Zufall. Sie beginnt in Übereinstimmung mit den charakteristischen Samen des Lebens, gewöhnlich „Gesetze" genannt, die in der dem Anfang des neuen Mahâ-Manvantara vorhergehenden Periode latent existierten. Diese „Gesetze" – wir gebrauchen das Wort mit starkem Widerstreben – sind in Wirklichkeit die der Natur innewohnenden und unvermeidlichen karmischen Gewohnheiten, dieses oder jenes zu sein, ihr Swabhâva, kurz ihr Heer von unzählbaren Wesenheiten oder charakteristischen Naturen. Die „Gesetze" sind der ätherischen und der physischen Materie durch die monadischen Wesenheiten oder die Monaden tatsächlich eingeprägt und aufgeprägt. Die Swabhâvas der Monaden geben ihre swabhâvischen Eigenarten der Natur. Die Monaden sind Einzelwesen, und indem Leibniz sich diese in einer Einheit versammelt und den Körper einer noch höheren Monade bildend vorstellte, bezeichnete er diese höhere Monade mit dem lateinischen Ausdruck „Monas Monadum" – die „Monade der Monaden". Diese Monade ist unser hierarchischer Gipfel. Aber weshalb besteht die Notwendigkeit, die „Monade der Monaden", diesen hierarchischen Gipfel, die Spitze „Gott" zu nennen? Wir können uns etwas noch Höheres vorstellen und dann etwas noch Höheres und dies unbegrenzt fortsetzen. An irgendeinem Punkt haltzumachen und diesen Punkt dann „Gott" zu nennen würde der „Schaffung" einer Gottheit gleichkommen – wahrlich, ein von Menschen gemachter „Gott"!

Irgendwo aber muss des Menschen Denken zum Stillstand kommen. Daher beginnen wir mit Swabhavat, das, da es ein abstrakter Ausdruck ist, an sich keine Begrenzung oder Einschränkung darstellt. Es ist reine Individualität, die in Geist-Materie wirkt, von der sie der höchste Teil oder die Spitze ist. Die wesentliche Natur (oder das Swabhâva) einer Monade entwickelt nun in der Materie eine Hierarchie und wird sie, ob diese Hierarchie nun ein Atom, ein Mensch, ein Planet, eine Sonne, ein Sonnensystem oder ein kosmisches Universum (oder ein universaler Kosmos) ist, wie wir dies innerhalb des umschließenden Gürtels der Milchstraße finden. Die

Monade tut dies, indem sie dem treibenden, unwiderstehlichen Drang ihres eigenen inneren Wesens, ihrer Individualität, ihrem Swabhâva folgt. Da die Monaden Individuen sind, müssen auch die aus ihnen hervorgehenden Universen individualisiert sein. Um in allgemeinen Ausdrücken zu sprechen: Während die Monade zu der Hierarchie heranwächst oder die Hierarchie wird, indem sie den „Schattenhaften Bogen", das heißt in die Materie hinabsteigt und in ihren niedrigeren Teilen Materie wird – wobei der obere Teil der Monade immer in seinem reinen, unbefleckten Zustand verbleibt –, erreicht sie einen gewissen Punkt, der das Ende für diese Entwicklungsperiode oder für dieses Manvantara darstellt. Dann beginnt sie sich aufwärts und wieder zurückzuwenden; und dieser Teil ihrer Reise wird der „Leuchtende Bogen" genannt, weil seine Richtung zum „Licht" oder zum „Geist" oder zum Spirituellen führt, um die Ausdrucksweise der alten Weisen zu gebrauchen.

Vor einiger Zeit studierten wir die hebräische *Bibel,* Kapitel 1, Vers 25 und 26, wo die Elohim (in der Übersetzung, die wir anfertigten) sagten: „Lasst uns ‚Menschen' als unser eigenes Schattenbild (als unseren eigenen Schatten) und nach unserem archetypischen Muster machen." Diese Elohim, die so „sprachen", waren Monaden, die zusammen eine Hierarchie bildeten und von denen jede wieder für sich eine Hierarchie darstellte. Wie jeder einzelne Mensch eine untergeordnete Hierarchie der größeren Hierarchie Menschheit ist, so ist die Menschheit eine untergeordnete Hierarchie der noch größeren Hierarchie des Planeten, und der Planet Terra ist eine untergeordnete Hierarchie der noch größeren Hierarchie des Sonnensystems usw. Diesen Gedanken könnten wir so lange fortsetzen, wie wir wollen. Der Mensch ist selbst aus kleineren Wesen zusammengesetzt. Er ist ein Mikrokosmos oder ein kleines Universum; für die kleineren Wesen ist er wie ein Gott – er ist für sie die Monas Monadum, die Monade der Monaden. Später werden wir Gründe von überzeugender Kraft sehen, warum wir uns so unverdrossen bemüht haben, das Wort „Gott" zu vermeiden. „Gott" ist ein Wort, das durch die Gedanken, die damit verbunden sind, gefärbt und verdorben wird. Aus diesem Grunde ist es ein für den Gebrauch gefährliches Wort, weil es sowohl irreführend als auch unangebracht ist.

Die Monade bricht am Anfang der Manifestation im Kosmos durch das Layazentrum, das heißt durch den neutralen Punkt, den Punkt des Verschwindens, wo der Geist Materie wird oder umgekehrt. Wir können ihn den Âtman der sechs niedrigeren Grade oder Prinzipien nennen, die in der fortschreitenden Entwicklung folgen. Wenn die hinabsteigende Monade durch die sie umgebende Materie des Kosmos hindurchbricht, folgt sie ihrem eigenen inneren Drang oder wird vielmehr von diesem angetrieben. Sie bringt sich selbst zum Ausdruck, ist aber immer noch nicht selbstbewusst.

Wenn aber irgendein besonderer „atomistischer“ Teil dieser kosmischen Monade Selbstbewusstsein erreicht und ein Mensch wird, ist der Weg, dem seine Entwicklung von da an folgt, ein bewusst selbstgeleiteter, wie unser gegenwärtiger Lehrer so beständig gelehrt hat.

Bis zu dem Zeitpunkt des Eintritts des selbstbewussten Gemüts in den Menschen steht die sich entwickelnde Wesenheit unter dem Impuls, dem Antrieb unwiderstehlicher und unerbittlicher Notwendigkeit (Karma), die jedoch, nachdrücklichst betont, *nicht* Fatum ist. Das ist deshalb so, weil die sich entwickelnde Wesenheit bis zu diesem kritischen Punkt in der Entwicklung immer noch ein unvollkommenes Wesen ist. Sie ist keine selbstbewusste Wesenheit, sondern ein unselbstbewusster Gottesfunke. Sie kann ihre eigene Bestimmung auf den Ebenen der Manifestation noch nicht selbst lenken, vielmehr folgt sie automatisch dem Lauf der Hierarchie, zu der sie gehört. Dieses spirituell-mentale Unvermögen hört auf zu bestehen, wenn der Zustand des Selbstbewusstseins, das dem Menschen innewohnt, erreicht worden ist. Von diesem Augenblick an wird der Mensch in wachsendem Maße ein selbstbewusster Schöpfer – ein Schöpfer seiner selbst. Er dringt aufwärts, innenwärts oder nach außen, und indem er beständig dem Innersten des Innersten zustrebt, wird er das, was er essenziell im Innern ist. Am Ende des Tages von Brahmâ – nach sieben planetarischen Runden – erreicht er schließlich den Punkt, an dem er zu einer selbstbewussten Göttlichkeit heranblüht. Nicht „Gott“ oder der Gipfel der Hierarchie, zu der er durch karmische Abstammung gehört, aber ein göttliches Wesen. Er ist nicht mehr länger eine nichtselbstbewusste Monade, sondern eine selbstbewusste Monade, ein Planetengeist, ein Dhyân-Chohan, um einen schönen buddhistischen Ausdruck zu gebrauchen. Er ist ein „Herr der Meditation“, eines von jenem wunderbaren Heer spiritueller Wesen, die die vollerblühten Wesen früherer Weltperioden oder Manvantaras sind. Dieses wunderbare Heer sind die vollkommenen Menschen jener früheren Weltperioden, und sie führen die Entwicklung dieses Planeten in seinem gegenwärtigen Manvantara aus. Sie sind unsere spirituellen Herren, Führer und Erlöser. Sie überwachen uns jetzt in unserer Entwicklung, und wir folgen dem Pfad der von ihnen auf unserer gegenwärtigen zyklischen Pilgerschaft vorgezeichneten allgemeinen Entwicklung. Als wir am Anfang als unselbstbewusste Gottesfunken die Pilgerschaft mit der Bestimmung, in diesem unserem Manvantara selbstbewusste Menschen zu werden, antraten, waren es die Dhyân-Chohans – die Blüten des früheren Manvantaras –, die den Pfad für uns eröffneten. Sie lenkten unsere unsicheren Schritte, als wir Menschen wurden, Inkarnationen unserer höheren Selbste. Als wir aber selbstbewusste Wesen oder Menschen wurden, begannen wir, uns selbst zu leiten und unserer Entwicklung entsprechend bewusst mit ihnen oder, wie H. P. Blavatsky es so ausgezeichnet ausdrückt, „mit der Natur zu arbeiten“. Das ist unsere höchste Pflicht und unsere leuchtende Hoffnung. Es ist unsere zukünftige Bestimmung, selbst gottgleiche Wesen zu werden, um dann in zukünftigen Manvantaras weniger entwickelte Wesenheiten zu unterrichten und zu inspirieren, so wie wir belehrt, inspiriert und geleitet wurden. Schließlich werden wir nach vielen Kalpas, nach vielen Tagen von Brahmâ – jeder „Tag“ umfasst die Periode von sieben planetarischen Runden – ein bewusster Teil des kosmischen Logos, des brâhmaischen Logos werden (der Ausdruck brahmâischer Logos bedeutet die höchste wesenhafte Intelligenz des Sonnensystems) und von dort unaufhörlich aufwärts und aufwärts schreiten.

Wir kehren zu unserem Hauptthema zurück. Wenn die Monade den Anfangspunkt der kosmischen Manifestation erreicht hat, ist sie bereits durch die drei ersten der zehn Ebenen, Grade oder Stufen hinabgestiegen, das heißt durch die drei Ebenen, Grade oder Stufen, die das obere Dreieck oder die obere Triade der zehn Ebenen bilden, in und auf denen das Universum aufgebaut ist. Sie beginnt nun, gemäß ihrer Bestimmung, abwärts zu kreisen, und ihr Tor in die kosmische Manifestation ist das Layazentrum, das der Âtman oder der universale Geist ist. Âtman gehört so wenig zu einer besonderen Wesenheit oder einem Menschen wie der Âtman irgendeiner Wesenheit oder eines Menschen auf irgendeinem anderen Planeten irgendeines anderen Sonnensystems.

Âtman ist nur deshalb unser, weil es die Verbindung ist, die uns mit dem Höheren verbindet. In Wirklichkeit besteht das menschliche Wesen oder der Mensch aus fünf Prinzipien, weil Âtman ihm nicht zugehört, außer als „Plattform zur Erlösung“; und sein grober physischer Körper ist überhaupt kein wirkliches Prinzip. Die zusammengesetzten Prinzipien im Menschen müssen wir eingehender behandeln, wenn wir unser Studium des psychologischen Aufbaus des Menschen aufnehmen.

Das obere Dreieck der zehn Ebenen wird tatsächlich aus der Monade selbst heraus ausgebreitet und entwickelt, wie die Blüten und Blätter einer Blume aus ihrem Samen heraus ausgebreitet und entwickelt werden. Sie zieht ihr Leben und Sein aus ihrem eigenen Innern. Spirituell gesprochen, ist es die Elementalwelt, wie die drei Welten unterhalb unseres Mineralreiches, materiell gesprochen, unsere Elementalwelten sind, und diese bilden wiederum gleichzeitig eine Elementalwelt, spirituell gesprochen, für die unter der unsrigen befindlichen Hierarchie.

Der innere Drang, der die Monade antreibt, sich in der Manifestation und in der Form auszudrücken, ist der Wille höherer, durch sie wirkender Wesen, von denen sie einen wesentlichen Teil bildet. Ebenso wie unser Gehirn oder unser Körper dem unerbittlichen, unvermeidlichen Gesetz der Notwendigkeit folgt, das wir unserem Gehirn oder unserem Körper durch unsere Gedanken und unseren Willen aufzwingen, sind doch beide, Gehirn und Körper, in der Materie Teile von uns selbst. Die

Monade muss Selbstbewusstsein erlangen, um sich selbst zu „befreien" und so eine selbstbewusste, ihre Entwicklung selbst leitende Göttlichkeit zu werden.

Diese Zusammenhänge sind für das richtige Verstehen unseres zukünftigen Studiums sehr wichtig, so dass wir uns immer und immer wieder genötigt fühlen, zu ihnen zurückzukehren. Sie sind die fundamentale Basis und liegen direkt an der Wurzel unserer Lehren. Verstehen wir klar und gut, dass dies nicht Fatalismus ist. Fatalismus ist der Lehre von Swabhâva, der Lehre vom „Sich-selbst-zum-Ausdruck-Bringen", genau entgegengesetzt.

Wie ein Ei in sich den Keim entfaltet, der das zukünftige Täubchen werden wird, oder wie das menschliche Ei, das Ovum, den Keim entfaltet, der das zukünftige Menschenkind werden wird, so ähnlich entwickelt sich das Universum, so ähnlich entwickelt sich ein Atom, so entwickelt sich auch eine Monade. Sie wird innerhalb des aurischen Eies entfaltet. Das menschliche Ovum, der Same der Pflanze, sie sind nichts anderes als ein „Ei". Die Gestalt mag verschieden sein, die Lebensform mag verschieden sein, aber das hat nichts mit dem Prinzip der Entfaltung zu tun, von dem wir sprechen. Die Umhüllung innerhalb des aurischen Eies umschließt den Keim der Individualität – oder ihr Swabhâva –, der dazu bestimmt ist, seiner Laufbahn entlang der eigenen, charakteristischen Richtung der Entfaltung zu folgen. Aus dem Ei oder Samen kommt nur das, was in ihm enthalten ist, jede Gattung ihrer eigenen Art entsprechend; das ist ihr Swabhâva. Die Schule der Stoiker Griechenlands lehrte die Existenz von – sowohl kosmischen als auch unendlich kleinen – spermatischen Logoi, „Samen-Logoi". Jeder spermatische Logos erzeugt, wie die Elohim der hebräischen *Bibel,* Geschöpfe gemäß seiner Art und entsprechend seiner eigenen Essenz, und das wiederum ist Swabhâva.

Wir sahen bei dem Studium der *Kabbala,* wie sich die höhere Welt entfaltete und aus sich selbst die zweite Welt emanierte oder entwickelte und so tatsächlich die zweite Welt *wurde:* Auf diese Weise ist sie beides, Mutter und Kind. Die zweite Welt war so das Kind der ersten. Die dritte war das Kind der ersten *und* der zweiten; und die vierte, die „Welt der Schalen" – Wesen, die in groben Körpern oder „Schalen" leben –, war das Kind der ersten, der zweiten und der dritten, die alle zusammenwirken, um diese vierte hervorzubringen. Beachten wir indessen, dass jede obere Sphäre oder Welt auf ihrer eigenen Ebene unversehrt bleibt, obgleich sie die nächstfolgende, untergeordnete Welt aus sich selbst hervorbringt bzw. entwickelt.

Die Stoiker hatten eine Entwicklungslehre, die in ihrer Essenz die reine Lehre unserer eigenen Philosophie ist, wenn auch in anderer Form und unter anderem Namen zum Ausdruck gebracht. Sie drückten es auf ihre Weise aus, indem sie einem dem griechischen Gemüt entsprechenden mechanischen Verfahren folgten. Nebenbei gesagt ist es seltsam, dass es das orientalische Gemüt immer vorgezogen hat, lieber den psychologischen und spirituellen Richtungen des Denkens zu folgen als den mechanischen oder, wie wir jetzt sagen würden, den „wissenschaftlichen". Aber die Stoiker lehrten in Griechenland und später in Rom, dass der „Mechanismus" der ESSENZIELLEN NATUR der Gottheit – und die essenzielle Natur ist unser Swabhâva, was wir „Vater-Mutter" nennen würden – Spannung und Nachlassen dieser Spannung sei. Das Nachlassen der Spannung ist der erste Akt der Weltenbildung. Zur Erläuterung der Idee nahmen sie als Analogie die bekannte Tatsache, dass sich ein Metall, wenn es heiß wird, ausdehnt und schließlich verdunstet. Indem sie diese den Tatsachen entsprechende Analogie benutzten, sagten sie, dass der „natürliche" Zustand des Pneuma („Geist", d. i. die Gottheit) Feuer sei – nicht physisches Feuer, sondern der Same jenes kosmischen Elementes, aus dem das physische Feuer entspringt. Das Nachlassen der Spannung bewirkte die erste Differenzierung der uranfänglichen Substanz – oder des Pneumas, d. i. „Gott" –, und diese Differenzierung erweckte dann die schlafenden oder latenten Lebenssamen, die aus der vorhergehenden Periode manifestierten Lebens herüberkamen, zu aktivem Leben. Die so erwachenden Lebenssamen oder Samen-Leben – deren spermatische Logoi – begannen die einsetzende Weltperiode und alle Wesenheiten in ihr aufzubauen und zu leiten, indem jedes Samenleben seine eigene Art oder charakteristische Essenz – unser Swabhâva – aus sich hervorbrachte. Das ist kurz die Lehre der Esoterischen Philosophie, aber so, wie die Stoiker sie wiedergaben.

Als das Universum aus seinem eigenen Wesen hervorkam, ließ, wie die Stoiker lehrten, die „Spannung" in der uranfänglichen Substanz oder dem göttlichen Feuer nach, sie zog sich sozusagen zusammen, und die Zusammenziehung gebar durch Verdichtung den Äther. Sodann, als die Spannung innerhalb des Äthers nachließ, gebar dieser die „Luft". Die Luft gebar das „Wasser" und das Wasser schließlich die „Erde". Wir sprechen nicht von dem materiellen Feuer, der materiellen Luft, dem materiellen Wasser und der materiellen Erde, die wir kennen, sondern wir beziehen uns auf deren Elemente oder „Samen". Die Erde, das Wasser, die Luft und das Feuer, die wir sehen können, sind nur materielle Muster oder sozusagen die letzte Nachkommenschaft der elementaren Samen, denen sie entsprangen. Das „Feuer" gebar den „Äther", dieser ist sein Schatten, der Schatten von ihm selbst. Der „Äther" gebar seinen Schatten oder die „Luft", seine Umhüllung oder seinen Körper. Die „Luft" gebar das „Wasser" und das Wasser die „Erde". Die Stoiker lehrten ferner, dass diese Elemente eines in das andere umgewandelt werden können – der Traum der Alchimisten und psychologisch gesehen auch der Traum der Initianden in unserer eigenen Schule, die danach streben, das Unedle in das Reine, das Materielle in das Spirituelle umzuwandeln.

Indem wir nochmals zu unserem Hauptthema zurückkehren, muss bemerkt werden, dass natürlich die Monade – die Wurzel oder die Individualität einer Hierarchie irgendwelcher Art –, wenn sie in die Materie hinabkreist, ihre eigenen Hüllen (oder niedrigeren Vehikel) aus sich selbst hervorbringt, aus sich selbst nach außen entfaltet, die im direkten Verhältnis zum größeren Abstieg der Monade beständig dichter werden. In Verbindung hiermit erhebt sich die Frage: Wenn es in den höheren Sphären gewisse Welten der Glückseligkeit, Welten des Friedens gibt, wie steht es dann mit jenen niedrigeren Zuständen des Seins, von denen H. P. Blavatsky als von „Avîchi" spricht? In der Esoterischen Philosophie wird nachdrücklich keine Hölle in dem christlichen Sinn gelehrt. Eine derartige „Hölle" ist ein bloßes Schreckgespenst der Imagination, aber es gibt in aller Wahrheit niedere Sphären. Ebenso wie es höhere Daseinsbereiche gibt, muss es auch niedere Daseinsbereiche geben. Es kann kein Gutes geben, ohne dass es ein Böses gibt, denn das eine ist der Schatten des anderen und hält ihm in der Natur die Waage. Diese niedrigeren Bereiche haben in dem kosmischen Drama eine genau festgelegte Rolle. Sie sind sozusagen die Reinigungshäuser für die Seelen jener, die beständig Böses tun. Gleiches zieht Gleiches an. In diese niederen Sphären gehen notwendigerweise jene ein, die sich während einer längeren Reihe von Inkarnationen hartnäckig weigern, dem spirituellen Licht in ihrem eigenen Innern zu folgen. Wir wiederholen, Gleiches zieht Gleiches an. Tatsächlich verfolgen solche Seelen, die so mit Üblem beschmutzt und beschwert sind, in Wirklichkeit ihre eigene zyklische Pilgerschaft und werden durch Anziehung zu gleichartigen Sphären hingezogen. Wie unsere Lehrer gesagt haben, ist es vielen Millionen und Millionen der Atom-Seelen während der zyklischen Pilgerschaft hinab in die Materie nicht gelungen, den Gefahrenpunkt zu überschreiten. Anstatt danach ihre „heimwärts" führende Reise den „Leuchtenden Bogen" aufwärts zu beginnen, werden sie in den schrecklichen Strudel des Stromes hineingerissen, der weiter in die Materie hinabführt und deshalb in verhältnismäßig größeres Leid. Diese Seelen müssen warten, bis im nächsten Manvantara, in dem zukünftigen Kalpa der Erde, ihre Zeit wieder kommt und damit eine andere Gelegenheit. Für diesen Tag von Brahmâ, für dieses Manvantara von sieben Runden, ist für sie bezüglich ihrer bewussten Reise zurück zu ihrer göttlichen Quelle alles zu Ende.

Dies sind die Lehren (wie die über Avîchi-Nirvâṇa, die nur angedeutet wurden), die in den alten Mysterienschulen gelehrt wurden. Durch falsche Auslegung und Verdrehung der Tatsachen entstanden die Teufelslehren von einer feurigen, materiellen Hölle, in der die ätherischen Seelen der hartnäckigen Sünder in Ewigkeit brennen müssen. Von diesen Seelen wird gesagt, dass sie asbestähnlich seien, für immer heftig brennen und doch nie verzehrt werden, wie Pech, das in alle Ewigkeit in nie endendem Feuer brennt. Welch schreckliche Höllenträume einer rohen und materialistischen „religiösen" Lehre! Es ist erstaunlich, wie das Gemüt des Menschen Dinge erfindet, um andere damit zu quälen. Aber es zeigt auch, dass hinter diesen fürchterlichen, Alpdrücken erzeugenden Lehren und Dogmen eine grundlegende Tatsache vorhanden ist, die das unbelehrte Gemüt durch dichte Schleier dunkel, falsch und verzerrt sieht; ein Element der Wahrheit, das nur richtig erklärt zu werden braucht, um verstanden zu werden.

Wie das menschliche Herz vor Mitleid gerührt sein muss! Noch vor einigen Dutzend Jahren hielten unsere Vorfahren diese Lehre für wahr. In Kirchen, deren Blick rückwärts gerichtet ist, werden die gleichen schrecklichen Lehren noch heute als Tatsachen gelehrt, wenn auch mehr oder weniger im Geheimen, als schäme man sich ihrer. Es gibt irregeleitete und unglückliche Menschen, die diese Lehren glauben und auf dem Totenbett im voraus die Qualen des Verdammtseins erdulden, Qualen, die sicherlich schlimmer sind als irgendwelche, die die Natur für ihre Irrtümer und Sünden bereithält. Denken wir an das Grauenvolle von alledem. Denken wir auch an unsere Pflicht, die wir unseren Mitmenschen schulden, ihnen die wahre Bedeutung dieser verzerrten und entstellten Lehren in ihrer ganzen schönen Hoffnung zu lehren! Wir sind es ihnen schuldig. Wir werden oft gefragt: Was hat es für einen Zweck, die *Geheimlehre* zu studieren? Was hat es für einen Zweck, soviel Zeit auf das Studium der Runden und Rassen zu verwenden? Hier ist einer der Gründe. Wir können die Menschen nicht wesentlich ändern, solange sie nicht ihr Gemüt geändert haben. Lehrt die Menschen, richtig und edel zu denken, und ihr lehrt sie, richtig und edel zu leben und richtig und edel zu sterben. Es gibt nichts, was den Menschen so erhebt wie ein edler Gedanke. Nur reine Torheit und reiner Egoismus sagen: „Welchen Zweck haben edle Gedanken? Meine Gedanken sind für mich gut genug."

Soviel bisher auch gesagt wurde, so haben wir doch erst begonnen, Swabhâva zu erklären. Wir werden diesen Abend nicht die Zeit und Gelegenheit haben, die sehr wichtigen psychologischen Aspekte davon so zu berühren, wie wir es zu tun hofften. Wir haben jedoch noch einige Augenblicke Zeit und wollen versuchen, die Lehre von Swabhâva in der schon gewählten Richtung klarer zu erläutern. Stellen wir uns eine individuelle Monade vor, die ihren Strahl durch jene Sphäre sendet oder die durch jene Sphäre hinabsteigt, die die spirituell-atomistische Ebene der sechs Ebenen unter ihr wird. Er (dieser Strahl) gestaltet sich im Verlauf der Zeit selbst zu den entsprechenden Prinzipien und Ebenen und sammelt und erntet die Erfahrungen jener besonderen Ebene. Beim Verlassen der spirituell-atomistischen oder Âtman-Ebene entwickelt er aus sich selbst seinen Schatten, der gewissermaßen einer Umhüllung, einer Aura ähnlich ist und so dort sein aurisches Ei bildet. Die zweite Ebene oder das zweite Prinzip ist unser Buddhi, und so, wie das monadische Leben oder der monadische Strahl noch tiefer in das schattenhafte Leben hinabsteigt, wird die buddhische Ebene oder das buddhische Prinzip für ihn das Wirkliche und Wahre. Während die Äonen vergehen, entwickelt der hinabsteigende Strahl (oder Same) einen weiteren Schatten, eine weitere Umhüllung, einen weiteren feinen Körper, eine weitere Aura, ein weiteres aurisches Ei aus sich selbst heraus, und das ist unser Manas. Jedes dieser drei Prinzipien hat – wie in der Tat alle sieben – seine sieben Grade, sieben Stufen, vom Âtman irgendeines der drei Prinzipien bis hinab zu seinem niedersten Grad, der ein „Corpus“ oder „Körper“ ist. So geht es weiter mit den übrig bleibenden vier niedrigeren Ebenen und Prinzipien des Menschen. Jedes einzelne dieser Prinzipien wird auf unserem Globus in der entsprechenden und gleichartigen der sieben Runden des Tages von Brahmâ „vollständig“ entwickelt. Ferner wird je eines der sieben Prinzipien auf einem der sieben Globen der Planetenkette besonders entwickelt. Wiederum ist, wie eben gezeigt, am Ende jeder Runde eine Ebene oder ein Prinzip entwickelt als Vorbereitung für die Entwicklung der oder des nachfolgenden in der nächsten Runde. So bedarf es zum Beispiel zweier voller Runden, um zwei Ebenen und zwei Prinzipien vollständig hervorzubringen. Während der ersten und der zweiten Runde aber sind zum Beispiel die anderen Ebenen und Prinzipien gradweise in Erscheinung getreten, indem sie nach und nach evolvieren, sich Schritt um Schritt entwickeln. Das Küken wächst nicht an einem Tag, das Kind wird nicht in einer Woche erwachsen, seine Seele entwickelt sich nicht innerhalb von vierzehn Tagen. Wenn ein Mensch das Leben leben würde, wie er es leben sollte, wäre er zu der Zeit am höchsten und am edelsten, zu der er denkt, es wäre für ihn an der Zeit zu sterben. Der physische Körper mag dann zum Sterben bereit sein, aber der innere Mensch, das, was die wirkliche Wesenheit ist, sollte vortrefflicher, edler und erhabener geworden sein. Für diesen Zweck leben wir in Wirklichkeit.

So entfaltet sich der Lauf der Evolution bis zum Ende der sieben Runden. Jede Runde bringt ein Prinzip und eine Ebene hervor. In jeder Runde wird jedes der übrig bleibenden Prinzipien in geringerem Grade herausgebracht oder evolviert, und es gibt so – um Hesekiels Ausdruck zu gebrauchen – „Räder innerhalb von Rädern“. Am Mittelpunkt der vierten Runde, die die mittlere Runde ist, kommt eine Zeit, in der der monadische Strahl den Gipfel der Materialität erreicht hat. Somit hat die Lebenswoge einen Punkt erreicht, an dem sich der Weg verzweigt und sowohl abwärts als auch aufwärts führt. Mit den Worten Hesekiels, Kapitel 18: „welche Seele sündigt, die soll sterben“. Das bedeutet, dass der monadische Strahl dem Weg abwärts folgt und jede Gelegenheit zum Aufstieg auf dem „Leuchtenden Bogen“ zurück nach Hause für jenes Manvantara verliert. Er folgt dem abwärts führenden Pfad. Aber jene anderen, die vorwärts gehen können und vorwärts gehen, überschreiten den Gefahrenpunkt tatsächlich.

Ein Tag von Brahmâ ist aus sieben Runden zusammengesetzt. Das ist eine Periode von 4320 Millionen Sonnen- oder vielmehr Erdenjahren. Von diesen Tagen sind wiederum sieben notwendig, um ein Sonnenmanvantara zu bilden. Dieser Ausdruck wird in der Esoterischen Philosophie in einem besonderen Zusammenhang gebraucht, weil sieben mal sieben Runden notwendig sind, um jedes der sieben Prinzipien und jede der sieben Ebenen, aus denen die sich manifestierende Hierarchie zusammengesetzt ist, vollkommen zu entwickeln. Es wird uns gesagt, dass die Hälfte des Lebens von Brahmâ vorüber ist, die Hälfte von 311 040 000 000 000, plus noch einige Milliarden unserer Jahre! Ich beziehe mich hierbei auf das Sûrya-Siddhânta, ein altes Sanskṛitwerk über Kosmogonie und Astronomie, das nach den in ihm aufgestellten Behauptungen und den in ihm gegebenen Tatsachen, der volkstümlichen Auslegung entsprechend, auf ein Alter von etwas mehr als zwei Millionen Jahre Anspruch erhebt. Ich glaube, unsere modernen Orientalisten verlegen in ihrer großen Weisheit sein Entstehen mehr oder weniger in die Zeit des Beginns der christlichen Ära oder später, und zwar aus dem einen Grund, weil die Griechen gewisse Formen der Berechnung nach Nordwest-Indien gebracht haben, die in dem Sûrya-Siddhânta zu finden sind. Das ist eine rein willkürliche Theorie, die auf keine bestimmte festgelegte Tatsache begründet ist, sondern nur auf die selbst entwickelten oder „swabhâvischen“ Theorien der Orientalisten selbst!

Kapitel 12

Psychologie: entsprechend der Esoterischen Philosophie. Unsterblichkeit ist bedingt: der Verlust der Seele.

Beug dich nicht hinab, denn ein jäher Abgrund liegt unterhalb der Erde, sich hinziehend unter einem Abhang von sieben Stufen, unter denen sich der Thron der schrecklichen Notwendigkeit befindet.

Psellus, 6, Plet. 2 (Cory, Chaldäische Orakel)

Teuflisch (asûrya) werden jene Welten genannt, die in undurchsichtige Finsternis (Tamas) gehüllt sind! Zu ihnen gehen nach dem Dahinscheiden alle, die Mörder des Selbstes sind.

Îsa-Upanishad, 3. Vers (Englisch: R. E. Hume)

Zu Beginn unseres Studiums der heiligen Wissenschaft, die zu erforschen wir wiederum das Vorrecht haben, wollen wir den Anfang machen, indem wir aus H. P. Blavatskys *Geheimlehre,* Band I, den letzten Absatz auf Seite 293 vorlesen:

1. Die Geheimlehre ist die angehäufte Weisheit der Zeitalter …

Seite 294, zweiter Absatz:

2. Das Grundgesetz dieses Systems, der Mittelpunkt, aus dem alles emportaucht und um und gegen den alles gravitiert und von dem alle ihre Philosophie abhängt, ist das Eine gleichartige göttliche SUBSTANZ-PRINZIP, die Eine wurzelhafte Ursache.

Vierter Absatz:

3. Das Weltall ist die periodische Offenbarung dieser unbekannten, unbedingten Essenz.

Letzter Absatz:

4. Das Weltall mit allem, was darin ist, wird Mâyâ genannt, weil alles darinnen vergänglich ist, vom kurzdauernden Leben eines Leuchtkäfers bis zu dem der Sonne.

Seite 295, letzter Absatz:

> 6. Das Weltall wird von *innen nach außen* bewegt und *geleitet.* Wie oben, so ist es unten, wie im Himmel, so auf Erden; und der Mensch, der Mikrokosmos und das Kleinbild des Makrokosmos, ist der lebendige Zeuge für dieses universale Gesetz und für die Art seines Wirkens. Wir sehen, dass jede *äußere* Bewegung, Handlung, Gebärde, einerlei ob willkürlich oder mechanisch, organisch oder intellektuell, durch *inneres Gefühl* oder Erregung, Willen oder Wunsch und Gedanken oder Gemütsbewegung hervorgerufen wird und darauf folgt. Wie keine äußere Bewegung oder Veränderung im normalen Zustand im äußeren Körper des Menschen stattfinden kann, wenn sie nicht durch einen inneren Antrieb, der durch eine der drei genannten Funktionen gegeben ist, hervorgerufen wird, so ist es auch beim äußeren oder geoffenbarten Weltall. Der ganze Kosmos wird von einer nahezu endlosen Reihe von Hierarchien fühlender Wesen geleitet, gelenkt und belebt, von denen jedes eine Sendung zu erfüllen hat und die – einerlei, ob wir ihnen den einen oder den anderen Namen geben, ob wir sie Dhyân-Chohans oder Engel nennen – nur in dem Sinne „Sendboten" sind, dass sie die Ausführer der karmischen und kosmischen Gesetze sind. Sie sind in ihren einzelnen Abstufungen von Bewusstsein und Intelligenz unendlich verschieden; und sie alle reine Geister zu nennen, ohne irgendwelche irdische Beimischung, „woran die Zeit zu nagen pflegt", heißt nur einer poetischen Phantasie huldigen. Denn jedes von diesen Wesen *war* entweder ein Mensch oder bereitet sich vor, einer zu werden, wenn nicht in dem gegenwärtigen, so in einem vergangenen oder zukünftigen Manvantara. Sie sind *vervollkommnete,* wenn nicht *anfangende* Menschen; und sie unterscheiden sich auf ihren höheren, weniger materiellen Sphären von irdischen menschlichen Wesen nur darin, dass sie frei sind von dem Gefühl der Persönlichkeit und von der *menschlichen* erregbaren Natur – von zwei rein irdischen Eigenschaften.

Und auf Seite 49, Absatz 4:

> ... die Differenziation des „Keimes" des Weltalls in die siebenfache Hierarchie von bewussten göttlichen Kräften, die die tätigen Offenbarungen der Einen höchsten Energie sind. Sie sind die Bildner, die Gestalter und schließlich die Schöpfer des ganzen geoffenbarten Universums, in dem einzigen Sinne, in dem der Name „Schöpfer" verstandesgemäß ist; sie beseelen und lenken es; sie sind die intelligenten Wesen, die die Entwicklung

in Ordnung bringen und beaufsichtigen, indem sie in sich jene Offenbarungen des Einen Gesetzes verkörpern, die wir als die „Naturgesetze“ kennen.

Indem wir den Gedanken unserer letzten Studien von vor zwei Wochen wieder aufnehmen, werden wir heute Abend einen Umriss über die psychische Natur des Menschen geben, denn wenn sich der Mensch selbst versteht, kann er verstehen, woher er kam und was er ist. Er versteht das Universum im Verhältnis zur Entwicklung seines eigenen Geistes und Gemütes und seiner wahrnehmenden Fähigkeiten, deren Entwicklung mit der Entwicklung des Geistes und des Gemütes im Menschen Hand in Hand geht. Um uns zu ermöglichen, die wesentlichen charakteristischen Eigenschaften des psychischen Aufbaus des Menschen leichter zu verstehen und sie klarer darzulegen, werden wir uns bemühen zu zeigen, wie eng diese zu zwei grundlegenden Lehrsätzen, Prinzipien oder Lehren der alten Weisheit in Beziehung stehen. Diese sind erstens das Gesetz oder vielmehr die Tatsache der Hierarchien und zweitens das Gesetz (wir benutzen den Ausdruck „Gesetz“ mit starkem Widerstreben) der charakteristischen Natur der Dinge, Swabhâva genannt. Swabhâva ist ein Sanskṛitausdruck, der SELBST-Werden bedeutet. Er enthält die Grundlagen des Moralgesetzes. Wie unverkennbar, ist der Mensch für sich selbst verantwortlich, und da er ein Teil von anderen Wesen ist, ist er auch für andere Wesen mitverantwortlich. Dementsprechend begegnet der Mensch als Folge des Vorhergehenden nach dem Tod „nicht seinem Schöpfer“, sondern er muss in Wirklichkeit seinem eigenen Geschöpf gegenübertreten und mit dem rechnen, was er während seines Lebens in sich selbst geschaffen hat – seinem astralen Selbst.

Was veranlasst eine Rose, immer eine Rose hervorzubringen? Warum bringt der Same eines Apfels unweigerlich Äpfel hervor? Warum bringt er nicht Disteln, Gänseblümchen oder Stiefmütterchen hervor? Die Antwort ist sehr einfach, aber dennoch sehr tiefgehend: Das Swabhâva ist die charakteristische Natur in und von dem Samen. Sein Swabhâva kann nur das hervorbringen, was er selbst ist, seine essenzielle Charakteristik, seine eigene innere Natur. Die Stoiker von Griechenland und Rom brachten die Tatsache der Evolution zum Ausdruck, indem sie sagten, dass es das Pneuma – „Geist“ – ist, das zu Beginn einer Manifestationsperiode seine Spannung vermindert, worauf eine Kondensation oder ein Gerinnen des Pneumas oder Geistes erfolgt und die Evolution beginnt. Beide, Emanation und Evolution, beginnen damit und folgen den in der vorhergehenden manvantarischen Periode geschaffenen und wirksamen Ursachen. Gleichzeitig mit der Eröffnung der neuen Periode werden die „spermatischen Logoi“, die „Samen-Logoi“, lebendig – ein aus dem Griechischen übersetzter Ausdruck: *spermatikoi logoi,* spermatische Gründe,

Samen-Gründe. „Logos“ bedeutet „Grund“ und daher unter anderem auch „Ursache“. Die Samen-Logoi oder spermatischen Logoi waren die Früchte oder Resultate, das Karman, wie wir sagen würden, früherer Perioden der Tätigkeit. Nachdem sie in dem vorhergehenden Manvantara eine gewisse Stufe der Evolution oder Entwicklung erreicht hatten, eine gewisse Beschaffenheit, Charakteristik oder Individualität, konnten sie, als die nächste Evolutionsperiode kam, nichts anderes hervorbringen als das, was sie selbst waren: ihre eigene innere Natur, wie Samen sich zum Ausdruck bringen. Der Same kann nichts anderes hervorbringen als das, was er selbst ist, was in ihm ist. Das ist das Herz und die Essenz von Swabhâva. Die philosophische, wissenschaftliche und religiöse Reichweite dieser Lehre ist einfach unermesslich, sie ist von größter Wichtigkeit.

Die Gewohnheit oder das „Gesetz“ (wir gebrauchen dieses Wort wiederum mit Widerstreben) von Swabhâva kann nur in dem wirken, was es selbst ist, weil augenscheinlich nur sein eigenes Vehikel, sein eigenes Selbst für die Manifestation von sich selbst geeignet ist. Daher ist die Art und Weise der Evolution und Emanation und das Fortschreiten der Hierarchie so, wie schon dargelegt wurde; das heißt, dass die Evolution und die Emanation vom Höchsten abwärts in das mehr Materielle führen und so der Linie des „Schattenhaften Bogens“ hinab in die Materie folgen, bis der Wendepunkt des Abstiegs erreicht ist, worauf der Aufstieg den „Leuchtenden Bogen“ entlang beginnt.

Wir müssen jedoch wohl beachten, dass das Höhere bei diesem Prozess seine eigene Sphäre nicht verlässt. Das Höhere wird nicht gänzlich das Niedrigere, und das Niedrigere wird nicht gänzlich das noch Niedrigere, dabei oben ein Vakuum oder eine Leere zurücklassend. Die höheren Sphären bleiben immer bestehen. Es ist wie mit der Flamme einer Kerze, die an den Docht einer anderen Kerze gelegt wird. Mit dieser Kerze können wir, wie unser erster großer Lehrer gesagt hat, alle Kerzen im Universum anzünden, ohne dass ihre Energie, ihre Kraft oder ihre charakteristische Essenz vermindert wird. Das Höchste bleibt immer das Höchste. Es ist jener Teil von sich selbst, der die von innen wirkende, entwickelnde Energie darstellt. Seine Skandhas sind es, die, wie die Stoiker gesagt hätten, das „Nachlassen der Spannung“, die Kondensation oder das Gerinnen von Teilen von ihm selbst erzeugen. Eine vollkommene Analogie dafür findet sich in der Entwicklung des Menschen in der Gebärmutter und in seinem Abstieg in die Inkarnation. Sein spiritueller Teil kommt nicht herab und wird sein ins Leben gerufener Körper, er bleibt immer sein spiritueller Teil. Aber er wirft Teile von sich selbst, die niedrigeren Aspekte oder Prinzipien aus, wenn wir die Idee so ausdrücken wollen. Während der manvantarische Zyklus fortschreitet, sondert jeder Aspekt oder jedes Prinzip von sich etwas Niedrigeres ab, stößt es ab oder scheidet es aus, so dass der physische Mensch, der

Körper, in aller Wahrheit der „Tempel des lebendigen Gottes" ist. Der Tempel ist in Wahrheit die niederste Manifestation des im Innern lebenden Gottes.

Swabhâva wirkt durch die Hierarchien. Wir sind wiederholt zu diesen zwei Hauptgegenständen unseres Studiums zurückgekehrt, weil es vom philosophischen, spirituellen und ethischen Gesichtspunkt aus gesehen sehr wichtig ist, dass diese Dinge in unserem Gemüt so klar wie möglich erfasst werden. Nehmen wir zum Beispiel die kosmogonische Beziehung. Wir werden nicht von einem außerkosmischen Gott geschaffen. Andererseits ist auch Karma keine außerkosmische Wesenheit, die sagte: „Ich erschaffe", und die Welt kam ins Dasein. Die praktisch unendlich vielen Hierarchien greifen ineinander, stehen in wechselseitiger Beziehung zueinander, wirken zusammen und bilden den universalen Kosmos, in dem wir leben. Die höchste Essenz, das Innerste der Essenz jeder Hierarchie, der höchste Teil jeder einzelnen dieser Hierarchien ist eine übergöttliche Monade, die wir Parabrahman-Mûlaprakṛiti nennen können. Ihre erste Manifestation oder abwärts gerichtete Energie, ihr erster Durchbruch in die untere Ebene ist Brahman, das seinerseits durch seinen kosmischen Schleier, Pradhâna, wirkt. Dann kommt Brahmâ-Prakṛiti, auch Purusha-Prakṛiti genannt, das die kosmische Seele oder das kosmische Individuum und die Natur oder der Schleier ist, in dem es sich manifestiert; der Logos und sein Universum, die Monade und ihre Hüllen und so weiter.

Mit diesen Erläuterungen klar im Gemüt können wir nun das Studium dessen, was wir mit der Psychologie des Menschen meinen, unmittelbarer, leichter und umfassender aufnehmen. Das Wort wird heute und an den Sitzen der Gelehrsamkeit des Westens gewöhnlich benutzt, um ein mehr oder weniger dunkles, zum größten Teil von Zweifeln und Hypothesen umwölktes Studium anzudeuten, dessen Theorien wenig mehr sind als eine Art mentaler Physiologie. Sie sind praktisch nicht mehr als das Wirken des Gehirngemütes in dem niederen astral-psychischen Apparat des menschlichen Gemütes. Aber in unserer Philosophie wird das Wort Psychologie angewandt, um etwas ganz anderes, etwas von edlerer Bedeutung auszudrücken: Wir könnten es „Pneumatologie" oder die „Wissenschaft über das Studium des Geistes" nennen, weil die inneren Fähigkeiten und Kräfte des Menschen letzten Endes dem Geist entspringen. Doch da das Wort „Pneumatologie" ungewöhnlich ist und Verwirrung erzeugen könnte, wollen wir zu dem Wort „Psychologie" zurückkehren. Wir meinen mit diesem Wort das Studium des inneren Menschen, des Untereinanderverbundenseins seiner Prinzipien oder Zentren von Energie oder Kraft – das Studium dessen, was der Mensch in seinem Innern wirklich ist.

Der Mensch gründet sich, wie alles andere im Universum auch, auf das Zehnersystem oder auf die Zahl Zehn als das Zahlenfachwerk seines Seins. Drei von den zehn Elementen, Ebenen oder Prinzipien gehören der Arûpa- oder formlosen Welt an und sieben der Welt der Manifestation oder der Form. Die unteren sieben Prinzipien erzeugen eines das andere auf der Stufenleiter abwärts in dem Prozess der Manifestation, ebenso wie die Hierarchien, von denen jede eine niedrigere emaniert oder evolviert und diese niedrigere eine noch niedrigere aus sich herausentwickelt und so immer weiter abwärts bis zur siebenten oder niedersten.

Der Mensch kann als eine Wesenheit betrachtet werden, die aus drei essenziellen Hauptbestandteilen zusammengesetzt ist. Der Sanskṛitausdruck für diese ist Upâdhi. Die Bedeutung des Wortes ist das, was einem Modell oder Muster folgend hervortritt, wie eine Leinwand, auf die das Licht einer Projektionslampe geworfen wird. Verglichen mit der letzten Wirklichkeit, ist es ein Spiel von Schatten und Form. Die drei Grundteile oder Upâdhis sind erstens der monadische oder spirituelle; zweitens jener, mit dem wir von den Herren des Lichtes, den sogenannten Mânasa-Dhyânis, mit Manas versehen wurden (das ist die intellektuelle und intuitive Seite des Menschen, das Elementprinzip, das den Menschen zum Menschen macht); und den dritten Grundteil oder Upâdhi können wir den vital-astralphysischen nennen.

Die drei Grundteile entspringen drei verschiedenen Richtungen der Evolution, drei verschiedenen und getrennten Hierarchien des Seins. Wir wollen nicht vergessen, dass jede Hierarchie in sich, im Keim alles besitzt, was das gesamte Universum ist und hat: das Geringste wie das Größte, wenn wir in Bezug auf das, was endlos ist, von dem „Geringsten" und dem „Größten" sprechen können – auf jeden Fall das Geringste und das Größte einer Manifestationsperiode. Das ist der Grund, warum der Mensch zusammengesetzt ist. Er ist nicht eine einzige und unvermischte Wesenheit, er ist eine zusammengesetzte Wesenheit. Er ist eine Wesenheit, die aus verschiedenartigen Elementen aufgebaut ist, und daher sind seine Prinzipien bis zu einem gewissen Grad trennbar. Jeder der drei Grundteile kann vorübergehend von den beiden anderen getrennt werden, ohne dass physisch der Tod des Menschen eintritt. Aber die Elemente, die einen dieser drei Grundteile bilden, können nicht getrennt werden, ohne die physische oder die innere Auflösung zu bewirken.

Die drei Linien der Evolution, diese drei Aspekte oder Eigenschaften des Menschen, kommen von drei verschiedenen Hierarchien oder Zuständen, von denen oft als von drei verschiedenen Ebenen des Seins gesprochen wird. Die niederste davon kommt von der Erde, letzten Endes vom Mond, unserer kosmogonischen Mutter; die mittlere, die mânasische oder intellektuell-intuitive, von der Sonne; die monadische von der Monade der Monaden, der höchsten Blüte, dem Gipfel oder vielmehr dem höchsten Samen der universalen Hierarchie, die unser kosmisches Universum oder unseren universalen Kosmos bildet.

Es hängt von dem richtigen Verstehen des allgemeinen Untereinanderverbundenseins, des Ineinanderwirkens dieser drei getrennten Teile des inneren Menschen ab, ob wir unsere zukünftigen Studien richtig verstehen werden. Wie wir gesehen haben, begegnen wir, wenn wir unseren Studien richtig gefolgt sind, bei jedem Schritt neuen Ideen, neuen Gedanken, neuen Verbindungen mit dem Universum von Licht und Sein, das uns umgibt, von dem auch wir Kinder sind. Wie schrecklich wäre es, wenn wir die Grenzen von all dem, was zu erkennen möglich ist, erreichen würden! Es liegen im Gegenteil immer endlose Ausblicke der wachsenden Erkenntnis vor uns, und wir können sie nicht anders erreichen, als dass wir die Stufen der Erkenntnis eine um die andere emporsteigen.

Wir haben von unseren großen Lehrern erfahren, dass die Unsterblichkeit bedingt sei. Das ist eine wohlbegründete Wahrheit. Es gibt keine bedingungslose Unsterblichkeit. Warum? Aus den eben dargelegten Gründen. Der Mensch ist eine zusammengesetzte Wesenheit, und wie Buddha als Letztes in seinem Leben sagte: „Brüder, alles, was ist, ist zusammengesetzt und vergänglich. Deshalb erringt euch eure eigene Erlösung." Dies enthält den Kern der Esoterischen Philosophie und damit der Evolution und bedeutet für den Menschen als eine denkende Wesenheit schließlich Unsterblichkeit oder Vernichtung für die Dauer eines Manvantara.

Unsterblichkeit ist gewiss, wenn sich die mittleren Prinzipien, die den intellektuell-intuitiven Menschen zusammensetzen, erfolgreich zur monadischen Ebene erheben, auf der sie mit der Monade eins werden, die wie eine spirituelle Sonne auf sie scheint. Der Verlust der Seele ist für das Manvantara gewiss, wenn sein Swabhâva, seine essenziellen, charakteristischen Energien abwärts in die rohe Materie gerichtet sind.

Die Lehrer haben uns jedoch gesagt, dass der Verlust der Seele nicht eintreten kann, solange auch nur eine einzige spirituelle Aspiration funktionell wirksam bleibt. Nur wenn die unglückliche Wesenheit an dem Punkt angelangt ist, an dem sie sagen kann: „Böses, sei du mein Gott!", wenn nicht eine einzige zitternde Aspiration dem Geiste zu verbleibt, ist sie für die Dauer des Manvantara verloren. Ihr Wesen ist gewissermaßen umgekehrt, und ihr Streben ist abwärts gerichtet, abwärts in Avîchi, wo die Verhältnisse eine fast unmittelbare Vernichtung der Seele herbeiführen können, oder vielleicht ein Manvantara von Avîchi-Nirvâṇa, ein in der Tat furchtbarer Zustand. Er ist das Gegenstück zu dem wunderbaren Nirvâṇa der Dhyân-Chohans oder Herren der Meditation.

Auf der einen Seite können wir uns erheben und ein Gott werden, ja, sogar während wir im Fleische leben. Auf der anderen Seite können wir zulassen, dass wir bis zur Achten Sphäre sinken, wo wir in die gähnenden Tore des „Planeten des Todes" eintreten. Ist es einem von uns jemals eingefallen zu fragen: „Warum sind wir hier? Warum stehen wir, da wir doch eine Unendlichkeit zu unserer Entwicklung zur Verfügung hatten, nicht höher, als wir jetzt stehen?" Ist es jemandem von uns je eingefallen zu fragen, ob *wir* nicht die „gefallenen Engel" sein könnten, jene wirklich spirituellen „Wettkämpfer", die in einem früheren großen Manvantara versäumten, das Ziel zu erreichen, die versäumten, sich zu erheben, die versagten, das ihnen gesteckte Ziel zu gewinnen, und deshalb „hinabgestoßen" wurden, um sich auf dem beschwerlichen Weg wieder emporzuarbeiten? Was meinen wir ferner mit „Seele" im Gegensatz zum „Geist"? Wir sprechen von der menschlichen Seele und von der spirituellen Seele, von der astralen Seele und von der tierischen Seele. Aber wir benutzen diese Ausdrücke nicht in Verbindung mit dem Wort „Geist". Es sind unsere Lehrer, die diese Ausdrücke zuerst in den oben bemerkten Verbindungen angewandt haben. Lehrt uns das nicht, dass die Bedeutung von „Seele" die eines Vehikels ist, eines Upâdhi im Allgemeinen; dass sie jenes Vehikel oder irgendein Vehikel ist, in dem die Monade in irgendeiner Sphäre der Manifestation ihre Bestimmung auswirkt? Diese Vehikel sind bewusste Vehikel. Sie sind lebende und empfindende Vehikel, von denen jedes sein eigenes Bewusstsein und sein eigenes Denkvermögen besitzt. Selbst dieser unser grobe physische Körper ist nicht empfindungslos. Der physische Körper hat seine Wege dumpfen Bewusstseins und Lebens. Er kann fühlen und kann in seiner eigenen schwachen und trägen Weise denken.

So stellt der Verlust der Seele den Verlust dessen dar, was wir während unendlicher Zeitalter sehr, sehr mühevoll zu unserem inneren Tempel, unserem Heim aufgebaut haben, in dem wir uns erheben sollten, um mit den Göttern in Berührung zu kommen, um eins mit ihnen zu werden. Und mehr noch: Mittels des Vehikels sollten wir jene Wesenheiten, die jetzt unter uns stehen, sich aber durch uns unserer eigenen Würde der Menschlichkeit nähern, mit uns emporheben – Wesenheiten, aus denen unsere Seele tatsächlich zusammengesetzt ist. Selbst die Atome in unserem physischen Körper sind junge Seelen, physische Wesen und unentwickelt, die wir unterweisen und inspirieren müssen, wenn wir sie nicht zu einem Zyklus des Leides verdammen wollen.

Mit dem Wissen kommt die Verantwortlichkeit. Das Moralgesetz lässt sich nicht umgehen, es kann nicht mit ihm gespielt werden. Wir stehen bei jedem Schritt, an jedem Morgen, bei jeder Tat, bei jeder Wahl vor dem Pfad rechter oder linker Hand. Wir müssen jederzeit darauf achten, ob unsere Füße auf den „Leuchtenden Bogen" oder auf den „Pfad der Schatten" gestellt werden, der uns abwärts führt.

Kapitel 13

Der Vorgang der Evolution. Selbst, Ego und Seele: „Ich bin" und „ich bin ich".

Nichts in der Natur tritt plötzlich ins Dasein. Alles ist demselben Gesetz gradweiser Evolution unterworfen. Versteht nur einmal den Prozess des Mahâ-Zyklus einer Sphäre, und ihr habt alle begriffen. Ein Mensch wird wie der andere geboren, eine Rasse entfaltet, entwickelt sich und verfällt wie eine andere und wie alle anderen Rassen. Die Natur folgt derselben Gewohnheit bei der „Schöpfung" eines Universums wie bei der eines Moskitos. Richtet beim Studium esoterischer Kosmogonie ein spirituelles Auge auf den physiologischen Vorgang bei der menschlichen Geburt; schreitet von der Ursache fort zur Wirkung, und errichtet ... Analogien zwischen dem ... Menschen und jenen einer Welt ... Kosmologie ist die spiritualisierte Physiologie des Universums, denn es gibt nur ein Gesetz.

The Mahâtma Letters, S. 70–71

Wir eröffnen unser Studium der GEHEIMLEHRE diesen Abend durch Vorlesen eines Teiles des zweiten und des fünften Absatzes auf Seite 201 in Band I:

> ... Nun ist die monadische oder vielmehr kosmische Wesenheit, wenn ein solcher Ausdruck im Mineralischen, Vegetabilischen und Animalischen gestattet ist, obwohl sie durch alle Reihen der Entwicklung, vom niedersten elementaren bis zum Devareich, dieselbe ist, doch dem Maßstab des Fortschreitens nach verschieden. Es wäre sehr irreführend, sich eine Monade als eine getrennte Wesenheit vorzustellen, die sich langsamen Weges auf einem bestimmten Pfad durch die niederen Reiche dahinschleppt und nach unermesslichen Reihen von Wandlungen zu einem menschlichen Wesen erblüht; kurz, dass die Monade eines Humboldt auf die Monade eines Atoms Hornblende zurückdatiert. Statt zu sagen: eine „mineralische Monade", wäre die korrektere Ausdrucksweise der physikalischen Wissenschaft, die jedes Atom differenziert, natürlich die gewesen, sie als „die Monade, die sich in jener Form von Prakṛiti manifestiert, die das Mineralreich genannt wird" zu bezeichnen.

Seite 201, Absatz 5:

> Da die Monaden unzusammengesetzte Dinge sind, wie Leibniz richtig definierte, so ist es die geistige Wesenheit, die sie in ihren Abstufungen der Differenziation belebt, wodurch die Monade eigentlich gebildet

> wird – nicht durch atomistische Aggregation, die nur das Vehikel und die Substanz ist, durch die die niederen und höheren Grade von Intelligenz durchdringen.

Beim Aufnehmen unseres Studiums der letzten Woche heute Abend wird es vielleicht gut sein, dieses damit einzuleiten, dass wir uns der zwei Hauptabsichten erinnern, die der Lehrer verfolgte, als er die Studien eröffnete: erstens, die in H. P. Blavatskys wunderbarem Werk enthaltenen Lehren zu erläutern, und zweitens, uns Prüfsteine, den Gehalt der Lehre erweisende Prüfsteine, an die Hand zu geben. Nicht Prüfsteine in einem dogmatischen Sinn, sondern auf die Lehre anzuwendende oder mentale Prüfsteine, die jeder von uns im Gemüt bewahren, sich ihrer erinnern und sie anwenden kann, wenn er ein Buch zur Hand nimmt, das von den alten Religionen der Welt handelt oder über die modernen Theorien hinsichtlich jener Religionen berichtet, wie sie von einigen modernen Denkern ausgegeben werden.

Die Welt ist heute einfach überschwemmt mit Büchern verschiedener Art, die quasi-spirituelle und sogenannte psychische und quasi-psychische Themen behandeln. Für jene, die die Grundlehren der Theosophie oder die Lehren der alten Weisheits-Religion nicht kennen, wie H. P. Blavatsky sie lehrte, mit deren Hilfe die verschiedenen Gegenstände geprüft und erprobt werden können, ist Raum für mentale Verwirrung, Unentschiedenheit und Zweifel in Bezug darauf, was wirklich der Sinn oder die Bedeutung davon sein mag, weil viele dieser Bücher in sehr geschickter Weise geschrieben sind. Geschicklichkeit im guten Schreiben ist kein Zeichen oder Beweis dafür, dass ein Autor das alte Denken richtig versteht. Eine solche Geschicklichkeit ist nur die Fähigkeit, gewisse Gedanken – des Schreibers eigene Anschauungen – klar und oft lobenswert darzustellen. Aber klares und lobenswertes Schreiben ist bestimmt kein Beweis dafür, dass ein Schriftsteller einen angemessenen und ausreichenden Prüfstein für die alte Weisheit besitzt.

Wenn wir daher die Lehren der alten Weisheits-Religion (Theosophie) im Gedächtnis haben und sie richtig verstehen, dann haben wir Prüfsteine. Mit ihrer Hilfe können wir selbst beweisen, ob diese oder jene Lehre einer alten oder modernen Religion, diese oder jene Lehre eines alten oder neueren Denkers mit jener ursprünglichen spirituellen und natürlichen Offenbarung übereinstimmt. Sie wurde den frühesten Angehörigen der ersten menschlichen und wirklich denkenden Rasse durch jene spirituellen Wesen gewährt, von denen auch wir unsere innere Essenz und unser inneres Leben übertragen bekamen und die tatsächlich unsere eigenen spirituellen Selbste sind. Da es ganz und gar keine Prüfsteine im dogmatisch-religiösen Sinne sind, sind sie nicht „notwendig zur Erlösung“. Die Himmel und Höllen hängen zum Beispiel bezüglich ihres wirklichen Bestehens nicht davon ab, ob die Menschen an sie glauben oder nicht. Aber wir meinen, dass die Theosophie uns Kennzeichen an die Hand gibt, die in derselben Weise Prüfsteine sind wie die Tatsachen, die ein Sachverständiger in Mathematik, Chemie oder in einem anderen Zweig der Wissenschaft oder der Naturphilosophie und -wissenschaft anzuwenden in der Lage ist. Wenn ihm etwas Neues unter die Augen oder unter die Hände kommt, kann er sich vergewissern, ob dieses Neue mit den von ihm und seinen Mitarbeitern bereits festgestellten Wahrheiten übereinstimmt.

In unserer letzten Versammlung behandelten wir den zwischen Geist und Seele bestehenden Unterschied nur unbestimmt und nur im Umriss. Der Geist ist das unsterbliche Element in uns, die unsterbliche Flamme, die niemals stirbt, die nie geboren wurde und das ganze Mahâ-Manvantara hindurch ihre eigene Art, ihre Essenz und ihr Leben beibehält, die in unser Wesen und in unsere verschiedenen Ebenen gewisse Strahlen, Gewänder oder Seelen hinabsendet, die wir sind. Ferner bilden diese Strahlen bei ihrem Abstieg die Lebensessenzen einer Hierarchie, ob wir nun über uns selbst als individuelle menschliche Wesen sprechen oder ob wir dabei an ein Atom, ein Sonnensystem oder an einen universalen Kosmos denken.

Wir wollen heute Abend im Besonderen die Natur des Selbstes und des Egos sowie die Unterschiede zwischen beiden betrachten. Wenn wir genügend Zeit haben, wird es notwendig sein, dass wir uns länger zu einer Lehre äußern, die westlichen Ohren sehr fremd ist und die doch in sich den Kern, das Herz selbst von dem enthält, was emanationelle Evolution ist, und die uns auch zeigt, was unsere Bestimmung ist. Es ist jene Bestimmung, die uns zuerst abwärts und dann wieder aufwärts zurück zu unserem spirituellen Ursprung führt, wobei wir dann etwas mehr besitzen oder vielmehr sind, als wir besaßen oder waren, als wir unsere große evolutionäre Pilgerschaft begannen.

Bevor wir beginnen, die Natur des Selbstes und des Egos sowie den Unterschied zwischen beiden zu erklären, wollen wir kurz erläutern, was wir meinen, wenn wir von Karman sprechen, denn es ist hier erforderlich. Wie wir wissen, ist Karman ein Sanskṛitwort, das von der Wurzel *kṛi* abgeleitet ist. Das Zeitwort bedeutet „machen" oder „tun". Wenn der Wurzel *kṛi* oder dem Stamm *kar,* der durch eine der Regeln der Sanskṛitgrammatik aus der Wurzel *kṛi* entsteht, die Nachsilbe *ma* hinzugefügt wird, haben wir das abstrakte Hauptwort *Karman.* Wörtlich bedeutet es „Tun", „Machen" und daher „Handlung". Es ist ein technischer Ausdruck, das heißt ein Ausdruck, von dem eine ganze Reihe philosophischer Lehren abhängt.

Wir können Karman am besten von dem Standpunkt aus betrachten, dass wir es mit dem Wort „Folgen" übersetzen, weil das Wort „Folgen" oder das Wort „Früchte" seine allgemeinste Anwendung im technischen Sinne der Esoterischen Philosophie zu sein scheint. Karman ist kein von einem Gott aufgestelltes Gesetz. Wir wollen uns erinnern, dass ein von Menschen geschaffenes Gesetz ein führender Grundsatz der Moral ist, der Ordnung oder des Rechts, der von einem Gesetzgeber niedergelegt wurde und verbietet, was unrecht ist, und einschärft und befiehlt, was recht ist. Karman ist nicht dieser Art. Karman ist die Gewohnheit der universalen und ewigen Natur, eine eingewurzelte, uranfängliche Gewohnheit, die sich so auswirkt, dass auf eine Handlung notwendigerweise bestimmungsgemäß ein unvermeidliches Resultat folgt, eine Rückwirkung der Natur, in der wir leben. A. P. Sinnett, einer der ersten Helfer H. P. Blavatskys, nannte es das „Gesetz der ethischen Verursachung“, eine unpassende und irreführende Bezeichnung, weil Karman vor allem mehr ist als nur ethisch, es ist sowohl spirituell als auch materiell und alles, was dazwischen ist. Es wirkt auf den spirituellen, mentalen, psychischen und physischen Ebenen. Es ist viel besser, es das „Gesetz von Ursache und Wirkung“ zu nennen, weil diese Bezeichnung allgemeiner ist, aber selbst damit wird es ganz und gar nicht zutreffend beschrieben. Der wirkliche Kern der Bedeutung dieser Lehre ist: Wenn irgendeine Wesenheit in einem Zustand verkörperten Bewusstseins handelt, errichtet sie eine unmittelbare Kette der Verursachung, die auf jeder Ebene wirkt, bis zu der sich jene Kette der Verursachung erstreckt, bis zu der sich die Kraft ausdehnt.

Menschliches Karman wird im Menschen selbst geboren. Wir sind seine Schöpfer und Erzeuger, und wir leiden auch durch dasselbe oder werden aufgrund unserer eigenen früheren Handlungen geläutert. Was ist diese Gewohnheit selbst, das *Ding an sich,* wie Kant gesagt hätte, diese eingewurzelte, uranfängliche Gewohnheit der Natur, die sie auf eine entstehende Ursache zurückwirken lässt? Das ist eine Frage, mit der wir uns später eingehender beschäftigen müssen. Doch wir können Folgendes sagen: Sie ist der Wille von spirituellen Wesen, die uns in vergangenen Kalpas oder großen Manvantaras vorhergingen und die jetzt Götter sind, deren Wille und Denken den Mechanismus, den Charakter und die Beschaffenheit des Universums, in dem wir leben, bestimmen und bewahren. Diese großen Wesen waren in einem früheren großen Manvantara Menschen. Es ist unsere Bestimmung, schließlich wie sie und einer der Ihrigen zu werden, wenn wir den Weg der Evolution in diesem Kalpa erfolgreich durchlaufen haben.

Wie unser erster großer Lehrer gezeigt hat, webt der Mensch von der Geburt bis zum Tod ein aus Handeln und Denken bestehendes Gewebe um sich, die beide Resultate hervorbringen, einige davon sofort, manche erst später. Jede Handlung ist ein Same, und jeder Same wird gemäß der Lehre von Swabhâva – die wir studiert haben – unvermeidlich die Resultate hervorbringen, die zu ihm gehören, und keine anderen.

Swabhâva ist die essenzielle charakteristische Eigenart von irgendetwas, die es zu dem macht, was es im Innern ist, und nicht zu etwas anderem. Sie macht eine Lilie zu einer Lilie, eine Rose zu einer Rose und nicht zu einem Veilchen. Was bewirkt, dass das eine Wesen ein Pferd, das andere eine Fliege und wieder ein anderes ein Grashalm wird und so weiter, ist seine essenzielle Natur.

Bei unseren Studien über die Hierarchien in früheren Versammlungen bemerkten wir, dass jede Hierarchie aus ihrem eigenen Samen hervorging, aus ihrem eigenen Samen-Logos oder ihrem höchsten Teil, aus ihrer Krone oder ihrer Spitze, und dass sich alles von dort abwärts entfaltete, aus dem Samen heraus ins Dasein. So wächst der menschliche Körper von einem mikrokosmischen Samen zu dem Menschen heran, wie wir ihn kennen, und er hat an der ihn umgebenden Natur teil, weil er eine zusammengesetzte Wesenheit ist. Zusammengesetzte Dinge sind vorübergehend und vergänglich. Wenn sie nicht zusammengesetzt wären, würden sie sich nicht in irgendeiner Weise manifestieren. Die Zusammengesetztheit, ihre zusammengesetzte Natur ist es, die sie befähigt, zu lernen, sich mit dem manifestierten Universum um uns zu vermischen und im geoffenbarten Sinne eins mit ihm zu sein.

Wir erinnern uns, was wir über die wunderbare Lehre der alten Stoiker Griechenlands und Roms sagten, die sie *Krasis di' holou,* das Vermischtsein von jedem Ding mit jedem anderen Ding, das Ineinandervermischtsein von allem, nannten. Wenn sie diese Lehre auf die Götter anwandten, nannten die alten Stoiker sie Theokrasie, nicht Theokratie, was etwas ganz anderes ist. Theokrasie bedeutet das Vermischtsein der Götter, ebenso wie sich die menschlichen Gedanken auf Erden vermischen.

Das Selbst verlässt nie seine eigene Ebene, aber in der Manifestation vermischt es sich, wenn wir diesen Ausdruck gebrauchen können, durch das Aussenden seiner Strahlen mit den materiellen Sphären – wie es die Sonne tut –, indem es sich als der göttliche Strahl mitteilt. Es strömt hinab in die spirituelle Welt und von da in die intellektuelle, von dieser strömt es in die psychische Welt, von der psychischen in die Astralwelt und von der astralen in die physische Welt. Es schafft auf jeder einzelnen dieser Stufen, auf jeder Ebene der Hierarchie ein Vehikel, eine Hülle, ein Kleid, ein Gewand, und diese, die eben mit verschiedenen Namen benannt wurden, werden auf den höheren Ebenen „Seelen" und auf den niederen Ebenen „Körper" genannt. Es ist die Bestimmung der Seelen – „Gewänder", „Vehikel" oder „Hüllen" des Geistes –, zur Göttlichkeit erhoben zu werden.

Es besteht ein gewaltiger Unterschied – und das ist die vor kurzem angedeutete seltsame Lehre, die wir heute Abend studieren müssen – zwischen rein unbewusstem Geistleben und vollkommen selbstentwickelter, selbstbewusster Spiritualität. Wie schon gesagt, beginnt die Monade ihre zyklische Reise als ein unselbstbewusster

Gottesfunke und beendet sie als ein selbstbewusster Gott, aber sie vollbringt das durch Assimilation manifestierten Lebens, indem sie die verschiedenen Seelen, die sie auf ihrer zyklischen Pilgerschaft geschaffen hat, mit sich emporträgt. Sie entwickelt in ihnen ihr innerstes Wesen. Durch sie versteht sie andere Monaden und andere Seelen-Selbste und tritt mit ihnen in Beziehung. Der Prozess der Evolution besteht in dem Erheben der Seele (oder vielmehr der Seelen) durch das Selbst zur Göttlichkeit, in dem Entfalten der Möglichkeiten und Fähigkeiten des göttlichen Samens.

Wir können nun fragen: Was ist der Unterschied zwischen dem Selbst und dem Ego? Das individuelle Selbst ist ein spirituelles oder vielmehr ein monadisches „Atom". In allem ist es das, was sagt: „Ich bin", und daher ist es reines Bewusstsein, unmittelbares Bewusstsein, nicht reflektiertes Bewusstsein. Das Ego ist das, was sagt: „Ich bin ich" – indirektes oder reflektiertes Bewusstsein, Bewusstsein, das auf sich selbst zurückreflektiert wird und seine eigene mâyâvische Existenz als eine „getrennte" Wesenheit erkennt. Sehen wir, wie wunderbar diese Lehren sind, denn wenn wir diese Lehre richtig verstehen, bedeutet sie für uns spirituelle Erlösung. Wenn wir sie falsch verstehen, bedeutet sie, dass wir abwärts gehen! Ein hoher Grad von Egoismus zum Beispiel bedeutet, dass sie falsch verstanden wird; und Paradoxon der Paradoxa: Unpersönlichkeit ist soviel wie sie richtig verstehen. So soll Jesus in den ersten drei Evangelien nach Matthäus, Markus und Lukas gesagt haben, indem er eine der Lehren der alten Weisheit zum Ausdruck brachte: „Wer sein Leben bewahrt, der wird es verlieren, wer aber sein Leben aufgibt um meinetwillen, der wird es finden."

Hier ist in einem „dunklen Ausspruch" die richtige Bedeutung der Lehre über den Verlust der Seele enthalten, die wir in unserer letzten Versammlung kurz studierten und mit der wir uns auch heute Abend nicht eingehender befassen. Wir werden das jedoch in einer späteren Versammlung nachholen. Hier, in den Jesus zugeschriebenen und dreimal wiederholten Worten, liegt die innere Bedeutung dieses Mysteriums: das „Weil", das „Warum" und das „Wie" davon.

Wir kehren zu der schon erwähnten seltsamen Lehre zurück, seltsam für westliche Ohren und seltsam für westliches Denken. H. P. Blavatsky beschrieb die Vorgänge der Evolution und der Entwicklung häufig als die Wanderung der spirituellen Essenz den „Schattenhaften Bogen" entlang in die Materie hinab. Dabei wird sie immer dichter und dichter, immer kompakter und schwerer, je tiefer sie in das Meer der materiellen Welt versinkt, bis sie einen gewissen Punkt überschreitet, den Wendepunkt der Kräfte, die in ihr selbst aufsteigen und sie in jenem Mahâ-Manvantara vorwärts drängen. Sie beginnt, sich den aufwärtsführenden Bogen, den „Leuchtenden Bogen" entlang wieder zu erheben, zurück und der Gottheit zu, von der sie als ein Strahl oder als Strahlen ausging. Die monadische Essenz, dieser Strom von Monaden, der in die Evolution eintritt, ist wie eine Armee oder wie ein Heer aus einer gleichsam unendlichen Zahl individueller Monaden zusammengesetzt. Wir können sie spirituelle „Atome", unselbstbewusste Gottesfunken nennen. Sie steigen in die „Materie" hinab, die in der Unendlichkeit sich entwickelnder Wesen auf allen Stufen der Entwicklung vorhanden ist. Sie sammeln aus dieser Berührung und dem Sichvermischen reflektiertes Bewusstsein (Selbst-Bewusstsein) oder leiten vielmehr davon indirektes Bewusstsein ab. Sie beginnen mehr als das bloße Gefühl oder vielmehr die einfache Kenntnis des „Ich bin" oder von reinem Bewusstsein zu haben. Sie beginnen sich selbstbewusst mit allem, was ist, eins zu fühlen. Der un-selbst-bewusste Gottesfunke beginnt seine eigene essenzielle und innewohnende Göttlichkeit zu erkennen. Er entwickelt Selbst-Bewusstsein, und dieses Selbst-Bewusstsein ist das, was wir das Ego nennen: die Erkenntnis des „Ich bin ich", ein Teil oder ein Strahl des Alls, der diese wunderbare Wahrheit erkennt.

Betrachten wir die Hierarchie des menschlichen Wesens, die aus dem Selbst ihres Samens erwächst – zehn Stufen: drei auf der Arûpa- oder immateriellen Ebene und sieben (oder vielleicht besser sechs) auf der materiellen Ebene oder der Ebene der Manifestation. Auf jeder der sieben (oder sechs) Ebenen entwickelt das SELBST oder Paramâtman eine Hülle oder ein Gewand, von denen die oberen aus Geist oder aus Licht, die unteren aus Schatten oder Materie gesponnen sind. Jede dieser Hüllen oder Gewänder ist eine Seele. Zwischen dem Selbst und einer Seele – irgendeiner Seele – befindet sich ein Ego. An der Spitze der Reihenfolge befindet sich das Selbst, die hinter allem stehende göttliche Wesenheit oder das göttliche Etwas, die Monade. Aus deren Innern wächst eine Sonne, die sich nach den karmischen Richtlinien oder infolge der aus dem vorhergehenden Manvantara herübergebrachten Erinnerungen, „Resultate" oder „Früchte" entwickelt. Streng den Skandhas seiner eigenen Natur entsprechend, entwickelt sich das Ego, das mit der Materie und mit den anderen Heeren von Intelligenzen dieses Mahâ-Manvantaras in Berührung tritt und sich mit ihnen vermischt. Das Ego scheidet aus sich selbst ein Gewand, seine Hülle oder sein Vehikel aus, das je nach der Ebene, auf der es sich befindet, oder dem Punkt, an dem es sich befindet, aus Licht oder aus Schatten gesponnen ist, so wie der Same seinen grünen Trieb hervorbringt, der sich zu dem Baum mit seinen Ästen, Zweigen und seinen zahllosen Blättern entwickelt. Das ätherische, spirituelle oder astrale Gewand des Egos ist die Seele – das heißt irgendeine Seele.

Es sind viele Seelen im Menschen, ebenso gibt es viele Egos im Menschen. Aber „hinter" ihnen, hinter den Egos und hinter den Seelen, steht die todlose Flamme, das SELBST. Vergessen wir nicht, dass auch die alten Ägypter über die verschiedenen Seelen des Menschen lehrten, über die mannigfaltigen Selbste des Menschen, über die verschiedenen Egos des Menschen. Wir haben bisher nicht oft von den alten ägyptischen Lehren gesprochen, weil sie aufgrund der Symbolik und Allegorie, in die sie gekleidet sind, außerordentlich schwierig sind. Sie sind vielleicht die verborgensten, die am meisten in bildliche Ausdrücke und Redefiguren eingehüllten Lehren irgendeines Systems. Aber die alten Wahrheiten sind da, es sind dieselben Lehren aller Zeiten.

Evolution ist das Entfalten, das Entwickeln, das Hervorbringen der verborgenen Fähigkeiten, des Swabhâvas aus dem göttlichen Samen; der individuellen charakteristischen Merkmale oder der Essenz des Wesens. Das ganze Bestreben der Evolution ist jedoch nicht nur, das hervorzubringen, was in jedem individuellen Samen enthalten ist, sondern auch, dass jede individuelle Monade, jedes Ego und jede Seele aus der Materie, in der sie wirken, andere, weniger fortgeschrittene Wesenheiten anziehen, die Teile von ihnen selbst werden und die sie auf dem aufwärts führenden Bogen der Entwicklungsreise mit sich emporführen.

Jeder von uns ist daher ein potenzieller Christus, ein potenzieller Christos. Weil jeder von uns im Innern, innerlich, ein Christos ist, ist jeder von uns auch gleichzeitig, oder sollte es sein, ein „Erlöser" seiner Mitmenschen und all der niedrigeren Wesen unter ihm, die unter seiner Führung und unter seinem Einfluss stehen. Wer die Atome seines Körpers schlecht oder edel behandelt, wird von Seiten Karmans vor dem göttlichen Richterstuhl seines eigenen Selbstes verantwortlich gemacht, ja, wir müssen bis zum letzten Heller strenge Rechenschaft darüber ablegen. Betrachten wir die Würde, mit der diese Lehre unser Menschengeschlecht ausstattet und krönt! Welch erhabene Bedeutung haben die Lehren unserer Lehrer in diesem Licht! Der Mensch ist verantwortlich, weil er, wenn er Selbstbewusstsein erlangt hat, und sei es auch nur in geringem Grade, dadurch ein Schöpfer und daher in entsprechender Weise verantwortlich ist. Er wird einer, der mit den Göttern zusammenarbeitet, ein Mitarbeiter der Götter, dessen Bestimmung es ist, sich als einer der ihren mit ihnen zu vereinen.

Wenn der Lebensstrom, der Strom der Monaden oder eine individuelle Monade den niedersten Punkt ihres manvantarischen Zyklus sicher überschritten haben, wenn sie am Mittelpunkt der vierten Runde den abwärts führenden Pfad sicher überschritten haben und erfolgreich den aufwärts führenden, den „Leuchtenden Bogen" betreten haben, sind sie bis zu einem gewissen Grad, aber noch nicht vollkommen sicher, weil diese Prüfung am Mittelpunkt jeder Runde wiederkommt, doch der Mittelpunkt der vierten Runde ist der kritischste. Wir wissen, was eine Runde ist und was die sieben Runden sind, durch die wir gehen müssen, bevor wir unsere evolutionäre Pilgerschaft auf diesem Planeten vollenden. Wenn der monadische Funke jede der drei kommenden Runden sicher durchläuft, wird er in der letzten Runde auf dem letzten oder siebenten Globus in der letzten Rasse jenes Globus zu einem Dhyân-Chohan, einem „Herrn der Meditation", heranblühen. Er ist dann bereits beinahe ein Gott. Jene von uns, die den Weg erfolgreich durchschreiten, erwartet, wenn die sieben Runden vollendet sind, ein langes Nirvâṇa, das eine Periode unaussprechlicher Seligkeit ist, die dem Devachan zwischen zwei Erdenleben gleicht. Danach werden jene von uns, die dann Herren der Meditation geworden sind, die Vorläufer, die Gestalter, die Entwickler, die Götter des zukünftigen Planeten, der das Kind dieses Planeten sein wird, wie dieser Planet Terra das Kind unserer Mutter, des Mondes, ist. So geht das für immer weiter, aber immer höher und höher steigend auf den Sprossen der wunderbaren Leiter des kosmischen Lebens.

Das ist die seltsame und wunderbare Lehre, seltsam und wunderbar für westliche Ohren. Endlos sind die Verzweigungen des Denkens, die sich von ihr ableiten lassen. Denken wir an die vor uns liegende Bestimmung! Wie uns unsere Lehrer oft gesagt haben, ist es weise, auch die andere Seite zu betrachten. Wir wollen uns dann und wann von dem aufsteigenden Licht der Morgensonne abwenden und in die andere Richtung schauen. Vergessen wir nicht, dass es für uns eigene und unvermeidbare moralische Verantwortlichkeiten gibt, wenn ethische Probleme in Frage kommen. Wir besitzen bis zu einem gewissen Grad Erkenntnis, daher Macht und deshalb Verantwortlichkeit. Hinter uns streben unendliche Mengen von Wesen aufwärts, die weniger weit entwickelt sind als wir. Jedes einzelne davon befindet sich auf dem gleichen Pfad, den wir gegangen sind. Jedes von ihnen muss diesen Pfad wandern, der von dem Blut unserer Füße befleckt ist. Sollen sie wegen Mangels an Hilfe von uns versagen? Ebenso wie wir müssen sie den Gefahrenpunkt überschreiten; denn die Lehre besagt, dass am Mittelpunkt jeder Evolution ein Weg abwärts geht, der in Sphären führt, die gröber und materieller sind als die unsere.

Als unser Planet seinen Lauf begann oder als er auf dieser Bahn der emanationellen Evolution anfing, waren dabei die treibenden Agenten die Dhyân-Chohans von der Mondkette; das heißt jene, die den evolutionären Lauf dort erfolgreich durchlaufen hatten. Hinter ihnen kamen wir nach, sieben Klassen von uns: die hoch entwickelten, die entwickelten, die weniger entwickelten, die noch weniger entwickelten, die Tiere, die Pflanzen und die Mineralien.

Unsere für diesen Abend zur Verfügung stehende Zeit geht zu Ende. Aber da ist ein Punkt, den wir, wenn auch nur flüchtig, berühren müssen. Wenn Leibniz, der große deutsche Philosoph, von dem jeder Monade innewohnenden Drang sprach, der sie zur Manifestation vorwärtstreibt, teilte er aus den alten Büchern, die er studierte, von den pythagoreischen und neuplatonischen Lehren mit, und er meinte dasselbe, was wir meinen, wenn wir von dem Swabhâva, der essenziellen Natur einer Wesenheit sprechen. Es gibt jedoch einen Punkt in seiner Lehre, auf den wir hinweisen müssen. Leibniz sagt dem Sinn nach, dass unsere Welt die bestmögliche Welt im Universum sei. Jene von uns, die mit dem großen französischen Philosophen Voltaire bekannt sind, mögen sich seines Buches „Candide“ oder „Optimismus“ erinnern, in dem Voltaire augenscheinlich gegen die optimistischen Theorien von Leibniz ankämpft und zwei Charaktere schildert: den eingefleischten unvernünftigen Optimisten Dr. Pangloss und den jungen Menschen Candide, Dr. Pangloss' Schüler, einen jungen Philosophen, einen durch und durch selbstsüchtigen Optimisten, der alle Ereignisse des Lebens mit größter Gleichgültigkeit und Ruhe und mit einem Lächeln über menschliches Elend hinnimmt. An einer anderen Stelle, an der Voltaire Bemerkungen über diese zwei Charaktere macht, sagt er mit all der prickelnden, aphoristischen Pointe, die eine so große Zierde des französischen Genius ist: „Si c'est ici le meilleur des mondes possibles, que sont donc les autres?“ Das heißt: „Wenn dies die beste aller möglichen Welten ist, wie sehen dann die anderen aus?“ Dies ist in der Tat eine sehr erkenntnisreiche und sehr wahre Bemerkung. Sie ist nicht die bestmögliche aller Welten, davon ist sie weit entfernt. Es wäre ein quälender und hoffnungsloser Ausblick für das Menschengeschlecht, wenn sie es wäre. Aber der große deutsche Philosoph hatte in dem Sinne Recht, dass sie die bestmögliche Welt ist, die zu werden oder zu erzeugen sie das Weltkarman befähigt; und wenn sie nicht besser ist, dann sind wir selbst zum großen Teil dafür verantwortlich.

In diesem amüsanten Hinweis auf die Theorien von Leibniz und Voltaire sehen wir die wahre Bedeutung des Wortes „Optimismus“. Unsere eigene majestätische Philosophie vermittelt uns eine viel umfassendere Vision, eine durchdringendere Einsicht, ein tieferes Verstehen der sogenannten Rätsel des Lebens. Alles ist relativ. Das ist eine der hauptsächlichen Lehren der Esoterischen Philosophie. Nirgends gibt es Absoluta (in dem gewöhnlichen europäischen Sinn des Wortes), alles ist relativ, weil jede Wesenheit mit jeder anderen innig verbunden und vermischt ist. Wenn es ein Absolutes in dem europäischen Sinne gäbe, dann könnte es nichts geben als unfruchtbare Ruhe und Unveränderlichkeit vollkommener und äußerster Vollkommenheit. Das ist unmöglich, denn in einem solchen Fall würde und könnte es kein Wachstum geben, kein zukünftiges Wachstum, keine Entwicklung in der Vergangenheit, ob spirituell, mental oder in irgendeiner anderen Weise.

Wir schließen nun. In unserer nächsten Versammlung werden wir auf Anweisung des Lehrers das Studium über die sogenannten Himmel und Höllen aufnehmen, denn dieser Zweig unseres Forschens bildet einen sehr notwendigen Teil der psychologischen Seite unseres Studiums, das wir in unserer letzten Versammlung begannen. Heute Abend sagen wir, dass, wie schon oft bemerkt, alle Doktrinen, Lehren und Lehrsätze der großen Weltreligionen auf eine mehr oder weniger unverstandene Wahrheit begründet sind, die gewöhnlich durch Unwissenheit oder Fanatismus oder durch beide sehr verdunkelt ist. Zum Schluss wollen wir feststellen, dass es keine Himmel oder Höllen gibt, wie man sie sich allgemein vorstellt. Aber es gibt für jede Klasse der Myriaden Grade existierender Wesen entsprechende Bereiche des Lebens und der Erfahrung. Gemäß den christlichen Evangelien soll Jesus gesagt haben: „In meines Vaters Haus gibt es viele Wohnungen." In dem grenzenlosen Kosmos gibt es zahllose passende Orte der Freude und des Leids als Vergeltung für jeden Grad von Seelen, und an diesen karmisch zugemessenen Orten finden die unzähligen Heere sich entwickelnder Wesenheiten aller Klassen ihre richtigen und genau angepassten Plätze.

Kapitel 14

„Himmel“ und „Höllen“. Lehren der Esoterischen Philosophie und Lehren der exoterischen Religionen.

Devachan [„Himmel"] geht in unmerklichen Abstufungen allmählich von seinem höchsten in seinen niedersten Grad über, wobei sich das Ego von der letzten Stufe des Devachan an [abwärts] oft in Avîchis [„Hölle"] höchstem Zustand befindet, der zum Ende der „spirituellen Auslese" der Ereignisse hin ein absolutes Avîchi werden kann.

The Mahâtma Letters, S. 188

Von Kâma-loka ... gehen daher alle die neu darein versetzten „Seelen" (außer den Schalen) ihrer Anziehung entsprechend entweder in Devachan oder in Avîchi.

The Mahâtma Letters, S. 199

Ihr leidet durch euch selbst, niemand zwingt euch.

Edwin Arnold: Die Leuchte Asiens

Wir beginnen unser Studium heute Abend, indem wir aus der *Geheimlehre,* Band II, Seite 285, Folgendes vorlesen:

> Denn die Entwicklung des Geistes im Stoff hätte niemals vollbracht werden können, noch hätte sie jemals ihren ersten Anstoß erhalten, wenn nicht die strahlenden Geister ihre eigenen betreffenden superätherischen Wesenheiten geopfert hätten, um den Menschen aus Lehm zu beseelen, indem sie ein jedes seiner inneren „Prinzipien“ mit einem Teil oder vielmehr einem Widerschein jener Wesenheit ausstatteten. Die Dyânîs der sieben Himmel – der sieben Ebenen des Daseins – sind die Noumena der tatsächlichen und der zukünftigen Elemente, geradeso wie die Engel der sieben Kräfte der Natur – deren gröbere Wirkungen wir in dem wahrnehmen, was die Wissenschaft „Bewegungsarten“ zu nennen beliebt, unwägbare Kräfte, und was nicht sonst – die noch höheren Noumena noch höherer Hierarchien sind.

Das ist ein außerordentlich interessanter Abschnitt, er enthält zusammengedrängt den gesamten Umriss der Studien, die wir in den letzten Wochen verfolgten.

Beim Aufnehmen unseres Studiums der sogenannten „Himmel“ und „Höllen“ wird es gut sein, vor allem zu wiederholen, was am Schluss unseres letzten Studiums gesagt wurde: dass es keine Himmel und Höllen gibt, wie diese in den exoterischen Religionen dargestellt werden. Die Begriffe sind jedoch auf Lehren begründet, die tatsächlich aus den Mysterien-Lehren kamen. Sie enthalten in sich, wenn richtig verstanden, den Umriss der Wahrheit, in der Tat den Umriss einer großen Wahrheit. Wir nehmen weder den christlichen Himmel und die christliche Hölle an noch die mohammedanischen Himmel oder Höllen oder die reinen exoterischen Lehren in Bezug auf diese, wie sie unter den Buddhisten und unter den alten Griechen und Römern zu finden sind. Jedoch gibt es in der Natur tatsächlich gewisse Sphären des Seins, in denen jene Teile der Konstitution des Menschen, die den Tod des physischen Körpers überleben, angemessene Wohnplätze finden. Sie sind tatsächlich Vergeltungsbereiche oder Sphären der Wirkungen, zu denen jene Teile der Konstitution, die von ähnlicher oder gleicher Qualität sind, automatisch hingezogen werden.

Jesus sagt im Evangelium „nach Johannes“, Kapitel 14, Vers 2, das Folgende: „In meines Vaters Hause sind viele Wohnungen. Wenn's nicht so wäre, so wollte ich zu euch sagen: Ich gehe hin, euch die Stätte zu bereiten.“ Den christlichen Legenden entsprechend sagte er dieses in der langen Schlussansprache, die er seinen Jüngern hielt, bevor er festgenommen und vor die Behörden gebracht wurde.

Es gibt keine große Religion des Altertums, die nicht in mehr oder weniger klarer und bestimmter Form die Existenz gewisser Kräfte der Belohnung oder Vergeltung lehrt, die nach dem Tod des Menschen in geeigneten Sphären wirken. In ihnen empfängt die sogenannte Seele des Menschen nach dem Tod ihre Vergeltung, ihre Strafe oder ihre Belohnung. Die Sphären, in denen die Seelen entsprechende vergeltende Reinigung oder Strafe erhalten, werden in unserer Sprache Höllen genannt, und die, in denen die Seelen als Vergeltung entsprechende Ruhe und Belohnung empfangen, werden gewöhnlich Himmel genannt. Weil diese Worte den Europäern vertraut sind und mit ziemlicher Genauigkeit die allgemeine Idee der Vergeltung nach dem Tod wiedergeben, wie sie in den großen Religionen vorherrscht, mag es für uns das Beste sein, sie zu benutzen. Aber wir müssen unbedingt alle Ideen aus unserem Gemüt entfernen, unser Gemüt von Ideen reinwaschen, die durch falsche Erziehung von Seiten der dogmatischen Theologie unserem Gemüt eingeprägt wurden, wenn wir einen richtigen Begriff von dem gewinnen wollen, was die Esoterische Philosophie in dieser Richtung lehrt.

Wir dürfen nicht vergessen, dass wir die Weisheit der archaischen Zeitalter oder die des Okkultismus studieren. Das Wort „Okkultismus“ bedeutete ursprünglich die Wissenschaft von verborgenen Dingen. Im europäischen Mittelalter nannten selbst jene Philosophen, die die Vorläufer der modernen Wissenschaft waren, jene, die damals die physische Natur studierten, ihre Wissenschaft „Okkultismus". Ihre Untersuchungen nannten sie „okkult". Sie meinten damit die Dinge, die verborgen oder der allgemeinen Menschheit nicht bekannt waren. Mittelalterliche Philosophen dieser Art waren Albertus Magnus, ein Deutscher, und Roger Bacon, ein Engländer. Beide lebten im dreizehnten Jahrhundert der christlichen Ära.

„Okkultismus" bedeutet daher, so wie wir den Ausdruck verstehen und wie er angewandt werden sollte, das Studium der verborgenen Dinge des Seins, die Wissenschaft vom Leben oder der universalen Natur. In einem Sinn kann dieses Wort benutzt werden, um das Studium ungewöhnlicher Phänomene (Erscheinungen) zu bezeichnen. Diese Bedeutung hat es heute allgemein bei Leuten, die nicht über die weitaus größeren Felder der Ursachen nachdenken, die der Okkultismus erforscht. Diese „Phänomene" haben ohne Zweifel ihren Platz beim Studium, aber sie liegen nur im Grenzgebiet, am Rande, sie bilden nur die Oberflächlichkeiten des Okkultismus. Beim Studium des wahren Okkultismus müssen wir tief in die ursächlichen Mysterien des Seins eindringen; und in aller Wahrheit, wir haben das getan, seit der Lehrer diese Studien ins Leben gerufen hat. Wir sind Schritt um Schritt tiefer in das Reich der Ursachen eingedrungen.

Um die Bestimmung der Seele nach dem Tod und vor ihrer nächsten Wiedergeburt in einem physischen Körper vollständiger zu verstehen, ist es wichtig, darauf hinzuweisen, dass es über den Tod ein ausgedehntes Feld von Lehren gibt, zu deren Bekanntgabe wir uns gegenwärtig nicht berechtigt fühlen. Sie unterliegt gänzlich dem Ermessen des Lehrers, und nur auf dessen ausdrückliche Anordnung wird in diesen Versammlungen etwas in Bezug darauf gesagt werden. Aber es gibt gewisse Dinge, die wir streifen können. Der Grund für unsere notwendige Zurückhaltung und für unser Schweigen hinsichtlich des erwähnten und verbotenen Gebietes ist, wie in einer früheren Versammlung bemerkt wurde, dass die Lehren über die tieferen Mysterien des Todes Schlüssel zu Mysterien von noch größerer Bedeutung und Reichweite sind. In alten Zeiten wurden sie stets nur wenigen Auserwählten mitgeteilt. Jeder von uns, der sich die Mühe macht, die religiöse und mystische Literatur daraufhin durchzusehen, kann den Beweis für diese Tatsache selbst finden.

Wir haben in früheren Studien die Wanderungen der Monade vom Zustand der Latentheit in die Manifestation, von unten gesehen, verfolgt. Die Monade ist sozusagen ein spirituelles „Atom". Wir wollen sie ein spirituelles „Radikal" (Wurzelkeim) nennen und dabei das Wort „Radikal" in demselben doppelten Sinn anwenden, wie H. P. Blavatsky das Wort „Radikal" benutzte, wenn sie von den Kometen als von „jenen langhaarigen siderischen Radikalen" sprach – in einem Sinn mit einem Anflug echten Humors, aber durch den Gebrauch dieses Wortes auch auf eine große Wahrheit der Esoterischen Philosophie in Bezug auf die Kometen hinweisend, indem sie diese Radikale nannte. Das Wort „Radikal" bedeutete ursprünglich eine (kleine) Wurzel und kommt von dem lateinischen *radix*. Daher wird es auf einen Kometen als die Wurzel oder den Keim einer zukünftigen Welt angewandt. In dieser Hinsicht ist auch eine Monade ein Radikal, ein Radikal in den beiden Bedeutungen, in denen H. P. Blavatsky das Wort anwandte, nämlich eine „aggressive" (in dem Sinne einer selbsthandelnden, sich selbst entwickelnden) Wesenheit und auch eine Wurzel, ein Keim eines zukünftigen Gottes.

Dieses Radikal muss, um Selbstbewusstsein, bewusstes Selbstbewusstsein, zu erlangen, den „Schattenhaften Bogen" hinabsteigen, bis es den Wendepunkt des großen Zyklus in jenem Manvantara erreicht, und zwar als ein zu dem Ganzen erforderlicher Teil der Hierarchie, zu der es gehört und die in jenem Manvantara evolviert. Am Wendepunkt hat es, wenn sein Karman entsprechend ist, bewusstes Selbstbewusstsein erlangt und manifestiert sich auf unserer Ebene als ein Mensch. Es beginnt den „Leuchtenden Bogen" oder den Bogen des Aufstiegs zu gehen, und wenn es auf seiner zyklischen Pilgerschaft erfolgreich fortschreitet, blüht es schließlich zu einer göttlichen Wesenheit heran. Wir dürfen diesen allgemeinen Umriss nicht aus dem Gedächtnis verlieren, wenn wir verstehen wollen, was wir mit „Himmeln" und „Höllen" meinen.

Der ganze Zweck der Evolution, die Bestimmung des spirituellen Radikals, ist die Erhebung des bewusst Persönlichen in das bewusst Unpersönliche. Dieser Gedanke ist äußerst wichtig, weil er den allerersten Begriff und die Wurzel der gesamten Esoterischen Philosophie bildet. Ein selbstbewusster Gott kann ein solcher nur deshalb sein, weil er ein Vehikel des Selbstes hat, durch das er wirkt. Das ist es, was dem spirituellen Radikal fehlt, wenn es seine zyklische Pilgerschaft beginnt. Das Menschliche muss zum Göttlichen erhoben werden.

Hier beginnen wir die Bedeutung dessen zu begreifen, was unser erster Lehrer meinte, wenn er von dem „Verlust der Seele" sprach. Während die Monade in einem Manvantara langsam und gradweise Selbstbewusstsein entwickelt, sondert oder scheidet sie bei jedem Schritt abwärts Teile als geeignete Vehikel aus, um die Kräfte und die Materie der verschiedenen Ebenen zu erkennen, durch die sie hindurchgeht und auf denen sie sich manifestiert. Jene auf den höheren Ebenen sind Egos, und jedes Ego sondert sein eigenes Vehikel ab, das eine Seele genannt wird. Folglich gibt es bei jedem Schritt abwärts ein Ego und eine Seele: auf jeder Ebene ein duales Vehikel für die monadische Essenz, um sich auf dieser Ebene manifestieren zu können. Durch das Ganze läuft wie ein goldener Faden das Selbst, das innerste Bewusstsein, das spirituelle „Ich bin"; Ego und Seele geben der Monade das Selbstbewusstsein, das „Ich bin ich". Das Selbst jedoch ist in allen von uns dasselbe. Das „Ich bin ich" ist nur eine Eigenart des Egos. Das Wichtigste ist daher die „Erlösung" des Egos. Die höheren Egos sind bereits erlöst, weil sie die Erlösung schon in früheren Manvantaras erlangt haben. Aber die niederen Egos und deren Seelen sind aus der Materie und dem Bewusstsein „dieses" Manvantaras aufgebaut, und sie müssen „erlöst" werden. Der Zustand des menschlichen Bewusstseins, in dem wir – das Menschengeschlecht – jetzt in dieser Epoche und in diesem Manvantara leben, wird das menschliche Ego in der individuellen menschlichen Seele genannt. Diese menschliche Seele und das menschliche Ego müssen „erlöst" werden, weil unser Selbstbewusstsein in ihnen konzentriert ist. Wir benutzen das Wort „erlöst", da uns kein besseres einfällt. Das Wort ist zumindest geläufig. „Erlösen" bedeutet, dass die Ego-Seele von der magnetischen Anziehung der Materie befreit werden muss.

Was ereignet sich, wenn ihre Ausbildung unvollendet ist, wenn sie sich am untersten Ende des Bogens befindet, bevor sie den Aufstieg entlang dem „Leuchtenden Bogen" beginnt, und sie unfähig wird aufzusteigen und versagt? Nehmen wir an, die Anziehung der Materie ist zu stark, und die Ego-Seele wird abwärts gezogen. In diesem Fall werden die Bande zu dem höheren Selbst gelöst, die goldene Kette wird zerrissen, und die ganze Anstrengung der Monade in diesem Manvantara war umsonst. Die abwärts kreisende Wesenheit ist das, was eine „verlorene Seele" genannt wird.

Eine „verlorene Seele" hat nichts mit den Himmeln und den Höllen zu tun. Auch der Zustand von Nirvâṇa hat nichts mit den Himmeln und den Höllen zu tun. Die Himmel und Höllen betreffen nur die tatsächlich menschliche Wesenheit, das heißt das menschliche Ego und die menschliche Seele. Sie betreffen nur diesen Grad von Bewusstsein, denn ihm gehören jene Bewusstseinseinheiten an, die die Begriffe Glücklichsein und Unglücklichsein erfassen und erfahren können. Nirvâṇa liegt jenseits von Glücklichsein, und es liegt natürlich auch jenseits von Unglücklichsein. Sein entgegengesetzter Pol ist Nirvâṇa-Avîchi. Nirvâṇa-Avîchi ist der äußerste Gegensatz von Nirvâṇa. Es ist der niedrigste Punkt, der niederste Pol bewussten Seins.

Wenn der Körper beim physischen Tod zerfällt, verbleiben die astralen Elemente mit demselben bewussten Zentrum wie im Leben innerhalb ihrer selbst und sie belebend in der „Schattenwelt". Dort gehen gewisse Prozesse vor sich, über die uns unsere Lehrer mehr oder weniger ausführlich unterrichtet haben. Folglich besteht für uns keine Notwendigkeit, heute Abend unsere Zeit dazu zu verwenden, ausführlich über Kâma-loka und Devachan zu sprechen. Wenn nach dem Tod des physischen Körpers der „zweite Tod" stattfindet – es gibt viele Tode, das heißt viele

Wechsel der Hüllen des Egos –, was wird dann aus dem menschlichen Zentrum, der wirklich menschlichen Wesenheit? Es wurde gesagt, dass der höhere Teil alles, was ihm zustrebt, in sich aufnimmt und in Devachan mitnimmt und dass Âtman mit Buddhi und dem höheren Teil von Manas – der die sogenannte menschliche Seele oder das Gemüt ist – daraufhin die spirituelle Monade des Menschen wird. Genau gesprochen, ist das die menschliche Monade innerhalb ihres Vehikels – Âtman und Buddhi –, vereint mit dem menschlichen Ego in seinem höheren mânasischen Element. Sie sind nach dem Tod in EINES vereinigt, und es wird deshalb von ihnen als von der spirituellen Monade gesprochen.

Die menschliche Monade „geht" ins Devachan. Devachan ist ein tibetisches Wort und kann mit „Land der Götter", „Bereich der Götter", „Region der Götter" übersetzt werden. Es gibt viele Stufen von Devachan: die höchsten, die mittleren und die niedersten. Auf der anderen Seite – was wird aus der Wesenheit, der niederen menschlichen Seele, die so von irdischen Gedanken und von den niederen Instinkten beschmutzt ist, dass sie sich nicht erheben kann? Es kann so viel von der Geistnatur in ihr sein, dass diese sie als Wesenheit zusammenhält und befähigt, eine reinkarnierende Wesenheit zu werden; ist sie aber verdorben, ist sie schwer, neigt sie konsequent abwärts. Kann sie sich zur himmlischen Seligkeit erheben? Kann sie nun in die niederen Bereiche von Devachan eintreten und sich dort an ein wenig Seligkeit, Glück und all dem erfreuen, was edel und schön ist? Nein, es gibt für jeden Grad der Entwicklung der Ego-Seele eine geeignete Sphäre. Zu dieser Sphäre strebt sie mit aller Macht hin und verbleibt dort, bis sie vollständig geläutert, bis sie sozusagen von der Sünde reingewaschen ist.

Dies sind die sich direkt unter den niedersten Teilen von Devachan befindenden sogenannten Höllen, und die „Arûpa-Himmel" sind die höchsten Teile von Devachan. Nirvâṇa unterscheidet sich von den Himmeln sehr. Nirvâṇa ist ein Zustand höchster Seligkeit und vollkommenen, ungefesselten Bewusstseins, ein Zustand des Versunkenseins im reinen Sein. Es ist die wundervolle Bestimmung jener, die übermenschliche Erkenntnisse und Reinheit sowie spirituelle Erleuchtung erlangt haben. In Wirklichkeit ist es das Versunkensein des Persönlichen in die Identifikation mit dem Selbst – dem höheren SELBST. Es ist auch der Zustand der monadischen Wesenheiten während der Perioden, die zwischen den kleineren Manvantaras oder den Runden einer Planetenkette liegen. Noch vollständiger ist der Zustand zwischen jeder Sieben-Runden-Periode oder einem Tag von Brahmâ und dem folgenden Tag von Brahmâ oder dem neuen Kalpa einer Planetenkette. Während dieser Perioden, von der siebenten Sphäre in der siebenten Runde ausgehend, sind die monadischen Wesenheiten selbst weit über den höchsten Zustand von Devachan hinausgeschritten. Zu rein und zu weit fortgeschritten für einen solchen Zustand wie die devachanische Glückseligkeit, gehen sie in ihre entsprechenden Sphären und ihren entsprechenden Zustand ein, der das dem Ende der siebenten Runde folgende Nirvâṇa ist.

Was sagten die Alten in ihren exoterischen Religionen über die sogenannten Himmel und Höllen? Jede alte Religion lehrte, dass die Himmel in Stufen oder Grade zunehmender Seligkeit eingeteilt sind und die Höllen in Stufen oder Grade sich verschärfender Reinigung oder sich verschärfenden Leidens. Die Esoterische Philosophie hingegen lehrt, dass das eine weder eine „Belohnung" noch das andere genau gesprochen eine „Bestrafung" ist. Die Lehre besagt vielmehr, dass jede Wesenheit nach dem Tod des physischen Körpers zu der entsprechenden Sphäre hingezogen wird, an die sie durch karmische Bestimmung magnetisch gefesselt wird. Was ein Mensch tut, was er in seinem Leben sät, das und nur das wird er nach dem Tod ernten. Gute Saat erzeugt gute Frucht, schlechte Saat Unkraut – und auf ein negatives und farbloses Leben folgt vielleicht überhaupt nichts von Wert oder spirituellem Nutzen. Es gibt kein „Gesetz" von Karman. Es gibt keine „Gesetze" der Natur. Wir wiederholen, es gibt keine „Gesetze" der Natur. Was ist ein „Gesetz" der Natur? Ist ein „Gesetz" der Natur ein Gott? Ist es ein Wesen? Ist es eine Wesenheit? Ist es eine Kraft? Ist es eine Energie? Wenn ja, welcher Gott erzeugt sie? Doch das Wort „Gesetz" ist gut genug – vorausgesetzt, wir verstehen, was wir damit meinen. Heute könnte vielleicht für den allgemeinen Gebrauch im gemeinfasslichen Schrifttum oder in der Konversation kein besseres gefunden werden. Aber lasst uns nicht den Fehler begehen, Abstraktionen für Wirklichkeiten zu halten. Wir werden bei dem Studium der wunderbaren Lehren der Esoterischen Philosophie nie einen Schritt vorwärts zum richtigen Verstehen der Natur gehen, wenn wir diesem Irrtum verfallen. Wir müssen unser Gemüt von der westlichen, wissenschaftlich und theologisch falschen Erziehung reinwaschen. Die sogenannten „Naturgesetze" und das „Gesetz von Karman" sind die verschiedenartigen Wirkungsweisen von Bewusstseinseinheiten in der Natur. Sie sind in der Tat wahrhaftig Gewohnheiten, Gewohnheiten von Wesen. Wir setzen an die Stelle der Abstraktionen der westlichen Wissenschaft und Theologie das Wirken und die unvermeidlichen Folgen dieses Wirkens von Bewusstseinseinheiten und deren Willensäußerungen in den Sphären des Seins der Hierarchien des Lebens. Wir wenden unsere Intelligenz falsch an, wir stumpfen unseren Intellekt ab, wenn wir uns beständig in den trügerischen Kreisen der materialistischen Theorien bewegen und denken, dass wir unser forschendes Gemüt befriedigt haben, wenn wir an die Stelle des Wirkens endloser Heere von Wesen eine Abstraktion setzen, die wir „Gesetz" oder „Gesetze" nennen. Denken wir darüber nach! Verstehen wir, dass bis zur christlichen Ära nicht ein einziger großer Denker der Antike je über „Naturgesetze" gesprochen hat, als seien diese „Gesetze" lebende Wesen, als seien Abstraktionen wirkliche Wesenheiten, die Dinge vollbringen. Haben die „Gesetze der Navigation" jemals ein Schiff gesteuert? Zieht das „Gesetz der

Gravitation“ die Planeten zusammen? Vereint es oder zieht es die Atome zusammen? Unsinn. Das Wort „Gesetz“ ist lediglich eine Abstraktion, eine Bezeichnung für das Wirken von Wesenheiten in der Natur. Das Wort „Gesetz“ ist vielleicht ein geeigneter Ausdruck. Wenn wir verstehen, was wir damit meinen, dann ist alles in Ordnung, aber wir müssen es richtig verstehen. Die Alten setzten Wirklichkeiten, „lebende Wesen“ an die Stelle von Gesetzen, die so, wie wir den Ausdruck benutzen, nur Abstraktionen sind. Sie haben sich nicht so leicht selbst mit Worten betrogen. Sie nannten diese Wesen Götter. Sehr gut, nennen wir sie also Götter. Sie nannten sie spirituelle Wesen. Sehr gut, nennen wir sie spirituelle Wesen. Nennen wir sie Dhyânis, oder geben wir ihnen irgendeinen Namen, der uns gefällt, aber lenken wir unsere Gedanken und unser Verstehen auf wirkliche, lebende Wesen, auf Wirklichkeiten, nicht auf Nichtigkeiten, nicht auf Abstraktionen, die keine Realität haben außer als Redeweisen.

Nehmen wir als Beispiel die alten brâhmaṇischen Lehren. Dort finden wir viele Einteilungen in „Himmel“ und „Höllen“. Aber die geläufige ist die Einteilung in sieben niedrigere Sphären, Lokas, „Höllen“ oder höllische Hallen und in sieben obere Lokas, die wir „Himmel“ nennen können. In der buddhistischen Lehre wird die Zahl der Höllen gewöhnlich mit 21 angegeben, und die gemeinsame Bezeichnung ist „Nârakas“. Die Buddhisten gebrauchten das Wort Loka auch für die höheren Sphären. Beachten wir, dass die höheren und die niedrigeren Sphären oder Grade in allen alten Systemen aufsteigende und absteigende Stufen darstellen. Es gab die höchste Stufe und alle die anderen, die, gradweise an Glückseligkeit und Reinheit abnehmend, folgten. Jede dieser Stufen wurde mit jedem Schritt abwärts materieller und weniger glücklich, bis sie unmerklich in die höheren Höllen übergingen. Diese wurden wiederum um so materieller, je weiter sie abwärts gingen, bis das Ende der Hierarchie dieser Stufen erreicht war.

Unter die niedersten dieser Höllen reihten die Buddhisten Avîchi ein. Dies ist ein Sanskṛitwort, und seine allgemeine Bedeutung ist „wellenlos“, keine Wellen oder Bewegung aufweisend, es deutet die Stagnation des Lebens und des Seins in Unbeweglichkeit an. Es bedeutet auch „ohne Glück“ oder „ohne Ruhe“. Unter diesen untersten Stufen beginnt eine andere Hierarchie, eine neue Welt. Welch endlose Bereiche, darüber nachzudenken, öffnen sich hier für uns!

Da die für heute übrig bleibende Zeit zu kurz ist, können wir die Lehre über die Himmel und Höllen nur umreißen. Indem wir mit einem allgemeinen Umriss beginnen, folgen wir dem Studienplan, die allgemeine Skizze, den allgemeinen Überblick zu geben, und füllen diesen dann im Verlauf unseres Studiums mit dem Gegenstand und den Einzelheiten aus, wobei wir auch häufig auf andere Lehren hinweisen, die damit verbunden sind. Das geschieht absichtlich. Wir folgen damit dem alten System oder der alten Methode, diese verschiedenen Lehren und Aspekte zu lehren. An unseren modernen Bildungsstätten des Westens ist es der Brauch, vielleicht ein strenges Erfordernis, dass der Vortragende bis zum Schluss alle den Gegenstand seines Vortrages betreffenden Einzelheiten verfolgt, dass er seine Untersuchung in eine Richtung beginnt und dann nicht davon abweicht, bis in der Theorie und der Praxis alles bekannt ist, was es darüber zu wissen gibt. Wenn das Studium dann in dieser Richtung vollkommen erschöpft und der Intellekt in jeder Form vollständig kristallisiert und ermattet ist, beginnt eine neue Richtung des Forschens. Diese Methode widerspricht eindeutig der Natur. Weder ein Kind noch ein Erwachsener lernt die „Lektionen des Lebens" auf diese künstliche Weise. Die Alten kannten die Psychologie des Lehrens und Lernens besser. Sie gaben zuerst einen allgemeinen Überblick, wie ihn ein Mensch auf einem Berggipfel hat mit dem topographischen Überblick, aus dem er sich eine topographische Anschauung bildet, die er in seinem Gemüt festhält. Wenn er dann in das Tal hinabsteigt, ist er in der Lage, die notwendigen Einzelheiten bequem einzufügen. Das ist die Methode der Natur, wenn wir so davon sprechen können. Sie ist das, was die platonische Methode genannt wird: zuerst das Allgemeine, dann das Besondere. In der Logik wird es das deduktive System genannt, im Gegensatz zu der aristotelischen oder induktiven Methode, auf der das moderne Lehren des Westens basiert.

Die Ägypter lehrten, wie wir aus ihren Papyri wissen, die Existenz vieler nachtodlicher Sphären, vieler Ebenen des Glücks und der Seligkeit sowie vieler Ebenen des Leidens und der Läuterung. Durch diese Sphären musste die verstorbene Wesenheit hindurchgehen, bevor sie das eine oder das andere der Ziele im nachtodlichen Leben erreichte: den „Himmel" oder die „Hölle". Die Lehrer der alten Zeiten kannten eine Methode, eine allegorische Art, den Verlauf des Lebens nach dem Tode zu schildern, und sie erhielten auf diese Weise die Intuition lebendig und tätig, ohne verbotene Dinge, Geheimnisse oder Mysterien der Heiligtümer zu berühren. Wir wollen in Verbindung hiermit als Erläuterung die Lehre der Mithrasreligion betrachten, die zu einer gewissen Zeit sehr nahe daran war, die christliche Lehre vollständig zu verdrängen. Die Mithraisten lehrten die Existenz von sieben (und neun) Himmeln. Jedem ging ein tieferstehender voraus, ein höherer folgte nach, und jeder wurde durch eine „Leiter" erreicht, was nur eine bildliche, nette Art war, die Lehre darzustellen. Sie meinten natürlich nur, dass die „Leiter" eine Schilderung der Stufen, Grade oder Abstufungen darstellte, die die Seele erklimmen musste, um das Ziel zu erreichen. Die Leiter war auch eine Darstellung der Grade der Hierarchie – der Stufen, der Ebenen, der Sphären, aus denen sie zusammengesetzt ist. Sie hatten auch ihre sieben Grade der Einweihung, basierend auf der in der Natur existierenden aufsteigenden Stufenfolge, und zwei weitere Grade, die als zu heilig betrachtet wurden, um offen darüber zu sprechen; das sind insgesamt neun Grade.

Was lehrten die alten Skandinavier? Nehmen wir ihr „Niflheim“, ein Wort, das „von Wolken umgebener (oder nebliger) Wohnort“, „Heim“ oder „Aufenthalt“ bedeutet. Die neblige Region war die neunte, die niederste in ihrem System, und diese war wiederum aus neun kleineren Welten oder Sphären zusammengesetzt. Die Schreiber der *Eddas* lehrten tatsächlich in einer sehr behutsamen Weise, aber sie gaben uns genug, um uns die gleichen Lehren darzulegen, die überall in der Welt zu finden sind. Ich spreche hier im Besonderen von der in Prosa geschriebenen *Edda,* die in ihren esoterischen Anspielungen freier ist als die poetische, in Versen geschriebene *Edda.* Die in Prosa geschriebene *Edda* beschreibt, dass es auf einer Seite, der nördlichen Seite des kosmischen Raumes, kalt und dunkel sei. Sie gibt dieser Sphäre den Namen „Nifl“, „neblige Region“, was eine Verallgemeinerung der Bedeutung des Namens ist. Nifl hatte neun Abteilungen oder Grade. Im Besonderen war Nifl der Name für den niedersten dieser neun. Die *Edda* gab diesen Namen der ganzen Reihe von neun Sphären im Norden. Eine mittlere Region war „Ginnungagap“, ein altnordisches Wort, das vielleicht mit „gähnender Abgrund“ oder „Abgrund (oder Öffnung) der Abgründe“ übersetzt werden kann. Das war die mittlere oder Zwischensphäre. Dann kam gegen Süden „Muspelheim“, ein Ort des Feuers, der Flamme und der Wärme – nicht notwendigerweise so etwas wie die christliche Hölle, denn tatsächlich war es mehr einem Himmel als einer Hölle ähnlich. Dort lebten Elementalwesen oder göttliche Wesen, ein natürlicher Gedanke für die der Kälte ausgesetzten Skandinavier. Deren Hölle war kalt, und die Höllen der Bewohner des Südens waren heiß. Diese Worte sind nur die passende Art und Weise, etwas so auszudrücken, dass es von Menschen leicht verstanden wird.

Was glaubten die frühen Christen oder die Christen des Mittelalters in Bezug auf Himmel und Höllen? Wir wollen als Beispiel die Beschreibungen Dantes, des großen italienischen Dichters, wählen, denn er wiederholt die alte heidnische Lehre in einer in mancher Hinsicht bemerkenswerten Weise; immer in einer verzerrten Art, das ist wahr, aber wir können hinter allem, was er schrieb, die alte Wahrheit erkennen. Bezeichnend ist, dass er Vergil, den großen lateinischen Dichter, zu seinem Führer durch seine Infernos oder Höllen und durch sein Fegefeuer machte. In gebührender Rücksicht auf seine christlichen Lehrer und auf das christliche Zeitalter, in dem er lebte, hatte er, als er in die Himmel kam, die er beschreibt, einen christlichen Führer, seine Beatrice. Er musste natürlich den christlichen Lehren folgen. Dante teilt seine Höllen in neun Kreise. Er teilt sein Fegefeuer in sieben Kreise, denen das Vorfegefeuer vorhergeht und das irdische Paradies nachfolgt, was ebenfalls neun ergibt. In jeder dieser Höllen und jeder dieser Abteilungen des Fegefeuers – Orten der Reinigung – zeigt er die niederste als die schrecklichste. Die zweite über ihr ist nicht ganz so furchtbar und die dritte weniger als die zweite. Und so geht es aufwärts durch die achtzehn Kreise oder Grade der Höllen und des Fegefeuers bis zum obersten des Fegefeuers, der kaum, wenn überhaupt, unangenehm ist. Zuletzt teilt Dante seine Himmel in neun, und über diesen befindet sich der höchste Himmel, der Wohnsitz Gottes und seiner Engel. Auf diese Weise ergeben sich neun Höllen, sieben Abteilungen des Fegefeuers mit dem Vorfegefeuer und dem irdischen Paradies – wieder neun –, neun Himmel und der höchste Himmel: 9 plus 9 plus 9 plus 1 = 28 Abteilungen des nicht physischen Lebens, von denen jede geeignet ist, nach dem Tod zur Bestrafung gewisser Laster oder zur Belohnung gewisser Tugenden zu dienen – eine merkwürdig getreue, merkwürdig verdrehte und oft wunderliche Parodie auf die archaische Lehre.

Kapitel 15

Die Evolution des „Absoluten".
Verallgemeinerter Plan der Evolution auf allen Ebenen.
Sieben Schlüssel zu Weisheit und zukünftigen Initiationen.

Alle Dinge in dem einen Gipfelpunkt seiner eigenen Hyparxis enthaltend, verweilt er selbst gänzlich jenseits.

Proklos: Die Theologie des Plato (Englisch: Cory)

Ihr werdet es nicht verstehen, wie man irgendein einzelnes Ding versteht.

Damascius (Englisch: Cory)

Göttliche Dinge werden nicht von Sterblichen erreicht, die den Körper verstehen, sondern nur so viele, wie unbeschwert sind, erreichen den Gipfel.

Proklos: Kommentar zum Kratylos von Plato (Englisch: Cory)

Wir eröffnen unser Studium diesen Abend, indem wir zuerst aus der *Geheimlehre,* Band I, Seite 622, den vierten Absatz lesen:

> Während dem Christen gelehrt wird, dass die menschliche Seele ein Atem Gottes sei, von ihm zum immerwährenden Dasein geschaffen, mit einem Anfange, aber ohne Ende – und daher niemals als ewig zu bezeichnen –, sagt die okkulte Lehre: Nichts wird geschaffen, es wird nur umgewandelt. Nichts kann sich in diesem Weltall offenbaren – von einer Weltkugel abwärts bis zu einem verschwommenen, flüchtigen Gedanken –, was nicht schon vorher im Weltall gewesen ist; alles auf dem subjektiven Plan ist ein ewiges *Ist;* so wie alles auf dem objektiven Plan ein *Immerwerden* ist – weil alles vergänglich ist.

Während unserer letzten Versammlung beschränkten wir uns aus Zeitmangel auf einen kurzen Überblick über die Himmel und Höllen, wie sie in den verschiedenen exoterischen Religionen als Lehre enthalten sind. Bei der Betrachtung mehrerer theologischer, philosophischer und mythologischer Lehren waren wir zu der

Darlegung der mittelalterlichen christlichen Theologie gekommen, wie sie in der *Göttlichen Komödie* des großen italienischen Dichters Dante dargelegt ist. In diesem wirklich edlen Gedicht schrieb Dante von neun Kreisen in seinem Inferno oder seiner Hölle; von sieben Kreisen, die im eigentlichen Sinn zu seinem Fegefeuer gehörten, denen aber das Vorfegefeuer vorangeht. Dem siebenten Kreis folgt dann sein irdisches Paradies. Auf diese Weise sind es auch in dieser Abteilung neun Kreise oder Abgrenzungen. Dann spricht er von den neun Himmeln, über denen sich schließlich das Empyreum [der höchste Himmel, d. Ü.] befindet, in dem Gott sitzt, umgeben von den Engeln und von den Seelen der Gerechten, so dass wir hier wieder die wunderbare Zahl Neun als Wurzelzahl der Teilung haben, wie wir sie in anderen von uns erwähnten Systemen finden.

Wir berührten auch kurz die alten skandinavischen Überzeugungen in Bezug auf diesen Gegenstand, wie sie in der jüngeren *Edda* oder in der in Prosa geschriebenen *Edda* zu finden sind, und sprachen unbestimmt von den darin enthaltenen Lehren. Außerdem sprachen wir über die Ansichten der griechischen und der lateinischen Stoiker. Wir hätten auch darlegen können, dass in einem wichtigen sogenannten „hermetischen" Werk, von dem angenommen wird, dass es seinen Ursprung in Ägypten hatte, das aber später von christlichen Händen sehr verändert wurde, von sieben Sphären oder Stufen gesprochen wird. Das Werk, auf das ich mich beziehe, wird *Der göttliche Poimandros* genannt. Es wird dort ebenfalls unbestimmt auf eine achte Sphäre oder Stufe hingewiesen, während eine neunte nur angedeutet wird.

Wir wenden uns wieder dem alten Griechenland zu und finden, dass der große griechische Dichter Homer Zeus im achten Buch der *Ilias* zu den Göttern und Göttinnen von der „Goldenen Kette" sprechen lässt. Zeus spricht zu den anderen Gottheiten von seiner wunderbaren Macht und führt an, dass, wenn alle Götter und Göttinnen des hohen Olymp an dem einen Ende der Kette abwärts ziehen würden und er, Zeus allein, das andere Ende festhielte, er die Kette, mit all den Göttern und Göttinnen, mit all den Meeren und der Erde an der Kette hängend, emporziehen und jene Kette, mit ihnen allen am unteren Ende hängend, an einer der Zinnen des Himmels aufhängen könnte.

Was ist die Bedeutung dieser seltsamen Erzählung? Die Goldene Kette stellt die Verbindung der lebenden Hierarchien dar, die Goldene Kette, die alle Wesen in den inneren und äußeren Welten verbindet. In derselben Versammlung der Gottheiten des Olymp sprach Zeus wie folgt: „Jeden von euch, der meine Worte und meinen Willen verschmäht, werde ich in den dunklen Tartarus hinabstoßen . . . , der sich so weit unterhalb des Hades befindet wie die Erde unterhalb des Olymp." Das zeigt einiges von Homers Vorstellung vom Fachwerk des Kosmos, die etwa folgende war: Die Erde, oder vielmehr das Universum, war als eine Sphäre dargestellt. Der Olymp wurde auf die obere oder nördliche Seite oder den nördlichen Pol verlegt. Was die „Erde" genannt wurde, war der anschließende Teil unterhalb desselben, und unterhalb der Erde befand sich der Hades. An den dem Olymp entgegengesetzten Pol wurde der Tartarus gesetzt. Homer sagt durch seinen Zeus, dass sich der Tartarus so weit unterhalb des Hades befindet wie die Erde unterhalb des Olymp.

Der griechische Dichter Hesiod erzählt in seiner *Theogonie,* beginnend mit Vers 721: „Wenn ein erzener Amboss vom Olymp auf die Erde fallen würde, so würde er dazu neun Tage brauchen, und am zehnten Tage würde er die Erde erreichen. Fällt dieser erzene Amboss noch weiter von der Erde zum Tartarus, so würde das wieder neun Tage in Anspruch nehmen, und er erreichte am zehnten den Tartarus." Der lateinische Dichter Vergil bringt im sechsten Gesang der *Aeneis,* Vers 577–579, die gleiche allgemeine Idee zum Ausdruck. Wir sehen in dem griechischen und lateinischen mystischen Denken dasselbe Prinzip der Hierarchien und der neunfachen und zehnfachen Stufenleiter, dem wir schon begegnet sind. Die Theorie nennt eine ununterbrochene Aufeinanderfolge von Ebenen oder Sphären des Seins, von den höheren zu den niedrigeren, die sich ohne Unterbrechung durch den gesamten Bereich eines hierarchischen Weltensystems wiederholt. Zum Beispiel folgt hier, am Tartarus beginnend, eine neue Unterhierarchie, eine neue Sphäre, ein neues Ei des Seins, ebenso wie der Olymp eines Systems den niederen Pol einer höheren Hierarchie bildet und so weiter durch das ganze Universum.

Dieses „neun Tage" währende Fallen von Hesiods „erzenem Amboss" und jedes andere ähnliche Bild ist die bekannte mythologische Sprechweise, die die esoterischen Lehren, die Lehren der Esoterischen Philosophie, das heißt die Tatsachen des inneren Seins, wie sie in den mystischen Lehren aller alten Völker zu finden sind, für die allgemeine Öffentlichkeit mit ihren schlafenden Gemütern in leicht verständlicher Form wiedergibt.

Der Gegenstand der Himmel und Höllen, wie er während unserer letzten Versammlung dargelegt wurde, beruht auf mehreren grundlegenden esoterischen Faktoren, die wir fortlaufend studieren, seitdem der Lehrer im Januar dieses Jahres diese Versammlungen eingeführt hat. Wie in unserer letzten Versammlung ausgeführt wurde, gibt es in aller Wahrheit ganz und gar keine Himmel und keine Höllen in dem gewöhnlichen christlichen Sinn. Aber es gibt Sphären der Vergeltung, Sphären der Wirkungen, die besondere Sphären des Seins darstellen. Einige dieser Höllen sind, wie sie in der brâhmaṇischen und in der buddhistischen Religion beschrieben werden, tatsächlich fast Sphären der Freude, eher angenehm als unangenehm. Sie werden als wirklich sehr angenehme und interessante Orte beschrieben, dennoch stehen sie niedriger als die sogenannten Himmel.

Auf der anderen Seite könnten wir die Beschreibung einiger Himmel als nicht so außerordentlich angenehm betrachten. Die Idee ist, dass sie, ebenso wie die Bedingungen unter den Menschen auf Erden, geeignete Sphären der Vergeltung, Wirkung oder der Reinigung im Fegefeuer sind. Wenn das Leben des Menschen auf Erden beendet ist, nimmt alles strenger Analogie und gravitativer Anziehung entsprechend seinen Fortgang. Nichts kann in irgendeine Sphäre oder einen ungeeigneten Zustand übergehen. Alles findet ein genau angemessenes und gleichartiges Ziel, eine Heimat oder eine Sphäre.

Die Himmel und Höllen sind natürlich Zustände, wie auch das Erdenleben ein Zustand ist. Wenn ein Ding ein Zustand ist, dann ist es auch der Zustand eines Dinges. Und wenn es ein Ding ist, dann muss es einen Platz, eine Position oder eine Örtlichkeit haben. Das ist klar. Weil die Himmel und Höllen Zustände sind, sind sie auch Örtlichkeiten, Orte. Die alte Weisheit bezieht sich im Allgemeinen auf sie durch das Sanskṛitwort *Tri-bhuvana,* das bedeutet „die drei Welten", drei allgemein bezeichnete Wohnorte, Aufenthaltsorte, Wohnstätten. Jesus sagt in der christlichen *Bibel:* „In meines Vaters Hause sind viele Wohnungen." Wie dargelegt, sind sie für die Wesen, die in ihnen verweilen, Gemütszustände, und mittels dieser Gemütszustände wird die Reinigung der Seelennatur im Fegefeuer erreicht.

Warum geht ein Mensch in die Hölle? Weil er in die Hölle zu gehen wünscht. Warum geht ein Mensch in den Himmel? Weil er das sehnliche Verlangen hat, in den Himmel zu gehen. Ein Mensch geht immer dahin, wohin zu gehen er das Verlangen hat. Wenn er während seines Lebens ein übles Leben gelebt hat, geschah dies deshalb, weil die Impulse und Anziehungen seines Wesens von dieser Art waren. Kann eine so in irdische Anziehungen verstrickte Seele in spirituelle Sphären aufsteigen? Können die Tätigkeiten spiritueller Wesen, die sogenannten höheren „Gesetze der Natur", einen Menschen, dessen Seele ganz im himmlischen, höheren Sehnen aufgeht, zu den niederen und leidvollen Sphären des Fegefeuers hinziehen? Niemals. Denken wir über die Bedeutung nach, die dieser Gedanke in sich schließt. Wir müssen uns das sagen lassen und in Übereinstimmung damit leben. Lasst uns auf diese in ihrer Großartigkeit so erhabenen Lehren hören. Jedes Wort ist voll tiefer Bedeutung.

Wir wollen ein wenig weitergehen. Vor einigen Monaten erklärten wir, dass es in der alten Weisheit, in dem Okkultismus des Altertums, eine Lehre gibt, die tatsächlich den Ursprung für eine moderne wissenschaftliche Lehre bildet, die aber in einer verzerrten materialistischen Form wiedergegeben wird. Sie bezieht sich auf die Tätigkeiten der Natur und wird die Lehre von der „Erhaltung der Energie" genannt. Diese Lehre ist einer der großen Pfeiler der modernen materialistischen

Wissenschaft, und ihr Zwillingsdogma ist die „Korrelation der Kräfte". Diese beiden wissenschaftlichen Doktrinen wurden aus der Voraussetzung geboren, dass es nichts als träge, leblose, unbeseelte Materie gibt, die durch seltsame und unbekannte, vielleicht unentdeckbare Impulse in Bewegung gesetzt wird, die „Kräfte" genannt werden und auf eine unbekannte und wahrscheinlich unentdeckbare Art und Weise entstehen. Es ist richtig, dass die Wissenschaft ihre Gesichtspunkte nach vielen Richtungen ändert, aber es bleiben noch viele materialistische Vorstellungen bestehen. In unserer heutigen Zeit wird vor allem angenommen, alles sei im Grunde genommen Kraft. Selbst von der Materie wird angenommen, sie sei Kraft. Die Vorstellungen sind jedoch, wie leicht zu erkennen ist, noch die gleichen, es sind nur andere Worte. Dennoch ist es ein Schritt nach vorn. Wir sollten uns nicht durch bloße Worte verführen lassen und uns darüber im Klaren sein, dass der Gedanke hinter den Worten derselbe und durchaus materialistisch ist wie vorher.

Es gibt jedoch Zeichen in den Reihen der Wissenschaft, dass auch andere Veränderungen schnell vor sich gehen. Der gegenwärtige Sprecher hat in den letzten drei Wochen den Bericht über eine Ansprache eines hervorragenden englischen Naturwissenschaftlers gelesen, der seinem Land Ehre macht und ihm zu Ansehen verhilft und der in mancher Hinsicht mit Intuition begabt ist. Er sagt, was die neuesten Entdeckungen der heutigen Gelehrten beweisen. Es ist genau das, was wir vor einigen Monaten als eine grundlegende Lehre des alten Okkultismus darlegten: dass Kraft einfach Materie in einem ätherischen Zustand ist. Oder um es auf eine andere und bessere Art und Weise auszudrücken: Materie ist sozusagen kristallisierte Kraft. Kraft und Materie sind in der Essenz eins. Wie dieser Gelehrte ferner sagte, beginnen die modernen Denker zu glauben, dass die Materie nicht ewig ist. Wir glauben das natürlich auch, vorausgesetzt, wir meinen mit „Materie" nur die physische Materie, die grundlegende Mâyâ – oder Illusion – des physischen Daseins. Wenn wir aber mit „Materie" die Grundlage, die essenzielle Substanz des Seins meinen, sind wir sofort anderer Ansicht, denn in der Tat, JENES ist ewig. Es ist Mûlaprakṛiti, Wurzelsubstanz, das Gewand von Parabrahman.

Was meinen wir aber, wenn wir von Parabrahman und Mûlaprakṛiti als von Bewusstsein in seiner Essenz und von der Natur in ihrer Essenz – oder Substanz oder „Materie" in ihrer Essenz – sprechen? Wir meinen, dass Parabrahman-Mûlaprakṛiti für jeden menschlichen Intellekt nur der absolute Zustand, der höchste Teil der Hierarchie, ihre Blüte, ihr Prinzip, ihre Wurzel, ihr Same sein kann: Jenes, aus dem sich alles Übrige entwickelt oder hervorgeht und das manifestierte Universum wird, in dem wir leben, von dem wir Kenntnis haben und ein Teil sind. Wie Paulus in der christlichen *Bibel* sagt: „In IHM [d. h. in ES – das Griechische erlaubt diese Übersetzung] leben wir, bewegen wir uns und haben wir unser Dasein." Das heißt mit anderen Worten, wir sind ES, in der Bedeutung, dass wir ein wesentlicher Teil der Blüte unserer Hierarchie, von dem für uns Höchsten sind. ES ist die Wurzel des Bewusstseins von und in unserem kosmischen Universum oder universalen Kosmos. ES ist alles, was innerhalb des Gürtels der Milchstraße eingeschlossen ist, das heißt innerhalb des universalen Kosmos, den wir kennen. Die Krone davon ist die Wurzel, aus der diese zahllosen untergeordneten Welten oder Universen hervorgegangen sind, sich herausentwickelt haben. Ihre Kinder sind die Sonnensysteme, Sonnen, Sterne, Planeten; alle lebenden Wesen, Atome, Welten oder Universen, kurz, der Kosmos – alle entspringen aus ES. ES ist die Krone, die Blüte, der Gipfel wie auch der Same. ES ist der „Absolute" Paramâtman, das oberste SELBST. Wir haben diese Lehren schon mehr oder weniger studiert und überschauen sie jetzt nochmals kurz, weil dies die letzte unserer jetzigen Studien ist, bis wir aus Europa zurückkehren.

Was meinen wir mit dem Wort „absolut"? Meinen wir damit „Gott"? Wenn dieses Wort gefällt, wenn wir es wirklich „Gott" nennen wollen, gut, aber wissen wir irgendetwas über „Gott"? Merken wir nicht, dass wir in dem Augenblick, in dem wir unsere Verstandeskräfte nicht richtig anwenden, unsere Intuition lähmen, den hohen Flug unserer inneren Fähigkeiten hemmen, indem wir, ob nun in Gedanken oder in Worten zum Ausdruck gebracht, von Grenzen sprechen und am Ende sowie beim Stillstand anlangen? Erinnern wir uns in Verbindung damit immer, dass jenseits und jenseits und jenseits des kosmischen Universums, jenseits des Bereiches unserer Fassungskraft, jenseits des Bereiches unserer Imagination immer endloses Leben, endloses Sein existiert, denn es gibt kein Ende irgendwo. Dieser Gedanke ist es, der in dem alten Okkultismus gemeint war, wenn seine Lehrer von jenem „Kreis, dessen Umkreis nirgends und dessen Mittelpunkt überall ist", von dem „Grenzenlosen", von dem „Unbegrenzten" sprachen. Das in der modernen Philosophie und selbst unter uns falsch angewandte lateinische Wort „absolut" ist die genaue Übersetzung von *mukti* oder *moksha* im Sanskṛit. „Absolut" ist die moderne englische [und deutsche, d. Ü.] Form des passiven Partizipiums der Vergangenheit des lateinischen Wortes *absolvere,* „frei machen", „befreien", „losbinden", und bedeutet daher „vervollkommnet". Nicht äußerste und grenzenlose Vollkommenheit, wie sie in einigen Religionen den Göttern zugeschrieben wird, was immer unmöglich ist, sondern die relative Vollkommenheit, die Krone, der Gipfel, die Blüte, die Wurzel, der Same irgendeiner Hierarchie, und besonders für uns von jener Hierarchie, die für *uns* das Höchste ist – unser kosmisches Universum, von dem wir gesprochen haben.

Nun zu den Sanskṛitwörtern *mukti* und *moksha:* Das erste kommt von der Sanskṛitwurzel *much,* die „frei machen", „befreien" bedeutet. Moksha stammt von dem Sanskṛitwort *moksh*. Es hat fast genau die gleiche Bedeutung und ist wahrscheinlich das ein Verlangen zum Ausdruck bringende Verb von der gleichen Wurzel *much*. Die Bedeutung ist: Wenn ein Geist, eine Monade oder ein spirituelles Radikal während der Manifestation so gewachsen ist, dass es zuerst ein Mensch und innerlich, in seinem Innern, frei geworden ist, anschließend ein Planetengeist, ein Dhyân-Chohan oder ein Herr der Meditation wurde, von da aus noch höher fortschritt, um innerlich ein Brahman zu werden, und vom Brahman zum Parabrahman seiner Hierarchie wurde, dann ist es gänzlich vervollkommnet, frei, befreit – vervollkommnet für jene große Zeitperiode, die so lange währt, dass sie uns fast als eine Ewigkeit erscheint und der menschliche Intellekt sie faktisch nicht berechnen kann. Das ist dann das „Absolute". Im Vergleich zu Wesenheiten, die noch gewaltiger, noch erhabener sind, ist es begrenzt, aber soweit wir es uns vorstellen können, ist es „befreit" oder „frei geworden" von den Ketten oder Banden materiellen Daseins.

Wenn die große Periode des universalen kosmischen Pralayas eintritt und das Universum in den Busen von Parabrahman eingezogen wird (um das orientalische Sprachbild zu gebrauchen), was ereignet sich dann? Die spirituellen Wesenheiten treten dann in ihr Para-Nirvâṇa ein. Dieses bedeutet für sie das Gleiche, was es für uns bedeutet, wenn wir von dem Tod des Menschen sprechen. Sie werden durch die spirituellen gravitativen Anziehungen zu noch höheren Hierarchien des Seins hingezogen, in noch höhere, spirituellere Reiche, in denen sie emporsteigen, wachsen, lernen und leben, während die niedrigeren Elemente des Kosmos, der Körper des Universums (ebenso wie unser physischer Körper, wenn die Veränderung kommt, die wir Tod nennen – Tod, der „Zwillingsbruder des Lebens", um den schönen bildlichen Ausdruck unseres Lehrers, ihre bildliche Sprechweise zu gebrauchen), ihren eigenen besonderen gravitativen Anziehungen folgen: der physische Körper zum Staube, der Lebensatem zum Lebensatem des Kosmos; Staub zum Staube und Atem zu Atem. So verhält es sich auch mit den anderen kosmischen Prinzipien wie mit den Prinzipien des Menschen. Der Kâma unserer Natur geht in das universale Reservoir des kâmischen Organismus, unser Manas in seine dhyân-chohanische Ruhe, unsere Monade in ihr eigenes höheres Leben. Wenn dann die ewige Uhr des Kosmos wieder einmal die Stunde für das „Hinaustreten in das Licht" anzeigt – was für das spirituelle Wesen Tod bedeutet, wie für uns der Tod Leben für den inneren Menschen – und das Manvantara des materiellen Lebens beginnt (das materielle Leben der Manifestation bedeutet für den Kosmos die Periode des spirituellen Todes), werden in den entfernten Tiefen von Raum und Zeit die kosmischen Lebenszentren wieder einmal zur Tätigkeit erweckt. Zuerst kommt die Stufe der nebelartigen, feurigen Wolke, dann die des kreisenden Nebels, dann die des Spiralnebels, nach dieser die Stufe des ringförmigen Nebels, dann die Sonne und die Planeten und schließlich der Mensch und andere Wesen, die sich auf den Planeten entwickeln. Jeder dieser Planeten muss während des endlosen Lebens in den folgenden planetarischen Zeitabschnitten immer und immer wieder seine sieben Runden vollziehen. In diesem System liegen endlose Hoffnungen und Erfahrungen, aber bei jedem Schritt auf dem Pfad teilt sich für die Wesenheiten, die moralische Verantwortlichkeit erlangt haben, immer der Weg, einer führt aufwärts, der andere abwärts, denn der Augenblick der Wahl ist tatsächlich immerwährend.

In der gegenwärtigen Periode (was unser großes Mahâ-Manvantara betrifft, haben wir etwas über die Hälfte des mahâ-manvantarischen Zyklus durchlebt) befinden wir uns in dem Mahâ-Manvantara unseres kosmischen Sonnensystems an dem Punkt, an dem die Materie ihren äußersten Grad der Entwicklung in unserer Hierarchie bereits erreicht hat. Wir haben, der alten Zahlenlehre entsprechend, einhundertfünfundfünfzig Billionen und etwa fünfhundertzwanzig Milliarden Jahre verlebt, somit haben wir, genauer gesagt, langsam den tatsächlich niedersten Punkt des großen universalen kosmischen Zyklus überschritten. Der niederste Punkt, an dem die Materie für uns, für unsere große Lebenswoge, ihren höchsten Grad physischer Manifestation erreichte, war, als der Mond am Mittelpunkt seiner vierten Runde angelangt war, was Zeitalter und Äonen, bevor er unser physischer Satellit wurde, der Fall war. Die alten Lehren besagen, dass das große Parabrahman unseres hierarchischen Systems einhundert (göttliche) Lebensjahre lebt und jedes dieser Jahre dreihundertsechzig Tage hat und in zwölf Monate geteilt ist. Fünfzig göttliche Jahre sind vergangen, und wir sind deshalb auf diesem Planeten Terra, auf unserer Erde, bei dem ersten (göttlichen) Tag des ersten göttlichen Monats des aufsteigenden Zyklus der zweiten Periode von fünfzig göttlichen Jahren angelangt oder haben ihn erreicht. Wir sind daher während der letzten einhundertfünfundfünfzig Billionen und etwa fünfhundertzwanzig Milliarden Jahre durch die Zyklen hinabgekommen, in unserer und durch unsere Hierarchie abwärts gekreist bis zu dem niedersten Punkt des Zyklus, den wir auf dem Mond erreichten. Seit dieser Punkt in vergangenen Zeitaltern erreicht worden ist, haben wir langsam und mühsam begonnen, wieder aufwärts zu klimmen, dem Unaussprechlichen, dem Gipfel unseres hierarchischen Systems, unserem „Absoluten“ entgegen. Erinnern wir uns bitte sorgsam, dass wir das Wort „absolut“ nur in dem während dieser Studien schon erklärten Sinn und in der ihm dabei zugemessenen Bedeutung anwenden.

Wie wurde das „Absolute“ zum „Absoluten“? Durch Zufall? Es gibt keinen „Zufall“. Es gibt nichts als endloses Leben, endloses Bewusstsein und endlose Dauer, die in den Prinzipien und Elementen der innewohnenden Natur entsprechend tätig sind; im Sanskṛit werden sie Swabhâva genannt. Die Wurzelbedeutung des Wortes Swabhâva ist „Selbsthervorbringung“, „Selbstwerden“. Wir bringen uns all die Zeiten hindurch selbst hervor, geben uns unsere Körper selbst, klimmen unsere eigene

Leiter Sprosse um Sprosse empor, suchen unsere eigenen Höllen und finden unsere eigenen Himmel. Das Ziel der ganzen Anstrengung der universalen Entwicklung ist, den Lehren der alten Weisheit entsprechend, das Erheben der Persönlichkeit zur Individualität, der Substanz zur Göttlichkeit, der Materie zum Geist, der Grobheit zur Reinheit.

Woher kam das „Absolute", das „oberste SELBST", der „Geist" oder „Paramâtman", von dem wir Funken sind? Durch Wachstum von innen nach außen und von außen nach innen. Es war einst, vor unermesslichen Äonen in der Vergangenheit, ein Mensch. Denken wir über die Erhabenheit nach, die in dieser Lehre liegt. Betrachten wir die fast endlosen Äonen der Vergangenheit. Was in seinem weit, weit zurückliegenden Ursprung ein Funke der Gottheit, ein Funke eines anderen und früheren „Absoluten" war, ist jetzt unser „Gott", unser Paramâtman, unser oberstes SELBST, von dem wir wirklich Kinder sind, „in dem wir uns bewegen und leben und unser Dasein haben". Was ist die Hauptlehre, die wir hieraus ziehen können? Was war das psychologische Geheimnis, auf das wir in unseren letzten Versammlungen hinwiesen und das nur flüchtig angedeutet wurde, weil der Lehrer unser Abendstudium schließen musste, bevor wir unser Thema beendet hatten? Es ist folgendes, und wir berühren es auch hier nur flüchtig, weil es zu einem höheren Grad gehört: Unsere menschlichen Seelen sind im Entstehen begriffene Götter, unsere menschlichen Seelen waren früher Tierseelen, unsere gegenwärtigen Tierseelen werden in einem zukünftigen Manvantara menschliche Seelen werden. Unsere menschlichen Seelen werden in einem zukünftigen Manvantara Monaden werden. Der Mensch ist, wenn er die manvantarische Laufbahn erfolgreich durchläuft, dazu bestimmt, der zusammengesetzte Logos einer zukünftigen Hierarchie zu werden, wie er jetzt in seiner eigenen untergeordneten Hierarchie tatsächlich der Logos der Quasi-Unendlichkeit geringerer Wesen ist, die seine persönliche Natur zusammensetzen. *Denkt* lange über dieses wunderbare erhabene Mysterium nach.

Regen diese Lehren nicht unwiderstehlich zum Nachdenken an, und sind sie nicht wunderbar? Es verwundert nicht, dass sie in der alten Weisheit geheim und heilig gehalten wurden. Warum? Aus vielen Gründen. Vor allem, weil sie ohne die notwendige spirituelle und intellektuelle Schulung nicht verstanden werden konnten. Und doch ist es bemerkenswert, ist es wahrhaft erstaunlich, wie oft und auf wie vielerlei Weise wir in den alten exoterischen Lehren der verschiedenen Religionen Anspielungen auf sie finden. Vergessen wir nicht, dass exoterisch in den alten Religionen nicht „falsch" bedeutet. Das Wort bezeichnet nur jene Lehren, für die der Schlüssel nicht öffentlich gegeben wurde.

Ich habe in einigen der von unserem theosophischen walisischen Gelehrten, Professor Kenneth Morris, für uns aus dem Walisischen angefertigten Übersetzungen

Lehren bemerkt, die, wie ich glaube, aus den alten walisischen Büchern entnommen sind. Sie überraschten mich, und ich war erstaunt, dass diese so heiligen und okkulten Lehren der alten Weisheit von den alten Barden so in die Augen fallend in offener Sprache verkündet worden sein sollten. Aber ich betrachtete die Sache dann näher und sah, wie eine Meisterhand gearbeitet und verhüllt und verborgen hatte, während sie offen lehrte. Die Anordnung, allein die Schönheit der benutzten bildlichen Rede führten das allzu begierige und zu gescheite Gemüt irre. Für denjenigen, der wie wir als Schüler den Schlüssel besitzt, ist es leicht zu folgen. Doch habe ich die gleiche Methode nicht nur in den wunderbaren keltischen Lehren, sondern ebenso in den Lehren des alten Ägypten und anderer Länder gefunden.

Der Lehrer sagte mir, dass ich in früheren Versammlungen die sehr umstrittene Frage von „Gut" und „Böse" zu flüchtig berührt habe – ein Thema, das eigentlich am Ende der Studien über „Fegefeuer" und „Himmel und Höllen" zur Sprache kommt. Diese Studien werden heute Abend enden, und wir werden das Thema jetzt kurz behandeln. Christliche Denker halten es für unmöglich, dieses Problem für ein denkendes und nachdenkliches Gemüt befriedigend zu lösen. Während es für diese und andere eine „sehr umstrittene Frage" ist, ist es für einen Schüler der alten Weisheit wirklich sehr einfach. Wie kann ein Christ, der glaubt, dass sein Gott, dass sein Schöpfer von allem, was ist, der deshalb auch der Schöpfer des Bösen sein muss, wie kann er diese notwendige Schlussfolgerung mit den anderen Lehren in Bezug auf seine Gottheit verbinden, zum Beispiel, dass Gott alles Gute sei und von ihm deshalb nur Gutes hervorgehen könne? Ist dann das Böse das Werk des Teufels? Welches Kind würde dann nicht fragen: Woher kommen dann der Teufel und das Böse, das von ihm ausgeht? Von Gott? Aber ist Gott nicht alles Gute? Deshalb folgt der unvermeidliche Schluss, dass Gott nicht das absolut Gute und nicht allmächtig ist. Nach ihrer Theorie würde das Böse nicht existieren, könnte das Böse nicht existieren, außer als Frucht der Weisheit Gottes; denn wenn es anders wäre, würde es ohne göttliche Erlaubnis, das heißt gegen den Willen Gottes existieren, was ex hypothesi unmöglich ist, da Gott allmächtig ist. Die logische Schwierigkeit ihrer Theorie ist komplett und nicht durch sie zu lösen.

Was ist nun der wirkliche Ursprung von dem, was „Gut" und „Böse" genannt wird? Die Erklärung liegt in der Lehre, über die wir heute Abend klarer als vorher gesprochen haben. Gut und Böse entstehen aus dem sich widerstreitenden Wirken der Multimyriaden Willen von Wesen in der Manifestation. Gut ist relativ, es gibt kein absolut Gutes. Böse ist relativ, es gibt kein absolut Böses. Wenn das Gute absolut wäre, müsste sein Gegenteil, sein Schatten oder niederer Pol, das Böse, ebenfalls absolut sein. Beide sind jedoch relativ. Wie alle anderen „Paare der Gegensätze", wie Hitze und Kälte, hoch und niedrig, Tag und Nacht, Norden und Süden usw., heben sie sich in der Natur gegenseitig auf und halten sich im Gleichgewicht. Sie entstehen aus dem Widerstreit der Willen, bewusst und unbewusst. Die zahllosen, mannigfaltigen Wesen in der Manifestation sind, jedes von ihnen, mehr oder weniger „selbstsüchtig", suchen mehr oder weniger etwas für sich, hungern und dürsten nach Empfindungen verschiedener Art. Es gibt sogar spirituell Böses, und es gibt hohe Vertreter „spiritueller Bosheit", von denen der christliche Apostel Paulus gesprochen hat. Sie bilden die entgegengesetzt wirkenden Kräfte zu den hohen Vertretern des Guten. Diese Agenten spiritueller Bosheit werden die „Brüder des Schattens" genannt, die anderen die „Brüder des Lichtes". Die Brüder des Schattens wirken für materielle und selbstsüchtige Zwecke in und mit der Materie. Die Brüder des Lichtes wirken für den Geist, für unpersönliche Ziele in und mit der Natur. Von diesen sind die einen den anderen entgegengesetzt.

Diese beiden Körperschaften stellen zwei grundlegende Wege in der Natur dar, die eine den Pfad rechter Hand, die andere den Pfad der linken; so werden sie im alten Okkultismus genannt. Im Sanskṛit ist die Bezeichnung für den „Pfad linker Hand" Pratyeka-Yâna. Yâna bedeutet „Pfad" oder „Weg" und auch „Vehikel", und wir können Pratyeka in dieser Verbindung umschreibend mit „jeder für sich selbst" übersetzen. Unser erster Lehrer H. P. Blavatsky hat von den Pratyeka-Buddhas gesprochen. Sie sind hohe und in einem Sinne wirklich heilige Wesen, die aber selbstsüchtigerweise nur für sich allein begierig nach spiritueller Weisheit, nach spiritueller Erleuchtung streben, gleichgültig gegen den Kummer und den Schmerz der Welt. Dennoch sind sie zugleich so rein, dass sie tatsächlich Buddhas einer gewissen Art sind.

Die andere Körperschaft folgt dem Pfad, der im Sanskṛit Amṛita-Yâna genannt wird, das unsterbliche Vehikel oder der Pfad der Unsterblichkeit.

Der eine ist der Pfad der Persönlichkeit, der andere der Pfad der Individualität. Der eine ist der Pfad der Materie, der andere der Pfad des Geistes. Der eine führt abwärts, der andere Pfad verliert sich in den unaussprechlichen Herrlichkeiten bewusster Unsterblichkeit in der „Ewigkeit".

Dies sind die beiden Körperschaften von Wesenheiten, die die beiden Seiten der Natur darstellen, und die Konflikte und Gegensätze dieser beiden Seiten der Natur, zusammen mit den Kämpfen von Wille mit Wille der Heere von Wesen in dem manifestierten Dasein, erzeugen das sogenannte Böse in der Welt, das aus den selbstsüchtigen Handlungen der untergeordneten oder weniger entwickelten oder entfalteten Wesenheiten hervorgeht. Deshalb ist Selbstsucht die Wurzel alles Bösen. Die alte Lehre ist wahr, und das ist alles, was darüber zu sagen ist. Auf den höchsten Ebenen des Seins gibt es weder Gut noch Böse, weder Leben noch Tod in unserem Sinne. Dort gibt es weder einen Anfang noch ein Ende persönlichen Handelns irgendeiner Art. Aber es gibt das, was in den wunderbaren alten brâhmaṇischen

Lehren Sat, Chit, Ananda genannt wird; Sat bedeutet „reines Sein", Chit „reines Denken", Ânanda „Glückseligkeit"; es ist der Zustand dessen, was das „Absolute" genannt werden kann.

Zum Abschluss unseres Studiums heute Abend wollen wir uns daran erinnern, dass das kosmische Werk der Monade, des „spirituellen Radikals", so wichtig ist, dass wir nochmals darauf zurückkommen. Sie kann sich selbst nur entwickeln, indem sie untergeordnete Seelen und psychologische Vehikel zu selbstbewussten Wesenheiten emporhebt, die auf diese Weise dann selbst Monaden werden. DIES IST DER VERALLGEMEINERTE UND GANZE PLAN DER EVOLUTION AUF ALLEN EBENEN – es ist unser großes Werk, es ist unsere hohe Bestimmung. Unser oberstes SELBST, unser Paramâtman, unsere höchste Monade, unser höchstes SELBST, der Gipfel unserer Hierarchie, vollbringt dieses Werk bewusst. Wir als selbstbewusste Menschen tun es in geringerer Weise. Das ist der ganze Plan des geoffenbarten Seins, der verallgemeinerte Umriss der kosmischen Evolution. Kein Mensch kann für sich allein leben, kein Mensch kann sich allein zum Geist erheben. Es ist ein Teil der wahren Essenz der Natur, dass der Mensch, ob er will oder nicht, entlang dem aufwärts oder abwärts führenden Pfad unzählige andere Wesenheiten und untergeordnete Selbste mit sich empor- oder hinabführen muss.

Nun noch einige Worte über einen sehr wichtigen Gegenstand. Die Esoterische Philosophie sagt, dass es sieben Lehrschlüssel zur Weisheit und für zukünftige Initiationen gibt. Wir haben auf des Lehrers Anweisung und mit seiner Erlaubnis während der Studien, die wir im Januar dieses Jahres begannen, über fünf dieser sieben Schlüssel kurz gesprochen. Was sind diese Schlüssel? Diese Schlüssel nannten die Alten die Sapta-Ratnâni, die „sieben Juwelen", „Edelsteine" oder „Schätze", und sie sind folgende:

Erstens jene Tätigkeit der Natur – Natur hier in dem Sinne der absoluten, gesamten Ansammlung von allem, was ist, gebraucht, innen und außen, rückwärts und vorwärts, oben und unten, rechts und links, alles und überall –, das heißt jene Tätigkeit der Natur, die beim Menschen als Wiederverkörperung oder Reinkarnation in Erscheinung tritt. Sie kann kurz als der Wechsel seines Vehikels oder Körpers bezeichnet werden, wenn sich sein innerer Zustand oder seine innere Beschaffenheit ändert. Durch die Tätigkeit der Natur wird er schließlich genötigt, mit äußerster Kraft zu einem anderen Zustand, einer anderen Beschaffenheit und einem anderen Ort zu streben, oder er muss in diese eingehen. Was wir den Tod nennen, ist nur eine andere Form des Lebens. Das ist der erste Schlüssel. Wendet ihn in seinen sieben und verschiedenartigen Bereichen auf unsere Lehren an.

Der zweite Schlüssel ist die Lehre vom Handeln und der Rückwirkung auf das Handeln, Karman genannt. Die beiden ersten Schlüssel haben wir in diesen vorbereitenden Studien nur kurz gestreift. In zukünftigen Studien werden wir erkennen, dass es notwendig ist, uns mehr im Einzelnen damit zu befassen.

Der dritte Schlüssel ist die Lehre von den sich völlig durchdringenden Wesen oder Leben, auf andere Weise die Lehre über die Hierarchien, die auch untrennbare und einander universal völlig durchdringende Ebenen oder Sphären sind. ALLES EXISTIERT IN ALLEM ANDEREN. Streng der Wahrheit entsprechend, gibt es keine absoluten Trennungen irgendwo, weder hoch noch niedrig, weder innen noch außen, weder des Guten noch des Bösen, weder oben noch unten. Im Grunde gibt es nichts als ein ewiges IST, ein ewiges JETZT. Wie die alten Stoiker so schön sagten: „Alles durchdringt völlig alles andere." Selbst die Luft, die wir atmen, vibriert und ist lebendig mit den mannigfaltigen Leben in ihr. Die monadischen Essenzen oder Leben sind in der Luft, die wir atmen, in unseren Knochen, in unserem Blut, in unserem Fleisch, in allem. Denkt daher darüber nach, macht das Denken frei, befreit euch selbst im Innern. Lassen wir uns von unserer Imagination forttragen zu den Wundern, die diese Schlüssel in unserem Gemüt öffnen. Ein gewissenhaftes Studium der alten Weisheit und ein reines und selbstloses Leben werden unsere unfehlbaren Führer sein.

Der vierte Schlüssel ist die Lehre von Swabhâva, die Lehre von der wesentlichen Charakteristik jeder Wesenheit, jedes spirituellen Radikals. Sie ist auch die Lehre von der Selbsthervorbringung oder dem Selbstwerden in der Manifestation und bestätigt so die eigene Verantwortlichkeit in und für sich selbst. Das ist der am schwersten verständliche und mystischste der vier bis jetzt erwähnten Schlüssel, denn er ist tatsächlich der Schlüssel zu den drei anderen Schlüsseln!

Der fünfte ist der Schlüssel zum selbstbewussten Sein und zur selbstbewussten Existenz. Er ist ein Gegenstand, auf den wir heute Abend und auch bei unserem letzten Studium hingewiesen haben, denn das ganze Ziel, die Methode und die Tätigkeit des UNIVERSALEN SEINS bestehen in dem Emporheben des Niedrigeren zum Höheren. Dieses große Werk kann niemals je vollbracht werden, wenn dem „Pfad für sich selbst", dem Pratyeka-Yâna, gefolgt wird, sondern nur durch das Begehen des Amṛita-Yâna, des unsterblichen Vehikels oder des Pfades des Selbstbewusstseins in der Unsterblichkeit. Machen wir unser Denken frei, ich wiederhole, lasst es ungebunden hinausgehen!

Was die anderen beiden Schlüssel betrifft, müsste ich vielleicht sagen, dass sie zu hohen Graden der Initiation gehören. Es wird nur wenig über den siebenten gesagt, so gründlich ist er verborgen. Ich weiß jedoch, dass das Verstehen und der Gebrauch dieses siebenten Schlüssels nur von sehr wenigen Menschen auf dieser Erde erreicht werden kann.

Bezüglich des sechsten Schlüssels wird gelehrt, dass er durch große Anstrengung in den höheren Graden der Initiation erlangt werden kann, wovon wir die niedrigeren Grade durchzumachen in des Lehrers Gegenwart alle Gelegenheit haben.

Mit diesem Abend schließen wir die letzte unserer vorbereitenden Studien. Wir werden in Zukunft zu höheren Themen übergehen.

Kapitel 16

Âtma-Vidyâ: Wie das Eine zu den Vielen wird. „Verlorene Seelen" und „seelenlose Wesen". Der Mensch, ein zusammengesetztes Wesen: Kein dauerndes Prinzip im Menschen.

Die Lehre der Ägypter bezüglich der Prinzipien, die auch für das Letzte der Dinge von oben entspringen, beginnt deshalb auf diese Weise von einem Prinzip ausgehend und steigt hinab zu einer Menge, die von diesem einen regiert wird; und überall steht eine unbegrenzte Natur unter der Herrschaft einer gewissen, genau abgegrenzten Macht und der höchsten, vereinigenden Ursache aller Dinge.

Iamblichos: „De Mysteriis", Abschnitt VIII, 3 (Englisch: Thomas Taylor)

... aber am Ende des kleineren Zyklus, nach Vollendung der sieben Runden, erwartet uns keine andere Barmherzigkeit als der Kelch guter Taten, des Verdienstes, der den der üblen Taten und des Verschuldens in den Waagschalen vergeltender Gerechtigkeit überwiegt. Verdorben, in nicht wiedergutzumachender Weise verdorben, muss jenes Ego sein, das nicht ein wenig von seinem fünften Prinzip einbringt, daher vernichtet werden muss und in der „Achten Sphäre" verschwindet. Ein wenig, wie ich sage, gesammelt von dem persönlichen Ego, genügt, um es vor dem schrecklichen Schicksal zu bewahren. Nach der Vollendung des großen Zyklus ist das anders: entweder ein lang währendes Nirvâna der Glückseligkeit (obgleich es entsprechend euren rohen Begriffen unbewusst ist), nach dem für ein ganzes Manvantara ein Leben als ein Dhyân-Chohan folgt, oder auf der anderen Seite „Avîchi-Nirvâna" und ein Manvantara des Elends und des Schreckens als ein ... Doch Sie dürfen das Wort nicht hören, noch darf ich es aussprechen oder niederschreiben, aber „Jene" haben mit den Sterblichen, die durch die sieben Sphären gehen, nichts zu tun. Das kollektive Karma eines künftigen Planeten ist so lieblich, wie das kollektive Karma eines ... schrecklich ist. Genug. Ich habe bereits zuviel gesagt.

The Mahâtma Letters, S. 171

Wir beginnen unsere Abendstudien, indem wir sie dort wieder aufnehmen, wo wir sie im vergangenen Sommer unterbrochen haben, mit dem Vorlesen von Auszügen aus der *Geheimlehre,* Band I, Seite 227–229:

> b) Es werden in den exoterischen Werken vier Grade der Initiation aufgezählt... Noch drei höhere Grade muss der Arhan erringen, der den Gipfel

der Leiter der Arhatschaft erreichen will. ... Die Arhats des „Feuernebels", von der siebenten Sprosse, sind nur eine Staffel von der Wurzelbasis ihrer Hierarchie entfernt, der höchsten auf Erden und unserer irdischen Kette. Diese „Wurzelbasis" hat einen Namen, der in unserer Sprache nur mittels verschiedener zusammengesetzter Worte übersetzt werden kann – der „ewig lebende menschliche Banyan-Baum". Dieses „Wunderbare Wesen" senkte sich herab aus einer „hohen Region", so sagen sie, im ersten Teil des dritten Zeitalters, vor der Trennung der Geschlechter in der dritten Rasse.

... Diese Nachkommenschaft war keine Rasse. Sie war zuerst ein Wunderbares Wesen, genannt der „Initiator", und nach ihm eine Gruppe halbgöttlicher und halb-menschlicher Wesen. „Beiseite gesetzt" in der archaischen *Genesis* für gewisse Zwecke, waren sie jene, von denen es heißt, dass die höchsten Dhyânis – „Munis und Rishis aus früheren Manvantaras" – sich in ihnen inkarniert hatten, *um die Pflanzschule für zukünftige menschliche Adepten zu bilden,* auf dieser Erde und während des gegenwärtigen Zyklus. Diese „Söhne von Wille und Yoga" waren sozusagen auf unbefleckte Art geboren und blieben, wie erklärt, gänzlich getrennt von der übrigen Menschheit.

Das eben erwähnte „Wesen", das namenlos bleiben muss, ist der *Baum,* von dem sich in späteren Zeitaltern alle großen *historisch* bekannten Weisen und Hierophanten, wie der Rishi Kapila, Hermes, Enoch, Orpheus usw., abgezweigt haben. Als objektiver *Mensch* ist er die geheimnisvolle (für den Profanen – die immer unsichtbare, aber immer gegenwärtige) Persönlichkeit, über die im Osten zahlreiche Legenden existieren, besonders unter den Okkultisten und den Schülern der heiligen Wissenschaft. Er ist es, der die Form wechselt, aber immer derselbe bleibt. Und er ist es auch wiederum, der die geistige Herrschaft über alle *initiierten* Adepten der ganzen Welt innehat. Er ist, wie gesagt, der „Namenlose Eine", der so viele Namen hat und dessen Namen und wahre Natur trotzdem unbekannt sind. Er ist *der* „Initiator", genannt das „GROSSE OPFER". Denn an der Schwelle des LICHTES sitzend, blickt er in das LICHT aus dem Kreise der Dunkelheit, den er nicht überschreiten will; noch will er seinen Posten verlassen vor dem letzten Tage dieses Lebenszyklus. Warum bleibt der einsame Wächter auf seinem selbsterwählten Posten? Warum sitzt er an der Quelle der ursprünglichen Weisheit, von der er nicht länger mehr trinkt, weil er nichts zu lernen hat, das er nicht wüsste – fürwahr, weder auf dieser Erde noch in ihrem Himmel? Weil die einsamen Pilger mit wunden Füßen auf ihrer Rückreise in ihre Heimat bis zum letzten

Augenblick niemals sicher sind, ihren Weg nicht zu verlieren, in dieser grenzenlosen Wüste von Illusion und Materie, genannt das Erdenleben. Weil er gern einem jeden Gefangenen, dem es gelungen ist, sich von den Banden des Fleisches und der Illusion zu befreien, den Weg zeigen möchte zu jener Region der Freiheit und des Lichtes, aus der er sich selbst freiwillig verbannt hat. Weil er, kurz gesagt, sich selbst zum Wohle der Menschheit geopfert hat, obwohl nur wenige Auserwählte Vorteil ziehen können aus dem GROSSEN OPFER.

Wir haben hier eine der erhabensten Stellen in diesem wunderbaren Buch gelesen. Die schönen Worte leiten in einer geeigneten Weise zu unserem Thema über und eröffnen unser Studium heute Abend. Wir hoffen über das, was wir eben aus der *Geheimlehre* gelesen haben, zu sprechen, es zu erklären und, wenn möglich, es zu verstehen. Wir können das nicht direkt tun, der Gegenstand ist zu inhaltsschwer, und es hat nicht genügend vorbereitendes Studium stattgefunden. Aber wir können es bis zu einer gewissen Grenze indirekt tun, und bis zu einem gewissen Grad ist es notwendig, weil dieser erhabene Gegenstand das siebente der sieben Juwelen ist (aufwärts gezählt), von denen wir in unseren letzten Versammlungen gesprochen haben. Die sieben Juwelen, Edelsteine oder Schätze wurden, von unten nach oben gezählt, wie folgt gegeben:

Das erste oder niederste ist Wiedergeburt oder vielmehr Wiederverkörperung, vielleicht besser noch Wiederhervorbringung. Im Sanskṛit wird es Punarjanman genannt, im Griechischen Palingenesis. Beide Worte beschreiben praktisch den gleichen Gedanken. Der erste Teil in jedem der beiden Wörter bedeutet „wieder“ oder „von neuem“, und der zweite hat die Bedeutung von „Hervorbringung“, „Geburt“ oder „In-das-Dasein-Treten“.

Das zweite Juwel, aufwärts gezählt, ist die Lehre oder die Tatsache in der Natur, die Karman, die Lehre von den „Resultaten“, genannt wird.

Das dritte Juwel ist die Lehre von den „Hierarchien“, für die der Sanskṛitausdruck Lokas ist.

Das vierte ist die Lehre von „Swabhâva“, die wir in früheren Versammlungen etwas studiert haben. Dieses Sanskṛitwort hat zwei allgemeine philosophische Bedeutungen: erstens Selbst-Erzeugung, Selbst-Hervorbringung, Selbst-Werden. Die allgemeine Idee ist diese: Wenn die Natur uns ins Dasein bringt, gibt es dabei keine rein mechanische oder seelenlose Tätigkeit, denn wir brachten uns selbst hervor, in und durch und mittels der Natur, von deren bewussten Kräften wir ein Teil sind, und wir sind unsere eigenen Kinder. Die zweite Bedeutung ist, dass jede existierende Wesenheit ohne Ausnahme das Resultat dessen ist, was sie in ihrer eigenen höheren Natur ist. Sie bringt das nach außen, was sie selbst im Innern ist, nichts anderes. Eine besondere Rasse bleibt und ist diese Rasse, solange das besondere Rassen-Swabhâva in dem Rassensamen verbleibt und sich auf diese Weise offenbart. Das ist gleicherweise der Fall bei einem Menschen, einem Baum, einem Stern, einem Gott und so weiter.

Das fünfte Juwel, immer aufwärts gezählt, ist die Lehre von der „Evolution". Diese esoterische Lehre ist nicht die Lehre des Transformismus, denn das ist, genau ausgedrückt, der richtige Name für die materialistische Lehre Darwins und des Franzosen Lamarck, von dem Darwin ohne Zweifel die Idee herleitete. Evolution ist vielmehr die theosophische Lehre vom Entfalten oder Auswickeln; eine Lehre, die zusammen mit ihrer Ergänzung „Involution" in zwei Worten ausgedrückt wird. Die beiden Sanskṛitworte sind erstens Pravṛitti, was das Nachaußenentfalten der Geistwesenheit in die Materie bedeutet oder der stofflichen Wesen in Geistwesenheiten, wie es der Fall sein mag. Das andere Sanskṛitwort ist Nivṛitti. Es bedeutet das Einhüllen der Geistwesenheiten in die Materie oder der stofflichen Wesen in Geistwesenheiten, je nachdem.

Der sechste und der siebente Schatz oder das sechste und das siebente Juwel wurden bisher nur sehr flüchtig gestreift. Wir wagen dem, was schon darüber gesagt wurde, einige weitere Aspekte hinzuzufügen. Das sechste Juwel ist die Lehre, die an dieser Stelle ebenfalls durch zwei zusammengesetzte Worte von entgegengesetztem Sinn ausgedrückt werden kann. Das erste ist Amṛita-Yâna, ein Sanskṛitwort mit der Bedeutung „Unsterblichkeitsvehikel", „Wagen" oder „Träger" oder besser „Pfad der Unsterblichkeit", es bezieht sich auf den individuellen Menschen. Das andere Wort ist Pratyeka-Yâna, ein Sanskṛitwort, das (in der Umschreibung) der „Pfad jedes Einzelnen für sich selbst" bedeutet. Es ist unmöglich, dieses zusammengesetzte Wort mit einem einzigen Wort ins Englische [oder Deutsche, d. Ü.] zu übersetzen. Sowohl die Idee als auch das entsprechende Wort existieren nicht im Englischen [und auch nicht im Deutschen, d. Ü.]. Annähernd lässt es sich vielleicht durch die in dem Wort Persönlichkeit verborgene theosophische Idee beschreiben. Die geheimnisvolle Beziehung der Individualität zur Persönlichkeit ist in diesen beiden zusammengesetzten „Stichwörtern" oder technischen Begriffen eingeschlossen. Daran hängt eine ganze Lehre oder ein ganzer Bereich des Denkens der Esoterischen Philosophie. Mit ihm sind – wie auch mit dem siebenten Juwel – die Lehren der alten Weisheit in Bezug auf die verschiedenen Klassen der Monaden eng verknüpft: woher sie kamen, wie sie kamen, ja, und warum sie kamen.

Wir streifen diese tiefgehenden Lehren gegenwärtig nur sehr flüchtig, weil sie in zukünftigen Studien immer und immer wiederkehren und im entsprechenden Verlauf umfassender erläutert und erklärt werden, soweit wir das in dieser Gruppe können.

Das letzte oder siebente Juwel, aufwärts gezählt, wird Âtma-Vidyâ genannt. Das bedeutet wörtlich das „Erkennen des SELBSTES". Diese Zusammensetzung ist nur ein Stichwort wie die anderen auch, aber es verkörpert und verbirgt eine Lehre, die wahrhaft erhaben ist. Der gegenwärtige Sprecher erklärte in Verbindung mit dem siebenten Juwel, dass er nur wenig darüber sagen kann. Jeder ernste und ergebene Schüler dieser esoterischen Schule sollte jedoch zumindest angemessene Teile der geheimnisvollen Lehre – zumindest etwas davon – verstehen. Der Grad seines Verstehens hängt von seinem inneren Zustand der Erleuchtung ab, seiner Aufrichtigkeit seinen Lehrern gegenüber, seiner Treue zu den Prinzipien der esoterischen Schule und von seiner Fähigkeit, etwas von den Lehren dieser Schule zu verstehen und in ihre Tiefen einzudringen. Während dies bei Schülern jeweils ihren Fähigkeiten entsprechend der Fall ist, können jene, die höher evolviert sind als wir, mehr davon verstehen. Die Lehrer verstehen natürlicherweise mehr davon als wir. Jedoch gibt es heute wahrscheinlich keine zehn Menschen auf Erden, die diese Lehre vollkommen verstehen können. Sie ist eine Wunderlehre, die wahrscheinlich selbst unsere Meister nicht gänzlich enthüllt haben. Die Meister der Meister, das heißt die Chohans, wie sie genannt werden, wissen mehr darüber als sie. Chohan ist ein tibetisches Wort, das „Herr" bedeutet, und es wird in dem Sinn von Erzieher oder Lehrer gebraucht. Die hauptsächliche und wesentliche Bedeutung dieser wunderbaren Lehre, die die ganze Lehre durchzieht und ihren Grundton bildet, ist: WIE DAS EINE ZU DEN VIELEN WIRD. Dies ist das schwierigste Rätsel, das der menschliche Geist jemals zu lösen versucht hat!

Nehmen wir zum Beispiel in Analogie eine Monade. Von der Monade als in die Materie „hinabsteigend" zu sprechen hieße, sich falsch auszudrücken, obgleich diese Ausdrucksweise beständig angewandt wird, weil sie eine bequeme Methode ist, sich auszudrücken. Wenn wir dies berücksichtigen, ist sie wahrscheinlich als eine Redensart zulässig, wenn wir aber beginnen, die Tatsachen zu studieren, sehen und erkennen wir sehr bald, dass die Monade in Wirklichkeit nicht in die Materie „hinabsteigt". Ähnlich verhält es sich mit dem EINEN. Obgleich es dienlich und bequem ist, von ihm als „zu den Vielen werdend" zu sprechen, wird es niemals viele. Es bleibt ewig es selbst, der Gipfel der Hierarchie, ihre Wurzelgrundlage, die dieses Wunderbare Wesen ist, der erhabene Initiator, ganz gleich, auf welcher Ebene er sich befinden mag. Die Vielen gehen aus ihm hervor, und er ist ihr oberstes SELBST, ihr Paramâtman.

Dies ist nun das allgemeine Thema unseres Vortrages heute Abend. Da wir aber jetzt keine Zeit haben, eine vollständige kurze Zusammenfassung unserer Studien des vergangenen Frühjahrs und Winters zu geben, hat mir der Lehrer erlaubt, einige der Lehren, die wir schon berührt haben, sehr kurz durchzugehen, um unsere Erinnerung aufzufrischen. Die erste Lehre, zu der wir zurückkehren, ist die

Lehre von Swabhâva im Unterschied zu der Bedeutung, die der verwandte Ausdruck Swabhavat in sich schließt. Der Unterschied in der Bedeutung, der sehr groß ist, wird nicht allgemein erfasst, und die beiden Worte wurden von Schülern oft in gar sehr verworrener Weise verstanden. Sie haben sehr verschiedene Bedeutungen, obgleich beide von derselben Sanskṛitwurzel *bhû* stammen: Swabhâva; Swabhavat. Der Sanskṛitlaut, der im Englischen [und Deutschen, d. Ü.] als „a" dargestellt wird, wird wie das „a" in *Bach* oder *Tanne* ausgesprochen. Wenn aber das „a" als „â" mit dem Zirkumflexakzent geschrieben wird, wird es „ah" ausgesprochen wie in *Vater*. Dieser Unterschied in der Aussprache ist sehr wichtig.

Die beiden Wörter Swabhâva und Swabhavat sind von dem Sanskṛitwort *bhû* abgeleitete Hauptwörter. *Bhû* bedeutet „werden" – nicht so sehr „werden" in dem passiven Sinn, sondern „werden" im Sinne von „heranwachsen". Die gleichsam pronominale Vorsilbe *swa* bedeutet „selbst". Deshalb bedeutet das Hauptwort „Selbstwerden", „Selbst-Hervorbringung", „Selbst-Wachstum". Das betrifft jedoch nicht das wesentliche, grundlegende oder integrale SELBST. Wie die Monade und wie das Eine sendet das als Grundlage dienende SELBST einen Strahl von sich hinab, wie die Sonne einen Strahl von sich in die Dunkelheit der Materie sendet. Dieser spirituelle Strahl „steigt hinab" in die Materie, seinerseits eine selbstbewusste Wesenheit selbsthervorbringend oder selbstwerdend. Das Sonnenlicht, die Sonne selbst verbleibt immer in ihrer eigenen Ganzheit oder ihrer Integrität. Sie steigt nie hinab, vermischt sich nie völlig als eine Wesenheit mit den zahlreichen Heeren stofflicher Leben, ihren eigenen Kindern.

Swabhavat wird von H. P. Blavatsky „Vater-Mutter" genannt. Es ist ein Zustand oder eine Beschaffenheit des kosmischen Bewusstseins, in dem oder in der Geist und Materie, die im Grunde eins sind, nicht länger wie in der Manifestation dual sind, sondern eine Einheit bilden: das, was weder manifestierte Materie noch geoffenbarter Geist allein ist, sondern beide zusammen bilden die ursprüngliche Einheit, den spirituellen Âkâśa, in dem die Materie mit dem Geist verschmilzt und beide wirklich eins werden, „Vater-Mutter", sozusagen die Spiritualisierung der Geist-Substanz. Wir sehen, wie wir in unseren armseligen, unvollkommenen europäischen Sprachen nach entsprechenden, die Lehre zum Ausdruck bringenden Worten suchen müssen. Das Sanskṛitwort bringt sie, wenn wir es verstehen, unmittelbar zum Ausdruck.

Diese beiden Hauptwörter stammen von derselben Wurzel und sind ihrem Ursprung nach eng miteinander verbunden, aber ihre Bedeutung ist ganz und gar verschieden. Swabhâva ist die Selbsthervorbringung von irgendetwas, von einer

Wesenheit, von einer Monade. Swabhavat ist Vater-Mutter, die âkâśische Geist-Substanz dieses Kalpas, die niemals von ihrem eigenen Zustand, ihrer Beschaffenheit oder von ihrer eigenen Ebene hinabsteigt. Sie stellt vielmehr das gleichsam unendliche Reservoir des Seins, des Bewusstseins, des Lichtes, des Lebens und die Quelle dessen dar, was unsere heutige Wissenschaft einfach die „Kräfte" der universalen Natur nennt.

Diese tiefen und sehr inhaltsreichen Themen müssen wir in Zukunft ausführlicher behandeln. Für die Gegenwart jedoch wird es genügen, uns daran zu erinnern, dass Swabhavat kosmische Geist-Substanz, das Reservoir des Seins und der Wesen ist. Die nördlichen Buddhisten nennen es Swabhavat, oder mystischer, Âdi-Buddhi – „ursprüngliche Buddhi". Die brâhmaṇischen Schriften nennen es „Âkâśa", das hebräische Alte Testament verweist darauf als auf die kosmischen „Wasser".

Der nächste Gegenstand, der einer kleinen Erläuterung bedarf, ist die sehr ernste Frage hinsichtlich der „verlorenen Seelen" im Gegensatz zu den „seelenlosen Wesen". Es mag nötig sein zu sagen, dass die drei oder vier Gegenstände diesen Abend nochmals kurz berührt werden, weil beobachtet wurde, dass dieser Stoff von einigen falsch verstanden wurde. Zwischen „verlorenen Seelen" und „seelenlosen Wesen" besteht ein gewaltiger Unterschied.

Wir sprechen von einer „verlorenen Seele", wenn der „goldene Faden", der die niedere denkende Wesenheit mit ihrem höheren Selbst verbindet, vollständig abgerissen und sie damit von ihrer höchsten Essenz oder Wurzel, ihrem wahren SELBST, vollständig abgetrennt ist. Dieser Fall ist tatsächlich hoffnungslos. Für dieses niedere Selbst kann es keine Vereinigung mit dem höheren Selbst mehr geben. Es beginnt in dem Augenblick, in dem der endgültige Bruch stattfindet, sofort in die „Achte Sphäre", den sogenannten „Planeten des Todes", abzusinken.

Von einem „seelenlosen Wesen", einem „seelenlosen" Menschen hingegen sprechen wir dann, wenn der Faden sozusagen durch Abnutzung sehr dünn geworden ist oder wenn die spirituellen und unpersönlichen Aspirationen in diesem und in anderen Leben so wenige waren und die Bemühungen, sich mit dem höheren Teil des Selbstes zu vereinen, so schwach waren, dass sich der spirituelle Strahl langsam von dem niedrigeren Teil zurückgezogen hat. Aber der Bruch ist noch nicht vollständig. Der Strahl ist noch da, und selbst ein einziges heiliges und unpersönliches Verlangen kann die Wiedervereinigung herbeiführen. Das ist keine „verlorene Seele". Doch soweit die menschliche Wesenheit in Betracht kommt, wird sie richtig ein „seelenloses" Wesen genannt, denn die Wesenheit lebt fast gänzlich in ihren niederen Prinzipien. „Seelenlose" Menschen sind daher jene, die kein Gewissen mehr haben. Sie scheinen kein moralisches Empfinden zu haben, obwohl die mentalen und psychischen Fähigkeiten bei ihnen stark und kräftig entwickelt sein können.

Das sind die schlimmsten Fälle „seelenloser" Wesen. Andere beziehen sich auf Männer und Frauen, die sich um nichts zu kümmern scheinen, was gut, schön und wahr, edel und erhaben ist. Ihre Wünsche sind rein irdisch. Ihre Leidenschaften sind stark und ihre Intuition ist schwach. Diese Fälle sind tatsächlich sehr häufig. Sie sind so häufig, dass unser erster großer Lehrer H. P. Blavatsky in *Isis Entschleiert* sagt, dass wir an jedem Tag unseres Lebens mit „seelenlosen" Menschen zusammenkommen. Erinnern wir uns auch der Worte unseres gegenwärtigen Lehrers. Gehen wir in die Straßen unserer Großstädte, und blicken wir in die Gesichter der Männer und Frauen, denen wir begegnen. Sehen wir uns auch im eigenen häuslichen Kreis um. Die Situation ist wirklich schrecklich. Es besteht die Möglichkeit, dass ein Mensch mit schwacher Seele, der vielleicht nur beginnt, dem Verlangen des Willens, den Leidenschaften des Gemütes und den Instinkten der niederen Natur nachzugeben, allmählich, aber unvermeidlich und sicher sämtliche Bande, die den höheren Strahl mit der niederen Natur verbinden, aushungern lässt oder durch Abnutzung zerstört. Wenn diese Bande aber in vollem Maße stark und tätig wären, würden sie den Mann oder die Frau zu einem unter uns wandelnden Gott, tatsächlich zu einem Gott im Fleische machen. Stattdessen haben wir in den schlimmsten Fällen der „seelenlosen" Menschen wenig mehr als eine menschliche Schale (lebendig, aber spirituell nahezu tot) vor uns. „Seelenlose" Wesen waren einst beseelte Menschen, die vor dem seelenlosen Zustand die gleichen Möglichkeiten hatten, erfolgreich vorwärtszuschreiten, wie wir alle sie haben. Dies ist wirklich eine ernste Wahrheit. Sie sollte gelehrt und immer wiederholt werden, weil sie als Warnung wahrhaft hilfreich ist. Niemand von uns ist auf dieser auf halbem Wege liegenden Etappe unserer evolutionären Reise sicher, denn niemand von uns weiß, wessen er im Guten oder Üblen fähig ist. Ich habe unserem Lehrer zugehört, wenn sie sprach und auf diese Wahrheiten hindeutete, habe ihre Worte im Druck und im Manuskript gelesen, und manchmal hätte ich gern wissen mögen, wie viele den Gedanken – ihre Warnung – erfasst haben.

Das ist die Wahrheit, und es ist keine unbedeutende Sache. Ist es da verwunderlich, wenn unsere Lehrer wiederholt gesagt haben, dass sich jede in unserer Schule mitgeteilte Lehre auf ethische Prinzipien der Lebensführung gründet und in diesem Licht studiert werden muss? Das ist das Einzige, was uns, wenn aufrichtig in die Praxis umgesetzt, sicher retten wird, denn die ethischen Prinzipien stehen am Anfang, in der Mitte und am Ende unserer Studien.

In zukünftigen Studien müssen wir das Geschick dieser beiden Klassen von Wesen bis zum Ende verfolgen. Doch jetzt mag es gut sein, einige Worte über das Schicksal der „verlorenen Seelen" zu sagen. Es gibt zwei allgemeine Klassen: die niederen, aber nicht die schlechtesten, und die höheren, die übleren. Um die Bedeutung dieses sehr schwierigen Themas klarer zu machen, muss ich einen anderen, aber damit in Verbindung stehenden Gedanken einführen, der den Schlüssel bildet. DER MENSCH IST EIN ZUSAMMENGESETZTES WESEN. Auf dieser Tatsache in Bezug auf die menschliche Natur beruht eine höchst wunderbare Wahrheit, die einen Teil des Fundamentes der wundervollen psychologischen Lehren des Herrn Gautama Buddha bildet. Sie bildet eine Ergänzung der unmittelbar vorhergehenden Erklärung: Es gibt kein dauerndes Prinzip im Menschen. Prägt das wie Stahl in den Kern eures Gemütes ein. Wenn richtig verstanden, wird es uns vor Myriaden Gefahren bewahren. Der „Mensch" ist nicht seine höhere Natur. Der „Mensch" ist das, was die „menschliche Natur" genannt wird. Begreifen wir, wie sehr Männer und Frauen in dem leben, was die Hebräer *Nefesch* nennen, das heißt, dass sie in ihrer astralen Seele leben! Als Schüler dieser Schule versteht es wahrscheinlich jeder Einzelne von uns. Eine Vereinigung mit unseren niederen Prinzipien ist bis zu einem gewissen Grad notwendig, aber um dem schönen alten Gleichnis der alten Philosophen zu folgen: Die Astralseele sollte unser Vehikel, unser „Träger" sein. Sie sollte sozusagen zu einem Pferd gemacht werden, das uns auf unserer Reise trägt. Oder um das Bild zu ändern, sie sollte zu einem Wagen gemacht werden, in dem wir fahren, zu einem Pferd, das wir antreiben müssen. Wir, das innere Selbst, sollten unser astrales Ross lenken und vorwärts treiben, aber ihm niemals erlauben, uns zu beherrschen.

Um das klar zu verstehen, wollen wir das folgende Diagramm prüfen. Die sieben Prinzipien und Elemente des Menschen sind dort in drei Teile geteilt: in eine niedere Dreiheit, die gänzlich sterblich und vergänglich ist, eine mittlere Duade, die psychisch, zusammengesetzt und zum größten Teil sterblich ist – Kâma-Manas, der eigentliche „Mensch" oder die „menschliche Natur" –, und eine höhere Duade, Âtman-Buddhi. Diese ist unsterblich, unverderblich – die Monade. Beim Tod des Menschen trägt die höhere Duade die spirituelle Essenz, das Aroma der niedrigeren oder mittleren Duade mit sich hinweg. Die höhere Duade ist das höhere Selbst, die reinkarnierende Individualität oder die egoische Monade. Das normale Bewusstsein des Menschen befindet sich im Leben auf dieser Stufe der Entwicklung fast gänzlich in der niedrigeren oder mittleren Duade. Wenn er sein Bewusstsein erhebt, sich mit der höheren Duade vereinigt, wird er ein Mahâtman, ein Meister.

Der niedrigere Teil der Natur des Menschen ist zusammengesetzt. Es gibt in ihm nichts an sich Beständiges, nichts verbleibt als eine Wesenheit. Er ist der gewöhnliche „Mensch", wie er heute ist, es ist kein bleibendes Selbst-Prinzip in ihm. Wenn wir unsere Gedanken und Zuneigungen an die Dinge der niederen Natur heften, werden wir ihnen de facto notwendigerweise folgen, wie mittels der Lehre von Swabhâva dargelegt und erläutert wurde. Wie ein Mensch denkt, so ist er! Der hebräische Text dieses alten Ausspruchs, der den *Sprüchen Salomons* (23, 7) entnommen

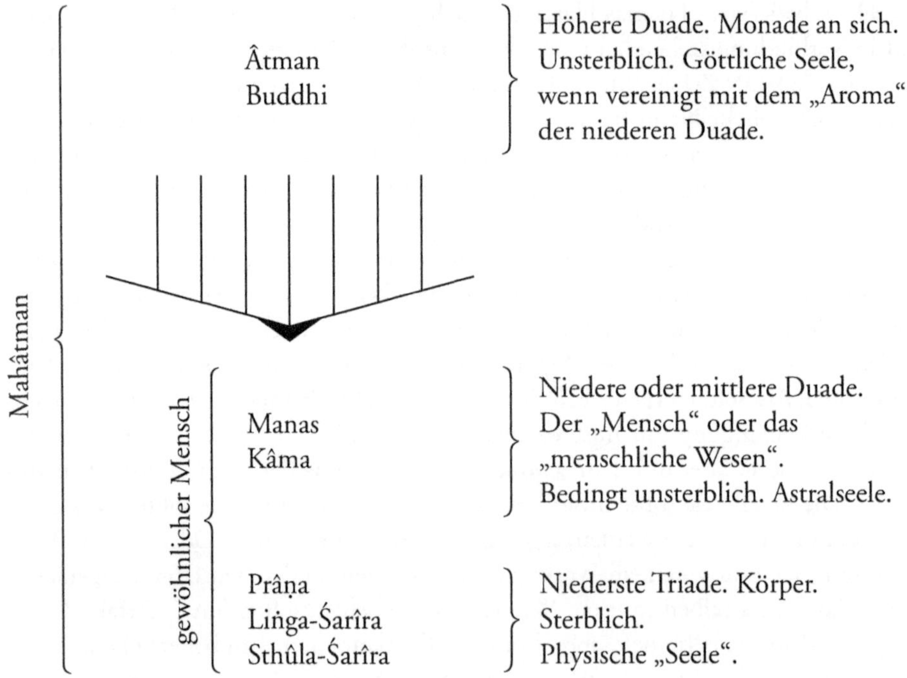

ist, lautet: „Wie er in seinem Herzen [Nefesch] denkt, so ist er.“ Aber das hier angewandte Wort Nefesch bedeutet in Wirklichkeit: „Wie er in seiner niederen Natur denkt, das ist [wird] er.“ Bei einem Sanskṛitkommentator, Yâska (Nirukta, X, 17), finden wir in einer Erläuterung eines vedischen Textes über den gleichen Gegenstand die folgende Bemerkung: *Yad yad rûpam kâmayate devatâ, tat tad devatâ bhavati.* Das heißt: Nach welchem Körper (oder nach welcher Form oder Gestalt) auch immer ein göttliches Wesen (eine Gottheit) verlangt (das heißt: wünscht, begehrt, was soviel bedeutet wie: sich ihr ganz hingibt), gerade dieses Ding wird die göttliche Wesenheit.

Hierin liegt das Geheimnis des Ganzen. Wir sind das, wozu wir uns selbst machen, unsere eigenen Kinder, nichts anderes. Wenn unsere Gedanken aufwärts gerichtet sind, gelangen wir schließlich in die Gesellschaft der Gottheiten, und bevor wir diese erreichen, gelangen wir in die Gesellschaft der heiligen Lehrer. Weil wir uns selbst zu solchen machen, werden wir wie sie, und diese antworten ihrerseits auf den Ruf.

Wenn sich aber umgekehrt unsere Gedanken abwärts bewegen und wir den „Silberfaden“ oder den „goldenen Faden“, der uns an unsere höhere Natur bindet, zerstören, dann streben wir mit Macht oder gehen wir natürlicherweise abwärts – abwärts, abwärts, abwärts, bis schließlich die goldene Kette oder der Faden reißt und die Seele eine „verlorene Seele“ wird, eine verlorene Astralseele, deren Schicksal im Folgenden angedeutet wird. Es gibt zwei Klassen dieser Art von Seelen. Die erste Klasse ist die niedrigere, aber die weniger schlimme. Sie besteht aus jenen menschlichen Wesen auf diesem Planeten (oder auf irgendeinem anderen Planeten, auf dem es eine der unsrigen ähnliche Menschheit gibt), die durch charakterliche Schwächen der Seele und aus Mangel an spiritueller Anziehung aufwärts nach einem gewissen langen oder kurzen Zeitraum, wie der Fall sein mag, zerfallen. Da der niedere Teil der Natur zusammengesetzt, unbeständig und nicht fortdauernd ist und daher den „Gesetzen der Natur“ folgt, zerfällt er und verschwindet, etwa wie der Körper stirbt und zerfällt. Das ist das Ende einer solchen Seele, und sie wird schließlich ausgelöscht.

Inzwischen ist für die Monade einer solchen Seele nichts vorhanden, kein „Aroma“ von Bestrebungen oder des aufwärts gerichteten Sehnens, das sie von jenem Leben oder von jenen Leben verwenden kann. Doch wohlgemerkt, es ist vollkommen wahr, dass „verlorene Seelen“ ebenso gut wie Seelenwesen reinkarnieren können, sie können das in der Tat. Es gibt Kinder, die als „verlorene Seelen“ geboren werden. Das kommt möglicherweise sehr selten vor, aber es kann tatsächlich stattfinden, und es findet auch statt. Die Monade einer solchen „verlorenen Seele“ reinkarniert im entsprechenden Verlauf der Zeit wieder, und die Episode der „verlorenen Seele“ ist in ihrem „Buch des Lebens“ wie eine leere Seite.

Die zweite und bei weitem schlimmere Klasse ist die, in der die Seele in vitaler Hinsicht sehr stark ist. Es sind jene Wesen, die spirituell böse sind, so paradox das klingen mag, jene, von denen die christlichen Lehrer im Neuen Testament als von Wesen von spiritueller Bosheit und Schlechtigkeit gesprochen haben. Wir mögen uns wundern, wie es kommen kann, dass ein Wesen, das den goldenen Faden zerrissen hat, noch spirituelle Eigenschaften oder Fähigkeiten besitzen kann. Das ist eines der dunklen und ernsten Geheimnisse, auf die wir später näher im Einzelnen eingehen müssen. Heute können wir nur darlegen, dass die Erklärung hierfür in einem Verstehen der esoterischen Psychologie und der Natur hoher astraler Materie liegt. Doch möchte ich auf Folgendes hinweisen: Wenn eine Seele einen Eindruck, einen Impuls empfangen kann, was ohne Zweifel der Fall ist, dann wird sie dieser Eindruck oder dieser Impuls vorwärtstreiben, bis seine anfängliche Stärke erschöpft ist, der Impuls nicht mehr vorhanden ist, sich ausgewirkt hat. Diese Wesen, die zum Schluss „verlorene Seelen“ geworden sind, haben durch Übeltun während vieler, vieler Leben, durch die Stärke ihres Willens sozusagen ein Bankkonto gewisser

Kräfte der Natur, von Impulsen des Bösen, von reiner Materie angehäuft, die in diesen Wesen heiß und stark wüten. Wenn ich „heiß" sage, so meine ich das nicht in dem gewöhnlichen gefühlsmäßigen Sinn, wie man von der „Glut der Leidenschaften" spricht. Jede dieser Leidenschaften ist in einem solchen Fall tot. Nein, ich meine heiß wie die Feuer der Hölle: Rache, Hass und Antagonismus gegen alles, was in hohem Grade gut oder von edler Schönheit ist. Diese Impulse sind hier vorhanden, und sie haben eine spirituelle Quelle, denn sie sind entwürdigte spirituelle Energien, sozusagen in die Materie gefallener und in ihr kristallisierter Geist. Dieser dunkle Gegenstand ist wirklich sehr schwer zu erklären, aber dies ist der Kern davon. Schließlich möchte ich noch hinzufügen, dass diese Wesen unter gewissen Bedingungen noch weit tiefer gehen können (und gehen). Sie betreten den unteren Pfad und gehen immer weiter abwärts. Wenn in gewissen seltenen Fällen das Böse stark genug ist, ist ihre schreckliche Bestimmung das, was unsere Lehrer ein Avîchi-Nirvâṇa genannt haben (Avîchi ist ein verallgemeinerter Ausdruck für das, was allgemein die Hölle genannt wird), Zeitalter selbstauferlegten unaussprechlichen Elends, nach dem schließlich die Auflösung erfolgt – und die Natur kennt sie nicht mehr.

Das Thema der Himmel und Höllen haben wir schon studiert. Aber bis jetzt hatten wir nicht die Zeit, uns länger mit ihm zu beschäftigen. Avîchi ist ein verallgemeinernder Ausdruck für Orte, an denen alles Üble Gelegenheit zur Entfaltung findet. Sie sind aber nicht Orte der „Bestrafung" im christlichen Sinn, wo der Wille zum Bösen und die unbefriedigten, rein selbstsüchtigen, üblen Gelüste ihre Gelegenheit zur Ausbreitung und die Wesenheiten selbst ihre Auslöschung finden. Avîchi hat viele Grade oder Abstufungen, die Natur birgt alles in sich. Wenn sie Himmel enthält, in denen gute und wahre Menschen Ruhe, Frieden und Seligkeit finden, dann hat sie auch andere Sphären und Zustände in sich, zu denen jene gehen oder mit äußerster Kraft angezogen werden, die einen Ausgleich für die üblen Leidenschaften finden müssen, die in ihnen brennen. Diese lösen sich am Ende ihres Avîchi-Nirvâṇa auf und werden ganz und gar zerrieben und vergehen zuletzt, wie ein Schatten im Sonnenlicht in der Luft vergeht – sie werden im Laboratorium der Natur zerrieben.

Wir erinnern uns auch, dass wir während anderer Studien über die sogenannten „Naturgesetze" gesprochen haben. Es wurde dargelegt, dass es in unseren esoterischen Lehren keine „Naturgesetze" gibt, und dies aus zwei Gründen: Erstens gibt es so etwas wie die „Natur" nicht. Die Natur ist keine Wesenheit, sie ist eine Abstraktion. Die Natur ist nicht eine Göttin oder ein Gott. Sie ist kein Wesen oder Planet. Sie ist nicht eine Sphäre oder ein Universum. Die Natur ist die abstrakte

Ansammlung, die unermessliche Summe aller Wesen und Dinge, die sich miteinander vermischen, aufeinander einwirken und sich gegenseitig beeinflussen, spirituell und in ihren mittleren und niederen Teilen. Indem sie sich ineinander vermischen und untereinander verbinden, erzeugen sie das, was wir die Natur nennen. Die Wesenheiten, auf die hier Bezug genommen wird, umfassen natürlich alle Grade, von den materiellsten und niedrigsten aufwärts zu den höchsten irgendeiner Hierarchie. Der zweite Grund ist, dass diese gesamten Wesen, die wir sehr bequem mit dem Ausdruck Natur bezeichnen, nicht durch „Gesetz" „regiert" werden. Wer oder was macht Gesetze, denen die Natur folgen soll oder folgen muss oder denen sie folgt? Niemand, kein Teufel und kein Gott. Doch mag die Frage erlaubt sein, und sie sollte gestellt werden: Folgt die Natur nicht gewissen Verfahren? Wenn die Umstände und Bedingungen die gleichen sind, sind dann die Verfahren, die wir Gesetze nennen, nicht immer dieselben? Ja, natürlich, niemand leugnet eine Tatsache; wir meinen nur die Erklärung. Erklärungen sind wichtig. Wenn jemand an uns herantritt und nur schwätzt, nur Worte gibt, wir aber das Brot des Lebens brauchen, werden wir dann das, was er sagt, als Wahrheit hinnehmen? Werden wir die bloßen Worte nehmen und mit Schalen zufrieden sein? Oder werden wir sagen: „Mein lieber Herr, was Sie uns sagen, habe ich geprüft, es sind bloße Behauptungen. Niemand leugnet bestehende Tatsachen, aber wir möchten eine Erklärung für Ihre Behauptungen erhalten. Wir wünschen etwas, das der Seele Nahrung geben wird." Erhalten wir Nahrung für unsere Seele, wenn wir nur Gerede über mechanische, unbegreifliche „Naturgesetze" hören? Im Altertum gebrauchte kein großer Denker zu irgendeiner Zeit eine so nichtssagende Ausdrucksweise wie „Naturgesetze" mit den damit verbundenen Ideen oder dem Mangel an Ideen. Niemals war das der Fall. Der den Begriff „Naturgesetze" in sich schließende Ausdruck ist ein von zwei Quellen abgeleitetes Produkt. Er ist erstens abgeleitet von der christlichen Religion und zweitens von dem modernen wissenschaftlichen Materialismus. Die Menschen vergangener Zeitalter wussten sehr wohl, dass die Natur gewisse sehr regelmäßige Verfahren einhält, die wir heute „Gesetze" nennen, und dass sie diese Verfahren immer eingehalten hat. Aber unsere Ahnen hatten andere und weisere Erklärungen für die regulären Verfahren in den Naturerscheinungen, denn sie wussten mehr über die inneren Geheimnisse des Seins, weil sie wahre Religion kannten und in sich hatten. Sie hatten eine universale Philosophie, und nicht zuletzt hatten sie Menschen, die sie Initiierte nannten, die persönlich hinter und in die Natur dringen, in sie eintreten und sie aus erster Hand erkennen konnten.

Was veranlasst die Natur, so zu wirken, wie sie wirkt? Der moderne Gelehrte wird sagen, dass er mit Naturgesetzen jene Aufeinanderfolge von Ereignissen meint, die immer in derselben Weise eintreten, wenn die Umstände und die Bedingungen die gleichen sind, die reguläre Folge der Erscheinungen und Kräfte. Der christliche

Theologe sagt wahrscheinlich etwa in folgender Weise, was er mit Naturgesetzen meint: „Nun, mein lieber Bruder, wahrscheinlich ist das so der Wille Gottes, des Allmächtigen, der, es ist wahr, uns keine vollständige Erklärung dieser schwierigen Probleme gewährt hat, aber im Grunde ist es der göttliche Wille, der einst und für alle Zeiten die Maschine der Natur geschaffen und in Tätigkeit gesetzt hat." Vor etwa zwei, drei, vier, fünf oder sechs Jahrhunderten hatten diese Herren eine andere, von der obigen etwas abweichende Erklärung, weil die moderne Wissenschaft damals noch nicht begonnen hatte, in aggressiver Weise eigene Meinungen zu verkünden. Diese andere theologische Erklärung war, dass Gott, der Allmächtige, selbst persönlich und aktiv diese Dinge, die die „Natur" hervorbringt, anordnete und leitete. „Er sandte seinen Regen hinab auf die Gerechten und die Ungerechten. Er ließ die Sonne scheinen und den Regen fallen." In dieser Tonart gab es noch weitaus mehr. Dann kamen gewisse skeptische Denker und sagten: „Ha, ha, Gott der Schöpfer! Er hat die Krankheiten geschaffen. Er schuf also das Böse im menschlichen Herzen. Es muss so sein und nicht anders, denn ER hat den Menschen und alle anderen Wesenheiten geschaffen, und da ER allweise ist, musste ER wissen, was ER tat. Weshalb daher einen Menschen dafür bestrafen, wenn er tut, was zu tun er nicht vermeiden kann, weil Gott den Menschen, sein Gemüt, sein Herz und seinen Willen geschaffen hat?"

So bestand die spätere Idee der Theologen darin, dass Gott die Welt mit seiner eigenen allmächtigen Hand erschuf, sie in Bewegung setzte, jedes von den verschiedenen Elementen in ihr veranlasste, in seiner eigenen Weise zu funktionieren, und sie dann, mit einem uranfänglichen Eindruck der göttlichen Intelligenz versehen, ins Leben treten ließ. Ich glaube, dass ich die frühmoderne theologische Idee richtig wiedergebe.

Die Eingeweihten, die die Geheimnisse der Natur kannten, hatten Worte, die geeignet waren, genau das zum Ausdruck zu bringen, was sie zu sagen wünschten, Worte, die einen Eindruck hinterlassen und nicht nur Abstraktionen sind. Sie benutzten Worte wie „Prinzipien" und „Elemente" der Natur. Es ist richtig, dass solche Worte Stichworte, technische Worte sind, aber sie wussten genau, was sie damit meinten. Sie sprachen auch mystisch und theologisch von „Göttern". Es ist in Hinsicht auf die Gelehrten von heute eines der am meisten zu beklagenden Dinge, dass der normale Gelehrte oder Schüler aufgrund der vorsätzlichen und hartnäckigen Unterdrückung so vieler Wahrheiten des Altertums durch die christliche Kirche ebenso wenig einen Begriff davon hat, was die Alten mit „Göttern" und deren Tätigkeiten meinten, wie er einen Begriff davon hat, was in diesem Augenblick auf dem Sirius vor sich geht. Doch wenn verstanden und richtig erklärt, wird deutlich, dass der Polytheismus eine wundervolle und erhabene Lehre ist. Er bedeutet zum Beispiel nicht, dass jeder Gott so groß und abgesondert, so allmächtig und allwissend ist, wie es der Gott der christlichen Theologen ihrem Begriff entsprechend ist. Ganz und gar nicht. Die Götter, das heißt die spirituellen Wesenheiten, sind die erhabenen Bewohner der Natur. Sie bilden einen inneren Teil der Natur selbst, denn sie sind ihre beseelenden Prinzipien. Sie sind ebenso den Willen noch höherer Wesen unterworfen – nennen wir diese Willen die „Gesetze" höherer Wesen – wie wir und die Tiere in Bezug auf uns. Wir sind für die Wesen, die unseren Körper zusammensetzen, Götter. Die Atome in unserem Körper sind auf ihre Art bewusst, und wir sind für sie wie Götter. Was sie die „Naturgesetze" nennen könnten, ist, was wir denken und was wir wollen. Die Natur ist vom Anfang bis zum Ende in mannigfaltigen Graden bewusst, obwohl es in Wirklichkeit weder einen „Anfang" noch ein „Ende" gibt; das sind eitle Träume.

Ferner hat die Natur zwei Aspekte, einen positiven und einen negativen. Ich benutze das Wort „Natur" in der vorher dargelegten Bedeutung, weil der gebräuchliche Ausdruck bequem ist, er wird verstanden. Wenn ein Sprecher immer drei oder mehr Minuten darauf verwenden muss, einen bereits erklärten Gebrauch eines Wortes jedesmal von neuem zu erklären, wird er mit dem, was er zu sagen wünscht, nie zu Ende kommen. Wenn wir also einmal erklärt haben, was wir mit „Natur" und mit „Gesetzen" meinen, können wir diese oder andere gebräuchliche Worte benutzen, weil sie zweckdienlich sind. Unsere Lehrer haben diese Worte auch beständig angewandt, und H. P. Blavatsky spricht fortwährend von den „Gesetzen der Natur" und dem „grundlegenden Gesetz von Karman". Ebenso spricht unser gegenwärtiger Lehrer Katherine Tingley beständig von dem „Höheren Gesetz". Wer hat nicht gebildete Leute sagen hören, dass die Sonne „im Osten aufgeht"? Sowohl diese als auch wir wissen natürlich, dass die Sonne nicht „im Osten aufgeht". Wir finden es häufig nützlich und bequem, eine allgemeine Ausdrucksweise zu verwenden, um einen Gedanken verständlich zu machen. Es bedeutet nicht, dass wir uns auf den Buchstaben festlegen müssten bei etwas, wovon jeder vernünftige Mensch genau weiß, dass es sich nur um eine bequeme Ausdrucksweise handelt. Die sogenannten „Naturgesetze" sind also das Wirken und die Wechselwirkung und gegenseitige Tätigkeit von Bewusstseinseinheiten und Willen im Kosmos. Sie werden nicht so sehr als personifizierte Bewusstseinseinheiten und Willen betrachtet, sondern dieses Wort wird von uns mehr als Abstraktion angewandt. Es bedeutet die vereinten und gesamten Ergebnisse der Tätigkeit aller Bewusstseinseinheiten und Willen im Kosmos. Doch auf die Ursachen, auf ihre Quelle zurückverfolgt, sind diese „Gesetze" tatsächlich das in Tätigkeit befindliche Bewusstsein und die Willen der Multimyriaden Heere von Wesenheiten, die selbst die „Natur" zusammensetzen und sind und die durch, in und mittels „Materie", ihre Vehikel – abstrakt „Natur" genannt –, wirken.

Die Natur hat zwei Pole oder Seiten: den positiven Pol oder die positive Seite und den negativen Pol oder die negative Seite. Prüfen wir uns selbst beharrlich, und wir werden erkennen, dass auch unser Gemüt, wie alles andere, dual ist, denn es spiegelt die Natur wider. Es hat seine passive Seite, seine „unbewussten Reflexbewegungen", ebenso wie der Körper sie hat und genau wie sie in der Natur vorhanden sind. Es hat auch seine positive oder aktive Seite. Es besteht ein großer Unterschied zwischen dem bewussten Willen und dem unbewussten Willen. Der Körper ist ein Beispiel für das, was ich anzudeuten versuche: das Schlagen des Herzens, das automatische Blinzeln der Augen, die Verdauungsprozesse. Das sind unter der Kontrolle unbewusster oder halbbewusster Elementalwesenheiten stehende unbewusst vollbrachte Handlungen. Wenn sie normal verlaufen, hat der Wille des Menschen nichts in selbstbewusster Weise damit zu tun. Sie stellen die passive Seite seines Willens dar, wie er durch jene elementalen Gemüter zum Ausdruck gebracht wird. Aber er hat auch eine aktive oder positive Seite, durch die er seinen Willen gebraucht, denkt und entsprechend handelt. Hierfür wird er verantwortlich gemacht und lädt karmische Verantwortung auf sich.

Wie dieses Beispiel den passiven und den aktiven Willen in Gemüt und Körper des Menschen erläutert, so ist es auch in der Natur. Die „Gesetze der physischen Natur" sind die Ergebnisse des Wirkens der passiven Seite von Wesen und Bewusstseinseinheiten, die das zusammensetzen, was „Natur" genannt wird. Je höher die Wesenheiten stehen, desto weniger ist ihre aktive oder positive Seite auf den niedrigeren Ebenen manifestiert. Arbeiten wir deshalb mit der Natur und nicht gegen sie. Verletzen wir keines ihrer Gesetze, wenn wir Gesundheit und Glück wünschen. Vergessen wir nicht, was H. P. Blavatsky in *Die Stimme der Stille* (Seite 46, d. Ü.) sagt:

> Hilf der Natur und arbeite mit ihr, sie wird als einen ihrer Schöpfer dich erkennen an und dir gehorsam sein.

Wir wollen es umschreiben: „Arbeite mit der Natur und folge ihr, werde eins mit ihr, und sie wird dir gehorsam sein als einem tätigen, selbstbewussten Mitarbeiter – als einem Meister." Glück kann nur im Gehorsam gegenüber dieser grundlegenden Wahrheit der untrennbaren Einheit gefunden werden. Es ist kein Glück in Unbrüderlichkeit zu finden, in dem Arbeiten für sich selbst, in dem Versuch, anderen den persönlichen Willen aufzuzwingen. Das Leben wird in seiner ganzen Schönheit durch *Geben* gefunden, durch das Hingeben des Selbstes an das All. Es gibt kein Glücklichsein, das diesem gleicht. Es gibt keinen Weg zur inneren Entwicklung, auf dem der Schüler sie so schnell, so unfehlbar und so sicher erreicht, als den der Aufgabe des persönlichen Selbstes an edle, unpersönliche Ziele. Das ist der Weg zu Frieden und Stärke.

Der Lehrer flüstert mir zu, noch eine kurze Zeit fortzufahren – und wir haben unser Abendstudium noch gar nicht begonnen! Wir wollen uns daher noch einige Minuten mit einer interessanten Erscheinung in der Natur beschäftigen, die sich während dieses vergangenen Sommers ereignete. Ich beziehe mich auf die starke Annäherung des Planeten Mars an die Erde. Ich spreche absichtlich davon, weil dies einen Kernpunkt unseres Themas erläutern wird.

Unsere Gelehrten sind zu dem Schluss gekommen, dass der Planet Mars älter sei als die Erde. Sie sagen, ihre Theorie sei wahr, aber der Theosophie gemäß ist sie vollkommen falsch. Der einzige Grund für ihre Behauptung besteht darin, dass sie, wenn sie untersuchen, was sie mit Hilfe ihrer Teleskope von der Oberfläche des Mars sehen, kein bestimmtes und überzeugendes Zeichen selbst pflanzlichen Lebens erkennen können. Offenbar sehen sie keine besondere organische Tätigkeit irgendwelcher Art auf jener rötlichen Kugel, und gedankenlos kommen sie zu dem voreiligen Schluss, dass der Mars tot sei, sich ungefähr in einem ähnlichen Zustand wie der Mond befinde und deshalb sehr viel älter sei als unser Planet Erde. Nun, erstens kann für einen Schüler der alten Weisheit das „Alter" eines Planeten von zweierlei Art sein. Bedeutet es älter an spiritueller Erfahrung – denn vergessen wir nicht, dass ein Planet ein „Animal" ist in dem griechisch-lateinischen Sinn, und „Animal" bedeutet „lebendes Wesen", denn er ist eine Hierarchie von Lebewesen –, oder bedeutet es nur, dass die physische Kugel älter ist als die unsrige? Die Lehre der alten Weisheit besagt, dass der Mars jünger ist als die Erde. Sein Körper, seine physische Kugel ist jünger, aber gegenwärtig befindet er sich in einem Zustand der „Verdunkelung". Wir können sagen, er schläft. Tatsächlich ist es mehr als bloßer Schlaf, denn der weitaus größte Teil seiner Heere von Leben, seiner lebenden Wesenheiten, hat ihn verlassen, um in höhere Sphären oder auf höhere Globen der Marsplanetenkette zu gehen. Aber das bedeutet wiederum nicht – wir müssen in unseren Studien sehr sorgfältig sein im Gebrauch von Ausdrücken –, dass auf dem Mars kein Leben vorhanden ist. Wenn unser eigener physischer Körper schläft, bedeutet das, dass er im Verfall begriffen ist, dass er tot ist? Gehen im schlafenden menschlichen Körper keine vitalen Prozesse vor sich? Natürlich gehen viele vor sich: Wiederherstellung, neue Kräftigung der Bande der inneren Natur – nicht der inneren Natur selbst, sondern eine Stärkung der Bande, die die vital-astrale Wesenheit mit der inneren Natur verbinden.

Es gibt – und das wird einen anderen Punkt erläutern – auf dem Planeten Mars in seinem gegenwärtigen Zustand der Verdunkelung gewisse Wesen, die von der sich zurückziehenden Lebenswoge dort zurückgelassen wurden, als der Planet in die Verdunkelung eintrat. Diese Wesen werden in der Sanskṛitsprache Śishtas genannt, was „Überbleibsel" oder „Überreste" bedeutet. Es sind jene Wesen, deren

Pflicht es ist, auf dem Planeten die Samen des Lebens zu bewahren, bis die hereinbrechende Flut der in dem kommenden neuen Manvantara zurückkehrenden Lebenswoge diese Körper finden wird, die für sie bereit und in jeder Weise geeignet sind. Es gibt sieben Arten von Śishtas: drei Arten Elementale, die Mineralart, den Pflanzentypus, den Tiertypus des Planeten, der auf dem Mars den menschlichen darstellt, und einen weiteren Typus. Es gibt gewisse Śishtas, die ganz und gar nicht den niedrigeren Typen angehören. Sie müssen, als dieser Planet in die Verdunkelung eintrat, höher gestanden haben als der Durchschnitt der Menschheit des Planeten, um in der folgenden Runde für die herabkommende, weiter entwickelte Menschheit taugliche und geeignete Vehikel für den neuen Lebenszyklus oder das neue Manvantara bereitzustellen. Allgemein gesprochen sind daher die Śishtas jene höheren Klassen, jede von ihrer eigenen Art und ihrem eigenen Reich, die auf einem Planeten zurückgelassen werden, wenn er in die Verdunkelung eintritt, damit sie beim Hereinfließen der nächsten Lebenswoge als Samen des Lebens dienen, wenn die Dämmerung des neuen Manvantaras auf diesem Planeten stattfindet.

Die Venus ist, im Gegensatz zum Mars, jetzt aktiv in ihrer letzten Runde. Der Planet Merkur indessen beginnt eben seine letzte Runde. Diese beiden Planeten sind viel älter als die Erde. Der Mars ist jünger. Ich spreche hier nicht vom spirituellen Alter, ich spreche nur von dem Alter des physischen Körpers, der Himmelskugel. Allgemein gesprochen, erkennen wir es als ein „Gesetz" – und ich benutze den Ausdruck „Gesetz" als eine physikalische Tatsache der Natur in unserem Sonnensystem, da ein Himmelskörper (oder ein Planet) in physischer Hinsicht um so jünger ist, je weiter er von der Sonne entfernt ist. Der Mars hat tatsächlich seine dritte Runde beendet, wir auf der Erde sind in unserer vierten. Die Venus ist in ihrer siebenten und letzten, der Merkur beginnt eben seine siebente Runde.

Ich habe diese Sache zur Sprache gebracht, weil einige Theosophen H. P. Blavatskys Lehre in der *Geheimlehre* in Bezug auf die sechs Begleitgloben der Erdplanetenkette falsch verstanden haben. Sie sagen, wir seien vom Planeten Mars auf die Erde gekommen, und auf diese Weise wird er zu einem der Globen der Erdplanetenkette gemacht. Sie sagen, dass wir uns jetzt auf der Erde befinden und in dem zukünftigen (nächsten) Manvantara auf den Merkur gehen werden, der ebenfalls zu einem der Globen der Erdplanetenkette gemacht wird.

Das ist gänzlich falsch. Der Merkur ist in seiner siebenten Runde. Wir sind in unserer vierten, und unsere nächste Runde wird unsere fünfte sein. Es ist wahr, dass der Mars seine dritte Runde beendet hat. Während die weiter von der Sonne entfernten Planeten gewöhnlich physisch jünger sind als jene, die ihr näher sind, bedeutet dies nicht, dass sie notwendigerweise auch spirituell die jüngeren sind. Wir können als Beispiel den Planeten Saturn betrachten. Der Planet Saturn ist spirituell weiter fortgeschritten als der Planet Mars oder unser Planet Terra.

Wenn wir ein Buch über Astronomie aufschlagen und die unterschiedliche Dichte der Planeten, wie sie in den Tabellen angegeben ist, vergleichen, werden wir eine grobe, aber zuverlässige und sehr allgemein genommen richtige Regel haben, nach der herausgefunden werden kann, welcher der physischen Planeten physisch älter ist als ein anderer. Das bezieht sich jedoch nicht auf das spirituelle Alter oder auf die Evolution. Diese Tatsache zeigt die Vielschichtigkeit, der der Schüler bei seinem Studium dieser Lehren gegenübersteht, die aber in Wirklichkeit sehr einfach sind und nur deshalb so kompliziert erscheinen, weil unsere Gemüter stoffliche Gemüter und keine geistigen Gemüter sind. Es ist schwierig, mit den Gemütern, die wir haben, über solche Dinge nachzudenken, weil die Gemüter aus Stoff geformt sind. Sie lösen sich bei unserem Tod auf. Diese Dinge aber beruhen auf spirituellen Tatsachen. Daher die Verwirrung von Mr. Sinnett und anderen, die seiner Führung folgten – eine Verwirrung, die bis zu einer Verleugnung ihrer eigenen Lehrer führte.

Der Planet Saturn ist von Ringen umgeben. Ich bewege mich hier in sehr tiefem Wasser und will bedächtig sprechen, damit ich nicht einen irrtümlichen Eindruck erwecke. Ich tat dies in der letzten Versammlung, als ich sagte, der gegenwärtige Sprecher wisse wenig oder fast nichts über das siebente „Juwel“. Es war nicht meine Absicht, diese Idee zu vermitteln. Meine Absicht war es, zu sagen, dass er wenig oder nichts über die *höheren Lehren* in Bezug auf jenes siebente Juwel wüsste. Der Planet Saturn ist der letzte der „sieben heiligen Planeten“ der Alten, von der Sonne nach außen gezählt. Was unser Sonnensystem betrifft, so gehören Uranus und Neptun nicht wirklich zu ihm, der Letztere unzweifelhaft nicht. Physisch gehören sie gegenwärtig dazu, weil sie unter dem Einfluss dieses Systems stehen, etwa wie ein Besucher, der in ein Haus aufgenommen wurde. Aber sie gehören nicht zu der Siebenheit und bilden nicht einen Teil der Siebenheit der „sieben heiligen Planeten“ des Altertums, von denen jeder ohne Zweifel gelesen hat. Die „sieben heiligen Planeten“ können provisorisch wie folgt aufgezählt werden: Saturn, Jupiter, Mars, Sonne, Venus, Merkur und Mond. Ich sage „provisorisch“, weil sich hinter dem Gegenstand der „sieben heiligen Planeten“ viel mehr verbirgt, als sich so offen zeigt. So werden zum Beispiel die Sonne und der Mond als zwei Stellvertreter für die zwei wirklichen Planeten aufgezählt. Der Mars gehört bis zu einem gewissen Grad in die gleiche Kategorie. Darüber können wir aber hier nicht mehr sagen.

Sollen wir nun sagen, dass die Sonne und der Mond die Stelle von zwei anderen Planeten einnehmen? Wir wollen vorläufig die Aufzählung annehmen, die gewöhnlich gegeben wird und die Sonne und den Mond einschließt. Jeder einzelne dieser sieben Globen ist ein Körper wie unsere eigene Erde. Jeder ist eine siebenfache

Kette wie diese, siebenfach in seiner Zusammensetzung, mit sechs anderen höheren Globen von feinerer Materie über der physischen Kugel oder dem physischen Globus, ebenso wie wir Menschen über diesem „Träger" oder „Behälter", der fälschlicherweise ein „Prinzip" genannt wird und den wir unseren Körper nennen, unsere sechs Prinzipien haben. Für den Mond gilt das nicht ohne Einschränkung, weil der Mond tot ist. Aber selbst der Mond hat seine sechs Begleitgloben. Ich kann nebenbei bemerken, dass die mit dem Mond verbundenen Mysterien mehr als interessant sind, und wenn es der Lehrer erlaubt, werden wir uns, soweit es hier geschehen kann, einmal damit beschäftigen.

Den Mond ausgenommen, haben all die anderen Globen und Planeten des Sonnensystems, jeder einzelne von ihnen, sechs Begleitgloben von feinerer Materie, die vollkommen lebendig sind, wenn sie sich nicht in Verdunkelung befinden. Im Leben des Planeten bilden sie eine besondere Analogie zu des Menschen sieben Prinzipien, denn wenn wir unsere eigenen Prinzipien sehen könnten, wenn wir sehen könnten, was der Grundriss jedes Prinzips ist, würden wir finden, dass es tatsächlich ein Rûpa oder eine Form ist. Aber hier will ich eine Verwahrung einlegen: Die sechs Begleitgloben irgendeines Planeten oder eines anderen Himmelskörpers sind wirklich nicht die sechs Prinzipien solch eines Körpers, denn jeder einzelne der sieben Globen, der einen Teil einer Kette bildet, hat seine eigenen individuellen sieben Prinzipien und Elemente. So hat jeder Planet oder Himmelskörper seine sechs Begleitgloben, und zusammen bilden sie eine Planetenkette. Aber nur jene Globen, die sich auf derselben kosmischen Ebene der Natur oder des Seins befinden, sind füreinander physisch sichtbar. Wir können zum Beispiel von jeder der anderen Planetenketten oder der Ketten der Fixsterne nur die Globen sehen, die sich auf der vierten (planetarischen) Ebene befinden, weil wir uns wie diese auf der vierten planetarischen Ebene befinden. Wenn wir uns auf einer über uns befindlichen kosmischen Ebene befänden, würden wir zwei Jupiter, zwei Saturne usw. sehen.

Auch die Sonne ist siebenfach. Damit hängt eine wunderbare Lehre zusammen. Der Mond hat, obgleich er tot ist, ebenfalls sechs Begleitgloben, und wenn wir am Schluss der Erdenrunde diese Erde in der Verdunkelung zurücklassen und auf den nächsten Globus über uns gehen, werden wir zwei Mondkörper sehen, die zu jener Ebene gehören, und auch zwei Sonnen.

Wir schließen nun unser Abendstudium und bringen die Hoffnung zum Ausdruck, dass wir in unserer nächsten Versammlung mehr Gelegenheit und ein offeneres Feld haben werden, uns eingehend mit dem wahrhaft erhabenen Gegenstand zu beschäftigen, den H. P. Blavatsky in der *Geheimlehre* in den zu Beginn dieses Abends vorgelesenen Auszügen für uns niedergelegt hat.

Kapitel 17

Der Stille Wächter.

... Während zahlloser Generationen hat der Adept einen Tempel aus unzerstörbaren Felsen, einen Riesenturm unendlichen Denkens aufgebaut, in dem der Titan wohnt und, wenn notwendig, weiterhin allein wohnen wird. Er wird nur am Ende eines jeden Zyklus daraus hervorkommen, um die Auswahl der Menschheit einzuladen, mit ihm zusammenzuarbeiten und seinerseits zu helfen, die abergläubischen Menschen zu erleuchten. Wir werden mit dieser unserer periodischen Arbeit fortfahren und in unseren philanthropischen Bemühungen nicht nachlassen, bis zu dem Tage, an dem die Fundamente für einen neuen Kontinent des Denkens so fest gelegt sind, dass keine noch so große von den Brüdern des Schattens geleitete Opposition oder unwissende Bosheit die Oberhand haben wird.

Aber bis zu diesem Tage des endgültigen Sieges muss jemand geopfert werden – obgleich nur jene als Opfer angenommen werden, die sich freiwillig dazu anbieten. Diese undankbare Aufgabe hat sie (H. P. B.) inmitten der Ruinen des Elends, des Missverstandenwerdens, der Isolierung zu Boden geworfen und niedergedrückt. Aber sie wird ihre Belohnung in der Zukunft haben, denn wir sind nicht undankbar. Was den Adepten betrifft – nicht einen von meiner Art, lieber Freund, sondern einen, der viel höher steht –, könnten Sie Ihr Buch mit jenen Zeilen schließen aus Tennysons „Wakeful Dreamer" (Wachender Träumer) – Sie kannten ihn nicht –:

> „Wie konntet ihr ihn kennen?
> Ihr wart noch innerhalb des engeren Kreises;
> er hatte beinahe den letzten erreicht,
> der, in einer Region von weißer Flamme,
> rein und ohne Hitze in einer ausgedehnteren Atmosphäre
> emporlodernd und in einem Äther von dunklem Blau,
> einschließt und umfasst alle anderen Leben ..."

The Mahâtma Letters, S. 51

Wir eröffnen diesen Abend unser Studium mit dem Vorlesen eines Teiles der Stellen aus der *Geheimlehre,* die wir in unserer letzten Versammlung vorgelesen hatten, Band I, Seite 228 und 229:

> Die Arhats des „Feuernebels", von der siebenten Sprosse, sind nur eine Staffel von der Wurzelbasis ihrer Hierarchie entfernt, der höchsten auf

> Erden und unserer irdischen Kette. Diese „Wurzelbasis" hat einen Namen, der in unserer Sprache nur mittels verschiedener zusammengesetzter Worte übersetzt werden kann – der „ewig lebende menschliche Banyan-Baum". Dieses „Wunderbare Wesen" senkte sich herab aus einer „hohen Region", so sagen sie, im ersten Teil des dritten Zeitalters, vor der Trennung der Geschlechter in der dritten Rasse.

Wir übergehen den Abschnitt am Ende dieser Stelle, ohne ihn nochmals vorzulesen. Er beginnt mit „Das eben erwähnte ‚Wesen' " und endet auf Seite 229 mit „obwohl nur wenige Auserwählte Vorteil ziehen können aus dem GROSSEN OPFER". Wir lesen nun den folgenden Absatz auf dieser Seite:

> Unter der unmittelbaren, stillen Leitung dieses MAHÂ-GURU wurden alle anderen weniger göttlichen Lehrer und Unterweiser des Menschengeschlechtes vom ersten Erwachen des menschlichen Bewusstseins an die Führer der ersten Menschheit. Durch diese „Söhne Gottes" erlernte die kindliche Menschheit ihre ersten Begriffe von allen Künsten und Wissenschaften sowie von der geistigen Erkenntnis; und sie sind es, die den ersten Grundstein gelegt haben für jene alten Zivilisationen, die unsere moderne Generation von Schülern und Gelehrten in so traurige Verlegenheit versetzen.

Wie in unserer letzten Versammlung bemerkt, nähern wir uns einem Teil unserer Studien, wo wir, um die Worte der alten Denker zu benutzen, fast das Gefühl haben, wir sollten unsere Schuhe ausziehen, weil wir auf heiligem Boden stehen. Die erhabenen Stellen, die wir in dieser und in unserer letzten Versammlung gelesen haben, enthalten tatsächlich den Umriss der Bedeutung des siebenten der sieben Juwelen oder Schätze der Weisheit, der das Stichwort oder die technische Bezeichnung Âtma-Vidyâ trägt. Dieser Ausdruck bedeutet wörtlich „Selbsterkenntnis".

Das Sanskṛitwort Âtman ist außerordentlich schwer zu übersetzen, aber das Wort „Selbst" scheint einer richtigen Übersetzung am nächsten zu kommen. Âtma-Vidyâ bedeutet viel mehr, als was wir normalerweise unter den Worten „Erkenntnis des Selbstes" verstehen; doch wenn wir das SELBST vollkommen erkennen könnten, würden wir alles Wissen besitzen, das für den Menschen möglich ist. Deshalb wurde ihm dieser Titel oder diese technische Bezeichnung gegeben, um den ganzen Zweig der Esoterischen Philosophie zu beschreiben, den dieses siebente Juwel enthält. Wir können aber nur Teile dieses Zweiges der Esoterischen Philosophie erkennen. Es wird uns gesagt, dass in den alten Schriften und besonders im Sanskṛit angedeutet wird, dass in diesem unserem Zeitalter selbst die spirituellsten Wesen auf Erden nicht alles völlig erkennen, was in diesem Schatz enthalten ist. Möglicherweise gibt es heute nicht ein Dutzend denkender Wesen auf Erden, natürlich die höchsten und heiligsten Menschen mit inbegriffen, die die Erde bis zur gegenwärtigen Entwicklungsperiode hervorgebracht hat, die den Schatz vollkommen verstehen können. Wir können aber angemessene Teile dieses erhabenen Weisheitsmysteriums besitzen und verstehen und heute Abend versuchen, es nach unserem besten Vermögen zu erläutern.

Im Verlauf unserer letzten Versammlung legten wir dar, dass dieser siebente Schatz oder das siebente Juwel als ein Studium des Problems betrachtet werden kann, wie das EINE zu den VIELEN wird. Es wurde auch gesagt, dass das Eine tatsächlich seinem Wesen nach nie die Vielen wird. Man könnte ebenso gut sagen, dass die Sonne, wenn sie uns unser Licht gibt, auf die Erde herabkommt. Doch das geschieht nicht; sie sendet ihre Strahlen aus, Emanationen von sich selbst, die unsere materielle Welt erleuchten, beleben und beseelen. Ähnlich verhält es sich mit dem Einen.

Was meinen wir ferner mit dem „Einen"? Augenscheinlich meinen wir nicht den persönlichen Gott irgendeiner exoterischen Theologie. Ganz gleich, wie groß, wie unermesslich in spiritueller Reichweite wir uns dieses Eine vorstellen mögen, ist es dennoch eine Einheit, ein Wesen und deshalb endlich. Um unser Problem zu erläutern, wenden wir uns daher einem anderen der sieben Schätze zu. Wir finden eine Erklärung dieses besonderen Zweiges unseres Problems in den Lokas – ein technisches Wort für die Hierarchien, wie dies auch Brahmâṇḍa oder das „Ei des Brahmâ" ist –, deren Wurzelbasis das Eine ist, wenn wir es als den Ursprung aller Wesen und Dinge in jener Hierarchie betrachten. Sehen wir es als den Zweck und das Ziel unserer Entwicklung an, ist es die Blüte, die höchste Spitze, der Gipfel derselben. Das also ist das Eine. Aber es gibt andere Eine, unzählige Eine in dem kosmischen Universum. Manche stehen höher als unsere höchste, andere niedriger als unsere niedrigste Stufe.

Beim Studium der Lehre über die Hierarchien zeigten wir, dass diese Hierarchien endlos an der Zahl sind. Sie können, jede einzelne von ihnen, als eine Einheit betrachtet werden, und es gibt unzählige über und unter uns, unzählige innerhalb und außerhalb unserer kosmischen Hierarchie. Sie sind nach allen Richtungen endlos an der Zahl. Von diesem Einen unserer Hierarchie jedoch, wir meinen in diesem Fall den universalen Kosmos oder das kosmische Universum, kommt unser Leben, unser ganzes Sein, alles, was wir außen und innen sind. Es ist die Quelle und der Ursprung von allem, was wir sind und wissen können. Es wirkt in und auf jedem Hintergrund des Grenzenlosen, das die grenzenlose Ansammlung der anderen Hierarchien jeder Art einschließt.

Die ausgedehnteste, gewaltigste und unermesslichste Hierarchie, die wir uns in unserer ungefesselten Imagination vorstellen können, ist im Vergleich zu dem Grenzenlosen nur wie ein Staubkörnchen, wie ein einzelnes Atom. Das Grenzenlose kann nie in irgendeinem Sinne als Eins, als eine bloße Einheit betrachtet werden. Eins begreift das Endliche, den Anfang der Berechnung oder Aufzählung in sich. Wir müssen uns das Grenzenlose als eine Null vorstellen, die die endlose und grenzenlose Unendlichkeit ohne irgendwelche Eigenschaften, die allem Manifestierten und Begrenzten zugehören, darstellt. Auf der anderen Seite der Illustration stellt sie die umfassende, endlose und grenzenlose Fülle des Alls dar. Das ist der RAUM, der entweder die unbegrenzte Fülle oder die unbegrenzte Leere des Alls ist, je nachdem, wie wir die Sache betrachten. Die letztere Ansicht stellt die spirituelle Śûnyatâ der buddhistischen Philosophie dar.

Wir wollen uns für einen Augenblick einem anderen, aber verwandten Gegenstand zuwenden. Ich erinnere mich, dass, wie mich der Lehrer darzulegen ersucht hat, diese Studien nicht so sehr für uns selbst, als vielmehr für jene Schüler verfolgt werden, die nicht hier wohnen, die diese Vorträge lesen und nicht die Gelegenheit haben, die wir haben. Haben wir je darüber nachgedacht, was das Wort „unveränderlich“ bedeutet, wenn es gebraucht wird, wenn von dem Raum, dem Grenzenlosen usw. gesprochen wird, wie es manchmal geschieht? Haben wir je versucht zu verstehen, dass, wenn das Grenzenlose selbst für den kleinsten Bruchteil einer Sekunde „unveränderlich“ wäre, das ganze Gefüge des universalen kosmischen Seins im Nu wie der Schatten an einer Mauer vergehen würde? Alles, was wir über einen so grenzenlos ausgedehnten Gegenstand wie das Grenzenlose wissen oder uns in Gedanken vorstellen können, ist, was wir in Worten zum Ausdruck bringen wie „grenzenloses Leben“ usw., das Bewegung ist, endlose und anfanglose Tätigkeit. „Unveränderlichkeit“ ist ein Phantom der Imagination, nichts als eine Reflexion einer Unterbrechung in unserem Gemüt. In den horizontlosen Feldern des Grenzenlosen herrscht unaufhörliche Bewegung, unaufhörliches, endloses und anfangloses Leben.

Wenn wir das Eine, die höchste Spitze oder die Wurzelbasis unserer eigenen oder irgendeiner anderen Hierarchie betrachten, können wir durch spirituelle Intuition die Wahrheit in Bezug auf ES erfassen. Wenn wir, Schritt um Schritt von niedrigeren zu höheren Sphären fortschreitend, über die Hierarchie hinausgehen, werden wir einen Punkt erreichen, müssen wir unweigerlich einen Punkt erlangen, an dem unsere Verstandeskräfte und unsere Imagination vor der Unermesslichkeit des (für uns) Unverständlichen versagen, weil wir es in keiner Weise erfassen oder begreifen können. Wir können nur feststellen, dass das unendliche Leben in ES und von ES ist und dass es in seiner unaufhörlichen, nicht endenden Bewegung „unveränderlich“ immer dasselbe ist. Das Wort „unveränderlich“ ist nur in diesem paradoxen Sinn zulässig. So viel also über das Grenzenlose. Was aber das Eine betrifft, so ist dieses nur während seiner eigenen Periode der Tätigkeit als Quelle einer Hierarchie und nur für jene unterhalb von ihm in analoger Weise „unveränderlich“. Aus diesem Grund spricht unser Lehrer gelegentlich von dem „unveränderlichen Gesetz“, jenem Gesetz, das sich während der „sieben Ewigkeiten", die unsere Manifestationsperiode dauert, nicht ändert und nicht die geringste Abweichung kennt. Und warum? Weil, um H. P. Blavatskys Ausdrücke zu benutzen, jener höchste Gipfelpunkt oder das Eine der erhabene Stille Wächter, der erhabene Geber des Lebens, das große erhabene Opfer unserer eigenen großen kosmischen Hierarchie ist. Dies ist das Höchste, das unsere Imagination erreichen kann. Dieser „erhabene Stille Wächter" ist nicht mit dem Stillen Wächter der kleineren Hierarchie der Lehrer zu verwechseln.

Wenn unsere Hierarchie ins Pralaya eintritt – was die Befreiung der Gesamtheit ihrer Lebewesen und ihres Lebens für höhere spirituelle Dinge von größerem Wert und edlerer Ausrichtung bedeutet, als wir sie jetzt haben oder uns auch nur vorstellen können –, wenn sich das ereignet, ist es nur wie das Vergehen einer bisher über dem „Antlitz des Grenzenlosen" lagernden Wolke. Während unser Universum dann aus dem manifestierten Leben in seine pralayische Ruhe eintritt, treten Heere anderer Universen gleichzeitig in das geoffenbarte Leben. Wir wollen versuchen, uns einen einfachen Begriff von der Bedeutung endloser und anfangloser Ewigkeit und des Grenzenlosen zu bilden: unaufhörliches Leben, endlose Tätigkeit, nie endendes Leben und Bewusstsein überall in unaufhörlicher Bewegung. Es sind nur „Teile", die im Vergleich zu dem Ganzen, das das Grenzenlose ist, wie nichts sind, nur „Teile". Dieser, jener oder ein anderer „Teil" ist es, der in der Mâyâ des geoffenbarten Lebens und der ungeoffenbarten Ruhe abwechselnd aktiv und passiv ist, dahinschwindend und wieder zurückkehrend. Die alten Weisen zerbrachen sich nie den Kopf in einem törichten Versuch, das Grenzenlose oder das unbegrenzte Ewige zu ergründen. Sie erkannten die Wirklichkeit des Seins an und ließen es dabei bewenden, wohl wissend, dass eine beständig wachsende Erkenntnis über das universale Leben alles war und ist, was die menschliche Intelligenz durch ein sich fortwährend ausdehnendes Bewusstsein je erreichen kann.

Dieses abwechselnde Erscheinen und Verschwinden der Welten oder Hierarchien ist die in dem ersten der sieben Juwelen oder Schätze der Weisheit dargestellte Lehre. Wie der menschliche Geist seinen Strahl hinabsendet und mittels dieses Strahles in einem menschlichen Wesen von astraler Materie, Gemüts-Materie und Fleisch reinkarniert, so wird in ähnlicher Weise verhältnismäßig der gleiche Weg durchlaufen, wenn für eine Hierarchie die Zeit kommt, sich wiederzuverkörpern, die Aufgabe der Palingenesis oder der wiederholten Selbst-Hervorbringung von neuem zu übernehmen. Wir wollen nie den alten Grundsatz der esoterischen Weisheit vergessen, den die Hermetiker so schön ausdrückten: „Wie oben, so unten." Was sich im Himmel ereignet, wird auf Erden widergespiegelt, mutatis mutandis. Die Palingenesis des Menschen als ein Mikrokosmos ist nur eine getreue Kopie der Palingenesis der Welten, seiner eigenen kosmischen Hierarchie, des Makrokosmos.

Nach den einleitenden Bemerkungen wollen wir uns jetzt unserem Hauptthema zuwenden. Da die Gesamtheit unserer Hierarchie ein Eines bildet, ist die Wurzel das Eine, in dem wir „uns bewegen und leben und unser Dasein haben“, wie der christliche Apostel Paulus es ausdrückt. So gibt es in ähnlicher Weise in der spirituell-psychologischen Hierarchie ein Eines, in dem wir wurzeln und in dem wir psychologisch, mystisch und religiös mit unserem höheren Sehnen leben. Dieses Eine ist der Große Initiator, das Große Opfer, das Wunderbare Wesen, auf das H. P. Blavatsky hingewiesen hat, das erhabene Haupt der Hierarchie der Lehrer. Von ihm kommen ursprünglich unsere höheren Impulse durch unser höheres Selbst. Von ihm kommen das Leben und das höhere Sehnen, das wir fühlen und das sich oft in unserem Herzen regt. Von ihm kommt auf dem Wege über unsere höhere Natur der Drang zur Verbesserung, der Sinn für Treue und Wahrheit, Dinge, die das Leben heiligen, es strahlend, erhaben und lebenswert machen.

Während der dritten Wurzelrasse der Menschheit in dieser vierten Runde auf diesem Globus hatte der inkarnierte Strahl in jeder der Einheiten der damaligen Menschheit sein Vehikel hervorentwickelt (durch Erzeugen dieses Vehikels aus sich selbst, das für den Ausdruck von ihm selbst, des göttlichen Geistes im Innern, geeignet war); und dann wurde dieses Vehikel oder diese Seele selbstbewusst. Während dann die Zeit verging, kam eine Periode, in der ein Erklärer, ein Führer, ein Lehrer der Rasse des Menschengeschlechts notwendig war, weil die Rasse mit jedem kleineren Zyklus des großen Zeitalters schnell vollständiger in die Materie und damit in die Täuschung und die spirituelle Verunreinigung versank, denn dies wird durch die Entwicklung der Materie verursacht. Die Dhyân-Chohans, die „Herren der Meditation“, die Menschen aus einer früheren großen Periode der Tätigkeit unseres Planeten Terra, Wesen aus einem früheren Manvantara waren, verließen damals die Erde oder zogen sich von der Erde zurück. Sie hatten bereits ihre zyklische Arbeit getan. Sie hatten alles getan, was sie tun konnten, um die damalige Menschheit zu unterrichten, zu inspirieren und zu erleuchten. Aber es waren nun Nachfolger von ihnen notwendig, die den schwachen Menschen jener Periode ähnlicher waren. Aufgrund eines Mysteriums, das wir hier nicht erläutern können, wurden die edelsten Vertreter der damaligen Menschheit die direkten und bereitwilligen Vehikel der selbstbewussten Strahlen von diesen Dhyân-Chohans, den „Herren der Meditation“. Es war nicht genau das, was im Brahmaismus ein Avatâra genannt wird – ein „Abstieg“, was die überschattende Inkarnation eines Teiles eines hohen Geistes in ein erhabenes menschliches Wesen bedeutet –, sondern es war das (auf beiden Seiten vollkommen bewusste und verhältnismäßig vollkommene) Innewohnen eines Teiles der Essenz eines Dhyân-Chohans in einem völlig bewussten, bereitwilligen und sich gänzlich selbst aufopfernden Menschen hohen Grades. Nun ist bitte wohl zu beachten: Die höchste dieser Inkarnationen, die edelste bis zu jener

Zeit erzeugte Menschenfrucht der menschlichen Evolution, wurde buchstäblich das Haupt dieser spirituell-psychologischen Hierarchie; es handelte sich in seinem Fall in aller Wahrheit um einen Menschen, der von einem Dhyân-Chohan erfüllt war, was tatsächlich ein inkarnierter Gott genannt werden könnte. Dies war – und ist noch – der Stille Wächter, der Initiator, das Wunderbare Wesen, das Große Opfer – „Opfer" aus einem Grunde, den ich später noch erklären werde.

Unterbrechen wir kurz. Wir wollen einen Augenblick den Faden unseres Themas fallen lassen. Wir wollen die gewaltige Hoffnung, den tiefen intellektuellen Glanz und die spirituelle Schönheit betrachten, die wir in diesen alten Lehren finden. Sie sind es in der Tat wohl wert, dass wir über sie nachdenken. Die Theosophie, die Esoterische Philosophie, ist eine umfassende Lehre der Hoffnung, nicht des bloßen „Optimismus", wie dieses Wort allgemein verstanden wird, sondern eine Lehre der belebenden Hoffnung und innerer Erleuchtung. Hier, in diesen wunderbaren Lehren, liegt der Weg, den wir emporsteigen können. Es hängt von uns selbst ab, ob unser Aufstieg entlang dem Stufenweg jenes Strahles, der in jedem von uns lebt und wirkt, vollbracht wird oder nicht und ob wir dadurch, dass wir durch jenes Wunderbare Wesen „bewusst" mit dem Höchsten verbunden sind, emporsteigen oder nicht. Jenes Wesen, jenes Wunderbare Wesen, „senkt sich nicht herab" und „steigt nicht hinab" zu uns, weil dies eine Entweihung von unerträglicher Art wäre. Aber wir sind durch und mittels des Strahles in uns mit ihm verbunden. Wie die Sonne unzählige Strahlen aussendet und doch immer die Sonne bleibt, so fließt durch dieses Wesen, die Wurzelbasis unserer spirituell-psychologischen Hierarchie, ein Strahl, der in jedem normalen Kind, das in die Welt kommt, vorhanden und lebendig ist.

Es hängt von uns ab, ob wir dem Strahl aufwärts folgen oder, wie wir in unserer letzten Versammlung darlegten, unser göttliches Geburtsrecht aufgeben, der Lockung des Chaos und des Abgrundes folgen und den Ausdünstungen der Hölle erliegen. Es gibt vielleicht Menschen, die die Bedeutung des Wortes „Annihilation", wie wir es anwenden, nicht verstanden haben. Annihilation ist, genau genommen, ein Beispiel für das, was unser gegenwärtiger Lehrer Katherine Tingley die „unendliche Barmherzigkeit des höheren Gesetzes" nennt. Es gibt keinen Alpdruck wie „ewiges Leiden". Jene menschlichen Wesen, die ihr göttliches Geburtsrecht verwirkt haben, zerfallen. Sie verlieren ihre persönliche Wesenheit, und wenn sich das ereignet hat, verbleibt nur eine leere psychische Schale. Wenn wir beim Tod unseren physischen Körper ablegen, zerfällt er, und seine Atome werden der Erde, von der er stammt, zurückgegeben. Ist damit etwas Schreckliches verbunden? Diese Regel kann auf die „verlorenen Seelen" angewandt werden.

Wer eine meisterhafte Darlegung dieses Gegenstandes wünscht, mag im „Key to Theosophy" („Schlüssel der Theosophie") die Seiten 77, 92 und 93 lesen. Dort ist zu finden, was H. P. Blavatsky ihren Lesern über „Annihilation" sagt, und zwar mehr in Verbindung mit der buddhistischen Lehre, wie sie von dem Herrn Gautama, dem Buddha, gelehrt wurde. Doch warum sage ich: der „Herr" Buddha? Ich werde es sogleich erklären.

Dieses Wunderbare Wesen ist der Chef, der Meister-Initiator, das Haupt und der Führer der spirituell-psychologischen Hierarchie, von der unsere Meister einen Teil bilden. Es ist der „immer lebende menschliche Banyan-Baum", von dem sie wie Blätter und Früchte herabhängen; das tun auch wir, spirituell gesprochen. Es wird gelehrt, dass das Gleiche, soweit die spirituellen Seher wissen, auf jedem Globus, auf jedem Menschen tragenden Planeten jeder Sonne in den Unendlichkeiten des Raumes existiert. Jeder hat über sich einen Meister-Lehrer, und dieser verdient in jedem Fall den Titel, den ihm H. P. Blavatsky gibt und den sie von ihren eigenen Lehrern übernommen hat: „das Große Opfer". Warum wird er so genannt? Weil er aus grenzenlosem Mitleid für jene, die auf der Stufenleiter der Evolution niedriger stehen als er, auf jede Hoffnung und Gelegenheit verzichtet, in diesem Manvantara selbst höherzusteigen, diese kummerbeladene Welt zu verlassen, und als großer Inspirierer und Lehrer unter uns zurückbleibt. Er selbst kann in dieser Hierarchie nichts mehr lernen, denn er besitzt bereits alle Erkenntnis, die zu dieser Hierarchie gehört oder in ihr möglich ist. Er selbst hat sich geopfert für alles unter ihm.

Nun gibt es einige Leute, die von dieser Art Opfer sprechen, als sei es etwas Grausames und Übles. Doch gibt es etwas Erhabeneres, Schöneres als das Dahingeben des Selbstes im edlen Dienste für andere – für alles? Gibt es etwas, das den Menschen wirklich höher führen kann? Gibt es irgendetwas, das das Herz mehr öffnet? Gibt es etwas, das die Tore der Inspiration weiter öffnet? Auf der anderen Seite, gibt es etwas, das diese Tore schneller schließt, den Menschen schneller nach unten zieht, das Selbst schneller einengt als sein Gegenteil: die Persönlichkeit, die Selbstsucht, der Egoismus? Wahrlich, es liegt eine Freude, eine unaussprechliche Freude in der Selbstaufopferung dieser hohen Art. Das Wunderbare Wesen wird technisch „das Große Opfer" genannt, weil es, da es den Gipfel der Evolution in dieser unserer Hierarchie erreicht hat, in oder von dieser Hierarchie nichts mehr lernen kann. Es hat für sich selbst freiwillig auf weiteren Fortschritt in unserem Manvantara verzichtet, und das ist in der Tat das größte Opfer. Es hat darauf verzichtet, um für jene geringeren Wesen zu leben, die erschöpft sind und auf dem aufwärtsführenden Weg straucheln, indem es der in dem edlen Ausruf enthaltenen Mahnung folgt: „Wie kann ich im Himmel leben, solange ein einziges Wesen auf Erden leiden muss?" Wir werden an die alte Geschichte von dem Schotten erinnert: Als ihm von seinem Pfarrer gesagt wurde, dass sein Hund nicht mit ihm in den Himmel eingehen könne, sagte er sofort: „Oh, Herr Pfarrer, wenn mein Hund nicht mit mir in den Himmel gehen kann, dann werde ich hier auf Erden bei meinem treuen Hunde bleiben, denn er würde mich nie im Stich lassen!“ Das ist eine Probe des gleichen Geistes der Aufopferung.

In dem großen indischen Epos *Mahâbhârata* finden wir eine sehr ähnliche Erzählung von einem großen Helden dieses Werkes, der auf seinem Weg nach Swarga oder in den Himmel vielerlei sehr ernste Prüfungen erfolgreich bestanden hatte. Als er schließlich den Rand des Himmels erreichte, kamen ihm die Götter entgegen und sagten zu ihm: „Bruder, dein getreuer Hund kann hier nicht eintreten.“ Er entgegnete darauf und sprach: „Oh, dann werde ich mit meinem Hunde, meinem getreuen Gefährten, der mich liebte und mir überallhin folgte, zurückgehen. Soll ich ihn aufgeben und draußen lassen?“ Der schönen Legende entsprechend öffneten daraufhin die Götter die Tore des Himmels weit. Die himmlischen Chöre begannen einen Triumphgesang als Willkommen und Lob für das getreue Herz des Helden zu singen, der wegen eines ihm zugetanen und treuen Geschöpfes, das weniger entwickelt war als er, auf seine eigene unaussprechliche Glückseligkeit verzichten wollte.

Das ist der Geist der Verzichtleistung für andere, wie er in der Legende und in der Erzählung durch Beispiele erläutert wird. Gibt es etwas Schöneres als ihn?

Wir wollen einen Schritt weitergehen, unser Thema für einige Augenblicke verlassen und einen Gedankenfaden wieder aufnehmen, von dem wir fühlen, dass er infolge unserer ungenügenden Erklärung in der letzten Versammlung vielleicht nicht ganz verstanden wurde. Wir sprachen davon, dass es zwei Klassen „verlorener Seelen“ gibt. Das ist richtig, aber wir müssen auch darlegen, dass es in der zweiten dieser beiden Klassen noch zwei Unterabteilungen gibt. Die beiden Unterabteilungen der zweiten Klasse bilden jene, auf die mit Recht der alte christliche Ausdruck „Sünder wider den Heiligen Geist“ angewandt wird. Die erste Unterabteilung umfasst jene, die gewöhnlich bewusste Zauberer genannt werden. Die zweite umfasst den gleichen Typus von Wesen, schließt aber auch die ein, die einen derartigen Gipfelpunkt innerer Macht, ja übler spiritueller Stärke erreicht haben, dass sie sogar fähig sind, dem Gebot der Natur zur Auflösung während der ganzen Dauer des Manvantaras zu widerstehen. Sie verdienen wirklich die alte mystische Bezeichnung „Sünder wider den Heiligen Geist“.

Um diesen schwierigen Gegenstand etwas klarer zu machen, sollten wir das folgende Diagramm beachten und darüber nachdenken. Es gibt einen kurzen Überblick über die verschiedenen Bewusstseinszustände in einer Hierarchie:

Das ganze System hängt wie eine Kette von dem uranfänglichen Samen, der Wurzelbasis der Hierarchie, herab.

<table>
<tr><td>Dhyân-Chohans
Buddhas
Mahâtmans
Chelas
Gute Menschen</td><td>Die „Erwachten“ verschiedener Grade.</td></tr>
<tr><td>Seelenlose Menschen</td><td>Sehr zahlreich. Die „lebendigen Toten“.</td></tr>
</table>

<table>
<tr><td>1. Klasse</td><td>Vollkommen böse Menschen, sehr wenige.</td><td rowspan="2">Verlorene Seelen: tatsächlich oder zukünftig. Alle zur Annihilation bestimmt. Klasse 2 sind außerordentlich wenige.</td></tr>
<tr><td>2. Klasse</td><td>Unterabteilung 1
spirituelle Zauberer
Unterabteilung 2
Chohans des bewusst Bösen</td></tr>
</table>

Die erste Unterabteilung umfasst jene, die ausgelöscht werden, wenn dieser Globus in seine „Verdunkelung“ eintritt. Zur zweiten Unterabteilung gehören diejenigen, die fast menschliche Inkarnationen dessen sind, was die Tibeter die Lhamayin nannten. Manchmal können sie sogar von den Mamo-Chohans, die während der Pralayas die Oberaufsicht haben, überschattet werden. Die Letzteren sind indessen nicht wirkliche Teufel oder üble Wesenheiten, sie sind vielmehr Wesen, deren Bestimmung es ist, während der in Frage kommenden Zeit die Arbeit der Zerstörung, der Verödung zu betreiben. Was die höheren spirituellen Zauberer und Arbeiter für das Böse, die zweite Unterabteilung, betrifft, so ist deren endgültige Bestimmung wahrhaft schrecklich, denn es erwartet sie am Ende des Manvantaras das Avîchi-Nirvâṇa und nach diesem ein Manvantara unvergleichlichen Elends, das vollkommene Gegenteil und der untere Pol des Nirvâṇa des Geistes. Sie sind die polaren Gegensätze der Dhyân-Chohans, und ihr Ende ist endgültige und gänzliche Auslöschung. Die Natur ist zweipolig. Wie die Handlung ist, so ist die Rückwirkung.

Das Wort Annihilation bedeutet, wie es in der Esoterischen Philosophie gebraucht wird, nicht, was normalerweise darunter verstanden wird. Es bedeutet das Zerfallen, die Auflösung einer „persönlichen“ Wesenheit, aber niemals der unsterblichen Individualität, das ist unmöglich. Wir sprechen, und das ist richtig, von der Auflösung oder Annihilation einer Armee oder von der Annihilation einer Herde von Schafen. Wenn die Wesenheiten gegangen sind, getötet wurden oder aus sonstigen Gründen nicht mehr vorhanden sind, besteht die Herde von Schafen nicht mehr, die Herde ist aufgelöst. Sie ist als eine Herde, als ein Ganzes, annihiliert. Ähnlich bedeutet Annihilation in ihrem psychologischen Sinn nicht, dass es der menschliche Geist ist, der ausgelöscht wird. Diese Idee ist vollkommen lächerlich. Ein unsterblicher Geist kann nicht ausgelöscht werden. Sein Wohnsitz, sein Aufenthaltsort ist der unbegrenzte Raum, und seine Zeit ist die Ewigkeit. Aber wie sich unser Körper auflöst, wie er als Körper ausgelöscht, aufgelöst, in seine ihn zusammensetzenden Elemente zerlegt wird, so ist es auch bei der „verlorenen Seele". Ihre Impulse, die sie während der Zeit empfing, als sie mit dem inkarnierten Geist verbunden war, haben nun ihre Kraft verloren, und sie ist eine bloße psychische Schale geworden. Dann kommt die Zeit ihres Endes, sie wird aufgelöst, ausgelöscht, hört auf zu bestehen, scheidet aus dem Dasein. Es bleibt nichts von ihr übrig, denn wie ein toter physischer Körper wird sie in ihre sie zusammensetzenden Elemente zerlegt. Auf den ersten Stufen stirbt sie spirituell, obgleich sie mental lebendig ist. Sie ist ein psychischer Leichnam, aus dem die unsterblichen Elemente entflohen sind. Das ist eine „verlorene Seele".

Wir Schüler der Esoterischen Philosophie, wir Schüler dieser Schule wissen, was sich mit dem Kâma-rûpa eines Menschen nach dem Tod des physischen Körpers ereignet: Er wird schließlich aufgelöst oder ausgelöscht. Es liegt in der Ordnung der Natur begründet, dass es so sein muss. Als wir in unserer letzten Versammlung von den alten Weisheitslehren des Herrn Buddha in dem Sinn sprachen, dass es „kein dauerndes Prinzip im Menschen" gibt (um die Worte von Rhys Davids, dem hervorragenden walisischen Gelehrten, zu gebrauchen, der trotz der Irrtümer, die er durch Missverstehen eines großen Teiles des inneren Sinnes der buddhistischen Lehren macht, seinem Land literarisch glänzend Ehre macht), meinten wir Folgendes: Das Einzige, was in der menschlichen Natur von Dauer ist, stammt von und ist in seinem höheren Selbst, seiner höheren Natur. Sein Körper, seine Lebenskraft, sein astraler Doppelgänger, das Liṅga-śarîra, das kâmische Prinzip, das Manas: Sie alle schwinden beim Tod dahin. In der Verbindung dieser fünf ist nichts von einem dauernden Prinzip enthalten. Diese fünf Teile der menschlichen Psychologie hängen im physischen Leben zusammen und bilden den „Menschen". Wer ist so egoistisch zu denken, dass dieses armselige Wesen aus Lehm, das jetzt hier spricht, der unsterbliche Geist sei oder das Leben, das es belebt, oder das armselige materielle Gemüt, das ich als Instrument benutze, um damit in diesen Versammlungen zu sprechen? Niemand!

Von den eben zum Ausdruck gebrachten Gedanken wird allgemein angenommen – und zu Recht angenommen –, dass sie einer buddhistischen Lehre entsprechen. Sie sind auch die Lehre der alten Weisheit und ebenso die Lehre der Stoiker und die Lehre Platons. Ja, sie sind ebenso die Lehre der heiligen Schriften des Judaismus und des Christentums. Wer dies bezweifelt, mag sich dem *Prediger Salomo* zuwenden, einem der sogenannten heiligen kanonischen Werke des Judaismus und des Christentums. Wir haben unsere eigene Übersetzung der folgenden Stellen gemacht, denn wir vertrauen der Übersetzung der theologischen Schriftgelehrten nicht. Sie sind einerseits zu streng und andererseits nicht genügend klar. Es wird angenommen, dass dieses Buch von dem sogenannten „weisesten Menschen der Welt", von Salomon, geschrieben wurde. Was auch immer wir hierüber denken mögen, jene, die dieses Buch annehmen, glauben an das Geschriebene; es ist altmodische und volkstümliche Theologie. Wir finden im *Prediger Salomo,* Kapitel 3, Vers 18–21 Folgendes: „Ich sagte in meinem Herzen in Bezug auf die Natur der Söhne der Menschheit (Adam), dass sie durch die Elohim geformt werden können und dass so gezeigt wird, dass sie, diese Söhne der Menschheit, Tiere sind. Denn das Schicksal der Söhne der Menschheit (Adam) und das Schicksal der Tiere sind für beide das gleiche: Wie die einen sterben, so sterben auch die anderen, und die denkende Fakultät [das hebräische Wort hierfür ist Ruach, was in der Tat sehr merkwürdig ist] ist für alle gleich. Die Überlegenheit des Menschen gegenüber dem Tier existiert nicht, weil alles Illusion ist. Alle gehen an einen Ort, entstammen dem Staub und kehren zum Staub zurück." Der Schreiber des Vorhergehenden war gewiss nicht die mystische Gestalt „Salomon", aber ein Mensch, der wusste. „Wer kennt die denkende Fakultät der Söhne der Menschheit, die als solche nach oben aufsteigt, und die denkende Fakultät der Tiere, die unter die Erde hinabfährt?" Hier haben wir die zeitalteralte Lehre bezüglich der Psychologie, und wenn richtig verstanden, wird leicht wahrgenommen, dass jedes Wort davon wahr ist. Wenn die hinter dieser kurzen Erklärung stehende Schlüsselweisheit verstanden wird, ist sie als unaussprechlich schön zu erkennen. Welch wesenlose Illusion haben die irregeleiteten Menschen der ersten christlichen Sekten der frühen westeuropäischen Welt untergeschoben! Welch irreligiöse Torheit ist es, zu lehren, der physische Körper des Menschen sei so wichtig und notwendig, dass er auferstehen und, wenn das Leben der in ihm wohnenden Seele gut war, im Verein mit vielen solchen Körpern „zur Rechten Gottes des Allmächtigen" sitzen werde. Welch unglaublich krasser Materialismus! Den europäischen Rassen wurde durch Lehren wie diese mehr spiritueller Schaden zugefügt als vielleicht durch irgendetwas anderes, worüber die Geschichte berichtet. Wie viele andere Lehren des frühen Christentums war dies ein schrecklich missverstandener und verzerrter Lehrsatz der alten Weisheit in Bezug auf das Erheben der Persönlichkeit zu einer unsterblichen Individualität – eine der alten Mysterienlehren, die wir an anderer Stelle erklären werden. Andererseits ist es notwendig, einen Menschen über seine zweifache Natur zu belehren. Diese Lehre bringt unser gegenwärtiger Lehrer fast täglich unserer Aufmerksamkeit nahe, und sie bittet uns, über sie nachzudenken und zu versuchen, sie zu verstehen. Lehrt den Menschen, dass er in seiner höheren Natur in Wirklichkeit ein im höchsten Grade reiner Geist, fürwahr ein inkarnierter Gott ist und dass er bewusst jener Gott im Fleische werden kann, wenn er will. Und lehren wir ihn, dass er wie ein Tier wird, wenn er es vorzieht, der Tiernatur zu folgen, denn das innere Selbst macht diesen Weg nicht mit. Der Silberfaden (der oben golden ist) wird in diesem Fall zerrissen, und anstelle des Menschen haben wir das menschliche Tier, denn von dem menschlichen Tier trennt sich die Seele. Die Natur befreit barmherzigerweise die selbstbewusste innewohnende Individualität. Es gibt nirgendwo „endlose Qual" oder Bestrafung.

Die mir für diesen Abend zur Verfügung stehende Zeit geht zu Ende. Ich habe noch nicht den zehnten Teil dessen gesagt, was mich der Lehrer über diesen Gegenstand, den siebenten Schatz und seine Verbindung mit dem „Wunderbaren Wesen", zu sagen angewiesen hat. Aber ich möchte noch einige Worte dazu sagen, bevor wir schließen, vor allem über den Grund für die Benutzung des Ausdrucks „der Herr Buddha". Der Grund hierfür ist folgender: Dieses Wunderbare Wesen überschattete vor etwa zweitausendfünfhundert Jahren einen reinen und edelmütigen Jüngling, der im nördlichen Indien geboren wurde. Das Vehikel, jener Jüngling, war in jeder Hinsicht aufnahmefähig, und die von ihm kommende Weisheitslehre wurde der Welt gegeben. Der persönliche Name dieses auserwählten Vehikels war Siddhârtha, sein Familienname Gautama. Später wurde er der „Śâkyamuni" genannt – das bedeutet der „Weise" vom Śâkya-Geschlecht. Ebenso wurde er später auch der „Buddha" genannt. Das Wort Buddha ist ein Titel, der „Erwachter" bedeutet, ebenso wie das Wort Christos oder Christus ein Titel ist, der „Gesalbter" bedeutet. Das Wunderbare Wesen überschattete diesen jungen Menschen und trat zum Teil in ihn ein. Er kam genau in Übereinstimmung mit dem Gesetz der Zyklen zu der im Lauf der Welt zyklisch festgesetzten Zeit, denn es war zyklisch bedingt, dass zu jener Zeit ein Erwachter, ein vollkommener Christ, das heißt ein Buddha kam. Er war einer der hintereinanderfolgenden Buddhas und der edelste, der höchste der mystischen Hierarchie seiner Periode, der von allen unserer Rasse diesem Wunderbaren Wesen am nächsten stehende. Wir wissen, dass unsere Lehrer selbst von dem „Herrn Buddha" als von ihrem Lehrer sprechen. Jener junge Mann kam, wie gelehrt wird, direkt von der Loge; nicht sein Körper, sondern die heilige Wesenheit, die diesen erfüllte. Er war einer der Großen von ihnen. Bezüglich all dieser tiefen und wunderbaren Lehren gibt es weit mehr, das aus offensichtlichen Gründen hier einfach nicht ausgesprochen werden kann. Damit ist eine ganze Abteilung der Esoterischen Philosophie verbunden, die von einigen der am sorgfältigsten gehüteten Geheimnisse der Natur und des Seins handelt. Wir deuten daher hier nur an und gehen weiter.

H. P. Blavatsky selbst nahm, wie wir uns erinnern, Pansil – ein Pâliwort, das die fünf Eigenschaften oder Gelöbnisse (im Sanskṛit Pañcha-śîla) bedeutet – und wurde damit „formell" ein Buddhist. Warum? Weil sie als Bote der Loge vollkommen im Bilde war, dass hinter den äußeren Lehren, hinter den exoterischen Lehren von Gautama Buddha, die innere Wahrheit, sowohl der Esoterische Buddhismus als auch der Esoterische Budhismus steht. Das erste, mit zwei *d* geschriebene Wort bedeutet die Lehren von Gautama, dem Buddha. Das andere, nur mit einem *d* geschriebene Wort bedeutet Weisheit. Beide sind in Wahrheit eins, wenn der „Buddhismus" richtig erklärt und verstanden wird. H. P. Blavatsky wusste genau, was sie wollte. Betrachten wir zum Beispiel die Art, in der sie von Buddha schreibt.

Doch während das Obige strikt und exakt Wahrheit ist, muss ich hier eine Verwahrung einlegen. Sind wir Buddhisten? Nein. So wenig, wie wir Christen sind, ausgenommen vielleicht in dem Sinne, dass die religiöse Philosophie des Buddha Śâkyamuni der alten Weisheit, der Esoterischen Philosophie, unvergleichlich näher kommt. Der Hauptfehler des Buddhismus von heute ist, dass seine späteren Lehrer zu viel Betonung auf die bloß formellen und exoterischen Regeln legten. Und doch bleibt er trotzdem bis auf den heutigen Tag die reinste und heiligste der exoterischen Religionen auf Erden. Seine Lehren sind selbst exoterisch wahr, sie bedürfen nur des esoterischen Schlüssels zur Auslegung. Tatsächlich kann von allen großen alten Weltreligionen das Gleiche gesagt werden. Das Christentum, der Brahmaismus und andere besitzen die gleiche esoterische Weisheit hinter dem äußeren Schleier des exoterischen formellen Glaubens.

Wir erinnern uns, dass H. P. Blavatsky irgendwo sagt, dass von den beiden Zweigen des Buddhismus, d. h. dem südlichen und dem nördlichen, der südliche noch die Lehren von des „Buddhas Gehirn", die „Augenlehre", bewahrt, das heißt an der äußeren, für die allgemeine Welt bestimmten Philosophie festhält; der nördliche Zweig pflegt noch immer seine „Herzenslehre".

„Augenlehre" und „Herzenslehre" sind buddhistische Ausdrücke. Sie sind ebenfalls Ausdrücke der esoterischen Weisheit. Die „Augenlehre" ist das, was gesehen wird. Sie kann falsch *und* wahr sein, aber im technischen Sinn ist sie eine exoterische Lehre, die wahr ist, zu der nur der Schlüssel fehlt. Die „Augenlehre" wird manchmal die Lehre der Formen und Zeremonien genannt, das heißt die formale äußere Darlegung. Die „Herzenslehre" ist die Lehre, die verborgen ist, aber das innere Leben, das Herzblut der Religion bildet. Wie das Auge gesehen wird und sieht, so ist umgekehrt das Herz unsichtbar, aber es ist der Lebensspender, und auf die Religion angewandt, bedeutet der Ausdruck die Lehre des inneren Herzens der Lehre. Als Nebengedanke vermittelt sie auch die Idee, dass sie den edleren Teil der menschlichen Lebensführung beinhaltet, das, was wir unter Güte, Menschlichkeit, Mitleid und Barmherzigkeit verstehen.

Wir hoffen, unser Studium über dieses „Wunderbare Wesen“ erneut aufzunehmen, wenn uns der Lehrer wieder zusammenruft. Es hängt von uns selbst ab, wie lange unsere Studien fortgesetzt werden. Es ist Sache des Lehrers, dies zu entscheiden. Ich denke, jeder von uns sollte – ich weiß, ich fühle es – das Herz in Dankbarkeit vor dem hier unter uns weilenden Vertreter der Meister dafür beugen, dass er uns die Gelegenheit bietet, unsere Seele mit Hilfe der Gedanken zu reinigen. Diese kommen nicht nur aus alten Zeiten zu uns, sondern auch von jenen erhabenen Seelen, die hinter ihr stehen und die, wie uns gesagt wird, wenn sie diese Bewegung nicht tatsächlich „leiten“, wenigstens über sie wachen und sie beschützen, immer vorausgesetzt, dass wir ihrem unter uns sitzenden Vertreter gegenüber unsere volle Pflicht erfüllen.

Kapitel 18

Die spirituell-psychologische Hierarchie der Adepten. Das „Wunderbare Wesen“. Buddhas, Nirmâṇakâyas, Dhyân-Chohans.

Dann sprach der Gesegnete und sagte: „Wisse, Vâsettha, dass (von Zeit zu Zeit) ein Tathâgata, ein vollkommen Erleuchteter, in die Welt geboren wird, gesegnet und würdig, überfließend an Weisheit und Güte, glücklich, mit Welterkenntnis, als Führer der irrenden Sterblichen unübertroffen, ein Lehrer der Götter und der Menschen, ein gesegneter Buddha. Er versteht durch sich selbst dieses Universum vollkommen und sieht es sozusagen von Angesicht zu Angesicht – die untere Welt mit all ihren Geistern, die oberen Welten von Mâra und von Brahmâ – und alle Geschöpfe, Samanen und Brâhmanen, Götter und Menschen, und er gibt seine Erkenntnis an andere weiter. Er verkündet die Wahrheit dem Buchstaben und dem Geiste nach. Sie ist lieblich in ihrem Ursprung, lieblich in ihrem Wachstum, lieblich in ihrer Vollendung: Er macht das höhere Leben in seiner ganzen Reinheit und Vollständigkeit bekannt.“

Die Heiligen Bücher des Ostens, Tevijja Sutta, S. 186–187

Unser Studium beginnt heute Abend mit dem nochmaligen Vorlesen eines Teiles des Stoffes aus dem ersten Band der *Geheimlehre,* der, wie ich glaube, in unserer letzten Versammlung vor drei Wochen gelesen wurde, Seite 228, erster Absatz:

> Die Arhats des „Feuernebels“, von der siebenten Sprosse, sind nur eine Staffel von der Wurzelbasis ihrer Hierarchie entfernt, der höchsten auf Erden und unserer irdischen Kette. Diese „Wurzelbasis“ hat einen Namen, der in unserer Sprache nur mittels verschiedener zusammengesetzter Worte übersetzt werden kann – der „ewig lebende menschliche Banyan-Baum“. Dieses „Wunderbare Wesen“ senkte sich herab aus einer „hohen Region“, so sagen sie, im ersten Teil des dritten Zeitalters, vor der Trennung der Geschlechter in der dritten Rasse.

Wir werden heute Abend in mancher Hinsicht einen Schritt vorwärts und weit über die Grenzen unserer bisherigen Reise bei einer ähnlichen Gelegenheit hinausgehen. Unsere beiden vorhergehenden Studien hatten hauptsächlich den Zweck, einige mit der wunderbaren Lehre über das „Wunderbare Wesen“ verbundene einleitende Ideen zu erläutern.

Wir wollen gleich zu Anfang bemerken, dass das Schlüsselwort dieser Lehre das Wort „Banyan" ist. Ein Banyan-Baum ist in Indien ein bekannter Baum, er wird Ficus bengalensis oder die bengalische Feige genannt, weil er ein Verwandter des Feigenbaumes ist. Er wächst schnell und erlangt bald eine sehr beachtenswerte Ausdehnung. Von seinen Zweigen hängen Ranken herab, und wenn diese den Boden erreichen, dringen sie in ihn ein und treiben Wurzeln. Die Ranke, die von oben herabwuchs und im Boden Wurzeln fasste, wird selbst zu einem Baumstamm, der wieder Zweige aussendet. Diese Zweige senden neue Ranken aus, die im Boden Wurzeln schlagen und ihrerseits zu Stämmen werden, die selbst wieder Zweige haben, die neue Ranken entwickeln und so weiter. Es ist ein wunderbares Sprachbild, das für diesen Gegenstand gewählt wurde.

Dieses „Wunderbare Wesen" ist ein spiritueller Banyan. Zu sagen, er sei „unser höheres Selbst", würde bedeuten, einen irreführenden Ausdruck anzuwenden, es würde den Tatsachen Gewalt antun. Ungeachtet dessen aber ist er in einem Sinne unser höheres SELBST, unser Paramâtman. Aus ihm entspringen wir spirituell, und wenn die Lebenswoge im Verlauf der Zyklen ihre Runden auf dieser Planetenkette durchlaufen hat, werden wir wieder in den „hierarchischen" Banyan zurückgezogen. Er ist, soweit dieser Planet und besonders seine denkenden Wesenheiten in Betracht kommen, in aller Wahrheit unser „Vater im Himmel". Das „Wunderbare Wesen", auf das hier Bezug genommen wird, darf nicht mit seinem niedrigeren Abbild, dem erhabenen Initiator, dem Großen Opfer, dem Haupt der spirituell-psychologischen Hierarchie der Adepten, dem unmittelbaren Gegenstand des gegenwärtigen Studiums, verwechselt werden.

Wir legten in unseren früheren Studien dar, dass der Verlauf der Evolution des Menschen, insbesondere seiner psychologischen Natur, eine Kopie im Kleinen nicht nur der Entwicklung von Welten im makrokosmischen Maßstab ist, sondern auch von verschiedenartigen hohen spirituellen Wesen, die die leitenden Intelligenzen des Kosmos bilden, und von deren Vehikeln im Universum. Wenn die Zeit für die Manifestation, für das Hinaussenden einer Lebenswoge kommt, beginnt sie sich auszudehnen und vollendet dann ihren evolutionären Lauf auf der ersten „Ebene" ihrer abwärts und vorwärts führenden Reise. Wenn sie dann jene „Ebene", um den gewohnten Ausdruck zu benutzen, verlässt und auf eine niedrigere Ebene geht, lässt sie auf der Ebene oder Sphäre, auf und in die sie zuerst vorgedrungen war, Vehikel verschiedener Arten zurück, die mehr oder weniger tätig bleiben, obgleich die Hauptlebenskraft der Lebenswoge weitergegangen ist. So verhält es sich auf und in allen sieben Ebenen oder Sphären der Manifestation. Zuerst in der spirituellen, dann in der psychischen, dann in der astralen und schließlich in der physischen Welt. Somit erreicht sie die Grenze, an die der aktive Impuls oder die Kraft der Woge der Evolution in jenem besonderen Manvantara gelangt, die für jene besondere

Lebenswoge „absolute Materie“ ist: vier Ebenen von seinem Beginn an, abwärts gezählt. Drei weitere Ebenen, aufwärts gezählt, runden den manvantarischen Zyklus ab.

Unsere Lehre lässt keine „Absoluta“ in dem gewöhnlichen Sinne gelten, da tatsächlich alle „Absoluta“ relativ sind. Das absolute SELBST, unser „Vater im Himmel“, ist nur das „Absolute“ unserer Hierarchie, ihre Krone, ihr Gipfelpunkt, ihr Glanz; oder wenn wir es als den Anfang der manifestierten Wesen betrachten, ist es die Wurzel oder der Same. Da die gesamte Natur in bipolaren Phasen wirkt, ist „absolute Materie“ *die letzte Tiefe, bis zu der ein spiritueller Impuls in jenem besonderen manvantarischen Zyklus reichen kann.* Unterhalb dieser gibt es wieder andere vollständige Hierarchien, während sich über unserem hierarchischen (nicht individuellen) „Vater im Himmel“ die niederste Ebene einer anderen, jedoch erhabeneren Hierarchie befindet, einer von jenen unzählbaren Mengen von Hierarchien, die in ihrer Ansammlung den universalen Kosmos umfassen.

Bei unserem letzten Studium sprachen wir von der Vorsicht, die wir anwenden sollten, wenn wir von dem EINEN sprechen. Der Grund hierfür ist, dass es unendliche Mengen solcher EINE gibt – eine notwendige stillschweigende Folgerung dessen, was wir diesen Abend und bereits an anderer Stelle gesagt haben.

Während die Monade oder vielmehr ihr Strahl – einer von zahllosen Strahlen, die aus ihr hervorgehen – in die Materie hinabsteigt, scheidet sie auf jeder der sieben Ebenen, durch die sie geht, ihre verschiedenen Vehikel aus, sondert sie ab, und alle werden von dem SELBST überschattet, das dasselbe ist in jedem von uns, in den Pflanzen und Tieren, in der Tat in allem, was existiert und zu jener Hierarchie gehört. Es ist das Eine SELBST, das erhabene SELBST oder Paramâtman der Hierarchie. Es erleuchtet und durchzieht jede individuelle Monade und all die Heere ihrer Strahlen. Jede Monade ist ein spiritueller Same aus dem vorhergehenden Manvantara, der sich in diesem Manvantara als eine Monade manifestiert. Die Monade stößt durch ihre Strahlen mittels Ausscheiden und dann durch Absonderung ihre Vehikel von sich aus.

Diese Vehikel sind erstens das spirituelle Ego, das die Reflexion oder Kopie der Monade von sich selbst im Kleinen, aber durch die manvantarische Evolution individualisiert ist und als ein Vehikel den monadischen Strahl „trägt“ oder „enthält“. Der monadische Strahl kann mit den niederen Ebenen nicht unmittelbar in Berührung treten, weil er die monadische Essenz selbst ist, ein noch höherer Strahl des unendlich Grenzenlosen, der aus einer unendlichen Vielheit in der Einheit zusammengesetzt ist.

Das nächste Vehikel ist die spirituelle Seele, der „Träger“ des spirituellen Egos. Auf seiner eigenen, höheren Ebene ist dieses Vehikel sozusagen ein Lichtbündel oder eine Lichtsäule. Ähnlich verhält es sich mit den verschiedenartigen Egos und ihren mit ihnen in Beziehung stehenden Vehikel-Seelen auf den unteren Ebenen, die immer dichter werden, wie sich auch die materiellen Ebenen abwärts immer mehr verdichten und gröber werden, in die der monadische Strahl bis zur letzten „Seele“ vordringt. Die „letzte Seele“ ist der physische Körper, das allgemeine Vehikel, der „Träger“ oder „Behälter“ von ihnen allen. So wie der Ausdruck „Seele“ hier angewandt wurde, ist er die allgemeine Bezeichnung für irgendeinen „Träger“ oder „Behälter“ eines egoischen Zentrums oder „Egos“.

Wenn wir dieses hierarchische Wunderbare Wesen unser „Höchstes SELBST“ nennen, meinen wir damit, dass es der uranfängliche oder ursprüngliche Same ist, aus dem wir herauswachsen und uns zu zusammengesetzten Wesenheiten entwickeln, der unsterbliche, göttliche Teil unserer Natur und unseres Wesens. Wir können es in einer Hinsicht als ein Bündel göttlichen Lichtes betrachten, das sich in einem Manvantara in unzählbare Individuen oder Wesenheiten (Monaden und monadische Strahlen) trennt und sie, wenn das Pralaya kommt, wieder zurückzieht. Wenn es diese wieder in sich zurückgezogen hat, ist es durch seine zahllosen Heere manifestierter Monaden und monadischer Strahlen um die individualisierende Erfahrung reicher, die diese gewonnen haben, weil sie, obgleich zuerst unbewusste „Gottesfunken“, jetzt „selbstbewusste“ Gottheiten sind. Die unzählbaren verschiedenartigen individuellen Bewusstseinseinheiten nehmen mittels des Lebens und der Leben, durch die ES (und sie) gegangen ist, an Macht, Glanz und Selbsterkenntnis zu.

Eines der Ziele und einer der Zwecke der ganzen manvantarischen Entwicklung ist das Erheben des Sterblichen zum Unsterblichen. Wir erwähnten zur Erläuterung die schöne Anrufung, die wir von unserem gegenwärtigen Lehrer, Katherine Tingley, haben: „… damit aus dem Verderblichen ich möge hervorgehen unverderblich, damit aus dunkler Finsternis ich möge schreiten in das Licht!“ Das ist in der Tat das Ziel und der Zweck der kosmischen Evolution. Haben wir bis jetzt einen solchen Zustand erreicht? Wir haben ihn nicht erreicht. Als Menschen sind wir nicht unsterblich oder sehr bedingt unsterblich, und das wird so sein, bis wir „das Verderbliche zum Unverderblichen“ erhoben haben.

Um die Sache klarer zu machen, wollen wir Folgendes beachten: Kein Schüler dieser Studien sollte sich entmutigt fühlen, wenn er ein Gefühl der „Verwirrung“ hat, das durch den Gebrauch von Worten wie „spirituell“, „göttlich“, „Wunderbares Wesen“, „das EINE“, „Hierarchie“ und viele andere hervorgerufen werden mag, indem sie an verschiedenen Stellen oder unter verschiedenen Umständen verschiedene Bedeutungen zu haben scheinen. Tatsächlich ist ein entsprechender Gebrauch wirklich unvermeidlich. Keine europäische Sprache hat für diese majestätischen und (für uns) oft verwickelten Lehren geeignete Ausdrücke. Deshalb ist ein Sprecher genötigt, das Beste zu tun, was er in dieser Hinsicht tun kann. Aber bitte, beachten wir Folgendes wohl: Wenn der Schüler oder Leser die folgenden Tatsachen im Gedächtnis behält, braucht und wird mit der Zeit keine Verwirrung bestehen. Das ganze Fachwerk des Kosmos oder der Natur ist vollkommen in Form von Stufenleitern und auf „Entsprechungen" und „Wiederholungen" aufgebaut, so dass dieselben beschreibenden Worte tatsächlich auf jeden Gegenstand sich wiederholenden Charakters aus dem Grunde richtig angewandt werden, weil es nirgends „Absoluta" gibt und alles zu allem anderen streng „relativ" ist. Die einzigen Unterschiede sind die der evolutionären Entwicklung und der relative und variierende größere oder kleinere Grad, in dem „Geist" oder „Materie" entwickelt oder geoffenbart sind. Das „Göttliche" einer Hierarchie ist tatsächlich „gröbste Materie" für eine andere, weil erhabenere Hierarchie. Die „sich wiederholenden" Regeln gelten innerhalb der einen wie der anderen sehr genau, denn der Kosmos oder die Natur folgt einer ALLGEMEINEN ORDNUNG und EINEM „Gesetz" und kennt nur einen sich in allen Teilen wiederholenden Verlauf der Tätigkeit, der für einen Kosmos so streng und völlig gilt wie für den kleineren Kosmos, das Atom.

Deshalb ist das „Wunderbare Wesen" unserer eigenen planetarischen spirituell-psychologischen Hierarchie von Adepten eine Entsprechung des kosmischen Einen der universalen kosmischen Hierarchie des Sonnensystems im Kleinen, und dies gilt analog in anderen Hierarchien.

Wenn wir diese Regel im Gedächtnis behalten, wird die Verwirrung nach und nach verschwinden und einem blendenden Licht der Erleuchtung weichen. Der Versuch ist der Mühe wert!

Vielleicht mag es für den einen oder anderen sonderbar sein, dass wir in unseren letzten beiden Studien die „verlorenen Seelen" und die Kinder des „Wunderbaren Wesens" – die Buddhas – einander gegenüberstellten. Die verlorenen Seelen bilden natürlicherweise den niederen Pol der Buddhas, denn sie kommen, wie die Buddhas, äußerst selten vor. Auf unserer gegenwärtigen Stufe der Evolution, auf der die „verlorenen Seelen" existieren, sind sie ebenso selten wie die Wunderbaren Wesen, die das Sterbliche zum Unsterblichen, das Verderbliche zum Unverderblichen erheben.

Wir wollen uns ein wenig mehr damit beschäftigen. Was ist es, das „verloren" geht? Es ist die „Seele". Was ist nun die „Seele"? Wie ich schon erklärt habe, ist sie nach unserem Begriff auf den höheren Ebenen ein Vehikel, das sich als Lichtbündel oder Lichtsäule offenbart. Auf den niederen Ebenen ist sie, abhängig von der Spiritualität oder Materialität der Ebene, ein mehr oder weniger physisch-materieller Körper.

Diese „Seelen“ sind in allen Fällen lebende, mehr (oder weniger) bewusste, empfindende Wesenheiten, zusammengesetzte lebende Wesen. Jedes von ihnen ist aus unzählbaren Mengen kleinerer (untergeordneter) Wesenheiten zusammengesetzt, wie unser Körper aus einer quasi unendlichen Anzahl atomarer Kosmoi, winziger Kosmen, sehr kleiner Universen zusammengesetzt ist.

Eine Seele geht „verloren“, wird wahrhaft ausgelöscht, wenn sie die Berührung oder vielmehr die Verbindung mit dem verloren hat, das ihr Unsterblichkeit – oder deren Verheißung – verleiht. Denn wenn der Impuls, wenn alle Impulse oder alles höhere Sehnen nach der innewohnenden Göttlichkeit, nach einer engeren Vereinigung mit ihr verschwunden sind oder vollkommen aufgehört haben zu bestehen, bleibt nichts in ihr übrig, was sie zusammenhält. Sie ist ausschließlich ein zusammengesetztes Wesen und löst sich auf, zerfällt in Stücke, wie sich der physische Körper im Feuer oder in der Erde auflöst. Was ereignet sich dann mit der unsterblichen Monade, die sie belebte? Ihre Laufbahn in jenem Vehikel wird gewaltsam unterbrochen. Der Lauf der Natur, der Bestimmung, ist in diesem besonderen Fall gestört und unterbrochen worden, aber alle vorausgegangenen spirituellen Ernten aus früheren Leben jener Monade, die in anderen Vehikeln eingebracht wurden, bleiben bestehen. Nach einer gewissen Zeit schickt die Monade einen anderen Strahl, ein anderes Ego hinaus – wenn auch sozusagen die Seite im Buch des Lebens der „verlorenen Seele“ leer bleibt: Sie existiert nicht, ist vollkommen ausgelöscht; im Unsterblichen besteht keine Aufzeichnung darüber. Es ist etwas wahrhaft Schreckliches, nicht nur spirituell, sondern auch für die höhere Seele, das spirituelle Ego selbst (siehe Diagramm Seite 256). Ich kann gegenwärtig nicht mehr hierüber sagen.

Wenn auf der anderen Seite in vielen, vielen Generationen in einer Seele die Blume der Spiritualität voll erblüht und das Sterbliche zum Unsterblichen erhoben wurde, haben wir den entgegengesetzten Fall. Es wird ein Meister geboren, der bewusst unsterblich und für immer mit seinem höheren individuellen Selbst verbunden ist. Wie der eine Fall den unteren Pol darstellt, so stellt der andere den oberen Pol im Lauf der Natur dar.

Wenn die Seele „verloren“ ist, gibt es für sie keinen Schmerz, keinen Kummer mehr. Sie ist ausgelöscht und verschwindet, gleich einem Schatten, der an der Wand entlanggleitet und verschwindet.

Die moderne Wissenschaft sagt, dass jedes physische Atom zusammengesetzt ist: aus einem zentralen protonischen Kern, und rund um diesen Kern kreisen andere Korpuskeln, Elektronen genannte Körper, ebenso wie die Planeten und viele Kometen sich drehen und dabei ihre Bahn um die Sonne beschreiben. Wir wollen diese Tatsachen zur Erläuterung des Themas benutzen, weil der Begriff dem der alten Weisheit so nahe verwandt ist. Der nächste Gedanke, der erfasst werden muss, ist, dass Umfang und Größe kein Beweis oder Prüfstein von Bedeutung sind, weder für spirituelle Erhabenheit noch für physische Macht. Tatsache ist, dass jedes Atom im manifestierten Universum ein „Träger" und ein „Behälter" von Lebewesen ist.

Unsere Körper sind tatsächlich aus zahllosen Heeren von Atomen zusammengesetzt und aufgebaut, jedes ist ein Miniaturkosmos oder ein kleines Sonnensystem und trägt seine Heere astral-physischer und selbst spiritueller unendlich kleiner Lebewesen. Über und innerhalb von allen, sie durchdringend und alle beherrschend, ihnen allen das verbindende und innewohnende Leben gebend, steht das über allem waltende Leben, die Kraft und Charakteristik unserer eigenen Persönlichkeit, unseres eigenen persönlichen Egos als Mensch, das für diese unendlich kleinen Wesen der Paramâtman, das spirituelle Selbst oder der „Vater im Himmel" ist.

Wir sind in der Essenz nicht notwendigerweise größer als eines dieser unendlich kleinen Wesen, die auf einem der Atome unseres Körpers leben, sich bewegen und ihr Dasein haben. Es kann unter ihnen Wesenheiten geben, die viel weiter fortgeschritten sind als wir, so paradox diese Behauptung auch klingen mag. Deshalb wiederhole ich: „Zerbrecht die Formen des Gemütes, lasst das Licht herein!" Ist etwas unwahr, weil es für das Gemüt seltsam klingt und neu ist? Wie können wir sagen: „Dieses oder jenes ist die einzige Wahrheit, das EINZIGE, was sein kann."? Was ist hier der Prüfstein für Wahrheit? Was ist tatsächlich Wahrheit, wenn nach solcher Regel beurteilt?

Wir wollen einen Schritt weitergehen. Unser Körper und seine Organe, Herz, Leber und Gehirn zum Beispiel, empfangen von dem über sie herrschenden persönlichen Ego des Menschen besondere Kraftstrahlen. Für die Heere atomistischer, unendlich kleiner Lebewesen, die das Organ zusammensetzen, ist dieses ein kosmisches Universum oder ein universaler Kosmos. Ist uns jemals in Verbindung damit aufgefallen, ist uns je der Gedanke gekommen, dass unser Sonnensystem im Vergleich zum universalen Kosmos ein atomistisches, unendlich kleines Lebewesen ist, das aus einem Proton, der Sonne, und seinen Elektronen, den Planeten, gebildet wird? Jeder Planet trägt seine Heere von Lebewesen und ist ein Teil des Vehikels oder Körpers einer gewaltigen, den Bereich unseres Fassungsvermögens weit überragenden titanischen Wesenheit. Können wir diese „Gott" nennen? Aber warum „Gott"? Welche Gewähr haben wir, dass diese titanische Wesenheit besser ist, als wir es sind, wie es von „Gott" angenommen wird? Größe oder bloßer Umfang, materielle Größe, ist absolut kein Prüfstein. Unser Bild mag wahr sein oder nicht. Aber der Punkt, auf den es hier ankommt, ist: Unser Körper wird von den Kräften zusammengehalten, ausgeschieden und abgesondert, die ihn durchpulsen; und ebenso sendet das EINE des universalen Kosmos – oder einer ihm untergeordneten Hierarchie – die VIELEN hervor und beherrscht sie. Auf diese Weise ist das universale, kosmische

„Wunderbare Wesen" unser höchstes SELBST. Das widerspricht oder widerstreitet in keiner Weise der anderen Tatsache, dass jeder Einzelne von uns sein eigenes monadisches höheres Selbst hat, von dem ein Funke seinerseits bestimmt ist, in zukünftigen Manvantaras das höchste SELBST eines Kosmos zu werden. Ein tiefgehender, ein erhabener Gedanke! Das Wunderbare Wesen von geringerem Grad und Glanz, das die Wurzelbasis unserer eigenen planetarischen spirituell-psychologischen Hierarchie von Adepten bildet, ist ein Abbild des kosmischen Wunderbaren Wesens im Kleinen, von dem in der *Geheimlehre* gesprochen wird und das den Gegenstand unseres gegenwärtigen Themas bildet.

Versprechungen, die auf des Lehrers Anweisung hin in unserer Schule gegeben werden, sind heilig. Diesen Anweisungen folgend, wurde im Frühling des vergangenen Jahres versprochen, dass es unsere Pflicht sei, falls die Versammlungen weiterhin durchgeführt werden, die esoterische Weisheit zu vereinfachen und nach besten Fähigkeiten zu erklären und zu erläutern. Kein Mensch kann mehr tun, sie so zu lehren, wie sie universal in der ganzen Welt des Altertums in den Heiligtümern geheim gelehrt wurde und, soweit wir wissen, heute von unseren eigenen Meistern und deren Vertretern gelehrt wird. Denn diese Weisheit ist *eine.* Sie ist heute dieselbe wie vor Zeitaltern, auf einem anderen Planeten dieselbe wie hier. Es kann nicht zwei Wahrheiten im Universum geben. Dieses Versprechen wurde bisher unter großen Schwierigkeiten eingehalten. Eine der Instruktionen des Lehrers lautete, diese Studien in der Weise zu führen, dass niemand, der sie liest, wenn die Zeit für ihre Veröffentlichung kommt, sie vollständig begreifen oder den vollständigen Schlüssel dazu erhalten soll, ausgenommen jene, die in dieser Gruppe initiiert wurden oder Mitglieder dieser Schule sind. „Initiiert" bedeutet, dass jene, die ein Studium aufnehmen, „Anfänger" sind wie wir, die wir dieses erhabene Studium begonnen haben. Unsere hier anwesenden älteren Schüler verstehen dies, denn zweifellos haben sie den Schlüssel, um zu verstehen. Sie haben ihre esoterischen Instruktionen erhalten, die sie befähigen, den Fäden unserer schwierigen Themen zu folgen. Aber ein „Außenstehender" könnte das nicht. Es kann gesagt werden, dass bei der Durchsicht der stenografischen Berichte über Studien von uns, die wir nachlesen und korrigieren konnten, sehr wenig Änderungen notwendig waren, um den Gedanken für Außenstehende wenigstens zum Teil „verschleiert" wiederzugeben. Änderungen, die notwendig waren, dienten dem Zweck, Meinungen besser zu erläutern. Es waren Änderungen der Ausdrucksweise, oder es wurde ein passenderes, klareres Wort gewählt, das die Sache verständlicher zum Ausdruck bringt. Insoweit ist daher unsere Aufgabe erfolgreich gewesen.

Von dem hierarchischen Wunderbaren Wesen wurde absichtlich als von einem „Wesen" gesprochen, weil es, wenn wir den Begriff verallgemeinern, eine Wesenheit ist. Es gibt drei Formen oder Ebenen, auf denen sich diese Wesenheit offenbart. Um gerade diese Zusammenhänge verständlicher zu machen, werden wir die Ausdrucksweise des Buddhismus und die von Tibet benutzen, wie sie in der Sanskṛitsprache wiedergegeben wird.

Die höchste Erscheinung oder die höchste Subwesenheit des Wunderbaren Wesens wird Âdi-Buddha genannt. *Âdi* bedeutet „ursprünglich" (oder das Höchste). Dieser Âdi-Buddha befindet sich im Dharmakâya-Zustand. Das ist ein aus zwei Wörtern zusammengesetzter Sanskṛitausdruck, der „Körper von ununterbrochener Dauer" bedeutet. Er wird auch, gleich gut oder schlecht, mit „der Körper des Gesetzes" übersetzt. Beide sind sehr unzulängliche Ausdrücke. Die Schwierigkeit, diese äußerst mystischen Ausdrücke zu übersetzen, ist sehr groß. Eine nur „korrekte" Wörterbuchübersetzung lässt die esoterische Bedeutung gänzlich vermissen, und gerade hier machen westliche Gelehrte zuweilen grundlegende Fehler. Das erste Wort kommt von der Wurzel *dhṛi* mit der Bedeutung „unterstützen", „erhalten", „enthalten", „tragen", daher „fortdauern". Auch menschliche Gesetze sind die Mittel, von denen erwartet wird, dass sie die Zivilisation tragen, unterstützen und erhalten. Das zweite Element, *kâya,* bedeutet „Körper". Das so gebildete Hauptwort kann mit „Körper des Gesetzes" wiedergegeben werden. Aber dieser Ausdruck vermittelt ganz und gar nicht die zugrundeliegende Idee. Gemeint ist jener spirituelle Körper oder Zustand eines hohen spirituellen Wesens, in dem der Sinn für Selbstheit und Egoität in ein universales (hierarchisches) Bewusstsein eingegangen ist und nur im Samen, d. h. latent, verbleibt – wenn überhaupt. Es ist reines Bewusstsein, reine Seligkeit, reine Erkenntnis, frei von allem personifizierenden Denken.

Der zweite Aspekt oder die zweite Subwesenheit wird Dhyâni-Buddha oder „Kontemplations-Buddha" genannt: ein großer Abstieg von dem vorhergehenden, soweit reine unpersönliche Spiritualität in Betracht kommt. Dieser wird von dem Sambhogakâya getragen, eine Zusammensetzung aus zwei Sanskṛitwörtern mit der Bedeutung „Freuden-Körper" oder vielmehr „Anteil-Körper", weil der Buddha in dem Sambhogakâya-Zustand in seinem Bewusstsein als Einzelwesen immer noch an Egoschaft und an seiner Seele festhält, obgleich er zu weit über materiellen und persönlichen Angelegenheiten steht, um daran Anteil zu nehmen oder sich damit zu befassen, und deshalb würde dieses Wesen hier auf unserer materiellen Erde machtlos sein. Wie H. P. Blavatsky sagte, würde ein Gott aus den himmlischen Sphären, der nur in seiner eigenen Natur lebt und sich ohne einen materiellen Körper in den materiellen Sphären offenbaren wollte, hier äußerst machtlos sein.

Der dritte und niederste, in einem Sinne jedoch der höchste Aspekt oder die höchste Subwesenheit (die höchste aufgrund des gewaltigen, freiwilligen Selbst-Opfers, das mit seiner Verkörperung im menschlichen Fleisch verbunden ist) ist der Mânushya-Buddha, was „menschlicher Buddha" bedeutet. Er wird so genannt, weil er zu mitleidsvollem Werk unter den Menschen in einem menschlichen Körper geboren wird. Der Mânushya-Buddha wünscht oder hat das Bedürfnis, in dem Nirmâṇakâya oder „Form-Körper" zu leben und zu arbeiten. Über ihn besteht eine sehr wunderbare Lehre, die wir später erklären werden.

Die Dhyâni-Buddhas sind eine der zehn Klassen von Wesen, die von dem vorhergehenden planetarischen Manvantara auf unseren Globus kamen. Wir wollen diese wie folgt aufzählen: drei Elementalreiche als die niedersten, das Mineralreich, das Pflanzenreich, das Tierreich.

Ich unterbreche einen Augenblick, um eine Bemerkung zu machen. Das Wort „animal" sollte in diesem Zusammenhang nicht für „Tier" benutzt werden, wir müssen hier Genauigkeit üben. „Animal" bedeutet ein Wesen, das eine „anima" oder eine Leben gebende Seele besitzt. In diesem Sinne ist auch der Mensch ein „animal", aber er ist kein „Tier" *(beast)*. Sein vital-astral-physischer Körper ist ein „Tier". Der Mensch wirkt in und mit einer menschlichen Seele, durch eine Tier- oder vitale Seele und wird durch eine spirituelle Seele erleuchtet. Wir hoffen, später Zeit zu haben, diesen Punkt ausführlicher zu erläutern.

Ein weiteres Reich nach dem Tierreich ist das Mânushya-Reich oder das menschliche Reich. Bisher haben wir also drei Elementalreiche, das Mineralreich als viertes, fünftens das Pflanzenreich, als sechstes das Tierreich und das menschliche als siebentes. Danach beginnen die drei Klassen von Dhyân-Chohans. Der Mensch ist in seiner höheren Natur ein im Entstehen begriffener Dhyân-Chohan, ein im Entstehen begriffener „Herr der Meditation". Beendet er seine Laufbahn erfolgreich, ist es seine Bestimmung, am Ende der siebenten Runde, wenn dieses planetarische Kalpa zu Ende ist, dieser Tag von Brahmâ, der die sieben Runden, jede zu sieben Stufen, umfasst, zu einem „Herrn der Meditation" zu erblühen, zu einem „spirituellen Baumeister des Planeten" oder zu einem planetarischen Geist. Aber wie gesagt, es gibt drei Klassen von Dhyân-Chohans. Jede dieser drei Klassen wird wieder in sieben Klassen unterteilt. Wird von diesen drei Klassen die niederste in sieben unterteilt, so ist von diesen sieben der vierte jener Dhyân-Chohan, der für diese vierte Runde unser „Vater im Himmel" ist. Sein spirituelles Haupt ist der Âdi-Buddha der vierten Runde. Er selbst ist ein Dhyâni-Buddha.

Wir wollen versuchen, dies klarer auszudrücken. Auf jedem Planeten oder Globus von den sieben Globen, die die Planetenkette bilden und die die Lebenswoge in einer Runde erreicht – und so ist es in allen sieben Runden –, wird ein Buddha, wir sollten besser sagen: ein Mahâ-Buddha, entwickelt, oder vielmehr es erscheint ein solcher: einer zu Beginn des Erwachens des Globus zu neuem Leben und ein anderer, wenn die Lebenswoge den Planeten nach Vollendung ihrer Runden verlässt. Gleicherweise erscheint während einer Globenrunde für jede Rasse ein Buddha, der ein Strahl von dem Mahâ-Buddha des Planeten ist und der Rassen-Buddha genannt wird. Dieser Rassen-Buddha überschattet seinerseits am Mittelpunkt der Rasse, oder wenn sich der Mittelpunkt nähert, ein ausgewähltes menschliches Gefäß von Reinheit, Edelmut und spiritueller Größe, das der Buddha wird, der den spirituellen Weg für den großen Rassen-Buddha der nachfolgenden Wurzelrasse vorbereitet, der kurz vor dem Ende der vorhergehenden Wurzelrasse erscheint. Ein solcher (wie der Letztere) war der Herr Śâkyamuni, Gautama Buddha, der, wie uns die Lehrer sagen, jetzt als ein Nirmâṇakâya auf Erden lebt. Ein Nirmâṇakâya ist das niederste der drei mystischen Vehikel, die wir kurz vorher erklärt haben. Davon gibt es sieben Grade und Arten. Der niederste Grad ist der, in dem die Wesenheit, die spirituelle Wesenheit, mit Ausnahme des physischen Körpers alle menschlichen Prinzipien behält, alle. Er ist in jeder Hinsicht ein Mensch, aber ohne physischen Körper, den er abgelegt hat.

Diese Buddhas – und wir haben heute Abend keine Zeit, die wunderbaren Mysterien zu erklären, die mit dieser Lehre verbunden sind –, alle diese Buddhas einer Runde stammen von dem Dhyâni-Buddha der Runde. Sie bilden einen Teil der spirituell-psychologischen Hierarchie jener Runde. Dieser Dhyâni-Buddha unserer vierten Runde ist unser „Vater im Himmel“, das „Wunderbare Wesen“, der Große Initiator, das Opfer. Der Name und die Titel werden manchmal auch auf jene spirituelle Wesenheit, den Rassen-Buddha, angewandt, der kurz vor oder am Anfang einer Wurzelrasse erscheint und der zu gewissen Zeiten während der Dauer einer Rasse ein geeignetes menschliches Vehikel, gewöhnlich eines der Großen Loge, auswählt, dieses auserwählte Gefäß überschattet oder in ihm inkarniert, wie der Fall sein mag – das hängt von der Materialität der Rasse und der Runde und von vielen anderen Faktoren ab – und dieses auserwählte Gefäß wird dann, wenn so überschattet, der Mânushya- oder menschliche Buddha. Streng genommen ist auch der Rassen-Buddha selbst ein Mânushya- oder menschlicher Buddha. Wie schon bemerkt, ist offensichtlich keiner dieser Titel oder Namen nur auf eine einzige Wesenheit begrenzt oder gilt ausschließlich für diese. Sie werden oft, mutatis mutandis, auf mehr als eine einzige Wesenheit oder Klasse angewandt. Das gibt sehr zum Nachdenken Anlass.

Auf diese Weise wird der Gegenstand des „Wunderbaren Wesens“ erklärt, der so verwickelt zu sein scheint und doch tatsächlich so einfach ist. Er erscheint wegen seiner Feinheit verwickelt, ist aber tatsächlich sehr einfach. Unsere materiellen Gehirngemüter sind es, die uns hindern, die Sache leicht und klar zu sehen. Der Strahl, der durch unser ganzes individuelles Wesen geht, dem wir unser spirituelles Leben und unsere spirituelle Substanz entnehmen, kommt unmittelbar von diesem hierarchischen Wunderbaren Wesen zu uns, in dem wir festgewurzelt sind. Es nimmt für uns psychologisch und spirituell den gleichen Platz ein, den das menschliche Ego, das Menschen-Ego, für die unzählbaren Mengen von Elementalwesenheiten einnimmt, die seinen Körper zusammensetzen. Die atomistischen, unendlich kleinen Wesenheiten, auf die schon Bezug genommen wurde, sind hier nicht gemeint.

Doch zu beachten ist: Die Analogie ist auch in der Hinsicht richtig, dass wir, wenn wir sie universal, kosmisch anwenden würden, sagen könnten, dass jenes unaussprechliche EINE, das das Äußerste des Äußersten und das Innerste des Innersten unseres kosmischen Universums ist, das die äußersten Grenzen unserer Milchstraße umfasst, allem innerhalb der Milchstraße gegenüber das darstellt, was das menschliche Ego für die unendlich kleinen atomistischen Universen ist, die den physischen Körper zusammensetzen. Die Symbolik besteht, die Entsprechung ist vorhanden, und wir sind bestrebt, mit Hilfe der Analogie etwas von dem Mysterium, wie das Eine zu den Vielen wird, zu erklären. Nicht weil das Eine „in die Materie hinabsteigt" oder materiell und buchstäblich „viele" wird. Ganz und gar nicht. Sondern in der Weise, wie die Sonne ein gewaltiges, unerschöpfliches Reservoir belebender, psychischer und spiritueller Strahlen ist und diese Milliarden Jahre hindurch unerschöpflich aussendet. In der gleichen Weise erleuchtet uns dieses hierarchische Wunderbare Wesen von kosmischer Größe durch seine untergeordneten, aber hohen Wunderbaren Wesen verschiedenartiger Grade, erhebt und begeistert uns, führt uns vorwärts und aufwärts zur Unsterblichkeit. Es tut sein Bestes, unsere materielle Verderblichkeit durch seinen Strahl in uns zu erhellen und zu erleuchten, um sie unverderblich zu machen, damit wir von der Persönlichkeit zur Individualität vordringen, „damit aus dunkler Finsternis wir mögen schreiten in das Licht"! Die Zeit wird kommen, in der wir dieses Werk vollbringen und bewusst unverderblich werden, mit der Natur arbeiten und eins mit ihr werden. Denn ebenso wie dieses Wunderbare Wesen die fundamentale Kraft ist, die hinter allem steht und alles stützt, was wir Natur nennen, so war dieses Wunderbare Wesen in einem weit zurückliegenden früheren Manvantara ein Mensch, genau wie wir jetzt Menschen sind. Auch wir können ein solches Wesen werden, wenn wir die kosmische Laufbahn erfolgreich durchlaufen! Ein wunderbarer, inspirierender Gedanke!

Ich möchte nun ein Zitat von unserem gegenwärtigen Lehrer, Katherine Tingley, aus einem ihrer letzten Vorträge vorlesen, weil es für unsere gegenwärtigen Studien so angemessen ist. Wenn wir mit reinem Herzen und aufrichtigem Motiv hierher kommen, wenn im Geiste wahrer Kameradschaft und brüderlicher Liebe einer von dem anderen lernt, dann gewinnen wir alle etwas Hohes und Schönes, etwas, das uns aufwärts und vorwärts drängt. Es wird etwas Heiliges, eine Segnung sein. Ich sage, die Eröffnung dieser Studien durch unseren Lehrer hat eine tiefere Bedeutung, als es nach außen hin den Anschein hat. Sie hat uns selbst gesagt, dass die Zeit, in der wir gemeinsam studieren konnten, nicht eher gekommen war und dass jeder Einzelne von diesen Versammlungen den Gewinn haben wird, den er daraus ziehen will. Daher wollen wir beachten: „Ein Mensch bekommt nur das, wofür er arbeitet, und wenn er nicht dafür arbeitet, bekommt er es nicht. Wenn aber jemand ein solches Verlangen nach der Wahrheit hat, dass er tatsächlich danach hungert, dann bekommt er sie. Sie ist sozusagen der Wein des Lebens, die Enthüllung des Buches des Lebens. Keine Sprache kann sie beschreiben." Und weiter: „Jene, die nach der Wahrheit verlangen, jene, die den Mut haben, in das neue Leben einzutreten, jene, die den Wunsch haben, in einem gewissen Sinne wiedergeboren zu werden, müssen alles, was sie in Gestalt von Begrenzungen, Zweifeln, Befürchtungen, Abneigungen und Leidenschaften niedergehalten hat, über Bord werfen. Der Mensch ist ein majestätisches Wesen, wenn er seine eigene spirituelle Natur erkennt und angestrengt arbeitet, um zu werden, was zu werden er bestimmt ist."

Wir müssen unseren Vortrag heute Abend abkürzen, er ist bereits sehr lang. Wir haben noch viel mehr zu sagen, und es wird Zeit für uns, zum Schluss zu kommen.

Ein weiterer Gedanke, auf den hingewiesen werden muss, ist, dass unser wundervolles Werk, H. P. Blavatskys *Geheimlehre,* sowohl ein exoterisches als auch ein esoterisches Werk ist. Es enthält Lehren, die esoterisch waren, bevor sie gedruckt wurden. Jetzt sind sie „exoterisch". Wenn jedoch der eine oder andere meint – ich habe es, den unsterblichen Göttern sei Dank, nie gedacht –, dass er die *Geheimlehre* kennt, wenn er sie einmal oder selbst ein Dutzend Mal oder zwanzigmal gelesen hat, dann irrt er sich gewaltig. Es muss hier nicht nur zwischen den Zeilen, sondern innerhalb der Worte gelesen werden. Ich habe erkannt, welchen Wert die Befolgung dieser Regel hat: Wir sollten unserem Gemüt niemals erlauben, sich um eine einzelne Darlegung in ihr zu formen, eine einzelne Idee kristallisieren zu lassen – brecht die Formen, lasst das Licht herein! Das ist eine ausgezeichnete Regel. Sobald ein Mensch sagt: „Ich habe *die* Wahrheit, ich stimme mit jenem unserer Lehrer nicht überein, dieser oder jener Lehrer hatte Unrecht", gebt nichts darauf, denn er ist wahrscheinlich blind. Die Formen seines Gemütes sind kristallisiert, und er kann das Licht nicht sehen.

Ich habe diese Lektion gelernt und spreche aus Erfahrung. Jeden Abend, bevor ich schlafen gehe, überschaue ich die Ereignisse des Tages und suche ein oder mehrere Dinge zu finden, in denen ich meinem Gemüt erlaubte, um einen Gedanken oder ein Ereignis zu kristallisieren. Ich bin unbarmherzig gegen mich selbst, wenn ich bemerke, dass eine solche Kristallisation stattgefunden hat. Ich dulde sie nicht eine Minute. Wenn ich Formen des Gemütes finde, zerbreche ich sie, denn ich weiß zu gut, was sie bedeuten.

Diese Dinge, diese Gedanken, die wir studieren, sind ernster Natur. Sie dienen nicht bloßem Zeitvertreib. Ihr Studium bedeutet Aufwärts- oder Abwärtsgehen, und wir müssen täglich, jeden Augenblick, beständig zwischen den Pfaden wählen.

Ich bitte um Entschuldigung, wenn ich ein wenig persönlich zu sein scheine. Dies soll keine Predigt sein. Ich spreche aus meinem Herzen, denn ich habe die Wahrheit von dem, was ich sage, erfahren, und sie ist sehr wertvoll.

Nun wollen wir die Frage der Seelen und Egos, die heute bereits gestreift wurde, mit Hilfe eines Diagramms oder Paradigmas erläutern (siehe Seite 256).

Zu beachten ist hier die als eiförmig gedachte Zeichnung. Sie ist keine grafische Darstellung, das heißt, sie ist kein Bild. Sie ist ein Paradigma. Ein Paradigma ist ein grafisches Symbol, aber kein Bild.

Die drei Ebenen über dem Ei sollen die Arûpa-Welt oder die formlose Welt bedeuten und die sieben in dem Ei eingeschlossenen Ebenen die Rûpa-Welt. Sieben ist die Zahl der Prinzipien, die immer manifestiert sind und die von der höheren Triade, der Arûpa-Triade, der oberen Wurzel von ihnen, als Einzelwesen zusammengehalten werden.

Die drei höheren von den sieben innerhalb des Eies werden auch *arûpa* oder „formlos" genannt, sie sind aber nur relativ formlos. Wir sollten eine der ersten Lektionen der esoterischen Weisheit nicht vergessen: Es gibt keine Absoluta. Tatsächlich sprechen wir von Absoluta, aber nur als von relativen Absoluta. Der populäre, allgemeine Sinn dieses Wortes, „grenzenlose oder endlose Vollendung", ist äußerst unzulässig, denn es gibt keine Absoluta jener Art: Jedes Wesen ist in Qualität, Raum und Zeit relativ zu irgendeinem anderen Wesen, und das muss so sein, wenn wir nicht Logik und gesunden Menschenverstand wie Wind vergehen lassen wollen.

Denken wir einmal hierüber nach: Falls irgendetwas in dem alten volkstümlichen Sinn „absolut" wäre, würde es alles sein, und es könnte in der Offenbarung nichts anderes und daher keinen Wechsel zum Besseren, keinen Fortschritt, keine Evolution geben. Relativität – die universale Verwandtschaft in Raum und Zeit bedeutet – ist tatsächlich die innerste Bedeutung des Begriffes „Kosmos", der das Aggregat evolvierender Wesenheiten, das Ergebnis endloser Bewegung, endlosen Lebens, endlosen, nie aufhörenden Fortschritts ist.

Wir setzen die Besprechung unseres Paradigmas fort. In diesem eiförmigen Paradigma fällt aus der Arûpa-Welt der durch die vertikale Linie dargestellte Strahl herab. Die Linie deutet das „SELBST" an, das sich in diesem Kosmos in jedem Atom, das es berührt – und es durchdringt sie alle –, als das individuelle Selbst, das egoische Selbst, das menschliche Selbst, das astrale Selbst usw. manifestiert. Die drei höchsten Abteilungen, die Arûpa-Triade, werden kollektiv auch Paramâtman genannt, ein Sanskritwort mit der Bedeutung „oberstes SELBST", der Gipfel oder die Blüte der Hierarchie, die Wurzelbasis oder Quelle jenes Selbstes.

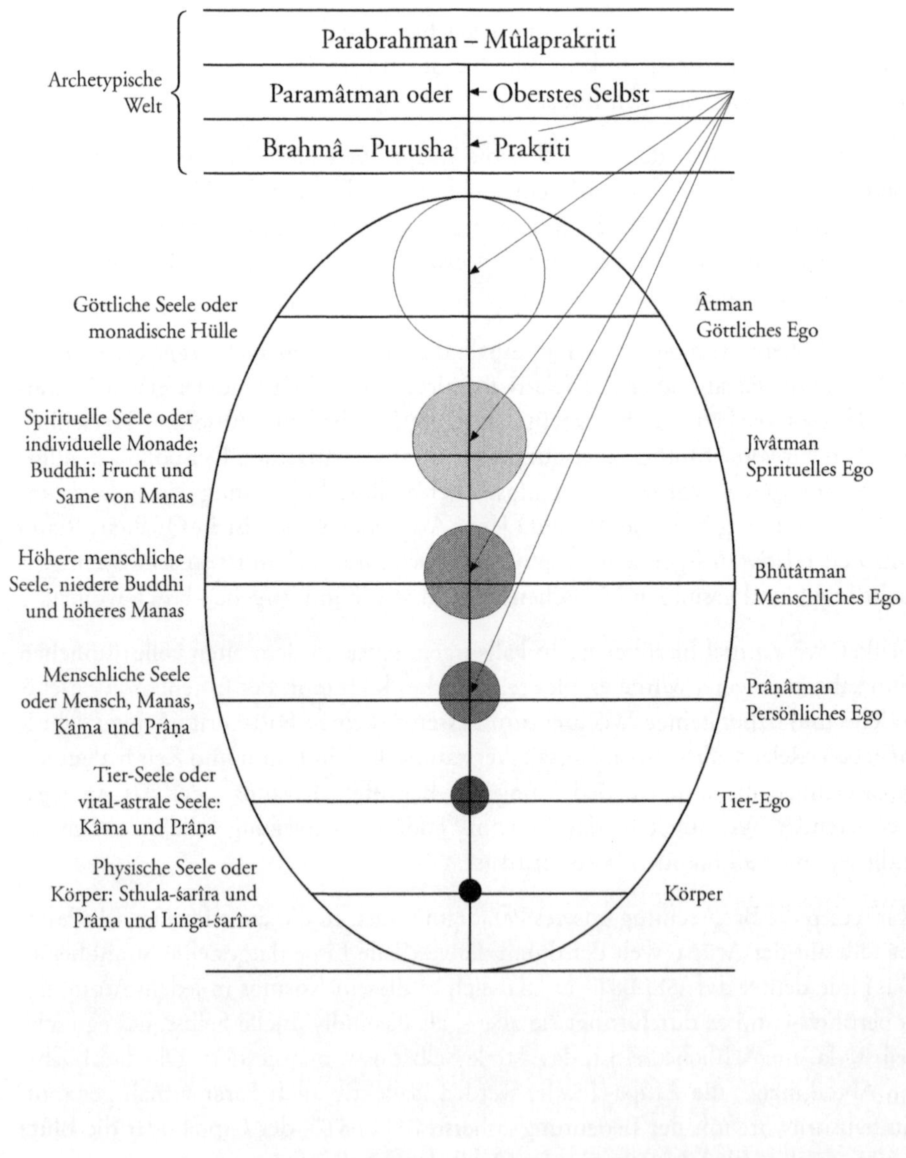
Archetypische Welt
Parabrahman – Mûlaprakriti
Paramâtman oder
Oberstes Selbst
Brahmâ – Purusha
Prakṛiti
Göttliche Seele oder monadische Hülle
Âtman Göttliches Ego
Spirituelle Seele oder individuelle Monade; Buddhi: Frucht und Same von Manas
Jîvâtman Spirituelles Ego
Höhere menschliche Seele, niedere Buddhi und höheres Manas
Bhûtâtman Menschliches Ego
Menschliche Seele oder Mensch, Manas, Kâma und Prâṇa
Prâṇâtman Persönliches Ego
Tier-Seele oder vital-astrale Seele: Kâma und Prâṇa
Tier-Ego
Physische Seele oder Körper: Sthula-śarîra und Prâṇa und Liṅga-śarîra
Körper

Wir sollten bitte immer im Gedächtnis behalten, dass sich über unserer eigenen höchsten Abteilung eine andere Hierarchie befindet und dass der Anfang dieser Abteilung die niederste, die „absolute Materie“ für jene höhere Hierarchie ist. Alles ist relativ. Selbst die „absolute Materie“ unserer eigenen Hierarchie würde für uns unfühlbar und unsichtbar sein. Warum? Weil unsere derzeitigen physischen Sinne nicht zu ihrer Ebene gehören und deshalb durch die Evolution nicht geschult worden sind, Kenntnis davon zu nehmen. Unsere Sinne, Hören, Fühlen, Sehen, Riechen und Schmecken, können nur jene Dinge wahrnehmen, für deren Wahrnehmung sie in und durch uns gebildet worden sind. Wir sind in diesem Manvantara in die „absolute Materie“ keiner anderen Hierarchie hinabgestiegen als unserer eigenen. Wir sind nur so weit hinabgestiegen, wie es die Stufen dieser Hierarchie erlauben. Ich meine hier nicht unsere kosmische Hierarchie, sondern unsere planetarische Hierarchie. Wir sollten aus den bereits angeführten Gründen nicht eigenmächtig in der Anwendung der Terminologie sein. Wenn wir von einer Hierarchie sprechen hören, so müssen wir unverzüglich fragen: Welche Hierarchie? Wenn wir von dem Selbst hören, müssen wir unverzüglich fragen: Welches Selbst? Wenn wir von der „Seele“ sprechen hören, wollen wir uns unverzüglich fragen: Welche Seele? Wer dieser Regel folgt, hat einen sicheren Führer bei der Auslegung aller schwierigen Stellen.

Die drei dargestellten höchsten Ebenen repräsentieren paradigmatisch Paramâtman oder das oberste SELBST der Hierarchie in der archetypischen Welt. Wir wollen den obersten Kreis innerhalb des Eies als die monadische Hülle oder die göttliche Seele betrachten, die von einem anderen Standpunkt aus gesehen, Âtman oder das göttliche Ego genannt wird.

Den Kreis auf der horizontalen Ebene unterhalb der monadischen Hülle wollen wir die spirituelle Seele oder die individuelle Monade nennen. Das ihr entsprechende Selbst ist der Jîvâtman.

Dann kommt der dritte Kreis innerhalb des Eies, dem die höhere menschliche Seele entspricht, die aus der niederen Buddhi und dem höheren Manas zusammengesetzt ist; das ihr entsprechende Selbst ist der Bhûtâtman, was das „Selbst von dem, was gewesen ist“ oder das reinkarnierende Ego bedeutet.

Der vierte, noch niedrigere Kreis stellt die niedere menschliche Seele oder den Menschen dar, Manas und Kâma, und das ihr entsprechende Selbst ist Prâṇâtman oder das persönliche Ego.

Der nächst niedrigere Kreis – sie alle werden stufenweise immer dunkler, was ich durch Verstärkung der Schattierungen zu erläutern versucht habe – stellt die Tier-Seele oder Kâma-Prâṇa dar. Das ihr entsprechende Selbst kann einfach das Tier-Ego genannt werden.

Die niederste Seele von allen ist schließlich der physische Körper oder die physische Seele. Erinnern wir uns, dass das Wort „Seele" in unserer alten Weisheit „Vehikel" bedeutet; und dieses niederste Vehikel, der physische Körper, umfasst natürlich auch Prâṇa und das Liṅga-śarîra oder den Modellkörper, der der Hintergrund, der Same und die Wurzel von ihm ist. Diese drei sind untrennbar.

Nun wollen wir in diesem Diagramm die Rolle betrachten, die das „Selbst" spielt, das durch die Linie grob dargestellt wird, die vom Höchsten ausgeht und durch alle unter seinem archetypischen Ursprung liegenden Ebenen läuft und sie durchdringt. Ich wünsche die Aufmerksamkeit auf die Tatsache zu lenken, dass nicht nur Platon, sondern die ganze griechische Schule mystischer Philosophen von dem SELBST als dem Kosmos innewohnend und als von einem Opfer sprach, das die christlichen Mystiker manchmal den „in der Materie gekreuzigten Christus" nennen. Wenn wir die Lehre über das Wunderbare Wesen auf die exoterische christliche Religion anwenden wollen, werden wir entdecken, dass der ganze Christus-Mythos oder die Christusgeschichte tatsächlich vollständig dieser Lehre entnommen ist und verzerrt die „Inkarnation des Logos" genannt wurde. In der alten griechischen Philosophie wurde das Wort „Logos" auf vielerlei Art angewandt, was von den Christen sehr missverstanden wurde. Der Dhyân-Chohan, von dem wir heute Abend sprachen, ist unser spiritueller Logos, der planetarische Logos, soweit diese vierte Runde in Betracht kommt. Die hinter der Sonne stehende spirituelle Wesenheit ist der Sonnenlogos unseres Sonnensystems. Wie groß oder klein ein Sonnensystem auch sein mag, jedes hat seinen eigenen Logos, der die Quelle oder der Ursprung von fast unzählbaren Logoi niederen Grades in jedem System ist. Jeder Mensch hat seinen eigenen spirituellen Logos. Jedes Atom hat seinen eigenen Logos. Jedes Atom hat seinen eigenen Paramâtman und seine Mûlaprakṛiti, denn jede Wesenheit überall hat ihr eigenes Höchstes, doch die dies zum Ausdruck bringenden Worte sind relativ. Masse und Größe haben nichts damit zu tun. Der wahre Prüfstein ist die Beschaffenheit, die spirituelle Beschaffenheit. Dies nicht zu vergessen ist eine hervorragende und nützliche Sache. Ich habe in diesem Grundsatz eine unschätzbare Hilfe gefunden.

Wir haben heute Abend nur noch einige Minuten Zeit, und ich wurde von dem Lehrer ersucht, kurz über ein weiteres Thema zu sprechen, das mit den sich wiederholenden Jahreszyklen in Verbindung steht und besonders das Neujahr betrifft. H. P. Blavatsky sagt irgendwo, ich glaube, es war in einer alten Ausgabe ihrer Zeitschrift *Lucifer* zu Beginn des Jahres 1890, in einem sehr interessanten Artikel unter anderem, der Theosoph und Schüler der Esoterischen Philosophie sollte besonders den 4. Januar als den Anfang des neuen Jahres betrachten. Das ist eine äußerst interessante Bemerkung, und ich möchte in Verbindung damit die Aufmerksamkeit auf die sehr wichtige Tatsache lenken, dass unsere esoterische Weisheit gänzlich auf der Natur und ihrem Wirken beruht. Wie wir das Wort verstehen, bedeutet Natur nicht nur das physische, sichtbare Universum, das nur die Schale oder der Körper der wirklichen Natur ist. Wie schon oft dargelegt wurde, bedeutet für uns die Natur die Anhäufung von allem, was ist, innen und außen, auf allen Ebenen und in allen Sphären durch das Grenzenlose hindurch.

Das bedeutet in diesem Zusammenhang, dass die esoterische Methode der Zeitrechnung eine natürliche Methode ist, eine gänzlich auf dem geheimnisvollen Wirken der Natur beruhende Methode. Sie ist keine künstliche Methode. Keine der wirklichen Jahresfeiern in unserer Schule beruht auf von Menschen erdachten Ideen oder ist auf zufälligem Zusammentreffen gegründet, wie es zum Beispiel bei dem von den Franzosen während der Französischen Revolution benutzten künstlichen Kalendersystem oder bei der Datierung nach dem Zeitpunkt der Gründung einer Stadt wie Rom oder dem Tod eines großen Menschen wie Jesus der Fall ist. Diese Methoden sind in der esoterischen Chronologie wirklich unbekannt, obgleich Parallelen bestehen, doch sie beruhen auf Zyklen in der Natur. Die alte Weisheit gründet ihre chronologischen Berechnungen auf die kosmische Uhr, die uns die Natur zur Verfügung stellt und die ein majestätisches, unfehlbares und vollkommenes Chronometer ist. Jene Uhr ist das Himmelsgewölbe. Die Sonne, der Mond, die sieben Planeten (wie die Alten sie aufzählten) und die Sterne sind die „Zeiger", die die Zeitkreisläufe anzeigen. Das in der Zeitrechnung von den Alten am häufigsten benutzte Jahr ist dasjenige, das die Astronomen wegen der Wechsel der Jahreszeiten das „tropische Jahr" nennen. Winter, Frühling, Sommer, Herbst; Winter, Frühling, Sommer, Herbst folgen regelmäßig aufeinander. Sie kehren regelmäßig wieder, weil sich ihr Erscheinen auf die Bewegung der Erde um die Sonne gründet, was der Bewegung eines Zeigers auf dem Zifferblatt der kosmischen Uhr gleichkommt. Das sogenannte anomalistische Jahr und das siderische Jahr waren den alten Astronomen bekannt, aber sie wurden nicht benutzt, es sei denn für rein astronomische Berechnungen, für astrologische Berechnungen nur selten.

Der Unterschied zwischen Astrologie und Astronomie ist zu beachten. Astronomie ist die Wissenschaft von den Bewegungen der Sterne und Planeten und deren Verhältnissen zueinander. Das ist alles. Sie besagt lediglich, woraus sie bestehen, wo sie sich bewegen und wann sie sich bewegen, wie lange sie benötigen, um gewisse Bahnen oder Wege zu durchlaufen. Sie ist rein exoterisch. Aber Astrologie bedeutet die *Wissenschaft* von den Sternen (während sich Astronomie stolz das „Gesetz der Sterne" nennt), ebenso wie Geologie die Wissenschaft von der Erde bedeutet. Die alte Astrologie – nicht die Papier-Wissenschaft, die heute unter diesem Namen bekannt ist, sondern die alte spirituell-astrale Astrologie – ist eine wahre und tiefgründige Weisheit über die Evolution des Göttlichen in und mit der Materie, über die menschliche Seele und den menschlichen Geist. Sie lehrte die Wissenschaft von den Verhältnissen der Teile der kosmischen Natur untereinander und bezog sich insbesondere auf den Menschen und seine Bestimmung, die in den himmlischen Kreisläufen niedergelegt ist. Aus jener großen und edlen Wissenschaft entsprang eine exoterische Pseudo-Wissenschaft, die sich von der mittelländischen und asiatischen Praxis herleitet und zu dem modernen System der sogenannten „Astrologie" wurde – ein armseliges, entartetes und zerrüttetes Überbleibsel der alten Weisheit.

Alle Nationen hatten Methoden, das Jahr zu berechnen und den Anfang des Jahres festzulegen. Nicht alle legten den Anfang des Jahres auf denselben Zeitpunkt. Manche Nationen zählten von der Wintersonnenwende an, das heißt von dem Zeitpunkt, an dem die Sonne ihren südlichsten Punkt erreicht hat und ihren langsamen Lauf nordwärts wieder beginnt. Ich spreche als Bewohner der nördlichen Hälfte der Erde. In Südamerika und anderen Ländern südlich des Äquators sind die Verhältnisse natürlich umgekehrt, aber jetzt sprechen wir von der nördlichen Hemisphäre. Einige Nationen verlegten den Anfang auf die Sommersonnenwende, etwa auf den 21. oder 22. Juni, während die Wintersonnenwende am oder um den 21. Dezember stattfindet. Andere Nationen verlegten den Jahresanfang auf die Frühjahrs-Tagundnachtgleiche am 21. oder 22. März oder auch auf die Herbst-Tagundnachtgleiche, also sechs Monate später, auf den 21. oder 22. September. Die Juden zum Beispiel haben verschiedene Jahre: ein bürgerliches Jahr, das zur Herbst-Tagundnachtgleiche im September beginnt, und ein religiöses Jahr, das mit der Frühjahrs-Tagundnachtgleiche beginnt. Die alten germanischen Völker Nordeuropas vor der Zeit Caesars begannen ihr Jahr an der Wintersonnenwende am 21. Dezember. Das Jahr der alten Griechen begann zu verschiedenen Zeiten des Jahreszyklus, meistens aber wahrscheinlich im Herbst. Das Jahr der alten Römer nahm im Frühling seinen Anfang. Die alten Ägypter begannen es im Sommer, die alten Perser, die Syrier und andere Völker hatten ihren eigenen Zeitpunkt für den Anfang des Jahres.

Die Zivilisationen der Mittelmeerländer waren bereits seit vielen Jahrhunderten vor dem in Europa gewöhnlich als Jahr 1 n. Chr. bezeichneten Zeitpunkt auf dem abwärtsführenden Weg. Sie verloren langsam einen großen Teil der alten Weisheit und das Verständnis für ihre großen Geheimnisse. Das zeigte sich nicht nur in der Art, in der die Eleusinischen Mysterien umgeändert und abgeändert wurden, sondern auch in der ständigen Verschiebung und Umgestaltung ihrer Kalender und in den Methoden der Zeitrechnung, der Berechnung chronologischer Perioden, des Anfangs und des Endes verschiedener Zyklen usw. Die Römer waren in dieser Hinsicht besonders tadelnswert. Sie waren vielleicht schlimmer als irgendein anderes uns bekanntes Volk. Wenn ein Diktator oder ein politischer Führer einige Tage länger an der Macht zu bleiben, eine Wahl zu verhindern oder zu verschieben wünschte, dann pflegte er den Kalender zu ändern – ein Verwaltungsverfahren, das unter stillschweigender Duldung oder unter Benutzung der Unwissenheit oder Nachlässigkeit der Pontifices durchgeführt wurde. So war schließlich zur Zeit von Julius Caesar im Jahre 46–47 v. Chr. der Kalender so in Unordnung, dass die Kalenden des Januar, das heißt der 1. Januar, auf den Tag fielen, der jetzt der 13. Oktober ist; und wenn die Verwirrung unbegrenzt weiter angehalten hätte, wäre der 1. Januar durch alle Monate des Jahres gewandert und hätte schließlich seinen Lauf rund um den Jahreszyklus im März vollendet. Es soll noch hinzugefügt werden, dass das alte römische Normaljahr ein Mondjahr war und etwa 354 Tage zählte.

Julius Caesar verdient Anerkennung dafür, dass er dieser Unordnung durch seine Neugestaltung des römischen Kalenders ein Ende machte. Ich will nicht sagen, dass Caesar das persönlich tat. Er tat es nicht. Denn obgleich er ein kluger Mann und Amateurastronom war, hatte er doch die Unterstützung eines ägyptischen – oder alexandrinisch-griechischen – Astronomen, eines Mannes mit großen Fähigkeiten namens Sosigenes, und im Jahre 47 v. Chr., als die Kalenden des Januar, der 1. Januar, auf den Tag fielen, der jetzt der 13. Oktober ist – als wenn unser 1. Januar dieses Jahres vor 2 oder 3 Monaten im Spätherbst auf den Tag in dieser Jahreszeit gefallen wäre, der eigentlich der 13. Oktober war –, steckten diese zwei bedeutenden Männer – oder vielleicht drei, wenn wir M. Flavius dazuzählen – die Köpfe zusammen und brachten den Kalender wieder in Übereinstimmung mit den Jahreszeiten. Caesar war zu jener Zeit Pontifex maximus, und die richtige Berechnung chronologischer Perioden oder die Überwachung der richtigen Berechnung derselben war seine Pflicht. Er tat das, indem er im Jahr 47 zwei Monate außerhalb der Reihe (einen mit 33 und den zweiten mit 34 Tagen) zwischen November und Dezember einschaltete und dem vorhergehenden Februar eine Periode oder einen „Monat" mit 23 Tagen hinzufügte. Damit verlängerte er dieses Jahr um 90 Tage und brachte so den Kalender mit den Jahreszeiten in Einklang, es hatte somit 445 Tage. Weil es so lang war und das gewöhnliche Volk so verwirrte, dass es mit seinen Geschäften und anderem in Unordnung kam, wurde es das „Jahr der Verwirrung" genannt, aber Macrobius nennt es in netter Weise das „letzte Jahr der Verwirrung". Caesar legte den neuen Kalender dahingehend fest, dass er ein Jahr von durchschnittlich 365 ¼ Tagen haben sollte. Jedes vierte Jahr war ein Schaltjahr mit 366 Tagen. Diese Anordnung hat in Europa mit geringfügigen Änderungen bis in unsere Zeit Geltung. Mit dieser Neuordnung des Kalenders war natürlich das alte römische Mondjahr abgeschafft. Aber wenn er das Jahr, wie er es hätte tun sollen, den alten Berechnungen, den Berechnungen der alten Weisheit entsprechend, mit dem Anfang einer der vier Jahreszeiten und bei Neumond begonnen hätte – zur Zeit der Wintersonnenwende oder der Frühjahrs- oder Herbst-Tagundnachtgleiche oder der Sommersonnenwende – oder wenn er den bei seinem Volk, den Römern, in alter Zeit gültigen Anfang des Jahres gewählt hätte, das heißt den 21. oder 22. Dezember zur Wintersonnenwende oder nach Numa die Frühjahrs-Tagundnachtgleiche im März, dann wäre „alles in Ordnung“ gewesen.

Aber nun wollen wir beachten, was sich ereignete, geben wir sorgfältig acht: Sosigenes flüsterte Caesar ins Ohr – er wusste mehr als Caesar, doch er vergaß dabei eine Kleinigkeit. Er sagte: „Bruder Caesar, Imperator!“ – das ist nun ein nur in meiner Vorstellung existierendes Gespräch, aber ich glaube, dass etwas Derartiges stattgefunden haben muss –, „Bruder Caesar, Imperator! Der alten Weise, der Weise unserer edlen Vorfahren entsprechend, sollte das Jahr nicht nur an der Wintersonnenwende beginnen, sondern es müsste auch gleichzeitig Neumond sein. Nun fällt aber der Neumond dieses Jahr nicht auf den Tag der Wintersonnenwende, sondern tritt sieben Tage später ein, denn die Wintersonnenwende fällt dieses Jahr auf den 24. Dezember.“ „Das stimmt“, sagte Caesar. „Wir wollen das Jahr sieben Tage nach der Wintersonnenwende beginnen. Wir wollen jenen Tag die Kalenden des Januar nennen“ – oder den 1. Januar, wie wir sagen würden. Caesar gab dem Dezember 30 Tage, später erhielt er 31 Tage. Auf diese Weise entstand unsere Gewohnheit, das Jahr statt an der Wintersonnenwende, also am 21. Dezember, am 1. Januar zu beginnen. Hätte Caesar in seiner Verordnung verkündet (als Pontifex maximus lag es in seiner Macht, das zu tun), dass der von ihm reformierte Kalender bei der ersten Gelegenheit, bei der die Wintersonnenwende und Neumond zusammenfallen, in Kraft treten würde oder an einem der drei anderen Anfangspunkte einer Jahreszeit, der mit einem Neumond zusammenfällt, dann wäre der alten Weisheit entsprechend richtig gehandelt worden, weil, wohlgemerkt, die alten Methoden chronologischer Berechnungen nicht nur auf die Tatsache der Erbauung einer Stadt oder das Ereignis des Todes von jemand an einem bestimmten Tag gegründet waren, sondern auf miteinander zusammenhängende astronomische und irdische Ereignisse. Die alten Methoden gründen sich auf das Zifferblatt des Kosmos. Caesar hätte warten sollen, bis ein Neumond mit einer der zwei Sonnenwenden oder mit einer der zwei Tagundnachtgleichen zusammenfiel, um das neue Jahr in dem Augenblick zu beginnen, in dem in jener Nacht Neumond war. Augenscheinlich aber fühlte Caesar, dass er nicht warten konnte, vielleicht wollte er nicht warten; oder er war unwissend.

Während nun die Zeit verging und das Christentum in späteren Jahren großen Zulauf hatte, behielt das Volk natürlich den ersten Januar, den in dem Julianischen Kalender festgelegten Tag des Monats, als Jahresanfang bei. Schließlich begannen die Christen aber zu überlegen, dass sie ihren eigenen Tag für den Beginn des neuen Jahres in einem religiösen Sinn haben sollten, in Verbindung mit der angenommenen Geburt Jesu. Und so wählten die östlichen Christen zu Beginn der Geschichte des Christentums den 12. Tag nach dem 25. Dezember, den 6. Januar, zur Feier der

Erscheinung und Geburt (und der Taufe) von Jesus. Das war der Anfang ihres religiösen Jahres. Die Engländer nennen dieses Fest „Zwölfter Tag“, da es der zwölfte Tag nach dem 25. Dezember ist. Welch seltsam merkwürdiges Durcheinander alter Ideen und neuer Dogmen! Später wurde der Geburtstag Jesu auf den 25. Dezember verlegt.

Warum wurde nun statt des vierten der sechste Januar gewählt? Aus folgendem Grund: Als Caesar und Sosigenes ihren Kalender korrigierten, wurde die Wintersonnenwende ihren Berichtigungen entsprechend auf den 24. Dezember gelegt. Der nächste Neumond fiel damals auf den ersten Januar, und Caesar sagte daher, das neue Jahr habe an diesem Tag, den „Kalenden des Januar“, zu beginnen. Viele Jahre später war dann 14 Tage nach dem Tag, an dem die Christen damals dachten, dass die Wintersonnenwende stattfand, nämlich am 23./24. Dezember – der Dezember hatte damals 31 Tage und nicht 30, wie von Caesar angeordnet –, der sechste Januar, den die Christen „Epiphanias“ nannten, indem sie ein altes heidnisches Wort und eine alte heidnische Idee übernahmen. „Epiphanias“ ist ein von den Christen angewandtes Wort, das ursprünglich den Mysterien der alten heidnischen Religion der Griechen und der alten Weisheit angehörte. Es bedeutet das „Erscheinen“ eines Gottes und wurde für den Christos-Mythos angenommen und diesem angepasst.

Wir wollen nun zu H. P. Blavatsky und ihrem schon erwähnten Artikel im *Lucifer* zurückkehren. Wir sehen, Kalender können von Menschen erstellt oder geändert werden. Der römische Kalender wurde auch von Menschen festgesetzt und geändert, und der Julianische Kalender ist mit Änderungen bis heute in Europa und Amerika in Gebrauch. Er ist kein geeigneter Kalender für Theosophen und besonders wenig geeignet für Schüler der Esoterischen Philosophie, um die esoterischen Zyklen oder den Beginn des wahren esoterischen Jahres zu berechnen.

Warum wählte H. P. Blavatsky den vierten Januar des geltenden Kalenders als Anfang des esoterischen Jahres? Kameraden, gebt acht! Das wahre esoterische Jahr sollte am 14. Tag nach der Wintersonnenwende beginnen, vorausgesetzt, die Wintersonnenwende fällt mit dem Neumond zusammen. Der 14. Tag würde dann natürlich ein Vollmondtag sein. Der Tag der Wintersonnenwende könnte, wenn gewünscht, als der Anfang des bürgerlichen Jahres gelten und der darauffolgende 14. Tag als der Anfang des esoterischen Jahres. Caesar hätte, wenn er es gewünscht oder vielmehr wenn er mehr gewusst hätte, seinen Kalender so einrichten können, dass er für den Neumond an einer Wintersonnenwende oder einer Sommersonnenwende oder an einer der beiden Tagundnachtgleichen gestimmt hätte. Aber H. P. Blavatsky wählte den vierten Januar, weil das der vierzehnte Tag nach der Wintersonnenwende ist – nicht weil er der „vierte“ oder irgendein anderer Tag des Monats ist.

Der 4. Januar ist der 14. Tag nach der am 21. Dezember stattfindenden Wintersonnenwende, und wenn an diesem Tag gerade Vollmond ist, dann ist er ein astrologischer Zeitpunkt. Er ist kein von Menschen festgesetzter Zeitpunkt. Er ist nicht von einem von Menschen erstellten Kalender abhängig. Er fällt auf den 14. Tag nach dem Fest der wahren Wintersonnenwende; und wenn die Wintersonnenwende auch gerade mit einem Neumond zusammenfällt, dann beginnt ein geheimer Zyklus. Legen wir die Wintersonnenwende auf den richtigen Zeitpunkt fest, so haben wir zehn Tage später den ersten Januar unseres gegenwärtigen Kalenders. Beachten wir die Zahl Zehn. H. P. Blavatsky sagt in ihrem Artikel auch, dass die Feier des Neujahrs durch Schüler der Esoterischen Philosophie in Verbindung mit der Budha-Weisheit stattfinden sollte. Das Wort „Budha" kommt von derselben Wurzel wie Buddha, der Titel des Herrn Gautama, die „erwecken" bedeutet. Was bedeutet es? Budha ist im Sanskṛit der Name für den Planeten Merkur, den die Griechen Hermes und die Römer Mercurius nannten. Viele der europäischen Völker, die den lateinischen Namen annahmen, nennen ihn Merkur. Hermes ist bei vielen, vielleicht bei allen Völkern immer der besondere Überwacher der Mystiker gewesen. Im alten Griechenland wurden ihm die Titel „Psychagog" und „Psychopomp" gegeben, was „Führer der Seelen" in die „Unterwelt" bedeutet. Unterwelt steht hier auch gleicherweise für die Mysterien. Ganz gleich, welche Form die Auslegung der alten Weisheit in alten Zeiten angenommen haben mag, der Planet Hermes oder Merkur ist immer eng mit den Lehren der Mysterien verbunden, die von der Welt nach dem Tod handeln. In Indien hatte Hermes den Namen Budha. Er wurde der Sohn von Soma oder des Mondes genannt. In Homers *Odyssee* lesen wir zum Beispiel, wie Hermes die Seelen der „wie Fledermäuse schnatternden" toten Bittsteller auf die „Wiesen von Asphodill" führte (Buch XXIV). Dieser Hinweis auf die Tätigkeit von Hermes, dem Psychopomp, dem „Helfer", ist ein Mysterium, das direkt den Eleusinischen oder vielleicht noch früheren Mysterien entnommen worden war.

Unser neues Jahr sollte also vierzehn Tage nach der Wintersonnenwende beginnen, vorausgesetzt, dieser Tag ist ein Merkur-Tag. Wie können wir nun feststellen, ob es ein Merkur-Tag ist oder nicht? Hier liegt die Schwierigkeit. Weiß jemand, wie die Wochentage in vielen weit voneinander entfernten Teilen der Welt mit den Namen und in der Reihenfolge bezeichnet wurden, die sie jetzt haben, und dies seit Zeitaltern? Warum wird der eine Tag der „Tag der Sonne", ein anderer Tag der „Tag des Mondes", wieder ein anderer Dienstag, „Tag des Mars", genannt? Wer kennt die alten angelsächsischen Namen für die Tage? Wodnesdaeg, Mittwoch, für Merkurtag; Frigedaeg, Freitag oder Venustag; Thunresdaeg, Donnerstag oder Jupitertag; Saeternesdaeg, Samstag (Sonnabend) für den Tag des Saturn und so fort. Das System war folgendes: Die erste Stunde des Tages, der jeweils beginnt, wenn der Mittelpunkt der Sonne über dem östlichen Horizont jenes Tages erscheint, steht dem alten System entsprechend unter der unmittelbaren Herrschaft eines der sieben heiligen Planeten. Wenn zum Beispiel der Planet Merkur der Planet ist, der die erste Stunde beherrscht, wurde der auf diese Stunde folgende Tag Merkur-Tag genannt. Von jeder folgenden Stunde dieses Tages wurde gesagt, sie stehe unter der Herrschaft eines anderen der sieben Planeten, die einander in einer bestimmten Reihenfolge ablösen: Saturn, Jupiter, Mars, Sonne, Venus, Merkur und Mond. Die Sonne und der Mond stehen hier jedoch als Vertreter für zwei geheime Planeten. Der Tag hat 24 Stunden. Wenn wir nun zum Beispiel, mit dem Merkur beginnend, die sieben Planeten in der gegebenen Reihenfolge durch die 24 Stunden aufzählen, würde die 25., die erste Stunde des nächsten Tages, unter der Herrschaft des Jupiter stehen, und der Tag würde ein Donnerstag sein. So geht es weiter, bis wir wieder zum Merkur kommen – und das ergibt eine Woche von sieben Tagen. Jeder kann das leicht selbst nachprüfen. Was den wirklichen esoterischen Budha-Tag, Mittwoch oder Merkur-Tag betrifft, sage ich hier nur Folgendes: Wenn die Wintersonnenwende mit dem Neumond zusammenfällt, ist jener Tag bei Hinzufügung von noch etwas anderem ein wirklicher astrologischer Budha-Tag; und natürlich ist vierzehn Tage oder zwei Wochen später ebenfalls ein Budha-Tag, aber nur bei Vollmond. Darüber sollten wir angestrengt nachdenken!

Nun wollen wir noch einen Schritt weitergehen. Der vierte Januar 1890 fiel auf einen Samstag (Sonnabend), obgleich H. P. Blavatsky in jenem Artikel von Hermes sprach. Aber dies tat sie nur, weil sie notwendigerweise die Wochentagnamen und Monatstage des laufenden Kalenders benutzte, so unbrauchbar und unzuverlässig er auch ist. So ist vollkommen klar, dass das Jahr, auf das sie hinwies, das esoterische astrologische Jahr war und nicht das gewöhnliche des laufenden Kalenders. Die oben beschriebene Art der Berechnung der Zeitzyklen, die der Stunde der kosmischen Uhr folgt, ist die in der alten Weisheit immer befolgte, weil das die Methode oder der Weg ist, auf dem die Natur selbst in den Runden, Rassen, Kalpas usw. wirkt; jede andere Art wurde verworfen.

In unserer nächsten Versammlung werden wir das Studium über das Wunderbare Wesen wieder aufnehmen. Wir haben unser Bestes getan, indem wir den versprochenen Weg vorwärts gingen.

Kapitel 19

Die sieben Juwelen und die sieben Stufen der Initiation.

Den Aspiranten führen weiter diese Pforten über die Wasser „zu dem anderen Ufer". Jede Pforte einen goldenen Schlüssel hat, der öffnet ihr das Tor; und diese Schlüssel sind:

1. DÂNA, der Schlüssel der Barmherzigkeit und unsterblichen Liebe;
2. ŚÎLA, der Schlüssel der Harmonie in Wort und Tat, der Schlüssel, der Ursache und Wirkung in der Waage hält und keinen weiteren Raum für karmische Tätigkeit lässt;
3. KSHÂNTI, die sanfte Geduld, die nichts erschüttern kann;
4. VIRÂGA, Gleichmütigkeit in Freude und in Schmerz, die Illusion besieget ist und wahrgenommen Wahrheit wird allein;
5. VÎRYA, die unerschrockene Energie, die ihren Weg zu überirdischer WAHRHEIT aus dem Schlamm irdischer Lügen erkämpft;
6. DHYÂNA, dessen goldenes Tor, wenn einmal es geöffnet ist, den Narjol zum Königreich des ewigen Sat und seiner unaufhörlichen Kontemplation führet hin;
7. PRAJÑÂ, der Schlüssel zu dem, was aus einem Menschen macht einen Gott, einen Bodhisattva, einen Sohn der Dhyânis.

Die Stimme der Stille. Ausgewählte Fragmente aus dem „Buch der Goldenen Regeln", übersetzt und kommentiert von H. P. Blavatsky, S. 85 f.

Wir nehmen unsere Studien heute an dem Punkt wieder auf, an dem wir sie vergangene Woche unterbrochen haben. Das Hauptthema, das wir zu studieren haben, ist dasselbe, das schon früher aus der *Geheimlehre,* Band I, Seite 228, gewählt wurde, der Abschnitt, den wir schon zwei- oder dreimal gelesen haben und der von dem ewig lebenden menschlichen Banyan-Baum handelt.

Da unser Studium diesen Abend auch einen Absatz auf Seite 457 desselben Bandes einschließt, werde ich diesen vorlesen. Er steht in Abteilung XII, deren Titel lautet: „Die Theogonie der schöpferischen Götter".

> Zum vollkommenen Verständnis der einer jeden alten Kosmologie zugrunde liegenden Idee ist das Studium und die vergleichende Untersuchung aller großen Religionen des Altertums nötig; denn nur durch dieses

> Verfahren kann die Wurzelidee klar gemacht werden. Die exakte Wissenschaft würde, wenn sie sich so hoch aufschwingen könnte, die Tätigkeiten der Natur bis zu ihren letzten und ursprünglichen Quellen zu verfolgen, diese Idee die Hierarchie der Kräfte nennen. Die ursprüngliche, transzendentale und philosophische Vorstellung war eine einzige. Aber als die Systeme mit jedem Zeitalter mehr und mehr die Idiosynkrasien der Völker widerzuspiegeln begannen und als sich die Letzteren nach der Trennung in unterschiedlichen Gruppen niederließen, von denen eine jede sich nach ihrer eigenen nationalen oder Stammes-Schablone entwickelte, wurde die Grundidee allmählich durch das Überwuchern der menschlichen Phantasie verschleiert. Während in einigen Ländern die Kräfte oder vielmehr die intelligenten Mächte der Natur göttliche Ehren erfuhren, auf die sie schwerlich Anspruch machen konnten, erscheint in anderen – wie jetzt in Europa und den anderen *zivilisierten* Landen – der bloße Gedanke, dass solche Kräfte mit Intelligenz begabt seien, widersinnig und wird für *unwissenschaftlich* erklärt.

Als Einleitung zu unseren Ausführungen erscheint es mir als Pflicht, zu bemerken, dass mir der Lehrer gesagt hat, ich sei in der Art, wie ich gesprochen habe, allzu vorsichtig, zu gewissenhaft und deshalb zu zurückhaltend. Ich erkenne, dass die Ermahnung wohlbegründet und wahrscheinlich notwendig war. Gleichzeitig bin ich dankbar für die Gelegenheit, offener sprechen zu dürfen, und wir werden daher in Zukunft anders vorgehen, eine andere Taktik verfolgen, eine andere Methode anwenden und, wenn notwendig, mit der Autorität unserer Schule hinter uns sprechen.

Ist es uns jemals eingefallen, darüber nachzudenken und zu fragen, warum die Lehren, die wir seit den letzten Monaten studieren, immer so geheim gehalten wurden? Dafür gibt es drei oder vielmehr zwei allgemeine Gründe; der dritte Grund ist eine Folge des zweiten. Der erste Grund ist, dass diese Lehren seit undenklichen Zeiten als edle Belohnung, als erhabene Belohnung für jene betrachtet wurden, die Herz und Seele unwiderruflich den Lehrern und der irdisch-himmlischen Körperschaft weihen, deren Vertreter die Lehrer sind. Das ist der geringere Grund für das Schweigen. Der wichtigere ist, dass diese Lehren ihrer ganzen Natur nach so schwer verständlich, so fein sind, dass die für unsere armseligen materiellen Gemüter so schwer zu verstehenden Lehren ohne eine vorbereitende Schulung und Erziehung fast unvermeidlich falsch verstanden werden. Es erfordert buchstäblich Jahre des Studiums und der Schulung, das Gemüt so vorzubereiten, dass es die herrlichen, erhabenen Lehren, die wir studiert haben, wenigstens einigermaßen richtig verstehen kann. Was wären die Folgen, wenn sie der Welt unterschiedslos dargeboten würden? Intuitive, aber sonst ungeschulte Gemüter könnten unsere Lehrer, die Meister, als Götter anbeten; die einfältigen Führer der Massen würden sie verfolgen und versuchen, sie als „Teufel" zu vernichten, wenn sie öffentlich erschienen und offen unter den gewöhnlichen Menschen lebten. Und ein dritter Teil der Öffentlichkeit, die Skeptiker, würde nicht nur die Lehrer, sondern auch deren heilige Botschaft verspotten und verhöhnen.

Die Regeln der Geheimhaltung beruhen auf natürlichem „Gesetz" und auf einem tiefgreifenden Verstehen der Arbeitsweise des menschlichen Gemütes. Mitschüler, die Lehren wurden in grauer Vorzeit von riesenhaften Intellekten, von gottgleichen Gemütern formuliert. Wer sie nach erfolgtem Studium und eingehender Prüfung als Spekulation oder bloße Theorien betrachtet, muss in der Tat blind oder bösen Willens sein. Welches Kompliment machten doch jene H. P. Blavatsky, die in ihrer blinden Unwissenheit sagten, sie habe diese erfunden. Bedenken wir, was das bedeutet, welch wunderbare Frau sie deren Behauptung nach gewesen sein muss! Aber augenscheinlich ist genau das Gegenteil der Fall. Hat sie je behauptet, die Lehren stammten von ihr und seien von ihr formuliert worden? Nein. Sie sagte von Anfang an: „Ich bin nur das Sprachrohr für jene, die mich gesandt haben."

Diese Vorbehalte aus Gründen der Geheimhaltung, Vorsicht und Klugheit sind nicht einmalig und nicht nur der transhimalayaischen Schule, zu der wir gehören, bekannt. Sie bildeten die unveränderliche Regel aller großen Mysterienschulen vergangener Zeiten. Selbst in dem spätesten der exoterischen Glaubensbekenntnisse, in der christlichen Religion – einem armseligen, zerrissenen, verblichenen Bruchstück der alten Weisheit –, finden wir dieselbe Regel der Geheimhaltung, doch, nebenbei gesagt, in so unerfreuliche Worte gefasst, dass sie kaum unerfreulicher ausgedrückt werden könnte – sie zeigen eine fast unmenschliche hochmütige Haltung auf. Doch wenn richtig verstanden, sind die Worte nicht so wörtlich zu nehmen. Ich beziehe mich auf gewisse Worte des sogenannten Jesus in der „Bergpredigt". Die Warnungen wurden von dem mythischen Jesus in der „Bergpredigt" ausgesprochen, und bedenken wir, dass jener Predigt erklärende Worte vorausgehen: Er ging den Hügel hinauf, um der Menge zu entgehen, die sich an ihn herandrängte und ihn bedrängte. Er rief seine Jünger zu sich und hielt ihnen die sogenannte „Bergpredigt". Sie ist augenscheinlich eine Mysterienlehre. Wir werden heute Abend mehr von dieser verborgenen Bedeutung zeigen. Doch hier sind die Warnungen (zu finden im sogenannten Matthäusevangelium Kap. 7, Vers 6–9):

> Ihr sollt das Heiligtum nicht den Hunden geben, und eure Perlen sollt ihr nicht vor die Säue werfen, auf dass sie dieselben nicht zertreten mit ihren Füßen und sich wenden und euch zerreißen.

> Bittet, so wird euch gegeben; suchet, so werdet ihr finden; klopfet an, so wird euch aufgetan. Denn wer da bittet, der empfängt; und wer da sucht, der findet; und wer da anklopft, dem wird aufgetan.

In unserer esoterischen Schule wurde eine derartige Sprache nie angewandt. Es ist äußerst zweifelhaft, ob der wirkliche Jesus, der Mittelpunkt, um den die Legenden über die Mysterien-Gestalt Jesus gesammelt wurden, die Worte je gebrauchte. Aber sie beschreiben den Geist des Esoterizismus und sind, von der rohen Ausdrucksweise abgesehen, ein wahres Echo der esoterischen Methode des Nahen Ostens. Sie zeigen die unermessliche Klugheit und Vorsicht, die bei der Ausgabe eines Teiles der alten Mysterienlehren angewandt wurden. Das ist seit undenklichen Zeiten immer so gewesen.

Und noch etwas. Die Strafe für den Verrat der Mysterien war in späteren Zeiten der Tod. Bevor wir unser Studium weiter verfolgen, müssen wir diese Aussage erklären. Niemals wurde die Macht oder die Kraft der Loge oder die Hand eines Lehrers unter irgendwelchen Umständen zur Anwendung von Gewalt oder im Hass gegen einen Verräter, gegen den Ungetreuen erhoben, ganz gleich, wie ernst das Verbrechen gewesen sein mochte. Deren Bestrafung bestand hierin: Sie wurden strikt sich selbst überlassen; und die innere Strafe bestand in dem Zurückziehen des unsterblichen Wächters, des inneren höheren Selbstes, das beim Eintritt in die Mysterien bewusst und mit Erfolg angerufen worden war und in den höheren Graden der Einweihung buchstäblich von Angesicht zu Angesicht geschaut wurde. Die schnelle und automatische Strafe war der innere Tod durch den Verlust der Seele. Der Verräter verlor seine Seele.

Ich will ferner nebenbei sagen, dass in alten Zeiten praktisch alle zivilen Einrichtungen, wie unter anderem die Strafen, auf den Vorgängen in den Mysterienschulen basierten. Das war zum Beispiel bei der Kreuzigung bei den Römern der Fall, die direkt einer der Einweihungszeremonien, dem „mystischen Tod“, entnommen, von derselben gestohlen und in späteren, entarteten Zeiten zu einem Werkzeug für gesetzlichen Mord gemacht wurde. Ein anderes, ebenfalls der Zeremonie des „mystischen Todes“ entnommenes Beispiel war der „Kelch“, in Indien der Somatrank genannt. In Griechenland wird Sokrates durch das Trinken des Schierlingsbechers bestraft, und wir werden an Jesus erinnert, der betete, der „Kelch“ möge an ihm vorübergehen. Es könnten zahlreiche weitere sehr verschiedene Beispiele angeführt werden.

Ähnlich war es in Ägypten und anderen Ländern, als die Zeiten „spiritueller Unfruchtbarkeit“, von denen Platon sprach, den Zeiten „spiritueller Fruchtbarkeit“ folgten. Als diese Zeiten über die Welt kamen, unternahm es der Staat, den Verrat der Mysterien, die zu jenen Zeiten bloße staatliche Einrichtungen und nicht viel mehr, nur ein Teil der religiösen Einrichtung geworden waren, in seinem Namen zu bestrafen. Was Athen in Griechenland betrifft, sind zwei oder drei Fälle bekannt geworden. Der eine war der von Sokrates im 4./5. Jahrhundert vor Christus, der unabsichtlich einige der Geheimnisse der Mysterien verriet. Obwohl er nicht bewussten Unrechttuns schuldig war, töteten sie den großen Menschen. Sie taten es ungern. Ein anderer Fall war der des Philosophen und Dichters Diagoras im 5. Jahrhundert vor Christus. Er wurde der Gottlosigkeit, des sogenannten „Atheismus", angeklagt und floh aus Athen. Ein dritter Fall war der des Dramatikers und Dichters Aischylos im 5. Jahrhundert vor Christus, der nach Italien fliehen musste, um dem Tode zu entrinnen. Er war desselben Vergehens angeklagt, dessen, was man Entweihung oder Gottlosigkeit nannte.

Ein weiteres Beispiel ganz anderer Art, das wir erwähnen möchten, ist das Tragen einer Krone oder eines Diadems durch die Regenten des Staates, das früher bei der „Krönung" eines Königs feierlich inszeniert wurde – eine Zeremonie, die von den Mysterien übernommen worden war. Einige der ersten Kronen, die von den Herrschern getragen wurden, hatten vorstehende Spitzen, die an die „Dornenkrone" von Jesus erinnern; oder sie können die Form eines griechischen Diadems gehabt haben, das in Griechenland die Krone für den mittleren, den westlichen und den nordwestlichen Teil von Europa darstellte. Wie eben angedeutet, war dies auch das Symbol für die Zeremonie auf einer der Stufen der Einweihung, eine Zeremonie, die andeutete, was sich ereignet, wenn sich derjenige, der die Prüfung durchmacht, in dem von den Hindus „Samâdhi" genannten Zustand befindet und sein Kopf mit einem Glanz oder einer Aura umgeben ist, die wie die Spitzen der ersten Kronen vom Gehirn ausstrahlt. In diesem Zustand umgibt ein Heiligenschein oder eine Aura nicht nur den Kopf, sondern auch den Körper, aber viel weniger stark.

Das waren Themen, über die heute Abend als Teil einer Einleitung zu unserem Studium zu sprechen notwendig erschien. Nun befassen wir uns im Besonderen mit unserem Hauptthema. Es wird, wie schon verschiedene Male, von neuem daran erinnert, dass wir, seit der Lehrer im vergangenen Jahr oder vor etwa einem Jahr diese Studien ins Leben gerufen hat, die sogenannten „sieben Schätze" oder „Juwelen" studieren, die wir bereits aufgezählt haben. Jetzt studieren wir gewisse Aspekte des siebenten oder höchsten, und zwar besonders in seiner Beziehung zu dem Wunderbaren Wesen, das unter anderem der Große Initiator, der Einsame Wächter und der Stille Zeuge genannt wird.

Wir lenkten vergangene Woche die Aufmerksamkeit auf gewisse Analogien, die das menschliche Leben mit dem kosmischen Wunderbaren Wesen aufweist; besonders auf die Analogie der unendlich kleinen Lebewesen, der winzigen Leben, die in und auf den Kosmoi oder Universen leben, die in unserem eigenen physischen Körper enthalten sind. Wie unser persönliches Selbst für die Heere der fast unzählbaren Atome das oberste Selbst ist, so ist es das Wunderbare Wesen für den unermesslich gewaltigen Kosmos, das wie ein mystisches Feuer alles in ihm durchdringt und sich durch alles in ihm erstreckt. Wir erklärten auch, wie dessen ungeachtet jedes dieser Atome, da es in sich selbst ein Universum und seine eigene vollständige Hierarchie ist, seine eigene Reihe von zehn Graden oder Stufen hat, die von seinem eigenen Höchsten, seinem eigenen Parabrahman und Mûlaprakṛiti abwärts gehen bis zu seiner eigenen „absoluten Materie". Ähnlich kann unser universaler Kosmos als eine verkörperte Seele oder vielmehr als ein verkörpertes Selbst betrachtet werden, das aus fast unzählbaren kosmischen Atomen oder Sonnen- und Planetenkörpern zusammengesetzt ist und das mit zahllosen Gefährten auf der Erscheinung des Grenzenlosen lebt. Wir begannen, uns durch dieses Studium des Selbstes einen einigermaßen einsichtsvollen Begriff davon zu bilden, wie das „Eine" in gewissem Sinne zu den Vielen wird und doch für immer das „Eine" bleibt. Es wird nur deshalb das „Eine" genannt, weil es der Gipfel oder das Selbst jener größten Hierarchie ist, die sich unsere Imagination vorstellen kann. Aber jenseits seiner Grenzen gibt es unzählige andere Eine, und jenseits aller Eine gibt es unzählbare Heere unendlich größerer Eine und so fort ad infinitum. Die beste Art, in der das Grenzenlose dargestellt werden kann, besteht in dem zeitalteralten Symbol des Kreises – unbegrenzte Grenzenlosigkeit.

Dieses Symbol ist auch in anderer Hinsicht bemerkenswert. Es erläutert klar und schön die Lehre von der „Leere", der Leerheit, die im Buddhismus Śûnyatâ genannt wird, was das „Leere", das „Unausgefüllte" bedeutet. Es ist wirklich merkwürdig, wie unsere westlichen Gelehrten diese Lehre missverstehen und deshalb falsch darzustellen pflegen. Sie sind Buchstabenkrämer, die sich ein Wort herausnehmen und es buchstäblich zu Tode hetzen. Sie nehmen die Form, den Körper des Gedankens und sehen wenig oder nichts von der dahinter befindlichen Seele. Sie scheinen die mystische Bedeutung hinter diesem wunderbaren Gedanken, der Leere, der Leerheit, nicht erfassen zu können. Wir sprachen bei einem früheren Studium von einem Mystiker des Mittelalters, von Bernhard von Clairvaux aus Frankreich, der sagte, dass der Zustand, den ein Schüler des Mystizismus anstreben solle, darin bestehe, sich selbst auszuleeren, bis zum Letzten alles Persönliche oder Begrenzte, alles, was begrenzt und endlich ist, abzuwerfen. Das ist für einen Christen ein bemerkenswerter Gedanke, aber er ist ganz orientalisch. Ein derartiger Gemütszustand lässt die freien Winde der Unendlichkeit durch uns wehen.

Wir wollen einen Augenblick verweilen. Die Leere ist ein Symbol des Grenzenlosen; deshalb ist sie alles, weil sie nicht etwas Bestimmtes ist: „nichts Gegenständliches". Das bedeutet nicht „nichts" in dem christlichen theologischen Sinn, sondern „kein

Ding", keine Manifestation. Sie ist nicht ein Bewusstsein, weil sie alles Bewusstsein ist, Bewusstsein in jedem persönlichen und begrenzten Sinn; „Bewusstsein" ist ein menschlicher Ausdruck. Leere ist auch nicht „Bewusstlosigkeit", da sie gänzliche „Bewusstlosigkeit" in irgendeinem persönlichen oder begrenzten Sinne ist; „Bewusstlosigkeit" ist ebenfalls ein menschlicher Ausdruck. Leere ist sowohl die begrenzte als auch die grenzenlose Zeit und Ewigkeit: alles – und daher nicht etwas Bestimmtes. Benennen wir sie aber in irgendeiner Weise, so begrenzen wir sie. Sie ist das, was *ist* und *war* und in aller Ewigkeit immer *sein wird.* Weil sie nichts Endliches, nicht ein Ding ist, weil sie nicht eins oder zwei oder drei, sondern jenseits jeder Aufzählung, weil sie jenseits des menschlichen Denkens und aller Ähnlichkeit ist, jeden Vergleichs und menschlicher Ausdrucksweise, ist sie das, was das menschliche Gemüt erreicht, wenn es sich einer Abstraktion bis zum Äußersten öffnet: die Leere, die gleichzeitig höchste Fülle ist.

Unser Studium heute Abend drängt uns fortzuschreiten. Jeder einzelne unserer Studienabende in letzter Zeit handelte über sehr schwierige Lehren, und jeder bedeutet für uns, wenn richtig verstanden, einen großen Schritt vorwärts auf dem esoterischen Pfad. Heute Abend wollen wir ausführlicher werden und in Einzelheiten gehen.

Die sieben Schätze stellen die lehrmäßige Form der sieben Stufen der Initiation dar. Nun wird uns gesagt, dass es zehn Stufen oder Grade der Initiation gibt; das bedeutet, dass es außer den genannten sieben Schätzen drei weitere gibt, mit denen wir uns aber nicht zu befassen brauchen. Sie liegen gänzlich außerhalb unseres Aufnahmevermögens und gehören Wesen an, die so weit über uns hinaus fortgeschritten sind, dass sie nicht mehr wirklich menschliche Wesen genannt werden können, obgleich sie aufgrund ihres evolutionären Karmans aus der Vergangenheit zu unserer Planetenkette gehören.

Jede Stufe oder jeder Grad der Einweihung nach dem dritten der sieben Grade ist durch etwas mehr als Lehren gekennzeichnet. Die ersten drei Einweihungen, Stufen oder Grade sind aus Lehren zusammengesetzt. Mit dem vierten Grad beginnt eine andere Methode. Worin besteht diese Methode?

Es ist eine der grundlegenden Lehren des ursprünglichen Okkultismus und der Esoterischen Philosophie, dass nichts wahrhaft erkannt werden kann, wenn es nicht erfahren oder durchlebt wird. Tatsächlich ist dies eine allgemeine Erfahrung, und wir alle wissen das. Eines der sogenannten Gesetze unseres Seins, eine der grundlegenden Bedingungen unserer menschlichen Natur ist, dass, um ein Ding vollkommen zu erkennen, um vollkommen in dasselbe einzudringen, um es vollkommen zu verstehen, man es sein, es werden muss. Wir können den Pfad nicht gehen, es sei denn, wir werden und sind dieser Pfad. Auf diese Weise sind daher die verschiedenen Stufen oder Grade der Einweihung wirklich eine Art „Beschleunigungsverfahren" für auserwählte Charaktere, gewisse auserwählte Seelen, die sich für eine „Beschleunigung" oder einen Entwicklungsprozess als würdig erwiesen haben, der sie durch tatsächliche Erfahrung, durch individuelle Erfahrung befähigt, durch die verborgenen Geheimnisse des Seins hindurchzugehen und zu erkennen, was ihnen die langsamen Prozesse der evolutionären Entwicklung erst im Verlauf der dahinrollenden Zeitalter nahegebracht hätten. Es ist in Wirklichkeit ein Erwecken und Aufwecken des Menschen für innere Erkenntnis und Kraft. Diese verschiedenen Stufen oder Grade der Einweihung sind vor allem durch vorbereitende Reinigung gekennzeichnet. Dann kommt der „Tod", ein mystischer Tod. Der Körper und die niederen Prinzipien sind sozusagen paralysiert, und die Seele wird vorübergehend befreit. Bis zu einem gewissen Grad wird der befreite innere Mensch von den Initiatoren geleitet und geführt, und es wird ihm geholfen, während er in andere Sphären und in andere Ebenen übergeht und deren Natur kennenlernt, indem er zu denselben wird. Dies ist der einzige Weg, durch den das Wissen darüber in seiner Seele, das heißt in dem Ego, Wurzeln schlägt: indem er das Ding wird.

Der „Initiand" beginnt eine Initiation – und wir wollen nicht vergessen, dass „Initiation" „Anfang" bedeutet. Ein „Initiand" ist ein „Anfänger", während eine initiierte Person, ein Initiierter, ein Eingeweihter, ein Unternehmen bereits begonnen hat. Beachten wir bitte auch, dass „Adept" jemanden bezeichnet, der „bewandert" ist. Deshalb sind selbst im normalen Leben Chemiker, Ärzte, Theologen, Mechaniker, Ingenieure, Sprachlehrer, Astronomen in ihrem jeweiligen Beruf „Adepten", Personen, die „bewandert" sind. Diese beiden Worte haben auch in der esoterischen Schule, allgemein gesprochen, dieselbe Bedeutung: Ein „Adept" ist in der esoterischen Weisheit, in den Lehren über das Leben „bewandert"; ein „Initiand" fängt an zu lernen. Zu sagen, wir seien „Anfänger", das heißt „Initianden", bedeutet jedoch nur, eine augenscheinliche Wahrheit darzulegen. Es ist auch ein zweckdienliches Wort, denn es sagt nichts Bestimmtes in Bezug auf den Grad oder die Stufe; es ist eine Verallgemeinerung. Deshalb könnten wir fragen: „Wo und was fängt er an?" Ich kann auf der untersten Sprosse der Leiter der Initiation stehen und andere auf der obersten, aber jeder von uns fängt an, denn der Fortschritt ist endlos.

Wir wollen daher um unserer selbst willen diese oder ähnliche Bemerkungen gründlich prüfen. Es wird gelehrt, alles, was gesagt wird, streng zu prüfen und genau zu erforschen. Unser jetziger Lehrer hier, Katherine Tingley, arbeitet selbst Tag und Nacht, um uns zum Verstehen der Lehren zu erwecken, indem sie sich bemüht, uns zu veranlassen, das Leben zu leben, es zu sein, es zu werden; denn das ist die alte Lehre unzähliger vergangener Zeitalter.

Die Stelle aus der *Geheimlehre,* die gegenwärtig das Hauptthema unseres Studiums bildet und in der H. P. Blavatsky von dem „ewig lebenden menschlichen Banyan" spricht, bezieht sich auch auf die Arhats (ein Sanskṛitwort, das „Würdige" bedeutet), die zur siebenten Stufe der spirituell-psychologischen Hierarchie gehören und nur noch einen Schritt von der Wurzelbasis ihrer Hierarchie entfernt sind, die das Wunderbare Wesen ist, das sich daher auf der achten der zehn Stufen befindet, aus denen diese Hierarchie aufgebaut ist. Es gibt ein noch größeres und wunderbareres Wesen auf der neunten Ebene, und das höchste von allen, der Gipfel von allen, befindet sich auf der zehnten.

Wir wollen einen Schritt weitergehen. Bei der fünften Einweihung besteht ein Teil der wunderbaren Erfahrung, die der Initiand jenen Grades durchmachen muss, darin, dass der Prüfling auf dem mystischen Pfad nach entsprechender und genügender innerer Vorbereitung und Reinigung des niederen Selbstes und der Seele seinem höheren Selbst, seinem eigenen inneren Gott, für einen flüchtigen Augenblick von Angesicht zu Angesicht gegenübertritt. Wehe ihm, wenn etwas in ihm ist, das diese Prüfung nicht bestehen kann! Die Warnungen, die uns in dieser Hinsicht gegeben werden, sind in der Tat ernster Natur. Der todlose Wächter weiß alles und lässt keine Entschuldigungen gelten. Jene, die versagen, haben allerdings eine weitere Gelegenheit in einem anderen Leben oder in anderen Leben, aber weder jetzt noch dann kann unedles Metall bei dieser schrecklichen Prüfung angenommen werden. Die innere Natur muss rein, im Feuer erprobtes Gold, darf keine Nachahmung sein, nichts, das schwächlich ist und zerbrechen oder versagen wird, wenn die Prüfung über sie kommt. Sie muss dann vollkommen bereit sein, ihren Platz in dem Schutzwall einzunehmen – dort kann kein Schwächling standhalten!

Es wird uns ferner gesagt, dass der Initiand im sechsten Grad anstatt seinem höheren Selbst etwas anderem gegenübertritt – eine Sache, die wir heute Abend stillschweigend übergehen wollen. Im siebenten Grad findet als Teil des „mystischen Todes" derselbe Vorgang statt, und der Aspirant – können wir sagen: „tritt von Angesicht zu Angesicht gegenüber"? Nein, er wird für einen vorübergehenden Augenblick selbst der Wunderbare Wächter und kehrt entweder als ein … unter die Menschen zurück, oder er verschwindet und wird nie mehr gesehen. Im ersteren Fall *weiß* er, weil er *geworden* ist!

Wir sprachen von dem christlichen Mythos. Dabei haben wir mit Absicht den Ausdruck Mythos gewählt, denn es ist wirklich ein Mythos. Die ganze Geschichte Jesu, wie sie in den sogenannten Evangelien zu finden ist, ist eine Mysteriengeschichte. Ein Mensch oder ein Wesen wie der Jesus der Evangelien hat nie gelebt. Was ist ein Mythos? Ein Mythos ist eine Geschichte oder eine Allegorie, die eine geheime

Wahrheit ausdrückt. In diesem Fall ist es die teilweise in Symbol und Allegorie erzählte, zum Teil mit einfältiger Ausschmückung wiedergegebene Erzählung dessen, was in den Mysterien Kleinasiens vor sich ging. Die Art und der Stil der Erzählung hingen in solchen Fällen von der nationalen Gewohnheit der Völker ab, unter denen dieses oder jenes Schema oder System der Initiation vorherrschte. Aber der Jesus der Evangelien ist nur eine Mysteriengestalt, eine auf der mystischen Lehre aufgebaute, angenommene Gestalt. Zweifellos lebte zu jener Zeit ein junger syrischer Eingeweihter, um den diese verschiedenen Erzählungen und Geschichten gruppiert wurden, die mehr oder weniger kühn den Mysterienschulen Kleinasiens und besonders denen von Alexandria entnommenen worden waren. Im alexandrinischen „Mystizismus" hat das theologische Christentum seinen Hauptursprung, denn in dieser Stadt entstand es theologisch. Dieser syrische Eingeweihte, wahrscheinlich ein junger jüdischer Rabbi, wurde möglicherweise Jeschu, griechisch Iesous, lateinisch Jesus, genannt. An sich bedeutet das hebräische Wort Jeschu „Erlöser", und die späteren Christen haben natürlich diesen Namen aufgegriffen – oder später auf ihren angenommenen Gründer übertragen – und eine mystische Geschichte um seinen Namen gewoben, um auf diese Weise seine Mission auf Erden als ein „Erlöser" sinnbildlich darzustellen. Wir kennen die christliche Geschichte. Aber von Anfang an ist die Geschichte, so wie sie die Evangelien wiedergeben – von der Geschichte der Weisen, die dem Stern folgen, bis zu dem „mystischen Tod durch Kreuzigung" und zur Wiederauferstehung am dritten Tag aus dem Grab –, nichts weiter als eine mehr oder weniger unnatürliche, verblichene und mangelhaft zusammengetragene Kopie von erhabenen, tatsächlichen Mysterien, den Mysterien einer der Einweihungszeremonien, über die die ersten Christen sicherlich einiges Wissen besaßen, siehe zum Beispiel Origenes und Clemens von Alexandria. Aber die Geschichte zeigt in verschiedenen Unvollkommenheiten klar, dass sie nur eine schlecht zusammengestellte Allegorie oder ein Mythos über tatsächliche Ereignisse bei der Einweihung ist.

Der Grieche Apollonios von Tyana war wahrscheinlich ein ebenso edler Charakter wie der Syrier Jeschu oder „Jesus". „Jesus" ist nur die römische Form des Namens. In dem von Philostratos geschriebenen mystischen *Leben* lesen wir von den Wundern des Apollonios von Tyana, von seinen Werken und von seinem Leben. Aber Apollonios ist ein historischer Charakter, „Jesus" ist es nicht. Die Geschichte des Apollonios ist interessant. Wir lesen von seinem „Verschwinden" vor Domitian, als er von jenem überspannten und strengen Monarchen verhört wurde, und vieles mehr.

Wie kam es, dass von Jesus gesagt wurde, er sei „gekreuzigt" worden, obwohl er nicht gekreuzigt, nicht wirklich gekreuzigt wurde? Das ist, wie ich gesagt habe, eine

Mysteriengeschichte, und nicht notwendigerweise eine jüdische oder eine griechische. Jedes Volk hatte seine eigenen Mysterien, die einander sehr ähnlich waren, sich nur in der Darstellung voneinander unterschieden; aber es gab immer den „mystischen Tod". Immer erfolgte der „Abstieg in den Hades" oder in die „Hölle", die „Auferstehung", das Auffahren gen Himmel, gewöhnlich nach „drei Tagen", und am Ende der Prüfung die „Verklärung".

Von dem, was sich in den Mysterien ereignete, wurde sehr viel in die Funktionen des Staates übernommen und bildete so in alten Zeiten die Vorbilder für viele Einrichtungen im zivilen Leben. Der König, seine Minister und Diener als Beamte oder Funktionäre des Staates wurden als Nachahmungen des Lehrers und seiner Jünger oder Beamten von den Mysterien übernommen. Das ist ein Grund (von zweien), warum die Alten von ihren „göttlichen Dynastien" aus uranfänglichen Zeiten schrieben. Darauf gründete sich ursprünglich auch die Idee von dem „göttlichen Recht der Könige" – das in späteren Zeiten so sehr missverstanden und missbraucht wurde. Ja, selbst die Kalender der alten Völker gründeten sich darauf, sie wurden von den Mysterien abgeleitet und übernommen. Ursprünglich waren sie auf wirkliche astrologische Wahrheiten, auf wirkliches Wissen über die Zeitperioden gegründet, wurden aber später falsch verstanden und falsch angewandt. Ist bekannt, dass der christliche religiöse Gedächtnistag des Karfreitag und die drei Tage später stattfindenden Ostern praktisch das Gleiche sind wie die Wintersonnenwende am 21./22. Dezember und Weihnachten am 25. Dezember, also drei Tage später? Beide beruhen auf derselben ursprünglichen Idee von dem „mystischen Tod" und der „Geburt" oder „Auferstehung" der unbesiegten Sonne nach drei Tagen, wofür der „Tod" und die „Auferstehung" des erfolgreichen Neophyten als Beispiel dienen. Wie kommt es, frage ich, dass die Christen sowohl das alte heidnische Fest der Wintersonnenwende als auch den alten heidnischen „Auferstehungs-Mythos" annahmen und aus dem Letzteren Ostern machten? Das eine von ihnen bildet, wie von den Christen behauptet, den Jahrestag der Geburt (Weihnachten) ihres Jesus und das andere den Jahrestag seiner „Auferstehung" (Ostern), weil sie so sehr wünschten, ihre neumodische Religion mit der Persönlichkeit des großen, später Jesus genannten jüdischen Propheten und Eingeweihten zu verbinden und ihn gleichzeitig mit den archaischen Mysterienlehren der Weisheitsschule zu verknüpfen. Da nun das jüdische oder vielmehr syrische Fest am Tag des ersten Vollmonds nach der Frühjahrs-Tagundnachtgleiche stattfand, kopierten sie hier wiederum die alten Mysterien wie folgt: Sie trennten sozusagen das Symbol in zwei Teile, nannten den einen Teil „Weihnachten" im Gedenken an die Geburt des physischen Körpers ihres angenommenen Jesus; den anderen Teil nannten sie die Auferstehung oder Ostern im Gedenken an die „Geburt" des transzendenten Christus zu diesem Zeitpunkt. Es war eine merkwürdige *tour de force,* wie der Franzose sagt; ein seltsames Kunststück „mystischer Gymnastik", wie es der Lehrer so treffend ausdrückte. Doch, und das sollte beachtet werden, diese beiden Daten waren tatsächlich in aller Wahrheit in den alten Mysterien eng miteinander verknüpft, und zwar sehr in der von den Christen eingeschlagenen Richtung! Gute Kopierer!

Wenn wir den mystischen Kalender betrachten, über den wir in der vergangenen Woche mit Zurückhaltung gesprochen haben, so ist es bemerkenswert, wie er mit den Mysterienlehren übereinstimmt, die mit dem Wunderbaren Wesen, dem Großen Initiator, verbunden sind. Was den in der letzten Woche erwähnten Artikel im *Lucifer*[1] vom Januar 1890 betrifft, in dem H. P. Blavatsky von dem Datum spricht, das aus esoterischer Sicht Neujahr genannt werden sollte, das heißt dem 4. Januar: Glaubt da jemand wirklich, sie meinte, der 4. Januar an sich habe irgendwelche besonderen magischen oder mystischen Eigenheiten oder Einflüsse? Nein, das meinte sie nicht. Unser Kalendertag für den 4. Januar ist das Datum eines rein mechanischen Kalenders und hat ganz und gar nichts Mystisches oder Verborgenes an sich. Wenn wir in eine Periode universaler Unwissenheit versinken würden, wie es bei den Mittelmeerländern der Fall war, als das Christentum mächtig wurde, würden wir sogar vergessen, unseren mechanischen Kalender in Ordnung zu halten, und unfähig sein, ihn mit den wechselnden Jahreszeiten in Einklang zu bringen. Wir würden uns dann in derselben misslichen Lage befinden, in der sich die europäischen Völker im sechzehnten Jahrhundert befanden, als Papst Gregor der XIII. durch Mathematiker den alten Julianischen Kalender wegen der Unordnung, in die er durch die Unwissenheit seiner Vorgänger geraten war, verbessern lassen musste. Diese wussten nicht, wie sie die notwendigen Tage zur richtigen Zeit einschieben sollten, und im Februar 1582, als der Julianische Kalender durch päpstliche Bulle oder päpstliches Edikt verbessert wurde, war er 11 oder 12 Tage hinter dem wahren Jahr zurück. Ähnlich lag der Fall, als Julius Caesar im Jahr 47 v. Chr. den Kalender reformierte, nur war es damals wesentlich schwieriger, denn der römische Kalender war zweifellos aufgrund politischer Machenschaften der verschiedenen Pontifices maximi, wie ich letzte Woche bemerkte, gegen das natürliche Jahr der Jahreszeiten so weit in Rückstand geraten, dass der kalendarische „erste Januar" auf den Tag fiel, der der Natur entsprechend in Wirklichkeit der dreizehnte Oktober war, und die „Wintersonnenwende" des Kalenders, also der 21. oder 22. Dezember, fiel damals etwa auf den dritten Oktober. Wenn Caesar die zunehmende Unordnung und Verwirrung nicht berichtigt hätte, wäre das Kalenderjahr durch den fortwährenden Verlust von Tagen infolge falscher oder unterlassener Einschaltung vielleicht durch das ganze natürliche Jahr hindurch beständig in Rückstand

[1] Lucifer ist der ursprüngliche Name des Planeten Venus: der helle „Morgenstern". Siehe *Lexikon der Geheimlehren,* Seite 233, d. Ü.

gekommen. Wenn wir also von H. P. Blavatsky und dem astrologischen Kalender sprechen, meinen wir ganz gewiss nicht den nur mechanischen, allgemein benutzten Kalender; auch H. P. Blavatsky meinte diesen nicht. Sie bezog sich auf einen Zeitpunkt, der von wirklichen astrologischen Tatsachen abhing. Wir wiesen in unseren Studien der vorigen Woche darauf hin.

Astronomie ist nur der mechanische Aspekt der wahren, alten Astrologie. Aus diesem Grunde befasst sich die Astronomie nur mit den Stellungen, Bewegungen und physischen Zuständen der Planeten-, Sonnen- und Sternenkörper. Sie ist in Wirklichkeit nur ein Zweig der alten Astrologie, einer erhabenen „Wissenschaft über die Himmelskörper". Wir verstehen darunter nicht das, was moderne Schriftsteller fälschlicherweise „Astrologie" nennen, die bestenfalls eine „Papier-Wissenschaft" ist. Wir haben in anderen Versammlungen mit genügendem Nachdruck gegen eine derartige falsche Vorstellung gesprochen.

Unser wirkliches Jahr, unser mystisches Jahr, ist ein ganz anderes als das bürgerliche oder gewöhnliche chronologische Jahr. Das bürgerliche, chronologische Jahr könnte am richtigen Zeitpunkt der Wintersonnenwende beginnen, das heißt an dem Tag und in dem Augenblick, da die Sonne an ihrem südlichsten Punkt angelangt ist und eben ihre Reise nach Norden wieder beginnt. Es ist eine der natürlichen Zeitperioden und ein jahreszeitlich bedingter Abschnitt. Wenn wir einen Zeitzyklus bilden wollen, ist es auch eine astrologische Zeitperiode, aber mit einer wichtigen Änderung.

Worin würde nun jener astrologische Zyklus bestehen? Wir könnten unser bürgerliches Jahr an der Wintersonnenwende beginnen, wenn dann gerade Neumond ist. Warum gerade Neumond sein soll, das hier und jetzt zu sagen, bin ich nicht ermächtigt. Vierzehn Tage nach der wahren Sonnenwende oder an dem Tag, der jetzt nach unserem derzeitigen Kalender der vierte Januar ist, ist dann Vollmond, und dieser Tag beginnt unter der Herrschaft des Planeten Merkur oder Hermes, des besonderen Führers, Leiters und Lenkers der Initiationen und der Lehrer. Wohlgemerkt, das ist dann der Fall, wenn sich jener Planet bei Sonnenaufgang in unterer Konjunktion befindet, oder ausführlicher, wenn Sonne, Merkur, Erde und Mond in „Syzygie" stehen: wenn sie alle eine gerade Linie bilden, der Merkur dabei zwischen Sonne und Erde steht und der Mond „voll" ist. Der Planet Merkur beherrscht dann die erste Stunde des vierzehnten Tages nach der Wintersonnenwende; aber jene Sonnenwende muss mit dem Neumond zusammenfallen, und der Merkur muss am folgenden vierzehnten Tag bei Sonnenaufgang in unterer Konjunktion stehen. Der vierzehnte Tag (4. Januar) ist dann ein wahrer Mittwoch oder Merkur-Tag. Auf diese Weise beginnt der Zyklus. Ich hatte noch nicht Gelegenheit zu erforschen, wie lange dieser Zyklus dauert, unsere hier anwesenden Astronomen können es ausrechnen. Wir würden auf diese Weise zwei verschiedene Jahre haben: einerseits das bürgerliche Jahr (im Grunde ein astronomisches Jahr) zum Zweck ziviler Zeitrechnung, durch das die normale Zeit berechnet wird, andererseits das Jahr des „budhischen“ Zyklus. Das bürgerliche Jahr würde dann mit dem Tag der Wintersonnenwende in der Nacht vom 21. auf den 22. Dezember beginnen. Der folgende Tag ist dann der erste Tag des ersten Monats des neuen bürgerlichen Jahres; aber unser mystisches Jahr, unser budhisches Jahr, würde vierzehn Tage später bei Vollmond an einem wahren Mittwoch oder Budha-Tag beginnen.

Wir wenden uns nun einem anderen Thema zu, das von äußerster Wichtigkeit ist. Daher wurde ich ermächtigt, diesen Abend einige Minuten länger zu sprechen, um zu versuchen, es ausführlicher zu erklären. Ich beziehe mich auf das Diagramm, über das wir in unserer letzten Versammlung sprachen und das im Einzelnen zu erklären wir keine Zeit hatten (siehe folgende Seite).

Dieses Diagramm, dieses Symbol kann entweder auf den Menschen oder mutatis mutandis auf das Universum einer vollständigen Hierarchie, ganz gleich auf welche, Anwendung finden. Vor allem ist zu beachten: Am obersten Ende des Diagramms befindet sich die archetypische Welt, die die Wurzel oder der Same ist, wenn wir sie als den Ursprung oder den Anfang der Dinge, als den Logos des Beginns der kosmischen Evolution und des Fortschritts betrachten. Sie ist die Blüte, das Ziel, die Vollendung der Dinge, wenn sie als die vollerblühte Blume des kosmischen evolutionären Zyklus betrachtet wird. In drei Ebenen geteilt, bildet sie die höchste Triade. Diese höchste Triade gilt, wie dargestellt, für jede Hierarchie, diese Hierarchie, jene Hierarchie, irgendeine Hierarchie, da das Paradigma alle darstellt. Die erste „Ebene“ stellt Parabrahman mit seinem Feld von Mûlaprakṛiti dar. Die zweite „Ebene“ wird Paramâtman oder das oberste Selbst genannt. Der Paramâtman stellt gleicherweise den ersten oder ungeoffenbarten Logos dar. Die dritte oder niederste „Ebene“ der Triade repräsentiert den dritten oder geoffenbarten Logos oder Brahmâ-Purusha-Prakṛiti. Dann kommen wir, dem Diagramm abwärts folgend, zu den sieben Prinzipien und Elementen in der Manifestation, die aus den drei Quasi-Arûpa- oder „formlosen“ Ebenen und den vier Rûpa-Ebenen oder Ebenen der Form gebildet werden. Die eiförmige Umhüllung der Hierarchie ist in sieben Ebenen und in sechs Bewusstseinszentren mit ihren untrennbaren sechs Vehikeln oder „Seelen“ eingeteilt. Die vertikale Linie, die durch das Ei auf und ab läuft, stellt das innewohnende SELBST dar: jenes SELBST, das in uns allen EINS ist, das, was in uns sagt: „Ich bin.“ Es ist in keinem von uns verschieden, denn es ist EINS, das universale SELBST der Hierarchie. Aber was ist es, das in mir und in anderen sagt: „Ich bin ich, nicht du“ – das, was sich als Selbst-Bewusstsein kundgibt? Das ist das Ego, das Ich, aber nicht das SELBST; denn das SELBST steht über und außerhalb jeder

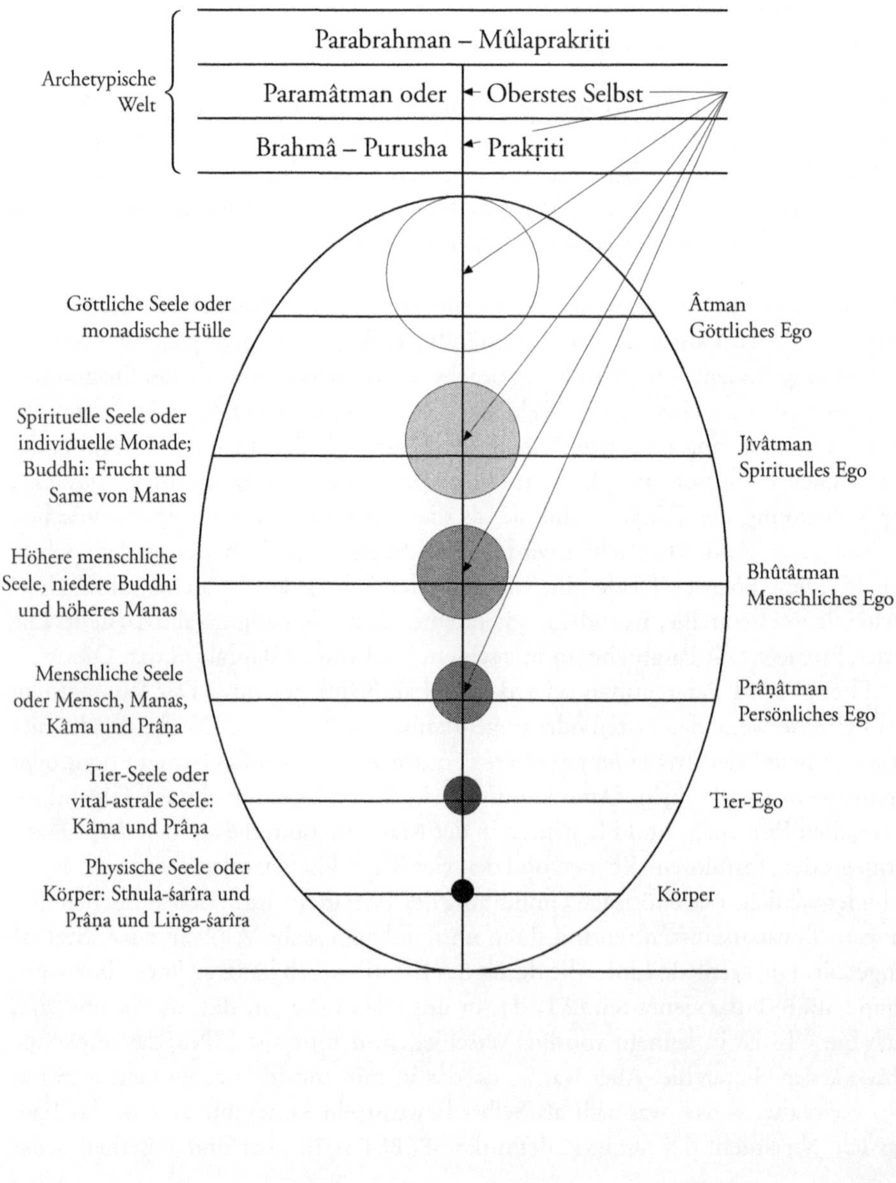
Archetypische Welt
Parabrahman – Mûlaprakriti
Paramâtman oder
Oberstes Selbst
Brahmâ – Purusha
Prakṛiti
Göttliche Seele oder monadische Hülle
Âtman Göttliches Ego
Spirituelle Seele oder individuelle Monade; Buddhi: Frucht und Same von Manas
Jîvâtman Spirituelles Ego
Höhere menschliche Seele, niedere Buddhi und höheres Manas
Bhûtâtman Menschliches Ego
Menschliche Seele oder Mensch, Manas, Kâma und Prâṇa
Prâṇâtman Persönliches Ego
Tier-Seele oder vital-astrale Seele: Kâma und Prâṇa
Tier-Ego
Physische Seele oder Körper: Sthula-śarîra und Prâṇa und Liṅga-śarîra
Körper

Begrenzung des Bewusstseins. Es erkennt keinen Unterschied zwischen dir und mir an.

Wir erinnern uns der schönen Sufi-Legende, in der die Seele auf der Suche nach Wahrheit schließlich zu dem Haus Gottes kommt und an die Pforte klopft. Als Antwort auf das Klopfen hallt der Donner durch die Räume des Himmels, und Gott ruft: „Wer bist du?" Die Seele spricht: „Ich." Und Gott antwortet: „Ich kenne kein ‚Ich'." Darauf wandert die Seele wieder viele Zeitalter durch Leiden und Trübsal, kommt schließlich wieder zu dem Haus Gottes und klopft an die Pforte. Und Gott ruft: „Wer bist du?" Die Seele antwortet: „Du." Und Gott antwortet: „Tritt ein in dein Eigen, denn wir sind eins." Dort gibt es keinen Unterschied zwischen Ich und Du – eine schöne Legende, die einen der tiefsten Gedanken der alten Weisheit in sich schließt.

Ferner haben wir versucht, das abnehmende Bewusstsein, die abnehmende Unterscheidungsfähigkeit, Macht, Stärke, Kraft, Ausdehnung und Fassungskraft, durch sechs Kreise an der das SELBST repräsentierenden Linie, die abwärts an Größe abnehmen, paradigmatisch darzustellen. Es ist nicht möglich, einen rein metaphysischen Gegenstand auf einer Fläche richtig darzustellen; doch hierbei ist es unser Wunsch zu zeigen, dass, je höher der Kreis oder der Wirkungsbereich ist, um so spiritueller die Sphäre oder das Zentrum ist – größer und umfassender an Qualität und Einfluss, doch nicht notwendigerweise an Umfang. Ferner haben wir die Zunahme an materieller Dichte dieser Zentren oder Sphären zu zeigen versucht, indem wir die Schattierung der Zentren in dem Diagramm immer mehr verstärkten, je weiter abwärts sie sich befinden.

Das höchste Zentrum ist die göttliche Seele oder die monadische Hülle. Sie ist das erste oder höchste Vehikel von Âtman, und als egoisches Zentrum ist sie das göttliche Ego.

Das nächste Zentrum, abwärts gezählt, ist die spirituelle Seele oder die individuelle Monade. Dieses und das Zentrum über ihm sind, vereint, der innere Christos. Der spirituellen Seele oder der individuellen Monade entspricht der Jîvâtman oder das spirituelle Ego. Es ist jener Teil unserer spirituellen Zusammensetzung, der als ein individualisiertes Ego unsterblich ist, unsterblich bis zum Ende des Mahâ-Manvantara des Sonnensystems. Wenn das Pralaya unseres Sonnensystems nach Vollendung der Zeit eintritt, kommt ein Moment, ein letzter Augenblick, der die Erfüllung oder Vollendung aller Dinge in jenem System ist, und alle Planeten und die Sonne selbst werden buchstäblich und augenblicklich in einem Nu „ausgeblasen". In jenem Augenblick ist das letzte aller manifestierten Wesen auf höhere Ebenen übergegangen, und da im gesamten Sonnensystem nichts zurückgeblieben ist, was die physische Materie zusammenhält, zerfällt dieses System sofort in seine

Bestandteile und schwindet dahin wie ein über eine Mauer gleitender flüchtiger Schatten. Das zweite Zentrum wird von Buddhi, der Frucht und dem Samen von Manas, gebildet. Das ist das Zentrum, der Same, die Wurzel oder die Grundlage des reinkarnierenden Egos.

Unter diesem kommt dann in unserem Diagramm die höhere menschliche Seele, die aus der niederen Buddhi und dem höheren Manas zusammengesetzt ist – durchdrungen von dem Selbst. Als egoisches Zentrum entspricht ihr der in unserer letzten Versammlung erläuterte Bhûtâtman; anders ausgedrückt, das menschliche Ego.

Als Nächstes kommt die menschliche Seele oder der Mensch. Diese wird von Manas, Kâma und Prâṇa gebildet, und das mit ihr korrespondierende egoische Zentrum ist der Prâṇâtman oder das persönliche Ego, das sterblich ist. Mit Einschluss dieses Zentrums gibt es von ihm abwärts kein „dauerndes Prinzip" im Menschen.

Das nächst niedere Zentrum ist die Tierseele oder die vital-astrale Seele, das Kâma-Prâṇa; ihr quasi-egoisches Zentrum ist das Tier-Ego, jenes Element-Prinzip der Egoschaft im Tier, das es während seiner Existenz zusammenhält. Unsere Lehren geben jedem lebenden Wesen eine Seele, nicht eine „menschliche Seele", eine „göttliche Seele" oder eine „spirituelle Seele", sondern eine Seele, die mit seinem entsprechenden Typus korrespondiert. Das, was bestimmt, welcher Art sein Typus ist, kommt von seiner Seele. Deshalb können wir von den verschiedenen Tieren richtig sagen, dass sie die eine oder die andere Seele haben, eine „Enten-Seele", eine „Straußen-Seele", eine „Stier-Seele" oder eine „Kuh-Seele", eine „Hühner-Seele" oder eine „Nachtigall-Seele" und so fort. Die niedrigeren Wesenheiten, als ein Reich betrachtet, sind durch die verschiedenen „Seelen" in ihnen in diese verschiedenen Familien differenziert. Natürlich stehen in jeder einzelnen Wesenheit hinter der Seele, von der sie entstanden ist, die anderen Prinzipien, die auch den Menschen beseelen; aber im Tier schlummern die höheren Prinzipien. Das ist es, warum der Mensch zu einem anderen – zum menschlichen Reich – gehört, denn in ihm ist das Buddhi-Prinzip mehr oder weniger aktiv. Manas quillt aus Buddhi wie die Frucht aus der Blüte, aber Manas selbst ist sterblich, es zerfällt beim Tod. Nur das Spirituelle von ihm lebt nach dem Tod weiter und kann sozusagen aus ihm gepresst werden, etwa wie der Chemiker von der Rose das Rosenöl oder die Essenz der Rose gewinnt. H. P. Blavatsky nennt es das „Aroma" von Manas.

Das letzte Zentrum ist die physische „Seele" oder der Körper, der Sthûla-śarîra, der grobe Körper, Prâṇa und das Liṅga-śarîra.

Wir sprachen früher von der „verlorenen Seele" als dem einen Pol und von dem Meister als dem anderen Pol des Bewusstseins. Die psychologische Grenze, die wir vorwärts oder aufwärts bzw. rückwärts oder abwärts überschreiten müssen, zur Erhebung oder zur Degeneration, liegt zwischen der höheren menschlichen Seele und der menschlichen Seele (oder dem eigentlichen Menschen). Wenn wir „aufwärts" gehen und fortfahren, „aufwärts" oder vielmehr „nach innen" zu gehen, erreichen wir schließlich den Zustand der Meister. Wir müssen bei diesen Beschreibungen die menschliche Sprache benutzen. In Wirklichkeit gehen wir nicht im Raum „aufwärts". Wir sprechen von der Beschaffenheit, von der Verfeinerung der Beschaffenheit des menschlichen Egos, der Durchdringung, dem Eindringen in die innersten Hüllen unseres Wesens, die den Unterschied ausmachen. Aber wenn wir umgekehrt „abwärts" gehen, wenn unsere egoische Seelen-Qualität gänzlich verdirbt, dann verlieren wir zum Schluss das Ego-Zentrum, das Seelen-Zentrum, das von seinem oberen Lebens-Faden getrennt und schließlich vernichtet wird. Es gibt den Fall einer verlorenen Seele an dem einen Pol des Bewusstseins und den des Meisters an dem anderen Pol. Wenn das Sterbliche unsterblich, das Verderbliche unverderblich wird, erlangen wir den vollkommenen und vollendeten Zustand der Meister – wir sind dann ein Herr des Lebens.

Wenn das Bewusstseinszentrum, das wir jetzt sind, gänzlich der Anziehung oder Gravitation zur Materie hin preisgegeben wird, wächst mit der Zeit und durch die Übung die Triebkraft in diese Richtung, und der Teil von uns, in dem unser egoisches Bewusstsein, „Seele" genannt, seinen Sitz hat, wird dann durch Abnutzung zugrunde gerichtet und verschwindet schließlich. Er wird ausgeblasen und vernichtet, nichts bleibt von ihm übrig. Er sinkt in die „Achte Sphäre", auf den „Planeten des Todes", wo ihn schließlich sein schreckliches Schicksal erreicht. Was die monadische (die spirituelle) Essenz unseres Wesens betrifft, so muss sie dann ein neues Bewusstseinszentrum oder egoisches Vehikel für zukünftige Inkarnationen entwickeln. Hier wird die Sache sehr ernst. Sie muss das neue Seelenzentrum, das neue egoische Zentrum entwickeln oder entfalten, um die Verbindung in der Reihe von Leben wieder aufzunehmen, und es kann sein, dass unter gewissen Umständen Zeitalter um Zeitalter vergehen, bis das neu entwickelte Vehikel des monadischen Bewusstseins fähig ist, die verlorene Zeit und die verlorenen Gelegenheiten nachzuholen. Mittlerweile ist die Lebenswoge der Rasse auf dem Schicksalsweg weit vorangeschritten, und hat die „Fehlschläge" weit hinter sich zurückgelassen.

Bei unserem nächsten Studium werden wir dieses allgemeine Thema fortsetzen.

Kapitel 20

Der höhere Aspekt der menschlichen Psychologie. Initiation und die Mysterien: Avatâras, Buddhas und Bodhisattvas. Ihre Beziehung zu Globen, Runden und Rassen.

Fürwahr, „zum Heile der Guten und zur Vernichtung der Bosheit" wurden die Persönlichkeiten, bekannt als Gautama, Schankara [Sankarâchârya. d. Ü.], Jesus und einige andere, eine jede in ihrem Zeitalter geboren, wie erklärt – „Ich werde in einem jeden Yuga geboren" – und sie wurden alle aus derselben Kraft geboren.

Es liegt ein großes Geheimnis in solchen Inkarnationen, und sie sind außerhalb und jenseits des Kreislaufes der gewöhnlichen Wiedergeburten. Die Wiedergeburten lassen sich in drei Klassen einteilen: die göttlichen als Avatâre bezeichneten Inkarnationen; jene der Adepten, die auf Nirvâna verzichten, um der Menschheit vorwärts zu helfen – die Nirmânakâyas; und die natürliche Aufeinanderfolge der Wiedergeburten von allen – das allgemeine Gesetz. Der Avatâra ist eine Erscheinung, die als eine besondere Illusion bezeichnet werden kann innerhalb der natürlichen Illusion, die auf den Plänen herrscht, die unter dem Szepter jener Macht, der Mâyâ, stehen; der Adept wird bewusst, nach seinem Willen und Belieben wiedergeboren*; die Einheiten der gemeinen Herde folgen unbewusst dem großen Gesetz der dualen Evolution.

Was *ist* ein Avatâra? denn der Ausdruck sollte, bevor er gebraucht wird, wohl verstanden werden. Es ist ein Herabsteigen der geoffenbarten Gottheit – einerlei ob unter dem spezifischen Namen Schiva [Śiva], Vischnu [Vishṇu] oder Adhi-Buddha [Âdi-Buddha, d. Ü.] – in eine illusive Form von Individualität, eine Erscheinung, die für die Menschen auf diesem illusiven Plan objektiv ist, es aber in nüchterner Tatsächlichkeit nicht ist. Jene illusive Form, die weder Vergangenheit noch Zukunft hat, weil sie weder eine vergangene Inkarnation hatte, noch nachfolgende Wiedergeburten haben wird, hat nichts mit Karma zu tun, das daher keine Macht über sie hat.

* Ein echter initiierter Adept wird seine Adeptschaft behalten, obwohl es für unsere Welt der Täuschung zahllose Inkarnationen für ihn geben mag. Die treibende Kraft, die an der Wurzel einer Reihe solcher Inkarnationen liegt, ist *nicht* Karma, wie es gewöhnlich verstanden wird, sondern eine noch unergründlichere Macht. Während der Periode seiner Leben verliert der Adept seine Adeptschaft nicht, wiewohl er in ihr zu keinem höheren Grad emporsteigen kann.

H. P. Blavatsky: Die Geheimlehre, Bd. III, S. 364

Wir befassen uns heute Abend unmittelbar mit unserem Gegenstand, der Natur des „Wunderbaren Wesens", von dem H. P. Blavatsky im ersten Band der *Geheimlehre* schreibt. Durch die gegebenen Schlüsselworte bekommen wir einen Begriff von der Art und Weise, in der dieses Wunderbare Wesen in der Menschheit – und insbesondere in der psychologischen Hierarchie – durch die Zyklen der Mysterien und der Initiation wirkt; diese Schlüsselworte waren: der „menschliche Banyan".

Wir lasen auch auf Seite 457 in Band I in dem Abschnitt XII, „Die Theogonie der schöpferischen Götter", H. P. Blavatskys Worte in Bezug auf die Hierarchie der Kräfte, wo sie darlegt, wie diese Kräfte ursprünglich in ihrem richtigen Sinn als in der Natur wirkende Intelligenzen und Bewusstseinseinheiten verstanden wurden und dass jedes Volk, während die Zyklen der Zeit vorübergingen, sie tatsächlich in derselben Weise verstand, ihnen aber verschiedene Namen gab und ein philosophisches Verständnis für den Mechanismus des Kosmos entwickelte, das sich in den Formen geringfügig von dem anderer Völker unterschied. Diese verschiedenen philosophischen Formen waren die verschiedenartigen Mysterienschulen wie zum Beispiel in Samothrake und Eleusis in Griechenland und ähnliche Schulen in anderen Ländern.

Bis jetzt haben wir in Bezug auf das Wunderbare Wesen in mehr oder weniger verallgemeinernden Ausdrücken gesprochen. Heute Abend werden wir während der uns zugemessenen Zeit versuchen, den Gegenstand eingehender zu behandeln, und uns fragen, wer und was dieses Wunderbare Wesen ist.

Mit diesem Bestreben übernehmen wir aufgrund der subtilen Natur der Lehren, die in ihrer Gesamtheit die Wahrheit über das Wunderbare Wesen darlegen, eine äußerst schwierige Aufgabe. Wir können nicht erkennen, wer und was dieses Wunderbare Wesen ist, ohne etwas von den Initiationen der Mysterienschulen zu verstehen, und um diese zu verstehen, müssen wir von dem höheren Aspekt der menschlichen Psychologie etwas wissen. Um wiederum davon etwas zu verstehen, müssen wir die anderen Lehren verstehen: die Lehren von den Hierarchien, von Swabhâva und so weiter.

Die sieben Juwelen, diese sieben Schätze der Weisheit, das heißt die Schlüssellehren, die diese sieben Schätze bilden, schließen im engeren Sinn die dem Menschen während dieses Kalpas mögliche Erkenntnis ein. Sie umfassen alles, was der Mensch erkannt hat, was die Menschheit jetzt weiß und in diesem Kalpa erkennen kann. Die sieben Juwelen sind tatsächlich ein kurzer Abriss der dem Menschen möglichen Erkenntnis in Form von philosophischen Prinzipien, und es hängt von jedem selbst ab, wie viel er von diesem Wissen verstehen kann.

Keines dieser Juwelen kann verstanden werden, wenn es für sich allein studiert wird; sie ergänzen und erklären sich gegenseitig. Jedes einzelne wird durch die anderen sechs erklärt und ergänzt sie. Für keinen Augenblick wollen wir dem Gedanken Raum geben, sie wären Abteilungen des Wissens im materialistischen Sinn. Es gibt nur eine Erkenntnis, eine Wahrheit, wie es nur ein „Leben" und ein „Dasein" gibt.

Die verschiedenartigen Juwelen, diese sieben Juwelen, sind verschiedene Facetten der Wahrheit, verschiedene Pfeiler in dem Tempel der göttlichen Weisheit.

Wir sprachen auch davon, dass es zwei Hauptgründe dafür gibt, dass die Lehrer diese und andere Lehren so geheim hielten und die Strafen für den Verrat dieses Wissens so streng waren. Erstens sind die Lehren die erhabene Belohnung für diejenigen, die sich als würdig erwiesen haben und damit berechtigt sind, weiter nach innen, weiter hinter die Schleier des Lebens zu dringen. Der wichtigere Grund jedoch ist, dass die Lehren von ungeschulten Gemütern nicht verstanden werden können, selbst dann nicht, wenn sie ihnen mitgeteilt werden; sie können einfach nicht verstanden werden. Große Gemüter würden natürlich mehr davon verstehen als kleine. Infolge der bis jetzt so unvollkommenen spirituellen Entwicklung der Gemüter der Menschen in dieser vierten Runde können die Menschen sie einfach nicht erfassen, wenn sie nicht zumindest etwas geschult worden sind. Die Folge einer ungesetzmäßigen Darlegung würde eine Entweihung der Lehren sein, die der menschlichen Rasse ursprünglich in den frühesten Zeitaltern von den Göttern gegeben wurden.

Diese Behauptung ist nicht übertrieben. Die Lehren wurden in verschiedenen Zeiten bis zu einem gewissen Grade verraten, und die Folge war immer das, was wir „schwarze Magie“ nennen: die natürliche Folge des falschen Verstehens und der falschen Anwendung der Prinzipien, die in der Wahrheit enthalten sind. Selbst heute finden wir Männer und Frauen, die, obgleich sie nichts von den geheimen Lehren wissen, im Lande umherreisen und sich für Lehren bezahlen lassen, die sie als spirituelle Tatsachen bezeichnen. Sie behaupten, über alles im Himmel und auf Erden Bescheid zu wissen. Beachten wir wohl, kein wahrer spiritueller Lehrer hat jemals Geld oder anderen Lohn für spirituelle Wahrheiten gefordert. Das ist die Art, durch die eine Lehre entweiht wird! H. P. Blavatsky sagte bezüglich einer solchen Handlung: „Ich würde lieber in der Gosse Hungers sterben als einen Pfennig für das Lehren spiritueller Wahrheiten annehmen.“ Das ist eine Prüfung, zumindest eine der Prüfungen, durch die der wahre Lehrer von dem falschen unterschieden werden kann. Unsere Lehrer haben nicht den Wunsch, dass diese herrlichen Lehren falsch verstanden und entweiht werden und dass menschliche Seelen in verhältnismäßig großer Zahl irregeführt und ihre Füße auf den Pfad gestellt werden, der abwärts führt.

In Griechenland – wir wollen diesen Fall zuerst als Beispiel anführen – gab es zwei Systeme: die kleineren und die größeren Mysterien. Die kleineren in Attika wurden im Frühjahr gefeiert und die größeren etwa um die Herbst-Tagundnachtgleiche im September zu Eleusis. Die kleineren bestanden erstens aus äußeren und inneren Reinigungen der Seele und des Gemütes, und zwar zumeist aus innerer Reinigung, denn das ist die wirkliche Reinigung; und zweitens aus dramatischen Darstellungen dessen, was sich später in den größeren Mysterien tatsächlich ereignen würde. Sie stellten in dramatischer, bildhafter Form dar, was die Kandidaten in den größeren Mysterien wurden.

Die Mysterien von Samothrake, auch eine griechische Institution und gleich jenen von Attika später eine staatliche Institution, waren wahrscheinlich die ältesten von Griechenland. Während diese beiden Mysterienschulen dieselben grundlegenden Wahrheiten lehrten, lehrten sie jedoch nicht dieselben Dinge. Die Mysterien von Samothrake waren zum Beispiel das, was wir heute eher wissenschaftlich nennen würden. Sie befassten sich mit der Natur und den Tätigkeiten der Kabeiroi, die zu der Klasse spiritueller Wesenheiten, zu der niederen Siebenheit gehören, die die „Baumeister" genannt werden. Zu Eleusis hingegen – der Name Eleusis bedeutet der „Advent" oder das „Kommen" und die Eleusinien „Dinge, die kommen werden" – wurden die eher theologischen und mystischen Lehren und im Besonderen das gelehrt, was sich mit dem Menschen nach dem Tod ereignen wird. Daher rührt der Name des Ortes Eleusis, in dem diese Mysterien durchgeführt wurden, und der Name der Mysterien selbst: die Eleusinien, das heißt die „Dinge, die sein werden oder kommen sollen".

Jedes Land hatte seine eigene mystische Ausdrucksweise, seinen Dialekt oder seine Art, von den Mysterien zu sprechen, und was die Mysterien in Griechenland, Syrien und Palästina betrifft, so waren die Ausdrucksweisen oder technischen Worte sehr ähnlich. In Syrien wurden zum Beispiel Außenstehende „Schweine" und „Hunde" und Verräter „Wölfe" genannt. Jene unter uns, die das Neue Testament im Gedächtnis haben, werden sich der Stelle erinnern, an der von „Schweinen" und „Hunden" und, ich glaube, auch von „Wölfen" gesprochen wird. „Füchse" war eine Bezeichnung für jene, die ungesetzlich in die Mysterien einzutreten versuchten. Diese Ausdrücke sind den Eigenschaften gewisser Tiere entnommen, die der Mensch in ungesetzlichen Handlungen nachahmt: den Fuchs aufgrund seiner Schlauheit, den Wolf aufgrund seiner kühnen Grausamkeit und des Mangels an Gewissen – das ist zumindest der Ruf, den er hat –, Schweine und Hunde aufgrund ihres Rufes, den diese Tiere im Orient immer gehabt haben.

Während diese Begriffe ein Teil der Ausdrucksweise der Mysterien jener Länder zu jenen Zeiten waren, gehören sie jedoch nicht zur Ausdrucksweise, zum Dialekt oder zu der Sprache unserer Schule. Ich glaube nicht, dass Jesus jemals jene, die nicht in die Mysterien eingeweiht waren, „Schweine" und „Hunde" nannte. Wenn er es tat, wird die Annahme zur Gewissheit, dass er nicht zu unserer Schule gehörte. Da er aber dazu gehörte, müssen wir daraus schließen, dass eine solche Sprache von seinen Schülern kam, die wahrscheinlich in Alexandria lebten, wo die Evangelien fast mit Gewissheit zusammengestellt und in der Form geschrieben wurden, in der wir sie jetzt haben.

Als Nächstes wenden wir uns direkt dem Gegenstand unseres Studiums, unserem Hauptthema, unserem Hauptgedanken zu. Öffnen wir unsere Herzen weit, und entfernen wir für kurze Zeit alle Gedanken aus dem Gemüt, die persönlich und der Atmosphäre unwürdig sind, in die wir jetzt eintreten. Während der letzten Studien nannten wir vier technische Worte, um mit ihrer Hilfe den gegenwärtigen erhabenen Gegenstand einigermaßen zu erklären. Dabei sprachen wir mehr um den Gegenstand herum als über ihn. Es waren vier Worte, die im transhimalayaischen Buddhismus in Gebrauch sind. Wir wählten sie erstens, weil H. P. Blavatsky sie benutzte, und zweitens, weil sie aus den zu unserer Schule gehörenden esoterischen Büchern des Ostens stammen. Drei von diesen Worten sind die folgenden: Âdi-Buddha, die uranfängliche Weisheit oder der Logos, wie die Griechen sagen würden; dann der Dhyâni-Buddha, der Buddha der Meditation oder Kontemplation, von denen es sieben gibt; und der Mânushya-Buddha, der menschliche Buddha. Diese drei sind miteinander verbunden: Âdi-Buddha als der Logos, der Dhyâni-Buddha als der ursächliche Buddha, der Mânushya-Buddha als der Vertreter der himmlischen Hierarchie auf unserer Ebene. Diese Buddhas gehören zur „himmlischen Hierarchie", im Unterschied zur „kosmischen Hierarchie" der Baumeister. Das vierte Wort ist Bodhisattva.

Bei einer früheren Versammlung sprachen wir von den planetarischen Geistern. Dabei benutzten wir den Ausdruck in einem allgemeinen Sinn als Äquivalent für Dhyân-Chohans oder Herren der Meditation. Wir gehen nun einen Schritt weiter. Die planetarischen Geister sind die Baumeister der astral-materiellen Welt, und sie beziehen ihren Plan, ihr höheres Leben und ihre Weisheit (abgesehen von der, die sie selbst gewonnen haben) von der „himmlischen Hierarchie", der höheren Siebenheit. Diese himmlische Hierarchie hat ihren Ursprung in Âdi-Buddha, dem uranfänglichen Buddha oder dem Logos.

Für jede Runde in unserem siebenfachen planetarischen Zyklus (d. h. in dem Kalpa oder Tag von Brahmâ, der sieben Runden umfasst) gibt es einen die Oberaufsicht führenden Dhyâni-Buddha, einen Buddha der Kontemplation, einen kausalen Buddha. Alle Ereignisse auf den sieben Globen unserer Planetenkette stehen unter der Aufsicht oder Überwachung durch den besonderen Dhyâni-Buddha der Runde. Unsere gegenwärtige Runde steht, da sie die vierte ist, unter der Überwachung durch den Dhyâni-Buddha, der zum vierten Grad der himmlischen Hierarchie gehört. Für jeden Globus der Planetenkette gibt es das, was die Buddhisten einen Bodhisattva nennen, ein Sanskṛitwort, das „Er, dessen Essenz Weisheit ist" bedeutet.

Dieser Bodhisattva ist sozusagen ein gemüt-geborener Sohn des Dhyâni-Buddha der Runde. Es existiert ein Dhyâni-Bodhisattva für diesen Globus und auch für jeden der drei Globen, die diesem auf dem absteigenden Bogen vorhergingen. Ebenso gibt es einen Bodhisattva für jeden der drei Globen, die diesem Globus auf dem aufsteigenden Bogen folgen – für jeden Globus einen Bodhisattva. Der Dhyâni-Bodhisattva ist das spirituelle Haupt der spirituell-psychologischen Hierarchie eines jeden Globus. Nehmen wir zum Beispiel unseren Globus. Unser Dhyâni-Bodhisattva ist das Wunderbare Wesen, der Große Initiator, der Stille Wächter unseres Globus. In einem Sinne ist er eine Emanation, aber nicht eine bloße Ausschwitzung oder Verlängerung des Dhyâni-Buddha, der die gesamte Runde überwacht. Jeder Bodhisattva ist eine Wesenheit für sich. Er ist ein Strahl des Dhyâni-Buddha.

Ferner durchläuft die Lebenswoge während der Evolution auf unserer Erde (entsprechend auf den anderen sechs Globen) sieben Stufen, die Wurzelrassen genannt werden. Jede einzelne dieser Wurzelrassen wird durch einen Mânushya-Buddha, einen menschlichen Buddha, eingeleitet, der in derselben Weise der „Sohn" des Globen-Bodhisattvas ist, wie der Globen-Bodhisattva ein „Sohn" des Dhyâni-Buddha der Runde ist. Jede dieser sieben Wurzelrassen wird weiterhin an ihrem Mittelpunkt geteilt. Wenn die Hälfte ihres Zyklus abgelaufen ist, erfolgt der Rassenkataklysmus, denn das ist die Art und Weise, in der die Natur arbeitet. Vor diesem Kataklysmus erscheint ein anderer menschlicher Buddha oder Mânushya-Buddha geringeren Grades.

Ist dieses Wunderbare Wesen ein Mensch? Es ist einer. Ist es mehr als ein Mensch? Es ist mehr. Ist es eine siebenfache Wesenheit? Es ist eine siebenfache Wesenheit. Wie wird der Einfluss dieses Wunderbaren Wesens auf seine Vertreter, die menschlichen Buddhas und die menschlichen Bodhisattvas, übertragen?

Bevor wir weitergehen, wollen wir einen Augenblick einen verwandten, einen psychologischen Gegenstand studieren. Wir können das, was weiterhin in Bezug auf unser Thema gesagt wird, nicht verstehen, wenn wir diesen psychologischen Gegenstand nicht wenigstens umrissen haben. Der Mensch ist, wie wir wissen, siebenfach, er kann aber auch dreigeteilt werden: ein spiritueller Mensch, ein mittlerer oder hochätherischer Mensch und ein astral-physischer Mensch. Die Dreiteilung können wir auch mit anderen Worten und „psychologisch" ausdrücken: 1. der göttliche Mensch, 2. der spirituelle Mensch, 3. der persönliche Mensch. Was ist nun ein Avatâra? Ein Avatâra ist, wie allgemein angenommen wird, der Abstieg eines Gottes in eine menschliche Form. Diese Idee ist exoterisch. Sie ist nicht falsch, aber nur in dieser Weise und ohne weitere Erklärung sehr irreführend.

Kṛishṇa sagt in der *Bhagavad-Gîtâ:* „So verkörpere ich mich von Periode zu Periode für die Bewahrung der Gerechten, die Zerstörung der Boshaften und die Aufrichtung der Gerechtigkeit." Kṛishṇa stellt den Logos oder vielmehr den Strahl des Logos dar; und der Logos – oder sein Strahl oder Einfluss – würde auf unserer Ebene äußerst hilflos, unwirksam sein und keine Möglichkeit des Verkehrs mit uns und unserer Sphäre haben, weil der Strahl des Logos eines mittleren und vollkommen bewussten Vehikels oder Trägers ermangelt, d. h., es fehlt der mittlere oder hochätherische Mechanismus des Spirituell-Menschlichen in uns, der im normalen Menschen nur wenig aktiv ist. Ein Avatâra erscheint, wenn ein direkter Strahl von dem Logos in ein menschliches Wesen eintritt, es vollkommen inspiriert und erleuchtet durch den mittleren Teil eines Bodhisattvas, der in diesem menschlichen Wesen inkarniert und dabei das taugliche, bereite und vollkommen bewusste mittlere Vehikel oder den Träger liefert. Dieses „menschliche Wesen" hat kein eigenes karmisches Ego. Die Egoheit, das Ego, der mittlere Teil, der hochätherische und vollkommen bewusste mittlere Teil, das spirituell-menschliche Element, wird durch den inkarnierenden Bodhisattva geliefert, durch die hochentwickelten persönlichen Prinzipien eines Buddha oder im anderen Fall eines Nirmâṇakâya. Es ist nicht das höchste Element des Buddha, das sich ja in Nirvâṇa befindet, sondern das glorreiche, reine und erhabene spirituell-persönliche Element, das spirituell-persönliche Ego des Buddha tritt vor oder kurz nach der Geburt in den Körper jenes äußerst reinen menschlichen Wesens ein und liefert auf diese Weise das für die Inkarnation dieses Strahles des Logos passende mittlere Vehikel. Das ist ein Avatâra.

Es wird zum Beispiel ein Kind geboren. Das Kind hat eine innere psycho-astrale Natur von durchscheinender Reinheit und Schönheit und zieht magnetisch, in Wirklichkeit aber spirituell, einen Strahl von dem Logos an. Sein eigenes höheres Selbst ist natürlich vollkommen wirksam, und der Strahl des Logos – der es selbst ist – offenbart sich in ihm. Wenn das Erscheinen eines Avatâras erforderlich ist, tritt unter den vorherrschenden Umständen ein Bodhisattva ebenfalls in den Körper ein und liefert das egoische Element. Somit haben wir diese wunderbare Sache: einen reinen menschlichen Körper mit seinem Prâṇa und seinem astralen Modellkörper, aber ohne ein richtiges karmisches inkarnierendes Ego, dafür einen Bodhisattva, der das egoische Element liefert, das von einer weitaus größeren Reinheit ist, als sie ein normaler Mensch besitzen kann, und das bis zu dem Grad evolviert ist, der für die Inkarnation des Strahles des Logos oder Âtman notwendig ist. Dieser Strahl des Logos und das höhere Selbst des geborenen Kindes sind in Wirklichkeit eins; doch ist dieses Mysterium im Leben ein sehr seltener Fall.

Nun wollen wir uns mit einer anderen Seite desselben psychologischen Gegenstandes beschäftigen. Nehmen wir den Fall des Herrn Buddha. Beachten wir, wir sprechen hier von dem „Herrn Buddha", obgleich wir von dem großen Menschen als von Siddhârtha, sein persönlicher Name, und von dem Weisen Gautama oder Gautama-Śâkyamuni sprechen. Gautama war sein Familienname, Śâkya sein Stammesname. Der Titel „Śâkyamuni", der Weise vom Śâkya-Geschlecht, war der Titel, der ihm im späteren Leben gegeben wurde. Als Śâkyamuni zu Lebzeiten in Nirvâṇa eintrat, hieß es von ihm exoterisch, er sei im Alter von achtzig Jahren „gestorben". Unsere Lehren zeigen, dass er tatsächlich einhundert Jahre gelebt hat, bevor er seinen physischen Körper aufgab und als ein Nirmâṇakâya auf Erden blieb. Wir wissen, was ein Nirmâṇakâya ist. Er ist ein vollständiger Mensch, der nur keinen physischen Körper hat. Aber ist das alles, was wir über dieses wunderbare Mysterium sagen können? Nein, es ist nicht alles. Die höheren Teile des Buddha waren in Nirvâṇa, doch das spirituell-persönliche Ego verblieb, durch das nirvâṇische Element überschattet, als ein Nirmâṇakâya auf Erden tätig, als eine tätige Wesenheit, eine Kraft für das spirituell Gute, und dieser Nirmâṇakâya war, das ist sorgfältig zu beachten, ein menschlicher Bodhisattva. Die Lehre ist, dass dieser Bodhisattva, das egoische Element des Buddha Gautama, ein spirituell-menschlicher Strahl von dem Dhyâni-Bodhisattva des Globus war, wie es auch bei früheren Buddhas der Fall gewesen war.

Es ist außerordentlich schwierig, diese subtilen und hoch spirituellen Vorgänge Gemütern klarzumachen, die in der Metaphysik ungeschult sind. Sie erfordern tatsächlich Jahre tiefen Nachdenkens. Wir wollen sie noch einmal von einer anderen Seite aus betrachten. Wer war Jesus? Was war Jesus? Wer war Apollonios von Tyana? Was war er? Beide waren, so sagt die Lehre, Inkarnationen eines Nirmâṇakâya und standen in derselben geheimnisvollen Beziehung zu dem Bodhisattva des Buddha Gautama. Verstehen wir bitte, Jesus war ein Avatâra, Apollonios nicht. Es gibt sehr große psychologische Ähnlichkeiten zwischen diesen beiden wunderbaren geschichtlichen Fällen; aber sie sind nicht dasselbe Mysterium. Ich bemerke hier nur nebenbei, dass ein Buddha – aus Gründen, die im entsprechenden Verlauf unseres Studiums erklärt werden – mystisch höher steht als ein Avatâra.

Gehen wir einen Schritt weiter. Wir haben von den Inkarnationen der Buddhas in Tibet gelesen. Wir sprechen jetzt in exoterischer Sprache, wie wir sie bei Sven Hedin oder verschiedenen anderen der europäischen Forscher lesen. Einige von ihnen haben die sogenannten Inkarnationen des Buddha gesehen. Verstehen wir bitte ein für alle Mal, dass unsere Schule *nicht* Lamaismus ist. Unsere Schule vertritt die archaische, esoterische Weisheit der Welt, wenn es auch andererseits wahr ist, dass die esoterische Seite des tibetischen Lamaismus, wenn richtig verstanden, sich den Lehren unserer Schule in hohem Grade nähert und ihnen, was die Lehren betrifft, am nächsten kommt. Ungeachtet der Fehler, die die Tibeter haben mögen, und ungeachtet der verschiedenartigen Rückständigkeiten, die sie unserer westlichen Meinung nach in der einen oder anderen Richtung aufweisen, kommt dennoch die esoterische Lehre in Tibet unserer Schule näher als irgendeine andere.

Doch wie entstand diese sehr seltsame und interessante Lehre von den fortwährenden Inkarnationen Buddhas in dem tibetischen Tashi-Lama und in dem Dalai-Lama sowie in den verschiedenen anderen der buddhistischen Hierarchie der verschiedenen Klöster Tibets? Sie hatte ihren Ursprung in der Mutterlehre, die wir gegenwärtig studieren. H. P. Blavatsky spricht in der Stelle aus der *Geheimlehre,* die wir gegenwärtig studieren, von einem Ereignis, das vor der Trennung der Geschlechter in der dritten Wurzelrasse stattfand, als ein gewisses „spirituelles Wesen" in den Menschen inkarnierte. Sie sagt, dass dies nicht eine Rasse war, sondern nach diesem Wunderbaren Wesen eine Nachfolge erhabener spiritueller Wesenheiten. Kameraden, das ist tatsächlich das Weitergeben des inneren Selbstes, des Egos, des ätherischen Menschen jenes ursprünglichen Wunderbaren Wesens, das aus höheren Sphären zur Menschheit kam, um das Menschengeschlecht zu erleuchten und zu erretten. Die Weitergabe nahm in der dritten Wurzelrasse ihren Anfang und setzte sich die Zeitalter hindurch in Vehikeln aus menschlichem Fleisch und menschlicher Mentalität bis in unsere heutige Zeit fort. H. P. Blavatsky spricht von diesem Wunderbaren Wesen als von einem Menschen und doch wieder nicht von einem Menschen, als von jemandem, über den im Orient Legenden in Umlauf sind. Es hat zu allen Zeiten geheimnisvolle Hinweise auf den Meister-Initiierten, den Großen Einen, das Haupt der Lehrer, den Stillen Wächter, den Großen Initiator und so weiter gegeben. Der tibetische Lamaismus leitet seine Lehre von den fortlaufenden Inkarnationen Buddhas von dieser Tatsache ab. Das ist eine interessante Frage, und wenn es der Lehrer erlaubt, werden wir sie eines Tages eingehender untersuchen. Heute Abend können wir uns nicht länger mit dem tibetischen Lamaismus befassen.

Es ist jedoch notwendig zu verstehen, dass der Unterschied zwischen der Übertragung eines egoischen Elements, wie in der Buddha-Folge in Tibet, und jenen ungewöhnlichen, „Avatâra" genannten Inkarnationen in einem Sinne groß ist; in einem anderen Sinn sind sie jedoch einander sehr ähnlich. Sie sind sich deshalb sehr ähnlich, weil in beiden Fällen das für die Manifestation der erhabenen Wesenheit gewählte Upâdhi (oder Vehikel) ein menschliches Wesen ist. Auch ist in beiden Fällen das psycho-ätherische Upâdhi ein Bodhisattva; das heißt, im Fall eines Avatâra ist der Bodhisattva der veredelte persönliche Mensch eines Buddha, eines Mânushya-Buddha. Die lamaistische Nachfolge ist auch bodhisattvaisch, aber von geringerer Intensität. Sie ist mehr ein bodhisattvaischer Einfluss als eine volle Inkarnation eines Bodhisattvas wie im Falle eines Avatâra.

Die Lehren, die Schüler des Buddhismus in den Büchern, die sie über Buddhismus veröffentlichen, verbreiten, sind natürlich jene, die sie aus den buddhistischen Büchern selbst entnahmen, gewöhnlich mit sehr, sehr unzulänglichem Verständnis für die subtilen Lehren dieser spirituellsten aller Religionen. Ohne Frage bemühen sich die Gelehrten, die wirkliche Bedeutung der buddhistischen Lehren zu verstehen und wahrheitsgemäß und ehrlich darzustellen; sie glauben es zumindest. Es ist höchst erstaunlich, dass sie dabei nicht mehr Erfolg haben. Der Grund hierfür ist, dass sie ihr Studium mit materialistischen westlichen Gemütern, mit materialistischen westlichen vorgefassten Meinungen und Vorurteilen beginnen. Sie treten mit einer Gemütshaltung an ihr Studium heran, deren sie sich selbst nicht bewusst werden, und sprechen daher – wenn sie die Bedeutungen nicht erfassen können – in kluger Weise von den „abergläubischen Übertreibungen orientalischer Darstellung" usw. Wie ist es jedoch möglich, die wirkliche Natur oder den tatsächlichen Sinn von irgendetwas zu verstehen, wenn sie ihr Studium mit der vorgefassten Meinung beginnen, sie wüssten besser Bescheid und mehr davon als jene, deren geistige Hinterlassenschaft sie studieren? Ein derartiger Egoismus zerstört die Sympathie und verdunkelt das wahre Schauen; und wenn sich das Studium auf religiöse Aussagen bezieht, werden die gegebenen Darlegungen und Lehren unweigerlich als „Mönchsbetrug" betrachtet. Doch wie in anderen Studien bereits dargelegt, gibt es keine den alten großen Weltreligionen zugehörige exoterische Lehre, die wirklich falsch ist. Tatsache ist, dass die exoterischen Lehren Wahrheit enthalten, aber sie bedürfen eines Schlüssels, der sie erklärt. Ohne diesen Schlüssel kann und werden sie tatsächlich falsch verstanden und falsch ausgelegt und in einer Weise entwürdigt, wie dies heute zu Beginn unseres Studiums darlegt wurde.

Wir wollen uns jetzt einem anderen, indirekt damit verbundenen Gegenstand zuwenden, der eine weitere Seite des Juwels zeigt. Es wird uns gesagt, dass der menschliche Buddha, der Mânushya-Buddha Gautama Śâkyamuni, 643 Jahre vor dem ersten Jahr des angenommenen Beginns der christlichen Zeitrechnung geboren wurde. Die Lehre besagt ferner, dass ein menschlicher Rassen-Buddha zu Beginn und ein kleinerer vor dem Mittelpunkt einer Wurzelrasse erscheint. Ich lenke die Aufmerksamkeit auf die Tatsache, dass wir uns jetzt dem Mittelpunkt unserer fünften Wurzelrasse nähern. Wir befinden uns in der vierten Unterrasse jener fünften Wurzelrasse, nicht in deren fünfter Unterrasse. Das ist bitte sorgfältig zu beachten. Es wird noch etwa sechzehn- bis zwanzigtausend Jahre dauern, bis der Rassenkataklysmus stattfindet, der unsere fünfte Wurzelrasse entzweischneiden wird, ebenso wie es mit den Atlantäern der vierten Wurzelrasse und den Lemuriern der dritten Wurzelrasse, die der unsrigen vorhergingen, geschah und wie es mit den beiden Wurzelrassen, die der unsrigen folgen, geschehen wird.

Der Grund, aus dem einige unserer früheren Schüler vermuteten, wir befänden uns jetzt rassenmäßig in der fünften Unterrasse, ist eine falsche Auslegung. Sie ist freilich sehr verzeihlich, weil die Zyklen und Zahlen immer sehr verschleiert wurden. Ich möchte die Aufmerksamkeit auf die Tatsache lenken, dass eine der gewöhnlichen „Blenden", die ein Lehrer anwendet, wenn er in einem öffentlichen Werk über esoterische Inhalte schreibt, der Gebrauch derselben Worte in wechselnden Bedeutungen ist. Es besteht eine Verpflichtung, dies zu tun, wenn es notwendig ist, um die Wahrheit für jene zu sagen, die sie erfassen und verstehen können, und sie dabei doch gleichzeitig vor den „Hunden", „Schweinen" und „Füchsen" zu verbergen. Den Gebrauch dieser im Neuen Testament oder in Syrien üblichen Sprache möge man mir verzeihen.

H. P. Blavatsky sagt in der *Geheimlehre,* Band I, Seite 26: „... jede Runde ist zusammengesetzt aus den Yugas [d. h. den Zeitaltern] der sieben Perioden [Wurzelrassen] der Menschheit; vier von diesen sind nunmehr durchlaufen in *unserem* Lebenszyklus, der Mittelpunkt der fünften ist nahezu erreicht."

Weiter sagt sie auf Seite 668: „Aber da wir am Mittelpunkt unserer Unterrasse der fünften Wurzelrasse stehen – der der Gipfel der Materialität in einer jeden ist –, so sind die tierischen Neigungen, wenn auch verfeinerter, ... " Der „Gipfel der Materialität in einer jeden" bedeutet nur eines: den Mittelpunkt der vierten irgendeiner zyklischen Reihenfolge, zum Beispiel die vierte primäre Unterrasse, die vierte Unterrasse der vierten primären Unterrasse der fünften Wurzelrasse usw.

Wir wollen die Rassen der Anschaulichkeit halber auf folgende Weise teilen: „Wurzel"rasse bedeutet in Wirklichkeit die erste oder Wurzel- oder ursprüngliche primäre Unterrasse. Der Ausdruck wird gewöhnlich auf die sieben aufeinander folgenden primären Unterrassen einer Wurzelrasse und auf die vielen anderen kleineren Unterrassen angewandt, in die jene sieben geteilt werden. Die erste Wurzelrasse ist daher die erste primäre Unterrasse; von diesen primären Unterrassen gibt es in dem großen Rassenzyklus sieben. Es folgt die sekundäre Unterrasse, und von dieser gibt es wiederum sieben in jeder primären Unterrasse. Als Nächstes kommen die sieben Familienrassen in jeder sekundären Unterrasse, danach sieben Volksrassen in jeder Familienrasse. Weiter brauchen wir nicht zu gehen. Gehen wir einige Schritte weiter in der Reihe, so kommen wir zur Einzelwesenheit oder dem individuellen Menschen. Bezüglich dieses Gegenstandes sollte auch die *Geheimlehre,* Band II, Seite 155 und Seite 750 studiert werden, es lohnt sich.

H. P. Blavatsky spricht in einem anderen Teil der *Geheimlehre* von dem Präzessionszyklus und gibt für ihn die aus alter Zeit bekannte Zahl von 25 920 Jahren an. Sie nennt ihn den Zyklus einer Familienrasse, der sieben Volksrassen umfasst. Unsere europäische Rasse ist eine Familienrasse, und H. P. Blavatsky sagt, die Lebenszeit unserer Familienrasse wird noch etwa 16 000 Jahre dauern. Wir sind, vom allgemeinen menschlichen Gesichtspunkt aus betrachtet, dem großen Rassenkataklysmus noch nicht sehr nahe, doch vom Standpunkt der Zeitzyklen einer Wurzelrasse ist ein so kurzer Zeitabschnitt von 16 000 Jahren wie „morgen" oder sogar wie „in der nächsten Stunde". Ein so kurzer Zeitabschnitt von 16 000 oder 20 000 Jahren ist in der Dauer des Dramas der Seele unbedeutend.

H. P. Blavatsky deutet irgendwo – ich glaube, es war 1887 oder 1888 in ihrer Zeitschrift *Lucifer* – sehr anschaulich auf die Erdbeben hin, die sich damals ereigneten und über die die Zeitungen berichteten. Sie nennt sie die Vorläufer dessen, was sich mit uns als einer Rasse ereignen wird. Wird Amerika das Heim der sechsten Unterrasse sein? Ja. Welcher Unterrasse? „Unterrasse" ist sehr unbestimmt! Wird sie eine sechste Familienrasse sein? Wenn Amerika dann in etwa 16 000 Jahren oder dem späteren Teil des Präzessionszyklus von 25 920 Jahren von jetzt ab das Heim der sechsten Familienrasse sein wird – fährt H. P. Blavatsky sogleich in meisterhafter Weise fort, wie es jeder Eingeweihte tun würde, um das Gemüt weiterzuführen –, wird jenes Amerika auch das Ursprungsland, die Kinderstube der sechsten Wurzelrasse sein – eine Behauptung, die ebenfalls wahr ist, aber eine gewaltige Reihe von zwischen den zwei Punkten liegenden Jahren einschließt! Wenn jener spätere, noch weit entfernte Tag dämmert, wird Amerika nicht mehr sein. Viel von dem Land der beiden Amerikas, das sich jetzt über dem Wasser befindet, wird dann unter Wasser sein, und neues Land, das jetzt den Meeresboden bildet, wird sich über die Oberfläche des Wassers erhoben haben. Soweit wir wissen, werden Nord- und Südamerika ausgedehnter miteinander verbunden sein. Neues Land wird sich (wie der hier anwesende Lehrer mich zu sagen auffordert) aus dem gegenwärtigen Stillen Ozean erheben und so die alten lemurischen Flächen emporheben, damit sie sich hier mit unseren westlichen Küsten verbinden.

Wenn wir also von „Unterrassen" lesen, wollen wir achtsam, wollen wir vorsichtig sein, damit uns nicht die Formen unseres Gemütes, die uns täuschen, irreführen und uns Worten folgen lassen, die Blenden sind. Brecht die Formen des Gemütes um jeden Preis! Befreit das Gemüt, haltet es formbar! Wir sollten uns weigern, irgendeine vereinzelte Erklärung, ganz gleich, wo wir sie finden mögen, als die alleinige Wahrheit anzunehmen. Nehmt sie an, aber nicht allein. Wenn wir Wahrheit wünschen, sollten wir die Aussagen anderen gegenüberstellen, sie vergleichen, studieren und genau untersuchen. Dies ist besonders notwendig, wenn es sich um Zyklen oder um Worte über Zyklen handelt. Wir müssen ein wachsames Auge haben, wenn wir das Wort „Unterrasse" lesen, und sorgfältig beobachten, wenn von dem „Buddha" oder „Bodhisattva" zu lesen ist. Welcher Buddha? Welcher Bodhisattva?

Wir wollen die Gegenstände, die wir diesen Abend zu skizzieren versuchten, für ein späteres und ausgedehnteres Studium zurückstellen. Über das Wunderbare Wesen könnte und wird mit des Lehrers Erlaubnis viel mehr gesagt werden. Zum Schluss aber bitte ich, meine Worte nicht falsch zu verstehen. Wir fühlen tief die schwere Verantwortung, die uns der Lehrer in unseren Studien hier auferlegt hat. Ich betrachte es als etwas Wunderbares, den Kameraden in Gegenwart des Lehrers ins Gesicht zu sehen und den schönen Geist der brüderlichen Einheit, der hier gegenwärtig ist, zu sehen und zu begreifen, dass sich jeder Einzelne nach besten Kräften in vollem Einklang mit allen anderen Kameraden befindet. Es ist etwas sehr Erhabenes, und ich persönlich fühle, es ist eine Segnung. Doch legt zum Schluss meine Worte über das Wunderbare Wesen nicht falsch aus. Merken wir uns die Reihenfolge: An oberster Stelle steht der Logos, der Âdi-Buddha; es folgen die sieben Dhyânins, von denen jeder eine der sieben Runden inspiriert und überwacht. Er ist der Kausal-Buddha, die Sonne, die unzählbare geringere Wesen emaniert. Dann kommen die Dhyâni-Bodhisattvas, für jeden Globus der Planetenkette, sieben insgesamt. Ferner haben wir sieben Mânushya-Buddhas, je einen für jede Wurzelrasse auf jedem Globus während jeder Runde. Während die Zyklen dahinrollen, gibt es zahlreiche Fälle, in denen ein Bodhisattva, ein buddhischer Strahl aus der Loge unserer Meister, in der sich der Große Initiator, der Höchste Eine, die menschliche Emanation des Wunderbaren Wesens befindet, hinausdringt und die alte Weisheit in die Seele eines großen und reinen Menschen einhaucht und einflößt. Zu ihnen gehören Jesus von Nazareth und Apollonios von Tyana und viele, viele andere, deren Namen uns im Westen nicht vertraut sind.

In den Initiationen – wir erinnern uns dessen nur eben in diesem Augenblick, und es muss gesagt werden, bevor wir schließen – finden drei Dinge statt. Sie sind mit dem Wunderbaren Wesen und den Bodhisattvas direkt verbunden. Vergessen wir nicht, Initiation bedeutet die das Erheben und das Beleben der Seele dessen, der vorbereitet ist. Sie ist ein Beschleunigungsprozess in der Evolution, um eine schnellere Entwicklung des inneren Menschen zu bewirken, die normalerweise nur nach vielen Zeitaltern erreicht werden würde. In diesen Initiationen, um es genauer zu sagen, in der fünften, ereignet sich das, was „Theophanie" genannt wird. Die Christen benutzten dieses Wort und auch das Wort „Epiphanie", das eine geringere Form von Theophanie ist. Sie sagten, Theophanie sollte am vierten bis sechsten Januar gefeiert werden. Dieses Ereignis hängt direkt mit dem Kalender des Sonnenjahres zusammen. „Theophanie" bedeutet ursprünglich das Erscheinen eines Gottes. In Wirklichkeit beinhaltet es folgendes Mysterium: In der fünften Initiation tritt der Mensch, der geprüft wird, der Chela, seinem eigenen Gott-Selbst von Angesicht zu Angesicht gegenüber, und für eine längere oder kürzere Zeit wird er eins mit ihm. Er erkennt dann die Wahrheit. Der einzige Weg, etwas wirklich zu verstehen, besteht darin, es zu werden. Das ist die tatsächliche Bedeutung dessen, was in den wahren, den wirklichen Initiationen stattfindet. „Epiphanie“ ist eine geringere Form von „Theophanie“. Das griechische Wort bedeutet „anleuchten“ oder „erleuchten“, während „Theophanie“ das sichtbare Hervorleuchten eines Gottes bedeutet – des inneren höheren Selbstes des Menschen.

Wenn die Theophanie am Ende der Initiation oder der Prüfung mehr oder weniger vollkommen ist, dann besitzt der Chela „Theopneustie“, was göttliche Inspiration bedeutet. Er ist bewusst mit seinem inneren Gott vereint, mit seinem höheren Selbst. Der innere Gott führt den Kandidaten buchstäblich, gemäß dessen Evolution, für eine längere oder kürzere Zeit und in größerem oder geringerem Grade – dies hängt von der Entwicklung und Aufnahmefähigkeit des Kandidaten ab – in die Weisheit und die Erkenntnisse über das gesamte Universum ein.

Das Höchste, die Vollendung in den alten Initiationen wurde in Griechenland „Theopathie“ genannt. Das bedeutet „Erleiden eines Gottes“. Nicht ein Gott, der leidet, sondern jemand, der bewusst den Eintritt eines Gottes in sich erleidet. Das ist natürlich kein Avatâra, der, wie wir bereits zeigten, etwas ganz anderes ist, sondern es bedeutet, dass der Initiand bei der Initiation und für längere oder kürzere Zeit danach, je nach seiner spirituellen Kraft und Aufnahmefähigkeit, durch jene heilige Gegenwart in seinem Innern ein auf Erden wandelnder, lebender Gott, sein eigenes inneres Selbst ist. In seltenen Fällen halten die Theophanie, die Theopneustie und die Theopathie während des ganzen Lebens des Initiierten auf Erden an.

KAPITEL 21

Initiationen und die alten Mysterien. Wurzelrassen und ihre Unterteilungen. Globenrunden. Planetarische Runden. Sonnen-Kalpas: wie sie berechnet werden. Rassenkataklysmen.

Was die Philosophie betrifft, mit deren Hilfe die Mysterien eingehend dargestellt werden, so ist diese so alt wie das Universum. Wie auch immer ihre Fortdauer durch sie bekämpfende Systeme unterbrochen werden mag, wird sie, solange die Sonne fortfahren wird, die Welt zu erleuchten, zu verschiedenen Zeitperioden wieder erscheinen. Sie ist tatsächlich von falschen Ansichten heftig angegriffen worden und wird es wieder werden, aber die Opposition wird sich als so ohnmächtig erweisen wie die Wogen des Meeres gegen den auf einem Felsen erbauten Tempel, der sie majestätisch zurückströmen lässt, zum größten Teil als Schaum, gebrochen und besiegt. Wie auch immer sie in barbarischen Zeitaltern in Vergessenheit geraten und in gottlosen Zeiten verpönt werden mag, sie wird wieder gedeihen – die unendlichen Zeitepochen hindurch.

Thomas Taylor: Eleusinische und Bacchische Mysterien

Daher heißt es in der *Smaragdenen Tafel* – entstellt durch christliche Hände:

„Das Obere stimmt mit dem Unteren überein und das Untere mit dem Oberen, um dieses eine wahrhaft wundervolle Werk zu wirken (welches der Mensch ist)."

Denn das geheime Werk des Chiram, oder König Hiram in der Kabbalah, „eins dem Wesen nach, aber drei im Aspekt", ist das Universale Agens oder Lapis Philosophorum. Die Krönung des Geheimen Werkes ist der geistige vollkommene Mensch an dem einen Ende der Linie; die Vereinigung der drei Elemente ist das okkulte Lösungsmittel in der „Seele der Welt", der kosmischen Seele oder dem Astrallicht an dem andern …

H. P. Blavatsky: Die Geheimlehre, Band II, S. 119

Der Zweck aller mystischen Zeremonien ist, uns mit der Welt der Götter zu verbinden.

Sallust

Der Endzweck der Mysterien ist, uns zu der Vollkommenheit zurückzuführen, von der wir als ein Prinzip von Anfang an unseren Abstieg begannen.

Platon

Selig sind, die reinen Herzens sind, denn sie werden Gott schauen [d. h. ihren eigenen inneren Gott].

Jesus (in der Bergpredigt; Matthäus 5, 8)

Ich habe mit meinen Ohren von dir gehört, aber jetzt schauet dich mein Auge.

Hiob (eine Initiationsgeschichte)

Wir setzen unser Studium über die Themen fort, die wir seit einigen Wochen behandeln. Diesen Abend sprechen wir aber über ein anderes, mit unserem Hauptthema verwandtes, sehr wichtiges Thema. In unserer nächsten Versammlung werden wir uns dann bemühen, die verstreuten Fäden, die wir sowohl im Allgemeinen als auch im Besonderen entwirrt haben, aufzunehmen, sie zu sammeln und zu einem zusammenhängenden Ganzen zu verbinden, um für unser Gemüt so gut wie möglich ein klares Bild von dem zu erhalten, was wir gegenwärtig von dem siebenten Schatz der Weisheit verstehen können.

Wenn wir die Zeit dazu haben, werden wir uns bemühen, eine in unserer letzten Versammlung unvollendet gelassene Sache kurz zu behandeln, und zwar die Frage über die sieben Wurzelrassen des Menschengeschlechts, durch die die menschliche Lebenswoge während der gegenwärtigen vierten Runde auf unserem Globus geht.

Wir beginnen unser Studium, indem wir aus der *Geheimlehre,* Band I, Seite 457, die Stelle vorlesen, die wir schon früher gelesen haben, aber es ist zweckdienlich, sie heute Abend zu wiederholen:

> Zum vollkommenen Verständnis der einer jeden alten Kosmologie zugrunde liegenden Idee ist das Studium und die vergleichende Untersuchung aller großen Religionen des Altertums nötig; denn nur durch dieses Verfahren kann die Wurzelidee klargemacht werden. Die exakte Wissenschaft würde, wenn sie sich so hoch aufschwingen könnte, die Tätigkeiten der Natur bis zu ihren letzten und ursprünglichen Quellen zu verfolgen, diese Idee die Hierarchie der Kräfte nennen. Die ursprüngliche, transzendentale und philosophische Vorstellung war eine einzige. Aber als die Systeme mit jedem Zeitalter mehr und mehr die Idiosynkrasien der Völker widerzuspiegeln begannen und als sich die Letzteren nach der Trennung in unterschiedlichen Gruppen niederließen, von denen eine jede sich nach ihrer eigenen nationalen oder Stammes-Schablone entwickelte, wurde die Grundidee allmählich durch das Überwuchern der menschlichen Phantasie verschleiert. Während in einigen Ländern die Kräfte oder vielmehr

> die intelligenten Mächte der Natur göttliche Ehren erfuhren, auf die sie schwerlich Anspruch machen konnten, erscheint in anderen – wie jetzt in Europa und den anderen *zivilisierten* Landen – der bloße Gedanke, dass solche Kräfte mit Intelligenz begabt seien, widersinnig und wird für *unwissenschaftlich* erklärt.

Beachten wir die gelassene, aber schneidende Ironie in diesem Zitat. Ich mache nur kurz darauf aufmerksam, bevor wir weitergehen. Dieses Zitat handelt zwar über die verschiedenen Aspekte, die die alten Religionen im Verlauf der Zeitalter annahmen und die zu den Unterschieden der großen Weltreligionen führten, doch es passt durch Analogie und Vergleich sehr gut zu dem Thema, das wir heute Abend, wenn auch nur kurz, besonders behandeln werden: zu der Frage nach den Initiationen und den alten Mysterien sowie einer sehr missverstandenen Tatsache in der Natur, die eng mit den alten Mysterien verbunden ist und die von den Alten zu einer Lehre entwickelt wurde, die sie die Nachfolge von Lehrern, im Sanskṛit Guru-paramparâ, nannten. Im christlichen Schema wird sie in der „apostolischen Nachfolge" verzerrt und schwach widergespiegelt.

Die christliche Kirche übernahm die Lehre von der Nachfolge von Lehrern zusammen mit vielem anderen theologischen Material sehr frühzeitig von den alten Religionen jener Länder, die an das Mittelmeer grenzen. Die Lehre, die sie so übernahm, wurde die sogenannte „apostolische Nachfolge" der römischen Kirche, in der die Päpste einander folgen und behaupten, die „Nachfolger" des Fischer-Apostels von Galiläa, Simon Petrus, zu sein. Es liegt uns nicht daran, uns näher mit dieser Seite des Gegenstandes zu befassen, denn das ist für unseren gegenwärtigen Zweck nutzlos. Aber wohin wir auch blicken und welche Richtung menschlicher, sozialer oder religiöser Tätigkeit wir für unser Studium auch auswählen mögen, immer werden wir finden, dass ein Weitergeben der Autorität oder ein Weitergeben von Lehren oder beides stattfindet. Selbst die verschiedenen Häupter unserer politischen Körperschaften folgen aufeinander und führen gewöhnlich eine politische Tradition weiter. „Industriemagnaten" folgen aufeinander und übertragen gewöhnlich die Tradition der Handelspolitik und des Wachstums. Dies ist eine Wiederholung der Regel im praktischen Leben, wie sie in der Natur existiert. Der Mensch ist ein sterbliches Wesen, er muss sterben. Da er aber eine denkende Wesenheit mit einem Gemüt ist, möchte er das, wovon er fühlt oder glaubt, es sei gut, weitergeben. So überträgt er entweder die Autorität oder die Lehre oder beides auf einen anderen, den er für tauglich und fähig erachtet, seine Lehre, seine Autorität oder beides fortzuführen.

Auf dem religiösen Feld menschlicher Tätigkeit ist dieses System am meisten ausgeprägt und das Gefühl dafür am stärksten. Eine Nachfolge der „Propheten" sowie die Nachfolge von Hierophanten in den Mysterien ist eine bekannte Tatsache, ja sie ist allgemeines Wissen, das in Enzyklopädien oder Schulbüchern gefunden werden kann.

Die eleusinischen Mysterien in Griechenland sind ein Beispiel hierfür: Die Hierophanten entstammten der Familie der Eumolpidai, die in Athen lebte. Die Fackelträger stellte eine andere Familie, die Lykomidai, die ebenfalls in Athen wohnte. Wir haben Grund anzunehmen, dass die Mysterien von Samothrake, dem Sitz eines älteren Ritus, die wie die Mysterien von Eleusis eine staatliche Einrichtung waren, auch in derselben Weise an der Tradition des Heilighaltens und der Nichtweitergabe an Außenstehende festhielten. Das vereinigende Band zwischen den Eingeweihten dieser Mysterien wurde als unlösbar, eine Auflösung als unmöglich betrachtet, denn der Tod stärkte dieses Band nur.

Abgesehen von der Tatsache, dass die Menschen gern das weitergeben, was sie für gut halten und woran sie glauben, wie kam es in den verschiedenen Ländern der Welt, von denen wir Kenntnis haben, zu den bemerkenswerten Ähnlichkeiten in Bezug auf mystische Fragen? Woher hatten sie das äußerst ähnliche Wissen und die Autorität, die von einem Oberhaupt an das andere weitergegeben wurde? Es muss irgendwoher gekommen sein. Die Menschen glauben nicht mehr an die nichtssagende philosophisch-wissenschaftliche Theorie des 19. Jahrhunderts, der zufolge sechs Menschen, die auf sechs verschiedenen Inseln leben, unweigerlich und unfehlbar sechs mehr oder weniger identische Wege mentalen und physikalischen Denkens und Handelns gehen würden. Diese Theorie wurde eine „Tatsache" genannt, obgleich keine Tatsachen vorhanden waren, sie zu beweisen. Sie war eine reine Theorie, die keine andere Grundlage hatte als ein Vorstellungsvermögen, das überstrapaziert wurde, um eine Erklärung für die erwähnten Ähnlichkeiten und Identitäten zu finden.

Ein Theosoph sieht mit Achtung und Verehrung auf die Entdeckungen der vielen großen und edelmütigen Menschen, die glänzendere Einblicke in die Schale der Natur, in die äußere physische Schale, gewähren und deren Leben oft Beispiele von Selbstaufopferung sind. Wir erkennen an, dass jedes in unser Gemüt gegossene Licht, das neue Einblicke in das Herz der Natur gewährt, für uns gut ist und dazu führt, unsere eigenen Lehren zu beweisen. Dessen ungeachtet zieht jedes ernsthafte Mitglied dieser Schule eine scharfe Trennungslinie zwischen „Wissenschaft", dem edlen Wissen über klassifizierte Wahrheit, und den „Theorien" der Wissenschaftler. Wir nehmen eine Theorie an, wenn sie gut ist, aber nur als eine Theorie. Sie muss durch die Natur selbst bestätigt werden, bevor sie als Tatsache, als ein Aspekt der Wissenschaft „an sich" angenommen werden kann.

So erhalten wir von unseren Lehrern die folgende Information: Diese besondere Lehre, die in der römischen Kirche die „apostolische Nachfolge“ genannt wird und in den alten Mysterien als das Weitergeben des Wortes, das Weitergeben der Erkenntnis, das Übertragen der Autorität oder mit ähnlichen Ausdrücken bezeichnet wurde, hat ihren Ursprung in diesem unserem Orden, aber augenscheinlich nicht während unserer Lebenszeit. Wir sind nur eine von vielen Generationen, die die Überlieferung der Erkenntnis weiterführen, die ihren Ursprung in den späteren Perioden des verschwundenen Kontinents Lemurien hatte und insbesondere in Atlantis entwickelt wurde. Hier wurden die alten Mysterien zuerst gegründet, und von diesen sind wir heute das elementarste und äußere Zeichen der inneren und spirituellen Wahrheit.

Wie in der höchsten unserer Logen die Wahrheit von dem Großen Meister-Initiator an seinen Nachfolger in Wahrheit und Autorität weitergegeben wird, so ist es, wie uns gelehrt wird, auch in den untergeordneten Logen; dasselbe System wird befolgt, und wir führen in unserem Werk diese Tradition fort. Es ist traurig zu sehen, wie gelehrte Ignoranten mit hochtönendem Namen oder möglicherweise mit einer alphabetischen Reihe akademischer Titel hinter ihrem Namen manchmal über die Mysterien sprechen, von denen sie außer den in der alten Literatur verstreut zu findenden Daten wirklich nichts wissen können. Sie sind nur Büchermenschen, Lexikonvirtuosen, Leser, nicht Menschen, die verstehen. Es ist auch wahrhaft rührend, wie einige Leute darüber sprechen und meinen, es sei nicht notwendig, einen Führer zu haben, weil sie glauben, ein Mensch sei so gut wie der andere und kein Mensch könne sehr viel besser sein als der andere. Ihre Meinung ist, das von Eingeweihten zu Eingeweihten weitergegebene spirituelle innere Licht, die spirituelle innere Erleuchtung, sei Larifari.

Sind diese Menschen weise? Fragen wir sie nach einem Beweis für ihre Theorie, so können sie keinen geben, nicht einen. Es ist reine Spekulation. Wir dagegen können Tatsachen unterbreiten, die wir kennen oder von denen die Geschichte gewisse Berichte in ihren Annalen aufbewahrt hat, in denen wir ohne Unterschied die Tradition des Weitergebens der Erkenntnis finden werden, die durch die Zeitalter zu uns gelangt ist.

Wenn wir von Mysterien und Initiationen sprechen, wenden wir diese Worte in einem uns heiligen Sinn an, ohne Wunsch und Verlangen und ohne den Versuch, eine falsche und schädliche Gefühlsatmosphäre zu schaffen. Wir sprechen von Tatsachen. Wir wissen, dass jedes Mitglied unserer Schule mehr oder weniger ein Gelehrter, ein Wissender oder ein Forscher ist. Es wird uns gelehrt, unser Gemüt, unser Gehirn und unseren Willen zuallererst zur Selbstbesiegung und dann zum richtigen

Analysieren von uns selbst und der Welt, in der wir leben, anzuwenden. Hat uns unser Lehrer nicht immer wieder gesagt, dass wir unser Bewusstsein befragen müssen, bevor wir etwas annehmen? Um das zu tun, müssen wir denken. Wir wissen auch, dass wir, selbst wenn wir dabei durch unsere eigene Blindheit oder Unfähigkeit eine uns dargebotene Wahrheit zurückweisen sollten, trotzdem recht gehandelt haben, da wir uns selbst, unserem Gewissen und auch unserem Lehrer gegenüber treu waren, und das Karman der Zurückweisung wird nur ein zeitweiliges sein, weil der innere Mensch weiß und die Wahrheit mit der Zeit im getreuen Herzen dämmert. Wieviel besser ist es am Ende, in Ehrlichkeit und Seelenreinheit zu handeln, als aus unschicklichen Motiven heraus mit Neid und Eifersucht im Herzen und vielleicht mit süßen Worten auf den Lippen in diese heilige Körperschaft einzutreten. Der Himmel ihnen!

Die Mysterien – wir nehmen die von Griechenland als Beispiel – wurden in zwei Gruppen geteilt. Wir wollen auf Einzelheiten eingehen und die von Eleusis nehmen. Das Wort Eleusis bedeutet „Advent", das „Kommende", das, was kommt, die Verheißung. Die Mysterien von Samothrake waren mehr das, was wir heute wissenschaftlich oder Wissenschaft nennen. Sie befassten sich mehr mit den Tätigkeiten der Natur, dem Ursprung dieser Tätigkeiten und der Methode, sie zu beherrschen, und lehrten, wohin sie führen. Demgegenüber waren die Mysterien zu Eleusis eher jene religiösen und philosophischen Lehren des Esoterizismus, die den Menschen das gaben, was der große römische Redner Cicero einen glänzenderen Ausblick auf das Leben und eine lebendigere Hoffnung in Bezug auf den Tod nannte, weil sie die Dinge lehrten, die sein werden, und im Besonderen die gedankenlos so genannten „dunklen Mysterien des Todes" beinhalteten. Diese Eleusinien wurden, wie gesagt, in zwei Gruppen geteilt, und zwar in die kleineren und die größeren Mysterien. Die kleineren Mysterien wurden am Anfang des Frühlings, mehr oder weniger um die Zeit der Anthesterien, des Blumenfestes, gefeiert, und die Feiern fanden in einer kleinen Stadt mit dem Namen Agrai statt. Diese Mysterien waren in der Hauptsache dramatisch in der Form und hatten das eine Ziel vor Augen: den Anwärter, der in die kleineren Mysterien eingeweiht wurde, darauf vorzubereiten, das, was der Initiand in den größeren Mysterien von Eleusis durchmachen musste, besser und schneller zu verstehen und mit dem Gemüt leichter zu erfassen, vorausgesetzt, er erwies sich in der Zwischenzeit und während der Prüfungszeit als aufrichtig, tauglich und rein.

Selbst in den Zeiten, als das Christentum die entarteten und verdorbenen Religionen der Mittelmeerländer verdrängt hatte, selbst damals wurden die Eleusinien so hoch geachtet, dass immer noch Initiationen in ihnen stattfanden, so sehr sie auch von ihrem früheren hohen Stand gesunken waren. Schließlich wurden sie auf

Initiative der Heiden selbst tatsächlich gesperrt. Die Schule wurde durch eine Verfügung des christlichen Kaisers Justinian in Konstantinopel geschlossen, aber die Schließung erfolgte auf ein Gesuch der Besseren unter den sogenannten Heiden. Die Wahrheit ist, dass die Mysterien nicht vom Christentum verdrängt wurden, sondern aufgrund innerer Entartung verfielen. Können wir uns vorstellen, was die Menschen damals gefühlt haben, als sie sahen, dass das, was ihnen teurer war als das eigene Leben, auf ihr eigenes Verlangen hin geschlossen und beendet wurde, weil entartete Riten und Glaubensbekenntnisse und ohne Zweifel auch christliche Fanatiker eingedrungen waren und die Mysterien entwürdigt hatten?

Die dramatischen Darstellungen in den kleinen Mysterien waren nicht genau das, was wir „Spiele" nennen würden. In einem Sinne waren es Spiele, denn es waren Dramen. Sie wurden in der Form von Schauspielen durchgeführt, in denen der angehende Jünger, der Initiand, der oder die Einzuweihende selbst die Hauptrolle spielen musste. Wir wollen ein konkretes Beispiel anführen, das zumindest interessant und vielleicht auch erhellend ist, und uns daran erinnern, dass es verschiedene Arten des Verfahrens bei den Initiationen und den in den verschiedenen Ländern existierenden Mysterien gab. Im Grunde waren sie alle eins, und sie sind es in den großen geheimen Bruderschaften heute noch. In jedem Land aber nahmen die Initiationen und Mysterien verschiedene Aspekte an, wie zum Beispiel in Hindustan im Vergleich zu Griechenland. Der Initiator und der Neophyt konnten eine andere Sprache sprechen und andere Gewänder tragen oder vielleicht durch einen anderen Ritus gehen usw., aber im Grunde war die Idee auf der ganzen Welt dieselbe. Es sollte nicht vergessen werden, dass die kleineren Mysterien die Vorbereitungen für die größeren waren. In den kleineren Mysterien wurde der Kandidat unterwiesen, und als Drama wurde aufgeführt, was er in den größeren Mysterien psychisch und spirituell erlebte. Einer dieser Riten war das Drama oder vielmehr die Prüfung, die der Neophyt später in der größeren Initiation tatsächlich bestehen musste: die Begegnung mit seinem Inneren Selbst, seinem eigenen Inneren Selbst. Dies geschah nicht in einer unbestimmten und abstrakten Weise, wie wir heute von einem Menschen sagen, er habe sein wahres Selbst gefunden, sondern der Neophyt musste in den kleineren Mysterien eine Schulung der Reinigung durchmachen, um sich zu befähigen, die wirkliche Prüfung zu bestehen, während der er seinem eigenen inneren Selbst von Angesicht zu Angesicht zuerst wie einer anscheinend anderen Wesenheit gegenübertrat, bei einer noch höheren Initiation aber mit jenem anderen Selbst, seinem eigenen Selbst, seinem höheren Selbst verschmolzen wurde.

Dieser Ritus der Reinigung und Schulung gehört zu den kleineren Mysterien. In der Stadt Agrai, nicht weit von Athen, wurden die kleineren Mysterien in dramatischer Form durchgeführt. Der Neophyt wurde dort belehrt, vorauszuempfinden und zu verstehen, was auf ihn wartet, wenn er später den größeren Ritus erfolgreich durchmacht. Schließlich wurde ihm frei und offen gesagt, was ihm dort begegnet, wenn er bis an das Ende des Pfades zu gehen wünsche. Ähnlich verhielt es sich bei den anderen Stufen oder Graden der Initiation.

Es ist nicht genau bekannt, wie viele Grade oder geheime Stufen es in Eleusis gab, aber wir wissen, dass es mehrere gegeben hat. Sie wurden bis zum Ende, bevor die Mysterien aufgrund ihrer Entartung geschlossen wurden, so sorgfältig behütet, so getreu verborgen gehalten, dass die Gelehrten trotz aller Bemühungen bis heute mental umherirren in dem Bemühen herauszufinden, was in den Eleusinien, in diesen Mysterien, die die Bewunderung der größten Menschen des Altertums erregten, in Wirklichkeit gelehrt wurde. In den Mysterien von Samothrake war es bezüglich der Geheimhaltung und der Grade ähnlich.

Nehmen wir als Beispiel Ägypten. Einige Pyramiden – und besonders die große Pyramide – waren majestätische Initiations-Tempel. Auch dort wurden die Mysterien und die Initiationen heiligst behütet und geheimgehalten. Sie wurden für jene bereitgehalten, die sich als würdig erwiesen hatten, und zwar nicht nur durch Worte, sondern durch Taten, und die auf verschiedene Arten erprobt und geprüft worden waren. Warum? Weil es für unvorbereitete Gemüter eine gefährliche Sache ist. Unsere Lehrer sagen uns offen, dass es drei mögliche Resultate der Initiation gibt: erstens Erfolg, zweitens Fehlschlag, der oft den Tod bedeutet, und drittens teilweiser Fehlschlag, der Wahnsinn zur Folge haben kann. Erfolg bedeutet unaussprechliche Herrlichkeit. Wie kommt es, dass manchmal Wahnsinn und Tod die Folge sind? Handelt es sich um eine äußere Bestrafung? Nein. Das Resultat entspringt gänzlich dem Innern des Kandidaten selbst. Es wurde den Neophyten offen gesagt: „Komme mit einem reinen Herzen, und unaussprechliche Herrlichkeit und Wissen über die Götter sind dein; kommst du aber mit einem verstockten und boshaften Herzen, mit einem ungeschulten Gemüt und ungeordnetem Willen, so wirst du nie fähig sein, dem standzuhalten, dem du in der anderen Welt gegenübertreten musst." Denn das ist es, was die höheren Mysterien waren, das Eintreten hinter den Schleier der physischen Schale. Kein Wunder, dass die Schulung streng und schwierig war! Die Menschen des Altertums hatten starke Herzen und weise, alte Gemüter.

Diese Mysterien sind auch heute nicht tot. Es wird uns deutlich gesagt, dass dieselben alten Wahrheiten, derselbe Eintritt in die Herrlichkeit, dieselbe schöne Verwirklichung der höchsten Hoffnungen, die der Mensch in dem geheimen Winkel seines Herzens hegt, dasselbe überragende Wissen über das Leben und Sein von dem erlangt werden können, der will und wagt und still zu sein weiß. Es wird uns gesagt, dass sich der wahre esoterische Pfad hier in unserem eigenen heiligen Orden befindet. Das ist es, was uns die Meister durch ihre Vertreter gelehrt haben, und von ihnen sitzt der dritte in unserem Zeitalter heute Abend unter uns. Sie lehrten uns noch eine andere große Wahrheit: Ein mächtiges Gehirngemüt ist nicht eine unerlässliche Vorbedingung für den Erfolg. Sie sagten offen, dass selbst einige ihrer eigenen Brüder aufgrund ihrer spirituellen Größe Meister sind und nicht aufgrund eines überragenden Gehirngemüts allein, noch aufgrund irgendeiner geistigen Kraft. Sie sagten ferner, dass solche Meister als spirituelle Söhne des Glanzes selbst unter ihnen hoch stehen können und dass unser Gehirngemüt sehr oft ein Hindernis für uns ist. Tatsächlich ist das Gehirngemüt ein höchst nützlicher Diener, wenn wir es an seinem Platz als Diener festhalten, aber als Meister wird es unsere Füße unweigerlich auf den Pfad linker Hand stellen, wenn es nicht durch die spirituelle Natur erleuchtet und geführt wird. Denn all seine Gedanken sind Gedanken des Selbstes, sein gesamtes Denken gilt der Befriedigung seiner Wünsche. Sein Horizont ist begrenzt und sein Ausblick beschränkt, seine selbstgeborenen Inspirationen sind wenige und liegen weit auseinander. Das Gehirngemüt ist vergänglich und stirbt mit dem Körper. An uns selbst liegt es, auf welcher Seite unserer Natur, der höheren oder der niederen, wie W. Q. Judge zu sagen pflegte, wir unser Vertrauen festhalten, es anheften, ja festnageln.

Das andere Thema, das wir zu Beginn unseres Studiums heute Abend erwähnten, werden wir sehr kurz behandeln müssen. Es handelt sich um die Rassen, die das Menschengeschlecht auf seiner Reise vom Anbeginn der Evolution auf diesem Globus bis zu ihrem Ende als eine Lebenswoge durchläuft. Es gibt sieben Wurzelrassen, die den evolutionären Kreislauf in dieser vierten Runde, der sogenannten Globenrunde, bilden. Gegenwärtig befinden wir uns in der vierten Unterrasse unserer gegenwärtigen fünften Wurzelrasse. In den Gemütern einiger Schüler besteht eine gewisse Verwirrung in Bezug auf diese Rassen, weil unser erster Lehrer, H. P. Blavatsky, unter dem Zwang schrieb, über gewisse Lehren zu schweigen oder sie geheimzuhalten. Sie war nicht ermächtigt, sie öffentlich bekanntzugeben. Hätten aber ihre Schüler den richtigen Appell gegeben, wären sie damals vielleicht veröffentlicht worden. Unser gegenwärtiger Lehrer, Katherine Tingley, hat uns erlaubt, einen kurzen Umriss zu geben. Wir wollen versuchen, den ziemlich schwierigen Gegenstand zu erläutern. Nehmen wir an, jede Linie des folgenden Diagramms stelle eine Wurzelrasse dar.

Es enthält sieben Linien (oder Wurzelrassen). Der Anfang jeder Linie, der den Anfang einer Wurzelrasse aus der vorhergehenden Wurzelrasse heraus andeutet, liegt am Mittelpunkt der vorhergehenden, das heißt bei der vierten Unterrasse der vorhergehenden oder Mutterrasse. Das ist bei allen Linien (oder Wurzelrassen) der Fall.

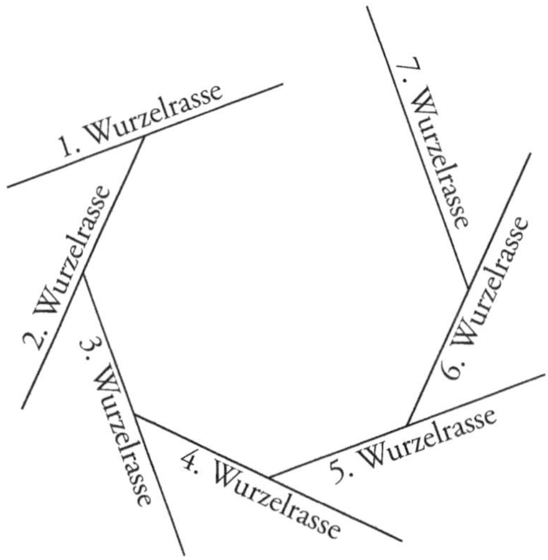

Wir befinden uns gegenwärtig in der fünften Wurzelrasse, zwei Rassen folgen noch nach bis zur Vollendung unseres Lebenszyklus oder unserer Globenrunde. Unsere gegenwärtige fünfte Wurzelrasse befindet sich fast am Mittelpunkt, an dem sich die kommende sechste Wurzelrasse abzweigen wird. Jede der sieben Wurzelrassen wird in unserer Lehre wie folgt in sieben kleinere Rassen geteilt. Zu beachten ist die Wiederholung der Zahl Sieben:

Eine Wurzel-Rasse	1. Erste Unterrasse	(mit 7 kleineren Abteilungen)
	2. Zweite Unterrasse	(mit 7 kleineren Abteilungen)
	3. Familienrasse	(mit 7 kleineren Abteilungen)
	4. Nationalrasse	(mit 7 kleineren Abteilungen)
	5. Stammrasse*	(mit 7 kleineren Abteilungen)
	6. Eine Stammgeneration	(mit 7 kleineren Abteilungen)
	7. Der individuelle Mensch	(etwa 72 Lebensjahre)

* Ein anderer Name mag treffender für diesen und den folgenden sein.

Durchschnittlich lebt der Mensch etwa 72 Jahre, wenn wir Unfälle und ansteckende Krankheiten außer Acht lassen. Einige Menschen leben natürlich viel länger. Wenn wir alle Arten des menschlichen Todes in Betracht ziehen würden, den Tod der kleinen Kinder, die in frühester Kindheit sterben, und derjenigen, die bei Schiffbrüchen, in Kriegen, durch Mord oder Unfall oder durch verschiedene Krankheiten sterben, so würde die durchschnittliche Länge des menschlichen Lebens heute nicht mehr als 15 oder 20 Jahre betragen. Aber die Fälle des frühzeitigen Todes sind trotzdem Ausnahmefälle. Der Mensch lebt heute im natürlichen Durchschnitt etwa 72 Jahre, alle Unfälle usw. ausgeschlossen.

Das Folgende ist eine interessante Berechnung, die nur als Anregung gegeben und auch nur eine rohe Annäherung sein kann. Um die Länge der Zeit für eine Wurzelrasse zu berechnen, nehmen wir 72 Jahre – die berühmten drei mal 20 und 10 aus der *Bibel,* eine Mysterienzahl oder eine runde Zahl für 72 –, diese mit sieben multipliziert ergibt die Zeit einer Stammgeneration. Multiplizieren wir das Ergebnis wieder mit sieben, ergibt dies eine Stammrasse. Weiter mit sieben multipliziert, und wir bekommen eine Nationalrasse. Das Ergebnis wird etwa 25 920 Jahre betragen, die Länge des Zyklus für das Vorrücken der Äquinoktien. Multiplizieren wir wieder mit sieben, ergibt dies die Zeit einer Familienrasse. Dieses Produkt dann wieder mit sieben multipliziert, ergibt eine untergeordnete oder sekundäre Unterrasse. Wird sie dann noch einmal mit sieben multipliziert, ergibt dies die Zahl, die den gesamten Zeitabschnitt für eine Wurzelrasse umfasst. Diese Berechnung ist zahlenmäßig sehr roh, was auch beabsichtigt ist, aber sie ist sehr anregend.

Wir zählen also die Wurzelrasse nicht als eine der sieben, sondern sie umfasst alle anderen. Warum tun wir dies? Weil wir sonst die ursprüngliche Unterrasse zweimal zählen würden. Eine „Wurzel"-Rasse sollte in Wirklichkeit die Rasse bezeichnen, aus der eine Wesenheit entsteht oder die die „Wurzel" einer Wesenheit ist. Genau gesprochen entwickeln sich die anderen Wurzelrassen der ganzen Reihe aus der ursprünglichen Unterrasse, so wie die Wurzel eines Baumes ihren Stamm emporschickt, der Stamm seine Äste, die Äste ihre Zweige, die Zweige noch kleinere Zweige, diese die Stiele, die die Blätter tragen. Der oberen Reihe entsprechend ist daher die ursprüngliche Unterrasse in Wirklichkeit die „Wurzel"-Rasse.

Es gibt sieben Wurzelrassen in einer Globenrunde (zu beachten ist wieder die Zahl Sieben). Eine Globenrunde ist sozusagen eine planetarische Runde, wenn sie unseren Globus durchläuft, sieben Globenrunden sind gleich einer planetarischen Runde; sieben planetarische Runden sind gleich einem Kalpa oder Manvantara oder einem Tag von Brahmâ, und sieben Kalpas plus sieben planetarische Pralayas (oder sieben Perioden planetarischer Ruhe) sind gleich einem Sonnenkalpa.

7 Wurzelrassen = 1 Globenrunde
7 Globenrunden = 1 planetarische Runde
7 planetarische Runden = 1 Kalpa = 4 320 000 000 unserer Jahre
(plus einige Ziffern mehr)
7 Kalpas + 7 planetarische Pralayas = 1 Sonnenkalpa

Diese Zahlen wurden gegeben, weil sie grundlegend sind. Sie sind bis zu einem gewissen Grade genau. Wir werden uns in zukünftigen Studien noch damit befassen müssen.

Zum Schluss wollen wir beachten, dass die Zeichnung auf Seite 307 in Bezug auf die Geburt der Wurzelrassen andeutet, wie eine aus der anderen am Mittelpunkt einer jeden hervorgeht und auch eine ursprüngliche Unterrasse, eine untergeordnete Unterrasse, eine Nationalrasse oder eine Stammrasse usw. darstellen kann. Der Grund dafür ist offensichtlich, denn es gibt nirgendwo in der Natur etwas vollkommen Einzigartiges und Einmaliges. Die Natur wiederholt sich überall, und der Mensch, der sagt, die Natur wiederhole sich niemals, äußert einen titanischen Trugschluss. Die Natur wiederholt sich beständig. Haben wir je etwas vollkommen Einzigartiges gesehen, etwas, das sich in jeder Hinsicht von allem anderen vollkommen unterscheidet? Im Gegenteil, wir sehen, dass sich alles wiederholt. Die Jahreszeiten sowie Tag und Nacht wiederholen sich jahraus, jahrein. Die Planeten kreisen beständig um die Sonne, Satelliten kreisen mehr oder weniger in derselben Weise um ihre Planeten, und so weiter. Es findet überall eine beständige Wiederholung statt. Wenn ein Baum sein Blätterwerk entfaltet, entfaltet er seine eigenen Blätter, er entfaltet nicht etwas Einzigartiges, etwas, wovon wir nie zuvor gehört haben – Kürbispastete, Stühle, Tempel oder Häuser –, er entfaltet das, was zu ihm gehört, was alle Bäume entfalten.

In jedem Zweig des Lebens können Zyklen wahrgenommen werden. Die Kinder werden normalerweise am Schluss von zehn Mondmonaten oder neun Sonnenmonaten geboren. Ein Kind kann leben und vollkommen gesund sein und glücklich alle Gefahren überstehen, wenn es sieben Monate nach der Empfängnis geboren wird, aber es ist ein sehr sensibles, störrisches Kind von nervösem Temperament und bedarf der sorgsamsten und liebevollsten Pflege, denn es muss sein Wachstum in der kalten Außenwelt vollenden, ein Wachstum, für das die Natur unter normalen Umständen zwei weitere Monate benötigt.

Bei unserem nächsten Studium werden wir uns bemühen, die verschiedenen Gedankenfäden, die wir sowohl im Allgemeinen als auch im Besonderen über unsere Lehren gesammelt haben, zu einem übereinstimmenden und leichter verständlichen Ganzen zu verbinden und sie zu einem so übereinstimmenden und zusammenhängenden Ganzen zusammenzuweben, dass selbst unser Gehirngemüt zumindest etwas von der Botschaft erfassen und sich einen Begriff von dem erhabenen Thema bilden kann, das wir während der letzten Wochen studierten.

Kapitel 22

Die Hierarchie des Mitleids.
Die Inkarnation der Mânasaputras.

Wisse, dass der Strom übermenschlichen Wissens und der Deva-Weisheit, die du gewonnen hast, aus dir selbst, dem Flussbette Alayas, in ein anderes Bett gegossen werden muss.

Wisse, o Narjol, du des Geheimen Pfades, seine reinen frischen Wasser müssen dazu gebraucht werden, um süßer zu machen des Ozeans bittere Wellen – jenes mächtige Meer des Leids, das aus den Tränen der Menschen ist gebildet.

Nun neige dein Haupt und höre wohl, o Bodhisattva – das Mitleid spricht und sagt: „Kann es Glückseligkeit geben, wenn alles, was da lebet, leiden muss? Sollst du errettet sein und hören den Schmerzensschrei der ganzen Welt?"

H. P. Blavatsky: Die Stimme der Stille, S. 106–107, 111

Wir wollen zu Beginn unseres Studiums aus der *Geheimlehre,* Band II, Seite 294–295 vorlesen:

> Als die „Hautröcke" der Menschen sich verdickten, und diese mehr und mehr in körperliche Sünde verfielen, wurde der Verkehr zwischen dem physischen und dem ätherischen *göttlichen* Menschen unterbrochen. Der Schleier der Materie zwischen den beiden Plänen wurde zu dicht, als dass selbst der innere Mensch ihn hätte durchdringen können. Die Geheimnisse von Himmel und Erde, die der dritten Rasse in den Tagen ihrer Reinheit durch ihre himmlischen Lehrer geoffenbart worden waren, wurden ein großer Brennpunkt des Lichtes, dessen Strahlen notwendigerweise sich abschwächten, als sie zerstreut und auf einen nicht zusagenden, weil allzu materiellen Boden ausgegossen wurden. Bei den Massen entarteten sie zu Zauberei, nahmen späterhin die Gestalt von exoterischen Religionen an, von Götzendienst voll von Aberglauben, und Menschen- oder Heldenverehrung. Nur eine Handvoll ursprünglicher Menschen – in denen der Funke der göttlichen Weisheit hell brannte und in seiner Kraft nur verstärkt wurde, wie er mit jedem Zeitalter in denen, die ihn auf böse Zwecke kehrten, schwächer und schwächer wurde – blieben die auserlesenen Hüter der der Menschheit von den göttlichen Lehrern geoffenbarten

Geheimnisse. Unter ihnen waren jene, die vom Anbeginn an in ihrem kaumarischen Zustand blieben; und die Überlieferung lispelt, was die geheimen Lehren bekräftigen, dass nämlich diese Auserlesenen der Keim einer Hierarchie waren, *die seit jener Periode niemals ausgestorben ist.* [...]

*Der Innere Mensch des Ersten * * * verändert nur von Zeit zu Zeit seinen Körper; er ist immer derselbe, kennt weder Ruhe noch Nirvâṇa, verschmäht Devachan und verbleibt beständig auf Erden zur Erlösung der Menschheit ... Von den sieben jungfräulichen Menschen (Kumâra) opferten sich vier für die Sünden der Welt und zur Unterweisung der Unwissenden, um bis an das Ende des gegenwärtigen Manvantara zu bleiben.*

Obwohl ungesehen, sind sie immer gegenwärtig. Wenn die Leute von einem von ihnen sagen, „Er ist tot", siehe, er ist am Leben und unter einer anderen Form. Diese sind das Haupt, das Herz, die Seele und der Samen der unsterblichen Erkenntnis (Jñâna).

[...] Höher als die Vier steht nur EINER auf Erden wie in den Himmeln – jenes noch mehr geheimnisvolle und einsame Wesen, das in Band I beschrieben ist

– das Wunderbare Wesen, von dem wir schon gesprochen haben.

Ich wünschte, ich hätte unseres Lehrers tiefgehendes und umfassendes Gemüt und ihre Fähigkeit der Darlegung, denn wir sind im Begriff, unser Bestes zu tun, die erhabenen Lehren, die wir seit einigen Wochen studieren, in so einfachen Ausdrücken wie möglich zu erklären, die verstreuten Gedankenfäden zusammenzulesen und zu versuchen, sie zu einem übereinstimmenden und logischen Ganzen zusammenzuweben.

Indem wir uns direkt unserem Studium zuwenden, wollen wir uns zuerst die Frage stellen: Wohin, in welche Richtung, wandern wir als eine Rasse, als Menschen, als denkende Wesenheiten? Die alte Weisheit sagt, wir gehen nach „innen". Nicht „aufwärts", nicht „abwärts", nicht nach rechts oder links, weder vorwärts noch rückwärts, sondern nach „innen", indem wir die materiellen Reiche verlassen, sie tatsächlich mit uns nehmen und die untergeordneten Bekleidungen spiritualisieren. Wir wandern auf jenem Pfad nach innen, der mit unserem „Abstieg" in die Materie, in die Manifestation begann, und fortan die Materie zum Geist erhebend, zu ihrer wirklichen Quelle und Wurzel, folgen wir dem Pfad, der wir im Innern selbst sind, und gehen nach innen, immer mehr nach innen, bis wir nach Vollendung des Weges das Ziel erreichen – ein Ziel, das höher ist als das, was wir am Anfang unserer Wanderung abwärts in die Erfahrung verließen.

Als Nächstes taucht der Gedanke auf: Sind unsere höheren Naturen von uns getrennt, so paradox das klingen mag? Sind sie wir selbst? Was sind sie? Als Schüler kennen wir die Lehren in Bezug auf die sieben Prinzipien des Menschen. Aber wenn wir innehalten, um uns selbst zu fragen, was die sieben Prinzipien in Wirklichkeit sind: bilden sie eine Einheit, oder ist jedes einzelne von ihnen eine Wesenheit für sich?, dann befassen wir uns in der Tat mit sehr schwierigen Themen. Wir wollen gleich sagen: Die vier niederen Prinzipien sind geborgt oder vielleicht eher in Verbindung mit den aus dem Vorratshaus der Natur entnommenen Elementen aus uns selbst heraus entwickelt – Elemente, die der Mensch mit seiner Ernährung, mit seiner aus Atomen zusammengesetzten Nahrung in seinen Körper aufnimmt. Doch jedes einzelne Atom ist selbst wieder das Vehikel einer Monade, die sich in dieser Sphäre oder Ebene des Lebens manifestiert. Jedes einzelne unserer drei höheren Prinzipien ist eine getrennte Wesenheit, jedoch sind sie während des manvantarischen Zyklus zu einer untrennbaren Einheit vereinigt. Wir sehen den Grund dafür, wenn wir den siebenten der sieben Schätze der Weisheit studieren, da der siebente der Schlüssel zu den anderen sechs ist.

Wir beginnen, uns eine Vorstellung von dem zu bilden, was in diesen Studien vor uns liegt: wie die Einheit zur Vielheit wird und wie sich die Vielheit wieder in die Einheit auflöst. Vor allem ist der Unterschied zwischen „Eines“, „Einheit“ und „Vereinigung“ zu beachten. Eine „Vereinigung“ ist eine Anzahl von Wesenheiten, die eng miteinander verbunden sind. Eine „Einheit“ ist eine Ansammlung von Wesenheiten, aber mit einem gemeinsamen Haupt oder einer gemeinsamen Quelle, dem Gipfel einer Hierarchie zum Beispiel, während das „Eine“ eine Monade, ein Individuum und daher unteilbar ist. Wir sind in unseren vier niederen Prinzipien eine „Vereinigung“, in unseren drei höheren Prinzipien, unserer „oberen Triade“, sind wir eine „Einheit“, und in den des leichten Verstehens wegen so genannten drei „höchsten Prinzipien“, der „höchsten Triade“, sind wir „Eines“.

Von den drei Prinzipien, die die „obere Triade“ bilden, existiert jedes auf seiner eigenen Ebene, und wir fühlen den Einfluss, weil wir in spiritueller Verbindung mit ihnen stehen. Dessen ungeachtet existiert jedes als Bewusstsein und Kraft auf seiner eigenen Ebene. Wir wissen von jedem nur so viel, wie wir bisher davon entwickelt haben. Alles, was wir zum Beispiel von dem dritten Prinzip (von oben gezählt), dem Manas, wissen, ist das, was wir uns bisher in dieser vierten Runde angeeignet haben. Es wird nicht vor dem Ende der nächsten Runde voll entwickelt sein. Was wir unser „Manas“ nennen, ist ein verallgemeinernder Ausdruck für das reinkarnierende Ego – ich spreche jetzt von dem höheren Manas.

Indem wir uns einen Augenblick einem verwandten Thema zuwenden, müssen wir verstehen, dass unser gesamtes Bewusstsein, d. h. das Bewusstsein des normalen

Menschen, zu dieser unserer gegenwärtigen Ebene gehört, aber es gibt unzählige andere Ebenen des uns umgebenden Kosmos, die uns durchdringen. Von diesen anderen Ebenen hat jede ihre eigenen Wesenheiten, ihre eigenen denkenden und nicht denkenden Wesen, wie sie unsere Ebene hat. Jede Klasse davon ist ihrer eigenen Sphäre oder Ebene angepasst, und unsere Erde durchdringt sie, wie diese uns durchdringen. Wir können ihre Wohnsitze und Behausungen und sie selbst sowie die dort lebenden niedrigen Geschöpfe nur deshalb nicht sehen, weil unsere Sinne noch nicht tauglich sind, sie wahrzunehmen. Sie sind noch nicht genügend entwickelt oder geschult, um sie zu erkennen oder zu sehen, denn unsere physischen Sinne haben eine sehr begrenzte Wahrnehmung. Aber diese Ebenen bestehen tatsächlich! Einige von ihnen gehören unserer eigenen Hierarchie an, andere nicht. Jene, die nicht zu ihr gehören, gehören zu anderen Hierarchien, von denen jede ihre eigene Reihe von Ebenen oder Welten hat. Wie in einem musikalischen Akkord jede Note gesondert gehört werden kann und jede von der anderen getrennt ist, sie zusammen aber einen Akkord, eine musikalische Harmonie bilden, so ist es mit diesen Ebenen. Das Ganze ist eine Verschiedenheit der Schwingungen. Dieses Wort wird hier im wissenschaftlichen Sinn gebraucht. Wenn die Schwingungen so sind, dass unsere Sinne sie wahrnehmen können, dann sehen, hören, fühlen, schmecken oder riechen wir sie als Sinneswahrnehmungen, und wenn unsere Sinne sie nicht wahrnehmen, wissen wir nichts von ihnen, aber sie sind da!

Ähnlich verhält es sich mit unseren drei höheren Prinzipien, der „oberen Triade". Das Ego mit seinem Bewusstsein, seinen eigenen Kräften und seiner Seele als Behausung ist vorhanden, und wir fühlen seine Eindrücke, wir fühlen seinen Strom, der für uns ein Einströmen ist. Ähnlich ist es mit dem buddhischen Prinzip und dem Strahl von Âtman. Wir sagen, Âtman ist universal, und so ist es auch, aber Âtman gehört (soweit wir auf unserer gegenwärtigen Stufe der Entwicklung in Betracht kommen) zur vierten kosmischen Ebene, obgleich er unser siebentes Prinzip ist.

Was ich zu sagen versuche, ist, dass es die Bestimmung des Menschen ist, seinen Brennpunkt des Bewusstseins vom Niedrigeren in das Höhere zu erheben. Mit jedem Schritt, den er „aufwärts" oder richtiger nach „innen" geht, findet er eine neue Welt mit ihren eigenen Bewohnern, ihren eigenen Zuständen und „Gesetzen", mit den „Wohnungen" ihrer Bewohner.

Dem alten Axiom der Hermetiker: „Wie oben, so unten" folgend, können wir die vollkommene Wahrheit, die vollkommene Wahrhaftigkeit dieser Tatsache verstehen, indem wir darlegen, dass diese mannigfaltigen Ebenen oder vielmehr Welten zum Teil unendlich höher oder nur wenig höher, zum Teil unendlich niedriger oder nur wenig niedriger als die unsrige sind und dass jede einzelne dieser Ebenen oder

Welten ihr eigenes Leben und ihre denkenden Wesenheiten hat, ihre eigenen Bäume und Steine, ihre eigenen Stürme, ihr eigenes Feuer, ihre eigenen Bewohner, ihre eigenen Tiere und all die übrigen vielfältigen und mannigfaltigen Dinge und Wesenheiten, die den Wesen, die wir auf unserer eigenen Ebene um uns sehen, ähneln, aber nicht identisch mit ihnen sind. Denken wir an die Unermesslichkeit der Räume des Bewusstseins und des Seins, die uns dieser Gedanke deutlich macht; die Unbegrenzbarkeit des Lebens, seine äußerste und vollkommene Endlosigkeit, die eine vor uns liegende, nie endende Entwicklung verheißt, so wie endlose Erfahrungen und Entwicklung hinter uns liegen. Diese Betrachtung ist erhebend.

Der Gipfel jeder Hierarchie ist, wie so oft gesagt, ein EINES. Es kann als EINES in dreien oder drei in EINEM betrachtet werden. Von diesem philosophischen Begriff der Alten leiteten die Christen ihr Dogma von der Dreieinigkeit ab. Sie ist die „oberste Triade". Sodann kommt eine EINHEIT dessen, was wir unsere „obere Triade" nennen, drei getrennte Prinzipien an sich, die aber im siebenten oder höchsten Prinzip, Âtman, zu einer festen Einheit verbunden sind. Âtman ist das Selbst, die „universale Selbstheit", nicht unser Ego, sondern das Gefühl oder Bewusstsein der Selbstheit, das in uns allen, in jedem menschlichen Wesen dasselbe ist sowie in all den untergeordneten Wesen der Hierarchie, ja selbst in denen des Tierreichs unter uns. Auch in der Pflanzenwelt ist es undeutlich wahrnehmbar, und sogar in den Mineralien ist es latent vorhanden. Dies ist reine Erkenntnis, die abstrakte Idee vom „Selbst". Sie unterscheidet sich die ganze Hierarchie hindurch überhaupt nicht, außer im Grad der Selbsterkenntnis. Wenn wir „Selbst" sagen, dann meint jeder dasselbe, aber wenn wir sagen: „Ich selbst, ich bin ich und kein anderer", dann ist das das Bewusstsein unseres Egos, und es ist nicht dasselbe, als wenn wir sagen: „Ich bin". Wenn dieses Ego von den niedrigeren Ebenen zu höheren erhoben wird, kommt es natürlicherweise mit höheren Wesenheiten in Berührung. Von dem untergeordneten Bewusstsein her werden wir durch Evolution unserer selbst als Mensch bewusst oder „selbst"bewusst. Vom Menschen werden wir zu einem Buddha oder Christus und erreichen vollständig ausgedehntes Selbstbewusstsein. Anschließend gibt es andere, noch höhere Ebenen als diese. Die vier niedersten Prinzipien bilden schließlich eine Vereinigung. Diese ist nicht von Dauer, sie ist vergänglich und löst sich beim Tod auf.

Diese Ebenen oder Welten dehnen sich nach beiden Richtungen hin aus: nach innen und nach außen. Die Ebenen der einen Richtung werden für uns, von unserem Standpunkt aus, immer erhabener, und die der anderen Richtung führen abwärts, oder wie es manchmal ausgedrückt wird, sie führen den Pfad linker Hand entlang.

Als nächstes Thema wollen wir ein anderes Zitat aus der *Geheimlehre,* Band I, Seite 625, lesen:

> Esoterisch lautet die Lehre anders. Die göttliche, rein âdi-buddhische Monade offenbart sich als die universale Buddhi, die Mahâ-Buddhi oder das Mahat der indischen Philosophien, die geistige allwissende und allmächtige Wurzel der göttlichen Intelligenz, die höchste Anima Mundi oder der Logos. Diese steigt herab „wie eine Flamme, die sich ausbreitet aus dem ewigen Feuer, das unbeweglich ist, ohne Zu- oder Abnahme, immer dasselbe bis ans Ende" des Daseinskreislaufes, und wird zum universalen Leben auf dem Weltenplan. Aus diesem Plane des bewussten Lebens schießen gleich sieben feurigen Zungen die Söhne des Lichtes hervor, die Logoi des Lebens; sodann die Dhyâni-Buddhas der Betrachtung, die konkreten Formen ihrer formlosen Väter, der Söhne des Lichtes, *aber noch immer diese selbst,* auf die die brâhmaṇische mystische Redeweise angewendet werden kann: „Du bist Dieses" – Brahman.
>
> Aus diesen Dhyâni-Buddhas emanieren ihre Chhâyâs oder Schatten, die Bodhisattvas der himmlischen Gebiete, die Vorbilder der überirdischen Bodhisattvas und der irdischen Buddhas und schließlich der Menschen. Die sieben Söhne des Lichtes werden auch Sterne genannt.

Oh, über das gewöhnliche menschliche Verstehen erhaben sind die Wahrheiten des Lebens und die Mysterien des Seins! Es wird gelehrt, dass es eine Hierarchie des Mitleids gibt, die H. P. Blavatsky manchmal die Hierarchie der Barmherzigkeit oder des Erbarmens nannte. Das ist die Lichtseite der Natur im Gegensatz zu ihrer Materieseite oder Schattenseite, ihrer Nachtseite. Von dieser Hierarchie des Mitleids kamen etwa in der mittleren Periode der dritten Wurzelrasse dieser Runde jene halbgöttlichen Wesenheiten und inkarnierten in den halbbewussten, gleichsam unvernünftigen Menschen jener Periode. Diese fortgeschrittenen Wesenheiten sind auch als Sonnen-Lhas bekannt, wie sie die Tibeter nennen, die Sonnengeister, welche die die Menschen eines früheren Kalpas waren, die sich während der dritten Wurzelrasse auf diese Weise selbst opferten, um uns mit Vernunft zu begaben, indem sie in diesen unvernünftigen psycho-physischen Schalen inkarnierten, um die schlafenden Egos, die wir damals waren, zu einer göttlichen Flamme der Egoschaft und des „Selbst"-Bewusstseins zu erwecken. Sie sind wir selbst, weil sie zu demselben spirituellen Strahl gehören wie wir. Doch genauer gesprochen waren wir die halb unbewussten, halb erwachten Egos, die sie mit dem göttlichen Feuer ihres eigenen Wesens berührten. Diese unsere „Erweckung" wurde von H. P. Blavatsky die „Inkarnation der Mânasaputras" oder der Söhne des Gemütes oder des Lichtes genannt. Hätte diese Inkarnation nicht stattgefunden, wären wir zwar in unserer Entwicklung durch „natürliche" Ursachen auch fortgeschritten, aber sie wäre fast unbegreiflich, fast unendlich langsam vonstatten gegangen. Aber die durch ihr unendliches Mitleid, durch ihre unermessliche Liebe bewirkte Handlung der Selbstaufopferung, obgleich unter karmischem Impuls geschehen, erweckte das göttliche Feuer in unseren eigenen Selbsten und gab uns Licht, Begriffsvermögen und Verstandeskraft. Auf diese Weise wurden wir von dieser Zeit an selbst „Söhne der Götter". Es wurde die Fähigkeit des Selbstbewusstseins in uns erweckt, unsere Augen wurden geöffnet, wir wurden verantwortlich. Unsere Füße wurden damals endgültig auf den inneren steilen Pfad gestellt, der nach innen, zurück zu unserer spirituellen Heimat führt.

Als wir in unserer letzten Versammlung von Initiationen sprachen, wurde von unseren Lehrern dargelegt, dass Initiation in der Tat ein Beschleunigungsprozess ist, aber sie ist auch noch etwas anderes. Sie ist eine Kopie, ein Bemühen zu kopieren, was durch die Inkarnation jener Herren des Verstandes, jener Söhne des Lichtes geschah. Sie ist ein Versuch, das innere spirituelle Selbst zu aktivieren, es zur Tätigkeit zu erwecken, uns schneller zu beseelen, uns zu befähigen, zu sehen und zu verstehen, ein Versuch, jene zu erlösen, die nach Äonen um Äonen von Leid und Kampf erfolgreich die Prüfungen bestehen, und, als Edelstes von allem, jene, deren Gemüter erleuchtet wurden, zu befähigen, ihrerseits das Gleiche für ihre Brüder zu tun, die weniger weit fortgeschritten sind als sie.

Wie kommt es, dass unsere Lehrer, alle unsere Lehrer, die unter den Menschen erschienen sind, wie auch unsere drei letzten, H. P. Blavatsky, W. Q. Judge und Katherine Tingley, von Anfang an beständig die Pflicht wie auch die Notwendigkeit der Selbstbeherrschung, der Barmherzigkeit, des Mitleids und des spirituellen Verstehens lehren? Warum tun sie das? Weil diese Eigenschaften in Wahrheit die Schlüssel, das „Sesam, öffne dich!" sind. Sie sind die Eigenschaften, die die Pforten aufschließen, nicht nur, um das Licht hereinzulassen, sondern um das Licht, wenn es gesehen wird, an andere weiterzugeben, denn wer ist der Mensch, der ihm nicht folgen würde?

Wir wollen die in dem soeben gelesenen Abschnitt aus der *Geheimlehre* angeführten Bezeichnungen niederschreiben und sie hierarchisch anordnen, damit sie leichter im Gedächtnis haften bleiben:

1. Âdi-Buddhi.
2. Mahâ-Buddhi. Sie ist tatsächlich Mahat und gleicherweise der erste Logos, wenn wir die griechische Bezeichnung annehmen.
3. Das universale Licht, das auch Leben ist. Im Sanskṛit wird es auch Daivîprakṛiti genannt, göttliche Materie, göttliche Natur. Der zweite Logos.

4. Die Söhne des Lichtes, die Logoi des Lebens genannt. Der dritte Logos.
5. Die Dhyâni-Buddhas, die Buddhas der Kontemplation oder Meditation.
6. Die himmlischen Bodhisattvas. Ein Sanskritwort mit der Bedeutung „Er, dessen Natur im Wesentlichen himmlische Weisheit oder Bodhi ist".
7. Die überirdischen oder übermenschlichen Bodhisattvas.
8. Die Mânushya-Buddhas oder die menschlichen Buddhas.
9. Die Menschen.

Das ist die Hierarchie des Mitleids, die aus den höheren Regionen emaniert oder sich entfaltet. Sie ist die Blüte des Verlaufes der Evolution. Diese Regionen bilden selbst, je nachdem, ob aufwärts oder abwärts gezählt, die erste oder zehnte oder die Wurzel der Hierarchie des Mitleids.

Das wesentliche Ziel dieser Hierarchie, der ganze Zweck und das Ziel der Evolution ist es, das Verderbliche zum Unverderblichen, das Unvollkommene zum Vollkommenen zu erheben, das Sterbliche so zu erheben, dass es unsterblich wird – mit anderen Worten, den persönlichen Menschen zu erheben, damit er zum individuellen Menschen wird, und den Menschen zu einem göttlichen Wesen zu machen. Der normale Mensch hat natürlich diese erhabene Stufe noch nicht erreicht, und deshalb gibt es im „persönlichen" Menschen überhaupt kein dauerndes Prinzip, weil er nur aus den fünf niedrigeren Prinzipien zusammengesetzt ist. Wenn wir sagen: der „persönliche" Mensch, dann meinen wir den Menschen dieser Periode, dieser Epoche, die sich entwickelnde Wesenheit der gegenwärtigen Zeit, die Person. Aber diese Person wird „überschattet", in dieser Person inkarniert (wenn wir den Ausdruck „inkarnieren" anwenden können) die göttliche Flamme, der göttliche Same, der beständige Impuls von dem Gott im Innern, der jedem Einzelnen von uns im Herzen immer zuruft: „Komm höher herauf, komm zu mir. Sei der Pfad und gehe ihn. Ich bin der Weg, die Wahrheit und das Leben" – im „Herzen" eines jeden von uns. Er ist da, und sobald sich der persönliche Mensch „bewusst" mit diesem göttlichen Funken verbindet, wird er in seinem inneren Bewusstsein unpersönlich und unsterblich und daher zumindest bis zum Ende dieses Mahâ-Kalpa unverderblich. Dann ist es seine erhabene Bestimmung, in jenes unaussprechliche Nirvâṇa einzutreten, in dem er in unbeschreiblicher Glückseligkeit und universalem Verstehen verbleiben wird, bis das nächste Kalpa beginnt, worauf er von neuem hinausgeht, aber auf einem weit erhabeneren Plan. Er tritt hinaus als Lehrer für die neue Menschheit und erkennt dann, dass es seine Aufgabe ist, einer von jenem Bunde, jener Gesellschaft oder Körperschaft der Söhne des Gemütes oder des Lichtes zu werden und seinerseits die halbbewussten Wesen jenes künftigen Zyklus zu Selbstbewusstsein und spiritueller Unsterblichkeit anzuregen.

Bodhisattva: dies ist ein Schlüsselwort. Die Dhyâni-Buddhas, die Herren der Kontemplation, die in der Aufzählung der Hierarchie des Mitleids an fünfter Stelle stehen, sind sieben an der Zahl, und jeder von ihnen regiert oder vielmehr überwacht eine unserer Runden. In einem Kalpa gibt es sieben Runden. Der Dhyâni-Buddha ist der Leiter, der beständige Ansporner hinter jener Kraft in der Natur, die wir immer in uns fühlen. Diese „Kraft" ist der göttliche Drang, wie ihn die Philosophen nennen. Sie ist jedoch noch nicht wahrhaft göttlich, weil, so edel und groß die spirituellen Wesen in Wahrheit sind, sie doch noch nicht den Gipfel ihrer eigenen Hierarchie erreicht haben. Ihr großes Werk ist, was wir den göttlichen Drang, den Antrieb hinter dem Evolutionsprozess nennen können. Außerdem ist jeder dieser Dhyâni-Buddhas für sich selbst eine Hierarchie. Jedes Atom ist eine Hierarchie, jeder Mensch ist eine Hierarchie, und in der Tat ist jede Wesenheit eine Hierarchie größeren oder untergeordneten Grades, weil alles, was zusammengesetzt ist, notwendigerweise in Grade spiritueller und intellektueller Eigenschaften teilbar ist. Wie könnten sonst die sich entwickelnden Wesen lernen? Würde der Mensch nur in der ursprünglichen Reinheit seiner göttlichen Essenz existieren, was könnte es da für ihn zu lernen geben, und wie könnte er lernen? Jeder einzelne dieser Dhyânis gibt Geburt, emaniert oder entwickelt aus sich selbst sieben „Söhne", die die himmlischen Bodhisattvas genannt werden. Jeder himmlische Bodhisattva hat die Aufsicht über einen der Globen unserer Planetenkette, so dass nicht nur jede planetarische Runde, sondern auch jeder Globus ihr bzw. sein spirituelles Haupt besitzt. Er ist in diesem Sinne gleichfalls wieder eine Hierarchie.

Wir wollen unsere Erde, den vierten Globus, als weiteres Beispiel nehmen. Der himmlische Bodhisattva unseres Globus bringt seinerseits die sieben übermenschlichen Bodhisattvas zur Geburt, und diese übermenschlichen oder überirdischen Bodhisattvas haben jeweils die Aufsicht über eine der sieben Wurzelrassen in jeder Runde und bringen durch einen wunderbaren Prozess die sieben menschlichen Buddhas hervor – jeder einzelne, jeder übermenschliche Bodhisattva, einen Rassenbuddha. Ein Bodhisattva ist, exoterisch erklärt, einer, der in der nächsten Inkarnation oder in einigen Inkarnationen ein Buddha wird. Das stimmt, aber es ist eine exoterische Lehre, d. h., sie ist unvollständig und ggf. irreführend. Vom Standpunkt unserer esoterischen Lehren aus ist ein Bodhisattva mehr als das. Wenn ein Mensch, ein menschliches Wesen, den Punkt erreicht hat, an dem sich sein Ego seiner inneren Göttlichkeit vollkommen bewusst ist, wird er mit dem buddhischen Strahl bekleidet, und der persönliche Mensch legt tatsächlich auf dieser Erde, hier und jetzt, sozusagen die Gewänder der inneren Unsterblichkeit an, er ist ein Bodhisattva. Seine höheren Prinzipien haben beinahe Nirvâṇa erreicht. Wenn sie es schließlich wirklich erreichen, ist ein solcher Mensch ein Buddha, ein menschlicher Buddha, ein Mânushya-Buddha. Hieraus geht hervor: Würde ein solcher Bodhisattva reinkarnieren, so wäre er in der nächsten Inkarnation oder in sehr wenigen folgenden Inkarnationen ein Mânushya-Buddha. Ein Buddha kann gemäß der esoterischen Lehre in seinen höheren Prinzipien nichts mehr hinzulernen, sie haben Nirvâṇa erreicht und verbleiben dort. Aber der spirituell erwachte persönliche Mensch, der Bodhisattva, die halb-göttlich erwachte Person, um eine gemeinfassliche Sprache anzuwenden, bleibt, anstatt seine Belohnung in einem geringeren Nirvâṇa zu wählen, aus Barmherzigkeit und Mitleid für die untergeordneten Wesen auf Erden und wird das, was ein Nirmâṇakâya genannt wird. Ein Nirmâṇakâya ist ein Bodhisattva, ein halb-göttlich gewordener persönlicher Mensch. Er kleidet sich in ein nirmâṇakâyisches Gewand. Der Nirmâṇakâya ist eine vollkommene, denkende, spirituelle Wesenheit, nur der physische Körper fehlt.

Wir wollen an einem Beispiel veranschaulichen, wie sich das auswirkt. Hinsichtlich unseres Themas studieren wir die Natur des Wunderbaren Wesens gegenwärtig nur beiläufig als eine wahrhaft erhabene Erläuterung des siebenten Schatzes der Weisheit, Âtma-Vidyâ, der Erkenntnis des Selbstes. Nun wollen wir unser Beispiel betrachten. Einige Zeit nachdem Gautama-Buddha gestorben war, wurde in Südindien ein Mann geboren, der einen großen Eindruck auf die indische Welt hinterließ. Sein Name war Śankarâchârya. Âchârya ist ein Sanskṛitwort und bedeutet Lehrer oder Meister. Der Name des Mannes selbst war Śankara. Werden die beiden Wörter miteinander verbunden, ergeben sie Śankarâchârya, „Śankara der Lehrer", wie es die Hindu-Vedântisten der Advaita- oder nicht-dualistischen Schule ausdrücken. Geboren wurde er in Indien. Hier haben wir etwas sehr Interessantes, auf das schon früher kurz hingewiesen wurde. Śankarâchârya war ein Avatâra, das bedeutet, er war eine Inkarnation eines „Gottes". Und doch stand er weniger hoch als der Buddha (Gautama), der ihm vorhergegangen war, obgleich der Letztere ein Mensch war. Wie werden wir dieses Wunder klären? Leicht. Der Buddha Gautama wurde ein Buddha durch seine eigenen Anstrengungen, die er während unzähliger Zeitalter unternommen hatte, während Śankarâchârya in einem mystischen Sinn das war, was vom Standpunkt esoterischen Menschentums aus eine Illusion genannt werden kann. Śankara war ein Mensch. Es war ein physischer Körper vorhanden, und es war die große spirituelle Essenz im Innern anwesend. Aber es hatte keinen früheren Śankarâchârya gegeben. Śankarâchârya an sich und spirituell gesehen war ein göttlicher Strahl; Âtman und Buddhi wurden in dem Körper dieses Brâhmaṇen geboren und waren da. Ebenso waren Kâma und Prâṇa, der astrale Modellkörper und der physische Körper vorhanden, aber kein erleuchtetes persönliches Ego. Damit nun dieser Avatâra sein Werk zu der Zeit in der Geschichte ausführen konnte, trat der Bodhisattva des Buddha in den Körper ein und erleuchtete ihn, versah ihn mit dem erleuchteten Ego und wiederholte auf diese Weise das zeitalteralte Mysterium der Selbstaufopferung. Er nahm die „Sünden" (oder die karmische Erbschaft von den

Eltern) des Körpers, die vorhanden gewesen sein mögen, wenn überhaupt welche vorhanden waren, auf sich und gab so diesem göttlichen Strahl, diesem Avatâra, die Möglichkeit, in der Welt zu wirken. Er lieferte das Vehikel, durch das sich der göttliche Strahl für die Welt und in der Welt des Menschen offenbaren konnte. Das ist das Geheimnis eines Avatâras. Aber nicht jeder Bodhisattva ist notwendigerweise das Vehikel eines Avatâras, denn die Avatâras kommen in besonderen und ganz bestimmten Zyklen. Auch die Buddhas kommen in besonderen und ganz bestimmten Zyklen, aber sie lassen einen Bodhisattva, ihr Ego, ihren erleuchteten, denkenden Teil, den Nirmâṇakâya zurück, der dem Werk der Erlösung der Rasse geweiht ist, denn derart ist der bewusste Teil der Hierarchie des Mitleids auf unserem Globus.

Das war eine der uralten Mysterienlehren in den alten Mysterienschulen.

Doch das ist nicht alles in Bezug auf dieses wahre und wunderbare Mysterium. Uns wird gelehrt, dass derselbe Bodhisattva einige Jahrhunderte später auch das bewusste Vehikel, die egoische Kraft in der Jesus genannten Person in Palästina lieferte. Dies sind jedoch Lehren, in die wir heute Abend nicht tiefer eindringen können. Sie dienen nur als Illustration dafür, wie die Hierarchie des Mitleids bei ihrer erhabenen Überwachung der menschlichen Rasse und ihrer beschützenden Arbeit für sie auf Erden wirkt.

Wir wenden uns nun einigen Fragen zu, die uns eingereicht wurden und die wir als „hypothetische Fragen" bezeichnen wollen. Es sind fünf an der Zahl. Bevor wir schließen, werden wir sie mit des Lehrers Erlaubnis vorlesen und unser Bestes tun, sie zu beantworten. Ich erwähne dies, bevor wir unseren Gedankengang weiterführen, weil eben dieses Thema, das wir mit Buddha Gautama und Jesus berührt haben, in diesen Fragen erwähnt wird. Es sind Fragen, die wir wahrscheinlich alle selbst schon gestellt und auf die wir eine Antwort gesucht haben.

Wir haben nun eine Idee von dem erhalten, was wir mit Selbsterkenntnis meinen, von unserer Einheit mit allem, wie unsere Individualität sozusagen vom Himmel und von der Erde geboren wurde: von dem inneren göttlichen Strahl und dem niederen persönlichen Menschen, der aufwärts erhoben werden muss, bis er mit jenem göttlichen Strahl eins und so ein taugliches und gereinigtes Vehikel für ihn wird. Wir haben auch gesehen, dass das Studium des Wunderbaren Wesens eine höchst erhabene Illustration des erhabenen spirituellen Zustandes darstellt, den wir erreichen sollten und erreichen werden, wenn wir den Lauf erfolgreich beenden.

Wir wollen nun in Verbindung mit diesem Wunderbaren Wesen in unserem Denken ein wenig weitergehen. Wir haben gesehen, dass es sowohl vom Himmel als auch von der Erde ist, wie H. P. Blavatsky unter Benutzung der volkstümlichen Ausdrucksweise sagte. Seine Wurzeln sind der Dhyâni-Buddha dieser Runde, und der Strahl erreicht ihn als Mensch durch den von dem Dhyâni-Buddha emanierten himmlischen Bodhisattva und auch durch den überirdischen oder übermenschlichen Bodhisattva, dem die Aufsicht über unsere Wurzelrasse obliegt. Das Wunderbare Wesen wird hier in seinem Rassenaspekt betrachtet. Beachten wir jedoch, dass es auch ein Wunderbares Wesen für unseren Globus gibt, ebenso eines für die ganze Planetenkette usw.

Es gibt eine Überlieferung – und unsere Lehrer sagen uns, dass es eine auf Wahrheit begründete Überlieferung ist –, dass selbst bis auf den heutigen Tag in Zentralasien ein gewisses mystisches und geheimnisvolles Land oder ein Landstrich existiert. Dieser wird Śambhala genannt. Es ist ein in der Sanskṛitliteratur bekanntes Wort, aber weil die sich darauf beziehenden Sagen und Legenden mit dem verbunden sind, was unsere dünkelhaften europäischen Sanskṛitforscher und Orientalisten „heidnischen Aberglauben" und die „Liebe der Orientalen zu blumenreicher Redeweise" oder ähnlich nennen, sagen europäische Gelehrte, es sei ein Mythos. Blinde Menschen! Śambhala ist ein wirklicher Landstrich auf Erden in einem gewissen Teil des Territoriums von Tibet. Er war seit Zeitaltern der Gegenstand vieler mystischer Spekulationen und blieb es bis auf den heutigen Tag. Dieser Landstrich Śambhala ist das „Heim" unserer erhabenen Lehrer. Er ist gleicherweise das „Heim" des „Wunderbaren Wesens", ob als Mensch oder in seinem Rassenaspekt betrachtet. Dieses Wunderbare Wesen verkörpert sich von Zeitalter zu Zeitalter nach seinem Willen und Belieben. Dabei verlässt es niemals die Pflicht, die es auf sich genommen hat, noch wird es sie je aufgeben, bis sein Werk vollendet ist. Es ist das spirituelle Band und Verbindungsglied der verschiedenen Bodhisattvas und Buddhas der Hierarchie des Mitleids, das sie mit den höheren Welten sowie mit uns und den niedrigeren Wesen unserer Runde verbindet. Dieses Land Śambhala wird als ein von hohen Bergketten umgebener Ort von großer Schönheit beschrieben. Es wird gesagt, dass kein menschliches Auge es je sehen kann, dem nicht erlaubt wird, es zu sehen. Und es wird ferner gesagt, dass in dieses Land jene gehen, die dorthin „gerufen" werden, manchmal, um zurückzukehren, und manchmal, um dort zu verbleiben, und dass dort, erhaben über alle Meister, der menschliche Aspekt dieses Wunderbaren Wesens, der Große Initiator, das Große Opfer, regiert.

Dies sind die Lehren. Es wird ferner gesagt, dass von diesem Land beständig spirituell – und in zyklischen kritischen Zeitperioden auch in tatsächlicher physischer Gestalt – Meister in die Welt hinausgehen. Kann ein nachdenkliches und spirituelles Gemüt H. P. Blavatskys Leben und Geschichte verfolgen in Bezug auf das, was sie sagte und was sie tat, ohne zwischen den Zeilen und hinter den Worten zu lesen? Haben wir je beherzigt, was es ihr und für sie bedeutete, wenn sie davon sprach, dass sie „heimgehe"? Haben wir je überlegt, was in jenem Frauenkörper inkarniert gewesen sein könnte? Die Erlöser nehmen manchmal, wenn sie es für nötig halten, von Zeitalter zu Zeitalter in dieser Weise Körper auf. Das Geschlecht hat nicht viel zu sagen, obwohl gewöhnlich männliche Körper gewählt werden. Es werden entsprechende physische Körperinstrumente gewählt, die für die zu vollbringende Arbeit am besten geeignet sind.

Weiterhin wird uns gesagt, dass die vier Kumâras – „höher als die Vier ist nur EINES“ – spirituell und ursprünglich die vier himmlischen Bodhisattvas der vier Globen unserer Runde sind, die durch Entsprechung eng mit den vier vollendeten Wurzelrassen unserer Erde korrespondieren. Höher als sie ist niemand auf Erden, ausgenommen dieses EINE.

Oh, wir wollen diese wunderbaren Lehren in unser Herz aufnehmen und zu einem Teil von uns machen. Es liegt unendliche Schönheit, unaussprechliche Hoffnung in ihnen. Sie enthalten spirituelles Leben, intellektuelle Gesundheit. Wie aber steht es mit den Gemütern der Menschen? Weiß nicht jeder von uns, dass der Durchschnittsmensch die Wahrheit nicht annehmen will, wenn er sie sieht, es sei denn, sie stimmt mit seinen vorgefassten Meinungen überein? Und warum? Weil sein Gemüt so erfüllt von seinen Gedanken und so verwirrt ist durch seine eigenen Gehirngemütsideen, seine eigenen Meinungen, von denen er denkt, sie seien so sehr über alles erhaben, was aus einer anderen Quelle kommt, besonders, wenn es von einer unpersönlichen Quelle kommt. Wir befinden uns alle in dem gleichen Zustand. Wir kommen nicht los von diesen Formen des Gemütes, die uns blenden. Jeder von uns hat ohne Zweifel damit zu kämpfen, der eine mehr, der andere weniger. Aber wir sind durch unseren eigenen Willen mit diesem Fluch behaftet, und alles, was wir zu tun brauchen, ist, unseren Willen anzuwenden, so wie es uns unsere Lehrer zu tun auffordern, um diese Gemütsformen zu zerbrechen, um das Licht und das spirituelle Leben, das Verstehen und das heilige Mitleid hereinzulassen. Was hält dieses alles aus unseren Gemütern und Herzen als aktive Kraft fern, außer unseren starren Formen des Gemütes? „Gebt auf euer Leben, wenn ihr es finden wollt.“

Gelegentlich tadeln uns die Menschen und sagen, wir seien „Atheisten“, weil wir nicht an einen „persönlichen“ Gott glauben. Ich möchte vorlesen, was ein großer griechischer Denker über dieses Thema sagte, als er des Atheismus angeklagt und beschuldigt wurde. Bevor ich vorlese, möchte ich etwas zu dem Ausdruck „Atheist“ sagen. Er bezeichnete unter den Griechen jemanden, der nicht die Götter gelten ließ, an die die Menge glaubte, die mythologischen Götter des Staates. Es war kein solcher Ausdruck der Beschimpfung und des Hasses, wie er es unter dem christlichen theologischen System geworden ist. Er bedeutete eher: „Du bist ein Radikaler!“ – nicht viel mehr, wenn überhaupt mehr. Aber die Christen haben dieses

Wort, das damals vollkommen ohne Beigeschmack war und jemanden bezeichnete, der nicht die Götter des Staates anerkannte, in einen Ausdruck des Hasses verwandelt, der moralische Erniedrigung bedeutet. Vergessen wir nicht, dass die Christen von den „Heiden" ebenfalls Atheisten genannt wurden, einfach aus dem Grunde, weil sie die mythologischen Götter des Staates nicht anerkannten. Als die Christen mächtig wurden, zahlten sie mit gleicher Münze zurück und nannten die Heiden Atheisten, da diese sich weigerten, den jüdisch-christlichen Gott Jehova anzunehmen. Aber was sagte Epikur, der erst in späteren Zeitaltern ein Atheist und ein Sensualist genannt und dem möglicherweise jedes andere Attribut beigelegt wurde, das Menschen im Hass auf jemanden häufen können, den sie nicht leiden mögen? „Die Götter existieren, aber sie sind nicht das, wofür die Menge sie hält. Der Mensch, der die Existenz der von der Menge angebeteten Götter leugnet, ist weder ein Ungläubiger noch ein Atheist, wer aber glaubt, die Götter seien das, wofür die Menge sie hält, ist ein Atheist und gottlos."

Unsere für diesen Abend zur Verfügung stehende Zeit geht zu Ende. Wir nehmen auf des Lehrers Anregung und mit seiner Erlaubnis die fünf „hypothetischen Fragen" auf, von denen wir gesprochen haben. Diese Fragen mögen ohne Zweifel jedem Einzelnen von uns gekommen sein, und wir haben vielleicht nach einer Antwort gesucht. Ich will sie vorbringen, als wären sie hier aus dem Zuhörerkreis gestellt worden.

„Was Sie in der Versammlung am Donnerstag der vergangenen Woche sagten, habe ich dahingehend verstanden, dass Jesus und Apollonios Nirmâṇakâyas waren. In *Isis Entschleiert,* Band II, Seite 164, sagt H. P. Blavatsky dem Sinn nach: ‚Während Jesus und andere sich beständig mit ihrem Geist vereinigten, waren Apollonios und andere von seiner Klasse nur zeitweilig mit ihrem Geist vereinigt.' Ich dachte, ein Nirmâṇakâya sei beständig mit seinem Geist vereinigt, während er auf dieser Erde wirkt."

Diese Frage ist durch das, was wir bereits in Bezug auf die Bedeutung eines Bodhisattvas erklärt haben, zum großen Teil beantwortet worden. Ein Nirmâṇakâya ist ein „Zustand", den ein Bodhisattva angenommen hat oder in den er eingetreten ist. Wenn dieser Zustand aufgehoben wird, endet der Nirmâṇakâya. Kâya bedeutet „Körper" oder „Vehikel". Śankarâchârya, Kṛishṇa, Lao-tse und Jesus waren Avatâras verschiedener Grade. Es war ein göttlicher Strahl vorhanden, der zu der zyklisch festgelegten Zeit zur Inkarnation kam, und das verbindende Glied, die Flamme des Gemütes, wurde in jedem Fall von einem Mitglied der Hierarchie des Mitleids zur Verfügung gestellt. Aber diese Avatâras standen nicht alle auf gleicher Stufe. Apollonios war kein Avatâra, er *war* ein Nirmâṇakâya – ein Bodhisattva. Wie schon gesagt, steht der Bodhisattva in der Hierarchie des Mitleids tatsächlich höher als ein Avatâra, und zwar in der gleichen Weise, wie ein Mensch, der durch seine eigenen Anstrengungen Göttlichkeit erreicht hat und aus Mitleid in der Welt der Menschen zurückbleibt, um ihr spirituell zu helfen, wirklich höher steht als die Devas oder Götter in ihrer kristallisierten kalten Reinheit.

Jesus und andere, wie Kṛishṇa und Lao-tse, waren beständig mit ihrem Geist vereinigt. Offenbar bezieht sich das nicht auf den physischen Körper jener großen Menschen, sondern es bedeutet, dass der besondere âtma-buddhische Strahl, der auf Erden Jesus, Kṛishṇa oder Lao-tse genannt wurde, jeweils einen Menschen erfüllte, der natürlicherweise immer mit seinem Geist vereinigt war, obgleich sich jeder durch einen Bodhisattva-Nirmâṇakâya manifestierte. Sie konnten nichts anderes sein. Sie konnten kein Avatâra sein durch ein Wesen, das unter einem Bodhisattva stand. Apollonios und der Bodhisattva Gautama sowie andere dieses edlen Typus waren nicht beständig mit ihrem Geist verbunden, oder vielmehr, sie waren nicht nur, nicht allein âtma-buddhische Strahlen, denn sie waren durch Erfahrung vollkommen gewordene Menschen, halb-göttliche persönliche Menschen, und ein solches Wesen steht tatsächlich höher als ein spiritueller Strahl oder eine Monade an sich, weil diese Bodhisattvas die vortrefflichen Blüten der Evolution sind.

Die nächste Frage: „In einer Donnerstagabend-Versammlung wurde erklärt, die Worte der Bergpredigt seien nicht die Worte Jesu, sondern Sammlungen alter Weisheit, die von einem späteren Schriftsteller zusammengestellt wurden. Ich verstehe nicht, warum in Katherine Tingleys Ansprachen diese Predigt und Jesus immer miteinander verbunden werden, als sei Jesus der Autor der Predigt. Ich habe den Eindruck erhalten, dass Jesus nur ein initiierter Jude war, aber bei weitem nicht von so bedeutender Größe, um die Anbetung seitens aller Christen zu gebieten. Vielleicht habe ich jedoch nicht richtig verstanden."

Diese hypothetische Frage ist höchst sorgfältig abgefasst. Es wurde nicht gesagt, dass die Bergpredigt nicht die Denkweise oder Worte von Jesus waren. Was gesagt wurde und infolge der Kürze der zur Verfügung stehenden Zeit zweifellos unzulänglich gesagt wurde, war, dass die Predigt auf dem Berg, so wie sie uns jetzt im Neuen Testament vorliegt, ohne Zweifel aller Wahrscheinlichkeit nach etwa in der gleichen Weise zusammengestellt worden ist wie die vier kanonischen Evangelien. Sie gründet sich ohne Zweifel auf die Denkweise und Aussprüche des Meisters, auf Jesus. Unzweifelhaft hat ein Mensch Jesus gelebt. Unzweifelhaft hatte er eine Schule. Unzweifelhaft hatte er seine Schüler, und unzweifelhaft belehrte er diese, und seine Aussprüche wurden von seinen Schülern aufbewahrt. Aber im Verlauf der Zeit wurde vieles vergessen, und die Aussprüche wurden durchgesehen und hinausgegeben, so dass wir sie jetzt in der Form vorliegen haben, in der sie im Neuen Testament erscheinen. Dies wurde durch die Tatsache erleichtert, dass ein guter Teil dieser

Schriften über allgemeines philosophisches oder esoterisches Wissen handelte, das im Denken jener Zeit teilweise im Umlauf war, und es wenig Geschicklichkeit erforderte, diese Ideen zu einem mehr oder weniger logischen Ganzen zu verbinden. Schon die Tatsache, dass sich die bekannten Widersprüche und Ungereimtheiten in den vier Evangelien bei näherem Vergleich als verschiedenartige Fassungen verschiedener Schriftsteller erweisen, zeigt, dass sie von verschiedenen theoretischen Grundlagen aus zusammengestellt wurden. Dem Theosophen zeigen gewisse in ihnen angewandte Ausdrücke, dass der Esoterizismus von Syrien natürlich eine große Rolle bei ihrer Zusammenstellung spielte. Jesus lehrte unsere eigenen universalen Wahrheiten. Seine nicht genügend geschulten Anhänger verstanden vieles davon falsch. Die Ausdrücke wurden zu jener Zeit in den Mysterienschulen der Welt am östlichen Mittelmeer benutzt, aber sie gehören nicht zu unserer Schule. Und da Jesus sicherlich zu unserer Schule gehörte, besteht die Annahme, dass seine Reden „verbessert" und mit fremdem Stoff verbunden und so zu den vier Evangelien geformt wurden. Zweifellos glaubten einige Leute, die verstreuten Reden des Lehrers könnten verbessert, „klarer und leichter verständlich" gemacht werden. Solches hat sich selbst in unserer eigenen Gesellschaft ereignet.

Das scheint das Schicksal fast aller großen Lehren zu sein. Dagegen gibt es absolut keine Schutzmaßnahme, außer den getreuen Herzen von Männern und Frauen, die bis zum Tod für die *reinen* Lehren eintreten, die ihnen Licht und ein erwecktes inneres Leben gaben.

DAS IST ES, WOFÜR UNSERE SCHULE BESTEHT.
LASST UNS DAS NIE VERGESSEN!

Unser Fragesteller hat Recht mit dem Eindruck, den er erhalten hat, wenn von Jesus gesagt wurde, er sei ein initiierter Syrier gewesen, ein Jude, wenn wir so wollen. Wir sprechen jetzt von dem Menschen Jesus. Ich glaube jedoch nicht, dass wir jemals gesagt haben, er habe unter irgendwelchen Umständen die „Anbetung" durch die Christen oder jemand anderen beansprucht, weil eine solche Verehrung allen Anhängern der unpersönlichen und unaussprechlichen Wahrheit streng untersagt ist. Diese Idee bedeutet ein Missverstehen unserer Meinung durch den Fragesteller.

Es folgt eine weitere hypothetische Frage: „Etwas anderes, was mich verwirrt, sind die vielen verschiedenen Arten, in denen die sieben, neun und zehn Prinzipien des Menschen und des Universums aufgezählt werden. In den Instruktionen I und II von H.P. Blavatsky wird gesagt, dass Âtman in Wirklichkeit überhaupt kein menschliches Prinzip ist, sondern dass die aurische Umhüllung das siebente bildet. In unseren esoterischen Versammlungen wird jedoch oft von Âtman als zum

Menschen gehörend gesprochen. Die esoterische und die exoterische Aufzählung dieser Prinzipien sind unterschiedlich, und teilweise wird Manas nur ein Prinzip genannt, dann wird es wieder in zwei Teile geteilt und das niedere Manas mit dem Kâma-Prinzip verbunden usw."

Diese gut gewählten Punkte muss jeder durch das Studieren der Literatur, über die wir bereits verfügen und die von unseren älteren Schülern so geschickt geschrieben wurde, für sich selbst lösen. Die sieben Prinzipien sind notwendigerweise Gegenstand verschiedener Methoden der Aufzählung, da jede Methode der Aufzählung oder Darstellung in diagrammatischer oder paradigmatischer Form nur einen anderen Ausblick auf die Wahrheit, eine andere Facette des einen Juwels zeigt oder eine andere Art und Weise ist, das Juwel zu betrachten. So würde ein Mensch, wenn er in Indien wäre und jenes wundervolle Monument der Schönheit, den Taj Mahal, zu studieren wünschte, dieses Monument nicht nur von der Vorderseite betrachten und dann fortgehen, sondern er würde auch hineingehen und es in allen Einzelheiten studieren. Er würde es von hinten, von der rechten und von der linken Seite betrachten und somit alle Seiten sehen, und er würde möglichst sämtliche Informationen von Autoritäten hierüber sammeln.

Auf ungefähr die gleiche Weise sind die sieben oder zehn Prinzipien Gegenstand verschiedener Methoden der Darstellung. Âtman wird tatsächlich als das siebente Prinzip aufgezählt, weil Âtman die dauernde Wurzel unseres Wesens ist; aber wenn wir vom Kâma-Prinzip wüssten, dass es diese Wurzel sei, dann würde dieses das siebente genannt werden, oder unter ähnlichen Bedingungen würde Manas das siebente genannt werden. Âtman wird als das erste oder höchste Prinzip bezeichnet, weil die sieben Prinzipien des Menschen in einer verallgemeinernden Weise betrachtet werden, und da Âtman oder das Selbst die Wurzel oder das höchste Element des Seins ist, wird es zu einem der sieben Prinzipien gerechnet, obgleich es in Wirklichkeit ein „universales" Prinzip ist.

Unsere vierte hypothetische Frage zeigt, wie tief unser Fragesteller nachgedacht hat: „Die Lehre von den Zyklen und die genaue Anzahl der Jahre, die die menschliche Rasse in einem Manvantara oder in einem Tag und einer Nacht von Brahmâ benötigt, um die siebente Rasse und die siebente Runde zu erreichen, verwirren mich immer etwas, wenn ich sie mit der Lehre vom freien Willen in Verbindung bringe. Warum werfen des Menschen freier Wille und seine Fehler nicht ständig die genaue Anzahl der Jahre durcheinander, die er braucht, um bestimmte zukünftige Runden und Rassen zu erreichen? Katherine Tingley sagt in *Der Pfad des Mystikers,* dass die Menschheit den schlimmsten Punkt, den grausamsten Punkt in ihrer Entwicklung überschritten hat und keine Mächte im Himmel oder in der Hölle ihren Fortschritt aufhalten können, und doch fährt sie fort, zur Menschheit zu sprechen, als befände sie sich am Rande der Zerstörung."

Unser Fragesteller ist sicherlich ein Denker, und das ist ausgezeichnet. In dem großen Spielraum der Dinge, wenn wir die sieben Runden als ein Kalpa oder als ein Ganzes nehmen – und noch stärker trifft dies auf das Sonnenkalpa zu, das heißt auf den Zyklus des Sonnensystems –, ist die genaue Anzahl der Jahre, selbst der vielen Inkarnationen eines Menschen, in etwa der gleichen Weise bestimmt und festgesetzt wie die Anzahl der Umdrehungen (oder der Tage und Nächte), die unser Globus, die Erde, in einem Jahr oder bei einem Umlauf um die Sonne macht. Mit anderen Worten, die Zahl der Tage in einem Jahr oder die Zahl der Tage eines Mondzyklus oder eines Monats ist festgelegt und bestimmt. Doch während das im allgemeinen Verlauf der Dinge so ist, ist die Lehre vom freien Willen, den der Mensch hat, eine sehr reale Wahrheit, und des Menschen Fehlschläge und Erfolge bewirken zum Beispiel eine Verzögerung oder Beschleunigung der Aufeinanderfolge der Zahl seiner Inkarnationen. Das beantwortet kurz die gestellte Frage.

Die Gesamtzahl ist festgelegt. Aber obwohl die Körper im Sonnensystem, die Planeten, wie unsere Astronomen wissen, manchmal aufgrund von Störungen gelegentlich der Zeit nach etwas zurück oder ein wenig voraus sind, kommen sie trotzdem am Ende rechtzeitig an, so als wären sie mit Bewusstsein ausgestattet, um zur festgesetzten Stunde ihr Ziel zu erreichen. Des Menschen freier Wille kann den Lauf oder die Zeitperioden seiner Inkarnationen ändern, aber nicht deren Zahl. Er kann sie in jeder Runde, in jeder Wurzelrasse in dieser Hinsicht ändern, aber er muss durch karmische Vergeltung dafür bezahlen, denn es setzt eine Reaktion ein, und es wird eine Gegenströmung vorhanden sein, die in die entgegengesetzte Richtung läuft. Sollen wir schließlich sagen, der Mensch habe keinen freien Willen, weil er an den Globus gebunden ist, den er nicht aus eigenem Antrieb verlassen kann? Natürlich nicht, obgleich er bei dem jährlichen Lauf unseres Globus nolens volens mit um die Sonne herumgetragen wird. Es gäbe noch viel mehr zu sagen, um diesen Punkt zu erklären, aber es ist zu esoterisch, um hier darüber zu sprechen.

In Bezug auf die Worte unseres Lehrers sei mir erlaubt darzulegen, dass unser Fragesteller den Lehrer dem Sinn nach richtig zitiert hat. Tatsache ist, dass wir den schlimmsten Punkt, den grausamsten Punkt in unserer Entwicklung hinter uns haben. Dies war die Mitte der vierten Rasse dieser vierten Runde. Die Dinge konnten damals, vom spirituellen Gesichtspunkt aus gesehen, in unserem gesamten Manvantara nicht schlimmer gewesen sein. Verschiedene Zyklen erreichten ihren mittelsten oder niedrigsten Punkt. Als Rassenkörper durchschritten wir ihn erfolgreich, aber viele, viele Wesenheiten fielen und gingen den „abwärtsführenden Pfad", von dem wir so oft gesprochen haben. „Und doch fährt sie fort, zur Menschheit zu sprechen, als befände sie sich am Rande der Zerstörung." Wissen wir nicht, dass wir sogar in dieser Wurzelrasse, der fünften, den Mittelpunkt der vierten primären Unterrasse noch nicht erreicht haben – ihren mittleren und deshalb gefährlichen Punkt? Und dass daher die große, für unsere fünfte Wurzelrasse fällige Rassenkatastrophe noch nicht eingetreten ist? Wie H. P. Blavatsky 1887 und 1888 darlegte, scheinen die großen Überschwemmungen und Erdbeben, die sich in den letzten paar tausend Jahren ereigneten, Vorboten dafür zu sein, was uns in den nächsten Tausenden von Jahren mit vermehrter Kraft bevorsteht.

Die letzte Frage lautet: „Die dem Absoluten in seinen verschiedenen Manifestationen gegebenen Namen verwirren mich, oder vielleicht sind sie nur schwer zu behalten. In Patañjalis *Yoga-Aphorismen* wird des Menschen höheres Selbst Îśvara genannt und in der *Bhagavad-Gîtâ* Purusha. Ferner wird es oft Âtman genannt. Im achten Kapitel der *Bhagavad-Gîtâ* werden die Namen Adhyâtman, Adhibhûta, Adhidaivata, Adhiyajña, Brahman und so fort mit sehr feinen Unterschieden in der Bedeutung angewandt."

Unser Fragesteller hat das Recht auf seiner Seite. Die verschiedenen Namen sind nicht nur verwirrend, sondern auch schwer zu behalten, um so mehr Grund für uns, sie zu studieren. Die Bedeutungen werden auch im ersten Teil des achten Kapitels der *Bhagavad-Gîtâ* erklärt. Wir können hier darauf hinweisen, dass diese Namen, ebenso wie in den Anordnungen der sieben Prinzipien in den verschiedenen Büchern, Versuche darstellen, andere oder verschiedene Gesichtspunkte der einen Lehre aufzuzeigen.

Wir wollen als Abschluss die fünf Sanskṛitnamen übersetzen, die wir im achten Kapitel der *Bhagavad-Gîtâ* finden. Adhyâtman bedeutet den ursprünglichen Âtman oder das ursprüngliche Selbst, gleichbedeutend mit Paramâtman, dem obersten Âtman, dem Höchsten der Hierarchie. Adhibhûta bedeutet die oberste Wesenheit oder das höhere egoische Prinzip oder Urelement in uns, das von anderen Manvantaras herüberkommt. Es ist sozusagen die inkarnierende Essenz des Elementes. Adhidaivata bedeutet, vom Standpunkt der Reihenfolge, dem hierarchischen Standpunkt aus, unter Betrachtung verschiedener Stufen: von göttlicher Stufe, der höchste Teil von allem. Adhiyajña bedeutet das größere, das erhabenere Opfer. Kṛishṇa im hohen spirituellen Sinn war das größere Opfer, das ursprüngliche Opfer, der erste Initiator von Seiten der Hierarchie des Mitleids. Es war ein aus reiner Liebe und aus Mitleid gebrachtes Opfer, und nichts im Menschen ist erhabener, denn es macht uns zu einem der Götter.

Brahman, das letzte Wort, ist schließlich ein Sanskṛitwort, dessen wesentliche Wurzel „Ausdehnung" bedeutet. Es ist der Teil des himmlischen Systems, der von Anfang an die Manifestation, die Ausdehnung des Einen in die Vielen einleitet.

Kapitel 23

Die Sonne und ihre Planeten. Ihre Rolle im Entwicklungsdrama.

Die mystischsten Abhandlungen unterrichten uns, dass sich das Ganze von ihm (der Sonne) in den überirdischen Ordnungen befindet, denn wie die chaldäischen Orakel versichern, besteht eine Sonnenwelt und ein totales Licht.

Die unermüdliche Natur herrscht über die Welten und bewirkt, dass der abwärts sich neigende Himmel einen ewigen Lauf vollführen kann und dass die anderen Kreisläufe der Sonne und des Mondes, Jahreszeiten, Tag und Nacht, vollendet werden können.

Proklos: Kommentar zu dem „Timaios" von Platon
(aus: Cory, Ancient Fragments, S. 274–275)

Was immer auch das Schicksal des vorliegenden Buches in einer entfernten Zukunft sein mag, wir hoffen folgende Tatsachen bewiesen zu haben:

1. Die Geheimlehre lehrt keinen Atheismus, ausgenommen in dem Sinne, der dem Sanskritwort Nâstika zugrunde liegt: ein Verwerfen der Idole, einschließlich eines jeden anthropomorphischen Gottes. In diesem Sinne ist jeder Okkultist ein Nâstika.

2. Sie behauptet einen Logos oder einen kollektiven „Schöpfer" des Weltalls; einen Demiurgen, in dem Sinne, wie wenn man von einem „Baumeister" als von dem „Schöpfer" eines Gebäudes spricht, während dieser Baumeister niemals einen Stein dabei angerührt hat, sondern den Plan lieferte und die ganze Handarbeit den Maurern überließ. In unserem Fall wurde der Plan von der Ideenbildung des Weltalls geliefert, und die aufbauende Tätigkeit war den Scharen der intelligenten Mächte und Kräfte überlassen. Aber dieser Demiurg ist keine *persönliche* Gottheit – d. h. kein unvollkommener *außerweltlicher Gott*, sondern nur die Zusammenfassung der Dhyân-Chohans und der anderen Kräfte.

3. Die Dhyân-Chohans sind dual in ihrem Charakter; sie sind zusammengesetzt aus a) der unvernünftigen *rohen Energie*, die dem Stoffe innewohnt, und b) der intelligenten Seele oder dem kosmischen Bewusstsein, das diese Energie lenkt und leitet und das der *Dhyân-Chohanische Gedanke ist, der die Ideenbildung des Universalgemütes widerspiegelt.* Daraus geht eine beständige Reihe körperlicher Manifestationen und *moralischer Wirkungen* auf Erden hervor während der manvantarischen Perioden, und das Ganze ist dem Karma unterworfen. Da dieser Vorgang nicht immer vollkommen ist; und da, wie viele Beweise er auch geben mag für eine leitende Intelligenz hinter dem Schleier, er dennoch Lücken und Unvollkommenheiten zeigt und selbst sehr oft zu

> offenbaren Misserfolgen führt – so sind weder die gesamte Schar (der Demiurg) noch irgendeine von den wirksamen Kräften individuell geeignete Gegenstände für göttliche Ehren oder Anbetung. Alle jedoch verdienen die dankbare Verehrung der Menschheit, und der Mensch sollte immer danach streben, der göttlichen Evolution der *Ideen* behilflich zu sein, indem er nach seinen besten Fähigkeiten ein *Mitarbeiter der Natur* bei ihrer zyklischen Aufgabe wird. Das ewig unerkennbare und unerfassbare Kârana allein, die unverursachte Ursache aller Ursachen, sollte seinen Schrein und Altar auf dem heiligen und immer unbetretenen Boden unseres Herzens haben – unsichtbar, unberührbar, unausgesprochen, ausgenommen von der „noch schwachen Stimme" unseres geistigen Bewusstseins. Jene, die dem Kârana ihre Verehrung darbringen, sollten es tun in der Stille und in der geheiligten Einsamkeit ihrer Seelen; indem sie ihren Geist zum einzigen Mittler zwischen sich und dem Universalgeiste machen, ihre guten Handlungen zu den alleinigen Priestern und ihre sündigen Neigungen zu den einzigen sichtbaren und gegenständlichen Opferdarbringungen vor der GEGENWART.
>
> *H. P. Blavatsky: Die Geheimlehre, Bd. I, S. 300–301*

Wir fahren heute fort, mehr von den verstreuten Fäden zu sammeln, die bei unseren früheren Studien übriggelassen wurden. Vor allem wollen wir ein wenig eingehender betrachten, was mit einem Bodhisattva gemeint ist. Ein Bodhisattva ist ein verhältnismäßig vervollkommneter persönlicher Mensch, in dem die persönliche Wesenheit eine unpersönliche Wesenheit geworden ist und die Sterblichkeit das Gewand der Unsterblichkeit angelegt hat. Mit anderen Worten, der persönliche Mensch wurde bis auf die letzte noch erreichbare Stufe zu einem Erwachten oder zu einem Buddha oder, um den christlichen (frühen christlich-griechischen) mystischen Ausdruck zu gebrauchen, zu einem Christus auf Erden.

Ein Bodhisattva bedeutet praktisch das, was wir das höhere Manas, das höhere Selbst (nicht das höchste Selbst, sondern das höhere Selbst) nennen könnten, das vollkommen entwickelt und im vollen Glanze der dualen Monade Âtma-Buddhi ist und auf diese Weise ein taugliches Vehikel, ein taugliches Medium zwischen dem Göttlichen und den niederen Selbsten des Menschen bildet und in den Fällen, in denen die Manifestation eines Avatâras auf Erden fällig ist, als ein geeigneter Verbindungskanal wirkt. Es könnte so etwas wie einen Avatâra unter den Menschen nicht geben, wenn es dieses Medium nicht gäbe, das als das notwendige psychospirituelle Verbindungsglied dient. Reiner Geist kann bei seinem Bemühen, auf Erden zu wirken, weder auf den Menschen unmittelbar einwirken, noch besteht für ihn eine Möglichkeit des Verkehrs mit dem Menschen, weil er sozusagen die tatsächliche göttliche Essenz des Kosmos ist und die beiden spirituellen Eigenschaften oder Vehikel Buddhi und Manas-taijasî braucht, um sich so zu manifestieren. Der

Bodhisattva liefert dieses notwendige Medium oder Vehikel, indem er die spirituelle egoische Qualität, die mittlere Qualität, zur Verfügung stellt. Der Bodhisattva wird ferner, wenn er, anstatt seinem eigenen natürlichen karmischen höheren Lauf zu folgen, nicht in den nirvâṇischen Zustand geht und aufgrund des ihm innewohnenden Mitleids die Wahl trifft, als ein Helfer der Menschheit auf Erden zu bleiben, in diesem Fall ein Nirmâṇakâya, eine vollkommen bewusste, denkende Wesenheit auf dieser unserer menschlichen Ebene, der nur der menschliche Körper fehlt. In der Esoterischen Philosophie wird dargelegt, dass Gautama, der Buddha, diese erhabene Wahl getroffen hat und dass er das mittlere Prinzip für den Hindu-Avatâra Śankarâchârya lieferte. Ebenfalls gibt es eine Überlieferung und eine Aufzeichnung bei uns, die besagt, dass derselbe Bodhisattva für die Jesus genannte avatârische Manifestation wie auch in zwei anderen Fällen, die wir hier nicht nennen, das mittlere Prinzip zur Verfügung stellte. Der Grund dafür besteht darin, dass jede Rasse und jede Unterrasse und auch jeder kleinere wichtige Rassenzyklus unter der besonderen Führung eines Buddha oder einer kleineren Inkarnation von ihm oder unter einer Überschattung durch ihn steht.

Gautama Buddha war selbst ein Avatâra *plus,* d. h. ein Avatâra in einem weitläufigeren Sinn. Das will sagen, anstatt in einem kleineren Zyklus aus sich heraus ein vermittelndes Vehikel zu liefern, war er in seiner psycho-spirituellen Vollständigkeit dieses Zwischenvehikel selbst, inspiriert durch seine eigene göttliche Natur und mit seinem eigenen physischen Körper als dem „Tempel". Er unterscheidet sich in dieser Hinsicht von einem Avatâra an sich, in dem das Zwischenvehikel von dem Bodhisattva-Nirmâṇakâya des Buddha zur Verfügung gestellt wird, unter dessen Führung oder vielmehr Überwachung die besondere Rasse, in der der Avatâra erscheint, ihren Lauf in einem kleineren Zyklus des größeren Rassenzyklus dieses Buddha vollendet. Ein Avatâra benötigt deshalb den Bodhisattva des Rassenbuddhas als Vehikel, um sich zu der Zeit, zu der sein Erscheinen bestimmt ist, auf Erden zu manifestieren. Obwohl der Buddha in diesem Sinne ein Avatâra ist, bedarf er eines solchen Vehikels nicht, und weil er unter der direkten und vollkommen wirksamen Erleuchtung seines eigenen göttlichen Selbstes steht (das ein überirdischer Bodhisattva ist), hat er Karman hinter sich. Er ist die direkte und tatsächliche Reinkarnation eines göttlichen Menschen, ein Avatâra ist das nicht. Ein Avatâra ist in einem Sinne eine Illusion oder Mâyâ, weil die als Zwischenglied dienende oder egoische Qualität – metaphysisch das Kind von Karman – in diesem Fall fehlt und durch die Bodhisattva-Qualität oder das Bodhisattva-Vehikel ersetzt werden muss.

Ein Avatâra steht nur formal höher als ein Bodhisattva. Er steht nur der Form nach auf einer höheren Stufe in einer Hierarchie und nicht vom evolutionären Gesichtspunkt aus. Ein Buddha wird ein solcher durch *selbstgeleitete Entwicklung.* Über diese große Wahrheit spricht unser Lehrer Katherine Tingley oft zu uns. Ein Avatâra kommt aufgrund karmischer Rassennotwendigkeit in gewissen Epochen der Weltgeschichte. Auch ein Buddha erscheint in gewissen Epochen, aber aus einem unermesslichen Mitleid mit seinen unter ihm stehenden Mitgeschöpfen, die noch durch persönliche Wahl in die Mühen des materiellen Daseins verstrickt sind. Hier liegt der Unterschied, ein sehr wichtiger Unterschied, der im Hinblick auf unsere zukünftigen Studien nicht vergessen werden darf.

Wir sollten uns hierbei bewusst sein, dass unsere Studien in diesen gegenwärtigen Versammlungen im spirituellen und im intellektuellen Sinn mehr für uns bewirken, als seit Tausenden von Jahren in der unmittelbaren Vergangenheit für eine ähnliche Körperschaft von Schülern getan worden ist. Wir können zumindest einen Grund dafür erkennen, und dieser Grund ist folgender: In unserer gegenwärtigen Zeit endet der sogenannte „messianische Zyklus", und es beginnt natürlicherweise ein neuer. Ein messianischer Zyklus dauert in bestimmten und genauen Zahlen 2 160 Jahre. Diese Zyklen folgen fortlaufend aufeinander. Wenn wir daher rückwärts zählen wollen, können wir sagen, dass der europäische messianische Zyklus, der gerade endet oder aus dem wir auftauchen, der von Jesus, dem Avatâra, für Europa eröffnete Zyklus ist. In Verbindung damit steigen interessante Gedanken auf, die wir ruhig für eine spätere Betrachtung zurückstellen können. Soviel hinsichtlich dieser Fäden.

Die Evolution schließt zwei Richtungen der Tätigkeit ein, sozusagen zwei parallel laufende Kräfte. Das sind der Geist oder die entwickelte Seite des Daseins auf der einen Seite und die unentwickelte auf der anderen Seite. Anders ausgedrückt: Dunkelheit und Licht oder das Eigennützige und das Mitleidsvolle. Das ist ein Gegenstand, auf den wir anspielten, als wir den fünften von den sieben Schätzen der Weisheit der Hierarchie des Mitleids untersuchten, die die selbstlose und unsterbliche Seite des Daseins darstellt und die wir mehr oder weniger ausführlich studierten.

Das Wirken und Ineinanderwirken dieser zwei Richtungen von Energie dient als treibende Kraft hinter der Evolution, hinter dem Fortschritt. Der Lauf, den die Evolution nimmt, stammt tatsächlich, entspringt und wird geleitet durch die Impulse, die am Anfang des manvantarischen Zyklus die Dhyân-Chohans, genauer gesagt, die höheren Teile oder Wesenheiten der Hierarchie des Mitleids, für die dunkle oder materielle Seite des Daseins geben. Diese so angeschlagenen Grundtöne, die uranfänglichen und ursprünglichen Impulse, die natürlich von der Bestimmung (oder von Karman) abhängen, sind es, die den anfänglichen Plan und die treibende Kraft hinter allem abgeben, was sich in dem Manvantara durch alle seine Zyklen hindurch bis zu seinem Ende ereignet. Während der freie Wille im Menschen existiert, sobald er gelernt hat, den spirituellen Regeln des Selbstbewusstseins zu gehorchen, kann dieser freie Wille, der eine göttliche Energie ist und in einem Sinne selbst dem allgemeinen Impuls der Dhyân-Chohans entspringt, unter keinen Umständen dem allgemeinen Entwicklungsstrom widerstreiten, ihm entgegengesetzt sein oder ihn nachteilig beeinflussen, da er immer die mannigfaltigen Heere von Wesenheiten in der Manifestation dem Endziel zuführt. H. P. Blavatsky kennzeichnet dieses durch den alten Ausspruch „Der Tag sei mit uns" – das Ende eines Manvantaras oder der Anfang des Pralayas.

Auf diese Weise wirken die beiden Richtungen von Energie ewig zusammen, wobei sich das Wort „ewig" auf die Dauer des gesamten Sonnenkalpas bezieht: auf der einen Seite die „dunklen", unentwickelten Kräfte der Materie und auf der anderen Seite die Hierarchie des Mitleids mit ihren unzähligen Einheiten, die die Heere sich entwickelnder Wesen in einer Richtung vorwärtsdrängt. Die ganze Anstrengung der Hierarchie des Mitleids zielt darauf hin, andere, weniger entwickelte Wesen oder Einheiten von der Materieseite auf die „Lichtseite" emporzuheben. Die Wesenheiten der Hierarchie des Mitleids wurden in vergangenen Manvantaras selbst von anderen Hierarchien des Mitleids, die uns jetzt in der Evolution weit voraus sind, auf diese Weise emporgehoben, und es ist unsere erhabene Bestimmung, in dem zukünftigen Kalpa die jetzt hinter uns befindlichen Wesenheiten so zu führen. Dieser Prozess wird das „Weitergeben des Lichtes" genannt, wie die griechischen und lateinischen Dichter es ausdrückten.

Die alten Initiationen und die Mysterienschulen, in denen die Initiationen stattfanden, wurden einzig zu dem Zweck eingerichtet, die Evolution der Kandidaten „voranzutreiben" oder zu beschleunigen, die dazu bereit und tauglich waren. Sie wurden aus den gleichen Motiven des Mitleids heraus errichtet, die das Werk der großen Akteure des ursprünglichen Dramas bei dem Eröffnungsakt unseres Manvantaras bestimmten. Sie kopierten sozusagen im Kleinen, was in jenen uranfänglichen Zeiten stattfand und was im tatsächlichen Leben in der Hierarchie des Mitleids auf unserer Erde oder vielmehr in jener Abteilung der Hierarchie des Mitleids stattfindet, die wir die „Große Weiße Loge" nennen.

Nun wollen wir für einen Augenblick diese losen Fäden des Denkens, die wir hier aufgenommen und klar in unser Thema eingefügt haben, ruhen lassen und uns einem anderen, verwandten und sehr wichtigen Thema zuwenden, das wir bisher nur leicht berührten. Die damit verbundenen Fragen sind so tiefgehend, dass es bei der Behandlung eines Aspektes unmöglich war, die Bedeutung hinreichend klarzumachen, ohne vorübergehend unser Hauptthema fallenzulassen. Aber es ist auch notwendig, nicht zu weit vorauszugehen und diese losen Fäden liegen zu lassen, denn wir müssen sie sammeln und in das Gewebe, in das Bild einweben, das zu schaffen wir uns bemühen.

Wir beziehen uns im Besonderen auf die Rolle, die die Sonne und die Planeten unseres Sonnensystems in dem Drama der Evolution spielen. Mit diesen Lehren sind große Mysterien verbunden, und es wird sehr deutlich gesagt, dass nicht nur das letzte Wort, sondern auch erläuternde Erklärungen unter keinen Umständen herausgegeben werden, außer an jene, die sich unwiderruflich und unumstößlich der Loge verpflichtet haben. Und selbst dann werden sie nur „von Mund zu Ohr“ und „mit leiser Stimme“ weitergegeben und ferner nur an jene, sagt H. P. Blavatsky, die ihre vierte Initiation erfolgreich bestanden haben, die zum sehr großen Teil in der persönlichen und individuellen Erfahrung der in den drei vorhergehenden Stufen mitgeteilten Lehren besteht. Drei Stufen vorbereitender Belehrung und Schulung führen zur tatsächlichen persönlichen Erfahrung des Gelernten in der vierten Initiation. Es wird gesagt, dass der Kandidat in der vierten Initiation den fleischlichen Körper, ja sogar das Gehirngemüt zurücklassen und das werden muss, worüber er belehrt wurde, denn nur wenn er es „ist“, kann er es „erkennen“. Trotzdem wurde vieles öffentlich gesagt, was für den Schüler in Bezug auf dieses Thema sehr aufklärend ist.

Wir haben zu verschiedenen Zeiten von der Sonne, von unserem Sonnenball als von dem zentralen Ort unseres Sonnensystems gesprochen, nicht nur in physischer, sondern auch in anderer Hinsicht. Die Sonne, paradox, aber wahr, liefert das meiste unseres Materials und der vitalen Kräfte, und es ist als eine interessante Grundregel zu beobachten, dass die Planeten um so dichter sind, je näher sie der Sonne sind. Beachten wir wohl, dass der Merkur, der Planet von Bodha und Weisheit, der besondere Hüter und Initiator in den Mysterien, von unseren sieben Planeten, d. h. von den sieben Mysterienplaneten, außer einem, der Sonne am nächsten ist. Zu beachten sind die Worte „außer einem“. Die Alten sprachen von sieben „Mysterienplaneten“: Saturn, Jupiter, Mars – ich zähle sie in der altbekannten Reihenfolge auf –, Sonne, Venus, Merkur und Mond. Diese Lehre werden wir heute Abend, wenn wir die Zeit dazu haben, in diagrammatischer Form etwas eingehender darstellen.

Der intra-merkurische Planet, wie er genannt wird, wurde unserer Lehre entsprechend während der dritten Wurzelrasse, nachdem der Mensch in die physische Zeugung gefallen war, für das physische Auge praktisch unsichtbar. Am 26. März 1859 wurde beobachtet, wie ein Körper über die Sonnenscheibe ging, und das war, was die Astronomen einen Transit nennen. Dieser Körper wurde seitdem nicht mehr gesehen. Aber es gibt andere Gründe, wie z. B. die Störungen im Lauf des Merkur, die einige Astronomen veranlassten, anzunehmen, es existiere tatsächlich ein intramerkurischer Planet (obwohl sie ihn trotz Suchens nicht wiederfinden können). Kürzlich wurde ein Versuch unternommen, diese Störungen zu erklären, der sich auf die Relativitätslehre Einsteins gründet, und jene Erklärung ist jetzt in Mode.

Ungeachtet dessen sagen unsere Lehrer, dass es einen intramerkurischen Planeten gibt. Wir können ihn „Vulkan“ nennen, nachdem ihm die Astronomen diesen Namen gaben.

Selbst nachdem nun der Vulkan während der dritten Wurzelrasse unsichtbar geworden war, konnte er doch im Transit, das heißt beim Überqueren der Sonnenscheibe, wobei er als Körper 1859 beobachtet wurde, sichtbar werden. Obgleich er für unser bloßes Auge unsichtbar ist, könnte sein Körper durch die Linse eines Teleskops, wenn auf das unübertroffene Leuchten der Sonnenscheibe gerichtet, wahrscheinlich gegenüber dem großen Glanz der Sonnenscheibe gesehen werden. Der unermesslich große Glanz der Sonnenscheibe lässt leicht jeden Körper von geringerem Glanz oder jeden Körper, der normalerweise zu ätherisch ist, um auf andere Weise gesehen zu werden, ein Schattenbild erzeugen oder ihn als Schatten erscheinen.

Der siebente Planet, so sagt unsere Lehre, ist ein Planet, der unter geeigneten Umständen manchmal anscheinend in der Nähe des Mondes gesehen wird. Es wird gesagt, dass er eine rückläufige Bewegung hat und dass er langsam stirbt. Er hat das Ende seines Zyklus erreicht. Ich denke, es ist nicht richtig zu sagen, dass der Mond ihn verbirgt oder verhüllt. Das mag vielleicht eine gute Art der Darstellung einer bestimmten Anschauung sein, aber ich meine, es führt zum Missverständnis. Wir wollen die Tatsache festhalten, dass er manchmal „anscheinend“ in der Nähe des Mondes zu sehen ist; er befindet sich in rückläufiger Bewegung und stirbt langsam.

Der Vulkan ist in einem mystischen Sinn der höchste der sieben heiligen Planeten – vielleicht nicht der dichteste, aber psychologisch gesehen in einem Sinn der höchste. Wir haben Grund anzunehmen, dass der andere Planet, der manchmal anscheinend in der Nähe des Mondes gesehen wird, wahrscheinlich der niederste der sieben heiligen Planeten ist. Das bedeutet nicht, dass unsere Lehre die Zahl der Planeten des Sonnensystems auf sieben begrenzt. Es wird im Gegenteil gesagt, dass es im Sonnensystem viel mehr Planeten gibt, als den Astronomen bekannt sind. Einige sind vollkommen unsichtbar, weil sie sich auf höheren oder niedrigeren Ebenen als der unsrigen befinden. Es gibt Planeten in unserem System, die höher stehen als die unsrigen, höher als irgendein für uns sichtbarer Planet, und es gibt in unserem System auch Planeten, die viel niedriger stehen als die unsrigen, viel niedriger als irgendein für uns sichtbarer Planet.

Diese sieben besonderen Planeten wurden aus einem Grund „heilig“ genannt, der höchst schwierig öffentlich zu erklären ist. Aber wir können sagen, dass die sieben Planeten, die wir auf Erden (beachten wir bitte die Einschränkung) „heilig“ nennen, die Planeten sind (und die Erde ist keiner von ihnen), die für uns die Upâdhis der sieben Sonnenkräfte sind. Upâdhi ist ein Sanskṛitwort und bedeutet „Träger“ oder „Überbringer“. In diesem Sinne oder von diesem Standpunkt aus gesehen stehen sie alle „höher" als die Erde und sind innig mit ihr verbunden. Sie versehen die Erde zwar nicht mit ihren Prinzipien, aber sozusagen mit spirituellen, intellektuellen, psychischen, astralen und vitalen Kräften. Diese sieben heiligen Planeten sind ferner unsere „Gestalter" und überwachen unsere Bestimmung.

Das ist nun ein wenig wahre alte Astrologie, und wir sprechen nicht nur von den physischen Körpern der sieben Planeten. Ohne Zweifel hat jeder physische Planet oder vielmehr Globus seine eigenen astronomischen Kräfte wie Gravitation, Magnetismus und so fort, aber wir sprechen hier von ihrem inneren oder okkulten Wirken. Jeder der Globen unserer Planetenkette, jeder der sieben Globen steht überdies unter der besonderen Wachsamkeit oder Aufsicht eines dieser sieben Mysterien-Planeten. Ferner steht jede Runde unter der besonderen Überwachung durch einen dieser sieben heiligen Planeten. Außerdem steht jede Rasse auf jedem der Globen unter der besonderen Aufsicht und Überwachung eines der sieben heiligen Planeten. Aus diesen – wie auch aus anderen, ihrer engen Verbindung mit unserer Planetenkette wegen noch wichtigeren und innigeren – Gründen wurden sie die sieben „heiligen Planeten" genannt.

Die Sonne und der Mond gehören nicht zu den sieben, obgleich sie für Zwecke der esoterischen Astrologie an die Stelle der zwei richtigen Planeten gesetzt werden, weil einer anscheinend in der Nähe des Mondes und einer der Sonne nahe ist. Doch dessen ungeachtet stehen die Sonne und der Mond mit jenen beiden in enger wechselseitiger Beziehung.

Was nun die Sonne betrifft: Was ist sie? Ist die Sonne nur ein physischer Körper? Das ist sie nicht. Sie ist in Wirklichkeit kein physischer Körper, denn sie ist kein Gas, sie ist nicht gasförmig, sie ist weder fest, noch ist sie flüssig. Die Sonne ist eine Reflexion. Was meinen wir, wenn wir „eine Reflexion" sagen? Wir verstehen das Wort nicht in dem vollen, vollständigen und ausschließlichen Sinn, in dem es normalerweise angewandt wird, als sei es wie die Widerspiegelung eines Bildes in einem Spiegel. Wir verstehen es in dem Sinne, dass die wahre Sonne ein Körper – so sonderbar es heute auch erscheinen mag – von Energie oder Kraft ist. Moderne Wissenschaftler beginnen zu verstehen, dass Kraft und Materie im Grunde eins sind. Vor einigen Jahren war in der wissenschaftlichen Vorstellung alles Materie, jetzt ist für sie alles Kraft geworden. Es ist erstaunlich, wie leicht Wissenschaftler die Grundlagen ihres Denkens wechseln und wie dogmatisch sie oft jede neue Auslegung vertreten, die sie annehmen! Doch die Tatsache besteht. Die Wissenschaft sagt heute, dass Materie einfach Kraft ist, und das ist wahr. Aber sie ist dessen ungeachtet Materie. Es besteht keine Notwendigkeit, bei dem Versuch, sich von einem Extrem zu befreien, in ein anderes zu stürzen. Es besteht keine Notwendigkeit, sich den Gefahren der Skylla auszusetzen, um denen der Charybdis auszuweichen. Die

Materie existiert, sie besteht, sie ist das Upâdhi oder der Träger von Kraft, und Kraft ist auch das innere Leben der Materie. Dennoch existiert Materie. Sie ist tatsächlich Mâyâ, eine Illusion, aber sie existiert. Mâyâ bedeutet nicht Illusion in dem ausschließlichen und uneingeschränkten Sinn von Nichtsein, ganz und gar nicht. Mâyâ schließt in Wirklichkeit in sich, dass etwas vorhanden ist, das Mâyâ erzeugt. Doch derjenige, der sie sieht, erkennt nicht die dahinterstehende Wirklichkeit. Mit anderen Worten, unsere Sinne sagen uns nicht die Wahrheit über die hinter der Manifestation stehenden Wesenheiten. Das ist die Bedeutung von Mâyâ, nicht, dass die Wesenheit selbst nicht existiert, diese Anschauung ist absurd.

Wenn wir Fotografien von Sonnenflecken prüfen oder die Sonne durch ein gutes Teleskop betrachten und unsere Aufmerksamkeit auf einen Sonnenfleck richten, wenn er dem Rand, der Kante der Sonne nahe ist, werden wir sehen, dass der Fleck, während er über die Sonnenscheibe wandert, dunkel erscheint. Warum scheint er nun dunkel zu sein? Wir wissen, dass er nicht der Farbe nach dunkel ist, das ist wissenschaftlich bewiesen. Aber die sichtbare Scheibe der Sonne leuchtet so stark, dass das weniger starke Leuchten des Fleckes, obgleich selbst sehr leuchtend, für unsere Augen dunkel erscheint.

Nehmen wir einmal an, die sichtbare Sonne sei dem Leuchten eines elektrischen Apparates gleich und nur eine Reflexion, die mâyâvische Manifestation einer Kraft auf unserer Ebene, die so gewaltig ist, dass wir uns keinen richtigen Begriff von ihr bilden können. Nehmen wir an, dass wir uns die Sonne als überhaupt keinen Raum (keine Ausdehnung) einnehmend denken und dass das, was wir sehen, dieser gewaltige scheinbare Lichtkörper, einem elektrischen Funken ähnlich ist, der scheinbar ein Körper ist und scheinbar einen Raum einnimmt. Angenommen, wir gehen einen Schritt weiter und sagen, die sichtbare Sonne, die wir sehen können, sei Materie in ihrem sechsten Zustand der Ätherhaftigkeit und das, was hinter dem ungeheuer leuchtenden Schleier oder dieser Reflexion steht, sei sozusagen ein Atom, ein unendlich kleiner Teil von Materie-Substanz, von Materie in ihrem siebenten Zustand. Es ist leicht, diesem Gedanken zu folgen. Die Sonne ist ein Kraftzentrum. Selbst die Philosophen des Mittelalters sagten: „Bruder, wenn dir ein Mensch sagt, er habe die Sonne gesehen, dann lache ihn aus. Er hat sie nicht gesehen, die Sonne ist unsichtbar. Die wahre Sonne, der Ursprung und das Zentrum dieser erhabenen Kräfte, liegt auf höheren Ebenen, und wir sehen nur auf der sechsten Unterebene unserer kosmischen Ebene dieses intensive Leuchten, das einen so ausgedehnten Raum einnimmt wie die sichtbare Sonne."

Ferner liefert uns die Sonne, während sie uns auf Erden unser Licht gibt, wahrscheinlich nicht einmal 30 % der Wärme, die wir haben, und diese nicht durch direkte physische Ausstrahlung, sondern etwa in der gleichen Weise, in der uns der elektrische Strom mit Wärme versorgt, oder zumindest auf eine ähnliche Art. Zu sagen: „in der gleichen Weise", wäre wahrscheinlich eine zu bestimmte Art, diese Vorgänge zu beschreiben. Von dem Herzen oder Zentrum der Sonne gehen Kräfte aus, die die meteorischen Schleier, die die Erde umgeben, erreichen und elektromagnetische Ströme erregen. Sie erzeugen auf diese Weise einen Teil der meteorologischen Erscheinungen, die wir als Stürme, schönes Wetter, Regen, Schnee oder Eis erleben. Die Erde selbst erzeugt wahrscheinlich 70 % oder mehr von der Wärme, die wir kennen. Regen, Schnee, Stürme usw. werden zum größten Teil durch elektromagnetische Wirkung und Rückwirkung, wenn ich mich so ausdrücken darf, zwischen dem eigenen Prâṇa oder den vitalen Kräften der Erde und dem meteorischen Kontinent erzeugt, der unseren Globus wie ein Schleier umgibt. Wir sind während unseres Manvantaras von einem dicken Schleier meteorischen Staubes umgeben, der zum größten Teil sehr fein ist, aber auch aus mehr oder weniger großen Körpern besteht. Jeder andere Planet des Sonnensystems ist während seines Manvantaras von einem ähnlichen Schleier umgeben.

Nehmen wir als Beispiel die Venus oder den Merkur. Jeder dieser Planeten ist von seinem eigenen Schleier meteorischen oder kosmischen Staubes umgeben, jeder von ihnen verschleiert sein Gesicht. Dieser meteorische Schleier wirkt in einem Sinn wie ein Kissen und bildet so einen Schutz für seinen Planeten. Wir sehen aus diesem Grund nicht das wirkliche Antlitz der Planeten. Aber der Mars hat keinen solchen Schleier. Warum nicht? Weil die vitale Essenz seiner Planetenkette den physischen Globus des Mars verlassen hat und auf seine anderen Globen gegangen ist.

Der Lehrer ersucht mich, das Diagramm, das heute Abend an dem Punkt des Studiums gezeigt werden sollte, an dem wir jetzt angelangt sind, für die nächste Woche zurückzustellen [siehe Seite 349, d. Ü.]. Es ist dem mystischen Denken entnommen, das vor der christlichen Ära in Syrien gepflegt wurde, und stellt die exoterischen astrologischen Ideen dar, die die Syrier damals in Bezug auf die Verwandtschaft der Ebenen des Seins und deshalb notwendigerweise der Planeten und der mystischen Stellungen hatten, die jeder von ihnen in dem Entwicklungsdrama einnimmt. Sie stellten dies in folgender Weise dar: Das Erste und Höchste war die Milchstraße, die für sie die äußerste Grenze dieser Hierarchie oder dieses Universums war. Als Zweites kamen die Nebel und Kometen, sie wurden in der spirituellen Hierarchie durch die Seraphim vertreten. Den dritten, noch niedrigeren Grad bildeten die Fixsterne, die durch die Cherubim vertreten wurden. Die alten Denker von Babylonien, Assyrien, Medien, zweifellos auch von Persien und natürlich auch von Phönizien und allen anderen Ländern Kleinasiens übersprangen die Unermesslichkeit des Raumes unseres Universums und begannen die untergeordnete Reihe mit den Planeten unseres Sonnensystems. Zuerst kam der Saturn, der Sitz der Throne, dann der Jupiter, der Sitz der Herrschaften, als nächster der Mars, der Sitz der Tugenden. Nach diesem kam die Sonne, der Sitz der Mächte, anschließend die Venus, der Sitz der Fürstentümer. Darauf folgte der Merkur als Sitz der Erzengel, nach diesem der Mond, der Sitz der Engel, und schließlich die Erde. Sie zählten auch fünf Elemente. Diese Aufzählung ist exoterisch, aber sie ist bis zu einem gewissen Grad auch esoterisch. Sowohl unsere Erde als auch der interplanetarische Raum enthalten diese fünf Elemente, und wenn wir „Erde" sagen, so meinen wir nicht nur unseren physischen Planetenkörper aus diesem Element, auf dem wir uns bewegen, sondern die gesamte Sphäre zwischen dem Mond und der Erde. Diese fünf Elemente wurden Äther, Feuer, Luft, Wasser und grobe Materie oder Erde genannt. Nach außerhalb der Hierarchie oder dieses Universums oder dieses Kosmos verlegten sie die „himmlischen Wasser", ebenso wie das erste Kapitel des hebräischen Buches *Genesis* sagt: „Der Geist der Elohim bewegte sich über den Wassern." „Himmlische Wasser" war ein Name, den die Alten häufig dem gaben, was die Griechen Chaos, unentwickelte Materie, nannten oder was wir heute die „Tiefen des Raumes" nennen würden.

Unsere Studienzeit für heute geht zu Ende. Wir wollen indessen auf eine interessante Tatsache hinweisen: Diese eben erwähnte Reihe der Planeten zeigt deutlich, dass die Alten den Mechanismus und das System des sichtbaren Sonnensystems vollkommen richtig verstanden haben, und wenn ihr Denken geozentrisch war und sie die Erde zum Mittelpunkt des Kosmos machten, so war das ein natürlicher Gedanke. Da der Mensch instinktiv anthropozentrisch ist, wird er natürlicherweise nicht von einem anderen Standpunkt ausgehend denken. Die alten Astrologen und Astronomen stellten ihre Berechnungen natürlicherweise von der Erde aus an, sahen von der Erde aus und stellten den Menschen, nach oben zu den Sphären des Sonnensystems blickend, auf die Erde als den Mittelpunkt der Beobachtung, genau wie wir es heute tun. Das bedeutet ganz und gar nicht, dass sie nichts von dem heliozentrischen System wussten, denn wie wir wissen, kannten sie es.

Was kann dies also bedeuten? Es kann nichts anderes bedeuten, als dass die Planeten aufgrund der relativen Zeit so angeordnet wurden, die sie jeweils für die Vollendung eines Kreislaufes auf ihrer Bahn benötigen: der Saturn etwa 30 Jahre; der Jupiter, der nächst „niedrigere", etwa 12 Jahre; der Mars als der nächst „niedrigere" etwa 2 Jahre; die Sonne (oder der Mysterienplanet, dessen Stelle die Sonne einnimmt) ein Jahr; die Venus als nächster sieben Monate; der Merkur drei Monate; der Mond benötigt hingegen einen Monat. Wir möchten auch noch gern zeigen, dass die Tage unserer eigenen gewöhnlichen Woche auf dieser Reihe beruhen, und dann wollen wir für diesen Abend schließen.

Warum ließen die Alten, nachdem sie die Planeten in der Reihenfolge Saturn, Jupiter, Mars, Sonne, Venus, Merkur, Mond anordneten, ihre sieben Tage der Woche nicht dieser Ordnung folgen? Warum? Weil der Tag und die Nacht in 24 Stunden eingeteilt werden und jeder Tag mit dem Sonnenaufgang beginnt, wobei seine erste Stunde unter der Herrschaft eines besonderen Planeten steht. Wenn wir nun, mit dem Saturn beginnend, die 24 Stunden durchrechnen (es sind sieben Planeten, sieben heilige Planeten), dann ist sieben in 24 dreimal enthalten, und es bleiben drei übrig. Dreimal sieben Stunden sind 21 Stunden, bleiben drei übrig: 22, 23, 24. Die 25. Stunde ist die erste Stunde des nächsten Tages. Sieben ist in 24 dreimal enthalten, und wir finden, dass, wenn die erste Stunde mit Saturn als dem präsidierenden Planeten beginnt, auch die achte, die fünfzehnte und die zweiundzwanzigste Stunde unter Saturn stehen würden. Die dreiundzwanzigste würde dann unter Jupiter, die vierundzwanzigste unter Mars stehen, und die fünfundzwanzigste Stunde, die erste Stunde des nächsten Tages, würde unter der Sonne stehen und einen Sonntag einleiten. Wenn wir also diese Liste nehmen und jeden vierten zählen, beginnend mit dem jeweils zuletzt aufgezählten Planeten als dem ersten (oder indem wir der letzten Stunde drei weitere hinzufügen), so ergibt das die Wochentage, und zwar auf folgende Weise: Saturn, Jupiter, Mars, Sonne: SONNTAG. Sonne, Venus, Merkur, Mond: MONTAG. Mond, Saturn, Jupiter, Mars: DIENSTAG (Marstag). Mars, Sonne, Venus, Merkur: MITTWOCH (Merkurtag) – das angelsächsische „Woden“ [engl. Wednesday, d. Ü.], das mit den lateinischen und griechischen Ausdrücken übereinstimmt. Merkur, Mond, Saturn, Jupiter: DONNERSTAG (Thors Tag). Jupiter, Mars, Sonne, Venus: FREITAG. Venus, Merkur, Mond, Saturn: SAMSTAG, womit die zweite oder folgende Woche beginnt.

So gründen sich die Reihenfolge und die Namen unserer Wochentage letzten Endes auf eine sehr interessante und okkulte Überlegung – alte Astrologie, die nur in den Mysterien, wie wir sie kennen, erklärt und der Welt gegeben wurde. Die Reihenfolge und die Namen der Tage waren in Indien und Nordeuropa und in einigen Teilen Asiens dieselben – eine Tatsache, die von unseren Kalenderfachleuten und Astronomen niemals befriedigend erklärt werden konnte. Der Grund hierfür ist in dem im Wesentlichen identischen astrologischen System zu finden, das in der gesamten alten Welt gemeinsam im Gebrauch war.

Kapitel 24

Die zehn Stufen des Seins, dem syrischen System entsprechend. Esoterische Lehrmethode: Paradoxa, Intuition.

Auch ihre Schriften [z. B. die der Pythagoreer] und alle Bücher, die sie veröffentlichten, von denen die meisten bis zu unserer Zeit erhalten sind [d. h. zu der Zeit des Iamblichos], wurden von ihnen nicht in allgemeiner und volkstümlicher Sprache verfasst und nicht in der Art und Weise, die bei allen anderen Schreibern gebräuchlich war, um es unmittelbar zu verstehen, sondern in der Weise, dass es beim Lesen nicht mühelos zu verstehen war. Durch ihre Verpflichtung zur Schweigsamkeit, die in der Schule des Pythagoras Gesetz war, hielten sie in geheimnisvoller Methode die göttlichen Mysterien vor den Uneingeweihten verborgen und unverständlich, so wie ihre literarischen Werke und Zusammenkünfte für jeden Außenstehenden unverständlich waren.

Iamblichos: Life of Pythagoras, S. 56

Philosophie ist nach seiner [Platons] Annahme nicht nur eine Reihe von Lehren, sondern die Verwirklichung des ungeteilten spirituellen Lebens.

Zeller: Plato and the Older Academy, S. 160

ES bewegt sich. ES bewegt sich nicht.
ES ist weit entfernt, und ES ist nahe.
ES ist im Innern von all diesem,
und ES ist außerhalb von all diesem.

Hume: Îsâ Upanishad, S. 363

Wir wollen heute Abend unser Studium beginnen, indem wir aus der *Geheimlehre,* Band I, Seite 469 f. wie folgt lesen:

> Mor Isaac zeigt, dass die alten Syrier ihre Welt von „Herrschern“ und „Tätigen Göttern“ ebenso abgrenzten wie die Chaldäer. Die niedrigste Welt war die sublunare – unsere eigene –, bewacht von *Engeln* der ersten oder niedrigsten Stufe; die dem Range nach zunächst kommende war Merkur, beherrscht von den *Erzengeln;* dann kam Venus, deren Götter die *Fürstentümer* waren; die vierte war die Welt der Sonne, das Gebiet und der Bereich der höchsten und mächtigsten Götter unseres Systems,

der Sonnengötter aller Nationen; die fünfte war Mars, beherrscht von den *Tugenden;* die sechste, die des Bel oder Jupiter, war beherrscht von den *Herrschaften;* die siebente, die Welt des Saturn, von den *Thronen.* Diese sind die Welten der Form. Darüber kommen die vier höheren, was wieder sieben macht, nachdem die drei höchsten „unerwähnbar und unaussprechlich“ sind. Die achte, zusammengesetzt aus 1122 Sternen, ist das Gebiet der *Cherubim;* die neunte, die den *wandernden* und zahllosen Sternen wegen ihrer Entfernung angehört, hat die *Seraphim;* in Bezug auf die zehnte sagt Kircher, unter Anführung der Worte Mor lsaacs, dass sie zusammengesetzt ist „aus unsichtbaren Sternen, die, wie sie sagten, für Wolken gehalten werden könnten, so angehäuft sind sie in der Zone, die wir Via Straminis, die Milchstraße nennen“, und er beeilt sich zu erklären, dass „diese die Sterne des Lucifer sind, die mit ihm in seinem schrecklichen Schiffbruch verschlungen wurden“.

Was nach und jenseits der zehn Welten (unserer Vierheit) kommt, oder die Arûpa-Welt, konnten die Syrier nicht auseinandersetzen. „Alles, was sie wussten, war, dass hier der weite und unbegrenzbare Ozean des Unendlichen beginnt, die Wohnung der wahren Gottheit, ohne Grenzen und ohne Ende.“

Champollion zeigt denselben Glauben bei den Ägyptern.

Wir beginnen unser Studium an dem Punkt, an dem wir vergangene Woche aufhörten. Der Hauptgedanke, der vor allem einer weiteren Erläuterung bedarf, ist der Gegenstand der dualen Natur des Seins, das heißt, es gibt im Kosmos zwei sich in Wechselbeziehung befindende Energie-Substanz-Linien, die zusammen die Gesamtheit aller Evolutionsprozesse umfassen: erstens die niedrigeren, die „Kosmokratoren“ oder „Weltenbauer“, zweitens die höheren, die „Intelligenzen“, die die ersteren zur Tätigkeit antreiben und ihren Entwicklungsweg überwachen. Die zweite Klasse ist natürlich die höhere und umfasst, was wir gemäß H. P. Blavatsky die „Hierarchie des Mitleids“ genannt haben.

Diese zwei Linien der Tätigkeit oder diese zwei Klassen können auch a) die linke Hand oder die Materie-Seite und b) die rechte Hand oder die Geist-Seite genannt werden, d. h. a) die Bauleute oder die Kosmokratoren, die tatsächlich (in einem Sinne) die niederen Prinzipien von b) den Dhyâni-Buddhas sind, die die rechte Hand oder die Geist-Seite des Seins sind. Letztere gehören zum inneren Kosmos, so wie die Kosmokratoren oder Bauleute, auch Planetengeister oder Dhyân-Chohans eines niedrigeren Grades genannt, dem äußeren oder materiellen Kosmos, der linken Hand, der materiellen Seite, der Nachtseite, der dunklen Seite angehören.

Infolge des Ineinanderwirkens dieser zwei sich dem Anschein nach in Opposition befindenden Kräfte (oder Elemente) in der Natur gelangen die unzählbaren Monaden des inneren und des äußeren Raumes zu Selbstbewusstsein, weil diese Nachtseite oder materielle Seite aus den niederen Prinzipien der Lichtseite besteht oder wurde, und diese niederen Prinzipien sind zusammengesetzt und geformt von einfach unzähligen Mengen von Monaden in fast unendlich vielen Graden der Entwicklung. Die höheren Monaden bilden die Vehikel der Dhyâni-Buddhas, der Hierarchie des Mitleids. Aber es gibt Monaden, Heere von ihnen, mittlerer und niedrigerer Grade und noch niedrigerer sowie der niedrigsten Grade, und die niedrigsten bilden die materielle Welt, die wir um uns sehen. Der Wechselwirkung zwischen der innewohnenden Kraft und dem Vehikel, in dem sie wirkt, oder mit anderen Worten, den beseelenden spirituellen Kräften, die diese sich in verschiedenen Zuständen der Entwicklung befindenden Monaden zu weiterem Fortschritt antreiben und hindrängen, entspringen die verschiedenen Grade von Bewusstseinszuständen in der Natur. Wir, unser höheres Ego und unser persönliches Ego, sind ein paar dieser Monaden. Wir selbst sind Monaden in dem besonderen Zustand der Entwicklung, in dem wir uns befinden, und wir sind auf dem Wege, bewusste Mitarbeiter der Natur zu werden. Oder mit anderen Worten, wir entwickeln langsam die Dhyân-Chohans oder Herren der Kontemplation, die Mânasaputras zukünftiger Manvantaras, aus uns heraus (oder entwickeln uns zu solchen). Wir waren in früheren Kalpas oder Manvantaras Monaden in einem niedrigeren Zustand der Evolution als dem, in dem wir uns jetzt befinden, und bildeten damals die Vehikel jener, die uns stets voraus waren und die jetzt beständig durch uns, durch unser höheres und persönliches Ego wirken, uns inspirieren, aufwärts fortzuschreiten, und die tatsächlich unsere inneren Götter sind, unser wahres Selbst, jedoch differenziert.

Das Werk der Evolution ist in der Tat, wie in diesen Versammlungen unter des Lehrers ausdrücklichen Anweisungen so oft gesagt wurde, das Erheben des Persönlichen zum Unpersönlichen, das Erheben des Sterblichen, um die Gewänder der Unsterblichkeit anzulegen, das Erheben des Tieres, damit es ein Mensch werde, das Erheben des Menschen, damit er ein Gott werde, und das Erheben eines Gottes, damit er noch um vieles bedeutend göttlicher werde. Wenn wir sagen: „Erheben des Tieres, damit es ein Mensch werde", so meinen wir jedoch nicht die fälschlicherweise „Evolution" genannte wissenschaftliche Hypothese, die genauer Transformation genannt wird. Die theosophische Lehre von der Evolution ist unermesslich größer, unendlich tiefer (wenn wir diesen Ausdruck benutzen können) als die wissenschaftlichen Theorien. Ein Tier wird niemals gemäß der mechanischen wissenschaftlichen Lehre des materialistischen Transformismus ein bewusster, denkender Mensch, so wenig, wie ein Haufen Mörtel und Steine sich von selbst zu einem Haus entwickelt oder ein roher Marmorblock zu einer Statue. Es ist die innere Monade, das innewohnende Feuer, das das latente Leben und die Kräfte in den Atomen beständig antreibt und zur Tätigkeit wachruft. Jedes Atom ist an sich eine schlafende Seele, und diese, wenn erweckt, ist es, die sich entwickelt oder entfaltet, nicht der bloße physische Körper. Vergessen wir die dreifache Kategorie nicht, die uns H. P. Blavatsky gegeben hat: erstens die Götter, zweitens die Monaden und drittens die Atome. Es sind die Götter oder die göttliche oder höchste Dreiheit, die Monaden, die obere Dreiheit der Siebenheit, und die Atome, die niedere Vierheit der Siebenheit. Jedes einzelne dieser Atome, deren Zahl praktisch unberechenbar groß ist und die, wie gesagt, die niedere Vierheit bilden, ist ein schlafender Gott oder vielmehr ein im Entstehen begriffener Gott. Seine innere Natur muss hervorgebracht werden, und dieses Hervorbringen ist Evolution, das Hervorbringen innerer Fähigkeiten, wobei jede Wesenheit, indem sie dieses tut, ihre eigenen Vehikel schafft. Das ist die Lehre von der selbstgeleiteten Evolution, die dem von den Dhyân-Chohans stammenden uranfänglichen Impuls folgt. Dies wurde in anderen Studien schon dargelegt.

Wir haben in früheren Studien von den Initiationen (und von der Lehre von der Evolution, wie sie in alten Zeiten in ihnen gelehrt wurde) als von einer „Schule zur Beschleunigung der Evolution" gesprochen. Wir sind unserem Lehrer dankbar dafür, uns daran erinnert zu haben, dass das in diesem Zusammenhang verwendete Wort „Beschleunigung" unbestimmt ist und leicht falsch ausgelegt werden kann. Wir wollen es daher durch die Worte „beleben" oder „erwecken" ersetzen. Das Wort „Belebung" bedeutet in diesem Zusammenhang „Leben" im Gegensatz zu dem, was träge oder tot ist. Es war deshalb die „Belebung", das Anfeuern, das Hervorbringen dessen, was innen ist. Diese Idee ist der Grundgedanke der theosophischen Lehre von der Evolution.

Ein Tier entwickelt sich so wenig zu einem Menschen, wie sich Elfenbeinstücke, Töpfe mit Politur, Holzstücke und Rollen Draht von selbst zusammenfügen, die richtige Form annehmen und sich von selbst in ein Klavier „transformieren". Das ist unmöglich. Ein Klavier wird durch seinen Architekten, den Menschen, den Denker, geschaffen. So ist die Evolution das Wirken der spirituellen Wesenheit auf die und in der Materie; die spirituelle Wesenheit benutzt die materiellen Vehikel, formt sie und drängt sie vorwärts. Das ist der Schlüssel für die theosophische Evolutionslehre.

Wenn wir von der Inkarnation der Mânasaputras, der denkenden Wesenheiten, der „Söhne des Gemütes", sprechen, ist es natürlich klar, dass sie Teile oder „Wesenheiten" von der HIERARCHIE DES MITLEIDS sind, von der Lichtseite der Natur. Während der Evolution findet das natürliche Sichentwickeln der Natur (mit dem uranfänglichen spirituellen oder dhyân-chohanischen Impuls hinter sich) zu höheren Wesen statt, das, wie bereits dargestellt, tatsächlich ständig stattfindet. Dieser Vorgang würde unermesslich lange dauern, wenn diese höheren Wesen nicht wären, die uns ihr Licht und ihr Leben geben und uns dadurch viel schneller „vorwärts“ führen. Das ist es, was mit dem Abstieg der Mânasaputras in die Inkarnation gemeint ist. Sie sind unsere höheren Naturen, und so paradox es klingen mag, sie sind bedeutend weiter entwickelt als wir. Sie waren die spirituellen Wesenheiten, die unsere persönlichen Egos „belebten“, die auf diese Weise zum Selbstbewusstsein entwickelt wurden, wenn es auch noch verhältnismäßig schwach ist. Eins und doch viele! Wie wir an einer einzigen angezündeten Kerze eine endlose Anzahl Kerzen anzünden können, so können wir aus einem Bewusstseinsfunken unzählig viele andere Bewusstseinseinheiten anfeuern und beleben, die sozusagen „schlafend“ oder „latent“ in den Atomen liegen.

Dies bringt uns direkt zu einer anderen Sache. Wir haben vermutlich von den „Widersprüchen“ in der *Geheimlehre* oder in unseren esoterischen Lehren gehört. Es gibt da keine Widersprüche. Es gibt, wenn wir so wollen, scheinbare Widersprüche, aber ein scheinbarer Widerspruch ist in Wirklichkeit das, was man normalerweise ein Paradoxon nennt. Es ist die berühmte Art der alten Schulen des Okkultismus, mit Hilfe von Paradoxa und Parabeln zu lehren, so wie von Jesus gesagt wird, er habe es getan. Wenn Lehren auf diesem Prinzip basieren, so beweist das ein tiefes Wissen in Bezug auf die menschliche Psychologie. Dabei ist es die Absicht, das Gemüt vorsätzlich aufzurütteln, es in Erstaunen zu versetzen, den Hörer dazu zu bringen, selbst zu denken. Wir können ein Kind nicht essen oder gehen lehren, indem wir für das Kind gehen oder selbst essen. Es muss selbst lernen, die Nahrung zu sich zu nehmen. Es muss selbst gehen lernen!

In ähnlicher Weise müssen Schüler oder Neophyten lernen, selbst zu denken, auf ihren eigenen Füßen zu stehen. Ich wiederhole, es ist ein sehr tiefes Wissen über die Psychologie, das menschliche Denken, das die alten Lehrer sowie unsere Meister der Weisheit heute veranlasst, den gleichen alten Prinzipien zu folgen. Es ist eine Methode, der zu folgen uns unser Lehrer angewiesen hat, als diese Studien begonnen wurden. Wir werden bemerkt haben, dass in keinem Fall ein Gegenstand beim ersten Mal klar und erschöpfend dargelegt oder bis zum Äußersten verfolgt wurde. Erstens, weil das unmöglich ist, zweitens, weil es augenscheinlich notwendig ist, erst gewisse Dinge zu sagen, zu versuchen, die Aufmerksamkeit zu erregen, zu versuchen, in den Gemütern ehrliche Einwände – nicht bloße kritische Bemerkungen, sondern ehrliche Bedenken – zu erregen, die dann von jedem selbst gelöst werden müssen. Später werden andere Aspekte des Gegenstandes vorgebracht und andere Seiten der Lehren gegeben. Manchen unter uns ist diese Tatsache natürlich bekannt, doch ich spreche besonders zu unseren jüngeren und neueren Mitgliedern. Diese Methode stellt ein Lehrsystem dar, das dem in der westlichen Welt seit dem Verfall der Zivilisation am Mittelmeer befolgten entgegengesetzt ist. Heute ist die allgemeine Methode die des reinen Gehirnverstandes, jenes Gemütes, das sterblich ist und beim Tod des Körpers zerfällt. Seine Stärke ist das bloße Auswendiglernen von Zeiten, Namen, Plätzen, Daten usw., kurz von allem, was aus Büchern oder täglichen Vorkommnissen auswendig gelernt und in das Gehirn gestopft werden kann, und dieses Gemüt stirbt. Das ist ein Grund, warum wir uns unserer früheren Inkarnationen nicht erinnern – weil unser Gemüt schwächlich war und sich mit unbedeutenden und vergänglichen Dingen befasste. Doch, Kameraden, die Erinnerung an unsere früheren Leben wohnt und verbleibt in unserer höheren Natur, denn diese höhere Natur befasst sich nur mit Prinzipien und mit allumfassenden Dingen, und eines Tages, wenn wir unseren Planeten hinter uns lassen und über ihn hinausschreiten, werden wir uns an die früheren Leben erinnern, es sei denn, es handelt sich um jene Fälle von verlorenen Seelen, in denen sozusagen nur leere Seiten in dem spirituellen Band des Lebens verbleiben.

Wir nehmen heute Abend verstreute Gedankenfäden auf, Fäden, die wir in das Bild einweben müssen, das wir im Auftrag des Lehrers zu entwerfen und zu erklären haben. Wir wollen diese sogenannten Widersprüche mit Hilfe einiger Beispiele erläutern. Also: Der Mond ist älter als die Sonne, die Sonne ist älter als der Mond. Hier liegt kein Widerspruch vor, sondern ein Paradoxon. Ferner: Die Sonne ist älter als irgendeiner ihrer Planeten, die Planeten sind älter als ihre Sonne. Wiederum kein Widerspruch, sondern ein Paradoxon. Wir wollen diese Paradoxa sogleich erklären. Wenn wir die Evolution des Sonnensystems verfolgen, wie sie in der Esoterischen Philosophie erklärt wird, finden wir als Erstes, dass die Milchstraße das Vorratshaus der zukünftigen Himmelskörper ist, sozusagen die Kinderstube, aus der Samen zukünftiger Sonnen hervorgehen, um ihre manvantarische Laufbahn zu beginnen. Wenn die Zeit für das Eintreten eines solchen Ereignisses kommt, tritt ein Komet in seinem ursprünglichen, ätherischen Gewand in Erscheinung, um seine Wanderungen anzutreten, und nachdem er lange Zeitalter in dem, was für uns grenzenloser Raum ist, umhergekreist ist und ihn durchquert hat, erreicht er, getrieben oder gezogen von Karma oder unter der Führung von Karma, jene besondere Region im Raum, die tatsächlich der Ort oder die Region ist, die er in einer früheren Verkörperung als eine Sonne einnahm. Dort macht er sich sesshaft und erweckt und beseelt den Sonnenstaub um sich (denn der Raum ist voll davon), und so entsteht dann einen Nebel. Er sammelt außerdem größere ätherische Überreste seines früheren Selbstes, als er noch eine Sonne war, um sich. Diese ziehen andere Partikel an sich, die, wie wir sagen können, „im Raum umherwandern", und im entsprechenden Verlauf werden diese anderen Körper mit ihrem Zuwachs die Planeten des neuen Sonnensystems.

Was ist ein Planet? Was ist sein Ursprung? Eine Sonne durchläuft die Laufbahn ihres Kalpa, ihre manvantarische Periode, die ein Sonnenmanvantara bildet. Wenn ihre Zeit kommt, in das Pralaya, in Ruhe, einzugehen, zieht sich ihre innere Kraft zurück, und sie stirbt. Dies geschieht nicht an einem Tag, sondern es ist ein Ereignis, das eine lange Zeit in Anspruch nimmt. Ihr niederstes Prinzip (das unserem physischen Körper entspricht) löst sich buchstäblich in unzählige Teilchen auf. Wir können diese Teilchen Atome nennen. Vergessen wir bitte nicht, die Sonne ist weder fest, noch wird sie es sein, wenn sie stirbt – sie ist weder flüssig noch gasförmig. Nach ihrem Tod löst sie sich in unzählige Atome oder Partikel auf. Die Partikel beginnen ihre Wanderungen durch die Felder des Raumes und wandern lange, lange Zeitalter durch die unermesslichen Einsamkeiten, bis die innewohnenden Wesenheiten der früheren Sonne, die ihr eigenes inspirierendes Inneres besitzen, in der Form eines Kometen in den Raum zurückkommen, in dem sie sich früher befanden, und das wiedererwecken, was nun Sonnenstaub von ihrem früheren Vehikel-Selbst ist. Der Staub besteht aus den Überresten ihres eigenen früheren Körpers. Diese Partikel der früheren Sonne werden wieder zu ihr hingezogen und bilden ihre Reihe von Planeten. Auf diese Weise sind die Planeten einer Sonne in einem Sinne ihre „Monde".

So sehen wir, als eine Wesenheit ist die Sonne älter als irgendeine in ihrem Planetensystem, den Überbleibseln ihres früheren Körpers. Aber die Planeten sind älter als die jetzige Sonne, weil sie tatsächlich Teile der früheren, auf dieser Ebene befindlichen Sonne sind. Wo ist der Widerspruch? Wirklich ein Paradoxon, das wir lösen mussten, denn das Lösen desselben belebt unsere Intuition, und eines der Hauptziele und -zwecke und der Sinn dieses Lehrsystems ist die Belebung der Intuition. Unser Gehirngemüt ist ein höchst bewundernswerter Diener, wenn es geführt wird, aber es sollte niemals unser Meister sein. Es ist nicht einmal ein guter Diener, es besitzt keine Selbstachtung. Es besitzt keine Unterscheidungskraft, keine Urteilskraft, weder Intuition noch Verstand.

Dem Obigen ähnlich ist das Paradoxon in Bezug auf den Mond. Vielleicht haben wir in einem zukünftigen Studium Zeit, es zu erklären. Auch der Fall der Planetoiden oder der sogenannten Asteroiden, von denen es zwischen den Planeten Jupiter und Mars so viele gibt, ist ein ähnlicher. Sie sind Überreste aus einem früheren Sonnenmanvantara.

Ferner sind alle Planeten, die nicht in „Verdunkelung" sind oder nicht (wie der Mars) schlafen, von dicken und oft sehr verdichteten Wolken kosmischen Staubes umgeben, den sie an sich gezogen haben. Dies ist in Wirklichkeit früherer Sonnenstaub von jetzt aufgelösten Monden und Planeten, denn über unseren Köpfen und über und rund um jeden einzelnen der nicht schlafenden Planeten unseres Sonnensystems befindet sich ein Kontinent, buchstäblich ein Kontinent von kosmischem Staub. Dieser Sonnenstaub ist sehr dicht, und die verschieden großen Körper oder Partikel, die ihn zusammensetzen, sind sehr zahlreich und von vielfältiger Größe.

Er wirkt als Schleier, der uns vor der furchtbaren Energie der Sonne schützt, und nicht nur als ein schützender Schleier gegen die Strahlen der Sonne, sondern auch gegen andere Unfälle, die uns zustoßen könnten, wenn kein schützender Schleier unseren Globus in dichten Windungen umgeben würde.

Der Mars hat gegenwärtig keinen oder nur einen sehr dünnen schützenden Schleier, weil seine Lebensenergien auf andere Globen des Marsplanetensystems – der Marsplanetenkette – gegangen sind, und die magnetische Anziehungskraft, die einen solchen Schleier zusammenhält, ist deshalb abwesend. Aber die Venus und der Merkur haben zum Beispiel einen schützenden Schleier wie wir, obwohl er beim Merkur viel dünner ist als bei der Venus, weil der Merkur eben aus der Verdunkelung auftaucht. Dieser Schleier ist es, den die Astronomen sehen, wenn sie durch die Teleskope die Planeten betrachten und nur „Wolken" sehen, weil sie das Antlitz des Planeten selbst nicht sehen können. Sie sehen in Wirklichkeit den Schleier.

Wir sind uns des uns schützenden Schleiers nicht bewusst. Es ist so ähnlich wie mit einem Menschen, der aus einem Zimmer mit hübschen, weißen Vorhängen vor dem Fenster hinaussehen und beobachten kann, was auf der Straße vor sich geht, aber der Mann auf der Straße kann ihn nicht so leicht sehen.

Als abschließendes Beispiel für den Gebrauch des Paradoxons bei unserem Studium nenne ich folgendes: Bei einem früheren Studium sagten wir, die Natur wiederhole sich niemals. In einem späteren Studium legten wir dar, dass die Natur nichts anderes tue, als sich zu wiederholen. Widerspruch? Nein! Paradoxon? Ja! Wir wollen sehen, ob wir diesen scheinbaren Widerspruch ein wenig aufklären können. Was sind Zyklen? Wiederholungen. Was sind Hierarchien? Wiederholungen. Was sind die wichtigsten Wiederholungen allgemeiner Typen? Prinzipien, Kräfte, Planeten, Sonnen, Kreisläufe, Atome, Monaden, Götter – alle sind mannigfaltige Wiederholungen von ursprünglichen spirituellen Prägungen. Die Natur wirkt nur in Wiederholungen und in keiner anderen Weise: Wiederholungen von uranfänglichen Prinzipien oder Wurzeltypen auf untergeordneten Ebenen.

Was meinen wir nun, wenn wir sagen, die Natur wiederhole sich niemals? Wir wollen hier unseren gesunden Menschenverstand anwenden. Die Natur wiederholt sich niemals, denn wir werden nie zwei Prinzipien, keine zwei Zyklen, keine zwei Menschen, Monaden, Sonnen, Planeten, Seelen oder Egos finden, die identisch sind. Unser Paradoxon ist daher gelöst, wenn wir uns erinnern, dass die Natur Einheit in endloser Verschiedenheit ist.

Wir kehren jetzt zu unserem Hauptthema zurück. Die Syrier hatten die folgende Methode oder das folgende System, die Stufen des Seins zu beschreiben, die wir in dem nachfolgenden Diagramm darstellen (siehe Seite 349).

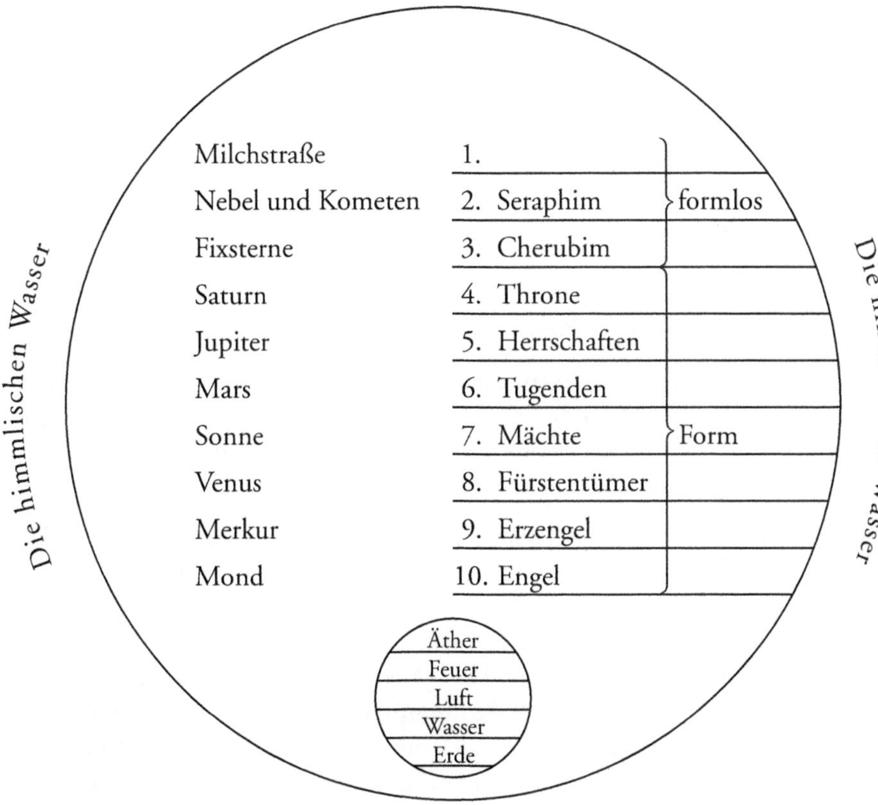
Die himmlischen Wasser
Milchstraße
Nebel und Kometen
Fixsterne
Saturn
Jupiter
Mars
Sonne
Venus
Merkur
Mond
1.
2. Seraphim
3. Cherubim
4. Throne
5. Herrschaften
6. Tugenden
7. Mächte
8. Fürstentümer
9. Erzengel
10. Engel
formlos
Form
Äther
Feuer
Luft
Wasser
Erde
Die himmlischen Wasser

1. Die Milchstraße oder das erste Prinzip
2. Nebel und Kometen oder die Seraphim, Sphäre 2, abwärts gezählt
3. Die Fixsterne oder Cherubim

   Diese drei waren die „formlose Welt“. Dann folgten die Planeten:
4. Saturn – Throne
5. Jupiter – Herrschaften
6. Mars – Tugenden
7. Sonne – Mächte
8. Venus – Fürstentümer
9. Merkur – Erzengel
10. Mond – Engel

und schließlich Erde oder Mensch.

Diese acht waren die „Welt der Form“.

Nun wollen wir einen Kreis zeichnen, der eine Sphäre darstellt, und diese soll unsere Erde sein. Wir teilen sie in fünf Zonen ein. Die oberste ist die des Äthers, unterhalb dieser befindet sich die des Feuers. Es folgt abwärts die der Luft, auf diese die des Wassers, und die niederste Zone ist die der Erde.

Die Syrier stellten sich dieses Weltsystem als Sphäre, als einen Kosmos vor, deshalb muss unsere Zeichnung einen sie umgebenden Kreis haben. Es ist wahrhaftig eine willkürliche Darstellung, und sie deutet nicht irgendwelche besonderen Abgrenzungen an, sondern sie macht den begrenzenden Umfang dieses besonderen Kosmos oder dieser besonderen Hierarchie klar. Die Syrier sagten ferner, dass sich außerhalb dieser Hierarchie oder dieses Kosmos die „himmlischen Wasser“ befinden, und sie meinten das, was die Griechen Chaos oder mit anderen Worten „die Wasser des Raumes“ nannten und was für uns unentwickelte kosmische Materie ist. Was den bildlichen Ausdruck „himmlische Wasser“ betrifft, so hat auch die hebräische *Bibel* über den „Geist der Elohim“ oder der Götter gesagt, er bewege sich über dem Antlitz der „Wasser“.

Die drei höchsten Ebenen sind *arûpa* oder formlos, die anderen sieben (oder acht) Ebenen sind *rûpa* oder geformt. Die Syrier lehrten, dass am Anfang der Dinge, d. h. als die kosmische Evolution begann, die uranfängliche Essenz das feinste und spirituellste Element hervorentwickelte, und das war natürlich das höchste, die Milchstraße, aus der in diesem System alle Dinge emanieren. Der nächste Schritt abwärts in der Evolution waren die Kometen und die Nebel; dann die „1122 Fixsterne“. Darauf folgten die verschiedenen Sonnensysteme. Unser eigenes bringt uns, als Beispiel, auf diese Weise zur ersten der sieben planetarischen Regionen. Es hätte jedes andere Sonnensystem als Beispiel gewählt werden können, aber natürlicherweise wurde das unsrige gewählt, weil es eben unser Sonnensystem ist. Jeder dieser Schritte abwärts stellt eine Stufe dar, die die sich entwickelnde Lebenswoge durchlaufen musste, bevor sie zum Beispiel auf unserer Erde den Gipfelpunkt materiellen Daseins erreichte, indem sie schließlich durch die letzten sieben Stufen, die unseren Globus umgebenden Ebenen, ging. Die erste von diesen letzten sieben war das „namenlose Element“, wie wir es nennen können. Als Nächstes kam der Überäther, dann der Äther, danach das Feuer. Nach dem Feuer die Luft; auf die Luft folgte das Wasser und auf das Wasser die Erde. Diese Elemente sind nicht die uns unter diesen Namen bekannten materiellen Dinge, sondern sozusagen die Essenzen der Elemente, von deren uranfänglicher Substanz unsere „Elemente“ lediglich die materielle Repräsentation sind.

Wie sicher bemerkt wurde – ich weise zum Schluss unseres Studiums darauf hin –, sprach der christliche Apostel Paulus von verschiedenen Kräften oder Elementen, die, wie oben in dem syrischen System beschrieben, zu den verschiedenartigen Planeten gehörenden oder mit ihnen in Beziehung stehen, wie Herrschaften, Tugenden, Throne, Fürstentümer, Erzengel und Engel. In einem gründlichen früheren Studium legten wir dar, dass in Wirklichkeit der ganze christliche Mystizismus von Dionysios dem Areopagiten begründet wurde, der auch dieselben Namen verwendete. Zusätzlich zu den Gedanken, die das Christentum dem Neuplatonismus und dem Neupythagoreismus entnahm, schöpfte es auch (durch Paulus selbst, der ein Syrier war) aus diesen alten Mysterienlehren, deren exoterischer Ausdruck die Hierarchie ist, wie sie in dem Diagramm dargestellt ist. Aber hinter dieser äußeren Ausdrucksweise existierte dieselbe Darlegung, dasselbe esoterische System und dieselbe Wahrheit, die wir seit einigen Monaten studieren.

Kapitel 25

Die Mysterien der siebenfachen Natur. Zusammenhänge zwischen Globen, Elementen und menschlichen Prinzipien. Die sieben heiligen Planeten der Alten. Rassen – Zeitperioden und Katastrophen.

Aber darauf rief einer jener älteren Priester (aus Ägypten) aus: „O Solon, Solon, ihr Griechen seid immer Kinder, unter euch gibt es nicht so etwas wie einen alten Griechen." Aber als Solon dies hörte, sagte er: „Aus welchem Grunde ruft er das aus?" Darauf der Priester: „Weil eure Seelen so jugendlich sind. Sie enthalten weder eine alte, aus weit zurückreichender Tradition stammende Meinung noch irgendwelche altersgraue, in frühere Zeitperioden zurückreichende Wissenschaft. Doch der Grund dafür ist die Vielfältigkeit und Verschiedenheit der Zerstörungen der menschlichen Rasse, die früher stattfanden und wieder stattfinden werden. Die größten derselben finden durch Feuer und Wasser statt, aber die kleineren durch zehntausend andere Ereignisse. ... Aber was immer von uns oder euch oder an irgendeinem anderen Ort Schönes oder Großes oder sonst Ungewöhnliches vollbracht wurde, wovon wir hörten, alles das ist in unseren Tempeln aufgezeichnet zu finden und bis auf den heutigen Tag erhalten."

Platon: Timaios. Kapitel 3, 22 b–c, 23a (Englisch: Thomas Taylor)

Wir wollen unser Studium mit dem Vorlesen aus dem ersten Band, Seite 671, der *Geheimlehre* beginnen, und zwar aus Abteilung XIV mit dem Titel „Götter, Monaden, Atome":

> Die genaue Erstreckung, Tiefe, Breite und Länge der Geheimnisse der Natur sind nur in der östlichen esoterischen Lehre zu finden. So ausgedehnt und so tief sind diese, dass kaum auch nur einige wenige, sehr wenige von den höchsten Initiierten – jene, *deren bloße Existenz nur einer kleinen Zahl von Adepten bekannt ist* – imstande sind, die Kenntnis aufzunehmen. Doch sie ist immer da, und einer Tatsache und einem Vorgang um den andern in der Werkstätte der Natur wird gestattet, seinen Weg in die exakte Wissenschaft zu finden, während erlesenen Individuen bei der Lösung ihrer Verborgenheiten geheimnisvolle Hilfe gegeben wird. Solche Ereignisse finden gewöhnlich statt am Ende großer Zyklen im Zusammenhang mit der Entwicklung der Rasse. Wir sind gerade am Schluss des Zyklus von 5 000 Jahren des gegenwärtigen arischen Kali-Yugas, und zwischen jetzt

> und 1897 wird ein großer Riss in den Schleier der Natur gemacht werden, und die materialistische Wissenschaft wird einen Todesstoß erhalten.
>
> ...
>
> Vom ersten Beginn der Äonen an – in Zeit und Raum in unserer Runde und auf unserer Kugel – wurden die Geheimnisse der Natur (zum mindesten jene, die zu kennen für unsere Rassen gesetzmäßig ist) von den Schülern eben jener jetzt unsichtbaren „himmlischen Menschen“ in geometrischen Figuren und Symbolen aufgezeichnet. Die Schlüssel hierzu gingen von einer Generation „weißer Männer“ auf die andere über.

In unserer letzten Versammlung sprachen wir über ein Diagramm (Seite 349), das die Ansichten der Syrier über den äußeren und inneren Aufbau des Kosmos vom exoterischen Standpunkt aus zeigte. Einige von uns, die gut Acht gaben, werden vielleicht bemerkt haben, dass diese diagrammatische Hierarchie als nur auf einer Ebene befindlich dargestellt zu sein scheint. Das ist in einem gewissen Sinne wahr, aber in Verbindung mit dieser Tatsache gibt es vieles, worüber wir in der letzten Versammlung nicht sprechen konnten und auch jetzt nicht sprechen können, und zwar aus dem einfachen Grund, weil wir bisher noch nicht die Grundlagen gelegt haben, um es richtig zu verstehen. Es möge daher genügen zu sagen, dass die Hierarchien tatsächlich ineinander wirken, sich vermischen und sich sozusagen nach jeder Richtung überschneiden.

Wie wir bei einem früheren Studium bemerkt haben, verläuft unsere Evolution zuerst nach außen und dann nach innen. Am Anfang des Manvantaras dieser unserer Planetenkette, beim Hinabsteigen auf dem schattenhaften Bogen, auf dem Bogen der Materie, verlief die Richtung, der wir als Glieder unserer planetarischen Lebenswoge folgten, von innen nach außen, d. h. von inneren Plänen, von inneren Welten beständig abwärts fortschreitend – das soll heißen: in immer mehr zunehmende Materialität. Als wir dann die Mitte der vierten Runde auf diesem unserem Globus erreichten, die den Mittelpunkt oder Wendepunkt des Manvantaras dieser Planetenkette darstellte, ließ der Impuls nach und erlosch schließlich in der vierten Wurzelrasse, der atlantäischen Rasse. Danach begann der umgekehrte Prozess wirksam zu werden. Emporsteigen und Entwicklung lenkten die Schritte sozusagen in einer Spirale zurück, und die Richtung war hinfort von außen nach innen, ein Aufstieg in immer mehr zunehmende Spiritualität. Dieser Vorgang des anfänglichen „Abstiegs“ in die Materialität mit nachfolgendem Wiederaufstieg in die Spiritualität ist der Lauf, der nicht nur bei dem Aufbau, der Entwicklung und Vollendung der Bestimmung einer Planetenkette sowie aller Planetenketten verfolgt wird, sondern es ist auch der Lauf, der in größeren Zyklen der Evolution wie den Sonnenkalpas eingehalten wird, von denen jedes sieben planetarische Manvantaras umfasst.

Sieben planetarische Manvantaras ergeben ein Sonnenkalpa. Mit anderen Worten: „Sieben Tage von Brahmâ" oder sieben planetarische Zyklen, von denen jeder aus sieben Runden besteht, bilden ein Sonnenkalpa (oder Manvantara).

Um die Idee leichter erfassen zu können und um unser Gemüt beim Verstehen des Studiums zu unterstützen, wollen wir sieben Kreise zeichnen, die sieben Globen darstellen: drei auf dem abwärts führenden Zyklus oder dem schattenhaften Bogen, einen ganz unten oder am Wendepunkt und drei auf dem aufsteigenden oder leuchtenden Bogen oder Zyklus. Wir können sie mit den Buchstaben des Alphabets bezeichnen:

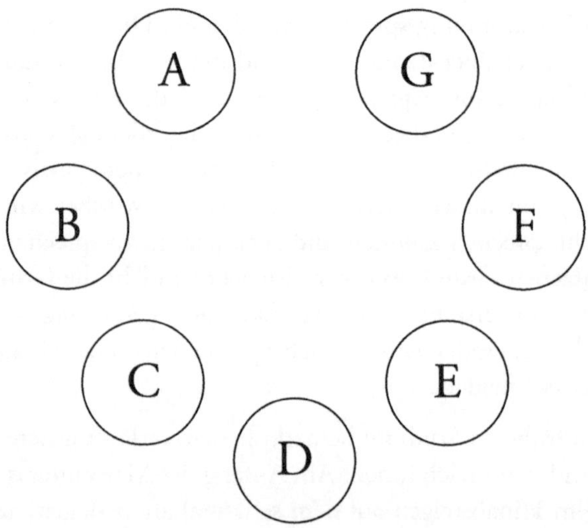

Diese Kreise sollen die Globen der Planetenkette und die Evolution der Lebenswoge darstellen. Beginnend auf Globus A, durchläuft sie dort ihre festgesetzten Zyklen, vollendet sie und geht auf Globus B über.

Nach Vollendung ihres Laufes auf Globus B schreitet sie weiter nach Globus C, und nach Beendigung ihres Laufes der Runde auf Globus C geht sie weiter nach Globus D, auf dem wir uns jetzt in der vierten Runde befinden. Wir haben auf diese Weise etwas mehr als die Hälfte des Laufes unserer Runde, der vierten, vollendet, weil wir uns in der fünften Wurzelrasse unseres Globus D befinden, auf dem sieben Wurzelrassen ihren Lauf vollenden müssen.

Jeder dieser sieben Globen ist gebildet aus und hat seine Korrespondenz mit dem, was die Alten die „Elemente" nannten, die sozusagen die Basis der sieben Prinzipien der Natur sind. Sie werden auch „Rudimente" genannt, nicht in dem Sinne von etwas Unvollkommenem, sondern in dem ursprünglichen Sinn von „Wurzeldingen", von ursprünglichen Dingen. Das Sanskṛitwort für die Prinzipien ist „Tattva", was Realität bedeutet. Nicht die höchste Realität, das Absolute irgendeiner Hierarchie, sondern ihre Wurzeldifferenzierungen in der Manifestation. Das Wort für die Elemente ist „Bhûta". Jedes Element entspringt seinem Vorgänger oder dem über ihm befindlichen Element und gibt einem anderen, dem unter ihm befindlichen, Geburt. Die Alten zählten immer vier, manchmal auch fünf Elemente, und unsere Schule zählt im ganzen sieben.

Die allgemeine Aufzählung der Alten ist folgende: Äther, Feuer, Luft, Wasser und als Letztes Erde. Den beiden noch aufzuzählenden Prinzipien und zwei Elementen, den Grundlagen der Prinzipien, wurden exoterisch keine Namen gegeben, weil sie bis jetzt von unseren gegenwärtigen Sinnen noch nicht wahrgenommen werden. Das menschliche Bewusstsein erkennt sie noch nicht, trotzdem sind sie in der Esoterischen Philosophie mit Namen bekannt, und es wird über sie gelehrt. Das zweite wird „Anupapâdaka-Tattva" genannt, ein Sanskṛitwort, das im Englischen [und im Deutschen, d. Ü.] sehr schwer zu erklären ist. Die allgemeine Bedeutung ist: Es geht nicht aus irgendetwas anderem hervor, d. h., es ist elternlos, es geht aus sich selbst hervor. Schließlich wird das erste von den sieben, das oberste auf dem aufsteigenden Bogen der Natur, in Bezug auf das Prinzip „Âdi-Tattva" oder „ursprüngliches Tattva" und in Bezug auf das entsprechende Element „Âdi-Bhûta" genannt, weil es derselben Ebene des kosmischen Seins angehört wie das Prinzip Âdi-Tattva, nur auf einer etwas niedrigeren Stufe, da es die Grundlage oder das Vehikel des ersteren, des Prinzips, ist.

Diese Elemente sind natürlich nicht die vertrauten Dinge, die wir unter den Namen Feuer, Luft, Wasser oder Erde kennen, sondern sie sind in einem mystischen Sinn das Entsprechende und Korrespondierende auf unserer Erde. Obgleich jeder der sieben Globen der Planetenkette nicht einem der betreffenden sieben Elemente entspricht, ist doch jeder der Globen aus ihnen allen aufgebaut, und eines der sieben Elemente herrscht ferner in einem der Globen vor. Das alles wird in unseren zukünftigen Studien über Lokas und Talas erläutert werden. Das Feuer auf Globus A zum Beispiel ist nicht unser materielles Feuer auf Erden. Es wäre sozusagen der Geist des Feuers, die Wurzel des Feuers, denn in der Esoterischen Philosophie ist das Feuer nicht, wie wissenschaftlich gesagt wird, nur das Resultat von Verbrennung, sondern es ist tatsächlich ein Element, ein Rudiment, eine Basis. Ähnlich verhält es sich mit der aus dem Feuer hervorgehenden, aus dem Feuer geborenen Luft. Und ähnlich ist es mit dem aus der Luft hervorgehenden Element Wasser und auch mit dem aus dem Wasser, d. h. aus dem Element Wasser, geborenen Element Erde.

Es ist gleichfalls die alte stoische Lehre, dass die Elemente eines dem anderen Geburt geben. Die Manifestation beginnt auf der spirituellen Ebene, und so, wie sich die Lebensimpulse in gröbere Formen, in die Materie ergießen, werden die nachfolgenden Elemente (Grundlagen, Rudimente) geboren, jedes aus den vorhandenen und aus all den vorhergehenden. So wird das Element „Erde" nicht nur aus dem Element „Wasser", sondern gleicherweise aus dem Element „Feuer" und aus dem Element „Luft" geboren. Ferner hat von den sieben Runden einer Planetenkette, den sieben Globen einer Planetenkette und den sieben Wurzelrassen irgendeines Globus der Kette jede bzw. jeder ihre bzw. seine vorherrschende Korrespondenz mit einem dieser sieben Elemente. Doch ist zu beachten, dass wir ganz und gar nicht die wohlbekannten Dinge meinen, die wir auf unserer Erde unter diesen Namen kennen, sondern die Grundlagen, die Ausgangspunkte, sozusagen die „Spirits" derselben, die Ursachen, die Tattvas, die wirklichen Dinge, die das hervorbringen, was wir hier auf Erden sehen.

Außerdem ist jeder einzelne der sieben heiligen Planeten, auf die wir in früheren Studien hingewiesen haben, eine Manifestation, eine Einkörperung der Kräfte eines der sieben Sonnenlogoi oder der spirituellen Kräfte unseres Sonnenkosmos. Von diesen Kraft-Elementen sehen wir nur eine schwache Manifestation oder eine schwache Abschattung in den sieben Farben des Sonnenspektrums. Eine weitere und ausführlichere Erklärung dessen stellen wir für zukünftige Studien zurück.

Beachten wir bitte auch, dass jedes einzelne unserer eigenen sieben menschlichen Prinzipien mit einem dieser sieben Elemente korrespondiert. Die sieben Prinzipien und Elemente des Menschen sind eine Wiederholung der sieben Prinzipien und Elemente des Kosmos in ihm. Die sieben Elemente, Grundlagen oder Rudimente sind die sieben Vehikel der sieben Prinzipien des Kosmos. Diese Elemente sind gleichzeitig Substanz und Energie oder Kraft, weil Energie und Substanz im Grunde dasselbe sind. Sie sind sozusagen die obere und die untere Seite, das Innere und das Äußere, der Impuls und seine Resultate oder Früchte.

Und ferner in Bezug auf die erwähnten sieben heiligen Planeten: Wenn die esoterische Wissenschaft der Alten von sieben heiligen Planeten sprach, waren damit ganz bestimmte Planeten bezeichnet, weil tatsächlich jeder dieser uns bekannten Planeten selbst mit sieben anderen Planeten verbunden ist, die für ihn seine sieben heiligen Planeten sind. Unsere Erde ist keiner der sieben heiligen Planeten der Alten. Diese sieben heiligen Planeten sind Saturn, Jupiter, Venus, Merkur und der Planet, der der Sonne sehr nahe und gegenwärtig unsichtbar ist, aber dort vermutet wird. Einige Astronomen nennen ihn „Vulkan". Außerdem gibt es einen sechsten, den wir augenblicklich nur erwähnen, und einen siebenten, der manchmal in der Nähe des Mondes gesehen wird, von jenen, die „Augen haben zu sehen".

Bei einem früheren Studium bemerkten wir, dass der Planet Vulkan am 26. März 1859 das erste Mal entdeckt wurde, oder man vermutete, ihn entdeckt zu haben, als er beim Überqueren der Sonnenscheibe gesehen wurde. Seitdem haben die Astronomen nach ihm gesucht, doch sie konnten ihn bisher nicht finden. Die Lehre bezüglich dieses Planeten, der (in einem Sinne) der höchste unserer sieben heiligen Planeten ist, besagt, dass er etwa am Mittelpunkt der dritten Wurzelrasse für unsere physischen Sinne unsichtbar wurde. Da wir aber jetzt auf dem aufwärtsführenden Bogen die dem Grade der Ebenenentwicklung der dritten Wurzelrasse entsprechende Ebene wieder erreicht haben, sollte er in einer verhältnismäßig kurzen zyklischen Periode beginnen, sich von neuem zu zeigen.

Doch selbst heute kann er, wenn er mit dem Teleskop gesucht wird, unter günstigen Bedingungen beim Überqueren der Sonnenscheibe gesehen werden, wenn er auch aufgrund dessen, was wir seine Ätherhaftigkeit nennen können, im Allgemeinen unsichtbar ist. Und warum? Weil der wahrhaft unbeschreibliche Glanz der Sonne das, was auch immer vor ihr erscheint, als dunklen Körper sichtbar werden lässt und deshalb beim Überqueren der Sonnenscheibe als schattenhafter Körper gesehen werden könnte. Das ist wahrscheinlich zumindest ein Grund, warum die Astronomen den Planeten Vulkan gesucht und gefunden – oder noch nicht gefunden – haben.

Was den erwähnten siebenten betrifft, der der „niederste" unserer heiligen Planeten ist, denjenigen, von dem esoterisch als „nahe dem Mond" gesprochen wird: Dieser Planet befindet sich in seiner letzten oder siebenten Runde und ist daher im Sterben begriffen. Es besteht die Wahrscheinlichkeit, dass er für unsere gegenwärtigen physischen Sinne ebenfalls mehr oder weniger ätherisch und deshalb praktisch unsichtbar ist, ausgenommen unter gewissen sehr günstigen Bedingungen. Bevor unser Planet die letzte oder siebente Runde erreicht, wird sich unser Mond in Sternenstaub aufgelöst haben. Aber bis dahin wird der jetzt sterbende oder Mysterien-Planet tot oder für uns wie ein Mond sein. Er ist kein wahrer Mond im Sinne unserer lunaren Mutter, sondern vielmehr ein Satellit. Dieser wird uns dann wie ein Mond erscheinen und tatsächlich ein „Mond" sein, weil er ein toter Körper ist.

Über die sieben heiligen oder Mysterien-Planeten gibt es sehr vieles, das einfach nicht – oder wenigstens noch nicht – gesagt werden kann, und zwar aus dem einfachen Grund, weil diese Vorträge auf des Lehrers Anweisung hin veröffentlicht werden sollen. Wir verstehen vollkommen, dass es gewisse Dinge gibt, die zu erfahren die Öffentlichkeit kein Recht hat. Wir haben schon gezeigt, dass jeder der sieben ersten Dhyân-Chohans oder Herren der Meditation mit jeweils einem der sieben Mysterien-Planeten oder heiligen Planeten sehr eng verbunden ist, das heißt der sieben, die die heiligen Planeten für die Erde sind. Es gibt noch viele andere

Planeten in unserem Sonnensystem, aber nur sieben aus dieser Anzahl sind unsere sieben heiligen Planeten. Jeder andere Planet, sagen wir zum Beispiel der Jupiter, hat seine eigenen sieben heiligen Planeten, und alle gehören zu unserem Sonnensystem, doch nicht alle von ihnen sind notwendigerweise unsere sieben heiligen Planeten. Jedoch ist jeder einzelne von ihnen aufgrund des Untereinanderverbundenseins oder Vermischtseins der Elemente des kosmischen Aufbaues ein Sonnenlokus. Hiermit müssen wir uns kurz befassen, bevor wir weitergehen.

Der Mensch steht höher als der Globus, auf dem er lebt; der Mensch steht höher als die Sonne. Wir, die wir hier sitzen, nehmen einen Stand ein, der spirituell höher ist als der der Sonne, obgleich sie der spirituelle und vitale geometrische Ort des Sonnensystems ist. Die Sonne, die wir sehen, ist nicht die wahre Sonne. Die Sonne, die wir sehen, ist praktisch der Brennpunkt der titanischen Kräfte, die von der anderen Seite durch sie hindurchgehen. Der Mensch steht höher als sie und kommt doch von ihr, sozusagen von ihrer inneren Seite. Wie schon in einem anderen Studium ermahnt wurde, dürfen wir uns nicht von wissenschaftlichen Theorien verführen lassen, denn die Wissenschaft ist absolut kein Prüfstein für spirituelles Wissen, das bis jetzt weit jenseits ihres Gesichtskreises oder ihrer Reichweite liegt. Unser physischer Körper, d. h. der Körper eines jeden von uns, ist ein Kosmos, relativ gesprochen sogar ein universaler Kosmos. Selbst unsere moderne Wissenschaft beginnt die Wahrheit zu vermuten, und die Gelehrten sagen jetzt von dem aus Elektronen und Protonen gebildeten Atom, dass es ein Miniatursonnensystem bildet. Es gibt kein noch so kleines Teilchen der Substanz oder Materie, das ohne Leben, ohne Intelligenz und intelligentes Leben ist, und es gibt in und auf den Elektronen unseres Körpers Wesen, die höher stehen als unser persönliches Selbst. Es lohnt sich, über diesen erhabenen Gedanken nachzudenken! In der Tat liegen höhere Verantwortlichkeiten in uns, als wir uns träumen lassen. Unser Körper ist in aller Wahrheit ein Tempel des Lebens.

Einige wenige, die unsere Ansichten zu kennen meinen – obwohl sie diese nicht kennen – mögen vielleicht sagen, dass wir etwas streng von den Wissenschaftlern sprechen. Diesen Vorwurf weisen wir zurück, denn er ist unrichtig. Wir haben gesagt, und wir wiederholen es hier, dass wir nicht zögern, wissenschaftliche Theorien zurückzuweisen, wenn wir sie nicht aufrichtig annehmen können oder glauben, dass sie unwahr sind. Eine Tatsache an sich ist etwas Göttliches. Wir sind für die edlen und oft selbstaufopfernden Arbeiten der Wissenschaftler dankbar. Niemand, kein Mensch auf Erden, ist der Wissenschaft heute dankbarer als wir Theosophen, wenn ihre Erkenntnisse klassifiziertes und geordnetes Wissen bedeuten, aber die bloßen Theorien der Wissenschaftler sind etwas anderes. Für diese haben wir, wenn wir der Ansicht sind, dass sie unwahr sind, nicht mehr übrig als für jede andere Unwahrheit. Auf der anderen Seite sind wir überaus dankbar und nachsichtig in

Bezug auf die Fälle, bei denen wir wahrnehmen, dass sie Wahrheit beinhalten. Das ist alles. Wir greifen keinen ehrlichen Menschen an, ganz gleich, was seine privaten Meinungen sind, wir wenden uns nicht gegen Tatsachen. Jede Tatsache ist ein Freund von uns, und wir heißen die glänzenden Anstrengungen und die Ergebnisse der Naturforscher willkommen und zollen ihnen Beifall. Doch etwas einfach in Bausch und Bogen hinunterzuschlucken, was irgendein Wissenschaftler als *die* Wahrheit hinstellt und womit er nur versucht, der Welt *seine persönliche* Meinung oder *sein* persönliches Steckenpferd unterzuschieben, ist etwas ganz anderes.

Ich habe von einem Freund einen Brief erhalten, der wohl wert ist, hier in diesem Zusammenhang vorgelesen zu werden. Ich lese einen Teil daraus vor, der ein Zitat in Bezug auf den Planeten Vulkan enthält: „Seeliger hat überzeugend dargelegt, dass genug kosmischer Staub vorhanden ist, der das Zodiakallicht bildet, um so die Widersprüche in den Bewegungen des Merkur zu erklären und einen Vulkan unnötig zu machen. Dies wurde vor etwa zwölf Jahren [1918, d. Ü.] geschrieben, und es wurde angenommen, dass es die ganze Schwierigkeit hinsichtlich der Veränderung der Position des Merkur in Sonnennähe um 42 Sekunden im Jahrhundert beheben würde.“

Erste Anmerkung: Die Störungen in den Bewegungen des Merkur wurden zuerst als von einem unbekannten Planeten verursacht angesehen, den man Vulkan nannte. Nun, der Vulkan konnte nicht wiedergefunden werden, und so sagen die Theoretiker, die Störungen müssten durch kosmischen Staub verursacht werden. Jetzt die zweite Theorie, ich zitiere wieder aus dem Brief: „... dann kommt Freund Einstein und beginnt die Störungen in ganz anderer Weise zu erklären“, und der „kosmische Staub“ wurde von der Wissenschaft beseitigt. „Prof. Poor von der Columbia-Universität zeigt später, dass Einsteins Theorie über den Merkur die Stellung der anderen Planeten mehr in Unordnung bringt, als sie dem Merkur hilft. Nun, da haben wir's!

Ich bewundere den Scharfsinn im Aufstellen von Theorien über die Wunder, die Forscher unter den ihnen verfügbaren begrenzten Bedingungen entdecken. Doch wir müssen ein offenes Gemüt hinsichtlich der Dinge bewahren, die verschiedenartigen Auslegungen ausgesetzt sind.“

Sehr gut ausgedrückt! Das kennzeichnet die Sachlage sehr gut. Wir nähern uns dem Ende unseres Studiums an diesem Abend. Doch da ist noch eine Sache, die einiger Behandlung bedarf, bevor wir schließen. Sie betrifft die Wurzelrassen irgendeines Globus unserer Planetenkette. Nehmen wir zum Beispiel die Rassen unseres eigenen Globus D unserer Planetenkette. Globus D ist, wie wir wissen, der niederste der Kette. Die Wurzelrassen benötigen zu ihrer Evolution viel mehr Zeit, als normalerweise vermutet wird, jede einzelne braucht Millionen Jahre dazu. Von einigen, die H. P. Blavatskys *Geheimlehre* nicht mit der Aufmerksamkeit gelesen haben, mit der sie gelesen werden sollte, wird angenommen, unsere Wurzelrasse sei bisher nur etwa eine Million Jahre alt. Diese Idee ist nicht richtig, und H. P. Blavatsky sagt nichts Derartiges. Im Band II, Seite 453, sagt sie: „Nun hat unsere fünfte Wurzelrasse – als eine Rasse ihrer Art und ganz frei von ihrem väterlichen Stamm – schon seit ungefähr 1 000 000 Jahren existiert; ... " Wieviele Millionen Jahre brauchte sie aber, um diesen Punkt zu erreichen, nachdem sie als Wurzelrasse zur Mitte der Mutterrasse geboren worden war? Es waren für unsere Rasse Millionen Jahre notwendig, um die mittlere Periode ihrer Laufbahn, an der wir uns jetzt befinden, zu erreichen. Unsere große Rassenkatastrophe, die noch auf uns zukommen wird, wie auf alle früheren Wurzelrassen zur entsprechenden Zeit deren eigene Katastrophe hereinbrach, hat uns noch nicht erreicht, aber sie kommt. Eine solche Katastrophe wird auch über die auf unsere fünfte folgenden zwei Rassen, das heißt die sechste und die siebente Wurzelrasse, hereinbrechen. Wir werden während dieser kritischen Epochen, Zeitalter und Perioden der fernen Zukunft viel Arbeit zu leisten haben, wenn wir unseren Lehrern und unserer Schule treu bleiben.

Und noch etwas, das wir nicht vergessen wollen: Während die Wurzelrassen abwechselnd durch Feuer und durch Wasser vernichtet werden, sind die anderen Elemente zu gleicher Zeit ebenfalls am Werk, aber es ist im einzelnen Fall besonders Feuer oder Wasser, das die Verschiebung der Kontinente oder vielmehr deren Untergang sowie das Auftauchen oder die Hebung der neuen Länder verursacht und beeinflusst. In Verbindung damit gibt es einen interessanten Punkt in unserer Lehre, und ich weise nun kurz darauf hin.

Die Lehre lautet, dass die erste, die dritte, die fünfte und die siebente Wurzelrasse Wasserrassen genannt werden können, und die zweite, die vierte und die sechste sind Erdrassen. Mit anderen Worten, die Rassen mit den ungeraden Zahlen wie 1, 3, 5 und 7 befinden sich auf unserem Globus zu Zeiten, in denen Ozeane mehr von seiner Oberfläche bedecken als Land. Die Verhältnisse sind in der zweiten, vierten und sechsten Wurzelrasse umgekehrt, wenn mehr Land als Wasser die Oberfläche des Globus bedeckt. Feuer zerstörte die erste und ebenso die dritte Rasse; Wasser zerstörte die zweite und auch die vierte Rasse. Feuer wird die fünfte zerstören, Wasser die sechste und Feuer wiederum die siebente.

Geologisch gesprochen ist es diese wechselseitige Folge der Ausdehnung von Land oder Wasser, die diese zyklisch auftretenden Bedingungen zuwegebringt. Wir wollen versuchen, dies ein wenig klarer zu machen: Die dritte Wurzelrasse wurde durch Feuer vernichtet, was in der Hauptsache durch die Wirkung unterirdischer Erdbeben und von Vulkanen geschah, worauf Überschwemmungen folgten. Die dritte Rasse war eine „wässrige" Rasse, das heißt, es gab damals mehr Wasser als Land auf der Erdoberfläche. So gibt es heute in unserer fünften Rasse ungefähr in der mittleren Periode des Lebenszyklus auf der Oberfläche unseres Globus etwa ein Viertel Land und drei Viertel Wasser, d. h. dreimal soviel Wasser wie Land. Wenn unsere Wurzelrasse ihrem Ende entgegengeht, wird die kommende Katastrophe durch gewaltige Störungen innerhalb des Systems und durch kleinere Erdbeben sowie durch vulkanische Störungen angezeigt, die den Untergang unseres kontinentalen Systems und das Auftauchen neuer Länder für die nachfolgende sechste Wurzelrasse durch das Wirken von Feuer ankündigen. Als das atlantäische System unterging, als das atlantäische kontinentale System seine Katastrophe erlebte und langsam von Wasser überflutet wurde, gab also das Wasser die Verursachung. Damals gab es mehr Land als Wasser. Die Natur suchte einen besseren Ausgleich, ein besseres Gleichgewicht, und das große System ging durch Überflutung zugrunde: Die Wasser kamen und überschwemmten das Land, natürlich von Erdbeben und Ausbrüchen von Vulkanen begleitet. Wenn eine Wurzelrasse durch Feuer oder Wasser als die in der Hauptsache wirkende Kraft zugrunde geht, dürfen wir nicht denken, es gebe dann keine Störungen durch Wasser oder irdisches Feuer. Im Gegenteil, Feuer und Wasser wirken zusammen, aber das eine oder das andere herrscht dabei vor. Die vierte Wurzelrasse, die atlantäische, lebte in einer Erdperiode. Die Natur folgte weiter ihrem gewöhnlichen Lauf und brachte das gestörte Gleichgewicht wieder in Ordnung. „Die Wasser kamen und überschwemmten das Land." Woher die „Wasser" kamen, ist ein höchst fesselnder Gegenstand des Studiums, doch wir haben heute keine Zeit, uns damit zu beschäftigen. Die unsrige ist eine wässrige Periode, und im entsprechenden Verlauf werden die Wasser langsam das Bestreben zeigen zu verschwinden, um den neuen Ländern der Zukunft, den Wohnplätzen der nächsten, der sechsten Wurzelrasse, Platz zu machen.

Katherine Tingley:

> Ich möchte Herrn Prof. Dr. von Purucker bitten, eine Erklärung zu geben, die uns, wie ich denke, befriedigen wird, da er viel besser zu zeigen vermag, von welcher Beschaffenheit die Zivilisation sein wird und in welchem Zustand sich die Menschheit am Ende dieser verschiedenen Rassen befindet. Wie wird die Evolution gekennzeichnet sein? Werden die Menschen, die als „Opfer" der schrecklichen Katastrophe, die am Ende jeder Rasse kommt, erscheinen werden, nicht das Wissen über die Geheimnisse des Todes besitzen und die Wiedergeburt als Befreiung betrachten?

Prof. Dr. von Purucker:

Zweifellos ist es so. Das Ende jeder Rasse bringt eine Vervollkommnung dessen mit sich, was die Rasse zu erreichen suchte. Und ich darf sagen: Könnten wir zurückblicken und damit wissen, was stattfand, als der atlantäische Kontinent sank, dann würden wir verstehen, dass selbst die verhältnismäßig wenigen, die während der Katastrophe den physischen Körper durch Tod verließen, die Vorstellung hatten, dass das, was sie durchmachen mussten, nicht mehr und nicht weniger war als eine bloße Form des Todes, der für alle Menschen früher oder später unvermeidlich ist. Obwohl sie viel tiefer in der Materie versunken waren, wussten sie viel besser als wir, dass das Leben ewig ist, denn in der Tat, es gibt nichts als Leben überall! Ihre Ärzte haben es ihnen wahrscheinlich gesagt, denn sie wussten, dass jede Krankheit eines Körpers durch das Übermaß an Leben zustande kommt, besonders die Krankheiten, die bösartig und verheerend sind. In diesen Fällen tobt sich das Leben ungezügelt im Körper aus, und das verursacht den Tod. Sie wussten es besser als wir.

Ferner sollte niemand denken, dass in diesen Rassenkatastrophen in einem Augenblick furchtbarer Verwirrung alles und jeder durch das Chaos hinweggefegt wird, nichts zu hoffen ist und nur Verzweiflung bleibt – so ist es ganz und gar nicht. Diese Katastrophen kommen langsam, das Sinken der Kontinente erstreckt sich über viele Generationen. Der Mensch wandert aus und lässt die sinkenden Kontinente, die Länder hinter sich. Er begibt sich in höher liegende und bessere Länder, in neue Länder, wo neue Rassen aus dem heraus geboren werden, was wir mit Recht den Tod der Alten nennen können.

Ich vermute, dass nichts, was ich anführen könnte, dem Schrecken der vor Jahren erfolgten Katastrophe von Lissabon gleichen würde, als Zehntausende von Menschen bei einem Erdbeben umkamen, oder der vor nur wenigen Jahren in Messina in Sizilien eingetretenen furchtbaren Katastrophe oder anderen Erdbeben und Springfluten, deren wir uns erinnern können. Wir selbst erleben jetzt unsere eigene zyklische Katastrophe, wenn sie auch erst beginnt. Wieviel schlimmer ist doch das Herzeleid von jemandem, der am Bett eines Menschen sitzt, den er liebt. Ja, da herrscht Pein. Wenn plötzlich Katastrophen eintreten, ereignen sie sich meistens in einem verhältnismäßig kleinen Maßstab. Wenn die Rassen ihrem Ende entgegengehen, sinken die Kontinente langsam. Für jene, deren Bestimmung es ist, sich in einer Rassenkatastrophe zu befinden, gibt es viel schlimmere Dinge als den bloßen Verlust des physischen Körpers. Die Menschen kannten die schönen Geheimnisse des Todes. Wir werden es am Ende unserer Rasse viel besser wissen als die Atlantäer. Aber niemand kommt auf diese Weise um, wenn es nicht sein persönliches Karma ist. Wie ist es mit den Zehntausenden, die bei Schiffsuntergängen, Eisenbahn-, Auto- oder Grubenunglücken oder bei verschiedenen anderen Unfällen umkommen? Denken wir bitte darüber nach!

Kapitel 26

Der Mikrokosmos, ein Spiegel des Makrokosmos. Elemente, Prinzipien, Offenbarungen des einen Lebens. Relativität: ein grundlegender Begriff der alten Weisheit.

„Der Mensch", sagt Van Helmont, „ist der Spiegel des Universums, und seine dreifache Natur steht in Beziehung zu allen Dingen."

Isis Entschleiert, Band I, S. 224

... Es gibt nur ein Element ... Dieses Element ist deshalb – metaphysisch gesprochen – das eine Zugrundeliegende oder die beständige Ursache aller Offenbarungen im phänomenalen Universum. Die Alten sprachen von fünf erkennbaren Elementen: Äther, Luft, Wasser, Feuer und Erde, und von dem einen (für den Uneingeweihten) unerkennbaren Element, dem sechsten Prinzip des Universums, nennt es Purush Sakti, während von dem siebenten außerhalb des Heiligtums zu sprechen mit dem Tode bestraft wurde. Aber diese fünf sind nur die differenzierten Aspekte des Einen. Wie der Mensch ein siebenfaches Wesen ist, so ist es auch das Universum. Der siebenfache Mikrokosmos ist für den siebenfachen Makrokosmos nur das, was der Regentropfen für die Wolke ist, aus der er fiel und zu der er im Verlauf der Zeit zurückkehren wird. Dieser umfasst oder schließt viele Neigungen zur Entwicklung von Luft, Wasser, Feuer usw. (vom rein abstrakten bis hinab zu deren konkretem Zustand) in sich, und wenn diese letzteren Elemente genannt werden, so soll das ihre schöpferischen Möglichkeiten für zahllose Veränderungen der Form oder der Evolution des Seins andeuten.

The Mahâtma Letters, S. 91

Wir wollen unser Studium beginnen, indem wir aus der *Geheimlehre,* Band I, Abschnitt XV, Seite 700, vorlesen:

> In der alten Symbolik war es immer die Sonne – allerdings war die geistige, nicht die sichtbare Sonne gemeint –, von der man annahm, dass sie die wichtigsten Heilande und Avatâras aussende. Daher das Verbindungsglied zwischen den Buddhas, den Avatâras und so vielen anderen Inkarnationen der höchsten Sieben. Je enger die Annäherung an sein Vorbild im „Himmel", desto besser für den Sterblichen, dessen Persönlichkeit von seiner eigenen *persönlichen Gottheit* (dem siebenten Prinzip) als ihr irdischer

> Aufenthalt gewählt worden war. Denn mit jeder auf Reinigung und Vereinigung mit diesem „Selbst-Gott" gerichteten Willensanstrengung bricht einer von den niedrigeren Strahlen, und die geistige Wesenheit des Menschen wird höher und immer höher zu dem Strahl emporgezogen, der den ersten unwirksam macht, bis endlich von Strahl zu Strahl der innere Mensch in den einen und höchsten Strahl der Vatersonne gezogen ist.

Das ist eine wunderbare Stelle. Sie enthält im Keim den Inhalt unseres Studiums der vergangenen Wochen. Wir werden uns erinnern, dass der Lehrer von unserer Schule als von einer Hierarchie gesprochen hat. Das ist sie wirklich, denn während wir sozusagen den äußersten Kreis der Hierarchie des Mitleids bilden, gehören wir noch zu ihr, im Unterschied zu der Masse der Menschheit, deren innere Feuer nicht wie die unsrigen durch unsere Lehrer zumindest bis zu einem gewissen Grade entzündet worden sind. Wir bilden einen Körper, und so, wie unter uns selbst unser gegenwärtig hier sitzender Lehrer unser höchstes Bindeglied mit den Meistern ist, so ist einer von diesen insbesondere das Glied, das uns mit der spirituellen Hierarchie verbindet, aus der wir unser inneres spirituelles und mentales Leben ziehen. Er ist derjenige, dessen freiwillig übernommene Pflicht es ist, unsere Feuer zu entzünden, damit wir unsererseits die Feuer anderer, die selbst noch weniger von der alten Weisheit wissen als wir, entzünden können. Dieses Wunderbare Wesen ist unser oberster Chef, der in seiner spirituellen Eigenschaft der Dhyâni-Buddha dieser vierten Runde ist. Sein menschlicher Vertreter ist das Haupt dessen, was wir allgemein die „Große Loge" nennen. Zu ihm blicken unsere eigenen Meister um Beseelung und Erleuchtung auf, er ist es, der ihre Feuer entzündet, wie diese die unsrigen entzünden und anfachen.

Wie geschieht dieses Entzünden und Anfachen? In welcher Weise wirkten die Mânasaputras bei ihren Inkarnationen in der bisher vernunftlosen Menschheit, um die Menschen – wenn wir der Menschheit jener Zeit diesen Namen geben können – von spirituell und mental unempfänglichen Wesen zu selbstbewusstem Menschsein zu erheben?

Jedes einzelne der sieben Prinzipien des Menschen wie auch jedes einzelne der sieben Elemente, über die wir in unserer letzten Studienversammlung gesprochen haben (die im Kosmos mit den sieben Prinzipien im Menschen korrespondieren), ist selbst ein Spiegel des Universums, das sollten wir uns merken. Das heißt, es enthält alles, was das grenzenlose All enthält, in sich. Im Mikrokosmos ist alles, was im Makrokosmos existiert; das eine, das Kleinere, spiegelt das andere, das Größere, wider. Mit anderen Worten, jedes der Elemente, jedes der Prinzipien, jedes der Rudimente, die bestimmt sind, später zur Göttlichkeit zu erblühen, ist selbst eine siebenfältige oder siebenfache Wesenheit, die auf ihrer eigenen siebenfachen Ebene existiert, die für sie so greifbar, wirklich und substanziell ist, wie diese unsere physische Ebene für uns, wenn wir sie mit unseren physischen Augen sehen und mit unseren physischen Ohren hören oder mit Hilfe der anderen Sinne wahrnehmen, von denen, nebenbei gesagt, noch zwei weitere entwickelt werden müssen.

Da jedes Einzelne eine Siebenheit ist, ist jedes einzelne dieser Prinzipien oder Elemente eine Kopie des Ganzen im Kleinen. Das Manas-Prinzip zum Beispiel ist siebenfach. Es hat seinen eigenen Âtman, seine Buddhi und sein Manas-Manas, das seine eigene besondere Essenz oder sein Swabhâva ist. Als Nächstes hat es seinen Kâma oder sein Begierden-Prinzip sowie seine vitale Essenz. Dann hat es sein Gewand, sein Liṅga-śarîra oder seinen Modellkörper, sozusagen das, was ihm, den Eigenschaften jener Ebene entsprechend, seine besondere Form und Gestalt gibt. Und schließlich hat jedes Prinzip sein Sthûla-śarîra, das ist der niederste Teil oder das niederste Vehikel, sein Behälter oder Träger.

Von diesen Mânasaputras oder „Söhnen des Gemüts", diesen Kindern von Mahat, wird gesagt, sie haben das Manas-Manas der Manas-Siebenheit beseelt und erleuchtet, weil sie in ihrer wesentlichen Charakteristik oder in ihrem Swabhâva selbst typisch mânasisch sind. Ihre eigenen Schwingungen konnten die Essenz des Manas in uns dazu bringen, mit ihnen im Einklang zu schwingen, ungefähr so, wie das Erklingen eines musikalischen Tones als eine ihm entsprechende sympathische Erwiderung in anderen Dingen einen gleichartigen Ton hervorbringt.

Wer sind diese Mânasaputras? Sie sind in einem Sinne wir selbst, aber wir sind eher und insbesondere jene, die beseelt und erweckt wurden. Sie sind ein Mysterium, sie sind sowohl unsere höheren Selbste – nicht unsere höchsten Selbste, sondern unsere höheren Selbste – als auch davon verschieden. Wir haben in früheren Studien gezeigt, dass die vielfältigen Differenzierungen einer kosmischen (oder irgendeiner anderen) Hierarchie aus dem Einen entspringen und dass in allen Teilen eine vollkommene Verwandtschaft oder Einheit des Seins besteht. Diese erhabenen Gedanken können sehr leicht verstanden werden, wenn wir in uns jenen Teil unserer Natur erwecken, zu dem sie gehören und dem sie vertraut sind. Das können wir, und es ist unsere Aufgabe, es zu tun. Wie kommt es, dass die Meister von Zeit zu Zeit einen gewissen Menschen oder gewisse Menschen auswählen und ihn oder sie zu sich nehmen? Weil sie in den so Ausgewählten den inneren Meister zumindest bis zu einem gewissen Grade beseelt und erweckt sehen. Würden sie ein Tier wählen? Nein! Warum nicht? Weil das Tier nicht erweckt ist. Würden sie einen gewöhnlichen Menschen wählen? Nein! Warum nicht? Weil dieser Mensch nicht beseelt ist, er ist nicht erweckt, er ist sich noch nicht des essenziellen inneren Buddhas, des Erwachten in sich bewusst. Es handelt sich hier nicht um eine willkürliche

Wahl. Es ist eine Auswahl, eine Wahl der Tauglichen und Geeigneten. Deshalb ist sie gerecht und richtig.

Wir wollen diesem Gedanken ein wenig mehr nachgehen. Nehmen wir die Natur und betrachten wir ihre Elemente. Das Wort „Element" kommt aus dem Lateinischen und bedeutet eines der Rudimente der Dinge; dabei wird „Rudiment" im ursprünglichen Sinne des Wortes gebraucht. Besonders das *Sâṃkhya,* eine der sechs anerkannten philosophischen Schulen in Indien, und ebenfalls auch der *Vedânta* – vielleicht die edelste der sechs indischen Schulen – sprechen von den sechs ursprünglichen Erzeugern oder Elementen der Natur als von Prakṛitis, die von der uranfänglichen Prakṛiti oder Wurzelprakṛiti, der ersten und höchsten, abgeleitet sind. Das *Sâṃkhya* spricht von ihnen auch als von den sechs Tattvas oder wirklichen Elementen. Dasselbe tun auch viele Schüler des *Vedânta.* Was ist nun der Unterschied zwischen den sechs Elementen oder Prakṛitis und den sechs Tattvas? Prakṛiti ist sozusagen die vehikulare, die Behälter- oder Träger-Seite, die substanzielle Seite, und Tattva ist die analoge oder Kraft-Seite. Diese beiden sind im Grunde eins, weil Materie und Kraft, Geist und Substanz, fundamental eins sind, das sollte bitte nicht vergessen werden. Die Materie kann kristallisierter Geist genannt werden. Wir müssen bei jedem Versuch, diese Dinge zu erklären, nach Worten suchen. Dies ist deshalb ein unzulänglicher Ausdruck, aber er vermittelt vielleicht den Sinn. Para-Brahman und Mûla-Prakṛiti oder „jenseits von Brahman" und „Wurzel-Natur" stellen im *Vedânta* und im *Sâṃkhya* denselben Gedanken dar, und diese beiden sind fundamental eins. Die Wurzel-Natur ist sozusagen der Schleier für die uranfängliche Energie, das uranfängliche Bewusstsein. Die Prakṛitis im *Sâṃkhya,* diese sechs oder sieben Prakṛitis, stehen für die sechs oder sieben Elemente der Natur und korrespondieren mit unseren menschlichen sieben oder sechs Prinzipien. Sie werden, wie bei unseren Studien über die sieben Globen in unserer letzten Versammlung vergangene Woche dargelegt wurde, eines aus dem anderen geboren oder gehen vielmehr eines aus dem anderen hervor. Die Prakṛiti, die die höhere Ebene bildet, ist der „Elter" der Prakṛiti, die die niedrigere Ebene bildet. Zuerst gebiert die ursprüngliche die zweite, sagen wir: Âtman gebiert Buddhi. Âtman und Buddhi zusammen gebären Manas, das aus den beiden vorhandenen hervorgeht und die Eigenschaften der beiden vorhergehenden und seine eigenen enthält. Âtman, Buddhi und Manas gebären dann Kâma, das vierte in der Reihe, und so weiter hinab bis zum siebenten oder letzten.

Ähnlich gebiert Globus A, der erste auf dem absteigenden Bogen, den Globus B und Globus B den Globus C. Aber Globus B tut das mit dem ebenfalls in ihm wirkenden swabhâvischen Tattva des Globus A. Globus C gebiert Erde, unsere Erde, aber mit den Tattvas oder inneren Individualitäten oder Swabhâvas von A und B ebenfalls in sich. Globus D hat auf diese Weise die Tattvas der Globen A, B und C zusammen mit seiner eigenen individuellen Charakteristik oder seinem Swabhâva in sich.

Monaden und Hierarchien haben ihrer Anzahl gemäß entsprechende evolutionäre Impulse und Ziele. Wenn der evolutionäre Impuls, das heißt der von oben kommende herausströmende Impuls – der diese Prakṛitis und Prinzipien in größere materielle Manifestation hinabträgt – die für das besondere Manvantara mögliche Grenze erreicht hat, geht er sozusagen um das Ziel herum und beginnt den Wiederaufstieg. Die Grenze variiert in jedem Manvantara anders, weil es weder einen absoluten Punkt oder eine solche Position im Raum gibt noch irgendeine besondere Ebene, an der der evolutionäre manvantarische Impuls im Grenzenlosen aufhören muss.

Wir in unserer Planetenkette haben dieses Ziel oder den Wendepunkt der Runden überschritten. Ferner gibt es in jeder der Rassen auf jedem der Globen der Kette während irgendeiner Runde und für jede der durch alle sieben Globen gehenden Runden in ihrem entsprechenden evolutionären Lauf einen Mittelpunkt. Dieser Mittelpunkt ist das entsprechende Ziel oder der Wendepunkt, an dem der betreffende Zyklus seinen Wiederaufstieg beginnt. Von da an wird dann ein rascher Aufstieg der evolvierenden Monaden oder Wesenheiten stattfinden, und bis dahin latente und unentwickelte Sinne werden in Übereinstimmung damit entwickelt. Die Prinzipien der Natur, die wir jetzt nicht erkennen, werden dann erkannt und vertraut. Der Äther zum Beispiel, von dem wir heute am Mittelpunkt unserer fünften Rasse in der vierten Runde lediglich eine Ahnung haben, der auch von der Wissenschaft anerkannt wird und von dem man spricht, wird während der fünften Runde in dem, was dann die Atmosphäre ist, eine für die Sinne so offenkundige und klare Wirklichkeit sein, wie es heute die Luft für uns ist.

Wenn wir also von den Elementen oder Prakṛitis sprechen, meinen wir nicht, dass die „Erde", das „Wasser", die „Luft" und das „Feuer", von denen auch die Alten als von „Elementen" sprachen, die wirklichen Elemental-Prakṛitis der Natur sind. Das widerspräche der Vernunft. Die Alten gebrauchten die Worte symbolisch. Diese vier (oder fünf, den Äther eingeschlossen) sind nur Manifestationen – vier von ihnen bis jetzt entwickelt – von vier oder fünf der sieben Unter-Prakṛitis oder Unter-Prinzipien, die dem niedersten prakritischen Element angehören, wie es sich in diesem Stadium, zum gegenwärtigen Zeitpunkt auf unserem mit der siebenten oder niedersten kosmischen Ebene – mit der niedersten kosmischen Prakṛiti – korrespondierenden vierten Globus offenbart.

Wie jedes Prinzip für sich eine untergeordnete Siebenheit darstellt und das Grenzenlose widerspiegelt, so spiegelt jedes Element die anderen Elemente wider. Und von jedem Element kann – natürlich im kleineren Grade – das Leben, die Natur und die Charakteristik all der anderen sechs abgeleitet werden. Die genannten Eigenschaften der Materie der siebenten oder niedersten Prakṛiti unseres Globus, das heißt Festigkeit, Flüssigkeit, Luft (im Englischen [und im Deutschen, d. Ü.] scheint es kein korrespondierendes Adjektiv für Luft und die weiteren zu geben) und Feuer, sind nur die Entsprechungen der ähnlichen Unter-Prakṛitis der vier kosmischen Elemente oder Prakṛitis, in denen unsere Planetenkette jetzt existiert. Der Äther als „Element" wird als Nächstes kommen; das sechste Element wird in der sechsten Runde entwickelt, und während der siebenten Runde wird das siebente Element entwickelt. Keiner der alten Philosophen der Mittelmeerländer meinte, wenn er von „Erde", „Wasser", „Luft", „Feuer" oder „Äther" sprach, die materiellen Dinge, die wir wahrnehmen können, wie die Erde und das Wasser. Ebensowenig meinten die Hindus diese Dinge, wenn sie zum Beispiel von Âkâśa oder Âdi-Tattva sprachen. Sie meinten die Wurzelelemente der Natur, von denen diese vier oder fünf, die wir wahrnehmen, sozusagen Darstellungen oder Symbole sind. Die Griechen nannten die Elemente „Stoicheia", eine Verkleinerungsform im Plural des Wortes „Stoichos", das eine Reihe, mit anderen Worten eine Hierarchie bedeutet. Die Einzahl „Stoicheion" würde eine Wesenheit einer Hierarchie, ein Teil davon sein, einer von den die Hierarchie zusammensetzenden Teilen, obgleich die modernen Gelehrten keinen annehmbaren Grund dafür finden können, dass dieser Name dem gegeben wurde, was die alte Vorstellung von den Elementen der Natur war. Aber unsere Philosophie zeigt, warum dies der Fall ist, und erklärt, dass die Stoicheia die sieben Prakṛitis des Kosmos sind. Jeder der Globen unserer Planetenkette ist eine Verkörperung all dieser Elemente oder dieser sieben Prakṛitis, aber in der oben umrissenen Weise, dass jedes Element in pleno [vollzählig, d. Ü.] alle anderen enthält. Unsere Erde zum Beispiel ist eine Verkörperung oder Repräsentation der niedersten Prakṛiti, aber es gibt auf ihr auch Wasser, es sind Luft und Feuer vorhanden, und wir wissen, dass der Äther in der Entwicklung begriffen ist. Wir kennen vier und erkennen fünf an, ein Beispiel für das eben Gesagte. Dennoch sind die sieben Globen unserer Planetenkette nicht die entsprechenden Übereinstimmungen mit den sieben kosmischen Elementen, das wäre eine falsche Analogie.

Jeder einzelne der Grade der Initiation, von denen wir schon gesprochen haben, entspricht einem dieser sieben kosmischen Elemente, und die Prüfungen, durch die der Initiand oder der Kandidat gehen muss, um seine Fähigkeit zu beweisen, werden jeweils durch die Natur jeder der entsprechenden Prakṛitis reguliert und beherrscht. Tatsächlich gibt es zehn Grade oder Stufen der Initiation und zehn kosmische Prakṛitis – sieben in der Manifestation und drei Wurzelprakṛitis, die höchsten. Aber wie in unserem Studium schon so oft dargelegt, liegen die drei obersten so weit jenseits unserer Fähigkeit, sie zu verstehen, dass wir jetzt nicht mehr tun können, als die Tatsache zu erwähnen. Es sind immer zehn – drei *arûpa* oder formlos (für uns) und sieben in der Manifestation. Von diesen sieben ist die obere Dreiheit, relativ gesprochen, ebenfalls *arûpa.*

Hier wollen wir nun etwas sehr Wichtiges darlegen, nämlich dass die ganze Lehre der alten Weisheit von unserer Ebene aus gesehen gegeben wird. Wenn wir *„arûpa"* oder „formlos" sagen, so bedeutet das nicht, dass diese höheren Ebenen oder Wesenheiten *an sich* formlos seien, das würde der Vernunft widersprechen. Aber für uns sind sie formlos, ebenso wie der Äther formlos ist, weil er (für uns) noch nicht entwickelt ist. Wir haben bisher in dieser vierten Runde nur eine Ahnung davon, und das auch nur, weil wir uns in der fünften Wurzelrasse befinden, die in ihrem Element mit dem fünften Element, dem Äther, korrespondiert. Als Folgesatz dazu, und das ist eine wichtige Feststellung, die die Bewohner jedes Elementes, jedes Prinzips und den gesamten universalen Kosmos betrifft, kann gesagt werden, dass deren Wohnsitz, deren Länder und alles, was darin existiert, für diese so wirklich und greifbar sind, wie für uns die fühlbaren und materiellen Dinge auf unserer Ebene. Was für uns Kraft ist, ist in Bewegung befindliche Substanz. Verstehen wir bitte, unsere dichteste und starrste Materie ist für Wesenheiten in der unter der unsrigen befindlichen Hierarchie Kraft. Das, was wir die Dichte und Starrheit der Materie nennen, ist nur für unsere Sinne so, und gerade diese Dichte und Starrheit zeigen und beweisen, dass unsere dichte und starre Materie nur sich im Gleichgewicht befindende entgegengesetzte Kräfte sind. Nun, heute machen selbst viele moderne Gelehrte vor dem, was für die Wissenschaft vor etwa fünfzig Jahren höchste Wahrheit war, kehrt und sagen, dass es etwas wie Materie an sich nicht gibt, es nichts weiter gibt als Kraft. Die Materie ist daher für die Wissenschaft eine „Mâyâ", eine Illusion, und das stimmt. Aber ebenso ist Kraft „Mâyâ", weil sie für irgendetwas Höheres als sie selbst nur Materie ist. *Alle Dinge sind relativ* – eine Feststellung, die einen der grundlegenden Begriffe der alten Weisheit darstellt.

Wenn wir daher von verschiedenen Prakṛitis und Prinzipien sprechen, wollen wir vor allem erkennen, dass diese Elemente, Tattvas oder Prinzipien, von welchem Gesichtspunkt aus wir sie auch betrachten mögen, Manifestationen des einen universalen Lebens sind, das in seinem niederen Aspekt gleicherweise universale Substanz ist. Geist und Substanz sind im Grunde eins, zwei Seiten desselben Dinges.

Dies ist sehr wichtig. Wir würden gern länger dabei verweilen und Erläuterungen für seine Anwendung auf unsere Studien geben. Für heute Abend wollen wir eine letzte Nutzanwendung daraus ziehen. Was ist der Unterschied zwischen einem Meister, mir und euch? Der Erstere hat seine höheren Prinzipien „erweckt" und „lebt" in ihnen, wir nicht. Vom wissenschaftlichen Standpunkt aus ist das alles, was darüber zu sagen wäre. Vom theosophischen Standpunkt aus können wir sagen, dass ein Meister, soweit er dazu fähig ist, mehr mit dem universalen Leben eins geworden ist. Vom religiösen oder spirituellen Standpunkt aus können wir sagen, dass ein Meister sein individuelles Bewusstsein oder Erkennen seiner Einheit mit dem Grenzenlosen entwickelt hat. Das ist das wirkliche Fundament der Ethik, ohne sie ist an der alten Weisheit und unserer Schule nichts von Wert. Kein Mensch kann sich schlecht betragen, ohne einen Misston, ja Disharmonie in die menschliche Hierarchie einzuführen, von der er ein Teil ist, und dafür muss er wahrhaftig bis zum letzten Heller bezahlen. Das ist keine Rache, keine Bestrafung von Seiten der Natur, die nur das gestörte Gleichgewicht oder die Disharmonie wieder ausgleicht, sie entstand durch die Ausübung des freien Willens. Die Meister haben gelernt, ihren Willen zu beherrschen und mit der Natur als einem Ganzen zusammenzuarbeiten, daher wachsen sie an Seelenstärke und leben in Übereinstimmung mit dem Göttlichen. Das ist der Unterschied zwischen ihnen und uns; sie leben im Einklang mit dem spirituellen Gipfel unserer Hierarchie. Wir könnten das ebenfalls, wir könnten das Gleiche tun. Es ist lediglich eine Sache der Öffnung unseres inneren Auges, des Reinigens unserer Seele, des Hinauswerfens allen Abfalls aus unserem Gehirn, den wir mental zu uns nehmen. Es sind die Schalen, von denen sich die „Schweine" ernähren, und all das hindert das Hereinlassen des reinen, klaren Lebens, des „Weines des Lebens". Es sind nur die Formen des Gemütes, nichts als die Formen der Gedanken, die uns hindern. Wenn wir sagen: die „Formen des Gemütes" oder der Gedanken, dann meinen wir nicht genau die Formen von untermentaler Materie, in der sie wirken. Ich glaube, das wäre eine falsche Art, die Sache auszudrücken. Wir meinen die Kristallisationen des Gemütes selbst, wenn mentale Kraft mentale Materie wird. Brecht deshalb diese Formen! Niemand kann das für uns tun, wir selbst müssen es tun, wir können es! Die Formen des Gehirnverstandes des Menschen sind sein größter Gegner, sein schlimmster Feind, sein stärkster Despot, weil diese Formen lebende Substanz sind. Unser Gehirn ist Materie, aber es ist lebendige Materie, und jeder Gedanke, den wir denken, heftet sich an das Gemüt, verleibt sich ihm ein und wird das, was die alte Weisheit ein „Elemental" nennt. Diese werden sich schließlich umkehren und uns peinigen, wenn wir sie nicht zerbrechen, d. h. sie umwandeln. Was wollte der Mensch sonst tun, wenn Freiheit und Licht, Weisheit und Frieden, himmlisches Glück und Erkenntnis in unaussprechlichem Maß zu haben sind und angenommen werden können – vorausgesetzt, wir nehmen tatsächlich „das Königreich des Himmels mit Gewalt"!

Kapitel 27

Die zwei fundamentalen kosmischen Hierarchien: Materie und Geist-Bewusstsein. Chaos – Theos – Kosmos: Götter – Monaden – Atome.

Sicherlich gibt es zwei Formen von Brahman: die formhafte und die formlose. Die, welche formhaft ist, ist unwirklich; die, welche formlos ist, ist wirklich, ist Brahman, ist Licht.

Wahrlich, für Jenes muss OM seine Seele sein (Âtman). Es (Âtman) teilt sich dreifältig. OM besteht aus drei Silbeneinheiten (a-u-m). Mittels derselben ist die ganze Welt, das ganze Gewebe, über ihn gewoben.

Maitrî-Upanishad, Kap. 6, Abs. 3, S. 425 (Englisch: Hume)

Bei den höchsten Ursachen besteht immer ein Überschuss an Kraft, und während diese Kraft alle Dinge übertrifft, ist sie gleichzeitig in allem in ungehinderter Energie vorhanden. Daher erleuchten in Übereinstimmung damit die obersten die niedersten Dinge und sind immateriell in der materiellen Natur vorhanden. Auch sollte es von niemandem als erstaunlich betrachtet werden, wenn wir sagen, dass es eine gewisse reine und göttliche Materie gibt. Denn die von dem Vater und Demiurgos der Einheiten erzeugte Materie erfährt eine ihr angemessene Vervollkommnung, damit sie das Gefäß der Götter wird. Gleichzeitig hindert vortrefflichere Wesen nichts an der Fähigkeit, ihr Licht untergeordneten Wesen mitzuteilen. Deshalb ist auch die Materie keineswegs von der Teilhaberschaft an besseren Dingen ausgeschlossen. So ist vollkommene, reine und gute Materie für die Aufnahme der Götter nicht ungeeignet. Denn weil es notwendig ist, irdische Naturen keineswegs von der Verbindung mit den Göttern abzuschneiden, hat auch die Erde einen gewissen Anteil daran, der als Verbindung der Götter mit ihr genügt.

Iamblichos: Über die Mysterien, S. 265 f. (Englisch: Taylor)

Fast fünfzig Jahre sind vergangen [seit dem Ende des 19. Jahrhunderts, d. Ü.], seit uns unser erster Lehrer Theosophie brachte. Fast ein halbes Jahrhundert ist vergangen, in dem jene von uns, die die Gelegenheit hatten, Theosophie während dieser Zeit oder zumindest während eines Teiles davon zu studieren, die großen Veränderungen erkannt haben, die im Denken der Welt stattgefunden haben. Diese Veränderungen können wir nur den spirituellen Impulsen zuschreiben, die der Welt durch H. P. Blavatsky und diejenigen gegeben werden, die hinter ihr stehen.

Wir werden zum Schluss unseres Studiums diesen Abend eine Anzahl von Tatsachen anführen, die zeigen, wie Theosophen, die durch Theosophie in die Geheimnisse der alten Weisheit eingedrungen sind, einige der größten sogenannten wissenschaftlichen Entdeckungen vorhergesagt oder, wenn wir so wollen, prophezeit haben, die während der letzten fünfzig Jahre gemacht wurden.

Sie stellen wirkliche Revolutionen im Denken dar, und es ist nur gerecht, wenn wir das Verdienst dem zuschreiben, dem es gebührt. Es gibt für derartige Umwälzungen, die nicht nur noch stattfinden, sondern die bisher kaum ihren Höhepunkt erreicht haben, keine anderen Ursachen als die von dem ersten theosophischen Führer getane Arbeit und den spirituellen Impuls, der zu jener Zeit in die Welt gebracht wurde. Keine andere Gesellschaft, keine andere Organisation in den Annalen der bekannten Geschichte kann irgendetwas Ähnliches aufweisen.

Wir eröffnen unser Studium mit dem abermaligen Vorlesen eines Teiles dessen, was wir bei unserem letzten Studium aus der *Geheimlehre,* Band I, Seite 700, vorlasen:

> Je enger die Annäherung an sein Vorbild im „Himmel", desto besser für den Sterblichen, dessen Persönlichkeit von seiner eigenen *persönlichen* Gottheit (dem siebenten Prinzip) als ihr irdischer Aufenthalt gewählt worden war. Denn mit jeder auf Reinigung und Vereinigung mit diesem „Selbst-Gott" gerichteten Willensanstrengung bricht einer von den niedrigeren Strahlen, und die geistige Wesenheit des Menschen wird höher und immer höher zu dem Strahl emporgezogen, der den ersten unwirksam macht, bis endlich von Strahl zu Strahl der innere Mensch in den einen und höchsten Strahl der Vatersonne gezogen ist.

Zwei grundlegende Gedankenrichtungen sind, wie wir hoffen, in unserem Studium für die gegenwärtigen Zwecke zumindest mit genügender Klarheit hervorgehoben worden. Die beiden Richtungen betreffen die Erklärung der Nachtseite, der materiellen Seite, der vehikularen Seite der Natur und der Lichtseite, der spirituellen Seite, der göttlichen Seite der Natur. Die letztere wird in unserem System auch die „Hierarchie des Mitleids" genannt. Die erstere der beiden Hierarchien, die den Raum durchdringt und tatsächlich der Raum, der Materie-Raum oder die Raum-Materie ist, worin die zweite Hierarchie wirkt, ist aus der Hierarchie der Erbauer zusammengesetzt, der Maurer der Welt, der Kosmokratoren oder Weltenerbauer der mystischen Philosophie der Griechen. Sie bilden die spirituell untergeordnete Hierarchie, haben aber Herrschaft über ihre Unterhierarchien von ihrem Anfang bis zu ihrer niedersten Ebene, die die elementalen oder Naturkräfte auf der niedersten Ebene ihrer kosmischen Hierarchie bilden. Worte wie „elemental" oder „niederst" sind lediglich Eigenschaftswörter, die philosophische Geheimnisse beschreiben. Wie angedeutet, erstrecken sich ihre sieben Grade aufwärts bis zum niedersten

Grad der Hierarchie des Mitleids, die die göttliche Seite bildet. Es besteht kein Zwischenraum zwischen diesen beiden Hierarchien; in Wirklichkeit vermengen sie sich und durchdringen einander. Wie der Geist in der Seele des Menschen wirkt und die Seele des Menschen in seinem niedrigsten Vehikel, so wirkt die Hierarchie des Mitleids in der und durch die Hierarchie der Baumeister.

Dieser Gedanke ist für das Verstehen der alten Weisheit so wichtig, dass wir die Aufmerksamkeit immer und immer wieder auf ihn lenken. Denn er bildet den Hintergrund und liefert das philosophische und wissenschaftliche Fachwerk, die Struktur des inneren Aufbaues nicht nur des Universums, sondern auch des eigenen Bewusstseins des Menschen. Vor diesem Hintergrund lehren wir, was in den Prozessen der kosmischen Evolution und der Evolution des Menschen vor sich geht, wie es in den alten Initiationen und Mysterienschulen skizziert ist.

In einer früheren Versammlung wurde gesagt, der Mensch stehe spirituell höher als die Sonne. Das stimmt, aber es wurde nicht gesagt, welcher Mensch, und zwar zweckdienlich nicht. Die Sonne ist das vitale Zentrum ihres Systems, und die Kräfte dieser im Innern göttlichen Wesenheit sind selbst auf unserer Ebene so furchtbar, dass ein Mensch, der sich ihrem inneren Kräftebereich nähern würde, einfach vernichtet werden würde. Er würde nicht aufgelöst und zerstreut werden wie der physische Körper beim Tod, sondern vernichtet, ausgelöscht. Warum? Weil die ersten fünf (aufwärts gezählt), d. h. die fünf niedrigeren Prinzipien seines psychologischen Aufbaues auf ihrer eigenen Ebene in die sie zusammensetzenden Atome zerstreut und in den Sternenkörper eingezogen, eingesaugt würden, und nur sein höherer Teil, der göttliche Teil, der spirituelle Teil, der zur Hierarchie des Mitleids gehört, der Christus-Teil, der Buddha-Teil, bliebe unversehrt. Warum? Weil dieser letzte Teil von derselben Substanz ist wie die verborgene Sonne, von der die physische Sonne nur die Reflexion oder die Manifestation des göttlichen Wesens hinter ihr auf dieser Erde ist. Wenn wir sagten, der Mensch stehe höher als die Sonne, meinten wir folglich, dass er auf dem Pfad der Evolution weiter fortgeschritten ist als die Wesenheit (als eine Reflexion betrachtet), die die Sonne darstellt. Er ist ohne Zweifel auf dem Pfad der Evolution weiter voraus als der Sonnenlokus. Das ist in der Tat ein Paradoxon, aber wahr! Der Eintritt des Manas-Prinzips, das seinen zwei höchsten Prinzipien untergeordnet ist, in die uranfänglichen „Schatten" seines Wesens, d. h. in die vier niedersten seiner sieben Prinzipien, während der Mitte der dritten Wurzelrasse in dieser vierten Runde, machte ihn zu dem selbstbewussten Wesen, das er jetzt ist. Er wurde dadurch buchstäblich eine Inkarnation des Göttlichen.

Es liegt an ihm, diese inneren Kräfte, seine höheren Prinzipien, die seine innere spirituelle Natur bilden und die in Wirklichkeit nicht untätig sind, sondern sozusagen nur schlafen, zur Aktivität zu bringen. Wir sagen von den höheren Prinzipien, dass sie in einem Menschen „schlafen" – eine Redeweise, die vielleicht richtig ist, um sich auszudrücken, aber in Wirklichkeit sind es die niederen Prinzipien, die spirituell schlafen und erweckt werden müssen. Die Wurzel *budh* selbst, von der wir Buddhi, Buddha und Budha mit nur einem *d* ableiten, bedeutet „erwecken" und daher in der Ableitung „erleuchten". Unsere höheren Prinzipien sind tatsächlich auf ihren eigenen Ebenen lebende Wesenheiten, individuelle Wesen, vollkommen bewusste und denkende Wesenheiten. Prägen wir uns diesen Gedanken fest in unser Gemüt ein, bitte! Unsere höheren Teile sind nicht eben erst beginnende untergeordnete, unentwickelte, schlafende Dinge. Sie sind eine Einheit von Wesenheiten, ein spiritueller Kosmos im Kleinen.

Die große Erweckung der niederen Elemente im Menschen der dritten Wurzelrasse durch die Inkarnation der Mânasaputras wurde, wie schon so oft gesagt, zum Teil dramatisch, zum Teil tatsächlich in den alten Mysterien und in den Initiationen wiederholt. Auf diese Weise stellten sie eine Nachahmung dessen dar, was in der Natur noch immer stattfindet und in besonderem Maße während der dritten Wurzelrasse stattfand. Mittels dieser Initiationen wurde versucht, die innere höhere Natur des Menschen noch mehr anzuregen, sie noch mehr zu erwecken, sie in noch größerem Maße zu beseelen, hervorzubringen. Dieses große Ziel bildet den Kern, das Herz und die Bedeutung der alten Initiationen. Doch ist zu beachten: Initiationen und Mysterien bedeuten nicht das Gleiche. Obgleich sie im Zweck sehr übereinstimmen und in der gleichen Richtung wirken, bedeutet Initiation: das Lehren, Erwecken, Öffnen des Gemütes. Die Mysterien waren die dramatisierte Form dessen, was in den höheren Graden stattfand. Es gab drei dramatische Formen, die den Neophyten für das schulten und erzogen, was er in den vier höheren Graden sein und durchmachen musste. Er wurde in diesen höheren Graden geleitet, und es wurde ihm geholfen, soweit es sein Karman erlaubte, aber das Herz selbst und die Essenz der Prüfung war eine Probe, er musste sie allein bestehen und seine Geisteskraft, die Seelennatur, in sich selbst erproben. Wenn er die erste Prüfung erfolgreich bestand, wurde ihm das Vorrecht zugestanden, die höheren Grade zu versuchen, vorausgesetzt, er hatte die innere Stärke. Unter solchen Umständen konnte es keinen vollkommenen Schutz, keine Verweichlichung geben. Gerade das Gegenteil davon fand statt. Seine Lehrer wachten über seinen empfindungslosen Körper, während ihn seine innere Natur verlassen hatte und die Reiche des Raumes erforschte, ja in die Sonne, in die Planeten, in den Mond sowie in andere Dinge und Wesen eintrat, sein Selbst verlierend und das werdend, dem er gegenüberzutreten hatte, das er überwinden musste, oder aber er versagte. Die Privilegien des Sieges waren erhaben, und am Ende, bei der siebenten Prüfung, falls und wenn der endgültige Sieg kam, erhob er sich als ein verklärter Buddha, ein verklärter Christus, in der Tat ein Meister der Menschen. Dann *wusste* er, weil er *gewesen* war. Das war keine bloße sinnenhafte Erfahrung, sinnenhaft in dem Sinne, dass es eine Erfahrung der Sinne ist, des Hörens, Sehens, des Berührens, Fühlens, Riechens und Schmeckens, sondern es war ein Sein der Dinge und Wesen, über die er belehrt worden war, d. h. eine vollkommene Erkenntnis des Lebens in dieser Hierarchie.

Das war das Ziel der höheren Initiationen, jener höheren Grade, die über den Zweck und die Bedeutung der Mysterien hinausgingen. Sie waren die dramatischen Darstellungen der Prozesse des kosmischen Lebens, die Vorbereitung für das, dem der Kandidat in den vier höheren Graden der Initiation gegenübertreten musste.

Um die Sache klarer zu machen, wollen wir eine symbolische Skizze der beiden Richtungen des Wachstums oder der Entwicklung der beiden fundamentalen kosmischen Hierarchien aufzeichnen:

Auf der linken oder Materie-Seite:	Auf der rechten oder göttlichen Seite, der Licht-Seite:
Chaos	Götter
Theos	Monaden
Kosmos	Atome

Diese korrespondieren miteinander, und psychologisch gesehen sind sie, soweit der Mensch in Betracht kommt:

1. das Göttliche,
2. das Spirituelle oder Menschliche,
3. das Kosmisch-Astrale.

„Chaos" ist ein griechisches Wort. Im Allgemeinen wird angenommen, es bedeute eine Art Schatzkammer, die im wirren Durcheinander ursprüngliche Prinzipien und Samen von Wesen enthält. Nun, in einem tiefgehenden Sinne ist es wahrhaftig so, nur herrscht darin höchst entschieden und nachdrücklichst kein „Durcheinander". Es ist das kosmische Vorratshaus all der latenten und ruhenden Samen von Wesen und Dingen aus früheren Manvantaras. Es ist das Vorratshaus, weil es alles enthält. Es bedeutet Raum oder Platz, nicht den höchsten Raum, nicht Parabrahman-Mûlaprakṛiti, nicht das Grenzenlose, sondern den Raum irgendeiner in die Manifestation hinabsteigenden besonderen Hierarchie, d. h. das, was für sie in dieser besonderen Periode ihres Anfangs der Entwicklung der Platz ist. Vergessen wir das Prinzip der Relativität nicht. Es gibt nirgends äußerste Absolute. Es hat sie nie gegeben und wird sie nie geben. Die leitenden Prinzipien im Chaos sind die Götter der korrespondierenden Spalte.

„Theos“ ist ein griechisches Wort und bedeutet Gott. Korrespondierend mit ihm sind die Monaden.

„Kosmos“ ist ebenfalls ein griechisches Wort, das „Ordnung“ oder „Einrichtung“ bedeutet. Das Wort Kosmos wurde auch für einen Teil der Mitgift einer Frau als Paraphernalgut und allerlei dergleichen gebraucht: für Schönheitsmittel, Gewänder und Juwelen. Es bedeutet das, was den Richtlinien und Regeln der Harmonie entsprechend geordnet und unterhalten wurde, d. h. die Anordnung im Universum, und damit korrespondieren in der anderen Spalte die Atome.

Beachten wir die drei Korrespondenzen:

Chaos korrespondiert mit Göttern oder göttlichen Wesen, den kosmischen Architekten; Theos, die Bauleute, die Kosmokratoren, korrespondieren mit den Monaden, den spirituellen Wesen; Kosmos, das Universum, wie wir es angeordnet sehen, korrespondiert mit den Atomen oder vital-astralen Samen auf der anderen oder göttlichen Seite.

Wir sprechen hier nicht von chemischen oder physikalischen Atomen, die zum Kosmos gehören. Wie in der Skizze gezeigt, meinen wir die Götter, Monaden und Atome:

1. das Göttliche,
2. das Spirituell-Menschliche und
3. die elementaren Substanzpartikel, die den materiellen Kosmos entflammen, inspirieren und beleben.

Einander gegenübergestellt, wirken die Götter im Chaos, die Monaden in und durch Theos, die Theoi, die Bauleute, und die Atome als die halbbewussten elementaren Wesenheiten der Materie durch den Kosmos oder das manifestierte Universum. Einfacher ausgedrückt, heißt dies: Sie wirken durch die sogenannten Naturgesetze oder die essenziellen, innewohnenden Operationen der Natur, die durch Götter und Monaden gestaltet werden.

Ein Atom, wie es in diesen parallellaufenden Rubriken erwähnt wird (die natürlich von H. P. Blavatsky stammen), bedeutet das elementare Partikel der Materie, das ihr (der Materie) siebentes Prinzip ist, ihr höchstes Prinzip. Aus diesem Grund wird die Sonne ein Atom genannt, weil sie aus dem siebenten oder höchsten Grad der Materie oder der Prakṛiti auf dieser Ebene besteht. „Prakṛiti“ bedeutet Natur oder die entwickelte Kraft, das, was die Manifestation hervorbrachte. Es gibt sieben kosmische Prakṛitis, und wir befinden uns in der ersten oder niedersten, der siebenten, wenn abwärts gezählt, der ersten, wenn aufwärts gezählt wird, und jede von diesen hat sieben Unterebenen. Die Sonne ist als eine Wesenheit die höchste Wesenheit des kosmischen Systems des Sonnensystems. Aber was wir sehen, ist nur ein Vehikel, ihr siebentes, niederstes oder materielles Element oder Prinzip, abwärts gezählt. Die sogenannten Sonnenflecken sind keine Flammen. Die Sonne brennt nicht, sie ist nicht in Verbrennung begriffen, sie ist nicht heiß. Was wir sehen, ist die Aura der Sonne, das sechste Unterelement oder Unterprinzip der ersten oder untersten Prakṛiti. Die Aura ist daher die materiell buddhische Aura der Sonne, und vom wissenschaftlichen Standpunkt aus betrachtet, ist sie ein Globus kosmischer Kräfte. Vergessen wir nicht, Kraft und Materie sind im Grunde eins. Sie sind verschiedene Grade der Manifestation von Geist-Substanz. Die Materie ist kristallisierte Kraft, oder, obgleich es keine so gute Methode ist, es zu beschreiben, Geist, Kraft oder Energie sind ätherische Materie. Es ist viel besser, dies auf die andere Weise auszudrücken.

Die Materie auf unserer Ebene ist kristallisiertes Licht. Licht ist Substanz-Energie oder Energie-Substanz. Beides ist richtig, wir können sie auch Kraft-Licht nennen. Kraft ist wiederum Materie für etwas noch Höheres, für die Prakṛiti über ihr.

Unsere Zeit ist fast zu Ende, und wir wünschen die Aufmerksamkeit auf etwas zu lenken, wovon zu Beginn unseres Studiums an diesem Abend gesprochen wurde, d. h. auf gewisse sehr wichtige und grundlegende Prinzipien des Denkens. Gelehrten nennen sie die „Entdeckungen unseres Zeitalters". Sie haben diese zwar auch gemacht oder zumindest sind sie gerade dabei, sie zu machen, doch zeitlich wurden sie von uns vorweggenommen – von Mitgliedern dieser Schule und von jenen, die bereits verstorben sind. Vorweggenommen, verkündet und entdeckt wurden sie aufgrund des Studiums der theosophischen Lehren. Wir haben immer und immer wieder unsere Beziehung zur Wissenschaft und den Wissenschaftlern in der Weise dargelegt, dass es fast unmöglich ist, unsere Meinung misszuverstehen, doch wir sind vielleicht trotzdem missverstanden worden. Es sollte daher bitte verstanden werden, dass wir von unserer Schule, die wahren Theosophen, die Wissenschaft, das geordnete Wissen, das geordnete und koordinierte Wissen als den größten Freund und Verbündeten betrachten, den wir haben. Aber was die Theorien, Spekulationen oder Dogmen gelehrter Männer betrifft, so akzeptieren oder verwerfen wir sie in dem Verhältnis, wie wir denken, dass sie Wahrheit enthalten – nicht meine Wahrheit oder eure Wahrheit, sondern in dem Verhältnis, wie sie die grundlegenden Prinzipien enthalten (oder nicht enthalten), die durch ihren Zusammenhang und ihre Folgerichtigkeit an das Beste in uns appellieren, sich als Tatsache des Seins kundtun, mit anderen Worten, zu den prinzipiellen Gedanken der theosophischen Philosophie gehören.

Wir haben eine Liste von entsprechenden Vorwegnahmen aufgestellt – eine Arbeit von einer Viertelstunde. Zweifellos hätte sie jeder von uns verdreifachen oder vervierfachen können. Doch lassen wir die Ideen in unser Gemüt eindringen, wenn sie nicht schon eingedrungen sind. Verstehen wir, was wir damit für die äußere Welt getan haben, wenn wir weiter nichts getan hätten. Wir haben das Denken der Welt verändert. Praxis ohne Theorie bedeutet Leerheit des Gemütes, Theorie ohne Praxis ist Torheit. Wer eine schöne Theorie hat und nicht handelt, um sie auszuführen oder zur Tatsache werden zu lassen, ist eine Drohne, denn er wurde nicht geboren, um ein Faulpelz zu sein. Andererseits ist ein Mensch, der keine Theorie hat, dessen Ideen nicht koordiniert und von Prinzipien geleitet sind, ein Verblendeter, er handelt wie ein Narr. Das Edelste, was wir tun können, ist, das Denken der Welt zu ändern, damit die Menschen ihre Einheit mit den inneren Wesenheiten auf den verschiedenen Ebenen des universalen Lebens verstehen und sich selbst entsprechend beherrschen können – nicht nur durch Gesetzgebungen, sondern durch ihre Lehren, ihre persönliche Lebensführung und die Besorgnis um ihre Mitmenschen sowie durch ihr Gefühl für Treue und Aufrichtigkeit ihren Lehrern gegenüber, von denen sie glauben und wissen, dass sie Wahrheit besitzen.

Es ist in der Tat ein großes Werk, und indem wir es durchführen, tragen wir das „verlorene Wort", von dem so viel gesprochen wird, über das aber so wenig bekannt ist, in die Welt. Es ist ein Ausdruck, ein Wort, das den alten Mysterien entnommen ist: der griechische „Logos", der „Wort" bedeutet, der verlorene Logos des Herzens und Gehirns des Menschen; wir bringen ihn tatsächlich zurück. Zu Recht, denn wir sind Teile, individuelle Einheiten, verantwortliche Glieder der Hierarchie des Mitleids. Wir haben eine tiefgehende und schwerwiegende Verantwortung. Unsere Lehrer sagen uns, dass es für jene, die diese Verantwortung auf sich genommen haben, sich aber ihrem Gelübde gegenüber als falsch und verräterisch erweisen, besser wäre, sie wären tot, wie Jesus sagte. Doch genug darüber.

Wir haben hier sechzehn Beispiele und nicht die Zeit, mehr aufzuzählen. Hier sind die Vorwegnahmen der theosophischen Philosophie, sie lehrt:

1. dass einfacher Materialismus Zufall und Schicksal einschließt sowie dass tote Materie Leben und Bewusstsein erzeugt, ist als Erklärung des Lebens und des Seins unwissenschaftlich, unphilosophisch und unmöglich, weil es der Natur und der Vernunft zuwider ist, und daher ist es absurd;
2. dass andere Planeten von intelligenten Wesen bewohnt oder nicht bewohnt sind, wie gerade der Fall sein mag, wird nicht aufgrund von Wissen, sondern nur aus Unwissenheit über Planeten geleugnet. Der einzige Planet, den wir kennen, unsere Erde, trägt intelligente Wesen. Die Ableugnung ist deshalb

irrational, rein spekulativ und theoretisch und basiert einzig und allein auf angeblichen Tatsachen bezüglich der Atmosphäre, der Kälte oder Hitze usw., wie diese bisher nur auf unserem Planeten bekannt sind;

3. dass die unreale Natur des physischen Universums oder der physischen Sphäre, d. h. alles, was wir durch sinnliche Wahrnehmungen erfassen, nur rein phänomenale Erscheinungen sind;
4. dass „Kraft“ ätherische „Materie“ ist, oder besser, dass „Materie“ im Gleichgewicht befindliche oder „kristallisierte Kraft“ ist. Die beiden letzteren sind jetzt von exoterischen Gelehrten vollkommen zugegeben worden;
5. dass Elektrizität und Magnetismus partikular, das heißt korpuskular, aus Partikeln oder Korpuskeln geformt und deshalb „Materie“ sind. Sie sind die phänomenalen Wirkungen von noumenalen Ursachen – Materie oder vielmehr Materien;
6. dass die sogenannten „Arten der Bewegung“ (zu der Zeit, als H. P. Blavatsky ihre Botschaft der Welt brachte), das heißt die Kräfte der früheren Gelehrten, als eine Definition von Kraft gegeben werden, ist eine kindische Bemühung, Kraft zu erklären, indem man ihr ein neues Etikett anhängt, das überhaupt nichts erklärt. Kraft ist in Bewegung befindliche Materie.
7. dass alle Materie strahlend, das heißt radioaktiv ist. Das heißt, sie strahlt aus, manche Formen oder Zustände der Materie mehr als andere. Vergleichen wir die Arbeit und die Entdeckungen von Becquerel, Röntgen, den Curies, von Rutherford und Sully usw. und die Arbeit in ähnlicher Richtung von großen Denkern in anderen Ländern.
8. dass Licht korpuskular ist, weil es Materie oder Substanz ist. Das heißt, Licht ist in der Tat eine materielle Strahlung.
9. dass in der Natur Transmutation von Materie und daher von Metallen eine Tatsache ist, die stündlich, jeden Augenblick, laufend und während der ganzen Zeit ohne Unterbrechung stattfindet;
10. dass das Atom, d. h. das chemische oder physikalische Atom, ein teilbarer Körper ist. Es ist sozusagen nur ein kleineres Molekül.

Die Punkte 6 bis 10 sind von der Wissenschaft zugegeben worden oder in manchen Fällen praktisch vollkommen zugegeben worden. In anderen Fällen grenzt ihre Erkenntnis an ein vollkommenes Zugeständnis.

11. Ferner lehrt sie, dass das physische Atom ein winziges Sonnensystem darstellt. Jedes Glied eines solchen Systems ist seinerseits aus unendlich kleinen physischen Teilchen oder Unteratomen oder Infraatomen zusammengesetzt. Auch das ist zugegeben worden;
12. dass die Nebularhypothese, wie sie allgemein angenommen wurde, als arbeitsfähige Hypothese unvollkommen und ungenügend ist, obgleich sie gewisse Elemente der natürlichen, d. h. okkulten Wahrheit enthält, wurde ebenfalls zugegeben;
13. dass die Sonne weder brennt, ja nicht einmal heiß ist, obgleich sie in einem Sinne oberflächlich, d. h. an ihrer Außenseite, glüht, noch ihre Hitze und andere Kräfte durch Schrumpfung ihres Umfanges wiederherstellt oder Radium für ihren Energieverbrauch verantwortlich ist, wird teilweise zugegeben;
14. dass Stürme, Regen, Hagel, Schnee, Wind und Dürren, ebenso der größte Teil der Wärme auf Erden, nicht durch die Sonnenenergie verursacht oder von ihr abgeleitet werden, sondern ihren Ursprung in der wechselseitigen elektro-magnetischen Tätigkeit von Kräften zwischen der Masse der Erde und der meteorischen Masse oder dem „Schleier" über unserer Atmosphäre haben; dass solche Phänomene oder Wirkungen existieren und gelegentlich oder teilweise von der periodischen Ausdehnung und Ausweitung des atmosphärischen Körpers und der periodischen Zusammenziehung desselben begleitet sind und dass die sogenannten Eiszeiten zum größten Teil den gleichen Ursachen zuzuschreiben sind.

    Ich möchte hier einschieben, dass vor einigen Monaten einige bedeutende Gelehrte im nördlichen Teil Kaliforniens die oberen Regionen der Atmosphäre erforscht haben und in gewissem Umfang, zumindest zum Teil, auch zu diesem Schluss gekommen sind.
15. Sie lehrt, dass der Darwinismus und der Haeckelismus unzulänglich sind, um die Masse der biologischen Phänomene als erklärt zu betrachten. Weder Darwins „natürliche Auslese" noch Spencers „Überleben des Tauglichsten" sind etwas anderes als geringere Tätigkeiten oder Tätigkeiten zweiten Ranges der Natur;

    dass Transformismus, wie er von der spekulativen Wissenschaft verkündet wird, nicht Evolution ist, wie sie die „alte Weisheit" lehrt, weil er als Theorie rein spekulativ und sowohl ungewiss als auch unwissenschaftlich ist, da er sich als Theorie auf zu wenige Fakten gründet. Er ist daher selbst als Theorie unvollständig und ungenügend. Wir alle wissen, welche bemerkenswerten Veränderungen mit den Theorien der Transformisten, selbst seit H. P. Blavatsky gestorben ist, vor sich gegangen sind.

16. Und als Letztes: Alle Dinge und Tätigkeiten im Kosmos sind relativ, es gibt keine Absoluta in der Natur. Es gibt keine „Absoluta", ausgenommen in dem Sinne der Relativität der Verwandtschaften. Unsere Lehren haben so den fundamentalen Begriff Dr. Albert Einsteins über diesen Punkt vorweggenommen.

In unserer nächsten Versammlung werden wir das Studium des Atoms aufnehmen.

Kapitel 28

Das Abenteuer eines Atoms. Layazentren: Sonne, Kometen und Planeten. Seele und Monaden. Die Schlüsselnote der Esoterischen Philosophie.

Die okkulte Wissenschaft ist keine Wissenschaft, in der Geheimnisse ohne Vorbereitung schriftlich oder mündlich mitgeteilt werden können. Wenn das der Fall wäre, brauchten die „Brüder" nichts zu tun, als ein Handbuch über sie zu veröffentlichen, so dass sie in den Schulen gelehrt werden könnte, wie man Grammatik lehrt. Es ist der allgemeine Irrtum der Menschen, dass wir uns selbst und unsere Kräfte absichtlich in Dunkel hüllen, weil wir unser Wissen nur für uns behalten möchten und uns vorsätzlich weigern, es freigebig und umsichtig mitzuteilen. Die Wahrheit ist, dass, solange der Neophyt nicht den Zustand erreicht, der für den Grad der Erleuchtung notwendig ist, zu dem er berechtigt und für den er tauglich ist, die meisten, wenn nicht alle Geheimnisse nicht mitgeteilt werden können. Die Aufnahmefähigkeit muss dem Wunsch entsprechen, belehrt zu werden. Die Erleuchtung muss von innen kommen. Solange das nicht der Fall ist, kann kein Hokuspokus oder Mummenschanz angewandter Zaubermittel, können keine metaphysischen Vorträge und Diskussionen, keine selbstauferlegte Strafe sie geben. Alles dies ist nur Mittel zum Zweck, und alles, was wir tun können, ist, den Gebrauch dieser Mittel zu lenken, die aufgrund der Erfahrungen von Zeitaltern erfahrungsgemäß zu dem gewünschten Ziel führen. Das war und ist seit Tausenden von Jahren kein Geheimnis.

The Mahâtma Letters, S. 282 f.

Wir wollen unser Studium beginnen, indem wir aus der *Geheimlehre,* Band I, Seite 619 f. folgenden Abschnitt vorlesen:

> Was die elementalen Atome anbelangt, so verbinden die Okkultisten mit diesem Namen eine Bedeutung, die der analog ist, die von den Indern dem Brahmâ beigelegt wird, wenn sie ihn Aṇu, das Atom, nennen. Jedes elementale Atom, das zu suchen mehr als ein Chemiker den von Alchimisten angegebenen Weg eingeschlagen hat, ist nach ihrem festen Glauben, wenn nicht nach ihrer *Erkenntnis,* eine Seele: nicht notwendigerweise eine entkörperte Seele, sondern ein Jîva, wie die Inder ihn nennen, ein Zentrum potenzieller Lebenskraft, mit darinnen verborgener Intelligenz, und, im Falle von zusammengesetzten Seelen, eine intelligente aktive Intelligenz, von der höchsten bis zur niedrigsten Stufe, eine Form, die aus stärkeren oder schwächeren Differenziationen zusammengesetzt ist.

Majestätisch und erhaben sind die Gedanken, die in den Studien enthalten sind, die wir heute beginnen. Als Einleitung sollte gesagt werden, dass die häufigen Unterbrechungen unseres Studiums, die durch äußere Umstände bedingt waren, verhindert haben, schon früher in diese neue Richtung zu gehen. Wenn uns der Lehrer, das äußere Haupt, nicht ausdrücklich darauf hinweist, werden wir uns nicht eingehender mit unserer gegenwärtigen Gedankenrichtung beschäftigen, als wir es heute tun, es sei denn, sie unterrichtet uns, dass unsere Studien in bestimmter Form fortgesetzt werden können. Warum? Weil unsere Schule seit undenklichen Zeiten einen bestimmten Teil des Jahres, zu bestimmten Zeiten und von niemals weniger als drei Monaten, festgelegt hat, während der die Studien mit zwischenzeitlichen Ruhepausen täglich stundenlang in einem fort verfolgt wurden, und diese Zeiten wurden Einweihungsperioden genannt. Der Grund für diese Methode war, dass häufige Unterbrechungen, das Eindringen oder das Sicheindrängen der täglichen Beschäftigungen in das Denken das Gemüt so ablenkten, es so von der höheren Natur wegrissen, dass es den Dingen nicht erfolgreich begegnen und sie verstehen konnte, die es anzunehmen, zu übernehmen sowie zu prüfen und zu begreifen hatte.

Indem wir das Beste, was wir können, tun, werden wir diesen Abend beginnen, ein sehr kurzes Studium des Atoms zu unternehmen. H. P. Blavatsky nennt es seine „Abenteuer". Dies geschieht unter Bezugnahme auf verwandte und fast identische Gegenstände: die Layazentren, die Sonne, die Planeten und Kometen sowie die Seele und die Monade im Unterschied zu dem Obigen.

Wie wir in der *Geheimlehre* lasen, ist ein Atom eine Seele. Eine Seele ist eine Wesenheit, die durch Erfahrungen evolviert ist. Sie ist kein Geist, sie ist ein Vehikel des Geistes. Sie offenbart sich in der Materie dadurch, dass sie ein wesentlicher Teil der niederen Essenz des Geistes ist. Der Vereinigungspunkt, an dem sie eine niedrigere Ebene unter ihr oder eine höhere Ebene über ihr berührt und der dem Bewusstsein Eintritt und Austritt gewährt, ist ein Layazentrum. Ein Layazentrum ist daher ein Zentrum in „homogener" Substanz. In einem früheren Studium leiteten wir das Wort *laya* von dem Sanskṛitwort *lî* ab, das „auflösen" bedeutet. Das Wort „Pralaya" kommt in folgender Weise von derselben Wurzel: *Laya* ist die Substantivform von der Wurzel *lî,* mit der präpositionalen Vorsilbe *pra,* die „in Richtung auf", „vorwärts", daher „ununterbrochen" bedeutet. Mit anderen Worten, „Pralaya" bedeutet „ununterbrochene Auflösung". Ein Layazentrum ist der Teil einer Wesenheit, eines Atoms, der als relativ homogene Substanz, in Homogenität aufgelöste Materie, dem hindurchgehenden Bewusstsein oder den hindurchgehenden Bewusstseinseinheiten Eintritt und Austritt gewährt.

Wir wollen das Layazentrum betrachten, wie es in der Sonne manifestiert ist. Die Sonne ist in ihrem Kern ein Layazentrum. Jeder Planet hat gleicherweise an seinem

Zentralpunkt und ist in seinem Zentralpunkt ein Layazentrum. Jeder Komet ist im Aufbau um ein Layazentrum als sein Herz, seinen Kern, begriffen. Ausdehnungen oder Positionen im Raum haben damit nichts zu tun, weil ein Layazentrum nicht physikalischer oder materieller Natur ist. Es ist der Punkt des Verschwindens für alle Dinge unter ihm und der Eintrittspunkt für alle Dinge über ihm, für irgendeine besondere Wesenheit, für ein Atom, eine Sonne, einen Planeten oder ein menschliches Wesen.

Die Sonne, so wie wir sie sehen, ist eine Reflexion. Nehmen wir an, wir nennen sie einen Schleier, was vielleicht ein besseres Wort ist, obgleich das Wort Reflexion ebenso gut ist, weil die Sonne tatsächlich eine Reflexion *ist,* ich meine die Sonne, die wir sehen. Was sehen wir, wenn wir die Sonne betrachten? Wir sehen einen titanischen Glanz. Das ist eine Reflexion. Die Sonne selbst, ihr Kern, hätte auf unserer Handfläche Platz. Ich meine den Teil der Sonne, der sich hinter der glänzenden Reflexion befindet. Der Teil von ihr, den wir in unserer Handfläche halten können, gehört dem siebenten oder höchsten Grad der niedersten Prakṛiti-Stufe an, er ist ein Partikel von Materie-Substanz des niedersten kosmischen Grades, der Prakṛiti. Der Glanz, den wir sehen, ist die Aura des Layazentrums, seine Aura oder seine Emanationen, und diese Emanationen sind Kräfte. Die Sonne ist ein Körper von unvorstellbaren Kräften, die diesem Layazentrum, der wahren Sonne, die sich hinter dem äußeren Schleier befindet, entspringen und durch sie hinabströmen. Die goldene Scheibe, die wir sehen, ist nur die aurische Manifestation der wahren Sonne für unsere physischen Augen auf dieser Ebene, die durch die Sonne als Zentrum des sichtbaren Sonnenballes ausströmt.

So verhält es sich auch mit einem menschlichen Wesen. Es gibt in seiner Natur ein Zentrum, durch das die Kräfte von oben hinabfließen und durch das es selbst höher emporsteigt, und dieses Zentrum ist das Layazentrum seiner inneren Natur.

Wenn wir von der Monade sprechen, dürfen wir diese nicht mit dem Layazentrum verwechseln. Ein Layazentrum ist der Kanal, der Punkt, der Verschwindepunkt, das neutrale Zentrum in der Materie oder Substanz, durch das das Bewusstsein hindurchgeht – und das Zentrum des Bewusstseins ist die Monade. Wir brauchen nun nicht augenblicklich innezuhalten, um zu überlegen, auf welcher Ebene die Monade tätig ist. Auf jeder Ebene, auf der sie tätig sein mag, geht sie, wenn sie von einer Ebene des Bewusstseins auf eine andere wechselt, durch ein Layazentrum. Bei unserem letzten Studium legten wir den in der Natur vorhandenen Parallelismus als Materie und Geist-Bewusstsein dar. Diese Worte werden verallgemeinernd gebraucht und nicht, um eine besondere Materie oder einen besonderen Geist zu bezeichnen, sondern nur, um auf die Masse der kosmischen Substanz hinzuweisen, auf die die Kräfte von oben wirken, die die Lebewesen, die Hierarchien der universalen Natur sind. In diesem kosmischen Körper, in dieser kosmischen Substanz gibt es unzählige Layazentren, denn sie sind wirklich die „kritischen Punkte", die Übergangsstufen, durch die wir als Einzelwesen zu unserem höheren Selbst Zugang erlangen und durch die die göttlichen und spirituellen Kräfte hindurchgehen, die von oben in uns eintreten. Die Sonne ist, abgesehen von anderen, noch weit größeren Tätigkeiten, der vitale Brennpunkt ihres Systems. Die physische Sonne ist jenes Etwas, das wir mit unseren physischen Augen sehen können. Sie ist ein materielles Ding, obgleich sie sich, aufwärts gezählt, im sechsten Grad der Prakṛiti unserer Stufe befindet, der buddhischen Stufe der niedersten Prakṛiti. Die wirkliche Sonne, die spirituelle Sonne, ist das göttliche Wesen hinter der Sonne, eine Wesenheit, ein Gott. Die physische Sonne ist ihr Körper oder ihr Gewand, ebenso wie in uns selbst unsere höhere Natur ein Gott, ein göttlicher Funke ist, und dieser göttliche Funke ist eine Monade. Die Seele ist im Gegensatz zur Monade ihr Vehikel zur Offenbarung auf irgendeiner Ebene. Das Wort bedeutet tatsächlich ein Vehikel. Der Geist offenbart sich in sieben Vehikeln, und jedes dieser Vehikel ist eine Seele. Der besondere Punkt, durch den der göttliche Einfluss in die Seele übergeht, ist das Layazentrum, er ist sozusagen das Herz der Seele oder vielmehr der Gipfel – homogene Seelensubstanz.

Es ist notwendig, dass wir diese einführenden Begriffe in unseren Gemütern klar und bestimmt umreißen. Die Mysterien hinter diesen Worten sind erhaben und unvorstellbar schön. Wir können sie aber nicht richtig verstehen, wenn wir die Worte nicht kennen, die wir benutzen, wenn wir die Folgerungen des Denkens nicht erfassen, die sie in sich schließen.

Alle sektiererischen Abspaltungen von den Grundreligionen des Altertums wurden aus Mangel an der Befolgung dieser einen Regel geboren. Wir müssen unsere Ausdrücke richtig verstehen und anwenden. Die über die Bedeutung von Ausdrücken entstandenen Streitigkeiten rühren von der Tatsache her, dass zu Beginn irgendeiner Religion die Ausdrücke nicht in entsprechend geschickter und angemessener Weise erklärt worden waren, so dass sie von späteren Dogmatikern aufgegriffen und missbraucht werden konnten.

Es ist tatsächlich ein überaus schwieriges Problem. Wir schweben immer zwischen dem „Teufel und dem tiefen Meer". Auf der einen Seite gibt es jene, die auf der buchstäblichen Auslegung bestehen und zum Beispiel sagen: „Pythagoras, der Meister, sagte das so." Das ist vielleicht in manchen Fällen ein schönes Gefühl der Treue dem Lehrer gegenüber, aber wir sehen, wie es von den Scheindogmatikern missbraucht werden kann, die auf dem Festhalten an Buchstaben bestehen und den Geist verlieren. Auf der anderen Seite gibt es jene, die glauben, der Buchstabe sei nicht wichtig, was ebenfalls falsch ist. Sie denken, sie haben den Geist, und versuchen, dem Buchstaben Gewalt anzutun und ihn mit ihren eigenen Meinungen darüber, was der Meister oder die Meister lehrten, Pythagoras oder irgendeiner, in Übereinstimmung zu bringen.

Aus diesem Grund ist es notwendig, dass wir diese und andere ähnliche Worte in unserem Gemüt klar umrissen haben. Wenn wir das Studium des Atoms beginnen, begeben wir uns in neue und ausgedehnte Felder des Bewusstseins und gehen in unserem Gemüt auf andere Ebenen über. Unsere einzige Rettung besteht, wie H. P. Blavatsky immer und immer wieder gesagt hat, darin, wie der grimme Tod an den grundlegenden Prinzipien ihrer Lehren festzuhalten, die die Lehren der Meister sind. Wir können uns aber nicht so daran klammern, wenn wir nicht wissen, woran wir uns klammern sollen. Würden wir sagen, ein Atom sei ein Gott, so würden wir etwas Verkehrtes sagen. Würden wir sagen, ein Atom enthalte einen Gott, so würden wir nur zum Teil die Wahrheit sagen. Würden wir sagen, ein Atom offenbart einen Gott, so kommen wir der Wahrheit einen Schritt näher.

Folgen wir nun einem anderen Gedanken: Was meinen wir mit einem Atom? Meinen wir ein kosmisches Atom, ein astrales Atom, ein buddhisches Atom, ein âtmanisches Atom? Wie uns das Studium der Theosophie zeigt, sind diese Atome verschiedenartige „Seelen“, die auf mannigfaltigen Ebenen in verschiedenen Graden des Bewusstseins existieren. Das Atom ist in seiner Essenz, in seinem Innersten des Innersten, eine Monade, ein göttlicher Funke, ein Wesen aus früheren Manvantaras, eine Monade, die ihre „Lektionen“ so vollständig gelernt hat, dass sie in diesem Manvantara nichts mehr zu lernen braucht, aber sie schleppt hinter sich einen Schweif von Skandhas her, die in den Lebensatomen wohnen und karmische Eindrücke sind. Diese Lebensatome sind untergeordnete Wesen, die hinter ihr herkommen, sozusagen ihre Körper bilden, wie gewisse Elemente unseren Körper bilden. Es sind Wesen, für die sie verantwortlich ist, weil sie sie in früheren Kalpas, in früheren Manvantaras, in früheren Lebenszyklen beeinflusst hat, weil sie sie in einigen Fällen verunreinigt und in anderen Fällen von Schmutz gereinigt hat.

Was sind diese untergeordneten Wesen, die der Spur einer Monade folgen? Sie sind Teile ihres Wesens, Gedanken ihres Denkens, Kinder ihrer Seele, Abkommenschaft ihres Herzens. Ein erhabener Gedanke, in dem wir das Geheimnis der Offenbarung im Universum und auch das Geheimnis der Hierarchie des Mitleids erkennen, das Geheimnis, warum die eine Hälfte der Natur das ist, was wir kristallisierte und sogenannte träge Materie nennen, und die andere Hälfte der Natur aus Wille und Bewusstsein, Intelligenz und Liebe, Verstand und Leben besteht. Diese beiden Gegensätze wirken während des Manvantaras ewig zusammen. In jedem Moment, in

Raum und Zeit, erlangen Einheiten dieses Zuges untergeordneter Wesen Begriffsvermögen und Verstand und gehen durch ihre besonderen Layazentren in obere Sphären. Inzwischen haben sie selbst andere, untergeordnete Wesenheiten hervorgebracht oder entwickelt, die ihrer Fährte folgen.

Die Prozesse des kosmischen Lebens und der Evolution sind in dem eben Gesagten umrissen, so dass wir, wenn wir H. P. Blavatskys Ausdruck anwenden und von den „Abenteuern eines Atoms“ sprechen, einen schwachen Begriff von dem jetzt vor uns liegenden Studium bekommen. Verstehen wir (ich wage zu sagen, dass wir es verstehen), dass wir in diesen Studien, denen wir so getreulich folgten, wie wir ihnen zu folgen fähig waren, den Umriss oder zumindest das Gerippe eines vollendeten und vollständigen philosophischen Systems niedergelegt haben, das in seinem Stoff so umfassend und in seinen Reichweiten so majestätisch ist, das eine derartige Erhabenheit in seinen Möglichkeiten und solche Tiefen in seiner innersten Natur aufweist, dass nichts ihm Gleiches in der exoterischen Literatur von heute bekannt ist. Dies haben wir erreicht. Selbst die bedeutenden Systeme exoterischer Philosophie des Ostens und die besten Anstrengungen der europäischen Philosophie, die zum größten Teil nur Wortklaubereien sind, können sich nicht damit messen. Deren Licht ist nur ein Nachtlicht vor dem Glanz der Mittagssonne, wenn wir sie mit dem esoterischen System vergleichen.

Warum ist das so? Weil wir die Lehren der Götter, die früher in den alten Mysterienschulen formulierten Lehren dargelegt haben, und doch wurden sie nicht mehr als nur angedeutet. Wir haben nicht den tausendsten Teil dessen gesagt, was noch zu sagen übrig bleibt, wenn es der Wille und die Absicht des Lehrers ist, dass wir diese edlen Themen entwickeln. Wohlgemerkt, was in unseren zukünftigen Studien gesagt werden könnte, ist weder in der Ausdehnung noch dem Inhalt nach das, was in den esoterischen Versammlungen in Wahrheit gesagt werden könnte. Diese Studien werden eines Tages an andere Schüler unserer Schule hinausgehen. Wir sind nicht nur durch des Lehrers ausdrückliche Anweisungen, sondern auch durch die Stimme unseres eigenen Gewissens verpflichtet, diese alten Gedanken der Mysterienschulen nur in einer solchen Form mitzuteilen, darzulegen, zusammenzustellen, dass ihr, die ihr Mitglieder seid, sie verhältnismäßig leicht verstehen und ihnen folgen könnt. Wenn aber die Abschrift von dem, was hier gesagt wurde, in die Hände eines Außenstehenden fällt, sollte er nur etwas lesen, was für ihn nicht mehr als eine interessante Auseinandersetzung im philosophischen Denken ist. Wenn uns der Lehrer anweist, über tiefere Themen zu sprechen – es liegt nicht an mir, das zu bestimmen –, aber wenn es der Lehrer wünscht und wir oder einige von uns ein Studium dessen unternehmen sollten, was wir das Leben im Herzen unserer Lehren nennen, dann würden wir Gedankenschlüssel finden, die unser Verstehen glänzend erleuchten.

Unser erster Lehrer sagte, dass es sieben Schlüssel gibt, die die Tore der alten Weisheit weit öffnen. Diese sieben Schlüssel haben wir bei unseren Anspielungen auf die sieben Schätze der Weisheit nur oberflächlich berührt. Jeder dieser sieben Schätze oder jedes dieser sieben Juwelen enthält jedes Gebiet menschlichen Denkens, jeden Gedanken, den das menschliche Gemüt hervorbringen kann. Diese sieben Schätze wurden den alten Rassen durch Mitglieder der Hierarchie des Mitleids gegeben, erklärt und uns überliefert. Aber vergessen wir nicht, die sieben Schätze sind, wie wir bereits klar gesagt haben, unter den Namen, die sie führen, nur Schlüsselworte, Stichworte, hinweisende Ausdrücke. Diese erhabenen Ideen bringen einen Menschen dahin, dass „er sich in jedem Teil des Universums zu Hause fühlt". Es erwärmt einem das Herz, so etwas zu hören, weil jeder von uns, der gehört und verstanden hat, was der Lehrer uns hier zusammen zu studieren erlaubt hat, gefühlt haben wird, dass gerade das Einssein mit dem universalen Leben, das „Überall-zu-Hause-Sein", der Grundton des Okkultismus ist.

Der Okkultismus ist die Erklärung des Lebens, der Essenz des Seins und der Essenz der Lebensführung. Lasst uns ihn nie mit den sogenannten „okkulten Künsten" verwechseln, Künsten, die für uns als Schüler dieser Schule streng verboten sind. Die Brüder des Schattens führen ihre hilflosen Opfer mit Hilfe der okkulten Künste, verführen sie dabei, und deren Ende ist Nichtsein. Aber unsere Meister, unsere Lehrer, haben uns deutlich gesagt: „Lernt zuerst Disziplin, lernt zuerst das Gesetz kennen, dann werdet ihr nach spirituellen Kräften verlangen und nur, um euch selbst und diese Kräfte anderen hinzugeben." Auf dem Pfad, auf unserem Pfad, verschwinden die okkulten Künste nach und nach sogar aus der Vorstellung, weil deren täuschende Verführungen und Lockungen klar erkannt werden. Ich bilde mir nicht ein, nicht für einen Augenblick, dass irgendjemand von uns hieran erinnert zu werden braucht. Aber es gibt andere Gründe, das zu sagen, denn wie schon oft erwähnt wurde, sollen diese Studien an andere hinausgehen, die vielleicht weniger wissen als wir. Sie sind unsere Brüder und Schwestern in unserer göttlichen Mission, und sie brauchen Hilfe, die wir ihnen geben können. Es ist unsere Pflicht, sie zu warnen.

Unser gegenwärtiger Lehrer hat vielleicht mehr als die beiden vorhergehenden darauf bestanden, dass wir zuerst das Gesetz kennenlernen, denn das Kennenlernen des Gesetzes bedeutet die Entwicklung der spirituellen Natur. Es ist die königliche Straße, die königliche Vereinigung. Haben wir diese erreicht, so haben wir alles im Universum Vorhandene. Unbegrenztes Wissen und ebensolche Kräfte werden sich natürlicherweise einstellen. Doch jeder Versuch, dieselben vorzeitig zu pflegen, jedes bloße Verlangen nach ihnen, wird uns so sicher hinabziehen, wie die Sonne morgens früh über dem östlichen Horizont aufgeht, weil es die persönliche Färbung des Gemütes, der persönliche Wunsch, die Begierde und das Verlangen nach Macht, nach dem Ungewöhnlichen sind, die nach diesen Dingen trachten. Die spirituell-menschliche Wesenheit, der Buddha, das Glied der Hierarchie des Mitleids aufgrund göttlichen Rechts, kennt diese Dinge und hat kein Verlangen danach, denn diese Wesenheit ist weit darüber hinaus fortgeschritten. Sie fühlt sich beständig gedrängt, sich über die Materie zu erheben, das Herz vom Unrat zu reinigen, die Gewänder des sterblichen Menschen abzuwerfen und die Gewänder der Unsterblichkeit anzulegen, die innerlich tatsächlich bereits unser sind und die darauf warten, dass jeder Einzelne sie erkennt und, wie die alten Ägypter es ausdrückten, „ein Sohn der Sonne", ein heiliger Initiierter wird.

Kapitel 29

Raum: das grenzenlose All. Erfüllt von ineinandergreifenden, einander durchdringenden Universen. Eine Tätigkeit, eine hierarchische Intelligenz, eine Wirkungsweise in der gesamten Natur: ein Organismus, ein universales Leben.

Entweder ein geordnetes Universum, oder wenn nicht, dann ein wirres Durcheinander. Deshalb sicherlich eine Weltordnung. Oder denkt ihr, dass die in euch bestehende Ordnung mit einer Unordnung im All vereinbar ist? Wo doch dazu alle Dinge, wie verteilt und zerstreut sie auch sein mögen, sympathisch beeinflusst werden.

Marcus Aurelius Antoninus: Selbstbetrachtungen, IV, 27 (Englisch: Rendall)

Betrachtet das Universum beständig als ein lebendes Wesen, das eine Substanz und nur eine Seele hat. Und beobachtet, wie sich alle Dinge nur auf eine Vorstellung beziehen, die Vorstellung von diesem einen lebenden Wesen, wie alle Dinge nach einer Richtung handeln und wie alle Dinge die mitwirkenden Ursachen für alle existierenden Dinge sind. Beachtet auch das beständige Spinnen des Fadens und des Musters des Gewebes.

Ebenda, IV, 40 (Englisch: Long)

Zur Fortsetzung des Studiums diesen Abend ersucht mich der Lehrer, die Aufmerksamkeit nochmals auf die Tatsache zu lenken, dass die Lehren der Esoterischen Philosophie auf dem Fundament von Ethik und Moral beruhen. Es besteht ein Unterschied, sozusagen eine Trennungslinie, zwischen den Hierarchien auf der einen Seite, auf dem aufsteigenden oder leuchtenden Bogen, und den Hierarchien auf der anderen Seite, auf dem schattenhaften Bogen, oder den Wesen und Intelligenzen, die in die Materie hinabsteigen, um Erfahrungen zu sammeln, die notwendig sind, damit sie fähig werden, ihren Marsch aufwärts anzutreten. Moral und Ethik sind die Basis unseres eigenen Ordens.

Die Ethik ist kein Gegenstand, um den sich die Menschen streiten können. Nur über die Formen der Ethik lässt sich streiten. In den grundlegenden Prinzipien von Recht, im Gegensatz zu Unrecht, von Pflicht, im Gegensatz zu Selbstsucht, der Freude der Verzichtleistung und Selbstvergessen, im Gegensatz zu dem einengenden Einfluss der entgegengesetzten Theorien über das Sein – und solche gibt es viele in der Welt –, liegt der Unterschied zwischen den Söhnen des Lichtes und den Kindern des Schattens.

Am Ende unserer letzten Studienreihe begannen wir damit, die Lehren zu erklären, die mit dem Wort „Atom" verbunden sind. Zu beachten ist vor allem, dass nicht das Atom der Wissenschaft gemeint ist. Das „Atom der Wissenschaft" ist eine mehr oder weniger klare Auffassung von grundlegenden materiellen Partikeln, die sich bei dem Versuch, die Phänomene der physischen Natur zu erklären, in den Gemütern der Gelehrten etwa in den letzten hundert Jahren gebildet hat. Die wissenschaftlichen Lehren über das Atom basieren ferner zum großen Teil auf falsch verstandenen Lehren gewisser griechischer Philosophen.

Wenn wir das Atom so verstehen, wie die Lehre über das „Atom" in den Lehren der alten Weisheit verkörpert ist, werden wir erkennen, dass es eine Intelligenz, ein lebendes Wesen seiner eigenen Art ist.

Wir wollen unser Studium mit dem Vorlesen aus der *Geheimlehre,* Band I, Seite 132, beginnen:

> ... jedes Atom im Weltall hat die Möglichkeit des Selbstbewusstseins in sich und ist, gleich den Monaden des Leibniz, ein Weltall in sich selbst und *für* sich selbst. *Es ist ein Atom und ein Engel.*

Kein christlicher Engel, kein Wesen mit Flügeln usw., sondern eine spirituelle Intelligenz.

Und nun weiter auf Seite 132 oben:

> Die Lehre besagt, dass, um ein göttlicher, vollbewusster Gott – ja, selbst der höchste – zu werden, die geistigen Urintelligenzen durch den menschlichen Zustand hindurchgehen müssen. Und wenn wir sagen „menschlich", so bezieht sich das nicht nur auf unsere irdische Menschheit, sondern auf die Sterblichen, die irgendeine Welt bewohnen, d. h. auf jene Intelligenzen, die das geeignete Gleichgewicht zwischen Stoff und Geist erreicht haben, so wie *wir* es jetzt haben, immer nachdem der Mittelpunkt der vierten Wurzelrasse der vierten Runde überschritten war. Jede Wesenheit muss für sich selbst das Recht, göttlich zu werden, durch Selbsterfahrung gewonnen haben.

Das Wort „Selbsterfahrung" enthält den Gedanken in sich, den unser gegenwärtiger Lehrer so oft betont: selbstgeleitete Evolution – eine Lehre, die die Notwendigkeit in sich schließt, dass wir unseren spirituellen Willen und unsere spirituelle Intelligenz für edle, altruistische und unpersönliche Zwecke anwenden. Es soll hier wiederum gesagt werden, dass der Mensch immer vor der Wahl zwischen den beiden Pfaden steht: dem Pfad rechter Hand, dem leuchtenden Bogen, der beständig aufwärts und immer weiter aufwärts führt, und dem Pfad linker Hand, dem schattenhaften Bogen, der abwärts in die Sphären führt, über die wir natürlich unterrichtet sind und über die wir in diesen unseren gegenwärtigen Versammlungen schon verschiedene Male gesprochen haben. Aber der Lehrer hat uns bis jetzt in unserer Darlegung nicht erlaubt, sehr viel hierüber zu sagen. Diese Erlaubnis kann eines Tages gegeben werden.

Die Bezeichnung oder das Wort „Atom“ ist in Wirklichkeit ein „Stichwort“. Wir sagen „Atom“, meinen aber in Wirklichkeit viele mit der Kosmogonie und der Evolution verbundene Gedanken. So sind zum Beispiel Götter, Monaden, Seelen, Atome Worte, die gemeinsam und auch einzeln mit tiefen Lehren verbunden sind, die kosmogonische und evolutionäre Prozesse erklären. Sehr eng damit verbunden ist das „Layazentrum“, auf das in früheren Studien hingewiesen wurde. Im dritten Teil des Bandes I der *Geheimlehre* widmet H. P. Blavatsky in Abteilung XIV, Seite 669, einen der schönsten Teile ihres großen Werkes der Entwicklung der Lehren, die in dem zusammengefasst sind, was sie „Götter, Monaden und Atome“ nennt.

Verstehen wir bitte vor allem, dass sich diese Studien mit tiefgehenden spirituellen, ethischen und religiösen Fragen befassen. Sie berühren direkt die Wurzeln unseres Wesens. Sie sind keine bloßen Fragen der Gehirngemütsdisputation, keine bloßen mentalen Übungen im geistreichen Sprechen. Diese Lehren führen direkt dazu, unsere Füße auf den Pfad des leuchtenden Bogens zu stellen, und wir, die wir zu diesem Orden gehören und die Begünstigung bereits durch drei Lehrer empfangen haben, die dieselbe Lehre lehrten, sollten zumindest einigermaßen verstehen, dass, wenn es ein Hauptziel und einen Zweck gibt, nach dem wir ausschauen, es das ist, vollständiger und inniger mit der glorreichen Armee eins zu werden, von der unsere eigenen Meister sozusagen die äußere Vorhut sind und deren Vertreter uns gegenüber unser gegenwärtiger Lehrer ist.

Was verstehen wir nun unter Raum? Sehen wir im Wörterbuch nach, so werden wir wahrscheinlich die folgende Erklärung finden: „der allgemeine Behälter der Dinge“. Das ist eine Erklärung des Raumes, die wir ablehnen. Die Gelehrten sprechen vom unendlichen Raum, und doch nennen sie den Raum einen „Behälter“ – ein seltsamer Kommentar zu dem nachlässigen Denken unserer Zeit. Wenn er ein Behälter ist, so ist er augenscheinlich etwas Endliches, und außerdem entbehrt die Erklärung gänzlich der innersten Bedeutung des Wortes Raum. Wenn wir verstehen, was wir mit Raum meinen, haben wir einen Schlüssel, der einen großen Teil der tief in den elementaren Studien verborgenen edleren Lehren eröffnet. Der Raum, wie wir ihn in unserer eigenen Schule des wahren Okkultismus verstehen, bedeutet, dass alles, was ist, eine vollkommene, absolut dauernde, endlose und anfanglose Fülle darstellt – kein bloßes Gefäß, keinen bloßen Behälter, nichts Endliches, sondern das grenzenlose All. Ferner: Der Raum *ist.* Er ist nicht nur auf oder in einer Ebene, sondern auf und in sieben Ebenen, den sieben Ebenen oder Sphären unseres Universums, und breitet sich außerdem unbegrenzt, endlos nach innen und endlos nach außen aus. Er ist das unbegrenzte Pleroma der Griechen, und das griechische Wort Pleroma bedeutet „Fülle".

Nun, augenscheinlich ist alles, was existiert, ein Teil des Raumes. Der Raum, nicht als ein bloßer Behälter, eine Abstraktion des Gemütes oder als ein bloßes Gefäß betrachtet, zeigt, warum H. P. Blavatsky von dem einzigen „Gott", den wir anerkennen, als von JENES sprach – indem sie das Wort aus den alten *Veden* benutzte –, d. h. von Raum, von dem grenzenlosen All. Dieses All enthält augenscheinlich alle Dinge, alles, was ist, wie schon bei unserem Studium der wunderbaren Lehre von den Hierarchien gezeigt wurde, die das dritte der sieben „Juwelen" oder der dritte der sieben „Schätze" der Weisheit ist. Der Raum ist von einer unendlichen Menge in sich geschlossener Universen erfüllt. Die hohen und die niedrigeren, die inneren und die äußeren sind selbst wieder von endlosen Mengen von Wesen mannigfaltiger Arten erfüllt. Wir können nicht „die höchsten" und „die niedersten" sagen, weil diese Ausdrucksweise Grenzen oder Schranken, Abgrenzungen in sich schließen würde, der Raum aber ist ohne Grenzen. Nur innerhalb der Schranken oder Grenzen irgendeines Universums oder einer Hierarchie können wir die Form des Superlativs dieser Eigenschaftswörter benutzen und sagen: die höchsten oder die niedersten.

Nehmen wir irgendein Universum oder eine Hierarchie als Beispiel für die allgemeine Regel. Jedes Universum ist von Wesen erfüllt, die von der Spitze, dem Gipfel, mit anderen Worten dem Samen, der sozusagen der Gott der Hierarchie ist, ihren Ursprung herleiten oder dort entspringen. Dieser Gott, dieses spirituelle, elementare Wesen, wirft am Anfang einer Manifestationsperiode mannigfache Reihen von Hierarchien von sich ab, stößt sie aus sich heraus, evolviert sie aus sich, bringt sie aus sich selbst hervor, die ihrerseits aus geringeren und untergeordneten Wesen bestehen, Wesen, die an Spiritualität und Würde unter ihm stehen. Sie sind sozusagen die Gedanken, die der Gott oder der kosmische ursprüngliche Denker denkt. Nehmen wir zum Beispiel ein denkendes menschliches Wesen als Analogie. Der Mensch denkt Gedanken. Jeder Gedanke hat sein eigenes Leben, jeder Gedanke hat seine eigene Essenz, jeder hat seine eigene Laufbahn zu durchlaufen. Jeder Gedanke basiert auf einer besonderen Schwingung, um unserem heutigen Verstehen angepasste Worte zu benutzen. Jeder hat sein eigenes besonderes Swabhâva oder seine wahre wesentliche Natur, die seine Individualität ist.

Die Spitze der Hierarchie „denkt Gedanken". Ich meine damit nicht, dass diese Spitze ein menschliches oder göttliches Wesen ist, das Gedanken denkt, wie wir es tun. Das hier angewandte Bild ist nur eine Analogie. Wie ein Mensch Gedanken denkt und seine ihn umgebende Atmosphäre mit diesen lebenden Wesen, mit diesen Gedanken genannten beschwingten Boten erfüllt, so wirft das uranfängliche Elementar(-wesen), die Spitze, der Same, das Erste, das aus dem Busen der unendlichen Mutter hervorgeht, diese Teile, diese monadischen Aggregate, diese kosmischen „Gedanken" aus sich selbst heraus.

Was sind diese ersten Emanationen? Sie sind das, was die alte Weisheit „Götter" nannte. Diese Götter senden ihrerseits andere mannigfaltige Reihen von Wesen aus sich heraus, die geringer sind als sie, geringer an Würde, geringer an Erhabenheit, geringer an Verstehen. Die nächstfolgenden Emanationen oder Evolutionen sind die Monaden. Während diese Monaden zu Beginn des Manvantaras ihren Weg den schattenhaften Bogen hinab verfolgen, senden sie ihrerseits aus sich selbst in eben derselben Weise und auf dieselbe Art andere Wesenheiten aus, die geringer sind als sie und noch äußerlichere Hierarchien, materiellere Intelligenzen bilden, und diese der dritten Reihe angehörenden Emanationen sind die Seelen. Diese Seelen schicken, während sie ihren Weg abwärts verfolgen – ebenso wie ihre höheren Ahnen –, an Weisheit, Spiritualität, Würde und Macht noch geringere Wesen als sie selbst von sich aus, projizieren sie gedanklich aus sich heraus, senden sie aus, entwickeln sie aus sich heraus, und dies sind die Atome – aber nicht die physikalischen Atome. Diese Idee wollen wir endgültig aus unserem Gemüt verbannen. Die Atome der physikalischen Wissenschaft sind in Wirklichkeit nur molekulare Aggregate atomischer Elemente, Elementarteilchen, die im Grenzgebiet der Astralebene existieren.

Es wird die Zeit kommen, in der wir die Beziehungen des Atoms zur phänomenalen physischen Welt klarer darlegen werden, als wir heute die Zeit dazu haben. Was wir diesen Abend in dem einführenden Studium tun wollen, ist, in der gesamten Natur ein Wirken, eine hierarchische Intelligenz, einen Tätigkeitsverlauf aufzuzeigen. Vergessen wir bitte nicht, dass diese Tätigkeiten der Natur das sind, was die Gelehrten und die christlichen Theologen in ihrer Unwissenheit „Naturgesetze" nennen. Wie wir schon dargelegt haben, gibt es keine Naturgesetze. Es gibt keine sogenannten mechanisch wirkenden Gesetze, weil es keine Gesetzgeber gibt, und folglich gibt es keine Naturgesetze. Aber es gibt Operationen der Natur, und diese Operationen der Natur sehen unsere Denker. Aus Mangel am Verstehen der alten Weisheit und vielleicht auch aus Mangel an geeigneten bezeichnenden Worten folgen sie der Analogie der menschlichen Tätigkeiten und sagen „Naturgesetze".

Die Naturgesetze sind die spirituell automatischen Operationen von Wesen in dem gewaltigen Aggregat von Wesenheiten und Intelligenzen, das das Universum genannt wird, das aber nur eines aus einer unendlichen Anzahl von Universen im Raume ist. Alles, was ist, ist ein gewaltiger Organismus. Es gibt nirgendwo eine Lücke oder eine Leere, alles ist erfüllt und bildet eine einzige grenzenlose Fülle. Wenn wir diesen Gedanken in unserem Gemüt festhalten und uns selbst in einer Kette von Wesen, in einer endlosen Kette verbunden vorstellen können – die Homer die „goldene Kette" nannte –, dann werden wir die Kraft, die philosophische Tiefgründigkeit und die tiefe Bedeutung dessen verstehen, was unsere Lehrer meinen, wenn sie von UNIVERSALER BRUDERSCHAFT sprechen – der fundamentalen Einheit von allem, was ist. Jeder einzelne von uns hat die Möglichkeit in sich, ein Gott zu werden und von der Gottheit noch höher in das fortzuschreiten, was für uns jetzt schon unaussprechliche Sphären des Göttlichen sind. Aber das hängt von uns selbst ab. Die Wahl oder, um die alten buddhistischen Bezeichnungen anzuwenden, der Pfad „rechter Hand" und der Pfad „linker Hand" liegen jeden Augenblick vor uns.

Diese beiden Bogen, der schattenhafte Bogen oder der Bogen der Materie und der leuchtende Bogen oder der Bogen des Lichtes, des Geistes, dienen als Beispiel für die beiden Phasen der zweifachen Natur der Manifestation. Die Wesen auf dem leuchtenden Bogen werden von unseren eigenen Lehrern Dhyâni-Buddhas genannt, die Buddhas der Kontemplation, jene, die einst in längst vergangenen Kalpas Menschen, menschliche Wesen waren, wie wir sie jetzt sind. Der andere Bogen umfasst die Hierarchien, die in die Materie hinabsteigen, um die Lektionen zu lernen, die wir in diesem Kalpa gelernt haben, wie sie die Dhyâni-Buddhas, die Söhne des Lichtes, in lang, lang vergangenen Äonen gelernt haben; diese bilden jetzt die Spitze der buddhischen Hierarchien, von denen wir in diesem Orden gegenwärtig einen Teil bilden, wenn unsere Herzen aufrichtig und unsere Seelen stark sind.

Die Schönheit und der Glanz dieser Lehren erfüllen die Seele mit heiliger Scheu. Es bedarf nur des richtigen Verstehens derselben, um das Gemüt und die Seele so fest an die ewige Wahrheit zu fesseln, dass nichts in der Zukunft sie je erschüttern kann. Ja, wenn wir nur sehen könnten, läge hier das große Mysterium der Evolution enthüllt vor uns; jene, die auf dem Pfad vorangeschritten sind, haben ihre Berichte zurückgelassen. Und so stehen sie da, diese glorreichen Wesenheiten, Armeen von ihnen. Die niederste von ihnen sind diejenigen, die gerade über uns hinaus sind, die Chelas. Höher als diese stehen die Meister und die Meister der Meister. Nach diesen kommen die Chohans und die Mahâ-Chohans, dann die Dhyân-Chohans, ihnen folgen die Dhyâni-Buddhas, und so geht es endlos weiter aufwärts, denn die Unendlichkeit ist grenzenlos und ohne Ende. Der Prozess der hierarchischen

Entwicklung ist seit Ewigkeiten in der Vergangenheit vor sich gegangen und wird in Ewigkeit in der Zukunft fortdauern.

Der Grund, warum es die Menschen und vielleicht selbst manche unseres eigenen Ordens schwierig finden, diese erhabene Lehre anzunehmen, ist die Tatsache, dass ihr Gemüt so von anderen Gedanken erfüllt ist, dass es für sie schwer ist, diese erhabenen Wahrheiten in ihr Gemüt einzuführen, einen Platz darin für sie zu finden und sie in ihrem Gedächtnis festzuhalten. Die Menschen wollen ihre Vorurteile nicht bereitwillig aufgeben, sie brechen ihre Gemütsformen nicht gern. Wie viele von uns, wie mir der Lehrer sagte, wie viele von uns kommen in eine Versammlung wie diese, mit dem Gemüt auf das festgelegt, wovon sie zu wissen meinen, es sei die Wahrheit, weil sie es irgendwo so gelesen haben und ihr Gemüt in dieser Fassung kristallisiert ist. Ich spreche nicht von irgendjemandem im Besonderen. Mein Gemüt geht in der Erinnerung in die Vergangenheit und zu anderen Kameraden, mit denen ich gesprochen habe, zurück. Ich weiß, was diese fühlten, und ich weiß, wie schwierig es für jeden einzelnen von uns, für uns alle ist, das Gemüt frei und plastisch, immer bereit zu halten, die Wahrheit anzunehmen, ganz gleich, welcher Art unsere eigenen religiösen, philosophischen oder wissenschaftlichen Vorurteile sein mögen. Ich habe jene Kameraden in einem kritischen Geist in die Versammlung kommen sehen, vergessend, dass der Kritiker nicht der weise Mensch ist. Der Kritiker sieht, ihm selbst unbewusst, nur seine eigene Kleinheit. Der weise Mensch, der Mensch, der weiß, wird vielmehr sagen: „Ich will nachdenken, ich will prüfen, was mir der Lehrer gegeben hat oder mir zu hören erlaubt. Dies ist eine Gelegenheit. Ich will es nicht zurückweisen, weil es mir schwer glaubhaft erscheint oder weil ich gelesen habe, dass H. P. Blavatsky an der oder jener Stelle so und so gesagt hat." Der gegenwärtige Sprecher war in einer früheren Versammlung ermächtigt zu sagen: „Nehmen wir bitte nicht irgendeine Stelle von H. P. Blavatsky, Katherine Tingley oder W. Q. Judge und bauen eine eiserne Mauer des Vorurteils um sie, weil wir denken, wir haben sie verstanden. Erhalten wir das Gemüt im Fluss, offen und formbar. Halten wir an dem fest, wovon uns unsere Seele und unser Gewissen sagen, es sei gut, und wenn es erforderlich ist, warten wir! Theben wurde nicht an einem Tag erbaut, und an unserem erhabenen Werk, dem edelsten, das der Mensch je zu vollbringen hatte, bauen wir als die wahren ‚Maurer des alten Ordens' den Schutzwall. Wir können es uns nicht erlauben, durch Vorurteile, unsere eigenen Vorurteile, zu versagen. Schauen wir in uns, erkennen wir uns selbst. Wenn jemand innerhalb der Reihen versagt, wird die Arbeit nicht nur für diejenigen, die übrig bleiben, schwerer und doppelt schwer für den Lehrer, sondern wir selbst, jeder von uns, erleidet dabei einen Verlust."

Wenn es zulässig wäre – aber es ist nicht zulässig –, könnte ich Geschichten aus meinen eigenen Erfahrungen in meinem eigenen Leben, dem Leben des gegenwärtigen Sprechers, erzählen, der hier nur eine unpersönliche Stimme darstellt, aber ich kann es nicht, es hieße, etwas in die Versammlung einzuführen, wozu ich nicht ermächtigt bin. Ich bringe es nur der Aufmerksamkeit nahe, um zu zeigen, dass zumindest ich für meinen Teil verstehe, wie weise der Lehrer war, indem er diese Stimme ersuchte, es unserer Aufmerksamkeit nahezubringen, damit wir es erwägen. Halten wir daher unser Gemüt offen, halten wir zu dem, was gut ist. Warten und vertrauen wir.

Bevor wir schließen, liegt noch etwas vor, und der Lehrer ersucht mich, weitere drei Minuten darauf zu verwenden. Es ist eine Frage, die in jedem nachdenklichen theosophischen Gemüt entstanden sein muss. Sie wurde von einem Kameraden in folgender Weise formuliert: „Wenn alles unter der Leitung der Dhyân-Chohans steht, wie sind dann, wie H. P. Blavatsky in der *Geheimlehre,* Band I, Seite 444, am Schluss des ersten Absatzes sagt, ‚die Grausamkeit, die Missgriffe und die nur allzu offenbare Ungerechtigkeit' in der Natur zu erklären? Und sie zitiert außerdem den Ausspruch, dass die Natur eine ‚anmutige Mutter ist, aber kalt wie ein Stein' ist."

Die Frage schließt mehr in sich, als in drei Minuten richtig beantwortet werden kann, aber die Grundgedanken, auf die sich diese tiefsinnige Frage gründet, sind tatsächlich sehr einfach. Die Dhyân-Chohans leiten die Natur nicht, ebenso wenig, wie der innere Dhyân-Chohan des Menschen dessen Blutkreislauf oder die Prozesse seiner Verdauung leitet. Diese Dinge gehören den niederen Bereichen der Natur an. Als Haupt jedes Bereiches der Natur steht ein Dhyân-Chohan, aber eine direkte Einmischung desselben – die alte theologische Idee von einem allmächtigen Gott, der in die Unordnung eingreift, die er selbst geschaffen hat – wird in unseren Lehren nicht anerkannt. Die Dhyân-Chohans leiten nicht die materiellen Prozesse der Natur. Sie sind der Gipfel der Hierarchie und formen die „Gesetze", nach denen die Natur wirkt. Aber jede Wesenheit, jede Monade, jedes Atom, jede Seele hat je nach dem Grad der Intelligenz in mehr oder weniger begrenztem Maße die Macht des freien Willens und der Wahl und muss sie ausüben oder abwärts gehen. Darin liegt der Schlüssel, die Antwort auf die Frage. Der Mensch kontrolliert nicht mittels seiner Gedanken das Schlagen seines Herzens, die Prozesse seiner Verdauung oder die Zeit, die er braucht, um von der Kindheit zur Jugend, von der Jugend zum Erwachsenen heranzuwachsen, und dann das Versinken in Altersschwäche. Diese Dinge werden durch das geregelt, was man richtig die „Naturkräfte" nennt. Die Gesetze, nach denen die Naturkräfte wirken, sind diese höheren Tätigkeiten, die die automatischen spirituellen Tätigkeiten der Dhyân-Chohans darstellen. Aber zu sagen, dass die Dhyân-Chohans die Natur „leiten", ist unwahr. Diese Idee ist ein Überbleibsel des alten theologischen, christlichen Dogmas, das in unserem Gemüt zurückblieb. Wir müssen unseren Intellekt von solchen Gedanken rein waschen, wenn wir das Herz, die Essenz der alten Lehren zu verstehen wünschen, die überall einen Organismus, ein universales Leben in verschiedenartigem Wirken zeigen. In diesem einen Organismus, in diesem einen schlagenden Herzen, in diesem einen universalen Leben gibt es mannigfaltige, zahllose, endlose Reihen von Intelligenzen, die alle aufgrund innerer Impulse ihre eigene Bestimmung ausführen, wobei sie von verschiedenen höheren Wesenheiten beaufsichtigt werden, in denen sie „sich bewegen, leben und ihr Dasein haben".

Kapitel 30

Die Wechselbeziehung von Göttern, Monaden, Atomen – ein Schlüssel in der Lehre der Evolution. Aufeinanderfolgende Emanationen: Hüllen. Höhere Wesen emanieren und kleiden sich in Heere niedrigerer Wesen. Die Ethik basiert auf der Struktur des Universums.

Über dem anderen Reich, das von den Göttern ausgestoßen wurde, obgleich diesem sehr untergeordnet, ist das der Dämonen, das nicht von ursprünglicher tätiger Natur, sondern dem segensreichen Willen der Götter untertan ist und ihm folgt. Es verwandelt das unsichtbare Gute der Götter in Energie, indem es selbst ihm gleich wird und seinen Erzeugnissen entsprechende Gestaltung verleiht, denn es macht das, was in dem Guten der Götter unaussprechbar ist, aussprechbar, erläutert in Formen das, was formlos ist, und macht das zu sichtbaren Ursachen (oder schöpferischen Formen), was im göttlichen Guten über aller Ursache steht. Indem es die schönen Dinge an ihrem Ursprung kennenlernt, teilt es dieselben mit und übermittelt sie in neidloser Fülle an unter ihm stehende Gattungen. Diese mittleren Gattungen vervollständigen daher die gemeinsame Verbindung der Götter und der Seelen und bewirken, dass die Gemeinschaft der Wesenheiten untrennbar ist. Sie stellen auch die Verbindungen des ununterbrochenen Zusammenhangs der höheren Regionen bis zum Ende her und verbinden die Wesenseinheiten untrennbar miteinander. Sie sind die Ursache dafür, dass alle Dinge am Besten teilhaben und harmonisch vermischt sind. In gewisser Hinsicht vermitteln sie das Fortschreiten von höheren zu niedrigeren Reichen und das Erheben von untergeordneten Dingen zu erhabeneren. Sie vermitteln unvollkommeneren Wesen den Sinn für Ordnung und Mittel der Verständigung, die von erhabeneren Wesen nach abwärts stattfindet, und dessen, wodurch sie empfangen wird. Sie machen alle Dinge miteinander vertraut und passen sie einander an. Die Impulse für diese Dinge empfangen sie von oben, von den Göttern.

Iamblichos: „De Mysteriis", S. 32 f.

„Im Menschen die spirituellen Intuitionen lebendig erhalten" beschreibt sehr gut das Werk der Theosophischen Gesellschaft in der äußeren Welt und auch in unserem eigenen heiligen Orden. Aber wir müssen über diesen schönen Gedanken hinausgehen, wenn wir die Lehren, die uns im Vertrauen gegeben wurden, mit vollem Verständnis in unser Leben übertragen und dabei die Moral, den ethischen Sinn in uns lebendig werden lassen und entwickeln wollen. Diese Lehren sind in erster Linie und vor allem dazu bestimmt, den Zweck und das Ziel zu verwirklichen, die uns von denen vorgelegt wurden, die uns in diesem Orden zusammengebracht hatten.

Unser gegenwärtiger Lehrer hat immer und immer wieder auf der Tatsache bestanden, dass bloße Erörterungen philosophischer, religiöser und wissenschaftlicher Gegenstände nichts von bleibendem Wert vermitteln, fruchtlos sind, keine Frucht tragen, wenn nicht der Geist der Loge dahinter steht. Dieser Logengeist kann ohne die spirituellen Intuitionen nicht bestehen, die im Kern, im Zentralpunkt jedes menschlichen Wesens vorhanden sind. Wir werden bemerken, dass die gesamte Richtung unserer Studien darauf hinzielt, unsere höhere Natur zu entfalten. Wir wissen, dass diese Studien zuerst von H. P. Blavatsky und danach von W. Q. Judge geleitet wurden und jetzt von unserem gegenwärtigen Lehrer weitergeführt werden.

Die Lehren der Esoterischen Philosophie, die den Schülern dieser Körperschaft gegeben werden, haben den Prüfungen der Zeit und des menschlichen Herzens standgehalten und werden ihnen auch in Zukunft standhalten. Es ist sicherlich eine Tatsache, für die wir von Herzen dankbar sein können, dass zumindest unter uns die alte Weisheit in ihrer Reinheit bewahrt wird und es keiner von uns versäumen würde, sein Leben und was ihm am teuersten ist zu wagen, um sie rein und unbefleckt zu erhalten.

Heute nähern wir uns dem Ende der einführenden Studien, die wir seit den letzten zwei oder drei Jahren kurz gestreift haben. Es wird bald unsere Pflicht sein, konkrete Aspekte der alten Weisheit oder der Weisheitsreligion aufzunehmen. Wir haben uns in der Tat diesen detaillierteren Lehren bereits mit unserem gegenwärtigen Thema genähert: Götter, Monaden, Atome, Seelen und Körper. Die Notwendigkeit für ein klares Verstehen der früheren Studien, die manchem etwas abstrakt erscheinen mögen, besteht darin, dass ihre Reichweite für den Horizont des menschlichen Denkens, wie durch Religion, Philosophie und Wissenschaft dargestellt, unermesslich ist. Sie bilden sozusagen das Fundament, auf dem die alte Weisheit ruht.

Bei unserem letzten Studium der *Geheimlehre,* Band I, Seite 132, lasen wir Folgendes: „... jedes Atom im Weltall hat die Möglichkeit des Selbstbewusstseins in sich und ist, gleich den Monaden des Leibniz, ein Weltall in sich selbst, und *für* sich selbst. *Es ist ein Atom und ein Engel*" – das heißt ein spirituelles Wesen. Wir wollen dem, was unser Lehrer diesen Abend zu sagen gebilligt hat, unsere äußerste Aufmerksamkeit zuwenden und über diesen gegenwärtig behandelten Gegenstand deutlicher sprechen, als wir das je getan haben, obgleich auf diese Sache häufig hingewiesen wurde. Der Grund dafür, zumindest ein Grund, ist der, dass das richtige Verstehen der Lehre von der Evolution – von der Entwicklung und dem Wachstum – auf einer richtigen Vision der Bedeutung der gegenseitigen Beziehung dieser drei beruht: Götter, Monaden und Atome.

Als wir vom Raum sprachen, verwarfen wir die Idee, dass der Raum ein bloßer Behälter sei. Das ist keine reine Abstraktion des Denkens. Es ist durchaus wichtig zu verstehen, dass alles Sein ein unermesslicher Organismus ist, durch den sozusagen ein universales Herz schlägt. Das zeigt sofort die Grundlage von Ethik. Es gibt nirgends eine vollständige Leere, ein vollkommenes Vakuum. Alle Wesen sind mit den stärksten Banden der Einheit miteinander verwandt und verkettet: spirituell, göttlich, intellektuell, mental, astral und physisch. Nichts kann ohne alle anderen Dinge existieren, denn der Kosmos würde, wenn eines einzigen Atoms beraubt, zu äußerst feinem Staub zerfallen. Das ist kein Sprachbild, es ist Wirklichkeit.

Von einer Monade wird oft als in die Materie „hinabsteigend" gesprochen. Das ist, wie schon angedeutet, eine Sprechweise, eine Methode, sich auszudrücken. Die Monade selbst „steigt" nie hinab, so wenig, wie ein Gott unsere Straßenbahnwagen lenkt oder unsere Schuhe putzt. Wie dehnt sich dann der monadische Einfluss durch die verschiedenen Ebenen der Natur hindurch aus, so dass es tatsächlich richtig ist, von der „Mineralmonade", der „Tiermonade", der „Astralmonade", der „menschlichen Monade", der „spirituellen Monade", der „göttlichen Monade" zu sprechen? In folgender Weise. Doch vorher möchte ich – als Einschub – bezüglich der Monade vorlesen, was H. P. Blavatsky in der *Geheimlehre,* Band II, Seite 196, sagt:

> Die Ausdrücke „mineralische", „vegetabilische" und „animalische" Monade beabsichtigen, eine oberflächliche Unterscheidung zu bewirken: Es gibt nichts Derartiges wie eine Monade (Jîva), die anders wäre als göttlich und die nicht infolgedessen einmal menschlich gewesen wäre oder in Zukunft menschlich werden müsste. Der letztere Ausdruck muss bedeutungslos bleiben, wenn nicht dieser Unterschied wohl verstanden wird. Die Monade ist ein Tropfen aus dem uferlosen Ozean jenseits, oder um das Richtige zu sagen, *innerhalb* des Planes der ursprünglichen Differenziation. Sie ist *göttlich* in ihrem höheren und *menschlich* in ihrem niederen Zustande – die Eigenschaftswörter „höher" und „niedriger" sind in Ermangelung besserer Worte gebraucht –, aber eine Monade bleibt sie jederzeit, ausgenommen im nirvâṇischen Zustand, unter jedweder Bedingung oder jedweden äußeren Formen.

Hier ist die Sache unzweideutig dargelegt.

In unserer letzten Versammlung legten wir dar, dass, wenn das erste Erbeben des Lebens in dem grenzenlosen All in der zyklischen Dauer stattfindet, die uranfänglichen Wesen als das hervorgehen, was die „Götter" genannt wird. Die „Götter" senden im Verlauf der Zeitalter während der fortschreitenden manvantarischen Perioden aus sich selbst geringere Wesen aus, werfen oder stoßen sie von sich ab oder geben ihnen Geburt. „Geringer“ bedeutet untergeordnet, weniger göttlich, weniger erhaben, weniger groß. Diese Wesen sind die Monaden. In derselben Weise senden die Monaden aus sich die Seelen aus. Und so, wie die Monade in dem Gott war, war die Seele in der Monade. Als karmische Frucht verbleiben diese Wesenheiten aus dem früheren Mahâ-Manvantara latent in der Monade. Ebenso, wie das Leben in dem Samen verbleibt, wenn dieser von der Pflanze abgeworfen wird und im Frühling seinen grünen Schössling hervortreibt, so senden die Götter, wenn das manvantarische Erbeben nach der langen pralayaischen Ruhe durch die Räume geht, die Monaden aus, die Monaden bringen aus sich selbst die Seelen hervor und die Seelen die Atome. Die Atome bringen in ähnlicher Weise aus sich selbst unsere Vehikel, unsere Träger, unsere Körper hervor.

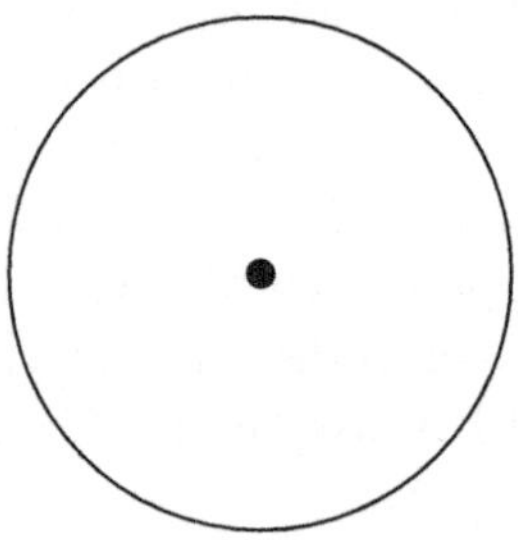

Wir wollen sehen, ob wir dies mit Hilfe eines Diagramms erläutern können. Denken wir uns einen unermesslichen Kreis, der das grenzenlose All bildet und der natürlich nur eine Darstellung des Raumes ist; dann machen wir einen Punkt in der Mitte des Kreises. Dieser Punkt stellt den ersten Keim des kosmischen Lebens dar. Nun gibt es im Kosmos nicht nur einen Punkt, der in Tätigkeit tritt, sondern unzählige Punkte, unzählige Samen. Die Zahl ist praktisch unbegrenzt, und jeder einzelne Punkt stellt eine Individualität aus dem vorhergehenden Mahâ-Manvantara dar. Diese Punkte, wie in dem Diagramm dargestellt, sind Symbole, und einer steht schematisch für alle. Der Punkt in der Quasi-Unendlichkeit einer Hierarchie, eines Universums, ist der Anfang einer Hierarchie, repräsentiert den Gott dieser Hierarchie und ist selbst eine synthetische Aggregation vielfältiger anderer Götter, wie der Körper des Menschen eine Ansammlung, eine Synthese unzähliger geringerer oder untergeordneter Leben ist. Dieser Gott kleidet sich in seine Emanationen, in seine prâṇische Aura. Er sendet aus sich selbst prâṇische oder vitale Ausdünstungen aus und ist auf diese Weise in Gewänder, in Hüllen aus Vitalität gekleidet, die aus ihm selbst hervorfließen. Diese Hüllen oder Gewänder sind seine „Kleidung“. Jeder Gott wirft natürlicherweise seine eigene Individualität in seine Hüllen, in seine Kleidung, in sieben Grade oder Zustände derselben. Seine Individualität ist sein Swabhâva, das wir schon studiert haben. Es ist eine wichtige Idee, auf die wir unsere

Aufmerksamkeit gelenkt und auf die wir Nachdruck gelegt haben. Das Swabhâva einer Wesenheit ist ihre Individualität, ihr Charakteristikum, das Wesentliche von dem, was sie ist, im Gegensatz zu irgendeinem anderen Swabhâva. In der Alltagssprache können wir es die „Individualität" nennen. Das, was eine Rose veranlasst, immer eine Rose hervorzubringen und nicht eine Lilie, einen Menschen, immer einen Menschen hervorzubringen und nicht irgendeine andere Art Wesenheit, was einen Gott zu einem Gott macht und nicht zu einer Monade, das ist ihr Swabhâva. Das zusammengesetzte Sanskṛitwort Swabhâva bedeutet „Selbst-Hervorbringung", „Selbst-Ausgießung", das Ausgießen dessen, was innen ist, und deshalb in der Ableitung seine individuelle und eigene Charakteristik. Vergessen wir in Verbindung damit nicht, dass immer weiter innen, unendlich, grenzenlos weiter innen, die unermesslichen Zustände bewussten Lebens in den gleichermaßen unermesslichen Räumen des Raumes existieren. Die Möglichkeiten, die während der Evolution des Menschen entwickelt werden können, und die Ewigkeiten, durch die er gegangen ist, sowie die Leben, die er in der Vergangenheit durchlebt hat, sind endlos.

Dieser Gott bringt seine Hüllen hervor, und diese Hüllen bestehen aus geringeren (oder untergeordneten) Wesen. Wenn der Gott eine uranfängliche Wesenheit ist, wollen wir ihn ein ursprüngliches oder erstes Wesen nennen. Wie sich der Mensch in physisches Fleisch kleidet, kleidet sich der Gott in ein Gewand oder einen Körper. Dieses Gewand oder dieser Körper ist aus göttlichen Atomen zusammengesetzt, und die göttlichen Atome sind die Monaden. Verglichen mit dem Gott sind sie nur die Kleidung, ebenso wie die Synthese, die Aggregationen der physischen Leben, die den Körper eines Menschen zusammensetzen und seinen physischen „Hautrock" bilden, sozusagen die physikalischen Monaden oder die Atome des Menschen sind. Gehen wir in ähnlicher Weise einen Punkt weiter. Wir wollen den Keim, den Samen, den erwähnten Punkt nun eine Monade nennen – eine aus der fast unendlichen Zahl von Monaden, die in jedem Gott vorhanden sind und die Kleidung, die Hüllen, die Gewänder von Licht dieses Gottes bilden, in denen er lebt und die er aus sich selbst hervorgebracht hat, seine Ausströmung individualisierten Lebens.

Die Monade handelt in gleicher Weise wie ihr göttlicher Vater. Ihre Hüllen, ihre Kleider sind die Seelen, von denen die meisten latent sind, aber einige bilden den aktiven Teil, in dem sie sich zu irgendeiner Zeit manifestiert. Der gleiche Lauf der Tätigkeit findet bei der Seele statt. Die Seele kleidet sich in Atome, ihre eigenen, aus sich selbst hervorgebrachten Emanationen und die Ausströmung ihrer eigenen Vitalität, ihres eigenen Prâṇas. Die Atome gießen dann die Ausdünstungen des physisch-astralen Lebens aus sich aus, und diese vitale Ausdünstung bildet den physischen Körper des Menschen, seinen Astralkörper und seinen physischen Körper.

So sehen wir, was unser erster Lehrer meint, wenn sie sagt, dass ein Atom „ein Atom und ein Engel“ ist oder eine „Seele“. Durch diese Heere von Wesen fließt der Strom des SELBSTES, tritt in jedes von ihnen ein und bildet in der Tat die wahre Wurzel ihres Wesens, jedoch nicht die personifizierte Wesenheit oder das Ego, sondern das unpersönliche Selbst, das, was in jedem von uns dasselbe ist, dasselbe in den Bewohnern entfernter Sternenräume wie in uns: das eine grenzenlose und unbegrenzte SELBST, die Ideation der Selbstheit. Das Ego ist das Gefühl des „Ich bin ich“ und nicht „du“, und hier kommt sofort der Begriff der Persönlichkeit hinzu. Aber wie uns unsere Lehrer gesagt haben, besteht in der Erhebung der Persönlichkeit zur Unpersönlichkeit, des Egos zum Göttlichen, des Verderblichen zum Unverderblichen die ganze Anstrengung, der Zweck und das Ziel des göttlichen Teiles der Evolution. Dieser göttliche Teil, diese besondere Aktivität ist die des höheren Bereiches auf dem „leuchtenden Bogen“, der „buddhischen Hierarchie“, von der die Dhyâni-Buddhas, die Buddhas der Kontemplation, den Gipfel bilden. Das Material, auf das sie wirken, sind die anderen Monaden, Seelen und Atome, die die Materieseite der Natur bilden, die der „schattenhafte Bogen“ genannt wird.

Auf diese Dinge wurde schon hingewiesen. Heute Abend wollen wir uns aber dieses einen wichtigen Punktes erinnern: Die „Monade“ steigt nicht in die Materie hinab. Sie lässt ihr Leben aus sich herausströmen, wie die Sonne ihre Vitalität in Strahlen ergießt, und ihr Leben offenbart sich vor allem als monadische Wesenheit untergeordneten Grades, als eine Seele. Die Seele ihrerseits gießt ihre Vitalität aus, die sich in fast unzählbaren Atomen manifestiert. Die Monade selbst ist nur eine von unzähligen anderen, die, wenn wir gern den orientalischen bildlichen Ausdruck benutzen, von Brahmâ, dem Gott, dem Gipfel der Hierarchie, emaniert, ausgestoßen oder ausgeatmet wurde.

Diese Gewänder oder Schleier von Licht sind monadische Wesenheiten, die während des Verlaufs des evolutionären Fortschritts mit dem Ablauf der Zeit dichter, dunkler und trüber werden, bis die letzte Energie, die letzte Verausgabung der göttlichen oder monadischen Kraft, wie sie im physischen Körper manifestiert ist, das letzte Resultat ist. Wenn schließlich das Gleichgewicht zwischen Materie und Geist erreicht ist, wenn der niederste Punkt in jenem Kalpa, d. h. in jenem Tag von Brahmâ, in jener Periode von sieben Runden, erreicht worden ist, dann erscheinen die „Mânasaputras“ auf der Bildfläche, die Söhne des Gemütes, Wesenheiten der „buddhischen Hierarchie“, von dem leuchtenden Bogen der sich entwickelnden Natur, jene, die schon in früheren Kalpas Menschen waren und die unter der Leitung des Stillen Wächters, ihres erhabenen Hauptes, seit dem Beginn unseres gegenwärtigen Kalpas oder Manvantaras vor Äonen immer über uns wachen.

Die Monade kann in einem Sinne der aktive Gott der Hierarchie genannt werden. Oder im besonderen Fall des Menschen kann sie des Menschen „göttliches Ego“ genannt werden, das in seine Gewänder aus Licht gehüllt ist, die aus untergeordneten Wesenheiten zusammengesetzt sind, die „Seelen“ genannt werden. Die Seele kann eine untergeordnete Monade, ein Teil der Hüllen oder der Gewänder der eigentlichen Monade genannt werden. Die entsprechenden Gewänder werden ähnlich hervorgebracht, wie der Baum seine Blätter und Zweige, seinen Stamm und seine Früchte hervorbringt. In ähnlicher Weise werden die Atome aus der prâṇischen oder vitalen Essenz der Seelen geboren und bilden unsere Körper. So sehen wir, dass jeder Mensch in seiner innersten Essenz – innerst in Bezug auf die Hierarchie, zu der er gehört – ein göttliches Wesen, ein Gott ist. Seine spirituelle Natur ist die Monade, und seine Seelen-Natur ist das Ego, jene besondere Wesenheit, die zwischen dem Abgrund und der Sonne hin und her schwankt, die vom Persönlichen zum Unpersönlichen, vom Verderblichen zum Unverderblichen erhoben werden muss, weil in der Seele dieser besondere Teil der psychologischen Vorgänge des Verstehens seinen Sitz hat, der einen Menschen selbstbewusst, zu einem selbstbewussten Wesen macht, das fähig ist, individuelles Sein zu begreifen.

Oh, welch wunderbare Gedanken sind das! Wie sie die Seele erheben. Der Mensch fühlt seine eingeborene Göttlichkeit, seine innere spirituelle Stärke. Er fühlt die Macht des Göttlichen in seinem eigenen Herzen, die Macht des Guten und die der Wahrheit. Wie klein, wie unbedeutend, wie unwürdig erscheinen jene Dinge, die abseits des Pfades der Pflicht, des Pfades zur Rechten liegen!

Wie viele haben nach Wahrheit gehungert und danach gesucht und doch nur die Schalen eines Pseudo-Esoterizismus gefunden. Aber auch sie sollten sie besitzen. Als menschliche Wesen haben sie ein Anrecht darauf. Aber sie werden sie nicht bekommen, es sei denn, sie *arbeiten dafür,* so verlangt es das archaische Gesetz unseres heiligen Ordens. Die Sache verhält sich genau so, wie in einer unserer Studienversammlungen in dieser Gruppe dargelegt: Diese Lehren bilden die Belohnung, die Belohnung für diejenigen, die treu waren. Es ist für den Sprecher höchst erfreulich, die Gesichter unserer Kameraden hier zu betrachten und das momentane Aufleuchten der Intelligenz und des Begreifens zu sehen, das die Gesichter erleuchtet, wenn dieser oder jener Punkt in unserem Studium erreicht worden ist. Es ist mehr als befriedigend, und für unseren gegenwärtigen Lehrer muss es unbeschreiblich ermutigend sein, dass es so ist, denn ohne Zweifel findet ihr Leben in der nicht nachlassenden und unveränderlichen Selbstaufopferung und Arbeit die eigene, wahre Belohnung.

Wir müssen unser Studium heute Abend bald beenden. Aber es gibt da eine Sache, die aus gewissen Gründen jetzt kurz berührt werden muss, ein Gegenstand, den zu erläutern von mir aus einleuchtenden Gründen bisher absichtlich vermieden wurde. Ich beziehe mich auf die Bedeutungen des Geschlechtes. Ein solcher Stoff, d. h. solche Gedanken, würde in einer Versammlung dieser Art unduldbar sein, es sei denn, der Zweck ist vollkommen angemessen und unser Studium erfordere seine Betrachtung. Auf unserer gegenwärtigen Stufe des Studiums ist es notwendig, die Tatsache darzulegen, dass der Mensch in einer gewissen früheren Periode seiner Entwicklung ohne Geschlecht, geschlechtslos war. Auch in der nächsten, der kommenden Wurzelrasse, der sechsten Wurzelrasse, wird er ohne Geschlecht sein, wie wir dieses jetzt verstehen. Das Geschlecht ist nur eine vorübergehende Phase in der evolutionären Entwicklung und hat für den Menschen in einem Sinne nicht mehr Wert, als ein übler Traum unter gewissen Umständen für einen Menschen hat. Die Natur ist dieser Richtung sozusagen unter Protest gefolgt, dem – aufgrund des in früherem Karman enthaltenen Übeltuns – einzig möglichen Weg, auf dem Seelen gegenwärtig inkarnieren können. Aber in dem Verhältnis, wie die Rasse an spiritueller Stärke und spiritueller Erkenntnis wächst und in kritischer Selbstanalyse in ihr eigenes inneres Wesen blickt, werden die Kinder ohne Väter in die Welt kommen. Während das anfänglich etwas Unglaubliches sein und wahrscheinlich eine ungewöhnliche Erscheinung oder ein Wunder genannt werden wird, wird dieser Zeugungsvorgang in der sechsten Wurzelrasse der natürliche Verlauf der Dinge werden. Unsere gegenwärtig geschlechtlich getrennten Männer und Frauen und die gegenwärtige Methode der Zeugung menschlicher und tierischer Wesen sowie mancher Pflanzen werden in jener weit entfernten Zeit der Zukunft etwa so betrachtet werden, wie wir jetzt die Zeugungsakte niederer Tiere betrachten.

Zum Abschluss: Wir haben von den alten Mysterien gehört und von der Lehre von der „jungfräulichen Geburt“, wie sie hier in einer früheren Versammlung dargelegt wurde. Nach dem vierten Grad der Initiation oder vielmehr beginnend mit dem vierten Grad oder der vierten Stufe der Initiation wurde dem Kandidaten in den alten Mysterien die Zukunft entworfen. Es geschah durch Belehrung und mehr im Besonderen dadurch, dass er veranlasst wurde, selbst das durchzumachen, was in zukünftigen Zeitaltern in der Entwicklung der Rasse eintreten wird; das heißt, der Initiand musste das durchmachen, durchleben, was die beiden nächsten Wurzelrassen durchleben werden. Vor dem vierten Grad wurde, mit Anspielungen auf die Zukunft, gelehrt, was die Rasse bereits durchgemacht hat. Wenn wir deshalb zum Beispiel von der „jungfräulichen Geburt“ Christi lesen, ist es wahr, dass dies seine religiöse, philosophische und mystische Erklärung hat, aber es hat auch seine physiologische Erklärung. Wir werden uns erinnern, was H. P. Blavatsky über die sieben Schlüssel sagt, die zu den siebenfachen Mysterien gehören und sie öffnen und von denen zwei ganz besonders geheim gehalten werden: der physiologische und der spirituelle. Der physiologische Schlüssel für diesen Aspekt der Mysterienlehre war, dass der Initiand in seiner Person sinnbildlich das darstellen und durchleben, durch das hindurchgehen musste, was auf ihn zukam. Im Hinblick auf die zukünftige rassische Tätigkeit bezüglich der Prinzipien der Zeugung wurde daher von ihm gesagt, er sei „von einer Jungfrau geboren" worden. Es leuchtet ein, dass ich hier nicht mehr über diese Dinge sagen kann. Ich deute die Sache nur an und schließe damit.

Besonders in dem gegenwärtigen Stadium der Welt ist es ermutigend, wenn die Menschheit ihr Bestes tut, die Fesseln der atlantäischen und lemurischen Sünde abzustreifen (wenn wir dieses Wort gebrauchen können), d. h. das schreckliche Karma abzuwerfen, das die Welt in seinem Griff hält, die Ursachen zu erkennen, die es zustande brachten. Das gibt uns das Wissen und die Kraft, gegen diesen üblen Strom menschlicher Sünde und menschlichen Elends anzukämpfen. Und schließlich werden jene, die die Wahrheit nicht annehmen und nicht mit dem Gesetz arbeiten, gewiss nicht, wie Jesus gesagt haben würde, „mit mir an meinem Tische sitzen, wenn ich teilhabe an dem Wein des Geistes in dem Hause meines Vaters".

Jene, die Ohren haben, zu hören und zu verstehen, mögen hören und weise sein.

Kapitel 31

Das Bauwerk des Kosmos. Dasselbe grundlegende Gesetz durch das Leben und Sein hindurch: eine endlose Leiter des Fortschritts. Analoge Prozesse der kosmischen und psychologischen Entwicklung. Der Strom des Lebens.

Bei den Zirkulationen der in einen tiefen Strom eingetauchten und ungestüm dahin getragenen Seele dürfen wir unter dem Strom nicht nur den menschlichen Körper verstehen, sondern aufgrund ihres schnellen und unbeständigen Flusses die ganze Erzeugung (von der wir äußerlich umgeben sind). Denn, so sagt Proklos, Platon nennt im „Staat" die gesamte geschaffene Natur den Fluss von Lethe, der Empedokles zufolge sowohl Lethe als auch die Wiese von Ate in sich fasst. Es ist der verschlingende Rachen der Materie und der das Licht hassenden Welt, wie sie von den Göttern genannt wird, und die sich windenden Ströme, unter die viele hinabgezogen werden, wie die Orakel behaupten. Durch die Zirkulationen der Seele werden die Denkkraft und das Beharrungsvermögen hervorgehoben, von denen die Erstere durch die Verbindung der Seele mit dem Körper in ihren Energien gehindert wird, und das Letztere wird durch das unvernünftige Leben mit titanischen Kräften in Stücke zerrissen.

Thomas Taylor: Einführung zu Platons Timaios, S. 424 f. (englische Ausgabe)

Er fand deshalb als Folge eines Prozesses des Nachdenkens, dass unter den natürlicherweise sichtbaren Dingen nichts sei, das, wenn der Intelligenz gänzlich ermangelnd, alles in allem je schöner werden könnte als die Ganzheit dessen, was mit Intelligenz ausgestattet ist. Gleichzeitig entdeckte er, dass es für den Intellekt unmöglich sei, sich ohne die Vermittlung der Seele irgendeinem Wesen mitzuteilen. Deshalb errichtete er das Universum als das Resultat dieser Schlussfolgerung, indem er den Intellekt in die Seele und die Seele in den Körper legte, damit es auf diese Weise ein Werk sein möchte, das natürlicherweise das schönste und beste ist. Daher müssen wir der Wahrscheinlichkeit nach annehmen, die Welt (oder das Universum) ein mit Intelligenz ausgestattetes und durch die Vorsehung der Gottheit geschaffenes beseeltes Wesen zu nennen."

Platon: Timaios, 30b, S. 457 f. (Englisch: Thomas Taylor)

Zur Erklärung des im letzten Teil unserer Versammlung der vergangenen Woche Gesagten ist es ratsam, die Erklärung in gewisser Weise auszudehnen. Also: Die Idee, das Thema zu behandeln, das damals nur flüchtig berührt wurde, bestand darin, es mit dem allgemeinen Entwurf der evolutionären Entwicklung zu verbinden, die wir später ausführlicher studieren müssen, und zu zeigen, dass ein genereller Plan durch das gesamte Universum von Wesen läuft. Dies ist eine sehr wichtige

Angelegenheit, mit der wir uns später mehr in Einzelheiten befassen wollen. Der gegenwärtige Hinweis wird nur gegeben, um einen Zusammenhang zu knüpfen, den wir sonst übergehen könnten.

Wir wissen natürlich, dass es auf diesem Planeten in dieser Runde auf Globus D sieben Rassen gibt und dass jede dieser Rassen ihren eigenen Kontinent hat und ihrem eigenen Lauf der Evolution folgt. Jede Rasse hat Körper – das heißt, die individuellen Einheiten der Rasse haben Körper –, die den physischen Umgebungen, in denen sie leben, angepasst sind und sich mit ihnen in Harmonie befinden.

Zu der Frage der Teilung des menschlichen Rassenstromes, das heißt des späteren Teiles der dritten Wurzelrasse, in die geschlechtliche Menschheit, die zu den Männern und Frauen von heute evolvierte, ist der gegenwärtig hervorzuhebende Punkt der, dass das, was wir Geschlecht nennen, nur eine vorübergehende Phase der Rassenentwicklung und, genau genommen, für die Menschheit auf Globus D unserer Planetenkette nicht normal ist. Diese Methode der Zeugung wurde tatsächlich den Tieren nachgeahmt, die sich vor den „Menschen" „trennten". Das muss bitte genau verstanden werden: Das Geschlecht ist eine flüchtige, vorübergehende Phase in der Rassenevolution und von keiner besonderen Wichtigkeit. Ferner: Da wir jetzt auf dem aufwärtsführenden Bogen evolvieren und tatsächlich schon über die ersten Schritte auf dem leuchtenden Bogen, dem Bogen des Aufstiegs, hinaus sind, werden wir im Laufe der Zeit erkennen, dass unser gegenwärtiger Zustand als Mann und Frau überholt ist. Tatsächlich lastet das atlantäische und atlantäisch-lemurische Karma so schwer auf uns, der fünften Rasse, dass wir wirklich aufgehalten sind und zum jetzigen Zeitpunkt, dem Mittelpunkt der fünften Rasse, in Bezug auf die Entwicklung des physischen Körpers nicht die Stufe erreicht haben, die wir erreicht haben sollten.

Von unserem jetzigen Stand ausgehend, so die Lehre, werden am Ende unserer eigenen fünften Rasse die Männer und Frauen als entgegengesetzte Geschlechter verschwinden, und um die Mitte der sechsten Wurzelrasse (der kommenden Rasse) wird es keine Männer und Frauen als getrennte Geschlechter mehr geben. Die Rasse wird aus Wesen bestehen, die physiologisch weder Männer noch Frauen sind. Die ersten Beispiele jungfräulicher Fortpflanzung sind bereits fällig und wären schon in Erscheinung getreten, wenn wir nicht durch die schwere Bürde unseres atlantäischen Karmas, das wir zu tragen oder vielmehr „abzuarbeiten" haben, aufgehalten worden wären.

Etwa in der Mitte der sechsten Rasse (der kommenden) wird die Menschheit – dann nicht mehr „Männer" und „Frauen", aber Menschen – ihre Art durch einen Vorgang erzeugen – wenn wir hier das Wort „erzeugen" wirklich benutzen können –, auf jeden Fall ihre eigene Gattung durch einen Vorgang entwickeln oder hervorbringen, der dem ähnlich ist, der am Anfang der dritten Rasse stattfand. Dieser Vorgang wird in der esoterischen Weisheit „Erzeugung von Söhnen durch passiven Yoga“ genannt, das heißt, die Zeugung erfolgte zuerst durch Meditation und durch unbewussten Willen und später, in der siebenten oder nachfolgenden Wurzelrasse, durch bewussten Willen. Die Menschen in jener Periode (der sechsten Wurzelrasse) werden durch Meditation und Willen Kinder erzeugen. Während der siebenten Wurzelrasse, der zuletzt erscheinenden auf diesem Globus während dieser vierten Runde – einer Rasse, die uns jetzt erhaben erscheinen würde –, werden die Menschen jener Rasse ihre Art in derselben allgemeinen Weise, aber durch bewusst ausgeübten Willen und entsprechende Meditation hervorbringen, doch noch unpersönlicher und ätherischer, als es die sechste Rasse tun wird. In der sechsten Rasse wird dies so ähnlich geschehen, wie die Blüten aus den Pflanzen wachsen, fast unbewusst, daher durch „passiven Yoga“; nicht so sehr unbewusst vom mentalen Standpunkt aus gesehen, sondern physiologisch eines Zeugungsaktes oder einer schöpferischen Handlung fast unbewusst. Die siebente Rasse wird ihre Nachkommenschaft mit bewusster, aktiver Imagination „erzeugen“, eine Kraft, die im Sanskṛit „Kriyâśakti“ genannt wird. Es ist schwierig, Worte zu finden, um etwas zu erklären, das für uns von der fünften Wurzelrasse fast nicht existiert und deshalb spekulativ oder „unwirklich“ ist.

Als Hauptpunkt ist zu verstehen, dass dieser gegenwärtige physiologische Zustand des Geschlechts eine vorübergehende Phase in der Entwicklung der Rasse ist, und dass jeder Missbrauch oder unrichtige Gebrauch, ganz gleich welcher Art oder wie die Welt darüber denken mag, eine Reaktion gegen das evolutionäre „Gesetz“ darstellt. Und obwohl es wahr ist, dass die gegenwärtige Methode diejenige ist, die die Natur zur jetzigen Zeit entwickelt hat, ist dies in Wirklichkeit nicht die Methode, die von der ursprünglichen Menschheit hätte befolgt werden können. Selbst die hebräische *Bibel* deutet an einer Stelle auf diese Sache hin.

Wir von der fünften Rasse befinden uns jetzt auf dem aufsteigenden Bogen und besonders wir, Mitglieder der esoterischen Schule, sollten als Pioniere der zukünftigen Stufen der Natur zumindest versuchen, die Rasse hin zu einem höheren Leben zu führen, als Mitglieder der buddhischen Hierarchie, die auch die Hierarchie des Mitleids genannt wird.

Unser Hauptthema heute Abend ist der Aufbau des Kosmos, das Aufbauen von Welten und der Aufbau des Menschen. In der unermesslichen Ausdehnung des geoffenbarten Seins herrschen grundlegende Tätigkeiten der Natur vor, die heute „Naturgesetze“ genannt werden, weil ihr Ursprung nicht verstanden wird. Die Menschen personifizieren die Natur und benutzen das Wort „Gesetz“ – das nur ein dem menschlichen Handeln entnommenes Wort ist –, um den grundlegenden Bewegungen des Seins einen Namen zu geben. Doch es gibt Tätigkeiten der Natur, und diese grundlegenden Tätigkeiten der Natur sind tatsächlich die Lebensströme, die in ihrer spirituellen Essenz unsere Hierarchie lenken, wie die Lebensströme im Menschen die astralen und physischen Atome lenken, die den Körper zusammensetzen.

Der Raum ist weder ein Vakuum noch ein Behälter. Wenn das der Fall wäre, müsste es einen Behälter für diesen Behälter geben, und so fort ad infinitum. Der Raum ist die unbegrenzte Fülle von allem, er ist das grenzenlose All, ohne Anfang und ohne Ende. Er ist ein unermesslicher Organismus und bildet eine Einheit. Alle Dinge sind ineinander und mit allem anderen verkettet, durch alle strömt ein universales Leben und schlägt ein universales Herz. Dieser Gedanke ist für das richtige Verstehen unserer Philosophie sehr wichtig, so dass seine Wiederholung sicherlich Vergebung findet. Es gibt kein getrenntes Vakuum, keine Trennung ohne Übergang. Nirgends gibt es eine vollständige Leere, überall ist Fülle. Alles ist erfüllt mit und von Wesen, und diese Wesen, die das grenzenlose All erfüllen, *sind der Raum.* Wenn wir daher von „Raum“ sprechen, meinen wir nicht nur die unermessliche grenzenlose Ausdehnung irgendeiner Ebene, sondern insbesondere die unsichtbaren Sphären, die inneren Ebenen, die nach innen aufsteigen, unaufhörlich nach innen gehen, und ebenso nach außen.

Der nächste Gedanke ist, dass wir uns durch die Tätigkeit und Wechselwirkung der Götter, Monaden, Seelen und Atome eine Vorstellung von einer Welt machen, die am Anfang ihres Manvantaras von und aus den unermesslichen Tiefen des Raumes hervorkommt und sich bei ihrem Abstieg den schattenhaften Bogen der materiellen Manifestation entlang sozusagen ausdehnt, sich selbst vorwärts schleudert, sich selbst projiziert. Wie geschieht das? Nicht durch irgendetwas oder irgendjemand, das oder der existierte, bevor diese Welt da war, sondern indem es oder er sich selbst in oder zu seiner eigenen Welt macht, aus sich seinen eigenen Kosmos evolviert, der auf diese Weise sein Gewand oder Körper wird.

Die Götter – und denken wir bitte nicht an menschliche Formen, wenn wir von Göttern sprechen, wir meinen das Arûpa, das Formlose, Wesenheiten, Wesen von reiner Intelligenz und reinem Verstand, reine Essenzen, reine Spirits, formlos nach unserer Vorstellung von Form – werfen durch jene unpersönliche Energie (können wir sagen zwangsläufig?) auf jeden Fall aufgrund dahinterstehender karmischer Impulse, geringere Körper aus sich aus, untergeordnete Körper, die die Monaden sind. Die Monaden tun genau das Gleiche und emanieren die Seelen aus sich heraus. Die Seelen wiederum emanieren die Atome; eines entspringt aus dem anderen. Durch alle läuft ferner das grenzenlose SELBST, die grenzenlose Seele der oberen

Reiche. Aber jedes einzelne dieser Atome, jede einzelne dieser Monaden, jeder einzelne dieser Götter ist eine selbstständige Hierarchie, der erhabene Teil, das Haupt, der Same, aus dem seine eigene nachfolgende Hierarchie entspringt. Räder in Rädern, Leben innerhalb von Leben, Bewusstsein innerhalb von Bewusstseinseinheiten, Wesen innerhalb von Wesen – eine gewaltige und endlose Anhäufung von ineinandergreifenden, miteinander verwandten und ineinander lebenden Dingen. Erfassen wir diesen Gedanken, bitte! Er bildet das wirkliche Fundament der alten Weisheit. Alle theologischen Fragen, die die Gemüter der Menschen so verwirrt und in Verlegenheit gebracht haben, werden durch diese wenigen einfachen Prinzipien der alten Weisheitsreligion gelöst. Denken wir selbst darüber nach, und ziehen wir unsere Schlüsse daraus.

Wir wollen nun kurz den Entwicklungsgang einer Hierarchie, eines Sonnensystems, verfolgen. Dasselbe „Gesetz", dieselbe *grundlegende Tätigkeit der Natur* wirkt durch alles, was wir in einem Sonnensystem finden. Dieselbe Tätigkeit findet hinsichtlich eines Universums, einer Sonne, eines Planeten und den Wesenheiten, die einen Planeten bevölkern, statt. Angenommen, wir stellen uns einen Gott vor, ein göttliches Wesen mit sieben Prinzipien, das nach seinem pralayaischen Schlaf aktiv zu werden beginnt und seine karmischen Samen, die Impulse aus dem vorhergehenden Mahâ-Manvantara, mit sich bringt. Jeder dieser Samen hat sein karmisches Swabhâva, seine karmische charakteristische oder essenzielle Natur, und beginnt unverzüglich tätig zu werden, sobald die Lebenswoge die schlafenden Sphären erweckt, die innerhalb der einen unermesslichen Wesenheit eingeschlossen sind, die einen „Gott" zu nennen wir übereingekommen sind. Wir meinen nicht genau das, was die Hindus einen Deva nennen, der etwas anderes ist, sondern wir meinen einen Gott; aber nicht „Gott" im christlichen Sinne. Wir meinen einen Gott, eine der erhabenen Intelligenzen, von denen jede das Haupt einer Hierarchie ist. Die Hierarchien selbst sind zahllos, und, „den Raum erfüllend", sind sie in der Tat der Raum.

Bei dem Versuch, diese verwickelten Gegenstände zu erklären, müssen wir verschiedene Ideen gleichzeitig im Kopf haben. Eines der Geheimnisse, um die alte Weisheit zu verstehen, liegt darin, im Gemüt mehr als einen Begriff zu gleicher Zeit festzuhalten. Das ist unser Schutz gegen mentale Vorurteile und ist leicht auszuführen. Ich möchte es erläutern: Ein Mann steuert ein Auto. Zu gleicher Zeit kann er die Straße überblicken, kann auf andere Autos Acht geben, während er im Hintergrund seines Gemütes einen Arbeitsplan entwerfen und sich auch mit einem Freund unterhalten kann. Wir wollen diese verschiedenen Gedanken und alles, worüber heute gesprochen wurde, festhalten, während wir die gegenwärtige Sache betrachten.

Dieser Gott hat sieben Prinzipien, und jedes einzelne der Prinzipien hat seine Arbeit bei der Bildung des Kosmos zu tun, jedes einzelne wirkt karmischen Impulsen entsprechend, die besonders in dem früheren Manvantara und in allen vorhergehenden Manvantaras im Allgemeinen ihren Ursprung hatten. Jeder einzelne dieser Götter bewegt sich in diese Manifestation entsprechend den für ihn durch sein eigenes früheres Bewusstsein und durch seine Handlungen in früheren Epochen manvantarischer Tätigkeit festgelegten Richtlinien. Wenn daher diese Samen von Wesen, diese unzähligen Monaden oder göttlichen Seelen, beginnen, in aktive Existenz zu treten – göttliche Samen, die die Kleidung jedes einzelnen dieser sieben Prinzipien bilden –, wenn alle diese Prinzipien in Tätigkeit treten, übernimmt jedes seine eigenen besonderen Arbeiten. Es erfolgt sozusagen eine Arbeitsteilung in den göttlichen Reichen. Zuerst sendet das höchste Prinzip aus sich selbst ein Heer geringerer Wesen, untergeordneter Wesen hervor, und diese finden ihren Wohnort, ihre Wohnung und ihren Tätigkeitsbereich auf der nächst niedrigeren Ebene, die die Ebene seines zweiten Prinzips ist. Dieses zweite Prinzip beginnt dann seine eigene besondere Tätigkeit und tut das Gleiche. Auf diese Weise sind zwei der sieben Prinzipien und Reiche des Seins wirksam. Und so geht es die Stufenleiter hinab, bis wir die niederste Stufe der göttlichen Reiche oder Stufenleiter, das Prithivî-Tattva, erreichen.

Wenn der Astronom in die ätherischen Räume schaut und die Sternenwolken, die Nebelmassen sieht, die in einigen Fällen bestimmt sind (wenn auch nicht in allen, denn diese Nebel sind nicht alle gleich, aber in den Fällen, in denen sie dazu bestimmt sind), den Anfang von Welten zu bilden, sieht er dort das, was bis jetzt in der materiellen Manifestation durch die Tätigkeit der sieben Unterstufen des siebenten oder niedersten der sieben Prinzipien einer göttlichen Wesenheit oder eines „Gottes" stattgefunden hat, der ein sonst unsichtbares Lebenszentrum belebt. Dieses Lebenszentrum wird durch die vitale Essenz des entsprechenden Gottes belebt, die das grundlegende Leben dieser Hierarchie bildet, den grundlegenden Impuls oder das, was die Menschen das grundlegende „Gesetz" nennen, die grundlegende Tätigkeit der Natur, die grundlegende Charakteristik, das Swabhâva. Die vitale Essenz schafft daher auf diese Weise ihre eigene Wohnung – eine Sonne, einen Planeten –, sie kreist sozusagen abwärts in die sichtbare Manifestation. Doch beachten wir: Jedes Haupt einer Hierarchie behält seinen eigenen Platz, seine Kräfte und seine Natur, aber seine Nachkommenschaft wird kompakter oder verdichtet sich und bildet auf diese Weise seine Gewänder auf den verschiedenen Ebenen des Seins. Jedes dieser Gewänder besteht aus einem Heer lebender Wesen, einem Heer von Atomen, von Seelen – der Name hat wenig zu sagen, wenn wir den Gedanken verstehen. Wir müssen Analogien verwenden, die unserem menschlichen Wortschatz entnommen sind, weil wir bis jetzt noch keine Worte entwickelt haben, die diese spirituellen Dinge angemessen erklären können. Solche Worte sind aufgrund des Gesetzes der Analogie anwendbar, mutatis mutandis, wie der lateinische Ausdruck lautet, indem man für die verschiedenen Sphären des Seins die entsprechenden Umstände gebührend berücksichtigt.

Wenn dieses Dichter- oder Gröberwerden des Gefüges – das stattfindet, indem jede Wesenheit andere, geringere Wesenheiten aus sich selbst hervortreibt, aus sich selbst emaniert („geringer" bedeutet hier „untergeordnet") – seinen niedersten Grad erreicht hat, ist das Ergebnis eine Sonne oder ein Planet. Wir wollen unseren Planeten als Beispiel nehmen. Wenn ein solcher Planet, durch den ihm innewohnenden karmischen Impuls getrieben, seinen niedersten Punkt der Entwicklung erreicht hat, was am Mittelpunkt seiner vierten Runde der Fall ist (den wir auf unserem Planeten überschritten haben), beginnt die Reaktion, die Umkehrung der kosmischen Tätigkeit, und die Lebensströme beginnen sich nach innen zurückzuziehen und folgen von da an dem leuchtenden Bogen „aufwärts". Sie lassen dabei ihre „Gewänder" nicht insgesamt zurück, sondern wie diese hinausgesandt wurden, so werden sie nun nach innen zurückgezogen. Dies ist ein Überblick über den Prozess der Evolution des Geistes und der Involution der Materie, ebenso wie die Prozesse des Hinausschleuderns oder Hinausströmens die Involution des Geistes und die Evolution der Materie auf dem abwärtsführenden oder schattenhaften Bogen darstellen. Auf diese Weise wird der Kosmos aufgebaut.

Nun ein anderer Gedanke. Jeder einzelne dieser Götter, jede einzelne dieser Monaden, jede einzelne dieser Seelen, jedes einzelne dieser Atome ist ein unerschöpfliches Reservoir an Bewusstsein, an Kraft und an Materie. Wir wollen das Âtmaische (oder Siebente oder Höchste) des Gottes betrachten, den wir als Beispiel gewählt haben. Eine âtmaische Ebene oder Sphäre ist ein „Layazentrum". Ein Layazentrum ist ein nirvâṇisches Zentrum, jener Teil oder Ort oder vielmehr jene Beschaffenheit oder jener Zustand des Seins, wo Homogenität [Gleichartigkeit, d. Ü.] der Substanz herrscht, wo Heterogenität [Verschiedenartigkeit, d. Ü.] aufgehört oder noch nicht begonnen hat. Wenn ein solches Layazentrum in evolutionärer Richtung tätig zu werden beginnt, wirft es unaufhörlich Heere und Mengen dieser untergeordneten Wesen von sich selbst aus, aber seine eigene innere Stärke wird in keiner Weise vermindert. Es ist ein unerschöpfliches Reservoir, ein schöpferisches Zentrum, ebenso wie die Sonne, die eine der schönsten Analogien bildet, die wir haben. Sie wirft während der Dauer eines Manvantaras unaufhörlich praktisch unbegrenzte Heere von Sonnenstrahlen, ja von Wesen aus sich selbst aus. Jedes dieser Wesen muss seine zukünftige zyklische Laufbahn durchlaufen. Als ursprünglich unbewusster Gottesfunke muss es sich, wie am Anfang der Studien gesagt, zu einem selbstbewussten Gott entwickeln und das gleiche kosmische Werk vollbringen, das sein eigener großer Vorfahr vollbracht hat und vollbringt.

Wir selbst gehörten, als wir noch keine Menschen, sondern nur unentwickelte Strahlen waren, den niedersten Reichen des spirituellen Seins an. Wir verfolgten damals unseren evolutionären Lauf aufwärts zur selbstbewussten Menschlichkeit. Wir, die wir jetzt Menschen, menschliche Wesen sind, haben die Bestimmung, auf dem zukünftigen Planeten, der diesem unserem gegenwärtigen Globus folgen wird – dem Abkömmling der Erde –, eine Entwicklung zu erreichen, die größer ist als das hier erlangte Menschentum. Die untergeordneten Wesen, die jetzt auf der evolutionären Reise hinter uns herziehen, die Tiere, die Pflanzen und die Mineralien, werden dann ihrerseits an der Reihe sein, die menschliche Stufe zu durchschreiten. Leben und Sein bilden eine endlose Kette, eine endlose Leiter des Fortschritts. Aber wenn die Menschenstufe erreicht ist, kommt die moralische Verantwortlichkeit, der Pfad liegt dann jeden Augenblick vor uns: der Pfad nach rechts, den leuchtenden Bogen empor, oder der Pfad nach links, den schattenhaften Bogen entlang abwärts.

Wie schon gesagt, erlaubt mir der Lehrer bis jetzt nicht, ausführlicher über den in den beiden Worten „abwärtsführender Pfad" enthaltenen Gegenstand zu sprechen, obgleich er die Hälfte der Lehre darstellt; doch sie wird es sicherlich eines Tages erlauben. Es ist ein sehr wichtiges Studium, weil wir ohne dasselbe die eine Hälfte des Prozesses der Evolution und Involution nicht verstehen können.

Unsere Zeit für diesen Abend geht zu Ende, doch es ist notwendig, die Aufmerksamkeit auf das folgende Diagramm zu lenken:

	Esoterische Reihenfolge	Brâhmanische Tattvas	Elemente	Griechische Mystik	
1.	Swabhavat	Âdi-Tattva	Das EINE	Erster Logos	} Dhyâni-Chohans
2.	Adi-Buddhi (a)	Anupapâdaka-Tattva	Geist	Zweiter Logos	
3.	Götter	Âkâśa-Tattva	Äther	Götter. Dritter Logos (Mahat)	
4.	Monaden	Taijasa-Tattva	Feuer	Daimonen	
5.	Seelen	Vâyu-Tattva	Luft	Halbgötter	} Pitṛis
6.	Atome	Apas-Tattva	Wasser	Menschen	
7.	Körper	Prithivî-Tattva	Erde	Tiere	

Welt der Elementale

8. __________

9. __________

10. __________

Dies sind sechs Spalten, die analoge Fälle kosmischer und psychologischer Entwicklung darstellen. Zuerst ist die esoterische Reihenfolge aufgeführt, links davon die

Zahlen 1, 2, 3, 4, 5, 6, 7, 8, 9, 10, die die vollständige Hierarchie von zehn Stufen oder Graden darstellen. Die nächste Spalte gibt die brâhmaṇischen Tattvas wieder. Tattva ist ein Sanskṛitwort, das mit „Element" übersetzt werden kann. Es bedeutet die „substanzielle Wirklichkeit" hinter der phänomenalen Erscheinung, auf die das Samenbewusstsein wirkt: das Gewand oder der Träger des im Innern wirkenden Bewusstseins. Dann sind in der nächsten Spalte die Elemente aufgeführt, wie sie in alten Zeiten überall allgemein verstanden wurden. Darauf folgt das mystische griechische System, wie es meistens in der neuplatonischen oder neupythagoreischen Philosophie zu finden ist. Als Letztes kommt die Teilung der Wesenheiten, die die sich entwickelnde Lebenswoge oder den Strom des Lebens zusammensetzen, in zwei allgemeine Klassen: die Dhyân-Chohans und die Pitṛis.

1. In der esoterischen Reihenfolge haben wir als Erstes Swabhavat, ein Sanskṛitwort, das das Selbstevolvierende, das Sichselbstentwickelnde bedeutet und manchmal auch als das Selbstexistierende übersetzt wird. Dem entspricht in der nächsten Spalte Âdi-Tattva. *Âdi* ist ein Sanskṛitwort und bedeutet „ursprünglich", „uranfänglich". Unter den Elementen entspricht ihm das EINE. Wir haben kein Wort für dieses Element, die Alten verwiesen auf verschiedene Weise darauf. Wir wollen es einfach das EINE nennen, da es der Same ist, aus dem die anderen beim „Abstieg", das heißt bei der Verdichtung und dem Gröberwerden während des Verlaufs der Evolution, entspringen. Die griechische Mystik hat als Entsprechung dafür den ersten Logos.

2. In den darunterliegenden Ebenen lesen wir als Nächstes von links nach rechts: Âdi-Buddhi, ursprüngliche oder uranfängliche Buddhi. Wenn der Gedanke geändert und eine etwas andere Hierarchie ins Auge gefasst wird, ist die Bezeichnung Âdi-Buddha, wodurch die Hierarchie in der Verfolgung der Entwicklung der Hierarchie des Mitleids individualisiert wird, obwohl wir uns, wenn wir von Âdi-Buddhi sprechen, mehr auf das Wirken der Prinzipien beziehen als auf die Wesenheiten, die diese Prinzipien verkörpern. Das entsprechende Tattva ist Anupapâdaka-Tattva, ebenfalls ein Sanskṛitwort, das „elternlos" bedeutet, das, was keinem individualisierten Vorfahren folgt und daher „elternlos" ist. Dies bedeutet nicht, dass es keine Quelle oder keinen Ursprung hat, sondern es selbst ist der ursprüngliche Same der Individualität, die in dieser besonderen Hierarchie zuerst ins Dasein tritt. Dies geschieht wie der Eintritt von Manas in den Menschen, wodurch ihm Selbstbewusstsein und Individualität verliehen werden, die er nicht von seinen Eltern bekommt. Unter den Elementen können wir es Geist nennen. In der griechischen Mystik ist es der zweite Logos.

3. Die dritte Ebene nach unten sind die „Götter“, die natürlich mit den Mânasaputras im Menschen, den Söhnen des Gemütes, korrespondieren. Ihr Tattva ist Âkâśa-Tattva. Das Wort Âkâśa bedeutet „strahlend“, „glänzend“, „leuchtend“. Ich möchte hier nebenbei erklären, dass, genau gesprochen, Swabhavat die richtige Entsprechung von Âkâśa ist. Aber die Art, in der dieses Diagramm angeordnet ist, ist der Versuch, einander entsprechende Hierarchien, Intelligenzen und Tätigkeiten zu veranschaulichen. Daher entspricht in ihm Âkâśa-Tattva den Göttern in der esoterischen Reihenfolge. Unter den Elementen ist es der Äther, aber nicht der Äther der Wissenschaft. Der Äther der Wissenschaft ist nur eines seiner niederen Prinzipien. In der griechischen Mystik sind es ebenfalls die Götter, die von einer anderen Seite aus betrachtet den dritten Logos zusammensetzen. In der brâhmaṇischen Philosophie wird diese Ebene Mahat genannt, ein Wort, das „groß“ bedeutet. Mahat ist ein technischer Ausdruck im brâhmaṇischen System und ist „Vater-Mutter“ von Manas. Er ist die Mutter der Mânasaputras oder der Söhne des Gemütes oder das Element, aus dem sie entspringen, jenes Element, das sie atmen und dessen Kinder sie sind.
4. Die Monaden entsprechen Taijasa-Tattva. Es bedeutet „das Glänzende“, „das Strahlende“, „das Feurige“, „das Funkelnde“. Unter den Elementen ist es das Feuer. In der griechischen Mystik entsprechen ihm die Daimonen. Das sind Wesen, die die Christen mit ihrer gewöhnlichen Intelligenz in „Dämonen“ oder „Teufel“ umgewandelt haben. Es bedeutet einfach spirituelle Wesen einer bestimmten Klasse. Aber dieser Gedanke ist zu verwickelt, als dass wir uns heute Abend länger mit ihm befassen können. Ich kann nur erklären, dass die Daimonen, wie in dem Diagramm gezeigt, zur Hierarchie von Bewusstsein und nicht zur Hierarchie des schattenhaften Bogens gehören. Sokrates sprach, wie wir wissen, oft von seinem Daimon, womit er seinen „Schutzengel“ meinte. Er sagte: „Mein Daimon hat mir niemals gesagt, was ich tun soll, sondern immer nur das, was ich *nicht* tun soll.“ Es ist sozusagen das Gewissen späterer Gedanken.

Diese vier Klassen sind unter dem allgemeinen Titel Dhyân-Chohans, Chohans der Meditation, „Herren der Meditation“, zusammengefasst. Die drei folgenden Klassen gehören zu den Pitṛis – Wesen eines niedrigeren Grades, die in der *Geheimlehre* erwähnt und dort „Väter“ genannt werden, weil sie mehr im Besonderen die tatsächlichen Vorfahren unserer niedrigeren Prinzipien sind, während die Dhyân-Chohans in Wirklichkeit in einem höchst bedeutenden Sinne unsere eigenen Selbste sind. Wir wurden von ihnen geboren; wir sind die Monaden, wir sind die Atome, die Seelen, die von den Dhyânis hinausgesandt, hervorgebracht, emaniert wurden.

5. Der fünfte Grad abwärts umfasst in diesem besonderen Diagramm das, was in der esoterischen Reihenfolge Seelen genannt wird. Unter den brâhmaṇischen Tattvas sehen wir Vâyu-Tattva. Vâyu bedeutet „die Luft betreffend", „zur Luft gehörend". Unter den Elementen ist es die Luft, und in der griechischen Mystik sind es die Halbgötter. Diese bilden die höchste Klasse der Pitṛis.
6. Die sechste Stufe bilden die Atome. Wie schon gesagt, bedeutet das Wort „Atom", wie es hier benutzt wird, nicht das Atom der Wissenschaft, sondern das, was wir die Astralmonade nennen können, von der die Atome der physischen Welt die Emanationen, die Projektionen sind. Die Atome, die astralen Atome kleiden sich in die physische Welt, die ihr Abkömmling ist und die sie als Gewand benutzen. Das brâhmaṇische Tattva dieser Stufe ist Apas-Tattva. Die Spalte der Elemente zeigt hier das Wasser und die griechische Mystik die Menschen.
7. Die siebente Ebene bilden die Körper, die lediglich Vehikel sind und dem Prithivî-Tattva entsprechen. Prithivî ist ein Sanskṛitwort und bedeutet „Ausdehnung", d. h. etwas Ausgedehntes, Geräumiges. Prakṛiti wird im Allgemeinen als „Materie" betrachtet, aber in Wirklichkeit ist „Prithivî" das Wort, das besser dem entspricht, was wir Materie nennen. Prakṛiti bedeutet vielmehr „Natur" und das lebendige Gewand des Geistes. Das entsprechende Element ist die Erde. Die griechische Mystik zeigt in dieser Hierarchie von Wesenheiten die Tiere.

Die letzten drei Klassen sind die Pitṛis. Unterhalb dieser sieben kommen die drei Ebenen der Elementalwelt. Eine der Elementalebenen oder Elementalwelten können wir erwähnen, da sie das „innere Reich" bildet, das seinen geometrischen Ort, seinen Wohnsitz im Mittelpunkt eines jeden Globus hat.

Die Evolution des Menschengeschlechts hängt ab von und folgt in jedem Fall jener der entsprechenden Elemente, d. h., die menschliche Lebenswoge evolviert in jedem der sieben Elemente, in einem nach dem anderen, vom höchsten bis zum niedersten, um dann bei dem Wendepunkt des großen Zyklus wieder durch alle bis zum höchsten aufzusteigen. Jeder der sieben Globen der Planetenkette, jede der sieben Wurzelrassen auf jedem Globus nimmt teil an der Natur und den Eigenschaften des kosmischen Elements, in dem und durch das sie gerade evolviert, ob es nun das technisch als „Erde", „Wasser", „Luft", „Äther", „Geist" oder das „Namenlose EINE" bezeichnete Element ist. Die sieben Prinzipien des Menschen korrespondieren ebenfalls mit und sind abgeleitet von den sieben kosmischen Elementen, jeweils eines von dem anderen. Bloßer Umfang oder bloße Größe des Körpers hat mit der Natur des Menschen und mit seinen Kräften, mit dem Aufbau des Menschen oder mit seiner Bestimmung nichts zu tun.

Zum Beispiel: Die Wesen der ersten und der zweiten Wurzelrasse waren, was Größe anbetrifft, riesenhaft, doch sonst waren sie bloße Schalen, mehr Phantomgeschöpfe, allein Abkömmlinge der Pitṛis und noch nicht erfüllt von den göttlichen Feuern des Selbstbewusstseins und des Intellektes. Sie waren ätherisch auf dem, was damals eine ätherische Erde war, unser gegenwärtiger dichter Planet Terra. Sie hatten, um es genau zu sagen, keine physiologischen Organe, und ihre Gestalt unterschied sich von der unsrigen, obgleich sie das allgemeine menschliche Skelettsystem, wie wir es jetzt kennen, von der vorhergehenden Runde auf dieser Erde entwickelt in sich hatten.

In der fünften und in der kommenden sechsten Rasse wird die Menschheit Körper entwickeln, die den Umgebungen entsprechen, in denen sie sich dann befinden. Die Umgebungen werden in Wahrheit von der sich darin evolvierenden Menschheit entwickelt oder geschaffen; die Menschen evolvieren tatsächlich ihre eigenen Umgebungen, die ihre eigenen Emanationen sein werden. Wir können uns diese zukünftigen Menschen als sehr kleine Wesen vorstellen, vielleicht der Größe nach als Liliputaner, aber dennoch mit gigantischem Intellekt und gewaltigen spirituellen Kräften.

Wenn wir die in einem Atom eingeschlossenen ungeheuren Kräfte verstehen lernen, wie auch unsere Gelehrten beginnen, sie zu begreifen, werden wir verstehen, dass selbst wenn die physische Materie so große Kräfte oder Einflüsse enthält, wie sie in einem Atom enthalten sind, was mag dann nicht der Mensch alles entwickeln, indem er evolviert, was in ihm ist, indem er die unaussprechliche Größe seiner inneren Natur evolviert, wie er es eben tut – zumindest jene, die die „kritischen Perioden" überwinden werden – dann können wir verstehen, wiederhole ich, dass bloße Größe des Körpers nicht den Besitz von Macht oder Erkenntnis, von Intelligenz oder Mitleid bedeutet. Tatsächlich ist vielmehr das Gegenteil der Fall: Bloßer Umfang, oder vielmehr Masse, drückt den Geist ziemlich schwer darnieder.

Es ist gut möglich, sich so kleine Götter vorzustellen, dass ein Atom, eines unserer physischen Atome, ein kosmisches Universum für sie sein würde. Um es mit den alten brâhmaṇischen Worten auszudrücken: Es ist im Herzen des Seins ein Gott, der göttliche Gedanken denkt und sein Universum regiert.

Wenn wir von den Menschen am Ende der fünften Rasse in zukünftigen Zeitaltern sprechen, die aus sich selbst physische Vehikel entwickeln und dessen ungeachtet den gleichen allgemeinen Aufbau des Skeletts wie gegenwärtig aufweisen, wenn wir sagen, deren Gestalt werde weder männlich noch weiblich sein, dann meinen wir, dass der Mensch durch Leid und Erfahrung seine eigene innere Natur aus seinem Innern nach außen evolviert, das, was latent in ihm liegt und jetzt zu erscheinen bereit ist: ein geschlechtsloses Wesen. Von dieser Zeit an wird es keine Männer und Frauen mehr geben. Sie werden ersetzt sein durch viel edlere menschliche Wesen.

In unserer letzten Versammlung wurde gesagt, schon jetzt sei die Zeit gekommen, in der die Kinder ohne Väter erzeugt werden könnten. Aber die Rasse ist in ihrem Evolutionsgang zurückgeblieben, und es werden wahrscheinlich noch Zeitalter vergehen, bevor dieser „jungfräuliche Fortpflanzungsprozess" beginnt. Selbst dieser Prozess stellt nur den ersten Schritt zu einem später kommenden, noch mehr abweichenden Prozess dar, doch er wird stattfinden, bevor diese unsere fünfte Wurzelrasse endet. Er wird kommen, weil die Männer und Frauen sich ähnlicher werden anstatt unähnlicher. Statt der tierischen Impulse wird dann reiner Instinkt herrschen. Solange jedoch die Ehe besteht, sollte sie das sein, wovon jeder theosophische Lehrer und auch jeder wahre Theosoph fühlt, was sie sein sollte: eine Verbindung in gegenseitiger Achtung und Güte, in der einer dem anderen hilft, moralisch und intellektuell zu wachsen. Alles, was niedriger und geringer ist als dies, ist degradierend.

Am Ende dieser fünften Wurzelrasse werden Mann und Frau als Geschlechter fast ganz verschwunden sein. In der sechsten Wurzelrasse werden die Menschen zu gewissen festgelegten Zeiten ihre Nachkommenschaft in natürlicher Weise, ohne Leidenschaft, durch Meditation, durch passiven Willen und Denken in der „unbewussten" Weise (obgleich der Ausdruck „unbewusst" ungenau ist) entwickeln, etwa wie Blumen ihre Blüten hervorbringen. In der siebenten Rasse dieser Runde auf diesem Planeten werden die Menschen jener herrlichen Zeit aus sich selbst glorreiche Schöpfungen des aktiven Willens und der Imagination hervorbringen, ihre „Kinder". Es wird dann auf Erden eine Rasse von Adepten, von inkarnierten Devas existieren. Das wird in der siebenten Rasse auf diesem Planeten während dieser gegenwärtigen Runde der Fall sein. Nur aus dem Grunde, weil wir moralisch gesunken und in unserer Entwicklung zurückgeblieben sind, ist das Phänomen der jungfräulichen Geburt auf Erden noch nicht als physische Tatsache in Erscheinung getreten, obgleich es, wie in unserer letzten Versammlung dargelegt, in religiösen Mysterien „prophezeit" wurde. Die Initiationsriten enthielten eine Zeremonie, bei der von dem Initianden, nachdem gewisse Bedingungen erfüllt waren – man wird entschuldigen, dies ist ein gefährlicher Boden –, gesagt wurde, er sei „von einer Jungfrau" geboren. Auf diese Weise wurde vorweggenommen oder vielmehr vorausgesagt, was in Zukunft für die ganze Rasse kommen wird. Es ist eine Belohnung für zugunsten des Menschengeschlechts geleisteten edlen Dienst. Wir haben hier eine wunderbare Wahrheit, die aus Sorge um Profanierung verhüllt und verborgen gehalten wurde, die sicherlich erfolgen würde, wenn diese göttlichen Mysterien, wenn diese göttlichen Lehren in unwürdige Hände fielen, die von ränkevollen Gemütern gelenkt werden.

Kapitel 32

Aus dem Unsichtbaren in das Sichtbare. Vom Sichtbaren in das Unsichtbare. Das Magnum Opus.

5. Dieses (Universum) existierte in dem Zustand der Dunkelheit, unbemerkt, aller unterscheidenden Merkmale entblößt, durch Schlussfolgerung unerreichbar, unerkennbar, sozusagen gänzlich in tiefen Schlaf versunken.

6. Dann erschien der ununterscheidbare göttliche Selbst-Existierende (Svayambhû selbst), aber indem er all dieses, die großen Elemente und das Übrige, unterscheidbar machte, erschien er mit unwiderstehlicher (schöpferischer) Macht und zerstreute die Dunkelheit.

19. Aber von kleinen Körper (bildenden) Teilchen dieser sieben sehr mächtigen Purushas entspringt diese (Welt), das Verderbliche vom Unverderblichen.

20. Unter diesen nimmt jedes nachfolgende (Element) die Eigenschaft des Vorhergehenden an, und welchen Platz jedes (in der Aufeinanderfolge) einnimmt, genauso viele Eigenschaften, wird erklärt, besitzt es.

21. Am Anfang aber bestimmte er die verschiedenen Namen, Tätigkeiten und Zustände für alle (geschaffenen Wesen), den Worten der *Veden* entsprechend.

22. Er, der Herr, schuf auch die Klassen der Götter, die mit Leben ausgestattet sind und deren Natur Tätigkeit ist, und die subtilen Klassen der Sâdhyas sowie das ewige Opfer.

51. Als er, dessen Macht unbegreiflich ist, so das Universum und mich geschaffen hatte, verschwand er in sich selbst, indem er wiederholt eine Periode mittels der anderen verdrängte.

52. Wenn jenes göttliche Wesen wach ist, regt sich die Welt, wenn es ruhig schlummert, versinkt das Universum in Schlaf.

53. Aber wenn es im ruhigen Schlafe ruht, nehmen die körperlichen Wesen, deren Natur Tätigkeit ist, von ihren Handlungen Abstand, und das Gemüt wird untätig.

54. Wenn sie einst in jene große Seele eingegangen sind, schlummert er, der die Seelen aller Wesen ist, angenehm und frei von allem Kummer und aller Betätigung.

57. Auf diese Weise wiederbelebt und zerstört der Unverderbliche durch (abwechselndes) Wachen und Schlafen unaufhörlich die bewegliche und unbewegliche (Schöpfung).

Die Gesetze des Manu, Heilige Bücher des Ostens, Bd. 25, Hrsg.: Max Müller

Eine weitblickende Hoffnung und ein heiterer Friede wohnen im Herzen aller getreuen Schüler unseres Ordens, zumindest in denen, die wahrzunehmen gelernt haben, dass es hinter der Maske der sichtbaren Dinge einen Glanz des Lebens gibt, den sie nur zu erkennen brauchen, und auch, dass es gänzlich von ihnen selbst abhängt, bis zu welcher Ausdehnung sie auf dem Pfad vorwärts schreiten mögen, der den leuchtenden Bogen entlang aufwärts und vorwärts ansteigt, auf dem wir als eine Rasse seit dem mittleren Teil der vierten Wurzelrasse immer fortgeschritten sind (und auch weiter fortschreiten).

Die Mysterienschulen des Altertums machten das Hervorbringen der unsterblichen Natur in dem Kandidaten oder Initianden, des Teiles, der zur inneren Monade gehört oder vielmehr ihr Abkömmling ist, dessen, was ihn zu einem bewussten Teil der buddhischen Hierarchie oder der Hierarchie des Mitleids macht, zum einzigen Zweck und Ziel ihrer Studien und Einweihungszeremonien.

Die Vereinigung des persönlichen Menschen mit diesen höheren Prinzipien seiner eigenen Natur ist es, was den „lebendigen Christus" oder den vollkommen Erwachten, den man den Buddha nennt, hervorbringt. Es war das Ziel der Initiation, den Menschen nicht nur dieses inneren Lebens, dieser inneren Herrlichkeit bewusst werden zu lassen, sondern ihn auch zu befähigen, bereit und fähig zu werden, andere über dieses Leben zu belehren, das er in sich selbst gefühlt hat. Das war der Hauptzweck und das Hauptziel aller Mysterienschulen in der gesamten Welt, wie sehr sie sich auch der Form und den Worten nach, in die sie ihre Gedanken kleideten, unterscheiden mochten. Mit anderen Worten, das Ziel war es, jeden Initianden oder Kandidaten zu einem lebenden Nachfolger und Beispiel des Stillen Wächters zu machen.

Nun gibt es, wie dargelegt wurde, viele Stille Wächter. Der Stille Wächter ist tatsächlich jeweils der Hierarch oder das höchste hierarchische Haupt irgendeiner der zahllosen Hierarchien im Kosmos. Derjenige, von dem H. P. Blavatsky in der *Geheimlehre* so begeistert spricht, ist das Haupt, der höchste der Dhyâni-Buddhas, der diese vierte Runde auf diesem Planeten leitet.

Es mag seltsam erscheinen, dass wir in diesem Zusammenhang darauf zu sprechen kommen, und doch erscheint es notwendig, über die verschiedenen quasi-philosophischen, quasi-wissenschaftlichen und quasi-religiösen kuriosen Denkvorstellungen zu sprechen, die heute in der Welt verbreitet werden.

Der Lehren der Theosophie sind viele, die jetzt so vertraut und schön sind, die aber am Anfang von vielen in der ganzen Welt nicht so leicht aufgenommen wurden, weil sie seltsam erschienen und den religiösen, wissenschaftlichen und anderen Vorurteilen, die jene Menschen damals hatten [und noch heute haben, d. Ü.], widerstritten.

Viele Leute erhoben Einwände gegen die Lehre von der Reinkarnation, als sie erstmals verbreitet wurde! Zu dem gegenwärtigen Sprecher sagte einst jemand: „Ich wünsche nicht, als Droschkengaul wiedergeboren zu werden, ich möchte nicht als Floh wiedergeboren werden, ich bin ein Mensch!" Hier wurde augenscheinlich kein Einwand gegen die Lehre von der Reinkarnation erhoben, die keine solche Metempsychose wie die genannte lehrt. Der Einwand richtete sich gegen die eigenen Vorurteile des Betreffenden, und er wusste es gar nicht.

Ähnlich verhält es sich mit einigen Lehren, die mit des Lehrers Erlaubnis hier in unseren Studien entwickelt und entfaltet werden. Ich will nicht sagen, dass diese Lehren selbst unter uns falsch verstanden werden, aber unter denen, an die diese Lehren hinausgehen, mögen sie Opponenten begegnen. Ihre Wurzelgedanken oder Grundlagen werden anfangs falsch verstanden werden, und die Opponenten werden nicht die Zeit und das Nachdenken darauf verwenden, die ihnen ein Verständnis derselben bringen können. Unterdessen wollen wir nicht vergessen, dass die äußerst nachdrückliche Anwendung der intuitiven und intellektuellen Fähigkeiten seitens jedes Schülers notwendig ist und von den Regeln unseres Ordens tatsächlich gefordert wird. Wir nehmen nichts auf blinden Glauben hin an. Aber während dies eine Tatsache ist, haben wir andererseits die Pflicht, die spirituelle und die meditative Fähigkeit in uns, den unsterblichen Teil unserer Natur zu pflegen, der uns zuerst sagt, dass dieser Orden das Verbindungsglied mit der Hierarchie des Mitleids ist, und wenn wir ehrlich, aufrichtig und nicht scheinheilig hierher kommen, nicht nur, um zu beobachten, was hier gesagt oder getan wird, dann können wir überzeugt sein, dass unser Lehrer seine Aufgabe kennt und nicht die kleinste Abweichung oder Abschweifung von den Lehren dulden würde, von denen Herz und Intellekt ihr sagen, dass sie wahr sind.

Wir wollen unser Studium wieder aufnehmen, das wir in unserer letzten Versammlung vorübergehend unterbrochen haben, und über Götter, Monaden und Atome in Bezug auf ihre entsprechende Arbeit beim Aufbauen der Welt, beim Aufbauen des Kosmos sowie beim Aufbauen des Menschen sprechen. Wir beziehen uns nicht nur auf diesen Körper aus Fleisch, sondern diese edle Lehre umfasst das Warum und das Wie, ja auch das Wann seines Abstieges durch die spirituellen Sphären in die Inkarnation und in seine Existenzen in diesen Sphären. Zuerst wollen wir aus der *Geheimlehre,* Band II, Seite 279, vorlesen:

> Die Lehre sagt, dass der einzige Unterschied zwischen beseelten und unbeseelten Gegenständen auf Erden, zwischen einer tierischen und menschlichen Gestalt der ist, dass in den einen die verschiedenen „Feuer" verborgen und in den anderen tätig sind. Die *Lebens*feuer sind in allen Dingen, und kein Atom entbehrt derselben. Aber kein Tier hat die drei höheren

> „Prinzipien“ in sich erweckt; sie sind einfach möglich, verborgen und somit *nicht-existierend.* Und so wären die tierischen Gestalten der Menschen bis zum heutigen Tage geblieben, wären sie so belassen geblieben, wie sie aus den Körpern ihrer Erzeuger hervorkamen, deren Schatten sie waren, um zu wachsen, entfaltet lediglich von den Mächten und Kräften, die dem Stoffe innewohnen.

Wenn die Zeit kommt, sendet die Lebenswoge ihren Strom aus dem Unsichtbaren in das Sichtbare, aus den Tiefen des innersten Raumes in das Äußere und in die äußeren Sphären und bildet und schafft, während sie fortschreitet, für sich selbst mittels der Wesen, die jene Woge darstellen, ihre eigenen Gewänder, die kosmisch ihre Ebenen, ihre Welten sind. Diese verschiedenen Stufen der Evolution oder des Fortschritts sind die Götter, und deren Gewänder sind die Monaden. Die Gewänder der Monaden sind die Seelen. Die Gewänder der Seelen sind die Atome, und deren Gewänder sind Körper. Beziehen wir die Reihenfolge auf die Welten, und die Lehre ist wahr. Beziehen wir sie auf das Elemental-, Mineral-, Pflanzen-, Tier- und Menschenreich auf dieser Erde, und die Lehre ist analog ebenfalls wahr. Stufe um Stufe, Grad um Grad projiziert die Lebenswoge, während sie fortschreitet, auf jeder Stufe aus sich selbst, wirft sie auf jeder Stufe von sich unzählbare ihr untergeordnete Wesenheiten aus, die ihre Vehikel bilden, die wir auch ihre Gewänder, ihre Körper oder ihre Ebenen und Welten nennen können. So bringt zum Beispiel jeder Gott aus dem großen Heer der Götter aus sich selbst eine Vielheit von Monaden hervor. Jede Monade bringt aus sich selbst eine Vielheit von Seelen hervor. Jede Seele bringt aus sich selbst unzählige Atome hervor. Diese kleiden sich selbst in Vehikel aus Materie oder in Körper, und alle durchlaufen ihre lange evolutionäre Laufbahn. Wenn dann der niederste Punkt der großen Runde des Lebens erreicht worden ist, beginnt der aufwärtsführende Zyklus. Es findet ein Sich-wieder-nach-innen-Wenden der vitalen Kräfte, ein Einsammeln, ein Nach-innen-Sammeln der Heere von Wesen statt. Das Sichtbare geht gradweise in das Unsichtbare über, zuzüglich des Wachstums und der Erfahrungen, die während der Reise von jeder individuellen Wesenheit gewonnen wurden. Jede einzelne Wesenheit ist in ihrer Evolution um eine Ebene aufwärts vorgerückt. Jede einzelne ist so viele Meilensteine auf dem Pfad weiter vorwärts gegangen. Schließlich tritt die Lebenswoge in die Gottheit ein, aus der sie hervorging, aber nun in jeder Hinsicht edler und vorzüglicher. Sie begann ihre evolutionäre Laufbahn nach ihrem gleichlangen pralayischen Schlaf, den karmischen Impulsen folgend, die sie zu einer neuen Lebensperiode erweckten. Nachdem sie ihn vollendet hat, ist sie wieder einmal bereit, hinauszutreten und ein neues Manvantara zu entfalten. Um dies zu tun, entwickelt sie wieder aus sich selbst neue Ebenen, neue Elemente, neue Prinzipien, neue Heere von Wesen, wie sie das schon früher getan hat, aber jetzt sind sie viel edler. Es gehen immer neue hervor, die an Erhabenheit und Kraft immer höher und höher wachsen. Das ist eine allgemeine Skizze der evolutionären Laufbahn.

Wir kennen den alten hermetischen Spruch: „Wie oben, so unten." Dieser Ausspruch ist in einer alten Schrift zu finden, von der gesagt wird, sie sei auf einer smaragdenen Tafel eingraviert gewesen, die der schönen Legende entsprechend die „Smaragdtafel des Hermes" genannt wurde. Diese Schrift gründet sich unzweifelhaft auf eine der alten hermetischen Lehren. Ich möchte die ersten wenigen Zeilen davon anführen:

> Wahr, ohne Irrtum, gewiss, höchst wahrhaftig: Das, was oben ist, ist wie das, was unten ist, und was unten ist, ist wie das, was oben ist, um die Wunder des Kosmos zu vollbringen. Alle Dinge sind von dem [ursprünglichen] Einen, durch die Meditation des Einen [des Logos – das heißt der Schar der Dhyân-Chohans], und so entspringen alle Dinge aus diesem einen Ding durch Evolution.

Dieses „eine Ding" ist der Gipfel irgendeiner Hierarchie, die Gottheit, von der wir bereits sprachen, als der allgemeine Umriss des Evolutionsprozesses gegeben wurde.

Wenden wir uns dem zoroastrischen Glauben zu, so finden wir in einem alten Werk (dem moderne Gelehrte aus den ihnen selbst am besten bekannten Gründen sein Alter abzustreiten suchen, das aber unfraglich sehr archaisches Denken enthält), *Der Desatir* genannt, in dem „Das Buch Shet des Propheten Zirtusht" genannten Kapitel die folgenden Verse 29, 30, 35, 36, 37, 38, 39. „Zirtusht" ist eine der Formen des Namens, der im Englischen [und Deutschen, d. Ü.], der griechisch-lateinischen Form folgend, Zoroaster genannt wird. Die Verse lauten:

> 29. Wisse, o mein Freund, die Essenz des Selbst-Existierenden ist Eines und ohne Grenzen und Zustände.
>
> 30. Das Sein ist dem Lichte gleich, und das Licht wird sichtbar [beachten wir dies!].
>
> 35. Was immer auf Erden existiert, ist die Reflexion und der Schatten von etwas, das in der [spirituellen] Welt-Sphäre existiert.
>
> 36. Während jenes strahlende Etwas in seinem ursprünglichen Zustand verbleibt, ist es ebenso bei seinem Schatten.
>
> 37. Wenn jenes strahlende Ding seinen Schatten verlässt, entfernt sich das Leben für eine gewisse Zeit.
>
> 38. Ferner, jenes Licht [jenes strahlende Ding] ist der Schatten von etwas, das noch strahlender ist als es selbst [beachten wir die hier zum Ausdruck gebrachte hierarchische Lehre].

> 39. Und so weiter bis herauf zu mir, der ich das Licht der Lichter bin [das Haupt der Hierarchie].

Es ist wahrscheinlich jedem nachdenklichen theosophischen Gemüt aufgefallen, dass, wenn der Mensch eine quasi-göttliche Monade in sich hat und in dieser göttlichen Monade eine Gottheit, ein Gott wohnt, es seltsam erscheint, dass dieses Bewusstsein von unserer Einheit mit dem Göttlichen durch dieses monadische Glied in uns nicht stärker ist, als das heute der Fall ist. Die Christen sprechen von ihrem „Schutzengel", und ebenso tun es die Mohammedaner. Andere Völker, wie die Griechen, sprechen wie Sokrates von dem Daimon, dem Wächter-Selbst. Wie kommt es nun, dass unser Gewissen – das unsere und das aller Menschen – nicht stärker und lauter ist, als das der Fall ist? Wie kommt es, dass wir innerlich arbeiten und kämpfen müssen, um diese innere Erleuchtung bewusst zu erlangen, die selbst den christlichen Lehren entsprechend mit Gewalt genommen werden muss?

Liegt der Grund dafür nicht darin, dass der Mensch zusammengesetzt ist? Er ist ein komplexes, zusammengesetztes Wesen und lebt auf verschiedenen Ebenen. Diese Ebenen sind die sieben Elemente der Natur, und diese sieben Elemente der Natur sind ihre sieben Prinzipien. Die sieben Prinzipien des Menschen können in anderer Hinsicht seine sieben Elemente genannt werden.

Die Monade lebt in ihrer eigenen Welt, in ihrer eigenen logozentrischen Aktivität, mit ihren quasi- oder halbgöttlichen Kräften in voller Tätigkeit. Sie ist auf ihrer eigenen Ebene viel mehr selbstbewusst, als wir es auf dieser unserer Bewusstseinsebene sind. Ähnlich verhält es sich mit dem Gott in uns, der seinen Sitz in der Monade hat.

Bei der Besprechung der Lehre in Bezug auf den Stillen Wächter legten wir dar – allerdings damals nur kurz, weil wir noch nicht die Grundlage dafür gelegt hatten –, dass sie auf der Tatsache von den Vielen und dem Einen beruht – wie sowohl der Mensch als auch das Universum Viele sowie Eines sind: Viele in der niederen Natur und Eines in der höheren. Beachten wir daher bitte das Folgende sorgfältig: Unser Bewusstsein ist deshalb nicht höher, weil wir (jeder von uns) eine Person sind, und das Erheben dieser Person, dieses persönlichen Selbstes, dieser persönlichen Seele zur Unpersönlichkeit und zur Individualität der Monade ist das große Werk, das „Magnum Opus" des Lebens. Hier liegt kurz die Antwort auf die vorgelegte Frage. Um die Antwort in eine andere Form zu kleiden: Der Zweck aller Einweihungszeremonien, das Ziel aller einweihenden Lehren der alten Mysterienschulen war, wie zu Beginn des heutigen Studiums gesagt, die Hervorrufung des höheren Selbstes, dieses inneren Wesens, und das ist möglich. Die erste Vorbedingung dafür ist ein starker und unbeugsamer Wille; Reinheit des Lebens, vor allem mentale Reinheit, ist die zweite. Absolute Treue und Ergebenheit den Lehren der Esoterischen

Weisheit und den Lehrern gegenüber ist die dritte. Diese drei Grundsätze des Lebens und der Lebensführung sind wahrer Râja-Yoga. Die „königliche Vereinigung" ist die Vereinigung mit dem inneren Gott, unserem göttlichen Selbst. Wenn die Vereinigung stattfindet, dann liegt das vor, was die Griechen in ihren alten Mysterien „Theopneustie", das Einblasen der unpersönlichen Essenz in das Persönliche, nannten.

Doch vor dieser zweiten oder mittleren Stufe oder diesem Grad kam die erste Initiation, die tatsächliche oder wirkliche Gegenüberstellung von Angesicht zu Angesicht mit dem inneren Gott, unserem eigenen höheren Ego-Selbst. Dieser Grad wurde „Theophanie" genannt. Das ist ein zusammengesetztes griechisches Wort, das „das Erscheinen eines Gottes" bedeutet – d. h. des Gottes, der in uns ist, unseres eigenen inneren Selbstes. Wenn ferner diese beiden vorhergehenden Vereinigungen erreicht waren, wenn die hohen Grade von Theopneustie und Theophanie gewonnen waren, kam eine dritte und letzte Stufe, die die Griechen Theopathie„Theopathie" nannten. Das ist ebenfalls ein zusammengesetztes griechisches Wort, mit der Bedeutung „Erleiden eines Gottes", „Erdulden eines Gottes" – eine Bedeutung, die später eingehender erklärt werden wird. Ein solcher Eingeweihter wurde selbst während des Lebens ein entwickelter Christos oder, wie die Buddhisten es ausdrücken, ein „Erwachter", ein „Buddha", das Erwachen zur lebendigen buddhischen Weisheit im Menschen, die letzte Stufe der dem Menschen auf dieser Erde, in dieser vierten Runde möglichen Erkenntnis. Es sind in der Tat sehr wenige, die diese erhabene Stufe inkarnierter Weisheit erlangen. Der Herr Buddha, Gautama-Śâkyamuni, Prinz von Kapilavastu, war einer von diesen wenigen. Er ist es, wie uns gesagt wird, der heute als Nirmâṇakâya den Gipfel (oder den Stillen Wächter) der Hierarchie der Weisen bildet, die unser eigener heiliger Orden sind. Er lebt für jene des niedrigeren Grades unsichtbar und für die des höheren Grades sichtbar in dem, was die nördlichen Buddhisten das „heilige Land Śambhala" nennen, eine geheimnisvolle Örtlichkeit, die sich im nördlichen Himalaya und nicht weit von dem entfernt befindet, was die Wüste Gobi oder Shama genannt wird.

Dieses wunderbare Etwas, die wunderbare Wesenheit, jenes Wunderbare Wesen, das in H. P. Blavatsky war und durch sie wirkte, kam von Śambhala, kam von dieser Hierarchie. Ich beziehe mich hier nicht nur auf die Frau, auf den physischen Körper, nein, auch nicht auf die in Russland geborene Persönlichkeit, sondern auf jenes Wunderbare Wesen, das in diesem Körper inkarnierte und einen Teil von sich selbst dort zurückließ und psychisch verkrüppelt in die Welt hinausging, in dieser Hinsicht einem archaischen Gesetz gehorchend, was die Ursache für so viele Missverständnisse in Bezug auf sie war. Diese Wesenheit tat dieses Werk in der Welt zur vorgesehenen zyklischen Zeit und erschien unter den Menschen zur Eröffnung eines neuen „messianischen Zyklus".

Wir kennen die Warnung vor „falschen Christi“, die in den christlichen Evangelien nach Matthäus und Markus gegeben wird – im Matthäus-Evangelium, Kapitel 24, Vers 23, 24 und 25 und im Markus-Evangelium, Kapitel 13, Vers 21, 22 und 23. Sie ist in beiden Evangelien dem Sinne und den Worten nach praktisch eine Warnung und wurde augenscheinlich in beiden Fällen, dem Matthäus und dem Markus Evangelium, einem vorhergehenden, früheren christlichen Evangelium entnommen, möglicherweise dem sog. Evangelium „gemäß den Hebräern“, von dessen Existenz die Gelehrten wissen, das sie aber noch nicht gefunden haben. Auf jeden Fall sagte der Schreiber der obigen Warnung die Wahrheit, und die Jesus zugeschriebenen Worte benutzend, sagte er: „Denn es werden falsche Christi und falsche Propheten aufstehen. So alsdann jemand zu euch wird sagen: ‚Siehe, hier ist Christus! oder da!‘, so sollt ihr's nicht glauben.“ Und weiter dem Sinne nach: „Dass ihr nicht verführt werdet und dem Irrtum verfallt.“ Diese Worte gelten nicht nur für die Christen. Was wir anführen, ist die in ihnen enthaltene Warnung vor Betrug. Sie könnten in gleicher Weise für Juden, Hindus, Buddhisten, die ursprünglichen Bewohner Amerikas, für die Skandinavier und für jedes irgendwo in der Welt lebende Volk gelten, denn diese Warnung gilt für alle. Und warum? Weil es tatsächlich zyklisch wiederkehrende Krisen oder Perioden gibt, in denen wirkliche Erlöser der Menschen wie auch „falsche Propheten“ und „falsche Christi“ erscheinen. Sie kommen immer, wenn die Zeit reif ist. Nach jeder Periode von 2 160 Jahren, die die Länge des „messianischen Zyklus“ darstellt, kommt zu Zeiten materiellen Wachstums und spirituellen Verfalls eine Wiederkehr spirituellen Glaubens in die Welt. In den Zeiten, die Platon die „unfruchtbaren Perioden“ nennt, kommt ein Bote von Śambhala und übergibt den Menschen seine Lehre, verschafft ihr Geltung und verschwindet dann wieder.

Sofort beginnen Nachahmer oder vielleicht auch treulose Jünger, jene, die vielleicht für sich selbst Auszeichnungen suchen oder die enttäuscht sind, oder solche, die vielleicht einfach durch ihre eigenen Vorurteile, durch die Schwächen ihres eigenen menschlichen Gemütes zu Missverständnissen gekommen sind – drücken wir es auf die barmherzigste Weise aus, die möglich ist –, Sekten zu bilden. Sie predigen als „falsche Christi“ und appellieren an den nach Wundern verlangenden Hunger der Leute – so wird eine neue Sekte geboren. Diese stirbt entweder aus oder lebt für eine Zeitlang fort, und die Welt wird während einer weiteren Reihe von Jahrhunderten von den Priestern, von einer von Menschen geschaffenen Hierarchie beherrscht, bis sich der Mensch durch seine eigene spirituelle Kraft und seine spirituelle Stärke selbst wieder befreit. Nach Unruhe und Herzensweh kommt ein neues wirkliches Licht, ein wahrer Christus, ein neues Licht von der Hierarchie des Mitleids. Es ist das Wirken desselben alten Appells an die spirituellen inneren Feuer der Menschen durch die spirituellen Dhyânis, die sich hauptsächlich in der dritten Wurzelrasse auf diesem Planeten in dieser Runde als die Mânasaputras verkörperten und uns dadurch vor äonenlanger Tierhaftigkeit und unaussprechlicher Erniedrigung, vor ungezählten Zeitaltern lichtlosen Wanderns bewahrten.

Dies ist die Situation: Wir müssen entweder dem Pfad der „rechten Hand" oder dem Pfad der „linken Hand" folgen, wie die alten Buddhisten sagten. „Haltet die Kette ungebrochen" bedeutet, dem Pfad „rechter Hand" zu folgen. Jeder von uns hat als Einzelwesen die Wahl. Niemand anders kann für uns wählen. Alles, was unser Lehrer tun kann, ist, zu appellieren und zu lehren. Jeder einzelne von uns hat ein Gewissen, dem er folgen muss und in das sich einzumischen in unserem Orden niemals geduldet wird. Aber wohlgemerkt, versichern wir uns, dass der Pfad, den wir wählen, der Pfad des Gewissens und der Weisheit ist. Versichern wir uns, dass wir nicht durch List und Betrug vieler Art den Pfad „linker Hand" entlang geführt werden.

Das sind alte und alltägliche Erklärungen, aber sie haben immer eine richtige Nutzanwendung. Ihre Wahrheit wird durch die Tatsache nicht gemindert, dass sie uns allen vertraut sind.

In unserer nächsten Versammlung müssen wir in unserem Studium bestimmter untersuchen, wie die Lebenswoge in die Verkörperung eintritt und durch Projektion von sich selbst ihre Vehikel schafft – durch das Hervorbringen unzähliger untergeordneter Wesenheiten aus dem Brennpunkt ihrer eigenen Vitalität, die sie hinaussendet, wie der Mensch seine Gedanken aussendet. Und in zukünftigen Studien zeigen wir dann, wie die Lebenswoge den „schattenhaften Bogen" in immer gröbere Manifestation hinabgeht, bis der kritische Zeitpunkt erreicht ist, an dem der aufsteigende Zyklus des „leuchtenden Bogens" beginnt. Wir müssen auf eine wunderbare alte griechische und römische philosophische Schule, die stoische, hinweisen und zeigen, wie wahr deren Lehren in Bezug auf die Evolution der Elemente sind, wie die Elemente eines dem anderen in die Manifestation hinab folgen, wobei eines dem anderen Gestalt verleiht. In dieser Lehre können wir das richtige Verständnis dafür finden, wie der Kosmos gebildet ist und wie der Mensch aufgebaut wird, für das Warum und Wie seiner Evolution und dafür, warum er nun hier auf Erden ist und sich nicht, entweder auf dem Pfad weiter fortgeschritten oder nicht so weit fortgeschritten, irgendwo anders befindet.

Dies alles steht direkt mit den wissenschaftlichen Forschungen unserer heutigen Zeit in Verbindung, denn die modernen wissenschaftlichen Entdeckungen machen sehr große Schritte nach vorn und bedürfen früher oder später der Führung, oder auch sie werden den „Pfad linker Hand" einschlagen. H. P. Blavatsky hat deutlich gesagt, dass das Licht, das die Welt erleuchtet und die Schritte der Menschen den „leuchtenden Bogen" entlang lenkt, durch die theosophische Bewegung kommen wird, und es ist unsere Pflicht, bei diesem edlen Werk mit unserer ganzen Stärke mitzuhelfen. Wenn wir unsere eigene Philosophie nicht richtig und genau verstehen und nicht anderen gegenübertreten und überzeugend zu ihnen sprechen können, versagen wir in unserer Pflicht. Aber diejenigen von uns, die einen unbeugsamen Willen haben und die den inneren Christus in sich erweckt haben, wenn auch in geringerem Grade, so, dass wir noch etwas von jenem wunderbaren inneren Licht wahrnehmen können, das uns weitsichtige Hoffnung und dauernden Frieden gibt – jene von uns, die es, wenn auch nur in geringem Grade, fühlen, werden begreifen, dass in uns und sonst nirgends, weder auf dieser Erde noch in einer anderen sichtbaren oder unsichtbaren Sphäre, der Pfad, der alte Pfad, der schmale, der Pfad des Altertums liegt, von dem die Hindu-Upanishaden sagen, er führe „zum Herzen des Universums".

Kapitel 33

Die Lebenswoge und die sieben Elemente. Die Esoterische Philosophie wie sie von den Stoikern gelehrt wurde.

Wenn aus dem materiellen Anteil an der ätherischen Wesenheit kraft der inhärenten Bewegung ihrer kleinsten Teile materielle Formen von Welten mit ihren Pflanzen- und Tierarten entwickeln konnten, warum, fragen wir, konnten sich nicht aus dem, was wir den geistigen Anteil an den Wesen dieses Weltäthers nennen können, Wesensreihen von der monadischen Daseinsstufe bis zu jener des Menschen entwickelt haben?

H. P. Blavatsky: Isis Entschleiert, Bd. I, S. 360 f.

Die positivsten der materialistischen Philosophen stimmen darin überein, dass alles, was besteht, aus dem Äther hervorging; daher müssen Luft, Wasser, Erde und Feuer, die vier ursprünglichen Elemente, der ersten Duade entsprungen sein; alle Imponderabilien, bekannte und unbekannte, entspringen aus derselben Quelle. Wenn nun eine geistige Essenz in der Materie wirksam ist und diese Essenz sie zwingt, sich in Millionen individueller Formen zu gestalten, warum ist es unlogisch zu behaupten, dass jedes dieser geistigen Reiche der Natur mit Wesen bevölkert ist, die aus der ihm eigentümlichen Materie gebildet sind? Die Chemie lehrt uns, dass im menschlichen Körper Luft, Wasser, Erde und Wärme oder Feuer vorhanden sind; *Luft* in seinen Bestandteilen, *Wasser* in seinen Ausscheidungen, *Erde* in den anorganischen Beständen und *Feuer* in der animalischen Wärme. Der Kabbalist weiß aus Erfahrung, dass ein Elementargeist nur eines von ihnen enthält und dass jedes der vier Naturreiche seine eigenen Elementargeister besitzt; und da der Mensch höher als sie steht, so findet das Gesetz der Entwicklung in dem vereinigten Dasein aller vier in ihm seinen Ausdruck.

H. P. Blavatsky: Isis Entschleiert, Bd. I, S. 364, Fußnote

Seit Tausenden von Jahren wurde, wie uns unser Lehrer gesagt hat, von Seiten unserer Meister, unserer älteren Brüder, kein derartiger Versuch gemacht wie jetzt, die Lehren der Aufmerksamkeit der Menschheit nahezubringen, die wir seit den vergangenen wenigen Jahren in diesen Versammlungen studiert haben; dass der Versuch so umfassend und groß ist, davon kann sich jeder Schüler der Antike selbst überzeugen. Der Grund dafür ist, dass etwa zu der Zeit der Entdeckung Amerikas einer der Rassenzyklen zu Ende ging und ein anderer begann, der gegenwärtig in den verschiedenartigen spirituellen, psychischen und physischen Störungen sowohl des Menschen als auch der Erde, wie wir sie in den letzten zehn oder zwölf Jahren erlebten, seinen Höhepunkt erreicht hat.

Wir erinnern uns, was Cicero, der römische Redner, von jenen sagt, die nie die unermesslichen Vorteile gehabt haben, die durch Initiation übertragen werden. Er sagt in der metaphorischen Sprache seiner Zeit, dass jene, die eingeweiht wurden, in einer leuchtenden Hoffnung und im Bewusstsein eines tieferen Wissens über den Menschen und die Dinge leben. Jene aber, die nicht die durch Initiation vermittelten erhabenen Vorteile der geheimen Lehren der alten Weisheit gehabt haben, insbesondere nach dem Tod in dem leben, was er mit Dunkelheit, Schlamm, Erniedrigung, Trübsal und Schmutz beschreibt. Das sind Worte, die unsere Aufmerksamkeit wohl verdienen, weil Cicero, wie die größten Menschen seiner Zeit, durch die eleusinischen Riten gegangen ist, eine Tatsache, die uns bekannt ist, weil er es uns selbst gesagt hat.

Der Hauptgegenstand, den wir diesen Abend eingehender studieren müssen, ist das Verfahren, das die Natur beim Aufbau von Welten, des Kosmos und des Menschen befolgt. Unmittelbar im Zusammenhang mit diesem unserem Gegenstand stehen die verschiedenen Auffassungen über die Götter, Monaden, Seelen, Atome und Körper.

Die alten Griechen und Römer hatten eine Schule, die sie die „stoische" nannten, die „Stoa Poikile" oder „gemalte Halle" in Athen, in der die stoischen Lehrer lehrten. Diese Schule wurde von Zenon von Kition auf der Insel Zypern etwa am Ende des vierten Jahrhunderts vor unserer gegenwärtigen Ära gegründet. Sie bildete ungefähr zur Zeit des Niedergangs des Römischen Reiches die religiöse Wissenschaft oder wissenschaftliche Religion der fortgeschrittensten Denker jener Zeit. Es steht außer Frage, dass Zenon initiiert war, wahrscheinlich sowohl in den samothrakischen als auch in den eleusinischen Mysterien, weil wir wissen, dass die Lehren, die er lehrte, bis zu einem gewissen Grad mit unseren eigenen nicht nur praktisch so gut wie identisch sind – beachten wir bitte die Einschränkung –, sondern weil hier und dort in den gesamten Lehren Andeutungen und Winke verstreut sind, die sehr klar zeigen, dass diese Lehren des Stoizismus, den Anschauungen moderner Gelehrter entsprechend, nicht von ihm stammten, sondern ihren Ursprung in einer weit zurückliegenden Vergangenheit haben müssen, in einer Vorzeit, die weit über das hinausgeht, worüber die Geschichte Aufzeichnungen bewahrt hat.

Unter den Lehren des Stoizismus befinden sich auch jene von der Entstehung oder der Geburt der Elemente des Kosmos. Es wurde von fünf Elementen gesprochen, und auf zwei weitere wurde unbestimmt hingewiesen. Diese fünf waren, mit dem höchsten beginnend, der Äther, dann das, was Feuer genannt wurde, dann die Luft, danach das Wasser und schließlich das Element Erde. Diese kosmischen Elemente sind nicht die vertrauten Dinge, die wir unter diesen Namen kennen, denn sie wurden nur angenommen, um durch gewisse Eigenschaften, die sie besitzen, die wirklichen Elemente des kosmischen Seins zu symbolisieren.

Diese Elemente der Natur, die in der brâhmaṇischen Philosophie „Tattvas" genannt werden – und die wir in unserer letzten Versammlung sehr kurz studierten –, können auch die Prinzipien des Kosmos genannt werden, ebenso wie des Menschen sieben Prinzipien die Elemente seines Wesens genannt werden können. Wir können die „Elemente des Kosmos" oder die „Prinzipien des Kosmos" sagen, und es bedeutet für den gegenwärtigen Zweck das Gleiche. Wir können die „Elemente des Menschen" oder die „Prinzipien des Menschen" sagen, und es bedeutet ebenfalls für den gegenwärtigen Zweck die gleiche Sache. Sieben verschiedene Eigenschaften, Zustände oder Beschaffenheiten von Prakṛiti oder der Natur, die wir auch Substanz oder Materie nennen können. Es ist jetzt nicht die richtige Zeit für eine allzu sehr ins Einzelne gehende – wenn auch erforderliche – Unterscheidung zwischen Materie und Prakṛiti. Auf jeden Fall sind die Elemente sieben verschiedene Zustände, Bedingungen oder Eigenschaften von Prakṛiti, der geoffenbarten Seite des kosmischen Seins.

Diese sieben Elemente oder Prinzipien – oder wie öffentlich gelehrt wurde, fünf – sind gemäß der Stoischen Philosophie in folgender Ordnung eines von dem anderen abgeleitet: als erstes das namenlose EINE; zweitens dessen Nachkomme, Spross oder Kind, das das zweite Element abwärts auf der Stufenleiter ist; das dritte war der Äther, der Nachkomme oder Spross des zweiten, der gleichzeitig die Eigenschaften oder Kräfte des zweiten, seines Elters, und des ersten, sozusagen seines Großelters, in sich vereinigt. Dann kam das Feuer, das die Elemente der drei vorhergehenden und auch sein eigenes besonderes Swabhâva, seine essenzielle Charakteristik enthält. Die Bedeutung von Swabhâva ist nach unserem früheren Studium die Besonderheit, die essenzielle Natur, die wirkliche Charakteristik eines Dinges, die es von einem anderen unterscheidet. Das Swabhâva einer Rose veranlasst die Rosenpflanze, immer eine Rose hervorzubringen und nicht eine Lilie oder ein Veilchen. Das Swabhâva eines Menschen bringt als Nachkommen immer einen Menschen hervor und keine Stachelbeere oder Eiche. Dies ist Swabhâva oder Eigen-Natur. Nennen wir es Individualität, wenn wir wollen, es ist die spezielle oder Keimindividualität.

Dem Feuer, als dem Elter, entsprang dann die Luft. Wie schon gesagt, benutzen wir diese Ausdrücke mit einer Warnung, da sie in Wirklichkeit nicht die vertrauten materiellen Dinge bedeuten, die wir unter diesen Namen kennen. Dieses „Luft" genannte Element enthält jedoch neben den Eigenschaften seiner eigenen Natur auch jene des Feuers, seines Elters, und des Äthers, seines Großelters, und auch die Eigenschaften des zweiten und des ersten Elementes in sich. Dann kommt das Wasser, das in sich seine eigenen Eigenschaften und auch die Eigenschaften der fünf vorhergehenden Elemente enthält. Schließlich kommt das siebente oder letzte, die grobe Materie oder verdichtete Substanz, die in sich die Eigenschaften der sechs enthält, die ihm vorhergehen. Jedes Element ließ das nachfolgende entstehen, während die Lebenswoge ihre Laufbahn den „schattenhaften Bogen" hinab in die Manifestation verfolgte oder das Fachwerk des Kosmos aufgebaut wurde.

Auf diese Weise, sagten die Stoiker, wird der Kosmos aufgebaut, und sie verkündeten damit eine der unsrigen genau gleichartige und, soweit dargelegt, in der Tat identische Lehre. Ändern wir einfach die Namen: Gebrauchen wir Götter, Monaden, Seelen, Atome und Körper oder Träger, fügen wir Lebenskraft hinzu und das kosmische SELBST als Erstes, und wir haben die sieben kosmischen Prinzipien. Dann sagten die Stoiker (wobei sie hier die Lehre in unseren eigenen Worten zum Ausdruck bringen): Wenn der Impuls der evolutionären Lebenswoge seinen letzten Zyklus des Abstiegs erreicht hatte, d. h., wenn er seinen niedersten Punkt in der vierten Runde erreicht hatte, begann die Periode des Aufstiegs: Das Wasser zog, während die Lebenswoge aufwärts fortschritt, die Erde in sich ein und vermischte sie mit sich selbst. Darauf zog die Luft als Nächstes das Wasser, das die Erde enthielt, in sich ein und vermischte es mit sich. Das Feuer zog sodann die Luft mit den zwei in ihr enthaltenen niedrigeren Elementen in sich ein. Der Äther als Nächstes zog das Feuer mit seinen Elementbestandteilen in sich ein. Das zweite Element, abwärts gezählt, zog den Äther in sich ein. Schließlich zog dann das erste oder das Namenlose EINE das zweite in sich ein, das die Elementareigenschaften all der anderen enthielt. Dann war, die Sprache der Stoiker benutzend, die „Spannung" der göttlichen Essenz in ihrer eigenen Qualität und Art wiederhergestellt, soweit diese Essenz eine Lebenswoge von unzählbaren lebendigen Partikeln oder Monaden emaniert hatte, und es herrschte Ausruhen und Glückseligkeit, äußerster Frieden und unaussprechliche Ruhe, bis die zyklische Zeit für das nächste evolutionäre Ausströmen der unzählbaren Leben kam. Dies ist, wie wir sehen, eine Lehre, die der unsrigen genau entspricht, wie mit der Lehre, die die Evolution der Leben während der Runden einer Planetenkette darlegt, gezeigt wurde.

Den schattenhaften Bogen entlang in die Materie, in die Manifestation hinabsteigend, schreitet die Lebenswoge abwärts fort, bis sie ihren niedrigsten zyklischen Punkt erreicht. Dann erhebt sie sich wieder den leuchtenden Bogen empor, bis alles wieder in die Essenz zurückgezogen ist, die sie hinaussandte oder aus der sie vielmehr hervorging. Von jeder Einheit oder Monade der Lebenswoge wurde zu dem Zweck, Seelenerfahrung zu gewinnen und dabei der umgebenden Materie einen Impuls aufwärts zu geben, individuell Erfahrung gewonnen, und dabei wurden viele Stufen in der Evolution durchlaufen. Denn die Materie ist nichts anderes als kristallisierter Geist, oder Geist ist ätherisierte Materie. Doch die erste Formulierung ist die bei weitem bessere Weise, die Tatsache auszudrücken.

Wie in unserer letzten Versammlung dargelegt wurde, ereignet sich das natürlich alles in dem, was Raum genannt wird. Der Raum ist kein bloßer Behälter, kein bloßes Gefäß von Dingen, wie ihn moderne Wörterbücher definieren, denn in diesem Fall würde er ein an sich endliches Ding sein. Wir müssten in einem solchen Fall einen Behälter finden oder uns etwas vorstellen, das den Behälter enthält, und so fort ad infinitum. Der Raum ist das endlose und anfanglose Pleroma, die Fülle, wie die griechischen Philosophen sagten: das grenzenlose All, das Tätigkeitsfeld des universalen Lebens, die endlose und anfanglose Fülle. Der Raum ist das gewaltige, unabschätzbare Aggregat der unzählbaren Hierarchien, die das geoffenbarte Sein bilden. Wir leben und bewegen uns und haben unser Dasein im Raum, wie die Wesen, die in und auf den Atomen leben, die unseren Körper zusammensetzen, in unserem Körper leben, der für sie praktisch unendlichen Raum, das unbegrenzte Pleroma darstellt.

Brechen wir die Formen unseres Gemüts! Erlauben wir unseren Gedanken, uns in die unermessliche Ausdehnung des universalen Bewusstseins zu führen, die uns diese erhabenen Ideen eröffnen können. Imaginieren wir, wenn wir wollen, dass das Leben endlos ist und durch alles hindurch der Pulsschlag des universalen Herzens geht, und ferner, dass es nichts Großes und nichts Kleines gibt, außer im Vergleich und relativ genommen. Wir wiederholen hier den Gedanken, den wir schon oft zum Ausdruck gebracht haben, einen Grundsatz, der eine der fundamentalen Wahrheiten der Esoterischen Weisheit, der alten Weisheit aller Zeiten darstellt, und diese grundlegende Wahrheit oder dieses Prinzip ist das der Relativität. Alles ist relativ. Es gibt nirgendwo Absoluta, außer relativ genommen. Es gibt keine „Enden der Welt", keine Allerletzten, keine Grenzen, die der sich entwickelnde Geist nicht überschreiten kann. Alles steht zu allem anderen in Beziehung. Wie kann ein denkender Mensch vom Unendlichen und gleichzeitig vom Absoluten sprechen? Das Wort „absolut" selbst hat dieselbe Bedeutung wie das Hinduwort „mukta": „befreit", „frei". „Absolut" bedeutet „befreit", „ungefesselt", „ungebunden", Freiheit.

Paulus, der christliche Apostel, sprach während einer seiner Missionsreisen vom Hügel des Mars, d. h. vom Areopag, zu den Männern von Athen, und er benutzte Worte, die, wie ich denke, ohne Frage zu den schönsten im christlichen Neuen Testament gehören, denn sie stellen reine heidnische Philosophie dar. Paulus erzählte den Männern von Athen, dass er, „als er an Land ging, beim Hinaufgehen nach Athen einen Altar sah, der dem unbekannten Gott geweiht war" – *to theo agnosto.* Nun, er muss im alten Hafen Phaleron an Land gegangen sein, dem vor dem

Ausbau von Piräus benutzten Hafen von Athen. Wir wissen auch von dem griechischen Geschichtsschreiber und Reisenden Pausanias im Kapitel I, Buch 1 seines Werkes, dass es in jenem Hafen Altäre gab, die dem „unbekannten Gott“ geweiht waren. Dieses ins Englische [und Deutsche, d. Ü.] als „unbekannt“ übersetzte Wort *(agnostos)* bedeutet im Griechischen nicht so sehr „unbekannt“ als vielmehr „unerkennbar“ – unbekannt im Sinne von unerkennbar, unbekannt, weil er unerkennbar war.

In seiner Predigt an die Athener benutzte Paulus die folgenden in der die „Apostelgeschichte“ genannten christlichen Schrift in Kapitel 17, Vers 28 geäußerten Worte: „Denn in ihm leben, weben und sind wir; wie auch etliche Poeten bei euch gesagt haben: Wir sind seines Geschlechts.“ Ich möchte nebenbei erklären, dass uns das Griechische an dieser Stelle erlaubt, das Wort *auto* sowohl mit „es“ als auch mit „ihm“ zu übersetzen. „Denn in ES bewegen wir uns, leben wir und haben wir unser Dasein.“ Die Christen moderner Tage, die ihre persönliche, aktiv tätige, monotheistische Gottheit im Sinne hatten, wählten beim Übersetzen dieser Stelle natürlicherweise das Wort männlichen Geschlechts. Aber das sächliche Geschlecht ist grammatisch ebenfalls richtig und philosophisch bei weitem besser.

Wahrlich, Paulus der „Christ“ (sollen wir ihn so nennen?, auf jeden Fall war er ein Eingeweihter), Paulus, der „weise Baumeister“, wie er sich selbst nennt, der auf diese Weise auf seine esoterischen Verbindungen anspielt, sagt nicht nur, dass wir in ES leben, sondern er weist beständig auf Gegenstände der Initiation hin. Die vielen mystischen Andeutungen auf verschiedene Dinge, die auch in den ihm zugeschriebenen Schriften verstreut sind, zeigen sehr deutlich, wie weit sich das Christentum von heute von seinen ersten Gründern entfernt hat.

Die Poeten, von denen Paulus spricht, sind ohne Zweifel die beiden berühmten stoischen Philosophen Aratos (ein Landsmann von Paulus, und beide, er wie auch Aratos, sind wahrscheinlich in Tarsus auf Sizilien geboren) und Kleanthes aus der Troas. Letzterer schrieb eines der schönsten noch vorhandenen griechischen religiösen Gedichte, das selbst von christlichen Schriftstellern sehr bewundert wird, weil sie glauben, in ihm das zu sehen, was sie wahrscheinlich einen im Entstehen begriffenen Monotheismus im christlichen Sinne nennen würden! Es war einfach eine Hymne der Verehrung an die stoische göttliche Essenz, den Hierarchen der mächtigen Hierarchie unseres Universums, sein oberstes Haupt, das Kleanthes in dem Gedicht „Zeus“ nannte. Vergessen wir nicht: Obgleich Zeus der oberste Hierarch eines Universums, eines Kosmos oder einer Hierarchie genannt werden kann, ist er nur das Haupt einer der unzählbaren anderen ähnlichen Hierarchien, Hierarchien des ungeheuren, endlosen und anfanglosen Aggregats, die das manifestierte Sein zusammensetzen.

In IHM – in ES – leben wir, bewegen wir uns und haben wir unser Dasein. Dieses ES nennen wir sehr richtig Raum, er ist die unermessliche, endlose und anfanglose Masse von lebendigen Wesen. Es gibt nirgends ein Vakuum, ein Leersein. Es gibt keine Leere, kein „Nichts" irgendwo. Alles ist erfüllt, nicht nur von Leben, sondern von lebenden und bewussten Dingen, von Wesen unendlich verschiedener Grade des Bewusstseins, wie zum Beispiel wir welche sind. Denken wir darüber nach! Öffnen wir unser Gemüt, und lassen wir die Gedanken, die diese göttliche Idee vermittelt, einströmen. Lassen wir sie einen Wohnsitz in unserer Seele finden. Sie bringen unendlichen Frieden und Trost und führen zu weiterer Erleuchtung.

Ja, wahrhaftig, solcher Art ist der Raum, der siebenfache Raum, genauer die unermesslichen Räume des Raumes nach innen, innen, innen gehend, ohne Ende.

Zur Eröffnung unseres speziellen Studiums für diesen Abend wollen wir, nachdem wir hiermit das in unserer letzten Versammlung unvollendet gelassene Studium beendet haben, aus der *Geheimlehre,* Band II, Seite 516 f., Abschnitt C vorlesen:

> Die Geheimlehre führt als eine selbstverständliche Tatsache aus, dass die Menschheit kollektiv und individuell mitsamt der ganzen geoffenbarten Natur der Träger ist (a) des Atems des Einen Universalen Prinzips in seiner ersten Differenziation; und (b) der zahllosen „Atem", die aus jenem Einen Atem in seinen sekundären und weiteren Differenziationen hervorgehen, sowie die Natur mit ihren vielen „Menschheiten" nach abwärts zu den Plänen fortschreitet, die an Materialität beständig zunehmen. Der erste Atem beseelt die höheren Hierarchien; der zweite – die niederen auf den stetig absteigenden Plänen.

Eine wunderbare Stelle! Beachten wir besonders den Hinweis auf die „vielen Menschheiten", etwas, worüber wir in einer zukünftigen Versammlung länger sprechen müssen.

Während unserer letzten Studien verfolgten wir sehr kurz die Evolution eines „Gottes" (eines Gottes aus den unendlichen Myriaden von Gottheiten – nennen wir sie Götter, wir wollen uns über Worte nicht aufhalten) oder anderer Mengen untergeordneter Wesen, von Monaden, die diesem Gott entspringen und sein leuchtendes Gewand, sein Vehikel, sein Gefährt, seinen Träger, seinen Körper bilden. Jede einzelne aus diesen zahllosen Mengen von Monaden sendet ihrerseits unzählige andere Mengen von Seelen aus sich aus, projiziert sie aus sich heraus, die ihr Gewand, ihren Träger, ihr Gefährt, ihr Vehikel, ihren Körper bilden. Weiter sendet jede einzelne solcher Seelen ihrerseits aus sich wieder unzählige Mengen von Atomen aus, prâṇisch-astrale Wesenheiten – nicht die physischen Atome der Wissenschaft, bitte –, und diese Atome bilden das Gewand, das Gefährt, das Vehikel, den Träger, den Körper einer solchen Seele.

Jedes einzelne dieser Atome verdichtet um sich die von früheren Zyklen der Tätigkeit her wartenden Lebensatome, die die zu dieser Ebene der Manifestation gehörenden Skandhas sind, und bildet auf diese Weise sein physisches Vehikel, in dem all die anderen Prinzipien (größtenteils latent) enthalten sind.

Diese ungeheure Sammlung von Wesenheiten: Götter, Monaden, Seelen und Atome, stieg durch die kosmischen Elemente hinab, die wir beschrieben haben, wobei wir lieber die stoischen Formulierungen benutzen als die brâhmaṇischen, die europäischen Lesern nicht so gut bekannt sind, aber ebenso gut hätten benutzt werden können. Während der Lauf des Lebens, während die Lebenswoge durch jedes Element, durch jedes einzelne dieser sieben Elemente ihre Reise abwärts in die Materie ausführt, lässt sie in jedem eine Klasse von Wesenheiten entstehen, die wir beschrieben haben.

„Gott" lebt auf der Ebene des Namenlosen Einen. Die Monaden leben auf der Ebene des zweiten Elementes, das in der Literatur der Alten ebenfalls keinen Namen hat. Die Seelen leben auf der Ebene des Äthers, des Âkâśa, und die Atome leben auf der Ebene der Luft, der vierten Ebene, der prâṇisch-astralen Welt.

Auf diese Weise bilden die Elemente der Stoiker, sie sieben an der Zahl sind, von denen aber nur fünf offen genannt werden, die Prinzipien der Natur, und die Lebenswoge baut sich beim Durchgang durch diese Elemente in jedem derselben ihre angemessenen Wohnungen. Auf gewissen entsprechenden Ebenen nehmen die Wohnungen die Form von Globen an, und diese Globen sind die sieben Globen, die unsere Planetenkette bilden. Sie sind Globen, die aus den unzählbaren, mannigfaltigen Heeren von Atomen, Seelen und Monaden geformt sind, von denen manche „erwacht", einige „zum Teil erwacht" sind und andere noch in den niedrigeren Sphären „schlafen".

Wenn dann die Heere von Wesen, die die Lebenswoge zusammensetzen – die Lebenswoge, die aus den Wesenheiten zusammengesetzt ist, die von einem früheren, jetzt toten Planeten herstammen, in unserem Fall vom Mond –, fühlen, dass für sie die Zeit gekommen ist, ihren eigenen besonderen Evolutionslauf zu beginnen, kreisen sie die planetarische Kette entlang abwärts, die für sie in drei ursprünglichen elementaren Sphären von den drei Heeren von Elementalwesen vorbereitet wurde, den Vorläufern der Lebenswoge, die jedoch wesentliche Teile von ihr darstellen. Vergessen wir bitte nicht, dass eine Hierarchie aus zehn Graden oder Zuständen besteht. Drei davon verbleiben, wie die Pythagoreer gesagt haben würden, in der

Stille und Dunkelheit – für uns der Göttlichkeit –, und sieben treten in die Manifestation. Die Lebenswoge geht im Ganzen siebenmal rund um die sieben Globen unserer Planetenkette; dabei kreist sie zuerst durch alle sieben Elemente des Kosmos den schattenhaften Bogen hinab und sammelt in jedem einzelnen derselben Erfahrungen. Jede einzelne Wesenheit der Lebenswoge, ganz gleich, welchem Grade oder welcher Art sie angehört, ob spirituell, psychisch, astral, mental oder göttlich, schreitet abwärts fort und fort und immer weiter, bis sie die Mitte der vierten Runde am untersten Ende des Bogens erreicht, wo sie das Aufhören des abwärts gerichteten Impulses fühlt. Dann beginnt der aufwärts gerichtete Impuls. Den stoischen Lehren entsprechend geht alles gradweise wieder durch die Elemente zurück zum Göttlichen. Das Niedrigere wird in das Höhere zurückgezogen, bis am Schluss die große zyklische Runde vollendet ist und die kreisenden Wesen wieder in das Göttliche eintreten, wobei der Mensch in den vorderen Reihen steht. Der „Mensch" beginnt seine Entwicklungsreise als ein unselbstbewusster Gottesfunke und beendet sie als ein selbstbewusster Gott.

Wenn wir von den „Menschen" der späteren Abschnitte dieser Reise sprechen, meinen wir die „denkende Wesenheit". Das Persönliche wird zum Unpersönlichen und das Sterbliche in das Unsterbliche erhoben. Diese beiden Ideen, die unser Lehrer neben anderen in ihre schöne Anrufung mit eingeschlossen hat, umfassen zwei der erhabensten Lehren der alten Weisheit, die wir verschiedene Male nur kurz angedeutet haben, und die wir später einmal eingehender studieren werden. Die Hauptsache, die wir gegenwärtig begreifen müssen, ist, dass der Raum eine ungeheure, anfanglose und endlose Fülle ist, er ist das grenzenlose All. Ferner müssen wir verstehen, dass er aus den unzähligen Hierarchien zusammengesetzt ist, die tatsächlich der Raum selbst sind, die Räume des Raumes. Und weiter sind diese Hierarchien selbst wieder aus unberechenbaren Mengen sich entwickelnder Wesen auf all den sieben Stufen der Entwicklung zusammengesetzt, und jedes einzelne Wesen hat seinen großen Zyklus zu durchlaufen, zuerst den schattenhaften Bogen hinab, und dann, wenn das Ende jener besonderen evolutionären Woge oder jenes Laufes erreicht worden ist, beginnt der Wiederaufstieg entlang des leuchtenden Bogens der Quelle zu, aus der sie ursprünglich kam. Schließlich folgt der lange pralayische Schlaf. An dessen Ende beginnt das kosmische Wiedererwachen, den kosmischen Impulsen aus dem vorhergehenden Manvantara und den vorhergehenden Manvantaras folgend, die Eröffnung eines neuen Evolutionslaufes durch die Sphären des Lebens, aber auf höheren und erhabeneren Ebenen als vorher.

Kapitel 34

Die Räume des Raumes. Die geheime Lehre als Vereiniger. Universale Schlüssel. Die Lehren über die „Leere“ und über die „Fülle“, gegenübergestellt.

H. P. Blavatsky führt bei der Behandlung dieser Frage in ihrer *Geheimlehre* aus dem alten *Buch des Dzyan* die folgende Stelle an:

„Eine Heerschar der Söhne des Lichtes steht in jedem Winkel, und die Lipika in dem mittleren Rad.“

Die Geheimlehre, I, 62

Die vier Ecken sind die vier Himmelsrichtungen, das „mittlere Rad“ ist der Mittelpunkt des Raumes, und dieses Zentrum ist allüberall, weil, da der Raum grenzenlos ist, das Zentrum desselben überall sein muss, wo erkennendes Bewusstsein existiert. Derselbe Autor schreibt unter Benutzung des „Jüngers Katechismus“:

„Was ist es, das immer *ist?* Raum, der Anupapâdaka. Was ist es, das immer *war?* Der Keim in der Wurzel. Was ist es, das immer *kommt* und *geht?* Der große Atem. Demnach gibt es drei Ewige? Nein, die drei sind EINS. Das, was immer ist, ist EINES, das, was jemals war, ist EINES, das, was immer ist und wird, ist auch EINES – und dies ist RAUM.“

In diesem elternlosen und ewigen Raum existiert das Rad, in dessen Mitte die Lipikas sind, von denen ich nicht sprechen kann.

An den vier Ecken sind die Dhyân-Chohans, und die Adepten – die Mahâtmans – sind es, die deren Willen unter den Menschen auf dieser Erde ausführen. Die Harmonie der Sphären ist des Gesetzes Stimme, und dieser Stimme wird sowohl von Seiten der Dhyân-Chohans als auch von den Mahâtmans mit Bereitwilligkeit gehorcht, weil sie das Gesetz selbst sind, während die Menschen und alle Kreaturen gehorchen müssen, weil sie durch die unzerstörbaren Ketten des Gesetzes, welch Letzteres sie nicht verstehen, gebunden sind.

W. Q. Judge: Echoes from the Orient, S. 15

„Studieren musst du die Leere der scheinbaren Fülle, die Fülle der scheinbaren Leere.“

H. P. Blavatsky: Die Stimme der Stille. Fragment III: Die sieben Pforten, S. 94 f.

Zur Eröffnung unseres Studiums wollen wir heute Abend wiederum die in unserer letzten Versammlung vorgelesene Stelle aus der *Geheimlehre,* Band II, Seite 516 f. lesen:

> Die Geheimlehre führt als eine selbstverständliche Tatsache aus, dass die Menschheit kollektiv und individuell mitsamt der ganzen geoffenbarten Natur der Träger ist (a) des Atems des Einen Universalen Prinzips in seiner ersten Differenziation; und (b) der zahllosen „Atem", die aus jenem Einen Atem in seinen sekundären und weiteren Differenziationen hervorgehen, sowie die Natur mit ihren vielen „Menschheiten" nach abwärts zu den Plänen fortschreitet, die an Materialität beständig zunehmen. Der erste Atem beseelt die höheren Hierarchien; der zweite – die niederen auf den stetig absteigenden Plänen.

Wir haben hier im engen Rahmen nicht nur den Umriss der hierarchischen Lehre, sondern auch den gesamten Aufbau des Kosmos, der sich im Kleinen wiederholt und der gleichfalls den Aufbau des Mikrokosmos oder des Menschen bedeutet.

Heute wollen wir einen Schritt weitergehen. Wir studierten in unserer letzten Versammlung die Frage der Natur des Raumes – was ist Raum, und was ist Raum nicht? – aufgrund der knappen Zeit mehr oder weniger kurz. Wir bemühten uns darzulegen, dass „Raum" der allgemeinen Auffassung zufolge ein Gefäß oder einen Behälter bedeutet. Mit anderen Worten, er bedeutet gewöhnlich „Ort". Das Wort Raum wird fast gleichbedeutend mit Ort angewandt. Das ist aber nicht der autorisierte oder gelehrte Gebrauch in den esoterischen Lehren, in denen gezeigt wird, dass Raum die grenzenlose Reihe von Hierarchien darstellt, die nicht nur das anfanglose und endlose All erfüllen, sondern es sind. Dieser Raum ist, wie die alten Griechen es ausdrückten, eine Fülle ohne Ende und ohne Anfang. Sie nannten ihn das Pleroma oder die Fülle – mit einem universalen Leben, sozusagen einem Herzen, das durch das Ganze pulsiert oder schlägt.

Wir sprachen auch – und dies ist bitte sorgfältig zu beachten – von den Räumen des Raumes, den inneren Bereichen, den inneren Teilen des Raumes, die zum Raum in derselben Beziehung stehen wie des Menschen eigene innere Prinzipien zu seinem äußeren Vehikel.

Wir wollen nun eine scheinbar vollständige Kehrtwendung machen: Nachdem wir in früheren Studien aufgezeigt haben, wie der Raum in bestimmten Zweigen der alten Weisheit, zum Beispiel bei den Stoikern, bei den Brâhmaṇen und in deren Gedankenschulen, die wir erwähnten, betrachtet wurde, werden wir nun sehr kurz die Art aufgreifen, in der „Raum" besonders in unserer eigenen esoterischen Schule und speziell von den Anhängern der esoterischen Lehren des Gautama Buddha betrachtet wird.

Wir werden nun sagen und auch beweisen, dass die Geheimlehre der Zeitalter außerdem und vor allen anderen Dingen eine Zusammenfassung ist.

Wie am Anfang dieser Studien gesagt wurde, an denen teilzunehmen uns unser Lehrer das Vorrecht gegeben hat, beginnen wir, eine Serie von Lehren zu lernen und zu verstehen, die uns die Schlüssel zu den großen Religionen der vergangenen Zeitalter geben. Diese Schlüssel sind universal in ihrer richtigen Anwendung. Es hängt einzig und allein von dem Fassungsvermögen des Einzelnen ab, wie viel er erlangen mag, wenn er einen Schlüssel einmal, zweimal (oder vielleicht sogar siebenmal) herumdreht.

Es gibt eine Lehre des nördlichen Buddhismus – und wir wählen sie, um die esoterischen Lehren in Bezug auf den Raum zu erläutern –, die die Lehre von der Leere, die Lehre von der Leerheit genannt wird. Sie ist auch in anderen Schulen vergangener Zeiten zu finden und wurde durch die griechischen Atomisten Demokrit, Leukipp und Epikur sowie durch den großen römischen Dichter Lukrez erläutert. Selbst einige der stoischen Philosophen, die sonst die Lehre von der Fülle lehrten, sprachen von ihr. Hierin liegt eine Erläuterung, die, wie sich diesen Abend noch zeigen wird, die Lektion für uns sein kann, dass die Dinge, die in der *Geheimlehre* oder sonstwo in unseren Lehren einen Widerspruch darzustellen oder zu bilden scheinen, in Wirklichkeit kein Widerspruch sind, obgleich sie ein Paradoxon sein mögen. Ein Paradoxon ist eine Darlegung, die ein Widerspruch zu sein oder einen solchen zu enthalten scheint, aber in Wirklichkeit keiner ist.

Das in den buddhistischen Sanskṛitschriften zur Bezeichnung dieser Leerheit angewandte Wort ist „Śûnyatâ". Śûnya bedeutet „hohl" oder „leer". Die Nachsilbe *tâ* hat dieselbe Funktion wie *tas* im Lateinischen, „unitas", „trinitas", „vacuitas" und findet sich im Englischen als die Nachsilbe *ty* in „eternity", „unity", „vacuity" usw., deshalb ist Śûnyatâ mit Leere oder Leerheit zu übersetzen.

Die buddhistischen Philosophen lehrten, dass die einzige Wirklichkeit, sozusagen das einzige grundlegende Ding des Seins, die grenzenlose Leere ist. Aus ihr entspringen am Anfang oder mit der Zeit ein Kosmos oder die Universen, und zu ihr kehren sie zurück, wenn ihr Zyklus der Manifestation zu Ende ist. Diese Lehre von der Leere ist von weit spirituellerer Natur als die Lehre von der Fülle. Beachten wir das bitte! Sie ist viel schwieriger zu verstehen als die letztere, weil unsere europäischen Gemüter für das Verstehen derartiger Gedanken, für dieses erforderliche Denken, nicht geschult sind. Wir können viel leichter und viel schneller die Fülle der Dinge verstehen als die Gedanken, dass alle die unendlichen Manifestationen des kosmischen Seins aus der grenzenlosen und vollkommenen Leere ins Leben treten und wieder in die Leere zurücksinken, wenn ihr Lebenszyklus abgelaufen ist. Mit anderen Worten, unsere europäischen Gemüter finden es leichter, das Mystische und Religiöse zu verstehen als das wahrhaft Philosophische und Wissenschaftliche. Die Lehre von der Leere wurde von dem gewaltigsten Intellekt, von der titanischsten spirituellen Macht gelehrt, die dem Menschengeschlecht in den Annalen der überlieferten und der nicht überlieferten Geschichte bekannt ist. Ich meine von ihm, den wir den Herrn Buddha, mit anderen Worten Gautama-Śâkyamuni nennen.

Wie schon in früheren Studien dargelegt wurde, bedeutet das nicht, dass wir Buddhisten sind. Aber die Lehre, die Buddha lehrte, ist auch die unsrige, wenn wir den Schlüssel, den wir besitzen, auf sie anwenden. Buddha lehrte zwei Arten von Lehren: die Augenlehre, die durch die südliche Schule auf Ceylon, in Birma, Thailand usw. sehr getreu bewahrt wurde, und die Herzenslehre, das heißt die verborgene Lehre, die Mysterienlehre. Sie werden so genannt, weil das Auge äußere und sichtbare Dinge sehen kann, aber das Herz nicht gesehen wird, doch in ihm fließen, dem alten Denken entsprechend, die Quellen des Lebens. Diese Herzenslehre ist die esoterische Weisheit, der unsichtbare Teil der Lehre, ihr Kern oder Herz, das, was nicht an alle ausgegeben wird.

Praktisch haben es alle Religionen und Philosophien des Westens selbst in griechischen und römischen Zeiten vorgezogen, ihre Lehrsätze mit dem Hintergrund oder auf der Grundlage der Lehre von der Fülle darzulegen; danach ist das Universum unbegrenzt voll, und diese Fülle ist aus unendlichen Mengen von Wesen zusammengesetzt. Nun, diese Lehre ist wahr – wir wiederholen es, wir wiederholen es nachdrücklichst –, aber die Lehre von der Leere ist gleichfalls noch wahrer. Es besteht hier kein Widerspruch, wie gezeigt werden wird.

Was meinen wir, wenn wir von der Leere sprechen? Wir können das nur kurz berühren, weil uns unsere begrenzte Zeit zwingt, zu anderen Themen überzugehen. Doch die Lehre von der Leere bedeutet oder kann vielmehr durch zwei Dinge erläutert werden: Was sehen wir, wenn wir in das hineinblicken, was volkstümlich die Unendlichkeit des Raumes genannt wird? Wir sehen, was für uns Leere oder Leerheit ist. Aber dieser sogenannte Äther (diese ätherischen Räume) ist gemäß den Theorien der Gelehrten, die sie in neuerer Zeit lehren, starrer als Stahl, dichter als unsere dichteste Materie, und die harten Felsen, die noch härteren Metalle usw. sind wie schwimmender Schaum, wie schaumige Blasen, sozusagen wie Löcher, die in und auf den unendlich großen Ausdehnungen der kosmischen Leere schwimmen.

Der zweite Weg, sich unserem Gegenstand zu nähern, ist der folgende: Was ist das, was nicht Materie ist? Es ist Geist [engl. spirit, d. Ü.]. Können wir Geist in einen Behälter tun, kann er eingeschlossen oder gemessen werden? Nein. Warum nicht? Weil er nicht in unserem Sinne des Wortes in etwas enthalten sein kann. Er ist für uns Leerheit, Leere. Er ist das, was die ausgedehnten ätherischen Räume erfüllt, und es sind nur die Schwäche unserer Sinne und die Unvollkommenheit unseres Verstehens, die uns veranlassen, im Äußerlichen zu leben, was uns törichterweise glauben lässt, dass das, was wir sehen, das Wirkliche ist und die sogenannten ätherischen Räume unwirklich oder im populären Sinne leer seien.

Die Leere *ist* die höheren Ebenen des grenzenlosen Alls, das, was für uns leer ist und deshalb von den alten Philosophen so ausgedrückt wurde. Da sie einfache Menschen belehrten, benutzten sie eine einfache Sprache, damit sie leichter verstanden werden konnte, ebenso wie im Fall des sehr missverstandenen geozentrischen Systems, über das unsere weisen modernen Naturphilosophen spotten. Und doch, ist es nicht wahr, dass jeder Punkt im Raum sein Zentrum ist? Nun, diese Idee ist ein allgemeiner Gedanke unter denkenden Menschen. Selbst der ziemlich orthodoxe französische Philosoph Pascal sagt, indem er eine alte griechische Redewendung kopiert, dass der Raum oder die Unendlichkeit das ist, was sein Zentrum überall und seinen Umfang nirgends hat.

Die Alten betrachteten daher unsere Erde natürlicherweise als das Zentrum des Raumes, und das tun auch die Bewohner der Venus oder des Mars, des Jupiters oder des „Mondes", der Sonne oder irgendeines anderen Körpers oder Punktes im Raum. Wie in einer früheren Versammlung dargelegt, sprachen und lehrten sie anthropozentrisch, d. h. vom menschlichen Standpunkt des Begriffsvermögens aus.

Gleichfalls – und dies ist ein Nebengedanke – wussten unsere eigenen alten esoterischen Philosophen, wenn sie von den Planeten, von der Venus oder dem Mars zum Beispiel, als von einer Konstellation sprachen, durchaus, was sie sagten, und sie sprachen nicht in Unwissenheit. Warum sprachen sie von einem Planeten als von einer „Konstellation", was in normaler astronomischer Terminologie oder Redeweise eine Ansammlung oder eine Gruppe von Sternen bedeutet? Nun, weil jeder einzelne der sichtbaren Planeten nur einer von sieben ist, von denen sechs für unsere physischen Augen unsichtbar sind. Diese sieben bilden eine „Planetenkette", und die Planetenketten sind aus sieben verschiedenen und voneinander getrennten kugelförmigen Körpern zusammengesetzt, die für das Auge des Sehers eine wirkliche Konstellation bilden. Außerdem sind mit jedem dieser sieben Globen vierzehn verschiedene Lokas oder vielmehr sieben Lokas und sieben Talas oder „Welten" verbunden, was auf diese Weise, wenn man alle sieben Globen zählt, neunundvierzig Welten oder Ebenen oder Lokas und neunundvierzig Talas ergibt. Als wir in unseren zwei oder drei vorhergehenden Versammlungen darauf hinwiesen, indem wir darlegten, wie die Lebenswoge hinabkommt und durch die sieben Ebenen der Natur schreitet, deuteten wir an, dass die Lebenswoge in jedem dieser Elemente ihren entsprechenden Wohnsitz oder ihre entsprechende Wohnung formt und baut. Jeder dieser sieben Globen oder jede dieser sieben Sphären ist zur Entwicklung eines der sieben Prinzipien des Menschen geformt. Jeder der Globen hat außerdem seine eigenen sieben Unterprinzipien oder Unterelemente, genauso wie die innere Natur des Menschen entsprechende Upâdhis oder Vehikel als ihre eigenen sieben Unterprinzipien in jedem seiner sieben größeren Prinzipien gebildet hat, also 49, und da jedes Prinzip zweipolig ist, es somit 49 × 2 = 98 Bedingungen oder Zustände gibt. Jedes Prinzip des Kosmos und des Menschen muss seine Möglichkeit zur Manifestation in seinem eigenen „Heim" oder Element, in seinem eigenen Schwingungskreis, in seiner eigenen besonderen magnetischen Sphäre haben. Ein richtiges Verstehen des Beschriebenen kann nur auf die Weise erlangt werden, indem man dem hierarchischen evolutionären Lauf der großen titanischen Intellekte und Spirits folgt, die unseren Kosmos regieren.

Die Lehre von der Leere ist also tatsächlich identisch mit der Lehre von der Fülle. Es gibt jedoch einen Unterschied, und dieser besteht darin, dass die Lehre von der Leere die spirituellere von beiden ist und von der oberen oder höheren Natur des Kosmos, von der nach innen führenden und der noch mehr nach innen führenden und noch mehr nach innen führende Unendlichkeit, von den Räumen des Raumes handelt, während die Lehre von der Fülle die Universen und die Galaxien beschreibt, wenn sie sich in der Manifestation befinden. Beiden liegt derselbe Gedanke, dieselbe Idee zugrunde.

Dies führt zu einer weiteren kurzen Erklärung dessen, was in unserer letzten Versammlung oder in den beiden letzten Versammlungen dargelegt wurde. Einige mögen vielleicht gedacht haben, es bestehe ein grundlegender Unterschied zwischen den Prinzipien des Menschen und den Elementen des Menschen oder den Prinzipien des Raumes und den Elementen des Raumes. Der Unterschied ist kein grundlegender, er geht nicht an die Wurzel der Sache, aber es besteht ein Unterschied. Im Grunde sind die Elemente und die Prinzipien eins. Kraft und Materie sind im Wesen eins. Geist und Substanz sind im Wesen eins. Der Geist kann ätherisierte Materie oder die Materie kristallisierter Geist genannt werden, doch die letztere Ausdrucksweise ist die bessere. Es ist zulässig, einen Unterschied zwischen einer Kraft und ihrem materiellen Vehikel, sozusagen ihrem materiellen Selbst zu machen.

Die sieben großen Elemente des Kosmos sind die Vehikel der sieben großen Kräfte des Kosmos, und diese sieben großen Kräfte sind die Prinzipien des Kosmos. Deshalb sind die sieben großen Elemente, in denen sie wirken, die Vehikel der kosmischen Prinzipien. Die Prinzipien sind die Energie-Bewusstseins-Seite, und die Elemente sind die Materie-Prakṛiti-Seite des Seins. Das ist der einzige Unterschied.

Aber wie gesagt, es besteht kein grundlegender Unterschied zwischen ihnen. Es ist vielmehr ein Unterschied der Zustände oder der Bedingungen.

Eine Kraft, wie spirituell sie auch sein mag, ist für eine noch höhere Kraft Materie, und verdichtete Materie, wie wir sie uns vorstellen mögen, ist für eine Materie, die noch niedriger ist, Kraft. Die Erklärung des Paradoxons liegt in der Darlegung der gegenseitigen Verwandtschaft der Ebenen des Seins, wie sie in der großen kosmischen Leere-Fülle wirken oder auf sie eingewirkt wird.

Wenn über Prinzipien und Elemente gesprochen wird, so wie es hier geschehen ist, können die sieben Prinzipien und Elemente des Menschen als Beispiel angeführt werden. Die Lehre ist, wie oben angegeben, in jeder Einzelheit genau. Was aber nicht vergessen werden darf, ist, dass diese sogenannten sieben „Prinzipien" des Menschen oder des Kosmos, als beschreibende Worte betrachtet, verallgemeinernde Ausdrücke sind. Wir können zum Beispiel den Menschen nicht in sieben natürlich getrennte Stücke teilen und jedes Stück in ein besonderes Gefäß einschließen. Und warum nicht? Weil man sich diese sieben Prinzipien etwa in der Weise vorstellen muss, wie von Bewusstsein, Kraft, Materie, Energie oder Elementen usw. gesprochen wird: Es sind verallgemeinernde Ausdrücke. Sie sind die Bewusstseins-Substanz, die Materie-Kraft des grenzenlosen Alls, in dem der Mensch „sich bewegt und lebt und sein Dasein hat". Große Intellekte der Vergangenheit haben diese „Materie-Kraft" oder „Geist-Substanz" analysiert und gezeigt, dass sie in der Manifestation aus sieben scheinbar getrennten, sieben voneinander geschiedenen Teilen besteht, die jedoch im Wesen eins sind – das eine Leben, universal und grenzenlos. Sie sind erstens das Selbst und zweitens das Vehikel des Selbstes, das Vehikel oder die Quelle der reinen unpersönlichen Individualität; drittens die Fähigkeit persönlichen oder begrenzten Denkens der Persönlichkeit; alsdann das Prinzip von „Liebe und Hass" oder von „Anziehung und Abstoßung" im Kosmos oder im Menschen, Kâma genannt; ferner die direkt vom ersten abgeleitete Vitalität oder das Lebensprinzip und schließlich, sechstens und siebtens, der astrale und der physische Körper oder das astrale und das physische Vehikel.

Wir sehen, es gibt umfassende Prinzipien des Seins. Wenn wir es aber unternehmen, den Menschen zum Zwecke genauen esoterischen Studiums mehr ins Einzelne gehend zu analysieren, werden wir finden, dass wir in unseren Ausdrücken weit sorgfältiger sein müssen, um ein richtiges Verständnis dafür zu bekommen, was der Mensch ist, wie er aufgebaut ist, dafür, wie seine Beziehungen zu anderen Wesen im Kosmos sind, dafür, warum er sich so entwickelt, wie er sich entwickelt, und dafür, was schließlich seine Bestimmung ist. Die wichtigsten Fragen über die spirituelle Seite der Natur, die wichtigsten Fragen über Psychologie, das größte Problem in

Bezug auf die psycho-physische Evolution sind mit dem Gedanken verknüpft, den wir hier ausdrücken.

Unsere Zeit in jeder Versammlung ist so kurz, dass wir wenig mehr tun können, als gewisse Themen kurz anzudeuten, um sie in späteren Versammlungen zwecks weiterer Betrachtung wieder aufzunehmen. Aber beachten wir wohl, es ist besser so. Das war immer die Methode der alten Schulen. Sie lehrten niemals nach unserem modernen vielgerühmten System, einen Gegenstand zu wenden und zu drehen und darauf herumzureiten, bis alles Leben aus ihm entflohen ist und die Gehirne der Schüler erschöpft und in mentalen Formen erstarrt sind. Diese Gehirngemütsmethode hat überhaupt kein Element der Inspiration in sich. Sie lähmt die denkende Wesenheit.

Das alte Lehren geschah im Gegenteil durch richtige Anregung, die den Schüler veranlasste, selbst zu denken, auf einen Wink oder eine Andeutung hin sein Gemüt dahin zu bringen, dass es die heiligen Feuer der Inspiration erfasst, so dass er mit den Gedanken, die seine eigene göttliche Monade ihm einflößt oder in ihn einströmen lässt, seinen eigenen inneren Tempel erleuchten würde. Parabeln, Winke, Andeutungen waren die Methode des Lehrers. Später nahm der Lehrer den Gedanken immer wieder auf, öffnete das Tor ein wenig weiter, hob den „Schleier der Isis" ein wenig höher, und gewährte auf diese Weise Hilfe.

So haben wir gesehen, dass die Elemente und Prinzipien im Wesen eins und nur in der Manifestation dual sind. Die Prinzipien der Natur und des Menschen sind die Energie-Bewusstseinsseite der Natur und des Menschen, und die Elemente im Kosmos und im Menschen bilden die Materie-Prakṛiti-Seite der Natur und des Menschen.

Aber vergessen wir niemals, dass Kraft und Materie, Geist und Substanz, Bewusstsein und sein Vehikel oder Upâdhi dem Wesen nach eins sind. Eine Kraft oder eine spirituelle Energie ist verdichtete Materie für eine andere Kraft oder Energie, die göttlicher ist als sie, und die verdichtete Materie unserer Ebene ist ein wirbelnder Zyklon für die Materie unter ihr. Dies ist eine Tatsache, die selbst unsere modernen Wissenschaftler zu begreifen beginnen, wie ihre Lehre von den wirbelnden Elektronen zeigt: winzig kleine Körper, die in dem molekularen Aggregat umherwirbeln, das das physische Atom genannt wird – ein Miniatursystem, wie sie sagen. Ein wahrer und inspirierter Gedanke. Inspiriert durch was oder von wem? Von Gott? Nein, wir wissen, woher die Inspiration kommt, die zu Gedanken wie diesen führt: teilweise von unseren eigenen Lehren, wie sie von H. P. Blavatsky ausgegeben wurden, und zum Teil durch direktere, wenn auch vielleicht unsichtbare und unbekannte menschliche Hilfe seitens unserer „Älteren Brüder". Unser Lehrer hat uns das bereits gesagt. Hier haben wir die Anwendung, ein Beispiel dieser Tatsache.

Erinnern wir uns, dass sich Śûnyatâ, die Lehre von der Leere genannt, auf die spirituelle Seite des Seins und die Lehre vom Pleroma, die Lehre von der Fülle, auf die Materie-Prakṛiti-Seite des Seins bezieht, die Seite der Manifestation, die dahinschwindet, wenn das große Manvantara beendet ist. Denken wir auch daran, dass, wie heute Abend schon verschiedene Male gesagt wurde, wenn wir von Substanz oder Geist oder Materie, von Purusha oder Prakṛiti – um die brâhmaṇischen *Sâṃkhya*-Ausdrücke zu benutzen – sprechen, dies nur zu dem Zweck geschieht, die Dinge zu bezeichnen, die wir durch unsere verschiedenen inneren Fähigkeiten und äußeren Sinne über den Kosmos gelernt haben, und diese entsprechenden Paare sind im Grunde eins. Geist und Substanz oder Materie sind eins, und beide werden wieder in die unermessliche grenzenlose Leere der unbegrenzten Göttlichkeit zurückkehren, wenn die Zeit für das universale Pralaya kommt. Erinnern wir uns des in unserer eigenen Schule so oft zitierten alten mystischen Ausdrucks, dass der Schüler lernen sollte, die Bedeutung der Darlegung zu erkennen: die „Fülle des scheinbar Leeren und die Leere des scheinbar Vollen".

Dieses scheinbar „Volle" der Materie ist wahres Śûnya, Leerheit, größtenteils Löcher sozusagen. Śûnya ist die alte brâhmaṇische Lehre von Mâyâ, eine Lehre des *Vedânta* der Hindus, der „Das Ende des Veda" genannt wird, weil von ihm der Anspruch erhoben wird, die Vervollkommnung oder das Ende der Lehre in Bezug auf die esoterische Seite der vedischen Dichtung zu sein. Mâyâ bedeutet „Illusion". Nicht, dass der manifestierte Kosmos nicht existiert; er existiert, sonst könnte er keine Täuschung sein oder darstellen. Die Täuschung besteht darin, dass er nicht richtig verstanden wird.

Wenn die Materie oder Substanz (oder Natur, Prakṛiti) nicht existieren würde, könnten wir ebensogut sagen, dass der Geist nicht existiert, weil beide im Grunde eins sind. Die Wahrheit ist, dass die Materie nicht das substanzielle, unendliche Element, nicht die Essenz der Wirklichkeit ist, für die sie unsere in diesen Ideen ungelehrten und ungeschulten westlichen Gemüter halten, nur weil sie uns so fest und daher „wirklich" erscheint. Sie ist eine Täuschung, weil sie trügerisch ist; und tatsächlich, wie die Buddhisten lehrten und dabei denselben Gedanken wie der brâhmaṇische *Advaita-Vedânta* ausdrückten, ist Śûnyatâ die Lehre von der Leerheit, von der elementaren Leere des geoffenbarten Universums und deshalb die Lehre von Mâyâ, Illusion: illusorisch, weil unwirklich.

Selbst die modernen Naturphilosophen, die Physiker, die Chemiker, beginnen jetzt zu verstehen, dass dieses sogenannte sichtbare Universum hauptsächlich leerer Raum ist. Sie waren bisher noch nicht fähig herauszufinden, was Materie in Wirklichkeit ist. So, wie sie normalerweise erklärt wird, ist sie eine Erdichtung der wissenschaftlichen Imagination, und alles, was sie darüber wissen, ist einfach das, was ihre eigene Intuition und ihre wissenschaftlichen Folgerungen ihnen gesagt haben: dass hinter dem Scheinbaren, hinter den Erscheinungen, etwas steht. Dieses freie und wahrheitsgemäße Eingeständnis sollte anerkannt werden: „Wir lernen noch mehr darüber. Was es wirklich ist, wissen wir nicht!“

Als Schlussgedanken möchte ich noch etwas darlegen: Obgleich wir in nicht weit zurückliegenden Versammlungen über die „Götter“, „Monaden“, „Seelen“, „Atome“ und „Körper“ gesprochen haben, die immer noch den Gegenstand unseres gegenwärtigen Studiums bilden, ist dieses Studium noch keineswegs beendet; wir haben kaum damit begonnen. Wenn wir den Ausdruck „Götter“ benutzen, wenden wir einen vertrauten Ausdruck an. Es ist ein guter Ausdruck, ein der Wahrheit entsprechendes Wort, und es gibt keinen Grund, es zurückzuweisen. Aber es ist doch nicht das Wort, das in unserem eigenen esoterischen System verwendet wird. In unseren esoterischen tibetischen Lehren benutzen wir dafür den Ausdruck Dhyâni-Buddhas, und die niedrigere Seite des göttlichen Planes wird von den dazugehörenden Dhyân-Chohans bewohnt. Dhyâna ist ein in die tibetische Terminologie übernommenes Sanskritwort und bedeutet „Meditation“ oder „Kontemplation“. Daher bedeutet der erstere Ausdruck „Buddhas der Meditation“ oder der „Kontemplation“. Der letztere jedoch wird nicht selten für beide Klassen angewandt. Im System der griechischen Mystik wurden diese Götter, diese Dhyâni-Buddhas, Logoi genannt. Das Wort „Logos“ ist ein griechischer Ausdruck und bedeutet „Wort“. Es hat auch eine abgeleitete Bedeutung, die mit „Vernunft“ wiedergegeben wird. Warum? Weil die griechischen Philosophen sahen, dass ein Mensch, wenn er denkt und sein Denken zum Ausdruck zu bringen wünscht, seine Gedanken einem anderen mitzuteilen wünscht, er Worte gebrauchen muss. Das Wort ist der Überträger des Gedankens auf ein anderes Gemüt. Aufgrund dieser einfachen Erklärung wurde das Wort Logos, das „Wort“ bedeutet, in die philosophische Sprache und in die religiöse Sprache (und später in das Christentum) aufgenommen. Es bedeutet jene Macht oder Energie oder Wesenheit, die den göttlichen Gedanken auf die niedrigeren Ebenen überträgt. Dieser wird von der Ebene über oder hinter ihm, von dem hinter ihm stehenden Intellekt oder Gemüt, von dem hinter ihm stehenden Bewusstsein aus auf niedrigere Ebenen übertragen. In unserem Fall bewohnen die Monaden diese zweite oder niedrigere Ebene.

Zum Schluss möchte ich aus dem griechischen Originaltext die ersten fünf Verse des christlichen Evangeliums übersetzen, das jenem Jünger zugeschrieben wird, von dem Jesus sagte, dass er ihn besonders liebte, nämlich Johannes, „Johannes der Göttliche“ genannt. Der „Göttliche“ bedeutet hier der „Theologe“. Er wurde, wie wir annehmen müssen, deshalb der Theologe genannt, weil er der einzige von den vier Schreibern der vier angenommenen Evangelien war, der etwas schrieb, das im Stil oder im Inhalt den feinen, erhabenen theologischen Lehren der neuplatonischen oder neupythagoreischen Schule ähnlich war – welch unbeabsichtigtes Kompliment für diese. Diese quasi-heidnischen Lehren sind nur im ersten Teil des „Evangeliums nach Johannes" zu finden. Sie lauten wie folgt, und ich wünschte, ich hätte die Zeit, sie ausführlicher zu erklären als in dem notwendigerweise kurzen Kommentar, den ich heute Abend geben kann:

Vers I:
„Am Anfang war der Logos, und der Logos war zu Gott hin, und der Logos war Gott."

Vers II:
„Dieser [der Logos] war am Anfang zu Gott hin." (Ich mache meine eigene Übersetzung, wenn es recht ist. Die sogenannte „autorisierte Ausgabe" [gemeint ist die englische, d. Ü.] ist eine literarische Posse, sie wurde nur deshalb so übersetzt, um mit den monotheistischen Vorurteilen der christlichen Ausleger übereinzustimmen, und die „revidierte Ausgabe" ist nicht besser.)

Vers III:
„Alle Dinge wurden durch ES geschaffen ... " (Das hier mit „geschaffen" übersetzte griechische Wort *egeneto* könnte ebenso mit „traten ins Dasein" übersetzt werden. Das englische Wort „generated" kommt von derselben arischen Wurzel. Ich lese weiter:) „Alle Dinge wurden durch ES geschaffen, und ohne ES wurde nicht ein einziges Ding geschaffen [trat nicht ein einziges Ding ins Dasein]."

Vers IV:
„Das, was in ES geschaffen wurde, war Leben, und das Leben war das Licht der Menschen."

Vers V:
„Und das Licht scheint im Schatten, und der Schatten hat es nicht begriffen." Erkennen wir nicht unsere Lehren wieder, auf die hier angespielt wird? Selbst die in der alten Lehre benutzten Worte wurden angewandt, ja sogar die Worte aus dem *Buch des Dzyan* – der „Geist und sein Flügel", der „Flügel und sein Schatten". Der „Schatten" ist ein alter Ausdruck aus den Mysterien und bedeutet Vehikel oder Körper. In einer der letzten Versammlungen lasen wir aus dem Desatir ein Kapitel mit dem Namen „Das Buch von Shet, dem Propheten Zirtusht" oder Zoroaster. Dort wurde das Wort „Schatten" in demselben Sinn benutzt.

(Hier beginnt die Erklärung zu Vers I:)
Beachten wir den hierin enthaltenen Gedanken. Zu Beginn unseres manifestierten Universums existierte der Logos als die erste Wesenheit oder als das erste am Anfang manifestierte Ding, und dieser Logos war zu Gott hin. Das hier mit „zu ... hin"

übertragene griechische Wort ist „pros". Es bedeutet Bewegung auf ein Ding zu. Der Logos entsprang natürlich aus dem göttlichen Geist, aus „Gott". Aber hier in diesem Evangelium wird der Versuch gemacht, den Gedanken zu betonen, dass seine natürlichen Aspirationen auf seine Eltern-Quelle hin gerichtet waren. In diesem Gedanken liegt ein großes Geheimnis des Okkultismus. „Wie ein Mensch denkt, so ist er", sagt eine hebräische Schrift, „Die Sprüche Salomons", und äußert damit eine tiefe Wahrheit. Der Mensch folgt unfehlbar dem Zuge der Natur, seinem Verlangen. Er wird magnetisch zu dem hingezogen, wonach sein Herz begehrt, und was er wünscht, bekommt er. Wenn er sich den „Himmel" wünscht, wird er ihn erreichen, und wenn er nach der Hölle begehrt, wird er magnetisch zu höllischen Sphären hingezogen. Dies ist, kurz ausgedrückt, ein Umriss des ganzen Mysteriums der sogenannten „karmischen Früchte", von „Himmel" und „Hölle" und von noch viel mehr, das hier unbesprochen bleiben muss.

„Und der Logos war zu Gott hin" – er strebte nach seinem göttlichen Ursprung, und dieser „Gott" war Swabhavat, „Vater-Mutter", nicht Swabhâva, was etwas ganz anderes ist. Swabhavat ist das, was gewisse asiatische und andere Schulen „Vater-Mutter", die große Leere, Śûnya nennen. In den Hinduschriften wird die große Leerheit Âkâśa genannt, was für uns die große Leere, in einem anderen Sinne aber die große Fülle ist. Was wir die große Fülle nennen, ist das manifestierte Universum, das im wunderbaren Ausströmen aus der Leere oder aus Swabhavat, aus Vater-Mutter oder Mahâśûnya oder dem Âkâśa hervorfließt, alles verschiedene Namen für ein und dasselbe.

Vers II:
„Dieser war am Anfang zu Gott hin." Der Schreiber dieses Evangeliums war so ängstlich darauf bedacht, darzulegen, dass der Logos am Anfang seinen Ursprung nahm und dass die Aspiration des Logos auf seine Eltern-Quelle gerichtet war, dass er dies sogleich noch einmal wiederholte.

Vers III:
„Alle Dinge wurden durch ES geschaffen", das heißt, traten durch ES ins Dasein. Dies zeigt, dass ES der Demiurg oder Weltenformer ist, was auch der Schreiber im Sinn hatte. Dieser Logos befindet sich erst auf der dritten niedrigeren Ebene, der Ebene der Manifestation, auf der dritten kosmischen Ebene. Es ist, wie wir sagen, der dritte Logos von oben, der der geoffenbarte Logos oder der Weltengestalter, der Weltenmechaniker ist. Der Schreiber fährt fort: „Und ohne ES wurde nicht ein einziges Ding geschaffen." Er war so besorgt und begierig zu zeigen, dass es keine Erschaffung von Seelen oder Welten oder irgendetwas anderem durch einen außerkosmischen Gott gibt, dass er hier nochmals darlegte, dass es der Logos, das kosmische Wort ist, das seine Kraft von seinen Eltern herunterbringt, die Dinge

aus sich selbst schafft, sie ausströmen lässt, sie projiziert, sie evolviert, genauso wie wir in früheren Versammlungen den Verlauf oder die Methode der Manifestation dargelegt haben. Diese „Dinge" sind die Monaden, die Atome, die Seelen und alles Übrige.

Vers IV:
Der Schreiber fährt fort, indem er den Charakter des Gedankens etwas ändert, aus Furcht, man könnte denken, die Erschaffung der Wesen auf einer so hohen Ebene sei lediglich Materie und betreffe nur die groben physischen Dinge, die uns umgeben: „Das, was in ES [in dem Logos] geschaffen wurde, war Leben" – nicht Steine, Bäume, Sterne, Planeten usw., nicht Menschen oder andere Dinge, sondern Leben. Das Leben – beachten wir dies – „war das Licht der Menschen", das spirituelle Licht, das das Menschengeschlecht erleuchtet. Mit anderen Worten, es war des Menschen höhere Natur oder fürwahr unser eigener innerer Logos, unser eigener innerer Gott, wie ich den Lehrer mich zu sagen auffordern höre – unser eigener innerer Christus.

Dieser Logos, der dritte oder geoffenbarte Logos, ist nur das Vehikel eines noch höheren Logos. Während der Prozesse der Schöpfung oder Hervorbringung all dieser Dinge, die geringer sind als er selbst, bringt jeder Schritt Licht hervor, denn Licht ist eine der ersten Manifestationen der schöpferischen Tätigkeit. Schöpfung in ihrem ursprünglichen Sinn bedeutet „Gestaltung". Dieses Licht der dritten kosmischen Ebene ist Daivî-prakṛiti. Wir borgen diesen Ausdruck aus dem *Vedânta* Hindustans. Er bedeutet „leuchtende" oder „göttliche Prakṛiti", von der Âkâśa oder Swabhavat die Krone ist. Swabhavat oder Âkâśa ist das erste manifestierte kosmische Element oder die erste Manifestation von Prakṛiti oder der essenziellen Natur selbst. Es gibt sieben Naturen, eine innerhalb der anderen, sieben Elemente, sieben kosmische Kräfte. „Und das Leben war das Licht des Menschengeschlechts", Licht unserer eigenen höheren Natur.

Und der letzte Vers:
„Und das Licht scheint im Schatten", der, den Menschen betreffend, sein Vehikel oder unser höheres Gemüt ist. „Und der Schatten hat es nicht begriffen", d. h., der Mensch hatte am Anfang noch kein Vehikel oder Gemüt entwickelt, das tauglich war, das Licht „aufzunehmen" oder zu begreifen.

Dieser Gedanke setzt den Schreiber des gnostischen Evangeliums – gnostisch zumindest in seinem ersten Teil – in den Stand, hier seine sektiererischen Lehren einzuführen: „Es war ein Mensch von Gott gesandt, dessen Name war Johannes", um das Evangelium von Jesus Christus, dem menschlichen Logos, dem Erlöser des Menschen zu predigen. Er, Jesus Christus, war das Licht, das „Fleisch wurde" (!) und als das „Licht der Menschen" in die Welt kam. Pathetisch! Hier wurde eine schöne Lehre der alten Mysterienreligion vom Beginn der Zeit übernommen und auf eine Mysterienfigur, auf eine einfache Typenfigur der alten Mysterien, angewandt und ihr angepasst, wie schon in verschiedenen Versammlungen dargelegt wurde. Nicht, dass Jesus nie gelebt hat. Ein Mensch, ein hebräischer Rabbi, wenn wir so wollen, der Jesus genannt wurde, hat gelebt. Der Christus, von dem die christlichen Evangelien schreiben, ist eine Typenfigur der Mysterien, aber sehr und in trauriger Weise verzerrt.

Kapitel 35

Okkultismus und die Mysterienschulen. Sieben Grade der Initiation. Der Mensch wird ein Gott. Sieben kosmische Ebenen: unsere Planetenkette von sieben Globen auf den vier niederen Ebenen. Der Durchgang der Lebenswoge durch dieselben.

Die Welt – und damit ist die der individuellen Existenzen gemeint – ist voll von jenen geheimen Bedeutungen und höchsten Zielen, die allen Erscheinungen des Universums zugrunde liegen. Nur die okkulten Wissenschaften – d. h. die zu übersinnlicher Weisheit erhobene Vernunft – können die Schlüssel liefern, um sie dem Intellekt zu erschließen. Glaubt mir, es kommt ein Augenblick im Leben eines Adepten, in dem die von ihm durchgemachten Mühsale tausendfach belohnt werden. Um weiteres Wissen zu erlangen, braucht er nicht mehr einen minutiösen und langsamen Prozess des Forschens und des Vergleichens verschiedener Gegenstände, sondern er erhält eine augenblickliche, unbedingte Einsicht in jede ursprüngliche Wahrheit. Nachdem er über jene Stufe der Philosophie hinausgeschritten ist, die behauptet, dass alle grundlegenden Wahrheiten einem blinden Impuls entsprungen sind ..., sieht und fühlt und lebt der Adept in der einen Quelle aller grundlegenden Wahrheiten – in der universalen spirituellen Essenz der Natur, in Śiva, dem Schöpfer, dem Zerstörer und dem Erneuerer.

The Mahâtma Letters, S. 241

Ich sage daher ferner: Nur er allein, der die Liebe zur Menschheit im Herzen trägt, der fähig ist, die Idee einer erneuernden, tatsächlichen Bruderschaft ganz zu erfassen, ist zum Besitz unserer Geheimnisse berechtigt. Er allein, ein solcher Mensch, wird seine Kräfte nie missbrauchen, da keine Gefahr bestehen wird, dass er sie zu selbstsüchtigen Zwecken anwendet. Ein Mensch, der nicht das Gute für die Menschheit über sein eigenes Gutes stellt, ist nicht würdig, unser Chela zu werden, er ist nicht wert, mehr Wissen zu erlangen als sein Nachbar.

The Mahâtma Letters, S. 252

Es gibt nur ein allgemeines Lebensgesetz, aber unzählige Gesetze, die die Myriaden Formen, die wahrgenommen, und Töne, die gehört werden, bestimmen und festlegen.

The Mahâtma Letters, S. 255

Das Suchen nach Wahrheit ist das edelste Ziel, das der Mensch verfolgen kann. Die Grundprinzipien des Seins wurden in längst vergangenen Zeitaltern enthüllt und in einem vollständigen und wunderbaren System zusammengefasst. Auf dieses wunderbare System als Basis legten die Lehrer in alten Zeiten die Fundamente der Überstrukturen der verschiedenen philosophischen und religiösen Systeme, wie sie heute bestehen und durch die Weltliteraturen zu uns gekommen sind. Diese Systeme enthalten im größeren oder geringeren Maße grundlegende Wahrheiten des Seins, deren Studien in unserer Zeit „Esoterische Philosophie“ genannt werden – die Wissenschaft vom Kosmos und vom Menschen als Teil desselben; sie geben uns Aufschluss über den Ursprung, die Natur und die Bestimmung des Universums und des Menschen als Teil desselben. Die Mysterienschulen des Altertums bildeten den inneren Brennpunkt des alten Denkens, und die Lehren, die in ihnen studiert wurden, wurden die „Herzenslehre“ genannt, weil sie die Lehren darstellten, die verborgen waren. Die verschiedenen Philosophien aber, die sie öffentlich auslegten, wurden die „Augenlehre“ genannt, weil sie die in exoterischer Ausdrucksweise gegebenen Lehren über die sichtbaren und nicht über die verborgenen Dinge waren. Die „Herzenslehre“ schloss die Lösungen der Rätsel des Seins ein. Diese Lösungen wurden in exoterischer Form im Gewand der Allegorie und in mythologischer Bearbeitung herausgegeben und bildeten so die „Augenlehre“ oder die exoterischen Religionen oder Philosophien.

Doch alle diese alten Philosophien beruhten auf wunderbaren und erhabenen Wahrheiten, im Vergleich zu denen die Philosophien des modernen Europas nur Geschwätz, nur wenig mehr als schöne Worte sind. Die in der Esoterischen Philosophie enthaltenen Lehren handeln von der wahren Natur, dem Ursprung und der Bestimmung des Kosmos und des Menschen. Diese Mysterienschulen lehrten kausale Dinge und deren Wirkungen im Leben. Sie lehrten die innersten und tiefsten Beziehungen der elementaren Wesen zueinander, was auch immer ihre Stufe im Kosmos sein mag. Sie lehrten die Menschen, dass der Weg zu einem vollkommenen Verstehen der Mysterien des Seins im „Erforschen des Inneren“ besteht. Kein Mensch kann eine Wahrheit richtig verstehen, wenn sie nur durch die Ohren eintritt und er nicht vorher auch die Fähigkeit, die innere Fähigkeit des Verstehens in sich entwickelt hat. Die Entwicklung dieser inneren Fähigkeit des Verstehens war das Hauptziel der Initiationsschulen.

Die ganze Anstrengung dieser Initiationsschulen bestand daher darin, den Menschen „sich selbst erkennen zu lassen“. Warum? Weil die innerste Essenz des Menschen in den innersten Essenzen des Universums wurzelt. Und indem er, wie die brâhmaṇischen *Upanishaden* sagen, dem schmalen, zeitalteralten Pfad folgte, der im Menschen selbst liegt und auf den Jesus hindeutete, als er sagte: „Ich bin der Weg, die Wahrheit und das Licht“ – indem der Mensch jenem schmalen, alten

Pfad nach innen folgte, konnte er Schritt um Schritt nach innen oder „aufwärts", unaufhörlich nach innen und nach innen aufsteigen und sich dabei beständig zu immer größeren Feldern des Bewusstseins ausweiten. Dieses Evolvieren des inneren Menschen wird durch das Hervorrufen der latenten spirituellen Kräfte erreicht, die sich in der höheren menschlichen Natur befinden. Es ist in der Tat die Vereinigung der Seele des Menschen mit seiner göttlichen Monade, mit seinem inneren Gott.

Wie in früheren Versammlungen dargelegt, waren es drei Zustände, die der Initiand oder Kandidat nach dem vierten Grad der Einweihung erringen musste: Zuerst kam das Mysterium der „Theophanie", in dem der Kandidat im feierlichen Augenblick der Initiation seinem eigenen inneren Gott gegenübertrat. Diese heilige Gegenwart wurde von den Griechen „Theophanie", das „Erscheinen eines Gottes" genannt, d. h., es erschien ihm sein eigenes höheres Selbst. Während dieser erhabene Augenblick intellektueller Verzückung und hoher Vision im Durchschnittskandidaten nur eine kurze Zeit währte, wurde die theophanische Verbindung mit dem weiteren spirituellen Fortschritt des Kandidaten dauernder und bleibender, bis sich der Mensch schließlich nicht nur als der spirituelle Abkömmling seines eigenen inneren Gottes erkannte, sondern in seinem essenziellen Wesen als jener innere Gott selbst.

Das war der erste Schritt, die erste Verwirklichung. Den zweiten nannten die Griechen „Theopneustie". Dies ist ein zusammengesetztes griechisches Wort mit der Bedeutung „das Einhauchen eines Gottes". In dieser Phase war sich der Mensch durch innere und sogar durch äußere Sinne nicht nur seiner inneren Göttlichkeit bewusst, sondern er fühlte auch die Inspiration, die sozusagen durch seine intellektuellen und spirituellen Adern floss – er fühlte das von seinem eigenen inneren Gott kommende Einhauchen und wurde auf diese Weise inspiriert. Das Wort „Inspiration" bedeutet „Einhauchen". Im Verlauf der Zeit und mit der zunehmenden Reinigung des Seelen-Vehikels, das der Mensch selbst ist, wurde dieses Einhauchen oder diese Inspiration immerwährend.

Schließlich kam in der siebenten Initiation das erhabenste Mysterium von allen, das von den Griechen „Theopathie" genannt wurde, was „das Erdulden eines Gottes" bedeutet. Es ist ein technischer Ausdruck, der sagen will, dass nicht der Gott litt, sondern dass der Initiand, der Kandidat selbst es erduldete, sich selbst vollständig hingab, um ein wahrhaft selbstloser Verbindungskanal seines eigenen inneren Gottes, seines eigenen höheren Selbstes zu werden. Er ging sozusagen in dem größeren Selbst seines eigenen höheren Selbstes auf. Das persönliche Selbst wurde aufgesaugt, umgewandelt, seine niederen charakterlichen Merkmale schwanden dahin wie eine Wolke vor der Sonne. Im Verlauf der Zeit und durch die größere Reinigung des Vehikels wurde die Seele, der persönliche Mensch, gänzlich mit seinem eigenen inneren Gott verschmolzen, und das war Theopathie.

Die verschiedenen Grade der Initiation umfassten in den alten Mysterienschulen, wie dargelegt, zuerst drei Grade, die die der Belehrung waren. Mit dem vierten Grad begann die persönliche Erfahrung, das heißt, die Belehrung wurde fortgesetzt, aber der Initiand, der Kandidat, wurde außerdem dazu gebracht, das zu sein, das zu werden, worüber er vorher belehrt worden war, was ihm vorher mitgeteilt worden war, weil der einzige Weg, ein Ding vollständig zu erkennen, der einzige Weg, ein Ding vollständig zu verstehen, der ist, es zu werden.

Oh, in diesem Gedanken liegt unendlich viel mehr, als so oberflächlich darin zu liegen scheint, und mehr, als wir heute Abend Zeit haben, uns damit zu beschäftigen. Aber behaltet ihn im Gedächtnis. Die Belehrung wurde mit jedem Schritt aufwärts fortgesetzt, bis zum siebenten Grad, ja bis zum zehnten Grad. Wir machen beim siebenten Grad halt, weil die drei höheren Grade jenseits unseres Fassungsvermögens liegen und, wie uns gesagt wird, nur für die höchsten unserer Meister in Betracht kommen.

Die Belehrung dauerte gleichlaufend mit der Selbst-Erfahrung, mit dem Selbst-Werden bis zur siebenten Initiation. Auf diese Weise erkannte der Mensch nicht nur, sondern er empfand und begriff, dass er eins mit dem Kosmos ist, nicht nur ein von ihm losgelöster Abkömmling und sein Kind, sondern in aller Wahrheit, in jedem Sinne des Wortes „ER“ selbst. Dann kam die Realisation des kosmischen SELBSTES, des Âtman, dessen, was in uns, in jedem Bewohner dieses Globus und in jedem Bewohner jedes Planeten oder Sternenkörpers im Raum dasselbe ist: das Gefühl, das Empfinden, die Erkenntnis von „Ich bin“. Das, was uns trennt, ist das Gefühl von „Ich bin ich“ und „Du bist du“, und das ist die Aktivität des Egos, Egoismus.

Doch – Mysterium der Mysterien – wisset Folgendes: Nur durch das Fortschreiten über die Ichheit zur Universalität wird der Mensch ein Gott. Wenn es kein erweitertes und gereinigtes egoisches Prinzip gäbe, könnte es so etwas wie die Hierarchie des Mitleids, so etwas wie den Leuchtenden Bogen nicht geben. Es liegt an jedem einzelnen von uns, jedem einzelnen Mitglied unseres heiligen Ordens, das Leben so zu leben, seine inneren Hüllen des Seins so zu reinigen, seine Seelenessenz so umzuwandeln, dass sie zu tauglichen Kanälen zwischen seinem eigenen inneren Gott und ihm selbst werden können. Wenn ein Mensch das vollbracht hat, wird er in Bezug auf unsere kosmische Hierarchie allwissend, wahrhaft allwissend, denn alles mögliche Wissen über sie und in ihr ist sein. Und warum? Weil die Essenz des Bewusstseins, die egoische Essenz, durch seinen eigenen inneren Gott mit der universalen Ebene, mit dem âtmanischen Plan verbunden ist, und Erkenntnis und Weisheit fluten durch ihn, wie die Sonnenstrahlen die Atmosphäre durchfluten.

Wir haben in den drei oder vier vorhergehenden Versammlungen folgenden Abschnitt aus der *Geheimlehre,* Band II, Seite 516 f., vorgelesen, den wir heute Abend wiederholen:

> Die Geheimlehre führt als eine selbstverständliche Tatsache aus, dass die Menschheit kollektiv und individuell mitsamt der ganzen geoffenbarten Natur der Träger ist (a) des Atems des Einen Universalen Prinzips in seiner ersten Differenziation; und (b) der zahllosen „Atem", die aus jenem Einen Atem in seinen sekundären und weiteren Differenziationen hervorgehen, so wie die Natur mit ihren vielen „Menschheiten" nach abwärts zu den Plänen fortschreitet, die an Materialität beständig zunehmen. Der erste Atem beseelt die höheren Hierarchien; der zweite – die niederen auf den stetig absteigenden Plänen.

Wir haben hier den gesamten Umriss des Studiums kurz zusammengefasst vor uns, das wir unter des Lehrers Anweisung diesen Winter hindurch verfolgt haben, und sie hat uns insbesondere darauf hingewiesen, auf diese Weise vorzugehen. Zu einem späteren Zeitpunkt an diesem Abend oder vielleicht in unserer nächsten Versammlung werden wir die Frage hinsichtlich der verschiedenen Menschheiten behandeln. Es ist darin ein großes und wunderbares Mysterium enthalten. Ich möchte augenblicklich nur sagen, dass die Menschheit, von der wir heute einen Teil auf Erden bilden, das heißt jene besondere Lebenswoge, die wir das Menschengeschlecht, die Menschheit oder die menschlichen Wesen nennen, nicht der einzige und alleinige Lebensstrom intelligenter Egos ist, die die verschiedenen Runden der Entwicklung auf unserer Planetenkette durchlaufen. Es gibt noch sechs andere, die alle gleichzeitig mit uns evolvieren, einige vor uns, einige hinter uns, und sie evolvieren in den verschiedenen Lokas und Talas, die wir diesen Abend weiter zu erläutern versuchen werden. Es ist ein höchst schwieriger Gegenstand, den zu erklären wir unser Bestes tun werden, weil es absolut notwendig ist, selbst wenn es nur in geringem Maße geschieht, um die grundlegenden Fragen über die Evolution der sich entwickelnden Egos richtig zu verstehen. „Evolution" ist ein Gegenstand, der die Welt gegenwärtig sehr interessiert und den unsere Wissenschaftler natürlich nur auf die physische Welt begrenzen, besonders in Bezug auf Menschen und Tiere, die nur zwei *Stirpes* (um das lateinische Wort zu benutzen) von den ungeheuer zahlreichen Familien sich entwickelnder Wesen sind, von denen sich einige vor uns und einige hinter uns befinden.

In unseren letzten zwei oder drei Versammlungen sprachen wir über die Prinzipien und Elemente des Kosmos. Die Elemente bilden die Vehikel- oder Trägerseite oder die Seite des Hervorbringens, während die Prinzipien die Energie-Bewusstseinsseite sind. Wir werden unser Studium heute Abend auf die kosmischen Ebenen beschränken (nur mit Andeutungen im Hinblick auf die menschlichen Elemente und Prinzipien), weil unser gegenwärtiges Bemühen dahin zielt, ein für jetzt so klares Bild wie möglich von dem zu bekommen, was wir meinen, wenn wir von den „kosmischen Ebenen" sprechen, was wir meinen, wenn wir von den sieben „Globen der Planetenkette" sprechen, und was wir meinen, wenn wir von den „Runden" sprechen.

Es ist höchst interessant zu beobachten, dass diese Gegenstände, die so viele Leute falsch verstanden haben, als ob sie interessante Fragen für intellektuelle Unterhaltung wären, eng mit der moralischen und spirituellen Natur des Menschen verbunden sind. Kein Mensch kann ein richtiges Verständnis für Ethik und Moral haben, wenn er seinen richtigen Platz im Universum nicht begreift, seinen Ursprung, seine Natur und seine Bestimmung. Was der Ethik im westlichen Denken fehlt, ist eine auf Wissenschaft und Philosophie basierende Grundlage. Ethik ist nicht etwas, das in der Luft liegt. Sie ist nicht nur etwas, wonach der Mensch leben muss, sie ist es zwar tatsächlich, doch sie ist noch viel mehr. Das moralische Gefühl entspringt aus dem spirituellem Bewusstsein des Menschen, und kein Mensch kann – und wir stellen dies nachdrücklich fest – eine theosophische Lehre vom intellektuellen Standpunkt aus allein und ohne das spirituelle Licht wirklich verstehen. Dieses Licht, dieses spirituelle Licht, offenbart sich im intellektuellen Denkbereich des Menschen als instinktives Gefühl für Moral, von dem der große deutsche Philosoph Kant als von dem einen Ding sprach, das ihn fest zu der Überzeugung brachte, unser Universum sei mehr als bloße Kraft und Materie.

Bewahren wir vor allem im Gedächtnis: In den alten *Upanishaden* der Hindus und in den verschiedenen wunderbaren brâhmaṇischen Philosophien sowie im alten griechischen Denken, selbst im Christentum und ganz besonders in unseren eigenen Lehren, tatsächlich in den verschiedenen alten Philosophien und Religionen in der gesamten Welt, wird Folgendes dargelegt: Wenn wir von göttlichen Dingen sprechen, müssen wir verstehen, dass auch wir ein Teil davon sind und sogar die physische Welt, die materielle Welt, nur das Gewand des Göttlichen ist. Sie ist nur ein unvollkommenes Gewand, da sie von unvollkommenen, weil sich entwickelnden Hierarchien, von unvollkommenen Wesenheiten aufgebaut ist, von denen wir selbst Beispiele sind. Goethe sagt in seinem Faust:

> So schaff' ich am sausenden Webstuhl der Zeit
> und wirke der Gottheit lebendiges Kleid.

Und Paulus, der Christ, sagt: „In ihm leben und bewegen wir uns und haben wir unser Dasein."

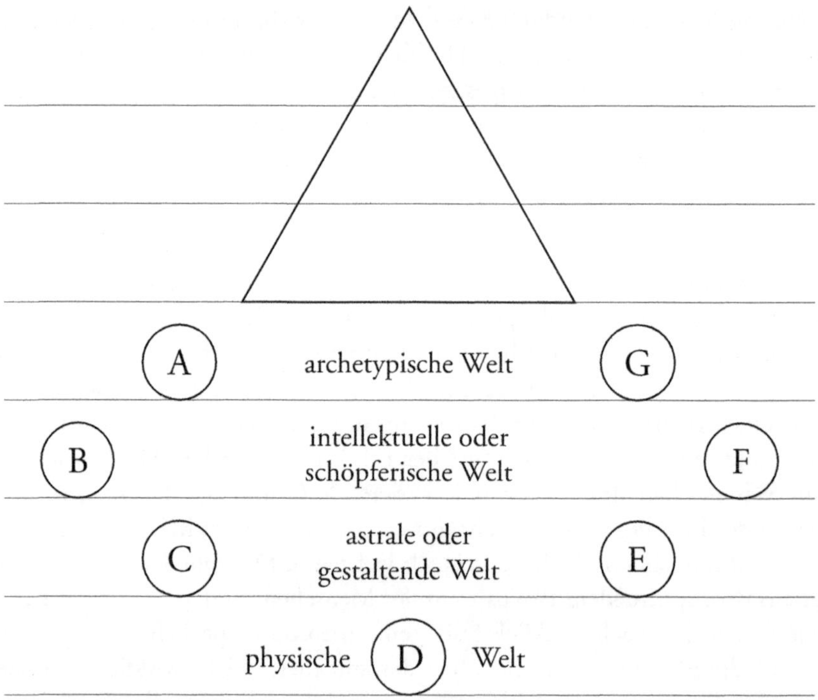

Forschen wir in uns selbst! Die in diesen Versammlungen ausgegebenen Lehren sind die Schlüssel dazu, probiert sie aus. Durchforschen wir die Literatur der Welt, erforschen wir alle Dinge. Und wie Paulus sagte, indem er als Initiierter sprach: „Behaltet das Gute, behaltet das, was ihr als wahr erkennt."

Wie schon gesagt, es gibt sieben Elemente im Kosmos, und auch sieben Prinzipien, die durch die Elemente wirken. Von der Bewusstseinsseite aus betrachtet, sind sie Bewusstsein auf der einen Seite und Vehikel auf der anderen. Von der Substanzseite aus betrachtet, sind sie Kraft auf der einen Seite und Materie auf der anderen. Wir wollen dies mit Hilfe von sieben parallelen horizontalen Linien erläutern, die die Elemente und Prinzipien des Kosmos darstellen sollen .

Vergessen wir nicht, dieses Bild ist ein Diagramm. Die Elemente und Prinzipien des Kosmos befinden sich nicht eines über dem anderen wie eine Reihe Stufen oder wie die Sprossen einer Leiter. Dieses Bild ist nur ein Diagramm, das heißt, es ist ein Symbol.

Die Elemente des Kosmos, die Prinzipien des Kosmos, die Sphären des Kosmos befinden sich innerhalb voneinander und gehen ineinander über, und die innerste ist die spirituellste. Da es nicht möglich ist, dies auf einer ebenen Fläche darzustellen, müssen wir die Idee schematisch, diagrammatisch, paradigmatisch darstellen. Deshalb zeigt dieses Bild vor allem, dass es im Kosmos sieben Ebenen gibt.

Als Nächstes wollen wir die sich entwickelnden und ursprünglichen Lebenskräfte, die Götter und die Intelligenzen der drei höheren Ebenen, durch ein Dreieck darstellen, indem wir das schöne alte platonische und pythagoreische Symbol benutzen – ein gutes Symbol, weil es den Anfangspunkt, den kosmischen Punkt, den Samen zeigt und auf diesen hinweist, aus dem alle göttlichen Dinge entspringen. Es zeigt auch, wie der höchste Punkt des Dreiecks sozusagen durch die höchste Ebene, durch ein Layazentrum, ein neutrales Zentrum, ein Nirvâṇa aller Dinge, die geringer oder niedriger sind als er verschwindet, er verschwindet mehr nach innen in etwas Höheres. Ebenso wie ein Same, eine Eichel zum Beispiel, eine Eiche hervorbringen wird, die ihrerseits ihre Ernte an Eicheln ausstreut, so sendet der kosmische Same aus sich selbst diese Heere von Hierarchien von Wesen aus, die ihrerseits wieder andere, niedrigere Heere auf der abwärtsführenden Stufenleiter hervorbringen. Wir wollen also diesen Prozess durch ein Dreieck darstellen.

Die vier niederen Ebenen des Bildes, die als die vier niederen kosmischen Ebenen zu verstehen sind, stellen die Zustände dar, die der Mensch in seiner gegenwärtigen Entwicklungsperiode erlangen kann. Unsere eigene âtmanische Essenz entspringt der vierten kosmischen Ebene, abwärts gezählt. Ferner wollen wir als Nächstes unsere Planetenkette in der folgenden Weise darstellen, indem wir sieben Kreise einzeichnen, zwei auf jeder Ebene, mit Ausnahme der niedersten, auf der wir nur einen Kreis einzeichnen, der unseren eigenen Globus Terra darstellt. Dann bezeichnen wir diese Globen, mit dem linken beginnend, abwärts mit A, B, C, D und dann weiter aufwärts mit E, F und G. Beachten wir, auf jeder Ebene befinden sich zwei Kreise oder Globen, mit Ausnahme von Globus D, unserem eigenen Globus. Diese sieben „Ebenen" sind in Wirklichkeit die sieben besonderen kosmischen Elemente.

Nun ist es äußerst verlockend, zu vermuten oder zu denken, dass jeder einzelne dieser sieben Globen auf oder in jedem einzelnen der kosmischen Elemente einen besonderen Wohnort oder Lokus oder Platz hat, aber das ist nicht so. Diese Idee ist das, was wir eine „falsche Analogie" nennen, eine verführerische Anregung, die das Gemüt in die Irre führt. Wir wiederholen zum dritten Mal: Auf jeder Ebene befinden sich zwei Globen, mit Ausnahme der niedersten Ebene, auf der sich Globus D befindet, der unsere Erde ist.

Wenn wir daher von den sieben Elementen des Kosmos sprechen, meinen wir mit den Elementen genau das, was die Alten meinten, die sie mit Hilfe von Wortsymbolen beschrieben. Sie sprachen gewöhnlich von vier, gelegentlich von fünf Elementen, und diese waren in der ganzen Welt dieselben: Erde, Wasser, Luft, Feuer, und manchmal wurde ein fünftes erwähnt, der Äther. Aber diese waren nicht die materielle Erde, das materielle Wasser, die Luft oder das Feuer, wie wir sie kennen. Diese irdischen Dinge wurden gewählt, weil sie aufgrund gewisser ihnen innewohnender Eigenschaften die vier Ebenen oder vielmehr Elemente der Natur sinnbildlich darstellen, auf denen die sieben Globen unserer Planetenkette leben, sich bewegen und ihr Dasein haben. Wir können sagen, dass die Erde die kosmische Materie, die verdichtete Substanz, das niederste Element von allen darstellt. Das Wasser repräsentiert das Chaos in dem alten Sinn, wie es die hebräische *Bibel* ausdrückt: die „Wasser" des Raumes, über denen die Elohim brüteten, die Götter, die fälschlicherweise mit „Gott" übersetzt wurden. Wir können sagen, Luft ist Geist. Das Wort Spiritus bedeutet im Lateinischen „Atem", „Wind", „Luft", „Geist". Das Feuer ist das Symbol des göttlichen Lichtes, der ersten Emanation des kosmischen Logos, das wir, indem wir die buddhistische Sanskṛitbezeichnung übernehmen, „Daivî-prakṛiti", „göttliche Natur", „göttliches Licht", nennen. Licht ist eine der ersten Emanationen zu Beginn der evolutionären Entfaltungsperiode.

Wenn wir daher von Elementen sprechen, meinen wir das, was das europäische Durchschnittsgemüt unter „Daseinsebenen" versteht, d. h., wir meinen die folgenden Welten: die Welt der kosmischen Materie, die Welt des Chaos, die Sphären des Geistes und die Welt des göttlichen Lichtes oder von Daivî-prakṛiti.

Die logoische Welt, die für uns die quasi-göttliche ist, die vierte kosmische Ebene, abwärts gezählt, schließt die Globen A und G des Planeten ein. Wir wollen sie die archetypische Welt nennen und schreiben es so in unser Diagramm. Die nächstniedere Welt, die die Globen B und F einschließt, wollen wir die intellektuelle oder schöpferische Welt nennen. Die Welt unter dieser schließt die Globen C und E ein, und wir wollen sie die astrale oder die gestaltende Welt nennen. Das niederste Element oder die niederste Welt von allen, auf der sich unser Globus, unser Planet Terra, allein befindet, nennen wir die physische Welt.

Wir werden hier sofort wiedererkennen, was wir schon in Verbindung mit den Lehren der hebräischen *Kabbala* dargelegt haben: die vier Welten, über die sie lehrt. Diejenigen von uns, die die *Kabbala* studiert haben, mögen sich erinnern, dass ihre Welt der Emanation oder ihre archetypische Welt Azilut genannt wird. Dann kommt, abwärts gezählt, die zweite, die Berija oder die schöpferische Welt genannt wird, dann die dritte, die Welt der Gestaltung oder Jezira genannt. Schließlich folgt die vierte oder die materielle Welt, die die Kabbalisten Kelippot, die Welt der Schalen, nannten, weil sie die Welt der am stärksten verdichteten Materie ist, die Schale, die alle anderen enthält wie die Schale eines Eies oder die Schale einer Frucht. Sie bedeutet auch noch etwas in Verbindung mit Kâma-loka, aber wir behandeln diesen

Teil des Gegenstandes heute nicht und erwähnen ihn nur nebenbei. Diese Welten sind natürlich unsere vier kosmischen Elemente.

Vergessen wir ferner den nächsten wichtigen Gedanken nicht. Jedes einzelne dieser sieben kosmischen Elemente, vom Anfang an gezählt, d. h. abwärts gezählt, schließt alle anderen in sich, die ihm vorhergingen und von denen es eine Emanation ist. Das erste, das höchste, emaniert zum Beispiel das zweite, das sich unterhalb von ihm befindet und in dem es sich mit den entsprechenden Erfahrungen widerspiegelt. Aber dieses zweite hat trotzdem sein eigenes Swabhâva, um den Sanskṛitausdruck zu gebrauchen, d. h. seine eigene wesentliche Natur oder sein besonderes charakteristisches Merkmal, ist aber, wie gesagt, auch der Träger oder das Vehikel des Elementes über ihm. Diese beiden emanieren und reflektieren sich in dem dritten, das ebenfalls seine eigene essenzielle Natur hat, aber dessen ungeachtet der Behälter oder Träger der über ihm befindlichen Elemente ist, und ebenso verhält es sich mit der vierten oder niedersten Welt oder dem niedersten oder vierten Element.

Jedes Atom, selbst das der physischen Welt, hat alles von dem grenzenlosen Kosmos latent oder unentwickelt in sich, wie es gerade der Fall sein mag. Beachten wir die optimistische Richtung des Denkens, die darin enthalten liegt.

In diesen vier niederen kosmischen Elementen oder Ebenen liegt alles von uns eingeschlossen, d. h. alles von uns, was wir bisher entwickelt haben. Der Gipfel der archetypischen oder vierten kosmischen Ebene ist das Element, in dem sich das Layazentrum unseres Âtman, unseres universalen kosmischen SELBSTES befindet. Durch dieses strömen die göttlichen Kräfte von oben herab, die den Ursprung unserer sieben Prinzipien darstellen, unserer sieben Elemente des Seins, oder vielmehr diese sind; sie manifestieren sich in den vier niederen kosmischen Elementen, die gleicherweise die sieben Bereiche von Prakṛiti oder der Natur bilden, wie wir sie kennen. Jedes kosmische Element ist in sich in sieben Unterelemente, d. h. in sieben Grade von Prakṛiti unterteilt. Uns betreffend, beinhalten die sieben Unterabteilungen der Prakṛiti oder der Natur auf jeder dieser vier niederen kosmischen Ebenen nur die Grade von Prakṛiti, über die wir gegenwärtig Kenntnis haben können, weil wir noch nicht die Fähigkeit in uns entwickelt haben, die notwendig ist, um die höheren kennenzulernen.

Als Schlussgedanken wollen wir uns der Lehren erinnern, die uns H. P. Blavatsky in ihrem wundervollen Werk *Die Geheimlehre* gegeben hat, dass die Lebenswoge einen Entwicklungslauf durch die sieben Globen verfolgt. Dabei geht sie von Globus A, wenn sie ihren evolutionären Zyklus auf ihm vollendet hat, auf Globus B. Wenn sie ihren Zyklus auf Globus B vollendet hat, geht sie auf Globus C weiter. Nach Vollendung des Zyklus auf diesem geht sie weiter auf Globus D. Und so geht sie rund um die Kette und macht dabei das, was wir eine „Runde" nennen.

Aber wir müssen hierbei vorsichtig sein und vermeiden, voreilige Schlüsse zu ziehen. Das Obige bedeutet nicht, dass wir erst dann auf Globus B übergehen, wenn auf Globus A alles vollendet oder vervollkommnet ist, ganz und gar nicht. Es entwickeln sich sieben Unterlebenswogen auf Globus A. Wenn die niederste (oder die mineralische) auf Globus A ihre Entwicklung für diese Runde vollendet hat – vergessen wir nicht, dass, obwohl er ein spiritueller Planet ist, doch das „Mineralische" dieses spirituellen Planeten für seine Bewohner so dicht und grob ist, wie es unsere Mineralien für uns sind –, fühlt diese Woge den Stoß oder den Druck des hereinkommenden Pflanzenreiches, und ihr Überschuss an Leben fließt in Globus B über. Wenn dann das Tierreich an der Reihe ist und auf das Pflanzenreich einwirkt und das Letztere seine siebenfache Laufbahn vollendet hat, fließt das Pflanzenreich abwärts in den Globus B über, und das Mineralreich geht weiter nach Globus C. Wenn die „menschliche Welt" ihren Impuls in den Globus A sendet, beginnt das Tierreich in den Globus B hinabzugehen, das Pflanzenreich geht in den Globus C, das Mineralreich in den Globus D und so weiter. Das ist der Verlauf während der ersten Runde.

Aber mit der zweiten Runde beginnend, ändert sich der Prozess hinsichtlich der Reihenfolge etwas. Doch das bewahren wir uns für zukünftige Studien auf.

Es findet sozusagen ein Überfließen des Überschusses an Lebenskraft von jedem Reich in den nächsten Globus statt. Dieser verwickelte Vorgang spielt sich während aller Runden durch all die sieben Globen ab, aber mit der zweiten Runde beginnend geändert.

Wenn Globus G oder der siebente erreicht ist, folgt für die Lebenswoge ein Nirvâṇa, das dem Devachan oder der Himmelsperiode zwischen zwei menschlichen Inkarnationen auf Erden entspricht, und auch zwischen zwei Globen gibt es jedesmal eine kürzere Pause oder Ruhe für die sich entwickelnde Lebenswoge.

Dieser Vorgang allein genügt, um die Gemüter vieler Leute zu verwirren, er erscheint so verwickelt. In Wirklichkeit ist er sehr einfach. Es bedarf nur ein wenig ehrlichen Nachdenkens, um ihn zu verstehen, halb soviel Nachdenkens, wie die meisten Menschen den materiellen Dingen des Lebens widmen: Was wollen wir essen? Was wollen wir anziehen? In welches Theater wollen wir gehen? Wie werden wir Geld verdienen? Usw.

Wir haben von Lokas und Talas gesprochen. In unserer nächsten Versammlung werden wir dieses Thema ausführlicher behandeln. Aber, Kameraden, vergesst bitte die folgende Tatsache nicht: Jeder einzelne der Globen ist in 14 verschiedene Welten differenziert. Ich meine jetzt nicht Globen, ich meine Beschaffenheiten oder Zustände der Materie. Wasser kann zum Beispiel in Eis oder Dampf verwandelt werden und dabei doch Wasser sein. Nehmen wir an, wir müssen einem Menschen, der nie Eis gesehen hat, der nur Wasser kennt, erklären, was Eis ist. Nachdem wir das versucht haben, wird er sagen: „Der Mensch phantasiert, er versucht mir zu erzählen, dass Wasser, das flüssige Ding, unter gewissen Bedingungen kalter Stein werden kann."

Als Nächstes, wenn wir „Welten" sagen (wir müssen Worte benutzen, um klar zu machen, was wir meinen), sind damit nicht Globen gemeint. Globus A, B, C, D, E, F oder G ist jeweils ein Globus, aber jeder einzelne dieser Globen umfasst oder hat sieben Lokas oder „Pläne" oder „Welten", Bedingungen, Zustände oder Arten der Materie – Unterwelten, wenn wir so wollen – und ebenso sieben Talas, zusammen vierzehn. Diese vierzehn (oder diese zweimal sieben) Welten existieren nicht übereinander wie Stufen einer Treppe. Sie sind innerhalb voneinander, die eine mehr innen als die anderen, aber nicht genau wie die Häute einer Zwiebel, sondern jede innere ist feiner, spiritueller, ätherischer als die nächst äußere, und die ätherischste, die spirituellste von allen, ist die innerste.

Die sieben Lokas auf jedem Globus bilden die Felder der Tätigkeit der aufsteigenden Unterrassen in den Rassenzyklen. Auch entsprechen die verschiedenen Arten von Körpern, ätherische oder physische, spirituelle oder noch andere, die die Rasse bei ihrem Fortschreiten entlang den evolutionären Zyklen benutzt, in Gewebe und Sinnen den verschiedenen zu durchlaufenden Lokas. Der Loka, den diese sich entwickelnden Wesenheiten wahrnehmen, ist jener besondere Loka oder jene besondere Welt, die ihren Körpern entspricht. Die Talas sind dasselbe für die abwärts gerichteten Unter-Lebenswogen der Rassenzyklen. Die Lokas und Talas wirken zusammen, immer ein Loka und ein Tala, weil die Materie in der Manifestation auf den Globen bipolar ist. Von den beiden (einem Loka und einem Tala) ist einer spirituell positiv und zieht nach der einen Seite, der andere ist spirituell negativ und zieht nach der anderen Seite.

Als Letztes legen wir dar, dass wir uns gegenwärtig in einem dieser Lokas und in einem dieser Talas befinden und dass es noch sechs andere Menschheiten oder Lebenswogen gibt, die sich nach einer der unsrigen ähnlichen Laufbahn entwickeln, intelligente, denkende Wesen auf unserem Planeten – ich sage nicht notwendigerweise auf unserem Globus –, die sich durch die Lokas und Talas entwickeln. Wie dieser Gedanke die Imagination anregt! Wenn dieser Entwicklungsprozess nicht so stattfände, gäbe es keine vollkommen logische und befriedigende Erklärung für die Erscheinung, die die anfänglichen Schreiber über theosophische Gegenstände „Fünftrundler" und „Sechstrundler" nannten.

Beim nächsten Mal werden wir diesen Gegenstand ausführlicher behandeln.

Kapitel 36

Einander durchdringende Sphären des Seins. Lokas und Talas: bipolare kosmische Prinzipien und Elemente. Die „Ketzerei des Sonderseins".

Alle Dinge sind miteinander verwoben, und das verbindende Band ist heilig. Es gibt kein Ding, das nicht mit irgendetwas anderem verbunden ist. Denn alle Dinge sind einander zugeordnet und verbinden sich, um das Universum [dieselbe Ordnung der Dinge] zu bilden. Es existiert ein Universum, das aus allen Dingen gemacht ist, ein Gott, der alle Dinge durchdringt, eine Substanz, ein Gesetz, eine gemeinsame Vernunft in allen intelligenten Lebenswogen und eine Wahrheit, wiewohl es tatsächlich auch für alle Wesen, die demselben Stamm angehören und an derselben Vernunft teilhaben, eine Vervollkommnung gibt.

Marcus Aurelius Antonius: Selbstbetrachtungen, VII, 9 (Englisch: Long)

Die Natur hat alle Teile ihrer Reiche durch Fäden von magnetischer Sympathie miteinander verbunden, und es besteht selbst zwischen einem Stern und einem Menschen eine Wechselbeziehung.

The Mahâtma Letters, S. 267

Wenn du durch die Halle der Weisheit zum Tal der Glückseligkeit gelangen willst, Jünger, verschließe deine Sinne fest gegen die große schreckliche Ketzerei des Sonderseins, die von allem andern trennet dich.

H. P. Blavatsky: Die Stimme der Stille, S. 40f.

Der jüdische Talmud enthält eine seltsame alte Geschichte über vier Kandidaten der Weisheit, die voll tiefer Weisheit der alten Lehrer ist. Sie erzählt, wie sie in den Garten der Freude eintraten (ein Name, den die Juden und besonders die Kabbalisten benutzten, um damit das Reich des Okkultismus, das Reich der okkulten Wissenschaften zu bezeichnen). Die Namen dieser vier Kandidaten der Weisheit waren: Ben Asai, Ben Soma, Acher und Rabbi Akiba. Die Geschichte erzählt: „Ben Asai sah hin und verlor sein Augenlicht. Ben Soma sah hin und verlor seinen Verstand. Acher ging in den Garten der Freude und richtete darin Verwüstung an, kehrte das Oberste zuunterst und kam um. Aber Rabbi Akiba betrat ihn in Frieden und verließ ihn in Frieden. Der Höchste, dessen Diener wir sind – gesegnet sei sein Name –, sagte: ‚Dieser alte Mann ist würdig, uns in Herrlichkeit zu dienen.' "

Wohlgemerkt, wir haben hier die vier allgemeinen Typen von Schülern der alten Weisheit. Ben Asai, der sein Augenlicht verlor, war einer, der durch die Doktrinen und Lehren angezogen wurde, und wie in einem anderen in den griechischen Legenden erwähnten Fall blickte er der nackten Wahrheit ins Gesicht und wurde „geblendet", das heißt, er wurde ein üblerer Exoterizist, als er vorher war. Er war unvorbereitet, er war nicht bereit. Er war mit Gewalt zu einem Ort vorgedrungen, zu dem er nicht gehörte, und er zog sich eine der Strafen zu, die jene erwarten, die mit unreinem Herzen und unvorbereitetem Gemüt heilige Orte betreten.

Ben Soma sah hin und verlor seinen Verstand. Er war einer, dessen Natur im Wesentlichen so selbstsüchtig war, dass er nur darauf sah, welchen Gewinn er für sich selbst daraus ziehen könnte, und da seine Natur schwankend, schwach, selbstsüchtig und eigennützig war, verlor er seinen „Verstand", das heißt, er wurde der Sklave anstatt der Meister. Wir kennen den alten Ausspruch aus dem Mittelalter, dass der Magier, der die sogenannten „Geister der ungeheuren Tiefen" beschwört und sie nicht vollständig beherrscht, von ihnen umgebracht wird. Dieser Ausspruch lehrt dieselbe Lehre von der höchsten Notwendigkeit spiritueller Vorbereitung, moralischen Vorbereitetseins, die auch wir lehren. „Denn die reinen Herzens sind, werden Gott schauen" und haben nichts zu befürchten. Das ist die christliche Art und Weise, dieselbe Idee auszudrücken.

Acher, der in dem Garten Verwüstungen anrichtete, war einer, der Willenskraft und Wagemut besaß. Er war aber gleicherweise einer, der vor allem auf sich selbst Rücksicht nahm. Er missbrauchte die heiligen Wissenschaften für den eigenen Fortschritt und für persönlichen Gewinn, um einer Position willen. Er ist der Typus des „schwarzen Magiers", wie man sagt. Der Lehrer ersucht mich ferner zu sagen, dass ein solcher durch das Betreten eines Ortes, für den er nicht geeignet ist, sich selbst vernichtet, das heißt, Acher, der „Verwüstungen" anrichtete, tat dies, und ebenso tat es Ben Soma.

Aber Rabbi Akiba, der den Garten in Frieden betrat und in Frieden wieder verließ, war der Typus des innerlich vollkommen vorbereiteten Menschen, dessen Natur durch Disziplin, durch Selbstdisziplin, durch Selbstvergessenheit und durch Erkennen der Schönheit der Selbstverleugnung im wahren Sinne so gereinigt war, dass die von dem göttlichen Herzen des Seins, von der spirituellen Sonne kommenden Strahlen durch ihn strömen konnten.

Was lehrt diese Allegorie? Diese Parabel lehrt uns zwei Dinge: Um getreue Schüler unserer Lehrer zu sein und um das zu gewinnen, was zu gewinnen von uns erwartet wird, ist die erste Lektion Disziplin, Selbstdisziplin und Ethik im Denken und Handeln. Wir kommen bei unserem Studium immer wieder auf diesen Punkt zurück, weil er hinsichtlich der Wichtigkeit an erster Stelle steht. Jeder Mensch denkt, er sei sittlich und moralisch gut. Ist er es wirklich? Fragen wir uns selbst, was wir unter wirklichen Versuchungen tun würden. Im Französischen gibt es einen ziemlich zynischen Ausspruch: „Jeder Mensch hat seinen Preis." Ist das wahr? Wenn es wahr ist, dann ist niemand von uns tauglich, heute Abend hier zu sitzen. Nur wenn wir über den Punkt hinausgelangt sind, wo uns irgendetwas auf Erden bewegen, unseren Willen beeinflussen oder uns gewinnen kann, nur dann sind wir tauglich, in den Lustgarten einzutreten, wie der alte Mann Rabbi Akiba, der ihn in Frieden betrat und ihn in Frieden wieder verließ – ein Meister.

Wir beginnen unser Studium, indem wir uns noch einmal auf den Abschnitt aus dem zweiten Band, Seite 516 f., der *Geheimlehre* beziehen, den wir mehrmals in unseren letzten Versammlungen vorgelesen haben, weil sich das Thema unseres gegenwärtigen Studiums um ihn dreht. Beachten wir bitte jedes Wort:

> Die Geheimlehre führt als eine selbstverständliche Tatsache aus, dass die Menschheit kollektiv und individuell mitsamt der ganzen geoffenbarten Natur der Träger ist (a) des Atems des Einen Universalen Prinzips in seiner ersten Differenziation; und (b) der zahllosen „Atem", die aus jenem Einen Atem in seinen sekundären und weiteren Differenziationen hervorgehen, so wie die Natur mit ihren vielen „Menschheiten" nach abwärts zu den Plänen fortschreitet, die an Materialität beständig zunehmen. Der erste Atem beseelt die höheren Hierarchien; der zweite – die niederen auf den stetig absteigenden Plänen.

Wir sind im Begriff, heute einen großen Schritt vorwärts zu tun, sozusagen viele Dinge zu überspringen, die betrachtet werden könnten, die aber unser Lehrer für ein zukünftiges Studium zurückgestellt hat, wie die ungemein wichtigen Fragen über den Tod und den Pfad linker Hand, um nur zwei zu erwähnen. Aber wir wollen unser Bestes tun, um darzulegen (obgleich wir noch nicht vollständig die Grundlage dafür gelegt haben), was die alte Weisheit meinte, wenn sie von Sphären des Seins sprach. Die für uns nützliche, gewohnte allgemeine Bezeichnung einer solchen Sphäre ist „Ebene". Und doch dürfen wir nicht vergessen, dass dieses Wort „Ebene" ein unbestimmtes Wort ist, weil es, so allgemein gebraucht, fast alles bedeutet und nicht den Grundgedanken übermittelt, denn diese inneren Welten sind in Wirklichkeit Tätigkeitsbereiche, Sphären des Seins, in der Tat wirkliche Dasein habende Welten.

Bei unserem letzten Studium haben wir diagrammatisch sieben parallele Linien gezogen, die die sieben Elemente darstellten, in denen die sieben kosmischen Kräfte oder Prinzipien wirken: die Energiebewusstseinsseite des Seins. Beachten wir heute Abend bitte sorgfältig, dass diese Elemente, diese kosmischen Elemente, Welten sind. Wir können sie Ebenen nennen, aber in Wirklichkeit sind sie Welten. Ich meine nicht notwendigerweise „Globen", das heißt feste runde Körper. Sie befinden sich um und in Globen, aber sie sind wirkliche Welten, Sphären des Wirkens, Sphären des Bewusstseins. Jedes dieser kosmischen Elemente ist nicht nur eine Welt, es ist zudem von seinen eigenen „Menschheiten" erfüllt, die zahllos, unzählig, unzählbar sind und alle menschlichen Schätzungen übersteigen. Die menschliche Familie, der menschliche Stammbaum, die menschliche Rasse oder Klasse ist nur eine unter vielen von ihnen.

Die alte Weisheit sagt, dass es auf jeder Planetenkette sieben Hauptklassen solcher „Menschheiten" oder Familienzweige gibt, und auf dieser Erde, Globus D unserer Kette, steht der Mensch an der Spitze der Klassen unter ihm. Diese Klassen werden in der gewöhnlichen Sprechweise, in der Sprechweise unserer Wissenschaft, als Reiche bezeichnet. Das menschliche Reich, das sie fälschlicherweise mit dem Tierreich durcheinanderbringen, steht als erstes, das Tierreich als zweites, das Pflanzenreich als drittes, das Mineralreich als viertes, und unter diesen befinden sich die drei Reiche der Elementale. Diese letzteren können Naturgeister, Unterfamilien, Unterstämme, Unterrassen oder Unterlebenswogen des Seins genannt werden. Als wir in unserer letzten Versammlung das Diagramm zeichneten, wurde sicherlich bemerkt, dass wir ein Dreieck formten, das die drei höheren oder Arûpa- oder formlosen Welten darstellte, die auf diese Weise, zusammen mit den sieben unter ihnen, die zehn einer vollständigen Hierarchie bilden.

Diese kosmischen Elemente, Welten oder Sphären sind im Besonderen in Lokas eingeteilt – ein Sanskṛitwort, das Orte im Sinne von Welten bedeutet – und in Talas. Diese sind im Diagramm angegeben, wobei wir die Namen benutzen, die in der brâhmaṇischen Literatur Hindustans zu finden sind – Namen, die wir der Einfachheit halber übernommen haben, weil sie in jener Literatur enthalten und mehr oder weniger bekannt sind. Das bedeutet jedoch nicht notwendigerweise, dass wir alle Ideen annehmen, die die brâhmaṇischen Werke damit verbinden. Wir benutzen diese Namen, weil sie zeigen, dass es tatsächlich sieben Welten oder Lokas gibt und sieben untergeordnete Welten oder Talas, die wir genauer zu bestimmen und kurz zu beschreiben beginnen werden.

Diese sieben kosmischen Elemente und Prinzipien sind tatsächlich die vierzehn Lokas oder vielmehr Lokas und Talas, von jedem sieben. Wir wollen sie aufzählen, sie der Reihe nach nennen:

Satya-Loka	1	Atala
Tapar-Loka	2	Vitala
Jana-Loka	3	Sutala
Mahar-Loka	4	Rasâtala
Svar-Loka	5	Talâtala
Bhuvar-Loka	6	Mahâtala
Bhûr-Loka	7	Pâtâla

Befassen wir uns zuerst mit den Lokas: Mit dem höchsten, das heißt mit dem innersten beginnend, finden wir Satya-Loka, ein Wort, das „Wirklichkeit"-Welt bedeutet. Der nächste Loka ist Tapar-Loka. Das ist ein zusammengesetztes Sanskṛitwort, das „Ergebenheit"-Welt im Sinne von „Meditation", „Kontemplation", „Nachinnenschau" bedeutet. Als nächster kommt Jana-Loka, von einer Sanskṛitwurzel abgeleitet, die „Geburt" bedeutet. Mahar-Loka bedeutet „groß", Svar-Loka „Himmel". Bhuvar-Loka ist ein altes Sanskṛitwort und kommt von der Sanskṛitwurzel *bhû*, die „wachsen" oder „sich entwickeln" bedeutet, und als letzten haben wir Bhûr-Loka. Die entsprechenden Talas sind, vom höheren zum materielleren abwärts gezählt, Atala, Vitala, Sutala, Rasâtala, Talâtala, Mahâtala, Pâtâla.

Der erste Gedanke, auf den wir unsere Aufmerksamkeit konzentrieren müssen, ist folgender: Diese Lokas und Talas befinden sich nicht übereinander wie die Sprossen einer Leiter; sie durchdringen einander, vermischen sich miteinander, aber sie vermengen sich nicht bloß, sondern vermischen sich innig miteinander. Der Gedanke eines Menschen ist zum Beispiel nicht notwendigerweise vollkommen göttlich oder vollkommen böse. Er ist zusammengesetzt, enthält beide Eigenschaften, und diese sind miteinander verschmolzen, nicht nur miteinander vermischt. Die Sache ist tatsächlich nicht so mechanisch, denn wir studieren ätherische und spirituelle Gegenstände. Die Lokas und Talas verschmelzen miteinander. Die Elektrizität zum Beispiel, ob wir sie als Materie oder als Kraft bezeichnen, ist bipolar. Sie besitzt einen positiven und einen negativen Pol. Wir können einen der Pole als Loka bezeichnen und den anderen als seinen entsprechenden Tala, denn es korrespondieren immer zwei miteinander, ein Loka und ein Tala jeweils paarweise: Satya-Loka mit Atala, Tapar-Loka mit Vitala und so weiter die Stufenleiter hinab, bis wir zu dem niedersten kommen, Bhûr-Loka und Pâtâla.

In der brâhmaṇischen Literatur wird gewöhnlich gesagt, dass die Lokas die „Himmel" und die Talas die „Höllen" sind. Das ist eine Art, eine tiefe Wahrheit auszudrücken. Aber wir müssen diesen Worten gegenüber aufgrund der falschen religiösen Ideen, die in Europa mit ihnen verbunden sind, vorsichtig sein. Die tatsächliche, die esoterische Bedeutung ist, dass die Lokas der leuchtende Bogen oder vielmehr jene Reihenfolge der Natur und der Wesen sind, in denen der Geist oder

der leuchtende Bogen vorherrscht. Die Talas sind der Bogen des Schattens, der dunkle Bogen oder vielmehr jene Reihenfolge der Natur und der Wesen, in denen die Materie vorherrscht. Jeder einzelne der Lokas wirkt mit seinem entsprechenden Tala zusammen. Vergessen wir nicht, dass hierin ein Wurzelgedanke liegt, wir können die Lokas und die Talas nicht voneinander trennen.

Jedes der sieben kosmischen Elemente korrespondiert mit jedem; jedes mit jedem innerhalb der Lokas und jedes mit jedem innerhalb der Talas. Mit anderen Worten, die sieben Lokas und die sieben Talas wirken korrespondierend in jedem einzelnen der kosmischen Elemente oder Welten. Ferner hat jeder einzelne der sieben Globen unserer Planetenkette durch „Reflexion" seine eigenen sieben Lokas und sieben Talas. Wir kennen das alte esoterische Prinzip, das unserem Denken zugrunde liegt und in dem sogenannten hermetischen Grundsatz ausgedrückt ist: „Wie oben, so unten – wie unten, so oben." Die Bedeutung ist, dass unser Universum und jeder Teil von ihm nicht ein Universum der Anarchie ist. Jedes Ding ist mit jedem anderen Ding verkettet, und das Höhere ist in dem Niederen reflektiert oder reflektiert sich vielmehr selbst in dem Niederen. Das Niedere ist tatsächlich die Äußerung des Höheren, oder wie in vorhergehenden Versammlungen gesagt wurde, die niederen Welten sind die Gewänder (oder Ausdrucksformen oder Reflexionen) der höheren. Nichts ist von allem anderen getrennt. Wir wissen, als die größte Ketzerei gilt im Buddhismus (und auch in unserer eigenen Lehre) das sogenannte Sondersein, die Idee oder der Glaube, dass irgendetwas vom Ganzen getrennt ist oder als davon getrennt betrachtet werden kann. Das ist es auch, was die Christen meinten, wenn sie von der Sünde wider den Heiligen Geist sprachen. Die wenigen unter den ersten Christen, die initiiert waren, betrachteten diese Sünde als die schändlichste und frevelhafteste, und sie hatten Recht!

Nachdem wir nun so weit gegangen sind, können wir sehen, dass die Talas oder untergeordneten Welten – jeweils zueinander, jeweils ineinander – tatsächlich die kosmischen Elemente sind. Ist dieser Gedanke klar? Weiter: Die durch diese Talas oder Welten, durch diese Felder der Tätigkeit wirkenden Kräfte, die materiellen, ätherischen, psychischen, spirituellen, göttlichen usw., sind die Prinzipien des Kosmos, die Bewusstseinseinheiten, die den Raum erfüllen und in der Tat selbst der Raum sind, und diese sind die Lokas.

In unserer letzten Versammlung haben wir dargelegt, dass diese Elemente auch aufeinander folgend betrachtet werden können, etwa wie die Häute einer Zwiebel. Dies ist eine weit bessere Illustration, da sie anregender ist als das Ebenensystem, obgleich dieses System in alten Zeiten auch benutzt wurde. Wir legten aber auch dar, dass diese Häute der Erde, diese Häute des Kosmos immer ätherischer, immer spiritueller werden, je weiter sie innen liegen. Aber wir meinten nicht – beachten wir dies bitte sorgfältig –, dass diese spirituellen oder inneren Welten oder Sphären kleiner sind, d. h. von geringerem Umfang als die äußerste Rinde. Größe hat mit ätherischen oder spirituellen Einflüssen überhaupt nichts zu tun. Bloße Größe oder bloßer Umfang hat mit Bewusstsein nichts zu tun.

Wie können wir nun diese beiden sich widerstreitenden Behauptungen, dieses Paradoxon in Einklang bringen, das besagt, dass, je mehr wir uns dem materiellen Zentrum eines Dinges nähern, dieses um so dichter ist, und je mehr wir uns dem spirituellen Zentrum eines Dinges nähern, dieses um so göttlicher ist? Die alten griechischen Philosophen, die sogenannten atomistischen Philosophen wie Demokrit, Leukipp und Epikur, denen der große römische Dichter Lukrez folgte, sagten in ihren Atomtheorien, der Himmel sei aus den feineren und subtileren Atomen zusammengesetzt und die Erde sowie die Planeten- und Sternenkörper seien aus den Atomen zusammengesetzt, die gröber und schwerer sind und deshalb enger zusammenfallen, was bedeutet, dass sie sich gegenseitig stärker anziehen. Das ist nur zu wahr, denn es ist eine von der Talaseite, von der Materieseite her aufgestellte Behauptung. Aber merken wir auf: Es wurde schon öfter von einem Layazentrum gesprochen. Ein Layazentrum ist die siebente oder höchste Stufe der Materie (oder die erste Stufe des Geistes), der Punkt, an dem die Materie in höhere Bereiche verschwindet, das Nirvâṇa der Materie, das Nirvâṇa jeder Wesenheit, von der es das Herz, das Zentrum ist. Das Layazentrum für uns menschliche Wesen ist unser Âtman, unser universales Selbst. Jeder Globus ist ebenfalls ein Atom, eine Monade oder ein Gott, je nach der Ebene oder Welt, in der befindlich wir ihn betrachten. Dieses Layazentrum befindet sich im Zentrum oder im Herzen unseres Wesens. Es ist tatsächlich der Kern unseres Wesens, und von ihm strahlen die Kräfte, die Elemente, die Häute des Seins aus, wie die Strahlen von der Sonne nach außen strahlen. Diese Kräfte und Elemente oder Häute werden in einem Sinne gröber, je weiter sie sich von dem Zentrum entfernen. Aber je ätherischer die Ursprungsebene oder die ursprüngliche Welt oder Sphäre, das ursprüngliche Wirkungsfeld ist, je spiritueller das hervorbringende Zentrum ist, desto weitreichender ist das Ausströmen der Strahlung. Wird dieser Gedanke erfasst? Die sich beständig durch das Layazentrum ergießende spirituelle Wesenheit hat Strahlen, die weit über die nur materiellen Schichten hinausreichen, und als niederste hat sie solche Strahlen, die kaum über ihre eigenen beschränkten Grenzen hinausreichen. Um die Illustration etwas zu ändern: Die spirituellen inneren Reiche des Menschen oder des Globus sind verschiedene „Ebenen", „Grade" oder „Sphären" des aurischen Eies. Es ist eine der heiligsten unserer Lehren und diejenige, von der am wenigsten gesagt worden ist.

Wir wollen dies wieder mit Hilfe einer esoterischen Darlegung hinsichtlich der drei niedersten Lokas, Bhûr-Loka, Bhuvar-Loka und Svar-Loka, erläutern. Von Bhûr-

Loka wird in den exoterischen brâhmaṇischen Büchern gesagt, er sei unsere Erde. Seine Einfluss-Sphäre reiche nur wenig über die Atmosphäre hinaus. Sie sagen, der Bhuvar-Loka habe Strahlen (oder eine Atmosphäre), die bis zur Sonne reichen, obgleich er in Wirklichkeit die nächstfolgende Welt oder der nächstfolgende Loka innerhalb der Erde sei – nicht eine andere physische Welt innerhalb der physischen Erde nach der Art der verschiedenen Häute einer Zwiebel, sondern eine ätherische Welt innerhalb der physischen Erde. Svar-Loka ist eine noch ätherischere oder spirituellere Welt innerhalb von Bhuvar-Loka, die Strahlen (oder eine Atmosphäre) hat, die sogar bis zu Dhruva oder dem Polarstern reichen. Dies mag die Sache erläutern.

Wohlgemerkt, wir könnten als natürliche, daraus gefolgerte Tatsache keine Verbindung mit Wesen außerhalb von uns oder jenseits von uns, weder mit anderen Planeten noch mit unserer Sonne oder mit anderen Sonnen haben, wenn es nicht atmosphärische Träger oder Übermittler, diese aurischen Strahlen, diese Atmosphären gäbe, durch die wir auf unserer Ebene und auf anderen Ebenen mit anderen Wesen, Globen und Welten in Berührung kommen. Ein Magnet hat seinen Magnetismus oder seine magnetische Atmosphäre, die über ihn hinausreicht, was die Sache erläutern mag. Die Reichweite seines Magnetismus hat natürlich ihre Grenze, und in demselben Sinn haben die Lokas und Talas ihre Atmosphären. Die Atmosphären der inneren Lokas und Talas reichen weiter als die der äußeren, und je weiter wir nach innen gehen, desto mehr ist dies der Fall.

Von Pâtâla, dem niedersten der Talas, wird auch gesagt, dass er unsere Erde ist. Ja, vom Gesichtspunkt der kosmischen Ebenen aus ist diese Behauptung auch richtig. Beachten wir auch, dass die Lokas und Talas die bipolaren Elemente der Natur, die bipolaren Welten des Seins sind, die aufsteigenden und die absteigenden: die involvierenden oder die Talas und die evolvierenden oder die Lokas. Dadurch, dass das Wirken der Talas gegenüber dem Wirken der Lokas vorherrscht, „steigen" wir am Anfang des Manvantaras den schattenhaften Bogen entlang „hinab" in die Manifestation. Und wenn wir unsere Erde erreicht haben, die der Wendepunkt ist, steigen wir den leuchtenden Bogen entlang wieder auf. Die Lokas werden dann dominant, und die Talas werden rezessiv, um die moderne biologische Ausdrucksweise anzuwenden.

Satya-Loka könnte ohne Atala als sein Vehikel oder seinen niederen Pol nicht existieren. Tapar-Loka könnte ohne Vitala als seinen niederen Pol nicht existieren, und so geht es weiter, die Stufenleiter hinab. Dies ist eines der mit europäischen Worten äußerst schwer zu erklärenden Dinge, und doch ist es in Wirklichkeit eine der einfachsten Vorstellungen. Wir müssen unser Gemüt vor allem von mechanischen Anregungen reinigen. Wir müssen verstehen, dass wir uns hier mit spirituellen, psychologischen und ätherischen Dingen befassen. Es könnte keinen leuchtenden

Bogen geben ohne die Lokas und keinen schattenhaften Bogen ohne die Talas als entsprechende Grundlage. Wenn wir „leuchtender Bogen“ oder „schattenhafter Bogen“ sagen, meinen wir nicht einen tatsächlichen Bogen, denn das ist nur eine Redewendung. Wir meinen jene Welten, jene Prozesse und jene Reihenfolge von Wesen in der Natur, mittels, in oder durch die wir in die Manifestation „hinabsteigen“ oder durch die wir uns auf der anderen Seite erheben und in spirituelle Größe hineinwachsen. Das sind die beiden entsprechenden Bögen. Tugend, Reinheit, Güte, Mitleid, Barmherzigkeit, Erbarmen, all dies sind Zeichen, dass die Wesenheit, die sie besitzt, den Geist im Innern entwickelt und sich erhebt, den leuchtenden Bogen entlang aufsteigt. Wo wir Selbstsucht, Unreinheit, Lieblosigkeit, Grausamkeit, Betrug und Heuchelei sehen, sind sie die Zeichen, dass die Wesenheit, die sie besitzt, unter dem Einfluss oder der Vorherrschaft des absteigenden oder schattenhaften Bogens der Talas steht. Dessen ungeachtet sind die Lokas und Talas von allem Anfang an und in jeder Hinsicht miteinander vermengt und wirken zusammen, denn sie sind Geist und Materie.

Diese beiden – Lokas und Talas – wirken deshalb einer im anderen. Unsere Erde, unser Planet Terra, unser Globus, auf dem wir leben, hat seine eigenen besonderen sieben Lokas und sieben Talas. Vom kosmischen Standpunkt aus gesehen, sind Bhûr-Loka und Pâtâla für unsere physischen Augen der physische Loka und auch der physische Tala oder unsere Erde. Wenn wir sie vom materiellen Standpunkt aus betrachten, ist sie Pâtâla, und wenn wir sie von der Energie-Bewusstseinsseite, von der edleren und besseren Seite, zur aufsteigenden Seite hin betrachten, ist sie Bhûr-Loka. Erinnern wir uns immer, dass Lokas und Talas unwandelbar als Paar, immer ein Loka und ein Tala, zusammenwirken und zusammen existieren, und zwar auf jeder Ebene.

Zu diesen sieben kosmischen Prinzipien, die die entsprechenden Lokas sind, und den kosmischen Elementen, den sieben Talas, ist noch zu sagen, dass alle vierzehn, sieben von jedem der beiden, in jedem der sieben Globen unserer Kette reflektiert werden. Wie oben, so unten – wie unten, so oben. Das Kleine ist wie das Große. Der Mikrokosmos ist nur eine Darstellung oder eine Kopie des Makrokosmos im Kleinen.

Nehmen wir an, wir würden uns selbst in Bezug auf Lokas und Talas fragen: Wo stehen wir auf der Stufenleiter? Wo befinden wir uns im Loka und im Tala? Wie wir wissen, befinden wir uns auf dem vierten Globus unserer Kette. Wir müssen deshalb den vierten Loka und den vierten Tala nehmen, d. h. Mahar-Loka, der auf der Stufenleiter mit Rasâtala korrespondiert. Wir befinden uns außerdem in der vierten Runde unserer Planetenkette, darum haben wir dieses bipolare Prinzip durch die Qualität der vierten Runde verstärkt, d. h. wiederum durch Mahar-Loka und Rasâtala. Ferner befinden wir uns in der fünften Wurzelrasse des vierten Globus in seiner vierten Runde. Unsere Wurzelrasse wird deshalb, obgleich sie sich auf diesem vierten Globus und in dieser vierten Runde entwickelt, durch das fünfte in jeder Spalte, Svar-Loka und Talâtala, dargestellt. „Räder innerhalb von Rädern", wie Hesekiel, der hebräische Prophet, so ausgezeichnet sagte.

Wo befinden wir uns in Bezug auf die kosmischen Elemente? Wir haben das schon ganz kurz dargelegt. H. P. Blavatsky zeigt in ihrem Diagramm in der *Geheimlehre,* das wir in unserer letzten Versammlung gezeigt haben, dass unser Globus Terra in dem niedersten der kosmischen Elemente steht, dem siebenten, abwärts gezählt. Deshalb ist das kosmische Element, in dem wir und dieser Globus uns befinden, kosmisch gesprochen, Bhûr-Loka und Pâtâla.

Diese Tätigkeiten und dieses Ineinanderwirken, das Sichvermischen der Lokas und Talas, dieser verschiedenen Elemente, Kräfte und Prinzipien, machen jedes Erklären so kompliziert. Das macht jedoch das Wissen über sie so kostbar, denn das Wissen über diese Dinge wird nicht von den Dächern der Häuser verkündet, sondern wird als Lohn für das Verdienst jenen gegeben, die als würdig und wohlgeeignet befunden werden.

Wir wollen uns diesen Fragen von einem anderen Standpunkt aus nähern. Wo befinden wir uns auf den kosmischen Welten oder Ebenen? Es wird uns gesagt, dass Brahmâ einhundert seiner Jahre lebt. Brahmâ ist ein Sanskṛitwort, das für die spirituelle Energie-Bewusstseinsseite unseres Sonnenuniversums steht, d. h. unseres Sonnensystems, und das „Ei Brahmâs" ist das Sonnensystem. Es wird uns ferner gesagt, dass sein Leben zur Hälfte vorüber ist und fünfzig seiner Jahre vergangen sind – eine Zahl, die wir in einer fünfzehnstelligen Zahl unserer Jahre ausdrücken: 155 Billionen 520 Milliarden (155 520 000 000 000) Jahre sind vergangen, seit unser Sonnensystem mit seiner Sonne seinen manvantarischen Lauf begonnen hat. Es müssen daher weitere fünfzig Jahre vergehen, bevor das System in Ruhe oder in sein Pralaya versinkt. Da erst die Hälfte der evolutionären Reise vollendet ist, befinden wir uns deshalb am Boden des kosmischen Kreislaufes, d. h. auf der niedersten Ebene, wie das erwähnte Diagramm zeigt.

Wo befinden wir uns auf diesem Planeten? Wir befinden uns auch hier auf der niedersten Ebene, weil wir, da wir uns in der vierten Runde befinden, unsere Laufbahn nur halb durchlaufen haben. Die niederste kosmische Ebene ist Bhûr-Loka und Pâtâla. Tatsächlich sind wir jedoch auf dem aufsteigenden Bogen ein wenig vorgerückt, weil unsere Planetenkette das Kind der Mondkette ist, und die Mondkette befand sich genau auf der niedersten Stufe.

Diese Gedanken, Kameraden, werden heute Abend als anregende Vorschläge zur weiteren Betrachtung vorgelegt, weil die Möglichkeit besteht, dass uns der Lehrer beauftragt, weiter in diese Dinge einzudringen, und dies die Elemente für unser Studium sind, die wir dann klar in unserem Gemüt haben müssen. Verstehen wir vor allem, dass das Universum, dem alten System entsprechend, in sieben Grade oder Stufen des Seins eingeteilt ist, die Welten, Lokas und Talas sind. Das bedeutet, dass diese Welten durchgehend paarweise in Lokas und Talas polarisiert sind. Unsere Erde zeigt sie als bipolar, denn sie ist der einzige Planet auf dieser Ebene, in diesem kosmischen Element oder in dieser Welt, auf dieser besonderen Stufe oder in dieser Sphäre. Sie ist der Wendepunkt in unserer Planetenkette, wo Materie und Geist sich das Gleichgewicht halten und sie bipolar machen. Ferner hat jeder einzelne der sieben Globen unserer Kette seine eigenen sieben Lokas und sieben Talas. Diese wurden volkstümlich „Himmel" und „Höllen" genannt. Nicht, dass sie „Himmel" und „Höllen" im europäischen Sinne der Worte sind, sondern sie stellen die beiden Seiten des Seins, die Dualität der Manifestation, die höhere und die niedrigere Natur, wenn wir so wollen, sowohl des Planeten als auch des Menschen dar.

Wir wollen nun ein wenig weiter gehen: In den sieben Lokas und sieben Talas unserer Welt, die immer paarweise zusammen wirken, einer von jedem, ein Loka und ein Tala: in jedem von diesen gibt es unzählige Heere von Wesen. In den höheren Lokas und Talas befinden sich denkende und bewusste Wesenheiten wie unser menschlicher Stamm (das heißt unsere menschliche Rasse, unsere Familie, unsere Lebenswoge). Diese Lokas und Talas durchdringen einander. Wie H. P. Blavatsky in einer ausgezeichneten Stelle in der *Geheimlehre* sagt, nimmt jedes von ihnen seine eigene „geographische" Sphäre ein.

Die entsprechenden Bewohner der verschiedenen Lokas und Talas leben in ihrer eigenen Welt, gehen ihren eigenen Beschäftigungen nach, gestalten ihr eigenes karmisches Schicksal, ebenso wie wir es in unserer Welt tun. Es ist nur der menschliche Egoismus, der so törichterweise darauf besteht, dass unsere Rasse die einzige Rasse intelligenter Wesen in dem grenzenlosen Kosmos sei. Dieser Egoismus geht sogar so weit, dass er selbst auf anderen physischen Planeten Intelligenzen und Bewusstsein verneint – ein Standpunkt, der für das Gemüt eines denkenden Menschen unerträglich ist, denn er ist auf nichts als Unwissenheit und Torheit begründet. Es spricht gar nichts für diese Behauptung, denn alles, Logik, Intellekt, Analogie, vergleichendes Denken, Intuition, alles sagt laut das Gegenteil und verkündet, dass es nicht ein einziges Atom in den unendlichen Bereichen des Raumes gibt, das nicht vollkommen von seinen eigenen entsprechenden und ihm angemessenen Stämmen oder Rassen von Wesen erfüllt ist.

Ich bitte, die Lokas und Talas im Gedächtnis zu behalten. Sie sind immer paarweise zu verstehen. Auf der Stufenleiter korrespondieren je ein Loka und ein Tala miteinander, die immer zusammenwirken und so untrennbar sind wie positiv und negativ, so unzertrennbar wie Gut und Böse, so untrennbar wie Geist und Materie. Sie repräsentieren und sind tatsächlich die beiden Seiten des Seins, nicht notwendigerweise die Körperseite und die Geistseite, sondern die beiden sich gegenüberstehenden Kräfte, die zwei sich gegenüberstehenden Seiten der Natur, die Nachtseite und die Lichtseite, die Schattenseite und die leuchtende Seite.

Die drei Diagramme, auf die ich jetzt die Aufmerksamkeit lenke, sind drei sehr alte Symbole, die aus atlantäischen Zeiten zu uns gekommen und in Hinsicht auf unser Studium voll anregender Bedeutung sind. Wir wollen zuerst das folgende betrachten: ein durch die zweimal gekrümmte Linie geteilter Kreis. Am Kreisumfang beginnend und wieder zum Kreisumfang zurückkehrend, bildet die Linie eine Figur, von der die eine Seite schattiert, die andere Seite hell gelassen ist – ein Lieblingssymbol der Buddhisten. Es ist im ganzen Orient zu finden, besonders aber in buddhistischen Ländern und bildet eines der beliebtesten Motive buddhistischer Kunst. Die gesamte buddhistische Kunst ist, wie bekannt, religiös.

Beachten wir hier bitte, wenn wir eine Seite, die schattierte Seite, betrachten, sehen wir, wie die Linie den Kreisumfang am oberen Teil des Kreises verlässt, eine Kurve beschreibt, sich dann zurückbiegt und unten zum Kreisumfang zurückkehrt. Wo sie diesen Kreisumfang berührt, stoßen wir auf die helle oder leer gelassene Hälfte, die sich in der entgegengesetzten Richtung ausbreitet. Sie bildet einen Teil des Kreisumfanges und steigt auf, bis sie den Höhepunkt erreicht und sich mit der anderen Linie vereinigt, die zuerst von diesem Punkt aus in der zweimal gekrümmten Linie abwärts ging, um sich wieder mit dem Punkt zu vereinigen, nachdem sie die andere Seite des Kreisumfanges gebildet hat. Diese beiden Hälften stellen die Lokas und Talas dar oder die Involution des Geistes und die Evolution der Materie – und die aufsteigende, die Evolution des Geistes und die Involution der Materie. Beide bilden vereint und untrennbar eine Figur. Der Kreis steht auch für das grenzenlose All, die schattierte Seite für die Talas, die dunkle oder Materieseite, und die leer gelassene Seite für die Geistseite, die große grenzenlose Leere des grenzenlosen Alls, des grenzenlosen SELBSTES.

Ich glaube, diese Zeichnung, dieses Symbol ist eines der schönsten, eines der eingebungsvollsten, die ich je kennengelernt habe. Je mehr wir es studieren, um so mehr regt es zum Denken an. Es zeigt unsere Lokas und Talas als untrennbar und ineinanderwirkend. Es zeigt sozusagen den „Abstieg" des Geistes und den Aufstieg der Materie, die gleichzeitig nebeneinander erfolgen; und es zeigt die Evolution des Geistes und die Involution der Materie zurück in den Geist, von dem sie kam und der sie im Grunde ist.

Als Nächstes wenden wir uns einem weiteren alten Symbol zu. Es ist die „Svastika", ein anderes Lieblingssymbol der Buddhisten, das auch sonst im ganzen Orient und selbst in der ganzen Welt zu finden ist. Es bedeutet vor allem Bewegung, Evolution; die im rechten Winkel gebrochenen Arme deuten Leben, Antrieb, vorwärtsführenden Fortschritt und viele andere Dinge an.

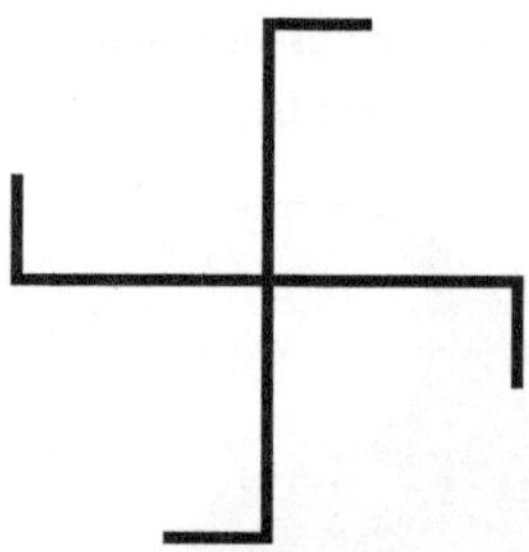

Als Nächstes beachtet die Kreuzesfigur. Wir haben hier – und wir kommen nun zu der symbolischen Bedeutung des Kreuzes, die wir heute Abend flüchtig berühren müssen – zuerst die senkrechte Linie, die für den Geist steht, und dann die waagerechte Linie, die die Materie darstellt, in die er eintritt und die er durchdringt. Die beiden wirken zusammen. Nehmen wir einen der Arme weg oder irgendeinen Teil der beiden Linien, die die Svastika bilden, so haben wir keine Svastika mehr.

Auch das deutet, wenn auch weniger stark, wenn ich diesen Ausdruck gebrauchen darf, die untrennbar vereinigten Lokas und Talas an.

Das dritte unserer Symbole ist den Gelehrten als das ägyptische Tau oder Ansata- oder „Henkelkreuz" bekannt. Es ist ebenfalls ein sehr altes Symbol, das aus atlantäischen Zeiten stammt und auf dem Rücken einiger Statuen auf der Osterinsel zu finden ist. Beachten wir den Kreis am Kopf des Kreuzes und die von ihm ausgehende senkrechte Linie, das Symbol für den Abstieg des Geistes aus der Sphäre des Göttlichen in die Materie, die durch die waagerechte Linie dargestellt wird. Seine Bedeutung ist der der Svastika ähnlich. Die Letztere jedoch betont die Bewegungen und Zirkulationen der Bewusstseinseinheiten im Raum oder die Evolution,

während das Henkelkreuz eine höhere Ebene darstellt – die uranfänglichen Bewegungen und Zustände des kosmischen Seins.

Diese Symbole sind wirklich sehr schön. Es besteht keine Notwendigkeit, unser Denken zu beflecken, indem wir unsere Aufmerksamkeit Fragen von phallischer Bedeutung zuwenden, durch die sie erniedrigt werden. Sie können auf diese Weise ausgelegt werden, denn wir können alles, was es auch sei, entwürdigen.

Das ganze Leben ist eines, und ein allgemeiner Plan läuft durch alles. Aber hierüber werden wir heute nicht sprechen. Die Hauptsache, die wir jetzt darzulegen wünschen, ist, dass wir in diesen zeitalteralten Symbolen, und besonders in den bipolaren, das Leben der beiden Seiten zeigenden buddhistischen Loka-Tala-Figur, dem ersten von den dreien, den gegebenen Umriss, die symbolische oder paradigmatische Form der gesamten Lehre über die kosmischen oder menschlichen höheren und niedrigeren Sphären des Seins finden, d. h. über die Lokas und Talas, von denen wir heute gesprochen haben.

Nun, Kameraden, möchte ich noch etwas der Aufmerksamkeit näherbringen und zumindest durch Andeutungen den vollkommenen Zusammenhang aller Glieder des Lebens darlegen. Wie kann diese vollkommene Einheit des Mechanismus des Seins besser ausgedrückt werden? Die Zirkulationen des Kosmos funktionieren nicht aufs Geratewohl, sondern von Sphäre zu Sphäre, von Welt zu Welt, von Ebene zu Ebene mittels und durch Bewusstseinseinheiten, die in den verschiedenen Elementen wirken, seien diese Bewusstseinseinheiten nun Götter, Monaden, Seelen oder Atome; und insbesondere geschieht dies in unserem Sonnensystem in und durch die Sonne und die Planeten, besonders durch deren entsprechende innere Atmosphären ihrer Lokas und Talas.

Der Okkultismus spricht von sieben heiligen Planeten. Wir kennen viel mehr Planeten in unserem Sonnensystem als sieben, viel mehr, als unsere Wissenschaftler kennen, aber nur sieben wurden als heilig betrachtet. Und warum? Wir können zumindest so viel sagen, dass diese sieben Planeten für uns als Bewohner dieses Globus heilig sind, weil sie die Übermittler der sieben Grundkräfte des Kosmos von der Sonne zu uns sind. Unsere sieben Prinzipien und unsere sieben Elemente entspringen ursprünglich diesem siebenfachen Lebensstrom.

Wir wollen diese Sache in einem anderen Licht betrachten. Auf dieser Ebene befindet sich unser Globus Terra allein. Die Globen unserer Planetenkette jedoch, von denen sich immer zwei auf den drei anderen Ebenen befinden, sind nicht die sieben Prinzipien unserer Erde. Das würde eine falsche Analogie, eine falsche analoge Schlussfolgerung darstellen. Bei unserer letzten Versammlung sprachen wir über andere falsche Analogien. Wir müssen Acht geben, dass wir nicht durch falsche Analogien irregeführt werden. Die sieben Prinzipien unseres Globus sind die sieben Lokas und die sieben Talas, die im Besonderen zur Erde gehören, und die sieben Prinzipien jedes einzelnen der anderen sechs Globen unserer Planetenkette sind die entsprechenden Lokas und Talas, die zu jedem dieser Globen gehören. Die beiden anderen Globen auf jeder der drei Ebenen über uns, die zusammen die anderen sechs Globen unserer Planetenkette bilden, empfangen ihre entsprechende Lebenskraft, ihren entsprechenden Zustrom intellektueller und spiritueller Energien und Wesen von den entsprechenden Lokas und Talas der Sonne. Es gibt sieben Sonnen, aber es gibt nur eine Sonne auf dieser Ebene, wie sich auch unser Globus allein auf dieser Ebene, der niedersten der sieben kosmischen Ebenen, befindet.

Mit diesem Gedanken wollen wir unsere Versammlung heute Abend schließen.

Kapitel 37

Das Fachwerk des Kosmos. Lokas und Talas: Prinzipien und Elemente: Welten – nicht nur Zustände. Raum, die letzte Wirklichkeit.

Maitreya: „Die Sphäre der ganzen Erde ist mir von dir, trefflicher Brahman, beschrieben worden, und ich bin jetzt begierig, einen weiteren Bericht über die anderen Sphären (die über der Welt) – den Bhuvar-Loka und die anderen Lokas – und über die Stellung und die Ausdehnung der himmlischen Leuchten zu hören."

Vishnu-Purâna II, Ch. VII (Englisch: Wilson)

Sie sagte: „Das, o Yâjñavalkya, was über dem Himmel ist, das, was unterhalb der Erde ist, das, was zwischen diesen beiden, zwischen Himmel und Erde ist, das, was die Menschen die Vergangenheit, die Gegenwart und die Zukunft nennen – über was ist das gewoben, Kette und Schuss?"

Er sagte: „Das, o Gârgî, was über dem Himmel ist, das, was unterhalb der Erde ist, das, was zwischen den beiden, zwischen Himmel und Erde ist, das, was die Menschen die Vergangenheit, die Gegenwart und die Zukunft nennen, ist allein über dem Raum gewoben, Kette und Schuss."

„Über was ist dann, bitte, der Raum gewoben, Kette und Schuss?"

Er sagte: „Das, o Gârgî, nennen die Brâhmanen das Unzerstörbare."

ES verzehrt nichts, was es auch sei. Niemand, wer immer es auch sei, verzehrt ES.

„Wahrlich, o Gârgî, das Unzerstörbare ist der unsichtbare Seher, der unhörbare Hörer, der undenkbare Denker, der unverstandene Versteher. Außer ihm gibt es nichts, das sieht. Außer ihm gibt es nichts, das hört. Außer ihm gibt es nichts, das denkt. Außer ihm gibt es nichts, das versteht. Über dieses Unzerstörbare, o Gârgî , ist der Raum gewoben, Kette und Schuss." [Es ist selbst der Raum]

Brihad-Âranyaka-Upanishad, III, 8, Verse 6–8, 11 (Englisch: Hume)

Wenn Bruderschaft, ethisch gesprochen, die „verlorene Seite" im westlichen Denken ist, können wir dann nicht sagen, dass der Verlust der Vorstellung, dass das Universum, das wir wahrnehmen und kennen, nur die Rinde der Dinge ist, die Ursache ist für die spirituelle und intellektuelle Schwäche desselben westlichen Denkens? Wir haben als Abendländer vielleicht die edelste Vorstellung der ganzen Welt verloren, die Vorstellung, die jedoch auf dem größten Teil des Globus heute noch vorhanden ist, und diese Vorstellung oder für viele die Erkenntnis ist die Tatsache, dass die äußere Welt, von der uns unsere physischen Sinne berichten, nur die Schale der Dinge der Wirklichkeit ist und dass der größere Teil sich innen, hinter dem Schleier des physischen Daseins befindet. Bedenken wir, was dies bedeutet. Wir sehen nur die Rinde, die Hülle, die Schale, die Haut der Dinge, doch all die großen bewegenden Kräfte stammen aus dem Innern. All die großen Zirkulationen des Kosmos befinden sich hinter dem äußerlich Erkennbaren. Diese Wahrheit bildete den Kern der religiösen und philosophischen Auffassungen der alten Welt im Orient und auch der sogenannten wilden Völker – entartete Erben einer größeren Weisheit vergangener Zeit –, die selbst heute noch in hohem Grade dieses philosophische und religiöse Denken besitzen, das sie veranlasst, in stillem Frieden und in Hoffnung zu leben und zu sterben.

In den umfassenderen Bereichen unseres Denkens müssen wir erkennen, dass, wenn wir die großen Probleme des Lebens, die großen Probleme der verschiedenen Bereiche des menschlichen Denkens, Religion, Philosophie und Wissenschaft, verstehen wollen, wir hinter diese äußeren Schleier gehen müssen, wir tiefer zum Herzen der Dinge vordringen müssen.

Dieser Gedanke ist erhaben, weil er die Grundlagen für die wahre Erklärung des Lebens enthält und ein wirklicher Schlüssel für das Verstehen der Ideen ist, auf die sich die Zivilisationen vergangener Zeitalter gründeten. Unsere Zivilisation wird nie erreichen, was sie erreichen sollte und in der Tat zu werden bestimmt ist, solange dieses Denken der alten Welt nicht in das Bewusstsein der Menschen zurückgebracht wird. Wenn dies geschieht, wird es in der Tat ihr Verhalten lenken, weil es ihnen eine vernünftige Erklärung geben wird, die zur Lösung der Probleme unseres Daseins beiträgt. Die Menschen werden dann richtig leben, weil sie verstehen werden, dass das, was der menschliche Intellekt Gerechtigkeit nennt, das heißt Ordnung, das gesamte Universum regiert.

Wir lesen wieder aus der *Geheimlehre,* Band II, Seite 516 f., dasselbe Zitat, das wir in vier oder fünf vorhergehenden Versammlungen gelesen haben, weil es immer noch das Hauptthema dessen bildet, was wir betrachten und zu verstehen suchen:

> Die Geheimlehre führt als eine selbstverständliche Tatsache aus, dass die Menschheit kollektiv und individuell mitsamt der ganzen geoffenbarten Natur der Träger ist a) des Atems des Einen Universalen Prinzips in seiner ersten Differenziation; und b) der zahllosen „Atem", die aus jenem Einen Atem in seinen sekundären und weiteren Differenziationen hervorgehen, sowie die Natur mit ihren vielen „Menschheiten" nach abwärts zu den Plänen fortschreitet, die an Materialität beständig zunehmen. Der erste

Atem beseelt die höheren Hierarchien; der zweite – die niederen auf den stetig absteigenden Plänen.

Wir setzen heute unser Studium des Fachwerks des Kosmos fort. Dieses Fachwerk ist, wie in unserer letzten Versammlung dargelegt, aus den Lokas und Talas zusammengesetzt. Die Geduld aller Anwesenden, die unserem Studium, unserem Denken folgten und die außerordentliche Verwickeltheit bei der ersten Darlegung dieser Dinge begriffen, war ohne Frage groß. Zweifellos sahen sie, dass wir den Unterweisungen folgten, die uns von unserem Lehrer gegeben worden waren, als sie diese Versammlungen anfänglich ins Leben gerufen hatte, nämlich so streng wie möglich die Methoden des Studiums anzuwenden, wie sie in den alten Mysterienschulen befolgt wurden. Eine dieser Methoden bestand darin, niemals beim ersten Herantreten an einen Gegenstand die Lehre über diesen offen und frei zu verkünden, sondern zuerst mit einem Hinweis zu beginnen und auch damit, dass man darum herum oder allgemein darüber spricht, aber niemals auf ihn direkt eingeht. Dafür gab es verschiedene Gründe, die sich auf ein tiefes Wissen über die menschliche Psychologie gründen. Die ganze Anstrengung zielt darauf hin, den Hörer oder Leser zu befähigen, seine eigenen Formen des Gemütes zu brechen. Wie wir die menschliche Natur kennen, gibt es vielleicht nichts, dem das menschliche Gemüt so entgegenwirkt oder das es kampflustiger macht, als wenn man ihm sozusagen eine Idee entgegenschleudert. Lassen wir dem Hörer oder Leser vielmehr zuerst das Gefühl, dass er indirekt und durch einen Appell an seine eigene innere Geisteskraft in den Gedanken eingeführt wird, denn er wünscht in der Tat, seine Gemütsformen in erster Linie selbst zu brechen und aus seiner eigenen Initiative heraus zu verstehen, und damit hat er Recht. Unsere erste Pflicht ist es, dem Hörer den Weg zu öffnen, für sich selbst zu denken.

Diesen Abend jedoch werden wir, nachdem wir die obige Methode befolgt haben, uns der Sache direkt nähern und die scheinbare Verwirrung klären.

Eine andere Methode, die wir befolgten, besteht in dem Gebrauch dessen, was als Redewendung Paradoxon genannt wird, aus demselben Grunde wie oben dargelegt. Wir müssen vor allem die Kristallisation der Mentalität um einen Gedanken verhindern, und die Erfahrung hat uns in unserem Orden gezeigt, dass der bessere Weg, dies zu tun, der ist, zuerst ringsherum und allgemein über ein Thema zu sprechen, dann einen Gesichtspunkt darzubieten und dann, wenn möglich, einen gegensätzlichen Gesichtspunkt vorzubringen, die Antithese oder das polare Gegenteil des ersten Gesichtspunktes. Das Gemüt, das diesen Prozess durchmacht, versteht ihn sehr bald und sagt zu sich selbst: „Ich erlaube mir nicht, diesen Gedanken zu kristallisieren; es kommt noch mehr nach, eine weitere Einsicht. Ich will abwarten, bevor ich urteile.“ Dieser Vorgang führt dazu, Dogmatismus zu verhindern, sei es in Religion, Philosophie oder Wissenschaft. Und beachten wir, es ist genau das Gegenteil der Lehrmethoden, die dem westlichen Herzen so teuer sind, das durch sie bestrickt wird, indem man Abstraktionen Realität verleiht. Diese Verleihung von „Realität" an Abstraktionen ist die Neigung oder der Versuch, mental an Abstraktionen als an wirkliche „Wesenheiten" zu denken. Das ist genau das Gegenteil der in alten Zivilisationen und heute noch im Orient befolgten Methode bei der Behandlung tiefer psychologischer und spiritueller Angelegenheiten. Ihre weisen alten Lehrer zeigten ihnen, dass die Verleihung von Wesenheit an Abstraktionen das Gemüt ablenkt und es von den ursprünglichen Wahrheiten des Seins hinwegführt, denn das Gemüt fühlt sich vorübergehend von Trugbildern anstatt von Wirklichkeiten befriedigt, und es geht kostbare Zeit verloren, während der sich das Gemüt in einem Durcheinander von Unwirklichkeiten verliert. Dies ist ein weiteres Beispiel für das tiefe Wissen über die menschliche Psychologie, das die alten Lehrer besaßen.

Selbst im christlichen Gedankensystem, wie es nun einmal beschaffen ist, finden wir, wie Paulus in seinen Briefen und Sendschreiben an die verschiedenen sogenannten „Kirchen" in der alten Weise derselben Richtung wirklicher Belehrung durch Parabel und bildlichen Ausdruck folgt. Wenn die christlichen Ausleger, die Theologen, Schüler der alten Weisheit wären, würden sie zumindest genug wissen, um die Worte von Paulus nicht wörtlich auszulegen, weil Paulus ein Eingeweihter war, wie durch seine eigenen Schriften sehr klar gezeigt wird – nicht notwendigerweise ein hoher Eingeweihter, weil das Wort „Eingeweihter" lediglich jemanden bedeutet, der in ein System eingetreten ist und der daher einiges Wissen darüber hat, zumindest einen Aspekt davon empfangen hat und durch einen oder mehrere der Riten der alten Weisheit gegangen ist. Daher ist jeder von uns ein „Eingeweihter" im Vergleich zu dem, was er war, bevor er sich unserem Orden angeschlossen hat. Paulus schreibt in seinem zweiten Brief an die Korinther, Kapitel XII, Vers 2–4, wie folgt: „Ich kenne einen Menschen in Christus." Beachten wir den Wortlaut! Er sagt nicht: „Ich kenne einen Freund von Christus", sondern: „Ich kenne einen Menschen in Christus seit vierzehn Jahren (ob im Körper, weiß ich nicht, ob außerhalb des Körpers, weiß ich nicht, Gott weiß es). Einen, der in den dritten Himmel erhoben ward. Und ich weiß von einem solchen Menschen (ob im Körper oder außerhalb des Körpers, weiß ich nicht, Gott weiß es), der in das Paradies erhoben wurde und Dinge hörte, die nicht verbreitet werden dürfen und die auszusprechen einem Menschen nicht erlaubt ist."

Nun, wir haben unsere eigene Übersetzung dieser Verse aus dem griechischen Original gemacht, und obwohl hier keine Notwendigkeit besteht, die griechischen Worte zu wiederholen, möchte ich den Punkt herausstellen, dass die schönen Worte, die Paulus hier gebraucht – „Dinge hörte, die nicht verbreitet werden dürfen ..."

usw. –, die weihevollen Worte sind, sozusagen heilige Worte, wie sie in den mystischen Ritualen der alten Lehren gebraucht wurden. Ferner zeigt dies sehr klar, dass dieser Mensch Paulus selbst war, sonst hätte er keine Kenntnis davon haben können.

Wenn er drittens sagt, dass dieser Mensch, also er selbst, in den dritten Himmel erhoben ward, muss ich hervorheben, dass, wenn unsere Theologen etwas über die Sprache der Mysterien wüssten, sie zumindest verstehen würden, dass der Ausdruck „dritter Himmel" eine alte Form oder ein sprachliches Symbol der Initiation ist.

Wir sprachen in anderen Versammlungen über die Tatsache, dass der Kandidat in alten Zeiten, beginnend mit dem vierten Grad der Initiation, dazu gebracht wurde, für die entsprechende Zeit das zu sein oder zu werden, worüber er vorher belehrt worden war. Er wurde veranlasst, in die verschiedenen Lokas und Talas zu gehen, um vorübergehend die Dinge dort zu sein und sie zu erkennen. Eine der Methoden, diese Tatsachen zu beschreiben, bestand darin, als von oder in dem ersten Himmel, dem zweiten Himmel, dem dritten Himmel, dem vierten Himmel usw. seiend zu sprechen. Es war nur eine andere Art, als wenn Paulus sagen würde: „In meiner dritten Initiation hörte ich Dinge, die nicht verbreitet werden dürfen, über die zu sprechen einem Menschen nicht erlaubt ist."

Ein Beispiel für die Verleihung von „Wesenheit" an eine Abstraktion, das Verleihen von Substanz und Form an trügerische Vorstellungen, wird in den wissenschaftlichen und philosophischen Schriften unserer europäischen Denker klar gezeigt, wenn sie das Wort „Raum" in dem Sinne eines bloßen Begriffes anwenden. Der Raum ist für sie eine Abstraktion. Für uns ist er das Ursein, die Wirklichkeit, das All-Leben. Denken wir einmal darüber nach, was das bedeutet. Der Raum ist hypothetisch grenzenlos, ist das, was wir das Unendliche nennen. Und doch schreiben, reden und sprechen sie von ihm wie von einem bloßen Behälter, einem endlichen Ding, und sie sprechen von den „Dimensionen des Raumes". Der Raum als das grenzenlose All-Leben kann keine Dimensionen haben. Wir können nicht das Unendliche beschränken, ihm Grenzen ziehen oder es ausmessen. Was die Denker meinen, sind die Ausdehnungen der Materie, ihre Abmessungen. Sie legen einer begrifflichen Abstraktion eine Bezeichnung bei. Dann schreiten sie weiter und statten sie mit endlichen Attributen aus, verleihen ihr Wesenheit, obwohl für sie der Raum nur eine mentale Vorstellung ist.

Einige unserer westlichen Denker sprechen sogar von der „vierten Dimension des Raumes", damit andeutend, dass es darüber hinaus noch andere gibt, eine fünfte und vielleicht eine sechste. In unserer Schule lassen wir diese Idee nicht gelten. Der Raum kann keine Dimensionen haben. Die Materie kann nur drei Dimensionen haben, weil, wie wir leicht einsehen werden, wenn wir die Maße und Grenzen der manifestierten Substanz mit Länge, Breite und Tiefe zum Ausdruck bringen, wir das gesamte Feld umfasst haben, das sie darstellt. Doch was ist es in diesen Gemütern, das sie veranlasst, nach dem zu jagen und zu forschen, was sie so unrichtig die „Dimensionen des Raumes" nennen? Es ist die Intuition, die Anerkennung von Welten innerhalb der äußeren Rinde oder Schale, von denen schon gesprochen wurde. In der Natur gibt es nicht so etwas wie „Flachland" oder eine zweidimensionale Welt oder eine eindimensionale Welt, weil jede Welt alle Dimensionen in sich schließt.

Beachten wir, was wir meinen, wenn wir von den Prinzipien und Elementen des Kosmos sprechen. Die Elemente sind Welten, und die Prinzipien sind die spirituellen Kräfte, Wesenheiten und spirituellen Intelligenzen an ihrer Wurzel, die durch jene Welten oder Elemente wirken. Und was meinen wir mit Welten?

Wir meinen genau das – wir sprechen englisch [und das gilt auch im Deutschen, d. Ü.] –, was der Gebrauch des Wortes „Welt" besagt. Wir steigen auf das Dach unseres Hauses, treten auf die Straße oder gehen auf das Feld hinaus und sehen das, was wir das Universum um uns nennen: die Sterne, die Sonne und außerdem die Wesen auf Erden, und all dies ist eine Welt. Nein, es ist kein Globus. Ein Globus ist nur eine der Wesenheiten oder einer der Körper in einer Welt. Gerade das meinten wir, als wir sagten, dass die Lokas und Talas nicht Globen, sondern Welten sind. Wenn wir wollen, könnten wir sie vielleicht Sphären nennen, wobei wir aber bitte das Wort „Sphären" nicht in dem physischen, geometrischen Sinn anwenden. Wir benutzen es vielmehr in einem abstrakten Sinn, so wie wir von der Sphäre einer Aktivität, von der musikalischen Sphäre oder der musikalischen Welt, den intellektuellen oder materiellen Sphären oder Welten sprechen. Aber das Wort „Welt" ist für unsere gegenwärtigen Zwecke, zur Beschreibung der Lokas und Talas, bei weitem besser. Etymologisch würde es sich nicht eignen, weil dieses angelsächsische Wort [engl. „world", d. Ü.] ursprünglich „Weorold" war, was „Menschenalter" bedeutet, d. h., es bedeutet die Lebenszeit eines Menschen, die in jenen Zeiten als hundert Jahre dauernd angenommen und von der im literarischen Gebrauch allgemein als von einem Menschenalter gesprochen wurde. Es ist interessant, dass das Wort „Welt" eng mit der Bedeutung oder vielmehr mit den beiden Bedeutungen des griechischen Wortes „Aion" oder „Äon" korrespondiert, das ursprünglich bei den griechischen Gnostikern eine Zeitepoche, eine Zeitperiode und ein spirituelles Wesen oder eine Welt bedeutete.

Diese Lokas und Talas, und alles, was wir zu sagen im Begriff sind, wurde in unserer letzten Versammlung gesagt, aber heute werden wir bestimmter sprechen und direkter auf die Sache eingehen –, nun, diese Lokas und Talas sind, wenn wir sie auf den Kosmos beziehen, die entsprechenden Prinzipien und Elemente des Kosmos. Die Lokas sind die Prinzipien, und die Talas sind die Elemente. Loka bedeutet

„Welt". Die Prinzipien sind aber ebenso gut Welten wie die Elemente. Die Prinzipien des Kosmos sind höhere kosmische Welten, wie die Elemente niedrigere kosmische Welten sind. Halten wir einen Augenblick inne und sehen wir, wie einfach diese Vorstellung in Wirklichkeit ist. Wir sehen die physische Welt, das physische Universum rund um uns her. In unserer heiligen Wissenschaft, das heißt in der Esoterischen Philosophie, wird uns gelehrt, dass die Welt sieben sogenannte „Ebenen" hat. Wie schon bemerkt, ist das Wort „Ebene" ein unglücklicher Ausdruck, weil er in seiner geometrischen Bedeutung als Fläche verstanden wird; es ist zwar ein unbestimmter Ausdruck, aber er ist gebräuchlich und daher zweckdienlich.

Die Elemente, die Talas, sind Welten. Das sind auch die Lokas, die das repräsentieren, was wir die sieben Prinzipien des Kosmos nennen. Mit anderen Worten, die sieben Prinzipien des Kosmos korrespondieren in ihrer Elementseite mit den Talas, und die sieben Prinzipien des Kosmos per se, d. h. die spirituelle Seite, korrespondieren mit den sieben Lokas.

Die Schwierigkeit entsteht für uns vielleicht daraus, dass wir uns so daran gewöhnt haben, von den sieben Prinzipien des Menschen zu sprechen, und als Bewohner des Westens denken wir an sie nur als an Abstraktionen. An unsere Neigung gewöhnt, Abstraktionen Wesenheit zu verleihen, erfassen wir sie nicht als wirkliche, wesentliche Dinge, so dass wir die Prinzipien des Menschen in unserem Gemüt fast zu bloßen Worten reduzieren. Aber wie bei einem früheren Studium dargelegt, hat der Mensch sieben Prinzipien und auch sieben Elemente oder Vehikel, in denen die Prinzipien wirken, jedes Prinzip in seinem ihm entsprechenden Element. Wir sollten jedoch den Kosmos in derselben Weise betrachten, weil der Mensch nur eine Reflexion des Kosmos ist. Er ist der Mikrokosmos des Makrokosmos, um den alten hermetischen Ausdruck zu gebrauchen: „Wie oben, so unten – wie unten, so oben."

Nachdem wir nun wissen, dass unser Universum sieben Ebenen hat, das heißt sieben Elemente von einem Gesichtspunkt aus betrachtet und sieben Prinzipien oder die Energie-Bewusstseinsseite von einem anderen Gesichtspunkt aus gesehen, können wir jetzt bestimmt sagen: Die Elementseite, die Vehikelseite, die Materieseite, die dunkle Seite sind die Talaseite. Die sieben Talas sind die sieben Elemente oder materiellen Welten des Kosmos, und die sieben Lokas – die ebenfalls Welten sind – sind die sieben Prinzipien.

Wenn wir nun fähig wären, uns in irgendeines der höheren Elemente und Prinzipien des Kosmos zu erheben, würden wir unsere Welt, in der wir jetzt sind, verdoppelt sehen, aber natürlich mit Modifikationen. Jedes einzelne dieser Elemente und Prinzipien ist eine kosmische Welt, entweder ein Tala oder ein Loka.

Eines der interessantesten Symbole, das die Menschen der alten Welt benutzten, um die untrennbaren Lokas und Talas zu beschreiben, war das Symbol, das in Hindustan das „Zeichen Vishṇus" genannt wurde und das unter den europäischen Mystikern aus irgendeinem unbekannten Grund das „Siegel Salomons" genannt wird. Dieses Symbol ist eines der am weitesten verbreiteten und vertrautesten sowie eines der Lieblingssymbole der asiatisch-europäischen Welt.

Wir haben hier zwei ineinander verschlungene Dreiecke, von denen das eine aufwärts, das andere abwärts zeigt. Beide sind untrennbar miteinander verbunden, um dieses Symbol zu bilden. Trennen wir sie, so besteht das Symbol nicht mehr. Das Dreieck, dessen Spitze nach oben zeigt, stellt die Lokas dar und dasjenige, dessen Spitze abwärts zeigt, die Talas. Es ist gleicherweise ein Symbol für die menschliche und für die kosmische Entwicklung, für die Dualität in der Natur und für die Wechselwirkung zwischen den spirituellen und den materiellen Kräften im Leben. Würden wir in das Zentrum dieser ineinander verschlungenen Dreiecke einen Punkt machen, so würden wir sofort seine symbolische Bedeutung ändern, indem es die beginnende kosmische Evolution bedeuten würde. Es wäre dann dem Kreis mit einem Punkt in der Mitte ähnlich und in Bezug auf den Menschen das Symbol für das, was wir einen Meister nennen. Im letzteren Sinne wird es manchmal in einfacher Form mit drei Punkten in der Gestalt eines Dreiecks gezeichnet. Manchmal befindet sich in der Mitte zwischen diesen drei Punkten auch ein vierter, aber das ist nur eine verkürzte Form desselben Bildes. In diesen Fällen zeigt die Spitze des Dreiecks nach oben, denn es bedeutet, dass die Aspiration des symbolisch dargestellten Menschen aufwärts gerichtet ist, was den Aufstieg durch die Lokas andeutet.

Das bringt uns zu unserem nächsten Punkt: Obgleich es wahr ist, dass die Lokas und Talas in einem allgemeinen Sinn „Zustände" sind, so ist dies nur in dem Sinne der Fall, in dem die „Himmel" und die „Höllen" als solche betrachtet werden können. Sie sind natürlich „Zustände", aber sie sind auch Örtlichkeiten, weil jede Wesenheit, die sich in einem Zustand befindet oder einen solchen erfährt, irgendwo sein muss. Devachan und Nirvâṇa sind keine Örtlichkeiten, sie sind „Zustände",

Zustände von Wesenheiten unter jenen entsprechenden spirituellen Bedingungen. Devachan ist der mittlere Zustand; Nirvâṇa ist der über-spirituelle Zustand; und Avîchi, allgemein die niederste der Höllen genannt, ist der untere Pol des spirituellen Zustandes. Diese drei sind Zustände von Wesen, die in den Lokas und Talas ihren Wohnsitz haben, d. h. in den Welten des kosmischen Eies. Während die „Himmel" und die „Höllen" als Zustände betrachtet werden können, müssen wir uns erinnern, dass die „Höllen" und die „Himmel" keine Zustände sind, die per se existieren wie eine Welt. Jeder ist der Zustand einer Wesenheit, die sich in diesem Zustand befindet und deshalb, da es eine Wesenheit ist, eine Position oder einen Platz einnehmen muss. Den unwandelbaren Regeln entsprechend, die den Kosmos regieren, müssen solche Zustände mit ähnlichen Umgebungen übereinstimmen. Mit anderen Worten, eine Wesenheit im „Himmel" oder in der „Hölle" befindet sich in einem entsprechenden Loka oder Tala.

So hoffen wir, bevor wir diesen Abend schließen, eines vollkommen klargestellt zu haben, und das ist, um es kurz auszudrücken, dass die Lokas und Talas die Prinzipien bzw. Elemente des Kosmos und auch von jedem Globus in diesem Kosmos sind, von denen jeder sieben Lokas und sieben Talas besitzt. Die Lokas und Talas sind nicht voneinander zu trennen, und jeder einzelne korrespondiert mit einem ähnlichen auf der anderen Linie. Das ist klar, nicht wahr? Die beiden höchsten gehören zusammen, die beiden niedersten gehören zusammen, und mit den dazwischen liegenden ist es ebenso.

Vergessen wir bitte den Hauptgedanken nicht: Die Lokas und Talas sind Welten. Sie sind nicht einfach nur Zustände, was so viel wie nichts bedeutet. Eine Wesenheit macht einen Zustand durch oder befindet sich in einem solchen, aber ein Zustand existiert nicht per se oder für sich selbst. Diese Vorstellung entspringt der Geneigtheit unseres europäischen Gemüts, Abstraktionen Dasein zu verleihen. Ein Zustand ist eine Abstraktion. Er muss von irgendeiner Wesenheit aufrechterhalten, erlebt oder entwickelt werden, um irgendetwas zu sein.

Und schließlich, seien wir eingedenk, dass jeder dieser Lokas und Talas den nächst niedrigeren auf der Stufenleiter aus sich selbst hervorbringt. Der höchste jeder Linie projiziert den nächst niederen oder sendet ihn aus. Dieser enthält dann neben seinem eigenen charakteristischen Merkmal oder Swabhâva in sich auch die Natur desjenigen über ihm, seines Elters, und sendet auch den nächst niederen unter ihm aus, den dritten in der Richtung nach unten. So geht es die Stufenleiter hinab, so dass jedes einzelne der Prinzipien oder Elemente ebenfalls siebenfach ist und in sich die Unterelemente dessen oder jener enthält, von denen es die Reflexion von oben ist.

Kapitel 38

Degeneration und Schließung der Mysterienschulen. Neupythagoreische und neuplatonische Systeme: Hauptquellen der christlichen Theologie. Esoterische und exoterische Lehren: Symbolismus.

Niemals gab es mehr als eine Universalreligion, noch kann es mehr geben; kann doch nur *eine* auf Gott bezügliche Wahrheit bestehen. Gleich einer unendlichen Kette, deren oberes Ende, das Alpha, unsichtbar bleibt, aus einer Gottheit emanierend – *in statu abscondito* (im Verborgenen) mit jeder primitiven Theologie –, umkreist sie unseren Globus nach allen Richtungen; auch nicht den entlegensten Winkel lässt sie unberührt, bevor das andere, das Omega-Ende sich zurückwendet, um dort, wo es zuerst ausstrahlte, wieder empfangen zu werden. Auf diese göttliche Kette wurde die exoterische Symbolik eines jeden Volkes gereiht. Trotz der Mannigfaltigkeit an Formen bleibt ihr Inhalt unberührt, und unter ihren verschiedenen Idealtypen des stofflichen Weltalls, die ihre lebendigen Prinzipien symbolisieren, ist das geistige Bild ihres Wesens ein und dasselbe. ...

So sind denn alle religiösen Denkmäler der Alten, welchen Landes, welcher Zone immer, der Ausdruck der nämlichen Ideen, zu der der Schlüssel die esoterische Lehre ist.

H. P. Blavatsky: Isis Entschleiert, Bd. I, S. 595 f.

Die Folgerung, die daraus gezogen werden kann, ist, dass das künstlich hervorgebrachte und dogmatische Christentum einfach ein Zweig der zahlreichen sich bekämpfenden Sekten ist.

ebenda, Bd. II, S. 348

Zu behaupten, das Christentum vermittelte den Menschen moralische Wahrheiten, die vorher unbekannt waren, lässt entweder auf grobe Unwissenheit oder auf absichtlichen Betrug seitens des Behaupters schließen.

H. T. Buckle: History of Civilization in England, Bd. I, S. 180

Es gibt nur wenige Dinge, auf die Menschen so reizbar reagieren wie auf die verschiedenen Streitfragen, die das Anzweifeln einer angenommenen Religion in sich schließen. Abgesehen von der Tatsache, die jedem bekannt ist, dass Religionskriege immer die blutigsten und bittersten in der Geschichte waren [und sind, d. Ü.], wird selbst im normalen Leben im Menschen ein Gefühl des Widerstandes geweckt, wenn man seinen religiösen Anschauungen nicht zustimmt. Bei wohlerzogenen Männern und Frauen ist dieser Antagonismus nicht schlimm, weil sie willens sind, anderen eine Meinung zuzugestehen, die von ihrer Meinung abweicht, aber zum großen Bedauern scheint es in Sachen des religiösen Gefühls sehr wenig gute Erziehung zu geben. Kein Mensch liebt es, wenn er merkt, dass seine Religion Gegenstand der Herabwürdigung oder des Spottes ist, weil natürlich für ihn seine Religion die „wahre Religion" ist; unter den Anhängern jeder Religion ist das immer so gewesen. Nur die Weiseren sind willens, die Meinung eines Mitmenschen zu beachten und sie ehrlich zu prüfen, darauf bedacht, einiges Wissen darüber zu erlangen, was der Kritiker oder der Sprecher glaubt oder sieht.

Das ist besonders in all den verschiedenen Zweigen des westlichen religiösen Denkens so, die vom Christentum und vom Judaismus abgeleitet sind. Die alten Religionen, die Religionen der alten Welt, hatten ihre volkstümlichen Mythologien, an die die Menschen glaubten. Einige dieser alten Religionen bestehen heute noch im Orient und anderswo. Doch selbst unter jenen, die nicht in die Mysterien eingeweiht waren, die den Menschen eine erhabenere Vision von der Wahrheit und ein tieferes Wissen über die menschliche Natur verleihten, selbst unter jenen in all diesen Religionen, das Christentum ausgenommen, die außer den verschiedenen Mythologien nichts haben, wonach sie leben können, herrscht ein Gefühl unter ihren Anhängern, dass auch der andere Mensch etwas von Wert wissen könnte. Ich hätte oft gern wissen mögen, inwieweit dieser Geist des christlichen und quasi-jüdischen Antagonismus dem Glauben eines anderen Menschen gegenüber in unserer eigenen Gesellschaft (d. h. in der theosophischen Bewegung) unter uns existiert.

Sicherlich würde niemand in unserem heiligen Orden auch nur einen Augenblick lang zögern oder einen Augenblick schwanken, einem Kameraden das Recht zuzugestehen, anders zu denken oder etwas anderes zu glauben als er selbst. Wenn jemand einen Kameraden eine Ansicht ausdrücken hört, die seiner oder unserer Anschauung nach „unorthodox" erscheinen würde, was wäre in einem solchen Fall die richtige Haltung, die wir einnehmen sollten? Machen wir es, wie Paulus, der Christ, sagte: Hören wir zu, und wenn die zum Ausdruck gebrachte Anschauung gut ist, das heißt, wenn es eine Anschauung ist, die wir aufgrund der von unseren Lehrern empfangenen Lehren als gut erkennen, dann nehmen wir sie an. Jener Kamerad kann eine Anschauung haben, die der Wahrheit ein wenig näher kommt als die unsere oder die meine – eine Anschauung, die etwas tiefer nach innen geht, der Wirklichkeit zu.

Dem Geist religiöser Bigotterie entsprangen natürlich die verschiedenen religiösen Verfolgungen, die verschiedenen Folterungen – physische oder andere – und die inquisitorischen Handlungen der vorübergehend an der Macht befindlichen Fanatiker. Wir finden etwas Derartiges in keiner der alten Religionen auf dem Globus, weder in der Gegenwart noch in der Vergangenheit. Warum war und ist das noch in der Religion des Westens der Fall? Wie schon gesagt, es muss gewiss in der Tatsache begründet liegen, dass ihre Anhänger den Schlüssel zu dem inneren Wissen ihrer eigenen religiösen Glaubensbezeugungen verloren haben, und das ist schon sehr lange der Fall. Wir finden, wie Gregor von Nazianz, der von der christlichen Kirche heilig gesprochen wurde, an Hieronymus, einen anderen Heiligen der Kirche, der sein Freund und Vertrauter war, über die Art schreibt, wie die Lehren gelehrt werden sollten, und er sagt Folgendes: „Nichts imponiert den Leuten mehr als ein großer Wortschwall, denn je weniger sie verstehen, desto mehr bewundern sie. Unsere Väter und Lehrer haben oft nicht das gelehrt, was sie dachten, sondern das, was die Notwendigkeit und die Umstände sie zu sagen nötigten.“ Wenn wir dies mit dem Geist vergleichen, auf den sich die großen Religionen vergangener Zeiten gründeten, verstehen wir, dass unter den Eingeweihten der Letzteren das bloße Aussprechen eines Gedankens, von dem sie fühlten, dass er der Wahrheit widersprach, zum Schaden der Seele des Menschen geschah. Als „Weißer Rabe“ zu leben, um das christliche Symbol zu benutzen, d. h. als Heuchler, als eine lebendige Lüge, wurde als das betrachtet, was die Seele des Menschen am wirksamsten einengt, was den Kern seines Wesens vernichtet und ihn nicht nur gänzlich unfähig macht, die tieferen Mysterien zu erfassen, die in der Natur und im Menschen selbst liegen, sondern ihn gleichermaßen gänzlich untauglich macht, die geringsten Proben zu bestehen, die den wirklichen Prüfungen bei den Einweihungszeremonien vorausgehen. Selbst zu der Zeit, von der man annimmt, dass in ihr die christliche Religion ihren Anfang genommen hat, enthielten die Mysterien, die Einweihungssysteme, immer noch mehr oder weniger von den alten Wahrheiten, obgleich sie damals bereits sehr entartet waren. Dem römischen Kaiser Nero, dem Beherrscher der westlichen Welt, wurde offen gesagt, er sei untauglich, durch die Riten von Eleusis zu gehen, und er wagte es nicht, zu diesem Zweck dorthin zu gehen. Nero war keinesfalls ein so schlechter Mensch, als den ihn christlichen Kritiker hinzustellen versuchten. Wir haben nicht den Wunsch, einen schlechten Charakter reinzuwaschen, aber – und wir wiederholen dies – er war in seinem Leben und in den Dingen, die er tat, keineswegs so schlimm wie einige Menschen, die jetzt als fast kanonisierte Heilige in den Verzeichnissen des Christentums geführt werden, welche die Leben der Heiligen beschreiben.

Eintausend Jahre lang, beginnend zu der Zeit von Pythagoras und endend etwa um die Zeit von Justinian, begann sich die Nacht eines dunklen Zyklus auf die Welt zu senken, und diese Periode wird gerade um die Zeit, von der angenommen wird, dass Jesus geboren wurde, halbiert. Pythagoras lebte im sechsten Jahrhundert vor dem angenommenen Beginn unserer Ära, d. h. der gegenwärtigen, von den westlichen Völkern angenommenen Ära, und Justinian lebte im sechsten Jahrhundert nach deren Beginn. Zu dieser Zeit wurde auf seine Anordnung hin die letzte Mysterienschule in Athen geschlossen, und sieben Männer flohen unter Lebensgefahr zu Chosrau dem Großen, dem König von Persien. Dort lebten sie in Frieden, Würde und Ehre, bis aufgrund der Drehung des Rades veränderter Umstände Chosrau als Sieger aus dem Krieg gegen Justinian hervorging. Als eine der Bedingungen des Friedens, den Justinian mit Geld erwarb, wurde festgelegt, dass diesen sieben Philosophen erlaubt würde, in Frieden in ihr eigenes Land zurückzukehren, dort in Frieden zu leben und in Frieden zu sterben; und so geschah es.

Vergleichen wir diesen edlen Geist mit dem auf der anderen Seite geoffenbarten Geist, so haben wir ein schwaches Bild von der Inspiration, die das erfüllte, was im Altertum das Leben der Vorbereitung für die Einführung in die Mysterien genannt wurde, und dem Geist, der seit dem Jahr 1 unserer Ära, der sogenannten christlichen Ära, immer über der westlichen Welt geschwebt hat.

Das bedeutet nun nicht, den Charakter des sogenannten Jesus im Geringsten zu verleumden. Ein wahrer Theosoph würde niemals ein Wort gegen den Charakter jenes großen und edlen Menschen sagen, noch gegen die Lehren, von denen angenommen wird, sie gingen von ihm persönlich aus. Aber es ist wahrscheinlich, dass das theosophische Unternehmen, das Jesus ins Leben zu rufen versuchte, nach seinem Tod keine fünfzig Jahre Bestand hatte. Fast unmittelbar nach seinem Dahinscheiden schoben seine Jünger, die alle „ungenügend unterrichtet" und in manchen Fällen fast unwissende Menschen waren (wenn ich „ungenügend unterrichtet" sage, meine ich, dass sie sehr wenig Wissen in Bezug auf die Lehren hatten, die ihnen ihr Meister mitzuteilen versuchte), der damaligen Welt die Formen und Glaubensüberzeugungen des frühen Christentums unter, und wenn sonst nichts vorhanden gewesen wäre als dies, dann hätte dieses Religionssystem keine weiteren fünfzig Jahre gelebt. Aber was ereignete sich? Während des Hereinbrechens des dunklen Zyklus nach Jesus (der um die Zeit begann, als Pythagoras lebte) leuchteten die letzten wenigen Strahlen der untergehenden Sonne des alten Lichtes schwach in den Gemütern gewisser Kirchenväter, von denen Clemens von Alexandria einer war und Origenes von Alexandria ein weiterer, und von denen es noch ein oder zwei andere ihnen ähnliche gab, die zumindest in die niedrigsten der damals entarteten heidnischen Mysterien eingeweiht waren. Diese Männer traten in die christliche Kirche ein und führten ein kleines bisschen von diesem Licht, sozusagen einige armselige

Strahlen davon, die sie noch nährten, in diese Kirche ein, und diese Strahlen leiteten sie in der Hauptsache von dem neupythagoreischen und dem neuplatonischen System ab.

Die Leute sprechen vom Christentum, als sei es gänzlich vom Judaismus abgeleitet. Es ist sehr wenig davon abgeleitet. In seiner Theologie stammt es in der Hauptsache von dem falsch verstandenen griechischen Denken, von dem neupythagoreischen und dem neuplatonischen System. Das ist jedem klar, der die Schriften jener liest, die die großen Gelehrten der christlichen Theologie genannt werden, wie Dionysius, der sogenannte Areopagite, dessen System in der Essenz gänzlich der neuplatonischen Philosophie entnommen ist. Die jetzigen theologischen Standardwerke der römischen Kirche sind hauptsächlich von ihm abgeleitet, ich meine die Werke von Thomas von Aquin. Diese gelten heute als Maßstab, nach dem die Theologie von Rom aus geleitet wird und Entscheidungen getroffen werden, wenn strittige Punkte zu entscheiden sind. Und doch, während das so ist und während viel von dem, was von den ersten Kirchenvätern übernommen worden war, als Faktoren und Worte immer noch in der christlichen Theologie vorhanden ist, geriet der Geist der frühen heidnischen Gedanken vollkommen in Vergessenheit, und diese Religion steht heute als ein zum größten Teil auf Formen und Zeremonien herabgewürdigtes System da.

Das ist die Lage, der wir in unserem eigenen Orden im Westen gegenüberstehen, und es ist vor allem anderen unsere Pflicht, das alte spirituelle Leben, das alte spirituelle Feuer, das heilige Feuer der alten Zeit unseren Mitmenschen zurückzubringen. Nicht, um die Welt wieder heidnisch zu machen, in dem Sinne der Wiedereinführung der alten griechischen oder römischen Mythologie –ganz und gar nicht; auch nicht, um sie in dem Sinne buddhistisch zu machen, dass man die gegenwärtige buddhistische Religion einführt, noch die brâhmaṇische, noch die zoroastrische, weil diese selbst mehr oder weniger entartet sind; sondern um die Essenz der wahren Religion, die lebendigen Wahrheiten zurückzubringen, die alle großen Meister seit undenklichen Zeiten gelehrt haben.

Wir begegnen hier ohne Zweifel immer wieder vielen verschiedenen Gedankenrichtungen, und unsere Gedanken folgen ihnen, aber wir müssen alle mehr oder weniger daran gedacht haben, was unser gegenwärtiger Lehrer zweifelsohne im Sinn hatte, als sie diese unsere gegenwärtigen Studien ins Leben rief und die Samen für eine so große Ernte in der Zukunft säte, dass unser gegenwärtiges Vorstellungsvermögen sie möglicherweise nicht begreifen kann.

Die Christen sagen, das Blut der Heiligen, das Blut der Märtyrer, sei „der Same der Kirche". Wollen wir so leben, dass unser Leben der Same der großen Kirche oder Bruderschaft der Zukunft sein wird. Ethik liegt an der Wurzel von allem. Ethik im Herzen und im Gemüt des Menschen ist das spirituelle Licht, das durch seinen Intellekt scheint. Wenn ehrlich ausgeübt, ist sie ein Führer, ein Licht zu unseren Füßen, das nie versagt und das dem menschlichen Herzen unendlichen Frieden gibt. Wenn wir „Ethik" und „Moral" sagen, meinen wir nicht nur konventionelle Systeme rechter Lebensführung, obgleich diese auch gut sein können. Wir meinen die Pflege des Verstehens, des in der Seele des Menschen lebenden Instinktes, seiner intuitiven Wahrnehmung, dass Recht Recht bleibt und Unrecht Unrecht ist, ganz ohne Rücksicht auf irgendein konventionelles System; und wenn ein Mensch irrt, so arbeitet er nicht nur an seiner eigenen Vernichtung, sondern auch an der Vernichtung anderer, mit denen er untrennbar verbunden ist.

Während der letzten Versammlung haben wir das Thema der Götter, Monaden und Atome studiert und gesehen, dass diese durch ihr Ineinanderwirken in den Lokas und Talas zur Evolution des Kosmos in Beziehung stehen und sie verursachen; auch haben wir gesehen, dass die Lokas und Talas die Struktur, das Fachwerk, das Zimmerwerk des Universums umfassen, den Raum erfüllen und in der Tat der Raum selbst sind. Es gibt im absoluten Sinne nirgendwo Leere. Alles Sein ist erfüllt von sich drängenden Mengen von Wesenheiten, die sich in verschiedenartigen und mannigfaltigen Graden der Entwicklung befinden. Alle folgen gewissen allgemeinen Regeln der Ordnung, gewissen grundlegenden Prozessen des Kosmos, die in der volkstümlichen Sprache „Naturgesetze" genannt werden. Wir haben gesehen, dass die Energie-Bewusstseinsseite die Prinzipienseite ist und dass die Materie-Prakṛitiseite oder die Elementseite die Talaseite ist, wie die Ersteren – die Prinzipien – zur Lokaseite gehören. Und doch sind diese, die Lokas und Talas, untrennbar einer mit dem anderen verwoben, die beiden höchsten zusammen und die beiden niedersten zusammen und die dazwischenliegenden in ähnlicher Weise, immer zwei so untrennbar wie die zwei Pole eines Magneten. Es gibt keinen Magneten mit nur einem Pol. Die Lokas und Talas sind so untrennbar wie Gut und Böse, Licht und Dunkelheit. In der Tat, die Lokas und Talas sind, kosmisch, ein Ausdruck dessen, was wir das System der Opposition, der Gegensätze nennen, eine andere Art, die Dualität zum Ausdruck zu bringen. Sie sind von den obersten oder höchsten bis hinab zu den niedersten innig miteinander verbunden. Infolge des Hindurchgehens durch die Prinzipien und Elemente, durch die Lokas und Talas, machen die Lebenswogen, die Ströme von Wesenheiten, ihre Evolution durch und erlangen ihre Erfahrungen.

Es gibt keine Abscheidungen oder Leere zwischen den Heeren der verschiedenen Hierarchien im Kosmos; das ist eine andere Art und Weise dasselbe auszudrücken. Wir wollen wenigstens als Anregung zum Verstehen sagen, dass sie sich ineinander vermengen. Sie vermengen sich mittels und durch ihre Atmosphären miteinander, wobei die äußerste Atmosphäre des einen insbesondere die äußerste Atmosphäre des über oder unter ihm befindlichen Lokas oder Talas, wie der Fall gerade sein mag, durchdringt und sich damit vermengt. Es wird hier an innere „Atmosphären“ oder an die Auren gedacht, die sich im Innern durchdringen, nicht an bloße mechanische Verbindungen von Atmosphären auf irgendeiner Ebene.

Diese unzähligen Heere, diese sich drängenden Mengen von Wesenheiten, die den Raum erfüllen und selbst der Raum sind, bewegen sich bei ihrem sogenannten Abstieg den Bogen des Schattens entlang abwärts in die Materie. Wenn sie dann den Tiefpunkt des großen Zyklus in irgendeinem Manvantara erreicht haben, kehren sie um, weil sie, nachdem sie den niedersten Punkt erreicht haben, den zu erreichen für sie möglich ist, nicht weiter abwärts gehen können. Das ist eine Sache, mit der wir uns in Zukunft eingehender beschäftigen müssen, nehmen wir sie bitte für den Augenblick als eine Theorie hin. Wenn sie auf diese Weise den tiefsten Punkt, den Punkt größter Materialität in einem besonderen Zyklus der Evolution der Materie und der Involution des Geistes erreicht haben, kehren sie um und beginnen den heimwärts führenden Weg, indem sie durch die Lokas und Talas „aufsteigen“, wie sie durch diese herabgekommen sind. Dieser Aufstieg ist die Involution der Materie und die Evolution des Geistes, oder um es anders auszudrücken, die Materie löst sich wieder in den Geist auf, der sie im Grunde ist.

In der Esoterischen Philosophie besteht kein Unterschied zwischen Kraft und Materie, ausgenommen dem Grad der Materialität oder der groben Struktur nach, dem Wesen nach besteht ganz und gar kein Unterschied. Lediglich dem Grade nach gibt es einen Unterschied zwischen Geist und Substanz, dem Wesen nach besteht kein Unterschied. Beide sind im Grunde eins, und beide werden, wenn die langen Zeitalter des manvantarischen Zyklus ihr Ende erreicht haben, in den unendlichen Busen der großen Leere, der Mahâ-Śûnyatâ, zurücksinken, das heißt zurück in den unbegrenzten Kosmos der spirituellen Reiche, die für unsere niedere Natur „Leere“, aber in Wirklichkeit ein unaussprechliches Pleroma oder eine unaussprechliche „Fülle“ für das göttliche Auge im Innern von uns sind.

Die verschiedenen Globen unserer Planetenkette oder irgendeiner anderen Planetenkette – und die verschiedenen dazugehörigen Lokas und Talas – treten durch das entsprechende Wirken und die Wechselbeziehung zwischen Göttern und Monaden, Seelen und Atomen ins Dasein. Die Letzteren sind die Vehikel der Ersteren, deren Gewänder aus Licht, wenn wir so wollen, auf den höheren Ebenen und deren sogenannte Körper auf den niedrigeren Ebenen. Sie werden von den Göttern, Monaden, Seelen und Atomen projiziert, ausgeworfen, ausgestoßen, emaniert. Wenn wir „Atome“ sagen, meinen wir nicht das chemische Atom modernen wissenschaftlichen Denkens. Jenes „Atom“ ist vielmehr eine Ansammlung atomistischer Elemente. Wir meinen mit diesem Ausdruck eine vital-astrale Wesenheit. In deren

Herzen befindet sich ihre Monade. Im Herzen dieser Monade befindet sich ein Gott, und dieser Gott ist nur ein Strahl des erhabenen Gipfels der Hierarchie, zu der er gehört.

Jede Hierarchie ist nur eine von einer unendlichen Menge anderer, ihr ähnlicher Hierarchien. Ja, es gibt andere, die so sehr viel größer sind als sie, sei sie so groß, wie unsere Imagination sie gestalten kann, dass sie selbst im Vergleich zu jenen nur wie ein Sandkorn an den Ufern eines endlosen Meeres erscheint.

So ist es selbst in den äußeren Räumen der Astronomie, die die Instrumente der Astronomen durchdringen können oder zumindest zu durchdringen suchen. Jenseits unseres Universums gibt es Kosmoi, Kosmen, die so viel größer sind als unser eigener universaler Kosmos (der alles innerhalb der Zone der Milchstraße einschließt), dass unser ganzer universaler Kosmos in einem von ihnen untergebracht werden und darin verloren gehen könnte. Auf der anderen Seite existiert als Kern eines jeden der winzigsten Atome unseres physischen Aufbaus ein wirkliches Universum, ein von seinen eigenen Hierarchien, seinen eigenen endlosen Heeren von Wesen erfülltes wirkliches Universum.

Masse, Umfang und Größe haben ganz und gar nichts mit Bewusstsein oder Kraft zu tun. Doch noch erhabener ist der Gedanke, dass die Welten, die wir sehen, das Universum, das wir sehen, nur die Rinde, die Schale, die Hülle des im Innern enthaltenen größeren Teiles sind. Wir sehen diese Dinge rund um uns her, sie werden durch eine Reflexion dessen, was im Innern ist, wiederholt. Erinnern wir uns des alten hermetischen Grundsatzes: „Wie oben, so unten – wie unten, so oben."

Wir sprachen kurz zuvor von Einweihungen und Mysterien, und einige haben sich vielleicht gefragt, ob darüber keine Berichte erhalten geblieben sind. Es gibt viele solche Berichte, aber die Menschen wissen leider nicht, wie sie zu finden sind. Der normale Gelehrte nimmt derartige Darlegungen einfach als Beispiele oder vielmehr Proben dessen, was er „beispiellosen Aberglauben vergangener Zeitalter" nennt. *Er* weiß alles! Unsere kleine mentale Welt von 100, 150 oder 200 Jahren ist für diese Gemüter das „Summum Bonum", das Nonplusultra, und alles, was dieser kurzen Periode vorherging, war Unwissenheit und Aberglaube. Doch es gibt einige Männer und Frauen, die einen größeren Intellekt, eine lebhaftere Intuition als diese Gelehrten haben, und sie haben beim Lesen der Berichte vergangener Zeiten zumindest etwas von der Wahrheit gefühlt und erfasst.

Ich habe selbst Darlegungen in entsprechenden Aufzeichnungen gesehen, die überraschend deutlich und offen sind. Ich erwähne als Beispiele zwei Dinge, die ich in Artikeln oder Gedichten von unserem Kameraden Prof. Kenneth Morris gefunden habe. Sie wurden alten walisischen Schriften entnommen, und ich habe mich gewundert, war einfach verwundert, wie solche Dinge offen gelassen, nicht verhüllt wurden. Wenn wir aber ein wenig weiter lesen, werden wir merken, dass die Anspielungen meisterhaft mit verwandten Gegenständen verwoben sind, die wahr sind, aber zu dem „Stern des Lichtes" keine direkte Beziehung haben, der hier und dort in die Augen springt, so dass diese anderen verwandten Gegenstände den esoterischen Stern des Lichtes tatsächlich verbergen, und unser moderner Leser liest in einem solchen Fall, wie er ein schönes Gedicht der Neuzeit lesen würde, und sieht weiter nichts. Es gibt niemanden, der so blind ist, wie jene, die blind sein wollen.

Ferner: Einer unserer Professoren des Griechischen schrieb einen interessanten Artikel über eine Phase des griechischen Denkens, und ich erhielt ihn als Mitherausgeber unserer Monatszeitschrift, während unser Lehrer im Ausland war. Dieser Kamerad hatte die von zwei verschiedenen griechischen Autoren entnommenen Darlegungen zusammengestellt. Er bekam einen plötzlichen Lichtblitz und war davon fasziniert. Bei dem Studium der griechischen Literatur sah er, wenn auch nur unbestimmt, die Verbindung, stellte die beiden Auszüge zusammen und dachte ohne Zweifel, er habe eine Entdeckung gemacht; und er hatte eine Entdeckung gemacht. Vielleicht machte er sie unbeabsichtigt, aber sie war gemacht. Was sollte ich nun tun? Ich befand mich in einer schwierigen Lage. Ich hatte geschworen, derlei Dinge nicht öffentlich zu publizieren, und doch verdunkelt auf der anderen Seite ein Lehrer niemals absichtlich die Einsicht. Ich schrieb an unseren Kameraden, unseren Professor für Griechisch, die Artikel seien sehr interessant. Ich stellte die Wahrheit dessen, was in den von ihm gemachten Auszügen enthalten war, nicht in Frage, sondern ich tat das Gegenteil; aber ich sah keine Möglichkeit, den Artikel so, wie er war, in der Zeitschrift unterzubringen. Ich schlug einen Kompromiss vor. Nach meinen Überlegungen handelnd, gab ich ihm den Artikel zurück, nachdem ich die beiden Auszüge getrennt hatte. Ich teilte die beiden Abschnitte, die zwei Auszüge in seinem Artikel, vorsätzlich auseinander, die vereint einen Schlüssel zu einem Mysterium lieferten. Er schrieb mir zurück, er bedauere sehr, dass dies geschehen müsse. Er bedauere, dass ich die Wahrheit nicht sehen könne, die in diesen Dingen lag, denn er wusste, dass eine Wahrheit darin lag, er fühlte diese Wahrheit, aber unter den gegebenen Umständen, da ich Mitherausgeber war und er annahm, der Führer habe mich ermächtigt, Artikel zu verstümmeln, war er einverstanden. Der arme Mann dachte ohne Zweifel, der Mitherausgeber gehöre zu der Art von Menschen, von denen man in verschiedenen Kritiken über Kritiker literarischer Versuche lesen kann.

Ich möchte einen dritten Fall anführen. Unser Kamerad Prof. Oswald Siren erwähnte vor einigen Tagen in einem sehr interessanten Vortrag über chinesisch-buddhistische Kunst vielleicht zwei- oder dreimal zwei äußerst interessante Dinge, und diese wurden direkt miteinander verbunden. Er erzählte uns in seiner Beschreibung – es war ein höchst lehrreicher und interessanter Vortrag – von den verschiedenen Stellungen der buddhistischen Statuen der Buddhas und Bodhisattvas, dass die Bodhisattvas etwas trugen, was er „Kronen“ nannte. Er lenkte die Aufmerksamkeit auch auf die Kopfbedeckung der Statuen der Buddhas und nannte sie „Ushṇîsha“. Das ist ein Sanskṛitwort, das von der Wurzel *ush* kommt, die „warm sein“, „heiß sein“, „flammend“ oder „feurig sein“ bedeutet. Ushṇîsha wird auch im Sinne von „Turban“ gebraucht, weil diese besonders den Buddhastatuen gegebene Kopfbedeckung einem Turban ähnelt. Sie hat eine spiralige konische Form, ähnlich dem spiralförmigen Haus einer Schnecke.

Einer der interessantesten und lehrreichsten Aspekte des alten Denkens – und er sollte es auch in unseren Studien sein – ist die Symbologie. Einer unserer Kameraden sagte sehr richtig: Sobald ein esoterischer Gedanke erst einmal öffentlich zum Ausdruck gebracht oder gedruckt ist, ist er exoterisch. Das ist natürlich wahr, es ist eine Tatsache. Aber wir wollen eine andere Tatsache nicht aus den Augen verlieren: Selbst wenn eine esoterische Wahrheit von den Hausdächern verkündet wird, bleibt sie, wenn sie nicht verstanden wird, dennoch esoterisch, obgleich sie der Form nach, formal exoterisch ist.

Ich glaube, es war Aristoteles, der als Erster die Worte „exoterisch“ und „esoterisch“ benutzte und damit das, was innen, und das, was außen und formal ist, meinte. Diese Unterscheidung ist natürlich richtig; wenn wir aber die Literaturen, die Symbologie der alten Literaturen, Philosophien und Wissenschaften mit der uns durch unsere eigenen esoterischen Lehren gegebenen Einsicht prüfen, werden wir finden, dass, obwohl die Symbolik exoterisch ist, weil sie veröffentlicht wurde, sie dennoch esoterisch bleibt, da sie nicht erklärt wird, weil ihre Bedeutung noch verborgen ist.

Das ganze Leben der alten Welt beruhte praktisch in all seinen Zweigen, in Religion, Wissenschaft, Philosophie, Sozialismus, Politik und vielem anderen, letzten Endes auf dem abgeleiteten Wissen der Mysterien. Diese Tatsache ist so wahr und geht in ihrer Tragweite so weit, dass zum Beispiel der Schrecken der „Kreuzigung“ als Strafe unter den Persern, Karthagern und Römern, eine Strafe, zu der anfänglich nur Kriminelle und Ausländer verurteilt wurden, als Form in den Einweihungszeremonien ihren Ursprung hatte.

Wir kehren jetzt direkter zu dem Gegenstand der „Krone“ und des „Ushṇîsha“ auf den Häuptern der Buddhas zurück. Die „Krone“ ist das symbolische Zeichen für jemanden, der durch einen bestimmten Grad der Initiation gegangen ist. Wer „gekrönt“ wurde, war ein Initiierter eines bestimmten Grades, und das wurde zum Ausdruck gebracht, indem man sagte, er trage eine Krone. Das Tragen von Kronen ist in unser europäisches Leben übergegangen. Die Monarchen werden gekrönt, und bei der Krönung wird unwissentlich eine sehr, sehr alte Zeremonie wiederholt, die damals viel, heute aber so gut wie nichts mehr bedeutet. Der europäische Adel hält noch an dem Tragen oder der Benutzung von Kronen, auch als Verzierung auf Ringen oder Briefpapier, in der Form der Adelskronen fest. Ursprünglich bedeutete es, dass der Betreffende berechtigt war, die eine oder andere der verschiedenen Kronen zu tragen, weil er durch einen gewissen Grad der Initiation und in einigen Fällen auch durch einen hohen Grad gegangen war. Die Bodhisattvas sind jene, die mit dem buddhischen Feuer gekrönt werden, und dies wurde durch das Tragen eines Diadems, einer Krone oder etwas Ähnlichem zum Ausdruck gebracht. Wenn wir die frühesten Formen der Krone in der Ikonographie, in ikonographischen Werken studieren, werden wir sehen, dass sie sich tatsächlich augenscheinlich aus zwei Ideen ableitet, von denen eine die als Symbol benutzte Sonne mit ihren sich ausbreitenden Strahlen ist. So zeigen gar einige der späteren Studien oder Kunstwerke des letzten Zeitalters der alten Zeiten, zum Beispiel der Römer, einen oder mehrere der Kaiser mit einem Heiligenschein oder einem Strahlenkranz am Hinterkopf, von dem Spitzen ausgehen, die die Sonnenstrahlen darstellen und dabei eine Krone bilden. Der Sonnenritus, wenn wir ihn so nennen wollen, wurde auf diese Weise symbolisch dargestellt; und der Heiligenschein oder Strahlenkranz am Hinterkopf der Buddhastatuen, ein von den Christen nachgeahmtes Symbol für eine Tatsache, entsprang einer den Alten wohlbekannten Wahrheit, von der selbst in der exoterischen Literatur, wie sie uns überliefert worden ist, gesprochen wird. Tatsache ist – und dies ist die zweite erwähnte Idee oder Wahrheit –, dass der Kopf eines Heiligen, wie die Christen sagen würden, eines heiligen Mannes, wie wir sagen können, d. h. von jemandem, der sich in dem Zustand des tiefen Samâdhi befindet, von aurischen Strömungen, von Strahlen des vitalen inneren Feuers umgeben ist, die eine Strahlenkrone um das Haupt, manchmal sogar um den ganzen Körper bilden. Die Strahlen schießen vom Hinterkopf aufwärts und sind oft in der Buddha-Ikonographie symbolisch als eine einzige von und über dem Scheitel aufwärts lodernde Flamme dargestellt. In diesem Fall können wir vielleicht feststellen, dass der Ushṇîsha fehlt. Sein Platz wird von der vom Scheitel des Kopfes ausgehenden Flamme eingenommen, eine symbolische Darstellung des Feuers des Geistes und der aktiven buddhischen Kraft, die den Menschen zu dieser Zeit erfüllt.

Wir sehen, wie schön diese Gedanken sind, wie viel im Studium der äußeren Symbologie dieser alten Glaubensüberlieferungen liegt. Wie oft habe ich im Westen gerade über diesen Ushṇîsha spotten hören. Es wurde mit mehr oder weniger sanftem Sarkasmus darüber gespottet, aber es war gewiss Spott, doch dieser Spott entspringt einem Mangel an Verstehen. Es lohnt sich – um es auf die persönliche, auf die egoistische Ebene zu übertragen –, es lohnt sich, Symbolik zu studieren und zu verstehen. Es gibt noch eine Erklärung des Ushṇîsha, die geheimste von allen, die wir hier nur erwähnen, aber nicht erläutern. Sie bezieht sich auf den allgemeinen Glauben, dass der Ushṇîsha ein Auswuchs oder eine „Erhöhung“ des Schädels selbst ist.

Nun, es gibt noch einige Dinge, mit denen wir uns heute als Einleitung oder Einführung für den Beginn des Studiums bei unserem nächsten Beisammensein beschäftigen sollten. Ich möchte zuerst aus der *Geheimlehre,* Band I, Seite 621, das folgende Zitat vorlesen:

> Und das zeigt, dass die alten Initiierten, denen mehr oder weniger eng das ganze profane Altertum sich anschloss, mit dem Ausdruck Atom eine Seele, einen Genius oder Engel, den Erstgeborenen der ewigverborgenen Ursache aller Ursachen meinten; und in diesem Sinne werden ihre Lehren verständlich. Sie behaupteten, ebenso wie es ihre Nachfolger taten, die Existenz von Göttern und Genien, Engeln oder Dämonen, nicht außerhalb des universalen Plenums oder von demselben unabhängig, sondern innerhalb desselben. Nur dieses Plenum, während der Lebenszyklen, ist unendlich.

Wir müssen unser Studium heute Abend bald schließen, aber wir wollen vorher darlegen, dass wir das Wort „Atom“ benutzen, wie es H. P. Blavatsky immer benutzt hat, und ihm dieselbe allgemeine Bedeutung geben, die ihm die alten griechischen Philosophen gaben, von denen wir das Wort herleiten. Es bedeutet „das, was nicht geteilt werden kann“. Es war daher das letzte Partikel der Substanz, und dieses unteilbare Atom bedeutete ganz und gar nicht das Atom in unserem modernen, wissenschaftlichen, chemischen Sinn. Es bedeutete vielmehr das, was wir die Monade nennen – ein Name, der von Pythagoras dem spirituellen „Einen“ gegeben wurde und dasselbe bedeutet, was das Wort „Atom“ ursprünglich bedeutete, das von den alten griechischen Atomisten wie Demokrit, Leukipp, Epikur, Lukrez aus Italien und ihresgleichen verwendet wurde, obwohl das atomistische Denken damals materialistischer war als das unsrige. Ferner wird das Wort „Atom“ von uns häufig in einem allgemeinen Sinn gebraucht: Wir sprachen von der Sonne als von einem Atom, und wir sprachen von der Erde als von einem Atom. Wir lenkten die Aufmerksamkeit auf die Tatsache, dass die alten Hindus in ihren Schriften Brahmâ (sozusagen die dritte Hypostase des göttlichen Brahman) das „kosmische Atom“ nannten. Die Idee ist, dass dieses kosmische Atom das „Ei des Brahmâ“ ist, aus dem das Universum ins manifestierte Dasein tritt, wie aus dem Ei das Küken schlüpft, um seinerseits ein weiteres Ei zu legen. Jedes dieser kosmischen Eier oder Universen verleiht nach dem Ende seiner Ruheperiode seiner eigenen Nachkommenschaft Geburt. So stammt jedes der früheren in ähnlicher Weise von seinem ihm vorhergehenden manvantarischen Ei.

Eine allgemeine Lehre unter den Alten in der ganzen Welt, ob in Hindustan, in Griechenland oder Rom, wo immer es gewesen sein mag, wird in einem Gedicht von Kleanthes, dem Stoiker, wie folgt ausgedrückt:

> Zeus ist alles, was ist. Was immer du siehst oder weißt oder empfindest oder fühlst, ist Zeus. Zeus ist alles, was innen ist, und alles, was außen ist.

Deshalb gibt es kein Atom, das nicht Zeus ist. Ebenso ist er jede Möglichkeit des unendlichen Kosmos und aller Kosmoi; denn jedes Universum oder jeder Kosmos ist nur eine der gewaltigen und unberechenbaren Schwärme lebendiger Wesenheiten, die die Räume des endlosen und anfanglosen Raumes erfüllen.

Kapitel 39

Theosophie und Okkultismus. Okkultismus: die Quintessenz der Wahrheit, der Wirklichkeit: ein vollkommenes Ganzes. Okkultismus und moralische Verantwortlichkeit. Unser Sonnensystem: ein kosmisches Atom: „Ei des Brahmâ“.

Es ist leicht, ein Theosoph zu werden. Jeder, der eine durchschnittliche Intelligenz und eine Neigung zum Metaphysischen aufweist, der ein reines, selbstloses Leben führt, der mehr Freude daran findet, seinem Nachbarn zu helfen, als selbst Hilfe zu beanspruchen, der stets bereit ist, seine eigenen Vergnügen dem Wohle anderer Leute zu opfern, und der die Wahrheit, Güte und Weisheit um ihrer selbst willen liebt und nicht des Nutzens wegen, den sie bringen mögen, ist ein Theosoph.

Aber es ist eine andere Sache, sich selbst auf den Pfad zu stellen, der zur Erkenntnis dessen führt, was zu tun gut ist, sowie zur rechten Unterscheidung von Gut und Böse – ein Pfad, der einen Menschen auch zu jener Kraft der Gedanken führt, durch die er das Gute tun kann, das er zu tun wünscht, oft scheinbar ohne einen Finger zu rühren.

H. P. Blavatsky: Practical Occultism. In: Lucifer, II, S. 150

Okkultismus bedeutet nicht die Erlangung von Kräften, seien sie psychisch oder intellektuell, obgleich beide seine Diener sind. Okkultismus ist nicht die Jagd nach dem Glück, wie Menschen dieses Wort verstehen, denn der erste Schritt ist Opfer, der zweite Verzichtleistung.

Lucifer, I, S. 7

Unsere Philosophie ist ein großes Ganzes, jeder Teil ist notwendig und passt zu jedem anderen. Jeder Teil ihrer Lehren kann und muss bis zu ihrer äußersten Schlussfolgerung durchgeführt werden. Ihre ethischen Lehren müssen gleicherweise fortschreiten. Wenn sie mit alten Ansichten in Widerstreit stehen, müssen Letztere aufgegeben werden. Eine ehrliche Anwendung ihrer Prinzipien auf das Leben und Handeln muss erfolgen. Auf diese Weise wird mechanische Theosophie, die, wie es sich in vielen Fällen bereits gezeigt hat, unvermeidlich zu einer Verneinung der Bruderschaft führt, unmöglich sein, und es wird dagegen eine lebendige, handelnde Theosophie existieren.

William Q. Judge: The Path, X, S. 235

Tscharaka, ein Hinduarzt, der 5 000 Jahre v. Chr. gelebt haben soll, drückt sich in seiner Abhandlung über den Ursprung der Dinge, genannt *Usa,* in folgender schöner Weise aus:

„Unsere Erde ist, so wie alle die leuchtenden Körper, die uns umgeben, eines der Atome des ungeheuren Ganzen, von dem wir nur eine schwache Vorstellung gewinnen, wenn wir es das Unendliche nennen."

H. P. Blavatsky: Isis Entschleiert, Bd. I, S. 595

Okkultismus ist, wie uns unsere Meister gesagt haben und wie uns unser „Bruder" H. P. B. sagte, jene erhabene Weisheit, die den ersten Rassen der Menschheit durch hohe Wesen aus anderen Lokas gelehrt wurde. Während dieser Weisheit in unserer modernen Zeit der Name „Okkultismus" gegeben wurde, der die Wissenschaft über die Dinge, die geheim oder verborgen sind, bedeutet, und während dieser Name in anderen Sprachen seine Entsprechung hat, wie in der Gupta-Vidyâ im Sanskṛit, wird sie in der Form, in der sie in unserem Zeitalter der Öffentlichkeit dargeboten wird, Theosophie genannt. Man kann sich fragen: Besteht überhaupt ein wesentlicher Unterschied zwischen Okkultismus und Theosophie? Ich denke, wir können ganz ehrlich und mit Recht sagen, dass kein Unterschied besteht, die beiden sind im Grunde eins, es sind nur zwei verschiedene Namen. Doch H. P. Blavatsky machte einen oberflächlichen, jedoch zweckdienlichen Unterschied zwischen Okkultismus und Theosophie, und diese Unterscheidung steht in Beziehung zu den drei Klassen von Mitgliedern der Theosophischen Bewegung. Erstens die Mitglieder der Theosophischen Gesellschaft, die weder Theosophen noch Okkultisten sind, aber unser umfassendes und universales Lehrsystem schätzen und mit den von der Theosophie dargelegten Idealen sympathisieren, ihr Geschick mit uns verbinden und mit uns zusammenarbeiten. Die zweite Klasse umfasst jene Theosophen, die sozusagen mehr sind als einfache Mitglieder der Theosophischen Gesellschaft. Sie sind jene, die die besonderen und bestimmten Lehren studieren, die in unserer Zeit theosophisch genannt werden und die „Augenlehre", wie Gautama Buddha sie nannte, darstellen, mit anderen Worten, die Veröffentlichung gewisser ausgewählter und spezifizierter Lehren des Okkultismus, die zur Verbreitung für das allgemeine Wohl in unser Zeitalter passen. Die dritte Klasse schließlich sind wir selbst, wir, die zu unserem heiligen Orden gehören, die sich tiefer und mehr mit dem Herzen als die beiden anderen Klassen jener erhabenen Weisheit, wie wir sie nannten, geweiht haben, die uns seit undenklicher Zeit als die Enthüllung, wenn wir dieses Wort anwenden wollen, der Wahrheiten über den Kosmos, und natürlich auch über den Menschen als einen Teil desselben überliefert wurden.

Dies ist also der Unterschied zwischen Theosophie und Okkultismus, soweit ein solcher besteht. Die theosophischen Lehren sind im Ganzen mehr für die Öffentlichkeit, aber sie sind aus den Lehren des Okkultismus ausgewählt worden. Sie sind, wie bereits gesagt, diejenigen Lehren, die in unserem Zeitalter für die Verbreitung in der Öffentlichkeit am meisten geeignet sind.

Das Schlimme an der Sache ist Folgendes: Alles, was von Natur aus menschlich ist oder dem Herzen oder Gemüt der Menschen entspringt, ist de facto Gegenstand der Nachahmung oder sogar der Entartung. Folglich wird der Name Okkultismus, in seiner wirklichen Bedeutung ein wahrhaft edler Name, oft sehr und sogar in unwürdiger Weise missbraucht und missverstanden. Er wird in den Zeitungen verzerrt und geht von Mund zu Mund, wenig mehr bedeutend als die sogenannten psychischen oder Wunderlehren, die die Öffentlichkeit so gierig aufnimmt. Dieser Gebrauch stellt eine Herabwürdigung des ursprünglichen Sinnes dar. Alle Dinge, die das Herz und das Gemüt des Menschen wirklich befriedigen sollen, müssen zumindest zum Teil wahr sein, sonst können sie sie nicht so befriedigen. Wie wir alle wissen, nähren sich die Gemüter und Herzen der Menschen zuweilen von bloßen „Schalen", wie es im christlichen Neuen Testament ausgedrückt wird, „sie nähren sich von Schalen, die die Schweine fressen". Wir wissen, was der symbolische Ausdruck „Schweine" bedeutet. Wir haben schon darüber gesprochen und brauchen uns daher nicht noch einmal damit zu befassen. Der Punkt, auf den ich die Gemüter in Verbindung hiermit lenken möchte, ist, dass der Okkultismus die Darlegung der Essenz selbst, der Quintessenz der Wahrheit, der Realität ist. Er kann weder von dem höheren Teil des Gemütes allein studiert werden, noch kann er nur mittels jener anderen Fähigkeiten im Menschen studiert werden, die er unter dem Sammelbegriff „Gefühle" einreiht. Er muss als vollständiges Ganzes studiert werden, nur so wird er allen Anforderungen von Seiten der spirituellen und psychologischen Natur des Menschen völlig gerecht und ist daher vollkommen und gänzlich befriedigend. Er liefert dem Menschen nicht nur eine Grundlage für das edelste System der Ethik, das die Welt kennt, sondern schildert ihm auch, was jene Ethik ist und worauf sie begründet ist, wohin ihre richtige und vollkommene Ausübung führen wird. Diese Führung, wird uns gesagt, erfolgt den alten, schmalen Pfad entlang, von dem die *Upanishaden* der Hindus sprechen, denn jene, die ihm folgen, kommen schließlich in direkte Verbindung und in vertrauten Verkehr mit den allweisen und sanft blickenden Göttern, denn dieser Pfad führt uns geradewegs zum Herzen des Universums, dem „Herzen" im mystischen und esoterischen Sinn, an jene Orte, in jene spirituellen und göttlichen Regionen, in denen sich der Kern des Wesens eines jeden von uns befindet.

Die verschiedenen großen Religionen der Gegenwart und der vergangenen Zeiten sind den Lehren des Okkultismus entsprungen. Jede einzelne dieser Religionen war in ihrem Keimstadium, an ihrem Anfang, das spirituelle Kind eines großen und edlen Menschen, in der Tat eines unserer Meister, der in dem besonderen Zeitabschnitt, in dem er zur Erlösung seiner Mitmenschen erschien, öffentlich lehrte und ihnen wieder einmal von neuem die zeitalteralten Wahrheiten gab, eine neuere Darstellung des alten Lichtes, und die großen Probleme in Bezug auf den Kosmos und den Menschen erläuterte, die bei denen, die ein solches Licht noch nicht erhalten haben, das menschliche Herz und möglicherweise auch den menschlichen Intellekt mit dem Drang, eine Lösung zu fordern, versehen.

Eine Bewegung dieser Art wurde in unserer Zeit von unserem hochherzigen „Bruder" H. P. B. ins Leben gerufen. Gegenwärtig hängt es fast gänzlich von uns ab, und es wird auch in der Zukunft zum großen Teil von uns abhängen, ob diese Anstrengung ihren Zweck verfehlen wird, wie alle Religionen in der Vergangenheit (eine ausgenommen) mehr oder weniger versagt haben, oder ob sie erfolgreich vorwärtsschreitet und das Werk, das zu vollbringen sie bestimmt ist, vollbringt und Samen des rechten Denkens und Handelns, der Bruderschaft unter den Menschen und der universalen Güte in die Herzen aller pflanzen wird, die dieser Bewegung angehören; oder ob sie, dem Pfad linker Hand, dem Pfade der Materie folgend, abwärts geht und möglicherweise sogar ein Instrument der „Brüder des Schattens" wird.

Unsere Lehrer haben uns deutlich gesagt – und unser gegenwärtiger Lehrer tat dies ebenso wie ihre beiden Vorgänger, wenn auch vielleicht in verschleierteren Worten –, dass das Studium des Okkultismus eine große moralische Verantwortung einschließt und dass es jedem, der ihn studiert, eine große Verantwortung auferlegt, weil es den inneren Menschen erweckt: Es erweckt seine verborgenen Kräfte. Und außerdem bringt sein Studium, genau im richtigen Verhältnis zur Aufrichtigkeit eines Menschen, Gutes hervor oder, wie es sein mag, auch das Gegenteil. OKKULTISMUS IST KEIN KINDERSPIEL! Er befasst sich mit unmittelbaren und ursprünglichen Dingen, nicht mit reflektierten Wahrheiten. Wenn daher das Herz eines Menschen nicht vollkommen rein ist – damit meine ich rein von aller persönlichen Selbstsucht –, ist er nie sicher. Es kann nicht damit gespielt werden, er bringt alles nach außen, was ein Mensch innerlich ist – Untreue wird nicht geduldet.

Wie uns schon so oft gesagt wurde, liegen die beiden Pfade immer vor unseren Füßen; sie teilen sich bei jedem Schritt, der eine führt nach rechts, der andere nach links. Eine einzige Handlung kann eine Gewohnheit herbeiführen, die durch Wiederholung mit der Zeit einen Charakter schaffen wird, und dieser Charakter ist jeder von uns, denn er ist die Anwendung von Wissen (oder Halbwissen) und Willen.

Aus diesem Grund hat mich unser verehrter Lehrer immer wieder angewiesen, auf die Notwendigkeit hinzuweisen, dass wir klar verstehen, was wir mit Moral meinen; und es besteht die dringende Notwendigkeit, dass sie jeder einzelne von uns in jedem Augenblick seines Lebens ausübt. Eine Anwendung dieser Art bedeutet nicht die heuchlerische Zustimmung mit dem mentalen Vorbehalt: „Ich werde tun, was mir gefällt." Dieses Feld der mentalen Vorbehalte ist es, auf dem die Brüder des Schattens ihre Siege über die Herzen der Menschen erringen, genau nach dieser Methode. Ich sage in aller Feierlichkeit, dass die Warnung beachtet werden sollte, ja, beachtet werden muss!

Und nun, Kameraden, wollen wir unser Studium eröffnen, indem wir uns der Tatsache erinnern, dass die Lokas und Talas in Bezug auf die Erde ihre sieben Prinzipien und ihre sieben Elemente sind, und hinsichtlich des Kosmos kann dasselbe gesagt werden. Ferner umfassen die sieben kosmischen Lokas und die sieben kosmischen Talas ganz und vollständig alles, was unser Sonnensystem enthält, das ein kosmisches Atom ist. Mit anderen Worten: Sie umfassen das gesamte Ei Brahmâs. Wir kennen die Bedeutung jenes edlen alten brâhmaṇischen Symbols, des Eies, eines Symbols, das auch in anderen Religionen zu finden ist, wie zum Beispiel in dem orphischen System Griechenlands und in dem ägyptischen System. Und von Darstellungen auf verschiedenen Felsen wissen wir, dass es im Altertum auch in Nordamerika gut bekannt war.

Wenn wir von dem kosmischen Atom – oder dem Ei Brahmâs, was nur eine andere Art ist, dasselbe zu sagen – als von dem Sonnensystem sprechen, dann beachten wir bitte, dass wir damit nicht die Planeten zusammen meinen, nicht nur die Sonne allein oder die Sonne und die Planeten zusammen; die Letzteren sind sozusagen nur die äußere Rinde oder Schale (oder wenn wir eine physiologische Bezeichnung anwenden, die Nervenzentren, die Ganglien für die physiologischen Vorgänge) des Eies Brahmâs. Wenn wir von dem kosmischen Atom und hieraus folgernd von dem materiellen Atom, wie wir es auf Erden kennen, sprechen, so meinen wir die dahinterstehende vital-astrale Wesenheit, die individuelle Wesenheit, als Einheit betrachtet, die dem Atom sein Leben, sein Swabhâva, das heißt seinen besonderen, individuellen Charakter verleiht, das, was es von anderen, ähnlichen kosmischen Eiern oder kosmischen Atomen unterscheidet. Wir können auch von unserer Erde als von dem Ei Brahmâs sprechen, aber dies geschieht dann aufgrund von Analogie. Das wirkliche Ei Brahmâs ist das Sonnensystem.

Wir sagten bereits, dass die Lokas und Talas die sieben Prinzipien und die sieben Elemente unseres Globus, unseres Globus Terra sind. Aber es gibt noch andere sieben Lokas und Talas, die jeweils die sieben Prinzipien und die sieben Elemente eines der anderen sechs Globen unserer Planetenkette sind, für jeden Globus sieben Lokas und sieben Talas. Wer nicht Okkultismus studiert hat, könnte sich fragen, warum in unseren Studien die Siebenteilung einen so großen Raum einnimmt, warum sich unsere Lehre beständig mit siebenfachen Aggregaten befasst. Die Antwort des Okkultismus ist: Weil die Natur ihr Gefüge so aufgebaut hat. Wenn wir von so augenscheinlichen Dingen wie den sieben Farben des Lichtspektrums, den sieben Strahlen der Sonne (was fast das Gleiche ist), den sieben Tönen der diatonischen Tonleiter in der Musik oder der den Schülern der Physiologie bekannten Tatsache, dass viele Krankheiten in Zyklen von sieben Tagen oder einem Mehrfachen davon verlaufen, absehen, selbst wenn wir diese Dinge außer Acht lassen, finden wir beim Studium der alten Literaturen über Religionen, Philosophien und Wissenschaften der vergangenen Zeiten, dass sie, wenn sie die Tatsachen auch unzweifelhaft in verschiedenen Formen darlegen, doch mehr oder weniger einmütig darin übereinstimmen, dass sie für das organische Fachwerk des Universums und des Menschen dasselbe System von sieben es zusammensetzenden Teilen anwenden.

Für die Frage der Aufzählung haben wir bis jetzt keine Grundlage geschaffen und stellen sie daher für eine spätere, längere Betrachtung zurück. Vorläufig mag es daher genügen, sie als Lehrsatz für das Studium anzunehmen. Wir können für uns selbst beweisen, was gesagt wurde, die Literaturen liegen offen vor uns. Lesen und studieren wir sie, und wir werden überzeugt sein, wie alle ernsthaften Schüler überzeugt wurden, die das taten. Erinnern wir uns, was „Beweis" ist. „Beweis" ist das Übergewicht der augenscheinlichen Gewissheit, die dem Gemüt die Überzeugung bringt. Studieren wir deshalb die Beweismittel, und beweisen wir die Tatsachen.

Nun, die Götter, Monaden und Atome wirken außen und innen durch das kosmische Ei, das heißt, sie wirken durch die Lokas und Talas. H. P. Blavatsky sagt in Band I, Seite 679 der *Geheimlehre:*

> *Gott, Monade und Atom sind die Entsprechungen von Geist, Gemüt und Körper* (Âtman, Manas und Sthûla-śarîra) *im Menschen.*
>
> In ihrer siebenfachen Vereinigung sind sie der „himmlische Mensch" im kabbalistischen Sinne; dergestalt ist der irdische Mensch die vorläufige Widerspiegelung des Himmlischen. Nochmals:
>
> *Die Monaden* (Jîvas) *sind die Seelen der Atome; beide sind das Gewebe, in welches die Chohans* (Dhyânis, Götter) *sich kleiden, wenn eine Form benötigt wird.*

Sie kleiden sich in dieselben, um, wie in früheren Studien über Götter, Monaden und Atome dargelegt, das Universum herauszuentwickeln wie eine Spinne ihr Netz, wie es die *Upanishaden* der Hindus ausdrücken – ein schönes Symbol. Sie weben das geometrische Muster des Kosmos aus sich selbst heraus, aus ihrer eigenen Substanz.

Das Studium über den Aufbau oder über das Fachwerk unseres kosmischen Atoms ist sehr ausgedehnt, tief und verwickelt, und bevor wir diesem in irgendeiner Art gerecht werden können, ist es notwendig, zuerst zumindest eine flüchtige Prüfung unseres eigenen Globus als Teil der Planetenkette, in der er eines der sieben Glieder ist, vorzunehmen, denn an diesem Punkt sind wir in unserem Studium angelangt. In der Tat, wir wollen noch ein wenig weiter gehen, um das Wirken der Lebenswoge von und in unserer Planetenkette zu studieren. Unsere Planetenkette kann, wie schon gesagt, als das Ei Brahmâs, das kosmische Ei, die Frucht seines Elters, das heißt der Planetenkette des vorhergehenden Manvantaras, betrachtet werden; sie selbst wird wiederum der „Elter" ihres eigenen zukünftigen Nachkommen sein, der nachfolgenden Planetenkette, wenn wir in unserer Kette unseren zyklischen evolutionären Lauf vollendet haben und in unser langes und wohlverdientes Pralaya oder in unsere Ruhe versunken sein werden; mit anderen Worten: nachdem wir uns wieder mit den überspirituellen Sphären verbunden haben, aus denen wir am Anfang der Dinge kamen, um dort in Frieden und unaussprechlicher Seligkeit zu verweilen, bis die schlummernd in uns liegenden Samen, die Früchte unserer gegenwärtigen und zukünftigen Handlungen und Gedanken, zu entsprechender Zeit zur Tätigkeit erwachen werden. Alle Dinge bewegen sich ordnungsgemäß und in regelmäßigen Kreisläufen, die uns in weit entfernten Äonen in das Gefüge der zukünftigen Planetenkette herabbringen werden.

Kapitel 40

Definitionen der Gottheit: Atheismus: Pantheismus. Gibt es einen höchsten persönlichen Gott? Kosmische Architekten und Bauleute. Um die Wirklichkeit zu erkennen, muss man werden.

Somit besteht nur ein absoluter Upâdhi (Basis) im geistigen Sinne, aus, auf und in welchem für manvantarische Zwecke die zahllosen basischen Zentren aufgebaut sind, auf denen die universellen, zyklischen und individuellen Evolutionen während der tätigen Periode vor sich gehen.

Die beseelenden Intelligenzen, die diese verschiedenen Seinszentren beleben, werden von den Menschen jenseits der großen Gebirgskette ohne Unterscheidung als die Manus, die Rishis, die Pitris, die Prajâpatis und so fort bezeichnet; und als Dhyâni-Buddhas, die Chohans, Melhas (Feuergötter), Bodhisattvas und andere auf dieser Seite. Die wahrhaft Unwissenden nennen sie Götter; die gelehrten Profanen den Einen Gott; und die Weisen, die Initiierten, ehren in ihnen nur die manvantarischen Offenbarungen von TAT, über das weder unsere Schöpfer (die Dhyân-Chohans) noch deren Geschöpfe jemals irgendetwas erörtern oder wissen können. Das ABSOLUTE lässt sich nicht definieren, und kein Sterblicher oder Unsterblicher hat es jemals gesehen oder erfasst während der Perioden des Daseins. Das Veränderliche kann nicht das Unveränderliche kennen, noch kann das, was lebt, das Absolute Leben wahrnehmen.

„Daher kann der Mensch keine höheren Wesen kennen als seine eigenen Vorfahren." „*Noch soll er sie anbeten*", sondern er sollte lernen, *wie* er in die Welt kam.

H. P. Blavatsky: Die Geheimlehre, Bd. II, S. 37 f.

Es besteht eine häufige Verwirrung in den Attributen und Genealogien der Götter in ihren Theogonien, dem Alpha und dem Omega der Aufzeichnungen dieser symbolischen Wissenschaft, wie sie der Welt von den halbinitiierten brâhmanischen und biblischen Schriftstellern gegeben sind. Doch konnte eine solche Verwirrung nicht durch die frühesten Nationen, die Abkömmlinge und Schüler der göttlichen Unterweiser angerichtet worden sein; denn sowohl Attribute wie Genealogien waren untrennbar verknüpft mit kosmogonischen Symbolen, indem die „Götter" das Leben und das lebengebende „Seelenprinzip" der verschiedenen Regionen des Weltalls sind. Nirgends und bei keinem Volk wurde der Spekulation gestattet, über diese *geoffenbarten* Götter *hinaus* zu schweifen. Die schrankenlose und unendliche Einheit blieb für jede Nation ein jungfräulicher verbotener Boden, unbetreten von den Gedanken des Menschen,

> unberührt von fruchtloser Spekulation. Die einzige Bezugnahme auf sie lag in der einfachen Vorstellung von ihrer diastolischen und systolischen Eigenschaft, von ihrer periodischen Ausdehnung oder Erweiterung und Zusammenziehung. In dem Weltall mit allen seinen unzähligen Myriaden von Systemen und Welten, die in Ewigkeit verschwinden und wiedererscheinen, mussten die anthropomorphisierten Kräfte oder Götter, ihre Seelen, mit ihren Körpern aus dem Sehkreis verschwinden. Wie unser *Katechismus* sagt:
>
> *„Der Atem, der zurückkehrt in den ewigen Busen, der sie ausatmet und einatmet."* ...
>
> In jeder Kosmogonie steht hinter der „schöpferischen" Gottheit, und höher als diese, eine Höhere Gottheit, ein Planer, ein Baumeister, von dem der Schöpfer nur der ausführende Agent ist. Und noch höher, *darüber* und *rundumher, innen* und *außen,* ist das Unerkennbare und das *Unbekannte,* die Quelle und Ursache aller dieser Emanationen.
>
> *H. P. Blavatsky: Die Geheimlehre, Bd. II, S. 46*

Wir nähern uns einem Aspekt der Esoterischen Philosophie, der stets sehr heilig gehalten und sorgfältig bewahrt wurde: dem Studium anderer Welten – nicht, wie jene Welten in den exoterischen Religionen beschrieben wurden, sondern in Übereinstimmung mit der geheimen Weisheit, die uns seit undenklichen Zeiten überliefert worden ist. Wir meinen die Lehre in Bezug auf die höheren Globen unserer eigenen Planetenkette; und auf einem Missverstehen der Lehren über die Planetenkette basieren die exoterischen Ansichten über die Himmel und Höllen der verschiedenen exoterischen Glaubensrichtungen.

Man könnte sich selbst fragen, was die richtige Antwort ist, die wir denen geben sollten, die uns fragen: „Ist ein Theosoph ein Atheist? Glaubt er an Gott? Wenn nicht, warum nicht?“ Nun, diese Fragen stehen in direkter Verbindung mit dem richtigen Verstehen der Lehren über die Planetenkette. Wir wollen daher einige Augenblicke darauf verwenden, diese Fragen für uns selbst zu beantworten. Sind wir Atheisten? Wie können wir diese Frage beantworten, bevor wir wissen, was wir mit diesem Ausdruck meinen? Nehmen wir ein Wörterbuch der neueren Zeit, zum Beispiel das „Century Dictionary“, und schlagen die Erklärung des Ausdrucks „Atheismus“ auf. Wir finden drei allgemeine Erklärungen, die erste lautet: „die Lehre, dass es keinen Gott gibt“. Dann folgt ein Zitat von Sir J. R. Seeley aus dem Buch „Natural Religion“, S. 26: „Atheismus ist ein Nichtglauben an die Existenz Gottes – d. h. ein Nichtglauben an irgendeine Regelmäßigkeit im Universum, der sich der Mensch unter Androhung von Strafe anpassen muss.“ Beachten wir die darin enthaltene Begrenzung des Denkens. Wenn im Universum keine Regelmäßigkeit herrscht, gibt es keinen persönlichen Gott, und wenn man deshalb nicht an einen solchen persönlichen Gott glaubt, ist das Universum ohne Regelmäßigkeit und anarchistisch, und man ist ein Atheist.

Die zweite Definition ist die folgende: „die Ableugnung des Theismus, das heißt der Lehre, dass die große erste Ursache eine erhabene intelligente, gerechte Person ist". Die dritte Definition lautet: „Gottlosigkeit". Diese Definition schließt den Sinn in sich, dass, wenn man nicht den Gott desjenigen annimmt, der diese Definition gibt, man dann ein Atheist ist und ein „gottloses", das heißt ein übles Leben führt. Dieser Art sind die in einem Standardwerk gegebenen Definitionen.

Jeder Schüler, der beginnt, sich mit Geschichte zu befassen, weiß, dass die Frage oder die Idee des Glaubens an einen Gott oder an keinen Gott variierte oder vielmehr zu verschiedenen Zeiten verschieden behandelt wurde. Als die christliche Religion in Griechenland und im Römischen Reich Zulauf zu bekommen begann, nannten gebildete Griechen und Römer die neue christliche Sekte eine atheistische Sekte. Sie wurden als Atheisten, „Atheoi", bezeichnet, was jemanden oder vielmehr jene bedeutete, die nicht die vom Staat eingesetzten Götter, das heißt die Götter der Staatsreligion, annahmen. Der Ausdruck schloss keine besondere oder notwendige stillschweigende Folgerung irgendwelchen Übeltuns in sich. Es war ziemlich das Gleiche, als würde ein Europäer oder ein Amerikaner heute sagen: „Dieser oder jener ist Freidenker, Anhänger des Konfuzius, Buddhist oder Anhänger der Wissenschaft" usw.

Als dann die Christen in späteren Zeiten mächtiger wurden und über die sogenannten Heiden die Oberhand erhielten, schlugen sie zurück und nannten die Heiden ihrerseits Atheisten, weil die Letzteren nicht den jüdisch-griechischen, neumodischen christlichen Gott annahmen. Der Ausdruck bedeutet mit anderen Worten in Wirklichkeit: „Wenn du meinen Gott annimmst, bist du kein Atheist. Wenn du meinen Gott nicht annimmst, bist du ein Atheist."

Das ist es, was Atheismus immer bedeutet hat, wenn wir in den Seiten der Geschichte nachschlagen. Wenn wir aber vom Atheismus denken, er schließe an sich notwendigerweise eine stillschweigende Folgerung des Übeltuns ein, dann erniedrigen wir uns selbst zu dem mentalen Gesichtspunkt gewisser engstirniger Christen, für die alle, die nicht ihre besondere Spielart von Religion, ihre besondere Auffassung oder falsche Auffassung von der Gottheit annehmen, Atheisten sind. Wir erinnern uns natürlich an jene schottische Dame in einer Erzählung, die zusammen mit ihrem Mann eine Kirche bildete. Sie und ihr Jaköbchen bildeten allein die Kirche. Aber sie war sich ihres „Jakobs nicht ganz sicher", deshalb bildete sie allein die Kirche, und ihr Ehemann Jakob, der arme Mann, war nahe daran, (in ihren Augen) ein Atheist zu sein.

Das ist der Geist, der das christliche Denken seit dem Tod des Gründers der Religion der Christen praktisch immer beherrscht hat. Wenn wir daher fragen, ob jemand ein Atheist ist, müssen wir uns zuerst sorgfältig vergewissern, was wir mit diesem Ausdruck meinen. Ich bin ein Atheist genannt worden, weil ich nicht die alte orthodoxe Definition des persönlichen Gottes der Christen annehme. Ich weise diesen Ausdruck zurück, wenn er das Führen eines schlechten Lebens bedeutet, ich weise ihn mit all dem Unwillen zurück, den ich empfinden kann, wenn das Wort in diesem Sinne angewandt wird, denn das ist ein Vorwurf, der höchst ungerecht ist, und ohne Zweifel hat jeder von uns dasselbe Gefühl. War es nicht der Autor von „Plough and the Cross" [„Der Pflug und das Kreuz", d. Ü.], ein sehr geistreicher irischer Schriftsteller, der sagte: „Unsere Vorväter fürchteten sich vor Geistern, wir aber fürchten uns vor Namen", d. h. vor Etiketten und Bezeichnungen?

Beachten wir die zweite oben angeführte Definition, dass ein Mensch ein Atheist ist, wenn er nicht an die Existenz einer erhabenen persönlichen ersten Ursache glaubt, die eine „intelligente, gerechte Person" ist. Eine solche Gottheit lehne ich ab, und deshalb bin ich, dem Wörterbuch entsprechend, ein Atheist. Wenn mich aber jemand fragen sollte: „Sind sie ein Atheist?", dann würde ich sagen: „Nein." Und wenn er fragt: „Warum nicht?", gäbe ich zur Antwort: „Weil das grenzenlose All für mich von Bewusstsein und Leben vollkommen erfüllt ist, von einer unendlich gewaltigen, endlosen und anfanglosen sich drängenden Menge von Wesen, die nicht nur das Herz des pulsierenden Lebens von allem bilden, sondern es mit eben den Bewusstseinseinheiten versehen, die die unzählbaren Universen von und in dem grenzenlosen All regieren und leiten."

Selbst wenn wir uns den kanonischen Schriften der christlichen Religion zuwenden und fragen, was Paulus meinte, wenn er von der Gottheit sprach, finden wir von ihm zwei Definitionen, die des Initiierten würdig sind, der dieser Mann war. Er sagte erstens: „In ihm leben wir, bewegen wir uns und haben wir unser Dasein." Das ist reiner Pantheismus. Nicht wie er in dem grotesken Sinne missverstanden wird, den ihm die Christen fälschlicherweise gegeben haben, d. h., dass jeder Stock und jeder Stein Gott ist, womit sie ihre tiefgreifende Unwissenheit bezüglich der hohen und edlen philosophischen Bedeutung hinter dem Ausdruck Pantheismus beweisen, sondern in dem Sinne, dass alles Leben ist. Und es ist unmöglich, sich den kleinsten Punkt des Raumes oder des Seins vorzustellen, ja, ihn auch nur zu berühren, der des grenzenlosen Lebens ermangelt. Denn hinter A liegt B, das viel größer ist als A; hinter B liegt C, das viel größer ist als B, hinter C liegt D, das noch grandioser ist, und so fort, unbegrenzt und ohne irgendein Ende. Welch gotteslästerliche Ideen sind bezüglich dieser Frage der Gottheit die Zeitalter hindurch überliefert worden! Hier in unserem westlichen Christentum haben wir einen Gott, der ein Bündel von Widersprüchen, eine falsch verstandene Wiedergabe neupythagoreischer, neuplatonischer und einiger jüdischer Gedanken ist, das merkwürdige und widerspruchsvolle Gemisch, das die christliche Gottheit genannt wird, ich meine die theologische Definition davon.

Der zweite Ausspruch von Paulus in seinem Brief an die Römer, Kapitel 11, Vers 36, lautet: „Denn von ihm und durch ihn und zu ihm sind alle Dinge." Das ist reiner und einfacher Pantheismus, selbst wie wir ihn verstehen.

Wenn wir uns der englischen Wiedergabe des Johannesevangeliums, Kapitel 4, Vers 24 zuwenden, finden wir eine Bekräftigung des entgegengesetzten Denkens, eine besondere Übersetzung der orthodoxen Wiedergabe des Textes durch die späteren Christen, in der diese griechischen Verse fälschlicherweise mit „God is *a* Spirit" übersetzt wurden. Das griechische Original könnte ebenso gut, oder sogar besser, mit „Gott ist Geist" übersetzt werden [in der deutschen Übersetzung heißt es: „Gott ist Geist", d. Ü.]. Und so sei es. Sie mögen „einen Geist" anbeten, einen Geist, der eine „gerechte Person" ist. Aber jene, deren Herzen sich unter dem segensreichen Einfluss der Weisheitsreligion geweitet und deren Gemüter sich für das Verständnis etwas geöffnet haben, wie es bei dem getreuen Schüler dieser Weisheit sein sollte, können eine solche Definition der Gottheit nicht annehmen und nur mit dem Unwillen zurückweisen, den diese Definition verdient.

Kein Theosoph hat, wie H. P. Blavatsky irgendwo gesagt hat, das Göttliche, d. h. das unbegrenzte Leben im grenzenlosen All, geleugnet. Diese Gottheit ist in keiner Weise einem endlichen Schöpfer ähnlich, noch kann sie in irgendeinem Sinne mit ihm verglichen werden, wie man sich eine „Person" vorstellt, die so „erhaben" und „gerecht" und „groß" ist, wie man sich jene angenommene „Person" oder jenen „Geist" auch vorstellen mag. Wird nun gefragt: „Regiert ein erhabener persönlicher Gott die Planetenkette, und ist das euer Gott?", so ist die Antwort: „Nein." Es gibt ein Heer, eine Hierarchie intelligenter, denkender und hochspiritueller Wesen, aus denen die Planetenkette hervorging. Aber das ist weder unser Gott, noch beten wir eines dieser Wesen an. Diese Wesen sind in einem sehr erhabenen Sinn unsere Vorfahren, unsere älteren Brüder, denn sie waren in früheren Manvantaras längst vergangener Zeiten Menschen. Sie sind nicht „unser Gott", selbst dann nicht, wenn sie als Einheit betrachtet und Logos genannt werden. Wenn irgendetwas unsere Gottheit ist, dann ist es das unbeschreibliche, grenzenlose Leben in allen Aspekten, das hinter allem steht, das für alles geoffenbarte Sein, ganz gleich auf welcher Ebene, einen Hintergrund bildet und in dem, von dem und zu dem alles ist – unbeschreibbar, undenkbar und daher unaussprechbar.

Als Gautama, der Buddha, gefragt wurde: „Was ist Gott, und existiert Gott?", blieb dieser größte und edelste Meister still. Und als er ein zweites und ein drittes Mal gefragt wurde: „Was ist Gott?“, blieb er wiederum still. Dreimal wurde ihm die Frage gestellt, und dreimal bewahrte er die Stille.

In unseren Versammlungen in der letzten Zeit versuchten wir darzulegen, wie das ganze System von Wesen, die Struktur oder das Fachwerk des Universums auf dem Hintergrund des Grenzenlosen aus der Tätigkeit und dem Sichvermischen der Götter, der Monaden, der Seelen und der Atome hervorging und wie diese die verschiedenen Planetenketten unseres Sonnensystems, das heißt des kosmischen Atoms oder, wie die brâhmaṇischen Denker es nannten, des Eies des Brahmâ, hervorbrachten. Aus diesen Göttern, Monaden, Seelen und Atomen entstand das manifestierte Sein des Sonnensystems.

Wir wollen uns als Nächstes unserer eigenen Planetenkette zuwenden. Sie wurde aus sieben Globen zusammengesetzt dargestellt, von denen unsere gegenwärtige Erde der vierte ist und sich auf der niedersten der sieben Ebenen befindet. Ferner ist diese Planetenkette in vier Ebenen oder Welten des Sonnensystems wirksam, und zwar in den vier niedersten Welten davon. Unsere Erde befindet sich tatsächlich in dem niedersten Element oder der niedersten Welt von den sieben, die das Sonnensystem zusammensetzen. Diese sieben Elemente sind in anderer Hinsicht die kosmischen Lokas und Talas oder die kosmischen Welten, Prinzipien und Elemente, die zusammenwirken. Sie sind die Welten innerhalb der äußeren Erscheinung, die ätherischer sind als unsere Welt und von denen die unsere eine Kopie ist – nicht notwendigerweise eine Kopie in jeder Einzelheit, sondern eine Kopie nach allgemeinen Richtlinien, ebenso wie der physische Körper des Menschen nach allgemeinen Richtlinien eine Kopie der Seele in ihm, seine Seele eine Kopie nach allgemeinen Richtlinien des Geistes in ihm und der Geist in ihm nach allgemeinen Richtlinien eine Kopie seiner göttlichen Wurzel, eines göttlichen Wesens oder einer Gottheit ist, von der er abstammt.

Wir legten dar, dass es zwei allgemeine Richtungen oder Hierarchien spiritueller Wesen gibt, die unseren Kosmos, von dem unsere Planetenkette ein Teil ist, hervorbrachten. Diese zwei sind die Architekten und die Bauleute. Die Architekten entwerfen die höhere und spirituellere Seite und gestalten tatsächlich die Richtung des leuchtenden Bogens; auf der anderen Seite gestalten die Bauleute oder Erbauer den schattenhaften Bogen.

Im buddhistischen System Tibets wird diesen beiden Richtungen von Wesen der gemeinschaftliche Name Dhyân-Chohans oder Herren der Meditation gegeben, aber die Architekten werden im Besonderen die Dhyâni-Buddhas, die Buddhas der Kontemplation genannt. Die Griechen bezeichnen die Weltenbauer, die Maurer der Welt, allgemein mit dem Ausdruck Kosmokratoren, ein zusammengesetztes griechisches Wort, das Weltenbauer bedeutet. Sie sind jene, die den schöpferischen oder aufbauenden Eindruck von den Wesen des leuchtenden Bogens empfangen und ihn ausführen.

In jeder dieser zwei Richtungen gibt es sieben Grade oder vielmehr sieben Klassen. Es gibt sieben Klassen der Dhyâni-Buddhas und sieben Klassen der Dhyân-Chohans, und soweit unsere eigene Planetenkette in Betracht kommt, werden diese sieben Klassen darin reflektiert und wiederholt. „Wie es oben ist, so ist es unten."

Außerdem steht jeder einzelne dieser sieben Globen, die unsere Planetenkette zusammensetzen, unter der besonderen Aufsicht – ich denke, es wäre falsch, das Wort „Leitung" oder „Führung" zu gebrauchen, wir sollten lieber „Beaufsichtigung" sagen –, unter der besonderen Beaufsichtigung oder Obhut – „Obhut" ist vielleicht das beste Wort, um diesen außerordentlich metaphysischen Begriff zu beschreiben –, unter der Obhut einer Klasse dieser Dhyâni-Buddhas und einer Klasse der Bauleute. Das heißt, Globus A zum Beispiel, der erste auf dem absteigenden Bogen unserer Planetenkette, steht unter der Obhut oder der wachsamen Inspiration oder Aufsicht durch eine der sieben Klassen beider Richtungen. Globus B steht unter der Obhut der zweiten Klasse beider Richtungen. Globus C steht unter der Obhut oder Inspiration der dritten Klasse beider Richtungen. Unser eigener Globus D oder der vierte hat ebenfalls seine eigenen Dhyâni-Buddhas und Bauleute der vierten Klasse; entsprechend verhält es sich mit den drei Globen des aufsteigenden Bogens.

Wir sollten diese beiden Linien nicht verwechseln, weil die *Unterscheidung sehr wichtig* ist, wenn wir diesen Zweig der alten Weisheit richtig verstehen wollen. Die Architekten des leuchtenden Bogens liefern das Modell, sie legen die Pläne nieder. Sie sind die Architekten, die Beaufsichtiger, und ihr Werk wird von den untergeordneten Graden oder Klassen spiritueller Wesen ausgeführt, und diese werden die Bauleute genannt.

Was nun die oben kurz betrachtete Frage bezüglich Gott betrifft, so behaupteten die Gnostiker in der Anfangszeit der christlichen Ära – und wir behaupten es mit ihnen –, dass der christliche Gott „Jehova", den die Christen den „Schöpfer" nennen, aus eben diesem Grunde kein sehr hoher Gott sein kann. Gerade die Eigenschaften und Verrichtungen des Schaffens und Formens, die ihm zugeschrieben werden, zeigen, wie die Gnostiker sagten, dass er nur ein untergeordneter Gott ist, einer der Bauleute, der seine Anordnungen, um es so auszudrücken, von den „göttlichen" Architekten und höheren Planern und Denkern des Kosmos empfängt. Er [Jehova, d. Ü.] ist auf diese Weise selbst nur einer der „Bauleute", wie sie [die Gnostiker, d. Ü.] es so gut ausdrückten. Selbst für uns Menschen offenbaren sich deutlich die vielfältigen Unvollkommenheiten und Unvollständigkeiten im kosmischen System, so dass es nicht das Werk einer vollkommenen und kosmisch allmächtigen Gottheit sein kann; höchster Vollkommenheit könnte nur ein vollkommenes und vollendetes Werk entspringen. Die ersten Christen waren unfähig, die tiefe Philosophie hinter diesem unwiderlegbaren Grundsatz zu verstehen, und wurden tatsächlich über das, was sie die „gotteslästerlichen Meinungen" der Gnostiker nannten, sehr ergrimmt und aufgebracht. Wir werden gemeinsam mit allen nachdenklichen Gemütern die tiefen philosophischen und religiösen Folgerungen erkennen, die hinter diesem Argument oder Grundsatz liegen, bei denen wir aber heute nicht länger verweilen können. Vergessen wir jedoch nicht: In all den alten Glaubensüberzeugungen finden wir zwei allgemeine Klassen spiritueller Wesen im Kosmos an der Arbeit, und sie sind immer in die Denker, Planer oder Architekten, die Inspirierer, und in die Bauleute geteilt. In diesem Gedanken ist mehr, viel mehr enthalten, als wir darauf einzugehen Zeit haben.

Der „Stille Wächter" ist der höchste Dhyân-Chohan unseres Globus. Aber es gibt auch einen „Stillen Wächter" für jeden einzelnen der anderen sechs Globen und für die Planetenkette als Ganzes. Ebenfalls gibt es einen „Stillen Wächter" für das gesamte kosmische System, für das ganze Sonnensystem. Wenn wir „Stiller Wächter" sagen, ohne ihn näher zu bezeichnen, dann bedeutet es „spirituelles Wesen" oder „hierarchisches Haupt". Es ist ein Gattungsname. Ein solcher „Stiller Wächter" befindet sich heute auf unserer Erde. Er ist das erhabene Haupt unseres heiligen Ordens, das „höchste Verbindungsglied" mit den spirituellen Wesen der Hierarchie über der unseren, die sich auf dem leuchtenden Bogen weiter aufwärts befinden. Er ist sozusagen unser „höchster Meister", unser Oberhaupt.

Wir haben natürlich alle in der Lehre über unsere eigene Planetenkette das studiert, was allgemein die „sieben Runden" genannt wird. Es bedeutet, dass der Lebenszyklus oder die Lebenswoge den evolutionären Lauf auf Globus A, dem ersten der Globen, beginnt. Nachdem sie den Zyklus dort vollendet hat, geht sie hinab auf Globus B, weiter auf Globus C und dann auf Globus D, unsere Erde; anschließend auf dem aufsteigenden Bogen nach Globus E, dann auf Globus F und weiter auf Globus G. Dies ist eine „planetarische Runde". Darauf folgt ein „planetarisches Nirvâṇa", bis die zweite Runde in der gleichen Weise beginnt, aber in einem fortgeschritteneren Grad der Evolution als die erste Runde. Beachten wir bitte, dass eine solche Runde eine „planetarische Runde" ist. Eine „Globenrunde" ist einer der Durchgänge, einer der sieben Durchgänge der Lebenswoge auf irgendeinem und deshalb auf und durch jeden der Globen während der planetarischen Runde. Wenn die Lebenswoge zum Beispiel durch Globus D gegangen ist und ihre Zyklen auf Globus D beendet hat, so ist das die Globenrunde auf Globus D für diese besondere planetarische Runde, und ebenso verhält es sich mit den anderen Globen. Es gibt daher in jeder planetarischen Runde sieben Globenrunden (eine Globenrunde für jeden der sieben Globen). Wenn sieben planetarische Runden vollendet sind, das heißt 49 Globenrunden (oder Globen-Manvantaras), dann folgt ein höheres Nirvâṇa als das zwischen Globus G und Globus A nach jeder planetarischen Runde; es wird das Pralaya einer Planetenkette genannt. Dieses Pralaya währt so lange, bis der Zyklus für die Bildung der neuen Planetenkette zurückkehrt, und diese Planetenkette wird dann erfüllt von den gleichen Reihen lebender Wesen, die auf der vorhergehenden Kette waren und deren Bestimmung es ist, in die neue Planetenkette einzutreten, aber auf einer höheren Reihe von Ebenen als in der vorhergehenden.

Wenn dann sieben Planetenketten mit ihren verschiedenen Kalpas oder Manvantaras ihren Weg vollendet haben, bildet dieser siebenfache große Zyklus ein Sonnen-Manvantara, und das ganze Sonnensystem versinkt in das Sonnen- oder kosmische Pralaya. Unsere eigene Sonne wird dann plötzlich ausgelöscht. Es ist wie das Aufflackern eines Lichtes oder wie ein über eine Mauer gleitender Schatten. Nach dem „Aufflackern" geht das Licht schließlich aus, und die große Masse von Wesenheiten geht in spirituellere Reiche über, die weit höher sind als alle die, die am Gipfelpunkt während der Periode des Sonnen-Manvantaras erreicht wurden, weil sie dann in ihr Sonnen-Nirvâṇa eintreten.

Wir wollen wieder dasselbe Diagramm anzeichnen, das wir in einer früheren Versammlung der *Geheimlehre,* Band I, Seite 221, entnahmen.

Die sieben parallelen Linien stellen die sieben Ebenen oder Welten des Sonnensystems dar. Über oder auf der niedersten der sieben Linien wollen wir einen Kreis zeichnen, der den Globus D, unsere Erde, darstellt. Auf die nächste Ebene darüber zeichnen wir zwei weitere Kreise, die die beiden Globen unmittelbar über dem unsrigen darstellen sollen; den auf der linken Seite befindlichen nennen wir C und den auf der rechten Seite E. Auf die darüber befindliche Ebene setzen wir wieder zwei Globen und nennen den auf der linken Seite B und den auf der rechten Seite F. Auf die Ebene über dieser, die vierte kosmische Ebene aufwärts gezählt, zeichnen wir zwei Kreise; sie repräsentieren die beiden höchsten Globen unserer Kette, und wir benennen sie mit A auf der linken und G auf der rechten Seite.

Bedenken wir bitte, dass diese sieben kosmischen „Ebenen" nur aus Gründen der Bequemlichkeit so genannt werden, sie sind in Wirklichkeit die sieben kosmischen Lokas und Talas des kosmischen Systems – das heißt des Sonnensystems. Aber jede einzelne von diesen ist eine wirkliche Welt; sie sind Welten, die so wirklich sind wie unsere eigene, die wir wahrnehmen, wenn wir emporblicken und die Sterne über uns sehen oder wenn wir zur Erde blicken und die Erde zu unseren Füßen, die Bäume, die darauf wachsen, die Menschen und die anderen beseelten Wesen sehen, die gleich uns auf Erden wandeln. Jede einzelne dieser kosmischen „Ebenen" ist eine

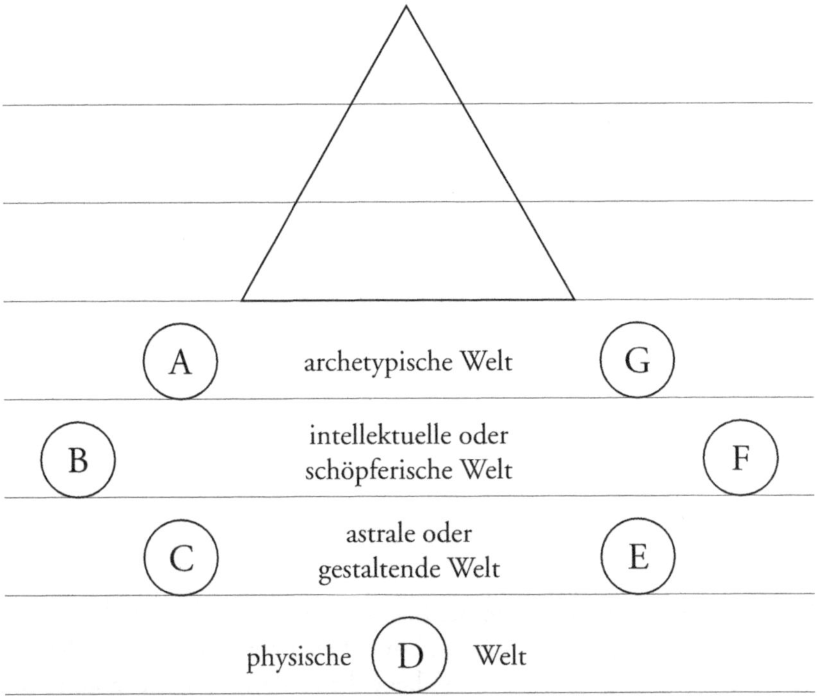

Welt, aber jede ist wieder unterteilt in sieben Abteilungen, in sieben Unterabteilungen, die zusammen neunundvierzig Unterabteilungen der sieben Hauptabteilungen (oder Welten) des Sonnensystems ergeben.

Wir wollen dies mit Hilfe eines anderen Diagramms erläutern und zeichnen wieder sieben parallele Linien. Diese sollen die niederste Sonnenwelt oder -ebene der sieben repräsentieren, die niederste kosmische Welt, unsere Welt, die Welt, in der wir uns jetzt befinden. Sie ist wie alle anderen siebenfältig, in sieben Teile oder Abteilungen geteilt, die Materie oder Geist vom gröbsten bis zum höchsten Grad in unserer Welt darstellen, vom ätherischen (höchsten) bis zum materiellsten (niedersten), und auf einer dieser Ebenen befindet sich gegenwärtig unser Globus Terra. Ich hoffe, das ist klar.

In welcher Art wirkt nun die Lebenswoge in einer Runde? Wir werden für den Augenblick die vorhergehenden drei Globen A, B und C außer Acht lassen und uns nur mit unserem eigenen Globus D, unserer Erde, befassen.

Die sieben Linien in dem Diagramm sollen die entsprechenden sieben Grade oder Verstofflichungen der Materie auf der niedersten der sieben kosmischen Ebenen darstellen, die von oben nach unten immer materieller werden. Unser Globus D

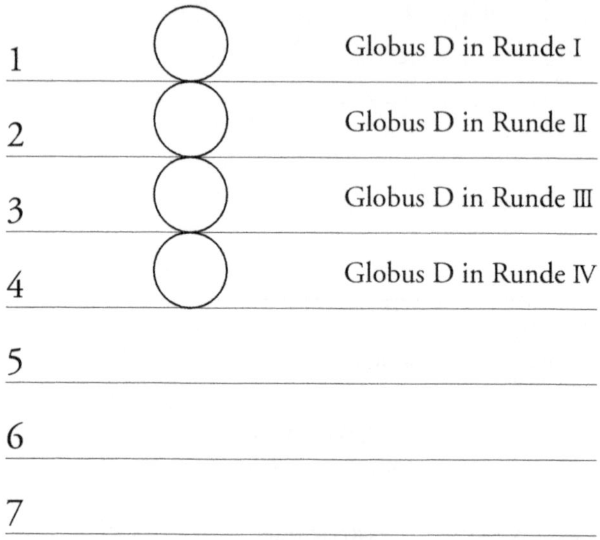

befindet sich in der ersten Runde in der höchsten oder obersten von diesen sieben Unterebenen unserer eigenen niederen kosmischen Ebene, und wir wollen nicht vergessen, dass unsere eigene kosmische Ebene die niederste der sieben kosmischen Ebenen ist, sie ist die siebente und die niederste. Die Lebenswoge passiert in der ersten Runde unsere Erde, nachdem sie sie entwickelt hat, ein Prozess, den wir später im Detail studieren werden. Es ist ein Vorgang evolutionärer Entwicklung, der viele Millionen Jahre dauert. Nachdem die erste Globenrunde vollendet ist, verlässt sie unseren Globus D und geht zum nächsthöheren Globus E. Während die Lebenswoge in den ersten drei Runden in die Materie hinabsteigt, wird sich unser Globus während der ersten Runde auf der höchsten Unterebene der niedersten kosmischen Ebene oder Welt befinden. In der zweiten oder nächsten Runde wird unser Globus verstofflicht und auf der zweiten Unterebene, abwärts gezählt, sein. In der dritten Runde ist er noch mehr verstofflicht und befindet sich auf der dritten Unterebene abwärts. In der vierten Runde, das ist die Runde, in der wir uns jetzt befinden, hat unser Globus seinen gröbsten materiellen Zustand erreicht, das Abwärtskreisen hört auf, und der Aufstieg beginnt.

Was ist mit den Unterebenen fünf, sechs und sieben? Diese Ebenen stehen mit Fragen in Verbindung, die wir hier gegenwärtig nicht berühren; aber wir können sagen, dass sie mit dem Schicksal von Wesen in Beziehung stehen, die dem Pfad linker Hand folgen und in der siebenten und letzten oder grobstofflichsten Unterebene unseres Sonnensystems den äußersten Punkt physischer Materialisierung erreichen.

Wir sehen auf diese Weise, dass die Lebenswoge, wenn sie ihre erste Runde, die Runde 1, auf ihrem absteigenden Bogen durch die vier niedersten kosmischen Welten oder Ebenen, wie im Diagramm auf Seite 520 erläutert, vollführt, durch die höchste Unterebene oder Unterwelt jeder einzelnen dieser vier niedersten kosmischen Welten geht und in jeder kosmischen Welt einen Globus bildet, einen der zu dieser Zeit in der Gestaltung begriffenen sieben Globen der Kette.

In der Runde 1 bildet die Lebenswoge auf der höchsten Unterebene der vierten kosmischen Welt (oder Ebene) den Globus A (siehe Diagramm Seite 519). Die Lebenswoge bildet in Runde 1 auf der höchsten Unterebene der fünften kosmischen Welt oder Ebene den Globus B. In Runde 1 bildet die Lebenswoge auf der höchsten Unterebene der sechsten kosmischen Welt oder Ebene den Globus C; ebenso verhält es sich mit dem niedersten Globus, Globus D, unserer Erde. Auf der „aufsteigenden Stufenleiter" sehen wir, wie die Globen E, F und G in ähnlicher Weise gebildet werden, jeder auf der höchsten Unterebene der entsprechenden kosmischen Welt oder Ebene.

Die zweite Runde beginnt (nach dem langen, langen planetarischen Nirvâṇa) auf Globus A auf der zweiten Unterebene der vierten kosmischen Welt oder Ebene. Dann geht die Lebenswoge auf Globus B, auf die zweite Unterebene der fünften kosmischen Welt oder Ebene. Sodann auf Globus C, auf die zweite Unterebene der sechsten kosmischen Welt oder Ebene, und weiter auf Globus D (unsere Erde), auf die zweite der siebenten oder niedersten kosmischen Welt oder Ebene. Ähnlich verhält es sich mit den Globen auf all den zweiten Unterebenen des aufsteigenden Bogens. Jeder Durchgang der Lebenswoge in und durch jeden der sieben Globen bildet, wie oben gesagt, eine Globenrunde.

Ebenso verhält es sich mit Runde 3 und auch mit Runde 4, in der wir uns jetzt auf dem Globus D auf der vierten Unterebene der siebenten oder niedersten kosmischen Ebene oder Welt befinden. Das bedeutet, dass die Lebenswoge während jeder planetarischen Runde durch die sieben Globen der Kette und von kosmischer Ebene zu kosmischer Ebene geht, aber sie geht während jeder Runde nur durch eine Unterebene jeder kosmischen Welt oder Ebene. Die Folge davon ist, dass sie im Verlauf der sieben Runden durch 49 Unterebenen geht, und die Wesen, die die Lebenswoge zusammensetzen, haben dabei die Chance zur Ausarbeitung ihrer Bestimmung, wofür sie in die aktive Manifestation und Evolution kamen. Denn der ganze Zweck des Evolutionsprozesses im Kosmos ist es, durch die individualisierenden Erfahrungen, d. h. durch Erfahrungen, die die Monaden individualisieren (entwickeln, hervorbringen), Selbstbewusstsein zu erlangen. Um dieses Ziel zu erreichen, muss jede Monade die verschiedenen Phasen und Eigenschaften des universalen Lebens nicht nur durchmachen und mental erfahren, sondern sie muss dieselben *sein.*

Die Initiationen in alten Zeiten, die „wirklichen" Initiationen, die Initiationen, die dem Bewusstsein des Menschen die Erkenntnis über spirituelle Wahrheiten des Seins brachten, beruhten auf der Tatsache, dass kein Mensch nur durch Belehrung etwas wirklich erkennen kann, er muss es sein, er muss es werden. Von der vierten Initiation an wurde das in den drei ersten Initiationen angewandte Lehrsystem der alten Mysterienschulen nur insofern geändert, als zu der Belehrung noch persönliche Erfahrungen hinzukamen. Diese persönlichen Erfahrungen wurden mit jedem Schritt, den der Kandidat oder Initiand machte, erhabener und größer, bis er schließlich, wenn er in den sieben Graden erfolgreich war, den göttlichen Zustand erreichte, aus dem er zu Beginn des kosmischen oder Sonnen-Manvantaras ausgegangen war, plus göttliches Selbstbewusstsein, Selbsterwachen, und dabei, wie Buddha, zu einem Erwachten oder, um den Ausdruck der griechischen Mysterien anzuwenden, zu einem Christus wurde.

In unseren nächsten wenigen Versammlungen werden wir fortfahren, den Gegenstand der Planetenkette zu untersuchen.

Kapitel 41

Die Lehre über die Sphären. Das universale Sonnensystem und unser Sonnensystem. Die sieben heiligen Planeten: Warum heilig?

Die Zeit wurde also zusammen mit dem Universum erzeugt, so dass sie, da zusammen hervorgebracht, zusammen aufgelöst würden, sollten sie je eine Auflösung erfahren. Und die Zeit wurde erzeugt nach dem Vorbild einer ewigen Natur, so dass diese Welt einer solchen Natur so ähnlich wie möglich sei. Denn ihr Vorbild ist beständiges Sein, die ganze Ewigkeit hindurch. Doch das Universum allein *wurde* erzeugt, *ist* und *wird sein* zu aller Zeit. Nach dieser Art also, und aufgrund des Nachdenkens der Gottheit über die Erzeugung der Zeit, um ihre fließende Lebensgrundlage gebären zu können, erzeugte sie Sonne und Mond und die fünf anderen Sterne, die als Planeten bezeichnet werden, zu dem Zweck, die Zahlen der Zeit zu bestimmen und zu überwachen. Nachdem aber die Gottheit die Körper dieser Sterne hervorgebracht hatte, setzte sie diese, sieben an der Zahl, in die sieben Zirkulationen, die durch die Umläufe der Natur geformt sind, erkennbar an ihren *Unterschieden*. ... [Hier folgt eine kurze Besprechung der Umläufe des Mondes, der Sonne, der Venus und des Merkur, d. Ü.] Falls jedoch hinsichtlich der anderen Sterne jemand es für richtig halten sollte, ihre Zirkulationen und die Ursachen für ihre Einrichtung zu untersuchen, wäre die Aufgabe größer als die des eigentlichen Diskurses, um dessen willen sie eingeführt wurden.

Platon: Timaios, S. 467–468 (Englisch: Thomas Taylor)

Die niedere Welt ist dem Einfluss der oberen Welt unterworfen.

Die Herrschaft über die niedere Welt wird zu Anfang ihres Kreislaufes einem der sich langsam bewegenden Sterne übertragen. Dieser beherrscht sie während tausend Jahren allein.

Und während anderen Tausenden von Jahren wird jeder der sich schwerfällig bewegenden und der sich schnell bewegenden Sterne sein Partner; jeder während eintausend Jahren.

Als Letzter wird der Mond sein Gefährte.

Danach wird der erste Gefährte die Herrschaft übernehmen.

Der zweite Herrscher geht durch dieselbe Runde wie der erste Herrscher, und die anderen sind in gleicher Weise seine Gefährten.

Als Letzter ist der erste Herrscher tausend Jahre lang der Gefährte des zweiten Herrschers.

Dann ist auch die Regierungszeit des zweiten Herrschers vorbei.

Und versteht, der Verlauf ist für alle anderen der gleiche.

Wenn der Mond der Herrscher gewesen ist und alle im Verlauf der Zeit seine Gefährten waren, ist auch seine Regierungszeit vorbei, ist eine große Periode zu Ende.

Nach dieser fällt die Herrschaft wieder dem ersten Regenten zu, und auf diese Weise besteht eine ewige Nachfolge.

Mit dem Anfang der großen Periode beginnt in der niederen Welt eine neue Ordnung der Dinge.

Es werden in Wirklichkeit in der neuen Welt nicht dieselben Formen, dasselbe Wissen und dieselben Ereignisse wie in der verflossenen großen Periode wieder hervorgebracht, sondern andere, denselben ganz ähnliche.

Jede kommende große Periode ist der vergangenen großen Periode vom Anfang bis zum Ende ähnlich.

Der Desatir: Das Buch des Propheten, des Großen Abad,
Verse 102–116 (Englisch: Mulla Firuz Bin Kaus)

Unermesslich sind die Reichweiten von Raum und Zeit, und ebenso tief sind die Mysterien, die mit den Gegenständen verbunden und darin eingeschlossen sind, mit denen unser gegenwärtiger Zyklus des Studiums eröffnet wird; denn diese Gegenstände handeln von dem, was wir zusammengefasst die „Lehre über die Sphären" nennen können, das heißt von jenem besonderen und grundlegenden Zweig der archaischen Philosophie und Religion der alten Weisheit, der in den Ländern rund um das Mittel- oder Binnenmeer ganz besonders entwickelt war und dort ein Lieblingsstudienfach bildete, ebenso wie im Fernen Osten unter den archaischen Weisen von Hindustan die Lehren in Bezug auf die Wirkungsweisen der verschiedenen monadischen Bewusstseinszustände umfassender entwickelt und mehr geschätzt wurden.

In der letzten Versammlung skizzierten wir, wenn auch nur kurz, den Umriss der theosophischen Lehre über die Planetenkette unserer Erde. Die Behandlung der Planetenkette ist eine besondere Seite der allgemeinen Lehre über die Sphären, wie die Mathematiker sagen würden. Diese Lehre war immer eine der am sorgfältigsten behüteten und wurde als eine der heiligsten und okkultesten betrachtet, weil sie uns in ihrer äußersten Reichweite direkt zum Herzen des Seins führt. Um das Herz des Seins zu erreichen, müssen wir durch viele geheime Kammern der Mutter Natur gehen, Gemächer, die vor jedem, außer vor Mitgliedern unseres eigenen Ordens, seit undenklichen Zeiten geheim gehalten und deren Geheimnisse als eines der heiligsten Besitztümer unseres Oberhauptes, des Wächters unseres heiligen Ordens, behütet wurden.

Unser Lehrer hat mich ersucht, wenn auch nur im Umriss, auf unsere früheren

Studien zu verweisen. Bevor wir unser Studium aufnehmen, das uns in mehreren zukünftigen Versammlungen mit denselben und nahe verwandten Themen beschäftigen wird, wollen wir uns an die allgemeinen Lehrsätze erinnern, die wir in den vergangenen Jahren einer Betrachtung unterzogen haben. Unser Studium wurde ursprünglich mit einer Betrachtung des allgemeinen Umrisses der Kosmogonie und Theogonie eröffnet, wie diese in der archaischen Kosmologie und Theologie der alten Weisheit zu finden sind. Sie wurden in allen allgemeinen Aspekten, nur als Überblick, flüchtig entworfen, die Einzelheiten zum Ausfüllen für später zurückgestellt. Wir betrachteten flüchtig – nur im Umriss, was ich im Gedächtnis zu behalten bitte –, wie Welten geboren werden, wie diese gleich Kindern aus dem Schoße der Natur hervorgehen, wie sie aus einem Keim zur Jugend heranwachsen, Reife erlangen, dann schwächer werden und schließlich verfallen, worauf zuletzt der Tod folgt, um in zyklischer Wiedergeburt aus demselben Schoße der Mutter Natur wieder zum Leben zu erwachen.

Im Entwurf, nur um einen allgemeinen Umriss zu geben, wurde auch gezeigt, dass die mystischen, wunderbaren und wundervollen Lehren der alten Weisheit keine Frage unbeantwortet lassen und nichts übrig lassen, was sich auf bloßen Glauben gründet – das heißt auf blinden Glauben –, sondern dass jeder Lehrsatz ihrer Philosophie im Verlauf des Studiums bewiesen werden muss und bewiesen wird.

Erinnern wir uns, was „Beweis" ist: Beweis besteht darin, dem Gemüt Überzeugung zu bringen. Überzeugung von ihrer Wirklichkeit, die sich auf augenscheinliche Gewissheit gründet, ist Beweis für eine Tatsache oder für einen Lehrsatz. Die verschiedenen, den Umständen gemäßen Dinge, die wir zur Erbringung eines Beweises anführen, sind nur der augenscheinliche Teil, die Beweismittel für Wahrheit.

Nachdem wir diese allgemeinen Lehrsätze im Entwurf, nur im Umriss überblickt hatten, gelangten wir schließlich zu der Lehre hinsichtlich der Planetenketten, die einen „Sonderfall" wie die Mathematiker es ausdrücken, des allgemeinen Lehrsatzes der wunderbaren Lehre über die Sphären darstellt. Von jetzt an werden unsere Studien ausführlicher, und unser Lehrer hat uns am Anfang angewiesen, unsere Vorträge, unsere gemeinsamen Studien so zu halten, dass der geschriebene Bericht über sie hinausgegeben werden und denen helfen kann, die ein tieferes Wissen über die alten Mysterien und über die alte Weisheit suchen, als sie es aus den weltlichen Büchern erlangen können, aber dabei die esoterischen und okkulten Schlüssel vor Uneingeweihten zu verbergen, die kein Recht auf sie haben. Wir werden wahrscheinlich die meisten von ihnen auf bloße Andeutung hin verstehen. Einer der Anlässe für diese Verfahrensweise besteht zum Beispiel darin, dass einige Schüler gewisse Behauptungen des Herrn Sinnett in Bezug auf die Planetenkette dahingehend ausgelegt hatten, dass zwei der physischen Planeten unseres Sonnensystems,

Mars und Merkur, zwei der Glieder der Planetenkette unserer Erde seien, obgleich H. P. Blavatsky in der einige Jahre vor ihrem Tode veröffentlichten *Geheimlehre* bestimmt erklärt hat, dass diese Auffassung falsch ist, denn sie ist tatsächlich nicht wahr.

In dem Maße, wie unsere Studien fortschreiten, werden wir selbst sehen, dass dies nicht wahr sein kann, dass es eine verkehrte Idee ist, ein auf bedauernswerter Gemütsverwirrung begründeter Irrtum und dass es einen gänzlichen Mangel an Wissen über Okkultismus offenbart. Ich möchte nebenbei fragen: Wer hat diese Idee ins Leben gerufen? Die frühesten Lehren wurden über H. P. Blavatsky, Damodar (der später nach Tibet ging, um sich den Meistern anzuschließen) und über ein oder zwei weitere Engländer in Indien gegeben, zwei Anglo-Indern, A. O. Hume und A. P. Sinnett, über die wir später mehr zu sagen haben werden. Die philosophischen, religiösen und wissenschaftlichen Lehren, die Sinnett als Antwort auf die durch H. P. Blavatsky und Damodar an die Meister gesandten Fragen erhielt, wurden von ihm später in seinen Büchern „Occult World" und „Esoteric Buddhism" verwendet. Beide Bücher waren für die damalige Zeit bis zu einem gewissen Grade gut, doch sie wurden schon von H. P. Blavatsky in der *Geheimlehre* aufgrund der materialistischen Darstellungsweise und der Überbetonung gewisser Aspekte der Lehren auf Kosten der höheren, der spirituelleren und der intellektuelleren Teile kritisiert. Sinnett hatte versucht, die Lehren der alten Weisheit mit dem zu „versöhnen", was er augenscheinlich für das letzte Wort menschlicher Erkenntnis hielt, das waren die wissenschaftlichen Theorien und Steckenpferde seiner Zeit. Diese wissenschaftlichen Theorien und Lehren sind bereits überholt, dem Gemüt verlorengegangen und zum größten Teil vergessen. Die Wissenschaft „ist nicht dieselbe geblieben", aber die Lehren der alten Weisheit bestehen unverändert!

Wir eröffnen unser Studium nach diesen einleitenden Bemerkungen mit dem Vorlesen des Folgenden aus der *Geheimlehre,* Band II, Seite 739, „Über Planetenketten und ihre Vielheit":

> Kannten die Alten andere Welten außer ihrer eigenen? Welches sind die Daten der theosophischen Überzeugung zur Bestätigung, dass jede Kugel eine siebenfältige Weltenkette ist – wovon nur *ein* Glied sichtbar ist – und dass diese „menschentragend" sind, waren oder sein werden, ebenso wie jeder sichtbare Stern oder Planet? Was verstehen sie unter einem „moralischen und physischen Einfluss", der von den Sternenwelten auf unsere Kugel ausgeübt wird?
>
> ... Auf die erste von den beiden Fragen lautet die Antwort: Wir glauben daran, weil das erste Gesetz in der Natur Einförmigkeit in der Verschiedenheit und das zweite Analogie ist. „Wie oben, so unten."

Und dann lesen wir auf Seite 743:

> Wenn wir daher finden, dass in den Bibeln der Menschheit von „anderen Welten“ gesprochen wird, so können wir mit Sicherheit schließen, dass sie nicht nur sich auf andere Zustände unserer Planetenkette und Erde beziehen, sondern auch auf andere bewohnte Kugeln – Sterne und Planeten; wobei übrigens niemals Spekulationen über die Letzteren gemacht wurden. Das ganze Altertum glaubte an die Allgemeinheit des Lebens.

Mit dem Eintreten in die gegenwärtige Phase unseres Studiums sind wir genötigt, ausführlicher zu werden. Den allgemeinen Aspekt unserer gemeinsamen Arbeit haben wir hinter uns. Doch dieses Eintreten in ein ausführlicheres Studium bringt natürlich vermehrte Schwierigkeiten mit sich, nicht nur aufgrund der vielen Gegenstände, die zu behandeln wir in Verfolgung unseres Hauptthemas notgedrungen mehr oder weniger gezwungen sein werden, sondern auch aufgrund der Tatsache, dass an keinem Punkt auch nur ein Jota der Lehre ausgelassen werden kann; hierauf muss besonders hingewiesen werden, wenn die Lehre vollständig bleiben und nicht auseinandergerissen werden soll. Wir werden daher langsam vorgehen. Es wäre in der Tat leicht, einen allgemeinen Umriss zu geben, doch in einem solchen Fall könnten wir nur bis zu einer an der Oberfläche bleibenden Betrachtung der *Geheimlehre* weitergehen, aber die Anweisung unseres Lehrers lautet: „Vereinfache durch Erläuterung, und unterstütze dies durch Begründung und Beweis.“

Wir wollen daher zuerst überlegen, was wir mit der Lehre über die Sphären, einer der archaischsten Lehren der alten Mysterien, meinen. Allgemein gesprochen meinen wir vier Dinge. Zuerst werden wir sie überblicken, zwei davon kurz berühren, eines nur andeuten und das vierte, das den Gegenstand unseres gegenwärtigen Gedankens, die Planetenkette der Erde, darstellt, ausführlicher studieren. Diese vier allgemeinen Aspekte der Lehre über die Sphären sind die folgenden: erstens das *universale* Sonnensystem. Damit meinen wir unsere Sonne und alle Planetenkörper im Sonnensystem, ob sichtbar oder unsichtbar, gesehen oder ungesehen, bekannt oder unbekannt, die ursprünglich von der Sonne stammen. Die moderne Wissenschaft kennt heute neun Planeten und ein Heer von Planetoiden, die zu unserem Sonnensystem gehören. Der modernen Astronomie ist nichts bekannt von dem großen Körper des universalen Sonnensystems außer seiner physischen Schale, der äußeren physischen Kleidung. Die sieben, acht oder neun Planeten, die wir mit dem physischen Auge sehen können, werden wie folgt aufgezählt: Merkur, Venus, [Erde, d. Ü.] Mars, Jupiter, Saturn, Uranus, Neptun [und Pluto, d. Ü.]. Aber die alte Weisheit, die esoterische Lehre, sagt uns, dass es tatsächlich Mengen von Planeten in unserem universalen Sonnensystem gibt, und diese vielen Planeten – die von der

Astronomie aufgezählten ausgenommen – sind für uns unsichtbar, für unsere Augen, die für die Materie der vierten Ebene – oder die Materie der siebenten Ebene, je nachdem, wie wir zählen – geschaffen sind. Jene von uns, die seit Jahren Mitglieder dieser Schule sind, werden wissen, was damit gemeint ist. Erstens: Neptun gehört der alten Weisheit gemäß nicht zu unserem universalen Sonnensystem; wir werden die Sache später behandeln. Zweitens: Uranus ist kein Angehöriger *unseres* Sonnensystems; wir werden ausführlich erklären, was wir mit *unserem* Sonnensystem meinen. Können wir Sinnett dafür tadeln, dass er nicht verstand und deshalb daher dachte, dass er mehr als die Meister und H. P. Blavatsky wüsste und dass die archaischen Lehren Widersprüche enthielten? Es wollte dem guten Mann nicht in den Kopf, dass dieselben Worte mit verschiedenen Bedeutungen benutzt werden können und dass eine der begünstigten, geweihten Methoden, die Wahrheit vor denen zu verbergen, die nicht berechtigt sind, sie zu empfangen, die ist, zwei, drei, vier, fünf, sechs, sieben verschiedene Dinge mit denselben Worten zu sagen.

Zuerst haben wir das universale Sonnensystem, das die siebenfache Sonne umfasst und alle Planeten des Sonnensystems, die sichtbaren und die unsichtbaren, die sich auf sieben Ebenen befinden. Dann haben wir unser Sonnensystem, das den zweiten dieser vier schon erwähnten Aspekte der Lehre über die Sphären darstellt. Es ist die Gruppe, die allgemeiner die „sieben heiligen Planeten" der Alten genannt wird, und diese sieben sind mit unserer Planetenkette verwandt. Der dritte Aspekt betrifft etwas, worauf wir nur hinweisen und womit wir uns nicht weiter beschäftigen, wenn sich auch die Gelegenheit dazu bietet. Unser Lehrer hat uns angewiesen, in dieser Gruppe von Schülern nicht viel über diesen dritten Aspekt zu sagen. Er wird von H. P. Blavatsky im ersten Band der *Geheimlehre* (Seite 186 f.) in ihrer Antwort auf einen Teil von Sinnetts Missverständnissen in Bezug auf die Planetenkette der Erde angedeutet. Wir werden uns der Stelle erinnern, wo sie (ich führe dem Sinn nach an) von der Beziehung von Mars und Merkur und den „vier heiligen Planeten" zu unserer Erde spricht, und sie erklärt, dass „sie alle in einer Beziehung zu ihr stehen, über die kein Eingeweihter sprechen wird, noch weniger sie erklären wird." Den vierten Aspekt bildet die Planetenkette unserer Erde per se.

Sinnett stellt nun dem Lehrer seine Frage wie folgt: „Welche anderen Planeten von denen, die der gewöhnlichen Wissenschaft bekannt sind, außer Merkur, gehören unserem Weltensystem an?" Beachten wir die letzten vier Worte. Und er fährt fort: „Sind die spirituellen Planeten – (A, B und Y, Z) – am Himmel sichtbare Körper, oder sind alle der Astronomie bekannten von materiellerer Art?" Die Antwort kam wie folgt: „Mars und vier andere Planeten, von denen die Astronomie nichts weiß. Weder A, B noch Y, Z sind bekannt, noch können sie durch physikalische Mittel, seien diese auch noch so vervollkommnet, gesehen werden." Dennoch lehrte und behauptete Sinnett jahrelang, zwei unserer sichtbaren Planeten, Mars und Merkur, würden einen Teil unserer siebenfachen Planetenkette der Erde bilden.

H. P. Blavatsky antwortete oder wies vielmehr auf die von Sinnett missverstandene Lehre des Meisters hin. Sie tat dies in der *Geheimlehre,* Band I, besonders auf Seite 187 f. Jeder, der diese Seiten liest und nicht „geistig arm" ist oder von okkulten Lehren überhaupt nichts weiß, muss sofort erkennen, dass sie auf mehr als einen Aspekt anspielt und hinweist. Lesen wir diese Seiten, und denken wir darüber nach. In unserer nächsten Versammlung werden wir tiefer in diese Sache eindringen.

Zunächst ein kurzer Überblick über unser universales Sonnensystem. Wir meinen damit alle Körper und jeden Körper, der zur Sonne gehört und sich um diese dreht. Die Sonne ist ihr Hierarch; sie kreisen um die Sonne als Satelliten oder Planeten, sichtbar oder unsichtbar. Der Ausdruck *universales Sonnensystem* bedeutet nicht nur die bloße Schale der Natur – zusammengesetzt aus den sieben, acht oder neun Planeten, die unser Auge sieht –, sondern auch den großen inneren Kern des Sonnensystems, *seine sieben Ebenen des Seins.* In Wirklichkeit gibt es in unserem universalen Sonnensystem sehr viele Planeten, von denen wir nur sieben oder acht physische Planeten sehen, die sich auf derselben Ebene befinden wie die Erde, und wenn wir unseren Globus dazu zählen, sind es acht (oder neun). Neptun gehört jedoch, wie schon gesagt, nicht zu ihm. Uranus gehört nicht zu *unserem* System von Welten (zu *unserem* Sonnensystem), aber er gehört zum *universalen* Sonnensystem, denn er ist ein wirklicher Planet, der bezüglich seines Ursprungs und seines Schicksals innig mit unserer Sonne verbunden ist.

Um diesen Punkt klarer zu machen, möchte ich mit Hilfe einer sehr glücklichen Illustration, die wir der modernen Wissenschaft entnehmen können, erläutern, was der Neptun ist. Die moderne chemische Physik oder physikalische Chemie lehrt, dass das Atom einen zentralen Kern hat, der „protonisch" genannt wurde und im Atom dem entspricht, was unsere Sonne in dem universalen Sonnensystem ist; und um diesen zentralen Kern drehen sich andere Körper mit schwindelerregender Geschwindigkeit, die „Elektronen" genannt werden. Die Chemiker lehren uns, zumindest als eine ihrer Theorien – der Okkultismus sagt, dass diese Theorie wahr ist, und den Beweis dafür können wir in der *Geheimlehre* finden –, dass, wenn einer dieser atomistischen Planeten oder eines dieser Elektronen aus einem Atom herausgerissen wird, das Atom selbst dadurch verändert oder verwandelt wird. Es wird nicht nur die elektrische Ladung des Atoms eine andere, sondern das Atom selbst wird de facto verändert. Auch kann, wenn das Atom sozusagen elektronenhungrig ist, ein Elektron, wenn es ihm nahe kommen sollte – ich benutze eine sehr einfache Sprache, um die Idee auszudrücken –, wenn es nahe an dem atomistischen Sonnensystem vorbeikommen sollte, eingefangen werden; damit wird der elektrische

Hunger des Atoms befriedigt, und die atomistische Wertigkeit wird verändert.

Obgleich Neptun in dem Sinne ein „Planet" ist, dass er sich um die Sonne bewegt, ist er doch in keinem Sinne ein wahres Glied unseres Sonnensystems. Er ist ein „Eingefangener", und seine Gefangennahme hat in einem Sinne die gesamte Natur unseres universalen Sonnensystems verändert; er wird „eingefangen" bleiben, bis für ihn karmisch die Zeit gekommen sein wird, uns wieder zu verlassen. Er wurde ebenso eingefangen, wie einige der Planeten „Monde" eingefangen haben. Wie kommt es, so fragen wir beiläufig, dass Venus und Merkur keine Monde haben und dass vom Mars gesagt wird, er habe zwei Monde, vom Saturn, er habe neun, und vom Jupiter, er habe 14 Monde? Wir wissen hingegen durch unsere Lehren, dass jeder Planet nur einen wirklichen Mond haben kann, die anderen sind nur eingefangene Satelliten.

Nehmen wir an, in vergangenen Äonen hätte ein sich der Planetenstufe nähernder Komet auf seiner eigenen Ebene des Seins sich der gravitativen Anziehung unseres universalen Sonnensystems genügend genähert, um eingefangen zu werden, und sich aufgrund der Wechselwirkung verschiedener Kräfte auf eine Umlaufbahn um die Sonne begeben; Äonen später hätten ihn unsere Astronomen entdeckt und „Neptun" genannt. Wir wollen es darauf beruhen lassen und es eine Theorie nennen.

Wir sagten, dass Uranus kein Mitglied *unseres* Sonnensystems ist; wir wiederholen diese Erklärung. Er gehört jedoch zu unserem *universalen* Sonnensystem, weil er einer der um die Sonne kreisenden Körper ist.

Wir sehen, wie es kam, dass Sinnett, durch Mangel an Kenntnis der alten Weisheit, durch Mangel an esoterischer Schulung und weil er von den herrlichen Errungenschaften rein physikalischer Entdeckung des wunderbaren wissenschaftlichen Fortschritts seiner Zeit – dem „letzten Wort der Erkenntnis", als das sie in den wissenschaftlichen Zeitschriften jener Zeit tatsächlich verkündet wurden – vollkommen hypnotisiert war, diese wissenschaftlichen Theorien und Steckenpferde den Lehrsätzen der alten Weisheit vorzog, Lehrsätzen, die von Generationen titanischer menschlicher Intellekte, von großen Sehern bewiesen worden waren, die die Natur seit undenklichen Zeitaltern geprüft hatten, indem sie ihre Seelen in den Busen der Materie selbst, in ihre sieben Ebenen oder Sphären sandten und die Wahrheit, die Wirklichkeit der Dinge entdeckten. Nun beachten wir bitte, dass sich Sinnetts Frage auf „unser System von Welten" bezog. Sehen wir nicht, wie unbestimmt diese Frage war? Der Briefwechsel zwischen den beiden Herren, Sinnett und Hume, und den beiden M. und K. H. genannten Meistern wurde einige Jahre lang geführt, und diese beiden Lehrer baten Sinnett, eine bestimmte Ausdrucksweise, eine bestimmte Nomenklatur im Englischen anzunehmen, damit auf Seiten der Fragesteller kein

Missverstehen der Ausdrücke stattfinden konnte, wenn die Antworten auf ihre Fragen gegeben wurden. Der Geist in den von Sinnett und Hume geschriebenen Briefen ist eigenartig, ihre Vorstellungen von Okkultismus waren außerordentlich unbestimmt und beschränkt. Wir sehen, wie unbestimmt Sinnetts Ausdruck „unser System von Welten“ ist. Mit diesen Worten konnten mindestens vier verschiedene Aspekte der Lehre über die Sphären gemeint sein. Die Lehrer drängten Sinnett und Hume, eine bestimmte englische Terminologie und Nomenklatur anzunehmen, die Sinnett bis zu einem gewissen Grade auch tatsächlich annahm. Viele unserer üblichen Bezeichnungen und Ausdrücke verdanken wir Sinnett, und wir sind ihm gebührend dankbar für die gute Arbeit, die er in dieser Hinsicht geleistet hat, aber viele dieser Ausdrücke sind zu unbestimmt. So ist zum Beispiel der Ausdruck „Wurzelrasse“ ein höchst unglücklicher. Später werden wir einmal zeigen müssen, wie unglücklich er ist. Wir schlagen vor, dafür des Meisters Ausdruck „Stammrasse“ zu gebrauchen, wobei wir das Wort „Stamm“ im Sinne von Körper oder Rumpf anwenden. Wir verdanken Sinnett auch den Ausdruck „Runde“, der den Durchgang der Lebenswoge von Globus A, dem ersten unserer Erdkette, zu Globus G oder dem siebenten am Ende bedeutet. Viele weitere Worte und Ausdrücke sowie viel von dem technischen Wortschatz, den wir heute benutzen, verdanken wir Sinnett und Hume. Wir sind für alles das dankbar. Sie taten in dieser Hinsicht bis zu einem gewissen Grad gute Arbeit; wir sind die Letzten, die das nicht anerkennen.

Die von Sinnett gestellte Frage über „unser System von Welten“ lieferte dem Meister eine glänzende Möglichkeit, in ganz allgemeinen Ausdrücken die Wahrheit zu sagen und doch das vor ihm zu verbergen, was er nicht wissen sollte. Hätte Sinnett seine Frage bestimmt genug gestellt oder, um es anders auszudrücken, wäre er weise genug gewesen, eine vollkommen bestimmte Frage zu stellen, dann hätte dies dem Lehrer Verlegenheit bereitet, und es wäre für ihn im Hinblick auf die notwendige Geheimhaltung viel schwieriger gewesen, eine bestimmte Antwort zu geben. In einem solchen Fall hätte Sinnett eine bestimmte Antwort bekommen, oder es wäre ihm gesagt worden, dass dies eine Frage sei, die nicht beantwortet werden kann, was tatsächlich in mehreren Fällen geschah. Was war die wirkliche Antwort, die er bekam? Wir haben sie gelesen, und sie enthält zwischen und in den Worten verschiedene Punkte bezüglich der Lehren. Die vier Aspekte der allgemeinen Lehre über die Sphären, auf die wir hingewiesen haben, sind in der Antwort des Meisters enthalten in Form von Wink und Andeutung und mit besonderer Bezugnahme auf den esoterischsten davon. Die Worte „unser System von Welten“ wurden wörtlich aufgefasst, genauso wie die – vom okkulten Gesichtspunkt aus – unklare und unbestimmte Frage behandelt werden musste. Falls der Fragesteller mental zu träge oder spirituell zu stumpf war, um diese sehr ungewöhnliche Gelegenheit, die ihm geboten war, zu erkennen und die gewaltige Verantwortung zu begreifen, die er hatte, so unterlag er sofort dem archaischen Gesetz, dass nur jene, die in der rechten Weise anklopfen, eintreten können. Es hängt alles davon ab, an welches Tor wir anklopfen. Dies ist eine alte Regel, die aus uralten Zeiten stammt und in unvordenkliche Zeiten, selbst bis in die Tage des späten Atlantis zurückgeht, als die ersten Mysterien errichtet wurden, um den edleren Teil des atlantäischen Volkes von denen zu trennen, die in der Entartung begriffen waren und ihrem Verderben entgegeneilten. So verstehen wir denn bitte vollkommen klar, dass unser universales Sonnensystem von Welten unsere Sonne und alle Planetenkörper ohne Ausnahme beinhaltet, ganz gleich welchen Grades, welcher Art und auf welcher Ebene, ob auf einer inneren oder äußeren, und in welchen Bahnen sie sich um ihr Haupt, die Sonne, bewegen. Vergessen wir außerdem in Verbindung damit nicht, dass unser Sonnensystem siebenfach, aus sieben Ebenen oder „Welten" zusammengesetzt ist und dass es daher in ihm sieben Sonnen gibt, von denen wir nur eine, die auf der niedersten Stufe befindliche, sehen.

Weil es ein Teil unseres Studiums ist, können wir hier und jetzt auch gleich sagen, dass die Bewohner der drei Globen, die dem unsrigen in unserer Planetenkette vorhergehen, und die Bewohner der drei ihm nachfolgenden Globen in jedem Fall zwei Sonnen sehen. Eine Illustration davon haben wir glücklicherweise in der Astronomie in den sogenannten Doppelsternen. Es gibt viele Arten von Doppelsternen. Ich meine nicht nur optische Doppelsterne, sondern wirkliche Sonnenpaare oder Doppelsonnen, die als Tatsache eng mit der sehr interessanten und auch geheimnisvollen Lehre über die „Verdunkelungen" (Obskurationen) verbunden sind, mit der wir uns bei der Verfolgung unseres gegenwärtigen Studiums der Erdplanetenkette beschäftigen werden. Diese Sternenpaare oder Doppelsterne zeigen, dass jene Sonnen, die als Doppelsonnen zu sehen sind, wie unsere eigene Sonne ein siebenfaches System bilden und eine niedrigere einzelne Sonne oder niedrigere, auf der vierten Ebene befindliche Sonne haben, wie sie unsere eigene physische Sonne ist. Wir sehen, wie ein Schlüssel zur alten Weisheit das Tor zu den geheimen Kammern der Natur zu öffnen vermag. Vergessen wir den alten hermetischen Grundsatz nie: Analogie ist das grundlegende Gesetz der Natur. „Wie oben, so unten."

Als Nächstes: Welche Planeten sind die „sieben heiligen Planeten" der Alten? Es sind die folgenden, und ich zähle sie nicht in der richtigen esoterischen Reihenfolge auf. Ich nenne sie in der alten exoterischen griechischen Weise: Mond, Merkur, Venus, Sonne, Mars, Jupiter, Saturn. Beachten wir vor allem, dass unsere Erde keiner von diesen sieben „heiligen" oder „geheimen" Planeten ist. Ferner: Es werden hier in dieser exoterischen Aufzählung der Mond (der erste in der Reihenfolge, dem Merkur vorhergehend) und die Sonne als Planeten betrachtet. In Wirklichkeit stehen sie jedoch für zwei geheime Planeten, die für uns unsichtbar sind: Die Sonne steht für einen zwischen dem Merkur und der Sonne befindlichen Planeten, den wir der Einfachheit halber „Vulkan“ nennen wollen, ein Planet, der für den Menschen der dritten Wurzelrasse – oder Stammrasse – in dieser Runde sichtbar war, der aber jetzt unserem Sehvermögen entrückt ist. Er wird jedoch, während unsere Rasse zu höheren Graden der Wahrnehmung fortschreitet, wieder erscheinen. Vom Mond wiederum wird gesagt, dass er für einen anderen geheimen Planeten steht, der gegenwärtig stirbt und das Ende in seinem siebenfachen Lebenszyklus fast erreicht hat. Bevor unsere Erde ihre siebente Runde erreicht hat, wird sich unser Mond zu atomisiertem Sternenstaub aufgelöst haben; und dieser gegenwärtig geheime Planet, der ein sterbender Planet ist, dieser Mysterienplanet, der exoterisch durch den Mond vertreten wird, wird dann anstelle des gewesenen und jetzt existierenden Mondes der Satellit der Erde. Dieser Planetensatellit wird aber kein richtiger Mond, sondern nur ein Trabant sein. Beachten wir bitte den Unterschied. Der Planet Mars zum Beispiel hat zwei Satelliten, Phobos und Deimos. Phobos ist kein Mond; aber Deimos ist ein richtiger Mond, jedoch nicht vom Mars. Phobos ist, wie man sagen kann, ein vom Mars „Eingefangener“.

Der Gegenstand der „sieben heiligen Planeten“ der Alten ist eng mit der Lehre über unsere eigene Erdplanetenkette verknüpft. Die Letztere bildet ein besonderes Beispiel der allgemeinen Lehre über die Sphären, und wir werden uns mit diesem Gegenstand in einem eingehenden Studium befassen müssen. Doch bevor wir heute Abend schließen, wollen wir darlegen, dass die Sonne und der Mond, wie sie in der exoterischen Aufzählung zwei von diesen sieben heiligen Planeten darstellen, Vertreter für zwei geheime und unsichtbare Planeten sind, von denen bereits kurz gesprochen wurde. Ferner ist in Bezug auf den Mars mit dieser Sache ein Mysterium verbunden – d. h. ein esoterisches Geheimnis –, mit dem uns zu befassen wir heute keine Zeit haben, aber in ihm liegt der Grund, warum H. P. Blavatsky in Anspielung auf die sieben heiligen Planeten in der *Geheimlehre* nur von vieren – Saturn, Jupiter, Merkur und Venus – spricht und auf drei weitere, die sie dort nicht nennt, als zur Gruppe der sieben heiligen Planeten der Alten gehörend hinweist.

Beachten wir auch, dass jeder der sieben Globen der Erdplanetenkette unter der Führung eines der sieben heiligen Planeten steht und tatsächlich durch ihn gestaltet wird, und dieser wird daher, auch aus anderen Gründen, „heilig“ genannt. So steht auch jede Wurzelrasse – oder Stammrasse – jedes einzelnen der sieben Globen während jeder Globenrunde unter dem Schutz und der Führung eines der sieben heiligen Planeten. Aber der Hauptgrund, warum sie heilig genannt werden, ist dieser: Unser universales Sonnensystem ist aus sieben Ebenen des Seins zusammengesetzt, mit anderen Worten, aus sieben Welten, sieben Ebenen, sieben Sphären des Lebens und der Tätigkeit – nicht „Globen“, sondern Sphären im umfassenden Sinn, also „Sphären der Tätigkeit“ (Daseinsebenen), und weil es sich tatsächlich so verhält, suchen wir nach einer Antwort auf die Frage: Warum ist das so? Hier ist die Antwort, und sie zeigt, warum diese Planeten „heilig" genannt werden. Die Planeten, diese sieben Planeten, sind die Häuser, jeder für einen der sieben Logoi „unseres" Sonnensystems; sie bilden auf diese Weise eine kleinere Gruppe, an deren Spitze einer der sieben ursprünglichen Logoi des „universalen" Sonnensystems steht. Als unser universales Sonnensystem ein Nebel war und aus der Latentheit heraustrat, dann ein Komet wurde und sich noch später in Sonne und Planeten teilte, von denen jeder seinen eigenen besonderen Lebensweg verfolgt, geschah die Trennung des inneren Lebens des Nebels in sieben kosmische Kräfte für zukünftige Lebensaktivitäten durch die sieben ursprünglichen Logoi.

Drücken wir das auf folgende Weise aus: Der Hauptlogos des universalen Sonnensystems ist siebenteilig, d. h., der Sonnenlogos – Brahmâ, wie die Hindus sagen würden – ist siebenteilig. Ferner ist jeder von diesen sieben geringeren Logoi wieder in sieben Kräfte oder Mächte unterteilt, die siebenfältige Gruppen oder geringere Sonnensysteme bilden, und unser Sonnensystem ist eine dieser Gruppen: sieben geringere Logoi, und einer von diesen ist jeweils der Vorsteher, der Führer eines der „sieben heiligen Planeten" – seine belebende Seele, wenn wir so wollen. Aber merken wir uns: Diese oben erwähnte Unterteilung setzt die Lebenskräfte unseres Sonnensystems zusammen; folglich bildet unser Sonnensystem eine Gruppe innerhalb des universalen Sonnensystems. Mit anderen Worten: Von diesen geringeren Logoi gibt es in unserem universalen Sonnensystem 49, aber unsere „heiligen sieben", die zusammen mit unserer Erdplanetenkette unser Sonnensystem zusammensetzen, gehören zu unserem Sonnenlogos. Oder noch einmal mit anderen Worten ausgedrückt: Wie unsere Sonne ihr Spektrum von sieben Strahlen hat, so ist jeder dieser Strahlen wieder in sieben geringere Strahlen unterteilt. Beachten wir das bitte als Illustration. Unsere Planetenkette, die der Gegenstand des Studiums in unserer nächsten Versammlung sein wird, besteht aus sieben Globen, die zusammen die von einer früheren siebenfachen Kette, die in einem anderen Lebenszyklus oder Manvantara existierte, entwickelte siebenfache Wesenheit sind. Diese frühere Kette ist jetzt tot, hat aber ihre Funktion als unsere Mondkette. Wenn wir in diesem besonderen Fall sagen: unser „Mond", dann meinen wir den siebenfachen Mond, die vollständige, siebenteilige Wesenheit. Unser gegenwärtiger Mond ist in Wirklichkeit nicht der physische Mond, der einst war und der verschwunden ist, sondern dessen Kâma-rûpa, seine wie ein Vampir wirkende Schale, die in mehr als einem Sinne gänzlich und in der Tat wie ein Vampir wirkt. Er ist ein Phantom des einst gewesenen Mondes, seine regelrechte Schale. Unsere Erde, die von ihm entstanden ist, zieht immer noch die Lebensatome von ihm an, die durch karmisches Schicksal die Erde zwingen, sie zu ihrem Wohl oder Wehe, wie der Fall sein mag, in sich aufzunehmen.

Kapitel 42

Die Lehre über die Sphären in ihren vier Aspekten. Die sieben heiligen Planeten und ihre Regenten: ihre Beziehung zu unserer Erdkette. Die Zirkulationen des Kosmos: äußere Runden und innere Runden: Śishtas. Ein universales grundlegendes Gesetz: wie oben, so unten. Die *Augen*lehre und die *Herzens*lehre.

Die berühmtesten unter den Babyloniern, einschließlich Ostanes und Zoroaster, nannten die Sphären der Sterne „Herden"; entweder weil nur diese unter den körperlichen Größen vollkommen um ein Zentrum angeordnet sind oder, in Übereinstimmung mit den Orakeln, weil sie sie in einer gewissen Hinsicht als die Bande und Sammler physischer Ursachen betrachten, die sie in ihren heiligen Abhandlungen ebenfalls „Herden" [ἀγέλας] nannten, und durch Einfügung eines Gamma [ἀγγέλους] „Engel". Die Sterne, die über jede dieser Herden die Oberaufsicht haben, werden als Dämonen, den Engeln ähnlich, betrachtet und Erzengel genannt, und diese sind sieben an der Zahl.

Anonymus: Theologumensis Arithmeticis. In: Cory, Ancient Fragments, S. 276

„Des Auges Lehre" für die Menge ist, die „Lehre des Herzens" ist für die Erwählten. Die Ersten wiederholen stolz: „Siehe, ich weiß", die Letzteren, die in Bescheidenheit gesammelt haben, bekennen leis: „So habe ich gehört."

Des „Auges" Dharma die Verkörperung des Äußeren und des Nichtexistierenden ist.

Des „Herzens" Dharma die Verkörperung von Bodhi ist, des Dauerhaften, Immerwährenden.

H. P. Blavatsky: Die Stimme der Stille, „Die zwei Pfade", S. 61, 63

Die Überlieferungen des Menschengeschlechtes sagen uns, und die Berichte der alten Weisheit bekräftigen die Überlieferungen, dass die Lehren, die wir in den letzten vier Jahren studiert haben, ungeschmälert und in ihrer ursprünglichen Reinheit aus der Obhut großer Gemüter, großer Menschen, großer Seelen, die die Häupter unseres Ordens sind, zu uns gekommen sind. Während die Zeitalter dahingingen, nahmen die bis zum Mittelpunkt der vierten Stammrasse, der Atlantäer, zurückreichenden Überlieferungen zu verschiedenen Zeiten, in denen sie mehr oder weniger vollständig herausgegeben wurden, verschiedene Formen an: Wir meinen in den großen Weltreligionen. Hinter diesen großen Weltreligionen und unter deren Oberfläche finden wir viele, wenn nicht alle Lehren der alten Weisheit. In diese Religionen sollten wir nicht die verschiedenen unbedeutenderen Religionen oder quasireligiösen Kulte einschließen, wie weit sie auch unter der Menschheit verbreitet gewesen sein mögen, weil diese unbedeutenderen Religionen oft die Kinder von Menschen waren, die die alte Weisheit unvollkommen verstanden und in einigen Fällen gegen ihre eigenen Lehrer untreu waren. Hier sehen wir einen der Hauptgründe, weshalb diese archaischen Lehren immer heilig und geheim gehalten wurden: Unsere Meister hatten und haben, wie gegenüber Sinnett und Hume gesagt wurde, kein Verlangen und nicht den Wunsch, einer bereits von Priestern regierten und mit Glaubensbekenntnissen überladenen Welt eine weitere, nur exoterische Religion aufzubürden.

Eine Quelle, die an ihrem Ursprung verunreinigt wird, kann schwerlich reinen Sprudel hervorbringen, der heilt, und es war immer eines der edelsten Werke unseres gegenwärtigen Lehrers, dass sie die Lehre rein bewahrt und geheimgehalten hat und dass jahrelang nichts davon öffentlich herausgegeben wurde.

Erst vor kurzer Zeit, innerhalb der letzten wenigen Jahre, als sich die Notwendigkeit ergab, solches zu tun, hat sie diese gegenwärtigen Studien eröffnet. Das beste Gegengift gegen Torheit ist Wissen, gegen Unwissenheit wirkliche Erkenntnis, gegen falsche und deshalb gänzlich unautorisierte Theosophie die archaischen Lehren der Weisheitsreligion.

Wir nehmen das Studium auf, das in unserer Versammlung in der vergangenen Woche begonnen wurde. Das Hauptthema war die sogenannte Lehre über die Sphären, von der die Lehre über unsere Planetenkette, die Planetenkette unseres Sonnensystems, einen Sonderfall darstellt, wie die Mathematiker sagen. Wir wollen die Erklärungen, die schon gegeben wurden, kurz überblicken und vielleicht gleichzeitig vertiefen. Die Lehre über die Sphären umfasst die Gesamtheit der Lehren über den Ursprung, das Leben und die Bestimmung der Sonne, der Sphären oder Planeten, die zu unserem universalen Sonnensystem gehören und es zusammensetzen. Mit dem „universalen“ Sonnensystem meinen wir alle existierenden Körper, die bekannten und die unbekannten, die sichtbaren und die unsichtbaren, die sich um die Sonne bewegen, die ihr Haupt ist. Es gibt viele dieser Planeten, eine große Anzahl, von denen die meisten für unsere menschlichen Augen unsichtbar sind.

Der zweite Aspekt der Lehre über die Sphären ist die Nebenlehre über die Planetenketten. Jeder einzelne der Planeten ist ein siebenfältiger Körper, der sieben Globen in einer Einheit enthält. Von den sieben, acht oder neun der Astronomie bekannten Planeten ist einer der sieben Globen für unsere Augen sichtbar, weil unsere Augen durch die Evolution auf diesem Planeten geschult wurden, sie zu sehen, denn sie gehören unserer eigenen „Ebene" an. Wenn wir uns auf Globen unserer Kette befinden, zu denen wir gehen, wenn wir diese Erde verlassen haben, werden unsere Sinne durch die Natur, durch die Evolution geschult sein, andere Himmelskörper, andere Planeten unseres universalen Sonnensystems wahrzunehmen, zu sehen und zu erkennen. Ähnlich verhält es sich mit den Globen, die wir beim Hinabsteigen durch die Planetenkette zurückließen. Jede Planetenkette hat, der Lehre entsprechend, sieben Globen, die auf vier Ebenen existieren. Auf jeder der drei höheren Ebenen zwei Globen; auf der niedersten Ebene befindet sich nur einer der sieben Globen; unsere Erde befindet sich auf dieser niedersten oder vierten Ebene unserer Kette. Die Lehre über die Planetenkette bildet gegenwärtig das Hauptthema unseres Studiums.

Der dritte Aspekt der Lehre über die Sphären wurde von den Alten die „Lehre über die sieben heiligen Planeten" genannt, eine Lehre, die ein siebenfaches Mysterium umfasst. Diese besonderen Planeten sind Saturn, Jupiter, Mars, Sonne (die aus Gründen der Aufzählung als Vertreter für einen intramerkurischen Planeten steht, der sich zwischen Sonne und Merkur befindet), Venus, Merkur und unser Mond (der ebenfalls einen Planeten vertritt, der sich in der Nähe unserer Erde befindet und jetzt stirbt). Die sieben heiligen Planeten der Alten wurden aus den in unserer letzten Versammlung dargelegten Gründen „heilig" genannt. Sie sind die Häuser der sieben Kräfte eines der sieben Hauptstrahlen des Sonnenlogos, und dieser eine Hauptstrahl ist unser besonderer Logos. Die Lehre ist wirklich sehr einfach, aber weil es sich um sieben handelt, die in sieben eingeschlossen sind, klingt sie sehr verwickelt; in Wirklichkeit ist sie es aber nicht. Es gibt sieben Hauptstrahlen, oberste Strahlen oder Kräfte, die die Sonne bilden und beseelen, und die sieben Kräfte sind die sieben Sonnenlogoi. Jeder einzelne dieser sieben Hauptlogoi ist seinerseits in sieben unterteilt. Die sieben Untereinteilungen eines Hauptstrahles oder Hauptlogos sind die Regenten, die Genien, die Erzengel, für die die „sieben heiligen Planeten" die Häuser sind.

Jeder der sieben heiligen Planeten ist besonders am Aufbau eines Globus unserer Planetenkette beteiligt. Ebenso steht jede Stammrasse oder „Wurzelrasse" auf irgendeinem unserer sieben Globen während des Durchgangs der sich entwickelnden „Lebenswoge" unter der direkten Führung und Kontrolle eines der sieben heiligen Planeten. Und wenn wir „Planet" sagen, so beachten wir bitte sorgfältig, dass wir dann nicht nur den physischen Körper des Planeten meinen, den wir sehen. Dieser ist nur das Haus des siebenfältigen Dhyân-Chohans, des Regenten, des Genius, jener besonderen Sonnenkraft, die diesen Planeten aufgebaut hat und die diesen Planeten als ihr Haus benutzt, der sozusagen ihr „Nervenzentrum" ist.

Der vierte Aspekt des universalen Sonnensystems handelt von der Gruppe, die so heilig ist, dass H. P. Blavatsky auf Seite 187 des ersten Bandes der *Geheimlehre* sagt:

> Was Mars, Merkur und die „vier anderen Planeten" anbelangt, so stehen sie zu der Erde in einem Verhältnis, von dem kein Meister oder hoher Okkultist jemals sprechen, noch weniger seine Natur erklären wird.

Die Lehre über die Sphären ist voller Wunder. Wir haben nur einen Umriss entworfen. Eng mit ihr verbunden ist eine Zwillingslehre, die noch heiliger und geheimnisvoller ist und die wir die „Lehre über die Zirkulationen des Kosmos" nennen können, von der die Zirkulationen der Kräfte des universalen Sonnensystems ein besonderer Aspekt sind. Beachten wir auch, dass das Wirken von Karma und die Reinkarnation der menschlichen Seele auf Erden wieder besondere Facetten dieser beiden Lehren sind: der Lehre über die Zirkulationen, die die Wirkungen des zukünftigen Karmas hervorbringen, und der Lehre über die aufeinanderfolgenden Wiederverkörperungen des Menschen in Häusern von Fleisch so wie die Lehre über die Sphären den Aufbau anderer Globen zu Häusern von physischer Form zeigt, die tauglich für sich entwickelnde Seelen sind und die ihnen Körper zur Verfügung stellen, die jedem einzelnen dieser Globen entsprechen. Die Lehre über die Zirkulationen des Kosmos ist eine Lehre, an die wir mit großer Vorsicht herangehen. Behalten wir daher bitte im Gedächtnis, dass das, was auch immer hier über diesen Gegenstand gesagt wird, keineswegs alles umfasst, was über diesen geheimnisvollen Gegenstand gesagt werden könnte, nein, nicht ein Zehntel davon. Der Grund wurde schon oft erwähnt. Als der Lehrer unsere Studien ins Leben rief, wies er uns an, so zu sprechen, dass diejenigen, die Mitglieder unseres Ordens sind, aufgrund von Andeutung und Wink verstehen, jene aber, die keine Mitglieder unseres Ordens sind, diese Andeutungen und Winke nicht vollkommen verstehen und die Lehren darum trotzdem gedruckt und veröffentlicht werden können. Aber selbst wir, die heute hier sind, können und sollen nicht von Beziehungen und Teilen der Lehren hören, die zu einer Lehre wie der „Lehre über die Zirkulationen des Kosmos" gehören, den diese gehören zu anderen, höheren Gruppen. Die Lehre über die „Zirkulationen des Kosmos" oder über die Zirkulationen der Lebenskräfte im universalen Sonnensystem beinhaltet neben vielen anderen Dingen den Durchgang der Lebenswoge von Globus zu Globus unserer Planetenkette. Sie erklärt und erläutert, wie dies geschieht, während die Lehre über die Sphären darlegt, zu welchen Globen diese Zirkulationen gehen, in welche Globen diese Zirkulationen eintreten und in welchen Zuständen jene Globen zurückgelassen werden, wenn ihre entsprechenden Lebenszyklen vollendet sind. Das gilt natürlich auch für uns hier auf Erden sowie für die Lebensatome auf unserem Globus. Sie belehrt uns zum Beispiel über Menschen, wie wir sie auf dem nächsten, auf dem unserer Erde folgenden Globus sein werden und wie wir sie auf dem dieser Erde vorangegangenen Globus waren. In ähnlicher Weise durchlaufen die Lebenswogen alle Globen unserer Kette. Die Zirkulationen stehen somit zu jedem Globus und zu allen Globen in Beziehung. Wir werden uns mit diesem Gegenstand in Zukunft näher beschäftigen, soweit wir es können.

Was als Nächstes die planetarischen Regenten, Genien oder Dhyân-Chohans betrifft – es zählt nicht, welchen Namen wir ihnen geben – (jeder mitwirkende Sonnenlogos der sieben geringeren Logoi eines Hauptlogos bildet den die Oberaufsicht führenden Genius für jeden Globus), sind sie tatsächlich die Bauleute unserer Planetenkette zuzüglich des eigenen Lebens oder Swabhâvas. So wird zum Beispiel der menschliche Same gesät; er wächst zu einem Embryo, wird schließlich geboren und entwickelt sich zu einem Menschen. Es besteht das innere Leben, der Charakter, der innere Drang, der Antrieb vorwärts, die Entwicklung der inneren Fähigkeiten. Dies geschieht in einer Welt der ihn umgebenden Kräfte, die durch Aktion und Reaktion oder Karman auf ihn einwirken. So ist es mit den Globen, und so ist es mit unserer Planetenkette als einem Ganzen.

Diese sieben heiligen Planeten sind am Aufbau unserer Planetenkette grundlegend beteiligt. Die Erde gehört ebenfalls zu anderen Gruppen oder Reihen von sieben Planeten, die die Planetenketten anderer Planeten aufbauen oder bei deren Aufbau zusammenarbeiten – so eng sind die Funktionen der Lebenskräfte und Lebenswogen in unserem Sonnenkosmos, in unserem universalen Sonnensystem miteinander verknüpft und stehen zueinander in Beziehung.

Indem wir kurz Lehren betrachten, die wir später ausführlich studieren werden, wollen wir festhalten, dass die Lebenswoge irgendeiner Planetenkette – wir nehmen die unsrige als Beispiel für die Regel – einmal vom ersten Globus bis zum siebenten durch all die sieben Globen geht, und wenn sie auf diese Weise einmal durch alle sieben Globen der Kette gegangen ist, vollendet sie das, was wir eine Kettenrunde nennen. Das Wort „Runde“ wurde von Sinnett für diesen Zweck geprägt, und wir benutzen es. Sieben Kettenrunden beenden einen Lebenszyklus unserer Planetenkette. Was ereignet sich dann?

Wir nähern uns nun einem anderen Mysterium. Es gibt äußere Runden und innere Runden. Die innere Runde umfasst die Durchgänge der Lebenswoge in irgendeiner Planetenkette von Globus A zu Globus G (oder Z), einmal rund um die Globen, und das findet in einem planetarischen Manvantara siebenmal statt. Die äußere Runde – passt bitte sorgfältig auf – umfasst der Lehre über die Zirkulationen des Sonnensystems zufolge den Übergang der gesamten Lebenswoge einer Planetenkette von einem der heiligen Planeten zum anderen, und das siebenmal.

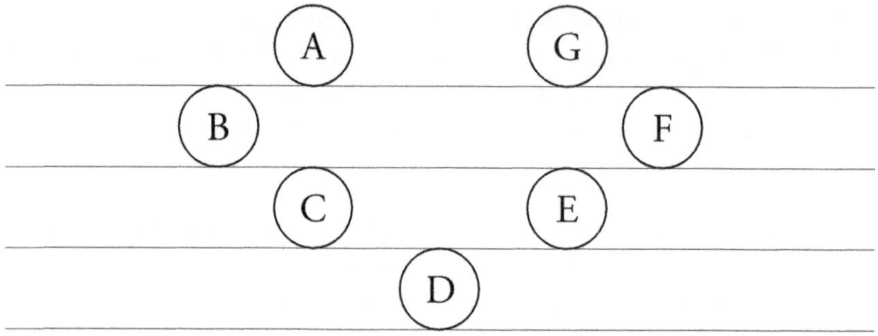

Wir wollen für einen Augenblick wieder zu einer Runde in einer Planetenkette zurückkehren. Die innewohnende egoische Kraft in jedem Menschen oder in jeder Wesenheit des Lebensstromes entwickelt auf unserem Globus für sich selbst Körper, die ihrer Umgebung entsprechen – äußere Körper und innere Körper. Die höheren der inneren Körper können wir monadische Eier nennen; und wenn die Lebenswoge irgendeinen der sieben Globen einer Planetenkette verlässt, um zum nächsten Globus zu gehen, bleiben die Vehikel, die mit jenem besonderen Globus korrespondieren und zu ihm gehören, ihre eigenen Evolutionen auf ihm, als Śishtas zurück. Śishta ist ein Sanskṛitwort, das „Überbleibsel" bedeutet. Sie bleiben zurück, um als die ersten Vehikel oder Körper den Monaden zu dienen, wenn die gleiche Lebenswoge im folgenden Zyklus zurückkehrt. Nach Äonen auf Äonen der Zeit finden die Monaden der zurückkehrenden Lebenswoge diese „schlafenden Sphären", die „schlummernden Lebensatome" oder Vehikel auf sie wartend vor. Diese schlafenden Sphären oder schlummernden Lebensatome entsprechen – jede oder jedes einzelne und alle von ihnen – dem besonderen Globus der Planetenkette, der sie entwickelt hatte. Auf diese Weise sind die „Śishtas" die bereits entwickelten oder individualisierten Vehikel oder „Lebensatome", die tauglich sind, das zurückkehrende Heer von Monaden zu empfangen.

Wir wollen nun die Lehre über unsere Planetenkette erläutern, indem wir sieben Kreise zeichnen. Jeder Kreis stellt einen der manifestierten Globen unserer Planetenkette dar.

Die Lebenswoge betritt Globus A, durchläuft ihren Lebenszyklus dort und geht dann weiter auf Globus B. Nachdem sie ihren Zyklus auf Globus B vollendet hat, geht sie weiter zum Globus C, anschließend auf Globus D, den niedersten der sieben. In unserer eigenen Kette ist Globus D unsere Erde. Wir ziehen unter die drei höheren Paare gerade Linien und eine unter Globus D. Diese Linien repräsentieren die vier Ebenen oder Welten unseres Sonnensystems, unseres universalen Sonnensystems.

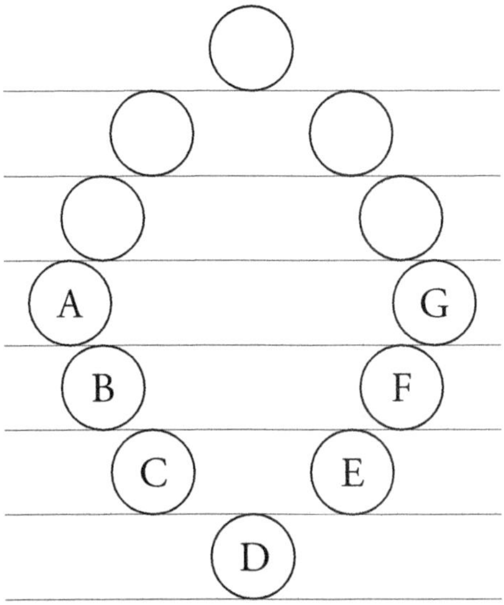

Es bestehen noch drei höhere Ebenen oder Welten, das ergibt im Ganzen sieben. Jenseits der drei höheren Ebenen gibt es noch drei weitere, was zusammen die vollkommene Zahl Zehn ergibt. Über die drei weiteren und höchsten Ebenen oder Welten werden wir hier nicht viel sagen.

Wir zeichnen nun auf die drei höheren der sieben Ebenen fünf weitere Kreise, die Globen darstellen: zwei Globen auf der niedersten der drei höchsten Ebenen, zwei weitere Globen auf der über dieser befindlichen Ebene und einen Globus auf der siebenten Ebene, von unten gezählt, der auf dieser den Gipfel oder die Spitze bildet. Wir haben dann zwölf Globen in unserer Planetenkette, sieben manifestierte und fünf verborgene.

Das ist das System des Aufbaues (der solaren logoischen Kraft), das wir studieren. Jeder der zwölf Globen korrespondiert, nebenbei gesagt, gemäß der alten Weisheit mit einem der zwölf Zeichen des Zodiak. Wir sehen also, dass sich sieben Globen in der Manifestation befinden. Einer von ihnen, der niederste oder vierte, ist für uns sichtbar. Sechs höhere sind in abscondito oder verborgen, und schließlich existieren noch fünf Globen auf den drei höheren der sieben Ebenen, was daher sieben plus fünf, im Ganzen also zwölf Globen ergibt. Dies ist eine flüchtig entworfene Skizze, die nur einen Umriss der Lehren gibt.

Nun stellt sich natürlich die Frage: Was kreist der Reihe nach in den inneren Runden von Globus zu Globus einer Planetenkette und in den äußeren Runden der sieben heiligen Planeten von einem zum anderen? Wir haben gesagt, dass jeder Globus einer Kette seine Heere monadischer Eier als Śishtas zurückbehält, wenn ihn die Lebenswoge verlässt. Wir benutzen dabei das Wort „monadisch" in einem allgemeinen Sinn, das heißt, es gilt in allen Fällen für jenen besonderen Teil des vollständigen menschlichen, spirituell-psychologisch-physischen Aufbaues, der jenem besonderen Globus entspricht – kurz gesagt, der zu ihm gehört und der zurückgelassen wird, etwa wie ein Reisender, wenn er fortgeht, Haus oder Kleidung zurücklässt, die nur für ein gewisses Klima oder für besondere Witterungsverhältnisse passend sind und die er benötigt, wenn er in sein ehemaliges Heim zurückkommt. Aber was ist es, was ist dieses endgültige Letzte, diese Monade, diese höhere Monade, die alle die anderen hervorbringt und die tatsächlich deren unsterblicher Same ist? Das ist, was H. P. Blavatsky das spirituelle Selbst, die göttliche Seele nannte; der unsterbliche Same, Vater-Mutter, der Ursprung, die Quelle des eiförmigen Körpers, des aurischen Eies, das in seiner Essenz, nicht in seiner Gestalt, die göttlich-spirituelle Individualität des Menschen oder irgendeiner anderen einen Funken des Lebens darstellenden Wesenheit enthält. Es ist todlos, ohne Geburt, währt das gesamte Sonnenmanvantara hindurch und geht erst in das erhabene Para-Nirvâṇa ein, wenn das universale Sonnensystem im entsprechenden Verlauf seiner zyklischen Entwicklung schließlich in das Pralaya oder in Latentheit eingeht.

Nun denken wir einen Augenblick nach, was das alles bedeutet: Es bedeutet, dass wir auf irgendeinem bestimmten Globus – wir wollen als Illustration unseren Globus Erde betrachten und uns Menschen für diese Illustration als Beispiel – teils von innen nach außen, getrieben durch unseren eigenen inneren swabhâvischen Drang, und teils von außen nach innen, durch die Reaktion der uns umgebenden Natur, uns zu gewissen Persönlichkeiten mit gewissen Merkmalen und gewissen Vehikeln entwickeln, die dem Globus entsprechen, auf dem wir uns befinden. Diese Persönlichkeiten, Merkmale und Vehikel sind für einen anderen Globus, für eine andere Ebene völlig untauglich. Sie könnten ebenso wenig auf eine andere Ebene gehen oder auf einem anderen Globus leben, wie, sagen wir, eine Rose auf dem Grund des Meeres leben könnte. Sie gehören nicht dorthin, sie gehören auf diese Erde, sie gehören in die materielle und die psychologische Atmosphäre dieser Erde. Sie gehören in diese und zu dieser besonderen Welt der Zirkulation der Kräfte, die die Erde gestalten und die tatsächlich diese Erde sind. Es wachsen keine Rosen am Nordpol, auch finden wir keine Gletscher in Höhe des Meeresspiegels in den Tropen. Alles in der Natur hat seinen eigenen Platz und ist dafür geeignet.

Ähnlich wurden auf jedem der anderen Globen unserer Kette Körper und Vehikel, innere und äußere Körper, entwickelt, die in jedem Fall jenen Globen entsprechen und dorthin gehören; die wir geschaffen haben, als wir dort waren, und die wir zurückließen, als wir jene Globen verließen. Da es im gesamten Kosmos nur eine Hauptregel, ein grundlegendes „Gesetz" gibt, kommt in ähnlicher Weise der Mensch, wenn er reinkarniert, mit derselben spirituellen Individualität zurück, kommt er in der Tat mit derselben höheren menschlichen Individualität zurück. Aber er entwickelt jedesmal und auf jedem Globus – weil die Rasse, das Karma und die Umstände verschieden sind und die fortschreitende Evolution ihn und den umgebenden Globus beständig weiterentwickelt hat – durch die Samen, die beim vorhergehenden Tod im Charakter in Latentheit übergegangen waren, von neuem Persönlichkeiten und Vehikel aus sich selbst heraus. Er tritt auf diese Weise in die verschiedenartigen monadischen Eier des Globus ein und beseelt jene, die früher auf den verschiedenen Globen zurückgelassen worden waren, als die Lebenswoge sie verlassen hatte, um weiterzugehen.

Wer die orientalischen Klassiker studiert hat, wird sofort sehen, wie das, was gesagt wurde, so wenig es bis jetzt auch ist, ein wirklich strahlendes Licht auf die Lehren der größeren der alten Religionen wirft, wie auf die von Ägypten oder Griechenland, insbesondere auf die Lehren des Brahmaismus sowie des Buddhismus in Indien und des Fernen Osten. Es ist daher kein Wunder, dass die Theosophie die vereinigende Philosophie in der Welt genannt wird. Sie zeigt das Warum und das Wie bei allen großen Religionen. Sie sagt uns, was sie waren und was sie meinten. Beim Fortschreiten unserer Studien werden wir feststellen, dass Versprechen, die am Anfang der Studien auf Geheiß des Lehrers gegeben wurden, unter anderem, dass die alten Religionen erklärt werden, vollkommen gehalten werden. In unserem Orden werden keine Versprechen gegeben, die nicht gehalten und erfüllt werden.

Nun mögen wir uns selbst fragen – das ist eine kleine Abschweifung, aber sie ist augenscheinlich notwendig –, warum so viel von der Zahl Sieben gesprochen wird: sieben hier, sieben dort, überall sieben. Kameraden, leben wir in einem anarchistischen Universum, in einem Universum, in dem ein wirres Durcheinander herrscht, in einem Universum ohne Ordnung und ohne geordnete Gestaltung, oder leben wir in einem Universum, in dem jedes Atom unter dem Einfluss von Kräften steht, die durch noch höhere, weniger bekannte und mächtigere Kräfte beherrscht werden? Offensichtlich ist das Letztere der Fall. Und diese höheren Kräfte werden beherrscht und unterliegen der Kontrolle durch noch höhere Kräfte. Dies bedeutet, dass es eine in sich zusammenhängende Lebenswoge gibt, die das ganze Sein durchdringt. Und da ein zusammenhängender und beständiger Wille besteht, der eine grundlegende Richtung hat, muss sie auf allen Ebenen des Universums mehr oder weniger in der gleichen Weise wirksam sein. Deshalb erkennen wir den Bedarf, die Notwendigkeit, den Wert für uns und die Schönheit der alten Lehren, die die grundlegende Tätigkeit der Natur verkünden. Diese Tätigkeit wird allgemein das Gesetz der Analogie genannt und durch den hermetischen Grundsatz: „Wie oben, so unten – wie unten, so oben" zum Ausdruck gebracht.

Der ursprüngliche kosmische Logos hat eine Richtung, in die sich sein Wille in Strömen von Licht und Leben ergießt. Diese Ströme gehen beim Abstieg in die Materie und beim Wiederaufstieg zu ihrer Quelle zurück durch ihre verschiedenen Zyklen und Gestaltungen. Indem sie das tun, folgen sie nur – und können nicht anders – den mächtigen Impulsen, die dem zentralen Herzen, dem einen Willen entspringen. Wir sind versucht, die Worte „Zweck" und „Bestimmung" anzuwenden, wenn diese Worte in den christlichen theologischen Systemen nicht so missbraucht würden, dass im normalen Zuhörer beinahe die Idee eines kosmischen persönlichen Gottes entsteht, und diese Gotteslästerung erkennen wir nicht an. Eben hier setzen die Wirkungen von Karman ein. Karman ist kein von irgendetwas oder irgendjemand geschaffenes Gesetz. Es ist die innewohnende Natur oder Eigenschaft des kosmischen Seins, jeder Aktion die Reaktion folgen zu lassen. Es ist die Lehre von den Konsequenzen. Kosmisch gesprochen, geht ein Strom von Tätigkeit oder Kraft in eine gewisse Richtung, der der Wille, der Lebensstrom des kosmischen Logos ist. Und da dieser Lebensstrom des Logos einem Herzen, dem zentralen Herzen unseres Sonnensystems, entspringt und die Konstitution oder grundlegende Tätigkeit der Universalnatur bildet, folgt alles in der Natur dieser Richtung. Deshalb gibt es die Lehre in Bezug auf die Sieben, weil sie sozusagen nur die fotografische Aufnahme der Tatsachen des Kosmos in unserem Gemüt darstellt. Den Sonnenlogos können wir in zehn Teile unterteilen, von denen sieben manifestiert und drei okkult oder verborgen sind. Alles, was sein Leben von dem Logos herleitet, was ein Teil des Logos ist, was der Macht seiner Energie und, um das allgemein gebräuchliche Wort anzuwenden, seinem „Gesetz" unterworfen ist, ist daher aufgrund uranfänglicher Notwendigkeit ebenfalls nach einem siebenfachen Plan aufgebaut.

So können wir nun nach dieser Einführung weitergehen, um den ersten Aspekt der Lehre über die Sphären, unsere Erdplanetenkette genannt, zu betrachten. Diese ist, wie in dem zweiten Diagramm erläutert, aus sieben manifestierten und fünf verborgenen Globen zusammengesetzt. Die zwei höchsten der niedrigeren sieben bilden die Modelle für die fünf darunter befindlichen. Die zwei nächsten sind gröber und materieller, die beiden ihnen folgenden sind von noch gröberer und materiellerer Beschaffenheit. Die Reihen der Ebenen enden mit unserer Erde, die hier unten die Kopie des überspirituellen Globus bildet, der der letzte oder zwölfte – oder der erste – in unserer gesamten Planetenkette ist.

Wer die Klassiker kennt, wird sich erinnern, wie Platon von der Tatsache spricht, dass die Gottheit nach einem zwölffachen Plan geometrisiert. Warum hat der Zodiak zwölf Häuser oder Zeichen? Warum gab es in allen großen Weltreligionen alter Zeiten zwölf Götter – sieben geoffenbarte und fünf geheime? In diesen alten Religionen waren die Ausdrucksformen und die Worte verschieden, doch die „Herzenslehre" war vorhanden und in allen dieselbe – die Herzenslehre, aber nicht die Augenlehre, d. h. die äußeren Dinge, die wir sehen, wie das zeremonielle Ritual und der Gottesdienst, in denen sich die einen oft sehr von den anderen unterscheiden. Das war der exoterische Teil; er war nicht falsch, aber er wurde nicht erklärt. Die Herzenslehre jedoch ist die Lehre von dem, was verborgen und nicht zu sehen ist, der höhere Ausdruck der Wahrheit, der verborgen und für das physische Auge nicht sichtbar ist. Daher wurden auch die Ausströmungen der edleren Natur des Menschen, seiner höheren Seele, die spirituell, schön, heilig und göttlich sind, die Herzenslehre genannt.

In unserer letzten Versammlung sagten wir, dass Sinnett und Hume und später auch andere die Lehren der Meister bezüglich der Globen, die unsere eigene Planetenkette bilden, falsch verstanden und falsch interpretiert haben. Wir verwiesen auf den ersten Band der *Geheimlehre* und auf H. P. Blavatskys gütige, aber dennoch mitleidsvoll satirische Kritik an Sinnetts Idee, sein eher wissenschaftlich geschultes Gemüt glaube die Geheimnisse der Natur besser zu kennen als sein Lehrer oder als H. P. Blavatsky, sein zweiter Lehrer. Auf den Seiten 187-188 des ersten Bandes der *Geheimlehre* finden wir, was sie über diese Sache sagt. Vor allem sagt sie, dass der Lehrer bei der Beantwortung von Sinnetts Frage eine Erwiderung gab, die mehr oder weniger unbestimmt war. Das geschah, weil die Frage sehr unbestimmt war. Sinnett schien nicht zu begreifen, dass er in gewissen Fällen Fragen stellte, die von jemandem, der Geheimhaltung gelobt hatte, einfach nicht beantwortet werden konnten. Was war daher zu tun? Der Lehrer hatte sich erboten zu lehren. Die Zeit war gekommen, der Welt von der alten Weisheit zu berichten; es sollten einige wenige Samen in das Gedankengut der Welt gesät werden, doch die Antwort musste in unbestimmter Weise gegeben werden. Hätte Sinnett mit vollkommener Bestimmtheit nach einem Gegenstand gefragt, über den er selbst einiges Wissen besaß, so hätte er ohne Zweifel eine bestimmte Antwort erhalten, oder es wäre ihm gesagt worden, seine Frage könne aus den bereits dargelegten Gründen nicht beantwortet werden. Diese Verweigerung einer Antwort ereignete sich tatsächlich mehrere Male. Seine in diesem Zusammenhang gestellte Frage lautete, wie in unserer letzten Versammlung vorgelesen: „Welche Planeten von denen, die der gewöhnlichen Wissenschaft bekannt sind, außer Merkur, gehören unserem Weltensystem an?"

Wir haben gesehen, dass sich „unser System von Welten" im Okkultismus auf mindestens vier verschiedene Dinge beziehen kann: auf unser universales Sonnensystem, unsere Planetenkette, unsere Gruppe von sieben heiligen Planeten und auf die Mysteriengruppe – Erde, Merkur, Mars und vier andere geheime Planeten.

Die Antwort kam in verallgemeinerter Form zurück: „Mars etc. und vier andere Planeten, von denen die Astronomie nichts weiß." Sie bezog sich ganz besonders auf die Mysteriengruppe. Und warum? Weil Sinnett vorher seinen Unterweiser über einen bestimmten Aspekt der Lehren befragt hatte, der nicht vollkommen erklärt werden konnte, ohne die Lehre in Bezug auf die Mysteriengruppe bekannt zu machen. Das ist alles, was gesagt wurde, und H. P. Blavatsky führt hierzu aus: „Was Mars, Merkur und die ‚vier anderen Planeten' anbelangt, so stehen sie zu der Erde in einem Verhältnis, von dem kein Meister oder hoher Okkultist jemals sprechen, noch weniger seine Natur erklären wird." (*Die Geheimlehre,* I, 187)

Dieser Satz bezieht sich augenscheinlich nicht auf unsere Planetenkette, weil H. P. Blavatsky bereits gesagt hatte, Mars und Merkur gehören nicht dazu. Offenbar bezieht sie sich auf eine andere Gruppe. H. P. Blavatsky schrieb auch: „Denn die Antwort war: ‚Mars etc. [tatsächlich enthielt die Antwort des Lehrers das Wort ‚etc.' nicht] und vier andere Planeten, von denen die Astronomie nichts weiß.'" Des Lehrers Antwort enthielt das Wort „noch nichts". „Weder A, B noch Y, Z sind bekannt, noch können sie durch physikalische Mittel, seien diese auch noch so vervollkommnet, gesehen werden."

Dann fährt H. P. Blavatsky fort: „Das ist klar: (a) Die Astronomie weiß bis jetzt in Wirklichkeit nichts von den Planeten, weder von den alten, noch von den in neuer Zeit entdeckten." Augenscheinlich spricht sie nur von sichtbaren Planeten, denn die moderne Astronomie gab damals nicht die Existenz anderer Planeten auf anderen Ebenen des Sonnensystems zu, und sie gibt sie auch bis heute nicht zu. „(b) Kein *Mit*planet von A bis Z, d. h. kein oberer Globus irgendeiner Kette im Sonnensystem, kann gesehen werden; mit Ausnahme natürlich von allen Planeten, die an *vierter* Stelle stehen, wie unsere Erde, der Mond etc., etc." Damit widerlegt sie wiederum, was Sinnett dachte. Doch beachten wir auch Folgendes: Der Lehrer sagte in seiner Antwort an Sinnett nicht „Mitplaneten von A bis Z", wie H. P. Blavatsky hier schreibt. Er sagte: „weder A, B noch Y, Z", womit er vier Planeten besonders bezeichnete, zwei am Anfang und zwei am Ende der Mysteriengruppe. Wir sehen also, hinter all diesem steht vieles, das nicht an der Oberfläche erscheint. H. P. Blavatsky selbst befand sich in der gleichen Lage wie der Meister; sie konnte nicht die ganze Wahrheit sagen, weil sie Geheimhaltung gelobt hatte. Sie musste eine Antwort geben, und sie tat, was die Lehrer seit undenklichen Zeiten in ähnlichen Fällen getan haben. Sie gaben, soweit sie geben konnten, eine vollkommen wahre Antwort, aber im Hinblick auf das Ineinandergreifen der Natur des Kosmos und daher auch das Ineinandergreifen unserer Lehren ließen sie absichtlich zu, dass gleichzeitig eine andere Andeutung mit hineinkam. Dies diente einem doppelten Zweck, denn es war das, was eine „Blende" genannt wird, und dennoch war es bis zu einem gewissen Grad vollkommen entsprechend und wahr.

Auf Seite 191 (*Die Geheimlehre,* Band I) zitiert dann H. P. Blavatsky wieder des Meisters Worte: „Stellen wir uns vor, dass unsere Erde einer aus einer Gruppe von sieben Planeten oder menschentragenden Welten ist ..." Es folgt ein Einschub in Klammern, der von H. P. Blavatsky ist: „Die ‚sieben Planeten' sind die heiligen Planeten des Altertums und sind alle siebenfach." Hier wird noch auf einen weiteren, einen dritten Aspekt der Lehre über die Sphären angespielt. Dies veranschaulicht auf vollkommene Weise, wie eine derartige Situation gemeistert werden muss. Als weiteres Beispiel der erwähnten Verfahrensweise der Geheimhaltung finden wir H. P. Blavatskys Erklärung an einer anderen Stelle in der *Geheimlehre,* die besagt, dass unsere Erde nicht zu den sieben heiligen Planeten der Alten gehört, und hier sagt sie, dass sie dazugehört. Die beiden Erklärungen widersprechen sich also scheinbar. Dies ist ein Paradoxon, aber kein Widerspruch.

Glücklicherweise ist dieses Paradoxon leicht zu erklären. Die sieben heiligen Planeten der Alten als Planeten des Sonnensystems sind diejenigen, die zu Beginn unseres heutigen Studiums erwähnt wurden, nämlich Saturn, Jupiter, Mars, Sonne (als Stellvertreter), Venus, Merkur und Mond (als Stellvertreter). Wie wir sehen, ist unsere Erde nicht eingeschlossen. Aber wie heute Abend ebenfalls dargelegt wurde, ist jeder der Globen unserer Planetenkette in einem Sinne das Kind von – wird aufgebaut durch, beaufsichtigt von und geführt von – einem dieser sieben heiligen Planeten, das heißt von dem entsprechenden Genius oder Regenten jedes der sieben heiligen Planeten. Daher wurden die sieben Globen unserer Planetenkette von den Alten ebenfalls häufig die sieben heiligen Planeten genannt, weil diese sieben Globen durch deren kooperative Mitwirkung aufgebaut wurden und unter deren Führung stehen. Die Globen wurden durch die sieben heiligen Planeten aufgebaut, plus des Wirkens des innewohnenden swabhâvischen Lebens unserer Planetenkette selbst.

Unsere für diesen Abend zur Verfügung stehende Zeit geht zu Ende. Bevor wir jedoch schließen, möchten wir die Aufmerksamkeit auf zwei Tatsachen lenken. Erstens, die sieben Globen unserer Planetenkette sind nicht die sieben Prinzipien der Erde. Die Analogie ist gut und sehr eindrucksvoll, doch die sieben Globen unserer Planetenkette sind, jeder einzelne, eine eigene und getrennte Wesenheit. Jeder dieser sieben, unsere Erde eingeschlossen, hat seine eigenen sieben Prinzipien. Die anderen sechs Globen unserer Kette sind nicht die anderen sechs Prinzipien unserer Erde. Unsere älteren Schüler lächeln wahrscheinlich über diese Vorstellung, denn die Idee ist grotesk. Es ist, als würde man sagen, sieben Menschen, sieben Chelas unserer Meister, eine Gruppe von sieben Chelas, seien die sieben Prinzipien voneinander. Ganz und gar nicht. Die sieben Globen bilden eine geschlossene Gruppe, aber jeder einzelne ist eine getrennte Wesenheit und hat seine eigenen sieben Prinzipien.

Zweitens, die sogenannten Ebenen, die sieben Pläne, sollten tatsächlich und in Wahrheit Welten genannt werden. Es ist sehr schwierig, ein geeignetes Wort zur Beschreibung dieser Tatsache zu finden. Die Ebenen oder vielmehr Welten sind kollektiv die Lokas und Talas. Sieben Lokas und sieben Talas korrespondieren jeweils paarweise miteinander. Die Bipolarität der Lokas und Talas, siebenmal wiederholt in sieben abnehmenden Graden der Materialität, aufwärts gezählt, oder in sieben Graden zunehmender Materialität, abwärts gezählt, ist makrokosmisch die sieben Ebenen oder vielmehr Welten des Sonnensystems. Die sieben Ebenen oder Welten unserer Planetenkette sind die Lokas und Talas im mikrokosmischen Sinne. Die Lokas sind also Welten. Betrachten wir die Welt um uns: die Sterne über uns, die Erde zu unseren Füßen, die wehenden Winde – kurz die gesamte Welt, die wir sehen, fühlen und erkennen. Sie ist einer der Lokas und einer der Talas, zu einem verbunden. Die Lokas und Talas stehen jeweils in Einklang miteinander, immer ein Loka und ein Tala, genauso wie im Fall der Bipolarität des Magnetismus oder der Elektrizität auf unserer Ebene. Im Grunde sind die beiden eins, aber sie offenbaren sich in einem bipolaren Charakter. Die besondere Kraft oder der vitale Strom, dessen Neigung abwärts gerichtet ist, bildet denjenigen Aspekt der Einheit, der der Tala irgendeiner Welt genannt wird. Der andere, dessen Aspekt aufwärts oder technisch gesprochen nach Norden führt, bildet den Loka.

In unserer nächsten Versammlung werden wir eine ziemlich ins Einzelne gehende Untersuchung unserer Planetenkette beginnen, nachdem wir jetzt die verschiedenen entlegenden Felder dessen studiert haben, was kurz zu überblicken notwendig war, bevor wir die Lehren in Bezug auf die irdische planetarische Kette hinreichend verstehen können.

Kapitel 43

Analogie: das Leben des Menschen und das Leben einer Planetenkette. Okkultismus und Ethik: „Lebe das Leben, wenn du die Lehren erkennen willst.“

Analogie ist somit der sicherste Führer zum Verständnis der okkulten Lehren.

Alles im Weltall folgt der Analogie. „Wie oben, so unten“; der Mensch ist der Mikrokosmos des Universums. Was auf dem geistigen Plan stattfindet, wiederholt sich auf dem kosmischen Plan. Konkretion folgt den Spuren der Abstraktion; dem Höchsten muss das Niederste entsprechen, das Materielle dem Geistigen.

Die Geheimlehre, Bd. I, S. 196, 200

Wie aufgrund der Analogie geschlossen werden kann, muss jeder Globus, bevor er sein reifes Alter erreicht, durch eine Zeit des Wachstums gehen, die ebenfalls siebenfach ist. Das Gesetz der Natur ist gleichförmig, und die Empfängnis, Gestaltung, Geburt, der Fortschritt und die Entwicklung des Kindes unterscheiden sich von denen des Globus nur in der Größe. Der Globus hat zwei Perioden des Zahnens und der Behaarung – seine ersten Felsen, die er abstößt, um Raum für neue zu schaffen, und seine Farne und Moose, bevor er Wälder bekommt. Wie die Atome im Körper alle sieben Jahre wechseln, so erneuert der Globus seine Schichten immer nach sieben Zyklen.

Die Korrespondenz zwischen einem Mutterglobus und seinem Menschenkind kann auf diese Weise herausgearbeitet werden. Beide haben ihre sieben Prinzipien. Im Globus bilden die Elementale (von denen es im Ganzen sieben Arten gibt) a) einen groben Körper, b) sein fluidisches Ebenbild (Linga-sarîra), c) sein Lebensprinzip (Jîva), d) sein viertes Prinzip, Kâma-rûpa, das durch seinen vom Zentrum zur Peripherie wirkenden schöpferischen Impuls gebildet wird, e) sein fünftes Prinzip (Tierseele oder Manas, physische Intelligenz), das im Pflanzenreich und im Tierreich (im Keim) verkörpert ist, f) sein sechstes Prinzip (oder seine spirituelle Seele, Buddhi), das der Mensch ist, und g) sein siebentes Prinzip (Âtman), das in ein ihn umgebendes Gewebe oder einen Schleier von spirituellem Âkâsa gehüllt ist.

The Mahâtma Letters, S. 93, 94

Jene allein, die wir Adepten nennen, die wissen, wie sie ihren geistigen Blick zu dirigieren und ihr Bewusstsein – sowohl physisch als auch psychisch – auf andere Daseinspläne zu übertragen haben, sind imstande, maßgebend über solche Dinge zu sprechen. Und sie sagen uns verständlich:

> „Führe das Leben, das notwendig ist zur Erlangung solcher Erkenntnis und Kräfte, und Weisheit wird naturgemäß zu dir kommen. Wenn immer du fähig bist, dein Bewusstsein mit einer der sieben Saiten des ‚universalen Bewusstseins' harmonisch zu stimmen, mit jenen Saiten, die über das Schallbrett des Kosmos laufen, schwingend von einer Ewigkeit zur anderen; wenn du vollkommen die ‚Harmonie der Sphären' studiert hast, dann erst wirst du volle Freiheit haben, dein Wissen mit jenen zu teilen, bei denen es mit Sicherheit geschehen kann."
>
> *Die Geheimlehre, Bd. I, S. 190*

Die Lehren mögen dunkel erscheinen, wenn sie das erste Mal gehört werden, und sie sind es auch wirklich. Doch alle unsere theosophischen Lehren haben einen Aspekt gemeinsam, der sehr einfach ist und die Hauptidee eines jeden Gedankens, d. h. einer jeden Lehre enthält. Der Lehrer hat uns gebeten, die wesentliche oder Hauptidee in allen nur denkbaren Fällen zu erläutern, und es bleibt jedem überlassen, die Einzelheiten einzufügen und die dargebotenen Lehrsätze durch eigenes Studium zu beweisen.

Wäre es aber nicht eine gute Sache, darzulegen, dass eines der edelsten Resultate dieser Studien die Wirkung ist, die sie auf die moralische Natur des Menschen, des Schülers ausüben? Wir mögen einem Menschen sagen: „Sei gut, weil es gut ist, gut zu sein." Diese Behauptung ist vollkommen richtig, und wahrscheinlich wird niemand etwas dagegen einwenden, doch sie wird nicht sehr tief in Herz und Gemüt des Hörers eindringen. Sagen wir aber einem Menschen, er sei in der Essenz ein inkarnierter Gott, in seiner Essenz eine inkarnierte Gottheit, er sei für Zwecke universalen Wirkens in diese materiellen Sphären herabgekommen und er versage in seiner Pflicht, er versage in seiner Verwandtschaft zu seinem eigenen höheren Selbst, wenn er jene Pflicht nicht erfüllt, so pflanzen wir in das Gemüt des Menschen einen Gedanken, der ihm gestattet nachzudenken, der ihn zum Denken bringt, ihm eine Grundlage, eine religiöse und philosophische Grundlage für die Moral gibt, der er, wenn er überhaupt irgendetwas Gutes in sich hat, bis zum Ende folgen wird.

Es ist absurd zu denken, irgendeine unserer theosophischen Lehren könne von ihrem ethischen Aspekt getrennt werden, sie können nicht getrennt werden. Es ist vielleicht der am leichtesten zu verstehende Unterschied zwischen den Lehren unseres eigenen archaischen Ordens und den verschiedenen sogenannten Kulten oder Quasi-Religionen, die von Zeitalter zu Zeitalter und von Zeit zu Zeit wie Pilze aufschießen, je nach den Umständen ein längeres oder kürzeres Leben haben und den unglücklichen Menschen, die von ihnen hören und ihnen in Vertrauen und in falsch angebrachtem Zutrauen folgen, mehr oder weniger beklagenswerten Schaden zufügen.

Einer unserer hier anwesenden Kameraden sprach kürzlich abends scherzhaft über einen Brief, und der gegenwärtige Sprecher hörte ihn beim Vorlesen. Dieser Brief war an ihn als Schriftsteller von internationalem Ruf und wachsender internationaler Berühmtheit gerichtet. Er war augenscheinlich mit der Absicht geschrieben worden, in einer sehr fein angelegten Weise an ihn zu appellieren. Er enthielt große und anmaßende Ansprüche des Briefschreibers und legte dar, dass die Mitglieder dieser quasi-mystischen Gruppe verwirrter Leute, zu der der Schreiber gehörte, sich keiner anderen Gesellschaft oder Organisation anschließen – was an sich in den Augen wahrer Okkultisten genügt, derartige anmaßende Aussprüche zu missbilligen. Aber der Schreiber deutete in diesem wahrhaft törichten Schriftstück in geschickter Weise an und ließ durchblicken, dass die Meister hinter dem Schreiber stünden. In dem Brief wurde im Wesentlichen behauptet: „Wenn sich der Empfänger der kleinen Gruppe verwirrter Mystiker anschließt, wird er mit den Meistern in Berührung gebracht werden; wir leben jetzt in der fünften Wurzelrasse, und nach dieser wird die sechste Wurzelrasse kommen; die Planeten sagen voraus, dass eine gefährliche Zeit kommt." Die stillschweigende Forderung in dem Brief und die Folgerung, die zu ziehen von dem Leser erwartet wird, ist die, dass er, wenn er sich ihrer Gruppe anschließe, einer der Auserwählten sein und gerettet werde. Der Brief enthielt noch mehr Dinge dieser Art. Er war unterzeichnet: „Kein . . . , ein Schüler der Meister" oder mit Worten entsprechender Bedeutung.

Selbst ein Neuling im Okkultismus weiß, dass jeder, der öffentlich behauptet, ein Chela der Meister zu sein, de facto beweist, dass er keiner ist, dass er ein Betrüger ist. Dies ist eine zeitalteralte und unwandelbare Regel. Die einzigen Ausnahmen bilden jene, die die direkten Boten der Meister sind und zu öffentlicher Arbeit in die Welt hinausgesandt wurden, wie H. P. Blavatsky, Pythagoras, Lao-tse und viele andere.

Was die Frage der Ethik in Verbindung mit unseren Lehren anbelangt, so sollten wir nicht vergessen, dass wir sie nicht hinreichend verstehen können, wenn wir nicht „das Leben leben", das sie uns einprägen. Unsere Lehrer haben uns klar gesagt: „Lebt das Leben, wie es gelebt werden sollte, und Weisheit wird zu euch in natürlicher Weise kommen." Es gibt nur eine Wahrheit in der Natur, und das Verstehen derselben erwacht natürlicherweise in allen, die dem Gesetz gehorchen. Wirkliches Wissen bringt Bescheidenheit, Mitleid, Edelmütigkeit, Mut und die feinen, alten, edlen Tugenden mit sich. Diese Tugenden sind die Kennzeichen, die den wirklichen Schüler auszeichnen, nicht törichte Ansprüche, die im direkten Verhältnis zu ihrer Falschheit töricht und anmaßend sind. Je größer die Ansprüche, desto weniger Wahrheit steckt dahinter. In Hinblick auf diese so schwierigen Lehren ist es eine wirkliche Freude, zu sehen, dass seit vielen tausend Jahren zum ersten Mal unter eines Lehrers Leitung vor einer größeren Zuhörerschaft offen über solche Lehren gesprochen werden konnte, wie wir sie in unseren letzten Versammlungen studiert haben, und sie, wenn auch nur in geringerem Maße, verstanden wurden. Es zeigt zumindest, dass wir als Schüler einigen Fortschritt auf dem Pfad gemacht haben. Diese Lehren sind sehr schwierig, nicht nur in ihrer Erläuterung, die wir zu geben versucht haben, sondern auch, weil sie so innig ineinander verwoben sind. Wie aber oft dargelegt wurde, ist gerade in dieser Tatsache der Schlüssel enthalten, der Ariadnefaden, der zu ihrer Lösung führt. Es ist eine Tatsache, ebenso wie die Kräfte und Prinzipien und Ebenen der Natur ineinander verwoben und innig miteinander verbunden sind, so dass wir, wenn wir eines davon wirklich kennen, von allen mehr oder weniger wissen. Genauso ist es auch mit diesen Lehren. Wenn wir eine davon bis zu einem einigermaßen angemessenen Grad vollständig kennen – einigermaßen angemessenen Grad, sage ich –, dann haben wir einen mehr oder weniger vollkommenen Schlüssel, der für das Schloss aller passt.

Wie daher einer unserer Kameraden der Wahrheit gemäß und dem Sinne nach sagte: „Der Professor hat vollkommen recht, dass er unsere Aufmerksamkeit wiederholt auf das Gesetz der Analogie lenkt.“ So ist es in der Tat. Es ist das grundlegende Gesetz, oder anders gesagt, das grundlegende Wirken unserer von der Natur abgeleiteten Denkprozesse, weil wir Kinder der Natur sind; denn wie das Höchste im Niedersten reflektiert wird, so ist auch das Wirken des menschlichen Gemütes. Folgen wir den Wirkungsweisen der Natur, wie sie in der Esoterischen Philosophie gelehrt werden, so werden wir sehen, dass das Niederste nur die Erläuterung oder die Kopie dessen ist, was oben ist. Wenn wir aber sagen, dass wir uns in unseren Vorträgen auf das „Gesetz der Analogie“ beziehen und ihm – der Tätigkeit des „Gesetzes“ der Analogie in der Natur – als unserer Hauptgrundlage der Darlegung und Schlussfolgerung folgen, dann dürfen wir diese Aussage nicht dahingehend falsch auslegen, dass der Lehrer uns hier zusammengeführt hat, damit wir den individuellen Ideen des Vortragenden lauschen. Das wäre tatsächlich eine unentschuldbare Täuschung unserer höchsten Hoffnungen und unserer heiligsten Aspirationen. Nein, die Lehren, die wir hier gemeinsam studiert haben, wird jeder für sich selbst in den Seiten der *Geheimlehre* finden. Wer sucht, wird sie finden, doch er wird vielleicht Jahre benötigen, um sie zu finden. Aber das ist wirklich kein Grund zur Entmutigung. Warum musste in alten Zeiten, zum Beispiel in Indien, der Schüler zehn oder zwölf Jahre mit dem ausschließlichen Studium der heiligen Sanskṛitsprache verbringen, bevor ihm überhaupt erlaubt wurde, die in dieser edlen Sprache geschriebenen Schriften zu lesen? Zwölf weitere Jahre wurden dann mit dem Studium verbracht, bevor ihm erlaubt wurde, auch darüber zu sprechen oder eine Meinung darüber zu äußern. Vierundzwanzig Jahre täglichen Studiums von acht bis zwölf Stunden pro Tag; für so heilig wurden diese Lehren damals gehalten. Niemand braucht zu erwarten oder zu denken, einen Begriff von den Lehren zu haben, ohne eine ehrliche Anstrengung zu machen, sie zu studieren, sie zu verstehen und vor allem anderen sie zu erleben und über sie nachzudenken. Das ist die größte Hilfe von allen: nachzudenken, sie im Gemüt zu bewegen, über sie nachzubrüten.

In unserer letzten Versammlung gaben wir einen kurzen Überblick über die Lehren bezüglich der Geburt, des Aufbaues, des Wachstums, der Reife, des Verfalls und des schließlichen Todes unserer Planetenkette. Dieser kurze allgemeine Überblick wurde gegeben, damit die vielen und verschiedenartigen Erklärungen, die in der *Geheimlehre* hier und dort gegeben werden und die über die vier Aspekte der allgemeinen Lehre über die Sphären handeln, in unserem Gemüt getrennt werden. Kein Lehrer kann irgendeine dieser tiefen Lehren in ihrer Ausführlichkeit und in leichter Sprache ausgeben. Die Lehren sind zu sehr ineinander verwoben, und der esoterische Teil wird immer absichtlich unter denselben Worten verborgen, die für die exoterische Darlegung verwendet werden. Der esoterische Teil muss herausgeschält und studiert werden. Die Intuition muss entwickelt, der Intellekt verfeinert werden, und vor allem muss an die spirituelle Natur appelliert und zu ihr emporgestrebt werden. Dieser Vorgang des Studiums ist nicht so schwierig, wie es erscheint, denn diese höheren Fähigkeiten sind uns angeboren. Die spirituelle Natur ist der wirkliche Mensch. Die beständigen Forderungen seitens unserer Lehrer, nach innen und aufwärts zu schauen, sind nicht ohne Bedeutung, sie haben für den ernsthaften Schüler einen äußerst tiefgehenden Wert.

Wir eröffnen unser Studium, indem wir aus dem ersten Band der *Geheimlehre,* Seite 182, Folgendes vorlesen:

> Alles im metaphysischen sowohl wie im physischen Universum ist siebenfach. Daher werden jedem siderischen Körper, jedem Planeten, sei er sichtbar oder unsichtbar, sechs begleitende Globen zugeschrieben. Die Evolution des Lebens schreitet auf diesen sieben Globen oder Körpern vor, vom ersten bis zum siebenten, in sieben Runden oder Zyklen.

Das heißt, die Lebenswoge kreist um die sieben Globen in sieben verschiedenen Läufen, in jedem Lauf von Globus eins bis zum letzten; das wird eine Runde genannt. Doch wollen wir nicht eine allgemeine oder Kettenrunde von Globus A zu Globus G oder dem letzten mit einer Globenrunde verwechseln, die nur den Durchgang durch einen oder das Durchschreiten eines dieser sieben Globen seitens der Lebenswoge bedeutet. Letzteres ist eine Globenrunde. Weiterhin nennen wir diese Runden, dieses Kreisen und Revolvieren von Globus A zu Globus G in einer dieser planetarischen Ketten – unserer zum Beispiel – eine „innere Runde“. Die „äußeren Runden“ beziehen sich, wie schon dargelegt, auf die sieben heiligen Planeten. Wir werden die äußeren Runden nicht berühren, oder nur ganz beiläufig,

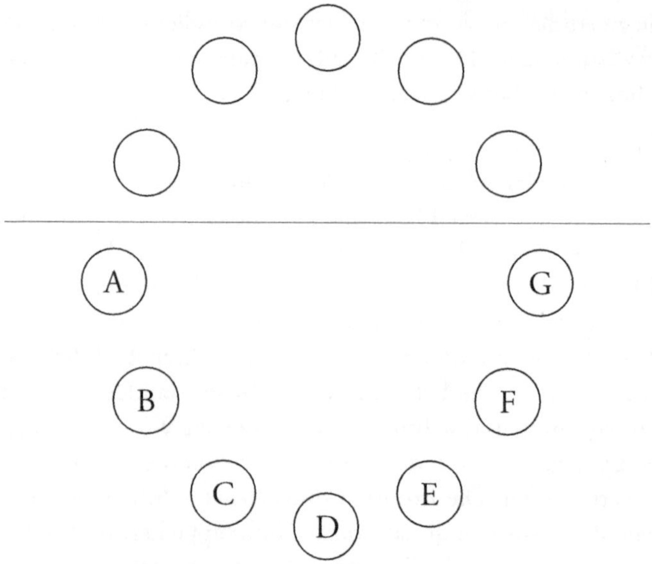

zumindest nicht in dieser Gruppe. Der Lehrer hat keine Ermächtigung dazu gegeben. Es sollte jedoch dargelegt werden, dass die sieben heiligen Planeten tatsächlich alle sieben Globen unserer irdischen Kette aufbauen, beherrschen, überwachen, je einer der heiligen Planeten einen der Globen. Was sind hier die Korrespondenzen? Wir wollen sie darlegen. Wir zeichnen noch einmal ein Diagramm der zwölf Globen der Planetenkette unserer Erde.

Beginnend mit den sieben Globen unserer manifestierten Planetenkette unter dem Strich, den wir gezogen haben, um dieselben von den fünf Globen zu trennen, die verborgen sind, wollen wir den ersten Globus A, den nächsten B, den nächsten C und den diesem folgenden, der unsere Erde ist, D nennen. Der auf dem aufsteigenden Bogen über uns befindliche Globus ist E, der nächste über diesem ist F, und den letzten der sieben werden wir mit G bezeichnen. Wie in dem Diagramm gezeigt, gibt es ferner fünf verborgene Globen auf drei höheren Ebenen des Sonnenkosmos, des universalen Sonnensystems; diese Globen erwähnen wir nur.

Der heilige Planet, der Globus A gestaltet und formt, wobei natürlich das Swabhâva von Globus A das dominierende ist – das heißt, sein eigener innewohnender Genius, Wille oder Geist, seine eigene Individualität, ebenso wie ein wachsendes Kind mehr oder weniger durch seine Umgebung gestaltet wird, aber dennoch seine eigene Individualität und seine Persönlichkeit hat –, der heilige Planet, der Globus A gestaltet, ist die Sonne oder vielmehr der Planet, für den die Sonne als Vertreter aufgezählt wird und den wir Vulkan nennen wollen. Der heilige Planet, der den zweiten Globus, Globus B, gestaltet, ist Jupiter. Der heilige Planet, der Globus C gestaltet, der auf dem abwärtsführenden Bogen dem unsrigen vorangeht und von dem wir in dieser Runde kamen, als wir den Globus Erde betraten, ist Venus. Unsere eigene Erde wird durch Saturn gestaltet. Derjenige, der den Globus E gestaltet, zu dem wir gehen werden, wenn wir Globus D, unsere Erde, verlassen, ist Merkur. Globus F wird durch Mars und Globus G oder der letzte wird durch den Mond oder vielmehr den Planeten gestaltet, den der Mond exoterisch vertritt.

Beachten wir jedoch gut, dass wir in allen Fällen den spirituellen Genius oder Rektor (nicht den physischen Planeten) meinen, der der Erbauer, der Gestalter, der Überwacher irgendeines entsprechenden Globus unserer Erdkette ist.

Diese Genien oder Rektoren, diese heiligen Planeten sind tatsächlich die Kosmokratoren, die Weltenbauer unserer Planetenkette, plus der swabhâvischen Impulse, die von der Planetenkette selbst ausgehen. Wenn zum Beispiel ein Kind auf Erden geboren wird, hat es seine eigene, ihm innewohnende Vitalität, seinen eigenen inneren Antrieb und Drang nach Leben und danach, Erfahrungen zu sammeln. Aber es wird in eine Umgebung, in Verhältnisse hineingeboren, die es in einem sehr hohen Maße formen und die im Besonderen den Weg und die Art und Weise bestimmen, in der sein Körper und seine höheren Prinzipien gestaltet werden, wirken und funktionieren.

In unserer letzten Versammlung wurde gesagt, und wir weisen hier noch einmal darauf hin, dass die Lebenswogen, wenn die letzte der sieben Runden auf unserer irdischen Planetenkette vollkommen vollendet ist, zu einer der äußeren Runden weiter gehen. Nun wissen wir, dass der Mond, den wir an unserem Abendhimmel sehen, nur das Überbleibsel, der Kâma-rûpa eines früheren Planeten ist, der lebte und seinen Lebenszyklus vollendete, bevor unsere Erde existierte, und der so voll von Leben und den Heeren des Lebens war, wie es unsere Erde jetzt ist. Auch er hat seine sieben Runden auf sieben Mondgloben durchlaufen, und als sein siebenfacher Lebenszyklus vollendet war, als seine siebente Runde vollendet war, was ereignete sich dann? Jeder Globus wurde, als ihn die Lebenswoge nach Vollendung der letzten Globenrunde in der siebenten Kettenrunde verließ, unsichtbar, war in abscondito [versteckt, in Unsichtbarkeit übergehend, d. Ü.], nachdem er seine Energien, einen großen Teil seiner Lebensatome, in ein Layazentrum im Raum ausgeströmt hatte.

Wir wollen die sieben Globen, wie sie in dem Diagramm gezeigt werden und die Kette unserer Erde darstellen, einmal als die sieben Globen unseres Mondes während seiner letzten Runde betrachten. Wir meinen die siebente oder letzte Runde des Mondes. Wenn die Globenrunde auf Globus A vollendet ist oder vielmehr fast vollendet ist, bereiten sich die zehn Klassen der Lebens-Wesenheiten vor, ihn zu verlassen. Die am weitesten fortgeschrittene Klasse projiziert ihre Energien in den

Raum, an einen anderen Punkt im Sonnensystem, in das, was ein Layazentrum genannt wird, das wir schon beschrieben haben. Dies ist ein Sanskṛitwort, das ein homogenes Zentrum, ein Zentrum homogener Substanz bedeutet, natürlich auf einer spirituellen Ebene, wobei das Wort „spirituell" in einem allgemeinen Sinn verwendet wird. Dieser Vorgang wiederholt sich für alle zehn Klassen ab Globus A. Jede einzelne der zehn Familien oder Stämme verlässt den Globus, eine nach der anderen, bis – wenn die Zeit für das letzte organische Wesen des letzten Stammes kommt, den Globus zu verlassen – der Globus dann plötzlich verschwindet und in abscondito oder unsichtbar ist. Und warum? Der Grund dafür ist dieser: Die Materie ist, wie selbst unsere Wissenschaftler heute zu begreifen beginnen, nur eine andere Form kosmischer Kraft, denn Kraft und Materie sind eins. Alle Materie ist aus Atomen zusammengesetzt. Die Atome sind ihrerseits aus Elektronen, Protonen und so weiter aufgebaut. Diese wiederum sind nur winzige substanzielle Wesenheiten, die von mit Energie erfüllter Materie oder Kraft aufgebaut sind – und Kraft und Materie sind fundamental eins, wie Geist und Substanz fundamental eins sind.

Wenn die Lebensatome den Globus verlassen, wenn sozusagen das Leben den Globus verlässt, verschwindet er, weil die Lebensatome seine elementaren Partikel darstellen. Der Globus wird nicht zerstört, sondern er geht in den Zustand über, der *in abscondito* genannt wird, er wird unsichtbar. Das ist vielleicht der von allem am schwierigsten zu erklärende Punkt in unseren Studien, weil es gegenwärtig auf Erden nichts gibt, worauf wir in Analogie hinweisen könnten. Auf jeden Fall ist es tatsächlich so; und wie ich darzulegen versucht habe, werden, wenn das Leben ein Atom verlässt, sozusagen seine Unteratome nicht vernichtet, sondern sie trennen sich und werden unsichtbar, und die Teile der unentwickelten Substanz, die zurückbleiben, gehen in Latentheit, in Ruhe über, ähnlich wie im Raum hängende Eiskristalle. Sie gehen als winzige Kügelchen von Kraft-Materie in Latentheit über und verbleiben in diesem Zustand, bis später die Anziehung zur Aktivität kommt – was ein anderer Gegenstand ist, auf den wir eines Tages eingehen müssen –, um in den neuen Erdglobus A einzutreten, so dass das Lebensatom nach Äonen des Umherwanderns in der Transmigration zu seiner eigenen Lebensquelle zurückkehrt.

Ähnlich findet bei Globus B der Mondkette derselbe Vorgang statt. Auch dieser Globus verschwindet, und so verhält es sich mit all den sieben Globen. Wie kommt es dann, kann gefragt werden, dass wir unseren gegenwärtigen Mond sehen, wenn der Globus D der Mondkette verschwand? Wir haben schon erklärt, dass unser Mond ein Phantom ist, ein Kâma-rûpa von Globus D des gewesenen Mondes, aber wir auf der Erde befinden uns auf der Ebene, die für die Mondbewohner die astrale Ebene war. Wir sind einen Schritt höher gestiegen und sehen mit unseren physischen Augen, was für uns unsichtbar wäre, wenn wir noch auf dem Mond lebten. Wie ein Mensch, wenn er dieses Leben verlässt, in den astralen Reichen seinen

Kâma-rûpa hinter sich lässt, den Schatten, wie sich die Alten ausdrückten, seinen Spuk, bis dieser sich auflöst – wenn dies glücklicherweise dieses Menschen günstiges Schicksal ist –, so geschieht das auch bei den Globen, weil die Globen lebende Wesenheiten sind. Kann Leben von irgendetwas anderem kommen als von Leben? Befreien wir unser Gemüt von der Idee, dass es irgendwelche tote Materie gibt. Fegen wir all den wissenschaftlichen Ballast von vor fünfzig oder hundert Jahren hinaus. Er hat keinen Wert, er ist bereits veraltet und vergessen. Selbst die Wissenschaftler haben jetzt neue Theorien. Vor fünfzig Jahren [d. h. um 1880, d. Ü.] gab es nichts als Materie. Die Kräfte waren nur „Arten der Bewegung", Kräfte per se existierten nicht, noch wusste irgendjemand, wie solche „Arten der Bewegung" aus toter Materie entstanden. Jetzt jedoch beginnen sie uns zu erzählen, dass es keine Materie gibt, dass es nichts als Kräfte gibt und dass alles, was wir Erscheinungsformen der Materie nennen, bloße Quanten von Kraft oder Energie, gewisse Formen oder Funktionen dessen sind, was diese sehr metaphysischen Wissenschaftler „Energie" oder „Kraft" oder sonstwie nennen.

So sendet also jeder einzelne dieser verschiedenen Globen der Mondkette seine Lebenssubstanz in ein Layazentrum. Diese sieben Layazentren bilden sozusagen die Ebenen der Ruhe für die schlafenden Himmelskörper. Es ist damit noch mehr verbunden, womit wir uns jetzt nicht befassen können, doch es wäre unredlich, über diesen Punkt hinwegzugehen, ohne die Aufmerksamkeit auf die Tatsache zu lenken, dass die höhere Natur eines Globus – wie die eines Menschen, seines Kindes, unsterblich ist und niemals den Tod schmeckt – zumindest während des Sonnenmanvantaras nicht. Sie schläft auch nicht während der interplanetarischen Ruhezeiten, sondern ist in Nirvâṇa, zumindest eine gewisse Zeit lang.

Nach langen Zeitaltern erwachen die schlafenden Himmelskörper wieder zu einer weiteren Periode der Manifestation. Dies geschieht im Prinzip ebenso, wie ein Mensch zur Inkarnation auf Erden zurückkehrt. Das Erbeben aktiven oder zukünftigen manifestierten Lebens geht jetzt durch die sieben Layazentren, und sie beginnen sich zu differenzieren. Die Geheimnisse in Bezug auf den Tod und die menschliche Inkarnation sind sehr eng mit dem Gegenstand der planetarischen Sphären, der Planetenkette, und auch mit jener wunderbaren, wundervollen Lehre über die Zirkulationen des Kosmos verknüpft. Soweit der gegenwärtige Sprecher es tun kann und weiß, dass er berechtigt ist, in dieser Gruppe über diesen Gegenstand zu sprechen, tut er es; aber um es in offener Freimütigkeit zu sagen, es ist unmöglich, in Vorträgen, die eines Tages veröffentlicht werden, hinsichtlich einer so esoterischen Sache alles darzulegen. Daher bitte ich, eine gewisse Zurückhaltung zu verstehen und zu versuchen, mehr in den Worten zu finden, als gesagt wurde, denn es steht wirklich viel mehr dahinter.

Was meinen die Christen – wir schweifen ein wenig ab, was sowohl notwendig als auch interessant ist –, wenn sie von der Auferstehung der Körper der Toten sprechen? Wenn sie, so wie sie von der Theologie alten Stils gelehrt wurde, wörtlich genommen wird, ist es eine alberne Lehre. Es ist von unabhängigen Denkern viel wohlverdiente Kritik an diesem christlichen Dogma geübt worden, aber dennoch war sie in ihrem heidnischen Ursprung eine der alten Mysterienlehren. Wir legen hier zumindest einen Teil der Geheimnisse dieser Lehre dar. Die Lebensatome, die einen menschlichen Körper bilden, die einen menschlichen Astralkörper bilden, die die psychische Natur eines Menschen bilden, die seine mentale und spirituelle Natur formen, sind seine Nachkommenschaft, die Abkömmlinge des Menschen während seines Lebens, der jetzt, wie wir sagen, physisch tot ist. Sie sind weit mehr „Bein von seinem Bein" und „Fleisch von seinem Fleisch", unvergleichlich mehr, als der Sohn seiner Eltern, weil sie er selbst, seine eigenen, zerstreuten Lebensatome sind, und sie werden ebenso unvermeidlich und unfehlbar zu ihm zurückkehren, wie die guten oder schlimmen karmischen Schläge den Menschen treffen, der sie verursachte, der auf die Natur einwirkte, die automatisch auf die Aktion eine Reaktion folgen lässt. Diese Lebensatome kommen in folgenden Leben zu ihm zurück, wenn sie die Anziehung fühlen, wenn die Anziehungskraft der Wesenheit kommt, die durch die verschiedenen Ebenen der Substanz zur Reinkarnation hinabsteigt. Jede Ebene, die der Mensch nach dem Tode beim Hinausgehen, beim Aufwärtsgehen durchquert, wird beim Herabkommen in die Reinkarnation wieder durchquert. Diese Lebensatome fließen ihm durch gravitative Anziehung, durch magnetischen Zug zu und bilden auf den verschiedenen Ebenen seines Wesens seine verschiedenen Vehikel. Sie sind, wie einer der anwesenden Kameraden vor Jahren in einem gut geprägten Ausdruck sagte, möglicherweise die Lebensatome, deren „Antlitz er einst beschmutzte" und die er jetzt wieder reinigen muss, oder auch jene, denen er auf ihrem aufwärtsführenden Weg geholfen hat. Die Lebensatome sind tatsächlich ihrer Essenz nach selbst Keimseelen, genau wie wir Menschen in unserer höheren Natur Kinder des Höchsten sind – Kinder des Logos, der wir selbst sind, dessen wirkliche Essenz in uns ist. Die Lebensatome bauen so wie wir an einem unzerstörbaren Schicksal. Das ist eine wirklich schöne Illustration für das Ineinandergreifen der Heere von Leben des universalen Seins.

Denken wir über das hinter diesen schönen Tatsachen liegende Mysterium, über dieses Wunder nach. In gleicher Weise sind die Welten aufgebaut. Dies ist die geheime Bedeutung der christlichen Lehre von der Auferstehung des Körpers, einer alten Mysterienlehre, die angenommen wurde, ohne ihren Sinn zu erkennen. Nicht der alte Körper ist es, den Herr Braun, Herr Jones oder Herr Schmidt hatte, denn dieser ist für immer dahin; sondern die Lebensatome, die den früheren Körper aufbauten und tatsächlich jener Körper waren, sammeln sich von neuem, um für den sich wiederverkörpernden Menschen den neuen Körper zu bilden. Da sie schon früher zu ihm gehörten, kommen sie jetzt zurück und bilden einen neuen Körper, der dem, den er im früheren Leben beim Tode verlassen hatte, mehr oder weniger ähnlich ist. Können wir uns dem Wirken des Gesetzes entziehen? Überdenken wir die moralischen Gesichtspunkte, die uns das Wirken von Karman vor Augen führt. Denken wir an die moralische, physische, mentale und spirituelle Verantwortung, die wir haben. Wir leiden aufgrund unserer eigenen Handlungen, und wir erfahren Freude aufgrund unserer eigenen Handlungen; und diese kleinen Seelen, diese embryonalen Seelen, diese Lebensatome bauen die Körper der Vehikel auf, in denen wir wieder einmal leben. Der Mensch, jeder von uns, ist dazu bestimmt, in zukünftigen Äonen der Zeit, nach Zeitaltern um Zeitalter in der Zukunft ein Logos zu werden. Die dann unter seiner Aufsicht und Obhut stehenden Wesen, seine dann mehr oder weniger „erwachsenen Lebensatome“, werden die Erzengel, die Engel, die Prajâpatis, die Manus, die menschlichen Seelen und all die verschiedenen kleineren Wesenheiten, geringeren Wesenheiten sein, wie wir jetzt solche als unter uns stehend kennen. Der Logos, der jetzt unser eigenes Höchstes, unser eigener „Vater im Himmel“ ist, war in vergangenen Äonen auch ein Mensch, und unsere gegenwärtigen Heere von Wesen waren damals seine aufwärts und vorwärts marschierenden Lebensatome. Kann sich jetzt jeder vorstellen, warum diese Lehren immer so geheim und heilig gehalten wurden? Stellen wir uns vor, sie würden falsch verstanden und in Ermangelung des Erkennens ihres Wertes falsch dargestellt werden, wie im ersten Teil unseres Vortrages heute Abend dargelegt wurde – in den Schmutz gezogen, „vor die Säue geworfen“, wie der syrische Lehrer gesagt haben soll.

In all dem liegt diese Gefahr. Es liegt immer eine Gefahr darin, mehr über die esoterischen und heiligen Lehren zu sagen, als gesagt werden sollte. Wir haben nicht mehr gesagt, als gesagt werden sollte. Wir erläutern und erklären nur unter der Leitung unseres Lehrers, was durch Wink und Andeutung von H. P. Blavatsky in der *Geheimlehre,* von W. Q. Judge und auch von unserem eigenen gegenwärtigen Lehrer und Führer in vielen Vorträgen, besonders über „selbstgeleitete Entwicklung“ gesagt wurde, ein Gedanke, der dieser ganzen wunderbaren Lehre zugrunde liegt.

In zukünftigen Jahren oder in einer anderen Gruppe mögen wir unter des Lehrers Anweisung tiefer in die Dinge eindringen. Doch es ist heute sicherlich genug gesagt worden, um die Analogie zwischen dem Leben des Menschen und dem einer Planetenkette zu zeigen und um anzudeuten, wie viel darüber gesagt werden könnte.

In unserer nächsten Versammlung, Kameraden, werden wir als Studiengegenstand den Anfang des Wachstums der Planetenkette der Erde nach den Gedankenrichtungen aufnehmen, die wir diesen Abend untersucht haben.

Kapitel 44

Prinzipien des Denkens und des Studiums: Kann Okkultismus gelehrt werden? Die alte Astrologie, eine wahre Wissenschaft. Unsere Erdkette aus Globen, die sieben heiligen Planeten und die zwölf Zeichen des Zodiaks. Lebensatome: die Bausteine des Universums.

Astrologie ist eine Wissenschaft, *so unfehlbar* als die Astronomie selbst, mit der Bedingung jedoch, dass ihr Ausleger gleichfalls unfehlbar sei; und es ist diese Bedingung, *sine qua non,* so schwer zu verwirklichen, dass sie sich immer als ein Felsblock des Anstoßes für beide herausstellt. Astrologie ist für die exakte Astronomie, was die Psychologie für die exakte Physiologie ist. Ja, in der Astrologie und Psychologie hat man über die sichtbare Welt der Materie zu schreiten und in den Herrscherbereich des übersinnlichen Geistes einzutreten.

H. P. Blavatsky: Isis Entschleiert, Bd. I, S. 274

Die Zeichen des Zodiak haben mehr als eine Bedeutung. Von einem Gesichtspunkt aus betrachtet, stellen sie die verschiedenen Stufen der Evolution bis zu der Zeit dar, in der das gegenwärtige materielle Universum mit den fünf Elementen in das phänomenale Dasein trat. Wie der Autor von *Isis Entschleiert* in dem zweiten Band des bewundernswerten Werkes darlegte, muss „der Schlüssel siebenmal herumgedreht werden", um die ganze, diesem Zeichen zugrunde liegende Philosophie zu verstehen.

T. Subba Row: Die zwölf Zeichen des Zodiak. Aus: Five Years of Theosophy

Es ist eine unerhörte Torheit, anzunehmen, wahrer Okkultismus könne in Lektionen gelehrt werden, wie eine Sprache oder eine Wissenschaft gelehrt wird, und es erhebt sich die Frage: Wie dann? Da diese Versammlungen zu dem Zweck stattfinden, einige der edlen Lehren des Okkultismus gemeinsam zu studieren, könnte es nicht zumindest dem Außenstehenden so erscheinen, als könne er in dieser Art durch Lektionen in Kursen gelehrt werden? Der Unterschied ist folgender: Während Okkultismus nicht gelehrt werden kann, wie man zum Beispiel eine Sprache lehrt, muss es dennoch augenscheinlich Mittel und Methoden geben, mit denen die großen Weisen alter Zeiten von Zeit zu Zeit passende Teile des esoterischen Wissens mitteilten. Dies geschieht durch Belehrung und Erklärung bestimmter die Lehren betreffender Grundsätze. Diese Grundsätze sind tatsächlich einige der grundlegenden Wirklichkeiten im Kosmos. Der Okkultismus kann aus dem Grunde nicht gelehrt werden, wie eine Sprache gelehrt wird, weil die Wirklichkeiten des Seins im Kosmos in der inneren und der äußeren Natur so ineinandergreifen, dass die Ideen, die Gedanken nicht alle auf einmal in die Gemüter der Hörer übertragen werden können, es sei denn, wir hätten tausend Zungen und sprächen tausend Mundarten zu gleicher Zeit und die Zuhörer wären fähig, diese tausend Mundarten gleichzeitig zu verstehen. Dies mag, wenn auch mangelhaft, erklären, warum Okkultismus nicht wie eine Sprache gelehrt werden kann, wie eine physikalische Wissenschaft oder irgendein anderes normales System exoterischen Studiums. Wissenschaften oder Künste sind im Vergleich dazu sehr einfach, da sie nur eine Hauptgedankenrichtung behandeln.

Aber die großen Seher alter Zeiten haben gewisse Prinzipien des Denkens und des Studiums niedergelegt, die, wie sie uns sagen, das grundlegende Wirken und die charakteristischen Eigenschaften des Universums sind oder vielmehr darstellen. Keines dieser mächtigen Gemüter hat je versucht, weil das *de facto* unmöglich ist, über dieses Wirken und über diese Eigenschaften zu lehren, wie man eine Sprache oder eine physikalische Wissenschaft lehrt. Sie lehrten und lehren vielmehr durch Wink, durch Anspielung, durch einen Appell an die Intuition und an das innere Erkenntnisvermögen ihrer Hörer. Durch richtige, naturwissenschaftliche Erläuterung führt der Lehrer die Schüler Schritt für Schritt voran, bis sie schließlich wie in einem Lichtblitz die als einen Schlüssel übermittelte Bedeutung sehen, den Schlüssel erfassen und ihn mit größerem oder geringerem Erfolg selbst anwenden, was von der spirituellen Einsicht abhängt. Die Lehren der Esoterischen Philosophie werden daher in den vier ersten Stufen der Belehrung auf diese Weise mitgeteilt. Wir können zum Beispiel die Lehre hinsichtlich der ersten Anfänge der kosmischen Evolution betrachten. Aufgrund dieses Studiums erkennen wir, dass es sieben verschiedene Prinzipien gibt, aus denen und in denen der Kosmos aufgebaut ist und von denen jedes einzelne auf seiner eigenen Ebene oder vielmehr in seiner eigenen Welt wirkt. Zu versuchen, die gleichzeitigen Tätigkeiten dieser sieben Prinzipien-Elemente zur gleichen Zeit zu beschreiben, ist praktisch unmöglich. Aber es wird ein Wink gegeben, es wird eine Anspielung auf irgendeine Tatsache in der Universalnatur gemacht, und das Gemüt des Hörers wird durch einen intuitiven Gedanken geöffnet, der durch die Mitteilung in ihm erweckt wird. Kein Kind kann nur dadurch gehen lernen, dass es seine Eltern gehen sieht, sondern es muss selbst lernen, einen Fuß vor den anderen zu setzen. Seine schwachen und schwankenden Schritte werden mit der Zeit zu den selbstbewussten, zuverlässigen Schritten des Erwachsenen.

So ist es auch mit diesen Lehren. Nach und nach, Schritt um Schritt führen uns unsere Lehrer vorwärts zu einem Verstehen, so dass wir unsererseits zu Lehrern für und von uns selbst werden. Wir sind befähigt, kühn und erfolgreich die Lehren, die wir gehört haben, als Schlüssel für größere Tore des Lernens und der Erkenntnis anzuwenden, die in noch geheimere Kammern unserer großen Mutter Natur führen. Diese Kammern sind voll von Wundern und Mysterien, die mystisch und wunderbar sind, jenseits allen Vergleichs mit irdischen Dingen. Während ich spreche, denke ich an eine der tatsächlichen Bedeutungen jener wunderbaren Inschrift, von der uns Plutarch von Chaironeia, der geniale Schriftsteller, der unnachahmliche Biograph, der großherzige Mensch, der Initiierte, der ehemalige Priester des berühmten Orakels von Delphi, in seiner Abhandlung über „Osiris und Isis", Kapitel IX, erzählt. Es ist eine seiner mystischen Schriften und eine der am schwersten zu verstehenden, so sorgfältig verschleierte er die wirkliche Bedeutung dessen, was er sagte. Er schreibt, dass diese vermutlich über der Säulenhalle des großen Tempels der Neith zu Sais im Nildelta in Ägypten eingegrabene Inschrift wie folgt lautet:

> Ich bin Isis,
> ich bin alles, was war,
> was ist und was sein wird,
> und keiner der Sterblichen hat je
> meinen Schleier gelüftet.

Proklos, der neuplatonische Philosoph, bemerkt in seinem Kommentar zum *Timaios* von Platon bezüglich dieser Inschrift gelegentlich, dass ihr Schluss lautete:

> ... und die Frucht, die ich hervorbrachte, wurde die Sonne.

Neith ist die mystische oder okkulte Seite der Isis. Isis stellt die offene Seite, die augenscheinliche oder offenbarte Seite der verborgenen Göttin Neith dar. Dieser Schleier war die universale Natur um uns, die die Mysterien und das Wirken des großen kosmischen Lebens verbirgt. Bis auf den heutigen Tag ist es keinem Sterblichen – ganz gleich, wie hoch er auch steht – gelungen, den Schleier zu lüften. Aber während die Äonen der Zeit dahinfließen, prüfen, untersuchen und erproben unsere größten Seher, Meister und die Meister unserer Meister, die in ihren Sphären des Denkens und Handelns ebenso fortschreiten, wie wir es tun, das Wissen, das von den Göttern, unseren Vorfahren, den ersten Rassen der Menschheit mitgeteilt wurde. Sie prüfen die Wahrheiten des Seins von neuem und ändern sie in der Form der Darbietung für ein späteres Zeitalter. Auf diese Weise teilen sie der Welt von Zeit zu Zeit stets etwas mehr von den Lehren der Wirklichkeit mit. Ihre Aufgabe ist sehr schwierig. Es gibt nichts, was die Menschen so übelnehmen, nichts, was ihren Zorn und ihren Hass so stark erregt, wie wenn ihr verehrter Glaube gestört wird. Seht, wie alle großen Weltlehrer aufgenommen wurden, ganz gleich, in welchem Zeitalter. Betrachten wir den großherzigen Sokrates, der, obgleich nicht initiiert, Teile der Mysterien aus seiner eigenen intuitiven Einsicht heraus der Öffentlichkeit enthüllte – was zu jener Zeit ein ernstes Verbrechen war. Betrachten wir die Legenden in Bezug auf Jesus – nur Legenden, die aber dennoch gewisse mystische Wahrheiten enthalten. Nehmen wir Pythagoras, ja, betrachten wir jede einzelne jener großen Seelen, die die verschiedenen Zeitalter hindurch versuchten, die Menschheit zu erleuchten. Jede einzelne von ihnen wurde verfolgt und missverstanden, obgleich jeder dieser Lehrer sein Lebenswerk, seine Seele selbst gab, um seinen Mitmenschen zu helfen. Jeder von ihnen wurde gehasst. In späteren Zeiten wurde jeder von ihnen, obgleich mehr oder weniger verstanden oder missverstanden und obgleich ihm Unrecht getan wurde, fast – und in einem oder in zwei Fällen völlig – vergöttert! So geschieht es auch heute noch in unserem Zeitalter.

Wir beginnen unser Studium, indem wir denselben Auszug aus dem ersten Band der *Geheimlehre,* Seite 182, vorlesen, den wir in unserer letzten Versammlung gelesen haben:

> Alles im metaphysischen sowohl wie im physischen Universum ist siebenfach. Daher werden jedem siderischen Körper, jedem Planeten, sei er sichtbar oder unsichtbar, sechs begleitende Globen zugeschrieben. Die Evolution des Lebens schreitet auf diesen sieben Globen oder Körpern vor, vom ersten bis zum siebenten, in sieben Runden oder Zyklen.

Wir sprachen kurz über die vier Aspekte der wunderbaren Lehre über die Sphären, und eine andere, noch wunderbarere Lehre, die Lehre über die Zirkulationen des Kosmos, berührten wir nur. Wir schlossen unser Studium an dem Punkt, an dem wir sahen, dass jeder Globus der Mondkette, des siebenfachen gewesenen Mondes – jeder einzelne dieser Globen –, seine entsprechenden Reihen von zehn Stämmen oder Familien vervollkommnet und sie in ein Layazentrum projiziert hatte, für jeden Globus ein Layazentrum, damit die entsprechenden zehn Familien oder Stämme ihre lange pralayische Ruhe haben konnten. Wir sahen ferner, dass, als nach dem Verlauf zyklischer Äonen das Erbeben des erwachenden Lebens wieder zu den schlafenden Heeren zurückkehrte, in den Layazentren die Differenzierung begann. Dies geschah, indem die Lebenswogen durch die verschiedenen Ebenen feinerer Materie zu ihnen hinabstiegen, jede Ebene nacheinander erweckend und belebend, während die Lebenswogen immer weiter abwärts schritten. „Tiefer" bezieht sich hier nicht auf die Bewegung im Raum, sondern auf die Qualität. Die Lebenswogen stiegen in gröbere und immer gröbere materielle Welten hinab.

Das erste der schlafenden Heere, das das Einströmen der aus höheren Sphären kommenden Lebenskräfte fühlte, als diese es erreichten, war jenes Aggregat, das bestimmt war, Globus A der Erdkette zu gestalten.

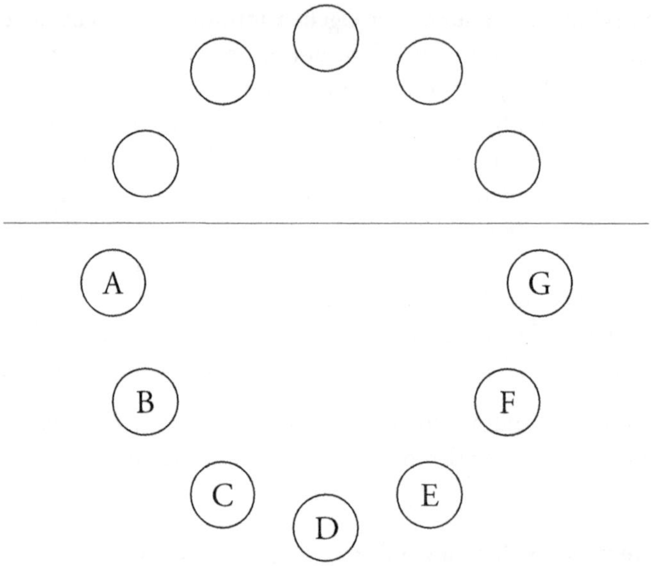

Wir haben hier zwölf Globen, die die Planetenkette unserer Erde oder auch die planetarische Kette irgendeiner aus der großen Anzahl von Planetenketten in unserem universalen Sonnensystem darstellen.

Über die obersten fünf in unserem Diagramm werden wir sehr wenig sagen, sie sind überspirituelle Welten. Die sieben niedrigeren stellen die manifestierten Welten dar, und diese sieben niedrigeren bilden den Hauptgegenstand von H. P. Blavatskys Umriss, den sie in der *Geheimlehre* gibt. Auf diese sieben werden wir uns bei unseren Ausführungen besonders beschränken. Dabei wollen wir den ersten Globus A, den zweiten Globus B, den dritten C, den vierten D, den fünften E, den sechsten F und den siebenten Globus G nennen.

Doch diese Globen der Erdkette befinden sich an diesem Punkt unseres Studiums noch nicht in der Existenz. Jene besondere Reihe von zehn Stämmen oder Familien, die bisher geschlafen haben – eine von dem gewesenen Mond herüberkommende schlafende Sphäre, von Globus A des gewesenen Mondes –, beginnt sich zu Globus A der Erdkette zu entwickeln, sobald sie den Schauer des hereinströmenden Lebens fühlt. Das hereinkommende Leben geht auf jedem der schlafenden, aber jetzt wieder erwachenden Globen im Verlauf des Fortschreitens zur vollen Gestaltung durch sieben Grade, Stufen oder Räume der evolutionären Entwicklung vom Spirituellen seiner Ebene zum Materiellen seiner Ebene hinab. Und so, wie das bei Globus A der Erdkette ist, ist es auch bei den Globen B, C, D, E, F und G, bei einem nach dem anderen, und zwar nach einem besonderen Vorgang, den wir jetzt studieren werden.

Nun zu den zehn Familien. Bezüglich der drei höchsten werden wir nicht viel weiter gehen und sie nur andeuten. Wir werden unsere Ausführungen auf die sieben manifestierten Stämme oder Familien beschränken, die die Masse der Lebenswogen darstellen, die in dem, was die Kettenrunden genannt wird, um die sieben Globen kreisen. Eine Kettenrunde ist ein einmaliger Durchgang der sieben Lebenswogen durch die sieben Globen, vom Globus A bis zum Globus G. Eine Globenrunde ist der Durchgang dieser sieben Lebenswogen durch irgendeinen der Globen – das Durchwandern irgendeines Globus –, das Durchwandern der sieben Lebenswogen durch irgendeinen der Globen während des Verlaufs ihrer Kettenrunde. Diese Runden sind die inneren Runden. Was die äußeren Runden betrifft, so werden wir aus einem sehr einleuchtenden Grund nur auf sie hinweisen. Wenn es für einige von uns schwierig ist – denn wir befinden uns in dieser Hinsicht alle in der gleichen Lage –, selbst die inneren Runden zu verstehen, die Wanderung der Lebenswoge rund um die sieben Globen unserer eigenen Erdkette, so wäre es untunlich, ja tatsächlich unweise, unsere Gemüter gegenwärtig mit den Lehren über die äußeren Runden zu überladen. Im Hinblick auf diese wurde schon dargelegt, dass sie die Wanderung der Lebenswogen von, durch und in die sieben heiligen Planeten der Alten in anderen, größeren Runden bedeuten.

Bevor wir weitergehen, möchte ich ein wenig abschweifen, um einer sich möglicherweise später ergebenden falschen Auffassung vorzubeugen. Über Astrologie wird viel geschrieben und gelehrt, und die verschiedenen Lehrer der Astrologie drucken Pamphlete und Bücher und versuchen auch, Horoskope zu entwerfen, zu stellen und zu lesen, so gut sie es können. Gelegentlich mögen sie durch einige besondere Zusammenhänge, durch eine treffende Vermutung, mehr oder weniger durch die zerrissenen Bruchstücke der alten Weisheit geleitet, die uns durch die Bücher der alten Völker überliefert worden sind, irgendetwas Wahres sagen, aber wie oft begehen sie trotz des besten Wissens Irrtümer! Die Astrologie der Alten war wirklich eine große und edle Wissenschaft. Die moderne Astrologie ist nur das verzerrte und wertlose äußere Gewand der wirklichen, alten Astrologie, denn jene wahrhaft erhabene Wissenschaft war die Lehre über den Ursprung, die Natur, das Wesen und die Bestimmung der Sonnenkörper, der Planetenkörper und der Wesen, die sie bewohnen. Diese wunderbare Wissenschaft gründet sich in der Hauptsache auf zwei Lehren: die Lehre über die Sphären und die Lehre über die Zirkulationen im Kosmos. Die Letztere ist, mikrokosmisch gesehen, die Lehre über die Zirkulationen des universalen Sonnensystems. Die sogenannte Astrologie, die uns überliefert worden ist und die wir heute kennen, besteht lediglich aus einer Reihe unvollständiger und verstümmelter Bruchstücke von Lehren, die selbst die späteren Griechen und

Römer falsch verstanden haben. Das sollten wir bitte gut verstehen, denn es gab tatsächlich eine mächtige und edle Wissenschaft, die in den alten Zeiten Astrologie genannt wurde, ein Ausdruck, der die „Wissenschaft über die Himmelskörper" bedeutet. Diese Wissenschaft war so groß und so edel, dass sie als Mysterienlehre streng gehütet wurde. Es war immer gegen das Gesetz der Mysterien, der äußeren Welt irgendeine dieser Mysterienlehren mitzuteilen. Jede Verbreitung wurde als ernstes Verbrechen betrachtet und in späteren Zeiten vom Staat sogar mit dem Tode bestraft. Die alten Völker, zum Beispiel die späteren Griechen und Römer, verboten die öffentliche Ausübung und das öffentliche Lehren der Astrologie aus Gründen gesunder öffentlicher Politik, weil sie wussten, dass sie als Mittel für persönlichen Gewinn nicht ehrlich gelehrt und ausgeübt werden kann. Im Römischen Reich ging man sogar so weit, ihre Ausübung unter der Strafe der Verbannung oder unter Todesstrafe zu verbieten. Die Völker um das Mittelmeer erließen zu verschiedenen Zeiten drastische Gesetze dagegen und auch gegen die „Chaldäer" oder „Astrologen", wie sie von den Römern allgemein genannt wurden, infolge des vielen Unheils, das der Ausübung der Astrologie entsprang. Die Irreführung und Verwirrung der Gemüter der Unwissenden und Gedankenlosen rüttelten die Gesetzgeber jener Zeiten auf, und sie leiteten in dem Versuch, dem wachsenden Übel zu begegnen, gesetzliche Maßnahmen ein. Dessen ungeachtet stellt die wirkliche Astrologie eine sehr tiefe Wahrheit dar, denn es besteht tatsächlich ein Band engster Verbundenheit, eine enge und vollkommene Entsprechung zwischen allen Teilen des Seins. Alle Teile des Seins bilden einen gewaltigen Organismus, durch den das universale Leben zirkuliert und fließt. Dieses Leben folgt bestimmten Kanälen und sammelt sich in bestimmten Zentren. Die Kanäle und Zentren sind von spirituellen und intellektuellen Energien erfüllt und von dem, was wir heute elektrische und magnetische Kräfte nennen würden. Sie sind insbesondere in den Zentren gewisser Nervenknoten des Sonnensystems tätig, die wir Planeten nennen. Hierin liegt das Geheimnis der Zirkulationen, das Geheimnis der gravitativen Anziehung, die die Lebensatome des Kosmos hierher zieht und nicht dorthin oder umgekehrt. Über diese Lebensatome müssen wir noch sprechen, bevor wir heute schließen, wenn es unsere Zeit erlaubt.

Wir werden jetzt einige Entsprechungen zwischen den zwölf Globen unserer Planetenkette und den Planeten sowie zwischen diesen und den zwölf Konstellationen des Zodiak aufzeigen. Es besteht eine genaue und enge Korrespondenz zwischen jedem der sieben heiligen Planeten und je einem Globus unserer Erdkette und zwischen jedem einzelnen der Globen und je einer der Konstellationen des Zodiak – einem der Häuser des Kreises des Lebens, wie ihn die Griechen nannten. Aber während es wahr ist, dass die sieben heiligen Planeten der Alten, Saturn, Jupiter, Mars, die Sonne (als Vertreter eines verborgenen Planeten), Venus, Merkur und der Mond

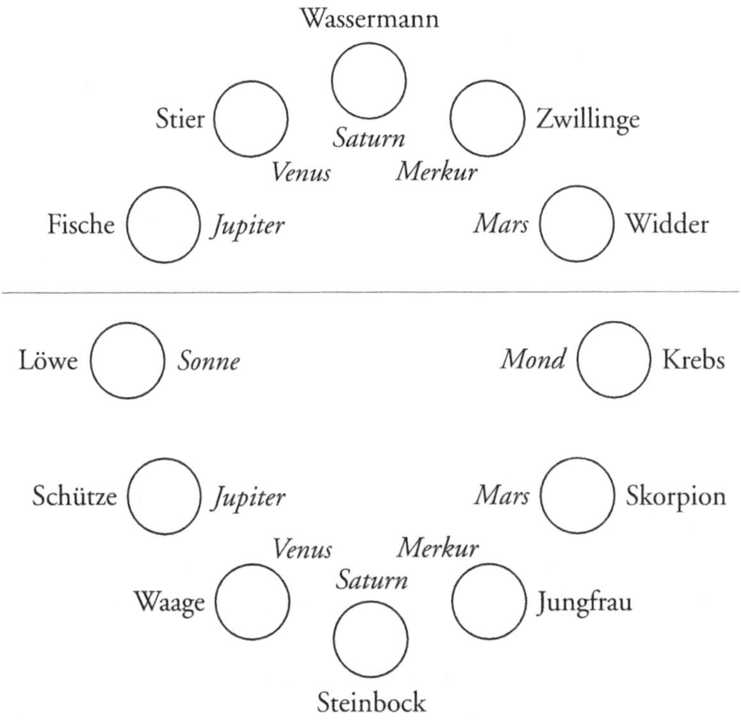

(als Vertreter eines anderen verborgenen Planeten), tatsächlich unsere Planetenkette als ein Ganzes aufbauen und überwachen (immer einer der heiligen Planeten einen der Globen), so kommt doch der vorherrschende Einfluss für jeden Globus von seinem besonderen heiligen Planeten, während die Einflüsse der anderen sechs der sieben heiligen Planeten dabei ebenfalls mit am Werk sind. In der gleichen Weise steht jeder einzelne dieser zwölf Globen der Planetenkette unter der besonderen Aufsicht oder Überwachung seitens einer der Konstellationen des Zodiak, das heißt des vorherrschenden Genius oder Rektors jener Konstellation des Zodiak, aber dennoch ist jede der anderen elf Konstellationen in jedem der zwölf Globen ebenfalls mit am Werk. Es kann keine Trennung der Kräfte geben, denn alles in der Natur wirkt zur Erreichung eines gemeinsamen Zieles zusammen, und dies ist einer der herrlichsten Beweise, den wir für die Lehre der „Universalen Bruderschaft" haben.

Wir wollen jetzt mit Globus A der manifestierten sieben Globen beginnen. Globus A steht unter der Aufsicht der Sonne (die Sonne als Vertreter gedacht), und sein zodiakales Haus ist die Konstellation Löwe. Globus B steht unter dem Jupiter, sein zodiakales Haus ist Schütze. Globus C steht unter der Venus, sein zodiakales Haus ist Waage. Globus D, unsere Erde, steht unter dem Saturn, sein zodiakales Haus ist Steinbock, Globus E steht unter dem Merkur, sein zodiakales Haus ist Jungfrau, Globus F steht unter dem Mars, sein zodiakales Haus ist Skorpion. Globus G steht unter dem Mond (als Vertreter eines verborgenen Planeten), sein zodiakales Haus ist Krebs.

Nun wollen wir zu den fünf überarchetypischen Globen übergehen und den obersten, den ersten (oder letzten), betrachten, von dem, nebenbei gesagt, unsere arme materielle Erde die Kopie in der Materie ist. Sein heiliger Planet ist der Saturn, sein zodiakales Haus ist Aquarius. Beachten wir bitte, dass dies die Konstellation ist, die Wassermann genannt wird. Nach links, zu dem darunter befindlichen Globus fortschreitend, ist der entsprechende heilige Planet die Venus, und das in Betracht kommende zodiakale Haus ist Stier. Der auf dem absteigenden Bogen unter diesem folgende Globus steht unter dem besonderen Einfluss des Jupiter, und sein zodiakales Haus ist Fische.

Wenn wir dann auf die andere Seite zu dem Globus auf derselben Ebene übergehen, auf der sich der zuletzt erwähnte Globus befindet, jedoch auf dem aufsteigenden Bogen, dann ist für diesen Globus sein besonderer heiliger Planet der Mars, und sein zodiakales Haus ist Widder. Für den über diesem befindlichen, dem letzten (oder ersten) am nächsten stehenden Globus ist der heilige Planet der Merkur, und das in Frage kommende zodiakale Haus ist Zwillinge.

Wenn es in der kurzen Zeit, die uns zur Verfügung steht, möglich wäre, könnten wir uns in Wunderländer des Studiums hinsichtlich der Zirkulationen der Lebenswogen begeben, indem wir die verschiedenen Beziehungen der Globen unserer Kette, der Planeten und der Häuser des Zodiaks zueinander und in Bezug auf die Wesen verfolgen, die diese Globen und Planeten bewohnen. Bevor wir diese kleine Einzelheit unseres Studiums verlassen, möchte ich eine von H. P. Blavatsky in der *Geheimlehre* gegebene Erklärung ins Gedächtnis rufen. Sie sagt: „Wenn wir die Abenteuer eines Atoms verfolgen wollten, wenn wir sie verfolgen könnten“ – ich zitiere dem Sinn nach – „kein Roman, der je geschrieben oder erdacht wurde, könnte diesem Thema an mystischem Wunder und an der Tiefe seines Appells an die spirituelle Natur unserer Seele gleichkommen.“

Wir wollen uns nun einer viel späteren Stufe der planetarischen Evolution zuwenden und vielleicht später zu dem Punkt zurückkehren, an dem wir uns jetzt befinden. Wir sind an dem Punkt angelangt, an dem wir herausfinden müssen, wie Globus A der Erdkette in der ersten Runde gebildet wird. Zehn Familien – drei von ihnen werden wir gegenwärtig nicht weiter erwähnen – also vielmehr die sieben manifestierten Familien oder Stämme der hereinfließenden Lebenswogen: diese sieben Lebenswogen sind die sieben, die den korrespondierenden Globus A des Mondes bei seinem Tode verließen und seine zehn oder sieben Prinzipien waren. Sie treten jetzt nach ihrer langen pralayischen Ruhe in die Manifestation und bekleiden sich, während sie durch die drei überarchetypischen Sphären über den vier manifestierten kosmischen Ebenen auf dem abwärtsführenden Bogen hinabsteigen, mit Hüllen oder Schleiern aus übersinnlicher Materie. Äonen um Äonen später erreichen sie diese Ebene, die vierte der sieben kosmischen Ebenen, abwärts gezählt, auf der sich der entstehende Globus A der Erdplanetenkette befindet, und sie sind bereit, mit seiner Gestaltung zu beginnen. Wie verfahren sie dabei? Zuerst kommen die drei Reiche der Elementalwelt. Das erste Reich geht an die Arbeit, durchläuft seine Skala von sieben Graden oder Stufen, und wenn sein Werk vollendet ist, geht es in die Verdunkelung. Es wirkt auf sieben kleineren Stufen des Aufbaus, hat auf sieben Stufen zu arbeiten, bevor sein Überschuss an Leben zu einer niedrigeren Ebene auf dem abwärtsführenden Bogen fortschreiten kann und das Fundament für den nachfolgenden Globus B zu errichten und aufzubauen beginnt.

Wenn seine sieben Arbeitsstufen vollendet sind, erscheint sofort die zweite Elementalwelt und folgt dem gleichen Lauf von sieben Graden. Wenn diese sieben Abschnitte vollendet sind, schickt auch sie ihrerseits ihren Überschuss an Leben hinaus, hinab in das Fundament, das durch das erste (oder vorhergehende) Elementalreich für sie auf Globus B vorbereitet wurde. Dann folgt auf Globus A das dritte Elementalreich nach. Wenn dann diese drei auf diese Art fertig sind, beginnt auf Globus A das Mineralreich zu arbeiten, das heißt die dem Globus A entsprechende Mineralwelt. Wenn deren siebenfache Arbeit auf der von den drei Elementalreichen geschaffenen Grundlage vollendet ist, folgt die siebenfache Lebenswoge des Pflanzenreiches und durchläuft ihre sieben Zyklen oder Stammrassen. Wenn sie ihre Laufbahn beendet hat, folgt ihr Überschuss an Leben dem Strom der bereits hinabgestiegenen Wesenheiten in die untere Ebene zum Globus B in die durch ihre Vorgänger für sie vorbereitete Tätigkeit.

Dann betritt das Tierreich den Globus A. Ich möchte bemerken, dass ich bisher nur von der ersten Runde spreche. Wenn die erste Runde vollendet ist und die zweite Runde nach dem zwischen Globus G und A liegenden Pralaya beginnt, ändert sich der Vorgang. Wir sprechen jetzt nur über die erste Runde. Wenn das Tierreich seine sieben Stammrassen (oder Wurzelrassen) auf Globus A durchlaufen hat, kommt die siebente und letzte Stammfamilie oder das letzte Reich, das menschliche, auf Globus A unserer Kette.

Wir wollen nun ein wenig zurückgehen. Nehmen wir das Elementalreich von Globus A. Es beendet seine siebente Wurzelrasse, seine siebente Stammrasse, seinen siebenten Zyklus, seinen siebenten Ring, wie Sinnett es nannte. Wenn es diese beendet hat, geht seine Lebenswoge vollständig auf Globus B weiter, wohin seine vorhergehenden sechs Stammrassen bereits gegangen sind, nachdem sie ihre entsprechenden Zyklen beendet hatten. Was wird zurückgelassen? Gehen all die Heere von Leben des ersten Elementalreichs dorthin? Gehen sie alle hinab auf Globus B? Beachten wir bitte diese Einzelheit, denn sie ist für unsere zukünftigen Studien sehr, sehr wichtig. Sie gehen nicht alle dorthin. Das erste Elementalreich lässt die „Überbleibsel" auf Globus A zurück, die „Śishtas" – ein Sanskṛitwort, das „Überbleibsel" bedeutet. Dieses Wort enthält eine ganz wunderbare Lehre, und gerade hier wird eine unserer Schwierigkeiten beim Vortragen illustriert. Jeder Schritt, den wir vorwärts gehen, eröffnet einen neuen Ausblick, öffnet ein neues Tor, bis wir vor Verwunderung über dies alles gänzlich verwirrt sind. Wir müssen mit Hilfe fester Willenskraft an dem Hauptthema unseres Gedankens festhalten, damit wir nicht auf andere Wege abgelenkt werden. Das ist, wie schon bemerkt wurde, eine der Methoden, durch die unsere Lehrer in den Stand gesetzt werden, unsere Lehren zu verhüllen und vor denen zu verbergen, die nicht berechtigt sind, sie zu empfangen. Sie können nicht alles auf einmal lehren, nicht einmal von einer einzelnen Lehre, weil es einfach nicht verstanden werden würde. Sie sagen uns so viel, wie sie dürfen und können, und geben Winke und Hinweise auf etwas anderes, und diese Methode wirkt sehr zweckdienlich als „Blende". Deshalb sagen unwissende Leute manchmal: „Aber diese Lehre birgt Widersprüche in sich." Doch das tut sie nicht – sie ist paradox, ja, aber sie steht nicht im Widerspruch mit sich selbst.

Was sind nun die Śishtas des ersten Elementalreiches oder der ersten Elementalwelt, die auf Globus A zurückbleiben, nachdem die Lebenswoge weitergegangen ist, um die Grundlage von Globus B zu bilden? Was sind die Śishtas der zweiten Elementalwelt, wenn ihre Lebenswoge auf Globus B hinabgegangen ist und ihre Śishtas auf Globus A zurückbleiben, und verhält es sich ähnlich bei der dritten Elementalwelt und all den anderen vier Reichen?

Wir wollen mit Hilfe einer Illustration, die unserem eigenen, gegenwärtigen Mineralreich auf dieser Erde entnommenen ist, beschreiben, was sie sind. Die Mineralien, die wir heute auf unserer Erde vorfinden, sind das Mineralreich unseres Globus D in der Verdunkelung hier. Das heißt, sie sind die Überbleibsel oder die Śishtas unseres Mineralreiches, das zu den Globen auf dem aufwärtsführenden Bogen fortgeschritten ist und die Globen für unser Kommen in der Zukunft vorbereitet, wenn wir unsererseits kommen werden, nachdem wir diesen Globus D oder die Erde verlassen haben. Nicht dass diese nur für uns arbeiten, denn wir wirken auch für sie. Jedes Reich wirkt für jedes andere Reich, und alle wirken für alle. Der Großteil oder die Hauptmasse des Mineralreichs ist fort, und es hat seine Śishtas, seine schlafenden Sphären, seine schlafenden Atome, auf diesem Globus D zurückgelassen. Wenn alle Reiche des Globus A weitergegangen sind, lässt jedes seine Śishtas, seine Überbleibsel, seine Leben schlafend zurück, die den höchsten Punkt der durch dieses

Reich in jener Runde erreichten Entwicklung darstellen – seine schlafenden, untätigen, verhältnismäßig bewegungslosen Lebensatome, die jedoch nicht ohne Leben sind, denn alles ist lebendig. Es gibt nirgends tote Materie. Ist ein Mensch tot, wenn er schläft? Nein, aber untätig, schlafend, ruhend. Die Śishtas der sieben Reiche erwarten daher die Ankunft der Lebenswogen in der nächsten Runde und erwachen dann wieder zu einem neuen Zyklus der Tätigkeit.

Wir kennen das schöne alte Märchen, das wir von den Franzosen haben, die es ihrerseits von den Persern erhielten, und die Perser empfingen es von den Hindus. Ich glaube, im Englischen wird es „Prince Charming" oder „The Sleeping Beauty" [im Deutschen „Dornröschen", d. Ü.] genannt. Ihr französischer Titel lautet „La Belle au Bois Dormant", „Die Schöne in dem schlafenden, verzauberten Wald". Erinnern wir uns der schönen, alten Geschichte: das wunderbare Schloss, der verzauberte Wald, in denen alles und jedes schläft. Selbst die Prinzessin, die Schlossherrin, schläft und wartet, in traumlosen Schlaf gehüllt. Später kommt dann der Zauberprinz des Weges, der den verzauberten Wald sieht und in ihn eindringt. Er ist ein fahrender Ritter, der darauf ausgeht, edle Taten zu vollbringen. Er betritt das verzauberte Schloss, sieht Dornröschen, beugt sich nieder und küsst es auf die Stirn. Sofort erwacht alles, alles wird wieder zum Bewusstsein zurückgebracht und in Bewegung und in Gang gesetzt. So ist es wahrhaftig auch bei der Ankunft der Lebenswogen. Wenn die hereinkommenden Lebenswogen auf die schlafenden Lebensatome treffen oder vielmehr in sie eintreten, erwachen dieselben wieder, die Dinge werden zu individueller Tätigkeit zurückgebracht. In dieser Weise ist jeder einzelne der sieben Sphären-Globen unserer Kette, wenn er sich in dem befindet, was wir Verdunkelung nennen, eine ruhende, eine schlafende Sphäre – tatsächlich aber voll allgemeinen Lebens wie ein schlafender Mensch, nur die individuelle Tätigkeit ruht.

Damit es später keine Missverständnisse gibt, möchte ich nebenbei sagen, dass keiner der Globen, wenn er in Verdunkelung ist, während der ganzen Periode einer Kettenrunde schlafend bleibt. Das heißt, Globus A bleibt, wenn ihn die sieben Stämme oder Familien verlassen haben und auf den nachfolgenden Globus weitergegangen sind, nicht während der gesamten Dauer der übrigen sechs Siebentel des Manvantaras jener Runde schlafend, bis ihn die Lebenswogen nach dem interplanetarischen Nirvâṇa wieder betreten. Wenn eine gewisse Zeitperiode vorüber ist, erwacht er wieder und nimmt eine andere, nachfolgende Lebenswoge auf. Es ist tatsächlich schwierig, das Ineinanderwirken selbst der inneren Runden zu verstehen, gar nicht zu sprechen von den äußeren Runden. Diese verschiedenen Lebenswogen, Kameraden, sind die sieben Lebenswogen, die rund um die Kette gehen; nicht alle zusammen und nicht alle während der Periode einer Globenrunde, sondern einige dieser Lebenswogen gehen anderen voraus, weil sie weiter entwickelt sind und das

Rennen schneller machen. Daher haben wir „Fünftrundler“ und sehr, sehr selten „Sechstrundler“ unter uns, wie H. P. Blavatsky und unsere Meister sie nennen. Da haben wir nun wieder eine der vielen Vorgänge, die wir in zukünftigen Versammlungen studieren müssen.

So sendet also jedes einzelne dieser sieben Reiche während einer Globenrunde nach dem Ende seiner sieben Wurzelrassen oder Stammrassen seinen Überschuss an Leben auf den in der Reihe rund um die Kette folgenden Globus, und das Reich selbst – seine Überbleibsel – geht in Ruhe oder Verdunkelung zusammen mit dem Globus, den es als Lebenswoge verlässt.

Wir unterbrechen unser Studium an diesem Punkt, um es in unserer nächsten Versammlung wieder aufzunehmen.

Bevor wir schließen, möchte ich jedoch einige allgemeine Worte über die Lebensatome anfügen: Was meinen wir, wenn wir von Lebensatomen sprechen? Es sind damit nicht nur allein die Atome von Prâṇa gemeint, denn diese bilden lediglich einen bestimmten kleinen Teil der gewaltigen Heere von Lebensatomen. Die Lebensatome sind im Allgemeinen die Atome des Lebens, des universalen Lebens, die unsere Planetenkette bilden. Daher ist der Ausdruck „Lebensatom“ eine kurze und geeignete Art, um über die „Bausteine des Universums“ oder die „Ziegelsteine des lebendigen Kosmos“ etwas zu sagen. So viele Menschen auf Erden, so viele Götter im Himmel. So viele Monaden im Himmel, so viele Lebensatome auf Erden oder anderswo. So viele Atome auf Erden, so viele entsprechende Gottesfunken im Himmel.

„Götter, Monaden, Atome“ benannte H. P. Blavatsky ein Kapitel in der *Geheimlehre,* in dem sie auf die drei allgemeinen Klassen oder Stufen des manifestierten Lebens hinwies: die höchste, der innere Gott; die Monade, sein Vehikel, das der Mensch in seiner Essenz ist; und drittens er selbst als ein aus Lebensatomen gebildetes zusammengesetztes Wesen – aus Lebensatomen, die er selbst hervorgebracht hat. Die Lebensatome sind deshalb die lebendigen Bausteine des Kosmos. In einem Sinne sind sie also die Lebensatome des Globus. Der Globus, ja alle Globen sind wiederum die Lebensatome eines viel größeren Körpers. Vergessen wir auch nicht, dass es Lebensatome auf der physischen Ebene, Lebensatome auf der Astralebene, Lebensatome auf jeder Ebene oder vielmehr in jeder Welt gibt, und soweit wir wissen, ist das unbegrenzt der Fall. Ferner ist jedes einzelne dieser Lebensatome, ganz gleich, auf welcher Ebene es sich befinden mag, eine wachsende, sich entwickelnde Embryoseele mit einer erhabenen Bestimmung vor sich.

Wir selbst sind die Lebensatome unseres eigenen Sonnenlogos. Wir sind tatsächlich seine Nachkommenschaft oder Kinder, die Kinder des Höchsten in uns, des

Logos. Und wenn wir die Runden und Rassen als Menschen und später als Dhyân-Chohans erfolgreich beenden, werden wir, jeder einzelne von uns, in zukünftigen Äonen in den Unendlichkeiten des Materie-Raumes ein Logos sein. Die Lebensatome, die jetzt unsere inneren und äußeren Körper und Vehikel zusammensetzen und unsere Nachkommenschaft, unsere Kinder sind, werden in jenen entfernten Äonen die Dhyân-Chohans, die Erzengel und die Engel, die Prajâpatis, die Manus und die menschlichen Wesen sein; und alle die in dem großen Evolutionsdrama des Seins sich jetzt unter und hinter uns entwickelnden Leben werden ihrerseits entsprechend weit auf den Wegen der Bestimmung oder den Pfaden des Schicksals fortgeschritten sein.

Der Lehrer hat mich gebeten, bevor wir diesen Abend schließen, diese Fragen zu beantworten: „Welchen Beweis können Sie dem Durchschnittsmenschen für die Wahrheit dieser erhabenen Lehren geben? Was sind die Grundlagen der Esoterischen Philosophie?" Die Antwort auf die erste Frage lautet: Wir können Beweise, wirkliche Beweise erbringen. Beweis besteht darin, dem Gemüt Überzeugung zu bringen. Überzeugung wird durch das Übergewicht der augenscheinlichen Gewissheit verursacht. Wenn wir das Gemüt eines Menschen dazu bringen können, sich zu überzeugen, dass das, was wir sagen, wahr ist, wenn wir einen Menschen durch Begründung und Augenscheinlichkeit überzeugen können, dann haben wir unsere Sache nicht nur vor Gericht bewiesen, denn so betrachten die Juristen eine Sache, sondern tatsächlich und wirklich!

Nun, wenn wir uns auf fein gesponnene philosophische Erläuterungen darüber einlassen wollen, was Theosophie und was Wahrheit ist und worauf Wahrheit nicht begründet ist, mag das etwas anderes sein und eine etwas andere Behandlung erfordern. Aber für den einfachen Menschen, der eine solche Frage stellt – und der Lehrer sagt, dass sie häufig gestellt wird –, erbringen wir den Beweis. Wir überzeugen, indem das, was wir sagen, wahr ist. Und wenn weiterhin gefragt wird: „Auf welcher Grundlage erbringen Sie den Beweis?", dann sagen wir: Auf zwei Grundlagen, die sich gegenseitig stützen. Erstens auf der Grundlage der Fähigkeiten, die der menschlichen Seele innewohnen und dem Menschen sagen, dass dieses oder etwas anderes wahr ist; er ist dann spirituell, intellektuell und gefühlsmäßig befriedigt. Für ihn ist der Beweis erbracht. Das ist ein Beweis. Die zweite ist vielleicht an sich nicht so beweiskräftig, doch für den Durchschnittsmenschen ist sie vielleicht überzeugender. Wir können zeigen, dass die größten Gemüter aller Zeiten von dem überzeugt waren, was wir lehren. Sie benutzten vielleicht nicht dieselben Worte oder technischen Ausdrücke, lehrten die Lehren vielleicht nicht in der gleichen Form, aber das Herz des Ganzen, das Wirkliche, der Kern davon war dennoch vorhanden. Dies lässt sich in allen Weltliteraturen finden, und die einzige Schwierigkeit, auf die man, wie mir scheint, dabei stoßen könnte, ist – ich mache diese Bemerkung nur vorsichtshalber –, dass sie nur zu oft selbst von jenen nicht verstanden werden, die sie übersetzen oder lesen. Mehr noch, sie werden oft nicht in ehrlicher Weise studiert. Doch die Tatsache bleibt bestehen, dass jene, die sie ehrlich studiert haben, wissen, dass unsere Lehren wahr sind. Für den Durchschnittsforscher ist vielleicht die bedeutendste Überzeugung vor allem die Tatsache, dass die vortrefflichsten Gemüter aller Zeiten unsere theosophischen Lehren verkündet haben; und auf diese großen Intellekte verweisen wir als auf eine letzte Berufungsinstanz, ähnlich wie gewöhnliche Menschen umstrittene Fragen den edelsten Gemütern, die sie unter sich haben, zur Lösung unterbreiten, fühlend, dass die Fragen in der besten Weise gelöst werden, in der gute und fähige Menschen sie lösen können. Ich wiederhole: Wir erbringen den Beweis, doch muss natürlich der Suchende, wenn er ehrlich ist, selbst denken, das können wir nicht für ihn tun.

Die Grundlagen der esoterischen Lehren ruhen für die Durchschnittsperson – nicht für uns, sondern für die Durchschnittsperson – auf der gleichen Basis der Beweisführung wie die vorhergehende Frage. Wenn wir finden, dass hinter den Lehren, die uns aus unvordenklichen Zeiten überliefert worden sind, gewisse Tatsachen, gewisse Doktrinen stehen, die in der ganzen Welt, in allen Zeitaltern die gleichen waren, die nicht nach außen, nicht offen dargelegt, sondern verborgen gehalten wurden, dann ist es logischerweise notwendig, anzunehmen, dass sie als esoterisch betrachtet wurden. Wenn nicht, warum sie dann verbergen? Da sie wahrhaftig überall dieselben sind, fragen wir nach dem Grund: Warum sind sie dieselben? Die natürliche – und richtige – Folgerung ist die, dass sie einer einzigen gemeinsamen Quelle entnommen sind; diese Folgerung wächst zur Überzeugung, indem wir sie studieren. Der beste Beweis für sie liegt tatsächlich in ihnen selbst.

Der beste Weg, einen Menschen schließlich von der Wahrheit von irgendetwas zu überzeugen, ist der, sie ihm „beizubringen", sie seinem Begriffsvermögen so darzulegen, dass dieses instinktiv zustimmt. Wir sagen: „Hier ist unser Beweis, hier ist die Begründung; aber ich kann Ihr Gemüt nicht für Sie formen oder für Sie denken. Sie müssen das alles selbst tun und Ihre eigenen Schlüsse daraus ziehen." Wir sagen: „Diese Lehren sind so und waren so, und das sind Tatsachen. Wir beweisen es durch augenscheinliche Gewissheit, durch Analogie. Nehmen Sie die augenscheinliche Gewissheit und verarbeiten Sie diese. Bereiten Sie das Ganze zu Ihrem eigenen intellektuellen Verstehen, und Sie werden befriedigt sein."

Wir werden natürlich erkennen, dass dies Antworten auf Fragen sind, die von Außenstehenden gestellt werden. Wenn mich der Lehrer ersucht hätte, die Fragen für uns selbst zu beantworten, hätte ich anders gesprochen. Aber für den Außenstehenden würde dies, so vermute ich, die Antwort sein, die er wünscht. Bezüglich unserer eigenen Gruppen, die Beweise wünschen, gilt zum großen Teil die gleiche Antwort.

Schülern, die in unserer Gruppe „neu geboren“ wurden, könnten natürlich andere, in anderen Richtungen liegende Antworten gegeben werden.

Kapitel 45

Physiologie, Psychologie und Pneumatologie des Universums. Zehn oder zwölf Ebenen des universalen Sonnensystems: kritische Zwischenebenen. Alles geoffenbarte Sein ist ein abgestuftes Kontinuum von miteinander verknüpften, ineinandergreifenden Hierarchien: jede mit ihrem eigenen Anfang und ihrem eigenen Ende. Śishtas und der „Überschuss an Leben".

Die Sonne ist das Herz der Sonnenwelt (des Sonnensystems), und ihr Gehirn ist verborgen hinter der (sichtbaren) Sonne. Von da wird Empfindung ausgestrahlt in jedes Nervenzentrum des großen Körpers, und die Wogen der Lebensessenz strömen in jede Arterie und Vene ... Die Planeten sind seine Glieder und Pulse.

Die Geheimlehre, Bd. I, S. 590

So findet während der manvantarischen Sonnenperiode oder Lebenszeit ein regelmäßiger Kreislauf des Lebensfluidums durch unser ganzes System statt, dessen Herz die Sonne ist – so wie der Kreislauf des Blutes im menschlichen Körper: Die Sonne zieht sich ebenso rhythmisch zusammen, als es das menschliche Herz bei jeder Rückkehr des Blutes tut. Nur braucht das Blut der Sonne, anstatt die Runde in einer Sekunde oder dergleichen zu vollenden, zehn Sonnenjahre zu seinem Kreislauf und ein volles Jahr zu seinem Durchgang durch Aurikel und Ventrikel derselben, bevor es die Lungen wäscht und von da aus in die großen Arterien und Venen des Systems zurückkehrt.

... Das Weltall, in diesem Falle unsere Welt, atmet gerade so, wie der Mensch und jedes lebendige Geschöpf, wie die Pflanze und selbst das Mineral auf der Erde atmet und wie unsere Kugel selbst atmet innerhalb jeder vierundzwanzig Stunden.

Die Geheimlehre, Bd. I, S. 591

Raum ist die *wahre* Welt, während unsere Welt eine künstliche ist. Er ist die Eine Einheit in ihrer ganzen Unendlichkeit; in ihren grundlosen Tiefen sowie an ihrer trügerischen Oberfläche; einer Oberfläche, die mit zahllosen der Erscheinung angehörigen Universen, Systemen und luftspiegelungsgleichen Welten besäet ist. Nichtsdestoweniger ist für den östlichen Okkultisten, der ein objektiver Idealist ist, am Grunde, in der *wahren* Welt, die eine Einheit von Kräften ist, „ein Zusammenhang aller Materie im Plenum", wie Leibniz sagen würde. Das ist symbolisiert in dem pythagoreischen Dreieck.

Die Geheimlehre, Bd. I, S. 675

Intelligenzen sind ohne Anfang.
Die Sphäre hat eine tätige Seele.
Die Himmel haben weder Spalte noch Naht.

Der Desatir: Das Buch von Shet Sasan dem Ersten, Verse 16, 17, 20
(Englisch: Mulla Firuz Bin Kaus)

Der schwerfällig sich bewegenden Sterne sind viele, und jeder hat Intelligenz, eine Seele und einen Körper.

Und in gleicher Weise hat jede bestimmte Abteilung der Himmel und der Planeten ihre Intelligenzen und ihre Seelen.

Der Desatir: Das Buch des Propheten, des großen Abad, Verse 23, 24
(Englisch: Mulla Firuz Bin Kaus)

Die Physiologie des Universums, die wir während einiger der letzten Versammlungen studiert haben, sollte in ihrer Beziehung zu der Psychologie des Universums verstanden werden. Gleichzeitig sollten wir nicht vergessen, dass es hinter dem psychologischen Aspekt des kosmischen Lebens die Pneumatologie des Universums gibt; dadurch entstehen die entsprechenden Felder für die drei wesentlichen Vehikel, durch die, in denen, von denen und hinter denen das universale Leben wirkt, fließt und besteht. Die drei bilden auf diese Weise den Ursprung und korrespondieren daher im Menschen mit seinen drei allgemeinen Abteilungen von Körper, Seele und Geist. Die Physiologie des Universums umfasst das gesamte All der verkörperten oder in Vehikel gekleideten Wesenheiten des Universums. Die Psychologie des Universums umfasst die verschiedenen Hierarchien spiritueller Wesen, die in diesen Heeren von Körpern wirken. Die Pneumatologie des Universums umfasst die göttlichen Wesen, die hinter den Zwischenklassen stehen, sie beherrschen und inspirieren. Die Lehren in Bezug auf die dritte und letzte Abteilung sind, wie wir alle wissen, außerordentlich schwierig, und bisher hatten wir nur die Gelegenheit, auf sie anzuspielen. In unseren Studien haben wir bis jetzt nur den Versuch unternommen, etwas von der Psychologie und der Physiologie der Räume des Kosmos zu verstehen.

Eine – und vielleicht eine der größten – der Funktionen oder Tätigkeiten der Universalnatur ist die, die wir durch das Wort „Evolution" ausdrücken. Wir benutzen dieses Wort in dem streng etymologischen Sinn, wonach es das Entfalten, das Entrollen oder das Nach-außen-Rollen dessen bedeutet, was in dem ursprünglichen Samen oder in der Wurzel enthalten ist. Wir benutzen das Wort „Evolution" nicht, wie es in der modernen biologischen Wissenschaft fälschlicherweise angewandt wird. Die Biologen lehren in Wirklichkeit nicht Evolution, sie lehren das, was die Franzosen sehr richtig „Transformation" nennen. Der Unterschied zwischen diesen beiden Bedeutungen ist gewaltig. Da wir uns mit diesem Studiengegenstand später eingehender beschäftigen werden, möchten wir gegenwärtig die Aufmerksamkeit nur auf diesen großen Unterschied in der Bedeutung lenken, um das Missverständnis zu vermeiden, wir würden die Worte Evolution und Entwicklung, wenn wir sie im Sinne der Esoterischen Philosophie benutzen, in dem Sinne verstehen, wie sie moderne Biologen benutzen. Dies ist ganz und gar nicht der Fall. Wir wenden das Wort „Evolution" im streng etymologischen Sinn an: für das Entfalten, das Entrollen, das Ausströmen der Kräfte, die aufgrund des Karmans aus der Vergangenheit in den Samen jedweder Wesenheiten, die in einen neuen Zyklus aktiver Existenz eintreten, latent liegen.

Dieses große Prinzip wurde im Fall der kosmischen Evolution gut durch das erläutert, was die Stoiker in Bezug auf das Sichentfalten, die Entwicklung oder Evolution, das Enthüllen der vier (oder fünf) Elemente der Alten lehrten, so wie diese Elemente zu ihrer Zeit verstanden wurden. Sie lehrten, dass das fünfte Element, die fünfte Essenz oder Quintessenz, Äther genannt, der unser Âkâśa ist, in seinem Busen vor deren Offenbarung oder Entwicklung die Samen dieser niederen vier enthielt und dass, als für diese vier die Zeit kam, sich zu entwickeln, als die Gottheit, als Zeus wünschte, die Welten nach einer Ruhepause wieder in die Manifestation hinauszusenden, das Feuer das erste Element war, das erschien, sich aus dem Äther (oder Âkâśa) heraus entfaltend, sich daraus entwickelnd, auswickelnd. Nicht das Feuer, wie wir es kennen, sondern sozusagen der Same des Feuers, der Geist des Feuers, jene primäre und elementare kosmische Kraft, von der das Feuer auf unserer Ebene, auf dieser niedrigen Ebene, eine schwache Manifestation ist. Als dann das Feuer seinen Lauf der zyklischen Evolution durchlaufen hatte, ging in der gleichen Weise, wie das Feuer aus dem Busen des Äthers oder des Âkâśa hervorgegangen war, die Luft aus dem Feuer hervor, entwickelte sich aus dem Busen des Feuers, das das Element Luft enthielt. Es enthielt nicht nur sein eigenes Swabhâva oder sein charakteristisches Merkmal, seine Eigenschaft des Feuers beziehungsweise des Feurigen, sondern auch das charakteristische Merkmal seines Elters, des Äthers, des Âkâśa. Als Nächstes in der Reihenfolge entrollte, wurde ausgewickelt, entsprang aus der Luft das Wasser in die Entwicklung. Nicht unser Wasser, was absurd ist, sondern das, was wir den Samen des Wassers, den Geist des Wassers nennen könnten, das, was das Wasser oder den flüssigen Zustand auf unserer Erde vertritt. Dieses enthielt in seinem Busen etwas von der Eigenschaft oder der Charakteristik seines Elters, der Luft, seines Großelters, des Feuers, und des Äthers oder des Âkâśa. Es enthielt auch die Kräfte, die Möglichkeiten und die Macht dieser seiner Vorgänger, aber natürlich im Wasser schwächer als in ihren eigenen entsprechenden Reichen.

Die Eigenschaften und Möglichkeiten jedes Vorhergehenden werden in dem Maße schwächer, wie die Evolution weiter fortschreitet, d. h., immer mehr in die Materie führt. Aus dem Wasser, aus dessen Busen, entwickelte sich oder entrollte der Same des Elementes Erde. Als die Wendung des Zyklus erreicht war, als die Entwicklung dieser Elemente, als der Aufbau der Globen usw. zu einem Ende gekommen war und Zeus wünschte, sie alle in seinen Busen zurückzurufen, begann der umgekehrte Prozess, und das Wasser nahm sein Kind, das Element Erde, wieder zu sich. Die Erde begann, flüssig zu werden und in das Element Wasser zurückzukehren. Das Element Wasser begann dann seinerseits, zu seiner entsprechenden Zeit, seine Partikel in Luft zu verwandeln und einzugehen oder eingesammelt zu werden in den Busen seines Elters, des Elementes Luft. Dann war die Luft an der Reihe und begann, ihre Natur zu entsenden und in den Busen ihres Elters, des Feuers, einzugehen. Schließlich gestaltete dann das Feuer seine Natur ätherischer, ging zurück in den Busen seines Elters, der fünften Essenz oder des Äthers, und der Zyklus der kosmischen Periode war beendet. Es folgte wieder eine Periode der Ruhe.

Nun, wir erweitern die Liste dieser fünf Elemente auf mindestens sieben. Dem Kosmos wohnt das Prinzip der Entwicklung inne, das wir erläutern, indem wir das Wort Evolution, wie oben umrissen, anwenden: das Hinausgehen des Atems, das Ausatmen Brahmâs, wie die alten indischen Denker sagten. Wenn das Werk getan ist, erfolgt das Einatmen, das Einziehen des Atems, die Involution von Brahmâ. Die gleiche Erläuterung, die wir eben aus der Stoischen Philosophie gaben, finden wir in der alten Hinduliteratur, in den *Upanishaden* und insbesondere in den Purâṇas.

Auf die gleiche Art, mit an Umstände und Wesenheiten angepassten Änderungen, werden ebenso die Globen unserer Planetenkette entwickelt. Globus A durchläuft seinen Lebenszyklus, dann entwickelt er Globus B, der ebenfalls seinen Lebenszyklus durchläuft. Dieser entwickelt darauf Globus C, der seinen Lebenszyklus durchläuft und Globus D, unsere Erde, entwickelt. Globus D durchläuft seinen Lebenszyklus und entwickelt Globus E, und dann werden die Globen F und G, die letzten der manifestierten sieben, in der gleichen Weise entwickelt. Diese Globenevolution ist der Gegenstand, den wir jetzt studieren.

Die Erlaubnis des Lehrers, dass Fragen gestellt und beantwortet werden, ist für den gegenwärtigen Sprecher außerordentlich hilfreich gewesen. Es hat sich gezeigt, dass über die Ebenen und Prinzipien des Kosmos sowie über die verschiedenen Methoden und Kräfte, durch die die zwölf Globen unserer Planetenkette zueinander in Beziehung stehen, nicht genug gesagt wurde. Wir wollen dies daher anhand des folgenden Diagramms erläutern:

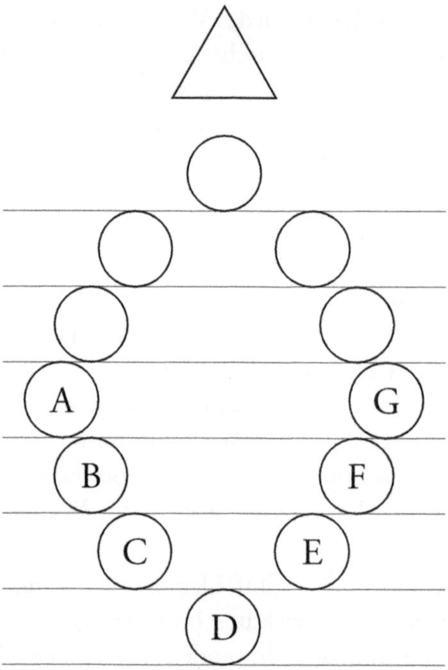

Wir haben hier die sieben kosmischen Ebenen durch gerade Linien dargestellt, und über diese wurde ein Dreieck gezeichnet, das die drei pneumatologischen, göttlichen oder überspirituellen Ebenen andeutet, über die jetzt zu sprechen nutzlos ist, weil es, selbst wenn irgendetwas über sie gesagt werden würde, sehr zweifelhaft ist, ob es für uns gegenwärtig hilfreich wäre. Die Lehren über diese drei Ebenen sind zu abstrakt. Unterhalb des Dreiecks folgen die drei höheren der manifestierten kosmischen Ebenen, die die fünf verborgenen Globen unserer Planetenkette enthalten. Unterhalb von diesen folgen dann die vier niederen der manifestierten sieben Pläne – des Kosmos –, die unsere sieben manifestierten Globen enthalten. H. P. Blavatsky nannte sie in der *Geheimlehre* gewöhnlich die planetarische Kette der Erde. Wir haben sie wieder mit A, B, C, D, E, F und G bezeichnet. Jede dieser sieben manifestierten kosmischen Ebenen oder Welten ist selbst eine Siebenheit, das heißt, in sieben Unterebenen oder Welten einzuteilen. Diese Tatsache wird als ein sehr wichtiger Gegenstand in unseren späteren Studien Berücksichtigung finden.

Die zwölf Globen befinden sich auf sieben Ebenen. Das Diagramm zeigt nur sieben manifestierte Ebenen und ein Dreieck, das drei göttliche Ebenen darstellt, was zusammen zehn ergibt. Warum zeigen wir hier nicht zwölf kosmische Ebenen oder Welten? Wir haben das Diagramm in dieser Weise gezeichnet, um die Aufmerksamkeit durch das anscheinende Fehlen von etwas auf eine Tatsache zu lenken, die wir zu betonen wünschen. Der lateinische Dichter Martianus Capella spricht von der Sonne, „deren heiliges Haupt von zweimal sechs Strahlen umgeben ist". Diese zweimal sechs das Haupt des Sonnengottes umgebenden Strahlen stellen die zweimal sechs Mächte oder die zweimal sechs Globen in der spirituellen Sonne dar. Unsere sichtbare physische Sonne ist nur der Körper unserer Sonne. Es gibt sieben manifestierte Sonnen. In Wirklichkeit gibt es zehn Sonnen und zwei polare „Verbindungsglieder". Wir sehen nur eine Sonne, die niederste. Diese Sonne befindet sich dennoch tatsächlich auf unserer höchsten physischen Ebene. Aber, wie der Märchenerzähler sagt: „. . . das ist eine andere Geschichte."

Die zwölf Kräfte der Sonne repräsentieren und sind die zwölf Kräfte des Logos, der der manifestierte Sonnengott ist, und da es zwölf Kräfte sind, müssen sie natürlich eigene Wohnungen, ihre eigenen Sphären geeigneten Wirkens haben, um darin leben zu können. Sie müssen die geeigneten Materien oder Substanzen haben, um darin wirken zu können. Tatsächlich sind sie selbst ihre eigenen Wohnungen. Sie bauen ihre eigenen Häuser mittels eines Teiles von sich selbst, ebenso wie eine Schnecke ihr eigenes Haus selbst baut, aber trotzdem davon getrennt bleibt. Sie sind in ihrem Haus, beherrschen es, jede der Kräfte das ihre, aber dennoch sind sie nicht von ihm, wie der Geist und die Seele eines Menschen von seinem Körper getrennt in ihm sind und doch über ihm bleiben, und in einem wahren Sinne nicht von ihm sind.

Diese zwölf Kräfte repräsentieren und sind die zwölf Ebenen des universalen Sonnensystems. In einer Hierarchie gibt es jedoch nur zehn Ebenen. Was ist nun mit den zwei besonderen Ebenen, der elften und der zwölften? Die Lösung des Rätsels ist folgende: Alles manifestierte Sein ist ein Kontinuum. Ich nehme an, dieses in der Philosophie angewandte Wort wird verstanden. Es bedeutet, dass sich das universale Sein ohne Unterbrechung des Zusammenhanges, aber in unzählbare Teile, Stufen, Ebenen oder Welten abgestuft, unendlich nach allen Richtungen, besonders nach innen und nach außen, erstreckt. Dieses Kontinuum ist sozusagen in sich in sieben, zehn oder zwölf Abstufungen sich manifestierender Hierarchien unterteilt. Die sieben niedersten Stufen sind der manifestierte Teil der Hierarchie, jener Teil, der unterhalb einer gewissen Ebene der Materialität aufgebaut ist. Diese sieben sind die Rûpa-Welten oder die Welten der Form. In Wirklichkeit sind die drei höheren dieser sieben für uns, für unsere Erkenntnis, relativ arûpa oder formlos. Die wirklich formlosen oder göttlichen Welten sind die drei höchsten über diesen manifestierten sieben, was zehn Welten, Ebenen oder Stufen ergibt.

Jede Hierarchie hat natürlich ihren Anfang und ihr Ende, ihren Zenit und ihren Nadir, ihren Gipfel und ihren Boden, ihr Höchstes und ihr Niederstes, das Erste und das Zehnte, abwärts gezählt. Aber was ist es, das dieses Erste und dieses Zehnte mit den anderen Hierarchien, mit dem übrigen Teil des Kontinuums verbindet? Was ist eine Hierarchie? Sie ist eine individuelle Wesenheit. Sie ist aus Heeren und Mengen kleinerer und untergeordneter Wesenheiten zusammengesetzt, wie der menschliche Körper eine Wesenheit und doch aus Heeren von Zellen zusammengesetzt ist. Diese Zellen sind wiederum Wesenheiten und sind selbst aus Molekülen und Atomen zusammengesetzt. Die Atome sind ebenfalls zusammengesetzte Dinge. Doch sie alle leben zusammen und sind zusammen tätig, jedes einzelne für eine bestimmte Hierarchie, und alle sind miteinander verbunden und greifen ineinander. Jede einzelne dieser Hierarchien hat dessen ungeachtet ihren eigenen Gipfel oder ihre Spitze sowie ihren niederen Pol, ihren Kopf und ihren Fuß, ihren Anfang und ihr Ende.

Das, was eine Hierarchie – sagen wir, an ihrem Gipfel oder Anfang – mit dem übrigen Teil des Kontinuums verbindet, ist eine Zwischenebene oder eine „kritische Ebene“, die an der Natur beider Hierarchien, der unteren und der in dem Kontinuum, von dem sie natürlich ein Teil ist, über ihr befindlichen Hierarchie, teilhat. Mit ihrem Fuß wiederum ist sie auf einer besonderen oder zwölften Ebene, einer anderen Zwischenebene oder „kritischen Ebene“, mit der höchsten Ebene der Hierarchie verbunden, die sich unter ihr befindet oder nach ihr folgt. Auf diese Weise haben wir also eine aus zehn, immer aus zehn Graden oder Stufen, Ebenen oder Kräften bestehende Hierarchie: sieben manifestierte und drei verborgene, okkulte oder mystische. Die zehn Prinzipien oder Ebenen, die eine Hierarchie bilden, sind durch zwei Sonderebenen oder Zwischenebenen mit den oberen und unteren Welten verbunden, eine oben und eine unten für jede Hierarchie.

Wir wollen jetzt unser Hauptstudium an dem Punkt aufnehmen, an dem wir es in der letzten Woche verließen. Es wurde die sehr interessante Frage gestellt, ob unsere Planetenkette die sieben Prinzipien der Erde bildet. Die Antwort war: Das tut sie nicht, weil jeder einzelne der sieben Globen selbst ein individueller und getrennter Planet und selbst eine Siebenheit ist, aber die Planetenkette bildet eine Hierarchie von Globen. „Hierarchie“ bedeutet nicht irgendein besonderes Ding, es bedeutet jede mögliche zehnfache Ansammlung von Wesenheiten, die eine Einheit bilden.

In früheren Versammlungen legten wir eine starke Betonung auf den Unterschied zwischen dem Einen, einer Monade, einer Einheit und einer Vereinigung. Dies geschah damals in Voraussicht auf Fragen bezüglich derartiger Studien wie unseres gegenwärtigen Studiengegenstandes. Wenn wir die Grundideen nicht klar im Gemüt haben, entsteht leicht Verwirrung. Eine Vereinigung ist eine mehr oder weniger enge oder lose Ansammlung verschiedener Wesenheiten. Eine Einheit, wie wir das Wort benutzen, ist eine Vereinigung, in der die Bande so eng sind, dass sie nicht als eine Ansammlung, sondern als einzelnes Wesen, als ein Individuum wirkt. Eine Hierarchie ist eine Einheit. Eine Monade ist die Wurzel einer Hierarchie, eine reine und dauernde Individualität, wie das charakteristische Lebenszentrum in einem Samen, dem ein Baum entspringt. Der Baum funktioniert als Einheit. Wenn wir aber seine einzelnen Blätter, Zweige und Wurzeln als Ansammlung betrachten, dann ist er nur eine Vereinigung. Als Wesenheit, als Hierarchie von geringeren Lebewesen, von kleineren Lebewesen betrachtet, ist er eine Einheit, und das spirituelle Zentrum oder der Same, aus dem er hervorkommt, sein innewohnendes charakteristisches Swabhâva, sein besonderer Lebenssame, ist die Monade. Das Eine ist jene letzte, reinste, einfachste Form kosmischen Seins, die wir göttlich nennen und von der die alten Theologen sagten: „Worin es nicht die geringste Veränderung gibt, gibt es weder Manifestation noch Unterschiede." Es ist reines Sein im Gegensatz zu differenzierter Substanz. Es ist das Eine, in dem es keine Gegensätze gibt; reines Sein, reine Seligkeit, reines Bewusstsein – die Hindu-*Upanishaden* nennen es Sat-Chit-Ânanda: reines Sein-Bewusstsein – Glückseligkeit.

Die Planetenkette, die eine Einheit oder eine Hierarchie bildet, funktioniert daher als Wesenheit für sich und ist eine Wesenheit für sich. Sie ist zu einem vereinigt, weil sie eine Einheit ist, sie ist zu einem Ding geformt. Warum? Weil sie mit Seele und Geist ausgestattet ist, die aus ihrer schöpferischen Monade hervorfließen. Mit anderen Worten, ihr Bewusstsein ist monadisch. Wir wollen aus der *Geheimlehre,* Band I, Seite 189, folgenden Abschnitt als Zusammenfassung vorlesen:

> Daher ist es nur vernunftgemäß, dass die Globen, die unsere Erde überschatten, auf verschiedenen und höheren Plänen sein müssen. Kurz gesagt, als Globen sind sie in *Vereinigung zu einer Masse,* aber nicht in *Wesenheit* mit unserer Erde, und gehören somit einem ganz andern Bewusstseinszustand an.

Vereinigung oder vielmehr Gestaltung zu einer Einheit bedeutet nicht, dass die so vereinte Wesenheit ein ungeteiltes (nicht zusammengesetztes) Wesen im gewöhnlichen Sinne ist. Sonst würden ihre sie zusammensetzenden Teile nicht in einer Zusammenfassung vereinigt sein. Es bedeutet, dass die zusammengefügte Wesenheit in der gleichen Weise eine Einheit oder eine Hierarchie ist, wie der Körper des Menschen eine Einheit und eine Hierarchie darstellt, wenn wir den Körper als das Vehikel betrachten, durch das die innewohnende monadische Seele des Menschen wirkt und die Heere kleinerer Leben leitet und kontrolliert, aus denen der Körper besteht.

Wir wollen uns nun mit der Methode oder dem Prozess beschäftigen, durch den unsere sieben manifestierten Globen der Planetenkette entwickelt oder, wir wollen sagen, „geboren“ werden. Wenn nach langer pralayischer Ruhe das Pulsieren der aus zehn Klassen, Stämmen oder Familien bestehenden Lebenswogen beginnt, die von dem einstigen, jetzt aber nicht mehr bestehenden Globus A der Mondkette herüberkommen und das neue Erd-Manvantara eröffnen, beginnen sie sich auf der Ebene des Globus A der künftigen Erdplanetenkette zu differenzieren und sammeln magnetisch oder in gravitativer Weise die Heere von Lebensatomen um sich und in sich, die zu jener Ebene gehören und im Raum schweben. Sie sind während der langen pralayischen Ruhe der höheren Prinzipien transmigriert, sind auf jener besonderen Ebene in andere Wesen eingetreten und haben sie wieder verlassen.

Dies ist die wirkliche Bedeutung der alten Lehre über die Transmigration: Die Lebensatome, die ein Mensch während des Lebens abstößt, aus denen sein Körper in jedem Augenblick im Leben besteht und die nach seinem Tode, während er in Devachan ruht, zurückgelassen werden, transmigrieren ihrer besonderen Natur entsprechend; sie gehen in die Tiere ein und bilden diese, gehen in die Pflanzen-, die Mineral- und die Elementalwelt – in die drei Elementalwelten oder Elementalreiche; und ähnlich verhalten sich jene seiner mittleren Prinzipien. Wenn der Mensch zur Inkarnation zurückkehrt und dabei abwärts durch die verschiedenen Ebenen in die physische Inkarnation fortschreitet, schafft er sich zuerst Gewänder aus Licht, die aus seinen früheren, zu den höheren Ebenen gehörenden Lebensatomen gebildet sind; das heißt, er sammelt dieselben Lebensatome wieder in sich ein, die er abstreifte und abstieß, als er auf seinem Wege „aufwärts“ durch die entsprechenden Ebenen ging. Das geschieht auf seinem Wege abwärts in die Inkarnation auf jeder Ebene. Wenn er diese Erde erreicht, sammelt er in ähnlicher Weise die Lebensatome dieser Ebenen wieder in sich ein, und zwar nicht nur durch die ihm selbst unbewusste magnetische Anziehung während seines Lebens vor der Geburt, sondern insbesondere mehr nach der Geburt. Der gleiche Prozess vollzieht sich auch bei den Planeten, den verschiedenen Globen der verschiedenen Planetenketten. Die Lebenswogen ziehen, während sie durch die vier niederen Ebenen des Kosmos hinabsteigen, auf einem Globus nach dem anderen wieder die Lebensatome an sich, die jeweils zu den früheren Mondgloben auf den vier niederen Ebenen gehörten. Diese Lebensatome helfen beim Aufbau der neuen „physischen“ Globen oder Körper der künftigen Planetenkette, die die hereinkommenden Lebenswogen oder die sieben Prinzipien jedes Globus des Mondes, der einst war, formen und gestalten und in der sie in dem neuen Manvantara nun wirken werden.

Woraus besteht nun jeder der sieben Globen unserer Planetenkette oder irgendeiner anderen Planetenkette? Er besteht aus diesen Lebensatomen zuzüglich der innewohnenden vitalen Kräfte der Lebenswogen. Diese zusammen bauen den Globus auf und sind der Globus; auch der Mensch baut seine Körper von innen auf. Selbst im Ernährungsvorgang gibt es Geheimnisse, die unsere Gelehrten noch nicht gelöst haben. Der Mensch baut seinen Körper aus sich selbst heraus auf. Er scheidet die verschiedenen Vehikel seines Wesens zuerst aus und sondert sie dann ab. Er sondert seinen eigenen Körper oder sein Vehikel aus den Ausscheidungen ab, die aus ihm selbst hervorgehen. Die Globen unserer Kette werden in der gleichen Weise aufgebaut.

Wir haben die drei Elementalreiche hinsichtlich ihrer Arbeit bei der Bildung des Globus A unserer Kette kurz betrachtet, darauf wollen wir jetzt zurückkommen. Sagen wir, das Elementalreich I habe seine Arbeit an dem, was nun die erste Grundlage des Globus A ist, vollendet. Dieser Globus hat daher begonnen, Form anzunehmen. Er ist zu einem Siebentel (oder zu einem Zehntel) gebildet und in dem Umfang geformt, wie ihn das erste Elementalreich bilden konnte. Das erste Elementalreich ist jetzt durch seine sieben Perioden des Wirkens der Evolution gegangen und geht anschließend in „Verdunkelung" – eines von Sinnetts Worten. Ein weit besseres Wort wäre „Ruhe" oder „Schlaf", weil das Wort Verdunkelung den Sinn tatsächlich ziemlich verdunkelt. Ein Mensch ist nicht „verdunkelt", wenn er schläft. Der Körper mag es in einer Hinsicht sein, aber es ist besser, in wirklich passenden Worten darzulegen, was der wirkliche Zustand ist. Es ist der des „Schlafes", der „Verborgenheit" oder vielmehr der „Ruhe".

Was ereignet sich nun? Sobald das Elementalreich I zur Ruhe geht, beginnt das Elementalreich II seine Arbeit auf der von dem Elementalreich I gelegten Grundlage. Inzwischen geht der Überschuss an Leben des Elementalreichs I weiter auf Globus B und legt dort die erste Grundlage für Globus B, wie vorher für Globus A. Was meinen wir nun mit dem „Überschuss an Leben", und was wird ferner als „Śishta" oder Überbleibsel von dem jetzt auf Globus A ruhenden Elementalreich I zurückgelassen? (Das aktive Leben der Lebenswoge, ein Teil davon, geht dessen ungeachtet weiter und bildet den Anfang des Globus B.) Was ist also der „Überschuss an Leben"? Der „Überschuss an Leben" ist, wie dieser Ausdruck hier benutzt wird, das, worauf wir vor einigen Augenblicken anspielten, als wir von dem „Enthüllen" oder „Entrollen" der Elemente sprachen, die vor der Manifestation ineinander enthalten sind. Dieser in dem Elementalreich I auf Globus A enthaltene Überschuss an Leben stellt, was das Elementalreich betrifft, die darin eingewickelten, enthaltenen und sozusagen im Ruhezustand befindlichen 42 Prinzipien all der anderen sechs Globen der manifestierten sieben dar, die noch nicht bereit sind, sich zu manifestieren, weil sie für Globus A nicht geeignet und tauglich sind. Deshalb wird von ihnen als „schlafend", als im Busen des Elementalreichs „ruhend" gesprochen. Doch wahrheitsgemäßer „überschatten" und erfüllen sie es mit Leben, mit den 42 „Feuern". In dem Maße, wie dieser „Überschuss an Leben" enthüllt oder evolviert wird, gehen schlafende Sphären, schlafende Kräfte oder Einflüsse – die in Wirklichkeit die überschattenden 42 Feuer sind – als Überschüsse an Leben auf die untere

Ebene hinab. Dieses „Hinabgehen“ geschieht aufgrund der gravitativen Anziehung oder des heftigen Ziehens der unteren Ebenen, wie es von deren untergeordnetem Swabhâva oder deren innewohnender Charakteristik gefühlt wird. Sobald sie daher sozusagen ihre eigene Sphäre erreichen, beginnen die schlafenden Feuer der Lebenswoge, die von Natur aus diesen Reichen angehören, zu erwachen, die für die Ebene geeigneten und zu ihr gehörenden Lebenswogen beginnen zu wirken, und das Elementalreich I beginnt auf Globus B seinen Lebenszyklus.

Wir wollen zum Globus A zurückkehren. Wenn das Elementalreich II seine Arbeit auf Globus A vollendet hat, das heißt, wenn es seine sieben Stammrassen auf Globus A durchlaufen hat, folgt das Elementalreich III, wie II auf I folgte. Unmittelbar darauf zieht der gravitative Zug, der auf II wirkt, nachdem das Elementalreich II auf Globus A in Ruhe gegangen ist, den in dem Elementalreich II auf Globus A vorhandenen Überschuss an Leben auf Globus B herab, wo II sofort zu erwachen, zu wirken und die auf dieser Ebene zu ihm gehörenden Lebensatome zu sammeln beginnt. Auf diese Weise befinden sich auf Globus A die Elementalreiche I und II in Ruhe, und III hat seinen Lebenszyklus auf Globus A vollendet. Wenn das Elementalreich I auf Globus B seinen siebenfachen Lauf des Wirkens vollendet hat, geht es in ähnlicher Weise auf Globus C weiter und beginnt diesen zu gestalten, während II gleichzeitig seine Arbeit auf Globus B beginnt. Und III befindet sich, wie gesagt, auf Globus A.

Auf diese Weise beginnt also auf der gegenwärtigen Stufe Elementalreich I seine Arbeit auf Globus C; Elementalreich I ist auf Globus B, wo II aktiv ist, in „Verdunkelung“. Auf Globus A schlafen Elementalreich I und II, Elementalreich III ist dort aktiv. Nachdem sein – des dritten Reiches – Lebenszyklus auf Globus A vollendet ist, kommt das vierte, das Mineralreich, auf Globus A und macht dort das Gleiche wie seine Vorgänger, die Elementalreiche I, II und III, das heißt, es durchläuft seine siebenfache Stammrasse oder seinen siebenfachen Lauf auf Globus A. Sofort nachdem dies geschehen ist, geht das Mineralreich auf Globus A in Ruhe, Schlaf oder in „Verdunkelung“ ein, und das Pflanzenreich beginnt dort zu erscheinen. Während dies stattfindet, geht mittlerweile das Mineralreich auf Globus B hinab, wobei es der gleichen Regel, Tätigkeit oder Funktion der Natur folgt wie die vorhergehenden Reiche oder Lebenswogen. Während das Pflanzenreich auf Globus A erscheint, geht das Elementalreich III weiter auf Globus C, II geht weiter auf Globus D, unsere Erde, und I geht weiter auf Globus E. Anschließend erscheint das Tierreich auf Globus A, und wenn es seinen siebenfachen Lauf beendet hat, geht es hinab auf Globus B, und gleichzeitig macht jedes der fünf vorhergehenden Reiche oder jede der fünf vorhergehenden Lebenswogen einen Schritt vorwärts zum nächsten Globus.

Schließlich kommt das siebente, das menschliche Reich auf Globus A, so dass, wenn das menschliche Reich auf Globus A erscheint, das erste Elementalreich seine Arbeit auf Globus G beginnt – dem letzten der sieben manifestierten Globen. Auf diese Weise folgt Schritt um Schritt ein Reich oder eine Lebenswoge der Reihe nach der anderen. Die sieben Lebenswogen gehen von Globus A zu Globus G durch alle dazwischenliegenden Globen, aber wenn das siebente oder menschliche Reich den Globus G erreicht, vollenden auch alle anderen Reiche jeweils ihre Entwicklung dort. Der Grund hierfür ist in dem Gesetz der Verzögerung zu finden, aufgrund dessen sich der Fortschritt der niedrigeren Reiche auf dem aufwärtsführenden Bogen verlangsamt, weil die untergeordneten Reiche mit größerer Schwierigkeit durch die Globen auf dem aufwärtsführenden Bogen aufsteigen als die höheren und sehr entwickelten Reiche; der Hemmschuh der Materie hält sie zurück.

Dies ist nun die erste Kettenrunde. Von der zweiten Kettenrunde an ändert sich der Vorgang. Diesen Unterschied werden wir später studieren. Der Marsch der Lebenswogen durch die einzelnen Sphären stellt einen Aspekt der Zirkulationen des Kosmos dar – des Fortschreitens der Lebenswesenheiten von Sphäre zu Sphäre.

Wir haben bisher in der Hauptsache von Globus A gesprochen. Wenn wir „Mineral", „Pflanze", „Tier" und „Mensch" sagen, so meinen wir nicht die Dinge, wie wir sie heute auf der Erde kennen, in ihrem bereits mehr oder weniger entwickelten jetzigen Zustand auf diesem Globus D in dieser vierten Runde. Wir sprechen von der ersten Runde auf und durch den ersten Planeten oder Globus A. Jene Reiche würden so, wie sie damals waren, für unsere gegenwärtigen Begriffe, selbst bei ihrer vollständigsten Entwicklung auf Globus A während der ersten Runde, die nur mit einem dünnen Häutchen bedeckten, unsichtbaren und gänzlich unvollkommenen Darstellungen dessen sein, was sie in der Zukunft sein werden, d. h., sie würden für uns spirituelle Wesen zu sein scheinen. Für ihren eigenen Globus und für sich selbst waren sie jedoch in der ersten Runde auf jenem ersten Globus A so physisch, wie es unser Globus D jetzt für uns ist und wie wir es füreinander sind.

* * * * * * *

In unserer letzten Versammlung ersuchte mich der Lehrer, heute eine erschöpfendere Antwort auf die häufig gestellte Frage zu geben, die er damals in Bezug auf unsere esoterischen Studien gestellt hatte – eine vollständigere Antwort, als ich sie in der vergangenen Woche aus Mangel an Zeit geben konnte: „Worauf gründet sich der Beweis, auf den sich die esoterischen Lehren stützen? Woher kamen sie, und wie alt sind sie?" Sie gab uns zu verstehen, dass eine solche Antwort für forschende Gemüter unter uns nützlich sein könnte, für jene, die sozusagen in unseren Orden hineingeboren wurden. Wir wollen zunächst den ersten Teil der Frage beantworten:

„Worauf gründet sich der Beweis?" Die Antwort ist einfach. Grundlage des Beweises bilden die Tätigkeiten und die Funktionen der universalen Natur. Mit Natur meinen wir nicht nur die physische Natur, sondern alles, was ist, Inneres und Äußeres, Höheres und Niedrigeres – alles. Denn das ist Wahrheit, es ist die Wirklichkeit des Seins, es ist die Grundlage. Wie erlangen wir ein Verstehen, ein Wissen über diese Dinge und Tatsachen der universalen Natur? Was das Verstehen betrifft, so wird das Argument in der Beweisführung in der gleichen Weise geboten, in der jede Tatsache oder Wahrheit der Natur dargeboten wird, und durch Appell an die Intelligenz und an den gesunden Menschenverstand.

„Wissenschaft" ist in unseren Tagen ein Wort, auf das man schwört. Wird eine Sache „wissenschaftlich" genannt, so wird sie ohne genauere Prüfung und ohne sie genau zu analysieren begierig aufgenommen. Den Durchschnittsmenschen kümmert es nicht sehr, ob die wissenschaftliche Behauptung an sich zutrifft oder nicht. Er prüft sie selten nach. Es mag heute eine wissenschaftliche Tatsache sein, und morgen wird sie dann von einer anderen „wissenschaftlichen Tatsache" verdrängt. Ich wage zu sagen, dass niemand mehr wirkliche Verehrung für wahre Wissenschaft hat, d. h. für klassifiziertes und koordiniertes Wissen, als Theosophen. Aber, wie wir schon oft gesagt haben, vor den Phantasien, Steckenpferden, Theorien und Hypothesen wissenschaftlicher Forscher haben wir nicht mehr Achtung, als diese Phantasien, Steckenpferde, Theorien oder Hypothesen wirklich wert sind. Unsere Erfahrung hat gezeigt, dass sie sich verändern und wechseln und zu oft durch andere ersetzt werden, so dass wir keine große Achtung vor ihnen haben können, und es zählt für uns sehr wenig, ob wir für unsere Haltung der Ergebenheit gegenüber den Tatsachen und der Wahrheit an sich verleumdet werden. Unsere Pflicht ist es, die Wahrheit zu suchen und, wenn wir sie gefunden haben, zu verbreiten. Wie wir vor ein oder zwei Jahren darlegten, haben wir seit der Zeit, da H. P. Blavatsky ihr großes Werk begann, zwei der fundamentalen Theorien der modernen Physik scharf kritisiert: die Hypothese von der „Erhaltung der Energie" und die Hypothese von der „Korrelation der Kräfte". Keine dieser beiden ist wahr, aber beide enthalten Teilwahrheiten.

Und jetzt, nachdem wir viele Jahre lang verlacht worden sind und marktschreierische Kritik erduldet haben, erleben wir, wie unsere sehr metaphysischen Brüder – die manchmal gelehrten, vielfach kühnen und sich oft wirklich selbst verleugnenden Erforscher der Geheimnisse der Natur – uns, wenn auch in noch versteckten Andeutungen, sagen, dass diese beiden angenommenen fundamentalen und ewigen Stützen der Physik nicht über alle Kritik erhaben sind und einer strengeren Untersuchung bedürfen. Sie sind sich nicht sicher, ob diese beiden Theorien wirklich wahr sind. Diese Haltung echter wissenschaftlicher Vorsicht ist richtig. An dem Tag, an dem die Wissenschaft durch ihre Vertreter zu dogmatisieren beginnt, wird sie nichts anderes als eine besondere Art von Kirche sein. Ich kenne nichts, was Dogmatismus schneller, leichter und natürlicher tötet als diese Studien unserer alten Weisheit, und zwar aus dem einfachen Grund, weil, sobald wir ein Ding verstehen und glauben, eine endgültige Wahrheit erfasst zu haben, wir durch die Ausdehnung unserer Fähigkeiten und unseres Wissens die sehr heilsame Lektion lernen, dass dies nur wie die Einführung eines kleinen Kindes in eine viel erhabenere Wahrheit ist. Diese Lektion lernen wir sehr, sehr schnell. Wenn wir irgendeine Neigung haben, zu dogmatisieren oder mentale Idole irgendwelcher Art anzubeten, dann wird diese Neigung in uns durch das theosophische Studium schnell ausgerottet, und wir können den unsterblichen Göttern danken, dass es so ist.

Doch kehren wir zu unserer Ausgangsbasis zurück. Fragen wir einen Wissenschaftler nach einem Beweis für einen Lehrsatz, für einen der aufgestellten Lehrsätze seiner Wissenschaft. Wir wollen es bestimmter ausdrücken: Fragen wir ihn nach dem Beweis für eine der verborgenen Tatsachen der Natur, und er wird uns wahrscheinlich antworten: „Mein lieber Herr, wenn Sie zu mir kommen, nachdem Sie entsprechenden Studien nachgegangen sind und Ihr Gemüt geschult worden ist, zu verstehen, was Sie mich fragen, und wenn Sie bereit sind zu forschen, dann mag ich vielleicht besser in der Lage sein, Ihnen zu helfen, denn dann werden Sie fähig sein, zu verstehen, was ich zu sagen habe." Der Mann wäre vollkommen im Recht, eine solche Antwort zu geben. Diese Antwort ist dem Sinn nach genau das, was unsere Lehrer sagen. Sie enthält die Grundlage der Beweisführung. Wenn der Fragesteller oder Aspirant bereit ist, sich selbst zu bilden und zu studieren, nicht nur zu lesen, sondern dem Gegenstand entsprechendes Nachdenken und Studieren zu widmen – mentale und moralische Disziplin, einschließlich der physischen Sorgfalt für den Körper, und vor allem hohes spirituelles Streben –; wenn er sich auf diese Weise wirklich geschult hat, denn „Disziplin geht den Mysterien voraus"; wenn seine Natur auf diese Weise geöffnet und geschult wird – im Prinzip genau alles das, was der Wissenschaftler den Fragenden zu tun anweist, bevor dieser die Wahrheit verstehen kann –, dann wird er wissen. Denn unsere Meister sagen: „Lebt das Leben, und ihr werdet die Lehre kennen, denn Wissen wird euch dann auf natürliche Weise werden." Und nebenbei gesagt, dieses Leben des Lebens betrifft nicht nur eine Seite. Es bedeutet nicht lediglich sexuelle Moral allein, wie bedeutend auch immer sie wirklich ist. Es bedeutet jedenfalls weit mehr als dies. Es bedeutet die restlose Schulung des inneren Menschen, damit er wahr, aufrichtig, rein, emporstrebend wird; mit anderen Worten, das gute altmodische Wort „Rechtschaffenheit": richtig handeln, weil man richtig denkt; denn eine solche Schulung öffnet die inneren Tore weit für das Eindringen des Lichtes. Wessen Seele von Neid, Eifersucht, Hass oder selbstsüchtigem Ehrgeiz verzehrt wird oder wer Rache in seinem Herzen nährt oder irgendeine oder alle anderen dieser Bewohner der inneren höllischen Regionen, dieser Unarten des inneren Menschen, ist äußerst unfähig, die Lehre zu verstehen, und das aus einem sehr einfachen Grund. Sein Intellekt ist umwölkt und getrübt, seine physische Natur ist verdichtet und grob. Seine innere Natur ist von seiner spirituellen Sonne und Inspiration abgeschnitten, und das Gehirngemüt wird für die Millionen Strahlen der höheren Natur undurchlässig.

Das sind alte Überlieferungen. Wir alle kennen sie, wir haben sie wieder und wieder gelesen. Wir wollen sie uns zu Herzen nehmen, so wie der Wissenschaftler seinem Fragesteller sagt: „Wenn Sie studiert haben und vorbereitet sind, dann kommen Sie zu mir, und wir wollen zu forschen beginnen, denn dann werden Sie in der Lage sein zu verstehen." Auch unsere Lehrer sagen uns: „Wenn ihr Disziplin gelernt habt und bereit seid, wenn ihr vorbereitet und geschult seid, dann kommt zu uns, und wir wollen die Geheimnisse der Natur erforschen. Ihr werdet dann Beweise aus erster Hand erhalten, weil ihr selbst, eure innere Natur, nicht nur so erweckt sein werdet, dass euch Erkenntnis in natürlicher und intuitiver Weise zuteil wird und ihr wissen werdet, sondern eure Seele oder vielmehr Geistseele durch die Schulungsmethoden der alten Weisheit und der alten Schulen in das Herz des Seins, in das Herz der Universalnatur selbst gesandt werden wird. Ihr *selbst* werdet Wissen aus erster Hand entdecken – ein Wissen, das immer währt."

Vergessen wir nicht, dass diese Antwort für uns hier in dieser Schule, für unsere inneren Mitglieder gegeben wird. Sie bringt Tatsachen zum Ausdruck, die wir alle kennen. Unsere Lehren basieren auf oder sind vielmehr der in ein System gebrachte Ausdruck, der formulierte Ausdruck *der fundamentalen Operationen oder Funktionen der Natur, der Universalnatur.* Die Beweisführung oder die Darlegung nimmt genau die gleiche Form an und beruht auf den gleichen Grundlagen wie das Argument oder der Beweis für eine Tatsache in der Naturwissenschaft. „Erfüllt die Bedingungen, und ihr werdet das Wissen haben", sagt der eine, und das sagt auch der andere.

Nun hinsichtlich des Woher. Diese Lehren erhielt die erste bewusste menschliche Rasse auf unserem Globus in dieser Runde durch halbgöttliche Wesen, die sie aus einem früheren Manvantara herüberbrachten. Sie waren einst Menschen, wie wir sie jetzt sind. Diese Wesen, diese Wesen oder Offenbarer sind das, was wir unsererseits sein werden, wenn das siebenfache Manvantara unserer Planetenkette beendet ist. Wir werden dann die Lehrer und Unterweiser der zukünftigen Planetenkette, des Kindes und Abkömmlings dieser Kette sein werden, jener gewaltigen Heere weniger fortgeschrittener Wesenheiten, die uns jetzt auf dieser Kette nachfolgen.

Diese Unterweisung erfolgte zu Beginn der ursprünglichen denkenden menschlichen Rasse in Form direkter Weitergabe. Später, als die Zeit dahinging und die menschlichen Rassen tiefer in die Materie sanken, wurden für das Volk Lehrer bestellt, Priesterkönige der sogenannten göttlichen Dynastien – eine Tatsache, die die ursprüngliche Quelle des heute eher legendären sogenannten „göttlichen Rechtes der Könige" ist, das eben damals eine Tatsache war. Es gab wirkliche Priesterkönige, wirkliche Führer der Menschen, mit anderen Worten: spirituelle Seelen, die bewusst unter den Menschen wirkten. Später, als dann die Rassen noch tiefer in die Materie sanken, wurden diese Priesterkönige, große und edle Wesen, Genien von reinstem Wasser, spirituelle Leuchten in jedem Sinne, durch Priesterkollegien, Verwahrer der ursprünglichen Übermittlungen, vertreten. In einer Zeit, die noch stärker in die Materie verstrickt war, wurden die Mysterien ins Leben gerufen, in denen aus der Masse des Volkes Auserwählte zur Initiation und zur spirituellen und intellektuellen Schulung aufgenommen wurden.

Das Letztere fand etwa während der mittleren Periode der vierten Wurzelrasse, der der unsrigen vorhergehenden Rasse, statt. Dieses System der Mysterien ist selbst bis in unsere heutige Zeit erhalten geblieben.

Es gibt noch eine äußerst schwierig zu erklärende Tatsache, mit der wir uns zumindest kurz beschäftigen müssen, um unseren Überblick zu vervollständigen. Zu Beginn unserer Runde auf dieser Erde, ganz am Anfang, als die erste Rasse aus leeren und mental unempfänglichen „Schalen" bestand – in dem Sinne, wie die Tiere „Schalen" sind, weil sie nicht durch das innere intellektuelle Licht, die inneren Strahlen, die Mânasaputras erleuchtet sind –, kamen während der ersten Anfänge des menschlichen Rassenlebens auf dieser Erde in dieser Runde gewisse Wesenheiten eines viel höheren Grades, als es der Mensch in Äonen um Äonen von jetzt an sein wird, auf die Erde und überwachten die Evolution der ersten, der zweiten und der frühen dritten Rasse. Während der dritten Stammrasse schufen sie durch die Macht von Wille und Yoga, durch Kriyâśakti, eine mystische Körperschaft höherer Adepten und Seelen, eine Körperschaft, die die geheimste und verborgenste ist. Diese Körperschaft war tätig und wirkt selbst bis in unsere Zeit und ist das, was wir heute die Loge unserer Meister nennen, ihr Vertreter unter den Menschen auf Erden in unserer Zeit. Jene durch Wille und Yoga, durch Kriyâśakti, „geschaffenen" Wesen waren es, die das mystische Wissen, die Weisheit der Götter während der Äonen, die einer nach dem anderen in den Hintergrund der Vergangenheit versanken, von Zeitalter zu Zeitalter weitertrugen, das Wissen ihrerseits an ihre Nachfolger weitergaben, bis es unsere gegenwärtige Zeit erreichte.

Wir wollen es dabei bewenden lassen und den dritten Punkt unserer Frage aufnehmen: Wie alt ist die esoterische Weisheit? Wir haben diese Frage in den vorhergehenden Bemerkungen bereits weitgehend beantwortet, möchten jedoch hinzufügen, dass ihr Alter an sich nicht berechenbar ist – sie ist vielmehr zeitlos. Kann mir bitte jemand sagen, wie alt die Funktionen und Operationen der Universalnatur sind? Man sage mir das, und ich will dann sagen, wie alt die alte Weisheit ist. Sie ist zeitlos. Die Weisheit über die Universalnatur, die Wirklichkeit des Seins, ist dieselbe für uns wie für den Bewohner eines Planeten, der um den Sirius kreist oder um irgendeinen anderen großen oder kleinen Stern. Sie ist die Weisheit, die in unserer Zeit der Wahrheit entsprechend „Theosophie", die Weisheit der Götter, genannt wird – die Weisheit, die die Götter, wie wir sagen können, selbst studieren.

* * * * * * *

Es liegt noch eine andere Frage vor, die dem Lehrer zur Beantwortung eingesandt worden ist. Sie hat mich ersucht, nicht viel Zeit darauf zu verwenden, denn unsere Abendstudien dauern schon übermäßig lange. Die Frage ist in einem Brief enthalten und lässt ein Missverständnis bezüglich des Planeten Mars erkennen. Diese Kameradin scheint die Tatsache missverstanden zu haben oder zumindest davon verwirrt zu sein, dass der Planet Mars als einer der Planeten aufgezählt wird, die einen der Globen des aufsteigenden Teiles der Kette unseres Systems überwachen, mit anderen Worten, den sechsten Globus von den manifestierten sieben unserer Kette, und auch dass er einen der fünf verborgenen Globen überwacht. Sie fragt: „Wie kommt das? Wenn Mars, wie im Diagramm II von Nr. I der E.-S.-T.-Instruktionen gezeigt, das Wunschprinzip oder Kâma vertritt, würde er dann nicht in der dort gezeigten Reihenfolge erscheinen? Stellen die farbigen Kreise auf der Tafel III derselben Instruktionen Nr. I nicht die richtige Reihenfolge der Hierarchien oder heiligen Planeten und Prinzipien dar?" Ich glaube, die Kameradin hat die Ideen durcheinandergebracht. Vor allem wollen wir darauf hinweisen, dass wir uns nicht auf den physischen Planeten Mars beziehen. Wir beziehen uns auf die Hierarchie des Mars, wenn wir von ihm als von dem Überwacher oder Beaufsichtiger von zwei der zwölf Globen sprechen.

Als Repräsentant das Prinzip von Kâma oder des Wunsches darstellend, ist auch der Mars siebenfältig. Er besitzt seine eigenen sieben, zehn oder zwölf Globen, und diese Globen sind göttlich, spirituell und psychisch, und einer von ihnen ist, wie unsere Erde, physisch. Der Wunsch ist dual. Es gibt sowohl einen göttlichen als auch einen gottlosen Wunsch. Was ist zum Beispiel höhere Aspiration? Offensichtlich korrespondieren die Globen der Marskette mit denen, die in unserer Kette beeinflusst werden, und auf die Globen dieser beiden Ebenen wird ein entsprechender Einfluss, ein edler Einfluss, ausgeübt.

Woher kommt der Impuls in der menschlichen Natur, der den Menschen wünschen lässt, Gutes zu tun? Ja, erinnern wir uns des alten griechischen kosmogonischen

Mythos, nach dem die erste Gottheit, die sich im Busen des Chaos regte, Eros, der göttliche Wunsch, war. Alles hat seine Gegenseite, auch der Wunsch.

Die Kameradin stellt ferner eine Frage in Bezug auf Mars, Merkur und die vier anderen Planeten. Sie zitiert H. P. Blavatsky: „Dieselben stehen zur Erde in einer Beziehung, über die kein Meister oder hoher Okkultist je sprechen, noch weniger seine Natur erklären wird." Sie fügt hinzu: „Haben die Schüler nicht ein Recht zu wissen, wenn sie richtig vermuten?" Unsere Lehrer sagen, dass sie in diesem Fall gewiss das Recht haben, aber unsere Kameradin hat nicht richtig vermutet. Und wie schon bemerkt, sagte H. P. Blavatsky, wie diese Kameradin darlegt, dass es sich hier um eine Sache handelt, die nicht öffentlich oder schriftlich behandelt werden kann, wenn sie an die Öffentlichkeit hinausgeht. Aber ich könnte vielleicht Folgendes sagen: Diese spezielle Siebenheit repräsentiert eine besondere Gruppe, deren Funktion darin besteht, eine andere Planetenkette aufzubauen.

Es liegt eine weitere Frage vor, die zu dem Thema der vollständigen inneren Konstitution des Menschen gestellt wurde: „Ist diese auch zwölffach wie die vollkommene Konstitution der Planetenkette?" Wir haben gesagt, dass der Mensch sieben manifestierte Prinzipien hat, die einen vollständigen Menschen aus ihm machen. Er hat auch drei höhere Prinzipien, die ihn zu einem göttlichen Wesen, zu einem Dhyân-Chohan machen, wenn sie sich in ihm manifestieren. Außerdem hat er noch zwei Verbindungsglieder. Ich habe es unterlassen, von diesen als von „Prinzipien" zu sprechen, um zu vermeiden, dass Verwirrung geschaffen wird. Er hat zwei Verbindungsglieder: eines in seiner höheren Natur und eines unterhalb von ihm, und es ist seine Bestimmung, das eine oder das andere Verbindungsglied zu überschreiten. Diese beiden „Verbindungsglieder" könnten wir Prinzipien nennen, doch ich denke, sie sollten nicht so genannt werden, weil der Mensch eine selbstbewusste Hierarchie ist. Seine vollständige Natur ist zehnfach oder aus zehn fundamentalen Prinzipien zusammengesetzt, und dieses höhere „Verbindungsglied" ist in Wirklichkeit die Wurzel, durch die er mit der Göttlichkeit fest verwurzelt ist. Es steht so hoch über ihm, dass die Aussage, es sei eines der Prinzipien des Menschen, für mich wie eine Entweihung des Gedankens oder wie eine Gotteslästerung klingt.

Auf der anderen Seite, im Nadir seines Wesens, unterhalb von ihm, besitzt er das andere Verbindungsglied oder, anders ausgedrückt, das zwölfte nach abwärts gezählt. Dieses andere Glied, dieser andere Körper oder dieses andere Feld der Materie oder der Kraft oder von beidem oder die Kraft-Materie oder Energie-Substanz, die entlang zu wandern sein schreckliches Schicksal sein kann, ist das Verbindungsglied zu absoluter Materie und das Gegenteil seiner göttlichen Wurzel.

Nun taucht die Frage auf: „Können Sie diese zwei Verbindungsglieder Prinzipien nennen oder nicht?" Ich kann nur sagen, wenn wir sie Prinzipien nennen, dann korrespondieren die zwölf Prinzipien des Menschen in einer allgemeinen Weise jedes mit einem der zwölf Globen unserer Kette. In anderer Hinsicht können wir sagen, dass der erste (oder der letzte) der zwölf Globen das Verbindungsglied des Menschen mit dem Göttlichen sinnbildlich darstellt. Und unser Erdglobus, der niederste in dem Diagramm auf Seite 580, der die Kopie des höchsten Globus in der Materie ist, ist das Verbindungsglied, das abwärts in absolute Materie führt.

H. P. Blavatsky spricht in einem ihrer wundervollen Werke, in *Die Stimme der Stille,* von den „Menschen von Myalba". Myalba ist unsere Erde, und sie wird auch Hölle genannt; in der esoterischen Weisheit wird sie als solche betrachtet. Wir haben schon dargelegt und sagen es am Schluss unserer Antwort noch einmal, dass manche dieser Höllen für die Wesen, die sie bewohnen, als ganz angenehm und erfreulich geschildert werden. Aber für Wesen, die auf den über ihnen befindlichen höheren Globen wohnen, würden sie furchtbar sein. Die Beschreibung eines Globus als Hölle muss richtig verstanden werden, um die Bedeutung dieser wirklich inhaltsschweren Tatsache zu erfassen. „Hölle" bedeutet für spirituelle Wesenheiten, die durch einen grobmateriellen Globus, wie unsere Erde einer ist, gehen, die damit verbundenen unvermeidlichen Beschränkungen und Leiden.

Kapitel 46

Das Chela-Leben. Sieben und zehn Lebenswogen: der Lauf der Monaden rund um die sieben Globen. Die Gesetze der „Beschleunigung“ auf dem abwärtsführenden und der „Verzögerung“ auf dem aufwärtsführenden Bogen. Fünftrundler und Sechstrundler. Das heilige „Wort“.

Es gibt viele Arten von Chelas: Laienchelas und Chelas auf Probe, angenommene Chelas und solche, die versuchen, sich vorzubereiten, erst einmal Laienchela zu werden. Jeder kann ein Laienchela sein, selbst wenn er fühlt, dass er in diesem Leben wohl mit Bewusstsein nie etwas von seinem Führer hören wird. Was die Chelas auf Probe betrifft, so gilt für sie die unabänderliche Regel, dass sie eine siebenjährige Prüfungszeit durchmachen müssen. Diese Prüfungen beziehen sich nicht auf bestimmte, festgesetzte Tests, sondern auf alle Vorkommnisse im Leben des Probeschülers und sein Verhalten dabei. Es gibt keinen Ort, wohin man den Bewerber verweisen könnte, um sein Gesuch vorzubringen, weil diese Dinge nichts mit Orten und Beamten zu tun haben; es ist eine Sache der inneren Natur. Wir werden zu Chelas; denn in Wirklichkeit erlangen wir diese Stellung, weil unsere innere Natur zu jenem Grade erwacht ist, da sie imstande und willens ist, Wissen aufzunehmen. Wir empfangen den Lohn aus den Händen des Gesetzes.

W. Q. Judge: Briefe, die mir geholfen haben

Wahrlich! Es ist dieser edle achtfache Pfad:

Rechtes Sehnen,
rechtes Streben,
rechte Sprache,
rechtes Betragen,
rechter Lebensunterhalt,
rechte Anstrengung,
rechte Aufmerksamkeit und
rechte Betrachtung.

Dieses, o Bhikkhus [Jünger, d. Ü.], ist der mittlere Pfad, vermeidend die beiden Extreme, aufgedeckt durch den Tathâgata – der Pfad, der die Augen öffnet und Verständnis verleiht, der zu Gemütsfrieden, zu höherer Weisheit, zur vollen Erleuchtung, zu Nirvâna führt!

Dhamma-Chakka-Ppavattana-Sutta, Abschnitt 4;
in: Heilige Bücher des Ostens, Bd. XI (Übersetzer: F. Max Müller)

Suche dieses Wissen durch Dienstleistung, durch energisches Forschen, durch Fragen und durch Demut; die Weisen, die die Wahrheit sehen, werden sie dir mitteilen. Wenn du diese weißt, dann wirst du nie wieder dem Irrtum verfallen ...

W. Q. Judge: Die Bhagavad-Gîtâ, Kap. IV, S. 25 f.

Lasse dir Treue und Wahrheit oberster Grundsatz sein.

Konfuzius

Sei, was du liebst. Strebe nach dem, was dir schön und erhaben dünkt, und lass von allem anderen ab. Harmonie, Aufopferung, Ergebenheit seien dir Grundtöne; bringe sie überall und in der bestmöglichen Weise zum Ausdruck.

W. Q. Judge

Es liegt etwas sehr Schönes und Ermutigendes in dem Gedanken, dass diese Lehren in anderen Zeiten mit der gleichen Ergebenheit studiert wurden, nicht nur von Lernenden wie uns, sondern von den größten Gemütern aller Zeiten, und ferner darin, dass, da es die Lehren über die Natur, über die Mutter Natur sind, sie in ihrer Essenz in allen Teilen der grenzenlosen Räume des Kosmos dieselben sind, so dass verwandte Denker auf den Planeten anderer Sonnensysteme in der Essenz die gleichen Gedanken studieren wie wir. In dem Maße, wie sich das Gemüt des Menschen beim Erfassen dieser wunderbaren Lehren weitet, wie sich sein Gemüt unter den inspirierenden Strahlen seiner inneren spirituellen Sonne ausdehnt und seine Seele stetig stärker wird, begreift er, dass er, je mehr er lernt, um so mehr weiß, dass Erkenntnis ohne Ende noch vor ihm liegt und zu sammeln ist. Dies geschieht, bis der Schüler schließlich den Punkt erreicht, an dem seine ganze Seele mit Verehrung, Liebe und Ergebenheit für die Wahrheit und seinen Lehrern gegenüber erfüllt ist, die keine Grenzen kennen. Dieses Verstehen ist in Wahrheit die Haupttriebfeder und die Inspiration für das Chelaleben, wie wir es nennen.

Bevor wir den gegenwärtigen Zyklus unserer Studien abschließen, möchte ich das Innenleben des Schülers, das Chelaleben, berühren, denn ich kenne nichts, das schöner ist, nichts, das so ermutigend ist, und gleichzeitig kenne ich nichts, das mehr nach der Anwendung des wahrhaft spirituellen Willens und des höheren Verstehens verlangt als die Voraussetzungen der Seele, die notwendig sind, um dieses Chelaleben zu führen, denn das Chelaleben lockt alles aus dem Mann oder der Frau heraus, was in ihm bzw. ihr ist – alles. H. P. Blavatsky sprach tatsächlich an verschiedenen Stellen von dem Chelaleben als von etwas sehr, sehr Schönem und zu anderen Zeiten als von etwas Schrecklichem. So ist es, und zwar aus einem einfachen

Grund, den wir erwähnen werden, und dann wollen wir zu unserem Abendstudium übergehen.

„Schön ist es", das wissen wir. Aber warum sollte es „schrecklich" sein? Der Grund ist dieser: Sobald der Schüler seine Füße bestimmt und fest auf jenen stillen, schmalen Pfad stellt, der direkt zum Herzen des Universums führt, bricht sogleich alles, was sein Karma enthält und was vielleicht während vieler zukünftiger Leben zum Ausdruck gekommen wäre, mehr oder weniger auf einmal über ihn herein; und, wie H. P. Blavatsky sagt, um hier durchzuhalten, bedarf es eines unbeugsamen, eisernen Willens und einer ungeteilten Konzentration aller seiner Fähigkeiten auf das große Werk. Es fallen vielleicht in einer einzigen Lebenszeit die gesamten karmischen Früchte vergangener Irrtümer und Fehlschläge wie schreckliche Geister der Vergangenheit auf seine ergebene Seele; er muss ihnen gegenübertreten und sie überwinden. Wir können uns vorstellen, was das bedeutet! Er muss dem gegenübertreten und muss siegen! Solcher Art ist das Wirken der Natur und des karmischen Gesetzes, und alle Aspiranten müssen durch diese Prüfung gehen. Ebenso wie unsere Lehrer mussten auch alle anderen den karmischen Umständen mutig entgegentreten und sie überwinden. Diese Dinge stellten ein Rätsel dar für die unwissende Außenwelt, die unvermeidlich den Aspiranten höchst ungerecht tadelte. In dem Leben unserer verehrten H. P. Blavatsky zum Beispiel gibt es Stellen, die – wie derjenige, der davon weiß und sie richtig verstehen kann, begreifen wird – sehr stark zu ihren Gunsten sprechen. Aber die unwissende, voreingenommene und grausame Außenwelt sah nicht die zugrundeliegenden karmischen Ursachen aus vergangenen Leben und tadelte sie in ihrer blinden Anschauung, als seien jene Stellen von ihr in diesem Leben verursachte „Schwächen". Sie weiß nicht, was diese größeren Seelen durchmachen müssen, wenn ihre ergebenen Füße dem Weg zu Glanz und Erfolg folgen – wenn sie, wie der Ausdruck lautet, „altes Karma abarbeiten".

Ich glaube, dies ist eine wertvolle Wahrheit, über die wir sorgfältig nachdenken sollten. Für mich ist es immer eine sehr praktische und in moralischer Hinsicht nützliche Wahrheit, weil sie in unserem Herzen Barmherzigkeit anderen gegenüber, eine größere Güte für diese und ein besseres Verstehen des Seelenadels und der Selbstaufopferung für diejenigen weckt, die diesen Pfad *nicht um ihrer selbst willen, sondern um anderer willen* gehen, einen Pfad, der dennoch reine Freude ist. Es ist wahrhaftig so; aber andererseits ist der Pfad, bis die letzten Siege gewonnen werden, und sie müssen gewonnen werden, oft mit Fallgruben versehen und von Umständen begleitet, die dazu führen, dass derjenige, der diesem Pfad folgt, von der Welt, die sieht, aber nicht versteht, in grober Weise falsch beurteilt wird.

Während der letzten Abende studierten wir die Lehre über die Planetenketten und waren an den Punkt gelangt, an dem wir befähigt waren zu sehen, wie die verschiedenen Planeten unserer Kette – die wir als Beispiel für alle Planetenketten betrachteten – durch das „Herabsteigen“ der Lebenswogen ins Dasein traten und aus der Untätigkeit oder Ruheperiode – zu der sie gegangen waren, als sie die vorhergehende Planetenkette bei deren Pralaya oder Tod verlassen hatten – wieder hervorkamen.

Was meinen wir nun, wenn wir von den sieben oder zehn Lebenswogen sprechen? Wir meinen die zusammengefassten Heere der Monaden, und um eine kurze und leichte Erklärung zu geben, die unser Gemüt vielleicht am besten daran erinnert, was eine Monade ist, wollen wir sie ein spirituelles Ego nennen. In Wirklichkeit ist sie ein Bewusstseinszentrum und in spirituellen Reichen des universalen Lebens das, was auf den niederen Ebenen der Form die Lebensatome sind. Diese Monaden und Lebensatome zusammen sind die sieben oder zehn Lebenswogen, in denen und durch die sie wirken. Diese Lebensatome waren, als die frühere Planetenkette in ihr Pralaya ging, im Raum als kosmischer Staub auf der physischen Ebene und als entsprechende Lebensatome oder Lebenspunkte differenzierter Materie auf den über der physischen befindlichen mittleren Ebenen zurückgeblieben.

Durch das Wirken der Monaden, beim Herabkommen in die Materie – oder vielmehr durch und mittels der monadischen Strahlen, die die niederen Ebenen der Materie durchdringen – werden die Globen aufgebaut: zum Teil aus der Substanz der Monaden selbst, die aus diesen ausgeschieden wird, und zum Teil durch das Einsammeln der zu den hereinkommenden Lebenswogen magnetisch angezogenen Lebensatome, denn es sind dieselben Lebensatome, die in der vorhergehenden Planetenkette die verschiedenen Vehikel derselben Monaden bildeten und daher jetzt wieder zu ihnen hingezogen werden. Diese Lebensatome waren auf den verschiedenen Ebenen zurückgeblieben, als die frühere Kette starb, und zwar auf der physischen, der astralen, der psychischen, der intellektuellen, der quasi-spirituellen, der spirituellen und der göttlichen Ebene, denn alle diese Ebenen oder Welten haben ihre verschiedenen Lebensatome (oder Bausteine), durch die und in denen die spirituellen Egos oder Monaden wirken.

Den Aufbau des Globus A, des ersten auf dem absteigenden Bogen unserer Kette, haben wir bereits erklärt. Wir wollen kurz wiederholen. Die sieben (oder zehn) Heere von Monaden oder die sieben Lebenswogen bestehen aus Monaden in sieben Graden des Wachstums für jedes Heer oder in zehn Graden, wenn wir zehn zählen. Zum Zweck leichterer Erklärung wollen wir sieben sagen. Daher umfassen diese sieben Hauptheere mit ihren je sieben Unterabteilungen die neunundvierzig „Feuer“ oder die neunundvierzig Unterlebenswogen, die während der Runden durch die Globen der Planetenkette wirken und tätig sind, nachdem sie dieselben aufgebaut haben. Jede einzelne der sieben Hauptgruppen, Heere oder Hierarchien gehört einem entsprechenden Globus der Planetenkette an, die einst bestand, in unserem Fall der Kette des Mondes; und jede von ihnen baut den entsprechenden neuen Globus der bestehenden oder zu bildenden Planetenkette auf, in unserem Fall der Kette der Erde. Dennoch nehmen alle an dem Aufbauwerk jedes Globus teil, zum Beispiel am Aufbau des Globus A. Wenn Globus A aufgebaut ist, beteiligen sich alle am Aufbau des Globus B. Ebenso ist es bei den Globen C, D, E, F und G, und alle zusammen sind die sieben manifestierten Globen.

Bei dieser Aufbauarbeit betreten zuerst die drei Reiche der Elementale die Arena der Aktivität, von denen ein Reich vielleicht ein spirituelles Reich genannt werden kann. Das zweite Reich der Elementale können wir vielleicht ein quasi-spirituelles oder ein âkâśisches Reich nennen. Das dritte Elementalreich ist viel materieller und geht dem Mineralreich, welches das vierte ist, unmittelbar voraus. Die anderen Lebenswogen, Heere oder Hierarchien außer diesen vieren sind das der Pflanzen, das der sogenannten Animals oder Tiere und das der Menschen. Über diesen sieben befinden sich schließlich drei andere Reiche, das ergibt dann zehn. Diese drei höchsten sind die Reiche der Dhyân-Chohans, der vollendeten oder voll entwickelten Wesenheiten des vorhergehenden Mond-Manvantaras. Über sie gibt es ein sehr faszinierendes ausführliches Studium, in das wir heute Abend nicht eintreten können. Es nimmt Bezug auf die Ursachen, warum diese besonderen Dhyân-Chohans während des Mond-Manvantaras nicht volle Dhyân-Chohanschaft erlangten und daher genötigt waren, beim Aufbau der nachfolgenden Planetenkette, der Kette unserer Erde, mit Hand anzulegen, in der sie jedoch als inspirierende Geister, sozusagen als die inspirierenden Götter wirken.

Als erstes erscheint das Elementalreich I und formt die Basis oder legt den Grund für Globus A. Wenn es seinen siebenfachen Zyklus durchlaufen hat, wenn sein siebenter Unterzyklus beginnt, wird seine erste Unterklasse zur Ebene darunter angezogen, um den Grund für Globus B zu legen, wie sie es für Globus A getan hatte. Aber es ist der „Überschuss an Leben", der abwärts geht. Das wirkliche, zu Globus A gehörende Elementalreich I bleibt auf Globus A zurück und geht dort in Ruhe, während der Überschuss an Leben, den Elementalreich I in seinem Busen latent hatte, solange es in Globus A war, hinausgeschleudert oder zu jenem Ort im Kosmos hingezogen wird, der sich zu Globus B entwickeln wird, weil die Monaden von diesem „Überschuss an Leben" zu Globus B der Mondkette gehörten, wie die Monaden von Globus A zu Globus A der Mondkette. Dann folgt auf Globus A Elementalreich II, auf das der Reihe nach alle anderen Reiche folgen. Jedes Mal, wenn ein neues Reich Globus A betritt, machen alle vorhergehenden Reiche einen Schritt vorwärts, jedes geht auf seinen nachfolgenden Globus.

Nachdem Elementalreich II seinen Lauf beendet hat, folgt auf Globus A Elementalreich III. Während dessen siebentes Unterreich seinen Lauf verfolgt, wird sein erstes Unterreich auf Globus B geschleudert, der dasselbe auch anzieht. Inzwischen bewegt sich das erste Unterreich von Elementalreich II von Globus B zu Globus C, und Elementalreich I geht zu Globus D. Auf diese Weise folgen die Reiche einander Schritt um Schritt, Globus um Globus, bis zum Globus G. Dann kommt auf Globus A das Mineralreich oder das, was auf einem so spirituellen Globus, wie es Globus A ist, das Mineralreich genannt werden kann. Wir können uns von seinem Zustand auf Globus A der ersten Runde in unserem gegenwärtigen Existenzzustand hier auf Globus D der vierten Runde wahrscheinlich keine Vorstellung machen, obgleich wir – unsere Monaden – auf diesem Globus A durch diesen Zustand gegangen sind. Wir waren als Monaden an dem Aufbau des Minerals auf Globus A der ersten Runde beteiligt.

Jedes der Reiche auf den verschiedenen unterhalb von Globus A befindlichen Globen bewegt sich nun, wenn das Mineralreich in Globus A eintritt, seinerseits einen Schritt vorwärts zu dem nächsten Globus. Dann erscheint das Pflanzenreich auf Globus A, darauf folgt das Tierreich und nach diesem das menschliche. Immer wenn das nachfolgende Reich erscheint, bewegt sich jedes der vorhergehenden Reiche, jedes auf seinem Globus, einen Schritt vorwärts zu dem nächsten Globus. Die Folge ist: Wenn das erste Unterreich des Elementalreichs I den letzten manifestierten Globus oder Globus G erreicht, erscheint das erste Unterreich des menschlichen Reiches (oder was für Globus A das „menschliche Reich" ist) auf Globus A und beginnt dort seinen Lauf. Darauf folgen auf Globus A die drei höchsten, die dhyân-chohanischen Reiche, aber in einer sehr seltsamen Weise.

Ich denke, es würde gegenwärtig unsere Gemüter überlasten, wenn wir uns jetzt mit den Einzelheiten dieses Studiums befassen würden. Wir wollen daher zunächst die Hauptprinzipien des Laufes der Monaden um die sieben Globen klar erfassen.

Wenn nun die sieben Reiche – von Elementalreich I bis zum menschlichen – ihre Entwicklung auf Globus A während der ersten Runde vollendet haben, geht Globus A in „Verdunkelung" [engl. obscuration, d. Ü.], wie Sinnett es nannte, das heißt, er geht in einen Ruhezustand, er geht schlafen. Alles auf ihm ist jetzt in Ruhe, alles schläft und erwartet das Hereinkommen der Lebenswogen, wenn die zweite Runde beginnt. Wir studieren jetzt nur Runde I. Mit Runde II ändert sich der Lauf, dem die Lebenswogen durch die sieben Globen folgen. Wenn die Lebenswogen ferner ihren vollständigen siebenfachen Lauf, ihre sieben Stammrassen oder Wurzelrassen auf Globus B vollendet haben, geht dieser in Ruhe oder in „Verdunkelung", was bitte nicht Pralaya ist; technisch gesehen ist es das nicht. Es mag möglich sein, den Zustand der Ruhe in einem allgemeinen Sinn mit „Pralaya" zu bezeichnen, aber Pralaya bedeutet in Wirklichkeit Auflösung oder Verschwinden, wie die Auflösung und das Verschwinden beim Tod. „Verdunkelung“ jedoch ist Schlaf; es ist tatsächlich Ruhe, aber Sinnett nannte es „Verdunkelung“. Und so verhält es sich mit jedem der sieben Globen, mit einem nach dem anderen. Wenn die letzten oder vielmehr die zuletzt übrigbleibenden Repräsentanten der letzten Stammrasse, d. h. der letzten Lebenswoge, ihn verlassen, geht jeder der Globen, einer nach dem anderen, schlafen oder in Ruhe.

Doch es besteht eine interessante Tatsache, die dem zuzuschreiben ist, was unsere Meister das auf dem absteigenden Bogen wirkende „Gesetz der Beschleunigung“ und das auf dem aufsteigenden Bogen wirkende „Gesetz der Verzögerung“ genannt haben. Dadurch kommt es dazu, dass die am meisten entwickelten Reiche, das menschliche Reich, das Tierreich und das Pflanzenreich, schneller durch die verschiedenen Zyklen gehen als die jüngeren Reiche oder Heere der sieben Lebenswogen oder Hierarchien, wie das Mineralreich und die drei Elementalreiche. Die Letzteren sind jünger und haben noch keine Erfahrung, während die entwickelten Reiche durch etwas gehen müssen, das für sie in einem gewissen Sinn schon ein vertrauter Weg ist – nicht vertraut nur in der Hinsicht, dass sie jetzt die Runde in einer neuen Planetenkette durchlaufen, auf, in und durch eine neue Ebene oder Welt des universalen Kosmos.

Es gibt sieben, in Wirklichkeit zehn kosmische Ebenen, aber wir beschränken unser Studium jetzt auf die sieben manifestierten Ebenen. Mit jeder neuen Planetenkette wird eine neue Unterabteilung von sieben Welten oder Ebenen betreten, damit die sich entwickelnden Wesenheiten der Lebenswogen in jeder Welt oder Ebene, die das universale Sonnensystem darbietet, Erfahrung gewinnen können. Wenn sieben vollständige Kettenmanvantaras durchlaufen sind, mit anderen Worten, wenn sieben Planetenketten durchlebt wurden, haben die Lebenswogen eine vollständige Ebene des Kosmos durchwandert oder erfahren; und hierauf folgt dann ein sogenanntes „Sonnen-Pralaya“. Das ist ein anderer tiefgehender Gegenstand, dessen Studium wir für später aufbewahren.

Nun haben also die Wesenheiten in der ersten Runde auf unserer gegenwärtigen Planetenkette den Globus G, den letzten der manifestierten sieben, erreicht. Die geringeren, untergeordneten und weniger entwickelten Wesenheiten hatten, weil sie in früheren großen Zyklen weniger Erfahrungen gesammelt hatten, mehr Mühe und Schwierigkeiten, die Reise bzw. die Runde zu durchlaufen. Da aber diese geringeren Reiche, diese untergeordneten Reiche dem Stoff verwandter sind als die weiter entwickelten, d. h. die älteren und deshalb spirituelleren, gehen sie schneller vorwärts als die letzteren, wenn sie den Bogen des Abstiegs herabkommen. Das ist die Erhöhung der Geschwindigkeit der Entwicklung der niederen Reiche auf dem absteigenden Bogen. Auf dem aufsteigenden Bogen von Globus D an ist die Geschwindigkeit der Entwicklung umgekehrt. Die höheren Reiche bewegen sich schneller vorwärts, während für die niedrigeren Reiche das Gesetz der Verzögerung besteht: Beschleunigung für die höheren Reiche wie das menschliche, aber ein Langsamerwerden oder eine Verzögerung für die niedrigeren Reiche.

Hierin liegt der Grund, warum sich der Prozess der Evolution so auswirkt, wie wir ihn zu erklären versuchen. Wenn alle sieben Hierarchien schließlich während der ersten Runde auf Globus G ankommen, erreichen sie ihn alle zusammen, das heißt, sie versammeln sich alle auf Globus G, der der letzte der manifestierten sieben ist. Hier vollenden sie die erste Runde gleichzeitig, bevor das interplanetarische Nirvâṇa beginnt.

Wenn das lange interplanetarische Nirvâṇa beendet ist, beginnt die zweite Runde auf Globus A. Die zweite Runde ist das Muster oder Beispiel für den Evolutionsprozess während der nachfolgenden fünf Runden. Sieben Runden sind es im Ganzen. Auf jedem Globus und von Globus zu Globus gilt der gleiche Vorgang oder der gleiche Plan der Evolution wie in der ersten Runde, jedoch besteht der gewaltige Unterschied, dass die sich entwickelnden Wesenheiten in der zweiten Runde die Häuser oder Wohnungen benutzen, die während der ersten Runde für sie gebaut worden sind. Sie sind fertig und erwarten als Śishtas, als die Überbleibsel der ersten Runde, die hereinkommenden Monaden, so dass die Wesenheiten, die Heere von Monaden, wenn sie für die zweite Runde zu Globus A und zu den anderen Globen der Kette zurückkehren, nur in diese schlafenden Körper oder Häuser einzutreten und sie zu erwecken brauchen. Jedes Heer geht in seine eigene Klasse, braucht sie nicht mehr neu aufzubauen und durch die niedersten Häuser oder Körper bis zu den höchsten zu gehen, wie es in der ersten Runde der Fall war, denn jedes Reich tritt jetzt in die für es bestimmten, während der ersten Runde entwickelten und jetzt auf die hereinkommenden Monaden wartenden Körper ein. So ist es auf jedem der sieben Globen der Planetenkette. Wenn die dritte Runde beginnt, wiederholt sich das gleiche Verfahren, ebenso auch in allen nachfolgenden Runden.

Ein anderer, gewaltiger Unterschied, auf den bereits angespielt wurde, besteht darin, dass, beginnend mit der zweiten Runde, der Fortschritt der Lebenswogen oder der Hierarchien für die am meisten entwickelten verhältnismäßig schneller vor sich geht, da die Regeln für die Evolution oder die Tätigkeit nun niedergelegt sind und nichts „de novo", nichts von Grund auf neu ins Werk gesetzt werden muss. Dies bewirkt, dass einige kleinere Heere von Monaden und auch Einzelindividuen die anderen überflügeln, ihren Evolutionsweg viel schneller durchlaufen und auf diese Weise die Allgemeinheit der sieben sich entwickelnden Hierarchien hinter sich lassen oder sie überholen, so dass sie, wenn sie zum Beispiel unseren Globus D verlassen, vor der Masse der fortschreitenden Armee nach Globus E gehen, ihn vor dieser erreichen und von dort zu Globus F und schließlich zu Globus G, dem letzten, gehen. Dann haben sie ihr interplanetarisches Nirvâṇa vor ihren sich langsamer entwickelnden Brüdern und kehren als der Runde Vorausgeeilte zu Globus A zurück. In unserem eben angeführten Fall würden sie Fünftrundler sein, weil unsere gegenwärtige Runde die vierte ist. Dies ist der Grund, warum wir Fünftrundler unter uns haben, obgleich wir uns als menschliches Heer in der vierten Runde befinden. Was die Sechstrundler betrifft, jene, deren Spiritualität so hoch und deren innere Befähigung durch äonenlange Erfahrung so groß ist, dass sie selbst die Fünftrundler übertreffen, so sind sie sehr wenige an der Zahl. Unsere Lehrer sagen uns, dass Gautama der Buddha der einzige völlig entwickelte Sechstrundler in der überlieferten Geschichte ist, dem es gelang, diesen erhabenen Zustand zu erreichen, und er – der edelste Initiierte der überlieferten Geschichte – erreichte diesen Zustand nur aufgrund eines Mysteriums, d. h. eines tief esoterischen Prozesses.

* * * * * * *

Es verbleiben noch einige verstreute Gedanken, die wir aufnehmen und denen wir unsere Aufmerksamkeit zuwenden müssen, bevor wir unser Studium heute Abend beenden. Erstens: Die sieben sogenannten heiligen Planeten stehen im Grad oder auf der Stufe der Evolution nicht notwendigerweise höher als unsere Erdkette, obgleich sie unsere Erdkette durch ihre Überwachung und ihren leitenden Einfluss als Architekten sowie mittels und durch die Kräfte, die sie den zu unserer Kette gehörenden Hierarchien oder Lebenswogen leihen, in der Tat wirklich aufbauen. Einige unserer sieben heiligen Planeten stehen tatsächlich spirituell niedriger als die Erde, einige stehen höher. Andere wieder sind dem Grad nach höher, aber tatsächlich weniger entwickelt als wir. Das heißt, sie stehen spirituell höher, sind aber jünger an Jahren, wie zum Beispiel ein Sohn jünger ist als sein Vater. Aber es ist ganz gut möglich, dass der heranwachsende Knabe seinem Vater, spirituell gesehen, überlegen ist. Das muss nicht so sein, aber es könnte so sein, und es ist oft so. Gautama der Buddha ist ein Beispiel in dieser Hinsicht. Er übertraf nicht nur seine eigene Familie in einem sehr hohem Maß, sondern alle Menschen seiner Zeit und auch der ihm vorangegangenen Zeitalter.

* * * * * * *

Die zweite Runde eröffnete, wie gesagt wurde, den neuen Evolutionsprozess für den Rest des Manvantaras unserer Planetenkette. In unserer nächsten Versammlung werden wir das kurz behandeln. Dann werden wir uns unserem eigenen Globus D und seiner Entwicklungsgeschichte zuwenden, denn es scheint besser zu sein, den von H. P. Blavatsky in der *Geheimlehre* niedergelegten Richtlinien des Studiums zu folgen und, nachdem die allgemeine Entwicklung der Planetenkette dargelegt worden ist, zu unserem eigenen Globus zu kommen und uns mit ihm zu beschäftigen. Seine Geschichte enthält alles, was wir in kommenden Monaten möglicherweise zu studieren und zu verstehen in der Lage sein werden. Dieses Studium wird natürlich die Erklärung der sieben großen Stammrassen oder Wurzelrassen unseres Globus während dieser gegenwärtigen vierten Runde einschließen.

* * * * * * *

Ich habe hier drei Fragen, die mich der Lehrer kurz zu beantworten ersucht hat. Die erste Frage lautet:

„Was ist die wahre esoterische Erklärung für die physiologische und psychische Wirkung oder den Einfluss, der von den durch die Intonation des ‚Wortes' in Bewegung gesetzten Schwingungen auf die Gehirn- oder Nervenzentren des menschlichen Körpers ausgeübt wird, und gibt es einen besonderen, bestimmten musikalischen Ton, der die ganze Zeit der Intonation hindurch aufrechterhalten werden sollte?"

Wir sind aus zwei Gründen nicht in der Lage, diese Frage vollständig zu beantworten. Erstens: Wie interessant sie auch ist, sie bezieht sich nicht auf unser gegenwärtiges Studium, und der Lehrer hat uns angewiesen, unsere Antworten auf Fragen zu unseren gegenwärtigen Themen zu beschränken, wie interessant andere Fragen auch sein mögen. Der zweite Grund ist, dass eine vollständige Antwort auf diese sehr interessante Frage eine wirklich vollkommene Darlegung praktischer Theurgie notwendig machen würde, und das ist natürlich hier und jetzt unmöglich. Aber wir können Folgendes sagen: Die Hauptsache ist nicht so sehr, welcher musikalische Ton angeschlagen wird, sondern das, was hinter der Intonation steht. Wenn die Intonation nur ein Summen ist oder das Hervorbringen eines musikalischen Geräusches oder eine Stimmübung, dann können wir ebenso gut schweigen. Wenn aber hinter der Intonation des Wortes die Aspiration des Herzens steht sowie das Emporheben des Gemütes und das Richten des Willens als eine bewusst angewandte Energie auf alles, was spirituell und edel ist, dann zählt es, soweit es uns betrifft, sehr wenig, auf welchen Ton die Stimme abgestimmt ist. Es ist das, was durch Willen und Meditation in dem inneren Menschen erweckt wird oder was der innere Mensch herauszugeben befähigt wird, was von Wert ist. Es bedeutet jedoch nicht, dass die richtige Intonation dieses mystischen Wortes nicht so erfolgen kann, dass sehr wunderbare Wirkungen erzeugt werden. Das kann es bestimmt.

Die nächste Frage lautet: „Ist unsere Zahl 10 nicht aus 6 und 4 gebildet anstatt aus 7 und 3? Der obere und der untere Globus sind, wie ich es verstehe, verbindende oder Übergangsgloben. Es wurde des öfteren gesagt, diese Erde sei sozusagen die wirkliche Hölle, was nun besser zu begreifen ist. Wie ich es verstehe, können manche Wesen tiefer wandern, was rückwärts bedeutet, und das muss, wie es scheint, mit den Mysterien des Mondes zusammenhängen. Ich könnte mir vorstellen, dass zumindest der niedere Globus anders gebildet, entwickelt oder zusammengesetzt sein muss als die anderen."

Die Antwort auf den letzten Teil der Frage ist „Nein". Er wurde nicht anders entwickelt. Was „den oberen und den unteren Globus" als „verbindende oder Übergangsgloben" betrifft, nehme ich an, dass der Kamerad, der die Frage einsandte, den obersten und den niedersten meinte, mit anderen Worten: Nr. 1 und unsere Erde. Diese sind solche Globen. Der Rest der Frage wurde bereits beantwortet. Die sich entwickelnden Wesenheiten wandern entweder tiefer oder höher, und das ist wahrhaftig in einer Richtung sehr eng mit den Mysterien über den Mond verbunden. Doch das ist ein Gegenstand, der gegenwärtig zumindest für uns vollständig „tabu" ist und bleiben muss.

Ich werde gleich anschließend ein Diagramm zeichnen, das die Frage über die 6 und 4 oder 7 und 3 erläutert. Inzwischen wollen wir zur nächsten Frage übergehen: „Der Mond muss ebenfalls zwölf Globen gehabt haben?"
Ja, so ist es.
„Sind unsere gegenwärtigen Globen möglicherweise die Globen, die diese Stellung beim Mond eingenommen hatten?"
Ja, in einem Sinne sind sie es, nicht die tatsächlichen, gegenwärtigen Globen unserer Kette, sondern deren „Privationen", wie Aristoteles gesagt haben würde. Das heißt, jene spirituell-astralen Überreste, Modelle oder Bilder, zu denen die Mondgloben wurden, als sie in Pralaya gingen, erscheinen wieder, wenn die neue Planetenkette ins Dasein tritt, und um dieselben werden wie um ein Modell die 12 Globen der Erdkette gebildet. Die Antwort ist daher sowohl Ja als auch Nein. Die 12 Globen des gewesenen Mondes kommen als Urbilder oder Modelle für die 12 Globen der neuen zukünftigen Kette – der Erdkette – aus der „Privation" hervor.

„Und jene, die sich jetzt über uns befinden, diejenigen, die wir als die nächsten benutzen werden, während wir wie der Nautilus emporklimmen, der ‚die Wohnung des vergangenen Jahres verließ, um die neue zu beziehen'?"

Ich verstehe vielleicht diesen Teil der Frage nicht ganz, denn augenscheinlich werden wir als Nächstes alle Globen auf dem aufsteigenden Bogen benutzen, und wir werden natürlich aufsteigen. Es sei denn, der Kamerad meint vielleicht drei der fünf verborgenen Globen, die drei auf dem aufsteigenden Bogen. In diesem Fall ist die Antwort die gleiche: Ja.

Nun bezüglich der 6 und 4 oder 7 und 3. Ich könnte vielleicht darlegen, dass es theoretisch gut möglich ist, die 10 Prinzipien des Menschen oder der Natur auf verschiedene Weise zu teilen. Ich habe jedoch nie von einer Teilung in 6 und 4 gehört. Ich sehe nicht, warum sie nicht so geteilt werden könnten, aber ich habe nicht von einer solchen Teilung gehört, und um dem alten Ausspruch zu folgen: „Wir haben es nicht so empfangen und können es nicht so geben" – dem Sinn nach ein alter buddhistischer Ausspruch. Die Teilung in 7 und 3 aber ist eine natürliche Teilung. Es besteht eine scharfe Trennung zwischen den göttlichen Welten und den Welten der Manifestation, und diese Teilung in 7 und 3 zeigt das. Aber die beiden besten Teilungen der 7 und der 10 Prinzipien, von denen ich je gehört oder die ich je gesehen habe, sind diese und eine andere, die ich nun in dem folgenden Diagramm zeigen werde:

Wir haben hier ein oberes Dreieck (verstehen wir bitte: dieses Diagramm ist ein Symbol, ein symbolisches Diagramm) – ein Dreieck, dessen Spitze aufwärts weist –, unter ihm ein mittleres Viereck und dann ein Dreieck, dessen Spitze abwärts weist. Diese drei Diagramme zeigen die zehn innewohnenden oder natürlichen Prinzipien des Menschen: die göttliche Dreiheit, die mittlere Vierheit, die die persönliche oder individuelle Wesenheit als einen zusammengesetzten und vollständigen „Menschen" zeigt, und das niedere Dreieck, dessen Spitze nach unten weist.

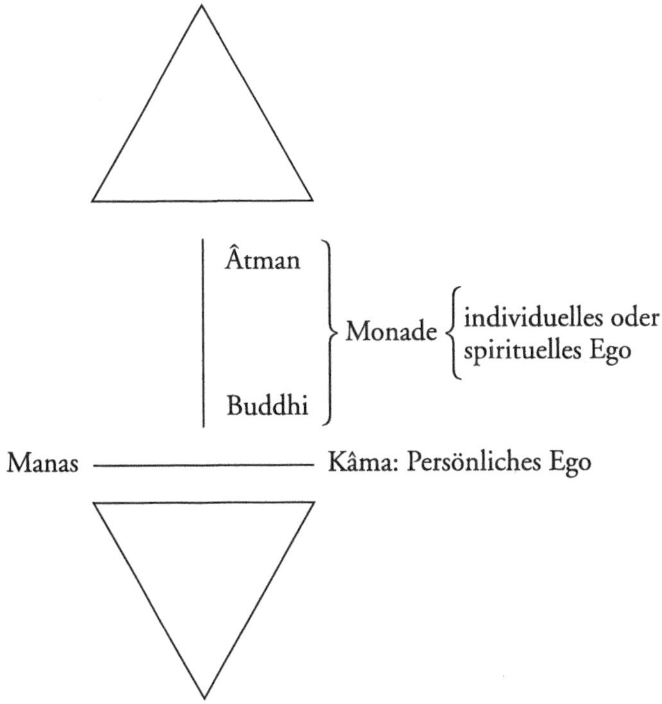

Das ist ein sehr allgemeines Diagramm, aber es zeigt, wie die zehn Element-Prinzipien wirksam sind: das Göttliche, das rein Materielle und die mittlere Vierheit. Für praktische Zwecke jedoch ist es der beste Weg, die zehn Prinzipien des Menschen wie im Diagramm auf dieser Seite dargestellt zu teilen.

Zuerst kommt natürlich das obere oder göttliche Dreieck, ein Symbol, das sich von selbst versteht. Dann teilen wir, wie gezeigt, die mittlere Vierheit in zwei Duaden (ich bin im Begriff, hier die praktischste Illustration zu geben, von der ich jemals gehört habe). Auch diese zusammengesetzte Zeichnung ist wieder ein symbolisches Diagramm, das nur zum Zweck der Erläuterung benutzt wird. Wir haben hier, wie in dem vorhergehenden Diagramm, oben die göttliche Dreiheit, dann folgt sozusagen die Duade der Monade, Âtman-Buddhi. Darauf folgt die zweite, die persönliche oder astrale Duade, die Manas und Kâma ist. Unter dieser kommt das umgekehrte Dreieck, das das bloße Vehikel, den Körper darstellt, das heißt das Sthûla-śarîra, das Liṅga-śarîra und die Prâṇas. Der Wert dieser Einteilung besteht darin, dass sie, wenn wir sie studieren, höchst bewundernswert erläutert, was sich mit dem Menschen post mortem oder nach dem Tode ereignet. Die mittlere Vierheit kann, wie gezeigt, in die zwei Duaden geteilt werden, die sich nach dem Tode in natürlicher Weise trennen. Sie können sogar im Leben getrennt werden, ohne dass sich der Mensch dadurch tötet. Wenn ein Mensch stirbt, zerstreut sich die niedere Dreiheit, sie zerfällt einfach. Das psychologische Ringen nach dem Tode, wenn der „zweite Tod" erfolgt, findet zwischen der niederen Duade, Kâma und Manas oder Kâma-Manas, und der Monade oder Âtman-Buddhi statt. Und wenn es der oberen Duade Âtman-Buddhi gelingt, aus der niederen Duade alles Gute zu sich heraufzuziehen, dann hat das reinkarnierende Ego seinen Vorrat an Erfahrung vermehrt, und seine Inkarnation war kein Fehlschlag.

Die niedere Duade ist ebenfalls sterblich und zerfällt schließlich. Aber die Monade, die obere Duade, wird zuletzt in das göttliche Dreieck, in die drei höchsten der zehn Prinzipien eingezogen und geht dort durch ihre Post-mortem-Erfahrung, sei dies nun Devachan für das Ego des gewöhnlichen Menschen oder Nirvâṇa für den Eingeweihten.

Kapitel 47

Lehrer und Schüler. Voraussetzungen für Chelaschaft.

1. Für den ernsten Schüler nimmt sein Lehrer die Stelle von Vater und Mutter ein, denn während ihm diese seinen Körper und seine Fähigkeiten, sein Leben und dessen ihm zukommende Form gaben, zeigt ihm der Lehrer, wie man die inneren Fähigkeiten für das Erlangen der ewigen Weisheit entwickelt.

2. Für den Schüler wird jeder Mitschüler Bruder und Schwester, ein Teil von ihm selbst, denn seine Interessen und Aspirationen sind deren Interessen und Aspirationen, seine Wohlfahrt ist mit der ihren verwoben, ihre Intelligenz, ihre Moralität und ihr Verhalten helfen oder hindern seinen Fortschritt durch die innige Verbundenheit, die durch ihre Mitschülerschaft zustande gebracht wurde.

Aus dem Lehrbuch der Schule des Dzyan, *von H. P. Blavatsky ihren Schülern gegeben*

Die Weisen verweilen nicht an den Vergnügungsstätten der Sinne.

Die Weisen beachten nicht die schmeichelnden Stimmen der Illusion.

Suche nach ihm, der dir Geburt soll geben, in der Halle der Weisheit, der Halle, die jenseits liegt, wo alle Schatten sind unbekannt und das Licht der Wahrheit mit unvergänglicher Herrlichkeit scheint.

Das, was ungeschaffen ist, wohnt in dir, Jünger, wie es wohnt in jener Halle. Wenn du es erreichen willst und vermischen die zwei, musst du deiner dunklen Hüllen von Illusion entkleiden dich. ...

Du kannst nicht wandern auf dem Pfad, bevor du jener Pfad selbst bist geworden.

H. P. Blavatsky: Die Stimme der Stille, S. 39, 44

Upâdhyâya, getroffen ist die Wahl, nach Weisheit dürste ich. ...
Dein Diener hier bereit für deine Führung ist.

Es ist gut, Srâvaka. Bereite dich vor, denn du wirst weitergehen müssen nun allein. Der Lehrer kann den Weg nur weisen. Der Pfad für alle einer ist, die Möglichkeiten aber, zu erreichen das Ziel, für jeden Pilger verschieden sind.

ebenda, S. 83

Wir unterbrechen den normalen Verlauf unserer Studien heute Abend, um ein Thema aufzunehmen, das uns allen ohne Zweifel sehr am Herzen liegt und das wir verschiedene Male mehr oder weniger kurz berührten: die Beziehung zwischen Lehrer und Schüler, zwischen dem Guru und dem Chela, wie sie die alten Hindus nannten. Wir behandeln dieses Thema natürlich vom Standpunkt unseres eigenen Ordens aus, nicht so, wie diese Beziehung in verschiedenen Ländern und zu verschiedenen Zeiten in den Perioden, die Platon „Perioden spiritueller Unfruchtbarkeit" nannte, allzu oft falsch verstanden wurde. Unser Zeitalter ist eine solche Periode oder taucht, vielleicht besser gesagt, aus einer derartigen auf, und wir erinnern uns ohne Zweifel alle, wie der Logos Kṛishṇa in einer der schönsten der alten Hinduschriften, in der *Bhagavad-Gîtâ,* sagt, dass er sich in solchen Perioden von neuem verkörpert, um die Gerechten zu retten und aufzurichten und die Ungerechten und Bösen zu vernichten, um der Gerechtigkeit auf Erden wieder Geltung zu verschaffen.

Diese Beziehung ist außerordentlich heilig, weil sie ein Band bildet, das Herz mit Herz, Gemüt mit Gemüt eng verbindet. Den schönen Lehren der alten Weisheit entsprechend wirkt der Erzieher, der Lehrer, der Meister, wie die Hebamme, verhilft dem verborgenen Teil des Schülers, der Seele des Menschen zur Geburt, hilft ihr, sich im tätigen Leben des Schülers zu offenbaren. Sokrates verwahrte sich immer dagegen, wenn man ihn einen Lehrer im gewöhnlichen Sinne des Wortes nannte. Er sagte: „Ich bin ein Geburtshelfer für junge Menschen, weil ich ihre Seelen zur Geburt bringe. Ich helfe dem inneren Wesen, dem inneren Menschen, sich auszudrücken." Das ist genau die spirituelle Stellung, die der Lehrer den Jüngern, den Schülern, den Chelas, den Lernenden, den Hörern gegenüber einnimmt.

Der Gedanke ist ferner, dass die schlummernden spirituellen Möglichkeiten in dem Gemüt und Herzen des Lernenden die Hilfe erhalten, die der Lehrer geben kann. Dies bedeutet aber nicht, dass der Lehrer alle Arbeit erledigt, die der Schüler oder die Schülerin selbst tun muss. Kein Kind kann dadurch gehen lernen, dass es seine Eltern gehen sieht, und keiner der beiden Eltern kann für das Kind essen oder trinken oder für das Kind lernen. Das Kind muss alles selbst tun. H. P. Blavatsky legt den alten Lehren entsprechend häufig dar, dass das Verhältnis zwischen Lehrer und Schüler unendlich heiliger ist als selbst das zwischen Eltern und Kind, denn während die Eltern der hereinkommenden Seele den Körper vermitteln, bringt der Lehrer diese Seele zur Geburt und lehrt sie zu sehen, lehrt sie zu erkennen und lehrt sie, das zu werden, was sie in ihrem innersten Wesen ist: ein göttliches Wesen.

In unserer letzten Versammlung legten wir dar, dass das sogenannte Chelaleben oder der Chelapfad ein schöner Pfad ist, der bis zum Schluss voller Freude ist. Aber als Warnung, um diese Idee nicht in leichtfertiger oder oberflächlicher Weise, in einer nicht tief genug verstandenen Weise hinzunehmen, bemühen wir uns auch darzulegen, dass dieses Leben alles Edle und Hohe in dem Lernenden oder Jünger hervorruft und dass dieses Edle und Hohe notwendig ist, denn die Kräfte und Fähigkeiten des höheren Selbstes müssen zur Aktivität gebracht werden, um jene Gipfel intellektueller und spiritueller Erhabenheit zu erreichen und sich dort zu halten, wo unsere Meister selbst leben. Denn „Meisterschaft“ ist das Ziel der Chelaschaft. Dieses Ideal sollten wir uns jedoch nicht nur als Ziel vor Augen halten, um etwas Segensreiches für das eigene Selbst zu erlangen, denn gerade dieser Gedanke ist selbstsüchtig und bedeutet daher einen Fehltritt auf dem Pfad. Natürlich bringt es dem Einzelnen Segen, aber die wahre Idee ist, dass alles und jede Fähigkeit, die im Mann oder in der Frau, in der Seele beider, enthalten ist, im Dienste für die gesamte Menschheit hervorgebracht werden soll, denn das ist der königliche Weg, der große königliche Pfad zur Selbstbesiegung. Man kann ihm weit leichter folgen als dem Weg des Selbstes, dem Weg der Schatten. Wie wir schon oft gesagt haben: Der Pfad des Lichtes, der Selbstbesiegung und des Wachstums führt direkt zum Herzen des Seins, direkt zum Herzen des Universums, denn in dem Maße, wie sich die inneren Fähigkeiten entwickeln, wie sie unter den belebenden Strahlen der inneren spirituellen Sonne wachsen und sich ausdehnen, empfangen und erfassen sie neue Erkenntnisse, bekommen sie umfassendere und ausgedehntere Einblicke in die geheimen Kammern der Mutter Natur. Jeder neue Einblick, jede Intuition von großen Dingen öffnet sozusagen wieder neue Tore, die in noch weiter ausgedehnte Kammern führen. Am Anfang bemüht sich das Gemüt zu verstehen, und schließlich erkennt es durch unmittelbare Wahrnehmung die Wirklichkeit des Universums. Das ist dann Meisterschaft. Und über jenen großen Lehrern, über den Meistern, gibt es noch größere, die einem noch erhabeneren Pfad folgen.

Doch jeder Schritt entlang diesem Pfad ist ein Schritt – und merken wir bitte sorgfältig auf und urteilen wir nicht, bevor wir den Schluss hören –, ein Schritt der Selbstaufopferung, ein freudig dargebrachtes Opfer der selbstischen Verlangen des niederen Selbstes. Das ist das Edelste, Freudvollste, Schönste in der Welt, weil jeder Schritt der Selbstaufopferung das Aufgeben der Fesseln des niederen oder untergeordneten Selbstes mit seinen zahlreichen Begrenzungen bedeutet, um in ein größeres Licht zu schreiten. Zusammenarbeit mit anderen an dem großen Werk in diesem edlen Sinne – und wir meinen bei der Benutzung dieses Wortes absolut keines der modernen politischen Losungsworte –, die mentale und spirituelle Zusammenarbeit nicht nur zwischen Lehrer und Schüler, sondern unter den Schülern selbst und all den Heeren spiritueller Wesen im Universum, kann nur dann erfolgen, wenn das niedere Selbst praktisch vollständig vergessen wird. Sie erfolgt im gleichen Verhältnis, wie das untergeordnete Selbst, unser persönliches Ego, in dieser Weise vergessen wird und das höhere Selbst die Herrschaft unseres Schicksals übernimmt.

Was ist unsere größte Schranke? Was ist es, das uns nicht nur daran hindert, die Wahrheit selbst zu sehen, sondern auch daran, in die Zukunft und in die Vergangenheit zu schauen? Was hindert uns, die Geheimnisse des Seins zu erkennen? Es sind die Schleier, die das persönliche Selbst einhüllen, die Konzentration unserer Gedanken und Ideen auf das individuelle und das persönliche, egoische Zentrum. Wir heften diese Schleier an unser Gemüt und weben dabei ein Gewebe von Mâyâ oder Täuschung um uns, weil wir nach persönlichen Vorteilen für das niedere, selbstsüchtige Selbst verlangen und diese wollen und wünschen.

Der wahre Vorgang des Wachstums ist genau das Gegenteil davon. Er besteht in dem Umstürzen dieser Idole der Persönlichkeit, dem Abwerfen der inneren Schleier, so dass das Licht hereinströmen kann, das Licht und jener innere Friede, der den schönen Worten des christlichen Rituals entsprechend „alles menschliche Verstehen übersteigt".

Was sind einige der Vorbedingungen zur Chelaschaft? Als erste vielleicht Ergebenheit, Ergebenheit für ein Ideal. Habt zuerst ein Ideal, und seid diesem dann ergeben, folgt ihm beständig. Die Übung darin wird den ganzen Willen, den spirituellen Willen erfordern. Gleichzeitig gilt möglicherweise die Pflicht als solche. Fragen wir jene, die aufrichtig versuchen, diesem Weg zu folgen, ob die Erfüllung der Pflicht so etwas Leichtes sei, und sie werden sagen, dass es nichts gibt, das wie die rechte Erfüllung der Pflicht einen so unbeschreiblichen Frieden und Ruhe in die Seele bringt. Denken wir darüber nach, was es bedeutet, wenn nichts zu tun übrig bleibt, keine Irrtümer der Persönlichkeit gutgemacht, verbessert werden müssen. Das kann geschehen, und es kann leicht geschehen! Es kann vollbracht werden, indem man, wie die Hindu-*Upanishaden* es ausdrücken, jenem „stillen alten Pfad" folgt, der in den Hafen ewiger Freude, des ewigen Friedens und zu jenem umfassenden Bewusstsein universaler Mächte und Vorgänge führt, die für die edlere Seite des Intellektes höchste Glückseligkeit sind.

Von gleicher Art wie diese beiden ist die edle Tugend der Treue. Kann ein Mensch in irgendetwas Erfolg haben, wenn er nicht treu ist? Stellen wir uns einen Menschen vor, der ein edles Werk unternimmt und dem gesagt wird, er solle weder sich selbst noch seinen Mitmenschen trauen! Wie ist es möglich, Erfolg zu haben, wenn die eigene Natur verschiedene Wege geht, wenn die Saiten seines Herzens durch den Widerstreit der selbstischen Begierden und durch die kleinlichen Verlangen seiner Persönlichkeit bald hierhin und bald dorthin heftig gerissen werden? Dann kann es keinen Erfolg geben.

Die Prinzipien der Chelaschaft ruhen nicht auf einer unbestimmten oder ungewissen Grundlage, sondern auf den umfassenden Erfahrungen der menschlichen Rasse, die sich selbst jeder Mann und jede Frau beweisen können, indem sie nach innen schauen, indem sie in sich, wie in dem Wasser des kleinen Bergsees, kristallklare und durchsichtige Quellen spirituellen Lebens schauen, wo sie, wie in dem schönen alten Mythos von Narcissus, ihr eigenes Spiegelbild, das Spiegelbild ihres eigenen göttlichen Selbstes sehen. Das kann nie geschehen, solange das Gemüt von dem Staub der umhüllenden Schleier bedeckt ist. Es ist der Staub selbstsüchtiger Handlungen, es sind die kleinlichen, egoistischen Begierden, es ist die durch die stürmischen Böen der Leidenschaft gestörte und unruhige Oberfläche des Gemütes, die es gänzlich untauglich machen, das höhere Selbst, den Gefährten der Sterne, widerzuspiegeln. Das, was die Sterne widerspiegelt, muss in einem Sinne selbst sternengleich sein, und nur das, was in der Seele sternengleich ist, kann die Lektionen der Sterne verstehen.

Soweit also das, was die Lehre betrifft. Aber wie steht es mit dem Lehrer? Welcher Mensch würde auf ein Schiff gehen, das von einem Menschen befehligt wird, zu dem er absolut kein Vertrauen hat? Welcher Mensch würde sich in ein Auto setzen, das von jemandem gesteuert wird, von dem er weiß, dass er betrunken ist? Dies sind alltägliche Beispiele, aber sehr wahre und direkt auf den in Frage kommenden Fall anwendbar. Wo werden wir diese Lehrer finden, jene, denen wir entsprechendes Vertrauen entgegenbringen können? Wir können aus den Büchern, den von großen Initiierten geschriebenen vortrefflichen Schriften der Religionen alter Zeiten, tatsächlich etwas lernen. Wir können selbst von ihrer oberflächlichen Bedeutung viel lernen. Es gibt aber einen Schlüssel, der noch tiefere Bedeutungen in diesen Schriften erschließt, und dieser Schlüssel kann nur von jemandem mitgeteilt werden, der weiß: von einem Lehrer.

Wo werden wir einen solchen Lehrer finden? Eine wichtige Frage; eine Frage, die wahrscheinlich von jedem Außenstehenden gestellt wird oder vielmehr gestellt werden würde, der uns so sprechen hört. Die Insignia Majestatis, die Zeichen spiritueller Majestät, können nicht falsch verstanden werden! Haben wir sie in unserem eigenen Herzen, so werden wir sie erkennen, wenn wir sie sehen. Wir können sie in unserem eigenen Herzen haben. Und wie? Befolgen wir einfach die edlen alten Regeln der Lebensführung. Leben wir, wie wir leben sollen, und wir werden die Wahrheit erkennen, weil wir sie sehen werden; und, wie unsere Lehrer hinzufügen, sie wird uns auf natürliche Weise zukommen. Wir werden den Lehrer erkennen, wenn wir ihn sehen, und werden ihn auch besser erkennen, als wenn wir ihn aufgrund oberflächlicher Anzeichen, der tagsüber gesprochenen Worte, der bloßen Verrichtungen und Pflichten des Tages beurteilen. Wenn wir von jenem Licht zumindest etwas in unserem eigenen Herzen haben, werden wir die verwandten Strahlen im Herzen des Lehrers wahrnehmen und ihn erkennen. Darin liegt die Bedeutung des schönen Ausspruchs, der Jesus zugesprochen wird: „Ich bin der Weg, die Wahrheit und das Leben." So ist es wirklich, weil kein Schüler, der wünscht, ein besseres und edleres Leben zu führen, den Fuß auf jenen Pfad stellen kann, solange er nicht zumindest bis zu einem gewissen Grade selbst zu diesem Pfad geworden ist.

In alten Zeiten gab es sieben (und zehn) Grade der Initiation. Wir wollen nur von sieben sprechen. Drei der sieben Grade bestanden nur aus Lehren, die die Vorbereitung, die mentale, spirituelle, psychische und physische Schulung, das, was die Griechen die „Katharsis“ oder die Reinigung nannten, bildeten. Wurde der Schüler für genügend gereinigt, geläutert, diszipliniert, mental ruhig und spirituell ausgeglichen betrachtet, wurde er zum vierten Grad zugelassen. Der vierte Grad bestand zum Teil ebenfalls aus dem Empfang von Lehren, aber auch, wie wir schon darlegten, zum Teil aus direkter Einführung in die alten mystischen Prozesse, in die Vorgänge des Universums, wodurch Wahrheit durch persönliche Erfahrung aus erster Hand gewonnen wurde. Mit anderen Worten und um es einfach auszudrücken, wurde seiner Geist-Seele, seinem individuellen Bewusstsein geholfen, in andere Ebenen und Reiche des Seins einzutreten und durch den Prozess, dieselben zu werden, zu erkennen und zu verstehen. Denn ein Mensch, sein Gemüt, sein Verstand, kann nur die Dinge erfassen, sehen und erkennen, die er selbst ist.

Denken wir über diese Worte nach, sie sind voller Bedeutung und Wahrheit. Wir können nichts verstehen, das nicht in uns ist, nichts. Zum Beispiel kann kein Mensch auch nur die bloßen Anfangsgründe der Mathematik verstehen, dem der Sinn für Mathematik abgeht. Wenn er die Gabe für Mathematik in sich hat, versteht er etwas von der Bedeutung der Regeln der Mathematik. Kein Mensch kann verstehen, was rechtes Handeln ist, was Ergebenheit, Pflicht und Treue sind, wenn er nicht zumindest etwas von Ergebenheit, Pflicht und Treue in seiner Seele beherbergt. Je mehr er über diese schönen Eigenschaften weiß, um so mehr liebt er sie und wünscht, sie sich zur Richtschnur zu nehmen. Und indem er sie sich zur Richtschnur macht und ihnen immer mehr folgt, liebt er sie mehr und mehr. Wenn diese Wahrheiten in uns leben, führen sie uns schließlich zu einem vollkommenen Verstehen der Herzen unserer Mitmenschen, und sie geben uns die Fähigkeit, deren Charakter zu lesen, die Fähigkeit, die Schmerzen und Kümmernisse zu verstehen, unter denen sie leiden. Sie geben uns sowohl die Kraft als auch die Fähigkeit und den Wunsch, und ebenso die Geschicklichkeit, jene Kümmernisse und egoistischen Verlangen in den Herzen der Menschen durch Freude, Frieden, Liebe und Wohlwollen zu ersetzen.

Das ist das edle vor uns liegende Werk, es ist das Werk der Meister selbst. Als Sinnett durch H. P. Blavatsky und zwei oder drei Chelas mit den Meistern korrespondierte, wurde ihm deutlich gesagt, dass ihm nicht die letzten Wahrheiten, selbst von dem begrenzten Umfang esoterischen Wissens, das ihm zu geben erlaubt war, mitgeteilt werden könnten, weil er, wie er selbst gestand, keinen rechten Begriff von der Bedeutung „Universaler Bruderschaft" und keine Liebe für diese edle Wahrheit hatte. Anscheinend war das Höchste, was er sich darunter vorstellen konnte, eine Art sentimentaler Übereinstimmung oder mehr eine politische Kooperation. Er hatte augenscheinlich keinen Sinn für die Bedeutung, die den Worten „spirituelle Bruderschaft aller Wesen" innewohnt, und besonders nicht für die Tatsache, dass alle menschlichen Wesen nicht nur durch die Bande emotionalen Denkens und Fühlens, sondern eben durch den Aufbau des Universums selbst miteinander verbunden sind, indem alle Menschen und Wesen der inneren und spirituellen Sonne des Universums als ihre Heere von Strahlen entspringen. Wir kommen alle aus einer Quelle, jener spirituellen Sonne, und sind auf all den verschiedenen Ebenen von den gleichen Lebensatomen gebildet. Es ist diese innere Einheit des Seins und des Bewusstseins, wie auch die äußere Verbindung von uns allen, die uns befähigt, die Mysterien des Universums intellektuell und spirituell zu erfassen. Denn nicht nur wir selbst und unsere Mitmenschen, sondern auch alle anderen existierenden Wesen sind die Kinder derselben Mutter, der großen Mutter Natur, in ihren sieben und zehn Ebenen oder Welten des Seins.

Nach dem vierten Grad folgten die fünfte, die sechste und die siebente Initiation. Sie bestanden ebenfalls aus Belehrung; aber je weiter der Jünger fortschritt, um so mehr wurden in ihm die Fähigkeiten entwickelt – und es wurde ihm bei dem Entwickeln dieser Fähigkeiten, bei seinem weiteren Fortschreiten, immer mehr geholfen –, es wurden in ihm die Fähigkeiten entwickelt, noch weiter und tiefer hinter die Schleier von Mâyâ und Illusion zu dringen, bis er, nachdem er die siebente oder letzte der Initiationen im „Manifestierten", wenn wir sie so nennen können, durchschritten hatte, einer von jenen wurde, die mit Recht „Übermenschen" genannt wurden und die wir die „Mahâtmans", große Geist-Seelen, nennen, deren wirkliche Natur „Magnanimitas" ist – ein Wort, das hier in dem alten lateinischen Sinn von „große Beseeltheit" benutzt wird. Es ist ein lateinisches Wort mit derselben Bedeutung wie „Mahâtmaschaft" im Sanskṛit.

Treue dem Lehrer gegenüber, Ergebenheit dem Lehrer gegenüber, die vollkommene Erfüllung aller Pflichten dem Lehrer gegenüber bilden die andere Seite des Gegenstandes. Ergebenheit, Pflicht und Treue der Wahrheit und ihren Geboten gegenüber sind die eine Seite: nie versagend, ohne Wechsel und unveränderlich. Die andere Seite besteht darin, dass die gleichen Tugenden dem Lehrer gegenüber, den wir uns gewählt haben, in unserer Seele wohnen, denn der Lehrer hat uns inneres Licht gegeben. Ja, mehr noch, er hat uns inneres Leben, inneres Leben in einem sehr wirklichen und praktischen und nicht nur in einem mystischen Sinn gegeben, denn durch die Verfahren der alten Schulen wird ein solcher Lehrer befähigt, den Schüler, wenn seine Studien nicht unterbrochen werden, selbst über den Abgrund dessen hinüberzutragen, was die Menschen den physischen Tod nennen. Er wird befähigt, die schlummernden Kräfte der Geist-Seele in ihm so zu wecken, dass sie sozusagen automatisch funktionieren.

DER GEBER INNEREN LICHTES
UND DER GEBER INNEREN LEBENS,
DAS IST DER LEHRER!

Wie selten wird dies heute im Westen anerkannt oder auch nur erkannt! Das erklärt zum Teil, warum der in seiner blinden Torheit selbstzufriedene egoistische und sogenannte individualistische westliche Mensch gegen die zwischen Lehrer und Schüler der alten östlichen Schulen bestehende Ergebenheit, gegen die Ergebenheit der Schüler für den Lehrer und die Ergebenheit des Lehrers den Schülern gegenüber, so unfreundliche und verletzende Attribute gebraucht und diese Ergebenheit mentale Knechtschaft, mentale Unterwürfigkeit nennt, in Ausdrücken des Spottes davon spricht und damit beweist, dass der Kritiker es nicht versteht, weil diese Tugend nicht in dem Sinn, in dem wir sie verstehen, in seiner Seele wohnt. Wie groß und wie weitreichend ist doch sein spiritueller Verlust.

Es liegt etwas so Schönes in der Ergebenheit, der Treue und der getreu ausgeführten Pflicht, dass alle Nationen der Menschheit zu allen Zeiten und in allen Ländern diese drei Eigenschaften der Seele in die erste Reihe der männlichen und weiblichen Tugenden gestellt haben. Ich wage zu sagen, dass, wenn wir diese drei edlen Tugenden getreulich und unverzagt durch die vielen Irrtümer, die wir machen mögen, befolgen und unseren Mut durch das öftere Versagen, das wir erleiden mögen, nicht dämpfen lassen, sondern uns immer wieder aufs Neue erheben – ich wage zu sagen, dass dann der Pfad zur Weisheit und zum Frieden für uns immer leichter, immer ebener und immer freudvoller wird.

In diesen Dingen ist Wahrhaftigkeit eingeschlossen. „Semper fidelis" lautet der schöne lateinische Wahlspruch – immer getreu! Welche Lieblichkeit des Denkens liegt darin! Wer kann es unterlassen, die Schwächen in dem Schwächling, die Untreue in dem Ungetreuen zu verabscheuen? Eine solche Verkehrtheit ist tatsächlich ein menschliches charakteristisches Merkmal, nicht einmal die Tiere besitzen es. Man zeige mir ein treuloses Tier! Diese kleinliche Schlechtigkeit existiert nur unter uns Menschen. Und was können wir aus dieser kleinen Tatsache lernen? Einfach Folgendes: Wir besitzen, neben der dem Tiere für seinen Herrn innewohnenden Liebe, die göttliche Gabe des Selbstbewusstseins, des intellektuellen Begreifens. Es geben zu viele von uns zu, dass dieser Gabe aus Schwäche erlaubt wird, ungepflegt und unentwickelt zu bleiben, so dass wir sozusagen nur zwei oder drei schwache Schimmer oder Strahlen der spirituellen Sonne haben. Diese zwei oder drei oder mehr schwachen Schimmer genügen, um uns die „Sünde“, um das alte Wort anzuwenden, ins Herz zu legen. Sie genügen, um uns unsere Selbstbezogenheit wahrnehmen und erkennen zu lassen. Sie genügen aber nicht, um uns die Wahrheit und die in uns begründete spirituelle Bruderschaft erkennen zu lassen. Hier ist es, wo das menschliche Wesen versagt und fällt – das sogenannte „Geheimnis des Satans“.

Was ist also das Heilmittel? Mehr Licht! Was ist das Mittel gegen Torheit? Weisheit! Was ist das Mittel gegen Unwissenheit? Mehr Wissen! Mit Hilfe von mehr Licht, mit dem Überfluten der inneren Natur durch die Strahlen der spirituellen Sonne im Innern wachsen diese schwachen Schimmer und dehnen sich aus, bis schließlich die vollständige innere Natur von diesem wunderbaren inneren Licht überschwemmt wird, von dem die Mystiker aller Zeitalter gesprochen haben. Dann wird Untreue unmöglich, gänzlich unmöglich. Niemand wird sich wie ein Kind hinsetzen und seine Zeit mit dem einfachen Zusammenzählen von Zahlen wie „zwei und zwei ergibt vier“ verbringen, über diese Kindheitsstufe sind wir hinaus. Wir beschäftigen uns mit höheren Dingen und betrachten die Treulosigkeit und die Schwächen der weniger entwickelten Brüder mit Mitleid, ohne Verdammung des Schwächlings selbst. Die Schwächlinge sind wie kleine Kinder, die mit niedrigen Zahlen rechnen. Sie ähneln geistig unentwickelten Menschen. Sie haben nur einige wenige schwache Schimmer oder Strahlen jenes herrlichen inneren Lichtes in sich. Wer wünscht, wie diese zu sein? Niemand.

Das ist die wirkliche psychologische Tatsache. Es ist kein bildlicher Ausdruck, keine Redewendung, keine Metapher. Das ist es, was der Verbrecher in seiner inneren Natur ist. Ich meine den wirklich verbrecherisch veranlagten Menschen, der aus Liebe zum Übeltun zum Verbrecher wurde. Das ist es, was der mangelhaft entwickelte Mensch in sich hat: eben diese dürftigen, schwachen Schimmer der inneren Sonne, die alles sind, was sein mangelhaft entwickeltes Gemüt erreicht – gerade genug, um ihn etwas sehen und, wie er denkt, seine eigene Wichtigkeit wahrnehmen zu lassen.

Wenn aber das größere Licht, die Überflutung, das Überschwemmtwerden der inneren Natur mit der größeren Erleuchtung kommt, dann sehen wir, dass alles, was dieses kleinliche Selbst von uns ausmacht, nur ein Abglanz von etwas Edlerem ist, und unsere Natur, unsere ganze Natur, wird, wenn dieses Verstehen kommt, für eine Verbindung mit dem inneren, höheren und edleren Selbst, der spirituellen Sonne unseres inneren Wesens, geöffnet.

Kapitel 48

Das Herz des Universums.
Der Weg zu Frieden, Glück und Verstehen liegt im Innern.
Das große Suchen: Erkenne dich selbst.
Das vollkommene Geheimnis der Initiation.
Unsere Verantwortung: ethische Werte
und die Gesetze der Natur: Harmonie.

Es gibt einen Weg, steil und dornig und mit Gefahren jeder Art besät, aber doch ein Weg, und er führt zum Herzen des Universums. Ich kann euch sagen, wie jene zu finden sind, die euch den geheimen Zugang zeigen werden, der nur nach innen führt und sich für immer fest hinter dem Neophyten schließt. Es gibt keine Gefahr, die ein unerschrockener Mut nicht überwinden kann. Es gibt keine Versuchung, die fleckenlose Reinheit nicht durchschreiten kann. Es gibt keine Schwierigkeit, die ein starker Intellekt nicht überwinden kann. Für jene, die erfolgreich vorwärtsschreiten, gibt es eine Belohnung, die nicht beschrieben werden kann: das Vermögen, die Menschheit zu segnen und ihr zu dienen. Für jene, die versagen, gibt es andere Leben, in denen Erfolg kommen mag.

H. P. Blavatsky

Der alte schmale Pfad, der sich weit hinweg erstreckt,
Wurde von mir berührt, wurde von mir gefunden.
Durch ihn gehen die Weisen, die Kenner Brahmâs, aufwärts
fort zu der himmlischen Welt, befreit.

Bihad-Âranyaka Upanishad, IV, 4, 8

Der Weg zu schließlicher Freiheit liegt im Innern deines Selbstes.
Dieser Weg beginnt und endet außerhalb des Selbstes.

H. P. Blavatsky: Die Stimme der Stille, S. 74

Das große Geheimnis ist Sympathie für die Seelen der Menschen,
der Wille, dem zuzustreben, was wahr ist.

Katherine Tingley

Der Ruf dieses Abends nach Wiederaufnahme unserer esoterischen Studien geschah in einem Sinne unerwartet, und mit der Erlaubnis des Lehrers werde ich, anstatt dem Faden unserer Erörterungen dort weiter zu folgen, wo wir in der letzten Versammlung aufhörten, alle bitten, dass wir zusammen im Denken und im Geiste in eine Atmosphäre von magischer Schönheit eintreten, in eine Atmosphäre, in der die Wurzeln unseres Wesens leben und aus der die spirituelle und intellektuelle Nahrung entnommen wird, in der die mittlere Natur des Menschen – und auch der Mensch, wie er in seinen Alltagsangelegenheiten erscheint – Unterhalt, Führung und Leitung und die feineren Dinge finden, die den Menschen zum Menschen machen.

Ich verweise in dieser spirituellen und intellektuellen Atmosphäre vor allem auf einige elementare Lehrsätze der alten Weisheit, die wir alle im Herzen tragen. Der erste davon ist, dass alle Menschen in ihrer innersten spirituellen Essenz nicht nur verwandt sind, sondern eine vollkommene und untrennbare Einheit bilden. Dies bedeutet nicht, dass die Heere von Monaden, die den spirituellen Teil der Menschen bilden, – eine Monade für einen Menschen –, eine einzige Monade sind, sondern dass auch die Monaden selbst eine spirituelle Seite haben und dass diese spirituelle Seite oder Natur jeder einzelnen Monade ihre Wurzel in dem transzendentalen Göttlichen hat und ihren letzten Ursprung des Seins in ihm findet, in dem wir, allgemein gesprochen, „leben, uns bewegen und unser Dasein haben".

Aus diesem Grunde strömen, wenn wir uns so ausdrücken wollen, durch jede Monade die Ströme intellektueller Allwissenheit, Ströme, die selbst durch die umwölkten Schleier der mittleren Natur auf uns Menschen übertragen werden, denn wir leiten sowohl das spirituelle Leben als auch die intellektuelle Allwissenheit, mit anderen Worten, Glückseligkeit, reines Bewusstsein und reines Verstehen von dem Göttlichen ab, das im Herzen oder im Kern eines jeden Menschen wohnt, ja, auch im Herzen und im Kern der Wesen unter uns, obwohl diese noch nicht die sensiblen Vehikel entwickelt haben, die jene erhabenen und himmlischen Mysterien in verständliche Gedankenformen übersetzen können, denn ihnen fehlt noch das notwendige Denkorgan, das sich noch nicht als selbstbewusste Fähigkeit zum Ausdruck gebracht hat.

Die über uns stehenden menschlichen Wesen, ich meine jene, die Chelas der Lehrer sind, und die Lehrer selbst sowie die Lehrer der Lehrer, stehen jeweils im Verhältnis zur vorhergehenden Klasse dem Göttlichen eine Stufe näher, einen Grad oder einen Schritt höher in der buddhischen Hierarchie, in der Hierarchie des Mitleids, von der wir in den letzten Versammlungen unter des Lehrers Leitung schon so oft gesprochen haben.

Wir wollen im Gedächtnis behalten, dass wir die äußerste Reihe oder der äußerste Ring der buddhischen Hierarchie des Mitleids sind, und es hängt von jedem Einzelnen von uns ab, nicht nur von dem Leben, das wir leben, sondern auch von den Ideen, die wir in unserem Gemüt und in unserem Herzen beherbergen, bis zu welchem hohen Grad wir getreue Übermittler und Darleger der göttlichen Ströme aus der himmlischen Quelle werden können. Wenn wir sie in ihrer ursprünglichen kristallklaren Reinheit übermitteln können, wenn unsere Gemüter so reine und klare Übermittler, wenn sie in ihren Aspirationen so hoch und in ihrer Natur so unbefleckt werden, dass wir die lebenspendenden Ströme, die Ströme des Verstehens aus der Quelle des universalen Lebens bewusst empfangen und weitergeben können, dann sind wir tatsächlich Erretter der Menschen, Erlöser unserer Gefährten. Das ist das Ziel, zu dem uns unsere Lehrer aufrufen, es ist der eigentliche Zweck unserer Zusammenkünfte hier in diesem unserem Friedenstempel in esoterischer Konklave, damit wir, gemeinsam und geschlossen, die Bande in engerer und brüderlicher Vereinigung von Herz zu Herz, von Gemüt zu Gemüt knüpfen, nicht lediglich indem wir die neu Eintretenden in unseren Reihen mit ausgestreckten Armen und dem Geben eines Kusses der Bruderschaft willkommen heißen, sondern indem wir ein Beispiel dessen geben, was zu erlangen wir selbst die Gelegenheit hatten. Auf diese Weise sind wir Vorbilder durch die Lektionen, die wir hier und durch unsere Aspirationen und Meditationen privatim gelernt haben. Hierdurch beginnen wir mit der edelsten der Pflichten, der Erlösung unserer Mitmenschen, durch unsere eigene individuelle Unterordnung unter die Gesetze unseres Ordens und Universaler Bruderschaft.

Ist dieses Ziel nicht dasjenige, von dem uns die Lehrer sagten, es sei das Lebenswerk von ihnen selbst und sollte die Lebensaufgabe von uns, ihren am weitesten entfernten Chelas, im täglichen Leben sein?

Es ist so! In einigen Ländern spricht man von Christus, in anderen Ländern von Buddha, in wieder anderen spricht man von einem, der den Weg, den Pfad oder das Tao gefunden hat. In jedem Fall bezieht man sich auf jemanden, der seine Individualität so vollkommen dem Universum untergeordnet hat, dass er dabei der getreue Übermittler des spirituellen Lebens wird, von dem wir gesprochen haben.

Die verschiedenen Namen und Titel bedeuten das Gleiche, und was ist die Bedeutung? Sie ist, dass das Gemüt und das Herz, der Verstand und das Bewusstsein und daher der Einzelne und das Leben insgesamt eins sind. Sie alle wirken in Einheit auf demselben Pfad zusammen, dem erhabenen Ziel zu, das wir angedeutet haben. Dieses so geführte Leben bringt nicht nur dem Herzen jedes Einzelnen von uns einen Frieden und eine Freude, die alles gewöhnliche menschliche Verstehen übersteigen, sondern es befähigt uns auch, diesen Frieden und diese Freude anderen zu bringen.

Die Gelegenheiten, unsere Füße auf diesen Pfad zu stellen, kommen zu uns durch und mittels der Lektionen, die wir in unserem täglichen Leben lernen. Wie wir alle, die wir seit vielen Jahren unter unseren Lehrern, H. P. Blavatsky, W. Q. Judge und Katherine Tingley, in der Theosophischen Bewegung arbeiten, wissen, besteht das edelste Ziel, das wir erreichen können, darin, uns für diese Lebensaufgabe tauglich zu machen. Und wie geschieht das? Geschieht es, indem wir nur nach bloßen Mysterien, nach geheimnisvollen Tests und vorhersehbaren Prüfungen ausschauen? Welche Art Test oder Prüfung wäre das, die zu einer festgesetzten Zeit stattfände, zu der man sich auf dem Gipfel hochgespannter Erregung und Erwartung befindet, so dass man in gewissem Sinne zeitweilig abnormal ist und daher eine vorübergehende, aber trotzdem abnormale Stärke besitzt, um entsprechenden Tests und Prüfungen zu begegnen? Derartige Tests oder Prüfungen wären wohl kaum, wenn überhaupt, wirkliche Tests oder Prüfungen, sie hätten wenig Vorteil und wenig Wert. Die Prüfung tritt während der Ereignisse des Lebens an uns heran, weil sie sich uns tagsüber in den Pflichten, die wir getreulich erfüllen oder unerfüllt lassen, darbietet; sie besteht darin, dass wir niemals um persönlicher und selbstsüchtiger Zwecke willen die Reihen verlassen. Denn hier werden wir in jedem Teil unseres Wesens und in jedem Augenblick an gänzlich unerwarteten und unvorhergesehenen Orten und zu höchst unerwarteten und unvorhergesehenen Zeiten geprüft.

Unsere Freude übersteigt alles gewöhnliche Verstehen, wenn ein Kamerad durch lange und treue Dienstleistung und nicht nachlassende Ergebenheit – die zu innerer Entwicklung führt, die ihn auf dem Pfad weit voran bringt – jenem stillen schmalen Pfade folgt, der zum Herzen des Universums führt. Denn wir fühlen, dass wir das, was er dann erreicht hat, auch erreichen können, erreichen sollten und letzten Endes erreichen müssen, wenn wir seinem Beispiel folgen. Wir freuen uns alle darüber, wenn das eintritt. Dann rücken wir Schulter an Schulter näher zusammen und bemühen uns durch vereinte Anstrengung, die leere Stelle auszufüllen, die er zurückgelassen hat, bis ein anderer Kamerad in unsere Reihen eintritt und bei diesem wunderbaren Werk hilft.

Ich habe eben von dem Pfad gesprochen, der zum Herzen des Universums führt. Was ist nun dieses Herz? Ist es Gott? Welchen Gott können wir uns vorstellen, der letzten Endes nicht die edelste Schöpfung unserer eigenen Imagination ist? Nein, ein solcher Gott wäre am Ende doch nur ein Name, ein Hauch und nicht mehr, denn er ist eine Vorstellung, die ihren Ursprung in unserem eigenen Gemüt hat. Wir meinen mit dem Ausdruck „Herz des Universums" nicht irgendein göttliches

Wesen, das schließlich nur eine Zusammenfassung, eine Ansammlung, eine zusammengefügte Einheit der verschiedenen Einzelwesen der Hierarchie darstellt, von der er das beherrschende Haupt ist. Das meinen wir nicht, denn welchen Sinn hätte es, da doch diese hierarchischen Häupter zahlreicher sind als die Sandkörner an den Ufern eines unbegrenzten Ozeans, denn sie sind unendlich an der Zahl. Wie sollte irgendein hohes Haupt das Herz des Universums sein? Nein, das ist nicht unsere Meinung. Wir meinen mit „Herz des Universums" jenes Bewusstsein, jenes Licht, jenes Verstehen, jene Natur, deren Essenz Glückseligkeit ist, die das Leben des Universums darstellt – nicht ein persönliches, sondern ein unpersönliches Leben, von dem und durch das das Universum die Kräfte schöpft, die es erfüllen. Diese Kräfte sind die Götter, die spirituellen Wesen. Das Wirken ihrer Vitalität nehmen wir sogar durch die Schale der physischen Welt wahr. Wir bezeichnen das mit dem uns so vertrauten Ausdruck „Kräfte, die in der Materie wirken".

Dieses Bewusstsein, dieses Licht, dieses Verstehen, diese Natur, deren Essenz Glückseligkeit ist, sind kollektiv das, was wir mit dem Herzen des Universums meinen, ein Herz, das nirgends im Besonderen ist, weil es überall ist. Es wird das Herz genannt, weil es das geheime Zentrum in jedem von uns, der Kern unseres Wesens ist. Dieses Zentrum ist nicht nur die Quelle, sondern auch der Durchgang, der Kanal, das Flussbett, durch das die höheren Kräfte des Göttlichen in uns einströmen, und wenn wir sie bis zur letzten Analyse zurückverfolgen, dann sind wir diese höheren Kräfte des Göttlichen, und sie sind wir, weil alle diese Dinge die tiefgründigen und geheimen Quellen unseres Wesens sind.

Die Lehre der alten östlichen Philosophie, des *Vedânta* Hindustans, die in dieser Hinsicht auch die Lehre des nördlichen Buddhismus und auch die unsrige ist, lautet: Das Universum ist ein ungeheurer Organismus, ein Organismus, der aus noch kleineren, noch winzigeren Organismen zusammengesetzt ist, die keine besondere Örtlichkeit haben, sondern über die Räume verbreitet sind, unbegrenzt in alle Richtungen, und gleichfalls nach innen und nach außen, sowohl in den inneren Welten als auch in den äußeren Welten. Und diese sind voll von diesen noch kleineren, noch winzigeren Organismen, die in ihrer Anhäufung den ungeheuren Organismus des Kosmos bilden.

Meiner Vorstellung nach ist es nur eine Redewendung, vom Universum als von einem ungeheuren Organismus zu sprechen, und zwar aus dem Grunde, weil jeder Organismus, strenger Logik entsprechend, eine begrenzte Wesenheit sein muss, und der Gedanke, den zum Ausdruck zu bringen wir uns bemühen, handelt über JENES, das in jedem Sinne grenzenlos ist. Daher ist der Ausdruck „ungeheurer Organismus" ein Sprachbild, ein bildlicher Ausdruck, eine Art zu sprechen, um eine

Idee auszudrücken, die fast zu subtil und zu hoch ist, um sie in gewöhnliche Sprache zu kleiden.

Dieser ungeheure Organismus des Kosmos ist daher sozusagen nur durch ein philosophisches Zugeständnis ein Organismus. Er ist ein Organismus in dem Sinne, in dem die menschliche Rasse ein Organismus ist. Diese wird von Einzelwesen gebildet, von Menschen zusammengesetzt, die kleinere Organismen des Gesamtkörpers sind, den wir die Menschheit nennen, von Menschen, deren Körper wiederum aus noch kleineren Wesenheiten zusammengesetzt sind. Diese noch kleineren Wesenheiten sind wiederum aus Wesenheiten zusammengesetzt, die noch kleiner sind als sie, und so geht es fort ohne Ende.

Wenn wir unsere Gedanken in die entgegengesetzte Richtung in makrokosmische Sphären schweifen lassen, so finden wir, dass dasselbe Gesetz der Einheit in der Verschiedenheit auch dort überall vorherrscht. Wir mögen in unserer Imagination einen letzten Punkt erreichen und sagen: Das ist das Universum. Aber durch eine größere Anstrengung und indem wir über diesen Punkt hinausblicken, nehmen wir andere, entferntere Universen wahr, und unser Instinkt und unsere Intuition sagen uns, dass durch diese entfernten Aggregate dieselben göttlichen Kräfte, wie wir sie kennen, dieselben göttlichen Energien wirken wie durch unser Universum, derselbe treibende Drang zum Fortschritt, derselbe Ruf, höher herauf zu kommen. Es wirken dieselben Kräfte durch sie als Bruderuniversen oder Schwesteruniversen, und es gibt eine unbegrenzte Anzahl davon, unschätzbarer Heere von ihnen, sichtbare und unsichtbare, äußere und innere. Alles, was wir meinen können, wenn wir den Ausdruck „das Universum ist ein ungeheurer Organismus“ anwenden, ist, unser Denken immer weiterzuführen und zu erkennen, dass es der grenzenlose Raum ohne Schranken, ohne Grenzen, ohne Endpunkte ist.

Wir wollen ferner nicht vergessen, dass jeder Organismus nur in Perioden seines eigenen Manvantaras existiert. Manvantara ist ein Wort, das wir analog für das Große und das Kleine anwenden. Es kann ein Manvantara eines Universums oder ein Manvantara eines Aggregates von Universen sein. Ein solches Universum oder ein solches Aggregat von Universen hat nicht notwendigerweise seine Periode des Manvantaras oder des Pralayas gleichzeitig mit allen anderen Aggregaten von Wesenheiten.

Wir wollen diesbezüglich vorsichtig sein. Wenn wir von einem universalen Manvantara sprechen, so meinen wir das Manvantara unseres eigenen kosmischen Aggregats. Aber während wir uns im Manvantara befinden, kann ein anderes Universum in seinem Pralaya sein. Es können viele andere Universen im Pralaya oder im Manvantara sein, während wir uns umgekehrt im Manvantara oder im Pralaya befinden.

Wir wollen in Bezug auf unsere Gedanken wachsam sein und unser Gemüt gründlich überwachen, denn auf diese Weise werden wir unserem Gemüt nie erlauben, zu bloßen Phrasen zu kristallisieren und so aus Gedanken ein Dogma zu machen. Wir lernen viel, indem wir uns auf diese Weise selbst überwachen und studieren und immer weiter nach innen in unsere spirituelle Natur vordringen, geleitet durch die Lehren, die uns unsere Meister durch unsere Führer gegeben haben, so wie sie diese Lehren formuliert, ausgelegt und erklärt haben. Die Essenz oder sozusagen der Grundton all dieser Lehren ist, dass der Weg zum Licht, zum Leben, zum Frieden, zum Glück und zum Verstehen in uns selbst liegt. Wir erlangen diese wunderbaren Dinge, indem wir immer weiter nach innen, nach innen, unaufhörlich nach innen streben oder dringen. Denn je weiter wir in uns selbst eindringen, je mehr wir jenem Weg folgen, der nach innen führt, um so mehr werden wir uns noch größerer Dinge, noch umfassenderer Visionen bewusst, und der so verfolgte Weg wird zum Raum selbst.

Unterscheidet sich dieser Weg von dem Weg, der nach außen, außen und immer weiter nach außen zu den Räumen und zu den Kosmoi führt, die wir intuitiv jenseits der Grenzen unseres eigenen Universums als existent wahrnehmen können? Nein, es ist derselbe Weg, exakt derselbe Pfad. Es ist nur unser in der Materie wirkendes Gemüt, in dem wir in dieser gegenwärtigen Periode der Evolution notwendigerweise tätig sein müssen, das sich die Mysterien des Bewusstseins als Raum einnehmend oder sich nach bestimmten Richtungen ausdehnend vorstellt. Alle diese Dinge existieren in unserem Bewusstsein und nicht entlang irgendwelcher materieller Richtungen. Es ist das Bewusstsein, das versteht, und das Bewusstsein ist weder vorn noch hinten, weder oben noch unten, weder rechts noch links, sondern es *ist.* Es ist jederzeit in allen Dingen, und weil es überall ist, ist es nirgends im Besonderen.

Wo hat dann das Bewusstsein, das in jedem von uns ist, seinen Sitz? Es ist innen, es ist zu finden, indem man nach innen geht. Es ist das große Suchen, das große Forschen. Es ist das Suchen des Lichtes und auch das Finden desselben. Es ist das Suchen des Lebens und dessen Finden. Nach diesem Bewusstsein sollte daher gesucht werden, indem man sich nach innen wendet. Doch wenn wir sagen, der Weg ist im Innern, so ist das am Ende nur eine Redewendung, ein bildlicher Ausdruck, eine Metapher. Es ist eine Art verbaler Ausdrucksweise, um eine Idee zu vermitteln, und wir dürfen unser Gemüt nicht um eine bloße Redewendung kristallisieren lassen.

Erinnern wir uns, wie mich der Lehrer in einer früheren Versammlung hier, in diesem unserem Friedenstempel, ersuchte, über die Natur der alten Initiationen zu sprechen? Wir lenkten damals auf ihre besondere Anweisung hin unsere Aufmerksamkeit auf die sehr tiefe Wahrheit, dass es keine Initiation geben kann, wenn nicht das erwachende Bewusstsein in dem Bewerber oder Neophyten vorhanden ist.

Was ist Initiation? Das Wort selbst bedeutet in Wirklichkeit einen Anfang, die ersten Schritte eines Anfängers. Und es gibt viele Anfänge. Es gibt einen Anfang für den normalen Menschen, es gibt einen Anfang für den wahren Chela, es gibt einen Anfang für den Mahâtman, es gibt einen Anfang für dessen Lehrer, und so fort ohne Ende. Immer ist es der Beginn der Entwicklung eines Anfängers, und derjenige, der seine ersten Schritte lenkt, wird das mit der gleichen Sorgfalt tun, mit der eine Mutter die ersten Schritte ihres Kindes lenkt und überwacht.

Ein sehr schöner alter östlicher Ausspruch besagt, dass der Initiator für seinen Jünger Vater und Mutter und noch mehr ist als das, denn während Vater und Mutter das Leben für den physischen Körper und den Körper selbst zum Gebrauch seitens der hereinkommenden Seele geben sowie die Liebe, die Sorgfalt und die Aufmerksamkeit, die notwendig sind, um das Kind vor Unglück und Gefahren in der physischen Welt zu schützen, gibt uns der Initiator in aller Wahrheit unsere Seele, denn er erweckt sie für uns, macht uns mit uns selbst bekannt, öffnet die Tore für unser Verstehen, führt uns vorwärts, um das Universum, das uns umgibt, und die Mysterien, die es einschließt, zu erforschen und zu verstehen. Kurz, der Lehrer, der Initiator, führt uns nach innen, so dass wir uns selbst erkennen können. Mit anderen Worten: Er überwacht und achtet auf das Wachstum und die Entwicklung unseres sich ausdehnenden Bewusstseins.

„Erkenne dich selbst“, sagten die alten Griechen – eine am Tempel des Apollon zu Delphi eingemeißelte Inschrift. Dieses Gebot enthält in drei Worten das ganze Geheimnis der Initiation und der Initiationen, weil es den Pfad enthält, dem das sich ausdehnende Bewusstsein bei seinem Wachstum folgt: „Erkenne dich selbst!“

„Dich selbst“ – was heißt das? Es ist Bewusstsein, es ist auch das „Herz des Universums“. „Dich selbst“, das Selbst, das dasselbe ist in dir und in mir, in uns und in allen anderen, das, verglichen mit irgendeinem anderen, in keinem von uns verschieden ist. Es ist das Urselbst, die spirituelle Oberseele; und daher ist es das eine SELBST, das Herz des Universums. Es ist das Bewusstsein in uns, das sagt: „Ich bin.“ Und dasselbe Bewusstsein ist in mir und in allen anderen: im Lehrer, in den Chelas der Lehrer, in den Lehrern der Lehrer, in dem Stillen Wächter unserer höheren Sphären – das Überselbst ist in allen innerhalb einer Hierarchie eingeschlossenen Wesenheiten dasselbe.

Aber während das Überselbst in mir und in allem, was ist, dasselbe und nicht verschieden ist von dem, was es anderswo ist, umfasst es doch, psychologisch gesprochen, nicht alles, was existiert. Es gibt etwas anderes in uns, das von der Überseele nicht verschieden, aber sozusagen ein Strahl der Überseele ist. Dieses andere Etwas in jedem von uns ist das individuelle Ego, jener Teil in jedem von uns, der nicht nur „Ich bin" sagt, sondern „Ich bin ich" und nicht „du". Denken wir über dieses psychologische Mysterium nach, das es für jene ist, die in der alten Weisheit nicht gut bewandert sind, denn wahrlich, in dem richtigen Verstehen dieses psychologischen Mysteriums liegt eines der wunderbarsten Mysterien der alten Weisheit.

Damit ich klarer verstanden werde: Während die Behauptung, dass die innere Natur des Menschen der Same seines individuellen Bewusstseins ist, ist dieses Bewusstsein jedoch sozusagen nur eine Reflexion des universalen Bewusstseins, das in allen Wesenheiten wohnt, ganz gleich, was und wo diese auch immer sein mögen. Wir dringen in aller Wahrheit in das universale Bewusstsein ein und nehmen an seiner Universalität teil, wenn wir dem Pfad folgen, der nach innen führt. Aber dies ist nicht eine Handlungsweise des Bewusstseins; und es sollte dem Gemüt nicht erlaubt werden, sich um irgendeine Idee zu kristallisieren, die nur auf Ausdehnung nach einer bestimmten Richtung hinweist.

Ein Mensch, der die Sterne bei Nacht auf ihren Bahnen betrachtet, kann dem Pfad nach innen so leicht folgen wie ein anderer, der sich in eine Ecke setzt und seine Aufmerksamkeit nach Art mancher sogenannter exoterischer Hindu-Yogîs auf seinen Nabel oder auf seine Nasenspitze konzentriert. In Wirklichkeit ist es ein Erheben des Bewusstseins zum Sich-selbst-Verstehen und ein Entwickeln des Bewusstseins dem Universalen zu.

Wenn wir daher einmal beginnen, diesem Pfad zu folgen, dann werden wir erkennen, dass es nur Worte sind, wenn von Ausdehnungen nach bestimmten Richtungen gesprochen wird. Das Bewusstsein selbst wird uns die Bedeutung dieser Dinge vermitteln, und eine solche Bedeutung liegt immer weit entfernt von den Begrenzungen der materiellen Welt nach einer bestimmten Richtung oder ihren Besonderheiten. Es ist tatsächlich mehr ein Wachstum des Bewusstseins als das Begehen eines Pfades in einer besonderen Richtung. Während sich das Bewusstsein eines Menschen ausdehnt, begreift er, dass es wächst. Aber er wird wahrscheinlich lächeln, wenn er jemanden, dessen Bewusstsein sich noch nicht in dem gleichen Maße ausgedehnt hat, von einer besonderen, im Raum existierenden Richtung sprechen hört, der der Weg zum Licht folgt.

Dieses relative Ich, dieses Ego-Selbst, dieses individuelle Ich in jedem von uns ist nicht das Herz des Universums. Aber es wurzelt im Herzen des Universums, es wurzelt im universalen Leben, im universalen Bewusstsein, denn es ist ein Strahl von ihm. Es ist jener Teil von uns, der durch die Magie der Evolution, durch die wunderbare Magie, durch die die Götter in ihren göttlichen Energien wirken und durch die sie den Kosmos zu einem wunderbaren Gewebe des Seins formen und gestalten – es ist jener Teil von uns, der vom Unselbstbewusstsein zum Sich-selbst-Verstehen, zum Selbstbewusstsein heranwächst.

Es begann seine Laufbahn in dem unermesslichen Busen vergangener Ewigkeiten als ein unselbstbewusster Gottesfunke, und seine Bestimmung ist es, zur gegebenen Zeit zu einem selbstbewussten Gott heranzublühen, und zwar durch das Auswickeln, Offenbaren oder Entwickeln der Möglichkeiten, die völlig in seiner eigenen Natur als einem Funken des Universums schlummern oder ihr innewohnen. Das ist spirituelle Entwicklung. Es ist das Aufbauen eines Gottes aus den Kräften, Fähigkeiten und Mächten, die seinem eigenen Selbst innewohnen, das Ausströmen der latenten oder schlafenden Energien, die ihm im Innern zugehören – ja, eines selbstbewussten Gottes, der dieses Ego schließlich wird, erfüllt durch und von dem Herzen des Universums, das das universale SELBST ist. Es ist das Aufbauen eines Gottes durch und mittels des Ego-Selbstes, seines periodischen Spiegels oder seiner Reflexion.

Unser Lehrer drückt es sehr schön in ihrer Anrufung aus, die wir bei unseren Versammlungen im Tempel regelmäßig verwenden:

> Oh, meine Göttlichkeit!
> Du verschmelzest dich mit dem Irdischen
> und bauest dir Tempel voll mächtiger Kraft!
>
> Oh, meine Göttlichkeit!
> Du lebst im Herzensleben aller Dinge
> und strahlest aus ein goldenes Licht,
> das scheinet für immerdar und erhellet
> selbst die dunkelsten Winkel der Erde!
>
> Oh, meine Göttlichkeit!
> Verschmelze dich mit mir,
> damit aus dem Verderblichen
> ich möge hervorgehen unverderblich,
> damit vom Unvollkommenen
> ich möge werden vollkommen,
> damit aus dunkler Finsternis
> ich möge schreiten in das Licht!

Das universale SELBST ist das Herz des Universums, denn diese beiden Bezeichnungen sind nur zwei Arten, ein und dieselbe Sache auszudrücken. Es ist die Quelle unseres Seins. Es ist auch das Ziel, zu dem wir alle schreiten, wir und die Hierarchien über uns wie auch die Hierarchien unter uns und die Wesenheiten, die diese zusammensetzen. Alle kommen aus derselben unaussprechlichen Quelle, dem Herzen des Seins, dem universalen SELBST, gehen während eines gewissen Abschnittes ihrer evolutionären Reise durch die menschliche Stufe, gewinnen dabei Selbstbewusstsein oder das Ego-Selbst, das „Ich bin ich", und erfahren, während sie auf diesem Weg der Evolution fortschreiten, dass sich dieses Ego-Selbst nach und nach zu universalem Bewusstsein ausdehnt – eine Ausdehnung, die nie ein Ende nimmt, weil das universale Bewusstsein endlos, grenzenlos, schrankenlos ist.

Ja, in aller Wahrheit, das alles ist ein höchst wunderbares Mysterium, wobei das Wort „Mysterium" hier in seinem griechischen Sinn von etwas Geheimem und Wunderbarem benutzt wird. Wir verlassen unsere göttliche Quelle als unselbstbewusste Gottesfunken, und es ist unsere Bestimmung, selbstbewusste Götter zu werden, um danach unmittelbarer an der gewaltigen kosmischen Arbeit teilzunehmen.

Aber ist das die Grenze, die wir erreichen, um danach nicht mehr weiterzugehen? Erreichen wir damit die Grenzen von Bewusstsein-Raum, wonach keine erhabenere oder größere Erkenntnis zu finden oder zu entdecken ist oder existiert? Nein, in der Tat nicht. Die Wahrheit ist genau das Gegenteil davon. Das Bewusstsein dehnt sich gradweise aus, und je mehr es sich ausdehnt, um so mehr lernt es. Und dieses Ausdehnen geschieht endlos, unabhängig von Zeit und Raum. Es expandiert für immer.

Wir haben von den Hierarchien über uns gesprochen, das heißt von den Heeren der Hierarchien, die durch die menschliche Stufe gegangen sind und nun auf ihrem eigenen Weg der Evolution zu noch erhabeneren Bestimmungen wandern. Wir wollen aber nicht vergessen, dass es unter uns andere Heere von Hierarchien gibt, die aus unzählbaren Lebewesen, unschätzbaren Heeren von ihnen, zusammengesetzt sind, die hinter uns einherziehen und bewusst oder unbewusst zu uns aufblicken, wie wir zu denen aufsehen, die uns vorangingen. Sie ziehen hinter uns einher, wie wir in früheren Manvantaras hinter denen einherzogen, die jetzt vor uns sind und zu denen wir wie zu Göttern oder spirituellen Wesen oder, um unseren eigenen so beliebten, vom Buddhismus übernommenen Ausdruck anzuwenden, zu Dhyân-Chohans aufblicken.

Einen Teil dieser Heere kleiner und untergeordneter Wesen, die sich hinter uns abmühen, bilden die winzigen, unendlich kleinen Lebewesen, die unsere Körper zusammensetzen: das heißt den physischen Körper, den Astralkörper, den mentalen Körper, den intellektuellen Körper und den spirituellen Körper. Die gesamten Heere, die diese entsprechenden Körper zusammensetzen, umfassen verschiedene Grade oder Stufen der Evolution, und jedes dieser Heere vermischt sich außerdem mit anderen, mit allen anderen und mit verschiedenen Hierarchien der Welt um uns. All diese Hierarchien bilden zusammen die verschiedenen Körper der menschlichen siebenfältigen Konstitution. Gemeinsam bilden sie die Einheit, durch die das innere Selbst wirkt, weil wir, wie es der Paulus der Christen mit anderen Worten ausdrückt, „in ihnen leben, uns bewegen und unser untergeordnetes Dasein haben".

Was ist dieses innere Selbst? Ich habe diesen Abend und bei vielen anderen Gelegenheiten bereits gesagt, was es ist. Es ist der Teil von uns, durch den wir mit dem Herzen des Universums vereint sind. Es ist in aller Wahrheit das Herz des Universums selbst, begrenzt nur durch den individualisierten Ausdruck unserer spirituellen Natur, und diese spirituelle Natur ist die Quelle unseres Egos.

Wir wollen noch einmal kurz versuchen, den Aufbau, oder vielleicht besser gesagt, die Konstitution unserer inneren Natur zu skizzieren. Ich wähle den Menschen als Beispiel, weil wir uns bis zu dem Punkt emporentwickelt haben, an dem sich das Selbstbewusstsein zu manifestieren beginnt. Damit können wir klarer und leichter erläutern, wie die Evolution vonstatten geht.

An erster Stelle steht das universale SELBST, das Herz des Seins, das in jedem von uns dasselbe ist. Dieses universale SELBST strömt seine Energien durch das Höchste in der menschlichen Konstitution aus, das in jedem von uns die Monade, unser innerer, spiritueller Gott ist. Die Monade wirkt durch die verschiedenen Sphären und baut die mittlere Natur des Menschen auf, die das Ego-Selbst ist; und dieses Ego-Selbst betritt, während sich sein Bewusstsein über die Persönlichkeit und die Begrenzungen hinaus zu Universalität ausdehnt, einem inneren Antrieb folgend, weitere, größere Sphären des Lebens und der Aktivität, bis dieses Ego seinerseits ein vollkommen selbstbewusster Ausdruck seiner beseelenden Monade wird, was nur eine andere Art ist zu sagen, dass es wieder die Monade selbst wird, zuzüglich der Erfahrungen, die das Ego durch das Aufnehmen des Aromas aus den verschiedenen Leben, die es gehabt hatte, erlangt hat.

Wenn das Ego auf diese Weise wieder monadisch, mit anderen Worten, selbst eine Monade geworden ist – seine eigene, es beseelende Monade ist inzwischen zu Sphären des Lebens und der Tätigkeit fortgeschritten, die erhabener sind als die früheren –, nimmt die Ego-Monade kosmische Natur an und entwickelt ihrerseits ein mittleres Selbst oder mittlere Selbste, das oder die durch unsere niedere Natur wirken und dabei den Lebewesen unter uns und in uns helfen, in denen wir leben, uns bewegen und unser untergeordnetes Dasein haben. Das Ego-Selbst findet durch diese untergeordneten Lebewesen, die unsere mittlere oder niedere Natur zusammensetzen, seine Felder, um sich selbst zum Ausdruck zu bringen. Und wenn es schließlich eine egoische Monade wird, ist es für die Heere von Lebewesen in diesen mittleren und niederen Sphären deren göttliche Überseele, der Hierarch ihrer Hierarchie.

Kameraden, als Abschiedsgedanken wollen wir unsere spirituelle, psychische, emotionale, astrale und physische Verantwortung erkennen. Und wenn ich sage „unsere", so meine ich die Verantwortung von uns als selbstbewusste Wesen, als Egos. Wir sind in einem sehr hohen Maß dafür verantwortlich, was die mittleren und niedrigeren Lebewesen erfahren. Wir erkennen, dass sie so, wie wir sie beeindrucken, sich selbst zum Ausdruck bringen, bis sie ihrerseits Selbstbewusstsein erlangt haben. Wir können uns lebhaft vorstellen, dass wir ihnen den anfänglichen Antrieb zur evolutionären Entfaltung geben und dass sie den Pfad in der Richtung wandern werden, die wir ihnen geben.

Wir verstehen schließlich, dass im menschlichen Leben ethische Werte enthalten sind, und wir sehen in den Beziehungen, auf die ich eben hingewiesen habe, was die Gesetze des Universums im Kosmos sind. Beide zeigen Harmonie an, beide lassen Übereinstimmung im Wirken erkennen, beide lassen eine identische Quelle erkennen, und beide deuten auf die Tatsache hin, dass sowohl wir als auch sie, diese niedrigeren Wesenheiten, auf dem gleichen Pfad wandern wie die, die uns vorangingen. Das Gehen des Pfades ist ein Wachstum des Bewusstseins, es ist ein Ausdehnen des bewussten Verstehens; und daher sind diese Wesenheiten, die uns voraus sind, dort, wo sie sind, weil sie, da sie den Pfad gegangen sind, zu Erkenntnis gelangt sind.

Die Buddhisten haben einen sehr schönen Ausdruck zur Erläuterung der Tatsache der gemeinsamen Natur jener, die uns vorhergingen, und jener, die nach uns kommen. Sie sprechen von einem Buddha als von einem, der ein Tathâgata ist. Das ist ein aus zwei Worten zusammengesetzter Sanskṛitausdruck, der entweder „auf diese Weise gekommen" oder „auf diese Weise gegangen" bedeutet, denn das Sanskṛit lässt beide Übersetzungen zu. Doch die Bedeutung ist dieselbe, es wird jemand bezeichnet, der dem Weg nach innen, dem inneren Pfad, dem stillen, schmalen Pfad gefolgt ist, der sozusagen vom universalen SELBST herabkommt, durch die menschliche Konstitution geht und weitergeht, bis er wieder im Herzen des Seins verschwindet, von dem wir kamen.

JEDER von uns ist dieser Pfad. Ich meine, dass jeder einzelne von uns für sich selbst dieser Pfad ist; es gibt keinen anderen Pfad für irgendjemanden von uns, denn ein jeder selbst ist es, der den Pfad des verstehenden Bewusstseins entlang wandert und schließlich sein evolutionäres Ziel erreicht und ein Gott wird.

Index

C

D

I

J

M

N

Y

Z

Schriftenverzeichnis

Verweise auf die nachfolgenden Werke
beziehen sich auf die genannten Ausgaben:

Helena Petrowna Blavatsky: Die Geheimlehre. Jubiläumsausgabe. Verlag Esoterische Philosophie, Hannover, 1999, ISBN 3-924849-51-X.

Helena Petrowna Blavatsky: Isis Entschleiert. Jubiläumsausgabe. Verlag Esoterische Philosophie, Hannover, 2000, ISBN 3-924849-52-8.

Helena Petrowna Blavatsky: Die Stimme der Stille. Jubiläumsausgabe. Verlag Esoterische Philosophie, Hannover, 1996, ISBN 3-924849-41-2.

Helena Petrowna Blavatsky: Lexikon der Geheimlehren. Verlag Esoterische Philosophie, Hannover, 1997, ISBN 3-924849-46-3.

William Quan Judge: Die Bhagavad-Gîtâ. Verlag Esoterische Philosophie, Hannover, 1986, ISBN 3-924849-25-0.

Katherine Tingley: Der Pfad des Mystikers. Verlag Esoterische Philosophie, Hannover, 1986, ISBN 3-924849-27-7.

Verlagsprogramm

Gottfried von Purucker

Studien zur Esoterischen Philosophie
Eine nahezu unerschöpfliche Quelle ursprünglicher Geheimlehren.
Vom Aufbau des inneren Menschen über die Entfaltungsmöglichkeiten seines Bewusstseins bis hin zu den kausalen Zusammenhängen kosmischer Realitäten.
ISBN 3-924849-24-2

Sichtbare und unsichtbare Welten
Die faszinierende Realität unsichtbarer Welten. ISBN 3-924849-33-1

Der Mensch in der Unendlichkeit
Quelle und Ursprung unseres Lebens, Ziel der Evolution. ISBN 3-924849-34-X

Mit der Wissenschaft hinter die Schleier der Natur
Neue Dimensionen der Naturerkenntnis. ISBN 3-924849-35-8

Geburt und Wiedergeburt
Unumstößliche Gründe für die Wiedergeburt als Naturtatsache. ISBN 3-924849-36-6

Tod – was kommt danach?
Die inneren Zusammenhänge des Lebens. Der Tod als Tor zum Leben.
ISBN 3-924849-37-4

Mysterienschulen und Lehren
Lebendiges Wissen aus den Quellen archaischer Weisheit. ISBN 3-924849-38-2

Wind des Geistes
Das spirituelle Fundament für den neuen Zeitgeist. ISBN 3-924849-48-X

Spirituelles Erwachen
Das Leben besser verstehen – zu innerem Frieden gelangen. ISBN 3-924849-43-9

Fragen, die wir alle stellen: Eltern & Kind
Ursachen erkennen: Charakter, Vererbung, Behinderung, Tod – warum?
ISBN 3-924849-42-0

Die Meister und der Pfad des Okkultismus
Helfer der Menschheit.Wer sind die großen Weisen? ISBN 3-924849-03-X

Goldene Regeln der Esoterik
Eines der inspirierendsten Bücher für das tägliche Leben. Ein Meisterschlüssel!
ISBN 3-924849-23-4

www.Esoterische-Philosophie.de

HELENA PETROWNA BLAVATSKY

Die Geheimlehre

Jubliläumsausgabe
Band I: Kosmogenesis
Band II: Anthropogenesis
Band III: Esoterik
Band IV: Index

Das Magnum Opus H. P. Blavatskys.
Ungekürzte Originalausgabe.
ISBN 3-924849-51-X
www.Geheimlehre.de

Isis Entschleiert

Jubliläumsausgabe
Band I: Wissenschaft
Band II: Theologie

Meisterschlüssel zu alter und neuer Wissenschaft und Religion.
Ungekürzte Originalausgabe.
ISBN 3-924849-52-8

Lexikon der Geheimlehren
Epochales Basiswerk zur „Geheimlehre" und zu „Isis Entschleiert".
Über 2600 Begriffe sowie ein umfassender Index zur inhaltlichen Erschließung.
ISBN 3-924849-46-3

Die Stimme der Stille – Jubiläumsausgabe
Ein einzigartiges Juwel für den Pfad, der nach *innen* führt.
ISBN 3-924849-41-2

Unheimliche Geschichten
Verborgene Gefahren der Astralwelten – aufschlußreich und fesselnd dargestellt.
ISBN 3-924849-32-3

KATHERINE TINGLEY

Helena Petrowna Blavatsky – Ein Genius verändert die Welt
Leben und Wirken H. P. Blavatskys, mit historischer Bilddokumentation.
über 60 Abb., ISBN 3-924849-44-7

Der Pfad des Mystikers
Wie wir zu Frieden und innerer Harmonie gelangen können.
ISBN 3-924849-27-7

Verlag
Esoterische Philosophie
Hannover

WILLIAM QUAN JUDGE

Die Bhagavad-Gita
Schätze menschlicher Weisheit. Der Pfad der Unsterblichkeit.
ISBN 3-924849-25-0

Studien über die Bhagavad-Gita
Unentbehrlicher Kommentar! Tiefere Aspekte der Bhagavad-Gita.
ISBN 3-924849-26-9

Das Meer der Theosophie
Eine ausführliche Einführung in die Lehren der Theosophie.
ISBN 3-924849-01-3

NILS A. AMNEUS

Regiert Zufall oder Gerechtigkeit unser Leben?
„Warum gerade ich?" – Äußerst hilfreiche Antworten zu zentralen Lebensfragen.
ISBN 3-924849-06-4

HANDBUCH

Esoterische Philosophie – Weisheit der Zeitalter
EINFÜHRUNG
Eine grundlegende Einführung in die Esoterische Philosophie.
ISBN 3-924849-39-0

In Blindenschrift:
ISBN 3-924849-45-5